DAS WELTERBE

Impressum

In Zusammenarbeit mit den United Nations Educational, Scientific and Cultural Organization (UNESCO), Paris

Produktmanagement: Dr. Birgit Kneip
Producing: SAW Communications, Redaktionsbüro Dr. Sabine A. Werner, Mainz, mit INKA satz & grafik, Rudersberg
Übersetzung aus dem Englischen: SAW Communications – Sonja Häußler, Dr. Wolfgang Hensel und Stefanie Sendelbach
Redaktion: SAW Communications – Eva Gößwein, Marc Niemeyer und Dr. Sabine A. Werner
Umschlaggestaltung, Titelseite: Medienfabrik GmbH, Stuttgart
Gesamtherstellung: GeraNova Bruckmann Verlagshaus GmbH

Bibliografische Information der Deutschen Nationalbibliothek
Die Deutsche Nationalbibliothek verzeichnet diese Publikation in der Deutschen Nationalbibliografie;
detaillierte bibliografische Daten sind im Internet über http: //dnb.d-nb.de abrufbar

ISBN 978-3-89405-776-3

DAS WELTERBE

Die vollständige, von der UNESCO autorisierte Darstellung der außergewöhnlichsten Stätten unserer Erde

UNESCO Veröffentlichungen

Organisation der Vereinten Nationen für Erziehung, Wissenschaft und Kultur

FREDERKING & THALER

Zum Gebrauch dieses Buches

Das Buch gibt verschiedene Möglichkeiten, Informationen zu einer bestimmten Welterbestätte zu finden: Die Landkarten der verschiedenen Kontinente zeigen, wo genau sich die Stätten befinden. Mithilfe des alphabetischen Verzeichnisses der Stätten und des Länderindexes ist es möglich, sich einen gezielten Überblick zu verschaffen. Alle Einträge wurden auf die gleiche Art und Weise konzipiert und in chronologischer Abfolge nach dem Jahr ihrer ersten Aufnahme in die Liste der Welterbestätten angeordnet. Das folgende Diagramm zeigt exemplarisch die einzelnen Bausteine des Eintrags einer Stätte und erklärt die Farbgebung, welche die unterschiedlichen Denkmäler den Kategorien Naturerbe, Kulturerbe oder Gemischte Stätte zuordnet.

Name der Stätte
Hier ist die offizielle Bezeichnung des UNESCO-Welterbes für den jeweiligen Eintrag angegeben.

Ein rotes Band
markiert alle Stätten, die als Kulturerbe klassifiziert sind.

Die Orientierungskarte
zeigt den Standort der Welterbestätte in ihrer jeweiligen Region an.

Ein blaues Band
markiert alle Gemischten Stätten.

Die Zeitleiste
hebt auf jeder Seite das Jahr hervor, in dem die Stätte in die Liste des Welterbes aufgenommen wurde.

Der Standort
nennt das Land, in dem sich das Denkmal befindet.

Ein grünes Band
markiert alle Stätten, die als Naturerbe klassifiziert sind.

Das Buch enthält mehr als 650 Fotografien, die einen Eindruck vieler herausragender Welterbestätten vermitteln.

Begründung der Aufnahme
Für die Aufnahme in die Liste der Welterbestätten muss ein herausragender universeller Wert der Stätte erkennbar sein sowie mindestens eins von zehn Auswahlkriterien erfüllt werden. Eine umfassende Beschreibung dieser Kriterien ist auf den Seiten 808 und 809 abgedruckt.

Der Haupttext
enthält präzise Beschreibungen und Informationen zu jeder Welterbestätte.

Zusatzinformationen
ergänzen den Haupttext zu jeder Stätte um weitere interessante Details.

Inhalt

Vorwort
des Generaldirektors der UNESCO
Koïchiro Matsuura

Vor 50 Jahren wurde durch den Bau des Assuan-Staudamms ein großer Abschnitt des Niltals überflutet, der bis dahin als Region mit zahlreichen antiken nubischen Schätzen bekannt war, wie beispielsweise die Tempel von Abu Simbel. Die gefährdeten Tempel und anderen Kunstwerke hatten einen herausragenden Stellenwert im nationalen Interesse Ägyptens und trugen zum berechtigten Stolz des Landes auf seine antiken Schätze bei. In diesem Bewusstsein unternahm die United Nations Educational, Scientific and Cultural Organization (UNESCO) ihre erste internationale Kampagne zur Erhaltung bedeutender Kulturstätten. Unterstützungsfonds und Fachwissen wurden mobilisiert, um die Kunstwerke zu demontieren und an neuen, sicheren Standorten wieder aufzubauen. Die Bemühungen der UNESCO, die wahrhaft herausragenden Überreste einer der prächtigsten und ältesten Zivilisationen der Menschheitsgeschichte zu erhalten, führten dazu, dass die Idee des Kulturerbes weltweit eine Aufwertung erfuhr. Diese Kampagne wurde als technische Leistung von nie dagewesenem Ausmaß zu einem Triumph und ebnete gleichzeitig den Weg zur Durchsetzung des Grundgedankens eines allgemeinen Menschheitserbes. Dieser Gedanke wurde wiederum durch die Konvention hinsichtlich des „Schutzes des Kultur- und Naturerbes der Welt" unterstützt, die von der UNESCO entwickelt und von ihren Mitgliedsstaaten im Jahr 1972 verabschiedet wurde. Dieses internationale Übereinkommen, gemeinhin als die Welterbe-Konvention bekannt, wurde bis heute von 186 Ländern ratifiziert. Die berühmte Welterbeliste beinhaltet inzwischen 878 Stätten in 145 Ländern auf dem gesamten Planeten. Seit über 35 Jahren haben sich die Konvention und die daraus entstandene Liste als unschätzbares Instrumentarium bewährt, das die UNESCO einsetzt, um die Weltgemeinschaft dazu zu ermutigen, sich den herausragenden Kostbarkeiten der Menschheit verpflichtet zu fühlen und Kultur- und Naturerbestätten auf der ganzen Welt zu identifizieren, zu beschützen und zu bewahren. Sie tragen darüber hinaus dazu bei, die UNESCO darin zu unterstützen, sowohl die Vielfalt der Kulturen als auch der Arten weltweit zu bewahren. Obwohl jedes Jahr neue Stätten vom Welterbe-Komitee aufgenommen werden, müssen noch viele Denkmäler von außergewöhnlichem universellem Wert hinzukommen, um das vollständige Spektrum aller Welterbetypen darstellen zu können. Gerade die Offenheit und Erweiterbarkeit der Liste macht sie zu einem angemessenen und wirksamen Werkzeug zur Bewahrung von Kultur- und Naturschätzen. Sie beinhaltet heute einige der berühmtesten Orte der Welt, wie beispielsweise die antike nabatäische Stadt Petra in Jordanien, die legendäre Akropolis von Athen, das Great Barrier Reef in Australien und Machu Picchu, die „verlorene Stadt der Inkas“, in Peru. Diese wirklich atemberaubenden Orte sind besonders herausragende Beispiele für Kultur- und Naturerbestätten, und ihre Zugehörigkeit zu der Liste ist offensichtlich und unumstritten. Viele Stätten benötigen jedoch einen umfangreichen Erhaltungsaufwand, der teilweise sogar auf ihre immense Popularität zurückzuführen ist. Eine Aufnahme in die Liste der Welterbestätten ist fast immer mit wirtschaftlichem Nutzen verbunden, der zu einem großen Auftrieb für die Erhaltungsmaßnahmen führt, sodass auch künftige Generationen dieses unersetzliche Erbe werden genießen können. Neben den sehr populären Erbestätten gibt es auch viele weniger bekannte in der Liste. In diesem wunderbaren Buch finden sich zahlreiche interessante und auch verblüffende Informationen über unser gemeinsames Erbe. Man erfährt beispielsweise, dass sich das größte Amphitheater in Nordafrika im tunesischen Dorf El Jem befindet; dass äthiopische Herrscher in Aksum gekrönt wurden; dass sich eines der einflussreichsten Kulturzentren der Antike in Palmyra im heutigen Syrien befand und dass man die weltgrößte freilaufende Bisonherde im kanadischen Nationalpark Wood Buffalo beobachten kann. Weitere ungewöhnliche Schätze der Natur oder herausragende Beispiele menschlicher Kulturanstrengungen, die auf den folgenden Seiten vorgestellt werden, sind die Moai, gewaltige gemeißelte Steinköpfe im Rapa-Nui-Nationalpark auf der chilenischen Osterinsel; die auf steilen Felsen erbauten Klöster von Meteora in Griechenland sowie die „Drachen“, die im Komodo-Nationalpark in Indonesien beheimatet sind. Dies ist nur eine kleine Auswahl der vielen Höhepunkte, die es in diesem Werk zu entdecken gibt. Im vorliegenden Buch, das mit über 650 beeindruckenden Farbfotografien illustriert ist, werden alle bisher aufgenommenen UNESCO-Welterbestätten vorgestellt. Genießen Sie eine einzigartige Reise zu den herausragendsten kulturellen und natürlichen Schätzen unseres Planeten, die auch für die universellen Ideale und Kostbarkeiten stehen, welche die UNESCO mit ihrem weltweiten Einsatz versucht zu bewahren.

Welterbestätten
Europa

Albanien
Berat, historisches Zentrum von S. 732; Gjirokastra, historisches Zentrum von S. 732; Ruinenstadt Butrint S. 389

Andorra
Vall del Madriu-Perafita-Claror S. 732

Belgien
Belfriede in Belgien und Frankreich S. 575; Brügge, Altstadt von S. 650; Canal du Centre, die vier Schiffshebewerke S. 554; Flämische Beginenhöfe S. 562; Großer Platz (Grote Markt/La Grand-Place), Brüssel S. 555; Notre-Dame Kathedrale in Tournai S. 655; Palais Stoclet S. 805; Plantin-Moretus-Museum S. 745; Spiennes, jungsteinzeitliche Feuersteinminen S. 652; Victor Horta, Jugendstilbauten von S. 648

Bosnien und Herzegowina
Mostar, Brücke und Altstadt von S. 734; Višegrad, Mehmed-Paša-Sokolović-Brücke in S. 779

Bulgarien
Felsenrelief des Reiters von Madara S. 69; Felskirchen von Ivanovo S. 69; Kirche von Bojana (Sofia) S. 60; Kloster Rila S. 178; Nessebar, Altstadt von S. 165; Pirin, Nationalpark S. 179; Srebarna, Biosphärenreservat S. 168; Thrakergrab von Kazanlak S. 49; Thrakergrab von Sweschtari S. 234

Großbritannien
„Straße der Riesen" (Giant's Causeway) S. 244; Avebury S. 254; Bath S. 290; Bergbau-Landschaft von Cornwall und West-Devon S. 757; Blaenavon, Industrielandschaft S. 620; Derwent Valley, Industrielandschaft S. 675; Dorset und Ost-Devon, Küste von S. 671; Durham, Burg und Kathedrale S. 246; Edinburgh, Alt- und Neustadt S. 470; Gough, Wildreservat S. 468; Grafschaft Gwynedd, Wales S. 257; Greenwich, Queen's House, Park und Marineschule von S. 507; Grenzen des Römischen Reiches S. 273; Henderson Island S. 321; Industriedenkmäler in Ironbridge S. 239; Inselgruppe St. Kilda S. 241; Kathedrale von Canterbury S. 327; Kew, Königliche Botanische Gärten von S. 692; Königlicher Park von Studley S. 248; Liverpool, historische Hafenstadt S. 707; Margaretenkirche S. 272; New Lanark, industrielle Mustersiedlung S. 659; Orkney-Inseln, jungsteinzeitliche Monumente auf den S. 570; Pontcysyllte-Aquädukt und Kanal S. 801; Ruinen von Fountains Abbey S. 248; Saltaire, Industrielandschaft S. 665; Schloss Blenheim S. 270; St. Augustin, ehemalige Abtei S. 327; St. George, historische Stadt mit Festungsanlagen S. 621; St.-Martins-Kirche S. 327; Stonehenge S. 254; Tower von London S. 312; Westminster, Palast und Abtei S. 272

Fortsetzung auf Seite 12

Kartenlegende
- Kulturerbe
- Naturerbe
- Gemischte Stätte
- 234 234 Seitenverweis
- ▲▼ oberer/unterer Seitenbereich

Die Karten bieten eine geografische Ansicht der einzelnen Kontinente. Einen regionalen Überblick der UNESCO-Welterbestätten geben die Karten ab Seite 810.

Die Karten zeigen nur die Vertragsstaaten der Welterbe-Konvention. Eingezeichnet sind die im März 2009 von den Vereinten Nationen anerkannten Grenzen.

NORWEGEN
SCHWEDEN
FINNLAND
RUSSISCHE FÖDERATION
ESTLAND
LETTLAND
LITAUEN
RUSSISCHE FÖDERATION
DÄNEMARK
LANDE
DEUTSCHLAND
POLEN
BELARUS
UKRAINE
TÜRKEI
ZYPERN
siehe Karte mit vergrößertem Maßstab auf den Seiten 10 und 11
Maßstab 1 : 20 000 000

Die Karten zeigen nur die Vertragsstaaten der Welterbe-Konvention. Eingezeichnet sind die im März 2009 von den Vereinten Nationen anerkannten Grenzen.

Welterbestätten
Europa

Belarus
Białowieza (Belowescher Heide), Nationalpark S. 61; Nieswiez, architektonisches und kulturelles Erbe der Familie Radziwill in 748; Schloss Mir S. 635; Struve-Bogen S. 747

Dänemark
Ilulissat-Eisfjord (Grönland) S. 708; Jelling, Grabhügel, Runen und Kirche von S. 426; Kathedrale von Roskilde S. 452; Schloss Kronborg S. 608

Deutschland
Aachener Dom S. 33; Bamberg, Altstadt von S. 406; Siedlungen der Berliner Moderne S. 784; Berlin, Schlösser und Parks S. 346; Klassisches Weimar S. 549; Dessau, das Bauhaus S. 484; Dom St. Peter in Trier S. 251; Dom von Speyer S. 128; Eisleben und Wittenberg, Luthergedenkstätten S. 503; Gartenreich von Dessau-Wörlitz S. 610; Goslar, Altstadt von S. 387; Grenzen des Römischen Reiches S. 273; Grube Messel S. 456; Hildesheim, Dom und Michaeliskirche S. 225; Wismar, Altstadt von S. 690; Stralsund, Altstadt von S. 690; Kloster Lorsch S. 379; Kölner Dom S. 474; Liebfrauenkirche in Trier S. 251; Lübeck, Hansestadt S. 281; Maulbronn, Klosteranlage S. 407; Reichenau, Klosterinsel S. 640; Museumsinsel Berlin S. 578; Muskauer Park (Park Muzakowski) S. 719; Regensburg, Altstadt von mit Stadtamhof S. 753; Potsdam, Schlösser und Parks S. 346; Quedlinburg, Altstadt, Stiftskirche und Schloss von S. 441; Rammelsberg, Bergwerk S. 387; Trier, Römische Baudenkmäler S. 251; Brühl, Schloss Augustusburg und Falkenlust S. 193; Wattenmeer S. 804; Bremen, Rathaus und Roland S. 727; Oberes Mittelrheintal S. 684; Völklinger Hütte S. 441; Wartburg S. 589; Weimar, das Bauhaus S. 484; Wieskirche, Wallfahrtskirche S. 176; Wittenberg und Eisleben, Luthergedenkstätten S. 503; Würzburger Residenz und Hofgarten S. 132; Essen, Industriekomplex Zeche S. 667

Ehemalige jugoslawische Republik Mazedonien
Ohrid, Stadt und See mit Umgebung S. 77

Estland
Struve-Bogen S. 747; Tallinn, Altstadt von S. 509

Finnland
Hohe Küste (Kvarken-Archipel) S. 630; Kirche von Petäjävesi S. 436; Rauma S. 368; Sammallahdenmäki, Friedhof von S. 599; Struve-Bogen S. 747; Suomenlinna, Festung S. 378; Verla, historische Kartonfabrik von S. 486

Frankreich
Amphitheater von Orange S. 120; Avignon, Brücke von S. 444; Belfriede in Belgien und Frankreich S. 575; Bordeaux, „Hafen des Mondes" S. 775; Canal du Midi S. 480; Carcassonne, historische Festungsstadt S. 514; Festungsanlagen Vaubans S. 794; Fontainebleau,

Fortsetzung auf Seite 13

Maßstab 1 : 10 000 000

Europa (Fortsetzung von Seite 8)

Europa (Fortsetzung von Seite 11)

Griechenland

Italien

Lettland

Luxemburg

Malta

Moldau, Republik

Montenegro

Rumänien

San Marino

Schweiz

Serbien

Slowakei

Slowenien

Ungarn

Vatikanstadt

Zypern

Welterbestätten
Nordamerika und die Karibik

Belize
Barrierriff von Belize S. 483

Costa Rica
Comoé, Nationalpark S. 153; Guanacaste, Schutzgebiet S. 596; Kokosinsel, Nationalpark S. 516; La Amistad, Nationalpark S. 162; Talamanca, Naturschutzgebiet S. 162

Dominica
Morne Trois Pitons, Nationalpark S. 515

Dominikanische Republik
Santo Domingo, kolonialzeitlicher Stadtbereich S. 343

El Salvador
Ruinen von Joya de Cerén S. 416

Guatemala
Antigua Guatemala S. 73; Maya-Ruinen und archäologischer Park Quirigua S. 130; Tikal, Nationalpark S. 88

Haiti
Historischer Nationalpark S. 139

Honduras
Maya-Ruinen von Copán S. 90; Río Plátano, Biosphärenreservat S. 142

Kanada
Abgrund der zu Tode gestürzten Bisons (Head Smashed-in Bison Jump) S. 118; Anthony-Insel S. 133; Dinosaurier-Provinzpark S. 48; Fossilienstätte Joggins S. 796; Gros Morne, Nationalpark S. 302; Kluane, Nationalpark S. 52; Lunenburg, Altstadt von S. 463; Miguasha, paläontologischer Park S. 599; Nahanni, Nationalpark S. 38; Rideau-Kanal S. 773; Rocky Mountains, Provinz- und Nationalparks S. 194; Tatshenshini-Alsek, Provinzpark S. 52; Waterton Glacier International Peace Park S. 450; Wikingersiedlung „L'Anse aux Meadows", Historischer Nationalpark S. 37; Wood Buffalo, Nationalpark S. 170; Wrangell-Saint-Elias, Nationalpark S. 52

Kuba
Alexander von Humboldt, Nationalpark S. 672; Burg San Pedro de la Roca, Santiago de Cuba S. 548; Camagüey, historisches Zentrum von S. 785; Cienfuegos, historisches Stadtzentrum von S. 749; Desembarco del Granma, Nationalpark S. 583; Havanna, Altstadt und Festungsanlagen von S. 146; Kaffeeplantagen S. 649; Trinidad, Kolonialstadt S. 323; Valle de los Ingenios, Zuckerfabriken S. 323; Viñales-Tal S. 593

Mexiko
Agavenlandschaft und historische Tequila-Produktionsstätten S. 754; Atotonilco, Festung San Miguel de Allende und Wallfahrtskirche Jesús de Nazareno S. 781; Cabañas-Hospiz, Guadalajara S. 534; Calakmul (Campeche), Maya-Stadt S. 687; Campeche, historische Stadt und Festung S. 577; Denkmalbereich von Tlacotalpan S. 548; Denkmalensemble von Querétaro S. 496; El Tajin, präkolumbische Stadt S. 394; Golf von Kalifornien, Inseln und Schutzgebiete S. 733; Guanajuato, historisches Zentrum und Bergwerksanlagen S. 318; Lagune von El Vizcaino, Schutzgebiet für Wale S. 401; Luís Barragán, Haus und Studio von S. 722; Mariposa Monarca, Biosphärenreservat S. 791; Mexiko City S. 284; Morelia, Altstadt von S. 369; Oaxaca, Altstadt von S. 286; Paquimé, archäologische Stätten von S. 563; Popocatepetl, Klöster des 16. Jahrhunderts S. 432; Präkolumbische Stadt Teotihuacán S. 288; Präkolumbische Stadt und Nationalpark von Palenque S. 299; Präkolumbische Stadt Uxmal S. 489; Puebla, historisches Zentrum von S. 284; Querétaro, Franziskanermissionen in der Sierra Gorda in S. 703; Ruinen von Chichen-Itza S. 330; Ruinen von Monte Albán S. 286; Sian Ka'an, Biosphärenreservat S. 267; Sierra de San Francisco, Felszeichnungen S. 419; Universitätscampus der Universidad Nacional Autónoma de México S. 770; Xochicalco, archäologische Stätte S. 605; Xochimilco S. 284; Zacatecas, Altstadt von S. 419

Nicaragua
Ruinen von León Viejo S. 619

Panama
Coiba-Nationalpark und seine marinen Schutzgebiete S. 745; Darien, Nationalpark S. 130; Festungen Portobello und San Lorenzo an der karibischen Küste S. 99; La Amistad, Nationalpark S. 162; Panamá Viejo, archäologische Stätten und historisches Viertel von S. 529; Salón Bolívar, historisches Viertel von S. 529; Talamanca, Naturschutzgebiet S. 162

St. Kitts und Nevis
Brimstone Hill, Nationalpark und Fort von S. 596

St. Lucia
Pitons-Naturschutzgebiet S. 711

Vereinigte Staaten von Amerika
Cahokia Mounds (vorgeschichtliche Siedlung) S. 151; Carlsbad Caverns, Nationalpark S. 446; Chaco, historischer Nationalpark S. 285; Everglades, Nationalpark S. 53; Freiheitsstatue S. 187; Grand Canyon, Nationalpark S. 54; Great Smoky, Nationalpark S. 164; Independence Hall, Philadelphia S. 64; Kluane, Nationalpark S. 52; La Fortaleza, Festung S. 166; Mammuthöhlen, Nationalpark S. 126; Mesa Verde, Nationalpark S. 28; Monticello und Universität von Virginia, Charlottesville S. 304; Olympic Mountains, Nationalpark S. 128; Pueblo Taos, Indianerdorf S. 380; Redwood, Nationalpark S. 103; San Juan, Altstadt von S. 166; Tatshenshini-Alsek, Provinzpark S. 52; Universität von Virginia und Monticello, Charlottesville S. 304; Vulkan-Nationalpark, Hawaii S. 264; Waterton Glacier International Peace Park S. 450; Wrangell-Saint-Elias, Nationalpark S. 52; Yellowstone, Nationalpark S. 34; Yosemite, Nationalpark S. 184

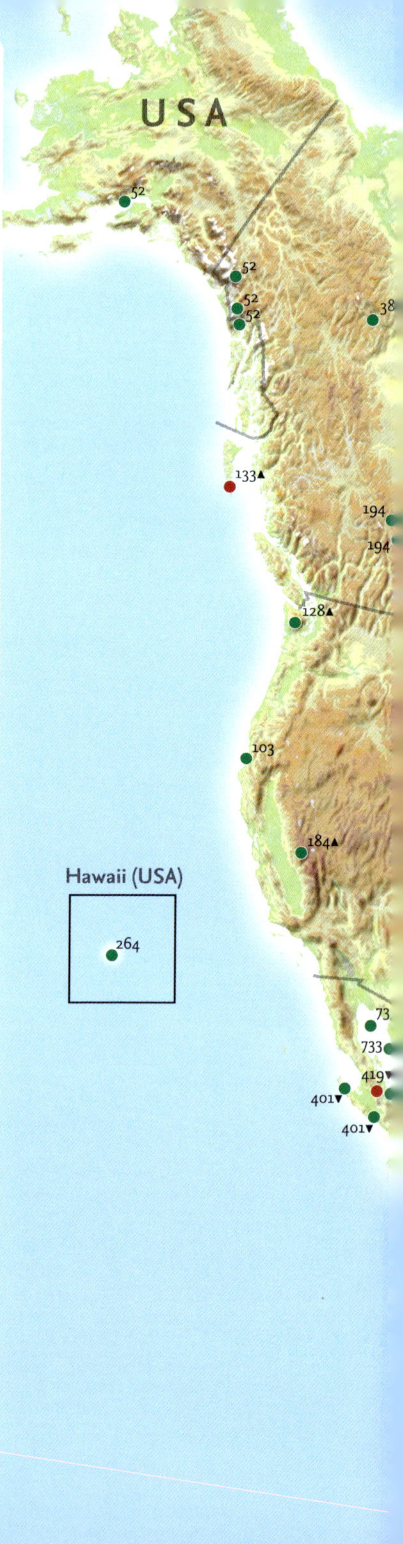

Die Karten zeigen nur die Vertragsstaaten der Welterbe-Konvention. Eingezeichnet sind die im März 2009 von den Vereinten Nationen anerkannten Grenzen.

Die Karten zeigen nur die Vertragsstaaten der Welterbe-Konvention. Eingezeichnet sind die im März 2009 von den Vereinten Nationen anerkannten Grenzen.

Welterbestätten
Südamerika

Die Karten zeigen nur die Vertragsstaaten der Welterbe-Konvention. Eingezeichnet sind die im März 2009 von den Vereinten Nationen anerkannten Grenzen.

Maßstab 1 : 50 000 000

Welterbestätten
Afrika

Die Karten zeigen nur die Vertragsstaaten der Welterbe-Konvention. Eingezeichnet sind die im März 2009 von den Vereinten Nationen anerkannten Grenzen.

Welterbestätten
Ozeanien

Australien
Uluru, Nationalpark (Ayers Rock) S. 306; Carlton-Gärten S. 718; Fraser Island S. 393; Greater Blue Mountains S. 609; Großes Barriere-Riff S. 122; Heard S. 522; Kakadu, Nationalpark S. 127; Kata Tjuta (Mount Olgas) S. 306; Königliches Ausstellungsgebäude S. 718; Lord-Howe-Inselgruppe S. 136; Macquarie-Insel S. 506; McDonald-Inseln S. 522; Naracoorte und Riversleigh, Fossilienlagerstätten S. 429; Purnululu, Nationalpark S. 699; Regenwald, Schutzgebiete S. 260; Riversleigh und Naracoorte, Fossilienlagerstätten S. 429; Shark Bay, Naturpark S. 368; Sydney, Oper von S. 763; West-Tasmanien, Nationalparks von S. 143; Wet Tropics, Nationalpark, Queensland S. 311; Willandra, Seengebiet von S. 125

Neuseeland
Antipodeninseln S. 556; Auckland-Inseln S. 556; Bounty-Inseln S. 556; Campbell, subantarktische Insel S. 556; Mount Cook, Nationalpark Neuseeland S. 354; Snares, subantarktische Insel S. 556; Te Wahipounamu, Naturschutzgebiet Neuseeland S. 354; Tongariro, Nationalpark S. 349

Papua Neuguinea
Kuk, historische Agrarlandschaft von S. 786

Salomonen
East Rennell, Korallenatoll S. 558

Vanuatu
Chief Roi Mata's Domain, Kulturlandschaft S. 795

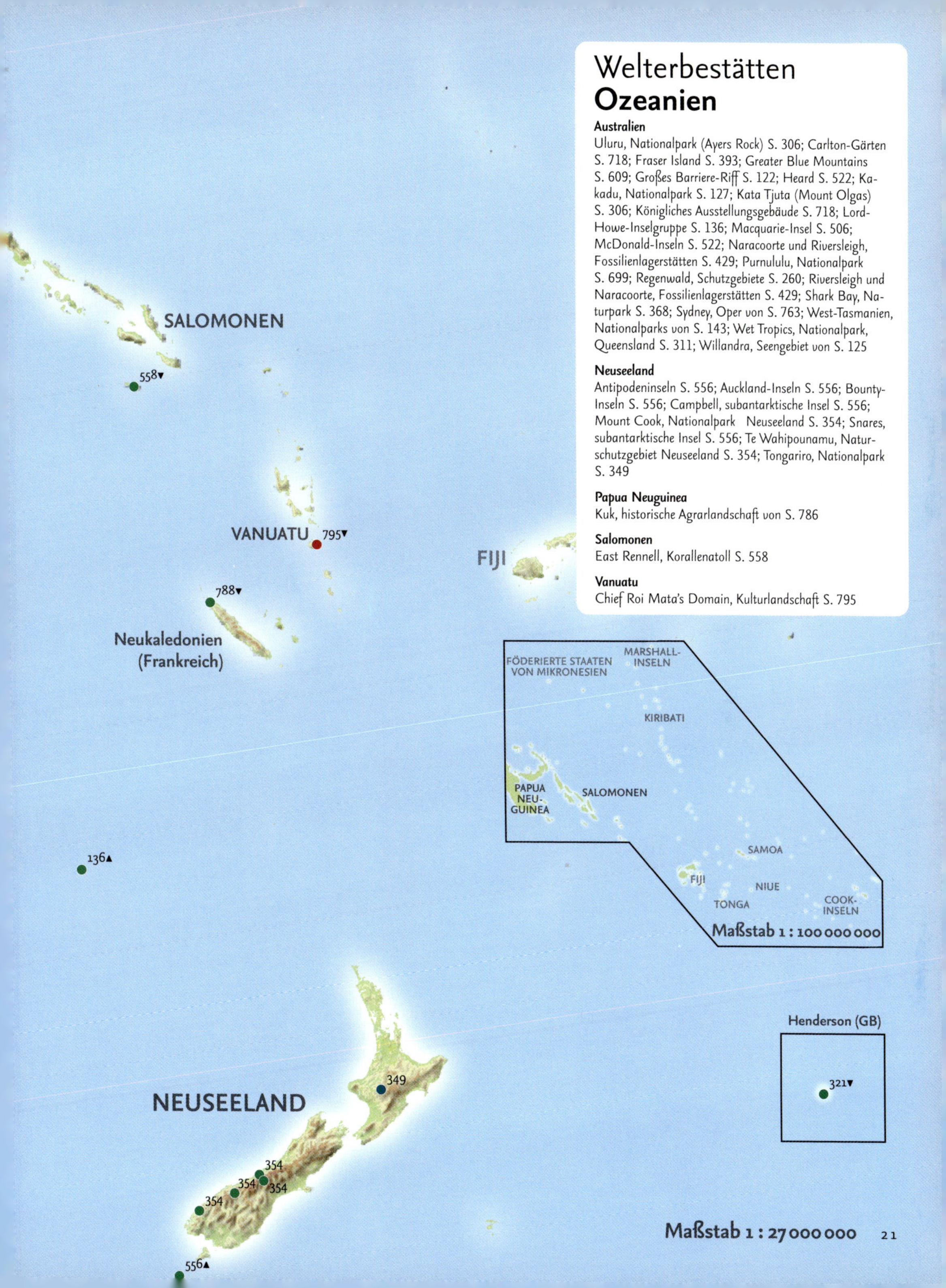

Jammu und Kaschmir: Die gepunktete Linie stellt in etwa die Kontrollgrenze zwischen Jammu und Kaschmir dar, die im Übereinkommen von Indien und Pakistan festgelegt wurde. Über den endgültigen Status von Jammu und Kaschmir konnten sich beide Staaten nicht einigen. Die Karten zeigen nur die Vertragsstaaten der Welterbe-Konvention. Eingezeichnet sind die im März 2009 von den Vereinten Nationen anerkannten Grenzen.

Welterbestätten
Asien, Mittlerer Osten und Arabische Halbinsel

Afghanistan
Bamiyan-Tal, Kulturlandschaft und archäologische Stätten S. 703; Minarett und Ruinen von Jam S. 683

Armenien
Etschmiadsin, Kathedrale und Kirchen von S. 655; Klöster Haghpat und Sanahin S. 500; Kloster von Geghard S. 630; Zvartnots, archäologische Stätte von S. 655

Aserbaidschan
Baku, ummauerter Teil von S. 607; Gobustan, Felsbilder und Kulturlandschaft von S. 767; Jungfrauenturm S. 607; Schirwanschah S. 607

Bahrain
Qal'at al-Bahrain, archäologische Stätte S. 746

Bangladesch
Bagerhat, historische Moscheenstadt S. 28; Ruinen des buddhistischen Klosters von Paharpur S. 222; Sundarbans, Mangrovenwälder der S. 512

China
„Drei parallel verlaufende Flüsse", Schutzzonen im Nationalpark von Yunnan S. 700; Bergregion Taishan S. 297; Chengde, Sommerresidenz und zugehörige Tempel S. 436; Dazu, Felsbilder von S. 584; Dujiangyan, Berg Qincheng und Bewässerungssystem von S. 648; Fujian, Tulou-Lehmrundbauten S. 788; Gebirgslandschaft Huangshan S. 357; Große Mauer S. 294; Grotten von Longmen S. 654; Höhlen von Mogao S. 298; Hongcun 653; Huanglong, Kalksinterterrassen-Landschaft S. 395; Jiuzhaigou-Tal, Landschaftspark S. 380; Kaiping, Diaolou-Türme und Dörfer in S. 774; Kaiserliche Grabstätten der Ming- und Qing-Dynastie S. 616; Kaiserlicher Garten (Sommerpalast), Beijing S. 552; Kaiserpaläste der Ming- und der Qing-Dynastien in Beijing und Shenyang S. 277; Karstlandschaft in Südchina S. 768; Konfuziustempel, Friedhof und Residenz der Familie Kong in Qufu S. 433; Lijiang, Altstadt von S. 510; Lushan, Nationalpark S. 484; Macao, historisches Zentrum von S. 737; Mount Sanqingshan, Nationalpark S. 796; Mount Wutai S. 802; Beijing, Himmelstempel mit kaiserlichem Opferaltar S. 559; Ping Yao, Altstadt von S. 540; Qin Shi Huang, Grabmal des ersten Kaisers von China S. 300; Ruinen der ehem. Hauptstädte und Gräber des antiken Königreichs Koguryo S. 722; Shan Emei, Berglandschaft (Großer Buddha von Leshan) S. 481; Sichuan, Panda-Naturreservat in S. 751; Suzhou, klassische Gärten von S. 518; Wudang, taoistische Heiligtümer in den Bergen von S. 429; Wulingyuan, Landschaftspark S. 382; Wuyi-Gebirge S. 598; Xidi S. 653; Yin Xu S. 759; Yungang-Grotten S. 672; Zhoukoudian, Fundstätte des „Peking-Menschen" S. 298

Fortsetzung auf Seite 24

Asien, Mittlerer Osten und Arabische Halbinsel (Fortsetzung)

Alle Welterbestätten chronologisch
geordnet nach dem Jahr ihrer Aufnahme
in die Welterbeliste

Nationalpark und Meeresschutzgebiet Galapagos-Inseln

Ecuador

Begründung der Aufnahme: besonderes Naturphänomen, Zeugnis wichtiger Stadien der Erdgeschichte, Schauplatz spezieller ökologischer und biologischer Prozesse, bedeutender natürlicher Lebensraum – Biodiversität

Die Galapagos-Inseln liegen im Pazifischen Ozean, etwa 1000 km vor der südamerikanischen Küste. Sie bestehen aus 19 Hauptinseln und einem Meeresschutzgebiet. Die Inselgruppe gilt als einzigartiges „lebendes Museum und Schaufenster der Evolution". Da drei große Meeresströmungen in der Gegend zusammenfließen, findet man im Meer rund um die Inseln eine große Artenvielfalt.

Die Inseln sind die Gipfel untermeerischer Vulkane, die sich bis 3000 m über den Meeresboden erheben. Die Inseln unterscheiden sich sehr in Alter, Höhe, Größe und Ausrichtung, was zusammen mit räumlichen Trennung dazu führte, dass sich auf den einzelnen Inseln zahlreiche endemische Arten entwickelten. Die andauernde seismische und vulkanische Aktivität zeugt bis in die Gegenwart von den Mechanismen, durch welche die Inseln entstanden sind. Erdgeschichtliche Prozesse förderten zusammen mit der extremen Isolation die Entstehung einzigartiger Tierarten, wie Meerechse, Riesenschildkröte und Galapagos-Kormoran. Charles Darwin, der die Inseln im Jahr 1835 besuchte, inspirierte diese Tierwelt zu seiner Evolutionstheorie.

Im westlichen Teil der Inselgruppe sind die seismischen und vulkanischen Aktivitäten am stärksten. Auf den größeren Inseln findet sich meist mindestens ein großer

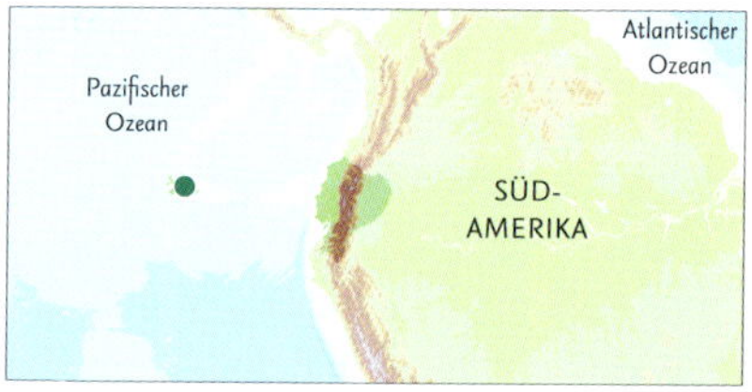

Schildvulkan mit sanft abfallenden Hängen und einem eingebrochenen Krater oder einer Caldera. Lange Küstenabschnitte sind kaum abgetragen, an anderen Stellen entstanden durch Verwerfungen und maritime Erosion steile Klippen, Lavafelder oder Strände aus Korallen- oder Muschelsand.

An Stränden, Salzwasserlagunen und flachen, felsigen Ufern wächst Küstenvegetation, während an geschützten Buchten und Lagunen Mangrovensümpfe überwiegen. Wirklich prägend für die Landschaft dieser Inselwelt ist jedoch die aride Zone, die unmittelbar hinter der Küstenlinie beginnt. In höheren Lagen folgt ein Übergangsbereich und schließlich eine humide Höhenstufe, die während der Trockenzeit in den dichten Garúa-Nebel gehüllt ist. Auf den Berggipfeln der größeren Inseln wachsen Farne, Gräser und Seggen, die auf die Feuchtigkeit der periodischen Tümpel angewiesen sind.

Die endemische Tierwelt umfasst Wirbellose, Reptilien- und Vogelarten sowie wenige Säugetierarten. Bis auf zwei Meeresschildkrötenarten sind alle Reptilien der Inseln endemisch.

Die äußerst artenreichen Lebensräume im Meer sind von der Wassertemperatur und dem wechselnden Nährstoff- und Lichtangebot abhängig. Es gibt warmgemäßigte Gewässer im Bereich des aufsteigenden Cromwell-Stroms und eher kühle bis warmgemäßigt-subtropische Gewässer im Einflussbereich des Humboldt-Stroms.

Eine endemische Galapagos-Riesenschildkröte. Ein erwachsenes Tier kann in Freiheit 1,20 m lang und 150 Jahre alt werden. Eine der ehemals zwölf Unterarten ist bereits ausgestorben. ▶

Die Rote Krabbe (Graspus graspus) ist eine endemische Art. Sie lebt auf den felsigen Küsten, wo sie Algen sowie tote Fische, Vögel und Robben frisst. ▶

Die Welterbestätte umfasst die untermeerische Galapagos-Platte mit insgesamt 120 Inseln. Die größten Inseln sind Isabela, Santa Cruz, Fernandina, Santiago und San Cristobal.

Nationalpark Mesa Verde
Vereinigte Staaten
Begründung der Aufnahme: Zeugnis einer Kultur

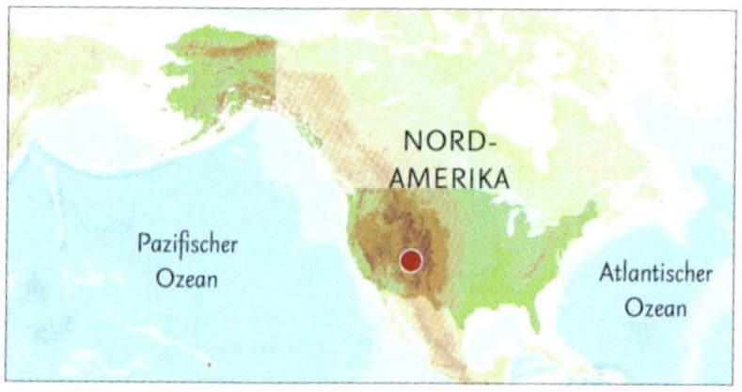

Auf dem Mesa-Verde-Plateau im Südwesten Colorados findet man in über 2600 m Höhe die Behausungen, in denen einst die Vorfahren der Pueblo-Indianer wohnten. Die einzigartige Lage in einer Landschaft aus Tafelbergen (Mesas), die von tiefen Canyons durchschnitten werden, erforderte eine besondere Bauweise. Außerdem mussten die Erbauer mit dem extremen Klima fertig werden: Die Gegend ist semi-arid mit unregelmäßigen Niederschlägen, und es bestehen extreme Temperaturunterschiede zwischen Tag und Nacht.

Die Wohnstätten wurden zwischen dem 6. und 12. Jh. von den Anasazi, den Vorfahren der Pueblo-Indianer, erbaut. Während die ältesten Siedlungen noch auf der Hochebene angelegt wurden, baute man später entlang der Steilhänge im Schutz überhängender Felswände, die durch Erosion geformt worden waren. Manche dieser eindrucksvollen Felsenbehausungen bestehen aus über 100 Räumen. Insgesamt wurden 4000 Wohnstätten nachgewiesen.

▲
Die Wohnstätten der Anasazi sind seit 1906 durch den amerikanischen Federal Antiquities Act geschützt.

Die einzelnen Felsensiedlungen waren hoch spezialisiert und dienten z. B. als religiöse Zentren.

Die Anasazi erfanden Bewässerungstechniken, um Getreide anzubauen. In der Blütezeit ihrer Kultur stellten sie hochwertige Keramik her und fertigten Webarbeiten und Flechtwerk aus Yucca-Fasern an.

Insel Gorée
Senegal

Begründung der Aufnahme: Verknüpfung mit Ereignissen von universeller Bedeutung

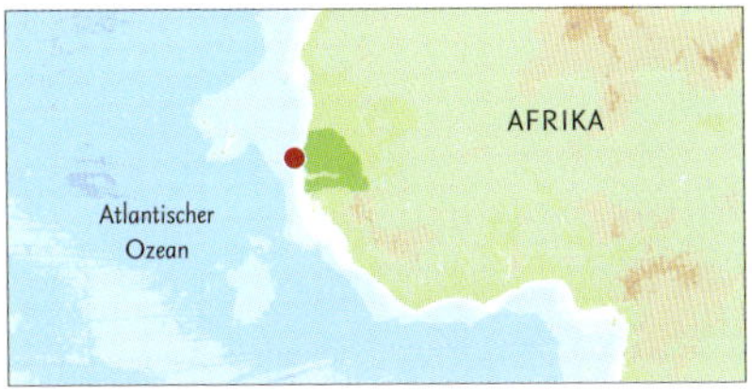

Die Insel Gorée, die vor der Stadt Dakar an der Küste Senegals liegt, ist ein Mahnmal der afrikanischen Diaspora. Die Insel, die nacheinander von Portugiesen, Holländern, Engländern und Franzosen beherrscht wurde, war vom 15. bis ins 19. Jh. der größte Sklavenmarkt an der afrikanischen Küste. Charakteristisch für die Architektur der Insel ist der extreme Gegensatz zwischen den erbärmlichen Sklavenquartieren und den eleganten Villen der Sklavenhändler. Von der Mitte des 16. Jh. bis 1848 wurden von Gorée aus etwa 20 Mio. Sklaven gehandelt. In einer kleinen Sklavenunterkunft hausten 150–200 Menschen monatelang unter fürchterlichen Bedingungen bis zu ihrer Verschiffung nach Amerika. Heute soll die Insel an die Ausbeutung von Menschen erinnern und gleichzeitig ein Stätte der Versöhnung sein.

In den Zellen einer Sklavenunterkunft lebten 15–20 Männer auf 2,60 x 2,60 m. Sie waren an Hals und Armen an die Wand gekettet.
Wenn sich die Sklaven einmal am Tag erleichtern durften, mussten sie eine schwere Eisenkugel an einer Kette mit sich schleppen.
▼

Altstadt von Krakau
Polen

Begründung der Aufnahme: Erbe von besonderer menschheitsgeschichtlicher Bedeutung

Die historische Altstadt von Krakau (Kraków), der ehemaligen Hauptstadt Polens, ist ein außerordentliches Ensemble mittelalterlicher Architektur. Die Handelsstadt aus dem 13. Jh. besitzt nicht nur den größten Marktplatz Europas, sondern auch zahlreiche historische Häuser, Schlösser und Kirchen mit prachtvoller Inneneinrichtung. Von der faszinierenden Geschichte der Stadt zeugen auch die Befestigungsanlagen aus dem 14. Jh., das mittelalterliche Stadtviertel Kazimierz mit seinen alten Synagogen, die Jagiellonen-Universität und die gotische Wawelkathedrale.

Die Stadtlandschaft Krakaus hat vier Zentren: die Altstadt Stare Miasto rund um den Marktplatz, den Wawelhügel mit dem Königsschloss, die ehemals eigenständige Stadt Kazimierz und das Stradom-Viertel.

Das regelmäßige, rechtwinklige Straßennetz von Stare Miasto geht auf Boleslaw den Schüchternen (1257) zurück. Sein Ziel war es, die lockere Streusiedlung zu Füßen des Wawelhügels zu vereinheitlichen. Von der mittelalterlichen Stadtmauer sind nur noch ein Stadttor und ein im Jahr 1499 erbautes Mauerstück in der Nähe des Haupttors erhalten.

Das von der Altstadt getrennte, historische Kazimierz war bis 1880 eine Insel. Bis zum Zweiten Weltkrieg lebten hier die Krakauer Juden.

Die Jagiellonen-Universität ist die älteste Universität Polens und eine der ältesten in Europa. Berühmte Persönlichkeiten, wie Kopernikus und Karol Wojtyla (Papst Johannes Paul II.), haben hier studiert.

Der Wawel, ein Kalksteinfelsen über der Altstadt, ist das eigentliche historische Zentrum mit den bedeutendsten Gebäuden Krakaus. Das ehemalige Königsschloss ist heute ein Museum, in dem Wandteppiche, der Reichsschatz, Fahnen und antike Möbel ausgestellt werden. Die Kathedrale auf dem Wawel ist die letzte Ruhestätte der polnischen Könige.

Am Zugang zum Wawel beginnt der alte Königsweg, der an historischen Monumenten und Gebäuden vorbei auf den Marktplatz (Rynek Główny) im Zentrum der Altstadt führt. Der Marktplatz ist mit 200 m Seitenlänge einer der größten mittelalterlichen Plätze Europas. Eine Seite wird von der gotischen Marienkirche beherrscht, in der Mitte des Platzes stehen die alten Tuchhallen (Sukiennice).

Die Wawelkathedrale (St. Stanislaus und Wenzel) war über Jahrhunderte die Hauskirche der polnischen Könige. Hier wurden Könige gekrönt, Hochzeiten geschlossen und Könige begraben. ►

An der Weichsel unterhalb des Wawel liegt in einem kleinen Park die Höhle des legendären slawischen Herrschers Krak.

Im Zweiten Weltkrieg wurden die 64 000 jüdischen Bewohner des Kazimierz-Viertels deportiert, vermutlich in das Konzentrationslager Auschwitz. Nur 6000 kehrten nach dem Krieg zurück.

Felsenkirchen von Lalibela
Äthiopien

Begründung der Aufnahme: Meisterwerk menschlicher Schöpferkraft, Zeugnis kulturellen Austauschs, Zeugnis einer Kultur

Die elf monolithischen Kirchen des mittelalterlichen „neuen Jerusalems" wurden im 13. Jh. aus Felsgestein herausgehauen. Sie befinden sich im Herzen Äthiopiens in der Nähe einer traditionellen Rundbautensiedlung. Da man sie tief in den massiven Felsboden einmeißelte, liegen die Kirchen unterhalb des Bodenniveaus. Lalibela ist bis heute die heilige Stadt der äthiopischen Christen. Es wird von koptischen Priestern unterhalten und ist sowohl Wallfahrtsort als auch Andachtsstätte.

Die Felsenkirchen sind über ein Wegelabyrinth verbunden, das sich auf beiden Seiten des kleinen Flusses Jordan erstreckt. Die Kirchen auf einer Seite des Jordans repräsentieren das irdische, die auf der anderen Seite das himmlische Jerusalem.

◄ Georgskirche

Altstadt von Quito
Ecuador

Begründung der Aufnahme: Zeugnis kulturellen Austauschs, Erbe von besonderer menschheitsgeschichtlicher Bedeutung

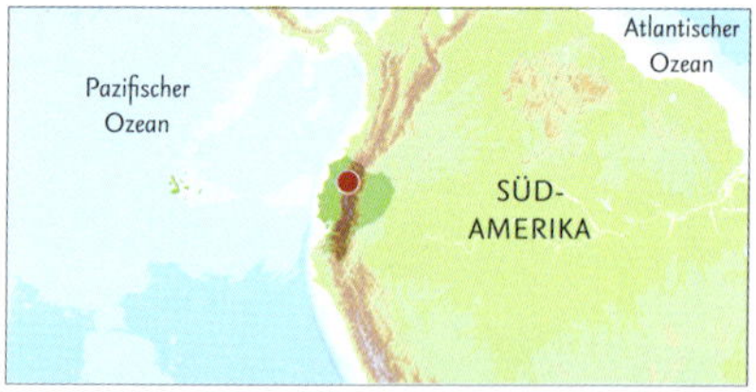

Das in 2850 m Höhe gelegen Quito, die Hauptstadt von Ecuador, wurde im 17. Jh. auf den Ruinen einer Inka-Stadt erbaut. Trotz des Erdbebens von 1917 ist die Altstadt von Quito noch immer das am besten erhaltene historische Stadtzentrum Lateinamerikas. Die Klöster San Francisco und Santo Domingo sowie die Kirche und das Jesuitenkolleg La Compañía de Jesús mit ihren prachtvollen Innenräumen gelten als typische Beispiele des „Quito-Barocks". In ihm verschmelzen spanische, italienische, maurische und flämische Stilelemente mit der Kunst der Indios.

Quito wurde auf abschüssigem, unebenem Terrain errichtet, das von zwei tiefen Schluchten (Quebradas) zerschnitten wird. Eine der Schluchten ist teilweise überwölbt, um eine regelmäßige Anordnung der Straßen zu ermöglichen, auf der das Entwässerungssystem basiert. Das Wasser fließt durch einen Spalt im nördlichen Höhenzug in die Flussebene des Tumbaco ab.

◄ Kloster und Kirche Santo Domingo

Aachener Dom
Deutschland

Begründung der Aufnahme: Meisterwerk menschlicher Schöpferkraft, Zeugnis kulturellen Austauschs, Erbe von besonderer menschheitsgeschichtlicher Bedeutung, Zeugnis einer Kultur, Verknüpfung mit Ereignissen von universeller Bedeutung

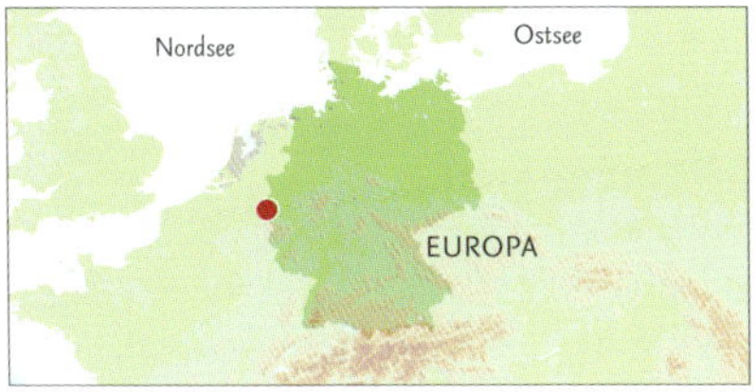

Die Pfalzkapelle im Zentralbau des Aachener Doms galt mit ihren Säulen aus griechischem und italienischem Marmor, den Bronzetüren und dem überkuppelten, achteckigen Grundriss schon kurz nach ihrer Fertigstellung als architektonisches Meisterwerk. Ihr Bau begann zwischen 790 und 800 unter Karl dem Großen, der auch in der Kapelle begraben wurde. Während des Mittelalters war die Pfalzkapelle stilbildend für die Kirchenbaukunst in Deutschland; es dauerte allerdings mehr als 1000 Jahre, bis der Dom in seiner heutigen Gestalt vollendet war. Bis 1531 wurden hier die deutschen Kaiser gekrönt. Vom ursprünglichen Gebäudekomplex sind nur noch zwei Bauwerke erhalten: die Krönungshalle aus dem 14. Jh., die ins heutige Rathaus integriert ist, und die karolingische Pfalzkapelle als Mittelbau des Domes.

Karl der Große veranlasste den Bau der Pfalzkapelle. Nach seiner Heiligsprechung, etwa 200 Jahre später, kamen die Pilger nach Aachen, um sein Grab und die von ihm gesammelten Reliquien zu verehren.

Nationalpark Yellowstone

Vereinigte Staaten

Begründung der Aufnahme: besonderes Naturphänomen, Zeugnis wichtiger Stadien der Erdgeschichte, Schauplatz spezieller ökologischer und biologischer Prozesse, bedeutender natürlicher Lebensraum – Biodiversität

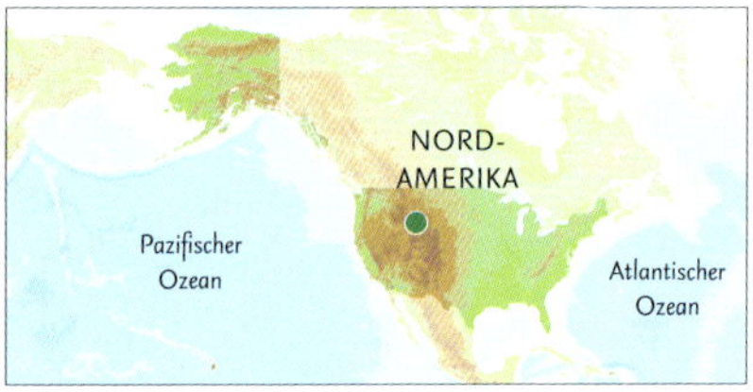

Der Nationalpark Yellowstone umfasst ein riesiges, 9000 km^2 großes Waldgebiet in den südlichen Rocky Mountains im Westen Nordamerikas. Man kann dort etwa die Hälfte aller weltweit bekannten geothermalen Phänomene an insgesamt über 10 000 Stellen beobachten. Auch für seine artenreiche Tierwelt, zu der Grizzlys, Wölfe, Bisons und Wapitis zählen, ist der Park berühmt.

Der im Jahr 1872 gegründete Yellowstone war Amerikas erster Nationalpark. Geysire, Lavaformationen, Fumarolen und heiße Quellen sind eindrucksvolle Anzeichen geothermaler Aktivität, hinzu kommen Wasserfälle, Seen und Canyons. Über 580 Geysire und damit zwei Drittel aller Geysire der Erde konzentrieren sich auf dem Gelände des Parks. Der Ursprung dieses Phänomens liegt in der geologischen Vergangenheit der Region: Yellowstone gehört zu einer seismisch besonders aktiven Zone der Rocky Mountains, die über einem vulkanischen „Hotspot" liegt.

Vor 65 Mio. Jahren hoben sich die südlichen Rocky Mountains empor, die bis vor 40 Mio. Jahren vulkanisch aktiv waren. Vor rund 2 Mio. Jahren setzte eine neue Periode des Vulkanismus ein: Tausende Kubikkilometer Magma füllten eine riesige Kammer unter dem Gebirge und brachen an der Oberfläche hervor. Bei drei gewaltigen Eruptionen wurden große Mengen Asche explosionsartig nach oben geschleudert. Beim letzten Ausbruch brach die Magmakammer ein, und es entstand eine 45 km breite und 75 km lange Caldera. Die Hitze des erstarrenden Magmas verursacht hydrothermale Naturerscheinungen wie Geysire, heiße Quellen, Schlammlöcher und Fumarolen.

Im Pleistozän (vor 1,8 Mio. Jahren bis zum Ende der letzten Eiszeit vor 10 000 Jahren) waren weite Teile der Region von Gletschern bedeckt, deren Spuren noch heute sichtbar sind. Der Park ist das Einzugsgebiet von drei großen Flüssen – Yellowstone, Madison und Snake. Der Yellowstone-See, der 2357 m über dem Meeresspiegel liegt, ist der größte Hochgebirgssee Nordamerikas; der Lower-Yellowstone-Wasserfall der höchste der etwa 40 Wasserfälle im Park.

Wegen der großen Höhenunterschiede konnten sich zahlreiche Vegetationsformen ausbilden, von semi-ariden Steppengesellschaften bis zur alpinen Tundra. Im Park wachsen sieben Nadelbaumarten, vor allem Drehkiefern, und etwa 1100 Arten von Gefäßpflanzen, darunter ein endemisches Gras. Selbst in den heißen Quellen leben noch Algen und Bakterien.

In Yellowstone kommen neben dem Elch fünf weitere Huftierarten vor. Grizzlys werden seit 40 Jahren intensiv erforscht und betreut, auch heimische Fischarten sind geschützt.

Der Castle Geysir im oberen Geysir-Becken des Nationalparks Yellowstone soll bereits seit 5000 Jahren aktiv sein. Alle 12 Stunden schießt er 20 Minuten lang eine heiße, 27 m hohe Wasserfontäne in die Luft. ▶

Das 6500 km^2 große, bewaldete Yellowstone-Plateau entstand beim Ausbruch von Rhyolit-Magma. Es liegt durchschnittlich 2000 m hoch und ist im Norden, Osten und Süden von bis zu 4000 m hohen Bergen umgeben.

96 % des Parkgebietes liegen im Staat Wyoming, 3 % in Montana und 1 % in Idaho.

Archäologische Funde belegen, dass schon vor 10 000 Jahren Menschen durch Yellowstone zogen, die aber nicht sesshaft wurden.

Salzbergwerk Wieliczka
Polen

Begründung der Aufnahme: Erbe von besonderer menschheitsgeschichtlicher Bedeutung

Das Salzbergweg Wieliczka liegt im Süden Polens in der Nähe von Krakau. Hier wird seit dem Ende des 13. Jh. Steinsalz abgebaut. Das Bergwerk umfasst neun Sohlen und 300 km Stollen, die über 2000 Abbaukammern verbinden. Im Laufe der Jahrhunderte haben die Bergleute immer wieder Skulpturen aus dem anstehenden Salzgestein geformt und mehrere unterirdische Kirchen, Altäre und Reliefs und Dutzende lebensgroßer oder größerer Statuen geschaffen. Es gibt ein unterirdisches Museum und ein Sanatorium für Menschen mit Atemwegserkrankungen. Der unterirdische See, der seit dem 15. Jh. von Touristen besucht wird, vervollständigt die außergewöhnliche Anlage.

Der größte Kirchenraum ist die 101 m unter der Oberfläche liegende Kinga-Kapelle. Sie ist über 50 m lang, 15 m breit, 12 m hoch und hat ein Volumen von 10 000 m³.
▼

Nationalpark Simien
Äthiopien

Begründung der Aufnahme: besonderes Naturphänomen, bedeutender natürlicher Lebensraum – Biodiversität

Diese äußerst spektakuläre Landschaft im äthiopischen Hochland entstand durch starke Erosion, die zerklüftete Berge, tiefe Täler und enorme, bis zu 1500 m tief abfallende Steilhänge hervorbrachte. Im Park leben einige äußerst seltene Tierarten, wie die Dscheladas, der Äthiopische Wolf und der Äthiopische Steinbock, der nur hier vorkommt.

Das zerklüftete Basaltgestein macht den Park zu einem idealen Wasserspeicher, der die Niederschläge der zwei jährlichen Regenzeiten und das Wasser des Mayshasha-Flusses sammelt. Der Wasserreichtum das Parks ist die Lebensgrundlage für eine artenreiche Vegetation und zahlreiche Wildtiere.

◄ Ein Exemplar des sehr seltenen Dscheladas

Historischer Nationalpark Wikingersiedlung „L'Anse aux Meadows"
Kanada

Begründung der Aufnahme: Verknüpfung mit Ereignissen von universeller Bedeutung

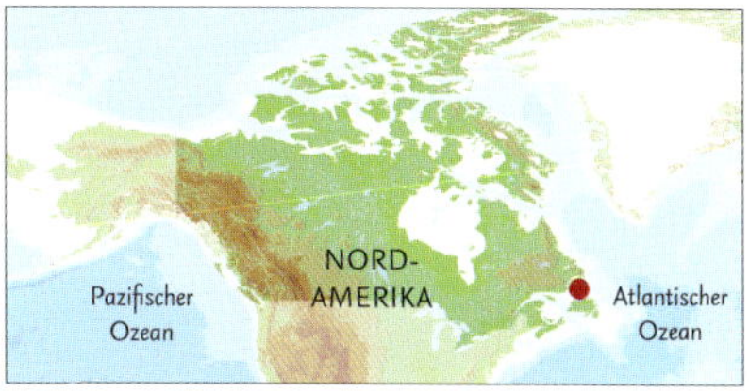

L'Anse aux Meadows liegt an der Spitze der großen nördlichen Halbinsel Neufundlands und ist auf dem amerikanischen Kontinent sowohl die älteste europäische Siedlung als auch einzige sicher nachgewiesene Wikingersiedlung. Archäologische Funde belegen, dass vor etwa 1000 Jahren, also lange vor Kolumbus oder Cabot, Europäer in Nordamerika gelandet waren.

Helge und Anne Stein Ingstad entdeckten 1960 die Überreste von acht Torfhäusern mit hölzernen Stützen. Ähnliche Bauten sind auch aus Grönland und Island bekannt.

Sie fanden eine Schmiede, vier Werkstätten und zahlreiche Artefakte: Gewandnadel, Nadel und Spinnwirtel deuten auf nordische Siedler und außerdem auf die Anwesenheit von Frauen im Lager hin. Die Überreste metallischer Schlacke sind die ältesten Zeugnisse von Eisenbearbeitung in der Neuen Welt. Holzabfälle und Nagelfragmente könnten die Überbleibsel von Schiffsreparaturen sein, die vermutlich eine der Hauptaufgaben der Bewohner des Wikingerdorfes waren. Wahrscheinlich ist L'Anse aux Meadows das in den Sagas erwähnte „Tor zum Vinland".

In der Region haben verschiedene Völker gelebt. Die ältesten menschlichen Überreste sind etwa 5000 Jahre alt und stammen von den Eskimovorfahren der Dorset- und Groswater-Kultur. Von L'Anse aux Meadows aus fuhren die Wikinger über den St.-Lorenz-Strom ins Vinland, wo sie vermutlich auch den ersten nordamerikanischen Ureinwohnern begegneten.

Nationalpark Nahanni
Kanada

Begründung der Aufnahme: besonderes Naturphänomen, Zeugnis wichtiger Stadien der Erdgeschichte

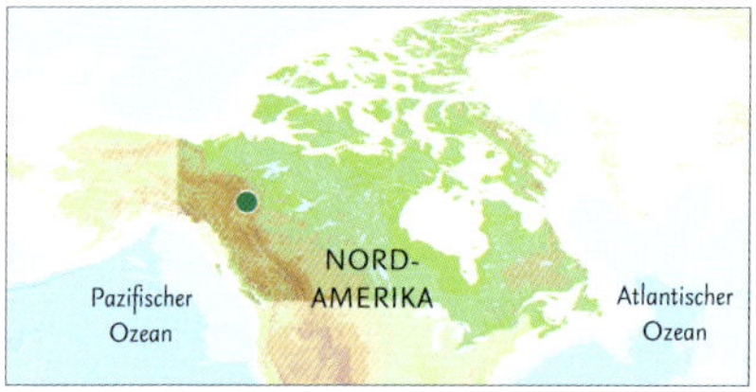

Die Parkverwaltung arbeitet mit den Dene- und Metis-Stämmen daran, den Nahanni-Park zu erweitern, um weitere Lebensräume für Wildtiere und außergewöhnliche geologische Phänomene zu schützen.

Der Nationalpark liegt in der südwestlichen Ecke der Nordwest-Territorien Kanadas an den Flüssen South Nahanni und Flat. Die gebirgige Landschaft ist von Bergketten, sanften Hügeln, zerklüfteten Hochflächen, tiefen Canyons und spektakulären Wasserfällen geprägt; außerdem gibt es dort ein weltweit einmaliges System von Kalksteinhöhlen. Der Park weist einzigartige geologische Formationen auf, wie die Rabbitkettle Hotsprings, mehrere Hügel aus Quellkalk, die in Terrassenstufen bis auf 27 m ansteigen, oder die als Sand Blowouts bezeichneten vom Wind geformten Sandsteine. Große Bereiche des Parks sind seit über 100 000 Jahren nicht von Gletschern bedeckt worden. Im Park leben Tiere des borealen Nadelwaldes, wie Weißkopfseeadler, Grizzlys und Karibus.

Meidan-e Schah (Königsplatz) von Isfahan
Islamische Republik Iran

Begründung der Aufnahme: Meisterwerk menschlicher Schöpferkraft, traditionelle Siedlungsform, Verknüpfung mit Ereignissen von universeller Bedeutung

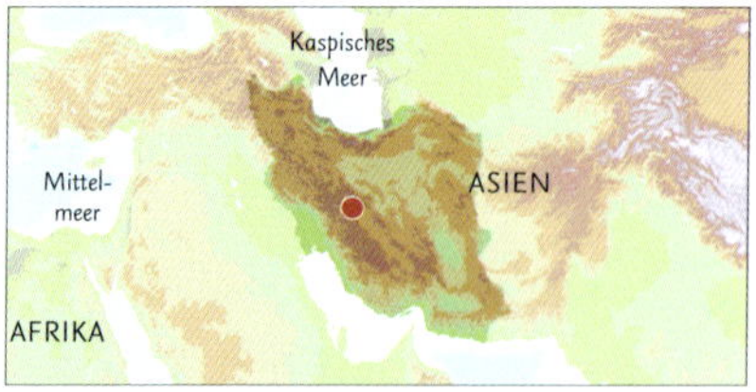

Der Königsplatz war das Herzstück der Safawiden-Hauptstadt. Auf seinen Sandflächen fanden Paraden, Truppenschauen, Polospiele, Feiern und öffentliche Hinrichtungen statt. Auf der Tribüne über dem Portal zum Basar gaben Musiker öffentliche Konzerte.

Der Königsplatz von Isfahan (Meidan-e Schah), der heute offiziell Meidan Emam genannt wird, ist ein Zeugnis des soziokulturellen Lebens im Persien der Safawiden-Zeit. Er wurde von Schah Abbas I. dem Großen zu Beginn des 17. Jh. erbaut. Vier monumentale Gebäude an jeder Seite des Platzes sind über zweistöckige Arkaden verbunden: Im Norden befindet sich der Königliche Basar (1602–1619), im Süden die Königliche Moschee (1612–1630), im Osten die Scheich-Lotfollah-Moschee (1602–1618) und im Westen die Hohe Pforte, die auf einem kleinen Palast aus der Timuriden-Zeit im 15. Jh. aufbaut und vom Schah und seinen Nachfolgern erweitert wurde. Alle Gebäude, auch die Arkaden, sind überreich mit bemalten Keramikziegeln verziert.

Altstadt von Damaskus

Arabische Republik Syrien

Begründung der Aufnahme: Meisterwerk menschlicher Schöpferkraft, Zeugnis kulturellen Austauschs, Zeugnis einer Kultur, Erbe von besonderer menschheitsgeschichtlicher Bedeutung, Verknüpfung mit Ereignissen von universeller Bedeutung

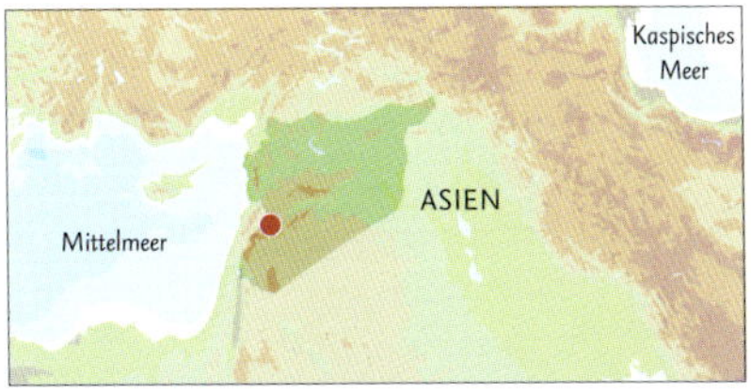

Damaskus wurde im 3. Jt. v. Chr. gegründet und gilt zugleich als älteste Stadt und älteste Hauptstadt der Welt. Als Wiege der Zivilisation war Damaskus seit alters her ein blühendes Zentrum der Wissenschaften und der Künste, und über Jahrtausende ein Vorbild für Architekten und Stadtplaner. Die Stadt hatte bereits viele Herrscher gesehen, darunter König David und Alexander den Großen, als sie im Jahr 636 n. Chr. als Hauptstadt des Umayyaden-Kalifats Teil der arabischen Welt wurde. Im Mittelalter war Damaskus ein Zentrum der Handwerkskunst und berühmt für seine Schwerter und Stoffe.

In der Stadt stehen noch etwa 125 Bauwerke aus verschiedenen historischen Epochen. Die Große Umayyaden-Moschee aus dem 8. Jh., die an der Stelle eines assyrischen Heiligtums erbaut wurde, dürfte eines der spektakulärsten sein.

Aus der langen Geschichte vor der arabischen Eroberung blieben in Damaskus nur wenige Spuren erhalten, darunter einige Überreste aus der Römerzeit.

Im Laufe der Jahrhunderte haben sich rund um die **Große Moschee (unten)** Handwerker und Kaufleute niedergelassen. Die wichtige christliche Minderheit siedelte sich im nördlichsten Viertel um die Kirchen und Reliquien an, die mit Paulus in Verbindung stehen.

Auschwitz-Birkenau – deutsches nationalsozialistisches Konzentrations- und Vernichtungslager (1940–1945)

Polen

Begründung der Aufnahme: Verknüpfung mit Ereignissen von universeller Bedeutung

Auschwitz-Birkenau war das wichtigste und berüchtigtste der sechs Konzentrations- und Vernichtungslager der Nationalsozialisten. Wie die übrigen Lager war es Teil der „Endlösungspolitik", deren Ziel der Massenmord an der jüdischen Bevölkerung Europas war. Es wurde während der deutschen Besetzung Polens zunächst als Kriegsgefangenenlager erbaut. Von 1942–1944 diente es als Vernichtungslager, in dem aus rassistischen Gründen Juden gefoltert und getötet wurden. Hier fanden über 1 Mio. jüdische Männer, Frauen und Kinder, Zehntausende von Polen, Tausende Sinti und Roma und andere europäische Gefangenen den Tod. Hintergrund des Holocaust war die antisemitische Rassenideologie des Dritten Reiches.

Auschwitz-Birkenau war das größte Konzentrationslager der Nationalsozialisten. Die Gefangenen mussten hier Zwangsarbeit leisten, bevor sie massenhaft umgebracht wurden. Um dieses Zentrum eines gewaltigen Systems der Ausbeutung und Ermordung von Menschen im Gedächtnis der Menschheit zu halten, wurden die Reste von Lager Auschwitz I und Auschwitz II-Birkenau mit der sie umgebenden Schutzzone auf die Welterbeliste gesetzt. Sie sollen an die inhumanen, grausamen und systematischen Verbrechen erinnern, welche die Menschenwürde der als minderwertig angesehenen Opfer leugneten. Die Lager sind beredte Zeugnisse der antisemitischen und rassistischen Nazipolitik, die über 1,2 Mio. Menschen in die Verbrennungsöfen trieb, 90% davon waren Juden.

Befestigte Mauern, Stacheldraht, Abstellgleise, Bahnsteige, Baracken, Galgen, Gaskammern und Verbrennungsöfen in Auschwitz-Birkenau veranschaulichen den Holocaust und das nationalsozialistische System von Zwangsarbeit und Massenmord. In den Ausstellungen werden persönliche Gegenstände der Ermordeten ebenso gezeigt wie die Mechanismen des Vernichtungslagers. Die persönlichen Gegenstände erlauben einen Einblick in das Vorleben der Opfer, zeigen aber auch den zynischen Umgang mit ihrem Besitz und den sterblichen Überresten. Da die Lagerlandschaft in ihrem Urzustand belassen wurde, wirkt sie außerordentlich authentisch.

Auschwitz-Birkenau ist ein Mahnmal für den Genozid an den Juden und die Ermordung zahlloser weiterer Opfer durch das nationalsozialistische Regime (Deutschland 1933–1945). Es erinnert an eines der größten Verbrechen, die Menschen verübt haben. Die Welterbestätte ist aber auch ein Denkmal für den menschlichen Geist, der in höchster Not Widerstand leistete gegen die Bemühungen der Nationalsozialisten, die Freiheit zu unterdücken und ganze Menschengruppen auszulöschen. Auschwitz ist ein Ort der kollektiven Erinnerung an ein düsteres Kapitel in der Geschichte der Menschheit, an den Holocaust, und ein Mahnmal gegen Rassismus und Barbarei. Als solches wendet sich die Stätte auch an die junge Generation, damit niemals vergessen wird, welche schrecklichen Folgen extreme Ideologien und die Missachtung der Würde des Menschen haben können.

Naturschutzgebiet Ngorongoro

Vereinigte Republik Tansania

Begründung der Aufnahme: besonderes Naturphänomen, Zeugnis wichtiger Stadien der Erd-

geschichte, Schauplatz spezieller ökologischer und biologischer Prozesse, bedeutender natürlicher Lebensraum – Biodiversität

▲ Der Ngorongoro-Krater ist durchschnittlich 16–19 km breit und umfasst eine Fläche von 264 km². Die Kraterränder ragen 400–610 m steil auf.

Ein Gnu und im Hintergrund ein Schwarm Flamingos ▼

Der riesige, beinahe kreisrunde Einbruchskrater von Ngorongoro ist eine der größten, unzerstörten und nicht überschwemmten Calderen der Erde. Unterschiede in Relief, Höhe und Klima haben verschiedene Lebensräume geschaffen: Strauchheide und die Überreste dichten Bergwaldes bedeckten die steilen Hänge, Savannen, Seen, Sümpfe und Wälder befinden sich auf dem Kraterboden. Im Krater leben rund 25 000 größere Wildtiere, wobei hier die größte Dichte an Raubtieren in Afrika zu finden ist.

Der Empakaai-Kratersee und der aktive Vulkan Oldonyo Lengai gehören ebenfalls zum Naturschutzgebiet. In der nahe gelegenen Olduvai-Schlucht fand man die Fossilien des *Homo habilis*, einer unserer entfernten Vorfahren, und in Laetoli, das ebenfalls in der Gegend liegt, haben sich 3,6 Mio. Jahre alte menschliche Fußabdrücke erhalten. Am Kraterrand leben Leoparden, die bedrohten afrikanische Elefanten, Bergriedböcke, Flamingos, Gnus und Büffel.

„Bryggen“ (Hafenstadt von Bergen)

Norwegen

Begründung der Aufnahme: Zeugnis einer Kultur

Die Hanse errichtete 1350 eine Handelsniederlassung in Bergen. Die deutschen Kaufleute, die sich hier ansiedelten, prägten maßgeblich das Erscheinungsbild des Quartiers mit seinen schmalen Häusern und engen Gassen.

Eine Wohn- und Lagereinheit bestand aus mehreren, dreistöckigen Häusern um einen Hof (Gård). Die Giebelfronten, die Seiten und das Dach waren mit Schindeln bedeckt.

Bryggen umfasst die alte Kaianlage und das Handelsquartier von Bergen. Mit seinen historischen Holzhäusern und den engen Gassen lässt das Viertel das Stadtbild der alten nordeuropäischen Städte auferstehen. Außerdem zeigt Bryggen, welche Bedeutung Bergen zwischen dem 14. Jh. und der Mitte des 16. Jh. als Stützpunkt der mächtigen Hanse hatte.

Katastrophale Feuersbrünste, die letzte 1955, haben viele der traditionellen Holzbauten zerstört, doch wurden sie immer wieder im alten Stil und mit den alten Handwerkstechniken neu aufgebaut. Die wesentlichen Bauten blieben unzerstört und geben einen Eindruck vom spätmittelalterlichen Aussehen der Speicherstadt.

Bergen ist die einzige Stadt der nordeuropäischen Hanse, deren ursprüngliche Strukturen innerhalb der Stadtgrenzen bis heute erhalten geblieben sind.

Bryggen heute ▼

Festungen und Schlösser der Kolonialzeit an der Volta-Mündung, in Accra, der Zentral- und der Westregion

Ghana

Begründung der Aufnahme: Verknüpfung mit Ereignissen von universeller Bedeutung

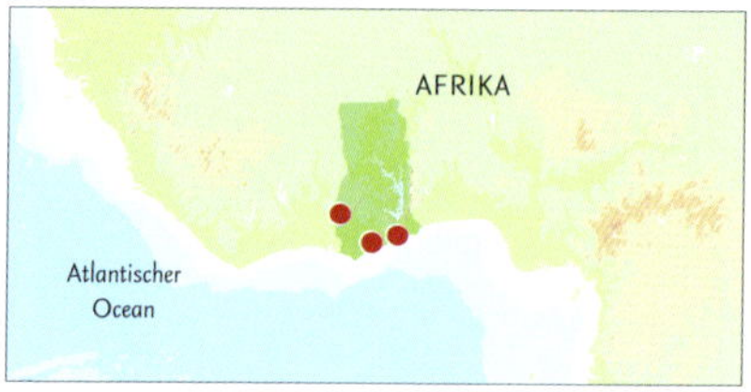

Zwischen Keta und Beyin säumen Überreste befestigter Handelsposten aus den Jahren 1482–1786 die Küste Ghanas. Es waren Stützpunkte entlang der Handelsrouten, die von den Portugiesen in der Zeit der Forschungsreisen überall auf der Welt errichtet wurden. Accra wurde Ende des 16. Jh. vom Ga-Stamm besiedelt. Diese ersten Bewohner betrieben Ackerbau und fischten in den Lagunen; erst Mitte des 18. Jh. fuhren sie mit Fischerbooten aufs Meer. Während des Sklavenhandels stieg die Bedeutung von Accra und den nahe gelegenen Festungen, von denen viele von den Holländern kontrolliert wurden, deren Vorherrschaft bis zum Ende des Sklavenhandels im Jahr 1807 andauerte.

Wegen ihrer großen strategischen Bedeutung wechselten die Festungen und Schlösser Accras mehrfach den Besitzer und gehörten zeitweilig Händlern und Abenteurern aus Portugal, Spanien, Dänemark, Schweden, Holland, Deutschland und Großbritannien.

Höhlenmalereien im Tal der Vézère

Frankreich

Begründung der Aufnahme: Meisterwerk menschlicher Schöpferkraft, Zeugnis einer Kultur

Im Tal der Vézère entdeckte man 147 prähistorische Stätten aus dem Paläolithikum und 25 Höhlen mit Felsenmalereien. Die Kunstwerke in den Höhlen sind von hohem künstlerisch-ästhetischem Wert und damit nicht nur für Ethnologen und Paläontologen interessant. Das gilt insbesondere für im Jahr 1940 in der Höhle von Lascaux entdeckten Malereien, welche die Ansichten über prähistorische Kunst revolutionierten. In den Jagdszenen sind über 100 Tierfiguren detailreich, farbig und lebensecht dargestellt.

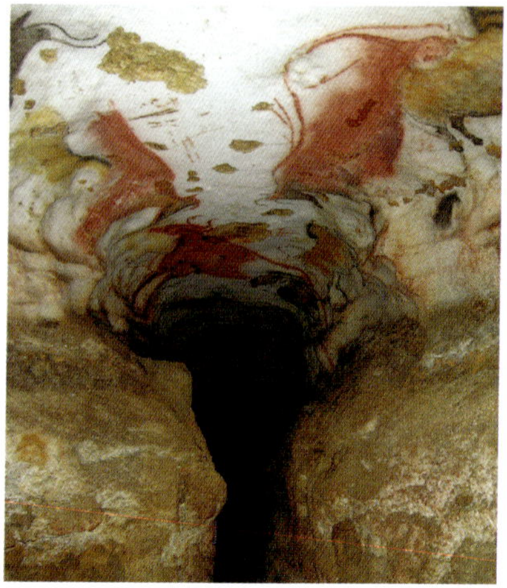

Die Darstellung der gejagten Tiere sollte vermutlich den Erfolg der Jäger beschwören. Die Höhle ist für das Publikum gesperrt, doch 200 m entfernt, in Montignac, wurden zwei Räume der Höhle, der „Raum der Stiere" und das „axiale Divertikel", originalgetreu rekonstruiert.

◀ Höhle von Lascaux

Nationalpark Virunga
Demokratische Republik Kongo

Begründung der Aufnahme: besonderes Naturphänomen, Zeugnis wichtiger Stadien der Erdgeschichte, bedeutender natürlicher Lebensraum – Biodiversität

Der Nationalpark Virunga liegt im Grenzgebiet mehrerer biogeografischer Regionen. Er umfasst eine außerordentliche Vielfalt an Lebensräumen, zu der auch die enormen Höhenunterschiede innerhalb des 7900 km² großes Gebietes beitragen. Der Park erstreckt sich von den Sümpfen und Savannen bis zu den Schneefeldern des Ruwenzori in 5000 m Höhe und von den Lavaebenen bis zu den Bergwäldern an den Hängen der Vulkane. In der Ebene des Rwindi entspringen heiße Quellen. Der Nyiragongo (3470 m) und einige andere Vulkane in den Virungabergen sind noch immer aktiv. Als der Park in das Welterbe aufgenommen wurde, beherbergten die Flüsse von Virunga die vermutlich größte Flusspferdpopulation Afrikas.

In den Savannen der Rwindi-Ebene sind Elefanten, Büffel, Antilopen, Warzenschweine, Löwen und mehrere Affenarten heimisch. Im Semiliki-Tal und auf den Virungabergen leben Gorillas, Schimpansen und Okapis. Zum Park gehören wichtige Feuchtgebiete, die in der Ramsar-Konvention als Durchreise- und Winterquartiere für Zugvögel erfasst sind.

Im Nationalpark Virunga liegen sowohl die Gegenden mit den niedrigsten als auch die mit den höchsten Niederschlagsmengen der Demokratischen Republik Kongo.

Der Park ist die Heimat der Berggorillas, und vor dem letzten Krieg gab es dort noch 20 000 Flusspferde. In den Feuchtgebieten überwintern Zugvögel aus Sibirien.

◄ Die Berggorillamutter „Bonane" hält ihr Neugeborenes im Arm.

Ruinen von Karthago

Tunesien

Begründung der Aufnahme: Zeugnis kulturellen Austauschs, Zeugnis einer Kultur, Verknüpfung mit Ereignissen von universeller Bedeutung

Beide Bilder zeigen Teile der Antoninus-Thermen in Karthago. Im oberen Bild sind das Caldarium (heißer Raum) und das Dampfbad zu sehen. ▶

Zu einer Zeit, als Reisende, Waren und Nachrichten vor allem auf dem Seeweg transportiert wurden, hatte Karthago mit seinen beiden hervorragenden Häfen einen Vorteil gegenüber anderen Stadtstaaten. Die Karthager waren ausgezeichnete Schiffsbauer und Seeleute, was ihnen über viele hundert Jahre ihre Position als vorherrschende Handels- und Seemacht sicherte. Die Stadt Karthago wurde zum Zentrum eines riesigen Handelsimperiums, das in seiner Blütezeit den ganzen Mittelmeerraum umfasste. Die Karthager handelten mit Silber, Blei, Elfenbein und Gold, Betten und Bettzeug, einfacher Keramik, Schmuck, Glas, afrikanischen Wildtieren, Früchten und Nüssen. Der enorme Reichtum, der auf diese Weise angehäuft wurde, brachte der Stadt auch eine kulturelle Blüte und lies sie zu einer der größten Städte der vorindustriellen Welt anwachsen.

Karthago wurde im 9. Jh. v. Chr. von phönizischen Händlern aus Tyros im heutigen Libanon gegründet. Im 6. Jh. v. Chr. hatten die Karthager weite Teile des südlichen Mittelmeeres erobert: Die nordafrikanische Küste vom heutigen Marokko bis zur Grenze Ägyptens, Sardinien, Malta, die Balearen und der Westen Siziliens wurden von ihnen beherrscht. Damit war der Konflikt mit den anderen Großmächten jener Zeit, den Griechen und später den Römern, vorprogrammiert. Der Kampf mit den Griechen um Sizilien zog sich über 200 Jahre hin und endete mit einem Sieg Karthagos. In den drei Punischen Kriegen zwischen 264 v. Chr. und 146 v. Chr. unterlagen die Punier, wie die Römer die Karthager nannten, dem Römischen Reich. Die Römer schleiften die Stadt und erlaubten nur einen begrenzten Wiederaufbau. Auf diese Weise wurde vieles, was an die alte Stadt erinnerte, zerstört.

Im 1. Jh. n. Chr. gründete der römische Kaiser Augustus die Stadt neu als Colonia Iulia Concordia Carthago. Das zweite, römische Karthago, das aus den Ruinen erstand, wurde bald an Reichtum und Pracht nur noch von Rom übertroffen.

Das endgültige Ende kam 439 n. Chr., als die Vandalen die Stadt besetzten, und wurde 637 n. Chr. besiegelt, als Karthago von den Arabern eingenommen und zerstört wurde. Danach erreichte Karthago nie wieder die einstige Bedeutung. Das Zentrum der Macht verlagerte sich ins nahe gelegene Tunis.

Die im 1. Jh. neu erbaute Stadt Iulia Carthago zeugte vom Glanz und Reichtum Roms und hatte großen Einfluss auf Architektur und Städteplanung der Römer und Punier. Zugleich erinnern die Ruinen an die Geschichte der Punier und geben einen Eindruck von der alten punischen Stadt.

Der interessanteste Bereich der Ruinenstadt ist der Hafen, denn Karthago war in erster Linie eine Hafenstadt und den Römern als Seemacht lange Zeit überlegen.

Dinosaurier-Provinzpark
Kanada

Begründung der Aufnahme: besonderes Naturphänomen, Zeugnis wichtiger Stadien der Erdgeschichte

Der Dinosaurier-Provinzpark ist die Fundstätte bedeutender Fossilien aus dem „Zeitalter der Reptilien“. Hier fand man die Überreste von 39 Dinosaurierarten, die vor etwa 75 Mio Jahren lebten. Der Park liegt in der Provinz Alberta in den sogenannten Badlands, einer wunderschönen, kargen und durch Erosion zerklüfteten Gegend mit spärlicher Vegetation.

In der späten Kreidezeit vor 75 Mio. Jahren sah die Landschaft völlig anders aus: Es gab üppige Wälder und Flüsse, die in ein warmes Binnenmeer flossen. In den Sümpfen lebten neben den Dinosauriern zahlreiche andere Tiere. Unter den herrschenden Bedingungen wurden die Knochen bestens konserviert und verwandelten sich in Fossilien.

Heute sind die Badlands ein Lebensraum für Pflanzenarten, die gut an ihre Umwelt angepasst sind. Die milden Winter zusammen mit einem reichen Nahrungsangebot sind der Grund, warum dort Huftiere und über 165 Vogelarten leben.

▲ Die Erosion hat Schieferton- und Sandsteinschichten freigelegt und ein weites Ödland geschaffen, die größten sogenannten Badlands in Kanada.

In den geologischen Schichten des Dinosaurier-Provinzparks haben sich die Dinosaurierfossilien erhalten, denen der Park seine Berühmtheit verdankt.

Frühchristliche Ruinen von Abu Mena (Kloster des Hl. Menas)

Ägypten

Begründung der Aufnahme: Erbe von besonderer menschheitsgeschichtlicher Bedeutung

Kirche und Taufkapelle sowie öffentliche Gebäude, Straßen, Klöster, Häuser und Werkstätten dieser frühchristlichen heiligen Stadt wurden über dem Grab des 296 n. Chr. verstorbenen Märtyrers Menas von Alexandria erbaut. Im 5. Jh. musste eine Basilika gebaut werden, um die wachsende Zahl von Pilgern aufzunehmen. In der Basilika wurde auch das heilende Wasser aus den heiligen Quellen gesammelt, das die Wasserbecken und beheizten Bäder der Stadt füllte.

Die Oase Abu Mena, deren Herzstück die Gruftkapelle des Märtyrers war, stellte um 600 n. Chr. ein wichtiges Pilgerziel dar. Archäologische Ausgrabungen brachten eine ganze Stadt mit Häusern und Friedhöfen zutage, in der religiöse Einflüsse aus Ost und West miteinander verschmolzen waren.

◄ Die Ruinen des öffentlichen Bades in Abu Mena

Thrakergrab von Kazanlak

Bulgarien

Begründung der Aufnahme: Meisterwerk menschlicher Schöpferkraft, Zeugnis einer Kultur, Erbe von besonderer menschheitsgeschichtlicher Bedeutung

Das 1944 entdeckte, hellenistische Grab liegt im romantischen Tal der Rosen in Bulgarien. Es gehört zu einer großen Nekropole mit über 500 Grabhügeln, die in der Nähe von Seuthopolis, der Hauptstadt des Thrakerkönigs Seuthes III., angelegt wurde. Die kunstvoll gestaltete Grabkammer und andere archäologische Funde zeugen von einer hoch entwickelten Kultur, die vom 5. bis zum 3. Jh. v. Chr. ihre Blützeit hatte. Die besonders kostbaren Wandmalereien im Grab von Kazanlak sind keineswegs spontan entstanden, sondern deuten darauf hin, dass das Gesamtkunstwerk sorgfältig geplant wurde. Offensichtlich sind sowohl das Grab als auch die Ausstattung das Werk eines einzigen Künstler-Architekten.

Die Wandmalereien im Grab von Kazanlak sind besonders bedeutend, da sie das einzige vollständige Werk eines hellenistischen Künstlers sind, das in situ am ursprünglichen Standort erhalten geblieben ist.

Tal von Kathmandu

Nepal

Begründung der Aufnahme: Zeugnis einer Kultur, Erbe von besonderer menschheitsgeschichtlicher Bedeutung, Verknüpfung mit Ereignissen von universeller Bedeutung

Das weltberühmte Tal von Kathmandu zeichnet sich durch eine weltweit einzigartige Anhäufung von Monumenten aus. Es ist das wichtigste bewohnte Tal Nepals und eines der kulturellen Zentren des Himalajas. Die Architektur von Kathmandu ist geprägt von kunstvollen Bauwerken, in denen religiöse, politische und kulturelle Strömungen der Region zum Ausdruck kommen.

Es gibt sieben Gruppen von Monumenten und Bauwerken: Der Durbar Square und Hanuman Dhoka (Hanuman-Tor) in Kathmandu, der Durbar Square von Patan und der Durbar Square von Bhaktapur, die buddhistischen Stupas in Swayambhu und Bodnath sowie die Hindutempel Pashupati und Changu Narayan.

Der Pashupati-Tempel, in dem Shiva verehrt wird, ist Nepals bedeutendster Hindutempel. Changu Narayan ist ein eindrucksvoller Tempel mit zweifach gestuftem Dach. Er gilt als die älteste Stätte, an der im Tal von Kathmandu der Hindugott Vishnu verehrt wird.

Die Stadt Kathmandu ist ein Schmelztiegel der Völker des Landes. Die einzigartige Architektur mit ihren Palästen, Tempeln und Höfen hat viele ausländische und nepalesische Schriftsteller, Künstler und Dichter inspiriert. Die Kultur der Stadt prägt eine Symbiose aus Hinduismus, Buddhismus und Tantrismus, die heute noch genauso lebendig ist wie vor Hunderten von Jahren. Den Einfluss der Religionen ist in der Stadt deutlich sichtbar. Die wichtigsten Bauwerke befinden sich auf dem Durbar Square, dem sozialen und religiösen Stadtzentrum Kathmandus. Es wurde vom 12. bis zum 18. Jh. von den Malla-Königen Nepals errichtet. Die wichtigsten Bauten und Monumente sind der Taleju-Tempel, Kal Bhairab, Nautalle Durbar, Nasal Chowk (Hof der Krönungszeremonie), Gaddi Baithak, die Statue von König Pratap Malla, die Große Glocke, die Große Trommel und der Jaganath-Tempel.

Patan (oder Lalitpur) liegt 14 km östlich vom Zentrum Kathmandus auf der anderen Seite des heiligen Flusses Bagmati und ist von großer historischer und kultureller Bedeutung. Die Stadt Bhaktapur (oder Bhadgaon) liegt auf 1400 m Meereshöhe.

Die Tempelanlage Pashupati ist einer der wichtigsten Hindutempel und gleichzeitig Nepals heiligster Hinduschrein. Hier wird der Gott Shiva in zahlreichen Tempeln, Ashrams, Bildern und Inschriften verehrt, die im Laufe der Jahrhunderte entlang der Ufer des heiligen Flusses Bagmati entstanden sind.

Die sieben Gruppen historischer Monumente im Tal von Kathmandu umfassen die drei Paläste mit den sie umgebenden Städten Kathmandu, Patan und Bhaktapur, die beiden Hindu-Heiligtümer Pashupati und Changu Narayan sowie die beiden buddhistischen Stätten Swayambu und Bodnath.

Die nepalesische Hauptstadt Kathmandu ist die politische und wirtschaftliche Drehscheibe des Landes. Sie ist gewährt einen faszinierenden, exotischen Einblick in die nepalesische Kultur, Kunst und Tradition. Das Tal der drei Städte ist eine annähernd oval geformte Senke, die von grünen, terrassierten Hügeln umgeben ist, zwischen denen die roten Ziegeldächer der Dörfer herausstechen.

Der Durbar Square in Patan ►

Nationalparks Kluane, Wrangell-Saint-Elias und Provinzpark Tatshenshini-Alsek

Kanada und Vereinigte Staaten

Begründung der Aufnahme: besonderes Naturphänomen, Zeugnis wichtiger Stadien der Erdgeschichte, Schauplatz spezieller ökologischer und biologischer Prozesse, bedeutender natürlicher Lebensraum – Biodiversität

Die spektakulären Nationalparks mit Berggipfeln, Hügelketten, Gletschern, Seen, Flüssen, Tälern und Küstenlandschaften ziehen sich von British Columbia und dem Yukon in Kanada bis über die Grenze nach Alaska (USA).

Die Region Wrangell-Saint-Elias weist die größte Eisfelder- und Gletscherfläche außerhalb der Polarregionen auf. Wegen der Gletscher und den Hochgebirgsketten von Wrangell-Saint-Elias, Chugach und Kluane nennt man die Region auch „Gebirgskönigreich" von Nordamerika.

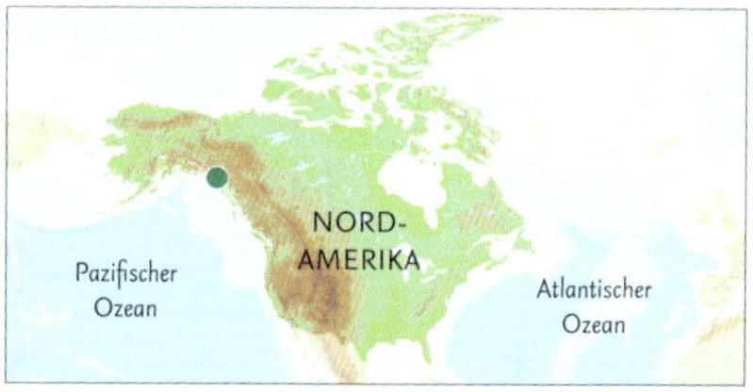

Je nach Klimazone und Höhenstufe haben sich hier drei große Biome oder ökologische Großlebensräume ausgebildet: Nadelwälder der Küstenregion, borealer Nadelwald und alpine Tundra. Die Vielfalt der Lebensräume spiegelt sich auch in der artenreichen Fauna wider. In der Region leben beispielsweise Grizzlybären, Karibus und Dallschafe. Neben zahlreichen Süßwasserfischarten laichen alle fünf pazifischen Lachsarten innerhalb des Parks oder in ge schützten Randzonen.

Die Gebirgsketten gehören geologisch zum Pazifischen Randgebirge. Das Welterbe schließt auch das 130 km lange Bagley-Eisfeld, den zweithöchsten Berg der USA (Mt. Saint Elias) und den größten Vorlandgletscher des nordamerikanischen Kontinents (Malaspina-Gletscher) mit ein.

Verästelter Flusslauf
▼

Nationalpark Everglades

Vereinigte Staaten

Begründung der Aufnahme: Zeugnis wichtiger Stadien der Erdgeschichte, Schauplatz spezieller ökologischer und biologischer Prozesse, bedeutender natürlicher Lebensraum – Biodiversität

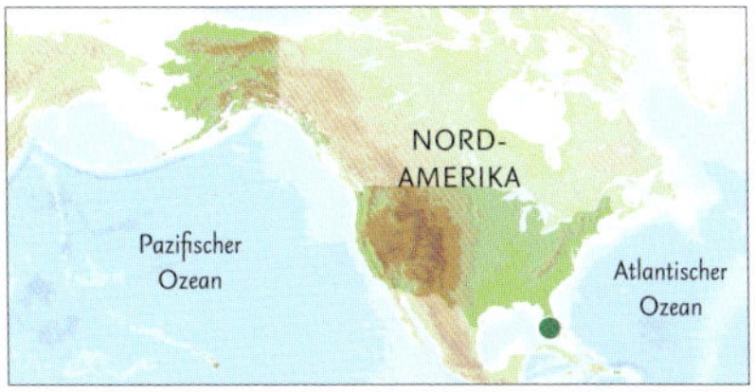

Der Nationalpark Everglades an der Südspitze Floridas wird oft als ein „Fluss aus Gras" bezeichnet, der unmerklich vom Hinterland bis ins Meer strömt. Dank seiner großen Vielfalt an aquatischen Lebensräumen ist er ein wichtiges Rückzugsgebiet für viele Vögel, Reptilien und bedrohte Tiere, wie die Manatis.

Der Nationalpark liegt im Grenzgebiet zwischen der gemäßigten und subtropischen Klimazone Amerikas, zwischen Süß- und Brackwasser und zwischen flachen Buchten und tiefen Küstengewässern. Seine besonders artenreiche Flora und Fauna umfasst eine ganze Reihe endemischer Arten.

Im Nationalpark leben rund 800 Land- und Meereswirbeltierarten, darunter über 400 Vogelarten, 60 Amphibien- und Reptilienarten sowie zahllose Insekten. Die über 275 bekannten Fischarten leben vorwiegend im Meer und in den Flussmündungen. Von wirtschaftlicher Bedeutung sind die in großer Zahl vorkommenden Schalentiere.

Die außergewöhnliche Vegetation war einer der Hauptgründe, die Region unter Schutz zu stellen.

Auf den kleinen Bauminseln (Hammocks) wachsen Bäume der tropischen und gemäßigten Klimazonen. Die wichtigsten Arten sind Mangroven, *Pinus elliotti var. densa* und Sumpfzypressen. In den Prärien wachsen Schneiden (eine Seggengattung), *Muhlenbergia capillaris* und an den Küsten Schlickgras.

Nationalpark Grand Canyon
Vereinigte Staaten

Begründung der Aufnahme: besonderes Naturphänomen, Zeugnis wichtiger Stadien der Erdgeschichte, Schauplatz spezieller ökologischer und biologischer Prozesse, bedeutender natürlicher Lebensraum – Biodiversität

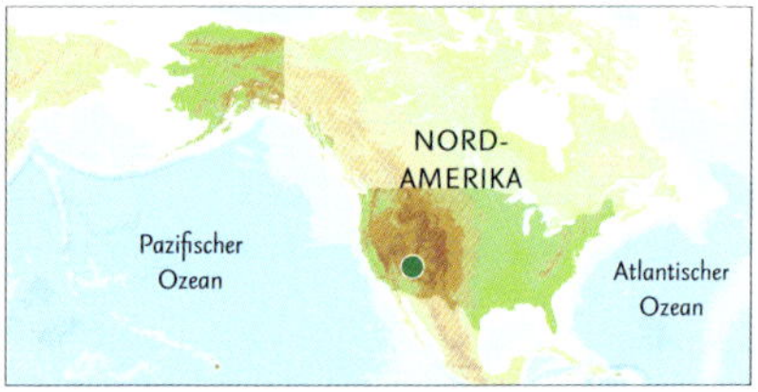

Der Fluss Colorado hat sich 1500 m tief ins Felsgestein eingeschnitten und die eindrucksvollste Schlucht der Erde, den Grand Canyon geschaffen. Die horizontalen Gesteinsschichten geben einen Einblick in 2 Mrd. Jahre geologische Geschichte. Im Canyon finden sich Spuren prähistorischer Menschen, die sich an die rauen Umweltbedingungen angepasst hatten.

Der Nationalpark entlang des Grand Canyon wurde 1919 durch ein Gesetz des amerikanischen Kongresses geschaffen; er war einer der ersten Nationalparks der Vereinigten Staaten. Das steile, gewundene Flusstal ist 445,8 km lang und stellenweise 1500 m tief. Der Colorado hat sich über einem Zeitraum von etwa 6 Mio. Jahren in ein Felsplateau eingeschnitten, das sich während dieser Zeit etwa 2500 m über den Meeresspiegel hob. Die Schlucht ist an der engsten Stelle 30 m, an der breitesten 30 km breit. Sie teilt den Park in einen nördlichen und südlichen Teil. Von den Rändern des Canyons blickt man auf bizarre Felsformationen, Zeugen- und Tafelberge, die als Reste des Grundgebirges stehen geblieben sind.

Die Erosion formt die Landschaft weiterhin. Permanente und periodische Flussläufe bilden eindrucksvolle Wasserfälle und Stromschnellen um Felsbrocken, die von den steilen Wänden des Canyons und seiner Seitenarme herabgestürzt sind. Die Gesteinsschichten, welche die Erosion bloßgelegt hat, spiegeln insgesamt 2000 Mio. Jahre Erdgeschichte wider. Sie stammen aus dem Präkambrium, Paläozoikum, Mesozoikum und Känozoikum. Außerdem ist der Canyon ein riesiges biologisches Museum, das fünf Vegetationszonen und die entsprechende Fauna umfasst. Bisher wurden über 1000 Pflanzenarten entdeckt, von denen mehrere auf der roten Liste stehen. Im Park leben außerdem 76 Säugetier-, 299 Vogel- sowie 41 Amphibien- und Reptilienarten; im Colorado und seinen Nebenflüssen kommen 16 Fischarten vor.

Die archäologischen Funde belegen, dass sich einst Menschengruppen an das Klima anpassten und hier siedelten. Im Nationalpark sind über 2600 prähistorische Fundstätten belegt, darunter Spuren sogenannter Archaischer Kulturen (die ersten bekannten Siedler) sowie Überbleibsel der Cohonina-Indianer an der Südkante und der Anasazi-Indianer im Süden, Norden und auf dem Grund des inneren Canyons. Auch die Hualapai- und Havasupai-Indianer ließen sich im Canyon nieder und lebten dort ungestört bis zum Eintreffen den Angloamerikaner um das Jahr 1860.

Das Licht der tief stehende Sonne betont die Gesteinsschichten. ▶

Die Gegend um den Grand Canyon wurde schon 1893 zum Waldschutzgebiet ernannt, in dem aber Bergbau, Holzfällen und Jagen vorerst erlaubt blieben. 1906 wurde daraus ein Wildschutzgebiet, und seit 1908 ist der Crand Canyon geschützt als ein Nationalmonument der Vereinigten Staaten.

Wegen der verschiedenen Höhenstufen gibt es klar voneinander getrennte Klimazonen und Lebensräume, von Wüsten- bis zu Gebirgszonen.

Im Park wurden Fossilien von urzeitlichen Pflanzen, Meeres- und Landorganismen, frühen Reptilien und einigen Säugetieren gefunden.

Die nubischen Denkmäler von Abu Simbel bis Philae

Ägypten

Begründung der Aufnahme: Meisterwerk menschlicher Schöpferkraft; Zeugnis einer Kultur, Verknüpfung mit Ereignissen von universeller Bedeutung

Der Landstrich, der sich im Süden Ägyptens von Assuan bis zur Grenze des Sudans erstreckt, enthält prachtvolle Monumente von außergewöhnlicher archäologischer Bedeutung, darunter die Tempel des Pharao Ramses II. in Abu Simbel und das Isisheiligtum auf der Insel Philae.

Ramses ließ Abu Simbel im damaligen Nubien erbauen, um dem südlichen Nachbarn die Macht und Überlegenheit des Pharaonenreiches vor Augen zu führen. Der Große Tempel wird von vier Kolossalstatuen des Pharaos bewacht, die in den Stein gemeißelt und mit der Felswand verbunden sind. Der kleine Tempel in der Nähe war der Göttin Hathor geweiht und der Nefertari, der Frau des Pharaos, gewidmet.

In den 1960er-Jahren drohten die Stätten in den Fluten des Assuan-Stausees zu versinken. Eine internationale Kampagne unter Führung der Unesco konnte die Tempel retten, indem man sie auf höheres Terrain verlagerte.

Im Innern des Großen Tempels von Ramses II. in Abu Simbel ▲

▲ Westliche Kolonnade des Isisheiligtums auf Philae

Zum Welterbe gehören auch die Tempel von Amada, Derr, Wadi es-Sebua, Dakka, Maharra, Talmis, Beit el-Wali und der Kiosk von Kertassi.

Nationalpark Plitvicer Seen
Kroatien

Begründung der Aufnahme: besonderes Naturphänomen, Zeugnis wichtiger Stadien der Erdgeschichte, Schauplatz spezieller ökologischer und biologischer Prozesse

Der Nationalpark besteht aus mehreren ausnehmend schönen Seen, Höhlen und Wasserfällen. Zwischen dem Mala-Kapela- und Pljesevica-Gebirge reihen sich etwa 20 miteinander verbundene Seen aneinander.

Die Naturwunder des Parks entstanden in einem viele tausend Jahre andauernden Prozess: Wasser löste Kalk aus dem anstehenden Gestein und lagerte ihn in Travertinterrassen wieder ab. Dabei bildeten sich natürliche Dämme, hinter denen sich das Wasser zu Seen staute, und Wasserfälle und Höhlen entstanden. Diese geologischen Prozesse schreiten weiter fort.

Auf den Höhenstufen der Region wachsen unterschiedliche Pflanzengesellschaften; in den dichten Wäldern leben Braunbären, Wölfe und viele seltene Vogelarten. Archäologische Funde belegen, dass sich hier 1000 v. Chr. ein illyrischer Volksstamm ansiedelte.

Um die charakteristischen Seen des Parks besser abzusichern, wurde das Welterbe im Jahr 2000 um weitere Teile des Wassereinzugsgebietes erweitert.

Die Seenkette ist in obere und untere Seen gegliedert. Die oberen Seen liegen in einem Tal aus Dolomitgestein. Sie sind von dichten Wäldern umgeben und über Wasserfälle miteinander verbunden. Die unteren Seen sind kleiner und flacher; sie bildeten sich auf Kalkgestein und werden nur von spärlichem Unterholz umgeben.
▼

Mont-Saint-Michel und seine Bucht
Frankreich

Begründung der Aufnahme: Meisterwerk menschlicher Schöpferkraft, Zeugnis einer Kultur, Verknüpfung mit Ereignissen von universeller Bedeutung

Der Mont-Saint-Michel ist eine der wichtigsten historischen Stätten aus der Zeit des mittelalterlichen Christentums. Die Benediktinerabtei im gotischen Stil, die dem Erzengel Michael geweiht ist, wird zusammen mit dem kleinen Dorf im Schatten ihrer hohen Mauern auch als das „Wunder des Westens" bezeichnet. Die Verbindung einer Abtei mit einem befestigten Dorf auf einer kleinen Insel ist ebenso einzigartig wie die Lage der Bauten und die unvergessliche Silhouette von Mont-Saint-Michel. Die Abtei wurde zwischen dem 11. Jh. und 16. Jh. erbaut und stellt ein architektonisches Meisterwerk dar. Die technischen Schwierigkeiten, die der Standort mit sich brachte, wurden perfekt bewältigt. Das Kloster steht zwischen der Normandie und der Bretagne auf einer steilen Felseninsel inmitten eines ausgedehnten Sandwatts, das bei jeder Flut im Meer versinkt. Obwohl während des gesamten Mittelalters ständig bauliche Veränderungen ausgeführt wurden, ist der Mont-Saint-Michel ein einzigartiges Gesamtkunstwerk.

Im Jahre 966 gründeten Benediktinermönche aus St. Wandrille das Kloster Saint-Michel-au-Péril-de-la-Mer auf einem Granitfelsen in der Meeresbucht. Dort gab es seit langem ein dem Erzengel Michael geweihtes Heiligtum. Der älteste Teil des Klosters ist die kleine vorromanische Kirche Notre-Dame-sous-Terre aus dem 10. Jh. Im Längsschiff der Klosterkirche und in einigen Konventsgebäuden, wie dem Wohnhaus des Kaplans und der gedeckten Mönchsgalerie, finden sich romanische Elemente aus dem 12. Jh.

Allerdings war es erst in der Gotik technisch möglich, die kleine Grundfläche der Insel baulich optimal zu nutzen. Damals entstanden die hohen Mauern, die hoch aufragenden Gebäude und die Turmspitzen, die sich zu der harmonischen Silhouette vereinigen. Die eleganten neuen Konventsgebäude, die ab 1204 erbaut wurden, tragen ihren Beinamen La Merveille (Das Wunder) zu Recht. Sie bestehen aus dem Haus des Kaplans (12. Jh.), dem Salle des Hôtes und dem Salle des Chevaliers, dessen Rippengewölbe von einer Säulenreihe getragen wird. Im Stockwerk darüber liegen der zum Meer hin offene Kreuzgang und das Refektorium.

Die kleine Felseninsel ► ist 80 m hoch und hat an der Basis einem Umfang von nur 900 m. Sie liegt 2 km vor der Küste auf einem Sandwatt, das nur bei Ebbe frei liegt.

Die außergewöhnliche Lage zwischen Land und Meer hat das Kloster Saint-Michel geprägt. Die Baumeister haben die Herausforderung der Natur auf praktische und zugleich ästhetisch gelungene Weise gelöst.

Das Kloster dominiert das kleine Dorf am Fuße des Berges, das für die Versorgung der Klostergebäude zuständig war.

Fasil Ghebbi in der Region Gondar

Äthiopien

Begründung der Aufnahme: Zeugnis kulturellen Austauschs, Zeugnis einer Kultur

Die Festung Fasil Ghebbi im nördlichen Hochland von Tana ist ein außerordentliches Zeugnis der neuzeitlichen Zivilisation Äthiopiens. Im 16. und 17. Jh. war sie die Residenz des äthiopischen Kaisers Fasilidas und seiner Nachfolger. Die Paläste, Kirchen und Klöster und die anderen einzigartigen, öffentlichen und privaten Bauten der Festungsstadt werden von einer 900 m langen Mauer umgeben. Der Baustil war hinduistisch und arabisch beeinflusst; später wurde vieles im Stil des Barock umgebaut, den die jesuitischer Missionare mit sich brachten. Jenseits der Stadtmauer blieb ein herrliches, zweistöckiges Bad mit einem rechteckigen Schwimmbecken erhalten, das über einen Kanal aus einem nahen Fluss gespeist wurde. Der Komplex war über eine Steinbrücke zugänglich, die zur Verteidigung teilweise hochgezogen werden konnte.

Der Hauptpalast, der zwischen den frühen 1630er- und den späten 1640er-Jahren erbaut wurde, steht heute auf einer Wiese und ist von jüngeren Festungsbauten umgeben. Mit ihren mächtigen Wehrtürmen und Verteidigungsanlagen erinnert die Festung mitten in Äthiopien an das europäische Mittelalter.

◄

Kirche von Bojana (Sofia)

Bulgarien

Begründung der Aufnahme: Zeugnis kulturellen Austauschs, Zeugnis einer Kultur

Die Kirche von Bojana im Außenbezirk von Sofia besteht aus drei Gebäuden. Die östliche Kirche entstand im 10. Jh. und wurde zu Beginn des 13. Jh. von Sebastokrator Kalojan erweitert, der neben der Kirche ein zweistöckiges Bauwerk errichten ließ. Die im Jahr 1259 gemalten Fresken machen diese neue Kirche zum Ort einer außerordentlich wertvollen Sammlung mittelalterlicher Malerei. Zu Beginn des 19. Jh. kam eine dritte Kirche hinzu. Die Stätte ist ein fast vollständiges und hervorragend erhaltenes Ensemble mittelalterlicher Kunst in Osteuropa.

Die Fresken von Bojana sind ein frühes Beispiel für ikonographische Malerei und haben die Kunstschule von Tarnovo maßgeblich inspiriert. Wandbilder in diesem neuen Stil breiteten sich im 14.–16. Jh. in den Klöstern Serbiens, Russlands und auf dem Berg Athos (Griechenland) aus.

Nationalpark Białowieza (Belowescher Heide)
Weißrussland und Polen

Begründung der Aufnahme: besonderes Naturphänomen

Der Urwald von Białowieza existiert seit 8000 v. Chr. und ist der letzte verbliebene Rest der Urwälder, die einst weite Teile Europas bedeckten. Er liegt an der Wasserscheide zwischen Ostsee und Schwarzem Meer. In dem riesigen Wald aus Nadel- und Laubbäumen leben seltene Tiere, wie Wölfe, Luchse und Fischotter, dazu 300 Wisente, die 1929 im Nationalpark angesiedelt wurden. Zu den heimischen Vogelarten zählen Seeadler, Weißstorch, Wanderfalke und Uhu. Der Nationalpark nimmt etwa ein Zehntel der Waldfläche ein. Er ist der älteste Nationalpark Polens und einer der ältesten in Europa.

Der Nationalpark Białowieza besteht zu etwa 90 % aus Urwald mit ursprünglichen Baumbestand (Nadel- und Laubgehölze). Hier wurden über 900 Arten Gefäßpflanzen gezählt, darunter 26 Baum- und 138 Straucharten; fast zwei Drittel davon sind einheimische Arten. ►

Schloss und Park von Versailles
Frankreich

Begründung der Aufnahme: Meisterwerk menschlicher Schöpferkraft, Zeugnis kulturellen Austauschs, Verknüpfung mit Ereignissen von universeller Bedeutung

Das Schloss von Versailles entstand als Gemeinschaftswerk mehrerer führender französischer Architekten, Bildhauer, Stuckateure und Landschaftsgärtner. Es ist einer der größten Königspaläste der Welt und war über ein Jahrhundert lang das maßgebliche Vorbild für königliche Residenzen. Das außergewöhnliche Ensemble aus Schloss, Trianon und Park entstand im Laufe von etwa 150 Jahren im Auftrag der französischen Könige und unter Leitung der besten Künstler des Landes. Versailles war die Hauptresidenz der französischen Könige Ludwig XIV. bis Ludwig XVI. (1682–1789) und das repräsentative Zentrum der absolutistischen Macht des Ancien Régime.

Ursprünglich war Versailles ein kleines Dorf 20 km südwestlich von Paris in einer bewaldeten Gegend, die das persönliche Jagdrevier von Ludwig XIII war. Der König ließ 1623 ein einfaches Jagdschloss aus Ziegeln und Steinen errichten, das zwei Stockwerke hoch und von einem Wassergraben umgeben war. Die heutige Schlossanlage geht maßgeblich auf seinen Sohn Ludwig XIV. zurück. Unter Leitung des Hofarchitekten Louis Le Vau begann in den 1660er-Jahren der Ausbau. Die Ausschmückung des Schlosses wurde dem Maler Charles Le Brun übertragen, der zusammen mit anderen Malern, Dekorateuren und Handwerkern ein beispielloses Gesamtkunstwerk aus Fresken, Marmor, Stuck, vergoldeten Bronzestatuen, kostbaren Stoffen, Möbeln und Accessoires schuf.

Nach 1678 wurde Versailles großzügig erweitert und durch Jules Hardouin Mansart grundlegend umgestaltet. Er hinterließ eine nüchterne Kolossalarchitektur, homogen und majestätisch, die heute ganz selbstverständlich mit dem „Sonnenkönig“ Ludwig XIV. assoziiert wird. In dieser Bauphase bekam das Schloss sein heutiges Aussehen. Die Gartenanlagen, ohne die Versailles nicht denkbar wäre, entstanden etwa gleichzeitig. Der Entwurf stammt von André Le Nôtre, der den Stil des französischen Gartens entscheidend prägte: Zwischen Wegachsen, die bis zum Horizont zu reichen scheinen, wurden geometrisch Parterres mit Blumen und niedrigen Hecken, kleinen Wasserläufen, großen Teichen und verspielten Springbrunnen angelegt.

Das Schloss von Versailles ►

Die Orangerie und das Grand Trianon stammen von Jules Hardouin Mansart, der zusammen mit Robert de Cotte auch die Schlosskapelle schuf, ein Meisterwerk des französischen Barock.

Die Werke, die in Versailles im 18. Jh. entstanden sind, zählen zu den besten Verwirklichungen des Stils Ludwigs XV. und Ludwigs XVI.: Das Petit Trianon von Jacques-Ange Gabriel (1751), die Ausmalung der Räume Ludwigs XV. durch Verbeck und Rousseau und die Zimmer und das Hameau von Marie Antoinette von Mique.

Unabhängigkeitshalle in Philadelphia
Vereinigte Staaten

Begründung der Aufnahme: Verknüpfung mit Ereignissen von universeller Bedeutung

Die Unabhängigkeitshalle in Philadelphia ist die Geburtsstätte der Vereinigten Staaten von Amerika: Hier wurde 1776 die Unabhängigkeitserklärung unterzeichnet, und 1781 ratifizierten die 13 Kolonien die Articles of Confederation. Nach Beratungen unter der Leitung von George Washington, die sich von Mai bis September 1787 hinzogen, wurde hier die Verfassung unterzeichnet. Das in der Verfassung verankerte Grundrecht auf Freiheit und Demokratie hat die amerikanische Geschichte entscheidend geprägt und die Gesetzgebung der ganzen Welt beeinflusst. Das Gebäude wurde mehrfach umgebaut, insbesondere 1830 durch den Architekt John Haviland, der sich von der griechischen Antike inspirieren ließ. Ein Komitee der nationalen Parkverwaltung ließ den Bau 1950 in seinen Zustand von 1776 zurückversetzen.

Das 1753 vollendete Gebäude ist ein bescheidener Ziegelbau. Sein Glockenturm sollte eine 943 kg schwere Glocke aufnehmen. Da die Glocke zweimal zerbrach, steht sie nun stumm am Boden in einem Schutzgebäude. Im Glockenturm hängt eine Reproduktion. ►

Kathedrale von Chartres
Frankreich

Begründung der Aufnahme: Meisterwerk menschlicher Schöpferkraft, Zeugnis kulturellen Austauschs, Erbe von besonderer menschheitsgeschichtlicher Bedeutung

Der 1145 begonnene Bau der Kirche war noch nicht vollendet, als sie 1194 niederbrannte. In den 26 darauffolgenden Jahren wurde sie wieder aufgebaut als ein Meisterwerk der französischen Gotik. Die Kathedrale von Chartres ist eine Pilgerstätte, die Gläubige aus der ganzen westlichen Christenheit anzieht. Das mächtige Mittelschiff im reinen Ogivalstil, die Türen mit kunstvollen Skulpturen aus dem 12. Jh. und die farbigen Glasfenster aus dem 12. und 13. Jh. machen die Kirche zu einem Meisterwerk und sind in hervorragendem Zustand erhalten. Die Kathedrale von Chartres hat die Architektur der Gotik in Frankreich und im Ausland geprägt. Der Stil wurde im Kölner Dom, der Westminster Abbey (Großbritannien) oder in León (Spanien) übernommen.

Die Glasfenster der Kathedrale von Chartres blieben fast vollständig erhalten. Die 55 unteren Fenster bestehen aus großen, eingefassten Glasmedaillons, die Szenen aus Erzählungen darstellen. Die großen Figuren in den 91 oberen Fenstern sind auch aus der Entfernung zu sehen. Insgesamt hat die Kirche über 146 Fenster, in die 1359 Darstellungen integriert sind.

▼

Abteikirche und Stadthügel von Vézelay

Frankreich

Begründung der Aufnahme: Meisterwerk menschlicher Schöpferkraft, Verknüpfung mit Ereignissen von universeller Bedeutung

Die Klosterkirche von Vézelay aus dem 12. Jh. ist ein Meisterwerk der burgundischen Romanik. Da in der Kirche angeblich die sterblichen Überreste der Heiligen Maria Magdalena ruhen, ist sie seit dem Mittelalter ein wichtiges Pilgerziel. Der Hügel von Vézelay wurde zu einem Ort der religiösen Hingabe, an dem die christliche Spiritualität in Gebeten und Dichtungen zum Ausdruck kam, aber auch die Voraussetzung für die Kreuzzüge geschaffen wurden. Im 9. Jh. gründeten die Benediktiner ein Kloster auf dem Hügel. Die Kirche wurde um die Mitte des 11. Jh. bekannt, als sich der Glaube verbreitete, dort befänden sich die Reliquien der Büßerin Maria Magdalena. Vézelay entwickelte sich zu einem populären Pilgerziel. Außerdem lag die Kirche auf dem Pilgerweg nach Santiago de Compostela in Nordwest-Spanien. Vom Zustrom der Pilger profitierte die Stadt, die im 12. Jh. etwa 8000–10 000 Einwohner hatte.

Vézelay wurde zu einem wichtigen Zentrum des christlichen Westens. Am Ostersonntag 1146 versammelte sich hier eine Abordnung, um den Aufbruch zum 2. Kreuzzug zu feiern. Der Hl. Bernhard predigte vor König Ludwig VII., Königin Eleonore und zahlreichen Adligen, Prälaten und dem Volk, das sich auf dem Hügel versammelt hatte. Im Jahre 1190 vereinigten der französische König Philipp II. und Richard I. Löwenherz von England in Vézelay ihre Armeen und brachen zusammen zum 3. Kreuzzug auf. Franz von Assisi wählte 1217 den Hügel von Vézelay, um das erste Franziskanerkloster auf französischem Boden zu gründen. Allein der französische König Ludwig IX., genannt Ludwig der Heilige, der Maria Magdalena besonders verehrte, besuchte das Kloster viermal.

Mit den Figurenkapitellen und dem Skulpturenportal ist die prachtvolle Kirche ein beredtes Zeugnis jener Zeit. Vor allem das Skulpturenportal zwischen Narthex und Kirchenschiff begründete den weltweiten Ruhm der Kirche. Das mittlere Tympanon zeigt die Aussendung der Apostel, die allegorisch auf die Bedeutung der Kreuzzüge verweist. Der Bildhauer ist der weitreichenden Bedeutung und Komplexität des Themas gerecht geworden und schuf mit Einfallsreichtum und Leidenschaft eines der kostbarsten Werke der romanischen Kunst in Westeuropa.

Die Kirche Sainte Marie-Madeleine ▶

Die Ursprünge von Vézelay sind an einen legendären Ritter geknüpft. Um 860 gründeten Girart de Roussillon, der Held des gleichnamigen epischen Gedichts, und seine Frau Berthe ein Kloster am Ufer der Cure. Es wurde einige Jahre später von den Normannen geplündert, woraufhin die Benediktiner bald darauf ihr Kloster auf dem nahe gelegenen Hügel von Vézelay errichteten.

Ruinen von Persepolis
Islamische Republik Iran

Begründung der Aufnahme: Meisterwerk menschlicher Schöpferkraft, Zeugnis einer Kultur, Verknüpfung mit Ereignissen von universeller Bedeutung

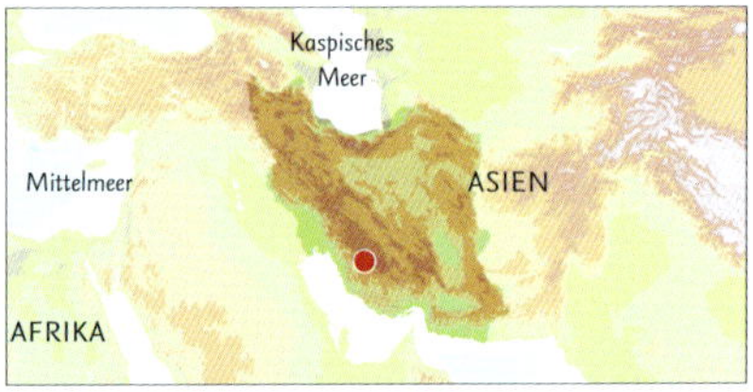

Glaubt man Plutarch, dann brauchten die Griechen 20 000 Maultiere und 5000 Kamele, um die Schätze von Persepolis fortzuschaffen.

Die prachtvollen Ruinen von Persepolis liegen am Fuße des Kuh-e-Rahmat (Berg der Gnade), etwa 650 km südlich der iranischen Hauptstadt Teheran. Persepolis wurde 518 v. Chr. von dem Perserkönig Darius I. gegründet und auf einer riesigen, halb natürlichen, halb künstlich angelegten Terrasse erbaut. Der eindrucksvolle Palastkomplex ist von der mesopotamischen Bauweise inspiriert. Offenbar plante Darius nicht nur einen Regierungssitz, sondern vielmehr eine repräsentative Residenz als eindrucksvolles Zentrum der persischen Macht. Im Palast empfingen die Achämeniden die Delegationen aus fernen Ländern und veranstalteten prächtige Feste. Geblieben ist davon nur die riesige Steinterrasse (530 x 330 m) vor dem Berg. Dennoch ist die archäologisch Stätte wegen des guten Zustands und der großen historischen Bedeutung der Ruinen von einzigartigem Wert.

Persepolis galt als Musterbeispiel einer repräsentativen Herrscherstädte der Achämeniden. Angeblich hat Alexander der Große die Stadt aus diesem Grund 330 v. Chr. niederbrennen lassen.
▼

Felsenrelief des Reiters von Madara

Bulgarien

Begründung der Aufnahme: Meisterwerk menschlicher Schöpferkraft, Zeugnis einer Kultur

Das Relief, das einen majestätischen Reiter zeigt, wurde in 23 m Höhe aus einer fast vertikalen 100 m hohen Felswand herausgehauen. Der Reiter stößt einen Speer in einen Löwen zu Füßen seines Pferdes; ein Hund folgt dem Reiter. Vor der Christianisierung Bulgariens im 9. Jh. war Madara das wichtigste Heiligtum des ersten Bulgarischen Reiches. Das Felsenrelief entstand zu Beginn des 8. Jh., etwa drei Jahrzehnte nach der Staatsgründung im Jahr 681 n. Chr. Der stolze Reiter ist der symbolische Ausdruck eines Triumphs: Das byzantinische Reich hatte den neuen Staat anerkannt. Das Relief ist also nicht nur ein Kunstwerk, sondern markiert auch eindrucksvoll einen historischen und kulturellen Wendepunkt.

Der Künstler schlug zunächst eine 1,50 cm breite und 2 cm tiefe Umrisslinie in den Fels. Dann entfernte er mit dem Meißel so viel des angrenzende Gesteins, dass die Figuren plastisch hervortraten. Zum Abschluss bedeckte er die Figuren mit rotem Putz, um sie noch deutlicher hervorzuheben.

Felskirchen von Ivanovo

Bulgarien

Begründung der Aufnahme: Zeugnis kulturellen Austauschs, Zeugnis einer Kultur

Dieser außergewöhnliche Komplex aus Felsenkirchen, Kapellen, Klöstern und Mönchszellen liegt im Flusstal des Russenski Lom in der Nähe des Dorfes Ivanovo. Die ersten Einsiedler meißelten schon im 12. Jh. kleine Mönchszellen und Kirchen in das Gestein. Im 13. Jh. gewann die orthodoxe Kirche in Bulgarien unter ihrem ersten Patriarchen, dem Mönch Joackim, an Bedeutung. Joackim, der zusammen mit König Iwan Assen II. das Christentum als bulgarische Staatsreligion etablieren wollte, hatte lange als Einsiedler in einer der Höhlen bei Ivanovo gelebt und sich dabei den Ruf eines Heiligen erworben. Der König erlaubte ihm deshalb, am Ort der Einsiedelei ein größeres Kloster zu bauen, wodurch er seinen eigenen Ruf als gnädiger König festigte.

Nach 1396 wurde das Kloster Ivanovo aufgegeben und zerfiel zur Ruine. Nur das Kalkgestein, aus dem die Bauten herausgehauen waren, widerstand der Witterung, sodass ein Labyrinth aus Zellen, Zimmern, Kirchen und Fresken bis heute erhalten blieb. Die Wandbilder aus dem 14. Jh. zeugen von der außerordentlichen Kunstfertigkeit der Mönchskünstler, die der Schule von Tarnovo angehörten.

Memphis und seine Totenstadt mit den Pyramiden von Giseh, Abusir, Sakkara und Dahschur

Ägypten

Begründung der Aufnahme: Meisterwerk menschlicher Schöpferkraft, Zeugnis einer Kultur, Verknüpfung mit Ereignissen von universeller Bedeutung

Memphis, die ägyptische Hauptstadt des Alten Reiches im 3. Jt. v. Chr., war eines der sieben Weltwunder der Antike. Die Pyramiden und andere beeindruckende Grabdenkmäler, die einst die Nekropole der Pharaonen bildeten, zeugen noch heute von der Größe der ägyptischen Hochkultur, einer der fortschrittlichsten frühen Zivilisationen der Geschichte.

Menes (oder Narmar) war der erste Herrscher des vereinten Ägyptens. Er soll um 3100 v. Chr. den Bau einer neuen Hauptstadt im Nildelta befohlen haben, die Mennufer (Stadt des Menes) genannt wurde. Dort entstand auch der Tempel des Ptah, das wichtigste Heiligtum für diesen frühen Schöpfergott. Die Ruinen des Tempels blieben bis heute erhalten und lassen erahnen, warum Memphis den antiken Griechen als ein Weltwunder erschien.

Das nahe gelegene Sakkara war die Nekropole der Stadt und die größte des Landes. In Sakkara wurde die erste große Steinpyramide erbaut als ein Mausoleum für den Pharao Djoser, der die dritte Dynastie begründet hatte und um das Jahr 2668 v. Chr regierte. Die von Imhotep, dem Wesir und Architekten des Pharaos, entworfene Pyramide ist die älteste Stufenpyramide der Welt. Sie befindet sich innerhalb einer Grabanlage, die von einer 10 m hohen Mauer umgeben ist.

Im Süden liegt die Nekropole Dahschur, die Snofru bauen ließ, der um 2613 v. Chr. herum die vierte Dynastie begründete. Während Snofrus 29-jähriger Herrschaft veränderte sich das Erscheinungsbild der ägyptischen Königsgräber, die von nun an die geläufige Pyramidenform und eine quadratische Grundfläche hatten. Von Snofru stammt sowohl die Rote Pyramide, die nach dem roten Kalkstein, aus dem sie besteht, benannt wurde, als auch die rhomboide Pyramide oder Knickpyramide, deren vier Seiten nach außen gewölbt sind; anscheinend handelt es sich bei der Knickpyramide um eine Zwischenform. Weitere Neuerung Snofrus betrafen den Innenausbau der Pyramiden.

Im Norden stehen die berühmten Pyramiden von Giseh, die Snofrus Sohn Chufu, besser bekannt als Cheops, und dessen Nachfahren Chafre (Chephren) und Menkaure (Mykerinos) erbauen ließen. Das älteste und größte der drei Pharaonengräber erhielt den Namen „Horizont des Cheops". Die anderen beiden Pyramiden hießen „Groß ist Chephren" und „Göttlich ist Mykerinos". Jede Grabstätte ist Teil des Grabkomplexes, der auf Snofru zurückgeht.

Die große Sphinx von Giseh und die Chephren-Pyramide ▶

Die Ursprünge der Nekropole Sakkara liegen in den Anfangszeiten des Pharaonenreichs.

In der Nähe der Cheopspyramide entdeckte man die sogenannte Sonnenbarke, eines der ältesten noch erhaltenen Boote der Welt.

Die Pyramide ist ein Symbol der Sonne bzw. des Sonnengottes Ra, der während der vierten Dynastie die wichtigste Gottheit war. Die als Pyramidentexte bezeichneten Inschriften, die an den Wänden im Inneren der Pyramiden entdeckt wurden, erzählen von der Verwandlung des verstorbenen Pharaos in die Sonne.

Medina von Tunis
Tunesien

Begründung der Aufnahme: Zeugnis kulturellen Austauschs, Zeugnis einer Kultur, traditionelle Siedlungsform

Die Medina von Tunis prägte maßgeblich die Entwicklung von Architektur, Bildhauerei und Stadtplanung. Da die meisten historischen Stadtzentren islamischer Städte im Laufe der Jahre zerstört oder umgebaut wurden, ist die homogene Altstadt von Tunis ein sehr seltenes Zeugnis der alten Bauweise. In der 2,7 km² großen Medina von Tunis befinden sich etwa 700 historische Bauten, darunter Paläste, Moscheen, Mausoleen und Brunnen. Die Medina besteht aus ihrem Zentrum, das noch Spuren der ersten Stadtgründung aus dem 8. Jh. aufweist, und zwei weiteren Stadtvierteln, die auf das 13. Jh. zurückgehen. Die historische Altstadt ist zwar noch immer bewohnt, der Anteil ihrer Bewohner an der gesamten Stadtbevölkerung ist aber nur noch gering.

In der Medina steht die Hauptmoschee von Tunis, die Zitouna. Zitouna bedeutet Olivenbaum, was auf den Gründer der Moschee verweist, der unter einem Olivenbaum den Koran gelehrt haben soll. Der erste Bau stammt aus der Zeit der Aghlabiden-Herrscher (9. Jh.). Das berühmte Minarett ist allerdings ein Anbau aus dem 19. Jh. ►

Antigua Guatemala
Guatemala

Begründung der Aufnahme: Zeugnis kulturellen Austauschs, Zeugnis einer Kultur, Erbe von besonderer menschheitsgeschichtlicher Bedeutung

Viele der heutigen Gebäude entstammen dem 17. und 18. Jh. Sie gehören zu den Perlen der Kolonialarchitektur Amerikas.

Antigua Guatemala ist ein außergewöhnliches Beispiel gut erhaltener Kolonialarchitektur. Die Stadt, die in einer erdbebengefährdeten Region liegt, wurde zu Beginn des 16. Jh. als Residenz des Generalstatthalters von Guatemala unter dem Namen Santiago de Guatemala gegründet. Hier war der Sitz der spanischen Kolonialregierung des Königreichs Guatemala, das damals weite Teile des heutigen Mittelamerikas umfasste. Die Stadt war das Bildungszentrum und der kulturelle, wirtschaftliche und religiöse Mittelpunkt der gesamten Region, bis die Regierung nach dem katastrophalen Erdbeben von 1773 in das heutige Guatemala-City umzog. Antigua war nach dem Vorbild der italienischen Renaissance mit einem regelmäßigen Straßennetz ausgestattet. In weniger als drei Jahrhunderten waren in der Stadt zahlreiche prächtige Bauwerke entstanden, von denen einige heute nur noch als Ruinen erhalten sind.

Kirche Nuestra Señora de la Merced
▼

Theben und seine Totenstadt
Ägypten

Begründung der Aufnahme: Meisterwerk menschlicher Schöpferkraft, Zeugnis einer Kultur, Verknüpfung mit Ereignissen von universeller Bedeutung

Theben war die Hauptstadt Ägyptens, als das Reich den Höhepunkt seiner Macht und seiner kulturellen Entwicklung erreichte. Das Mittlere und das Neue Reich überdauerten über 1000 Jahre, von 2134 bis 1070 v. Chr. In Theben finden sich die schönsten Überreste altägyptischer Geschichte, Kunst und Religion: Die Tempel und Paläste in Karnak und Luxor und die Nekropolen am jenseitigen Ufer des Nils – das Tal der Könige und das Tal der Königinnen – sind eindrucksvolle Zeugnisse aus der Blütezeit der ägyptischen Zivilisation.

Hunderte von Herrschern haben sich hier mit Bauwerken, Obelisken und Skulpturen verewigt. Das Theben der Lebenden hinterließ seine Spuren am rechten Nilufer, an den sagenhaften Stätten Luxor und Karnak, wo Priester in Tempeln die göttliche Triade aus Mentu, Amun und Mut verehrten. Der Totenkult fand seinen Ausdruck am linken Nilufer, wo die Nekropolen angelegt wurden.

Vom Mittleren Reich bis zum 1. Jh. n. Chr. war Theben die heilige Stadt des Gottes Amun. Er war der höchste Sonnengott und wurde in Tempeln von einzigartiger Größe und Pracht verehrt. Der von Amenophis II. und Ramses II. erbaute Tempel von Luxor war mit dem riesigen Heiligtum von Karnak über eine Allee aus Sphinx-Statuen verbunden. Der monumentale Komplex von Karnak besteht aus drei Tempeln: Einer war Mut geweiht, der Muttergottheit Ägyptens und Frau von Amun; ein zweiter dem Kriegsgott Mentu und der dritte Amun selbst.

Das Theben der Toten auf dem anderen Nilufer wuchs fast 15 Jahrhunderte lang. Zu Füßen der Berge entstanden mächtige Totentempel, während die zugehörigen Gräber an ganz anderen Stellen in den Felsen gebaut wurden, um sie vor Zerstörung und Grabräuberei zu schützen. Im Norden ließ Königin Hatschepsut den Tempel Deir el Bahari errichten, der Amun-Re geweiht war (eine der Verkörperungen Amuns). Dort steht auch ein Tempel zu Ehren der Hathor, der Göttin der Liebe und der Schönheit, die in Gestalt einer Kuh verehrt wurde.

Die Memnonskolosse sind riesige Statuen von Amenophis II., die ostwärts über den Nil blicken. Neben den Grabmalereien ziehen sie heute die meisten Touristen an.

Der große Hypostylsaal im Tempel des Amun ist eine der größten Kostbarkeiten im Tempelkomplex von Karnak. Seine 134 Säulen in 16 Reihen erinnern an Papyrushalme. Jede Säule ist aufwändig mit Hieroglyphen oder Schlachtszenen verziert. ▶

Die Gräber der Pharaonen und ihrer Würdenträger, Priester und Prinzessinnen wurden in den künstlichen Felsenhöhlen von Theben versteckt. Sie bilden die großen Gräberfelder al-Asasif, al-Khokha, Qurnet Mura, Deir el Medina, das Tal der Könige und das Tal der Königinnen.

Das berühmteste unterirdische Königsgrab Ägyptens wurde 1922 von den Engländern Howard Carter und Lord Carnarvon gefunden. In ihm lag der junge Pharao Tutanchamun begraben.

Felsenzeichnungen im Val Camonica (Lombardei)
Italien

Begründung der Aufnahme: Zeugnis einer Kultur, Verknüpfung mit Ereignissen von universeller Bedeutung

Im Val Camonica in der Ebene der Lombardei hat sich eine der großartigsten Sammlungen prähistorischer Felszeichnungen erhalten: Über einen Zeitraum von 8000 Jahren wurden über 140 000 Symbole und Figuren in die Felsen geritzt. Sie zeigen Szenen aus Landwirtschaft, Schifffahrt und Krieg oder haben magische Bedeutung. Die Petroglyphen entstanden während mehrerer Perioden: Die Zeichnungen aus der oberen Altsteinzeit (um 8000 v. Chr.) stellen Jagdszenen und Szenen der Frühkultur dar; in den Ritzungen der Jungsteinzeit (4000–3000 v. Chr.) tauchen erstmals religiöse Themen auf, und im Äneolithikum (3000–2000 v. Chr.) wurden Jagdszenen und ländliche Tätigkeiten, sowie weibliche Initiationsriten detailreich dargestellt. Ab etwa 1000 v. Chr. war die Gegend nicht mehr isoliert. Von da an überwiegen Darstellungen kriegerischer Auseinandersetzungen und Zeichnungen von Hütten, Wagen, Ernteerträgen und Waffen.

Die Felsritzungen im Val Camonica sind ein einzigartiges geschichtliches Dokument, aus dem sich prähistorische Sitten und Denkweisen ablesen lassen. Die Analyse der Motive bereicherte nicht nur die prähistorische Archäologie, sondern auch die Soziologie und die Ethnologie.

Stadt Stari Ras und Kloster Sopocani
Serbien

Begründung der Aufnahme: Meisterwerk menschlicher Schöpferkraft, Zeugnis einer Kultur

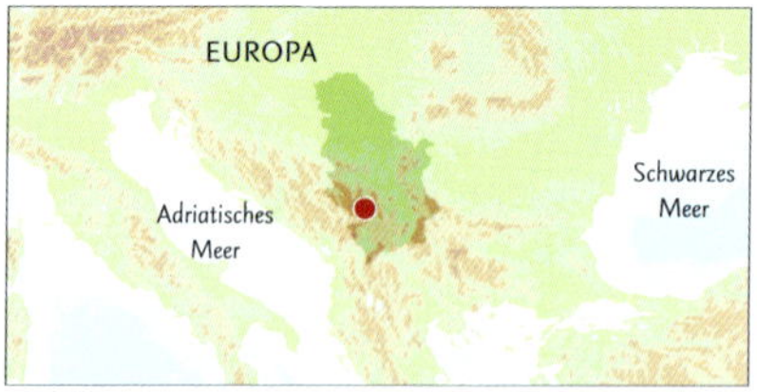

In den Außenbezirken von Stari Ras, der ersten Hauptstadt Serbiens, hat sich ein eindrucksvolles Ensemble mittelalterlicher Festungen, Kirchen und Klöster erhalten. Die Stadt lag auf einem Hügel an der Grenze zwischen dem Byzantinischen Reich und dem kleinen Königreich Raska. Dieser strategisch günstigen Lage verdankte sie ihre Bedeutung; außerdem mischten sich in der Grenzstadt östliche und westliche Einflüsse. Die zahlreichen Bauwerke bilden einen geschlossenen Baukomplex, der von der architektonischen und kulturellen Blütezeit der Stadt zeugt, die bis ins frühe 14. Jh. andauerte. Die Peterskirche wurde im 9. Jh. auf den Grundmauern eines illyrischen Friedhofes und einer frühchristlichen Basilika erbaut. Sie ist ein typisches Beispiel frühchristlicher Architektur und war mehrere Jahrhunderte lang das religiöse Zentrum Serbiens.

Das Kloster Sopocani wurde im Jahr 1260 von König Uros I. als letzte Ruhestätte seiner Familie erbaut. Im Innenraum der Kirche, die von einer kleinen Kuppel gekrönt ist, befinden sich einzigartige Fresken, die ein historisches Dokument über die Familiengeschichte des Königsgeschlechtes von unschätzbarem Wert darstellen.

Stadt und See von Ohrid mit Umgebung
Ehemalige jugoslawische Republik Mazedonien

Begründung der Aufnahme: Meisterwerk menschlicher Schöpferkraft, Zeugnis einer Kultur; Erbe von besonderer menschheitsgeschichtlicher Bedeutung, besonderes Naturphänomen

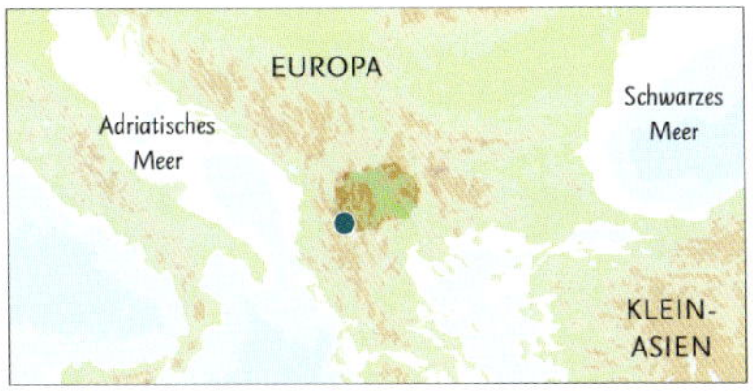

Literatur, Bildung und slawische Kultur – all dies verbreitete sich von Ohrid aus zwischen dem 7. und 19. Jh. Die Stadt war nicht nur von entscheidender Bedeutung für die Geschichte der Balkanhalbinsel, sondern beeinflusste auch die Weltgeschichte und die Weltliteratur. Ohrid und seine historisch-kulturellen Bezirke sind von außerordentlich schöner Natur umgeben; zugleich brachte die Architektur den am besten erhaltenen und umfangreichsten Komplex historischer Bauten des slawischen Kulturbereichs hervor. Außerdem befinden sich in Ohrid das älteste slawische Kloster, das Kloster des Hl. Pantelejmon, und über 800 Ikonen im byzantinischen Stil, die zwischen dem 11. und 14. Jh entstanden sind. Nach der Tretjakow-Galerie in Moskau dürfte dies die wichtigste Ikonensammlung der Welt sein.

Ohrid ist einer der ältesten Wohnstätten in Europa. In über 250 archäologischen Grabungen fanden sich Objekte, die von der Jungsteinzeit bis ins Spätmittelalter reichen.

Die Klosterkirche des Hl. Pantelejmon wurde 2002 vollständig restauriert.
▼

Das historische Kairo

Ägypten

Begründung der Aufnahme: Meisterwerk menschlicher Schöpferkraft, traditionelle Siedlungsform, Verknüpfung mit Ereignissen von universeller Bedeutung

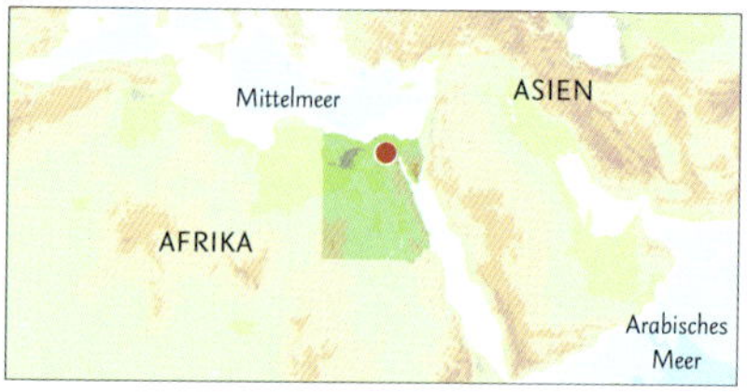

Moschee und Medresse von Sultan Hassan ▶

Mitten in der modernen Großstadt Kairo liegt eine der ältesten islamischen Städte der Welt. Kairo wurde im 10. Jh. gegründet und entwickelte sich zur neuen Hauptstadt und zum Zentrum der islamischen Welt. Von der einstigen Bedeutung zeugen architektonische Schätze: Moscheen, Medressen, Paläste und Karawansereien, Hamams und Brunnen.

Nachdem Mohammed, der Begründer der islamischen Religion, im 7. Jh. gestorben war, begannen die islamischen Armeen ihren Eroberungsfeldzug gegen die Nachbarländer. Kalif Omar und seine Armee erreichten 640 n. Chr. den Nil und gründeten die neue Hauptstadt Al-Fustat, die erste ägyptische Hauptstadt unter arabischer Herrschaft.

Im Zuge der Machtkämpfe in den folgenden Jahrhunderten wurde die Hauptstadt nach Al-Qatai im Nordosten (870) verlegt. Dort ließ Ibn Tulun eine große Moschee erbauen. Die Ibn-Tulun-Moschee mit ihrem großflächigen Hof, der von Säulengängen mit elegant verzierten Bögen umgeben ist, blieb als einziges Gebäude jener Epoche erhalten. Heute ist sie eines der schönsten Bauwerke des historischen Kairos.

Unter der Herrschaft der Fatimiden wurde 969 n. Chr. die neue Hauptstadt Kairo (Al-Qahira) gegründet, die bald eine kulturelle Blüte erlebte. Aus der Gründerzeit stammen unter anderem die drei großen Tore, die riesigen, quadratischen Türme der Stadtmauer und fünf Moscheen im heutigen Viertel Al-Azhar, darunter das letzte Exemplar einer militärischen Moschee, die nüchterne, kompakte Moschee al Hakim. Unter dem Kalifen Muizz wurde zwischen 970 und 972 die Al-Azhar-Moschee als Stätte der Verehrung und als Versammlungsort erbaut. Sie beherbergte auch eine Universität, die sich zu einem wichtigen Zentrum islamischer Studien entwickelte.

In den folgenden Jahrhunderten wurde Ägypten von unterschiedlichen Dynastien und Herrschern regiert, unter anderem von Saladin, der während des 3. Kreuzzugs (1189–1192) die siegreichen islamischen Truppen anführte. Er ließ die Zitadelle erbauen, die bis ins 19. Jh. der Sitz der ägyptischen Regierung war. Unter den Mamelucken (1250–1517) blühte Ägypten noch einmal auf. Die frommen Sultane ließen prächtige Mausoleen in der Totenstadt erbauen, einen riesigen Friedhof östlich der Stadt, der ebenfalls zur Welterbestätte gehört.

Im Jahr 1517 besiegte das osmanische Reich die Mamelucken. Während der osmanischen Herrschaft vom 16. bis ins 19. Jh. entstanden eindrucksvolle Bauten, darunter die prächtige Moschee von Mohammed Ali.

Nur wenige Städte der Welt sind derart reich an historischen Gebäuden. Das alte Stadtzentrum am Ostufer des Nils kann 600 Baudenkmäler vorweisen. Sie spannen einen Bogen vom 7. Jh. über die Blütezeit Kairos bis ins 14. Jh. und weiter bis ins 20. Jh. und verkörpern in ihrer Gesamtheit das strategische, politische, intellektuelle und wirtschaftliche Erbe der Stadt.

Die alten Hauptstädte Al-Fustat, Al-Qatai und Al-Qahira sind Bestandteile der historischen Altstadt.

Amphitheater von El-Djem
Tunesien

Begründung der Aufnahme: Erbe von besonderer menschheitsgeschichtlicher Bedeutung, Verknüpfung mit Ereignissen von universeller Bedeutung

Die eindrucksvollen Ruinen des größten Amphitheaters in Nordafrika stehen etwa 60 km südlich von Sousse im Dorf El-Djem, dem antiken Thysdrus. Der Bau zeugt von den hoch entwickelten Fertigkeiten der römischen Architekten und kommt in der Bauausführung dem Kolosseum in Rom gleich. Das in der ersten Hälfte des 3. Jh. erbaute Amphitheater bot Platz für 60 000 Zuschauer. Das elliptische, vierstöckige Gebäude wurde aus großen Steinblöcken errichtet; allerdings wurde der Bau wegen politischer Unruhen und aus Geldmangel niemals vollendet. Später war das Bauwerk die letzte Zuflucht der Berber, die sich hier gegen die arabische Eindringlinge verschanzten. Nach der Römerzeit wurde es mehrfach als Zitadelle benutzt und zweimal mit Kanonen beschossen.

Das römische Amphitheater, das gut erhalten ist und kaum verändert wurde, ist eines der letzten seiner Art, das heute noch existiert. In zwei unterirdischen Gängen unter dem Bauwerk warteten Tiere, Gefangene und Gladiatoren auf ihren Auftritt im hellen Tageslicht – für die meisten war es der letzte ihres Lebens. ▼

Stabkirche von Urnes
Norwegen

Begründung der Aufnahme: Meisterwerk menschlicher Schöpferkraft, Zeugnis kulturellen Austauschs, Zeugnis einer Kultur

Die hölzerne Stabkirche von Urnes wurde zwischen dem 12. und 13. Jh. erbaut. Sie ist ein außergewöhnliches Beispiel der traditionellen skandinavischen Holzarchitektur. In der Kirche vereinen sich keltische Kunst mit Motiven der Wikingertradition und dem romanischen Baustil. Stabkirchen sind besonders kunstvoll ausgeführte Holzkonstruktionen in Nordeuropa. Die Kirche besteht einschließlich der Dachschindeln ausschließlich aus Holz. In Urnes wurden sogar die normalerweise steinernen Zierelemente der romanischen Baukunst – Säulen, Kapitelle und halbrunde Bögen – aus Holz gefertigt. An den Außenwänden blieb auf den Planken eines Vorgängerbaus aus dem 11. Jh. einzigartiges, in Holz geschnitztes Rankenwerk erhalten. Im Innern sieht man Figurenkapitelle des 12. Jh. und zahlreiche mittelalterliche liturgische Gegenstände. Die Ausschmückungen aus dem 17. Jh. und die Restaurierungsarbeiten von 1909 bis 1910 bewahrten den authentischen Charakter der Kirche.

Der heilige Olav brachte das Christentum im 11. Jh. nach Norwegen. Die Stabkirche von Urnes steht in einem Gletschertal am Nordufer des Sognefjords. Sie ist das kostbarste Beispiel der etwa 30 erhaltenen, mittelalterlichen Stabkirchen.

▼

Altstadt und Palast Kaiser Diokletians in Split
Kroatien

Begründung der Aufnahme: Zeugnis kulturellen Austauschs, Zeugnis einer Kultur, Erbe von besonderer menschheitsgeschichtlicher Bedeutung

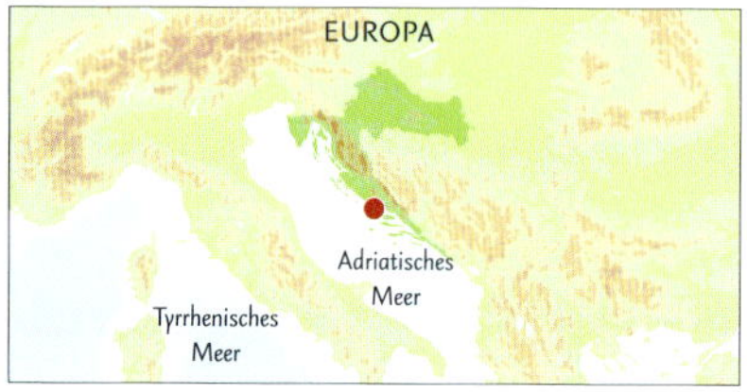

Ein Blick auf den historischen Diokletianspalast mit dem Glockenturm der Kathedrale Sveti Duje im Vordergrund. ▶

Die historische Stadt Split ist berühmt für den riesigen und sehr gut erhaltenen Palast, den der römische Kaiser Diokletian zu Beginn des 4. Jh. erbauen ließ. Später entstanden um ihn herum bedeutende mittelalterliche Bauten, wie die Kathedrale und die gotischen Paläste des 12. und 13. Jh. sowie die Paläste der Renaissance und des Barocks.

Die frühmittelalterliche Stadt entwickelte sich innerhalb der Mauern des römischen Palastkomplexes. In einer Zeit wirtschaftlicher Blüte im 13. und 14. Jh. wuchs Split über die Palastgrenzen hinaus. Westlich der Palastmauern entstand ein neues Stadtzentrum, das im 14. Jh. befestigt wurde. Aus dem 17. Jh. stammt der neue Befestigungsring mit vorspringenden Bastionen.

Bis heute blieben große Teile der römischen und mittelalterlichen Stadt erhalten. Im Osten betritt man den Palastbereich durch die Porta Argentea (Silbernes Tor) gegenüber der Kirche St. Dominik. Durch das Silberne Tor gelangt man auf den Platz von König Tomislaw und zum einstigen Peristyl, dem zentralen Platz der Palastanlage.

Den östlichen Teil des Peristyls nimmt das Mausoleum von Diokletian ein, die heutige Kathedrale Sveti Duje (Heiliger Duje). Der achteckige Grundriss und die ehemals mit Mosaiken geschmückte Kuppel stammen noch vom Mausoleum. Die ältesten Bauteile sind die monumentalen hölzernen Torpfosten und die steinerne Kanzel aus dem 13. Jh. Im frühen Mittelalter wurde ein kleiner Tempel gegenüber dem Mausoleum, der vermutlich Jupiter geweiht war, in ein Baptisterium umgewandelt; erhalten blieb nur der geschlossene Teil des Tempels mit einem reich verzierten Portal.

Vom Peristyl verläuft die Diokletianstraße nach Norden zur Porta Aurea (Goldenes Tor). Zur linken Hand steht der Agubio-Palast mit einem gotischen Portal und einem Innenhof. Der Papalic-Palast (15. Jh.) in der Papaliceva-Straße rechts ist das wichtigste gotische Bauwerk in Split.

Die Kresimir-Straße führt vom Peristyl nach Westen zur Porta Ferrea (Eisernes Tor); rechts steht der Cindro-Palast (17. Jh.), der schönste Barockpalast Splits. Jenseits des Eisernen Tores liegt der Platz Narodni Trg, der einst das Zentrum der mittelalterlichen Stadt war und heute der lebhafteste Platz von Split ist. Von den gotischen Häusern am Nordrand des Platzes steht nur noch das Rathaus aus dem Jahr 1443.

Der römische Palast ist nicht nur wegen seines guten Erhaltungszustandes bemerkenswert, sondern auch, weil in seinen Mauern mehrere aufeinander folgende historische Epochen ihren Spuren hinterlassen haben.

Nach seinem Rücktritt lebte Diokletian in dem Palast, den er von 293 bis 305 n.Chr. in der Nähe seines Geburtsortes hatte erbauen lassen. Der Palast ist das kostbarste Zeugnis römischer Baukunst in der östlichen Adria. Es bildet zusammen mit den späteren Gebäuden ein Stilgemisch aus Kaiservilla, hellenistischer Stadt und römischer Siedlung.

Bucht und Region von Kotor

Montenegro

Begründung der Aufnahme: Meisterwerk menschlicher Schöpferkraft, Zeugnis kulturellen Austauschs, Zeugnis einer Kultur, Erbe von besonderer menschheitsgeschichtlicher Bedeutung

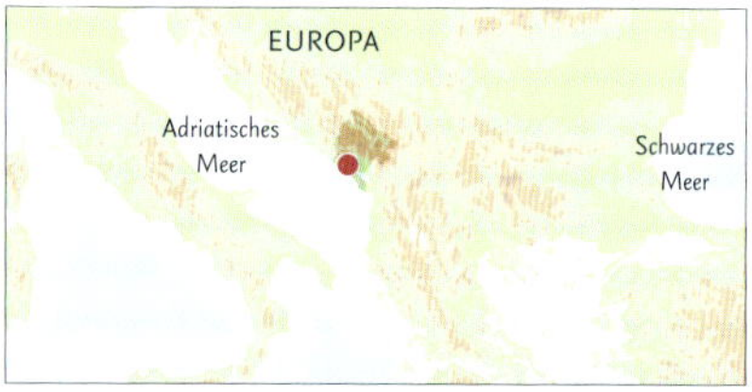

Die Hafenstadt Kotor und die Bucht von Kotor spielten eine außerordentlich wichtige Rolle bei der Verbreitung der mediterranen Kultur entlang der südlichen Adriaküste der Balkanhalbinsel. Die Künstler, Goldschmiede und Architekten Kotors beeinflussten für lange Zeit die gesamte Region. Die von den Römern gegründete Hafenstadt entwickelte sich im Mittelalter zu einem wichtigen Zentrum für Handel und Kunst, und viele Mächte kämpften um die Vorherrschaft in Kotor. Das eindrucksvollste Bauwerk der Stadt ist die St.-Tryphon-Kathedrale, die 1166 erbaut wurde. Bei dem großen Erdbeben 1667 wurde sie beschädigt und musste restauriert werden. Auch die meisten Paläste und Häuser sowie viele romanische Kirchen Kotors wurden von dem Erdbeben in Mitleidenschaft gezogen. Beim letzten Beben am 15. April 1979 musste die ganze Stadt evakuiert werden. Inzwischen ist die umfassende Restaurierung der Stadt abgeschlossen, und Kotor floriert wieder.

Der Naturhafen an der Adriaküste von Montenegro war bis zum späten 12. Jh. eine autonome Stadt innerhalb des byzantinischen Reiches; dann wurde Kotor eine freie Stadt im mittelalterlichen serbischen Reich. Ab 1420 stand es unter venezianischer Kontrolle; später wurde es von 1807 bis 1914 von den Franzosen besetzt.

Die Kathedrale St. Tryphon und Teile der Altstadt Kotors aus der Vogelperspektive ▼

Nationalpark Sagarmatha (Mount Everest)
Nepal

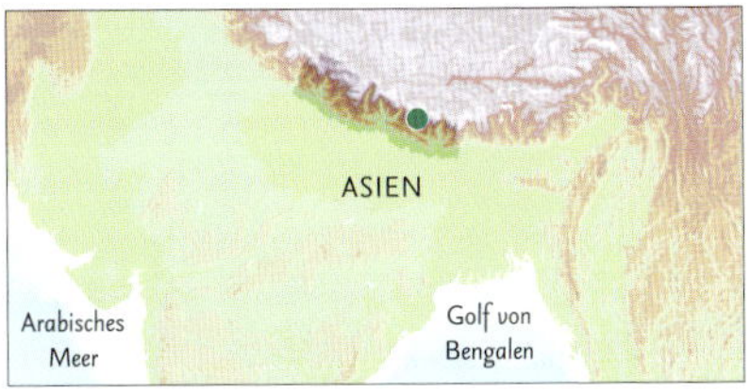

Begründung der Aufnahme: besonderes Naturphänomen

Der Nationalpark umfasst eine beeindruckende Gebirgslandschaft mit spektakulären Bergen, Gletschern und tiefen Tälern, über denen der alles beherrschende vom Mount Everest (Sagarmatha) thront, der höchste Berg der Welt (8848 m). Die Gegend ist die Heimat der Sherpas mit ihrer einzigartigen Kultur. Der fächerförmige Park ist auf allen Seiten von geologisch jungen Hochgebirgsketten eingeschlossen. Die tiefen Täler sind in das Sedimentgestein und den darunter anstehenden Granit eingeschnitten; Die Gewässer fließen nach Süden in den Dudh Kosi und seine Nebenflüsse ab und bilden schließlich den Ganges. Große Teile des Nationalparks (etwa 69 %) bestehen aus unwirtlichem Land in über 5000 m Höhe, weitere 28 % sind Weideland, und 3 % der Parkfläche sind bewaldet. Viele wild lebenden Säugetiere wurden vom Menschen ausgerottet oder verdrängt, doch leben im Park noch immer einige seltene Spezies, wie der Kleine Panda und der Schneeleopard.

Innerhalb der Parkgrenzen leben etwa 2500 Sherpas. Im Nationalpark befinden sich mehrere Klöster; das wichtigste ist das Tengpoche-Kloster.

▲ Das Dorf Namche Bazar

Altstadt von Dubrovnik

Kroatien

Begründung der Aufnahme: Meisterwerk menschlicher Schöpferkraft, Zeugnis einer Kultur, Erbe von besonderer menschheitsgeschichtlicher Bedeutung

Die charakteristische Dachlandschaft Dubrovniks, nachdem die Kriegsschäden der 1990er-Jahren beseitigt wurden. ▶

Dubrovnik, die „Perle der Adria", ist seit dem 13. Jh. ein wichtiges Machtzentrum im Mittelmeergebiet. Das Selbstbewusstsein, der Reichtum und die Kultur der Stadt schlugen sich nieder in wunderbaren Kirchen, Klöstern, Palästen und Brunnen im Stil der Gotik, der Renaissance und des Barocks; viele davon haben das katastrophale Erdbeben von 1667 unbeschadet überstanden. Derzeit koordiniert die Unesco groß angelegte Restaurarierungsmaßnahmen, um die Kriegsschäden zu beseitigen, die enstanden sind, als der jugoslawische Staat in den 1990er-Jahren in Teilrepubliken zerfiel.

Seit der Stadtgründung im 7. Jh. stand Dubrovnik unter der Herrschaft des byzantinischen Reiches. Nachdem die Kreuzfahrer Konstantinopel geplündert hatten, fiel die Stadt 1205 an Venedig. Seit 1358 war Dubrovnik Teil des ungarisch-kroatischen Königreiches, handelte aber de facto wie eine selbstständige Stadtrepublik und gelangte im 15. und 16. Jh. zur höchsten Blüte. Erst eine wirtschaftliche Krise der Mittelmeerschifffahrt und vor allem die Erdbebenkatastrophe im April 1667 warfen Dubrovnik zurück und markierten einen Wendepunkt in der Geschichte der erfolgsverwöhnten Stadt.

Dubrovnik ist ein bemerkenswert gut erhaltenes Ensemble spätmittelalterlicher Wehrarchitektur mit Stadtmauern und einem regelmäßigen Straßennetz. Neben den herrlichen mittelalterlichen Bauten finden sich in Dubrovnik auch zahlreiche Beispiele der Renaissance- und Barockarchitektur: großartige Wehrmauern mit monumentalen Stadttoren, das Rathaus aus dem 11. Jh. (heute Rektorenpalast), das Franziskanerkloster mit eindrucksvoller Kirche (das schon im 14. Jh. erbaut wurde, aber erst im Barock seine heutige Gestalt bekam), das Dominikanerkloster, die Kathedrale (die nach dem Erdbeben neu gebaut wurde), das Zollhaus (Sponza) und mehrere barocke Kirchen, wie die Kirche St. Blasius, die dem Schutzpatron der Stadt geweiht ist.

Das ursprüngliche Welterbe umfasste nur den ummauerten Altstadtbereich. Spätere Erweiterungen bezogen das mittelalterliche Handwerkerviertel Pile, das im 15. Jh. geplant und angelegt wurde, und die auf einer Felsenklippe gelegene Festung Lovrijenac mit ein. Ihr Bau wurde vermutlich bereits im 11. Jh. begonnen, ihr heutige Aussehen geht jedoch auf Umbauten des 14. und 16. Jh. zurück. Auch die Lazarette aus dem frühen 17. Jh., in denen potenzielle Pestüberträger aus dem Ausland unter Quarantäne gestellt wurden, zählen zum Welterbe, ebenso wie die Hafenmole Kase aus dem späten 15. Jh., die den Hafen vor Südweststürmen schützte, und das Fort Revelin (1449), das den Wassergraben auf der Nordseite der Stadtmauer überwachte.

Dubrovnik wurde im 7. Jh. von Flüchtlingen aus der Stadt Epidaurum auf einer Insel gegründet. Sie nannten ihre neue Siedlung Laus (nach dem lateinischen lausa für „Felsen"). Der alte Name Ragusa (oder Rausa) ist von Laus abgeleitet. Jenseits des Flusses, am Fuß des Sergiusberges, gründeten die Slawen später eine eigene Siedlung, die sie Dubrovnik nannten (nach dem slawischen *Dubrava*, „Eichenwälder"). Im 12. Jh. wuchsen die beiden Stadtteile zusammen.

Ruinenstadt Tschoga Zanbil
Islamische Republik Iran

Begründung der Aufnahme: Zeugnis einer Kultur, Erbe von besonderer menschheitsgeschichtlicher Bedeutung

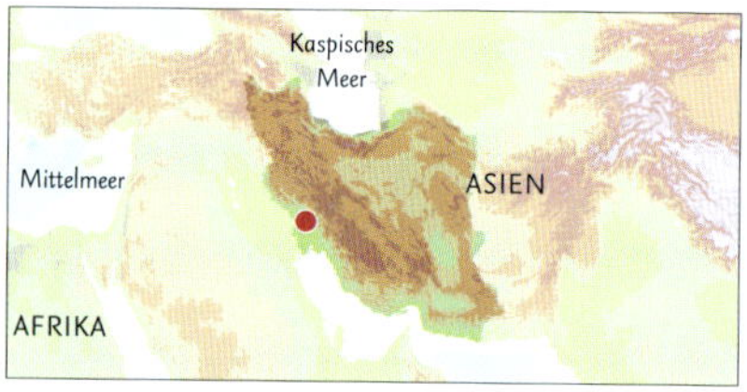

Die Ruinen der heiligen Stadt des Königreiches Elam liegen nahe dem Ort Tschoga Zanbil. Die 1250 v. Chr. gegründete Stadt war von drei konzentrischen Mauerringen umgeben. Nach der Eroberung durch die Assyrer wurde die Stadt aufgegeben.

◄ In Tschoga Zanbil steht die größte und am besten erhaltene Zikkurat Mesopotamiens. Sie ragt heute noch 25 m hoch auf, dürfte aber früher, bevor ihre beiden letzten Stufen zerstört wurden, 60 m hoch gewesen sein.

Nationalpark Tikal
Guatemala

Begründung der Aufnahme: Meisterwerk menschlicher Schöpferkraft, Zeugnis einer Kultur, Erbe von besonderer menschheitsgeschichtlicher Bedeutung, Schauplatz spezieller ökologischer und biologischer Prozesse, bedeutender natürlicher Lebensraum – Biodiversität

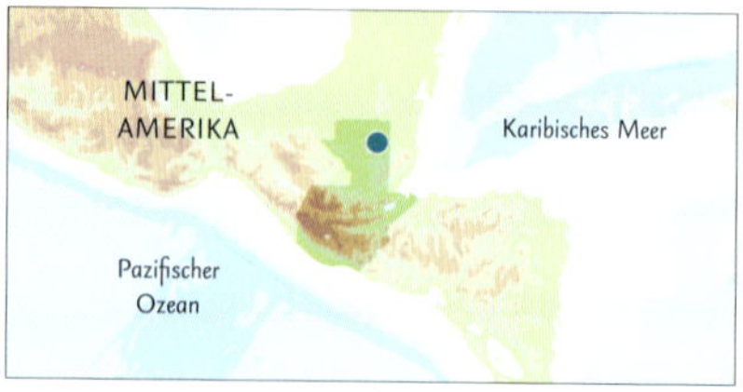

Der Nationalpark Tikal schützt rund 221 km² Regenwald und dessen artenreiche Tierwelt. Im Herzen des Dschungels steht eine der bedeutendsten Städte der Maya-Zivilisation, die vom 6. Jh. v. Chr. bis zum 10. Jh. n. Chr. bewohnt war. Über Rampen gelangten die Einwohner in das zeremonielle Zentrum mit prächtigen Tempeln, Palästen und öffentlichen Plätzen. Die Überreste von Wohnhäusern liegen verstreut im umliegenden Dschungel. In der Blütezeit zwischen 700 und 800 n. Chr. lebten hier 90 000 Maya-Indianer. Insgesamt gehören zur Welterbestätte über 300 Einzelgebäude, darunter auch einige mit Hieroglyphen verzierte Tempel und Gräber. Die Ruinen der Stadt veranschaulichen die Entwicklung der Maya-Gesellschaft, die von Jägern und Sammlern zu sesshaften Bauern wurden und eine komplexe religiöse, künstlerische und wissenschaftliche Kultur hervorbrachten.

Zum Nationalpark gehört der größte tropische Regenwald Guatemalas und Mittelamerikas, in dem viele ursprüngliche Lebensräume noch intakt sind. Tikal ist bekannt für seine Tierwelt, zu der auch Brüllaffen und Klammeraffen gehören, die sich in den Ruinen der Maya-Stadt tummeln.

Altstadt von Warschau
Polen

Begründung der Aufnahme: Zeugnis kulturellen Austauschs, Verknüpfung mit Ereignissen von universeller Bedeutung

Die historische Altstadt der polnischen Hauptstadt Warschau wurde fast vollständig wieder aufgebaut, nachdem sie während des Zweiten Weltkriegs zu 85 % zerstört worden war. Damit stellt Warschau ein herausragendes Beispiel dar für die bauliche Rekonstruktion einer historischen Zeitspanne – vom 13. bis zum 20. Jh.

Nach der Besetzung Polens durch die deutsche Armee (1939) wurde Warschau zum Schauplatz zweier großer Aufstände: Der Aufstand der Juden im Warschauer Ghetto (1943) und ein allgemeiner Volksaufstand in der Stadt im August 1944. Nach dem Aufstand von 1944 machten die deutschen Truppen als Vergeltungsmaßnahme die Stadt systematisch dem Erdboden gleich. Zwischen 1945 und 1966 entstand das Zentrum Warschaus aus den Ruinen wieder neu. Fast jedes Gebäude in der Altstadt zeichnet sich durch individuelle Stilelemente aus, die einen Bogen von der Gotik bis zum Barock spannen. Besonders berühmt sind der Marktplatz, die Stadtmauern mit Barbakane sowie das Königsschloss und zahlreiche Kirchen.

Zur Rekonstruktion der Altstadt wurde sorgfältig ein Fünfjahresplan entworfen; die Bauarbeiten begannen unmittelbar nach dem Krieg. Als Vorlage für die Wiederherstellung dienten wahrscheinlich die Gemälde des italienischen Malers Canaletto.

Die genaue Rekonstruktion der historischen Altstadt ist ein beredtes Zeugnis für die Kunst der Restaurateure zum Ende des 20. Jh.

◄ Der dreieckige Kanonia-Platz liegt neben dem Warschauer Hauptplatz. Hier steht das schmalste Haus Warschaus (das in der Ecke). Damit versuchten die Bauherren des 17./18. Jh., ihre Steuerlast zu senken, die sich nach der Breite der Straßenfront und der Zahl der Fenster richtete.

Maya-Ruinen von Copán
Honduras

Begründung der Aufnahme: Erbe von besonderer menschheitsgeschichtlicher Bedeutung, Verknüpfung mit Ereignissen von universeller Bedeutung

Die Ruinen von Copán gehören zu den wichtigsten Zeugnissen, die von der indigenen amerikanischen Maya-Zivilisation erhalten geblieben sind. Der Komplex aus Tempeln, Plätzen und Terrassen repräsentiert die Architektur und Bauweise der Maya besser als jede andere Fundstätte.

Es gibt Hinweise dafür, dass Cópan bereits 2000 v. Chr. bewohnt war, doch seine Blütezeit kam erst mit der Hochkultur der Maya von 250–900 n.Chr. Ihre Zivilisation entwickelte sich ständig weiter, sie machten wesentliche Fortschritte in der Mathematik, der Astronomie und der Hieroglyphenschrift.

Die Ruinen der Zitadelle von Cópan und die eindrucksvollen öffentlichen Plätze veranschaulichen die drei Hauptstufen der Stadtentwicklung, die das heutige Bild mit Tempeln, Plätzen, Altären und Ballspielplätzen hervorbrachten. Kurz nach 900 wurde die Stadt aus unbekannten Gründen aufgegeben.

Obwohl Cópan bereits 1570 von dem spanischen Konquistador Diego García de Palacio entdeckt wurde, begannen die Ausgrabungen erst im 19. Jh.

Die Zivilisation der Maya nahm ihren Anfang ungefähr 2000 v. Chr. Das Reich erreichte den Höhepunkt seiner Macht in Mittelamerika zwischen 250 und 900 n. Chr. Damals war Cópan die größte und mächtigste Stadt des Südostens.

Cópan wird ständig durch Flusserosion, Ausbreitung der Landwirtschaft und Erdbeben bedroht. Die natürliche Landschaft in der Umgebung ist zudem durch die moderne Stadt in der Nähe der Ruinen gefährdet.

◄ ►
Ein Maya-Tempel (links) und eine aus Stein gemeißelte Säule (rechts)

F

Historisches Zentrum von Rom, Stätten des Heiligen Stuhls in Rom und Basilika St. Paul „vor den Mauern“

Italien und Vatikanstadt

Begründung der Aufnahme: Meisterwerk menschlicher Schöpferkraft, Zeugnis kulturellen Austauschs, Zeugnis einer Kultur, Erbe von besonderer menschheitsgeschichtlicher Bedeutung, Verknüpfung mit Ereignissen von universeller Bedeutung

Die Welterbestätte im historischen Zentrum vom Rom besteht aus außergewöhnlichen Gebäuden und Monumenten aus der Antike und aus dem Mittelalter. Dazu gehören das Forum Romanum, die Mausoleen von Augustus und Hadrian, das Pantheon (unten), die Trajanssäule, die Säule des Marcus Aurelius und die kirchlichen und öffentlichen Gebäude der Vatikanstadt.

Im Lateranvertrag von 1929 einigten sich Italien und der Heilige Stuhl auf die gesetzlichen Grundlagen für die Vatikanstadt. Auch einige „extraterritoriale“ Gebäude, die im italienischen Rom liegen, gehören dem Heiligen Stuhl und sind damit Teil der Vatikanstadt. Dazu zählen mehrere künstlerisch einzigartige Bauwerke: Santa Maria Maggiore, die Lateranbasilika und St. Paul „vor den Mauern“. Sie prägten die Architektur und die Kunst der Christenheit über viele Jahrhunderte. Das Weltkulturerbe umfasst mehrere bemerkenswerte Stadtpaläste: Cancelleria, Palazzo Maffei, Palazzo di San Callisto und der Palazzo di Propaganda Fide.

Der Legende nach wurde Rom 753 v. Chr. von Romulus und Remus gegründet. Die Stadt war die Hauptstadt der Römischen Republik und des Römischen Kaiserreiches und ist seit dem 4. Jh. das Zentrum der christlichen Welt.

Das Welterbe wurde 1990 erweitert und umfasst seitdem auch die Stadtmauer, die im 17 Jh. unter Papst Urban VIII. entstand.

◀ Das Pantheon ist eines der am besten erhalten Bauwerke aus der römischen Antike. Der erste Bau entstand unter Agrippa 27 v. Chr., wurde aber bei einem Feuer 80 n. Chr. zerstört. Der heutige Tempel wurde unter Kaiser Hadrian 125 n. Chr. erbaut.

Stadt Valletta
Malta

Begründung der Aufnahme: Meisterwerk menschlicher Schöpferkraft, Verknüpfung mit Ereignissen von universeller Bedeutung

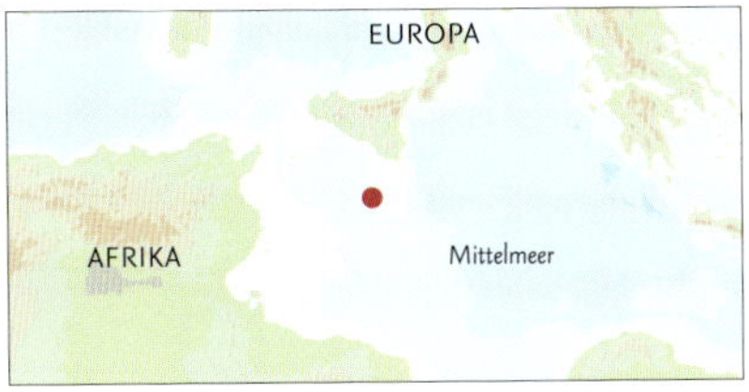

Die maltesische Inselgruppe war als strategischer Stützpunkt im Mittelmeer lange umkämpft. Malta wurde nacheinander von den Phöniziern, Römern, Byzantinern, Arabern und schließlich vom Malteser-Orden beherrscht, der über zwei Jahrhunderte regierte.

Valletta ist untrennbar mit der Geschichte und Kultur des christlichen Ritterordens der Malteser verbunden. Die Malteser benutzten die Insel Malta von 1530 bis 1798 als militärische Machtbasis und prägten maßgeblich das Aussehen der Hauptstadt: An breiten, geraden Straßen liegen hunderte genau geplanter Bauwerke. Mit einer Gesamtfläche von nur 0,5 km² ist Valletta einer der dichtesten historische Bezirke der Welt.

Der Stadtplan ist typisch für die Spätrenaissance: Das gitternetzartige Straßennetz bringt die repräsentativen Bauten optimal zur Geltung. Die starken Befestigungsmauern mit Bastionen umschließen die gesamte Halbinsel. Kirchen und Paläste, Museen, Theater, Gärten und Plätze sind fast vollständig in ihrem ursprünglichen Zustand erhalten. Seit die Malteser-Ritter 1798 die Stadt verließen, wurde sie nie mehr grundlegend umgebaut.

Valletta, Malta ▼

Traditionelle Bauwerke der Ashanti

Ghana

Begründung der Aufnahme: traditionelle Siedlungsform

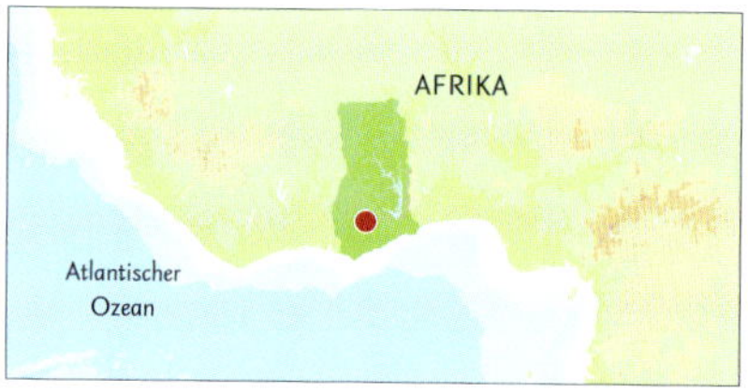

Die meisten Ashantidörfer wurden im 19. Jh. in den Kriegen der Ashanti gegen die britische Kolonialmacht zwischen 1806 und 1901 zerstört. Baden-Powell brannte 1895 das königliche Mausoleum (Barem) nieder.

Diese Bauten im Nordosten von Kumasi sind die letzten Überreste der großen Zivilisation der Ashanti, deren Blütezeit im 18. Jh. lag. An den aus Lehm, Holz und Stroh bestehenden, sehr witterungsanfälligen Gebäuden nagt der Zahn der Zeit: Heute stehen nur noch wenige der traditionellen Häuser und Tempel, und die meisten von ihnen sind jünger als 100 Jahre. Die Häuser sind aus einem Gerüst aus senkrechten Holzpfosten mit hölzernen Kämpfern erbaut; Bambusstangen tragen das strohgedeckte Dach. Der Boden besteht aus gestampftem Lehm. Für die Schaufassade, die manchmal Fenster hat, wurde Lehm auf einen Holzkern gestrichen und mit einer Balustrade und Kämpfern versehen. Der Lehm ist mit geometrischen, floralen, tierischen oder anthropomorphen Motiven verziert.

Nationalpark Garamba

Demokratische Republik Kongo

Begründung der Aufnahme: besonderes Naturphänomen, bedeutender natürlicher Lebensraum – Biodiversität

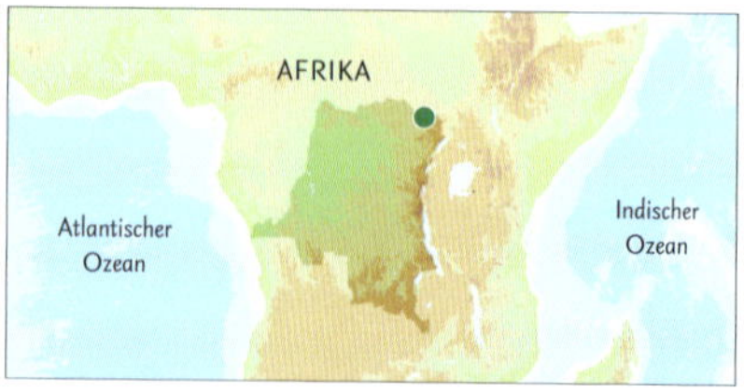

Der Nationalpark liegt auf der Wasserscheide zwischen Nil und Kongo. Er umfasst ein sehr abwechslungsreiches Hochplateau mit Inselbergen, meist aus Granit, und weiten Senken mit Feuchtgebieten.

Die weiten Savannen, Steppen und Wälder des Nationalparks wechseln sich ab mit Galeriewäldern entlang der Flussufer und sumpfigen Senken. Der Park ist ein wichtiger Lebensraum von herausragenden Arten, wie nördliches Breitmaulnashorn und Kongo-Giraffe, die ausschließlich hier vorkommen. Außerdem leben im Park zahlreiche Elefanten.

◄ Flusspferde im „Pool der werdenden Mütter" im Nationalpark Garamba

Kirche und Dominikanerkonvent Santa Maria delle Grazie mit Leonardo da Vincis „Abendmahl“ in Mailand

Italien

Begründung der Aufnahme: Meisterwerk menschlicher Schöpferkraft, Zeugnis kulturellen Austauschs

Die Kirche und der Dominikanerkonvent Santa Maria delle Grazie in Mailand ist an sich schon ein eindrucksvoller Renaissance-Bau aus dem 15. Jh., doch ein einzigartiges Wandbild, das sich dort befindet, zeichnet die Stätte ganz besonders aus: Leonardo da Vincis Meisterwerk „Das letzte Abendmahl“.

Da Vinci wurde 1495 damit beauftragt, ein Bild auf die Nordwand des Speisesaals zu malen; er schloss seine Arbeit 1497 ab. Das Gemälde stellt die im Johannesevangelium (Kap. 13, Vers 21) überlieferte Szene dar, in der Jesus ankündigt: „Einer von euch wird mich verraten.“ Das Bild löst sich in Komposition, Perspektive und Art der Darstellung völlig von der bis dahin üblichen Tradition der Malerei. Technisch gesehen ist es kein Fresko, da Leonardo den trockenen Putz zunächst versiegelte und dann mit Temperafarben bemalte. Da das Gemälde sich im Laufe der Zeit löste und zerfiel, musste es mehrfach restauriert werden.

Das Genie Leonardos zeigt sich vor allem in der Art, wie er das Licht und eine deutliche Perspektive nutzte: Die drei Fenster mit dem Blick auf die Landschaft lassen den Raum lichtdurchflutet erscheinen. Die dargestellten Personen werden sowohl von hinten, als auch von der Seite beleuchtet. Das Ergebnis ist eine Kombination aus klassischer Florentiner- und Chiaroscuro-Malerei.

Megalithische Tempel auf Malta

Malta

Begründung der Aufnahme: Erbe von besonderer menschheitsgeschichtlicher Bedeutung

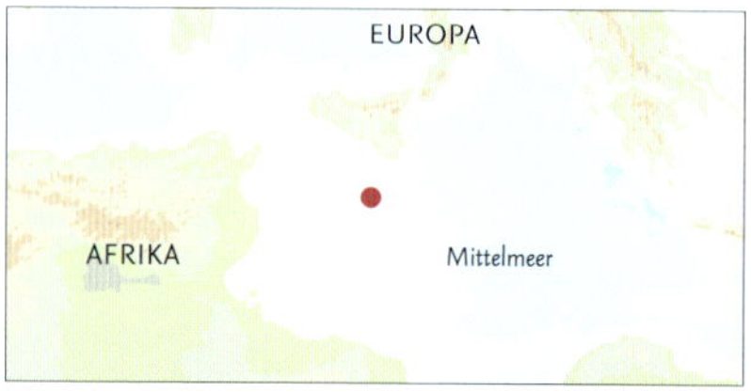

Die sieben megalithischen Tempel auf den beiden Inseln Malta und Gozo zeugen von einen außerordentlichen kulturellen, künstlerischen und technologischen Fortschritt. Alle Bauten entstanden im 3. Jt. v. Chr., doch handelt es sich um individuelle Werke, die sich hinsichtlich ihres Bauplans, ihrer Bauweise und der verwendeten Techniken voneinander unterscheiden.

Die beiden Tempel von Gigantija auf der Insel Gozo sind riesige Bauwerke der Bronzezeit. Die auf der Insel Malta gelegenen Tempel Hagar Qim, Mnajdra und Tarxien stellen einzigartige Meisterwerke der Baukunst dar, wenn man die technischen Möglichkeiten der Erbauer berücksichtigt. Ta'Hagrat und Skorba zeigen, wie die Tradition des Tempelbaus auf Malta weitergegeben wurde. Bemerkenswert ist jeder Tempel auch wegen der vielfältigen Gestaltungs- und Zierelemente.

Professor Lord Renfrew, ein führender Kenner der Frühgeschichte, beschreibt die megalithischen Tempel auf Gozo und Malta als „älteste frei stehende Monumente der Erde". Auch ihre Formenvielfalt und ihre Verzierung sind außergewöhnlich.

Die komplexen Rituale, von denen die Tempel zeugen, sind ein großartiger Ausdruck des menschlichen Geistes, insbesondere wenn man die isolierte Lage der Inseln berücksichtigt.

Außenmauer des Tempels Hagar Qim ▼

Nationalpark Kahuzi-Biega
Demokratische Republik Kongo

Begründung der Aufnahme: bedeutender natürlicher Lebensraum – Biodiversität

Dieser riesige, ursprüngliche tropische Regenwald wird von den beiden spektakulären Bergen Kahuzi (3308 m) und Biega (2790 m) dominiert und beherbergt eine reiche und vielfältige Tierwelt. Der kleinere Teil im Osten erstreckt sich über die Mitumba Berge, der größere westliche Teil breitet sich ins zentrale Kongobecken aus. Beide Gebiete sind über einen schmalen Korridor miteinander verbunden. Im westlichen Abschnitt wächst äquatorialer Regenwald, der auf einer Höhe von 1200 bis 1500 m von einem Übergangswald abgelöst wird. Im Osten sind sechs verschiedene ursprüngliche Vegetationstypen zu erkennen. Der Park wurde geschaffen, um die 200–300 östlichen Tieflandgorillas (Grauergorillas) zu schützen, die vor allem in den Wäldern zwischen 2100 und 2400 m, aber auch im Flachland vorkommen.

Das Mosaik aus Pflanzengesellschaften im Park bietet den Gorillas einen optimalen Lebensraum. Hier leben auch Schimpansen und andere Primaten sowie zahlreiche Backentaschen-, Schlank- und Stummelaffen. Außerdem kommen Elefanten, Waldschweine, viele Antilopen und Ducker vor.

Nationalpark Ichkeul
Tunesien

Begründung der Aufnahme: bedeutender natürlicher Lebensraum – Biodiversität

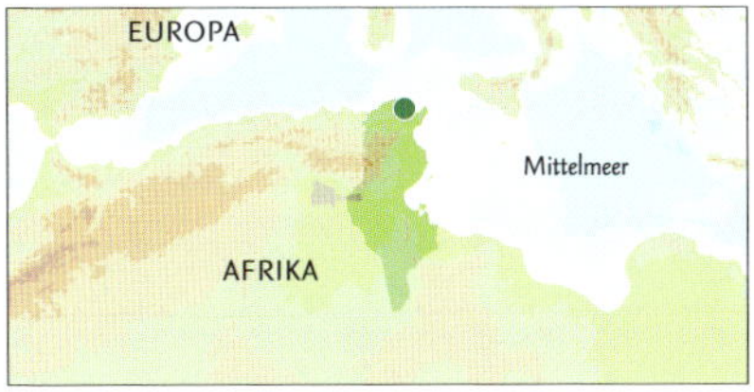

Der Ichkeul-See und die angrenzenden Feuchtgebiete sind ein wichtiges Rastgebiet für Hunderttausende von Zugvögeln, die hier auch nisten. Ichkeul ist der letzte verbleibende See einer ganzen Kette, die sich einst durch ganz Nordafrika erstreckte. Da der See immer stärker versalzte, waren Maßnahmen zum Erhalt der Stätte, darunter ein erstklassiges wissenschaftliches Beobachtungsprogramm, erforderlich, um die Wasserqualität zu verbessern. Inzwischen wurden große Fortschritte gemacht, sodass sich die wichtigen Pflanzengesellschaften wieder erholen konnten. Mit ihnen kehrten allmählich die Vögel in ihr Winter- bzw. Brutquartier zurück; auch die Fischpopulation hat sich erholt.

Der Nationalpark Ichkeul besteht aus einem isolierten, bewaldeten Berg (Dschebel Ichkeul) und dem angrenzenden Brackwassersee, der je nach Jahreszeit zunimmt oder schrumpft. Dank der vielfältigen Landschaftsformen gibt es in Ichkeul sehr unterschiedliche Lebensräume.

◄

Hypogäum (unterirdischer Kultraum) von Hal Saflieni
Malta

Begründung der Aufnahme: Zeugnis einer Kultur

Das Hypogäum von Hal Saflieni ist von außerordentlicher kultureller Bedeutung, da es das einzige bekannte Beispiel einer unterirdischen Begräbnisstätte aus der Bronzezeit darstellt. Es wurde 1902 durch Zufall entdeckt, als ein Steinmetz die Fundamente für ein Haus anlegen wollte.

Das Hypogäum ist ein gewaltiger unterirdischer Kultraum, der um 2500 v. Chr. angelegt wurde. Die megalithischen Steinwände wurden ohne Mörtel aus unregelmäßigen Blöcken aus Korallenkalk errichtet. Der enorme Arbeitsaufwand beeindruckt noch mehr, wenn man bedenkt, dass den Arbeitern nur Steinwerkzeuge zur Verfügung standen. Die Haupträume zeichnen sich durch Gewölbekuppeln und blinde Nischen aus, die den Türen und Fenstern der oberirdischen Häuser nachempfunden wurden. An einigen Stellen sind noch bogenförmige und spiralige Ockerlinien zu sehen. Die aus dem Felsen gehauene Scheinfassade ist beeindruckend, und ihre architektonische Beschaffenheit ist bemerkenswert gut erhalten. Das Hypogäum, das vielleicht ursprünglich ein Heiligtum war, wurde bereits in prähistorischer Zeit in eine Nekropole umgewandelt.

Ruinen von Aksum
Äthiopien

Begründung der Aufnahme: Meisterwerk menschlicher Schöpferkraft, Erbe von besonderer menschheitsgeschichtlicher Bedeutung

Die Ruinen der antiken Stadt Aksum befinden sich in der Nähe der äthiopischen Nordgrenze. Hier lag einst das Zentrum das antiken Äthiopiens, als das mächtige Königreich Aksum noch der wichtigste Staat zwischen dem Oströmischen Reich und Persien war. Die umfangreiche Ruinenstätte umfasst Bauwerke, die zwischen dem 1. Jh. und dem 13. Jh. n. Chr. entstanden sind, darunter riesige monolithische Stelen, Königsgräber und die Ruinen antiker Paläste. Noch lange nach dem politischen Niedergang im 10. Jh. wurden die Kaiser Äthiopiens in Aksum gekrönt.

◄ Im Jahre 2005 gab die italienische Regierung die Stele 2, die Mussolinis Truppen 1937 nach Rom geschafft hatten, an Äthiopien zurück. Die 150 t schwere und 24 m hohe Stele ist etwa 1700 Jahre alt und ein Symbol der äthiopischen Identität.

Festungen Portobello und San Lorenzo an der karibischen Küste

Panama

Begründung der Aufnahme: Meisterwerk menschlicher Schöpferkraft, Erbe von besonderer menschheitsgeschichtlicher Bedeutung

Die Befestigungsanlagen an der karibischen Küste Panamas wurden im 17. und 18. Jh. erbaut. Es sind Meisterwerke der spanischen kolonialen Wehrarchitektur, die von einer sehr schönen Naturlandschaft umgeben sind. Die Festungen Portobello und San Lorenzo gehörten zum Verteidigungssystem der spanischen Krone. Sie bewachten den Zugang zur Landenge von Panama und sicherten so den europäischen Handel mit den Kolonien.

Die Befestigungen, Burgen, Kasernen und Batterien von Portobello lagen als Verteidigungslinie entlang der Bucht, um den Hafen zu schützen. San Lorenzo bewachte die Mündung des Chagres-Flusses.

Die Festungen sind heute in schlechtem Erhaltungszustand. Neben anderen internationalen Organisationen schätzt auch das Panamerikanische Institut für Geografie und Geschichte den Wert von Portobello und San Lorenzo für die amerikanische Geschichte sehr hoch ein.

Die Festungen wurden mehrfach angegriffen und mussten dreimal wiederaufgebaut werden: nach dem Angriff des Seeräubers Henry Morgan (1668), nach dem des britischen Admirals Vernon (1739) und nochmals 1761. Als sich später die Handelsrouten änderten, verloren die Festungen ihre strategische Bedeutung.

Fort Geronimo, Portobello ▼

Ruinen von Palmyra
Arabische Republik Syrien

Begründung der Aufnahme: Meisterwerk menschlicher Schöpferkraft, Zeugnis kulturellen Austauschs, Erbe von besonderer menschheitsgeschichtlicher Bedeutung

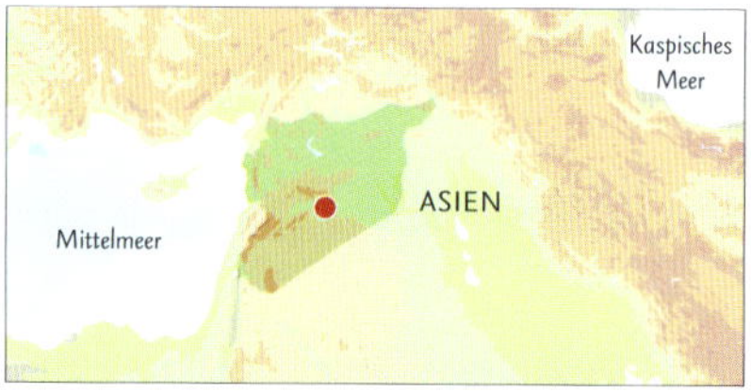

Die Ruinen von Palmyra liegen in einer Oase in der syrischen Wüste nordöstlich von Damaskus. Sie erzählen von einer Stadt, die eines der wichtigsten kulturellen Zentren der Antike war. Die Kunstwerke und die Architektur Palmyras entstanden zwischen dem 1. Jh. und 2. Jh. im Schnittpunkt mehrerer Kulturen: griechisch-römische Techniken verschmolzen mit lokalen Traditionen und persischen Einflüssen. Die Stadt ist ein vollendetes Beispiel für eine antike Stadtlandschaft, und ihre wesentlichen Teile, darunter große öffentliche Bauten wie die Agora, das Theater und die Tempel, sind als Welterbe geschützt. Auch die Wohnviertel sind erhalten, ebenso wie die riesigen Friedhöfe außerhalb der Stadtmauern. Der Einfluss Palmyras auf die klassizistische Architektur und die moderne Stadtentwicklung ist unverkennbar.

Eine große, 1100 m lange Kolonnade verband den Bel-Tempel mit dem sogenannten Feldlager des Diokletian. Entlang dieser Hauptachse breitete sich die Stadt aus; die breite Straße wurde von überdachten Passagen gesäumt.

Ruinen in Palmyra ▼

Ruinen von Paphos

Zypern

Begründung der Aufnahme: Zeugnis einer Kultur, Verknüpfung mit Ereignissen von universeller Bedeutung

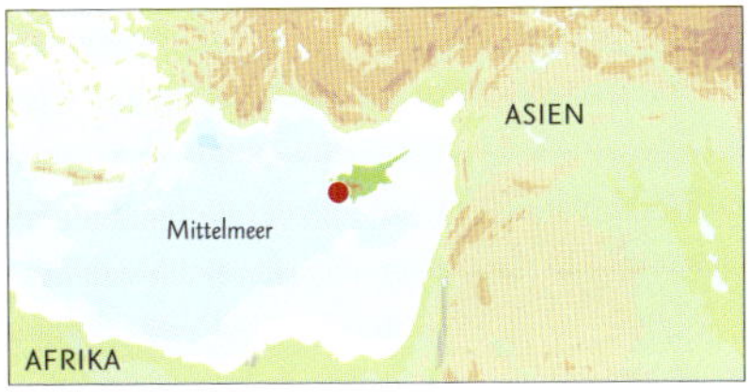

Paphos ist seit der Jungsteinzeit besiedelt. Hier wurde neben prähellenistischen Fruchtbarkeitsgöttern vor allem Aphrodite verehrt, die der Legende nach im Meer vor der Zypern geboren wurde. Paphos stieg zum Zentrum des Aphroditekults auf. Ein erster Aphrodite-Tempel stammt aus mykenischer Zeit (12. Jh. v. Chr.). Die Ruinen der Villen, Paläste, Theater, Festungen und Grabmäler verleihen der Stätte einen außergewöhnlichen architektonischen und historischen Wert. Die Mosaiken von Nea Paphos gehören zu den schönsten der Welt, und weitere Mosaiken aus dem 3.–5. Jh. kamen bei Ausgrabungen in den Häusern des Dionysos, Orpheus und Aion sowie in der Theseus-Villa zutage. Sie waren seit 16 Jahrhunderten begraben, und doch sind sie noch immer in einem außerordentlich guten Zustand. Die Mosaikfußböden dieser Villen dürften zu den schönsten im östlichen Mittelmeerraum gehören.

Die sogenannten Königsgräber von Kato Paphos gehören zu einer Nekropole, die in den soliden Fels gehauen wurde. Manche von ihnen sind mit dorischen Säulen geschmückt. Einige der unterirdischen Grabstätten, die über eine große Fläche verteilt sind, stammen noch aus dem 4. Jh. v. Chr. Vermutlich liegen hier aber keine Könige, sondern hohe Beamte begraben.

◄ Mosaikfußboden aus der Theseus-Villa; er zeigt den Kampf des Theseus mit dem Minotaurus im Labyrinth. Die Villa wurde in der zweiten Hälfte des 2. Jh. n. Chr. erbaut und hatte 100 Zimmer.

Ruinenstadt Moenjodaro

Pakistan

Begründung der Aufnahme: Zeugnis kulturellen Austauschs, Zeugnis einer Kultur

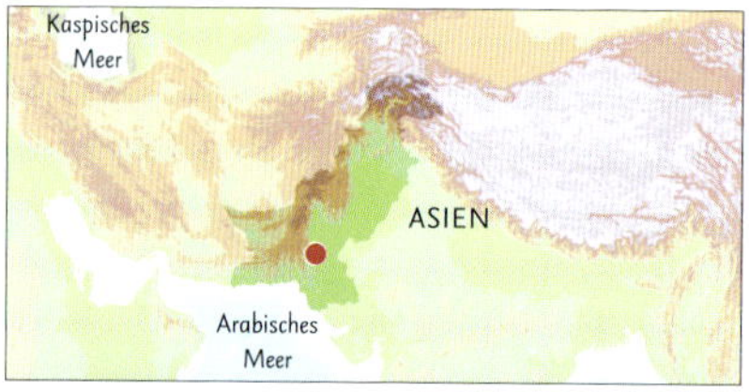

Die Ruinen von Moenjodaro zeugen von einer riesigen Stadt im Industal, die im 3. Jt. v. Chr. vollständig aus Lehmziegeln erbaut wurde. Die Akropolis hoch über dem Flusstal, die Befestigungen und die Unterstadt, die nach einem festen Plan errichtet wurde, sind ein außerordentliches Beispiel frühgeschichtlicher Stadtplanung.

◀ Moenjodaro ist die älteste und am besten erhaltene Ruinenstadt auf dem indischen Subkontinent. Sie hat die spätere Stadtentwicklung in diesem Teil der Welt maßgeblich beeinflusst.

Tal am Unterlauf des Flusses Awash

Äthiopien

Begründung der Aufnahme: Zeugnis kulturellen Austauschs, Zeugnis einer Kultur, Erbe von besonderer menschheitsgeschichtlicher Bedeutung

Im Awash-Tal liegen einige der wichtigsten paläontologischen Ausgrabungstätten des afrikanischen Kontinents. Die ältesten Überreste, die man dort fand, sind mindestens 4 Mio. Jahre alt. Die Funde belegen die Evolution des Menschen und haben unsere Vorstellung von der Entwicklung der Menschheit verändert. Der vielleicht wichtigste Fund gelang 1974: Aus 52 Knochenbruchstücken wurde das Skelett der berühmten Lucy rekonstruiert.

◀ Zu Lebzeiten war Lucy etwa 1 m groß und wog 27–30 kg. Orientiert man sich an der Schicht, in der sie gefunden wurde, dann lebte Lucy vor etwa 3,18 Mio. Jahren.

Nationalpark Redwood
Vereinigte Staaten

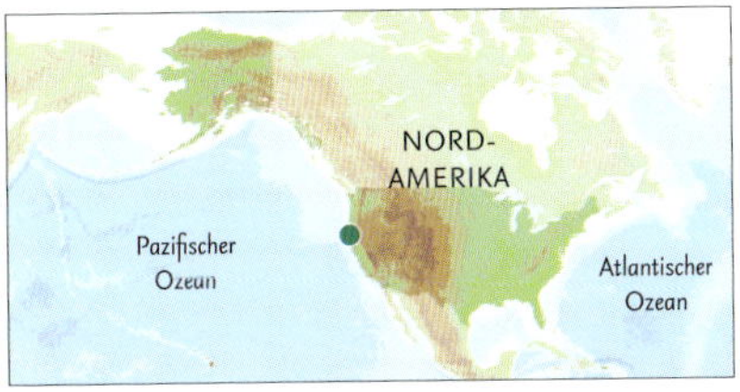

Begründung der Aufnahme: besonderes Naturphänomen, Schauplatz spezieller ökologischer und biologischer Prozesse

Der Nationalpark Redwood schützt eine Region des Küstengebirges am Pazifischen Ozean nördlich von San Francisco. Hier wachsen die gewaltigen Küstenmammutbäume, die höchsten und eindrucksvollsten Bäume der Erde. Zu ihrem Schutz wurde der Park gegründet, denn diese Baumart kommt sonst nur noch in Oregon vor. Als die Dinosaurier die Erde bevölkerten, waren die Vorfahren dieser Bäume fast auf der ganzen Welt in feucht-gemäßigen Klimazonen verbreitet. Ein Redwood-Baum braucht 400 Jahre, bis er ausgereift ist; einige Exemplare im Park sind über 2000 Jahre alt. Die Tierwelt an Land und im angrenzenden Pazifik ist ähnlich eindrucksvoll: Seelöwen, Weißkopfseeadler und der stark gefährdete Braune Pelikan sind im Park heimisch.

Archäologische Spurensuche, Probegrabungen, Forschungen und Befragungen in den letzten 20 Jahren haben ergeben, dass im Park etwa 50 prähistorische, 19 historische und mindestens 21 Orte liegen, die für die einheimischen Indianer von Bedeutung sind. Die archäologischen Stätten veranschaulichen den Wandel in der Lebensweise in den letzten 4500 Jahren.

▼ Küstenmammutbäume können etwa 100 m hoch werden.

Stadt und Bergwerke von Røros

Norwegen

Begründung der Aufnahme: Zeugnis einer Kultur, Erbe von besonderer menschheitsgeschichtlicher Bedeutung, traditionelle Siedlungsform

Røros entstand 1644, als man begann, Kupfer abzubauen, und entwickelte sich rasch zu einer weitläufigen Bergwerkssiedlung. Nachdem schwedische Truppen den Ort 1679 zerstört hatten, wurde Røros völlig neu aufgebaut. Die historische Siedlung besteht aus etwa 80 Holzhäusern, die in der Regel um einen Innenhof gruppiert sind. An vielen Häusern blieben die mit Pech geteerten Fassaden erhalten, die der Stadt ihr mittelalterliches Aussehen verleihen. An den Gebäuden lässt sich noch heute ablesen, dass die Bewohner zugleich Bergarbeiter und Bauern waren, denn die Wohnkomplexe dienten auch als Bauernhöfe. Die Anordnung der Gehöfte ist regelmäßig und an das bergige Gelände angepasst. Die Stadtlandschaft belegt, dass der dänische König, im 16. und 17. Jh. auch Herrscher über Norwegen, Røros wie einen frühen Industriekomplex planen ließ. Kupfer wurde in Røros noch bis 1977 abgebaut.

Røros ist bemerkenswert gut erhalten. In einem Stich aus den 1860er-Jahren, der die Ansicht des Orts von den Schlackenhalden aus darstellt, sieht Røros genauso aus wie auf einer Fotografie aus den 1970er-Jahren, die am selben Standort aufgenommen wurde.

Das heutige Aussehen von Røros
▼

Amphitheater und Altstadt von Bosra

Arabische Republik Syrien

Begründung der Aufnahme: Meisterwerk menschlicher Schöpferkraft, Zeugnis einer Kultur, Verknüpfung mit Ereignissen von universeller Bedeutung

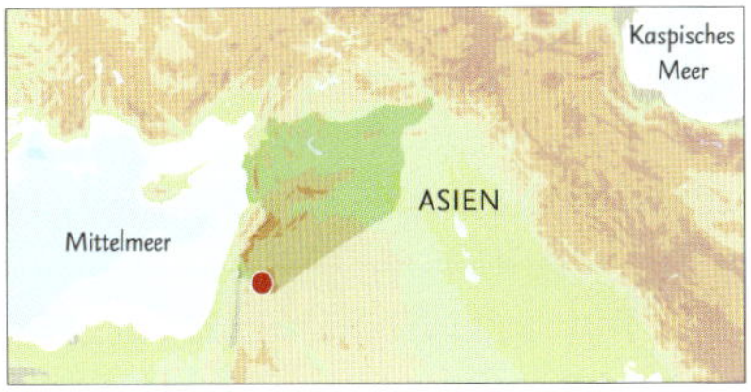

Bosra war die Hauptstadt der römischen Provinz Arabien und eine wichtige Zwischenstation auf der alten Karawanenroute nach Mekka. Innerhalb der Stadtmauern findet man ein prächtiges römisches Theater aus dem 2. Jh., christliche Ruinen und mehrere Moscheen und Medressen. Das Amphitheater (unten) wurde vermutlich zur Regierungszeit von Trajan erbaut. Es ist von den Mauern und Befestigungen einer Zitadelle umgeben, die zwischen 481 und 1231 genutzt wurde. Von außen gleicht sie einer arabischen Festung mit großen, quadratischen Türmen aus mächtigen Steinblöcken, doch im Zentrum der Zitadelle liegt ein Amphitheater mit Sitzen für 15000 Zuschauer. Die Kathedrale von Bosra wurde 513 unter Erzbischof Julianus fertiggestellt. Sie hat die christliche und ein wenig auch die islamische Architektur geprägt. Die 1950 restaurierte Omar-Moschee ist eines der seltenen Bauwerke aus dem ersten Jahrhundert der Hedschra, die in Syrien noch erhalten sind.

Bosra ist mit der Ideen- und Glaubensgeschichte von Christen und Moslems verknüpft: Nach der Überlieferung nahm der Bischof von Bosra am Konzil von Antiochia teil, auch der Prophet Mohammed besuchte die Stadt zweimal. Angeblich wurde er bei seinem ersten Besuch von dem nestorianischen Mönch Bahira über den christlichen Glauben informiert.

Das römische Theater in Bosra
▼

Reliefierte Stelen von Tiya

Äthiopien

Begründung der Aufnahme: Meisterwerk menschlicher Schöpferkraft, Erbe von besonderer menschheitsgeschichtlicher Bedeutung

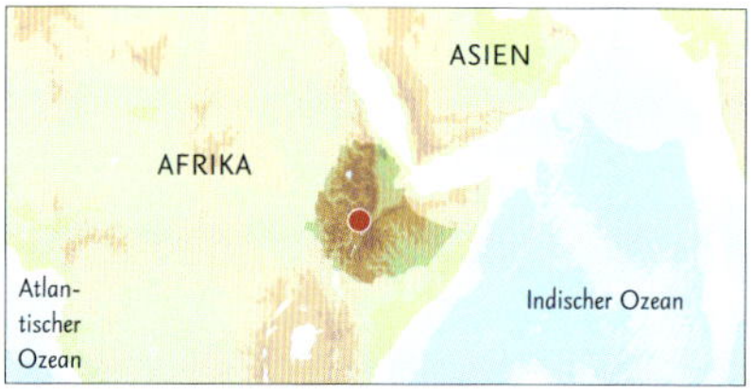

In der Region Soddo, südlich von Addis Abeba, liegen etwa 160 archäologische Fundstätten – Tiya ist eine der wichtigsten. Hier haben sich 63 Monumente erhalten, darunter 32 Steinstelen, in die Reliefs mit Symbolen eingemeißelt wurden. Ihre Bedeutung ist unbekannt. Die Stelen zeugen von einer versunkenen äthiopischen Kultur, deren Alter noch nicht bestimmt werden konnte.

◄ In Tiya finden sich mehrere figürliche Darstellungen, darunter Flachreliefs mit Schwertern sowie eines mit einer menschlichen Gestalt. Möglicherweise waren die Stelen rituelle Objekte einer Nekropole, denn in der Umgebung fanden sich Grabstätten.

Tal am Unterlauf des Flusses Omo

Äthiopien

Begründung der Aufnahme: Zeugnis einer Kultur, Erbe von besonderer menschheitsgeschichtlicher Bedeutung

Das untere Tal des Omo in der Nähe des Tanasees ist eine weltbekannte prähistorische Fundstätte. Hier wurden zahlreiche menschliche Fossilien gefunden, insbesondere Knochen von Austrulopithecinen, die eine wichtige Stufe in der Evolution des Menschen repräsentieren. Die Stätte ist weltweit einzigartig, da hier in einem kleinen Gebiet sehr unterschiedliche Gruppen über einen Zeitraum von vielen tausend Jahren lebten. Vermutlich war das Omo-Tal ein Schnittpunkt vieler frühgeschichtlicher Kulturen, an dem die unterschiedlichsten Ethnien auf ihren vielfältigen Wanderungen zusammentrafen.

In der Region wurden auch die ältesten Hinweise auf menschlichen Werkzeuggebrauch entdeckt. Außerdem fand man Steinwerkzeuge, die auf eine prähistorische Siedlungsstätte hinweisen, die zu den ältesten ihrer Art zählt.

◄ Hier werden die Getränke für die „Stiersprungzeremonie" zubereitet, ein Initiationsritus bei Erreichen der Volljährigkeit.

Nationalpark Durmitor
Montenegro

Begründung der Aufnahme: besonderes Naturphänomen, Zeugnis wichtiger Stadien der Erdgeschichte, bedeutender natürlicher Lebensraum – Biodiversität

Dieser atemberaubend schöne Nationalpark wurde von den Gletschern der Eiszeit geformt. Heute durchqueren ihn Flüsse und unterirdische Gewässer. Zum Park gehören das Durmitor-Plateau und das Tal des Tara, einer der letzten Wildflüsse des Kontinents. Dichte Kiefernwälder und klare Seen säumen die Schlucht des Tara-Flusses, die mit 1300 m die tiefste Europas ist. Es gibt zahlreiche Beispiele für Verwitterungsvorgänge, Felsformationen und Landformen, die ihre Entstehung dem Karst, der Fluss- und der Gletschererosion verdanken. Wegen seiner Lage und den großen Höhenunterschieden finden sich im Park sowohl mediterrane als auch alpine Mikroklimata. Deshalb gibt es dort Lebensräume für eine sehr abwechslungsreiche Flora und Fauna. Der Tara, seine Nebenflüsse und die Seen sind bekannt für ihren Lachsreichtum.

Zur abwechslungsreiche Karstflora zählen zahlreiche seltene und endemische Pflanzen: Hier wachsen 37 endemische Arten der Region, sechs davon kommen ausschließlich im Nationalpark Durmitor vor. In den Wäldern leben Braunbären, Wölfe, Wildschweine, Wildkatzen, Gämsen und mehrere Adlerarten, Auerhühner, Birkhühner und Alpensteinhühner.

Der Schwarze See zu Füßen des Durmitor ist der größte und tiefste See des Parks. ▼

Altstadt von Ouro Preto
Brasilien

Begründung der Aufnahme: Meisterwerk menschlicher Schöpferkraft Zeugnis einer Kultur

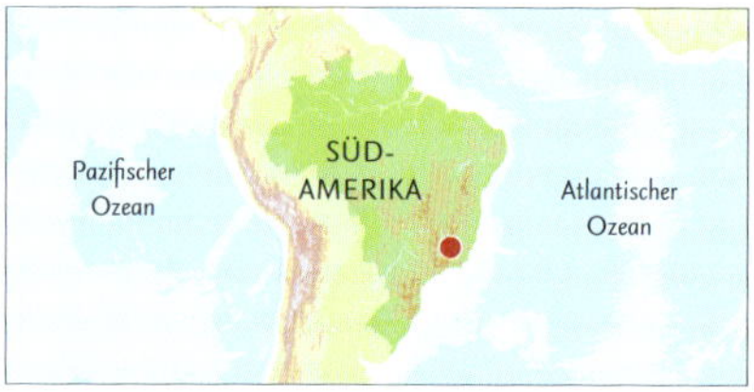

Ouro Preto (Schwarzes Gold) liegt 513 km nördlich von Rio de Janeiro. Der Ort spielte im Goldenen Zeitalter Brasiliens im 18. Jh eine führende Rolle. Die Stadt wurde von tausenden Glücksrittern erbaut, die hier nach Gold schürften. Nach ihnen kamen die Künstler, die Werke von höchster Qualität schufen, wie die Kirche São Francisco de Assis von Antônio Francisco Lisboa (Aleijadinho), die ein Meisterwerk der brasilianischen Architektur darstellt. Im „Bergbau-Barock" verschmolzen brasilianische Einflüsse mit Stilelementen des europäischen Barock und Rokoko. Den Tiradentes-Platz im Zentrum der Stadt säumen eindrucksvolle öffentliche und private Bauten, wie das alte Parlamentsgebäude (1784) oder der Palast des Gouverneurs. Zum Ende des 18. Jh. ging von Ouro Preto die Bewegung Inconfidência Mineira aus, die Brasilien von der Kolonialregierung befreien wollte.

Ouro Preto ist durch kleine Siedlungseinheiten (Arriais) charakterisiert, die sich in die hügelige Landschaft schmiegen. In der Gesamtheit entstand eine unregelmäßige Stadtlandschaft, die den Konturen der Landschaft folgt. Als die Goldminen im 19. Jh. erschöpft waren, nahm der Einfluss der Stadt ab. Nur die zahlreichen Kirchen, Brücken und Brunnen zeugen noch von der einstigen Bedeutung.

Bergfestung von Beni Hammad
Algerien

Begründung der Aufnahme: Zeugnis einer Kultur

Das Ensemble der Ruinen Al Qal'a in Beni Hammad an der Südflanke des Dschebel Maâdid liegt 1000 m über dem Meeresspiegel und ist von bestechender Schönheit. Gleichzeitig zeugt die Bergfestung von einer kulturellen Tradition: Sie ist einer der interessantesten Baukomplexe der islamischen Zivilisation und sehr genau datierbar. In Beni Hammad blieb das authentische Bild einer befestigten, islamischen Stadt erhalten. Sie war die erste Hauptstadt der Emire von Hammad und wurde 1007 von Hammad, dem Sohn von Bologhine, dem Gründer von Algier, erbaut. Nach der Invasion der Banu Hilal wurde die Stadt 1090 aufgegeben und 1152 endgültig von den Almohaden zerstört. Die Blütezeit von Beni Hammad war das 11. Jh.

In Al Qal'a blieb neben anderen Monumenten vor allem die Große Moschee erhalten. Mit dem 25 m hohen Minarett und einem Gebetsraum mit 13 Schiffen und acht Jochen war sie eine der größten Moscheen Algeriens.

Ruinenstadt Taxila
Pakistan

Begründung der Aufnahme: Zeugnis einer Kultur, Verknüpfung mit Ereignissen von universeller Bedeutung

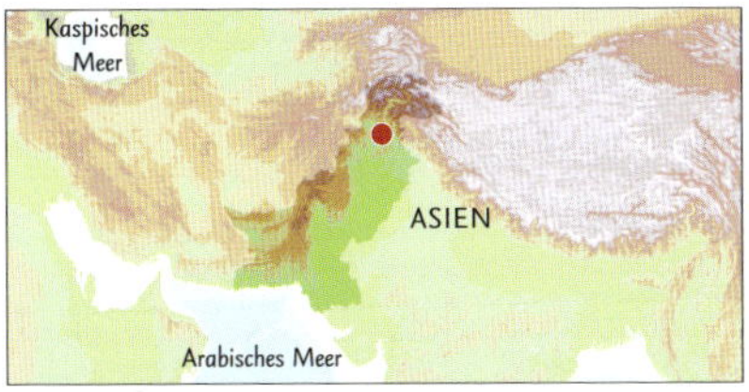

Taxila demonstriert die Entwicklung einer Stadt im Industal, die nacheinander von Persien, Griechenland und Zentralasien beeinflusst wurde. Die Stätte umfasst den Tumulus von Sarakaila aus der Jungsteinzeit, die Festungsanlagen von Sirkarp (2. Jh. v. Chr.) und die Stadt Sirsukh (1. Jh. n. Chr.). Ab dem 5. Jh. v. Chr. bis zum 2. Jh. n. Chr. war Taxila ein wichtiges Zentrum buddhistischer Lehre.

Da Taxila strategisch günstig an einem Nebenweg der Seidenstraße lag, die China mit dem Westen verband, profitierte es in wirtschaftlicher und kultureller Hinsicht. Die buddhistischen Monumente im Tal wurden zum Ziel von Pilgern aus Zentralasien und China.

◄ Archäologische Ausgrabung in Taxila

Buddhistische Ruinen von Takht-i-Bahi

Pakistan

Begründung der Aufnahme: Erbe von besonderer menschheitsgeschichtlicher Bedeutung

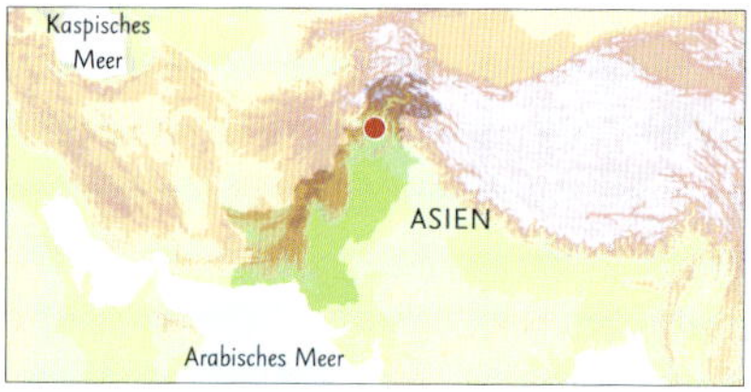

Der buddhistische Klosterkomplex Takht-i-Bahi (Thron des Ursprungs) wurde zu Beginn des 1. Jh. n. Chr. gegründet. Dank der Lage auf dem Kamm eines hohen Berges hielten die Klosteranlagen den verschiedenen Invasoren Stand und sind noch immer außergewöhnlich gut erhalten. Die Ruinen des nahen Sahr-i-Bahlol, einer kleinen befestigten Stadt, stammen aus derselben Epoche. Das Kloster besteht aus vier Hauptgruppen: dem Hof der Stupas mit mehreren Nischen, in denen Buddhastatuen stehen; dem frühen Klosterkomplex mit Mönchszellen um einen offenen Hof; dem Tempelkomplex mit einem großen Stupa in der Mitte des Hofes und dem tantrischen Klosterkomplex mit einem offenen Hof und mehreren dunklen Zellen mit niedrigen Zugängen. Sie dienten mystischer Meditation gemäß der tantrischen Praxis.

Der Komplex ist das eindrucksvollste und am besten erhaltene buddhistische Kloster in Pakistan. 1871 wurden viele Skulpturen gefunden. Einige stellen Geschichten aus dem Leben Buddhas dar, andere, wie Buddha- und Bodhisattvastatuen, dienen als Objekte der Andacht.

Die Ruinen von Takht-i-Bahi auf dem Berg ▼

Nationalpark Los Glaciares
Argentinien

Begründung der Aufnahme: besonderes Naturphänomen, Zeugnis wichtiger Stadien der Erdgeschichte

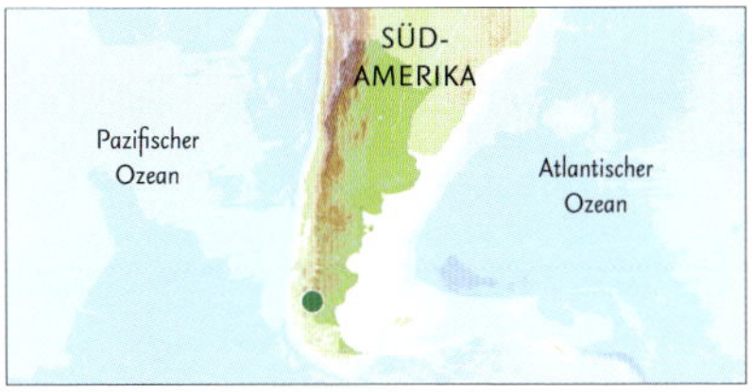

Der Nationalpark Los Glaciares bildet mit seinen zerklüfteten, hoch aufragenden Bergen und den zahlreichen Gletscherseen eine Landschaft von außerordentlicher Naturschönheit. Das über 14 000 km^2 große patagonische Eisfeld, das die größte geschlossene Eisdecke außerhalb der Antarktis darstellt, nimmt etwa die Hälfte dieses alpinen Nationalparks ein. Das eigentlich Eisfeld besteht aus 47 Gletschern, weitere 200 kleinere Gletscher liegen außerhalb.

Wer in Südamerika die Wanderung von Gletschern beobachten möchte, ist in Los Glaciares am richtigen Ort. Die aktivsten Gletscher münden in die Seen Argentino und Viedma. Drei spektakuläre Gletscherzungen ragen in den 160 km langen Argentino-See. Von den Fronten brechen immer wieder dunkelblaue Eisberge ab, lösen dabei gewaltige Flutwellen aus und treiben anschließend im See.

Die eindrucksvollsten Tiere des Parks gehören der Vogelwelt an: Schwäne, Enten, Gänse, Flamingos und andere Wasservögel sowie die majestätischen Andenkondore leben in dem Gebiet.

Im Nationalpark Los Glaciares kann man das Werden und Vergehen von Gletschern unmittelbar erleben. Der Perito-Mereno-Gletscher (unten) dringt oft so weit in den Rico-See vor, dass der Wasserabfluss versperrt wird. Hinter dem natürlichen Damm staut sich dann das Wasser auf und überschwemmt weite Landstriche. Wenn der Gletscher im Sommer schmilzt, stürzen die Wassermassen talabwärts. ▼

Nationalpark Serengeti
Vereinigte Republik Tansania

Begründung der Aufnahme: besonderes Naturphänomen, bedeutender natürlicher Lebensraum – Biodiversität

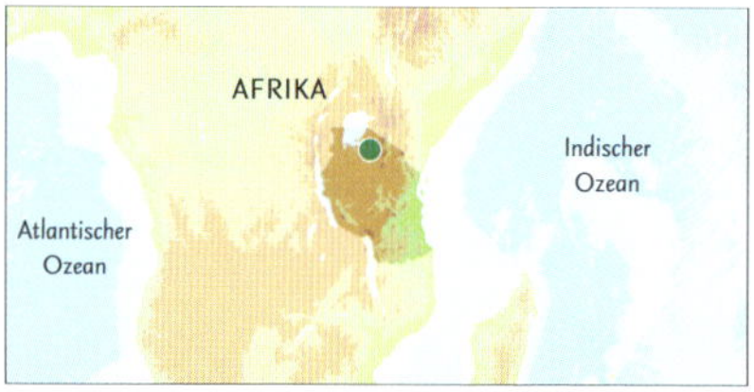

Die weiten Ebenen der Serengeti umfassen 15 000 km² Savanne und offene Wälder. Hier leben die weltweit größten Herden von Weidetieren, dazu die Raubtiere, deren Beute sie sind – ein Naturschauspiel, wie es auf der Erde kein zweites Mal vorkommt.

Gnu-, Gazellen- und Zebraherden wandern jährlich durch das Gebiet und ernähren sich von Gras, wobei jede Arte eine andere Sorte bevorzugt. Die Herden werden von Löwenrudeln (insgesamt etwa 3000 Tiere), Hyänen und Schakalen verfolgt.

Obwohl die großen Herden ständig auf Wanderschaft sind, wird ihr Zug im Mai und Juni besonders spektakulär, wenn Millionen von Tieren gleichzeitig von den Weiden im Zentrum des Parks zu den feuchteren Bereichen auf der Westseite ziehen.

Der Nationalpark Serengeti schließt an den 5280 km² großen Ngorongoro-Krater an, der 1979 zum Weltnaturerbe erklärt wurde.

In der Serengeti leben große Säugetierarten, wie Leoparden, Geparden, Afrikanische Elefanten, Spitzmaulnashörner, Flusspferde und **Giraffen (unten).** Außerdem gibt es zahlreiche kleinere Säugetiere, darunter viele Fledermausarten, Buschbabys, Affen und Paviane, Erdferkel, Hasen, Stachelschweine, Füchse, Mangusten, Otter und Wildkatzen. Reptilien, wie das Nilkrokodil und der Nilwaran, die Python, die Kobra und die Puffotter, sind im Park heimisch. Dazu kommen über 500 Vogelarten, darunter Raubvögel und Geier sowie zahlreiche Wasservögel.

Schloss und Park von Fontainebleau

Frankreich

Begründung der Aufnahme: Zeugnis kulturellen Austauschs, Verknüpfung mit Ereignissen von universeller Bedeutung

Fontaineblau liegt in der Ile-de-France inmitten eines weitläufigen Waldgebietes. Das eindrucksvolle Schloss im italienischen Stil, das auf ein mittelalterliches Jagdschloss zurückgeht, avancierte zum wichtigsten und kostbarsten Sitz des französischen Hofes. Die Gebäude sind in einen großartigen Park eingebettet. Stilistisch stellt das Schloss eine Verbindung der italienischen Renaissance mit der französischer Kunst dar. Seine Bauweise und die künstlerische Ausstattung beeinflussten nicht nur den französischen, sondern auch den gesamteuropäischen Baustil.

Fontainebleau wurde zunächst von Franz I. vergrößert und ausgebaut. Dazu berief er seit 1528 italienische Künstler der Renaissance an seinen Hof. Ihre Gemälde, Stuckarbeiten, Skulpturen und Statuen prägten den Stil von Fontainebleau, der sich im 16. und 17. Jh. über ganz Europa ausbreitete. Die Nachfolger des Königs ließen das Schloss bis ins 19. Jh. immer wieder verändern, bis es sein heutiges Erscheinungsbild mit fünf unregelmäßigen Höfen und zahlreichen Flügeln und Gartenanlagen erhielt.

Das königliche Schloss, das „Haus der Jahrhunderte", wurde von vielen Herrschern und den entsprechenden Stilrichtungen geprägt, denn Heinrich IV., Ludwig XIII., Ludwig XV. und Ludwig XVI. ließen das herrliche Schloss jeweils umgestalten. Es war auch das Lieblingsschloss von Napoleon I.
▼

Altstadt und Stadtmauern von Jerusalem

Jerusalem (auf Vorschlag von Jordanien)

Begründung der Aufnahme: Zeugnis kulturellen Austauschs, Zeugnis einer Kultur, Verknüpfung mit Ereignissen von universeller Bedeutung

Die goldene Kuppel ► markiert den Standort des Felsendomes, eines der ältesten erhaltenen Bauwerke des Islam.

Die Zitadelle mit ► dem Davidsturm

Jerusalem ist als heilige Stadt der Juden, Christen und Moslems seit jeher von hohem symbolischen Wert. Unter den Hunderten von historischen Stätten zeichnen sich einige durch ihre zentrale Bedeutung für die Weltreligionen aus: Der Tempelberg (für die Muslime Haram ash-Sharif) und die Klagemauer sind wichtige Stätten des Judentums; die Grabeskirche und die Via Dolorosa haben große Bedeutung für die Christen, und der Felsendom und die Al-Aqsa-Moschee auf dem Haram ash-Sharif sind heilige Orte der Muslime. Wegen der großen Bedeutung der Stadt kam es immer wieder zu kriegerischen Auseinandersetzungen, die seit Jahrhunderten andauern.

Der erste Tempel soll von König Salomo auf dem Tempelberg (Berg Moriah) errichtet und 957 v. Chr. fertiggestellt worden sein. Er wurde 586 v. Chr. vom babylonischen König Nebukadnezar II. zerstört. Der zweite Tempel war 515 v. Chr. vollendet. Während der römischen Herrschaft ließ ihn Herodes der Große (74–73 v. Chr.) vergrößern; die berühmte Klagemauer war ein Teil der westlichen Stützmauer der Terrasse, auf welcher der Tempel stand. Die Römer zerstörten auch diesen Tempel 70 n. Chr. und bauten an der Stelle eine Zitadelle (Aelia Capitolina).

Ab dem 4. Jh., als Jerusalem unter christlicher Herrschaft stand, folgte eine der friedlichsten und erfolgreichsten Epochen der Stadtgeschichte. Die Christen bauten unter anderem die Grabeskirche (335 vollendet) am Ort der Kreuzigung, des Grabes und der Auferstehung Christi, der einen der heiligsten Orte der Christenheit darstellt. Nachdem die Araber Jerusalem 638 eingenommen hatten, ließen die neuen Herrscher den Felsendom erbauen, der mehr als Schrein denn als Moschee gedacht war. Der 691 vollendete Felsendom ist eines der ältesten islamischen Bauwerke. Die Al-Aqsa-Moschee in seiner Nachbarschaft wurde vom Ende des 7. bis zum Beginn des 8. Jh. erbaut.

Die Ära friedlicher Koexistenz endete 969, als die politische Kontrolle der Stadt an die ägyptischen Fatimiden fiel, die systematisch alle Synagogen und Kirchen zerstören ließen. Dass sie auch den christlichen Pilgern den Zugang zur Stadt verweigerten, führte schließlich zu den Kreuzzügen und der Rückeroberung Jerusalems durch die Kreuzritter im Jahre 1099. In der Zeit des christlichen Königreiches Jerusalem wurde der Felsendom in eine christliche Stätte umgewandelt (Templum Domini), die Grabeskirche wieder hergestellt und Hospize und Klöster gegründet.

Ruinen von Kilwa Kisiwani und von Songo Mnara
Vereinigte Republik Tansania

Begründung der Aufnahme: Zeugnis einer Kultur

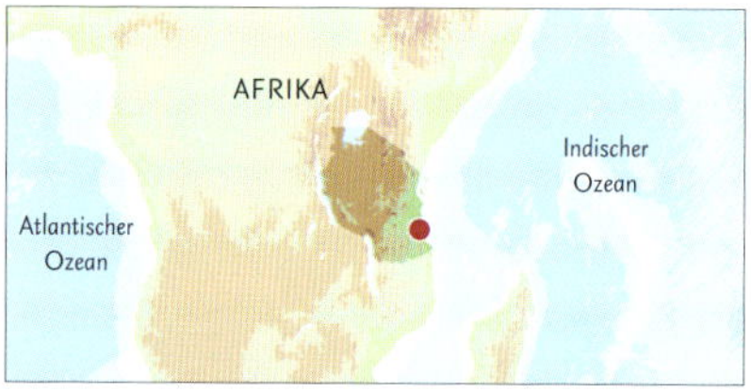

Die Überreste der beiden ostafrikanischen Häfen, die auf zwei kleinen Inseln vor der Küste liegen, faszinierten einst die europäischen Forschungsreisenden. Vom 13. bis zum 16. Jh. handelten die Kaufleute von Kilwa mit Gold, Silber, Perlen, Parfüm, arabischem Geschirr, persischer Keramik und chinesischem Porzellan. Durch ihre Hände ging ein großer Anteil der Waren, die über den Indischen Ozean gehandelt wurden.

Die Stätten liefern wichtige Informationen über die Suaheli-Kultur und die Islamisierung der afrikanischen Ostküste. Beim Bau der bemerkenswerten Großen Moschee im 12. Jh. wurde neben einem Mauerkern aus gestampftem Lehm Ziegeln aus Korallenkalk verwendet.

◀ Die Ruinen der Festung oder des Gefängnisses (Gezira) von Kilwa

Nationalpark Niokolo-Koba
Senegal

Begründung der Aufnahme: bedeutender natürlicher Lebensraum – Biodiversität

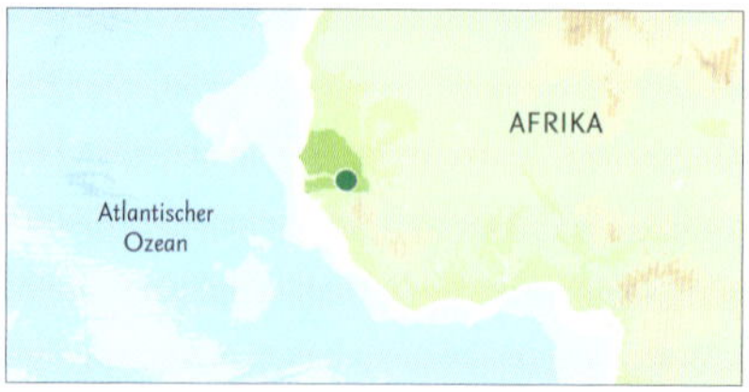

Der etwa 10.000 km² große Nationalpark Niokolo-Koba besteht aus einer Feuchtsavanne (Guinea-Savanne) mit großen Anteilen von Buschsavanne und Galeriewäldern an beiden Ufern des Gambia. Diese abwechslungsreiche Landschaft beherbegt eine reiche und vielfältige Tierwelt aus über 60 Säugetier-, 329 Vogel-, 36 Reptilien- und 20 Amphibienarten sowie zahllosen Arten von Wirbellosen. Das stark bedrohte Riesenelen ist die größte Antilopenart der Erde.

Weitere wichtige Arten sind Schimpansen, Leoparden, Zwergkrokodile und Flusspferde. Der Nationalpark ist der letzte Rückzugsort in Senegal für Giraffen und eine große Population von Elefanten. Niokolo-Koba ist groß genug, um das Ökosystem Guinea-Savanne zu bewahren und damit das Überleben zahlreicher bedrohter Tierarten zu retten.

Der Nationalpark Niokolo-Koba umfasst 9130 km² der Guinea-Savanne Senegals. Ein großer Abschnitt ist mit Sträuchern bewachsen, und entlang des oberen Gambia gibt es Galeriewälder. Im Park leben zahlreiche Tiere; die Löwen in der Gegend sollen die größten Afrikas sein.

Kathedrale von Amiens

Frankreich

Begründung der Aufnahme: Meisterwerk menschlicher Schöpferkraft, Zeugnis kulturellen Austauschs

Die Kathedrale von Amiens im Herzen der Picardie gehört zu den größten stilrein gotischen Kirchen des 13. Jh. Sie ist berühmt wegen der Geschlossenheit ihrer Architektur, der Schönheit der dreiteiligen Wandgliederung im Innenraum und den außerordentlich qualitätsvollen Skulpturen an der Hauptfassade und im südlichen Querschiff.

Der Bau begann 1220, zwei Jahre nachdem ein Brand den romanischen Vorgängerbau zerstört hatte. Die Baumeister nutzen die technischen Kenntnisse und Erfahrungen anderer Kirchenbaumeister und konnten ihr Werk relativ schnell fertigstellen. Aus diesem Grund weist die Kathedrale kaum Stilbrüche auf und zeigt einen reinen gotischen Stil. Der letzte Teil des Bauwerks, das Mittelschiff, war 1245 vollendet.

Dank der großen Höhe der Kathedrale und der Bauweise fällt sehr viel Licht in den Innenraum. Trotz ihrer großen, farbigen Glasfensterflächen hat die Kirche die Schlachten des Ersten Weltkriegs so gut wie unbeschadet überstanden.

Die Westfassade wird von zwei quadratischen Türmen ohne Spitzen flankiert. Die drei Portale sind für ihren reichen Figurenschmuck berühmt. (Die Abbildung zeigt das mittlere Portal.)

Von 1292–1375 wurden mehrere Kapellen zwischen das Strebewerk der Seitenschiffe an die Kathedrale angebaut. Dieser Kranz aus sieben Kapellen wurde zum Vorbild für andere Kirchen.

Abgrund der zu Tode gestürzten Bisons (Head Smashed-in Bison Jump)

Kanada

Begründung der Aufnahme: Zeugnis einer alten Kultur

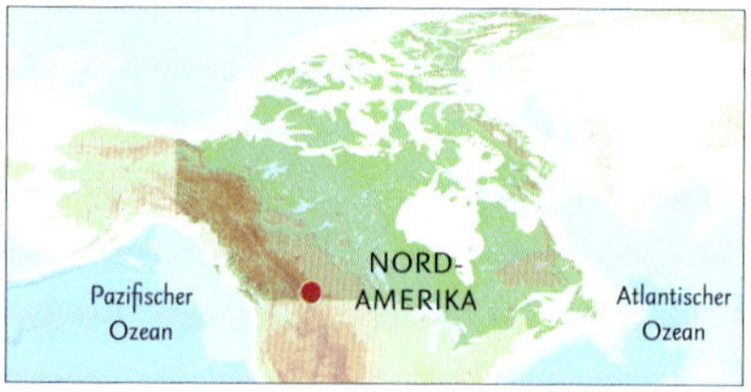

Die Indianer der großen Ebenen kannten mehrere Methoden der Büffeljagd, und eine besonders effektive bestand darin, die Tiere über einen Abgrund zu jagen. Wenn sich eine Bisonherde in günstiger Position befand, wagten sich junge Männer in die Nähe der Herde. Diese Buffalo Runners kannten das Verhalten der Bisons genau: Sie imitierten, eingehüllt in Bisonfelle, das ängstliche Klagen eines von der Mutter getrennten Kalbes, um die Herde an den Abgrund zu locken. Andere waren als Wölfe oder Kojoten verkleidet. Sie befanden sich hinter der Herde und trieben die Tiere mit ihren Rufen voran. Am Rand des Abgrunds wurden die Bisons zwischen Steinreihen getrieben, wo sie weitere Indianer mit Geschrei und wehenden Tüchern zum Durchgehen brachten. Wenn der Leitbüffel von den nachdrängenden Tieren über die Klippe gedrängt wurde, folgten ihm die anderen nach.

Bei einer typischen Jagd stürzten Dutzende von Bisons über die Klippe, wo sie von wartenden Jägern getötet wurden. Das Büffelfleisch, das die Indianer in den nächsten Tagen zubereiteten, sicherte das Überleben des Stammes für ein weiteres Jahr.

Ruinen und Totenstadt von Thatta in Makli

Pakistan

Begründung der Aufnahme: Zeugnis einer Kultur

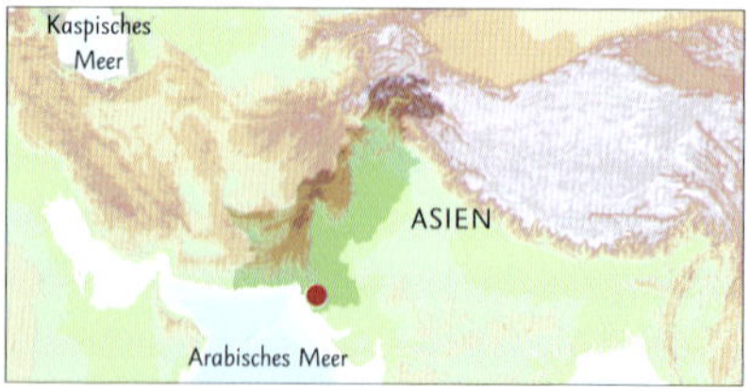

Thatta war die Hauptstadt dreier aufeinander folgender Dynastien; später wurde es von den Moguln aus Delhi beherrscht. Alle Herrscher vom 14. bis zum 18. Jh. bauten die Stadt kontinuierlich aus. Die Stätte zieht sich über 12 km hin und besteht aus den eindrucksvollen Überresten der eigentlichen Stadt im Tal und aus einer Nekropole am Rand des Makli-Plateaus. Die Stadt und ihre Nekropole bieten einen einzigartigen Einblick in die Zivilisation von Sind.

Innerhalb der weiten Familie islamischer Baudenkmäler repräsentieren die, welche sich in Thatta befinden, einen spezifischen lokalen Stil, in dem sich verschiedene Elemente vermischen. Die Große Moschee von Shah Jahan, die aus weißen Gebäuden mit 93 Kuppeln besteht, bietet einen einzigartigen Anblick.

◄ Das Grabmal von Prinz Sultan Ibrahim bin Norza wurde im 11. Jh. errichtet.

Medina von Fes
Marokko

Begründung der Aufnahme: Zeugnis kulturellen Austauschs, traditionelle Siedlungsform

Fes ist ein Juwel der spanisch-arabischen Kultur und ein außerordentlich gut erhaltenes Exemplar einer historischen Stadt. In der Medina von Fes drängen sich zahlreiche Bauwerke, wie Medressen (Schulen), Fondouks (Läden), Paläste, Residenzen, Moscheen und Brunnen.

Die Stadt wurde im 9. Jh. von arabischen Flüchtlingen aus Córdoba in Spanien und aus Kairouan im heutigen Tunesien gegründet. Fes-el-Bali (der alte Name der Stadt) besteht aus zwei eigenständigen Zentren rechts und links des Flusses Fes; die Stadt beherbergt die älteste Universität der Welt. Im 14. Jh. wurde ein jüdisches Viertel (Mellah) an die Stadt angeschlossen. Aus dieser Zeit stammen die Gliederung der Medina und ihre wichtigsten Bauwerke.

Fes war die Hauptstadt Marokkos, bis die Regierung 1912 nach Rabat umzog.

In vielen nordafrikanischen Städten bildet die Medina als ältester Kern der Stadt ein abgeschlossenes Stadtviertel. In der Regel ist sie von Mauern umgeben und von einem Labyrinth aus Gassen durchzogen. Die Medina von Fes gilt als größtes autofreies Stadtgebiet der Welt.

▲ Minarett und Stadtmauern der Medina von Fes

Amphitheater und Triumphbogen von Orange
Frankreich

Begründung der Aufnahme: Zeugnis einer Kultur, Verknüpfung mit Ereignissen von universeller Bedeutung

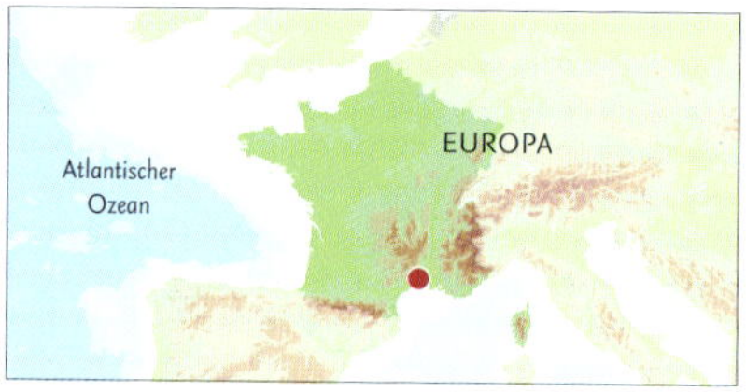

In Orange, einer Stadt im Rhonetal, befindet sich ein antikes Theater mit einer 103 m langen Fassade, das zu den am besten erhaltenen römischen Amphitheatern zählt. Es wurde 391 n. Chr. auf Befehl des Kaisers geschlossen, nachdem sich das Christentum im Römischen Reich de facto als Staatsreligion durchgesetzt hatte. Die Kirche bekämpfte alle heidnischem Traditionen. Das Theater wurde aufgegeben und später von Barbaren geplündert. Erst die Restaurierungsarbeiten ab 1825 gaben dem Theater seine alte Pracht zurück. Der Triumphbogen (unten) steht am Nordrand der Stadt. Er ist ein besonders schönes und interessantes Beispiel eines Triumphbogens in der Provinz aus der Regierungszeit des Augustus. Die Flachreliefs erinnern an die Pax Romana.

Der interessanteste Teil des Theaters ist die Bühnenwand (*Scenae frons*). Sie war früher mit Marmor verkleidet und mit Basreliefs, Figurenfriesen, Säulen und Statuen in Nischen verziert. Der Bühnenhintergrund erfüllte nicht nur dekorative Aufgaben, sondern verhinderte auch durch seine Nischen und Vorbauten die Entstehung eines Echos.

Der Triumphbogen

▼

Ehemalige Zisterzienserabtei Fontenay
Frankreich

Begründung der Aufnahme: Erbe von besonderer menschheitsgeschichtlicher Bedeutung

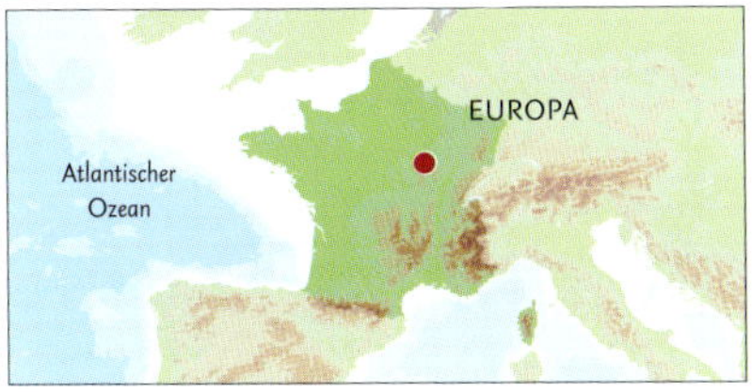

Die Abtei von Fontenay liegt im Norden von Burgund, 80 km nördlich von Dijon. Sie wurde 1119 von Bernhard in einem sumpfigen Flusstal nahe dem Städtchen Montbard gegründet. Seit 1130 bauten die Zisterzienser sie zu einer der ersten Zisterzienserabteien in Europa aus. Kirche, Kreuzgang, Refektorium, Schlafsäle, Bäckerei und Handwerksbetriebe in Fontenay belegen, dass die Selbstversorgung zu den hohen Idealen der frühen Zisterzienserabteien gehörte.

Die Schmiede stammt aus dem Ende des 12. Jh. und ist damit einer der ältesten Industriebauten Frankreichs. Sie zeigt den Einfluss der Zisterzienser auf die technische Entwicklung des Mittelalters. Trotz der Umbauten im 13., 15. und 16. Jh. hat die 1906 restaurierte Abtei von Fontenay ihr mittelalterliches Erscheinungsbild bewahrt.

In den 1970er-Jahren gestaltete der Gartenarchitekt Peter Holmes die Gärten von Fontenay vollständig um. Er schuf eine grüne Umgebung, von der sich die Gebäude der Abtei besonders gut abheben. Die schönen Gärten bringen den Charme der alten romanischen Gemäuer noch besser zur Geltung.

Nationales Vogelschutzgebiet Djoudj
Senegal

Begründung der Aufnahme: besonderes Naturphänomen, bedeutender natürlicher Lebensraum – Biodiversität

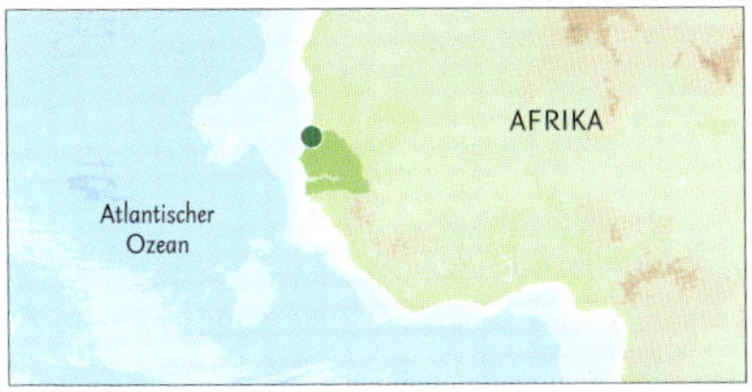

Das Vogelschutzgebiet Djoudj liegt im Flussdelta des Senegal. Das 160 km² große Feuchtgebiet um einen großen See wird von Flussarmen, Teichen und Brackwassertümpeln durchzogen. Djoudj ist ein intakter, aber anfälliger Lebensraum für rund 1,5 Mio. Vögel, darunter Rosa Pelikane, Purpurreiher, afrikanische Löffler, Silberreiher und Kormorane.

◄ Silberreiher

Der Park ist eine der wichtigsten Süßwasserquellen für über 3 Mio. Zugvögel, die hier nach 300 km Flug über die Sahara zum ersten Mal wieder rasten können. Im Wasser leben Krokodile und Westafrikanische Manatis.

Großes Barriere-Riff

Australien

Begründung der Aufnahme: besonderes Naturphänomen, Zeugnis wichtiger Stadien der Erdgeschichte, Schauplatz spezieller ökologischer und biologischer Prozesse, bedeutender natürlicher Lebensraum – Biodiversität

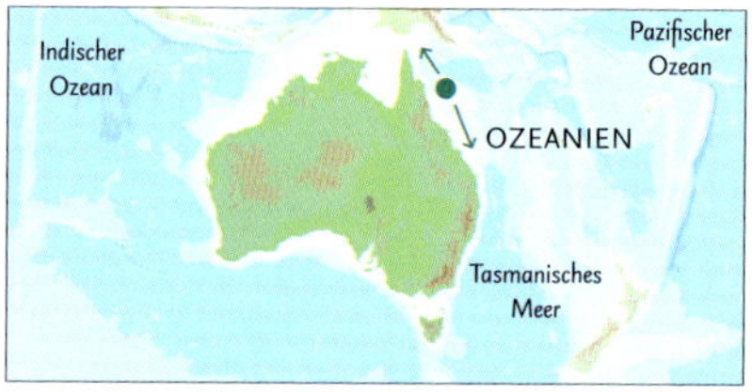

Das Große Barriere-Riff vor der Nordostküste Australiens ist das längste Korallenriff der Erde und ein außergewöhnlich schönes und vielgestaltiges Naturdenkmal. Dieses Ökosystem konnte sich völlig ungestört über Jahrmillionen auf dem australischen Kontinentalschelf bis zur Reife entwickeln.

Im Riff gibt es eine große Artenvielfalt mit mehr als 1500 Fischarten, etwa 360 Steinkorallenarten und 5000 Weichtierarten. Hinzu kommen zahlreiche Schwämme, Seeanemonen, Meereswürmer und Krustentiere. Auf den Inseln und Cays leben etwa 215 Vogelarten. Das Riffsystem, das sich bis nach Papua-Neuguinea erstreckt, besteht aus insgesamt rund 2900 Einzelriffen, darunter 760 Saumriffe, und umfasst eine Fläche von über 20 000 km^2. Die kleinsten Riffe haben eine Fläche von nur 10 m^2, die größten bringen es auf über 100 km^2. Da jedes der Riffe einen ganz spezifischen Charakter hat, bilden sie in ihrer Gesamtheit die spektakulärste Unterwasserszenerie der Erde. In das Riff sind rund 600 Inseln eingebettet, und auf vielen gibt es Wälder und Süßwasserflüsse; dazu kommen rund 300 Korallen-Cays und vegetationslose Korallensandbänke. Neben der Landschaft unter Wasser tragen zerklüftete Berge mit abwechslungsreicher Vegetation zu der spektakulären Szenerie bei.

Obwohl die einzelnen Riffe sehr individuell sind, lassen sich die meisten zwei Hauptformen zuordnen: Die Plattform-Riffe gehen auf Korallen zurück, die sich von einem Zentrum nach allen Seiten hin ausbreiten. Die schmalen Wandriffe bilden sich in Zonen starker Strömung. Auf unterirdischen Felsen des Kontinentalschelfs oder um Inseln wachsen außerdem Saumriffe nach oben.

Im Welterbe sind die Lebensräume der Dugongs und die Legeplätze der stark bedrohten Unechten Karettschildkröte sowie dreier weiterer Meeresschildkrötenarten eingeschlossen. Vielleicht stellt das Große Barriere-Riff bald die letzte Bastion der stark bedrohten Meeresschildkröten dar, denn der Druck auf die seltenen Arten ist weltweit sehr hoch. Das Meer um das Riff ist außerdem wichtig für Buckelwale und andere Walarten, die hier ihre Jungen zur Welt bringen.

In dem Gebiet wachsen zahlreiche sehr produktive Algen, die zwar oft klein und unscheinbar aussehen, aber eine wichtige Nahrung für Schildkröten, Fische, Weichtiere und Seeigel darstellen. Kalkalgen tragen mit ihren Ablagerung sogar zum Wachstum der Riffe bei. In der Region wurden 15 Arten von Seegras nachgewiesen; die über 3000 km^2 großen Seegraswiesen sind die Nahrungsgrundlage der Dugongs und Meeresschildkröten.

Das Große Barriere-Riff aus der Vogelperspektive ▶

Das Große Barriere-Riff spielt eine zentrale Rolle in der historischen und zeitgenössischen Kultur der Aborigines der nordost-australischen Küste und der Inselbewohner der Torres-Straße. Diese Volksgruppen haben eine enge spirituelle Bindung zum Ozean und seinen Bewohnern. Der Schutz der Riffe ermöglicht ihnen auch weiterhin die traditionelle Nutzung der Meeresressourcen. Noch immer werden überall neue Tierarten entdeckt. Erst 2005 wurde der Australische Stupsfinnendelfin beschrieben, der in kleiner Zahl in Künstennähe heimisch ist. Bei einer jüngeren Untersuchung der Gewässerabschnitte zwischen den Riffen fanden Biologen vier neue Fischarten und möglicherweise auch eine neue Schwammart.

Ein Clownsfisch ▶

Festung und Shalimar-Gärten in Lahore
Pakistan

Begründung der Aufnahme: Meisterwerk menschlicher Schöpferkraft, Zeugnis kulturellen Austauschs, Zeugnis einer Kultur

Die Festung und Shalimar-Gärten in Lahore sind ein einzigartiger Ausdruck künstlerischer Schaffenskraft. Sie zeugen nicht nur von der faszinierenden Kultur der Mogulherrscher, sondern beeinflussten auch noch lange nach ihrer Entstehung die Architektur im Punjab und auf dem indischen Subkontinent. Die ältesten historischen Hinweise auf eine Festung im Nordwesten der Stadt Lahore reichen bis ins 11. Jh. zurück. Zwischen dem 13. und 15. Jh. wurde sie mehrfach zerstört und von den Moguln wieder neu aufgebaut. Der Bau der heutigen Anlage begann unter dem Großmogul Akbar (1542–1605). Insgesamt blieben der Nachwelt 21 Bauwerke aus insgesamt über zwei Jahrhunderten erhalten, die zusammen das schönste Architektur-Ensemble aus der Mogulzeit bilden. Die prächtigen, einzigartigen Gärten mit Gartenhäusern, Wasserfällen und großen Zierteichen ziehen sich über drei Terrassen hin.

Die märchenhaft anmutenden Gebäude um den Palast des Shah Jahan verwandeln die Schlossanlage in einen der schönsten Paläste der Welt. Der 1631–1632 erbaute Spiegelsaal (Shah Burj oder Shish Mahal) glitzert dank der mit Glasmosaiken, Gold und Halbedelsteinen verzierten Marmorverkleidung.

Shalimar-Gärten ▼

Seengebiet von Willandra
Australien

Begründung der Aufnahme: Zeugnis einer Kultur, Zeugnis wichtiger Stadien der Erdgeschichte

Das Seengebiet von Willandra ermöglicht es auf beeindruckende Weise, die Entwicklung der Lebensweise und Kultur des Homo sapiens teilweise nachzuvollziehen. Die Funde in der Gegend belegen eine faszinierende Wechselwirkung zwischen den Aborigines und dem Wandel ihrer natürlichen Umwelt. Die Welterbestätte umfasst die fossilen Reste einer Kette von Seen und Sandflächen, die im Pleistozän (vor 2,5 Mio. bis 5000 Jahren) entstanden sind, sowie archäologische Belege für eine menschliche Besiedlung vor 45 000–60 000 Jahren. Willandra liefert einzigartige Hinweise auf die Evolution der Menschen in Australien. Hier fand man mehrere gut erhaltene Fossilien von Riesenbeuteltieren und anderen, gleichfalls ausgestorbenen Tierarten. Zum Schutzgebiet gehören der See und das Flusssystem des Mulurulu, die als Letzte noch Wasser führten, ebenso wie die Prungle-Seen, die bereits vor 15 000 Jahren austrockneten.

Als der Billabong Creek versiegte, fielen über einen Zeitraum von mehreren tausend Jahren alle Seen der Kette trocken – von den Prungle-Seen im Süden bis zum Mulurulu-See im Norden. Dabei isolierten sich die Seen voneinander; jeder durchlief die Stadien vom Süß- zum Salzwassersee, bevor er endgültig austrocknete.

Der Mungo-Lunette-See. Als diese Düne durch Erosion abgetragen wurde, kamen zahlreiche Hinweise auf Aborigines zu Tage, die Tausende von Jahren hier gelebt hatten. ▼

Nationalpark Mammuthöhlen

Vereinigte Staaten

Begründung der Aufnahme: besonderes Naturphänomen, Zeugnis wichtiger Stadien der Erdgeschichte, bedeutender natürlicher Lebensraum – Biodiversität

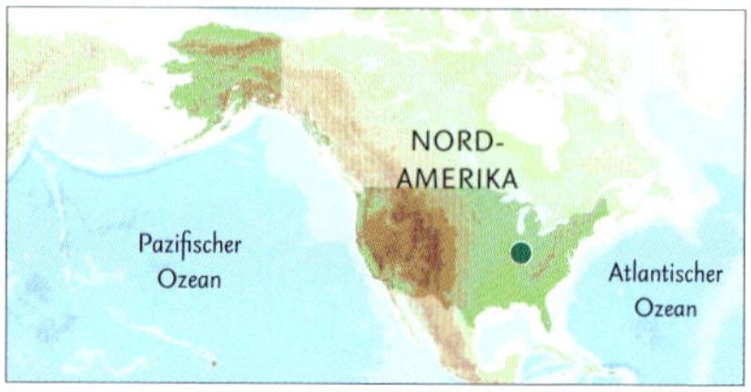

Im Nationalpark Mammuthöhlen im Bundesstaat Kentucky befindet sich das weltweit größte Netz aus natürlichen Kalksteinhöhlen und unterirdischen Gängen, die der Green River und seine Nebenflüsse über einen Zeitraum von 25 Millionen Jahren in den Felsen gegraben haben. Mit einem insgesamt 560 km umfassenden unterirdischen Netz aus Gängen ist die Mammuthöhle das größte und artenreichste Höhlen-Ökosystem der Welt. Hier leben mehr als 200 endemische Arten; davon sind 42 an die völlige Dunkelheit angepasst. Auch die Landformen an der Oberfläche sind bemerkenswert. Der von Eichen und Hickory-Bäumen dominierte Wald Big Woods ist einer der größten und am besten erhaltenen Urwälder der gemäßigten Klimazone in Nordamerika. Früher waren weite Teile Kentuckys mit diesem Waldtyp bedeckt.

Die Höhlen weisen praktisch alle Ausprägungen von Kalksteinhöhlen auf, und die geologischen Prozesse der Höhlenbildung sind noch nicht abgeschlossen. In den Mammuthöhlen gibt es Hallen, Schächte, Stalagmiten und Stalaktiten in Rekordgröße, aber auch feine Gipsausblühungen und -nadeln.

Naturschutzgebiet Nimba-Berge

Côte d'Ivoire und Guinea

Begründung der Aufnahme: Schauplatz spezieller ökologischer und biologischer Prozesse, bedeutender natürlicher Lebensraum – Biodiversität

Die Nimba-Berge liegen auf der Grenze zwischen Guinea, Liberia und Côte d'Ivoire. Bis zum Fuß der Berge ziehen sich Savannen hin, die an den Hängen in dichte Wälder übergehen; im Gipfelbereich herrschen Bergwiesen vor. Das Schutzgebiet zeichnet sich durch eine artenreiche Flora und Fauna aus; hier leben endemische Arten, wie die lebend gebärende Kröte und Schimpansen, die Steinwerkzeuge benutzen.

Der Park deckt einen großen Teil der Nimba-Berge ab, eine geografisch einzigartige Landschaft, in der über 200 endemischen Arten leben, wie beispielsweise verschiedene Duckerarten, Großkatzen und Fleckenroller.

◀ Die vom Aussterben bedrohte Mt.-Nimba-Kröte

Nationalpark Kakadu
Australien

Begründung der Aufnahme: Meisterwerk menschlicher Schöpferkraft, Verknüpfung mit Ereignissen von universeller Bedeutung, besonderes Naturphänomen, Schauplatz spezieller ökologischer und biologischer Prozesse, bedeutender natürlicher Lebensraum – Biodiversität

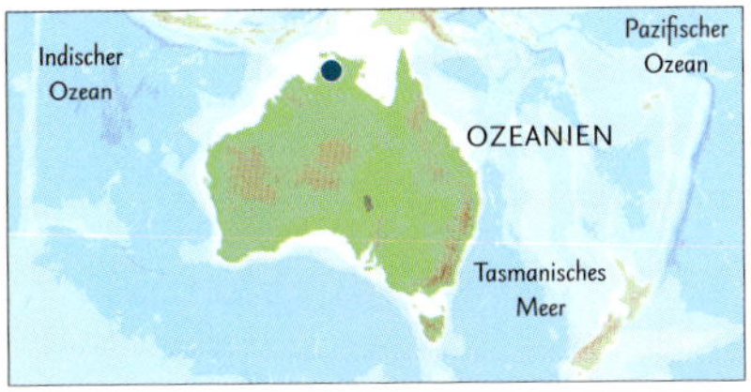

Kakadu ist eine faszinierende und lebendige Kulturlandschaft, um die sich die Aborigines, die Bininj/Mungguy genannt werden, seit über 50 000 Jahren kümmern. Ihre tiefe spirituelle Verbindung zu dem Land geht auf die Traumzeit, die Zeit der Schöpfung, zurück. Kakadu steht daher sowohl wegen seiner Kultur- als auch seiner Naturschätze auf der Liste des Welterbes.

Die Felsenmalereien (Abb. rechts) und archäologischen Fundstätten verzeichnen die Lebensweise der Bewohner, von den prähistorischen Jägern und Sammlern bis zu den heute lebenden Aborigines. Die Bininj/Mungguy glauben, dass in der Zeit der Schöpfung die ersten Ahnen der Menschen durch die Gegend zogen. Diese Ahnen schufen die Landschaft, die wir heute sehen, die Pflanzen, die Tiere und die Aborigines. Sie hinterließen den Menschen die Sprache, ihre Rituale, ihr verwandschaftliches Verhältnis und die Regeln des Zusammenlebens.

Der 20 000 km² große Park ist äußerst vielgestaltig, und seine Landschaft ändert sich eindrucksvoll: Steile Sandsteinklippen, überschwemmte Flussebenen, Monsunwälder, Baumsavannen und Gezeitenebenen schaffen vielfältige Lebensräume, in denen sich seltene Pflanzen und Tiere entwickeln konnten, die teilweise ausschließlich hier leben.

Das Erscheinungsbild des Nationalparks Kakadu unterliegt einem dramatischen jahreszeitlichen Wandel. In der Regenzeit werden Hunderte von Quadratkilometern überschwemmt, und es wimmelt von Enten, Gänsen und Watvögeln. In der Trockenzeit versammeln sich die Vögel um die verbleibenden Wasserlöcher und permanenten Flüsse.

Da die Lebensräume des Nationalparks vom Meer über die Küste bis zu den Felsen im Hinterland reichen, bietet er Natur- und Kulturliebhabern ein einmaliges Erlebnis.

Ein Drittel der australischen Vogelarten und fast ein Fünftel aller Säugetierarten leben im Nationalpark Kakadu. In der Regenzeit stellen sich Millionen von Wasservögeln in den überschwemmten Ebenen ein. Allein die Zahl der Wirbellosen umfasst 55 Termiten-, mindestens 350 Ameisen- und über 160 Heuschreckenarten.

Nationalpark Olympic Mountains
Vereinigte Staaten

Begründung der Aufnahme: besonderes Naturphänomen, Schauplatz spezieller ökologischer und biologischer Prozesse

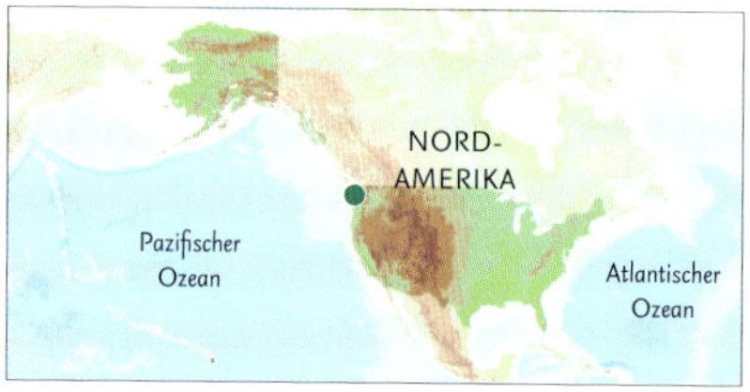

Der Nationalpark Olympic Mountains ist berühmt für die breite Vielfalt seiner Ökosysteme. Er umfasst Gletscher, alpine Gipfel mit Bergwiesen sowie ein riesiges Waldgebiet, welches das beste Beispiel für einen Regenwald der gemäßigten Klimazone im pazifischen Nordwesten darstellt. Der Park ist zweigeteilt in einen gebirgigen Kernbereich und einen schmalen Küstenstreifen. In den Bergen gibt es etwa 60 aktive Gletscher. Sie sind weltweit einmalig, da sonst nirgendwo Gletscher in derart niedriger Höhe beginnen; die tiefsten von ihnen liegen unterhalb von 2000 m. Der felsige Küstenstreifen ist auf 80 km naturbelassen; im Gezeitenbereich lebt eine artenreiche Meeresfauna. Die Bögen, Höhlen und Säulen aus Fels zeugen von der stetigen Kraft der Brandung. Der Nadelwald von Olympic wäre für den kommerziellen Holzhandel äußerst attraktiv – praktisch der gesamte Wald außerhalb des Nationalparks wurde bereits abgeholzt.

Der Regenwald des Nationalparks Olympic Mountains besteht hauptsächlich aus Nadelbäumen. ▶

Die größte Gefahr droht dem Park ausgerechnet von einer seiner größten Attraktionen, den in den 1920er-Jahren eingeführten Schneeziegen. Sie haben die Pflanzendecke so stark dezimiert, dass nur noch die robusteren Arten übrig blieben. Inzwischen gelten drei der endemischen Pflanzenarten als stark bedroht.

Dom von Speyer
Deutschland

Begründung der Aufnahme: Zeugnis kulturellen Austauschs

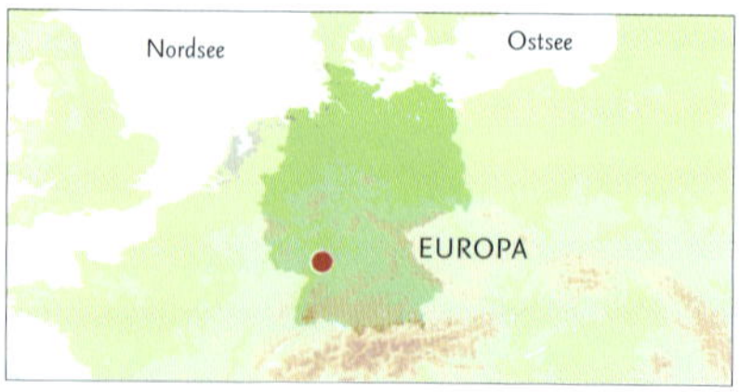

Der Dom von Speyer hat die romanische Architektur des 11.–12. Jh. stark beeinflusst. Außerdem gilt er seit dem 18. Jh. bis in die Gegenwart als Musterbeispiel für die Entwicklung der Prinzipien der Denkmalpflege in Europa und der Welt. Die Basilika mit vier Türmen und zwei Kuppeln wurde 1030 von Konrad II. gestiftet und am Ende des 11. Jh. umgebaut. Sie ist eines der wichtigsten romanischen Baudenkmäler aus der Epoche des Heiligen Römischen Reiches. Hier wurden fast 300 Jahre lang die deutschen Kaiser begraben. Das riesige steinerne Taufbecken (es fasst 1560 Liter) auf dem Platz vor dem Haupteingang zur Kirche markierte einst die Grenze zwischen der Stadt und dem Dombezirk.

Im Jahre 1689 wurde die Kirche durch einen Brand stark beschädigt und anschließend in neoromanischen Formen rekonstruiert. König Ludwig I. von Bayern ließ den Innenraum ausmalen. 1854–1858 wurde ein neues Westwerk in romanisierendem Stil angebaut. Ab 1957 wurden die Malereien des 19. Jhs. und der bemalte Putz wieder entfernt, um die Formen des 11. Jhs. wieder hervortreten zu lassen.

Nationalpark Darien
Panama

Begründung der Aufnahme: besonderes Naturphänomen, Schauplatz spezieller ökologischer und biologischer Prozesse, bedeutender natürlicher Lebensraum – Biodiversität

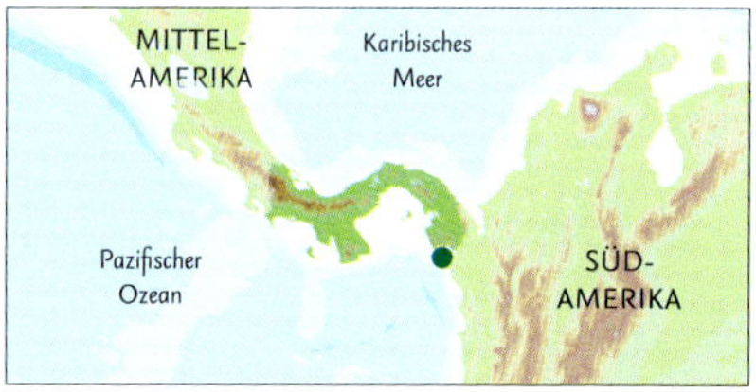

Der Nationalpark Darien schützt vielfältige Lebensräume mit einer bemerkenswerten Tierwelt auf der Landbrücke zwischen Mittel- und Südamerika. Er umfasst Sandstrände, Felsküsten, Mangroven, Sümpfe, Tief- und Bergregenwälder. Die Region steht seit 1972 unter Schutz, zunächst als Waldschutzgebiet Alto Darién und seit 1980 als Nationalpark. Der Park erstreckt sich entlang eines Grenzabschnitts, der etwa 80 % der gesamten Grenze zu Kolumbien ausmacht, und schließt einen Teil der Pazifikküste mit ein. Die Region ist nur mit schweren Geländewagen oder auf dem Wasserweg zugänglich. Neben dem Schutz der Natur hat der Park auch eine große historische und anthropologische Bedeutung. Hier leben zwei große indigene Volksgruppen, die Chocó und Kuna-Indianer, und kleinere eingeborene Stämme noch immer auf traditionelle Weise. Die Bewahrung der Kultur der Indianer zählt heute zu den Zielen der Parkverwaltung.

Die artenreiche Tierwelt des Parks ist noch weitgehend unerforscht. Hier leben unter anderem Waldhunde, Riesenameisenbären, Jaguare, Ozelots, Wasserschweine und Brüllaffen. Neben Harpyien wurden auch Kaimane und Spitzkrokodile nachgewiesen.

Maya-Ruinen und archäologischer Park Quirigua
Guatemala

Begründung der Aufnahme: Meisterwerk menschlicher Schöpferkraft, Zeugnis kulturellen Austauschs, Erbe von besonderer menschheitsgeschichtlicher Bedeutung

Der monumentale Komplex von Quirigua besteht aus einem komplizierten System von Pyramiden, Terrassen und Treppen. Besonders bemerkenswert sind einige Ruinen aus dem 8. Jh. und zahlreiche eindrucksvolle Stelen mit Reliefdarstellungen. Sie stellen die Geschichtsbücher der untergegangenen Kultur dar und zugleich den Schlüssel zu deren hoch entwickeltem Kalendersystem. Wie die meisten Denkmäler der Maya wurden sie errichtet, um an den Fortgang der Zeit und wichtige historische Ereignisse zu erinnern. Obwohl Quirigua bereits seit dem 2. Jh. n. Chr. bewohnt war, machte es erst Cauac Himmel (723–784) zur Hauptstadt eines autonomen, florierenden Staates. Die Stadt kontrollierte die ergiebigen Jade- und Obsidiangruben im oberen Tal des Rio Motagua und war damit die Drehscheibe für den Handel mit den Häfen der Karibikküste.

Die monolithischen Steinskulpturen von Quirigua wurden ausschließlich mit Steinwerkzeugen hergestellt. Den Maya standen nur Steinmeißel und Hämmer aus Stein oder Holz zur Verfügung. Hier steht auch der größte Steinblock der Mayazeit. Er ist 10,60 m hoch und wiegt über 59 t.

Römische und romanische Denkmäler von Arles

Frankreich

Begründung der Aufnahme: Zeugnis kulturellen Austauschs, Erbe von besonderer menschheitsgeschichtlicher Bedeutung

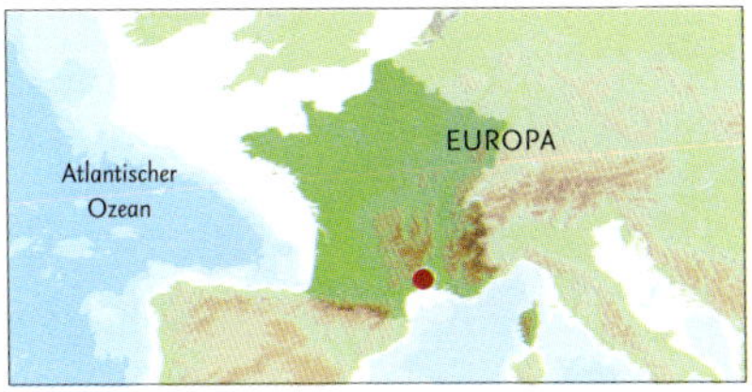

Arles ist ein besonders typisches Beispiel für eine Stadt des antiken Römischen Reiches, die sich an die neuen Bedingungen des Mittelalters anpasste. Im Stadtbild blieben mehrere römische Bauwerke erhalten. Einige der ältesten Bauten, die Arena, das Theater und die unterirdischen Gewölbegänge (Cryptoporticus), stammen noch aus dem 1. Jh. v. Chr. Das römische Theater bot in 33 Sitzreihen 10 000 Zuschauern Platz; in die Arena passten sogar 20 000 Zuschauer. Hier fanden bis zum Ende des 5. Jh. Gladiatorenkämpfe und Tierjagden statt. Im 4. Jh. erlebte Arles ein zweites goldenes Zeitalter, von dem die Konstantin-Thermen und die Nekropole Les Alyscamps zeugen. Im 11. und 12. Jh. war Arles eine der attraktivsten Städte am Mittelmeer. Die Kirche St.Trophime (Abb. unten) mit ihrem Kreuzgang ist eines der wichtigsten romanischen Denkmäler der Provence.

In römischer Zeit war Arles von Friedhöfen umgeben; einer davon ist der berühmte Alyscamps. Hier wurden der christliche Märtyrer St. Genest und die ersten Bischöfe von Arles bestattet. Die Kirche St. Honorat (1040) war eine wichtige Zwischenstation der Pilger auf dem Weg nach Santiago de Compostela in Spanien.

Die Kirche St. Trophime ▼

Würzburger Residenz und Hofgarten

Deutschland

Begründung der Aufnahme: Meisterwerk menschlicher Schöpferkraft, Erbe von besonderer menschheitsgeschichtlicher Bedeutung

Tiepolos Deckengemälde im Treppenhaus zeigt Apollo und die vier Kontinente. In dem Teil des Freskos, der Europa darstellt, hat er die verantwortlichen Künstler porträtiert: Neumann (dargestellt als Artilleriegeneral), Tiepolo, sein Sohn Giandomenico und der Fürstbischof werden von Fama geehrt und von der Tugend gekrönt.

Das prächtige Barockschloss – eines der größten und schönsten in Deutschland – und seine Gärten entstanden in der Regierungszeit der Fürstbischöfe von Schönborn. Im 18. Jh. residierte hier einer der glanzvollsten Höfe Europas. Das Hauptschloss entstand zwischen 1720 und 1744; die Innenräume wurden von 1740 bis 1770 ausgestattet. Die Pläne stammten von den berühmtesten Architekten der Zeit, dem Wiener Johann Lukas von Hildebrandt und den Parisern Robert de Cotte und Germaine Boffrand. Die Bauleitung lag bei Balthasar Neumann, dem Hofarchitekten der Bischöfe. Die Bildhauer und Stuckateure kamen aus Italien, Flandern und München. Der Venezianer Giovanni Battista Tiepolo schuf die Malereien im Treppenhaus und auf den Wänden des Kaisersaals.

Anthony-Insel
Kanada

Begründung der Aufnahme: Zeugnis einer Kultur

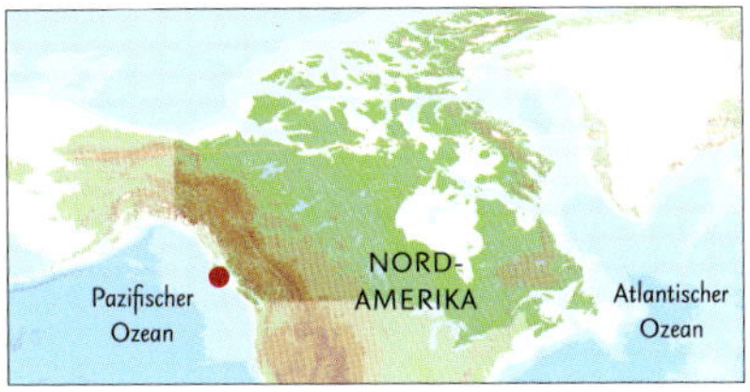

Das Dorf SG̲ang Gwaay Llnagaay (Ninstints) auf der Anthony-Insel (Queen-Charlotte-Inselgruppe oder Haida Gwaii) in British-Columbia bewahrt als Weltkulturerbe die Kultur der Haida. Sie lebten Tausende von Jahren auf der Insel, bis die Bevölkerung in den 1880er-Jahren durch eine Seuche hinweggerafft und das Dorf fast vollständig vom Wald zurückerobert wurde. Die Überreste sind weltweit einzigartig: In dem Dorf aus dem 19. Jh. blieben die Ruinen von 23 Häusern und 32 Erinnerungs- oder Totempfähle erhalten, die von einer reichen Kultur zeugen. Das Welterbe schützt aber auch die raue Schönheit der Pazifikküste und ihre Vegetation. Es hält die Erinnerung an die Kultur der Haida lebendig, ihre Beziehungen zum Land und zum Meer, und unterstützt damit die mündliche Überlieferung.

Die Queen-Charlotte-Inseln werden im Frühling von Grauwalen auf dem Weg in die Beringsee passiert. Auch Schwertwale, Buckelwale und Zwergwale leben in den Gewässern um die Inseln, dazu Atlantische Weißseitendelfine, Stellersche Seelöwen und Seehunde.

Welterbestätte seit

1978 • 1979 • 1980 • 1981 • 1982

Aldabra-Atoll
Seychellen

Begründung der Aufnahme: besonderes Naturphänomen, Schauplatz spezieller ökologischer und biologischer Prozesse, bedeutender natürlicher Lebensraum – Biodiversität

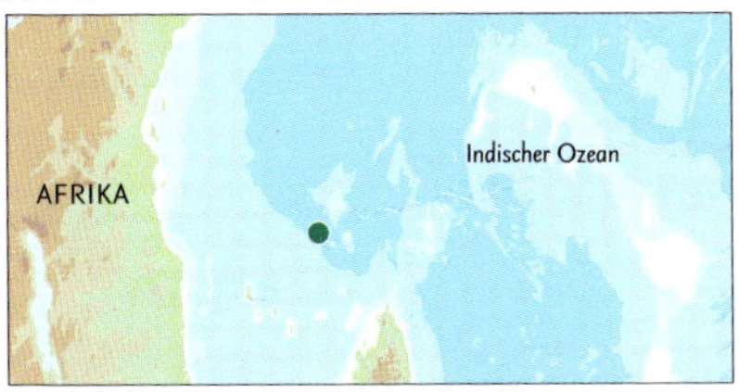

Das Atoll besteht aus vier großen Koralleninseln, die eine flache Lagune umschließen. Die Inselgruppe wird von einem Korallenriff umgeben. Dank der isolierten und für Menschen schwer zugänglichen Lage hat sich hier eine Population von 152 000 Riesenschildkröten entwickeln können, welche die größte Population dieser Reptilien auf der Erde darstellt.

Aldabra ist das am wenigsten gestörte große Insel-Ökosystem im Indischen Ozean und der einzige Lebensraum der Erde, der von einem Pflanzen fressenden Reptil beherrscht wird. Die einzige endemische Säugetierart ist ein Flughund.

◄ Aldabra-Riesenschildkröte

Historisches Zentrum von Florenz

Italien

Begründung der Aufnahme: Meisterwerk menschlicher Schöpferkraft, Zeugnis kulturellen Austauschs, Zeugnis einer Kultur, Erbe von besonderer menschheitsgeschichtlicher Bedeutung, Verknüpfung mit Ereignissen von universeller Bedeutung

Florenz ist zugleich Symbol und Wiege der Renaissance, und sein wunderschönes historisches Zentrum ist eine Schatzkammer der Kunst und Architektur. Von über 600 Jahren außerordentlicher künstlerischer Aktivität in der Stadt zeugen zahlreiche kostbare Bauten und Kunstwerke, wie der Dom Santa Maria del Fiore, die Kirche Santa Croce, die Uffizien und der Palazzo Pitti der Medici, der heute eine Gemäldegalerie mit Bildern von Malern wie Giotto, Brunelleschi, Botticelli und Michelangelo ist.

Florenz, das 59 v. Chr. als römische Kolonie Florentia gegründet worden war, gewann als freier Stadtstaat nach und nach die Oberherrschaft über andere toskanische Städte. Die Glanzzeit der Stadt begann im 15. Jh. Geschützt durch die Stadtmauern des 14. Jh. und reich dank ihrer Handels- und Wirtschaftsmacht sollte die Stadt in den folgenden Jahrhunderten ihr goldenes Zeitalter erleben. In der Regierungszeit der mächtigen Medici, im 15. und 16. Jh., nahm Florenz eine Vorreiterrolle in Architektur und Kunst ein, zunächst in Italien, dann in ganz Europa.

Der religiöse Mittelpunkt der Stadt ist der Domplatz mit dem Dom Santa Maria del Fiore; Giottos Campanile steht an der Seite, das Baptisterium mit den von Lorenzo Ghiberti geschaffenen prächtigen Bronzetüren gegenüber des Doms.

Nördlich befinden sich der Palazzo Medici-Riccardi von Michelozzo und die Basilika San Lorenzo mit den Sakristeien von Donatello und Michelangelo sowie, etwas weiter entfernt, das Museo di San Marco mit Meisterwerken von Fra Angelico, die Galleria dell'Accademia mit dem David (1501–1504) von Michelangelo und die Piazza Santissima Annunziata mit der Loggia von Brunelleschi.

Südlich des Doms schließt sich das politische und kulturelle Herz der Stadt an, das der Palazzo Vecchio und die Uffizien bilden. Ganz in der Nähe stehen das Museum Bargello und die Basilika Santa Croce. Der Ponte Vecchio überquert den Arno ins Stadtviertel Oltranto, wo der Palazzo Pitti und die Boboli-Gärten liegen. Ebenfalls in Oltranto stehen die Kirche Santo Spirito von Filippo Brunelleschi und die Karmeliterkirche mit Fresken von Masolino, Masaccio und Filippino Lippi. Westlich des Domes befinden sich der eindrucksvolle Palazzo Strozzi und die Basilika Santa Maria Novella, deren Fassade Leon Battista Alberti entworfen hat.

Die Domkuppel beherrscht das Stadtbild von Florenz. ►

Die Medici, die der Stadt zur ihrer Blüte verhalfen, herrschten über das Großherzogtum Florenz, bis die Familie 1737 ausstarb. 1859 wurde Florenz Teil des Königreiches Italien und war für kurze Zeit sogar dessen Hauptstadt (1865–1870).

Das historische Zentrum von Florenz kann von den umliegenden Hügeln aus betrachtet werden; die schönsten Aussichtspunkte sind der Piazzale Michelangelo unterhalb der romanischen Kirche San Miniato und Fiesole. Von beiden Standorten aus hat man einen spektakulären Blick ins Arnotal.

Lord-Howe-Inselgruppe
Australien

Begründung der Aufnahme: besonderes Naturphänomen, bedeutender natürlicher Lebensraum – Biodiversität

Um die Lord-Howe-Inselgruppe erstreckt sich das südlichste Korallenriff der Erde. Es unterscheidet sich deutlich von den Riffen in den wärmeren Meeren weiter nördlich. Das Riff zeichnet sich durch eine einzigartige Verbindung aus Kalkalgen und Korallen aus, da es abwechselnd kalten und warmen Strömungen ausgesetzt ist.

Die Lord Howe-Inselgruppe, die durch Vulkanismus in über 2000 m Meerestiefe entstand, ist ein bemerkenswertes Beispiel für eine vollständig isolierte Inselgruppe mitten im Ozean. Hier entwickelte sich auf kleinstem Raum eine eindrucksvolle landschaftliche Vielfalt. Die nackten Hänge der Vulkanberge und der spektakuläre Felsenturm der Ball's Pyramid ragen aus einer Unterwasserwelt hervor, die zu den schönsten der Erde zählt. Die isolierte Lage an der Grenze zwischen den Tropen und der gemäßigten Klimazone führte zu einer enormen Biodiversität. Die Inselgruppe ist der wichtigste Brutplatz für Seevögel im südwestlichen Pazifik und die Heimat zahlreicher endemischer Pflanzen und Tiere.

Ruinen von Kyrene
Libyen

Begründung der Aufnahme: Zeugnis kulturellen Austauschs, Zeugnis einer Kultur, Verknüpfung mit Ereignissen von universeller Bedeutung

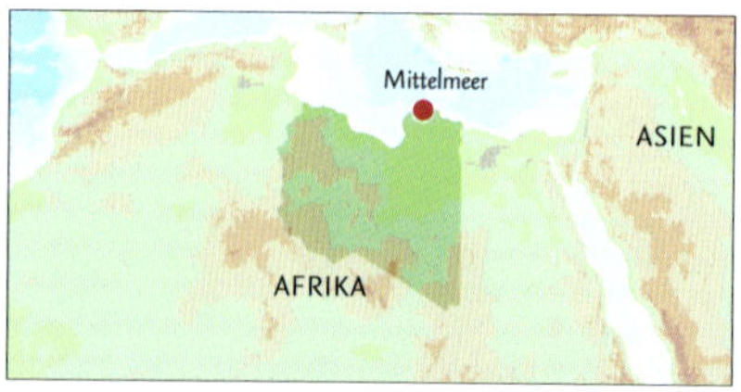

Um die Stadt, die Marcus Antonius einst Kleopatra zum Geschenk machte, ranken sich nicht nur seit über 1000 Jahren zahllose Mythen, Legenden und Geschichten, Kyrene ist auch eine der beeindruckendsten Ruinenstädte der Welt.

Kyrene war eine von Griechen aus Thera gegründete Kolonie, die eine führende Rolle in der griechischen Antike spielte. Auch unter römischer Herrschaft blieb Kyrene eine bedeutende Stadt – bis zum Erdbeben im Jahr 365 n. Chr. Geblieben sind drei monumentale Ruinenkomplexe, das Apolloheiligtum, die Akropolis und die Agora, sowie eine Nekropole, die zu den weltweit größten Anlagen dieser Art gehört. Die Ruinen sind Zeugnis einer 1000-jährigen Geschichte.

◄ Zeustempel in Kyrene

Wildreservat von Selous
Vereinigte Republik Tansania

Begründung der Aufnahme: Schauplatz spezieller ökologischer und biologischer Prozesse, bedeutender natürlicher Lebensraum – Biodiversität

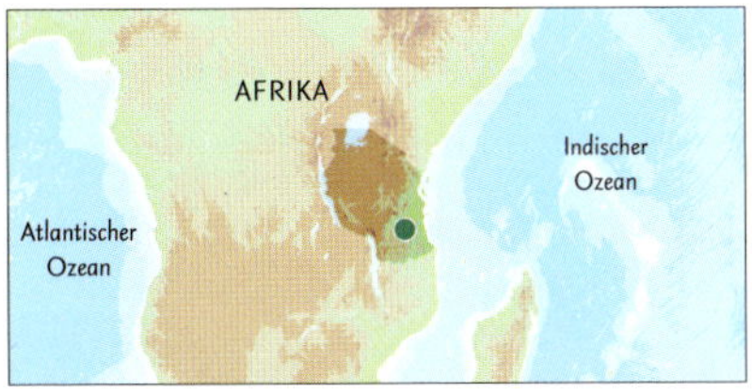

Das Wildreservat von Selous ist ein 50 000 km² großes Ökosystem und eines der größten Naturschutzgebiete der Erde. In dem abgelegenen Gebiet leben, beinahe völlig ungestört vom Menschen, zahlreiche Wildtiere, darunter viele Elefanten, Spitzmaulnashörner, Geparden, Giraffen, Impala-Antilopen, Flusspferde und Krokodile. Der Mikumi-Nationalpark und das Kilombero-Wildschutzgebiet sind in das Reservat integriert. In Selous sind mehrere Vegetationszonen vertreten, von dichtem Buschland bis zu offenen Grassavannen. Vorherrschend ist jedoch der Laub abwerfende Miombo-Wald, ein Waldsavannentyp, der in dieser Gegend beispielhaft in Erscheinung tritt. Trotz der nährstoffarmen Böden und der winterlichen Trockenzeit hat sich eine erstaunlich reiche Artenvielfalt entwickeln können, was der Größe des Gebiets, den unterschiedlichen Lebensräumen, dem Nahrungs- und Wasserangebot und dem Fehlen menschlicher Siedlungen zu verdanken ist.

In Selous wurden 400 Tierarten beschrieben; 1986 kam eine Zählung auf 750 000 Großtiere aus 57 Arten.

Im Jahre 1994 lebten im Reservat und der angrenzenden Pufferzone etwa 52 000 Exemplare des bedrohten Afrikanischen Elefanten, das sind etwa 50% des Landesbestands. Nach Jahren der Wilderei, nimmt der Bestand derzeit wieder zu.

Impala-Antilopen ▼

Heilige Stadt Anuradhapura
Sri Lanka

Begründung der Aufnahme: Zeugnis kulturellen Austauschs, Zeugnis einer Kultur, Verknüpfung mit Ereignissen von universeller Bedeutung

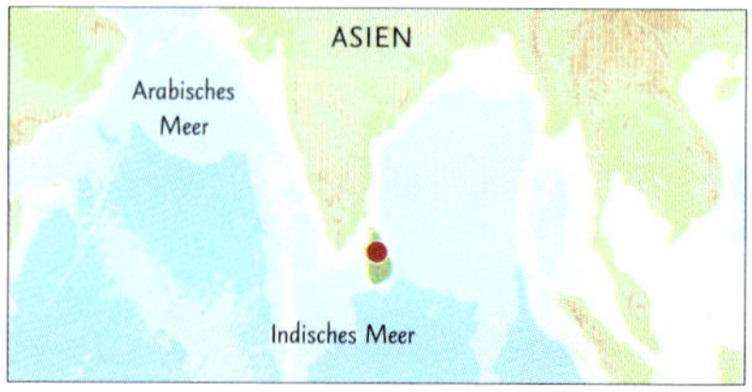

Anuradhapura, ein politisches und religiöses Zentrum, das 1300 Jahre lang florierte, ist eines der wichtigsten Heiligtümer des Buddhismus. Nachdem sie für viele Jahre verborgen und vergessen im Dschungel gelegen hat, ist die Stätte mit ihren Palästen, Klöstern und Monumenten nun wieder zugänglich.

Das im 4. Jh. v. Chr. gegründete Anuradhapura war die Hauptstadt des damaligen Ceylon und die heiligste buddhistische Stadt auf der Insel. Unter den eindrucksvollen Bauwerken fallen vor allem die riesigen Dagobas (Reliquienhäuser) auf, die auf kreisförmigen Fundamenten erbaut und von einem Ring monolithischer Säulen umgeben sind, ähnlich wie auch die singhalesischen Stupas.

Die Stadt wurde mehrfach von südindischen Invasoren überrannt und 993 endgültig aufgegeben. Heute zeugen nur noch Ruinen von der ursprünglichen, nicht durch äußere Einflüsse veränderten ceylonesischen Kultur.

Die religiöse Bedeutung von Anuradhapura wurde gefestigt, als man im 3. Jh. einen Zweig vom „Baum der Erleuchtung“ in das Heiligtum überführte. Unter diesem Baum hatte Buddha meditiert und die Erleuchtung erlangt. Der Zweig schlug Wurzeln, und heute breitet ein Bodhi-Baum im Herzen der Stätte neben dem Bronzepalast seine Äste aus.

Die Jetavanaramaya-Dagoba ▼

Historischer Nationalpark mit Zitadelle, Schloss Sans Souci und Ruinen von Ramiers

Haiti

Begründung der Aufnahme: Erbe von besonderer menschheitsgeschichtlicher Bedeutung, Verknüpfung mit Ereignissen von universeller Bedeutung

Diese haitianischen Monumente stammen aus der Zeit zu Beginn des 19. Jh., als Haiti seine Unabhängigkeit erklärte. Schloss Sans Souci, die Ruinen von Ramiers und vor allem die Zitadelle Henry sind Symbole der Freiheit, denn sie waren die ersten Gebäude, welche die befreiten Sklaven für ihren Staat erbauten. Die 10 000 m² große Zitadelle steht auf einer 970 m hohen Anhöhe und ist eines der besten Beispiele für die Militärarchitektur des frühen 19. Jh. Sie wurde als Kanonenfestung konstruiert; ein kompliziertes Zisternensystem garantierte die Wasserversorgung, und mächtige Wehrmauern machten die Festung uneinnehmbar. In den Kasernen hatten 5000 Soldaten Platz.

Die Bauwerke sind in einen Historischen Nationalpark integriert, den der Präsident 1978 per Dekret gründete. Der Nationalpark liegt inmitten einer fantastischen Natur, umgeben von hohen Bergen mit üppiger, grüner Vegetation.

Nationalpark Taï

Côte d'Ivoire

Begründung der Aunahme: besonderes Naturphänomen, bedeutender natürlicher Lebensraum – Biodiversität

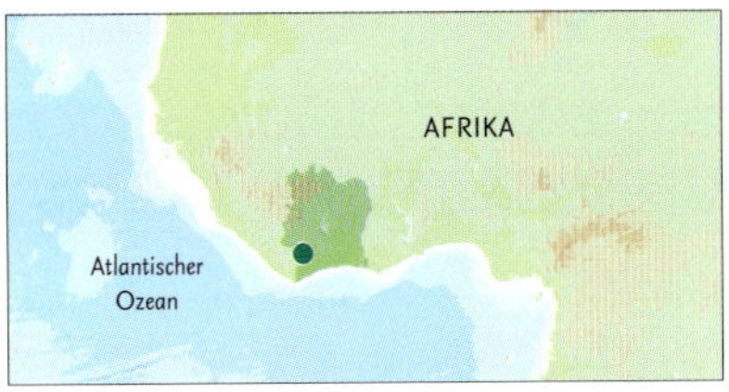

Der Nationalpark Taï ist das größte unter den wenigen Gebieten unzerstörten, primären Regenwaldes, die es in Westafrika noch gibt. Einst zog sich dieser Wald in einem breiten Streifen durch das heutige Ghana, Côte d'Ivoire, Liberia und Sierra Leone. Sowohl die artenreiche natürliche Flora als auch bedrohte Säugetierarten, wie das Zwergflusspferd und elf Affenarten, sind für Wissenschaftler außerordentlich interessant. Der Park liegt im Südwesten der Côte d'Ivoire, etwa 20 km südlich von Man und 100 km von der Küste entfernt, zwischen dem Cavally- (der die Westgrenze zu Liberia bildet) und dem Sassandra-Fluss im Osten. Die Landschaft wird nach Norden hin trockener, und der feuchte Süden ist die artenreichste Gegend, vor allem in Hinblick auf die zahlreichen Schmetterlingsblütengewächse.

Im Nationalpark wachsen etwa 1300 Arten höherer Pflanzen, von denen 54 % ausschließlich in Westafrika vorkommen. Die extrem dichte Vegetation des westafrikanischen, immergrünen Regenwaldes zeichnet sich durch 40–60 m hohe Bäume mit mächtigen Stämmen aus. Hier wurden sogar Pflanzen entdeckt, die schon als ausgestorben galten (*Amorphophallus staudtii*).

Ruinenstadt Polonnaruva
Sri Lanka

Begründung der Aufnahme: Meisterwerk menschlicher Schöpferkraft, Zeugnis einer Kultur, Verknüpfung mit Ereignissen von universeller Bedeutung

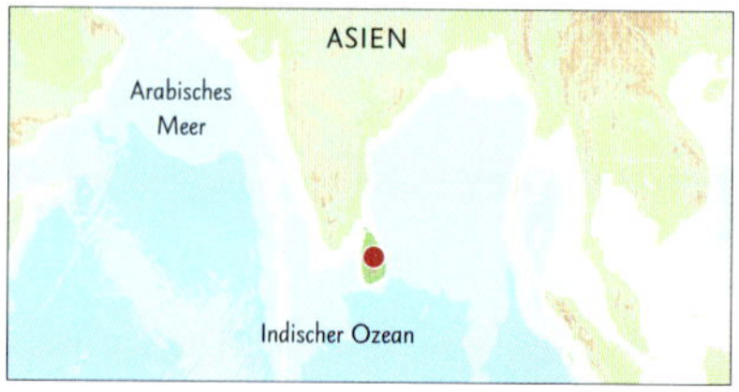

Polonnaruva war nach der Zerstörung von Anuradhapura (993) die zweite Hauptstadt Ceylons (das heutige Sri Lanka). Die riesige neue Stadt, die der megalomane Herrscher Parakrama I. im 12. Jh. erbauen lies, ist eine der erstaunlichsten Stadtanlagen, die je geschaffen wurden. Sowohl die Ausmaße der Stadt als auch besondere Art der Einbettung der Gebäude in ihre natürliche Umgebung sind außergewöhnlich. Neben diesen monumentalen Ruinen der berühmten Gartenstadt Polonnaruva blieben auch die brahmanischen Bauten aus dem 11. Jh. erhalten, die von den Chola-Eroberern aus Südindien errichtet wurden.

Nachdem Rajaraja Anuradhapura zerstört hatte, machte er Polonnaruva, das im 8. Jh. eine königliche Residenz war, zu einer neuen Hauptstadt. Die erfolgreichen Chola-Eroberer errichteten mehrere brahmanische Monumente, insbesondere einige Shiva-Tempel. Darin fand man kunstvolle Bronzestatuen, die heute im Museum von Colombo stehen. Nachdem Vijayabahu I. Ceylon zurückerobert hatte, behielt er die Hauptstadt bei, errichtete aber ab 1070 mehrere buddhistische Heiligtümer. Das berühmteste ist der Tempel Atadage, der Zahntempel, in dem ein Zahn Buddhas als Reliquie aufbewahrt wurde.

Den Höhepunkt seiner Pracht entfaltete Polonnaruva im 12. Jh., als zwei Herrscher zahlreiche neue Bauwerke errichten ließen. Parakrama I. (1153–1186) erbaute eine Gartenstadt innerhalb der Mauern, in der Paläste und Heiligtümer in scheinbar ländlicher Umgebung standen. Dies war möglich dank eines ausgeklügelten Bewässerungssystems, das bis in unsere Zeit funktioniert. Unter seiner Herrschaft entstanden auch das Lankatilaka, ein Ziegelsteingebäude mit einer monumentalen Buddhafigur, das Gal Vihara mit gigantischen Felsskulpturen, ein Meisterwerk singhalesischer Kunst, und das Tivanka-Haus, dessen Wandmalereien (13. Jh.) Geschichten aus den vorherigen Leben des Buddha erzählen (*Jataka*).

Parakramas Nachfolger Nissamka Malla I. regierte bis 1196. Seine Bauwerke waren weniger kunstvoll, aber trotzdem großartig: die riesige Stupa Rankot Vihara ist mit 55 m Höhe und einem im Durchmesser von 175 m besonders eindrucksvoll; Aufbau und Dimensionen erinnern an die Dagobas in Anuradhapura.

Nach diesem goldenen Zeitalter verblasste der Glanz der Stadt, bis die Regierung schließlich Ende des 13. Jh. nach Kurunegala umzog.

Eine Buddhastatue in Polonnaruva ►

In Polonnaruva haben sich mehrere Kulturen verewigt. Die Chola-Dynastie hinterließ die brahmanischen Monumente, dann folgten die singhalesischen Herrscher des 12. und 13. Jh.

Die Stadt ist ein buddhistischer Schrein. Für den Zahn Buddhas, der zur Staatsreliquie der singhalesischen Monarchie wurde, ließ König Vijaya I. den Atadage oder Zahntempel errichten. Als König Bhuvanaika II. Ende des 13. Jh. den Zahn nach Kurunegala schaffen ließ, besiegelte er damit den Niedergang von Polonnaruva.

Ruinenstadt Tipasa
Algerien

Begründung der Aufnahme: Zeugnis einer Kultur, Erbe von besonderer menschheitsgeschichtlicher Bedeutung

Die außergewöhnlichen Ruinen von Tipasa liegen 70 km westlich von Algier an der Mittelmeerküste. Sie sind vermutlich das wichtigste Zeugnis für die Begegnung der einheimischen Völker mit den aufeinander folgenden Eroberern zwischen dem 6. Jh. v. und dem 6. Jh. n. Chr.

Tipasa an der Küste des Mittelmeeres war ein antiker punischer Handelshafen, der von den Römern erobert wurde. Sie machten daraus einen Brückenkopf für ihren Eroberungsfeldzug nach Mauretanien. In Tipasa befindet sich ein einzigartiges Esemble phönizischer, römischer, altchristlicher und byzantinischer Ruinen Seite an Seite mit einheimischen Monumenten, wie dem großen königlich-mauretanischen Mausoleum Kbor er Roumia. Die älteste römische Siedlung befindet sich mitten in der Stadt an einem steilen Hang. Die eindrucksvollen Ruinen der öffentlichen Gebäude liegen im Herzen eines dichten Netzes aus Privathäusern, viele davon mit Malereien und Mosaiken, Läden und Handwerkerbetrieben aus dem 2. und 3. Jh. Unter den zahlreichen christlichen Bauten ist vor allem eine siebenschiffige Basilika aus dem 4. Jh. besonders bemerkenswert.

Biosphärenreservat Río Plátano
Honduras

Begründung der Aufnahme: besonderes Naturphänomen, Zeugnis wichtiger Stadien der Erdgeschichte, Schauplatz spezieller ökologischer und biologischer Prozesse, bedeutender natürlicher Lebensraum – Biodiversität

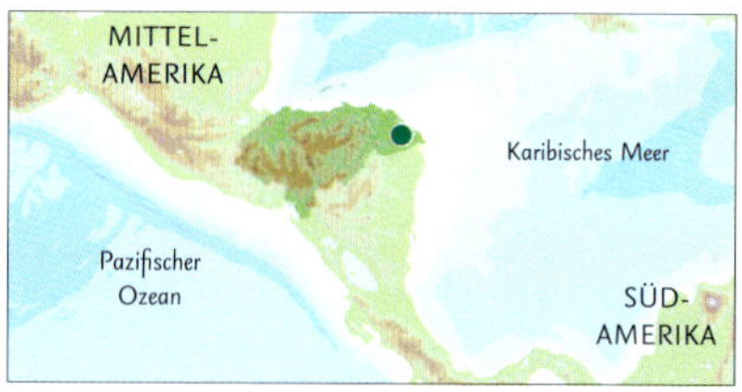

Im Schutzgebiet liegt Ciudad Blanca (Weiße Stadt), eine der wichtigsten archäologischen Stätten der Maya-Kultur. Außerdem betrat Christoph Kolumbus 1492 an dieser Küste erstmals den amerikanischen Kontinent. Insgesamt gibt es rund 200 archäologisch bedeutsame Stätten.

Das Reservat liegt im Nordosten von Honduras, in der Region Mosquita. Es umfasst einen 15 km breiten Landstreifen, der sich von der karibischen Küste 150 km weit nach Südwesten ins Landesinnere zieht. Damit steht praktisch der gesamte Einzugsbereich des 100 km langen Plátano-Flusses unter Schutz sowie größere Abschnitte der Flüsse Paulaya, Guampu und Sicre. Diese drei Flüsse bilden zusammen mit der Karibikküste die Grenzen des Biosphärenreservates, das den größten verbliebenen primären Regenwald in Honduras schützt. Die abwechslungsreiche Topografie des Gebiets reicht von Berggipfeln mit spektakulären Felsformationen (beispielsweise Dama Peak) über Wasserfälle bis hin zu friedlichen Küstenlagunen. Im Reservat wurden 39 Säugetier-, 377 Vogel- und 126 Reptilien- und Amphibienarten gezählt.

Nationalparks von West-Tasmanien

Australien

Begründung der Aufnahme: Zeugnis einer Kultur, Erbe von besonderer menschheitsgeschichtlicher Bedeutung, Verknüpfung mit Ereignissen von universeller Bedeutung, besonderes Naturphänomen, Zeugnis wichtiger Stadien der Erdgeschichte,

Schauplatz spezieller ökologischer und biologischer Prozesse, bedeutender natürlicher Lebensraum – Biodiversität

Die Nationalparks von West-Tasmanien nehmen eine Fläche von 13 800 km² ein und bilden eines der drei größten Gebiete auf der Südhalbkugel, in denen sich Flora und Fauna der gemäßigten Zone in ihrem Urzustand erhalten haben. Das Gebiet besteht aus geschützten Landschaften, die weite Teile des Südwestens von Tasmaniens umfassen. Die spektakulären Landschaften gehen auf die Gletscher der Eiszeit und andere geomorphologische Prozesse zurück, die das Gestein überformten. Entsprechend vielgestaltig ist auch die Flora und Fauna, zu der viele lebendige Zeugnisse aus der Gondwana-Zeit zählen.

Auch die isolierte Lage hat zur Entwicklung einzigartiger Pflanzen und Tiere beigetragen. In den Parks wachsen unter anderem die ältesten Bäume der Welt; außerdem leben dort Beuteltiere. Archäologische Funde in Kalksteinhöhlen beweisen, dass hier Menschen seit 35 000 Jahren allen Klimaänderungen trotzten.

Liffey-Wasserfall ▲

Als der Meeresspiegel vor etwa 8000 Jahren anstieg, wurde Tasmanien vom australischen Kontinent abgetrennt. Die tasmanischen Aborigines sind daher seit 500 Generationen vom Kontinent isoliert

Ruinen von Leptis Magna
Libyen

Begründung der Aufnahme: Meisterwerk menschlicher Schöpferkraft, Zeugnis kulturellen Austauschs, Zeugnis einer Kultur

In Leptis Magna, einer der schönsten Städte des Römischen Reiches, gab es eindrucksvolle öffentliche Gebäude, einen Hafen, einen Markt, Warenhäuser, Läden und Wohnquartiere. Kaiser Septimius Severus, der hier geboren wurde, ließ die Stadt vergrößern und prächtig ausbauen, sodass sie zu einem der besten Beispiele für die Stadtplanung der römischen Dynastie der Severer wurde. Im Reichtum der Stadt lag aber auch der Keim für ihren Niedergang, wie es bei vielen Städten an den Küsten des Mittelmeeres der Fall war. Seit dem 4. Jh. wurde Leptis immer wieder geplündert, bis das Byzantinische Reich die Stadt eroberte und zu einer Festung ausbauen ließ. Erst in der zweiten Welle der arabischen Invasion, jener der Hilier im 11. Jh. musste die Stadt kapitulieren. Sie blieb unter dem Sand verborgen, bis sie im Zuge einer lang andauernden archäologischen Kampagne nach und nach wieder ausgegraben wurde.

Leptis wurde in der Regierungszeit von Augustus und Tiberius erbaut, aber unter den Severer-Kaisern vollständig neu mit Prachtbauten gestaltet. Das Forum, die Basilika und der Triumphbogen der Severer gehören zu den führenden Beispielen römischer Kunst und sind zugleich durch afrikanische und östliche Strömungen beeinflusst.

▼ Das Theater von Leptis Magna mit den Ruinen des Marktes, des Forums und dem Hafen im Hintergrund

Felsmalereien des Tassili n'Ajjer

Algerien

Begründung der Aufnahme: Meisterwerk menschlicher Schöpferkraft, Zeugnis einer Kultur, besonderes Naturphänomen, Zeugnis wichtiger Stadien der Erdgeschichte

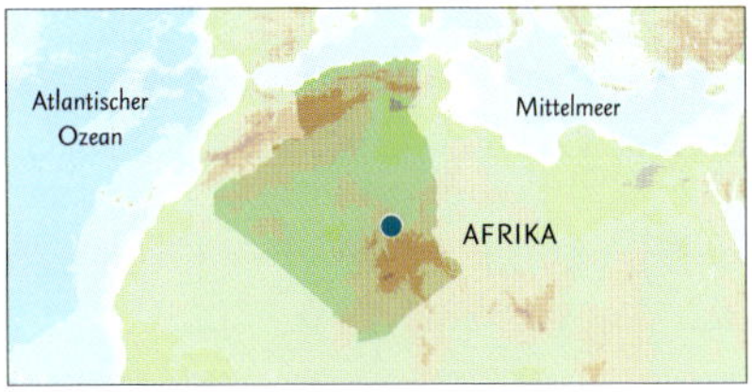

Das Tassili-Gebirge in der Sahara wirkt mit seinen tiefen Schluchten, ausgetrockneten Flüssen und „versteinerten Wäldern" wie eine Mondlandschaft. In prähistorischer Zeit herrschte in Tassili ein völlig anderes Klima mit regelmäßigen Niederschlägen und fruchtbaren Böden. Im Jahr 1933 wurden in dieser Gegend Höhlen mit außerordentlich wertvollen Felsmalereien entdeckt. Über 15 000 Zeichnungen und Ritzungen zeugen von der Veränderung des Klimas, den Tierwanderungen und der Entwicklung menschlichen Lebens am Rand der Sahara zwischen 6000 v. Chr. und den ersten Jahrhunderten n. Chr. Die Kunstwerke stellen die Tiere dar, die in der jeweiligen Klimaepoche in der Gegend lebten. Doch unabhängig von dieser Beziehung zum Ökosystem lassen sich die Kunstepochen auch allein anhand stilistischer Merkmale unterscheiden.

Am Ende des Jungpleistozäns war die Region von riesigen Seen bedeckt, deren Zuflüsse noch heute als trockene Flussbetten zu erkennen sind. Von klimatisch günstigeren Zeiten zeugen noch heute Pflanzen und Tiere, die auf den Hochebenen in feuchten Mikroklimata überlebt haben. Zu diesen Reliktarten zählen auch Fische und Krebse und bis in die 1940er-Jahre lebte hier sogar eine Zwergkrokodilart.

Tal von M'zab

Algerien

Begründung der Aufnahme: Zeugnis kulturellen Austauschs, Zeugnis einer Kultur, traditionelle Siedlungsform

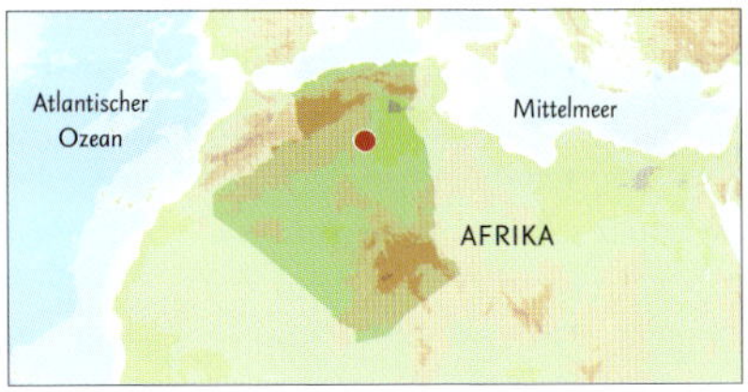

Die fünf befestigten Städte (Ksour) im Tal von M'zab sind traditionelle Siedlungen aus dem 10. Jh., die bis heute erhalten sind. Die Bauweise von M'zab ist einfach, funktional und optimal an die Umgebung angepasst. Die Orte waren für ein Leben in der Gemeinschaft geplant, respektierten aber auch den Familienverband. Zum Leben im Tal gehörte eine jährliche Wanderung: Im Sommer zogen die Menschen in die lockerer organisierten „Sommerstädte" in den Palmenhainen. Die Häuser dort konnten gut verteidigt werden, es gab Wachtürme und eine Moschee ohne Minarett, vergleichbar mit denen auf Friedhöfen. Die Siedlungen im M'zab-Tal haben Architekten und Stadtplaner des 20. Jh., von le Corbusier bis Pouillon, beeinflusst.

Jede befestigte Stadt im M'zab-Tal ist von einer Ringmauer umgeben und wird von einer Moschee beherrscht, deren Minarett auch als Wachturm diente. In der Moschee wurden Waffen und Getreide gelagert; sie war die letzte Zuflucht bei einer Belagerung.

Altstadt und Festungsanlagen von Havanna
Kuba

Begründung der Aufnahme: Erbe von besonderer menschheitsgeschichtlicher Bedeutung, traditionelle Siedlungsform

Das Castillo de la Real Fuerza ist die älteste, noch bestehende Kolonialfestung in Amerika. Die bronzene Wetterfahne auf dem Westturm stammt aus dem Jahre 1632.

Havanna war die letzte Stadt, die spanische Konquistadoren auf Kuba gründeten, und sie ist das beste Beispiel spanischer Stadtplanung in Amerika. Die Lage der Stadt machte sie zum perfekten Sammelplatz für die Flotte, die jährlich mit den Schätzen aus Mexiko und Peru nach Spanien aufbrach. Havanna wurde zum Tor des Spanischen Kolonialreiches. Das heutige Havanna ist zwar eine moderne Metropole, doch die Altstadt bewahrte sich ein Stilgemisch aus barocken bis neoklassizistischen Monumenten und ein homogenes Ensemble aus Privathäusern mit Arkaden, Balkonen, schmiedeeisernen Gittern und Innenhöfen.

Havanna wurde an seinem heutigen Standort 1519 gegründet. Die Stadt war bereits 1550 zur wichtigsten Stadt der Insel aufgestiegen und ist es noch heute. Sie war ein Zentrum der karibischen Werftindustrie und ist seit 1607 Kubas Hauptstadt. Als sich der Siebenjährige Krieg in den 1760er-Jahren aus Europa in die amerikanischen Kolonien verlagerte, befestigten die Spanier die Stadt. Diese Befestigungsanlagen stehen heute noch. Dank des Freihandels nahm der Reichtum Havannas im 18. und 19. Jh. zu. Von den Unabhängigkeitskämpfen in Mittel- und Südamerika in der ersten Hälfte des 19. Jh. war Havanna kaum betroffen, und nach den politischen Wirren des 19. Jh. wurde Kuba 1902 schließlich unabhängig von Spanien. Da Havanna nie Schauplatz von Kämpfen war, auch nicht während der kubanischen Revolution in den 1950er-Jahren, sieht die Altstadt heute noch genauso aus wie vor mindestens 100 Jahren.

Die kubanische Regierung hat sich bemüht, den Charakter der kolonialen Altstadt wiederherzustellen. Viele der schönsten alten Bauten wurden zu Museen, und zahlreiche Kirchen, Paläste, Festungen, revolutionäre Gedenkstätten und Märkte kann man besichtigen. Die Festung La Fuerza wurde ebenso restauriert wie die Paläste von Segundo Cabo und Los Capitanes Generales. Inzwischen werden auch die Wohnquartiere in die Erhaltungsarbeiten miteinbezogen.

Die ursprüngliche Stadtplanung der Spanier zeigt sich noch an den vier großen Plätzen der Stadt: Plaza de La Catedral, Plaza de San Francisco, Plaza Vieja und Plaza de Armas. Daneben blieb ein Viertel mit Häusern des 17.–19. Jh. erhalten. Die Plaza de la Catedral, die von den Türmen der Catedral de San Cristóbal de La Habana beherrscht wird, ist eine der beliebtesten Sehenswürdigkeiten der Stadt.

Die Plaza de Armas ist seit 400 Jahren das Regierungs- und Machtzentrum der Insel. Der eindrucksvolle Palacio de los Capitanes Generales an der Westseite des Platzes gehört zu den majestätischsten Bauten Kubas – heute beherbergt er das Stadtmuseum. Ernest Hemingway besuchte regelmäßig die Lokale der Calle Obispo, die von der Plaza abgeht.

Römische Ruinen von Djemila
Algerien

Begründung der Aufnahme: Zeugnis einer Kultur, Erbe von besonderer menschheitsgeschichtlicher Bedeutung

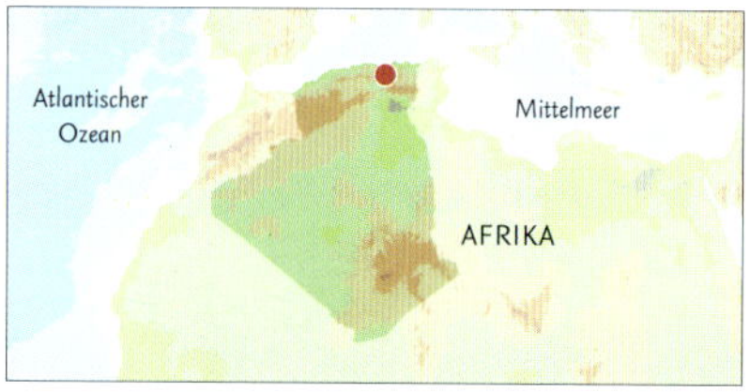

Djemila oder Cuicul liegt 900 m über dem Meeresspiegel. Hier stehen einige der schönsten Ruinen aus römischer Zeit. Wegen der besonderen Lage mussten die Römer ihre klassische Stadtplanung modifizieren: Der Cardo maximus, das Rückgrat jeder römischen Stadt, verläuft nicht durch das Zentrum, sondern am Rand des Ortes entlang; er beginnt und endet jeweils mit einem Tor. Das Forum liegt im Zentrum und ist, wie in römischen Städten üblich, von Bauten umgeben, in denen sich das öffentliche Leben abspielte. Im Zentrum der Stadt drängten sich die mit kostbaren Mosaiken ausgestatteten Wohnhäuser der Reichen. Da die Verteidigungsmauern, welche die dicht bebaute Stadt umgaben, ihre weitere Entwicklung hinderten, expandierte Djemila Mitte des 2. Jh. in südliche Richtung. Dort entstand ein neues Stadtviertel mit öffentlichen und privaten Bauten.

Im südlichen Stadtviertel fasste das Christentum sehr früh Fuß. Hier blieben die Ruinen einiger bischöflicher Bauten erhalten: zwei Basiliken, ein Baptisterium, eine Kapelle und mehrere Häuser, in denen der Bischof und die Priester wohnten.

Römische Ruinen von Timgad
Algerien

Begründung der Aufnahme: Zeugnis kulturellen Austauschs, Zeugnis einer Kultur, Erbe von besonderer menschheitsgeschichtlicher Bedeutung

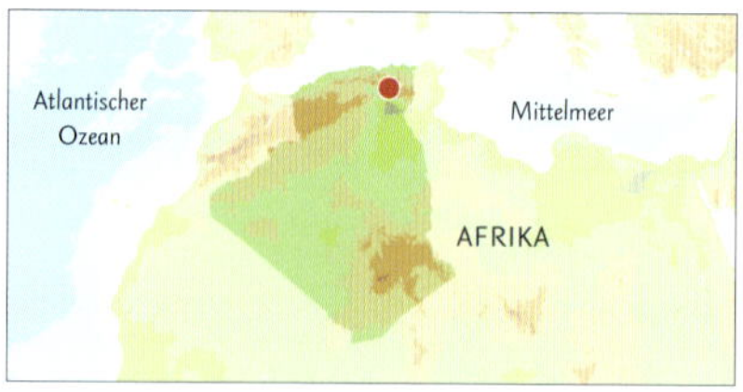

Timgad liegt am Nordhang des Aurès-Gebirges in einer herrlichen Landschaft. Der Ort ist ein vollkommenes Beispiel für eine geplant angelegte römische Veteranensiedlung. Kaiser Trajan ließ sie 100 n. Chr. erbauen. Die quadratische Umfassungsmauer mit einer Seitenlänge von 355 m und das präzise rechtwinklige Straßennetz mit Cardo und Decumanus, den rechtwinkligen Hauptachsen der Stadt, repräsentieren die römische Stadtplanung auf ihrem Höhepunkt. Zu den großen öffentlichen Bauten, die im Süden der Stadt stehen, gehören das Forum und seine angrenzenden Gebäude (Basilika und Curia), mehrere Tempel, ein Theater mit 3500 Sitzen, einen Markt und Thermen. Im Nordosten schließen sich weitere Thermen und eine öffentliche Bücherei an.

Timgad ist eine römische Stadt „nach Plan". Die Straßen waren mit rechteckigen Kalksteinplatten gepflastert, und besonders viel Wert wurde auf die Beseitigung des Unrates gelegt. Viele Häuser, vor allem die reichen Privatresidenzen, waren mit kostbaren Mosaiken verziert.

Ruinen von Sabratha

Libyen

Begründung der Aufnahme: Zeugnis einer Kultur

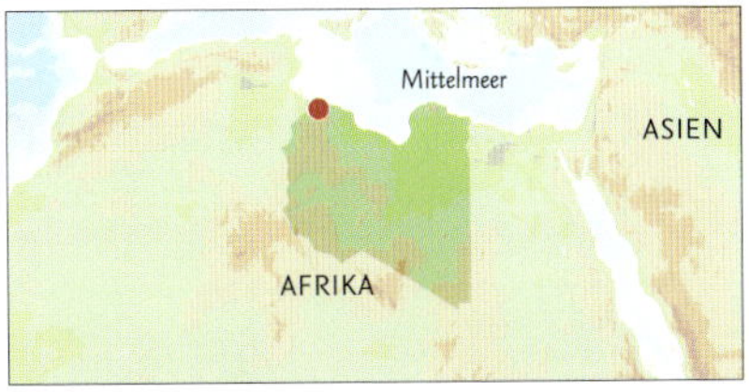

Sabratha war eine phönizischer Handelsstützpunkt, von dem aus die Produkte aus dem afrikanischen Hinterland verschifft wurden. Die Stadt gehörte einige Zeit zum kurzlebigen numidischen Königreich Masinissa, bevor die Römer sie eroberten und im 2. und 3. Jh. n. Chr. neu erbauten. Die eindrucksvollen Ruinen zeugen vom Reichtum der römischen Zeit. Die prachtvollsten Bauwerke, wie das Theater (Abb. unten) mit 5000 Sitzplätzen, entstanden wahrscheinlich unter der Regierungszeit von Kaiser Commodus (161–192 n. Chr.). Am besten ist die Rückwand der Bühne (*Frons scenae*) erhalten, die aus den Originalbruchstücken rekonstruiert wurde. Die dreigeschossige Konstruktion wird von Marmorsäulen gestützt. Das Amphitheater steht ganz in der Nähe des Theaters. Weitere Bauten sind die Tempel Liber Pater, Serapis, Herkules und Isis, die Basilika des Justinian und das Kapitol.

Der Niedergang Sabrathas begann im 4. Jh. n. Chr. Der Handel mit Afrika ließ nach, Religionskriege und mehrere Erdbeben – vor allem das von 365 – zerstörten die Bauwerke. Dann kamen die Vandalen, die Sabratha 455 überrannten. Doch erst nach den arabischen Angriffen im 7. und 10. Jh. wurde die Stadt endgültig aufgegeben.

Das römische Theater von Sabratha ▼

Altstadt von Olinda

Brasilien

Begründung der Aufnahme: Zeugnis kulturellen Austauschs, Erbe von besonderer menschheitsgeschichtlicher Bedeutung

In den letzten Jahrzehnten wurde Olinda, eine von Künstlern sehr geschätzte Stadt, mehrfach restauriert. Außergewöhnlich wertvolle Bauten, wie die Kirche Nossa Senhora da Graça, das ehemalige Jesuitenkolleg do Carmo (Abb. unten) und der Bischofspalast, strahlen nun wieder in ihrem ursprünglichen Glanz.

Die 1537 von den Portugiesen gegründete Stadt Olinda ist eng mit der Entwicklung der Zuckerindustrie verbunden. Die Stadt wurde nach Plünderung durch die Holländer wieder aufgebaut und hat bis heute im Wesentlichen das Erscheinungsbild des 18. Jh. bewahrt. Die Harmonie zwischen Gebäuden und Gärten, 20 barocken Kirchen, Konventen und zahlreichen Kapellen (Passos) machen den besonderen Charme von Olinda aus. Von den Kirchen und Konventen, welche die Missionare im 16. Jh. erbaut hatten, blieben dagegen nur wenige erhalten. Zu den wichtigsten Bauten aus dem 18. Jh. zählen die Episkopalkirche, das Jesuitenkolleg und die Jesuitenkirche (heute Nossa Senhora da Graça), die Franziskaner-, Karmeliter-, Benediktinerklöster sowie andere Klöster, Konvente und Kirchen. Die auffallend kunstvollen barocken Bauten und ihr Dekor heben sich kontrastreich von den einfachen Häusern ab, die mit leuchtenden Farben gestrichen oder mit bunten Ziegeln verkleidet sind.

Cahokia Mounds (vorgeschichtliche Siedlung)

Vereinigte Staaten

Begründung der Aufnahme: Zeugnis einer Kultur, Erbe von besonderer menschheitsgeschichtlicher Bedeutung

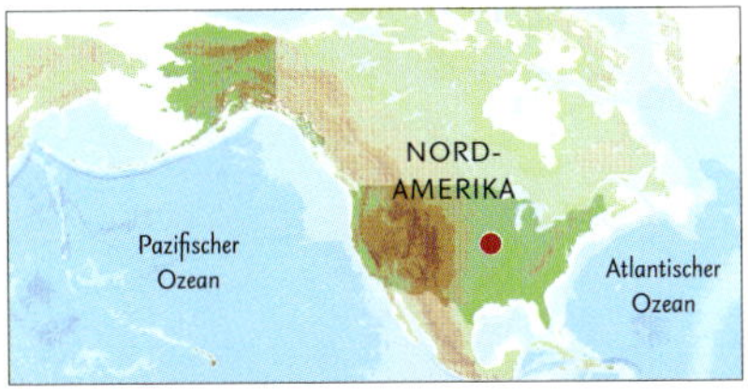

Cahokia Mounds liegt etwa 13 km nordöstlich von St. Louis (Missouri). Es ist die größte präkolumbische Siedlung nördlich von Mexiko. Sie wurde von 800–1400 n. Chr. von der Mississippi-Kultur bewohnt. Damals erstreckte sich Cahokia Mounds, zu dem etwa 120 künstliche Erdhügel (Mounds) gehören, über 16 km². Die Siedlung wurde von einem Häuptling regiert und war hierarchisch organisiert; neben der Hauptsiedlung gab es mehrere Siedlungen in der Nachbarschaft, dazu kleinere und größere Dörfer in der weiteren Umgebung. Vermutlich umfasste diese agrarische Gesellschaft, deren Blütezeit zwischen 1050 und 1150 lag, etwa 10 000–20 000 Menschen. Der Monks Mound ist mit einer Grundfläche von 50 000 m² und einer Höhe von heute 30 m der größte prähistorische künstliche Hügel in Amerika.

In Cahokia fand man mehrere große ovale Gruben, die auf Kreisbögen angeordnet waren. Archäologen vermuten, dass in diesen Gruben Pfosten standen, die zu bestimmten Zeiten des Jahres mit der aufgehenden Sonne eine Linie bildeten und so eine Art Kalender darstellten, den man Woodhenge nennt.

Ruinenstadt Sigirija

Sri Lanka

Begründung der Aufnahme: Zeugnis kulturellen Austauschs, Zeugnis einer Kultur, Erbe von besonderer menschheitsgeschichtlicher Bedeutung

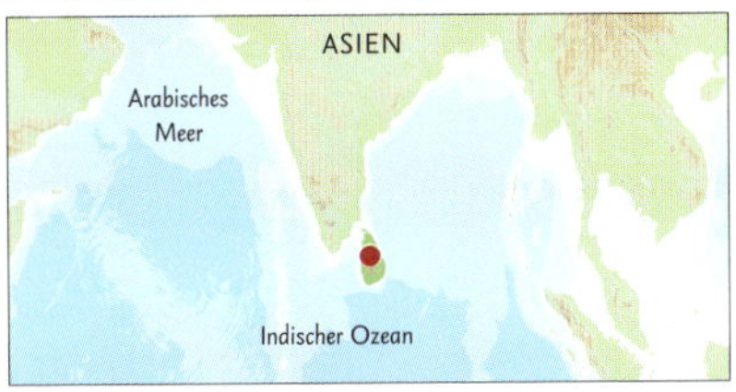

Die Ruinen der Hauptstadt von König Kassapa I. (477–495) liegen auf den steilen Hängen und dem Gipfel eines etwa 370 m hohen Granitberges, der „Löwenfelsen" genannt wird. Er ragt monolithisch aus dem Dschungel auf und ist von weitem sichtbar. Den Zugang zu der Stätte markiert ein riesiger Löwe aus Ziegelsteinen und Mörtel. Von dort führen mehrere Galerien und Treppen auf den Gipfel.

Als „Sigri-Graffiti" bezeichnet man die in den Felsen gemeißelten Gedichte. Die Texte sind die ältesten Zeugnisse der singhalesischen Sprache. Sie belegen den Einfluss, den die Stadt auf die Literatur und die Philosophie des alten Ceylon ausübte.

◄ Der Sigirija oder Löwenfelsen

Altstadt von Shibam und ihre Stadtmauer

Jemen

Begründung der Aufnahme: Zeugnis einer Kultur, Erbe von besonderer menschheitsgeschichtlicher Bedeutung, traditionelle Siedlungsform

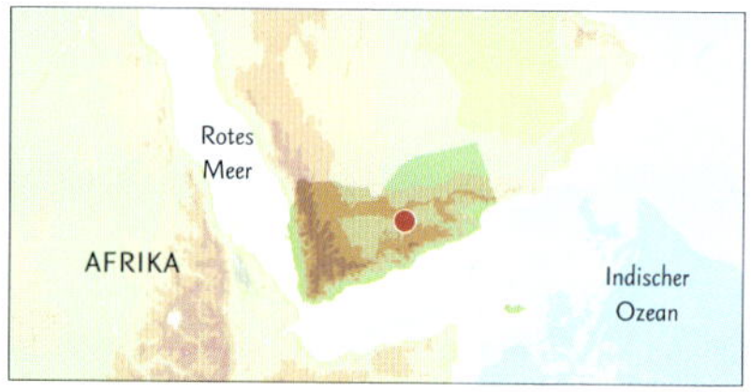

Die im 16. Jh. erbaute Stadt Shibam ist von einer Wehrmauer umgeben. Die Stadtlandschaft gilt als eines der ältesten und am besten erhaltenen Beispiele einer in die Vertikale geplanten Stadt, daher der Spitzname „Manhattan in der Wüste". Shibam wurde auf einem flachen Hügel erbaut, um den Überschwemmungen durch die Fluten des Wadi Hadramaut zu entgehen. Die fast rechteckige Stadt wird von einer Mauer aus Lehm umgeben. Die einzelnen Häuserblöcke reihen sich an einem regelmäßigen Gitter aus schmalen Straßen auf. Das höchste Haus ist acht Stockwerke hoch, im Schnitt haben die Gebäude fünf Etagen. Einige der ältesten Bauwerke stammen zwar noch aus der Frühzeit des Islam, wie die Freitagsmoschee aus dem Jahr 904 und die Burg aus dem Jahr 1220, doch die meisten Gebäude gehen auf das 16. Jh. zurück.

In Shibam stehen mehrere Moscheen, zwei alte Sultanspaläste und über 500 Häuser. Da alle aus Lehmziegeln erbaut wurden, wirkt das Stadtbild sehr einheitlich. Die luftgetrockneten, nicht gebrannten Ziegel werden noch heute hergestellt.
▼

Große Salinen von Salin-les-Bains und Königliche Salinen von Arc-et-Senans

Frankreich

Begründung der Aufnahme: Meisterwerk menschlicher Schöpferkraft, Zeugnis kulturellen Austauschs, Erbe von besonderer menschheitsgeschichtlicher Bedeutung

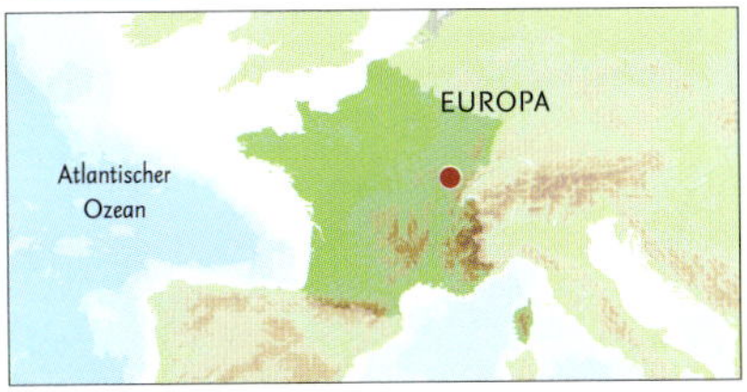

Bereits seit dem Mittelalter wird in Salin-les-Bains Salz im Siedeverfahren gewonnen. Heute können dort eine Produktionshalle mit Salzpfannen, ein Lagerhaus und ein Museum im Wohnhaus des ehemaligen Salinendirektors besichtigt werden.

Die Königlichen Salinen von Arc-et-Senans wurden mit derselben architektonischen Sorgfalt wie ein Schloss geplant. Sie sind wahre Tempel der Arbeit und demonstrieren eindrucksvoll den kulturellen Wandel, den das industrielle Zeitalter mit sich brachte. Die Salinen in der Nähe von Besançon wurden von Claude-Nicolas Ledoux in der Regierungszeit von König Ludwig XVI. entworfen. Der Bau begann 1775 und war 1779 vollendet; er ist die erste große Errungenschaft der Industriearchitektur und repräsentiert den Geist der Aufklärung. Die halbkreisförmige, weite Anlage sollte den hierarchisch gegliederten und rationalen Arbeitsablauf ermöglichen. Der geplante Bau der Idealstadt Choux, der folgen sollte, wurde nie ausgeführt.

Zur Anlage gehörte ein System von Doppelkanälen aus hölzernen Zylindern. Sie transportierten Salinenwasser aus dem 21 km entfernten Salon nach Arc-et-Senans. Tag und Nacht brannten Holzfeuer unter gewaltigen Bottichen, in denen das Wasser verdampfte.

Welterbestätte seit

1978 • 1979 • 1980 • 1981 • 1982 • 1983

Nationalpark Comoé

Côte d'Ivoire

Begründung der Aufnahme: Schauplatz spezieller ökologischer und biologischer Prozesse, bedeutender natürlicher Lebensraum – Biodiversität

Der Nationalpark, der eines der größten Schutzgebiete Westafrikas ist, zeichnet sich durch seine enorme Pflanzenvielfalt aus. Comoé ist eine der seltenen ungestörten Naturlandschaften, in der die ökologischen Großräume und ihre Tierwelt erhalten sind. Der Park umfasst den Landstrich zwischen den Flüssen Comoé und Volta; er weist eine Durchschnitthöhe von 250–300 m sowie mehrere bis zu 600 m hohe Höhenrücken auf. Der Comoé, der auf 230 km Länge durch das Schutzgebiet fließt, ist mit seinen Nebenflüssen die zentrale Wasserader des Parks. Dank des Wasserreichtums wachsen Pflanzenformationen, die gewöhnlich weiter im Süden vorkommen, wie Strauchsavannen und dichte Regenwälder.

Der Park bietet außergewöhnliche Möglichkeiten, um den Übergang zwischen Wald- und Savannenformationen zu studieren. Hier leben elf Affenarten und zahlreiche andere Säugetiere.

Agra, Tadsch Mahal

Indien

Begründung der Aufnahme: Meisterwerk menschlicher Schöpferkraft

Der von vier Minaretten umgebene Tadsch Mahal steht am rechten Ufer des Yamuna mitten in einem weiten, 0,17 km^2 großen Garten. Die einzigartige Architektur des Mogulreiches integriert persische, zentralasiatische und islamische Elemente. Der achteckige Bau wird von einer Kuppel gekrönt. Die strenge Symmetrie des Bauwerks wird ausgeglichen durch die üppige Dekoration des weißen Marmors mit floralen Arabesken, schmückenden Bänder und arabischer Kalligrafie. ►

Der Tadsch Mahal ist ein Juwel muslimisch-indischer Kunst und eines der am meisten bewunderten Meisterwerke im Kanon des Welterbes. Das riesige Mausoleum aus weißem Marmor wurde 1631–1648 auf Wunsch des Großmoguls Shah Jahan zur Erinnerung an seine dritte und liebste Frau erbaut.

Der Zauber des Tadsch Mahal beruht zum Teil auf den bewegenden Gründen für seine Enstehung. Der Shah Jahan befahl den Bau der Grabmoschee, die an Mumtaz Mahal erinnern sollte, die 1631 starb.

Die Arbeiten begannen 1632 und waren 1648 vollendet. Nicht belegten Legenden zufolge arbeiteten mehrere tausend Steinmetze, Marmorbildhauer, Mosaikkünstler und Dekorateure aus aller Welt an dem Bau, der vom Hofarchitekten Ustad Ahmad Lahori überwacht wurde. Er ließ Baumaterial aus ganz Indien und Zentralasien heranschaffen.

Der Torbau (*Darwaza*) war 1648 vollendet. Es handelt sich dabei um einen dreistöckigen Bau aus rotem Sandstein mit einem zentralen Bogen und zweistöckigen Flügeln rechts und links. Die Wände zieren Inschriften arabischer Koranverse in schwarzer Kalligrafie. Die kleinen Kuppeln auf den Seitentürmen symbolisieren nach hinduistischer Tradition die Königsmacht. Die ursprüngliche Silberverkleidung des Torbaus wurde durch Kupfer ersetzt; als Schmuck dienten 1000 Nägel mit Köpfen aus den damals gültigen Silbermünzen.

Die Gartenanlagen (*Bageecha*) folgen den klassischen Charbagh-Gärten der Moguln. Zwei von Zypressen gesäumte Kanäle teilen den Garten in vier gleiche Quadrate, um eine perfekte Symmetrie zu erzeugen.

Der Tadsch Mahal steht im Norden des Gartens auf zwei Sockeln: Über dem ersten, einem Sandsteinsockel, erhebt sich eine quadratische Plattform mit Schachbrettmuster, auf die eine weiße Marmorterrasse gesetzt wurde. Die vier Ecken werden durch Minarette betont. Das eigentliche Mausoleum (*Rauza*) im Zentrum der Anlage ist ein quadratischer Bau mit abgeschrägten Ecken. Über jeder Ecke türmt sich eine kleine, über dem Mittelbau eine große, solide Kuppel mit einer Spitze aus Messing. Die innere Kammer ist achteckig und hat ein hohes Kuppeldach. In der Kammer befinden sich die falschen Gräber von Mumtaz und Shah Jahan, die beide mit kostbaren Steinen verziert sind.

Beiderseits des weißen Mausoleums stehen identische Gebäude aus rotem Sandstein: Der westliche Bau, die Moschee (*Masjid*), ist ein Ort der Andacht; sie heiligt die Grabstätte.

Felsentempel von Ajanta

Indien

Begründung der Aufnahme: Meisterwerk menschlicher Schöpferkraft, Zeugnis kulturellen Austauschs, Zeugnis einer Kultur, Verknüpfung mit Ereignissen von universeller Bedeutung

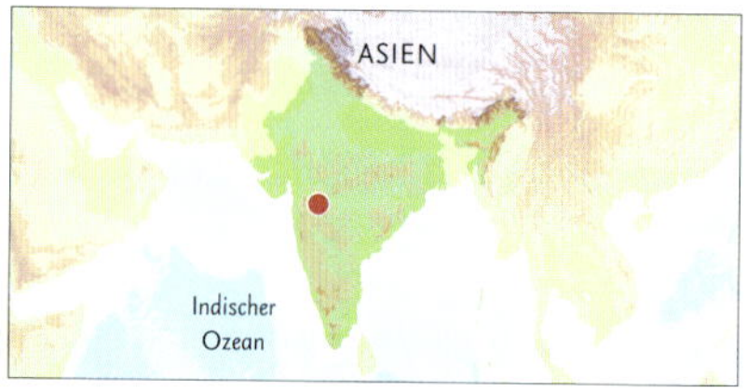

Die Felsentempel von Ajanta wurden seit dem 2. und 1. Jh. v. Chr. als künstliche Höhlen in die Felsen gemeißelt. Die Wandmalereien und Skulpturen gelten als Meisterwerke buddhistischer Kunst und haben spätere Künstler maßgeblich inspiriert.

Die Felsenheiligtümer liegen 100 km nordöstlich von Ellora in der wunderschönen Landschaft eines bewaldeten Tals in den Indhyani-Bergen. Die Tempel wurden in das vulkanische Gestein des Dekkanplateaus gemeißelt. Die Reliefs, die Szenen aus dem Leben Buddhas darstellen, markieren zusammen mit den Skulpturen den Beginn der klassischen indischen Kunst.

Die erste der 29 Höhlen entstand um 200 v. Chr. Die Arbeiten an den übrigen Höhlen und ihrer Ausstattung zogen sich mehrere Jahrhunderte lang hin, bis die Stätte um 650 n. Chr. zugunsten der Felsentempel in Ellora verlassen wurden.

Fünf der Höhlen dienten als Tempel, in den übrigen 24 lebten etwa 200 Mönche und Künstler. Die Höhlen gerieten völlig in Vergessenheit und wurden erst 1819 von Engländern bei einer Tigerjagd wieder entdeckt. Die beiden Tempelgruppen aus zwei wichtigen Epochen der indischen Geschichte bezeugen auf außerordentliche Weise die Entwicklung der indischen Kunst.

Altstadt von Bern

Schweiz

Begründung der Aufnahme: Zeugnis einer Kultur

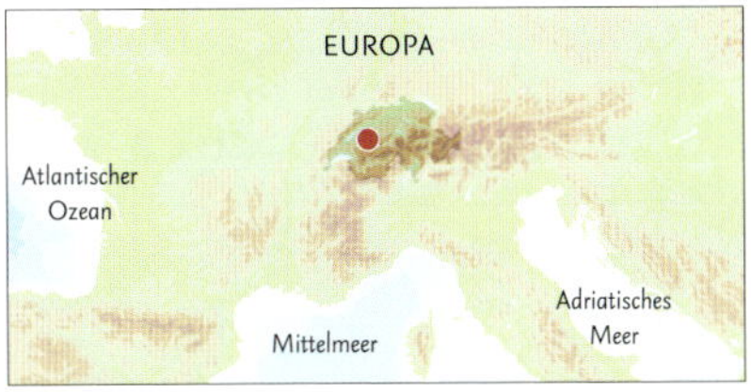

Die Stadt Bern (Abb. unten) wurde im 12. Jh. auf einem Hügel in einer Flussschleife der Aare gegründet. Die Stadtentwicklung folgte seit Jahrhunderten und bis heute stets den Vorgaben einer sorgfältigen Stadtplanung.

Die Bauten der Altstadt, die aus unterschiedlichen Epochen stammen, umfassen Arkaden des 15. und pittoreske Brunnen des 16. Jh. sowie Türme und Stadtmauern. Das Münster wurde im 17. Jh. erbaut, als auch viele der Patrizierhäuser aus Sandstein entstanden. Bis zum Ende des 18. Jh. wurden insgesamt etwa 80 % der bebauten Fläche erneuert. Wie viele andere europäische Hauptstädte präsentiert sich auch Bern als kontrastreiches Ensemble aus alten und modernen Gebäuden, vor allem auf dem Bubenbergplatz. In einigen der als Fußgängerzonen ausgewiesenen Altstadtgassen blieben jedoch die Arkaden und die traditionelle Architektur erhalten.

Eines der bekanntesten Bauwerke Berns ist die Zytglogge, ein reich verzierter Uhrenturm, dessen vergoldete Figuren sich zu jeder Stunde bewegen.

Seit 1948 wurden in der Hauptstadt wichtige öffentliche Gebäude errichtet, unter anderem das Bundeshaus, das Kunstmuseum, die Universität und das Städtische Theater.

Stadt Cuzco

Peru

Begründung der Aufnahme: Zeugnis einer Kultur, Erbe von besonderer menschheitsgeschichtlicher Bedeutung

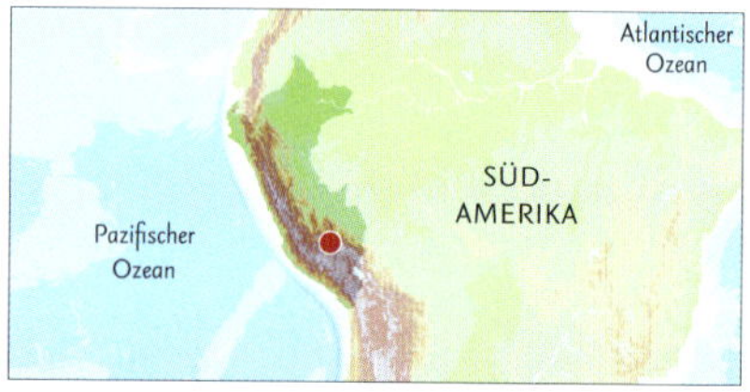

Die Inka schrieben die Gründung der Stadt dem legendären Inka Cápac zu: Er schleuderte ein goldenes Zepter, das ihm die Sonne überreicht hatte, in den fruchtbaren Boden von Cuzco, um den Standort der Stadt zu markieren.

Cuzco (Abb. unten) liegt in einem fruchtbaren Hochtal der peruanischen Anden. Es war die historische Hauptstadt der Inka, der größten Zivilisation in Amerika vor Ankunft der Europäer.

Die Stadt entwickelte sich unter dem Herrscher Pachacutec (1438–1471) zu einem komplexen städtischen Zentrum, dem verschiedene administrative und religiöse Aufgaben zukamen. In den Außenbezirken der Stadt waren Zonen für Landwirtschaft, Handwerk und Kunst ausgewiesen. Als die Spanier die Stadt im 17. Jh. eroberten, behielten sie die Gliederung bei, ersetzten aber die Inka-Bauten durch eigene Regierungsgebäude und christliche Kirchen.

Das heutige Cuzco ist eine Mischung aus Inka-Hauptstadt und Kolonialstadt. Die Stadtgliederung, die Mauern aus präzise behauenen Granit- oder Andesitblöcken, das rechtwinklige Straßennetz und die Ruinen des Sonnentempels stammen aus der Zeit der Inka. Aus spanischer Zeit haben sich die weiß getünchten flachen Häuser, die Paläste und die Kirchen erhalten, in denen sich spanischer Barock mit Inka-Einflüssen mischt.

Jesuitenmissionen der Guaraní: Ruinen von São Miguel das Missões (Brasilien), San Ignacio Miní, Santa Ana, Nuestra Señora de Loreto, Santa María Mayor (Argentinien)

Brasilien und Argentinien

Begründung der Aufnahme: Erbe von besonderer menschheitsgeschichtlicher Bedeutung

Die Überreste der fünf Jesuitenmissionen im Gebiet der Guaraní erzählen von einer wichtigen Phase der Geschichte Brasiliens und Argentiniens. Sie wurden im 17. und 18. Jh. erbaut. Die Ruinen von Saõ Miguel das Missões in Brasilien und von San Ignacio Miní, Santa Ana, Nuestra Señora de Loreto und Santa María la Mayor in Argentinien sind von dichtem tropischem Regenwald umgeben. Jede dieser Guaraní-Siedlungen (Reducciones) ist nach demselben Schema erbaut: Um einen großen, quadratischen Platz gruppieren sich die Kirche, die Wohnquartiere der Mönche und die regelmäßig angeordneten Wohnhäuser der Indianer. Dennoch hat jede dieser Reducciones einen eigenen Charakter, und die Bauten sind unterschiedlich gut erhalten.

Die Ruinen von San Ignacio Miní, das 1611 gegründet wurde, sind das beste Beispiel dieser Siedlungsform auf argentinischem Boden. Sie sind leicht zugänglich, und Kirchen, Mönchsquartiere und Schulen sind gut erhalten.

Benediktinerkloster St. Johann in Müstair

Schweiz

Begründung der Aufnahme: Zeugnis einer Kultur

Das Kloster von Müstair in einem Tal in Graubünden ist ein gutes Beispiel für die klösterliche Erneuerung in karolingischer Zeit. Als 1908/1909 die gotische Decke und 1947–1951 der Putz der Klosterkirche entfernt wurden, kamen hervorragend erhaltene Fresken aus der Romanik (um 1150–1170) und aus karolingischer Zeit (um 800) ans Licht. Der Freskenzyklus gilt heute als wichtigstes Zeugnis aus dieser Epoche. Die Bilder stellen Szenen aus dem Alten und Neuen Testament dar und sind von hoher künstlerischer Qualität. Sie belegen außerdem, wie sich in der frühen Christenheit die Darstellung bestimmter Szenen, beispielsweise des Jüngsten Gerichts, ikonografisch entwickelt haben. Zur wertvollen Ausstattung der Kirche gehören auch Stuckstatuen und Reliefs aus dem 11. Jh.

Das Kloster ist ein einzigartiges Zeugnis der untergegangenen karolingischen Kunst und Kultur. Es ermöglicht einen besonders aufschlussreichen Einblick in die Klosterarchitektur und Malerei der karolingischen und frühmittelalterlichen Epochen.

Höhlentempel Ellora

Indien

Begründung der Aufnahme: Meisterwerk menschlicher Schöpferkraft, Zeugnis einer Kultur, Verknüpfung mit Ereignissen von universeller Bedeutung

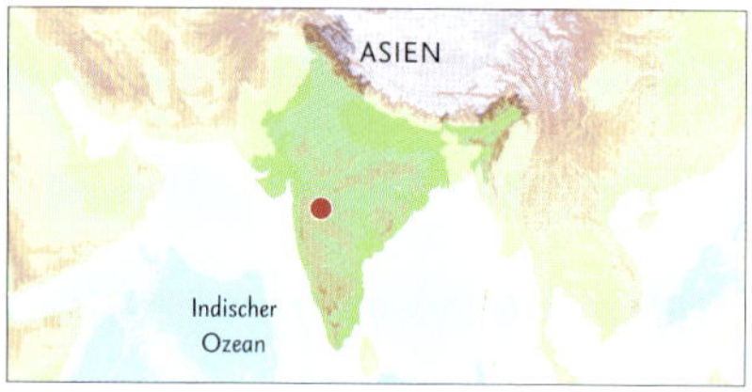

Die Höhlen von Ellora zeugen nicht nur von den drei großen Religionen im alten Indien (Buddhismus, Brahmanismus und Jainismus), sondern auch vom friedlichen Zusammenleben der drei religiösen Gruppen, die ihre Heiligtümer an einer einzigen Stätte Seite an Seite verehrten. Die 34 Klöster und Tempel von Ellora, in der Nähe von Aurangabad in Maharashtra, wurden auf einer Länge von über 2 km in eine Basaltwand eingemeißelt. Hier entstanden in ununterbrochener Folge von 600–1000 n. Chr. bemerkenswerte Reliefs, Skulpturen und Tempel, welche die alte Zivilisation Indiens wieder aufleben lassen. Die Höhlentempel der Brahmanen sind zweifellos die bekanntesten Bauwerke, insbesondere die „Höhle der zehn Avatare" und der Kailash-Tempel, ein enormer Komplex, der wahrscheinlich zur Regierungszeit von Krishna I. entstand.

Folgt man der Felswand von Süden nach Norden, sieht man zuerst die zwölf Höhlen der Buddhisten (zwischen 600 und 800 n. Chr.), die Klöster und einen einzelnen Tempel umfassen, anschließend folgen die Höhlen der Brahmanen (um 600–900) und schließlich die Höhlen der Jainisten (um 800–1000).

Aus dem Felsen geschlagene meditierende Buddhas in Höhle Nummer zwölf ▼

Agra, Rotes Fort
Indien

Begründung der Aufnahme: Zeugnis einer Kultur

Die Mauer wird von zwei Toren durchbrochen, dem Delhi- und dem Amar-Singh-Tor. Der ursprüngliche und prachtvollste Eingang war das Delhi-Tor, das zu dem inneren, dem sogenannten Elefantentor (Hathi Pol) führte. Heute kann man das Fort nur noch durch das Amar-Singh-Tor betreten.

In der Nähe des Tadsch Mahal steht das aus dem 16. Jh. stammende Rote Fort der Moguln. Ein Wassergraben umgibt die roten Sandsteinmauern, die durch hoch aufragende Bastionen und zierliche Bögen aufgelockert werden. Insgesamt ist die Mauer um den Herrschersitz der Großmoguln 2,5 km lang. Innerhalb des Mauerrings stehen märchenhafte Paläste, wie der Jahangir-Palast und der Khas Mahal, Audienzsäle, wie der Diwan-i-Khas, sowie zwei herrliche Moscheen. Wie das Fort von Delhi ist auch das von Agra ein eindrucksvolles Symbol der Macht der Mogulherrscher Akbar, Jahangir und Shah Jahan. Einige der Gebäude wurden aus Marmor erbaut und mit kostbaren Reliefs verziert. In ihrer Gesamtheit markieren sie den Höhepunkt der muslimisch-indischen Kunst, die maßgeblich von persischen Elementen geprägt war.

Naturschutzgebiet Talamanca und Nationalpark La Amistad (bis Panama)

Costa Rica und Panama

Begründung der Aufnahme: besonderes Naturphänomen, Zeugnis wichtiger Stadien der Erdgeschichte, Schauplatz spezieller ökologischer und biologischer Prozesse, bedeutender natürlicher Lebensraum – Biodiversität

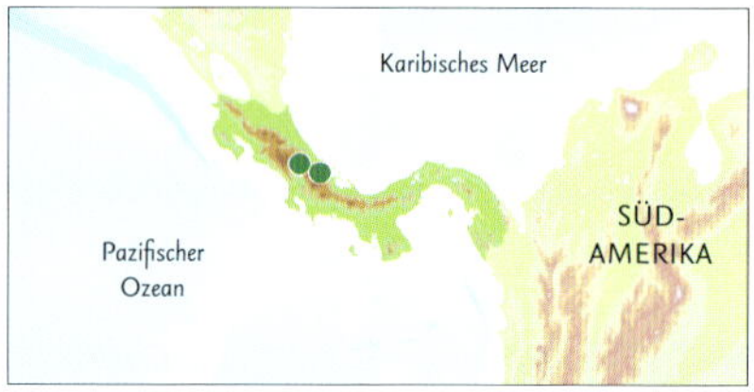

Seit der letzten Eiszeit vor 25 000 Jahren ist diese Region mit tropischem Regenwald bedeckt. Das Schutzgebiet umfasst Tieflandregenwälder und Nebelwälder sowie vier Ökosysteme, die nirgendwo sonst in Mittelamerika zu finden sind: subalpine Paramo-Wälder, Eichenwälder, Gletscherseen und Hochgebirgsmoore. Vermutlich gibt es weltweit kein zweites Naturschutzgebiet, das eine derart hohe Biodiversität aufweist. An der Grenze zu Panama gibt es Hinweise auf den Tapir, eine Art, die bislang in Costa Rica nicht nachgewiesen wurde. Im Schutzgebiet leben alle mittelamerikanischen Wildkatzenarten, unter anderem Pumas, Ozelots, Jaguarundis, Tüpfelbeutelmarder und Jaguare; außerdem ist hier das mittelamerikanische Totenkopfäffchen heimisch. Im Hochgebirge kommt eine grünschwarze Viper vor, die nur selten gesehen oder gar gefangen wurde. Im Schutzgebiet, das sowohl von Costa Rica als auch von Panama unterhalten wird, leben vier Indianerstämme.

Die Cordillera de Talamanca ist das höchste und wildeste nichtvulkanische Gebirge in Mittelamerika. Auf seinen Berghängen erstrecken sich die größten naturbelassenen Regenwälder Costa Ricas.

Stadtzentrum von Angra do Heroísmo auf der Azoren-Insel Terceira

Portugal

Begründung der Aufnahme: Erbe von besonderer menschheitsgeschichtlicher Bedeutung, Verknüpfung mit Ereignissen von universeller Bedeutung

Angra do Heroísmo spielte zwischen dem 15. und 19. Jh. eine entscheidende Rolle in der Erkundung der Meere und Seewege. Die Stadt auf den Azoren liegt geschützt vor den vorherrschenden Winden im Lee mehrerer Hügelketten und verfügt über zwei natürliche Hafenbecken: das Leuchtturm- und das Ankerbecken (Angra), dem die Stadt ihren Namen verdankt. Alle Schiffe, die aus Afrika und Westindien kamen, machten hier Station. Damit wurde Angra zu einem zentralen Dreh- und Angelpunkt für den Austausch zwischen den großen Zivilisationen der Welt. Die 400 Jahre alten Befestigungen San Sebastião und San João Baptista sind einzigartige Beispiele militärischer Festungsarchitektur. Zurzeit werden in Angra die Erdbebenschäden von 1980 beseitigt.

In Angra blieben weite Teile des historischen Erbes erhalten, vor allem das geschlossene Stadtbild. Die Gebäude der Einheimischen sind perfekt an das Klima der Inselgruppe angepasst.

Hieronymuskloster und Turm von Belém in Lissabon

Portugal

Begründung der Aufnahme: Zeugnis einer Kultur, Verknüpfung mit Ereignissen von universeller Bedeutung

Das Hieronymuskloster bewacht die Zufahrt zum Hafen von Lissabon. Es wurde 1502 erbaut und ist eines der schönsten Beispiele für die portugiesische Kunst in ihrer Blütezeit. Berühmt ist das Bauwerk wegen der kostbar verzierten Säulen und Wände; die Reliefs stellen Tiere, Gemüse und verschlungene Seile dar.

Der Turm von Belém, ganz in der Nähe, wurde um 1514 errichtet und erinnert an die berühmte Expedition von Vasco da Gama. Seine Seereise und die Entdeckungen, die er dabei machte, legten den Grundstein für die moderne Welt. Auf den Brüstungen der Festung wiederholt sich das Kreuz der Ritterorden, während die Rippenkuppeln der Wachtürme von der islamischen Architektur inspiriert sind.

Der Stadtteil Belém wurde erbaut, als das Herrscherhauses Avis im Zenit seiner Macht stand. Er ist ein besonders repräsentatives Denkmal der portugiesischen Macht in der Zeit der Großen Entdecker.

Der zweistöckige Kreuzgang im Hieronymuskloster ►

Der Innenraum der Kirche von Belém besteht aus drei gleich hohen Schiffen. Die Gewölberippen entspringen aus Pfeilern, die üppig mit gotischen Pflanzenreliefs verziert sind, vermischt mit dekorativen Elementen der Renaissance.

Nationalpark Great Smoky Mountains

Vereinigte Staaten

Begründung der Aufnahme: besonderes Naturphänomen, Zeugnis wichtiger Stadien der Erdgeschichte, Schauplatz spezieller ökologischer und biologischer Prozesse, bedeutender natürlicher Lebensraum – Biodiversität

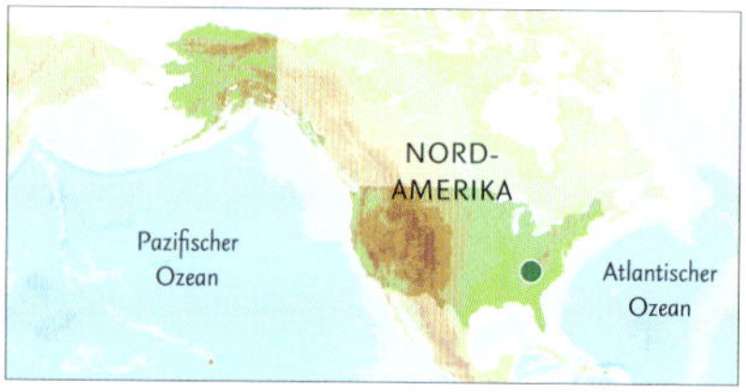

Der Nationalpark Great Smoky Mountains ist der wichtigste Naturraum im Osten der Vereinigten Staaten und bietet weltweit das beste Beispiel für einen Laub abwerfenden Hartholzwald der gemäßigten Breiten. Der außergewöhnlich schöne Park nimmt eine Fläche von über 2000 km^2 ein. Unter den über 3500 Pflanzenarten sind allein 130 Baumarten – so viele wie in ganz Europa.

Das Waldgebiet ist die Heimat zahlreicher bedrohter Tierarten; es gibt hier unter anderem die größte Vielfalt an Salamandern weltweit. Die Great Smoky Mountains beherrschen mit zahlreichen Gipfeln um 2000 m Höhe die Landschaft. Da der Park fast vollständig naturbelassen ist, gibt er eine Vorstellung davon, wie die Flora der gemäßigten Breiten aussah, bevor sie durch den Menschen verändert wurde.

Im Nationalpark fanden sich Hinweise auf vier präkolumbische indigene Kulturen: Mississippi-, Wald-, archaische und Paläoindianer. Die Frühe Waldkultur ist archäologisch besonders bedeutsam, weil mit ihr eine primitive landwirtschaftliche Nutzung der Flussebenen einsetzte.

Der Name „Smoky“ rührt von den natürlichen Nebeln her, die sich oft frühmorgens oder nach Regenfällen bilden
▼

Altstadt von Nessebar
Bulgarien

Begründung der Aufnahme: Zeugnis einer Kultur, Erbe von besonderer menschheitsgeschichtlicher Bedeutung

Das seit über 3000 Jahren bewohnte Nessebar liegt auf einer felsigen Halbinsel über dem Schwarzen Meer. Die ursprünglich thrakische Siedlung wurde zu Beginn des 6. Jh. v. Chr. zu einer griechischen Kolonie. Zu den Überresten aus der hellenistischen Periode gehören die Akropolis, ein Apollo-Tempel, die Agora und eine Mauer der thrakischen Befestigungsanlage. Bis zur türkischen Besetzung im Jahre 1453 war Nessebar einer der wichtigsten byzantinischen Stützpunkte am Westufer des Schwarzen Meeres. Auch aus dieser Epoche haben sich architektonisch bemerkenswerte Bauten erhalten: Die Stara Mitropolia, eine große Basilika ohne Querschiff, die im 9. Jh. wieder aufgebaut wurde, die Marienkirche und die im 11. Jh. gegründete, bis ins 18. Jh. regelmäßig erweiterte Nova Mitropolia. Im 19. Jh. kamen zahlreiche Häuser im Plovdiv-Stil hinzu, die sich durch steinerne Sockel und breite Dachvorsprünge aus Holz auszeichnen.

▲
Die Ruinen einer antiken Festung und Mauern in Nessebar

Nessebar ist eine der ältesten Städte Europas. Hier weht noch immer der Geist vergangener Epochen und Kulturen – Thraker, Griechen, Römer, Slawen, Byzantiner und Bulgaren. Die engen Kopfsteingassen, die gepflegten mittelalterlichen Kirchen und die Holzhäuser aus dem 19. Jh. zeugen von einer vielfältigen Vergangenheit. In den Kirchen von Nessebar verschmelzen slawische und orthodoxe Architektur.

Festung La Fortaleza und Altstadt von San Juan in Puerto Rico

Vereinigte Staaten

Begründung der Aufnahme: Verknüpfung mit Ereignissen von universeller Bedeutung

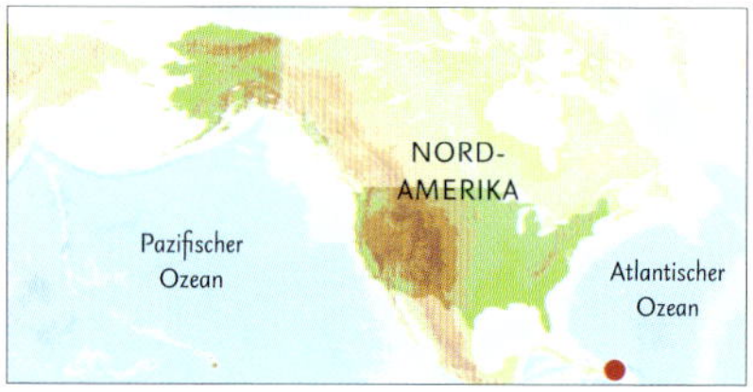

Die Mauern von Fort San Felipe del Morro (El Morro) in San Juan ►

Das 1521 gegründete San Juan war die zweite Stadt, die die Spanier in Amerika errichteten. Zwischen dem 15. und 19. Jh. wurde sie als strategischer Stützpunkt in der Karibik systematisch zur Festung ausgebaut. Die Festungsanlagen zum Schutz der Stadt und der Bucht von San Juan sind ein gutes Beispiel für die Anpassung europäische Militärarchitektur an Häfen des amerikanischen Kontinents.

Forschungsreisende und Kolonisten, die aus östlicher Richtung in die Neue Welt kamen, landeten in Puerto Rico, das eine obligatorische Zwischenstation in der Karibik war. Daher hatte die Stadt während der spanischen Kolonisation eine zentrale strategische Bedeutung. Die Insel war über Jahrhunderte ein Zankapfel zwischen den Spaniern, Franzosen, Engländern und Holländern. Die Befestigungsanlagen des prächtigen Hafens in der Bucht von San Juan erlebten zahlreiche militärische Auseinandersetzungen.

La Fortaleza war 1540 vollendet. Sie war die Erste der militärischen Verteidigungsanlagen, die Spaniens Interessen gegen karibische Indianer, Piraten und feindliche Kriegsschiffe verteidigen sollten. Die Anlage besteht aus einem weit verzweigten System von Wällen, Vorwerken und Festungen, das früher wegen seiner Effektivität bewundert wurde und heute wegen seiner historischen Bedeutung bemerkenswert ist. Die wichtigsten Bestandteile der Wehranlagen waren La Fortaleza, El Morro (Abb. rechts) und San Cristóbal.

La Fortaleza ist exemplarisch für die spanisch-amerikanische Kolonialarchitektur. Die Festung diente als Kaserne, Gefängnis und Residenz des Generalgouverneurs der Insel.

Auch El Morro, ein dreieckiges Fort auf einer Felskuppel im äußersten Westen der Insel, sollte die Bucht schützen und ist ein Meisterwerk der Festungsarchitektur: Das Fort hat massive Mauern, sorgfältig geplante Terrassen und Rampen für Soldaten und Kanonen. Zum Ende des 18. Jh. waren mehr als 400 Kanonen in der Festung stationiert und machten sie praktisch uneinnehmbar. Auch San Cristóbal aus der zweiten Hälfte des 18. Jh. ist ein hervorragendes Beispiel für fortschrittliche Festungsarchitektur.

Zum Welterbe gehören die Festungen, Bastionen, Pulvermagazine, Mauern und das Fort El Cañuelo, das auch San Juan de la Cruz genannt wird. All dies sind Verteidigungseinrichtungen, die einst die alte koloniale Siedlung San Juan auf Puerto Rico umgaben. Fort El Cañuelo steht auf der Isla de Cabras am Westende der Zufahrt zur Bucht von San Juan.

Im 19. Jh. war die Altstadt ein charmantes Wohn- und Geschäftsviertel. Die Stadt selbst mit ihren Regierungsbauten, Museen, Häusern, Kirchen, Plätzen und Geschäftshäusern ist Teil der historischen Zone, die zum nationalen Kulturerbe der Vereinigten Staaten zählt und von der Stadt, dem Bundesstaat und dem Land verwaltet wird.

Noch herrscht im historischen Bereich von San Juan ein ausgewogenes Verhältnis zwischen den bebauten und den unbebauten Zonen.

Biosphärenreservat Srebarna
Bulgarien

Begründung der Aufnahme: bedeutender natürlicher Lebensraum – Biodiversität

Das Biosphärenreservat Srebarna umfasst einen über 6 km² großen See, der an die Donauauen anschließt. Es wurde in erster Linie zum Schutz einer reichen Vielfalt an Wildvögeln errichtet – etwa die Hälfte aller in Bulgarien vorkommenden Arten sind hier heimisch. Hier brüten fast 100 Vogelarten, von denen viele selten oder bedroht sind. Hinzu kommen rund 80 Arten von Zugvögeln, die hier ihr Winterquartier haben. Zwei Drittel des Biosphärenreservats sind von Schilf bedeckt, das eine dichte Barriere um den See bildet. Im See wachsen Seerosen und seltene Sumpfpflanzen, insgesamt 67 Pflanzenarten, und auf den schwimmenden Schilfinseln brüten Vögel.

Bis 1949 war der See mit der Donau verbunden. Als die Verbindung abgeschnitten wurde, fiel die jährliche Überschwemmung aus und der Seespiegel sank rund 1 m pro Jahr. Seit 1978 versorgt ein Kanal zur Donau den See wieder mit Wasser. Inzwischen ist der Wasserspiegel stabil, und die Fischpopulation hat sich wieder erholt.

Kirche von Saint-Savin-sur-Gartempe
Frankreich

Begründung der Aufnahme: Meisterwerk menschlicher Schöpferkraft, Zeugnis einer Kultur

Die Abteikirche von Saint-Savin gilt als „Sixtinische Kapelle der Romanik". Ihre wunderschönen Fresken aus dem 11. und 12. Jh. sind noch immer in einem hervorragenden Erhaltungszustand. In der Regierungszeit Karls des Großen fand Abt Baidilius von Marmoutier die Gebeine der im 5. Jh. getöteten Märtyrer Savin und Cyprian. Als Dank für das Wunder der Entdeckung ließ er die Kirche erbauen, um die Reliquien aufzunehmen. Da Karl der Große zufällig zur gleichen Zeit eine Burg ganz in der Nähe errichten ließ, blieb die Kirche von den Plünderungen durch die Wikinger verschont. Der schön proportionierte Kirchenbau stammt aus dem 11 Jh., doch die Krypta für die Heiligen und einige andere Elemente sind noch älter.

Saint-Savin-sur-Gartempe ist die zweitälteste noch erhaltene Kirche in Frankreich und enthält den größten romanischen Freskenzyklus in Europa.

Place Stanislas, Place de la Carrière und Place d'Alliance in Nancy
Frankreich

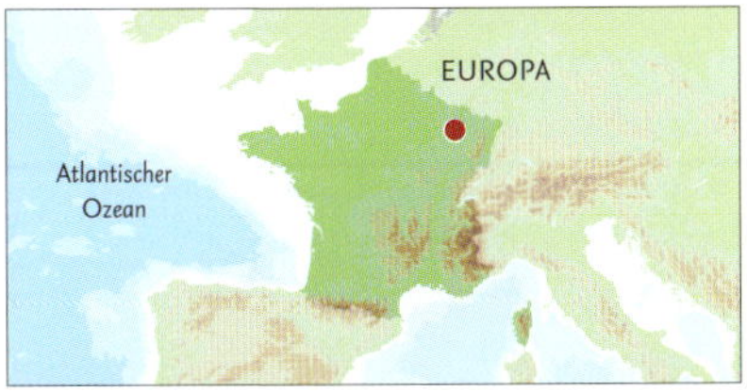

Begründung der Aufnahme: Meisterwerk menschlicher Schöpferkraft, Erbe von besonderer menschheitsgeschichtlicher Bedeutung

Diese drei Plätze in Nancy repräsentieren das älteste und typischste Beispiel für eine moderne Hauptstadtplanung. Hier hat ein aufgeklärter Monarch versucht, auch die Bedürfnisse der Bürger zu berücksichtigen. Die Plätze wurden 1752–1756 von einer brillanten Arbeitsgruppe unter Leitung des Architekten Heré erbaut. Ziel des sorgfältig durchdachten Projektes war eine Hauptstadt, die nicht nur dem Ruhm des Herrschers diente, sondern auch ihre Funktionen optimal erfüllte. Der Grundstein für das erste Gebäude wurde im März 1752 gelegt; im Oktober 1755 erfolgte die feierliche Einweihung des königlichen Platzes. Die Plätze feierten nicht nur den Herrscher mit prunkvoller Architektur, wie Triumphbögen, Statuen und Brunnen, sondern dienten auch den Bürgern, die von hier aus ins Rathaus, ins Gericht, ins Palais des Fermes und in andere öffentlichen Gebäuden gelangten.

▲ Brunnen der Amphitrite auf dem Place Stanislas

Die Bautätigkeiten standen unter der Schirmherrschaft von Stanislas Leszczynski. Er war der Schwiegervater des französischen Königs Ludwig XV. und unglücklicher Anwärter auf den polnischen Thron. Als Entschädigung für seinen Thronverzicht erhielt er das Herzogtum Lorraine auf Lebenszeit, das er von 1737–1766 von Nancy aus regierte.

Nationalpark Wood Buffalo
Kanada

Begründung der Aufnahme: besonderes Naturphänomen, Schauplatz spezieller ökologischer und biologischer Prozesse, bedeutender natürlicher Lebensraum – Biodiversität

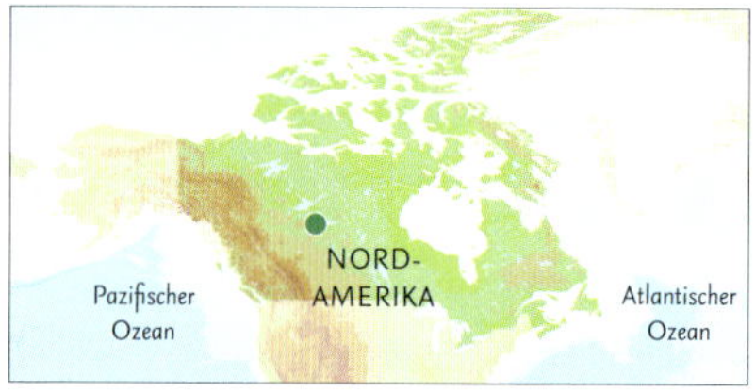

Der Nationalpark dient vorrangig dem Schutz des nordamerikanischen Bisons in einer weiten, wilden Naturlandschaft. Eine der größten frei umherstreifenden Bisonherden ist im Park heimisch. Er umfasst aber auch die Brutplätze des Schreikranichs und das größte Binnendelta der Welt – die Mündungen der Flüsse Peace und Athabasca. Im Nationalpark sind vier Großlandschaften vertreten: ein von Gletschern glatt geschliffenes Plateau, weite Gletschertäler, ein Süßwasserdelta und Flussebenen, die sich bei Trockenheit in eine einzigartige Salzpfanne verwandeln. Die vorherrschende Vegetation ist borealer Nadelwald, in dem Schimmelfichte, Schwarzfichte, Banks-Kiefer und Ostamerikanischer Lärche überwiegen. Auf dem Hochplateau, das sich etwa 1500 m hoch über den Park erhebt, erstreckt sich eine Tundra-Landschaft mit Fichten, Weiden und Birken. Einige Bereiche haben Präriecharakter; hier gedeihen die größten, naturbelassenen Gras- und Seggenwiesen in ganz Nordamerika.

Zu den 74 Säugetierarten, die im Park leben, gehören **Bisons (Abb. unten)**, Schwarzbären, Waldkaribus, Polarfüchse, Elche, Wölfe, Luchse, Schneeschuhhasen, Bisamratten, Biber und Nerze. Bartkauz, Schnee-Eule, Moorschneehuhn, Birkenzeisig, Kreuzschnabel und Braunkappenmeise sind nur einige der insgesamt 227 Vogelarten.

Nationalpark Sangay
Ecuador

Begründung der Aufnahme: besonderes Naturphänomen, Zeugnis wichtiger Stadien der Erdgeschichte, Schauplatz spezieller ökologischer und biologischer Prozesse, bedeutender natürlicher Lebensraum – Biodiversität

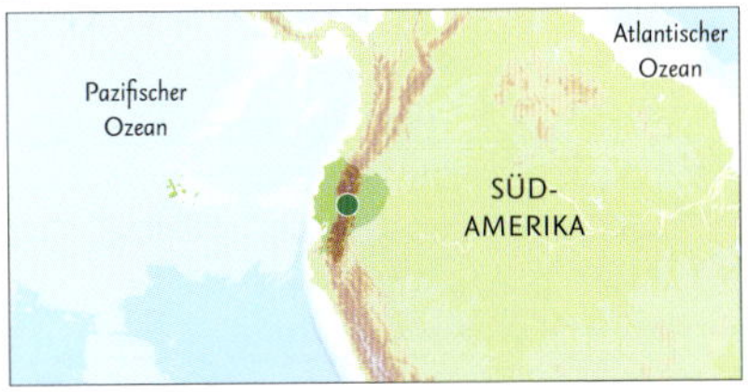

Sangay liegt in Zentralecuador in der Andenregion Cordillera Oriental. Der Park umfasst eine außergewöhnlich schöne Landschaft mit zwei aktiven Vulkanen, dem Tungurahua (5016 m) und dem Sangay (5230 m), und ein breites Spektrum von Ökosystemen – von tropischen Regenwäldern bis zu eisigen Gletschern. Der Kontrast zwischen den grünen Wäldern in den Tälern und den schneebedeckten Berggipfeln ist atemberaubend. Ein dritter Vulkan, El Altar (5139 m), gilt als erloschen. Die großen Flüsse, die nach Osten in das Amazonasbecken entwässern, überwinden die enormen Höhenunterschiede in zahlreichen, spektakulären Wasserfällen, insbesondere im Bereich der Gletschertäler entlang des Ostabhangs der Kordillere. Dank der isolierten Lage haben viele indigene Arten überlebt, wie der Bergtapir oder der Andenkondor.

Die abwechslungsreichen Vegetationszonen des Parks bilden die Lebensräume für zahlreiche seltene und gefährdete Tierarten. In den obersten Höhenlagen leben Bergtapire, Pumas, Meerschweinchen und Magellanfüchse. In tieferen Lagen sind Brillenbären, Jaguare, Ozelots, Margays, Pudus und Riesenotter heimisch.

Naturpark Mai-Tal
Seychellen

Begründung der Aufnahme: besonderes Naturphänomen, Zeugnis wichtiger Stadien der Erdgeschichte, Schauplatz spezieller ökologischer und biologischer Prozesse, bedeutender natürlicher Lebensraum – Biodiversität

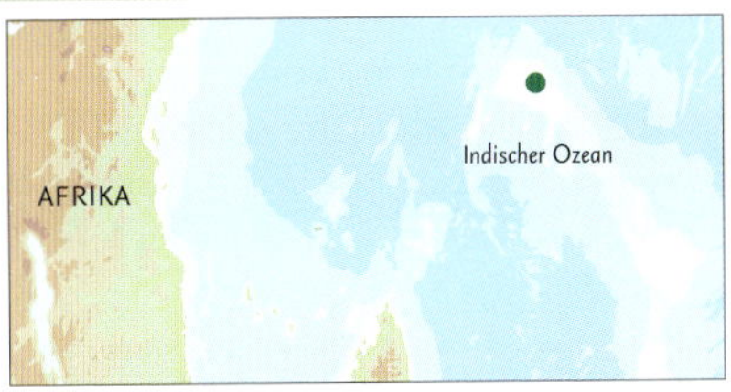

Das Mai-Tal liegt im Zentrum des Nationalparks Praslin, der bis in die 1930er-Jahre völlig unberührt war. Auch heute noch ist der Palmenwald fast naturbelassen. Im Mai-Tal wächst die endemische Palme Coco de Mer mit den größten Nüssen der Welt, die ausschließlich hier vorkommt, gemeinsam mit den fünf anderen endemischen Palmenarten der Seychellen. Auch der endemische Seychellen-Vasapapagei, der auf die dichten Palmwälder angewiesen ist, lebt nur im Mai-Tal. Der Erhalt des Nationalparks auf der dicht besiedelten Insel ist eine bemerkenswerte Leistung. Da das Tal zu klein ist, um von sich aus ökologisch stabil zu bleiben, mussten einige Coco de Mer nachgepflanzt werden.

Die ungewöhnlich große Nuss der Coco de Mer hat viele Legenden beflügelt. Im 19. Jh. präsentierte der britische General Gordon den endgültigen „Beweis“, dass es sich bei dem Mai-Tal um das Paradies handeln müsse – die Palme Coco de Mer sei der Baum der Erkenntnis.

Inka-Bergfestung Machu Picchu

Peru

Begründung der Aufnahme: Meisterwerk menschlicher Schöpferkraft, Zeugnis einer Kultur, besonderes Naturphänomen, Schauplatz spezieller ökologischer und biologischer Prozesse

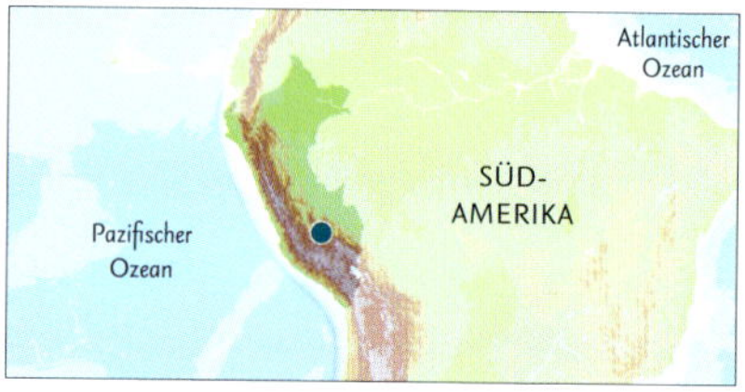

Zusammen mit Cuzco und den anderen archäologischen Stätten des Urubamba-Tales (Ollantautaybo, Runcuracay, Sayacmarca, Phuyupamarca, Huiñay Huayna, Intipucu und andere) bildet Machu Picchu ein einzigartiges Zeugnis der Inka-Zivilisation. Vor allem die Bergfestung Machu Picchu zeigt auf eindrucksvolle Weise, wie der Mensch in Einklang mit der Natur leben kann.

Machu Picchu liegt in einer Höhe von 2430 m in einer großartigen Landschaft inmitten eines tropischen Bergwaldes. Vermutlich bauten die Inka die Bergfestung während der Blütezeit ihrer Zivilisation. Von der enormen Bauleistung zeugen die mächtigen Mauern, Terrassen und Rampen, die aus dem anstehenden Felsen herauszuwachsen scheinen. Die Naturlandschaft an den Osthängen der Anden öffnet sich zum oberen Amazonasbecken mit seiner artenreichen Flora und Fauna.

Die Bauten liegen in schwindelerregender Höhe auf einem Granitfelsen, der von der Erosion geformt wurde und die Flussmäander des Urubamba beherrscht. Machu Picchu ist eine weltberühmte archäologische Stätte. Die Festung wurde nach einem detaillierten Plan errichtet und gehört zu den spektakulärsten Bauten der Inka – der größten Zivilisation in Amerika vor dem Eintreffen der Europäer. Wahrscheinlich entstanden die Bauwerke in den Regierungszeiten der beiden großen Inka-Herrscher Pachacutec Inka Yupanqui (1438–1471) und Tupac Inka Yupanqui (1472–1493). Welchem Zweck die über 100 km von der Hauptstadt Cuzco entfernte Festung diente, ist immer noch nicht geklärt. Es lassen sich mehrere Baugruppen unterscheiden, deren Zuordnungen jedoch eher willkürlich sind: Das „Bauernviertel" liegt in der Nähe der kolossalen bepflanzten Terrassen, die als hängende Gärten dienten; man unterscheidet außerdem ein „Industrie-", ein „Königs-" und ein „religiöses Viertel".

Der gesamte historische Nationalpark Machu Picchu umfasst eine Fläche von 325 km² und schließt eine der schönsten Berglandschaften der peruanischen Alpen mit ein. Der letzte Rückzugsort der Inka gehört wegen seiner außergewöhnlichen architektonischen und archäologischen Bedeutung zu den wertvollsten Kulturdenkmälern Lateinamerikas. Die Steine sind mit größter Kunstfertigkeit behauen; man verarbeitete das natürliche Material zu einmaligen Bauwerken, die sich harmonisch in ihre Umgebung einfügen.

In den umliegenden Tälern wird seit über 1000 Jahren Ackerbau betrieben. Damit ist die Region ein großartiges Beispiel für eine lang andauernde, produktive Wechselbeziehung zwischen Mensch und Natur. Die Lebensweise der Menschen, die heute in der Umgebung von Machu Picchu wohnen, unterscheidet sich kaum von der ihrer Inka-Vorfahren – sie basiert auf dem Kartoffel- und Maisanbau sowie der Lamahaltung. Das Schutzgebiet ist darüber hinaus auch eine wichtige Zufluchtsstätte für Brillenbären und andere Tiere

Kap Girolata, Kap Porto, Naturschutzgebiet Scandola und die Piana Calanques auf Korsika

Frankreich

Begründung der Aufnahme: besonderes Naturphänomen, Zeugnis wichtiger Stadien der Erdgeschichte, bedeutender natürlicher Lebensraum – Biodiversität

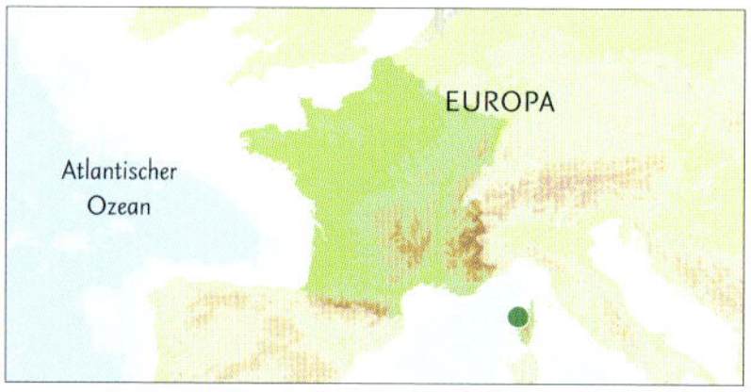

Die geschützte Region liegt etwa in der Mitte der korsischen Westküste. Sie umfasst eine außergewöhnlich schöne Küste, kleine Inseln und Steinsäulen, die aus dem klaren Meer aufragen. Entlang der Küste gibt es versteckte Höhlen, lange Strände mit feinem Sand, Meeresgrotten und hohe Klippen aus blutrotem Porphyrgestein. Hier leben Möwen, Kormorane und Seeadler, und es gibt eine artenreiche Meeresfauna zwischen den Inseln und in den unzugänglichen Höhlen. Das Gebiet ist in zwei Abschnitte geteilt: die Bucht von Elpa Nera zwischen Pointe Bianca und Pointe Validori und die Halbinsel Scandola. Die Macchie, eine typische mediterrane Vegetationsform, beherrscht die Landschaft. In über 200 m Höhe ersetzen Eichen an geeigneten Standorten die Sträucher. In der Gegend blieben auch die die traditionelle Landwirtschaft mit Viehweiden sowie einige interessante Festungsbauten erhalten.

Im Naturschutzgebiet Scandola gibt es reiche Vielfalt an Gast- und Brutvögeln, unter anderem Wanderfalken, Fischadler und Eleonorenfalken. In der Küstenzone leben Gelbschnabel-Sturmtaucher und Korallenmöwen. Im Meer sind zahlreiche Langusten sowie viele Fische und Wirbellose des Litoral- und Sublitoral heimisch.

Christuskloster in Tomar
Portugal

Begründung der Aufnahme: Meisterwerk menschlicher Schöpferkraft, Verknüpfung mit Ereignissen von universeller Bedeutung

Das Christuskloster wurde erbaut als ein Symbol der Reconquista, der Rückeroberung der Iberischen Halbinsel aus islamischer Herrschaft. Es ist das prachtvollste Beispiel der reich verzierten manuelinischen Architektur. In der zweiten Hälfte des 12. Jh. siedelten sich die Tempelritter in Tomar an, um den Kampf gegen die Mauren zu unterstützen. Die ursprüngliche Kirche, die gegen Ende des 12. Jh. von dem Großmeister Gualdim Pais erbaut wurde, hatte einen polygonalen Grundriss mit 16 Seitenkapellen um einen achteckigen Chor. Wie bei den Templern üblich war auch ein Hospital angeschlossen. Unter Manuel I. wurde der Chor üppig verziert; Diego de Arruda baute das enorme Längsschiff an. Die prunkvolle Außengestaltung vereint in verblüffender Leichtigkeit gotische und maurische Elemente.

Als der Templerorden im 14. Jh. aufgelöst und das Kloster von den Rittern des Christusordens übernommen wurde, verlor es nichts von seiner Bedeutung. Durch die sukzessive Ausschmückung wurde es zu einem der kostbarsten Baudenkmäler Portugals.

Benediktinerkloster St. Gallen

Schweiz

Begründung der Aufnahme: Zeugnis kulturellen Austauschs, Erbe von besonderer menschheitsgeschichtlicher Bedeutung

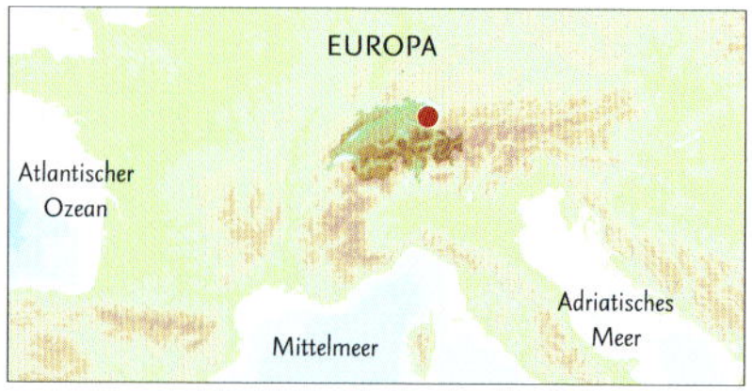

Das Benediktinerkloster St. Gallen ist ein hervorragendes Beispiel karolingischer Klosterbaukunst. Es war seit der Gründung im 8. Jh. bis zur Säkularisation (1805) eines der einflussreichsten Klöster in Europa. Seine reich ausgestattete Bibliothek mit 160 000 Büchern und zahlreichen kostbaren Handschriften ist weltberühmt. Etwa 400 Bände sind älter als 1000 Jahre, und der erhaltene Klosterplan ist der älteste bekannte Bauplan auf Pergament. Eine Abtei gibt es an dieser Stelle seit 719 und aufeinander folgende Umbauten spiegeln die religiösen und kulturellen Anforderungen wider. Von 1755–1768 wurde der Klosterbereich im Barockstil neu gebaut. Die Kirche und die Bibliothek sind die wichtigsten Bauwerke des Klosterkomplexes – sie stehen für zwölf Jahrhunderte kontinuierliche Klosterkultur.

Im Jahre 747 gründete Abt Othmar ein Benediktinerkloster im heutigen St. Gallen. Im 9. Jh. galt die Abtei bereits als eines der wichtigsten Zentren der westlichen Kultur und Wissenschaft.

Wallfahrtskirche Wieskirche

Deutschland

Begründung der Aufnahme: Meisterwerk menschlicher Schöpferkraft, Zeugnis einer Kultur

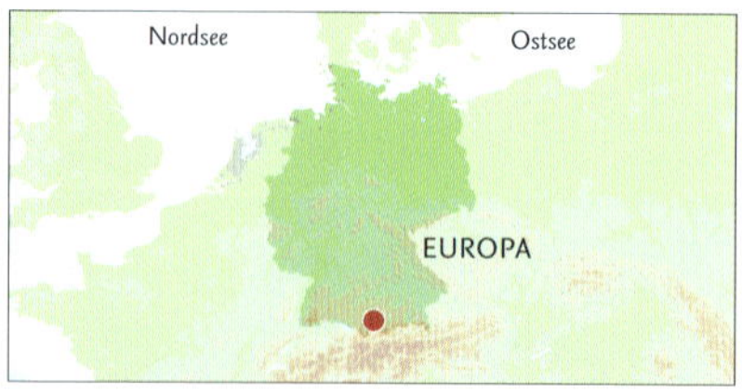

Die Wieskirche ist eine Wallfahrtskirche zu Füßen der Alpen und ein Meisterwerk des Rokoko. Im Jahre 1738 gab es im Weiler Wies in der bayerischen Gemeinde Steingaden eine Wundererscheinung: Ein einfaches hölzernes Christusbildnis auf einer Säule begann zu weinen. Die Gemeinde baute zuerst eine hölzerne Kapelle um die Statue, doch da die Zahl der Pilger ständig zunahm, beschloss der Abt von Steingaden, eine prächtige Wallfahrtskirche errichten zu lassen. Der Kirchenbau begann 1745 unter der Leitung des berühmten Architekten Dominikus Zimmermann; 1749 konnte der Chor geweiht werden und 1754 war der Kirchenbau vollendet.

Die kostbare Stuckdekoration haben die Brüder Dominikus und Johann Baptist Zimmermann ausgeführt. Die lebendigen Farben der Gemälde bringen die Stuckaturen bestens zur Geltung, und der Zusammenklang aus Fresken und Stuck erzeugt einen beispiellosen, prächtigen Raumeindruck. Die Trompe-l'oeil-Deckenmalerei scheint die Kirche zum Himmel zu öffnen, in dem die Engel schweben.

Kloster Batalha

Portugal

Begründung der Aufnahme: Meisterwerk menschlicher Schöpferkraft, Zeugnis kulturellen Austauschs

Das Dominikanerkloster Batalha wurde errichtet zu Ehren des portugiesischen Sieges über das Königreich Kastilien in der Schlacht von Aljubarrota 1385. Zwei Jahrhunderte lang bauten die portugiesischen Könige an dem Kloster, das sich heute in einem ursprünglichen gotischen Stil portugiesischer Prägung präsentiert. Die wichtigsten Elemente stammen aus der Regierungszeit von João I., in der die 1416 vollendete Kirche, der königliche Kreuzgang, der Kapitelsaal und die Grabkapelle des Gründers erbaut wurden.

Die letzte wichtige Bauperiode in Batalha erfolgte unter Manuel I., der das monumentale Vestibül und das Hauptportal errichten ließ. Der neu gestaltete Kreuzgang wurde zu einem Meisterwerk des manuelinischen Stils. Die bereits vorhandenen Bögen wurden mit kostbarem Maßwerk verziert, das die Wappen von Manuel I., das Kreuz des Christusordens und die Armillarsphäre darstellt.

Der Innenraum der Kirche strahlt eine schlichte, gotische Nüchternheit aus, die auch von den späteren Ergänzungen unbeeinflusst blieb. Haupt- und Seitenschiffe werden durch dicke Säulen getrennt, die in Kapitellen mit Pflanzenmotiven enden. Die Chorfenster sind mit kostbaren Glasmalereien des 16. Jh. verziert. Sie tauchen den Raum in ein diffuses Licht und schaffen so eine Aura von Spiritualität.

Kloster Rila
Bulgarien

Begründung der Aufnahme: Verknüpfung mit Ereignissen von universeller Bedeutung

Das Kloster Rila wurde im 10. Jh. von dem Hl. Johann von Rila (Iwan Rilski) gegründet, der hier als Einsiedler lebte. Seine Wohnung und sein Grab wurden zur Pilgerstätte. Das Kloster beeinflusste maßgeblich das geistige und soziale Leben im mittelalterlichen Bulgarien. Ein Feuer zu Beginn des 19. Jh. zerstörte das Gebäude, und nur der Chreljo-Turm, der 1355 unter dem Fürsten Stefan Chreljo erbaut worden war, widerstand den Flammen. Die heutigen Klostergebäude, die zwischen 1834 und 1862 neu gebaut wurden, sind um einen riesigen, unregelmäßigen Hof angeordnet. Die beiden Eingänge sind mit Fresken ausgemalt. In der Mitte der Anlage steht die 1833 erbaute Hauptkirche Sweta Bogorodiza. Es gibt vier Kapellen, ein Refektorium und 300 Mönchszellen, eine Bibliothek und Gästezimmer für Besucher.

Als Bulgarien unter türkischer Herrschaft stand, wurde das Kloster zum Bollwerk der nationalen Identität. Aus allen Teilen des Balkans trafen Pilger ein, vor allem nachdem 1469 die Gebeine des Hl. Johann von Rila wieder hierher gebracht wurden. Der Neubau im 19. Jh. zeugt auch vom Wiedererwachen der slawischen Identität.

Ein Fresko aus dem Kloster Rila
▼

Nationalpark Pirin
Bulgarien

Begründung der Aufnahme: besonderes Naturphänomen, Zeugnis wichtiger Stadien der Erdgeschichte, Schauplatz spezieller ökologischer und biologischer Prozesse

Der Kalksteinuntergrund, die südliche und relativ isolierte Lage der Gebirgskette und die Nähe zur Ägäis machten den Nationalpark Pirin zu einem wichtigen Rückzugsort für Flora und Fauna. Die Winter in den oberen Lagen sind kalt, und der Schnee kann fünf bis acht Monate liegen bleiben. Die Sommer sind kühl und kurz.

Der 247 km² große Nationalpark Pirin im Südwesten Bulgariens umfasst eine Karstlandschaft mit Seen, zahlreichen Flüssen, Wasserfällen, Höhlen und Kiefernwäldern. Die zerklüfteten Berge, in denen es rund 70 Gletscherseen gibt, sind die Heimat von hunderten seltener und endemischer Arten, die teilweise Relikte der Pleistozänflora des Balkans sind. In Folge menschlicher Eingriffe über einen langen Zeitraum hinweg liegt die Waldgrenze heute bei 2000 m; an einigen Stellen liegt sie noch bei 2200–2300 m.

In der subalpinen Höhenstufe wachsen Bergkiefern und *Juniperus sibirica*. Oberhalb von 2400–2600 m folgen die alpinen Wiesen, steinige Hänge, Geröllfelder und nackter Fels. Zur artenreichen Tierwelt gehören viele endemische Arten, und unter den Wirbellosen gibt es Relikte der Eiszeitfauna.

Vatikanstadt

Vatikanstadt

Begründung der Aufnahme: Meisterwerk menschlicher Schöpferkraft, Zeugnis kulturellen Austauschs, Erbe von besonderer menschheitsgeschichtlicher Bedeutung, Verknüpfung mit Ereignissen von universeller Bedeutung

Der Petersdom wurde als Basilika mit fünf Schiffen, einem Querschiff, einer Apsis und einem großem Atrium mit einem Quadriportikus erbaut. ▶

Die Vatikanstadt, das Zentrum der römisch-katholischen Christenheit, kann auf eine bedeutende Geschichte zurückblicken und steht für ein eindrucksvolles spirituelles Unternehmen.

Der winzige Stadtstaat beherbergt eine einzigartige Sammlung von Kunst- und Architekturschätzen. Als Stätte des Petrusgrabes und wichtiges Pilgerzentrum ist der Vatikan direkt und grundlegend mit der Geschichte der Christenheit verbunden. Darüber hinaus präsentiert sich die Vatikanstadt als vollkommene und mustergültige künstlerische Schöpfung der Renaissance und des Barock. Seit dem 16. Jh. übte sie einen maßgeblichen Einfluss auf die Entwicklung der Kunst aus.

Durch den Lateranvertrag zwischen dem Heiligen Stuhl und Italien wurde die Vatikanstadt 1929 zu einem unabhängigen Staat mit einem souveränen Territorium von weniger als einen halben Quadratkilometer. Diese winzige Enklave in Rom hat jedoch eine ungleich größere Bedeutung in der Menschheitsgeschichte. Seit der Herrschaft des römischen Kaisers Konstantin im 4. Jh. ist der Vatikan das Zentrum der Christenheit und Sitz des Papstes. Die Vatikanstadt ist zugleich eine archäologische Stätte des römischen Reiches, die heilige Stadt der Katholiken und ein kultureller Bezugspunkt für Christen und Nichtchristen.

Die reiche Vergangenheit erklärt die Entstehung eines archiktektonischen und künstlerischen Esembles von unschätzbarem Wert. Jede Kirche und jeder Palast steht auf einem geschichtsträchtigen Ort. Das Zentrum der Vatikanstadt bilden der Petersdom und der runde Petersplatz mit seinen Kolonnaden, der von Palästen und Gärten umgeben ist.

Die erste Basilika entstand 315 über dem Grab des Apostels Petrus; der heutige Bau stammt allerdings aus dem 16. Jh., als Papst Julius II. in einem gewaltigen Bauprojekt nicht nur die ganze Basilika neu gestalten, sondern auch die päpstlichen Gemächer (*Stanze Vaticane*), die Sixtinische Kapelle und sein eigenes Grabmal erbauen ließ. Die verantwortlichen Baumeister und Künstler waren Bramante, Raphael, Michelangelo, Bernini und Maderna.

Der Papstpalast ist das Ergebnis einer lange Reihe von Baumaßnahmen, bei denen sich verschiedene Päpste ab dem Mittelalter in ihrer Großzügigkeit überboten. Der Palast ist die offizielle Residenz des Papstes, und er enthält die berühmte Bibliothek, ein Museum und mehrere Kapellen, einschließlich der Sixtinischen Kapelle.

Im 16. Jh. wurde die Kirche unter der Leitung der besten Architekten der Renaissance neu erbaut. Einige Teile der ursprünglichen Basilika Konstantins gingen in dem neuen Bau auf. Aus römischer Zeit stammen Reste des Circus von Caligula und Nero sowie eine römische Nekropole des 1. Jh. n. Chr, in der christliche und heidnische Gräber Seite an Seite liegen.

IN HONOREM PRINCIPIS APOST PAVLVS V BVRGHESIVS ROMANVS PONT

Werke von Antoni Gaudí

Spanien

Begründung der Aufnahme: Meisterwerk menschlicher Schöpferkraft, Zeugnis kulturellen

Austauschs, Erbe von besonderer menschheitsgeschichtlicher Bedeutung

Die Arbeiten des Architekten Antoni Gaudí (1852–1926) sind außergewöhnliche Beispiele der Architektur von Wohnhäusern und öffentliche Gebäuden im frühen 20. Jh. Vor allem sieben seiner Bauwerke in und um Barcelona, die zum Welterbe gehören, zeugen von Gaudís ungewöhnlich kreativem Beitrag zur Architektur und Bautechnik des späten 19. und frühen 20. Jh.: die Casa Vicens, die Geburtsfassade und Krypta der Sagrada Familia, die Casa Batlló, die Casa Milà, der Park Güell, der Palacio Güell und die Krypta in der Colònia Güell. Die Bauten demonstrieren seinen eklektischen und sehr persönlichen Stil, dem er bei der Gestaltung von Gärten, Skulpturen und dekorativen Kunstwerken ebenso freien Lauf ließ wie in der Architektur.

Der Bau der Sagrada Familia begann 1882 und ist bis heute nicht abgeschlossen. Das Bauende wird im Jahr 2026 erwartet.

In Gaudís Werk flossen unterschiedliche kulturelle und künstlerische Strömungen seiner Zeit mit ein, beispielsweise Elemente der katalanischen Jugendstilbewegung El Modernisme. Gaudí nahm auch moderne Konstruktionstechniken des 20. Jhs. vorweg und beeinflusste die weitere Entwicklung der Bautechnik.

Sonnentempel von Konârak

Indien

Begründung der Aufnahme: Meisterwerk menschlicher Schöpferkraft, Zeugnis einer Kultur, Verknüpfung mit Ereignissen von universeller Bedeutung

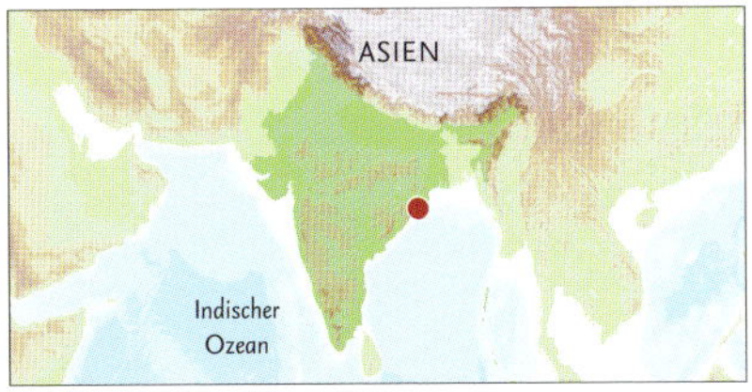

Der Legende nach hat Samba, der Sohn von Krishna, den Tempel erbaut. Samba litt unter Lepra und wurde nach zwölf Jahren Buße vom Sonnengott Suraya geheilt, weshalb er ihm zu Ehren den Tempel errichtete.

Der Sonnentempel von Konârak an der Küste des Golfs von Bengalen, der im Licht der aufgehenden Sonne erstrahlt, war eines der frühesten Zentren des indischen Sonnenkultes. Der 1250 erbaute Tempel sollte den Streitwagen des Sonnengottes Suraya repräsentieren und ist deshalb mit Speichenrädern und kunstvollen Reliefs versehen. Die 24 Räder sind mit symbolischen Darstellungen der Jahreszeiten und Monate verziert. Der Wagen wurde von 24 Pferden gezogen; sechs davon blieben erhalten. Der Tempel ist genau auf die Sonne ausgerichtet, sodass die ersten morgendlichen Sonnenstrahlen auf den Haupteingang treffen. Konârak ist eines der wichtigsten brahmanischen Heiligtümer Asiens.

Eines der 24 reich verzierten Steinräder auf dem Sonnentempel von Konârak ▼

Nationalpark Yosemite

Vereinigte Staaten

Begründung der Aufnahme: besonderes Naturphänomen, Zeugnis wichtiger Stadien der Erdgeschichte

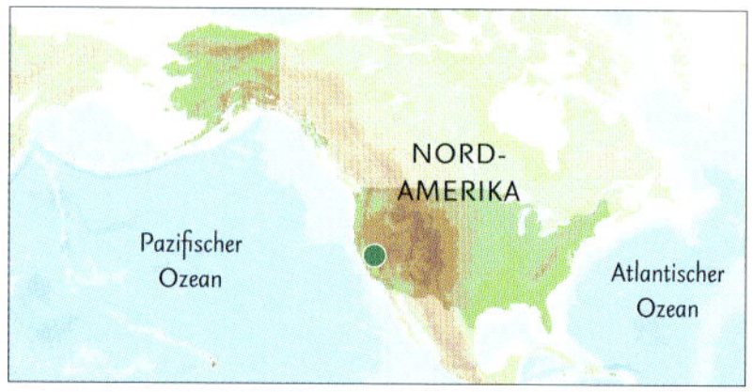

Der El Capitan ist eine 910 m hohe Felsformation, die während der Sherwin-Vereisung vor 1 Mio. Jahren geformt wurde.

Der Nationalpark Yosemite liegt mitten in Kalifornien in einer Gegend von unverfälschter Wildheit und atemberaubender landschaftlicher Schönheit. Hängetäler, zahlreiche Wasserfälle, kreisrunde Seen, Felsendome, Moränen und Trogtäler machen den Park zu einem geologischen Museum, das zeigt, wie sich Vergletscherung auf ein Granitgebirge auswirkt. Die Höhenstufen zwischen 600 und 4000 m beherbergen eine reiche und sehr vielgestaltige Flora und Fauna. In Yosemite, das am Westabhang der Sierra Nevada liegt, findet man praktisch alle typischen Elemente dieses Gebirges, beispielsweise Haine mit Mammutbäumen, historische Stätten, Indianersiedlungen, Felsengipfel, Täler und glatte Granitflächen, die von der Gebirgsbildung zeugen.

Die Schönheit von Yosemite war einer der Gründe für die Einrichtung des Nationalparks, der wegen seiner archäologischen Stätten aber auch kulturell interessant ist.

Die artenreiche Flora des Nationalparks gliedert sich nach den Höhenstufen in sechs verschiedene Vegetationszonen. Neben Farnen, Moosen und Flechten wurden 1200 Arten von Blütenpflanzen beschrieben.

Hafen, Befestigungen und Baudenkmäler der Kolonialzeit in Cartagena

Kolumbien

Begründung der Aufnahme: Erbe von besonderer menschheitsgeschichtlicher Bedeutung, Verknüpfung mit Ereignissen von universeller Bedeutung

Im Stadtviertel San Pedro, wo die Reichen und Mächtigen wohnten, haben sich die Kathedrale, die Kirche und das Kloster von San Pedro Claver, die Kirche Santo Domingo und ein Gebäude erhalten, das einst das Kloster San Diego beherbergte.

Cartagena, Havanna (Kuba) und San Juan (Puerto Rico) waren die drei wichtigsten Häfen der Westindischen Inseln. Cartagena, das ein hervorragendes Beispiel der Militärarchitektur des 16.–18. Jh. darstellt, ist die weitläufigste Anlage dieser Art in der neuen Welt und zugleich eine am besten erhaltenen. Die im 17. Jh. vollendeten Befestigungen machten Cartagena zu einer uneinnehmbaren Festung, die bis 1697 jedem Angriff standhielt. Im Schutz der mächtigen Mauern entwickelte sich eine Stadt. Ihr Plan, der für die kolonialen Stadtgründungen des 17. Jh. charakteristisch war, sah eine strenge Einteilung in drei Zonen vor, die den sozialen Klassen zugeordnet waren: das Viertel San Pedro mit der Kathedrale und vielen Palästen im andalusischen Stil, das Viertel San Diego für Kaufleute und die Mittelschicht und schließlich das Viertel Gethsemani für die einfachen Leute.

Nationalpark Salonga
Demokratische Republik Kongo

Begründung der Aufnahme: besonderes Naturphänomen, Schauplatz spezieller ökologischer und biologischer Prozesse

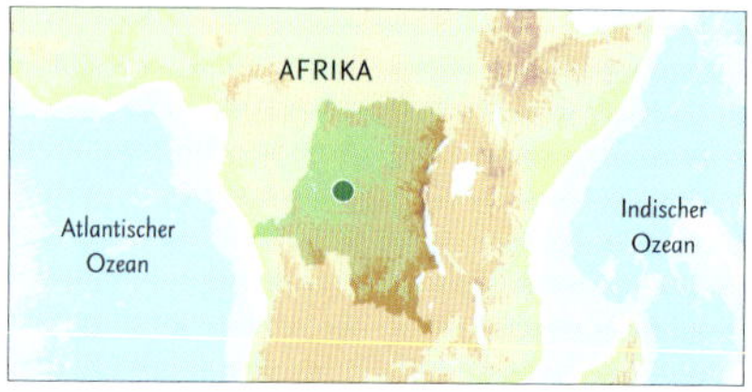

Salonga ist der weltweit größte Nationalpark im tropischen Regenwald. Er liegt im Herzen des Kongobeckens und ist beinahe völlig isoliert und nur auf dem Wasserweg erreichbar. Ein Großteil der Fläche ist mit äquatorialem Regenwald bewachsen, der sich an die Geländeformen angepasst hat. Die Landschaft umfasst drei Hauptformationen: Tiefebenen, Flussterrassen und Hochplateaus. Die Savanne nimmt nur etwa 0,5% der Parkfläche ein. Der Nationalpark bietet vielen bedrohten Tierarten einen Lebensraum; die bedeutendsten unter ihnen sind der endemische Zwergschimpanse und der Bonobo. Außerdem sind weitere seltene Tiere, wie Schlankaffen, Flusspferde und Leoparden, im Nationalpark heimisch.

Die großen Flüsse im Westen des nördlichen Sektors mäandrieren durch breite, sumpfige Täler. Im höher gelegenen Osten des Parks sind die Täler tiefer, und Felsen ragen bis zu 80 m hoch auf. Im Südabschnitt verläuft die Wasserscheide zwischen den Becken des Luilaka im Norden und Osten, des Likoro im Westen und des Lukenje im Süden.

Nationalpark Mana Pools, Sapi und Chewore-Safari
Simbabwe

Begründung der Aufnahme: besonderes Naturphänomen, Schauplatz spezieller ökologischer und biologischer Prozesse, bedeutender natürlicher Lebensraum – Biodiversität

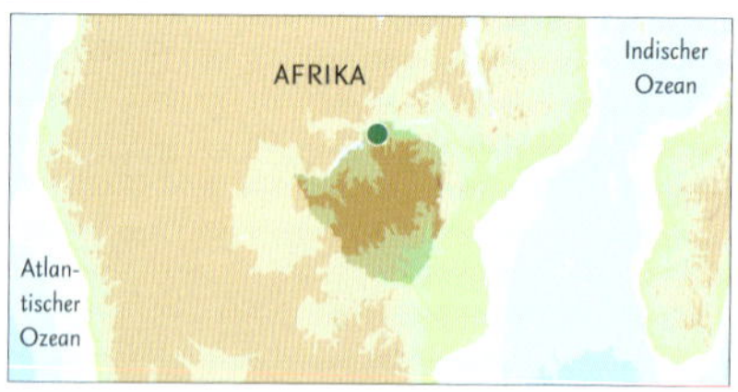

Die Ufer des Sambesi werden von steilen, überhängenden Klippen gesäumt. Die Mana-Pools sind ehemalige Seitenarme des Sambesi. Zusammen mit den Regionen Sapi und Chewore umfasst die Naturerbestätte eine Gesamtfläche von 6766 km². In der menschenleeren Gegend liegt der letzte naturbelassene Abschnitt des mittleren Sambesi. Hier lebt eine eindrucksvolle Vielfalt an Wildtieren, darunter Elefanten, Büffel, Leoparden und Geparden. Der Fluss beherbergt eine wichtige Population von Nilkrokodilen. Fast ganz Chewore ist stark zergliedert, und die 30 km lange Mupata-Schlucht zieht sich an der Nordgrenze entlang. Oberhalb der Mupata-Schlucht ist der Sambesi breiter und weist zahlreiche Seitenarme, Sandbänke und Inseln auf.

In den Bergregionen Chewores und auf den Steilhängen wächst vorwiegend Miombo-Baumsavanne, während sich am Ufer der Flüsse eine typische Ufervegetation ausgebildet hat. Der Talboden wird von Mopane oder einer Laub abwerfenden Trockenvegetation, der sogenannten Jesse-Formation, beherrscht.

Freiheitsstatue

Vereinigte Staaten

Begründung der Aufnahme: Meisterwerk menschlicher Schöpferkraft, Verknüpfung mit Ereignissen von universeller Bedeutung

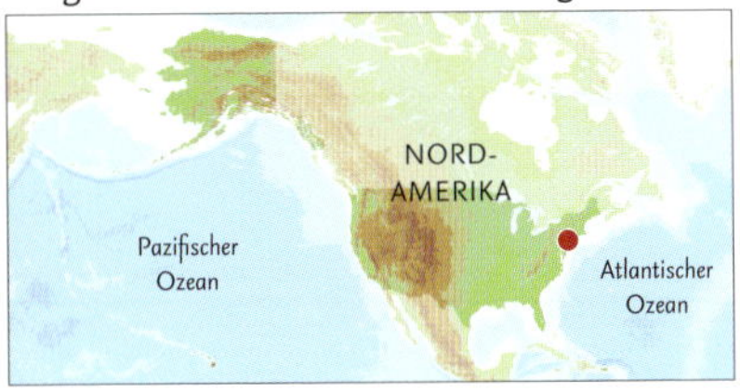

Die Freiheitsstatue ist ein Meisterwerk menschlicher Schöpferkraft. Ihre Herstellung in den Werkstätten von Bartholdi in Paris stellte eine der größten technischen Leistungen des 19. Jh. dar. Die Statue begrüßte die Einwanderer an der Einfahrt in den Hafen von New York und ist dadurch verknüpft mit einem außerordentlich bedeutenden historischen Prozess: der Besiedlung der Vereinigten Staaten im späten 19. Jh., die zu einem Schmelztiegel für Menschen aus aller Welt wurden. Dass die Kosten für die Statue von internationalen Spendern aufgebracht wurden und ihre Konstruktion in Europa durch einen französischen Bildhauer erfolgte, steigert nur ihre Bedeutung und macht sie zu einem internationalen Symbol der Freiheit.

Die Statue, die am 28. Oktober 1886 eingeweiht wurde, stellt eine Frau mit Buch und Fackel dar. Sie wurde im Jahr 1965 zusammen mit Ellis Island, der ehemaligen Anlegestelle der Einwanderer, zum historischen Denkmal der Vereinigten Staaten erklärt.

▲ Die 46 m hohe Statue war als Geschenk Frankreichs an den jungen amerikanischen Staat zum einhundertsten Jahrestag der Unabhängigkeit geplant – 1886 kam sie also zehn Jahre zu spät. „Die Freiheit erleuchtet die Welt" erinnert an die Ideale Washingtons und Lincolns. Zum einhundertsten Jubiläum 1986 wurde sie umfassend restauriert.

Nationalpark Iguazu

Argentinien

Begründung der Aufnahme: besonderes Naturphänomen, bedeutender natürlicher Lebensraum – Biodiversität

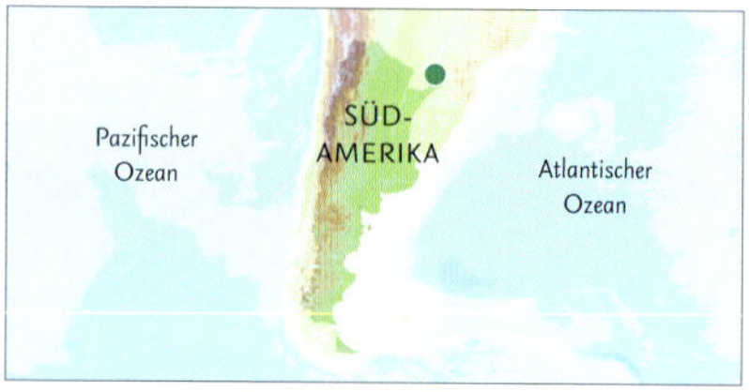

Die spektakulären Iguazu-Wasserfälle bilden das Herz dieses großen, reichhaltigen und vielfältigen Nationalparks. Der gesamte Wasserfall ist hufeisenförmig, etwa 80 m hoch und hat einen Durchmesser von 2700 m. Das Wasser stürzt über eine Basaltkante auf der Grenze zwischen Argentinien und Brasilien.

Das Unesco-Welterbe umfasst den Nationalpark und die Schutzgebiete in der Provinz Misiones im Nordosten Argentiniens. Der Iguazu markiert die Nordgrenze beider Gebiete und ist gleichzeitig die Südgrenze des brasilianischen Nationalparks Iguaçu, der ebenfalls eine Welterbestätte ist.

Der Wasserfall an der Landesgrenze besteht aus mehreren Kaskaden, die die gesamte Schlucht in einen Wassernebel einhüllen und einen der schönsten Wasserfälle der Welt bilden. Die Vegetation des Parks umfasst vor allem subtropischen Feuchtwald, der reich ist an Lianen und Epiphyten; allerdings ist der Artenreichtum insgesamt geringer als in vergleichbaren Wäldern Brasiliens oder Paraguays. Dennoch wurden 2000 Arten von Gefäßpflanzen gezählt.

Die Pflanzen rund um die Wasserfälle profitieren vom Wassernebel. Hier leben außergewöhnlich viele Vögel – etwa die Hälfte aller argentinischen Arten. Zur Fauna gehören auch Tapir, Nasenbär und Tamandua.

Darüber hinaus kommen auch bedrohte Säugetierarten vor, wie die Raubtiere Jaguar, Ozelot und Beutelmarder sowie der Große Ameisenbär und der Riesenotter; zu den Primaten, die in der Gegend heimisch sind, zählen Haubenkapuziner und Schwarze Brüllaffen. Am und im Wasser leben kleine Populationen des stark gefährdeten Breitschnauzenkaimans und des gefährdeten Dunkelsägers.

Wasserfälle von Iguazu

Die ersten Bewohner der Region waren die Caingangues-Indianer. Sie wurden von den Tuoi-Guaranies vertrieben, die den Fällen den Namen Iguazu (Großes Wasser) gaben. Der spanische Forscher Don Alvar Nuñes Cabeza de Vaca (1541) war der erste Europäer, der die Wasserfälle sah. Rund zehn Jahre darauf begann die Besiedlung der Region durch spanische und portugiesische Kolonisten. Im Park befinden sich mindestens zwei archäologisch interessante Stätten.

Nationalpark Malawi-See
Malawi

Begründung der Aufnahme: besonderes Naturphänomen, Schauplatz spezieller ökologischer und biologischer Prozesse, bedeutender natürlicher Lebensraum – Biodiversität

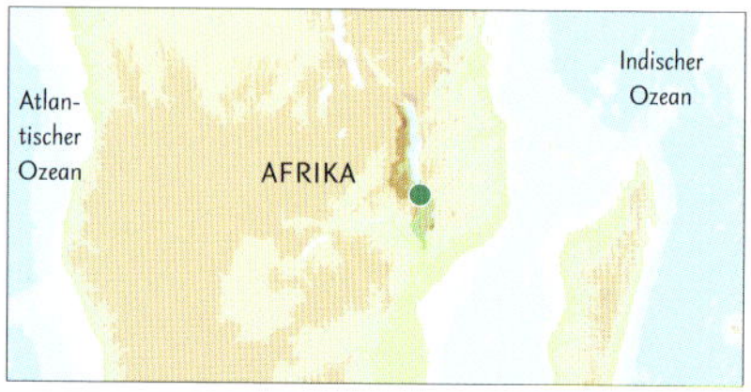

Der Nationalpark nimmt den südlichen Teil des riesigen Malawi-Sees ein. In seinem tiefen, klaren Wasser leben Hunderte von Fischarten, die fast alle endemisch sind. Der Malawi-See ist der dritttiefste See der Erde und der See mit der weltweit größten Anzahl an Fischarten. Am Ufer des Sees leben zahlreiche Vögel, unter anderem Fischadler. Hier kommen Flusspferde, Paviane, Warzenschweine und gelegentlich auch Elefanten vor. Auf den Inseln, insbesondere auf Mumbo und Boadzuku, brüten mehrere tausend Kräuselscharben. Zu den Reptilien zählen Krokodile und zahlreiche Warane. Die große Bedeutung des Sees für die Evolutionsforschung ist mit jener der Galapagos-Inseln vergleichbar.

Archäologische Fundstätten belegen, dass die Region bereits seit dem 4. Jh. besiedelt war. Die Region Cape Maclear war ein zentraler Umschlagplatz des Elfenbein- und Sklavenhandels. Hier stand auch eine Livingstone-Mission, und Flugboote auf dem Weg von Südafrika nach London machten auf dem See Zwischenstation.

Ruinen von Baalbek
Libanon

Begründung der Aufnahme: Meisterwerk menschlicher Schöpferkraft, Erbe von besonderer menschheitsgeschichtlicher Bedeutung

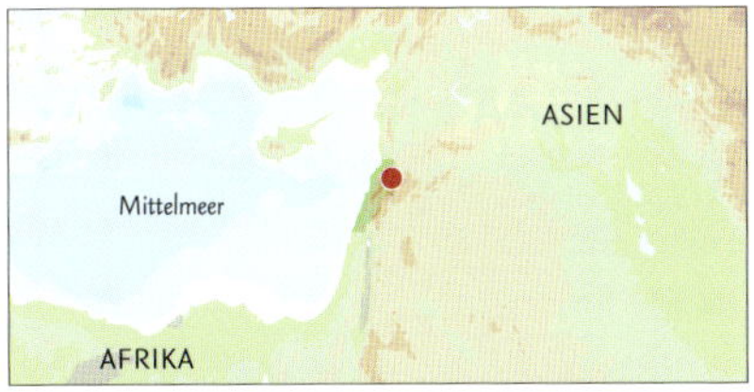

Der Bau des großen Hofes von Baalbek begann in der Regierungszeit von Trajan (98–117). Der Hof umfasste mehrere Gebäude und Altäre für Kultzwecke und wurde von einer prächtigen Kolonnade aus 128 Säulen aus ägyptischem Rosengranit gesäumt.

Baalbek ist mit seinen Ruinen kolossaler Bauten ein hervorragendes Beispiel für ein Heiligtum der römischen Kaiserzeit. In der hellenistischen Periode war die phönizische Stadt, in der drei Götter (Baal-Shamash, Anta und Alyn) verehrt wurden, als Heliopolis bekannt. Als die Römer 64 v. Chr. Phönizien eroberten, begann eine Bautätigkeit, die zwei Jahrhunderte andauern sollte. Die Römer verehrten in Heliopolis eine romanisierte Göttertriade aus Jupiter, Venus und Merkur. Gegen Ende des 1. Jh. v. Chr. begann Kaiser Augustus mit dem Bau eines Jupiter-Tempels, der erst unter Nero um 60 n. Chr. vollendet wurde. Das enorme Heiligtum für Jupiter Heliopolitanus, das tausende Pilger anzog, wurde von 104 massiven Granitsäulen gesäumt, die man aus Assuan importiert hatte. Im Tempel gab es weitere 50 Säulen.

Vom Jupitertempel stehen heute nur noch sechs Säulen, die übrigen wurden durch Erdbeben zerstört oder abtransportiert.
▼

Ruinen von Byblos
Libanon

Begründung der Aufnahme: Zeugnis einer Kultur, Erbe von besonderer menschheitsgeschichtlicher Bedeutung, Verknüpfung mit Ereignissen von universeller Bedeutung

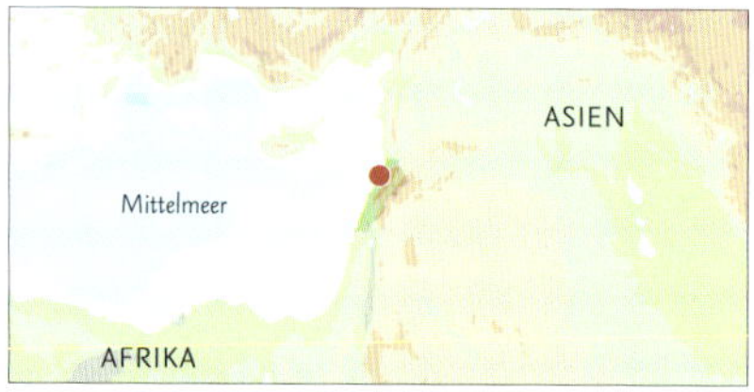

Phönizische Inschriften aus der Mitte der Bronzezeit zeugen in Byblos von einer hoch entwickelten Kultur: Flüche in phönizischen Schriftzeichen auf den neun königlichen Grabstätten richteten sich gegen eventuelle Grabräuber und lassen dadurch vermuten, dass nicht nur die Schreiber lesen und schreiben konnten.

In Byblos befinden sich die Ruinen vieler aufeinanderfolgender Zivilisationen. Die ältesten erhaltenen Siedlungsspuren stammen aus der Jungsteinzeit. Aus diesen Anfängen erwuchs eine Stadt mit einer starken befestigten Mauer, die zu den ältesten phönizischen Städten zählte. Um 2150 v. Chr. eroberten die Amoriten die Stadt und brannten sie nieder, weshalb die Ruinen an einigen Stellen unter einer 50 cm dicken Ascheschicht verborgen liegen. Etwa zwei Jahrhunderte später wurde Byblos mit neuen Tempeln wieder aufgebaut. Die Handelsstadt wurde nacheinander von den Assyrern, Babyloniern, Achämeniden und Griechen kontrolliert. Erst im Römischen Reich nahm ihre wirtschaftliche Bedeutung ab, während ihre religiöse Anziehungskraft ungebrochen blieb. Pilgerscharen strömten in die Tempel, die immer wieder ausgebaut und geschmückt wurden. Der endgültige Abstieg der Stadt begann in der Zeit des Byzantinischen Reiches und setzte sich auch nach der arabischen Eroberung (636 n. Chr.) fort.

Kreuzritterburg in Byblos
▼

Schlösser Augustusburg und Falkenlust in Brühl

Deutschland

Begründung der Aufnahme: Zeugnis kulturellen Austauschs, Erbe von besonderer menschheitsgeschichtlicher Bedeutung

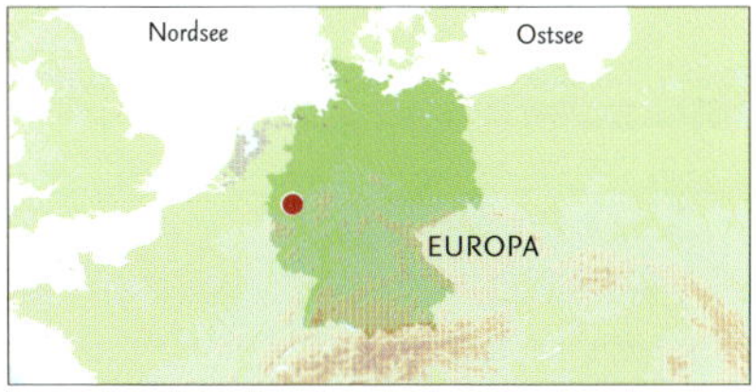

Schloss Augustusburg und das Jagdschloss Falkenlust sind die ersten Meisterwerke des deutschen Rokoko. Über ein Jahrhundert lang dienten sie als Vorbild für die Fürstenhöfe und gelten noch immer als Musterbeispiele für eine fürstliche Residenz des 18. Jh. Augustusburg war die prächtig ausgestattete Residenz des Kurfürsten und Bischofs von Köln. Der Kurfürst ließ das vorhandene schlichte Schlösschen überaus üppig erweitern und ausstatten. Besonders eindrucksvoll ist die Innenausstattung der Sommergemächer mit Fayencekacheln. Falkenlust ist ein kleines Schlösschen in ländlicher Umgebung. Zusammen mit dem Hauptschloss ist es in eine weitläufige Gartenanlage mit imposanten Gartenparterres, Spazierwegen und herrlichen Blumenbeeten von beeindruckender Größe integriert.

In Augustusburg hat der Architekt Balthasar Neumann eines seiner besten Werke verwirklicht – die Prunktreppe. In dem entzückenden Treppenhaus gehen Marmor, Stuck, Jaspissäulen und Karyatiden unter einem erstaunlichen Himmelsfresko eine farbenfrohe Verbindung ein.

Escorial in Madrid (Kloster mit Umgebung)

Spanien

Begründung der Aufnahme: Meisterwerk menschlicher Schöpferkraft, Zeugnis kulturellen Austauschs, Verknüpfung mit Ereignissen von universeller Bedeutung

Das königliche Kloster San Lorenzo ist eine künstlerische Großtat. Alle Elemente des Bauprojekts, von der Grundform bis zur Ausgestaltung, sind einzigartig. Das Kloster wurde in einer einsamen Region Kastiliens im 16. Jh. erbaut. Es soll angeblich die umgekehrte Form des Gitters darstellen, auf dem der Hl. Laurentius zu Tode gefoltert wurde, wobei der königliche Palast den Handgriff und die vier 55 m hohen Türme die Füße des Rostes bilden. Die bewusst schlicht gehaltene Außenfassade brach mit dem damals üblichen Stil und beeinflusste die spanische Architektur länger als ein halbes Jahrhundert. In seinen letzten Regierungsjahren machte Philipp II. das Kloster zum Machtzentrum des größten Reiches der damaligen Welt.

Das prachtvolle Retabel in der Kirche San Lorenzo ist 30 m hoch und mit Marmor, Gemälden, Vergoldungen und großen Bronzestatuen prachtvoll verziert.

National- und Provinzialparks in den kanadischen Rocky Mountains

Kanada

Begründung der Aufnahme: besonderes Naturphänomen, Zeugnis wichtiger Stadien der Erdgeschichte

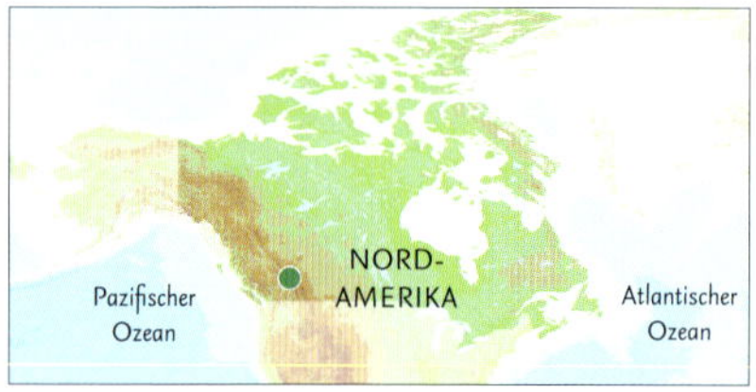

Athabasca-Gletscher ▶

Das Columbia Ice Field ist 325 km^2 groß. Es reicht quer über das Gebirge und erstreckt sich über die Grenzen der Nationalparks Jasper und Banff. Da das Columbia Ice Field nach drei Seiten entwässert, ist es eine dreiseitige und zugleich die höchste Wasserscheide in Nordamerika: Es speist den North Saskatchewan, den Athabasca und den Columbia River.

In diesen kanadischen Nationalparks fügen sich Berggipfel, Gletscher, Seen, Wasserfälle, Canyons und Kalksteinhöhlen zu einer spektakulären Gebirgslandschaft zusammen. Die Fossilienlagerstätte Burgess-Schiefer ist weltberühmt für die fossilen Überreste von Meerestieren mit weichen Körpern, die dort gefunden wurden.

Zum Welterbe gehören insgesamt sieben Parks: die Nationalparks Banff, Jasper, Kootenay und Yoho und die Provinzparks Mount Robson, Mount Assiniboine und Hamber.

Die kanadischen Rocky Mountains verlaufen von Südosten nach Nordwesten und bilden die große Wasserscheide zwischen den ost- und westwärts fließenden Flüssen. Sie bestehen aus mehreren Gebirgsketten – den Western Ranges, Main Ranges und Front Ranges sowie dem Vorgebirge – die alle in den Parks vertreten sind. Es gibt aktive Gletscher und Eisfelder, vor allem in den Main Ranges. Das Columbia Ice Field ist das größte nordamerikanische Inlandeis der subarktischen Zone.

Die Rocky Mountains sind in drei ökologisch sehr unterschiedliche Höhenstufen untergliedert: montane, subalpine und alpine Stufe. Die Vegetation der montanen Stufe findet man in den Talböden, im Vorland und an den sonnigen Hängen der Front Ranges. Im Umfeld der großen Flüsse bilden sich in der montanen Stufe Feuchtgebiete und -wiesen. Wald wächst in den Höhenstufen von 1200–1800 m und besteht meist aus Douglasien, Schimmelfichten, Espen und Pappeln. Die subalpine Stufe nimmt die größte Fläche ein; sie herrscht auf Hängen zwischen 1800 und 2100 m sowie in Hochtälern vor. In der alpinen Stufe oberhalb der Baumgrenze überleben nur Zwerggehölze, wie Zwergweiden und Zwergbirken, Heiden und Seggen.

In den Parks wurden 56 Säugetierarten gezählt. Zu den charakteristischen Arten der alpinen Matten zählen Schneeziegen, Dickhornschafe, Pfeifhasen und Eisgraue Murmeltiere. Im Wald leben Elche, Maultierhirsche, Weißwedelhirsche, Karibus und Rothörnchen, dazu die Raubtiere Wolf, Grizzly, Schwarzbär, Vielfraß, Luchs und Puma. Zu den rund 280 Vogelarten der Gegend zählen unter anderem der Dreizehenspecht, das Weißschwanz-Schneehuhn, der Kanadischer Unglückshäher, der Berghüttensänger, der Kiefernhäher, der Steinadler, die Gambelmeise und der Strandpieper. Außerdem leben in den Parks zahlreiche Kröten-, Frosch-, Salamander- und Schlangenarten.

Der Emerald Lake im Yoho-Nationalpark ▶

Königlicher Nationalpark Chitwan

Nepal

Begründung der Aufnahme: besonderes Naturphänomen, Schauplatz spezieller ökologischer und biologischer Prozesse, bedeutender natürlicher Lebensraum – Biodiversität

Chitwan liegt am Fuße des Himalajas auf der Grenze zwischen Nepal und China. Der Park ist eine der wenigen Regionen, in denen sich die Naturlandschaft des Terai erhalten hat, die sich einst als geschlossener Gürtel über die Vorberge des Himalajas von Indien bis Nepal erstreckte. Der 932 km² große Park schützt die subtropische Tieflandflora und -fauna, einschließlich einer der letzten Populationen des Indischen Panzernashorns, geschätzte 400 Tiere. Chitwan ist außerdem ein Refugium für den bedrohten Königstiger und für andere gefährdete Säugetiere, wie Leoparden, Wildhunde und Lippenbären. Im Park wurden mehr als 350 Vogelarten und in den Flüssen und Altarmen 99 Fischarten gezählt. Auch der bedrohte indische Python kommt in der Gegend noch vor.

Der Königliche Nationalpark Chitwan liegt in den breiten Flusstälern des Rapti, Reu und Narayani. Der Narayani, auch Gandaki genannt, ist der drittgrößte Fluss Nepals. Er entspringt im Himalaja und mündet schließlich in den Golf von Bengalen.

Ruinen von Tyros
Libanon

Begründung der Aufnahme: Zeugnis einer Kultur, Verknüpfung mit Ereignissen von universeller Bedeutung

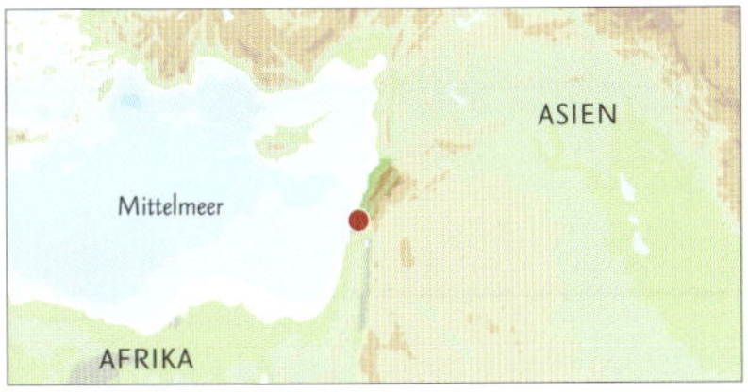

In der Zeit der Phönizier war Tyros eine mächtige Stadt, die über das östliche Mittelmeer herrschte und Kolonien wie Cadiz und Karthago gründete. Herodot von Halikarnassos, der die Stadt im 5. Jh. v. Chr. besuchte, beschrieb sie als eine der ältesten Metropolen der Welt. Die auf einer Insel gelegene, als uneinnehmbar geltende Stadt musste sich erst 332 v. Chr. Alexander dem Großen ergeben, der den schützenden Meeresarm vor seinem Angriff mit einem Damm trockenlegte. Die Römer gründeten 64 v. Chr. eine neue Stadt an der Stelle des historischen, griechischen Vorgängers. Nach den Kreuzzügen nahm die Bedeutung von Tyros ab. Es wurde von den Mamelucken am Ende des 13. Jh. fast völlig zerstört und erst im 18. Jh. in kleinerem Maßstab neu aufgebaut.

▲
Antike Säulenreihe an der Ausgrabungsstätte Al Mina

Im heutigen Souk, dem Markt, haben sich Überreste der Römerstadt und mittelalterliche Bauten aus der Zeit der Kreuzzüge erhalten. Die eindrucksvollen Ruinen der Palaestra, der Thermen und der Arena sind noch sichtbar, ebenso die 1127 von den Venezianern erbaute Kirche und einige Mauern der Kreuzritterburg.

Moschee-Kathedrale und Altstadt von Córdoba

Spanien

Begründung der Aufnahme: Meisterwerk menschlicher Schöpferkraft, Zeugnis kulturellen Austauschs, Zeugnis einer Kultur, Erbe von besonderer menschheitsgeschichtlicher Bedeutung

Die Moschee-Kathedrale Mezquita

Die Altstadt von Córdoba nimmt weltweit einen der vorderen Plätze unter den historischen Kulturerbestätten ein. Córdoba war die Hauptstadt des maurischen Kalifats und im 10. Jh. eine der größten Städte der Welt. Dank seiner zahllosen Paläste, öffentlichen Gebäude und Moscheen konnte es mit der Pracht von Konstantinopel, Damaskus oder Bagdad konkurrieren. Nach der Rückeroberung der Stadt durch die spanischen Christen wurden mehrere neue Verteidigungsanlagen errichtet. Die Ausdehnung der Altstadt, ihre Stadtlandschaft und die reichen Zeugnisse der Kulturen machen die Stadt am Guadalquivir zu einem historischen Ensemble allererster Güte.

Córdoba war einst eine blühende phönizische Handelsstadt, die 206 v. Chr. von den Römern erobert wurde. Sie erkannten die strategischen und handelspolitischen Vorteile des Standortes und machten Córdoba zur Hauptstadt der Provinz Hispania Inferior, die sie befestigten und mit schönen Bauwerken schmückten.

Córdoba wurde mehrfach erobert: Zunächst kamen die Westgoten (550 n. Chr.), dann die Mauren aus Nordafrika (716). Im Jahre 756 hielt der Kalif von Damaskus hier Hof und stellte damit die Weichen für die Blütezeit der Stadt. Er ließ die Große Moschee am Ort einer christlichen Kirche errichten, die wiederum auf den Grundmauern eines römischen Tempels stand. Córdoba wurde zum Zentrum des Kalifats und übte eine künstlerische und intellektuelle Führungsrolle aus. Nach einem Bürgerkrieg im 11. Jh. brach das Reich zusammen.

Ferdinand III. von Kastilien und Leon nahm die Stadt 1236 ein. Er ließ die Moschee in eine Kirche umwandeln und neue Befestigungsanlagen bauen, denn als Grenzstadt blieb Córdoba von den Mauren bedroht.

Der Alcázar de los Reyes Cristianos wurde zu Beginn des 14. Jh. als königliche Residenz erbaut. Der Torre de la Calahorra war Teil der Verteidigungsanlagen. Bedeutende Kirchen sind San Jacinto (heute Kongress- und Ausstellungszentrum), die Kapelle San Bartolomeo, deren Bau maurische Ursprünge hat, San Francisco und San Nicolás. Im 16. Jh. kamen wichtige Gebäude hinzu: Das Seminar von San Pelagio, die Puerta del Puente, die Casa Solariega de los Pàez de Castillo und die Casa del Marqués de la Fuensanta del Valle zeugen von den wechselnden religiösen, militärischen und kunstgeschichtlichen Stilen. Aus dem 18. Jh. stammen die öffentlichen Gebäude Triunfos de San Rafael und Hospital del Cardenal Salazar.

Die historische Altstadt Córdobas rund um die Moschee-Kathedrale Mezquita, hat mit ihren engen, gewundenen Gassen viel von ihrem mittelalterlichen Flair bewahrt. Lebendige Zeugnisse der römischen Vergangenheit sind die Brücke, die mit 16 Bögen den Guadalquivir überspannt, die kunstvollen Mosaiken im Alcázar und Abschnitte der römischen Mauer. Die Gärten des Alcázar sind ein gutes Beispiel für die Gartenbaukunst der Mauren. Aus der Zeit des Kalifats blieb das monumentale Bad erhalten, und das alte Judenviertel La Judería hat seine mittelalterlichen Straßenzüge bewahrt.

Kathedrale von Burgos

Spanien

Begründung der Aufnahme: Zeugnis kulturellen Austauschs, Erbe von besonderer menschheits-

geschichtlicher Bedeutung, Verknüpfung mit Ereignissen von universeller Bedeutung

Der Bau von Santa Maria de Burgos wurde gleichzeitig mit dem der großen Kathedralen in der Ile de France im Jahr 1221 begonnen, doch erst 1567 vollendet. In der Kathedrale vereinigen sich alle Stilelemente der Gotik. Der Grundriss des Gebäudes ist ein lateinisches Kreuz mit harmonischen Proportionen. Die erste Bauphase war 1293 abgeschlossen. Nach einer Bauunterbrechung von etwa 200 Jahren nahm man Mitte des 15. Jh. die Bauarbeiten wieder auf und arbeitete weitere 100 Jahre an der Kathedrale. In dieser Zeit wurde das Bauwerk reich verziert und zu einem prachtvollen Gotteshaus mit Gemälden, Chorgestühl, Altarwänden, Kuppeln (große Abb. ganz rechts) und farbigen Glasfenstern ausgebaut. Der 1280 vollendete zweistöckige Kreuzgang zeigt noch alle Merkmale der französischen Hochgotik.

Türme, Gewölbe und Maßwerk folgen den Vorbildern aus Nordfrankreich. Auch die Portale des Querschiffs, Puerta del Sarmental im Süden und Puerta de la Coronería im Norden, gleichen mit ihrem Figurenschmuck den großartigen Figurenportalen der französischen Gotik.

Altstadt von Granada, Alhambra und Generalife-Palast

Spanien

Begründung der Aufnahme: Meisterwerk menschlicher Schöpferkraft, Zeugnis einer Kultur, Erbe von besonderer menschheitsgeschichtlicher Bedeutung

Ein Blick über ein Wasserbecken im Patio de los Arrayanes (Myrthenhof) auf die Halle der Botschafter in der Alhambra

Das großartige Architekturensemble aus Alhambra (Palast und Festung) und Generalife (Residenz und Gärten) auf einem Hügel über Granada ist ein außergewöhnliches Zeugnis aus der Zeit der maurischen Besetzung Spaniens. Es lässt die Pracht einer maurischen Residenz des Mittelalters aufleben. Auf einem benachbarten Hügel breitet sich das Albayzín aus, ein Altstadtviertel, in dem sich maurische Volksarchitektur harmonisch mit dem traditionellen andalusischen Baustil vereint und so ein bemerkenswertes Beispiel einer spanisch-maurischen Siedlung bildet. Zu Beginn der Maurenherrschaft in Spanien lag die gesamte Macht beim Kalifen in Córdoba, bis dieser im Bürgerkrieg von 1031 entmachtet wurde. Von da an wuchs die Bedeutung und Wirtschaftsmacht des Kleinkönigreichs von Granada stetig an. Dennoch stieg Granada erst 1238 zu einem wichtigen Zentrum des islamischen Spaniens auf, als Muhammad Ibn al Ahmar die heutige Alhambra bauen ließ.

Die Palastanlage war im 14. Jh. vollendet. Die Gebäude gruppieren sich um zwei Innenhöfe (Patio de los Arrayanes und Patio de los Leones), und die reich verzierten Räume sind mit Marmorsäulen, Stalaktitengewölben, Stuckarbeiten, Azulejos (farbigen Kacheln), kostbaren Hölzern und Gemälden auf Leder verziert. Ebenso erlesen sind die Beigaben aus der Natur: Ruhige und fließende Gewässer füllen riesige Becken, schmale Kanäle und Brunnen, vor allem den weltberühmten Löwenbrunnen im Patio de los Leones (Löwenhof).

Die Alhambra (Arabisch „die Rote") besteht aber nicht nur aus Palästen, sondern auch aus Wachräumen, Höfen, Gärten, Werkstätten, Läden, Bädern und Moscheen (zusätzlich zur königlichen Moschee, die im 16. Jh. mit der Kirche Santa Maria überbaut wurde). Um die gesamte Anlage zieht sich eine mächtige, mit Türmen versehene Wehrmauer.

Nicht weit entfernt, östlich der Alhambra, erstrecken sich die Gärten des Generalife. In dieser ländlichen Residenz erholten sich die Emire, die diesen Teil Spaniens im 13. und 14. Jh. regierten. Im Generalife ist das Verhältnis von Architektur und Natur umgekehrt: Gärten und Wasserflächen beherrschen die kleineren Pavillons, Gartenhäuser und Wohnquartiere. Große Buchsbäume, Rosen und Nelken, dazu zahlreiche Gehölze – von Weiden bis Zypressen – vereinen sich in einem Meisterwerk der Gartenkunst. Die maurischen Gärten symbolisierten das Paradies des Korans auf Erden.

Im Altstadtviertel Albayzín lebt mit den schmalen Gassen, kleinen Plätzen und bescheidenen maurischen und andalusischen Häusern ein Stück Mittelalter wieder auf.

Nach der Reconquista, der Rückeroberung Spaniens durch die Christen (1492), veränderte die starke Zuwanderung christlicher Bewohner die Stadt. Spätgotische und plattereske Kirchen und Klöster fügten sich harmonisch in die bestehende Architektur ein. Bis heute hat sich Albayzín Teile des maurischen Mittelalters bewahrt, denn die Stadtlandschaft, ihre Bauwerke und charakteristischen Merkmale passten sich erfolgreich der neuen Lebensweise an.

Tempelbezirk von Mahabalipuram

Indien

Begründung der Aufnahme: Meisterwerk menschlicher Schöpferkraft, Zeugnis kulturellen Austauschs, Zeugnis einer Kultur, Verknüpfung mit Ereignissen von universeller Bedeutung

Dieses außergewöhnliche Heiligtum an der Koromandelküste wurde von den Pallava-Königen gestiftet und im 7. und 8. Jh. in den Felsen gemeißelt. Die Monumente lassen sich in fünf Gruppen unterteilen: Die Ratha-Tempel in Form von Prozessionswagen wurden aus Felsen geformt, die aus dem Sand ragten. Die Mandapa oder Felsen-Heiligtümer sind mit Flachreliefs verzierte, zimmerartige Höhlentempel. In den freistehenden Felsreliefs werden Episoden aus dem Leben Shivas geschildert. Der Ufertempel und andere Tempel sind Pyramiden aus Steinblöcken mit Tausenden von Skulpturen zu Ehren Shivas. Die letzte Gruppe sind monolithische Rathas, die ein bis drei Stockwerke und unterschiedlichste architektonische Formen umfassen. Obwohl der Ufertempel und seine Statuen inzwischen vom Meerwasser und der salzigen Luft stark angegriffen sind, gilt er als Höhepunkt der Pallava-Kunst.

Die Reliefs im Fels erzählen die Geschichte des Ganges: König Baghirata hatte Shiva gebeten, die Flussgöttin Ganga zur Erde zu schicken und den lebensspendenden Ganges fließen zu lassen. Die Bildhauer benutzten geschickt eine natürliche Felsspalte, um die göttliche Gabe darzustellen. Die Szene ist mit Göttern, Göttinnen, mythischen Wesen und Wild- und Haustieren belebt, die dem Wunder als Zeugen beiwohnen. ▼

Ruinen der Omeyaden-Stadt Anjar
Libanon

Begründung der Aufnahme: Zeugnis einer Kultur, Erbe von besonderer menschheitsgeschichtlicher Bedeutung

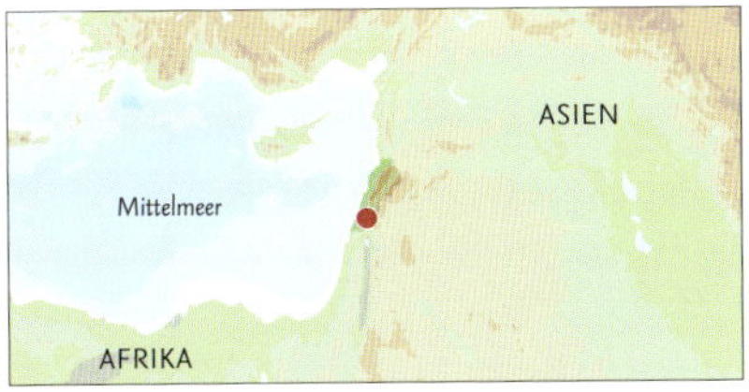

Der regelmäßige Grundriss der Ruinen von Anjar lässt die Palaststädte der Antike wieder aufleben. Anjar ist ein einzigartiges Zeugnis der Stadtplanung unter den Omeyaden. Die Stätte wurde 1949 bei archäologischen Ausgrabungen in der Region Beqaa entdeckt.

Der Kalif Walid I. (705–715) gründete Anjar zu Beginn des 8. Jh. an einer Stätte, die seit langem besiedelt war. In den Mauern der Gebäude finden sich Spolien aus älteren griechischen, römischen und frühchristlichen Bauten. Bis die Abbasiden die Stadt überrannten, erlebte Anjar eine 20–30 Jahre währende, kurze Blütezeit. Es gab über 600 Läden, Th ermen im römischen Stil, zwei Paläste und eine Moschee. Der Name leitet sich vom arabischen *Ajn-al-jaar* (Wasser aus Fels) ab und bezieht sich auf die Flüsse, die hier aus dem Gebirge austreten.

Die öffentlichen und privaten Gebäude waren nach strengen Regeln verteilt: Der Hauptpalast und die Moschee nahmen den südöstlichen Quadranten ein; der zweite Palast und die Thermen lagen im Nordosten und Nordwesten; die dicht stehenden Wohnhäuser waren im südwestlichen Quadraten untergebracht und über ein rechtwinkliges Straßennetz erschlossen.

Altstadt von Québec
Kanada

Begründung der Aufnahme: Erbe von besonderer menschheitsgeschichtlicher Bedeutung, Verknüpfung mit Ereignissen von universeller Bedeutung

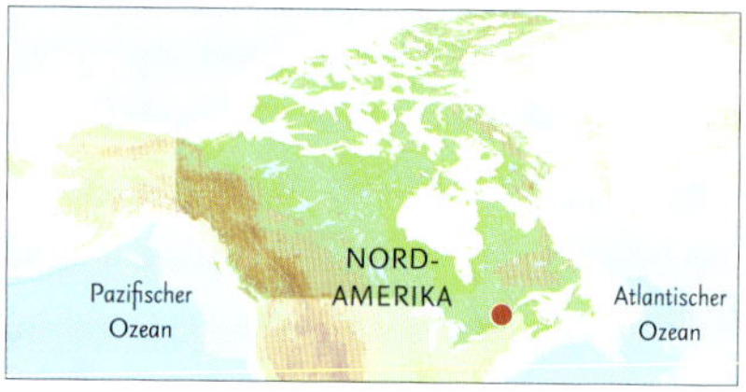

Québec ist eines der schönsten Beispiele für eine befestigte Kolonialstadt. Sie ist die einzige Stadt in Nordamerika, deren Befestigungswälle erhalten geblieben sind, zusammen mit zahlreichen Bastionen, Toren und Verteidigungsanlagen rund um den historischen Stadtkern.

Die Oberstadt liegt auf einem Bergsporn und wird durch Mauern mit Bastionen geschützt. Sie ist noch immer das religiöse und administrative Zentrum mit Kirchen, Klöstern und anderen Bauten, wie dem Dauphine Redoubt, der Zitadelle und dem Château Frontenac, das oben auf dem Foto rechts zu sehen ist. Zusammen mit der Unterstadt, in welcher der Hafen und die Wohnquartiere liegen, bildet die Oberstadt ein geschlossenes Esemble einer befestigten Kolonialstadt, das heute das vollständigste in Nordamerika ist.

Québec repräsentiert ein wichtiges Stadium in der Besiedlung und Entwicklung Amerikas vom Beginn der Neuzeit bis heute. Als Samuel de Champlain die Stadt 1608 als Hauptstadt von Neu-Frankreich gründete, wählte er als Standort ein steiles Plateau mit Blick über den St.-Lorenz-Strom. Das alte Stadtzentrum auf dem Bergsporn Cap-aux-Diamants wurde vom Fort St. Louis geschützt.

Die Binnengliederung von Québec ordnete sich früh den unterschiedlichen Funktionen unter: Québec war Stadt, Festung und Handelshafen für Waren aus dem Norden und aus Europa. Der Felsen schuf eine natürliche Trennung zwischen der Unterstadt mit dem Hafen und Geschäftshäusern und der Oberstadt mit Kirchen und Verwaltungsgebäuden.

Der Ingenieur Elias Durnford baute 1819–1831 die Zitadelle im äußersten Südosten des Cap-aux-Diamants. Die Verteidigungsanlagen wurden um die gesamte Stadt herum errichtet; sie zeichnen die räumliche Gliederung nach und gaben Québec die noch heute sichtbare topografische Form.

Die ältesten Wohnviertel der Unterstadt liegen um den Place Royal und in der Rue Notre Dame und bestehen aus Häusern des 17. und 18. Jh. Das Kloster aus dem 17. Jh. und das Seminar weisen einige ursprüngliche Bauelemente auf. Insgesamt blieben etwa 700 zivile und kirchliche Altbauten erhalten; 2 % davon stammen noch aus dem 17. Jh., 9 % aus dem 18. Jh. und 43 % aus der ersten Hälfte des 19. Jh. Sein heutiges Erscheinungsbild verdankt Québec der Architektenfamilie Baillairgés, die mehrere Generationen lang einen klassizistischen Stil pflegte.

Das Grandhotel Château Frontenac beherrscht die Unterstadt von Québec. ►

Die Stadt ist ein frühes Beispiel für die Erhaltung historischer gewachsener Strukturen: Der Generalgouverneur Lord Dufferin verhinderte in den 1870er-Jahren den Abriss der militärisch nutzlos gewordenen Festungsanlagen und ließ nur neue Stadttore durchbrechen. Seit Anfang des 20. Jh. und lange vor der Anerkennung als historisches Denkmal (1957) werden die Befestigungsanlagen mit Unterstützung der Regierung instand gehalten.

Boutique

Historisches Zentrum von Salvador de Bahia

Brasilien

Begründung der Aufnahme: Erbe von besonderer menschheitsgeschichtlicher Bedeutung, Verknüpfung mit Ereignissen von universeller Bedeutung

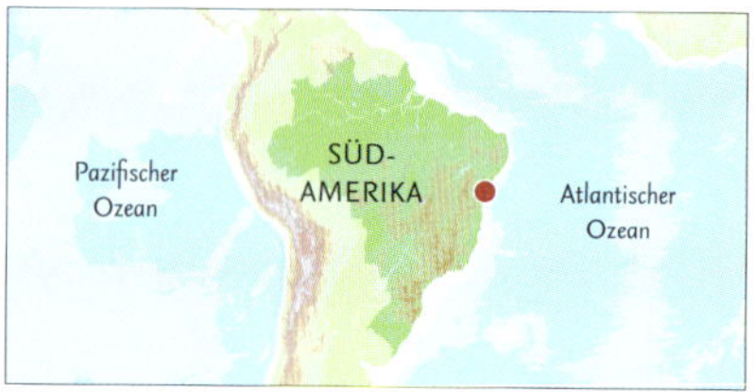

Salvador de Bahia im Nordosten Brasiliens ist, wie auch die Stadt Ouro Preto, eine koloniale Stadt par excellence. Salvador repräsentiert beispielhaft die Stadtplanung der Renaissance und hat viele außergewöhnliche Monumente und Bauten aus dieser Epoche bewahrt. Die Stadt war der erste Sklavenmarkt in der Neuen Welt und zwischen dem 16. Jh. und 18. Jh. ein wichtiger Schmelztiegel europäischer, afrikanischer und indigener amerikanischer Kulturen.

Die von den Portugiesen gegründete Stadt war ab 1549 die erste Hauptstadt Brasiliens und blieb es, bis 1763 die gesamte Verwaltung nach Rio de Janeiro verlegt wurde.

Das Handelszentrum der Stadt konzentrierte sich um den Hafen, während die Wohn- und Verwaltungsgebäude in der Oberstadt Bahia de Todos los Santos in schöner, hügeliger Umgebung gebaut wurden. Dank der Lage auf einem Höhenzug parallel zur Küste ließ sich die Stadt im 16. und 17. Jh. gut gegen Angriffe verteidigen.

Zusätzlich zu bedeutenden Bauten des 17.–18. Jh. blieben im historischen Zentrum von Salvador auch einige Plätze des 16. Jh. und Barockpaläste erhalten. Die Straßen mit den leuchtend bunt gestrichenen Häusern, die oft mit kostbaren Stuckaturen verziert wurden, sind typisch für eine Kolonialstadt. ▼

Altstadt von Segovia mit Aquädukt

Spanien

Begründung der Aufnahme: Meisterwerk menschlicher Schöpferkraft, Zeugnis einer Kultur, Erbe von besonderer menschheitsgeschichtlicher Bedeutung

Neben dem Aquädukt gehören auch die Burg Alcázar (begonnen im 11. Jh.) und die prachtvolle gotische Kathedrale des 16. Jh., einer der letzten gotischen Bauten Europas, zu den bedeutenden Bauwerken der Altstadt.

Der römische Aquädukt von Segovia, das Wahrzeichen der Stadt, ist eine großartige, zweistöckige Konstruktion. Er entstand vermutlich um 50 n. Chr. und ist das bekannteste römische Aquädukt Spaniens. Das liegt nicht nur an seiner monumentalen Architektur, sondern auch am guten Erhaltungszustand und der Nähe zu einer der schönsten Städte der Welt.

Die römischen Wasserbauingenieure transportierten das Wasser des Rio Frio in der Sierra de Guadarrama über ein Gefälle von durchschnittlich 1 % bis ins 18 km entfernte Segovia.

Das größte Hindernis war das Flusstal des Clamores am Ende der Strecke. Um das Tal zu überwinden, bauten die Römer einen 813 m langen Aquädukt mit vier geraden Abschnitten und Arkaden auf zwei Etagen, die von 128 Säulen gestützt werden. Am tiefsten Punkt des Tales ist der Aquädukt 28,50 m hoch.

Heiligtum von Chavin

Peru

Begründung der Aufnahme: Zeugnis einer Kultur

Chavin liegt in einem Hochtal der peruanischen Anden. Die 3177 Höhenmeter hielten Architekten und Künstler nicht davon ab, bemerkenswerte Bauwerke zu errichten. Dazu gehören riesige, behauene Monolithen; einer von ihnen ist über 4 m hoch.

Nach der Fundstätte Chavin wurde eine ganze Kultur benannt, die sich zwischen 1500 und 300 v. Chr. in einem Hochtal der peruanischen Anden entfaltete. Der ehemalige Kultplatz ist eine der ältesten und am besten erforschten präkolumbischen Stätten. Chavin bietet mit seinen Terrassen und Plätzen einen eindrucksvollen Anblick. Die Bauten wurden aus behauenen Steinen errichtet und mit zoomorphen Skulpturen verziert.

◀ Der Kopf einer Katze, eines der zoomorphen Ornamente in Chavin.

Bemalte Kirchen im Gebiet von Tróodos

Zypern

Begründung der Aufnahme: Zeugnis kulturellen Austauschs, Zeugnis einer Kultur, Erbe von besonderer menschheitsgeschichtlicher Bedeutung

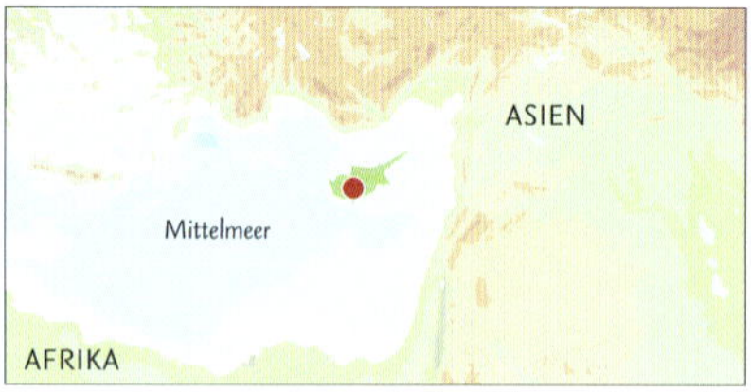

Die Kirche Ayia Sotia (Verklärung des Erlösers) hat ein steiles Scheunendach mit hölzernem Dachstuhl und ist mit flachen Ziegeln gedeckt. Diese einzigartige Kirchenbauweise kommt nur auf der Insel Zypern vor.

Im Tróodos-Gebirge, im Herzen Zyperns, steht eine großartige Gruppe von byzantinischen Kirchen und Klöstern. Die Insel Zypern gehörte seit 965 zum Byzantinischen Reich. Auf der Liste des Welterbes stehen insgesamt zehn Bauwerke, die mit kostbaren Wandmalereien verziert sind und einen Einblick in die byzantinische und postbyzantinische Malerei auf Zypern erlauben. Das Spektrum reicht von Klöstern, wie das des Hl. Johannes Lampadistis, bis zu kleinen, ländlich geprägten Kirchen, deren einfache Bauweise einen starken Kontrast zu den kunstvollen Malereien bildet. Einer der wichtigsten Zyklen wurde 1105–1106 in der Kirche Panagia Phorbiotissa in Nikitari gemalt; die bedeutenden Fresken in der Kirche Panagiatou Arakou in Lagoudera entstanden in den letzten sechs Monaten des Jahres 1192.

Altstadt von Santiago de Compostela

Spanien

Begründung der Aufnahme: Meisterwerk menschlicher Schöpferkraft, Zeugnis kulturellen Austauschs, Verknüpfung mit Ereignissen von universeller Bedeutung

Die Altstadt von Santiago mit ihren romanischen, gotischen und barocken Gebäuden ist nicht nur eine der schönsten Stadtlandschaften der Welt, sondern auch eines der berühmtesten Pilgerziele des Christentums. Nachdem die islamischen Mauren die Stadt Ende des 10. Jh. zerstört hatten, wurde sie zu einem Symbol des spanischen Kampfes gegen die Mauren.

Das historische Zentrum Santiagos ist eine der heiligsten Stätten der Christenheit. Die ältesten Monumente gruppieren sich um das Jakobsgrab und die Kathedrale, die ein Meisterwerk der Romanik ist. Private und kirchliche Bauten vom Mittelalter bis zur Renaissance fügen sich in das Stadtbild ein. In der Romanik und im Barock beeinflusste Santiago die Architektur und Kunst im Norden Spaniens.

Santiago de Compostela ist untrennbar mit der Pilgerkultur verbunden, die das Mittelalter prägte. Von den Küsten der Nord- und Ostsee zogen Tausende von Pilgern mit Jakobsmuschel und Pilgerstab in dieses galizische Heiligtum, um am Grab von Jakob (Santiago) zu beten.

Die Kathedrale von Santiago de Compostela ▼

Felsnekropole und Ruinen von Petra

Jordanien

Begründung der Aufnahme: Meisterwerk menschlicher Schöpferkraft, Zeugnis einer Kultur, Erbe von besonderer menschheitsgeschichtlicher Bedeutung

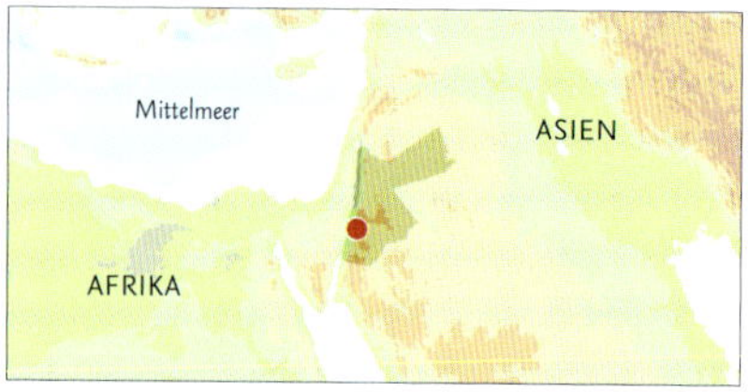

Petra ist eine der berühmtesten und spektakulärsten archäologischen Stätten der Welt. Hier verschmolzen antike Traditionen des Ostens mit hellenistischer Architektur. Petra liegt etwa auf halbem Wege zwischen dem Roten Meer und dem Toten Meer. In der halb gebauten, halb in den Felsen gemeißelten Stadt kreuzten sich die Handelswege aus Arabien, Ägypten und Syrien/Phönizien.

Petra wurde um das 6. Jh. v. Chr. von nabatäischen Arabern gegründet, einem semitischen Volk, das von hier aus ein Handelsimperium schuf, das bis nach Syrien reichte. Der römische Kaiser Trajan annektierte das Nabatäerreich (106 n. Chr.) und schlug es der Provinz Arabia zu. Zahlreiche Erdbeben trugen dazu bei, dass Petra langsam, aber stetig an Bedeutung verlor. Daran konnte auch die Ernennung zum Erzbischofssitz nichts ändern. Muslimische Araber eroberten die Stadt (636), die jedoch nicht an der Pilgerroute nach Mekka lag. Als die Kreuzritter im 12. Jh. hier eine Burg errichteten, kehrte der alte Glanz für kurze Zeit zurück. Nachdem sie sich zurückgezogen hatten, versank Petra bis ins 19. Jh. in die Bedeutungslosigkeit, bis der Schweizer Forscher Burckhardt die Ruinen wieder entdeckte.

Petra liegt im Süden des modernen Ammans am Rand der Felsenwüste Wadi Araba. Die hohen Sandsteinberge dienten als natürlicher Schutz gegen Invasoren. Mehrere Jahrhunderte lang kreuzten sich hier die Karawanenstraßen, über die Gewürze aus dem Nahen Osten, Afrika und Indien ans Mittelmeer transportiert wurden.

Die berühmteste Sehenswürdigkeit von Petra ist das Schatzhaus des Pharao (Khazneh el Faroun), eine eindrucksvolle, fast 40 m hohe Fassade, die in den Felsen gemeißelt ist wie eine halb fertige Skulptur. Dieses Schatzhaus ist der einzige Felsenbau in Petra, bei dem kein nabatäischer Einfluss erkennbar ist. Es weist ausschließlich alexandrinische und hellenistische Stilelemente auf. Hinter der eindrucksvollen Fassade wurde nur ein einfacher quadratischer Raum in den Fels gegraben. Diese Gegensatz – außen kostbar gestaltet, innen schlicht – ist typisch für die Architektur Petras.

Im Norden der Khazneh liegt das Felsmassiv Dschebel Khubtha, in dessen Front (die so genannte Königswand) drei große Fassaden (Königsgräber) gemeißelt wurden: das Urnengrab, das korinthische Grab und das Palast- oder Seidengrab, das seinen Namen den außerordentlichen Farbeffekten des Felsens verdankt.

Der Hauptzugang nach Petra führt durch die Siq, eine vom Musa geformte Schlucht. Die Nabatäer haben den Musa aufgestaut und Trinkwasser in die Stadt geleitet. Die Siq ist nur selten breiter als 5 m und windet sich zwischen mehreren hundert Meter hoch aufragenden Felswänden hindurch. Die Schlucht läuft direkt auf das Schatzhaus (Khazneh) zu. ►

In Petra blieben mehrere römische Überreste erhalten, unter anderem das Theater aus dem 1. Jh. n. Chr., das über 8000 Zuschauer fasste.

Nationalpark Huascarán

Peru

Begründung der Aufnahme: besonderes Naturphänomen, Zeugnis wichtiger Stadien der Erdgeschichte

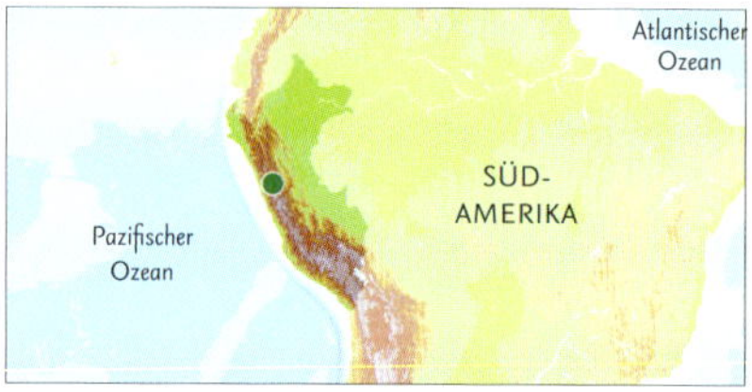

In der Gebirgskette lebten Jahrhunderte lang unterschiedliche ethnische Gruppen. Davon zeugen unter anderen die Ruinen in Gekosh und Chuchumpunta, die die weltweit größten Ansammlungen von Ruinen dieser Art darstellen.

Der Nationalpark Huascarán nimmt den größten Teil der Cordillera Blanca in den peruanischen Anden ein. Die Cordillera Blanca ist das höchste tropische Gebirge der Erde. 27 der schneebedeckten Gipfel ragen über 6000 m auf; der höchste ist der El Huascarán mit 6768 m. Die reißenden Gebirgsflüsse, die durch tiefe Schluchten strömen, die Gletscherseen und die vielfältige Vegetation schaffen eine Naturlandschaft von atemberaubender Schönheit. Hier leben seltene Arten, wie der Brillenbär oder der Andenkondor, hinzu kommen Pumas, Andenkatzen, Weißwedelhirsche und Vikunjas – sie alle wurden in der Vergangenheit gejagt. Der Park selbst ist unbewohnt, einige der tiefer gelegenen Zonen dürfen aber von den Einheimischen, die in der Nähe leben, als Weideflächen genutzt werden.

Der Gipfel des El Huascarán. ▼

Ruinen der Partherstadt Hatra

Irak

Begründung der Aufnahme: Zeugnis kulturellen Austauschs, Zeugnis einer Kultur, Erbe von besonderer menschheitsgeschichtlicher Bedeutung, Verknüpfung mit Ereignissen von universeller Bedeutung

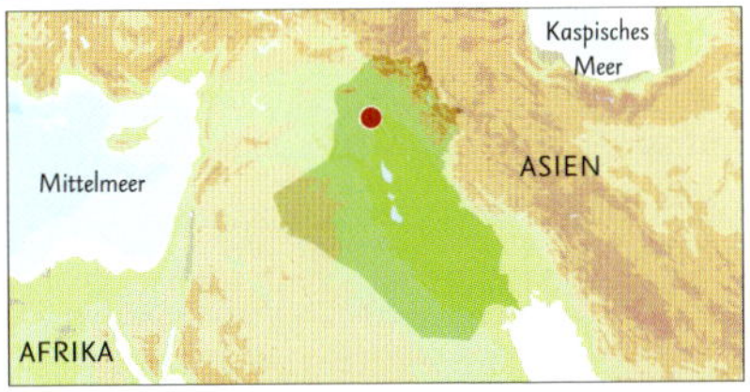

Hatra war eine befestigte Großstadt im Partherreich und die Hauptstadt des ersten arabischen Königreiches. Als wichtige Zwischenstation auf der berühmten Seidenstraße konnte sich Hatra mit anderen bedeutenden Städten, wie Palmyra in Syrien, Petra in Jordanien oder Baalbek im Libanon messen. Das Partherreich war den Römern ein Dorn im Auge, doch sie versuchten vergeblich, es zu zerstören. Sie griffen Hatra 116 und 198 n. Chr. an, aber die starken, mit Türmen verstärkten Stadtmauern hielten allen Angriffen stand. Die Ruinen der Stadt, vor allem die der Tempel, zeugen von der Verschmelzung hellenistischer und römischer Architektur mit orientalischen Schmuckelementen. Die großartige assyrisch-babylonische Zivilisation wurde von griechischen, römischen, parthischen und arabischen Einflüssen geprägt.

Hatra hat eine runde Grundfläche von fast 2 km Durchmesser. Vier Tore führen durch die mächtigen Doppelmauern. Die äußere Wehrmauer ist ein Erddamm, danach folgen ein tiefer Graben und eine Steinmauer. Die gut erhaltene doppelte Mauer von Hatra ist ein einzigartiges Beispiel für eine Befestigungsanlage dieser Art.

Wildschutzgebiet Manas

Indien

Begründung der Aufnahme: besonderes Naturphänomen, Schauplatz spezieller ökologischer und biologischer Prozesse, bedeutender natürlicher Lebensraum – Biodiversität

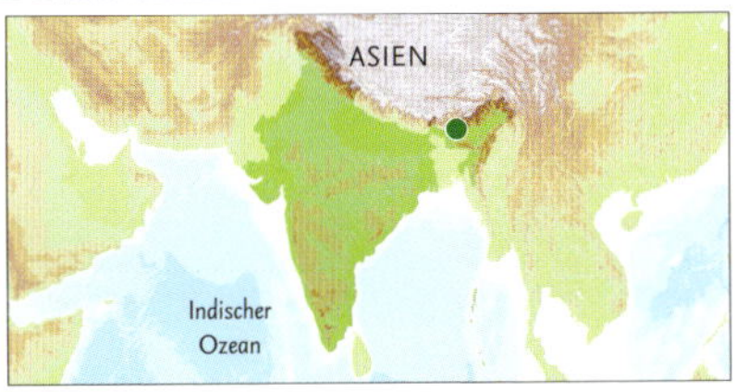

Das Schutzgebiet Manas erstreckt sich zu Füßen des Himalajas, wo bewaldete Hügel in offene, grasige Flussebenen und tropische Wälder übergehen. Die Stätte, deren Name auf die Göttin Manasa zurückgeht, zeichnet sich aus durch eine eindrucksvolle Naturlandschaft. Ein breites Spektrum von Lebensräumen beherbergt eine vielfältige Fauna und macht Manas zum artenreichsten Schutzgebiet Indiens. Manas liegt im Herzen eines größeren Tigerreservats, das den Tieren auf ihren Wanderschaften zwischen Westbengalen, Arunachal Pradesh und der Grenze von Bhutan Schutz bietet. Die Feuchtgebiete von Manas sind von internationaler Bedeutung. Das Wildschutzgebiet ist wichtig für das Überleben bedrohter Tierarten, wie das Zwerg-Wildschwein, das Borstenkaninchen oder der Goldlangur.

In Manas wurden über 450 Vogelarten gezählt, unter anderem die bedrohte Barttrappe, der Doppelhornvogel, der Furchen-Hornvogel und andere Nashornvögel, außerdem seltene Wasservögel, wie der Graupelikan, der Sunda-Marabu und der Große Marabu.

Zu den in der Gegend lebenden Reptilien gehören die Assam-Dachschildkröten sowie zahlreiche Schlangen, Gaviale und Warane.

Nationalpark Keoladeo

Indien

Begründung der Aufnahme: bedeutender natürlicher Lebensraum – Biodiversität

Die Region wurde in den 1850er-Jahren durch Dämme künstlich überschwemmt und besteht seither aus einem Netz aus Feuchtwiesen, Kanälen, Deichen und Schleusen. Seit 1964 der letzte Leopard abgeschossen wurde, gibt es im Park keine großen Raubtiere mehr. Neben Rhesusaffen und anderen Primaten bietet er heute auch kleineren Raubtieren einen sicheren Lebensraum.

Der Nationalpark war einst ein Jagdrevier der Maharadschas, die hier Enten schossen. Heute ist es ein wichtiges Winterquartier für unzählige Zugvögel aus Afghanistan, Turkmenistan, China und Sibirien. In Keoladeo wurden insgesamt 364 Vogelarten gezählt, darunter der seltene Nonnenkranich. Zu dem großen Artenreichtum trägt vor allem die Lage in der Gangesebene bei. Hier brüten Reiher, Störche und Kormorane, und zahlreiche Enten suchen den Park als Winterquartier auf. Die Fluss spült jedes Jahr schätzungsweise 55 Mio. Jungfische auf die überschwemmten Ebenen – ein reiches Nahrungsangebot für die vielen Fisch fressenden Vögel, die im niedrigen Wasser waten. Auch Fischadler, Wanderfalken und andere Greifvögel suchen hier ihre Beute.

Denkmäler von Oviedo und des Königreiches Asturien

Spanien

Begründung der Aufnahme: Meisterwerk menschlicher Schöpferkraft, Zeugnis kulturellen Austauschs, Erbe von besonderer menschheitsgeschichtlicher Bedeutung

Das kleine Königreich Asturien hielt im 9. Jh. die Fahne des christlichen Glaubens in Spanien hoch. Hier entstand eine Frühform der Romanik, die später die Kirchenbaukunst der Iberischen Halbinsel beeinflussen sollte. Seine höchste Vollendung erreichte dieser Stil in den Kirchen Santa María del Naranco, San Miguel de Lillo, Santa Cristina de Lena, Cámara Santa und San Julián de los Prados sowie in und um die alte Hauptstadt Oviedo.

Der Grundriss dieser Kirchen gleicht dem einer Basilika; sie sind vollständig eingewölbt, und als Stützen dienen Säulen mit sehr reicher Verzierung, deren Motive aus unterschiedlichen Quellen stammen. Neben den Kirchen gehört auch der mittelalterliche Brunnen La Foncalada zum Welterbe.

Santa María del Naranco war früher eine zweistöckige Königsresidenz. Bei den Ausgrabungen 1930–1934 kam in einem der unteren Räume ein Bad zum Vorschein. Der rechteckige Palast wurde zwischen 905 und 1065 in eine Kirche umgewandelt. ▼

Medina von Marrakesch
Marokko

Begründung der Aufnahme: Meisterwerk menschlicher Schöpferkraft, Zeugnis kulturellen Austauschs, Erbe von besonderer menschheitsgeschichtlicher Bedeutung, traditionelle Siedlungsform

Marrakesch ist das Lehrbuchbeispiel für eine große islamische Stadt der westlichen Hemisphäre. Die labyrinthischen engen Gassen, die Häuser und Märkte (Souks), das traditionelle Handwerk und der Handel machen die Medina zu einem hervorragenden Beispiel für eine lebendige historische Stadt.

Die Stadt wurde 1070–1072 von den Almoraviden gegründet. Marrakesch wurde zur Hauptstadt dieser nomadisch lebenden Eroberer und gewann als politisches, wirtschaftliches und kulturelles Zentrum einen enormen Einfluss, der auf die gesamte islamisch geprägte Region von Nordafrika bis Andalusien einwirkte. In den nächsten beiden Jahrhunderten bestimmte das Vorbild Marrakesch die Stadtplanung.

Wie in anderen nordafrikanischen Städten ist auch in Marrakesch die von Mauern umgebene Medina der alte Kern der Stadt. Der Grundriss der Medina geht auf die Zeit der Almoraviden zurück, aus der sogar noch einige Bauten erhalten sind. Die Mauern wurden 1126–1127 errichtet und angeblich legten die Almoraviden auch den 1,3 km² großen Palmenhain im Osten der Stadt an.

Die berberischen Almohaden, die Marrakesch 1147 eroberten, zerstörten viele der alten Bauwerke. Dennoch blieb die Stadt auch unter den Almohaden zwei weitere Jahrzehnte lang Hauptstadt des Reiches und erlebte eine neue und noch größere Blütezeit. Die Almohaden erbauten die Koutoubia-Moschee auf den Fundamenten eines almoravidischen Baus. Das unvergleichliche Minarett (Abb. rechts) ist ein Paradebeispiel islamischer Architektur und das markante Wahrzeichen der Stadt. Neue Stadtviertel wurden gegründet, die Stadtmauern erweitert und die Kasbah (Festung) verstärkt. Die Kasbah schloss sich im Süden mit eigenen Wällen und Toren (Bab Agnaou, Bab Robb), Moschee, Palast, Markt, Krankenhaus, Paradeplatz und Gärten an die Stadt an. Die neuen Herrscher festigten ihre Kontrolle über das eroberte Gebiet, indem sie Felder anlegen und technische Einrichtungen, wie die Tensift-Brücke, bauen ließen.

Obwohl die Bedeutung von Marrakesch nach dem Niedergang der Almohaden (1269) abnahm, wurden weiterhin bemerkenswerte Bauten errichtet, beispielsweise die Ben-Salih-Moschee mit Minarett. Unter den Saaditen (1510–1669) kam die Kunst in Marrakesch zu neuer Blüte, und seit dem 17. Jh. erweiterten die Alawiten die Stadt nochmals: Sie bauten eine neue Moschee, Medressen, Paläste und Residenzen, die sich harmonisch in die alte Stadt einfügten.

Das Minarett der Koutoubia-Moschee ▶

Das Erbe der Saaditen zeigt sich in den Ruinen des El-Badi-Palastes und vor allem in den prächtigen Grabmälern. Sie sind mit kostbaren Reliefs, farbigen Kacheln und arabischen Schriftzeichen verziert und zeugen vom Reichtum der Saaditen. Die Alawiten ließen die Gräber verschließen; sie wurden erst 1917 wieder geöffnet.

Das Baumaterial für die Grabmale stammte von weither. Als der Marmor aus Carrara in der Toskana geschnitten wurde, schrieb Montaigne, er sei „für den König von Marokko im Berberland".

Altsteinzeitliche Höhlenmalereien in Nordspanien; Höhle von Altamira

Spanien

Begründung der Aufnahme: Meisterwerk menschlicher Schöpferkraft, Zeugnis einer Kultur

Altamira gilt als „Sixtinische Kapelle der Frühgeschichte". Sie ist ein einzigartiges Beispiel künstlerischen Schaffens und ein außergewöhnliches Zeugnis der südeuropäischen Kulturen des Magdalénien vor etwa 15500 Jahren. Die Höhle, die 1869 zufällig entdeckt wurde, ist reich an archäologischen Funden, die aus zwei Epochen stammen: Die ältesten Darstellungen stammen aus dem Aurignacien vor etwa 18500 Jahren, doch erst mit Beginn des Magdalénien wurde die größte Höhlenkammer mit Malereien verziert. Unter der Kuppel blieben herrliche Bilder von Bisons, Pferden, Hirschen und Wildschweinen erhalten. Die Farbpalette beschränkt sich auf Ocker, Rot und Schwarz. Im Jahre 2008 wurden 17 weitere Höhlen als Welterbe anerkannt. Sie repräsentieren den Höhepunkt der paläolithischen Höhlenmalerei, die sich ungefähr zwischen 35000 und 11000 v. Chr. in Europa, vom Ural bis zur Iberischen Halbinsel, ausbreitete. In den tiefen Galerien der Höhlen dieser Welterbestätte, die bestens vor äußeren klimatischen Einwirkungen geschützt sind, blieben die Malereien besonders gut erhalten.

Die großen Tierbilder (eine Hirschkuh ist 2,20 m lang) zeichnen sich durch einen erstaunlichen Naturalismus und eine detailgenaue Darstellung aus. Auch das Fell und die Mähne der Tiere wurden in außergewöhnlicher Vielfalt zeichnerisch erfasst. Die Künstler setzten das natürliche Relief der Höhlenwände als Hilfsmittel bei der Gestaltung ein und schufen damit überraschende Trompe-l'oeil-Effekte.

Punische Stadt Kerkuan und ihre Totenstadt

Tunesien

Begründung der Aufnahme: Zeugnis einer Kultur

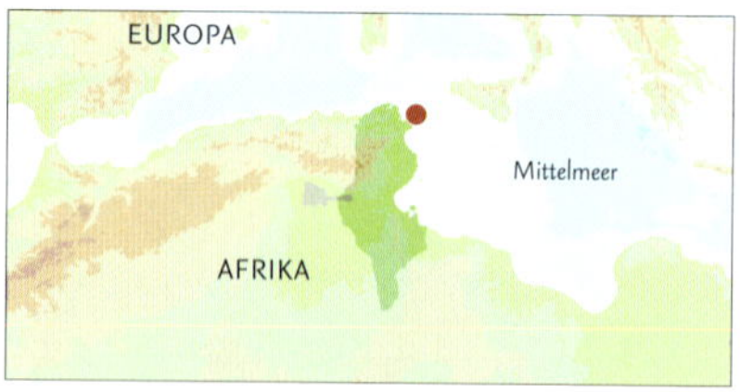

Diese damals 400 Jahre alte phönizische (punische) Stadt wurde im Ersten Punischen Krieg 250 v. Chr. aufgegeben. Da die Römer sie nicht wieder aufbauten, stammen die heute sichtbaren Ruinen noch aus der Zeit der Phönizier/Punier und repräsentieren damit das einzige bis heute erhaltene Zeugnis dieser Zivilisation. Kerkuan erlaubt einen Einblick in das phönizische Stadtleben des 3. Jh. v. Chr. Der Hafen, die Wälle, Wohnquartiere, Läden, Werkstätten, Straßen und Tempel sowie die Nekropole blieben in dem Zustand, indem sie einst verlassen wurden. Die sehr sorgfältig geplante Stadt hatte eine ausgeklügelte Wasserversorgung und hohe hygienische Standards. Alle Häuser hatten denselben Grundriss: Durch ein Tor und einen Flur gelangte man in einen Innenhof mit Brunnen, Waschbecken und Bad; um den Hof lagen die Aufenthalts- und Empfangsräume.

Die Nekropole von Arg el Ghazouani liegt auf einem felsigen Hügel, etwa 1 km nordwestlich der Stadt. Sie ist der am besten erhaltene Teilabschnitt der großen Nekropole von Kerkuan, deren Grabstätten bis zum Cap Bon im Hügelland an der Küste verteilt sind. Etwa 200 Gräber liegen im geschützten Bereich; 50 davon wurden noch nicht ausgegraben.

Wüstenschloss Q'useir Amra
Jordanien

Begründung der Aufnahme: Meisterwerk menschlicher Schöpferkraft, Zeugnis einer Kultur, Erbe von besonderer menschheitsgeschichtlicher Bedeutung

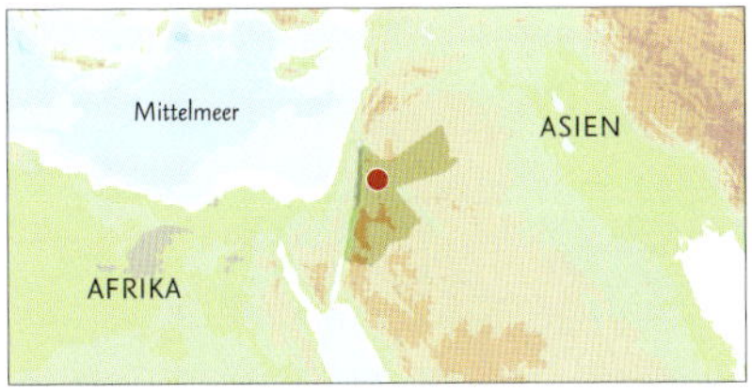

Dieses ungewöhnlich gut erhaltene Schloss in der Wüste wurde zu Beginn des 8. Jh. erbaut. Es war sowohl Kaserne mit einer Garnison als auch Residenz der Umayyaden-Kalife. Die Empfangshalle und das Dampfbad sind die herausragenden Elemente dieses kleinen Lustschlosses. Die Wände und Gewölbe wurden mit figürlichen Darstellungen bemalt, welche die säkulare Kunst der Epoche repräsentieren. Q'useir Amra entstand wahrscheinlich in der Regierungszeit von Walid I. (705–715); neue Untersuchungen deuten allerdings eher auf Walid II. (743–744). Das großzügige Bad wurde durch einen Aquädukt gespeist und bestand nach römischen Vorbild aus drei Haupträumen: einem Umkleideraum (Apodyterium), einem warmen (Tepidarium) und einem heißen Bad (Caldarium), sowie den Betriebsräumen.

Die Wandbilder stellen historische Themen dar, Königsfiguren, die von den Umayyaden-Kalifen besiegt werden, außerdem mythologische, die Musen der Poesie, Philosophie und Geschichte mit griechischen Bezeichnungen. Außerdem finden sich ein Sternzeichenkreis, Jagdszenen und fantasievolle Darstellungen, etwa Tiere als Musiker, ein Löwe jagt einen Jäger.

Ruinen des buddhistischen Klosters von Paharpur
Bangladesch

Begründung der Aufnahme: Meisterwerk menschlicher Schöpferkraft, Zeugnis kulturellen Austauschs, Verknüpfung mit Ereignissen von universeller Bedeutung

Seit dem 7. Jh. war das Somapura Mahavira (Großes Kloster) die Keimzelle für die Verbreitung des Mahayana-Buddhismus in Bengalen. Es behielt seine Rolle als berühmtes intellektuelles Zentrum bis ins 12. Jh. bei. Mit seinen klaren, harmonischen Linien und dem reichen Skulpturenschmuck war das Kloster aber auch von hoher künstlerischer Bedeutung. Die Zellen für 177 Mönche lehnten sich an die viereckige Klostermauer an. Der Bauplan des Klosters ordnete sich perfekt der Funktion unter, und der Stil Paharpurs beeinflusste die buddhistische Architektur bis nach Kambodscha. Unter den zahlreichen ausgegrabenen Artefakten fanden sich Bildnisse von Göttern und Göttinnen, Keramik, Münzen, Inschriften und verzierte Ziegelsteine. Die Stätte ist das größte Kloster, das bisher südlich des Himalajas freigelegt wurde.

Die bemerkenswerte Klosteranlage war von 5 m hohen Mauern umgeben. Im Hof der viereckigen Anlage stand ein kolossaler Tempel mit kreuzförmigem Grundriss. Im Norden standen die kunstvollen Torbauten.

Wallfahrtskirche „Guter Jesus“ von Congonhas

Brasilien

Begründung der Aufnahme: Meisterwerk menschlicher Schöpferkraft, Erbe von besonderer menschheitsgeschichtlicher Bedeutung

Der Wunsch eines portugiesischen Einwanderers, der auf wunderbare Weise von einer schweren Krankheit geheilt wurde, war der Anlass für den Bau einer Gebäudegruppe, die zu den schönsten christlichen Monumenten zählt. Die Wallfahrtskirche liegt mitten im üppig bewaldeten brasilianischen Hochland und war nach etwa 60 Jahren Bauzeit um 1770 vollendet. Die Kirche „Guter Jesus“ ist ein schlichter Bau in der Tradition der Region. Nach dem Tod des Stifters Feliciano Mendes (1765) wurde sie im Innern prachtvoll im Stil des Rokoko ausgestattet. Antônio Francisco Lisboa (Aleijadinho) schmückte die 1770 begonnene Außentreppe später mit zwölf Apostelstatuen aus Speckstein. Aleijadinho stattete auch die sieben kleinen Kapellen (Kreuzwegstationen) mit Figuren aus Holz, den Passos, aus. In diesen farbenfrohen Kreuzwegstationen erreichte die christliche Kunst Lateinamerikas ihren Höhepunkt.

Die Region Minas Gerais in Brasilien erlebte im 18. Jh. eine Blütezeit. Im Jahre 1712 wurden 30 000 Goldgräber gezählt. Die frommen Gaben dieser Pioniere flossen in kostbare christliche Kunstwerke, deren Stil von zahlreichen Anleihen an Barock und Rokoko geprägt ist.

Nationalpark Kaziranga
Indien

Begründung der Aufnahme: Schauplatz spezieller ökologischer und biologischer Prozesse, bedeutender natürlicher Lebensraum – Biodiversität

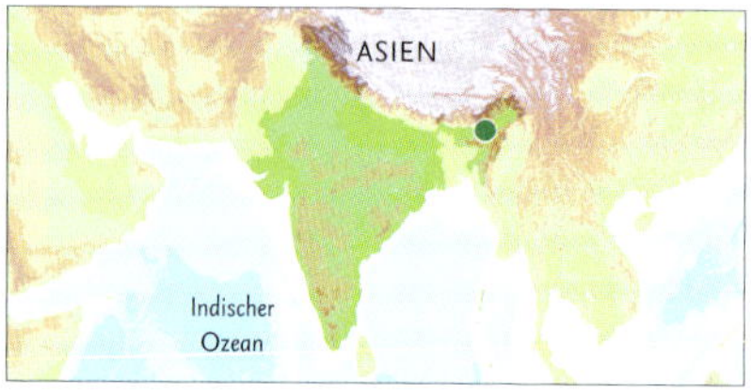

Der Nationalpark im Herzen von Assam ist einer der letzten Orte im Osten Indiens, an dem sich die Natur noch frei von menschlichen Einflüssen entfalten kann. Hier lebt die größten Populationen des Indischen Panzernashorns und des Asiatischen Elefanten (unten), dazu zahlreiche weitere Säugetiere, wie Tiger, Leoparden und Bären, außerdem Tausende von Vögeln. Kaziranga liegt in der Flussebene des Brahmaputra, am südlichen Ufer zu Füßen der Mikir-Berge. Die Vegetation besteht hauptsächlich aus hohem Grasland mit offenen Wäldern, Flüssen und zahlreichen kleinen Seen (Bheels). Jedes Jahr, wenn der Brahmaputra über die Ufer tritt, stehen über drei Viertel der Fläche unter Wasser. Im Park kommen 15 der bedrohten indischen Säugetierarten vor. Der große Fischreichtum der weiten Wasserflächen stellt ein reiches Nahrungsangebot für über 100 Zugvogelarten dar.

Im Park leben Kappenlanguren, eine kleine Population Hulocks, Gangesdelfine, Fischotter, Barasinghas, Schweinshirsche und Indische Muntjaks. Zu den besonders interessanten Vogelarten zählen Graupelikan, Riesenstorch, Bindenseeadler, Barttrappe, Sumpffrankolin, Grauer Pfaufasan, Doppelhornvogel und Bronzefruchttaube; unter den bemerkenswerten Reptilienarten sind Bindenwaran, Tigerpython, Südasiatische Kobra und Königskobra.

Große Moschee und Krankenhaus von Divriği
Türkei

Begründung der Aufnahme: Meisterwerk menschlicher Schöpferkraft, Erbe von besonderer menschheitsgeschichtlicher Bedeutung

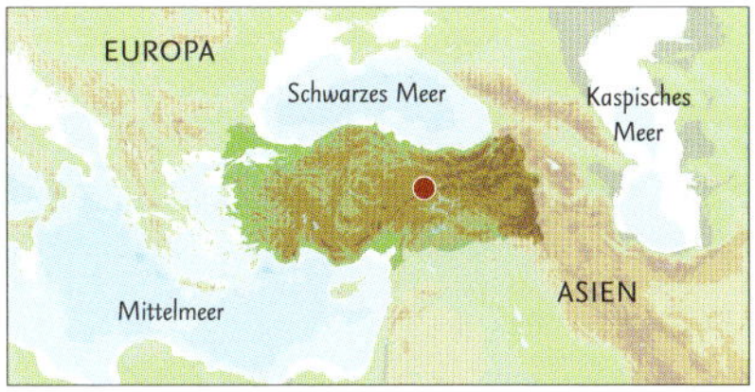

Die Moschee von Divriği wurde 1228–1229 von dem Emir Ahmet-Shah gegründet, gemeinsam mit dem Marestan (Krankenhaus für Geisteskranke), das seine Frau stiftete. Beide Gebäude wurden gleichzeitig von demselben Architekt erbaut. Divriği ist ein außergewöhnliches Bespiel für eine Seldschuken-Moschee in Anatolien. Anders als bei üblichen Moscheen fehlen der große Hof, die offenen Kolonnaden und das Waschbecken im Freien, denn wegen des rauen Klimas sind alle funktionalen Bauteile überdacht. Die Moschee hat einen einzigen Gebetsraum mit zwei Kuppeln. Die höchst kunstvolle Gewölbetechnik und ein kreativer Umgang mit den Schmuckformen – insbesondere im Bereich der drei Tore, im Unterschied zu den schmucklosen Innenwänden – weisen diese Moschee als Meisterwerk islamischer Baukunst aus.

Im Ensemble von Divriği fällt der Kontrast zwischen den niedrigen, geschlossenen Einfassungsmauern und den drei enormen Torbauten, die zum Krankenhaus (im Westen) und der Moschee (im Norden und Westen) führen, besonders ins Auge.

Dom und Michaeliskirche in Hildesheim
Deutschland

Begründung der Aufnahme: Meisterwerk menschlicher Schöpferkraft, Zeugnis kulturellen Austauschs, Zeugnis einer Kultur

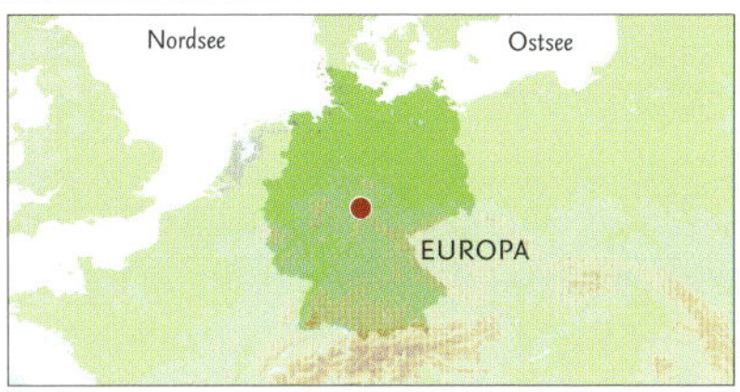

Die Michaeliskirche (St. Michael) ist eines der wichtigsten Bauwerke des Mittelalters. Sie gehörte zu einer Benediktinerabtei und wurde 1010–1022 von Bischof Bernward von Hildesheim erbaut. Die Kirche hat einen regelmäßigen Grundriss mit zwei Apsiden, was typisch ist für die ottonische Vorromanik in Altsachsen. Die Wände des Hauptschiffes werden abwechselnd von quadratischen Pfeilern mit Kämpfern oder von Säulen mit Würfelkapitellen getragen. Der Mariendom wurde nach einem Brand von 1046 neu erbaut; die alte Krypta blieb erhalten. Das Mittelschiff der Kirche ist ähnlich gegliedert wie das der Michaeliskirche, zeichnet sich aber durch schlankere Proportionen aus. Im Kirchenschatz befindet sich der Radleuchter von Bischof Hezilo und das Taufbecken von Bischof Konrad, das aus vergoldeten Bronzeplatten besteht.

Raumgliederung und Ausstattung von Michaeliskirche und Mariendom verkörpern auf exemplarische Weise den Geist der romanischen Architektur. Die berühmten Bronzetüren der Michaeliskirche (um 1015) stellen Szenen aus dem Buch Genesis und den Evangelien dar, und die Bernwardsäule (um 1020) zeigt Szenen aus dem Leben Christi.

Historische Bereiche von Istanbul

Türkei

Begründung der Aufnahme: Meisterwerk menschlicher Schöpferkraft, Zeugnis kulturellen Austauschs, Zeugnis einer Kultur, Erbe von besonderer menschheitsgeschichtlicher Bedeutung

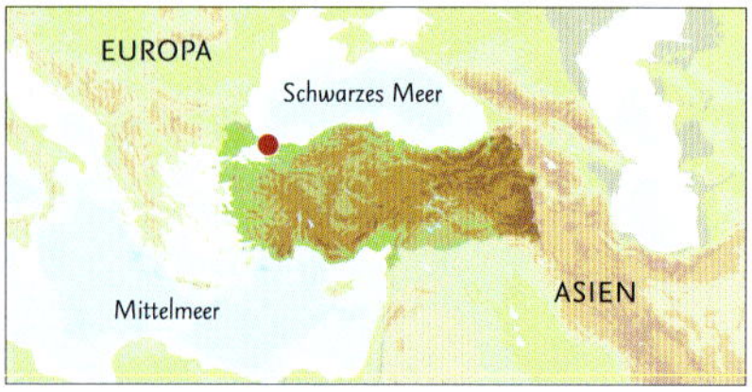

Istanbul liegt an der Schnittstelle zweier Kontinente und war die Hauptstadt von drei mächtigen Reichen, dem Oströmischen, dem Byzantinischen und dem Osmanischen Reich. Dabei änderte sich der Name der Stadt, die einst Byzanz hieß, später Konstantinopel und heute Istanbul. Die Stadt war über zwei Jahrtausende eng mit der politischen, religiösen und künstlerischen Geschichte sowohl Europas als auch Asiens verbunden. Zu den architektonischen Meisterwerken Istanbuls zählen das antike Hippodrom von Konstantin, die Hagia Sophia aus dem 6. Jh. und die Süleyman-Moschee aus dem 16. Jh. Heute leiden alle gleichermaßen unter dem Bevölkerungsdruck, der industriellen Verschmutzung und der unkontrollierten Bautätigkeit.

Das Welterbe umfasst vier Zonen, die jeweils bedeutende Phasen der Stadtgeschichte anhand ihrer kostbarsten Baudenkmäler repräsentieren: der Archäologische Park am Ende der Halbinsel, auf der die Weststadt steht; das Süleyman-Viertel; das Zeyrek-Viertel und der Bereich der Stadtmauern.

Sowohl die antike Stadt als auch die oströmische Hauptstadt sind vertreten durch das Hippodrom von Konstantin (aus dem Jahre 324) im Archäologischen Park, das Aquädukt von Valens (378) im Süleyman-Viertel und die 413 begonnen Stadtmauern in der vierten Zone.

Die Hauptstadt des Byzantinischen Reiches wird von sieben Monumenten repräsentiert: Die Kirchen Hagia Sophia und Hl. Irene wurden unter Justinian (527–565) erbaut; das alte Pantokratorkloster im Zeyrek-Viertel wurde unter Johannes II. Comnenus (1118–1143) gegründet; die alte Chora-Kirche (heute Kariye Camii) mit herrlichen Mosaiken und Malereien aus dem 14. Jh. und 15. Jh. liegt im Bereich der Stadtmauern. Die Stadtmauer selbst wurde im 7. Jh. und im 12. Jh. verändert, um den Blachernen-Palast und das Stadtviertel einzuschließen.

Besonders reiche Bauten stammen aus der Zeit, als die Stadt die Hauptstadt des Osmanischen Reiches war: Der Topkapi-Palast und die Blaue Mosche liegen im Bereich der archäologischen Zone, im Süleyman-Viertel befinden sich die Sehzade- und Süleyman-Moschee. Im selben Viertel blieben auch die Wohnstätten des einfachen Volkes erhalten – 525 Holzhäuser sind erfasst und geschützt.

Die Blaue Moschee in Istanbul ►

Die Bauwerke der Stadt haben viele Jahrhunderte lang die Architektur, Monumentalkunst und Stadtplanung in Europa und Asien beeinflusst. So galt die 6650 m lange Stadtmauer des byzantinischen Kaisers Theodosius II. (erbaut 447 n. Chr.) lange als Vorbild für Stadtbefestigungen. Die Hagia Sophia wurde zum Modell für eine ganze Reihe christlicher Kirchen und später auch für Moscheen, und die Mosaiken in den Palästen und Kirchen Konstantinopels beeinflussten die westliche und östliche christliche Kunst.

Historische Moscheenstadt Bagerhat
Bangladesch

Begründung der Aufnahme: Erbe von besonderer menschheitsgeschichtlicher Bedeutung

Die historische Stadt Khalifatabat im heutigen Bagerhat ist ein außerordentliches Beispiel für ein geschlossenes architektonisches Ensemble aus einer eng begrenzten Epoche der Menschheitsgeschichte. Die Welterbestätte liegt in den Vorstädten von Bagerhat, am Zusammenfluss von Ganges und Brahmaputra. In der historischen Stadt, die im 15. Jh. von dem türkischen General Ulugh Khan Jahan gegründet wurde, gab es 360 Moscheen, öffentliche Gebäude, Mausoleen, Brücken, Straßen, Wassertanks und andere, aus Lehmziegeln erbaute Gebäude. Die Shait-Gumbad-Moschee und das Mausoleum von Khan Jahan sind nur zwei Beispiele für die zahllosen Baudenkmäler. Die städtische Infrastruktur mit einer Wasserversorgung und Abflüssen, Zisternen und Reservoirs, Straßen und Brücken spricht für eine ausgezeichnete, vorausschauende Planung und den Wunsch, den Raum optimal zu gestalten.

Nach dem Tod ihres Gründers (1459) wurde diese außergewöhnliche Stadt wieder vom Dschungel verschlungen. Inschriften weisen Khan Jahan als sehr frommen Muslim aus, daher die große Anzahl der islamischen Gebetsstätten. Das Fehlen von Verteidigungsanlagen lässt sich möglicherweise dadurch erklären, dass die Bewohner sich bei Gefahr in die undurchdringlichen Sümpfe der Sundarbans zurückziehen konnten.

Römischer Aquädukt Pont du Gard
Frankreich

Begründung der Aufnahme: Meisterwerk menschlicher Schöpferkraft, Zeugnis einer Kultur, Erbe von besonderer menschheitsgeschichtlicher Bedeutung

Der Pont du Gard über den Gardon war wahrscheinlich kurz vor Beginn der christlichen Zeitrechnung vollendet. Mit dem Aquädukt, das Nîmes mit Wasser versorgen sollte, schufen die römischen Architekten und Wasserbauingenieure ein technisches und architektonisches Meisterwerk. Die Brücke ist 50 m hoch und in drei Etagen gegliedert; die obere ist 275 m lang. Die untere Ebene überquert den Fluss mit sechs halbkreisförmigen Bögen; die mittlere ruht auf elf und die obere auf 35 Bögen. Während die beiden unteren Etagen aus mächtigen Steinblöcken (die schwersten wiegen fast 6 t.) konstruiert wurden, besteht die oberste aus kleinen Bruchsteinen. Das Aquädukt ist ein besonders ausgereiftes Bauwerk der frühen Kaiserzeit.

Für die Wasserversorgung der Kolonie Nemausus (Nîmes) zapften die Römer die Quellen bei Uzès an. Bei Remoulins musste dieser außergewöhnliche Aquädukt das tief eingeschnittene Flusstal des Gardon überwinden.

▼

Nationalpark Göreme und Felsendenkmäler von Kappadokien

Türkei

Begründung der Aufnahme: Meisterwerk menschlicher Schöpferkraft, Zeugnis einer Kultur, traditionelle Siedlungsform, besonderes Naturphänomen

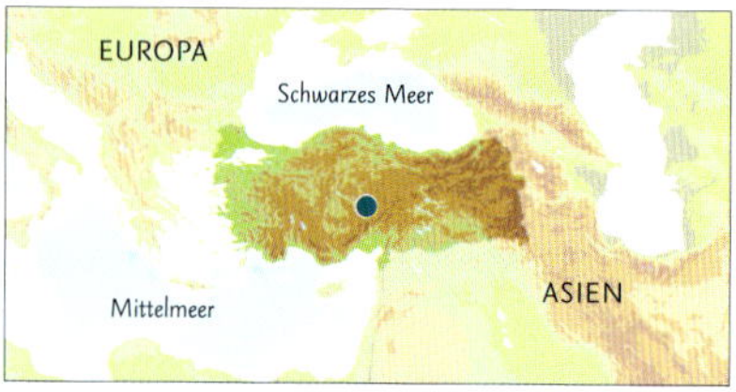

Das Tal von Göreme ist eine spektakuläre Naturlandschaft, die vollständig durch die Erosion überformt wurde. Im Tal und seiner Umgebung haben sich in den Fels gegrabene Heiligtümer erhalten, die einen hervorragenden Eindruck von der byzantinischen Kunst in der postikonoklastischen Phase ab dem 9. Jh. n. Chr. vermitteln. Auch Wohnstätten, in den Felsen gemeißelte Höhlendörfer und Städte unter der Erde finden sich hier, und die ältesten Zeugnisse menschlicher Besiedlung gehen auf das 4. Jh. zurück.

Die Erosion formte die Naturlandschaft von Kappadokien, deren Felsformationen an Ruinen von Türmen, Spitzen, Kuppeln oder Pyramiden erinneren; Menschen haben künstliche Elemente hinzugefügt: Mönchzellen, Kirchen und ganze unterirdische Städte wurden in den Fels gegraben. In seiner Gesamtheit ist das Tal eine der größten Höhlensiedlungen der Welt. Die historische Umgebung, die Kirchen im Fels und die ungewöhnlichen Erosionsformen vereinen sich zu einer außergewöhnlichen Landschaft, in der sich natürliche und vom Menschen geschaffene Elemente vermischen.

Obwohl die Region seit Jahrhunderten stark von den Menschen genutzt und verändert wurde, wirkt die Landschaft noch immer harmonisch und natürlich. Alle Bauwerke wurden ausschließlich aus dem hier vorkommenden Gestein errichtet und fügen sich organisch in das Tal ein.

Die Umgebung von Göreme ist zwar geologisch und ethnologisch interessant, doch was sie vor allem anderen auszeichnet, ist die unvergleichliche Schönheit des ländlichen Dekors in ihren christlichen Kirchen. Sie machen Kappadokien zu einem führenden Beispiel der postikonoklastischen byzantinischen Kunst.

Die ältesten Hinweise auf eine Besiedelung durch Mönche dürften aus dem 4. Jh. stammen. Auf Anweisung von Basilius dem Großen, dem Bischof von Caesarea (Kayseri), zogen Einsiedler ins Tal und begannen, Mönchzellen aus dem Felsen zu meißeln. Zum Schutz gegen arabische Überfälle zogen sich die Bewohner später in Felsendörfer oder unterirdische Städte wie Kaymakli oder Derinkuyu zurück.

Die ikonoklastische Epoche (725–842) Kappadokiens zeigt sich in der Dekoration der Kirchen mit sparsam verwendeten Symbolen und aus dem Fels gemeißelten oder mit Temperafarben gemalten Kreuzen. Nach 842 entstanden in Kappadokien dagegen viele ländliche Felsenkirchen, die reicher mit leuchtend bunten Figuren bemalt wurden. Zu den besten Beispielen im Tal von Göreme gehören Tokali Kilise und El Nazar Kilise aus dem 10. Jh., Barbara Kilise und Sakli Kilise aus dem 11. Jh. und El Mali Kilise und Karanlik Kilise aus dem späten 12. und frühen 13. Jh.

Das Tal von Göreme ist ein faszinierendes Beispiel für die Abtragung weichen, vulkanischen Gesteins durch Wind und Wasser. Bis 40 m hoch aufragende Pfeiler, Säulen, Türme, Obelisken und Nadeln sind typisch für diese Landschaft. Der Vulkan Erciyas ist noch aktiv; gelegentlich kommt es zu kleinen Ausbrüchen.

Die Menschen haben seit dem 4. Jh. ein Netz aus künstlichen Höhlen in die Felsen gegraben, die ihnen als Wohnungen, Zufluchtsorte, Vorratslager oder Kirchen dienten. Die Landschaft wird ackerbaulich genutzt; es gibt einige wenige Dörfer.

Königspaläste von Abomey

Benin

Begründung der Aufnahme: Zeugnis einer Kultur, Erbe von besonderer menschheitsgeschichtlicher Bedeutung

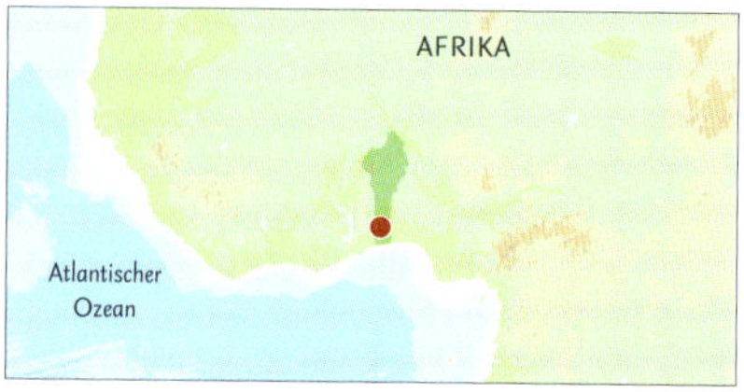

Das westafrikanische Königreich Abomey (später Dahomey) wurde 1625 von den Fon begründet und entwickelte sich sich zu einer bedeutenden Militär- und Handelsmacht. Unter den zwölf Königen, die von 1695 bis 1900 aufeinander folgten, stieg Abomey zum mächtigsten Reich an der Westküste Afrikas auf. Bis zum Ende des 19. Jh. war die wichtigste Quelle seines Reichtums der Verkauf von Kriegsgefangenen an europäische Sklavenhändler, welche die Sklaven über den Atlantik in die Neue Welt verschifften. Jeder der zwölf Könige baute sich einen prächtigen Palast. Die Paläste stehen innerhalb eines ummauerten Königsbezirkes in der Hauptstadt Abomey. Hier finden noch immer Feste und königliche Zeremonien statt, sodass die alten Palastgebäude eine Brücke zwischen Vergangenheit und Gegenwart schlagen.

Die Basreliefs erzählen die Geschichte eines Volkes, das keine schriftlichen Aufzeichnungen kannte. Alle Könige sowie Mythen, Gebräuche und Rituale der Fon sind hier verewigt. Die Darstellungen zeigen, dass die militärische Macht der Könige von Abomey auch auf weiblichen Kriegern ruhte, die den Männern an Wildheit und Mut in nichts nachstanden.

Felszeichnungen von Alta

Norwegen

Begründung der Aufnahme: Zeugnis einer Kultur

Die Petroglyphen im Fjord von Alta in der Region Tromsø, nahe am Polarkreis, gehören zu den besten Werken der Felsbildkunst auf der Welt. Sie stellen das Leben der Menschen im hohen Norden zwischen 4200 und 500 v. Chr. dar. Die Tausenden von Zeichnungen und Ritzungen verteilen sich auf 45 Gruppen an sieben unterschiedlichen Standorten. Alle entstanden in chronologischer Reihenfolge und sind relativ gut datierbar, indem man ihre Position mit der Höhe des Meeresspiegels in verschiedenen postglazialen Epochen vergleicht. Diese zeitliche Einordnung deckt sich mit stilistischen und ikonografischen Unterschieden, sodass eine ziemlich genaue Datierung möglich ist. Die ältesten Zeichnungen liegen geografisch am höchsten, während die jüngsten nahe des heutigen Meeresspiegels entstanden. Der absolute Höhenunterschied beträgt etwa 26 m.

Die Zeichnungen stellen Wildtiere des Nordens dar: Rentiere, Elche, Bären, Gänse, Kormorane und Lachse. Es gibt auch Bilder von Jagdszenen, von Fallenstellern und Fischern, Tänzen und rituellen Handlungen. Die allmähliche Klimaerwärmung machte schließlich Ackerbau möglich – die jüngsten Zeichnungen zeigen dementsprechend landwirtschaftliche Arbeiten.

Altstadt von Ávila und Kirchen außerhalb der Stadtmauer

Spanien

Begründung der Aufnahme: Zeugnis einer Kultur, Erbe von besonderer menschheitsgeschichtlicher Bedeutung

Ávila, dessen Wehrmauern völlig intakt geblieben sind (Abb. unten), ist ein außergewöhnliches Beispiel für eine befestigte mittelalterliche Stadt. Avila wurde im 11. Jh. gegründet, um das spanische Reich vor den Angriffen der Mauren zu schützen. Die „Stadt der Heiligen und Steine" hat sich ihre mittelalterliche Strenge bewahrt. Sie ist der Geburtsort der Hl. Teresa und der Ort der Beisetzung des Großinquisitors Torquemada. Die massigen, mit Zinnen bewehrten Stadtmauern gehen auf das Jahr 1090 zurück, wurden aber im 12. Jh. umfassend erneuert. Sie sind durchschnittlich 3 m dick und werden von 82 halbrunden Türmen flankiert; neun Stadttore aus verschiedenen Epochen führen in die Stadt. Sogar die Kathedrale ist in die Befestigung integriert: Der romanische Chor ragte über die Wehrmauer hinaus und wurde deshalb neu ummauert.

Der Bau der Kirche San Pedro Extra-Muros („vor den Mauern") begann 1100. In ihrem wunderschönen Atrium empfing der König seine Besucher. Die katholischen Könige schworen hier im Juni 1475 auf die Charta der Stadt, ebenso wie Kaiser Karl I. im Mai des Jahres 1534.

Thrakergrab von Sweschtari
Bulgarien

Begründung der Aufnahme: Meisterwerk menschlicher Schöpferkraft, Zeugnis einer Kultur

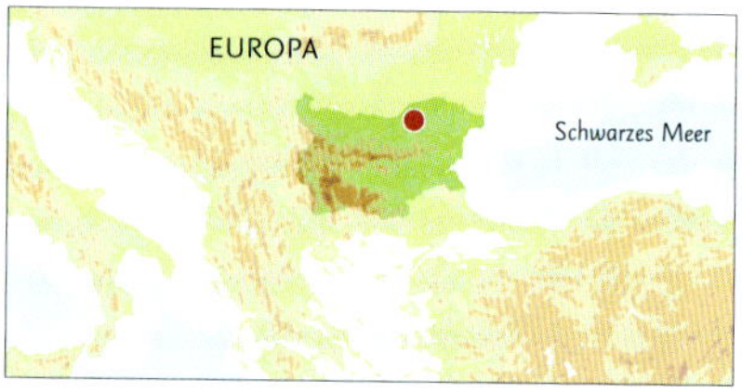

Die Entdeckung des Thrakergrabes von Sweschtari (1982) war einer der spektakulärsten archäologischen Funde des 20. Jh. Das Grab stammt aus dem 3. Jh. v. Chr. und weist alle Merkmale eines thrakischen Kultbaus auf. Seine architektonischen Schmuckformen sind einzigartige mehrfarbige Karyatiden – halb Mensch, halb Pflanze – sowie Wandbilder. Die zehn weiblichen Figuren, die als Hochreliefs auf den Wänden der zentralen Grabkammer ausgeführt sind, und die Verzierungen der Lünette im Gewölbe sind einzigartig in der bisher bekannten thraktischen Baukunst. Das Grab besteht aus einem Korridor (Dromos) und drei viereckigen Kammern: dem Vorraum, dem Seitenraum und der Hauptgrabkammer mit einem Tonnengewölbe.

Das Grab ist ein außergewöhnliches Zeugnis der Kultur der Getae, eines thrakischen Volksstammes, der im Norden des Balkans (Hemus) lebte und den antiken Geografen zufolge Kontakt zu den Griechen und den Hyperboräern hatte.

Felsmalereien von Tadrart Acacus
Libyen

Begründung der Aufnahme: Zeugnis einer Kultur

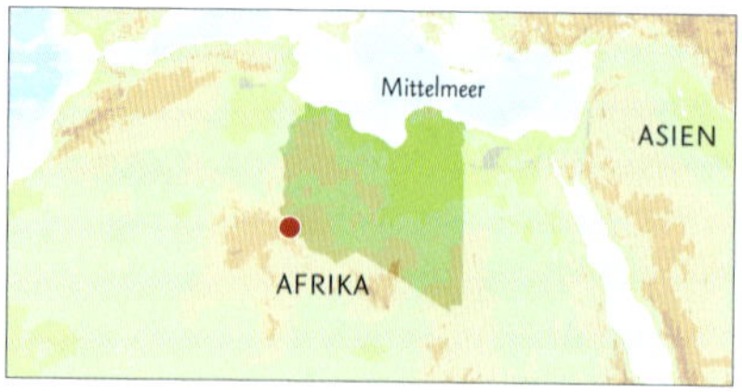

An der Grenze des Tassili n'Ajjer in Algerien, das ebenfalls eine Unesco-Welterbestätte darstellt, liegt das Felsenmassiv Tadrart Acacus, das Tausende von Höhlenmalereien aufweist. Sie dokumentieren einschneidende Veränderungen der Flora und Fauna und der Lebensweise der Menschen in dieser Region der Sahara. Die ältesten Umriss-Ritzbilder (12 000 v. Chr.) stellen große Savannentiere, wie Elefanten und Nashörner, dar. Um 8000 v. Chr. enstanden unter anderem Bilder von magischen, religiösen Ritualen und Darstellungen einer feuchten, fruchtbaren Landschaft. Noch um 1500 v. Chr. wurden domestizierte Pferde gemalt, die von einem semi-ariden Klima zeugen, doch in den Jahrhunderten vor der Zeitenwende nahm die Wüstenbildung zu. Die ersten Dromedare fanden Eigang in die Malereien und wurden das wichtigste Motiv der jüngsten Felszeichnungen.

Tadrart Acacus zeichnet sich nicht nur durch die bemerkenswerten Felszeichnungen, sondern auch durch eine außergewöhnlich eindrucksvolle Landschaft aus: Aus dem Sand ragende, isolierte Felstürme wurden von der Erosion zu bizarren Formen modelliert. Es gibt Bögen aus Stein, weite Dünen und tief eingeschnittene Canyons, die an längst ausgetrocknete Flüsse erinnern.

Nationalpark Iguaçu
Brasilien

Begründung der Aufnahme: besonderes Naturphänomen, bedeutender natürlicher Lebensraum – Biodiversität

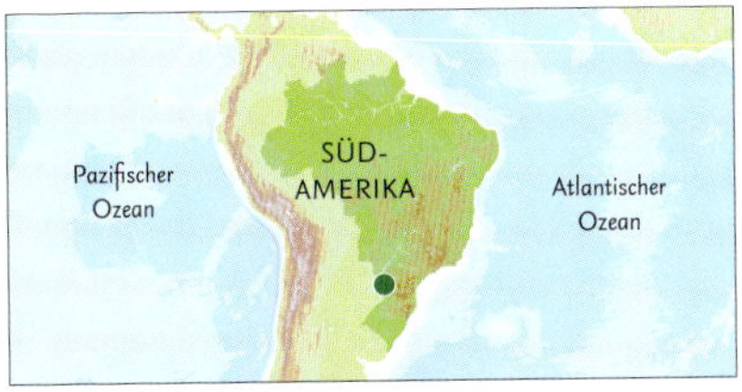

Zusammen mit seinem Gegenstück in Argentinien schützt dieses Welterbe einen der größten und eindrucksvollsten Wasserfälle der Welt. Die Fälle von Iguaçu bilden die Grenze zwischen Argentinien und Brasilien. Sie sind 80 m hoch und 2700 m breit. In den feuchten Nebelschwaden in ihrer Umgebung gedeiht eine üppig grüne Vegetation, die zu 90 % aus subtropischem Regenwald besteht.

Im Nationalpark leben viele seltene und bedrohte Pflanzen- und Tierarten, wie der Riesenotter oder der Große Ameisenbär.

Außerdem wurden unter anderem La-Plata-Otter, Ozelots, Jaguare, Pumas, Langschwanzkatzen, Spießhirsche, Pampashirsche, Tapire, Schwarze Brüllaffen, Halsband- und Weißbartpekaris und Halbmond-Lanzenottern beobachtet.

Zu den interessanten Arten der Vogelwelt zählen Russsegler, Grausteißtinamu, Prachtadler, Bunttukan, Türkisara, Taubenhals- und Prachtamazone, Weißschwanztrogon und Harpyie.

Die Pflanzenwelt ist sehr üppig. Im unteren Parkabschnitt wächst subtropischer Regenwald mit Lianen, Baumfarnen und anderen Epiphyten. Im oberen Abschnitt wird er von einem humiden subtropischen, Laub abwerfenden Wald abgelöst. In einem kleinen Bereich im Osten des Parks stehen Haine mit Brasilianischer Araukarie, zwei Palmenarten (Kohlpalme und wilde Kokospalme) und Imbuia-Bäumen.

Altstadt von Aleppo
Arabische Republik Syrien

Begründung der Aufnahme: Zeugnis einer Kultur, Erbe von besonderer menschheitsgeschichtlicher Bedeutung

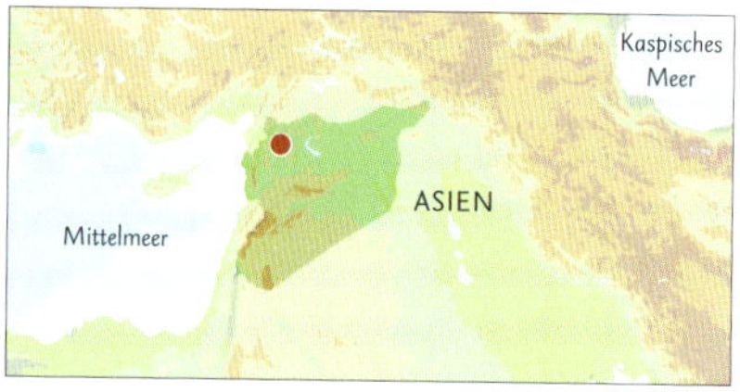

Aleppo ist eine der ältesten dauerhaft bewohnten Städte der Welt und liegt an einem Kreuzungspunkt der Handelsrouten zwischen dem Mittelmeer und dem Osten. Die Stadt florierte seit dem 3. Jt. v. Chr. Alle Herrscher – Byzantiner, Römer, Griechen, Kreuzritter und Araber – hinterließen ihre Spuren in der Stadtlandschaft und den Bauwerken.

Aleppo wird von einer mächtigen mittelalterlichen Burg beherrscht. Diese Zitadelle (Abb. unten) steht auf einem teilweise künstlichen Hügel 50 m oberhalb der Stadt. Obwohl die eigentliche Burg erst im 12. Jh. erbaut wurde, diente der Hügel seit dem 3. Jt. v. Chr. der Verteidigung.

Von der ehemaligen Stadtmauer stehen noch einige Reste. Das Bab Qinnesrin ist das eindrucksvollste der sieben Tore.

Die Souks oder Basare in der Altstadt von Aleppo zählen zu den berühmtesten im Nahen Osten: Sie erstrecken sich auf insgesamt 7 km schmaler, gewundener Gassen, die von steinernen Gewölben umgeben sind.

Obwohl die große Moschee bereits 715 n. Chr. gegründet wurde, stammt die heutige Bausubstanz weitgehend aus der Zeit um 1250. Das höchste Minarett wurde allerdings 1090 erbaut.

◄ Die Zitadelle von Aleppo

Kirchen und Klöster von Goa

Indien

Begründung der Aufnahme: Zeugnis kulturellen Austauschs, Erbe von besonderer menschheitsgeschichtlicher Bedeutung, Verknüpfung mit Ereignissen von universeller Bedeutung

Goa war die Hauptstadt des portugiesischen Kolonialreiches in Indien. Die Kirchen und Klöster, insbesondere die Kirche vom Guten Jesus mit dem Grab des Hl. Franz-Xaver, waren die Keimzellen für die Missionierung Asiens. Über die Kirchenarchiktektur gelangte der manuelische, manieristische und barocke Stil in alle asiatischen Länder, in denen Kirchen errichtet wurden.

◄ Die Kirche Bom Jesus (Zum Guten Jesus)

Die Kirche Sé Catedral ist ein Beispiel für die Renaissance-Architektur: Die Außenfronten sind im toskanischen Stil mit korinthischen Säulen gestaltet, eine breite Treppe führt zum Eingang, und das Innere ist tonnengewölbt.

Ruinen von Hattusa

Türkei

Begründung der Aufnahme: Meisterwerk menschlicher Schöpferkraft, Zeugnis kulturellen Austauschs, Zeugnis einer Kultur, Erbe von besonderer menschheitsgeschichtlicher Bedeutung

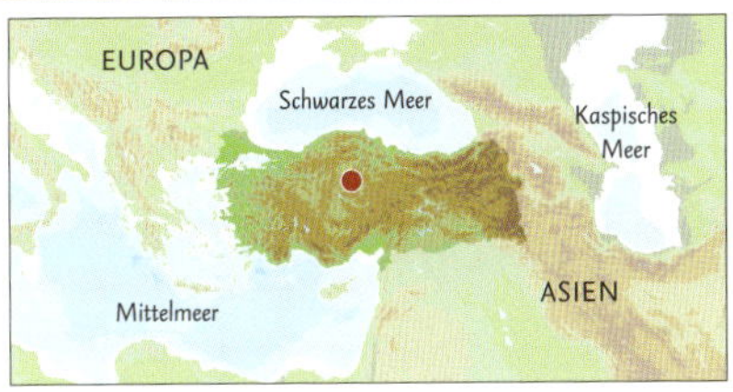

Im 13. Jh. v. Chr. übte Hattusa einen prägenden Einfluss auf die Zivilisation in Anatolien und Nordsyrien aus. Paläste, Tempel, Handelsstationen und die Nekropole zeichnen das geschlossene Bild einer politischen und religiösen Metropole. Hattusa ist ein einzigartiges Zeugnis der untergegangenen hethitischen Kultur. Die Befestigungsanlagen der Stadt, zu denen das Löwentor, das Königstor und das Felsenheiligtum Yazılıkaya mit seinen Figurenfriesen gehört, sind von hervorragendem künstlerischem Wert. Innerhalb der Stadtmauern erstreckte sich die Stadt auf zwei Ebenen. In der Unterstadt im Nordwesten stand der große Tempel, der dem Gott der Stürme und der Sonnengöttin Arinna geweiht war. Hier fand man Tausende von Täfelchen mit Keilschrift. In der Oberstadt im Süden stand der Königspalast von Büyükkale.

Zu ihrer Glanzzeit erstreckte sich die Stadt auf einem unebenen, geneigten Plateau 2,1 km in nordsüdlicher und 1,3 km in ostwestlicher Richtung. Im 13. Jh. v. Chr. war die Stadt von einem doppelten Mauerring von rund 8 km Länge umgeben.

Ruinenstadt Chan Chan

Peru

Begründung der Aufnahme: Meisterwerk menschlicher Schöpferkraft, Zeugnis einer Kultur

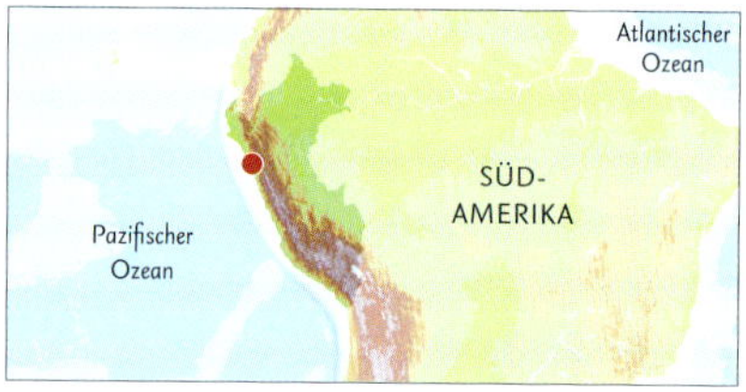

Chan Chan war die größte Stadt im präkolumbischen Amerika und ist ein einzigartiges Zeugnis des untergegangenen Königreichs der Chimú. Die Stadtlandschaft ist eine Meisterleistung der Raumordnung gemäß einer hierarchischen Gliederung. Das Königreich Chimú erreichte seinen Zenit im 15. Jh., bevor es von seinen größten Rivalen, den Inka, erobert wurde.

In der Gliederung der 6 km² großen Stadt spiegelt sich eine strikte Trennung zwischen politischen und sozialen Funktionen wider: Neun autonome „Paläste" sind jeweils von hohen Lehmmauern umgeben. Jeder der „Paläste" ordnete sich um einen oder mehrere Plätze an, und zu jedem Palast gehörten Tempel, Wohnhäuser, Vorratshäuser, Küchen, Obstgärten, Gärten und Begräbnisplattformen.

In der Nähe liegen vier Stadtviertel, in denen Handwerker Stoffe webten und Holz und kostbare Metalle bearbeiteten. Die Reste von Bewässerungsanlagen weisen auf Landwirtschaft hin.

In Bewässerungskanälen floss Wasser aus dem Moche bis nach Chan Chan. Heute ist kaum noch vorstellbar, wie fruchtbar die wüstenartige Hochebene zur Zeit der Chimú-Zivilisation gewesen sein muss.

Der Hass auf die Inkas bewirkte, dass den Chimú die spanischen Konquistadoren willkommen waren. Als die Spanier 1535 eine neue Hauptstadt im 5 km entfernten Trujillo gründeten, wurde Chan Chan verlassen.

Industriedenkmäler im Tal von Ironbridge
Großbritannien

Begründung der Aufnahme: Meisterwerk menschlicher Schöpferkraft, Zeugnis kulturellen Austauschs, Erbe von besonderer menschheitsgeschichtlicher Bedeutung, Verknüpfung mit Ereignissen von universeller Bedeutung

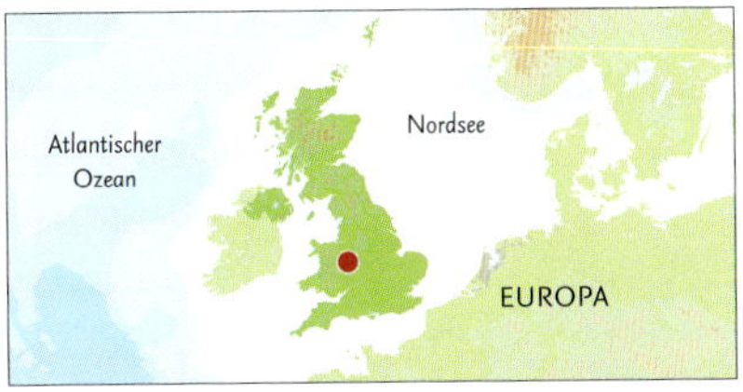

In Ironbridge wurde die erste gusseiserne Brücke der Welt erbaut, die weltweit als ein Denkmal der Industriellen Revolution gilt. In den Hochöfen von Coalbrookdale wurde eine Methode erfunden, Eisen mit Koks zu schmelzen – eine Technik, welche die Stahlproduktion des 18. Jh. revolutionieren sollte. Coalbrookdale und Ironbridge waren führend in den neuen industriellen Techniken und der Industriearchitektur, und in der Gegend blieben zahlreiche Zeugnisse des Industriezeitalters erhalten.

Fünf Stätten zeichnen sich besonders aus: Coalbrookdale mit Abraham Darbys mit Koks beheiztem Hochofen; Ironbridge mit der berühmten, 1779 erbauten Brücke; das Tal von Hay Brook mit einem Freilichtmuseum, in dem Bergwerksstollen und alte Hochöfen gezeigt werden; die ehemalige Bergwerksstadt Jackfield sowie das Porzellanmuseum in Coalport, das an eine ehemalige Porzellanfabrik erinnert.

Im Tal von Ironbridge konzentrierten sich Bergwerke, Gießereien, Fabriken und Lagerhallen, die über ein Verkehrsnetz aus Straßen, Kanälen und Eisenbahn in Verbindung standen. Hier finden sich auch Reste der ursprünglichen Landschaft, Wohnhäuser, öffentliche Gebäude und Infrastruktur aus dem 18.–19. Jh. In ihrer Gesamtheit stellen sie ein Fenster in die Vergangenheit dar. ▼

Ruinenstadt Groß-Simbabwe
Simbabwe

Begründung der Aufnahme: Meisterwerk menschlicher Schöpferkraft, Zeugnis einer Kultur, Verknüpfung mit Ereignissen von universeller Bedeutung

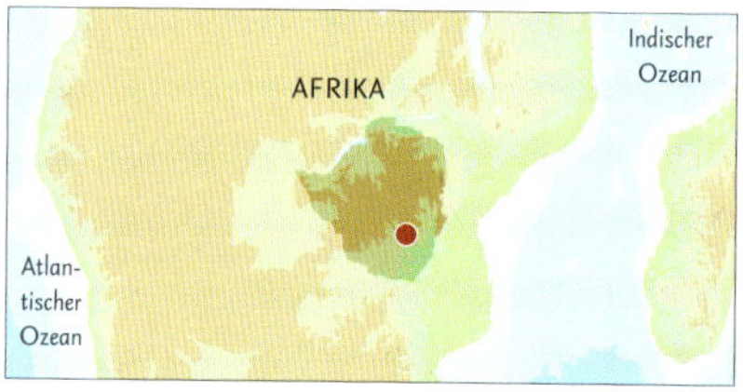

Die Ruinen von Groß-Simbabwe sollen die Überreste der Hauptstadt des legendären Reiches der Königin von Saba sein. Sie sind ein einzigartiges Zeugnis der Zivilisation der Shona aus dem 11.–15. Jh. Die Ruinenstadt besteht aus drei Abschnitten: Die Ruinen auf dem Hügel sind die Reste einer Königsstadt auf einem großen Felssporn aus Granit. Die große Einfriedung zu Füßen des Hügels stammt aus dem 14. Jh. und schützte mehrere Wohnviertel aus Lehmziegeln. Die Ruinen im Tal sind ebenfalls Wohnquartiere, die von Trockenmauern aus Steinen umgeben sind. Die Funde innerhalb der Wohnquartiere lieferten wichtige Informationen über den Ackerbau und die Weidewirtschaft in der Blütezeit Groß-Simbabwes; außerdem fand man Keramik und Spuren des Schmiedehandwerks.

Die Bauwerke in Groß-Simbabwe haben seit dem Mittelalter die Menschen in ihren Bann gezogen – heute sind sie ein wichtiges Symbol der nationalen Identität. Die Ruinen bedecken eine Fläche von 0,8 km². Die Stadt war ein bedeutendes Zentrum des Handels zwischen Europa und Asien. Im 14. Jh. hatte Groß-Simbabwe über 10 000 Einwohner und war die wichtigste Stadt eines Staates, der Zugriff auf die reichen Goldreserven des Hochplateaus hatte.

Apollontempel von Bassae
Griechenland

Begründung der Aufnahme: Meisterwerk menschlicher Schöpferkraft, Zeugnis kulturellen Austauschs, Zeugnis einer Kultur

Dieser berühmte Tempel war Apollon Epikourios, dem Gott der Heilkunst und der Sonne, geweiht. Er wurde um die Mitte des 5. Jh. v. Chr. in den einsamen Bergen Arkadiens erbaut. Der Tempel weist das älteste bekannte korinthische Kapitell auf und kombiniert den archaischen und den schlichten dorischen Stil mit einigen neuartigen architektonischen Elementen. Die Ausstattung des Tempels ist vor allem wegen der Verwendung unterschiedlicher Materialien bemerkenswert. Die Wände und die Basen der Säulen bestehen aus Kalkstein, die ionischen und das korinthische Kapitell aus Doliana-Marmor. Der hier entdeckte ionische Fries mit 22 Reliefplatten wurde zusammen mit dem korinthischen Kapitell ins Britische Museum geschafft.

Den Tempel weihten die Bewohnern des Ortes Phigaleia dem Gott der Heilkunst, der ihnen bei einer Pestepidemie beigestanden hatte. Das Bauwerk blieb völlig unbeachtet, bis es 1765 ein französischer Architekt zufällig entdeckte.

Inselgruppe St. Kilda
Großbritannien

Begründung der Aufnahme: Zeugnis einer Kultur, traditionelle Siedlungsform, besonderes Naturphänomen, Schauplatz spezieller ökologischer und biologischer Prozesse, bedeutender natürlicher Lebensraum – Biodiversität

Die Inselgruppe liegt 66 km westlich der Insel Benbecula im Atlantischen Ozean und besteht aus den Inseln Hirta, Dun, Soay und Boreray.

Die Bewohner von St. Kilda wurden 1930 auf eigenen Wunsch von der britischen Regierung umgesiedelt. Heute leben auf den Inseln nur noch Mitarbeiter des Verteidigungsministeriums und in der warmen Jahreszeit ein Naturschutzwart.

St. Kilda ist eine ungewöhnlich schöne Inselgruppe vulkanischen Ursprungs mit einzigartigen Lebensräumen. Auf relativ kleinem Raum leben hier Vögel in beeindruckender Zahl, die sich an die raue Natur und ihre ökologischen Nischen angepasst haben. Auf den extrem hohen Klippen der Inseln, die in Europa einzigartig sind, brüten große Kolonien bedrohter Vogelarten, wie Papageitaucher und Basstölpel. Ähnlich vielgestaltig sind die Ökosysteme in den drei Meereszonen, welche die Biodiversität an Land und im Meer erst möglich machen. In St. Kilda haben sich Spuren menschlicher Besiedlung aus 2000 Jahren erhalten und zeugen von einem Leben unter extremen Bedingungen. Man findet Wohnbauten und Felder, Cleits (Hütten aus Trockenmauern) und traditionelle Steinhäuser der Highlands (beide im Bild unten) – all dies sind die empfindlichen Überreste sehr alten Subsistenzwirtschaft, die traditionell auf Vogeleiern, Ackerbau und Schafzucht gründete.

Altstadt von Toledo

Spanien

Begründung der Aufnahme: Meisterwerk menschlicher Schöpferkraft, Zeugnis kulturellen Austauschs, Zeugnis einer Kultur, Erbe von besonderer menschheitsgeschichtlicher Bedeutung

In Toledo sammeln sich Zeugnisse aus 2000 Jahren Geschichte. Die Stadt ist reich an architektonischen und künstlerischen Meisterwerken, die mehrere Kulturen und drei Weltreligionen – Christentum, Judentum und Islam – geschaffen haben.

Toledo war mehrere Jahrhunderte lang ein wichtiges Machtzentrum, zuerst als römisches Municipium, dann als Hauptstadt des Westgotischen Reiches, als Festung des Emirates von Córdoba, als Außenposten der christlichen Könige im Kampf gegen die Mauren und schließlich im 16. Jh. sogar kurzfristig als Regierungssitz von Karl V., Kaiser des Heiligen Römischen Reiches und König von Spanien. Er stattete die Stadt mit kaiserlicher und königlicher Pracht aus. In der Renaissance war Toledo eines der wichtigsten künstlerischen Zentren Spaniens.

Der andauernde wirtschaftliche und politische Niedergang Toledos seit dem Jahr 1561, als Phillip II. von Spanien Madrid als Hauptstadt wählte, hinterließ die heutige Museumsstadt Toledo.

Von jeder Kultur sind in der Stadt Spuren erhalten: Von den Römern stammen Überreste des Circus, des Aquäduktes und der Abwasserkanäle, die Westgoten hinterließen die Mauer, die Emire von Córdoba islamische Bauten, und die Christen und Juden bauten nach der Rückeroberung von 1085 Kirchen und Synagogen. Außerdem blieben Bauzeugnisse des Mittelalters, wie Mauern und befestigte Gebäude, Brücken, Straßen und Häuser erhalten.

Die Kathedrale (Abb. rechts), die Brücke, die Tore und das Alcázar von Toledo (Abb. unten) ▼

Die „Straße der Riesen" (Giant's Causeway) und ihre Küste

Großbritannien

Begründung der Aufnahme: besonderes Naturphänomen, Zeugnis wichtiger Stadien der Erdgeschichte

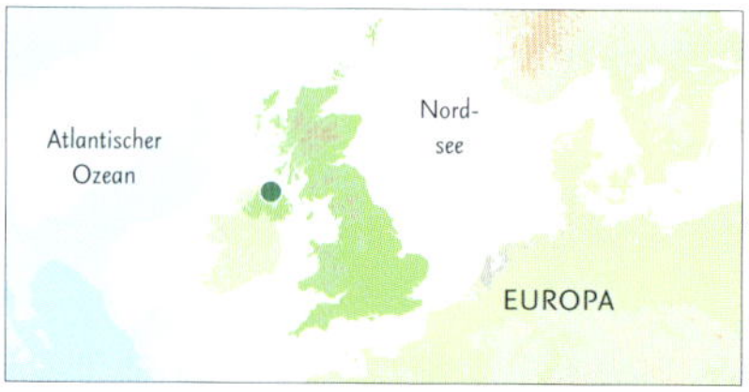

Die Welterbestätte liegt an der Nordküste des County Antrim in Nordirland. Die Küste mit der „Straße der Riesen" ist ein 6 km langer Küstenstreifen mit außergewöhnlichen geologischen Aufschlüssen. Die Gesteine stammen aus dem frühen Tertiär vor 50–60 Mio. Jahren und sind vulkanischen Ursprungs. Besonders typisch für diese Formation und in dieser Form einzigartig ist der Giant's Causeway, wo auf Meereshöhe etwa 40 000 polygonale Basaltsäulen wie Pflastersteine aus dem Boden ragen. Diese spektakuläre Küstenlandschaft inspirierte die Legende, dass an dieser Stelle Riesen über das Meer nach Schottland gingen. Im 18. Jh. entbrannte eine Kontroverse über die geologische Herkunft der Basalte. Die intensive Erforschung dieser Frage hat die Geologie in den letzten 300 Jahren enorm befruchtet.

Im gleichen Küstenabschnitt stehen auch die Riesenorgel (Giant's Organ), die aus etwa 60 regelmäßigen, 12 m hohen Säulen besteht, und die Schornsteine (Chimney Tops), bei denen es sich um mehrere Basaltsäulen handelt, die durch die Erosion von der Küste abgetrennt wurden; außerdem befindet sich hier der Aussichtspunkt Hamilton's Seat.

Altstadt von Sana'a

Jemen

Begründung der Aufnahme: Erbe von besonderer menschheitsgeschichtlicher Bedeutung, traditionelle Siedlungsform, Verknüpfung mit Ereignissen von universeller Bedeutung

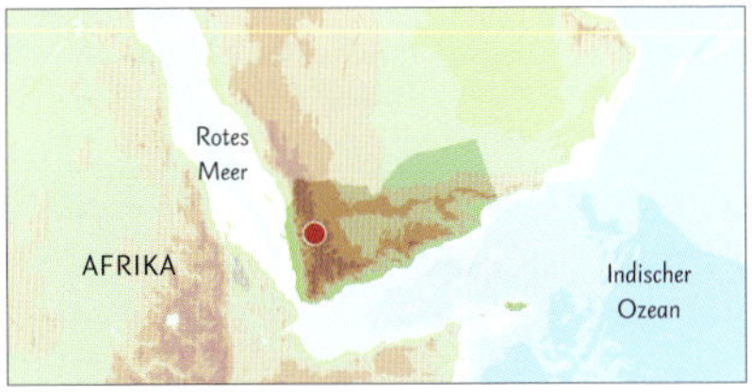

Seit dem 2. Jh. v. Chr. war Sana'a (arabisch für „befestigter Ort") ein Außenposten der jemenitischen Könige. Die Stadt war an den meisten historischen Umbrüchen beteiligt, die sich in Arabia Felix ereigneten.

Sana'a liegt in einem Bergtal in einer Höhe von 2200 m. Die Stadt ist seit über 2500 Jahren bewohnt und seit 1962 die Hauptstadt der Republik Jemen. Angeblich wurde die Große Moschee noch zu Lebzeiten Mohammeds gebaut. Im 7. und 8. Jh. war Sana'a eine wichtige Keimzelle für die Verbreitung des islamischen Glaubens. Das religiöse und politische Erbe zeigt sich in 103 Moscheen, 14 Hamams (Dampfbäder) und über 6000 Häusern, die vor dem 11. Jh. entstanden sind. Ihre außergewöhnliche Schönheit verdankt die Stadt auch den mehrstöckigen Häusern aus gestampftem Lehm. Seit dem 16. Jh. wurde Sana'a unter der Herrschaft des Osmanischen Reiches schrittweise wieder aufgebaut. Obwohl sich ihr Erscheinungsbild änderte, blieben die Proportionen und die Harmonie der mittelalterlichen Stadt erhalten.

Burg und Kathedrale von Durham

Großbritannien

Begründung der Aufnahme: Zeugnis kulturellen Austauschs, Erbe von besonderer menschheitsgeschichtlicher Bedeutung, Verknüpfung mit Ereignissen von universeller Bedeutung

Die heutige Burg ist ein Labyrinth aus Hallen und Galerien aus unterschiedlichen Epochen. Im Nordflügel blieben viele Bauteile aus der Romanik erhalten, wie die Burgkapelle von 1080.

Die monumentale Baugruppe liegt auf einem Felsensporn in einer Flussschlinge des Wear. Sie besteht aus der Kathedrale und ihren Nebengebäuden im Süden sowie der Burg im Norden. In Durham blieb eine der bekanntesten mittelalterlichen Stadtlandschaften Europas erhalten. Die Kathedrale von Durham wurde gegen Ende des 11. bis zum Beginn des 12. Jh. erbaut, um die Reliquien des Hl. Cuthbert, dem Missionar Northumbrias, und des Beda Venerabilis aufzubewahren. Die Kirche zeugt von der großen Bedeutung der Benediktinerklöster und ist eines der schönsten Bauwerke der normannischen Architektur in England. Die innovative Konstruktion des Gewölbes nimmt bereits die gotische Architektur vorweg. Die normannische Burg im Anschluss an die Kathedrale wurde immer wieder von schottischen Truppen angegriffen. Später war sie der Sitz des Fürstbischofs von Durham und im 19. Jh. wurde sie Teil der Universität von Durham.

Mogulstadt Fatehpur Sikri
Indien

Begründung der Aufnahme: Zeugnis kulturellen Austauschs, Zeugnis einer Kultur, Erbe von besonderer menschheitsgeschichtlicher Bedeutung

Fatehpur Sikri (Stadt des Sieges) wurde in der zweiten Hälfte des 16. Jh. (1571–1573) von Großmogul Akbar erbaut und war für nur 14 Jahre die Hauptstadt des Mogulreiches. Die Stadt wurde bereits 1585 wieder verlassen, als Akbar gegen die afghanischen Stämme kämpfte und Lahore zur neuen Hauptstadt ernannte. Als der Hof der Moguln unter Jahangir im Jahre 1619 für drei Monate in Fatehpur Sikri Zuflucht vor der Pest suchte, die in Agra wütete, lebte der Glanz der Stadt kurzfristig wieder auf. Anschließend wurde sie endgültig aufgegeben und erst 1892 von Archäologen wieder entdeckt. Alle Gebäude und Tempel der Stadt sind in einem einheitlichen Stil gebaut. Hier steht auch die Jama Masjid, die 10 000 Gläubige fasst und eine der größten Moscheen Indiens ist.

Diese Hauptstadt ohne Zukunft war sicher mehr als der kurzlebige Traum eines Herrschers. Als der englische Reisende Ralph Finch die Stadt 1585 besuchte, beschrieb er sie als „deutlich größer als London mit mehr Einwohnern". Er sah Paläste, öffentliche Gebäude und Moscheen, außerdem Wohnviertel für Hofleute, Soldaten, Diener des Königs und andere Einwohner.

Die Mauern der Festung in Fatehpur Sikri ▼

Königlicher Park von Studley mit den Ruinen von Fountains Abbey
Großbritannien

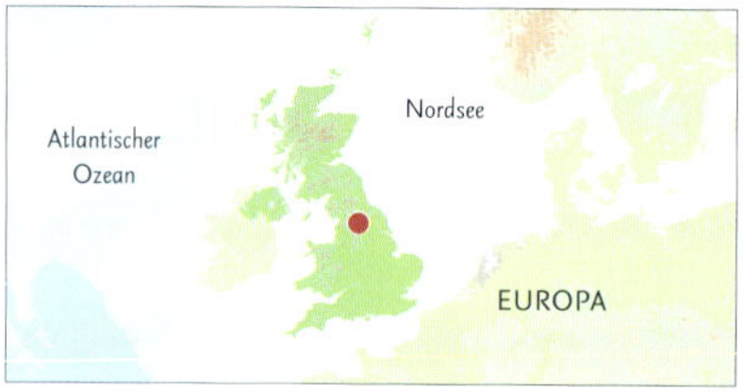

Begründung der Aufnahme: Meisterwerk menschlicher Schöpferkraft, Erbe von besonderer menschheitsgeschichtlicher Bedeutung

Ihre eigenwillige Schönheit verdankt die Anlage von Fountains Abbey in Yorkshire auch der wunderschönen Landschaft, in der die größte mittelalterliche Ruine Großbritanniens eingebettet ist. Fountains Abbey wurde 1132 von 13 Zisterziensermönchen aus York gegründet. Sie suchten nach einem geeigneten Ort, an dem sie ganz im Sinne der Ordensregeln des Hl. Bernhard leben konnten. Doch als Heinrich VIII. die Abtei schließlich auflöste, war sie dank großzügiger Zuwendungen zum reichsten Kloster des Königreiches geworden. Von den vier Jahrhunderten der Blüte zeugen die Ruinen bis heute. Die kleine Fountains-Hall-Burg, die gestaltete Landschaft, Gärten und der Kanal, den John Aislabie im 18. Jh. anlegen ließ, sind wie die Ruinen Teil des königlichen Parks, zu dem auch die Gartenanlagen aus dem 19. Jh. mit den geplanten Blickachsen und die königliche Kirche von Studley gehören.

▲
Gewölbe im Vorratskeller von Fountains Abbey

Das Hauptschiff der Klosterkirche kommt dem zisterziensischen Ideal der Schlichtheit sehr nahe. Die reichen Bauten der Abtei südlich der Kirche zeigen jedoch, wie sich die Mönchsgemeinschaft, die über Ländereien und geistliche Macht verfügte, allmählich von ihren ursprünglichen Idealen abkehrte.

Tempelbezirk von Khajuraho
Indien

Begründung der Aufnahme: Meisterwerk menschlicher Schöpferkraft, Zeugnis einer Kultur

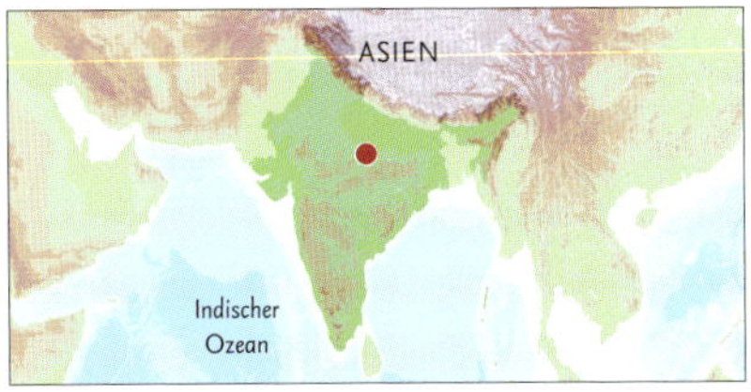

Die Tempel von Khajuraho entstanden zwischen 950 und 1050 in der Blütezeit der Chandella-Dynastie. Der reichhaltige Skulpturenschmuck des Kandariya-Tempels zählt zu den größten Meisterwerken indischer Kunst. Von den ursprünglich 58 Tempeln stehen heute noch 20, die sich in drei Gruppen unterteilen und zwei verschiedenen Religionen, dem Hinduismus und dem Jainismus, zuordnen lassen. Der Vishnu-Tempel, heute Lakshmana-Tempel, geht auf Yasovarman (954 n. Chr.) zurück und ist ein prachvolles Zeugnis von der Bedeutung der Chandella-Herrscher. Kandariya Mahadeva, der größte und schönste Tempel, wird Ganda (1017–1029) zugeschrieben. Er ist von tantrischem Gedankengut beeinflusst, das die Chandella-Herrscher durch ihre königlichen Bauten förderten. Die Bildhauer von Khajuraho stellten alle Aspekte des Lebens dar – die säkularen, die religiösen und das Sexualleben.

Die Tempel von Khajuraho stehen auf einem erhöhten Sockel, auf dem sich ein mit Reliefplatten reich dekoriertes Bauwerk (*Jangha*) erhebt. Darauf stehen Gruppen von Türmen mit geschwungener Silhouette (*Sikharas*). Jeder dieser Türme, die im Nagera-Stil erbaut sind, symbolisiert den heiligen Berg Kailasch.

◄ Der Vishwanath-Tempel in Khajuraho

Nationalpark Garajonay (Kanaren, Insel Gomera)

Spanien

Begründung der Aufnahme: besonderes Naturphänomen, Schauplatz spezieller ökologischer und biologischer Prozesse

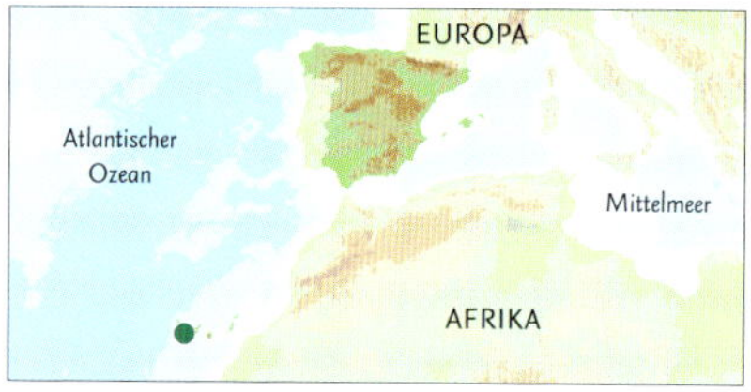

Der Nationalpark Garajonay liegt im Zentrum der Kanareninsel Gomera. Er umfasst ein abgetragenes Plateau und leicht geneigtes Gelände, das zum Parkrand hin steil abfällt. Etwa 70 % der Parkfläche werden von einem der weltweit größten Loorbeerwälder bedeckt, einem Ökosystem, das aufgrund der langfristigen Klimaänderungen fast vollständig aus Südeuropa und Nordafrika verschwunden ist. Im Park wurden über 450 Arten von Blütenpflanzen gezählt, 81 davon sind endemisch auf der Inselgruppe, und acht kommen sogar ausschließlich im Nationalpark vor. Ein außergewöhnliches kulturelles Erbe stellt die Pfeifsprache dar, mit der sich die Einwohner der Insel über größere Entfernungen verständigen.

Im Nationalpark Garajonay wächst etwa die Hälfte des verbliebenen Waldes der Kanarischen Inseln, einschließlich vieler bedrohter Arten. Einer der Gründe für den Artenreichtum sind die regelmäßigen Nebel und das reiche Wasserangebot aus Quellen und Bächen.

Kloster Studenica

Serbien

Begründung der Aufnahme: Meisterwerk menschlicher Schöpferkraft, Zeugnis kulturellen Austauschs, Erbe von besonderer menschheitsgeschichtlicher Bedeutung, Verknüpfung mit Ereignissen von universeller Bedeutung

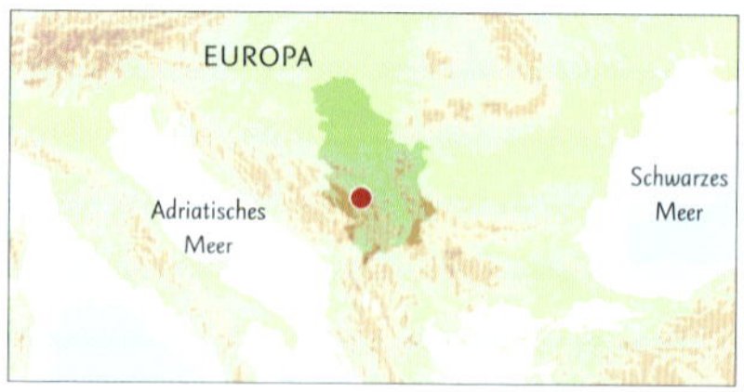

Das Kloster Studenica wurde im späten 12. Jh. von Stefan Nemanja, dem Begründer des mittelalterlichen serbischen Staates, kurz nach seiner Abdankung gestiftet. Studenica ist das größte und prächtigste der orthodoxen Klöster Serbiens. Im Kloster stehen zwei Kirchen, die Muttergotteskirche und die Königskirche. Beide sind aus weißem Marmor erbaut und enthalten unschätzbar wertvolle byzantinische Gemälde aus dem 13. und 14. Jh. In der Königskirche hat sich ein Bilderzyklus über das Leben der Jungfrau Maria erhalten, der zu den besten Werken der Epoche zählt. Die Wandbilder in der Muttergotteskirche zeichnen sich durch eine neue Räumlichkeit und eine starke Ausdruckskraft aus. Es sind Meilensteine der Kunstgeschichte, sowohl in der byzantinischen als auch der westlichen Kunst.

Studenica war das identitätsstiftende Symbol des mittelalterlichen Serbiens. Hier wurden die Herrscher zu Grabe getragen, und der Hl. Sava, der jüngste Sohn von Stefan Nemanja, gründete hier die serbisch-orthodoxe Kirche.

Römische Baudenkmäler, Dom St. Peter und Liebfrauenkirche in Trier

Deutschland

Begründung der Aufnahme: Meisterwerk menschlicher Schöpferkraft, Zeugnis einer Kultur, Erbe von besonderer menschheitsgeschichtlicher Bedeutung, Verknüpfung mit Ereignissen von universeller Bedeutung

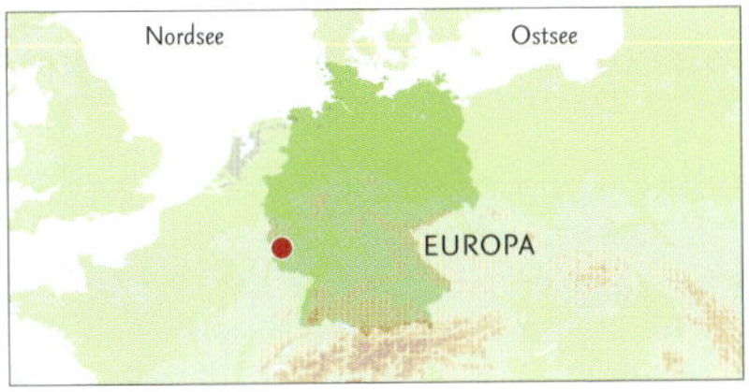

Trier an der Mosel war seit dem 1. Jh. n. Chr. eine römische Kolonie, die sich im folgenden Jahrhundert zu einem wichtigen Handelzentrum entwickelte. Gegen Ende des 3. Jh. stieg Trier zu einer der Hauptstädte der Tetrarchie auf und wurde als „zweites Rom" bekannt. Die zahlreichen gut erhaltenen Bauwerke aus dieser Zeit sind ein außergewöhnliches Zeugnis der römischen Zivilisation. Das ursprüngliche Zentrum der Kolonialstadt entstand in der Regierungszeit von Claudius (41–54 n. Chr.). Um die Mitte des 2. Jh. musste die stark gewachsene Stadt durch eine Mauer gesichert werden; über die Mosel wurde eine Brücke aus Sandstein und Basalt gebaut. Nach 306 n. Chr. ließ Konstantin der Große die Stadt umgestalten. Er erneuerte das Amphitheater und die Thermen und errichtete den Circus maximus und einen riesigen kaiserlichen Palast, von dem nur Teile erhalten sind.

Einige der bedeutendsten Bauwerke wurden sehr lange genutzt: Die Aula Palatina, die Empfangshalle von Kaiser Konstantin, diente den fränkischen Königen später als Palast. Konstantin ließ 326 zwei Basiliken bauen, die zwischen dem 11. und 13. Jh. zum Dom und der Liebfrauenkirche umgestaltet wurden.

◄ Die Porta Nigra von Süden (Stadtseite); sie war eines der vier römischen Stadttore.

Tempelbezirk von Hampi
Indien

Begründung der Aufnahme: Meisterwerk menschlicher Schöpferkraft, Zeugnis einer Kultur, Erbe von besonderer menschheitsgeschichtlicher Bedeutung

In einem der Innenhöfe des Vitthala-Tempels steht ein Wagen aus Stein, der von zwei kleinen Elefantenstatuen gezogen wird. Er fasziniert die heutigen Touristen noch genauso wie die Reisenden der Vergangenheit.

Die Stadt Hampi ist ein außergewöhnliches Zeugnis des untergegangenen hinduistischen Königreiches Vijayanagar, das seine Blütezeit unter dem Herrscher Krishna Deva Raja (1509–1530) erlebte. Die sagenhaft reichen Prinzen erbauten drawidische Tempel und Paläste, die Reisende des 14.–16. Jh. in Staunen versetzten. Das Ende kam 1565, als ein Bündnis muslimischer Heere aus dem Dekkan die Stadt eroberte und sechs Monate lang plünderte. Das durch den Handel mit Baumwolle und Gewürzen reich gewordene Hampi war eine der schönsten Städte der mittelalterlichen Welt. Die Tempel von Ramachandra (1513) und Hazara Rama (1520) gehören dank ihrer anspruchsvollen Baukunst zu den außergewöhnlichsten Bauwerken Indiens. Innerhalb der massiven Verteidigungsanlagen blieben neben den Tempeln auch bürgerliche, königliche und öffentliche Bauten erhalten (Elefantenställe, Bad der Königin, Lotus Mahal, Basare und Märkte).

Ein altes Wasserbecken und ein Tempel (Hintergrund) am Krishna-Markt in Hampi ▼

Altstadt von Cáceres

Spanien

Begründung der Aufnahme: Zeugnis einer Kultur, Erbe von besonderer menschheitsgeschichtlicher Bedeutung

Spanische Abenteurer, die im 16. Jh. aus der Neuen Welt zurückkamen, ließen sich prachtvolle Paläste erbauen, wie den Palacio Godoy, der auf einen neureichen Konquistador zurückgeht. Den Palacio de los Toledo-Moctezuma errichtete in der zweiten Hälfte des 17. Jh. ein Enkel von Montezuma II., dem Inkaherrscher aus der Zeit, als Cortes Mexiko eroberte.

Cáceres ist ein einzigartiges Beispiel für eine feudale Stadt, die sich nach dem Kampf zwischen Christen und Mauren entwickelte. Die Stadtgeschichte lässt sich an den erhaltenen Bauwerken ablesen, die ein Ensemble bilden aus römischen, islamischen und gotischen Baustilen und italienischer Renaissancearchitektur. Das ursprünglich römische Cáceres wurde von den islamischen Almohaden stark befestigt; ihre Umbauten veränderten das Aussehen der römischen Stadtmauern grundlegend. Der Torre del Bujaco ist der bekannteste der etwa 30 maurischen Türme. Auf die Epoche der Mauren geht auch das Muster der engen, gewundenen Nebenstraßen zurück, die sich zu winzigen Plätzen öffnen. Nach der Reconquista fanden in der Stadt Machtkämpfe zwischen rivalisierenden Clans statt. Ihre befestigten Wohnhäuser finden sich überall in der Stadt. Im 15.–16. Jh. demonstrierten die Adligen ihren Rang durch reich verzierte Adelsplaketten an den Fassaden und den Bau zahlreicher Wehrtürme.

Stonehenge, Avebury und zugehörige Denkmäler der Megalith-Kultur

Großbritannien

Begründung der Aufnahme: Meisterwerk menschlicher Schöpferkraft, Zeugnis kulturellen Austauschs, Zeugnis einer Kultur

Stonehenge und Avebury sind wahrscheinlich die bekanntesten Monumente der Megalithkultur auf der Welt. Gemeinsam mit den zugehörigen Denkmälern bilden sie ein Meisterwerk der Schöpferkraft der jungsteinzeitlichen Menschen.

Stonehenge und Avebury bestehen aus mehreren Steinkreisen aus Menhiren, deren Anordnung auf eine astronomische Nutzung schließen lässt. Die Forschung untersucht die umliegenden Stätten auch deswegen besonders intensiv, um die berühmteren Monumente in einen breiteren Kontext stellen zu können.

Stonehenge wurde in mehreren Bauphasen zwischen 3100 und 1100 v. Chr. errichtet. Seine Größe und Höhe und die Perfektion seiner Ausführung machen es zum berühmtesten megalithischen Monument weltweit. Der Grundriss umfasst mehrere konzentrische Steinkreise aus riesigen Menhiren. Ab der dritten Bauphase wurden schwere Decksteine auf die senkrechten Menhire gelegt, sodass eine Art Steingebälk entsteht. Die sogenannte Avenue ist ein Weg, der in den Kalkuntergrund gegraben wurde und gerade auf die nordwestliche Ecke von Stonehenge zuführt.

Das nicht ganz so bekannte Avebury liegt etwa 30 km nördlich von Stonehenge. Es ist das größte megalithische Kreissystem in ganz Europa. Allein der Außenkreis umfasst etwa 100 Menhire. Bis zum Ende des 3. Jt. v. Chr. wurden an der Stätte rund 180 Steine aufgerichtet. Die Datierung war dank zahlreicher Keramikscherben möglich. In Avebury gab es vier Avenuen, doch nur die südliche (West Kennet Avenue) wird noch von Megalithen gesäumt. Die Punkte, an denen die vier Avenuen auf den Steinkreis auftreffen, markieren die vier Haupthimmelsrichtung. Die West Kennet Avenue führt zum 2,5 km entfernten Heiligtum von Overton Hill, das aus mehreren konzentrischen Kreisen aus Stein und Holz besteht und dessen Funktion noch unbekannt ist.

In der Umgebung von Avebury gibt es weitere neolithische Stätten, unter anderem den Silbury Hill, den größten prähistorischen künstlichen Erdhügel in Europa; seine Funktion ist ebenfalls noch völlig unbekannt. Windmill Hill, 2 km nordwestlich von Avebury, ist eine neolithische Wallanlage; in West Kennet, südlich von Avebury, steht ein langes Kammergrab.

In Stonehenge wurden zwei unterschiedliche Steinarten verbaut: Aus einer Ebene in der Nähe von Salisbury stammen die Sarsensteine (unregelmäßige Sandsteinblöcke), während die Blausteine in einem 200 km entfernten Steinbruch im Pembrokeshire (Wales) gebrochen wurden.

Obwohl die kultische Bedeutung von Stonehenge immer noch ein Rätsel ist, sind die kosmischen Bezüge unübersehbar. Nach einer alten Hypothese handelt es sich bei Stonehenge um ein Sonnenheiligtum. Obwohl sich die Wissenschaftler über die Bedeutung des Monuments nicht einig sind, versammeln sich zur Sommersonnenwende regelmäßig zahlreiche „Gläubige“ in Stonehenge.

Mudejar-Architektur in der Region Aragón

Spanien

Begründung der Aufnahme: Erbe von besonderer menschheitsgeschichtlicher Bedeutung

Im Mudejar-Stil, der im Zuge der Reconquista im 12. Jh. in Aragon entstand, verschmelzen zwei unterschiedliche Kunsttraditionen – die islamische und die christliche. Charakteristisch für diesen Stil, der bis zum frühen 17. Jh. erhalten blieb, sind Ziegelsteine und glasierte Kacheln, die zu kunstvollen Mustern arrangiert wurden. Die auffallendsten Bauelemente der Mudejar-Architektur sind die Türme. Ein besonders geschlossenes Ensemble typischer Mudejar-Bauwerke aus der Zeit nach der Reconquista stellen die Türme von Teruel dar. Die Baumeister der christlichen Kirchen kopierten die Bauweise und die Zierelemente der almohadischen Minarette, obwohl sie von ganz anderen Voraussetzungen ausgingen. Ein weiteres typisches Beispiel für den Mudejar-Stil sind die bemalten Holzdecken (beispielsweise in der Kirche Santa María de Mediavilla) in Teruel. Ähnliche Elemente finden sich auch in Klosterbauten, Burgen und Wohngebäuden.

Ein Turm im Mudejar-Stil in Teruel ▼

Der Mudejar-Stil konnte sich fast überall, abgesehen von wenigen Regionen im Süden, gegen die Gotik durchsetzen. Erst im 16. Jh., als die Mauren gezwungen wurden, zu konvertieren und „neue Christen" zu werden (Morisken), begann eine Epoche der Intoleranz, die 1609/1610 zur Vertreibung führte. Danach spielte die Mudejar-Kunst keine Rolle mehr.

Ruinen von Khami
Simbabwe

Begründung der Aufnahme: Zeugnis einer Kultur, Erbe von besonderer menschheitsgeschichtlicher Bedeutung

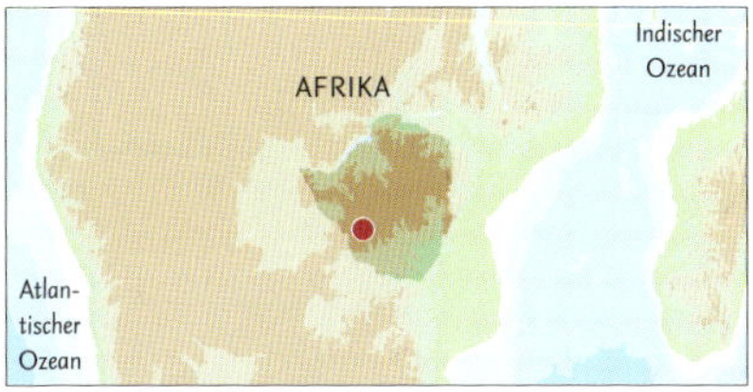

Khami, das sich entwickelte, nachdem die Hauptstadt Groß-Simbabwe Mitte des 16. Jh. aufgeben worden war, ist von großer archäologischer Bedeutung. Die Stätte zieht sich von der Nord- bis zur Bergruine über 2 km hin. Obwohl es in einer Gegend liegt, in der die Spuren menschlicher Präsenz bis zu 100 000 Jahre zurückreichen, wuchs Khami erst zwischen 1450 und 1650 zur Stadt. Wie Groß-Simbabwe ist auch Khami in mehrere Abschnitte gegliedert. Die Residenz des Häuptlings (Mambo) liegt im Norden auf einem Hügel, der aus Erde aufgeschüttet und mit Stützmauern in ebene Terrassen untergliedert ist. Bei den Grabungen kamen interessante Artefakte ans Licht, beispielsweise Keramik aus dem Rheinland, Ming-Porzellan aus dem 17. Jh., portugiesische Kopien chinesischen Porzellans und spanische Silberarbeiten aus dem 17. Jh.

Die Einwohner von Khami lebten in Hütten, die aus Strohlehm, einer Mischung aus Erde, Sand und Stroh, bestanden und von Mauern aus Granit umgeben waren. Die Zäune und Mauern gleichen jenen aus der letzten Phase Groß-Simbabwes. Erwähnenswert sind die zahlreichen Schmuckfriese mit Rauten und Schachbrettmustern, sowie zahlreiche schmale Durchgänge und Galerien.

Burgen und befestigte Städte König Edwards I. in der Grafschaft Gwynedd (Wales)
Großbritannien

Begründung der Aufnahme: Meisterwerk menschlicher Schöpferkraft, Zeugnis einer Kultur, Erbe von besonderer menschheitsgeschichtlicher Bedeutung

Die Burgen Beaumaris und Harlech sind das Werk des größten Festungsbaumeisters der damaligen Zeit: James St. George. Sie stehen im Norden von Wales im alten Fürstentum Gwynedd. Die außerordentlich gut erhaltenen Wehranlagen entstanden im Zuge der Eroberung und Verteidigung der Region unter Eduard I. (1272–1307). Sie sind wichtige Zeugnisse der Festungsbaukunst.

Seit 1283 ließ Eduard I. in einem einzigartigen Bauprojekt eine ganze Serie von Burgen errichten. Innerhalb von nur 20 Jahren entstanden zehn neue Festungen, außerdem wurden eroberte alte Burgen ausgebaut. Diese umfangreichen Bautätigkeiten dienten einer eindrucksvollen strategischen und symbolischen Demonstration englischer Macht.

◀ Burg Caernarfon und ihre Wehrmauern am Fluss Seiont in Nordwales

Historisches Zentrum von Évora

Portugal

Begründung der Aufnahme: Zeugnis kulturellen Austauschs, Erbe von besonderer menschheitsgeschichtlicher Bedeutung

Die Stadt Évora ist das schönste verbleibende Zeugnis aus dem goldenen Zeitalter Portugals, da Lissabon 1755 durch ein Erdbeben zerstört wurde. Die Wurzeln dieser Museumsstadt reichen bis in römische Zeiten zurück. Seine Blütezeit erlebte Évora im 15. Jh. als Residenz der portugiesischen Könige. Die weiß gekalkten Häuser sind mit einzigartigen Azulejos (Keramikkacheln) und Balkonen aus Schmiedeeisen (16.–18. Jh.) geschmückt. Betrachtet man das Stadtbild von Évora, dann wird der Einfluss Portugals auf die Architektur in Brasilien, beispielsweise in Salvador de Bahia, deutlich.

Eine Stadt existiert an dieser Stelle bereits seit vorrömischen, keltischen Zeiten. Die Römer gaben ihr den Namen Liberalitas Julia. Aus der Zeit des Römischen Reiches verblieben die Ruinen des Diana-Tempels. Zur Zeit des Westgotischen Reiches wuchs die christliche Stadt noch nicht über die römischen Mauern hinaus, weshalb diese sogar noch verstärkt wurden. Unter den Mauren, deren Herrschaft 1165 endete, entstanden weitere Festungsbauten, von denen in der Kasbah ein befestigtes Tor erhalten ist. Die Namen mancher Plätze weisen noch auf die maghrebinischen Bewohner hin, die auch nach der Reconquista noch im Viertel La Mouraria im Nordosten wohnten.

Einige Gebäude stammen aus dem Mittelalter. Das bekannteste ist sicher die Kathedrale, deren Bau 1186 begonnen und im 13.–14. Jh. abgeschlossen wurde. Im 15. Jh. hielten die portugiesischen Könige regelmäßig Hof in Évora und leiteten die goldene Zeit der Stadt ein. Überall entstanden Klöster und königliche Bauten. Diese prächtigen Gebäude wurden entweder völlig neu errichtet oder in bestehende Komplexe integriert. Den manuelischen Stil jener Zeit halten vor allem die wichtigsten Bauwerke des 16. Jh. lebendig: der Palast der Grafen von Basto auf dem alten Alcazar und die Kirche der Ritter von Calatrava.

Das 16. Jh. war die große Zeit der Stadtplanung. Der Aquädukt Agua da Prata (1537) und andere Brunnen gehen auf diese Epoche zurück. Die Stadt Évora hatte großen intellektuellen und religiösen Einfluss. Die Jesuiten lehrten ab 1553 an der Universität des Heiligen Geistes bis sie 1759 vertrieben wurden. Danach begann der Niedergang der Stadt.

Universität des Heiligen Geistes in Évora

Das einzigartige Flair von Évora rührt von dem harmonischen Nebeneinander der Baustile des 16., 17. und 18. Jh. her. Charakteristisch sind die endlosen Reihen niedriger, weiß gekalkter Häuser mit Ziegeldächern und die Terrassen entlang der schmalen Gassen der mittelalterlichen Stadt. Schmiedeeiserne Gitter und Azulejos, die in den Klöstern und Palästen prunkvoll und in den bescheidenen Häuschen eher charmant wirken, vereinheitlichen die Architektur Évoras. Die Bauweise ist perfekt an Klima und Standort angepasst.

Schutzgebiete des gemäßigten und subtropischen Regenwalds im mittleren Osten Australiens

Australien

Begründung der Aufnahme: Zeugnis wichtiger Stadien der Erdgeschichte, Schauplatz spezieller ökologischer und biologischer Prozesse, bedeutender natürlicher Lebensraum – Biodiversität

Die Welterbestätte umfasst rund 40 einzelne Naturreservate und erstreckt sich im Großen Scheidegebirge entlang der australischen Ostküste. Die einzigartigen geologischen Phänomene rund um die Krater der Schildvulkane und die etwa 200 seltenen und bedrohten Regenwaldarten rechtfertigen den Schutz der Gegend, die von höchstem wissenschaftlichem Wert ist. Die Evolution neuer Arten wurde durch die natürliche Isolation der Regenwaldbestände gefördert. Zum Gebiet gehören der größte subtropische Regenwald der Welt, weite Bereiche mit warm-gemäßigtem Regenwald und fast der gesamte Restbestand des kühl-gemäßigten Nothofagus-Regenwaldes. Obwohl die Regenwälder nur 0,3 % der Fläche Australiens einnehmen, kommen in ihnen etwa die Hälfte aller australischen Pflanzenfamilien und ein gutes Drittel aller Säugetier- und Vogelarten vor.

Regenwald bei den Protestors Falls im Nightcap-Nationalpark ▲ in New South Wales.

Nur an wenigen Orten auf der Erde gibt es so viele Pflanzen und Tiere, die sich seit der Gondwana-Zeit, aus der die Fossilien ihrer Vorfahren stammen, kaum verändert haben. Hier wachsen ursprüngliche Pflanzenfamilien, die direkt von den ersten Blütenpflanzen abstammen, die vor 100 Mio. Jahren wuchsen. Außerdem gibt es hier einige der ältesten Farn- und Koniferenarten der Erde.

Höhlen von Škocjan
Slowenien

Begründung der Aufnahme: besonderes Naturphänomen, Zeugnis wichtiger Stadien der Erdgeschichte

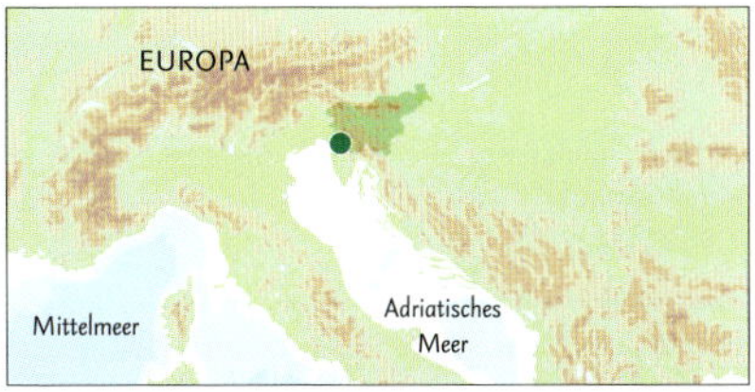

Der Fluss Reka grub ein System unterirdischer Höhlen und Wasserläufe in das Kalkgestein und schuf so ein faszinierendes Beispiel für eine großflächige Karstentwässerung. Von der Quelle des Reka fließt das Wasser unterirdisch bis zum Golf von Triest, wo es bei Timavo ins Meer mündet. An einigen Stellen ist das Deckgebirge über den Höhlengängen eingebrochen, sodass tiefe Schluchten entstanden sind. Durch eine 350 m lange, unterirdische Passage fließt der Fluss in eine Höhle und kommt in einer 150 m tiefen und 300 m langen Schlucht wieder zum Vorschein. Dann verschwindet er wieder für weitere 3 km im Untergrund. Es gibt fünf unterirdische Galerien und einen Kanal. Eine Tropfsteinhöhle mit Stalaktiten und Stalagmiten führt bis an die Oberfläche. Insgesamt stürzt der Fluss über 25 Kaskaden ins Tal.

Die Höhle liegt in der Region Kras (wörtlich „Karst"). Sie ist bei Karstforschern auf der ganzen Welt berühmt. Die geschützte Stätte erstreckt sich über 2 km² und umfasst vier tiefe, spektakuläre Schluchten: Sokolak im Süden, Globocak im Westen und Lisicina und Sapen dol im Norden.

Altstadt von Ghadames
Libyen

Begründung der Aufnahme: traditionelle Siedlungsform

Die historische Stadt Ghadames, die einst „Perle der Wüste" genannt wurde, ist heute nur noch eine kleine Oasenstadt neben einem Palmenhain. Sie ist eine der ältesten Städte am Rand der Sahara und ein außergewöhnliches Beispiel für eine traditionelle Siedlungsform. Die Wohnhäuser weisen eine Trennung der Stockwerke nach Funktionen auf: Im Erdgeschoss wurden die Vorräte gelagert, auf der Etage darüber lebte die Familie. Die Gassen sind fast vollständig von den vorkragenden Häusern überbaut, sodass eine Art unterirdisches Netzwerk aus Wegen entstanden ist. Die oberen, offenen Terrassen waren den Frauen vorbehalten. In der Stadt, die einen beinahe runden Grundriss hat, drängen sich die Häuser dicht an dicht. Die dicken Wände der äußeren Häuser bilden gleichzeitig die Stadtmauer.

Man kann die Stadtlandschaft nicht als Einheit erleben, denn die Gassen sind eigentlich Arkaden unter den überstehenden Häusern. Sie sind vor allem den Männern vorbehalten, während sich die Frauen auf den miteinander verbundenen Hausdächern treffen.

Delphi (Apollonheiligtum)
Griechenland

Begründung der Aufnahme: Meisterwerk menschlicher Schöpferkraft, Zeugnis kulturellen Austauschs, Zeugnis einer Kultur, Erbe von besonderer menschheitsgeschichtlicher Bedeutung, Verknüpfung mit Ereignissen von universeller Bedeutung

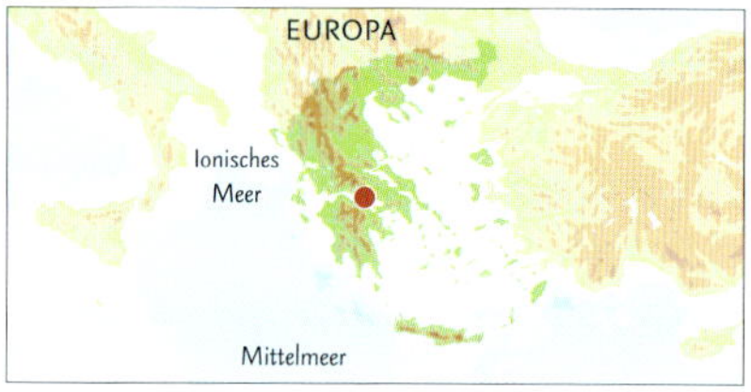

Das panhellenische Heiligtum von Delphi liegt in einer wunderschönen Naturkulisse am Parnass. In der Antike sprach an diesem Ort der Gott Apollon durch ein Orakel zu den Menschen. Die faszinierende Landschaft, in die sich die Bauwerke harmonisch einfügen, und die spirituelle Bedeutung machten Delphi im 6. Jh. v. Chr. zum kultischen Zentrum und zugleich zum Symbol der Einheit der griechischen Welt. Die Stätte setzt sich zusammen aus Terrassen, Tempeln und Schatzhäusern, die in ihrer Gesamtheit einen starken Eindruck vom materiellen Wert und dem moralischen Einfluss Delphis vermitteln. Von den erhaltenen Ruinen sind die folgenden besonders interessant:

Der Apollontempel: Er stammt aus dem 4. Jh. v. Chr. und steht auf den Grundmauern eines älteren Tempels aus dem 6. Jh. v. Chr. Im Tempel war der Sitz der Pythia, einer Priesterin, die den Orakelspruch des Apollon empfing und die Prophezeihung übermittelte. Delphi war das wichtigste Orakel der Griechen.

Der Altar der Einwohner von Chian: Der große Altar des Heiligtums steht vor dem Tempel und wurde im 5. Jh. v. Chr. erbaut.

Das Schatzhaus der Athener: Das Schatzhaus ist ein kleiner Bau in dorischem Stil, den die Athener gegen Ende des 6. Jh. v. Chr. errichteten. Hier lagerten sie ihre Opfergaben an Apollon.

Die Stoa der Athener: Die Stoa ist im ionischen Stil mit sieben kannelierten Säulen erbaut, die jeweils aus einem einzigen großen Stein hergestellt wurden. Gemäß einer Inschrift bauten sie die Athener im Jahre 478 v. Chr., um die Beute aus den Seeschlachten gegen die Perser zu lagern.

Das Theater: Obwohl es bereits im 4. Jh. v. Chr. erbaut wurde, stammen die heute sichtbaren Ruinen des Theaters aus der Zeit des Römischen Kaiserreiches. Bei den großen Festen fanden hier Theateraufführungen statt.

Das Stadion: Das Bauwerk aus dem 5. Jh. v. Chr. wurde im 2. Jh. n. Chr. auf Kosten von Herodes Atticus vollständig umgestaltet. Hier fanden die panhellenischen Phythischen Spiele statt, ein Vorläufer der Olympischen Spiele.

Der Tholos: Dieser Rundbau im dorischem Stil (rechts) stammt aus dem Jahre 380 v. Chr. Die äußerst sorgfältige Ausführung spricht für eine wichtige Funktion, die allerdings noch nicht aufgeklärt wurde.

Die polygonale Mauer: Nach der Zerstörung des alten Apollontempels wurde 548 v. Chr. eine polygonale Mauer erbaut, um die Terrasse für den neuen Tempel abzustützen. In die Steine sind zahlreiche Inschriften eingemeißelt – meist Freilassungsurkunden für Sklaven.

Der Tholos in Delphi ▶

Der Aufstieg des Heiligtums und Orakels ging mit der Entstehung des Apollonkultes im 8. Jh. v. Chr. einher. Delphi hatte in ganz Griechenland einen beträchtlichen religiösen und politischen Einfluss.

Die Pythischen Spiele fanden seit dem 6. Jh. v. Chr. statt. Damals wurde das Heiligtum vergrößert und mit kostbaren Gebäuden, Statuen und anderen Opfergaben ausgestattet.

Unter den Römern hatte Delphi eine wechselvolle Geschichte. Mit dem Aufkommen des Christentums verlor das Orakel seine religiöse Bedeutung und wurde schließlich von Kaiser Theodosius I. 395 n. Chr. geschlossen.

Vulkan-Nationalpark Hawaii

Vereinigte Staaten

Begründung der Aufnahme: Zeugnis wichtiger Stadien der Erdgeschichte

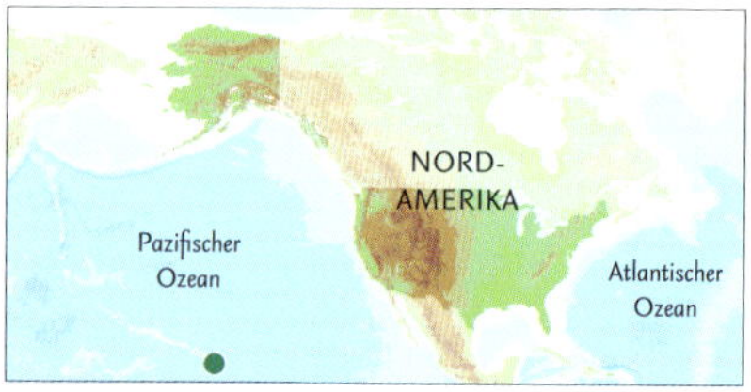

Die beiden aktivsten Vulkane der Erde, der Mauna Loa (4170 m) und Kilauea (1250 m), haben diese Landschaft durch ihre Eruptionen geprägt und immer wieder verändert. Mit steigender Höhe ändert sich das Klima von tropisch feucht zu alpinem Wüstenklima. Die zahlreichen Pflanzengesellschaften des Nationalparks haben sich an diese Bedingungen angepasst und Arten mit sehr unterschiedlicher Lebensweise und Erscheinungsbild hervorgebracht. Biologen unterscheiden 23 deutlich voneinander verschiedene Vegetationstypen, die sich fünf großen Ökosystemen zuordnen lassen: subalpine Stufe, montane Stufe mit Jahreszeiten, montaner Regenwald, submontane Stufe mit Jahreszeiten und Küstenebenen.

Bis auf die Weißgraue Fledermaus gibt es im Nationalpark keine heimischen Säugetiere; die meisten endemischen Vogelarten sind selten oder bedroht. Landwirtschaft und die Einfuhr fremder Tierarten, wie Schweine, Ziegen und Mungos, führten zu enormen ökologischen Veränderungen: heimische Ökosysteme wurden geschädigt und zahlreiche endemische Arten ausgerottet.

Der Nationalpark reicht von den vulkanischen Klippen an der Südküste, die weit ins Meer vorstoßen, bis zu den Einbruchskratern des Kilauea, des aktivsten Vulkans der Erde, und dem Mauna Loa. Letzterer ist ein breiter, flach kuppelförmiger Schildvulkan, der aus den Lavaschichten vergangener Ausbrüche aufgebaut ist. Er gilt weltweit als das beste Beispiel dieses Vulkantyps. Der Vulkanberg erstreckt sich von einer Tiefe von 5581 m unter dem Meeresspiegel bis auf eine Höhe von 4170 m über dem Meeresspiegel.

◄ Fünf Tage, nachdem diese Aufnahme entstand (im November 2005), brachen Teile der Lavaschichten ab und versanken im Meer.

Domplatz von Pisa
Italien

Begründung der Aufnahme: Meisterwerk menschlicher Schöpferkraft, Zeugnis kulturellen Austauschs, Erbe von besonderer menschheits-

geschichtlicher Bedeutung, Verknüpfung mit Ereignissen von universeller Bedeutung

Die weltberühmten Bauwerke auf dem Domplatz von Pisa sind Meisterwerke der mittelalterlichen Architektur. Der Dom, das Baptisterium und der Campanile (der „schiefe Turm") haben die Baukunst des mittelalterlichen Italiens wesentlich geprägt.

Der riesige Dom aus Marmor und Stein gilt als bestes Beispiel der Pisaner Romanik. Die Arbeiten begannen 1064 und zogen sich bis ins 12. Jh. hin. Die Kathedrale hat den Grundriss eines lateinischen Kreuzes und besteht aus fünf Schiffen. Die romanische Taufkapelle (Baptisterium) enthält eine Kanzel des Bildhauers Nicola Pisano, die 1363 vollendet wurde. Der „schiefe Turm" begann sich unmittelbar nach dem Baubeginn 1173 zu neigen. Wegen der Kriegswirren blieb er fast 200 Jahre lang unvollendet.

Der monumentale Friedhof wurde von alliierten Bomben im 2. Weltkrieg fast komplett zerstört, inzwischen wurde er aber wieder vollständig hergestellt.

Dom und Campanile (Schiefer Turm) ▲

Pisa war einst eine Hafenstadt und eine der vier reichsten italienischen Stadtrepubliken. Der enorme Reichtum aus Handelsgeschäften beflügelte auch die Baukunst. Im späten 13. Jh. führten wirtschaftliche Rivalitäten und Kriege zum Niedergang der Stadt. Die große Bronzelampe im Dom stammt von Possenti da Pietrasanta. Ihr Schwingen soll Galileo zur Entdeckung der Pendelgesetze inspiriert haben.

Kathedrale, Alcázar und Archivo de Indias in Sevilla

Spanien

Begründung der Aufnahme: Meisterwerk menschlicher Schöpferkraft, Zeugnis kulturellen Austauschs, Zeugnis einer Kultur, Verknüpfung mit Ereignissen von universeller Bedeutung

Diese drei Gebäude im Herzen von Sevilla bilden zusammen ein monumentales Ensemble. Kathedrale und Alcázar stammen aus der Zeit der Reconquista, als spanische Ritter gegen die Mauren kämpften, um die Iberische Halbinsel zurückzuerobern. Die beiden Bauwerke vereinen Stilelemente des christlichen Andalusiens mit denen der Almohaden (Berberfürsten). Der Bau der Casa Lonja begann im späten 16. Jh. Sie war als Zunfthalle geplant, beherbergte aber seit den 1790er-Jahren das Archiv der spanischen Überseeprovinzen (Archivo de Indias).

In der Kathedrale (Abb. unten), der größten gotischen Kirche der Welt, steht das Grabmal von Christoph Kolumbus. Der Alcazar war ein befestigter Palast der Mauren; sein Bau begann 712. Nach der Rückeroberung Sevillas durch die Spanier (1248) wurde er eine königliche Residenz.

Die komplexe Struktur der Kathedrale spiegelt ihre wechselhafte Geschichte wider. Mehrere Säulen sind mit Kapitellen aus der Zeit der Westgoten verziert. Es sind die letzten Überreste der alten Kathedrale, die 712 von den arabischen Eroberern zerstört wurde. Die Christen überbauten später die maurische Große Moschee, ließen das spektakuläre Giralda-Minarett aber stehen.

Blick auf die Kathedrale vom Giralda-Minarett ▼

Biosphärenreservat Sian Ka'an

Mexiko

Begründung der Aufnahme: besonderes Naturphänomen, bedeutender natürlicher Lebensraum – Biodiversität

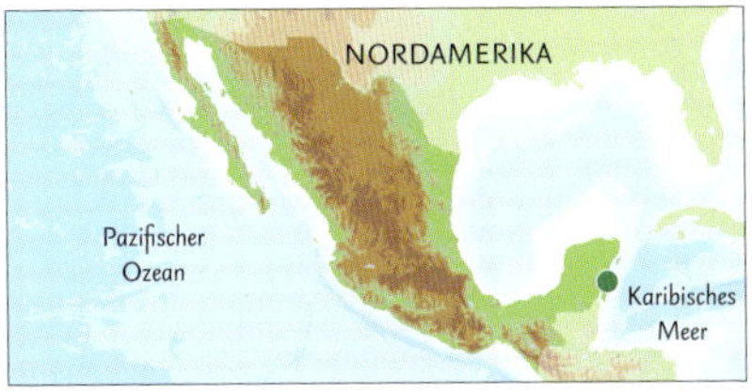

Das Biosphärenreservat Sian Ka'an liegt an der Ostküste der Halbinsel Yucatán. Es umfasst tropische Wälder, Mangroven, Feuchtgebiete und ein großes Meeresschutzgebiet mit einem Barriereriff. Grund- und Oberflächenwasser folgen einer komplexen Dynamik, die abwechslungsreiche Lebensräume für zahlreiche Pflanzen und Tiere hervorbrachte. Insgesamt leben im Reservat über 300 Vogelarten und viele der regionstypischen Landwirbeltiere.

Sian Ka'an liegt auf einer Kalksteinplatte, die teilweise über, teilweise unter dem Meeresspiegel liegt. Sie bildet den Untergrund für einen Abschnitt des großen Barriereriffes vor der mittelamerikanischen Ostküste. Da die Kalksteintafel nur knapp aus dem Meer ragt und das Regenwasser im flachen Kalkboden rasch versickert, gibt es in Sian Ka'an kaum Fließgewässer an der Oberfläche.

Im Biosphärenreservat wachsen schätzungsweise 1200 Pflanzenarten. In den mittleren und niedrigen, teilweise Laub abwerfenden Wäldern dominieren die Palmen. Entlang der Küsten ziehen sich Dünen auf 64 km hin.

In Sian Ka'an leben 103 Säugetierarten, darunter Jaguare, Pumas, Ozelots, Langschwanzkatzen, Jaguarundis, Mittelamerikanische Tapire, Großmazamas, Klammeraffen und Brüllaffen, Wickelbären, Tamanduas und Karibische Seekühe. Es gibt 339 Vogel- und 42 Amphibien- und Reptilienarten, dazu über 52 Fischarten, die in großen Populationen vorkommen.

Venedig und seine Lagune
Italien

Begründung der Aufnahme: Meisterwerk menschlicher Schöpferkraft, Zeugnis kulturellen Austauschs, Zeugnis einer Kultur, Erbe von besonderer menschheitsgeschichtlicher Bedeutung, traditionelle Siedlungsform, Verknüpfung mit Ereignissen von universeller Bedeutung

Venedig ist ein einzigartiges Gesamtkunstwerk auf 118 kleinen Inseln. Seine Häuser scheinen über dem Wasser der Lagune zu schweben. Es verfügt über einen unvergleichlichen Schatz an architektonischen Esembles, die in ihrer Gesamtheit von der langen Blütezeit der Lagunenstadt zeugen.

Als eine Stadt, die auf einer Gruppe winziger Inseln in einer Lagune errichtet wurde, ist Venedig eines der außergewöhnlichsten Beispiele der mittelalterlichen Stadtbaukunst. Von Torcello im Norden bis Chioggia im Süden hat fast jede Insel eine eigene kleine Siedlung. Venedig, im Zentrum der 50 000 km^2 großen Lagune, war eine der großartigsten Metropolen des Mittelalters.

Im 5. Jh. n. Chr. flohen die zukünftigen Bewohner Venedigs aus Angst vor Invasoren auf die Sandinseln Torcello, Jesolo und Malamocco. Aus den vorübergehenden Zufluchtsorten wurden bald dauerhafte Siedlungen, und aus Bauern und Fischern bedeutende Händler, die eine führende Seemacht begründeten.

Zwischen dem 12. und dem 15. Jh. nahm Venedigs Macht beständig zu. Der unabhängige Stadtstaat war einer der vier italienischen See-Republiken. Dank seiner strategisch günstigen Lage am Nordende des Adriatischen Meeres kontrollierte Venedig den gesamten Osten des Mittelmeeres bis zum Ionischen Meer. Damit hatte die Lagunenstadt den Handel zwischen Europa und dem byzantinischen Kaiserreich sowie die Handelswege in den Nahen Osten und in die Kreuzfahrerstaaten fest in der Hand. Im Jahre 1204 verbündete sich der Doge Enrico Dàndolo mit den Kreuzfahrern, um Konstantinopel auszuplündern. Die Bronzepferde über dem Eingang der Markuskirche stammen aus diesem Raubzug.

Als andere Staaten im 15. Jh. ihre Reiche in Übersee aufbauten und die osmanischen Türken immer stärkeren Einfluss im ehemaligen Byzantinischen Reich gewannen, begann der lange Abstieg Venedigs. Schließlich verlor es 1797 auch seine Unabhängigkeit an Napoleon; von da an waren viele der Paläste und wertvollen Bauten dem Verfall preisgegeben.

Venedig hatte beträchtlichen Einfluss auf die Architektur und monumentale Kunst. Die wunderschönen, großen Paläste und Monumente zeugen bis heute vom sagenhaften Reichtum der Handelsstadt, die einst Canaletto, Giorgione, Tizian, Tintoretto, Veronese und zahlreiche andere weltbekannte Künstler inspirierte.

Ein Abschnitt des Canale Grande (oben) und einer der zahlreichen Seitenkanäle, die sich durch die Stadt ziehen (unten)

Die Inseln von Venedig liegen um das historische Zentrum verstreut. Die großen Kanäle, wie Giudecca, San Marco und Canale Grande, sind noch immer die wichtigsten Trasportwege der autofreien Stadt. Gemeinsam mit den kleinen Seitenkanälen (Rii) bilden sie das Verkehrsnetz Venedigs. In dieser unwirklichen Umgebung ohne festen Boden entstanden im Laufe der letzten 1000 Jahre unschätzbare Juwelen der Baukunst.

Schloss Blenheim
Großbritannien

Begründung der Aufnahme: Zeugnis kulturellen Austauschs, Erbe von besonderer menschheitsgeschichtlicher Bedeutung

Schloss und Park von Blenheim verkörpern die frühe Phase der englischen Romantik, die sich vom Eklektizismus inspirieren ließ und eine Rückbesinnung auf nationale Werte und die Liebe zur Natur forderte. Blenheims Einfluss auf die Architektur und die Raumgliederung äußert sich sowohl in England als auch im Ausland.

Schloss Blenheim bei Oxford steht in einem 8,5 km² großen, romantischen Park, der von dem berühmten Landschaftsgärtner Lancelot „Capability" Brown gestaltet wurde. John Churchill, erster Duke of Malborough, erhielt das Anwesen von der englischen Nation zu Ehren seines Sieges über französische und bayerische Truppen in der Schlacht von Blenheim (1704). Das Schloss, das die Architekten John Vanbrugh und Nicholas Hawksmoor 1705–1722 errichteten, ist ein perfektes Beispiel eines fürstlichen Schlosses des 18. Jh.

Zwischen 1764 und 1774 verwandelte „Capability" Brown den klassischen, von Vanbrugh geplanten Park in eine wunderschöne Kunstlandschaft mit zwei Seen. Gegen Ende des 18. Jh. wurden mehrere neugotische Bauwerke hinzugefügt.

In dem Schloss wurde 1874 der spätere britische Premierminister Winston Churchill geboren.

Nationalpark Sundarbans

Indien

Begründung der Aufnahme: Schauplatz spezieller ökologischer und biologischer Prozesse, bedeutender natürlicher Lebensraum – Biodiversität

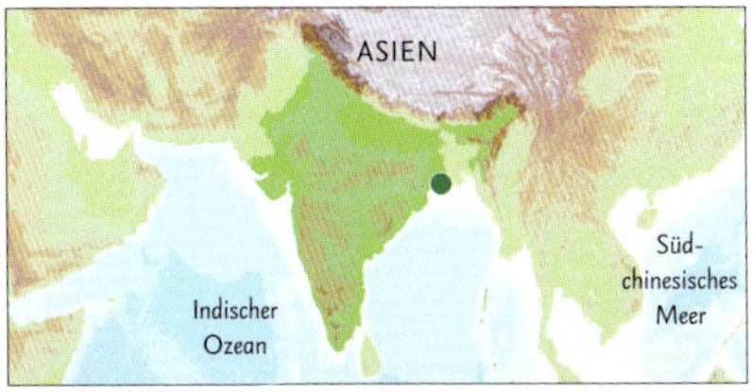

Die Sundarbans im Gangesdelta sind eine 10 000 km² große amphibische Landschaft aus Land und Wasser. Über die Hälfte liegt in Indien, der Rest in Bangladesch. Im Nationalpark wachsen die größten Mangrovenwälder der Erde, und er ist eine Zuflucht für mehrere seltene oder bedrohte Tierarten, wie Tiger, Wassersäugetiere, Vögel und Reptilien.

Da sich der Hauptstrom des Ganges seit dem 17. Jh. stetig nach Osten verlagert hat, werden die Sundarbans immer weniger mit Süßwasser versorgt. Der Grund für die Flussverlagerung sind geologische Prozesse: Da sich der Golf von Bengalen unter die asiatische Platte schiebt, neigt sich die Erdkruste ostwärts ab. Heute wird das Wasser fast ausschließlich über den Gezeitenstrom ausgetauscht.

Höhlen von Elephanta

Indien

Begründung der Aufnahme: Meisterwerk menschlicher Schöpferkraft, Zeugnis einer Kultur

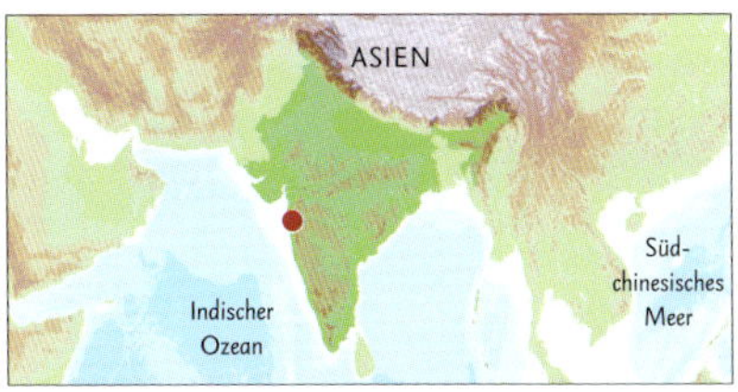

Die „Stadt der Höhlen" liegt auf einer Insel im Arabischen Meer nahe Mumbai und besteht aus sieben Höhlen. Ihre reich verzierten Tempel und die Bilder aus der hinduistischen Mythologie zeugen von einer verschwundenen Kultur und bilden eine besonders spektakuläre Sammlung von Felsenkunst. Die Höhlen aus dem 6.–8. Jh. n. Chr. lassen sich zwei Epochen zuordnen. Im Stupa-Hügel im Osten, der nach einem kleinen buddhistischen Stupa aus Ziegelsteinen auf dem Gipfel benannt ist, wurden zwei Höhlen, von denen eine unvollendet ist, sowie mehrere Zisternen eingemeißelt.

Die größere Gruppe im Westen besteht aus fünf in den Fels gemeißelten Hinduschreinen. Die Haupthöhle ist für ihr riesiges Hochrelief zu Ehren des Gottes Shiva berühmt, der in mehreren Inkarnationen und bei verschiedenen seiner Taten dargestellt ist.

Der Name der Insel, Elephanta, bezieht sich auf einen gewaltigen steinernen Elefanten, den portugiesische Seefahrer entdeckten. Der Elefant wurde zerschnitten, nach Mumbai geschafft und wieder zusammengesetzt. Heute bewacht das melancholisch wirkende Tier den Eingang des Victoria Gardens Zoo in Mumbai.

◄ Eingang in eine der Nebenhöhlen auf Elephanta

Westminster (Palast und Abtei) und Margaretenkirche in London

Großbritannien

Begründung der Aufnahme: Meisterwerk menschlicher Schöpferkraft, Zeugnis kulturellen Austauschs, Erbe von besonderer menschheitsgeschichtlicher Bedeutung

Der Palast von Westminster ist der Sitz des britischen Parlaments und ein außergewöhnlich gut erhaltenes und vollständiges Beispiel der neugotischen Baukunst. Zum Welterbe gehört auch die mittelalterliche Margaretenkirche, in der seit dem 11. Jh. die britischen Könige und Königinnen gekrönt wurden – ein Ort von großer historischer und symbolischer Bedeutung.

Barry und Pugin begannen 1835 mit dem Bau eines neuen Parlamentes, nachdem das alte völlig abgebrannt war. Das Parlamentsgebäude mit dem Oberhaus südlich des Hauptturms und dem Unterhaus im Norden symbolisiert durch seine gewaltigen Ausmaße und Proportionen sowohl die Bedeutung der konstitutionellen Monarchie als auch das Zweikammersystem der politischen Macht.

Die Westminster Abbey ist ein einzigartiges Ensemble, an dem sich die aufeinander folgenden Phasen der englischen Gotik ablesen lassen. Auf dem Gelände der Abtei steht auch die Margaretenkirche im zauberhaften Stil der englischen Perpendicular-Gotik. Die seit dem 15. Jh. häufig umgebaute Kirche dient gleichzeitig als Pfarrkirche des Unterhauses.

Der neue Palast von Westminster weist prachtvolle Innenräume auf: die Royal Gallery, das House of Lords, die Central Lobby, das House of Commons, die Bibliothek und die Büros. Er ist ein Symbol für die älteste parlamentarische Regierung der Welt. Die Fassade zur Themse ist 266 m lang. Im Archiv des Victoria-Towers werden 3 Mio. Dokumente aufbewahrt; im Norden steht der Uhrenturm (Big Ben).

Grenzen des Römischen Reiches

Großbritannien und Deutschland

Begründung der Aufnahme: Zeugnis kulturellen Austauschs, Zeugnis einer Kultur, Erbe von besonderer menschheitsgeschichtlicher Bedeutung

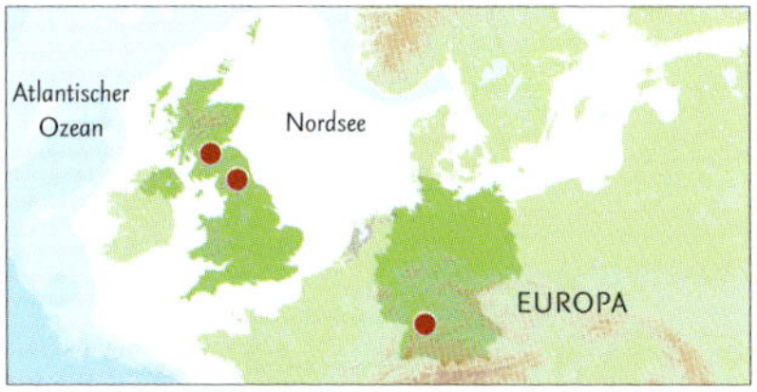

Der römische Grenzwall (Limes) ist die heute noch sichtbare Grenzlinie des Römischen Reiches, das im 2. Jh. n. Chr. seine größte Ausdehnung erreichte.

Die beiden Abschnitte in Deutschland ziehen sich über 550 km vom Nordwesten bis zur Donau im Südosten. Der 118 km lange Hadrianswall in Nordengland wurde 122 n. Chr. auf Befehl des Kaisers Hadrian erbaut, um die Nordgrenze der römischen Provinz Britannia zu sichern. Er ist ein außergewöhnliches Beispiel für den Aufbau einer römischen Militäranlage und veranschaulicht die Verteidigungsstrategie und die geopolitische Strategie des antiken Roms.

Der 60 km lange Antoninuswall quer durch Schottland wurde 142 n. Chr. von Kaiser Antoninus Pius als Schutz gegen die „Barbaren" des Nordens erbaut. Er markiert die weiteste Nordausdehnung des Römischen Reiches.

Die heute sichtbaren Reste des Limes sind Mauern, Dämme, Kastelle, Wachtürme und zivile Siedlungen. In einigen Bereichen ist der Limes zerstört, in anderen wurde er archäologisch ausgewertet oder sogar rekonstruiert.

Das Römische Reich erstreckte sich über 5000 km von der Atlantikküste Großbritanniens mitten durch Europa bis zum Schwarzen Meer und von dort bis zum Toten Meer und weiter über Nordafrika.

Die sichtbaren Reste des Limes – Mauern, Erdwerke, Forts, Wachtürme, Siedlungen und die Erschließung des Hinterlandes – zeigen die komplexe Organisation des Römischen Reiches und den vereinigenden Charakter seiner Kultur.

Der Hadrianswall in Northumberland (Großbritannien) ▼

Burgviertel Buda, Uferzone der Donau und die Andrássy Ut in Budapest

Ungarn

Begründung der Aufnahme: Zeugnis kulturellen Austauschs, Erbe von besonderer menschheitsgeschichtlicher Bedeutung

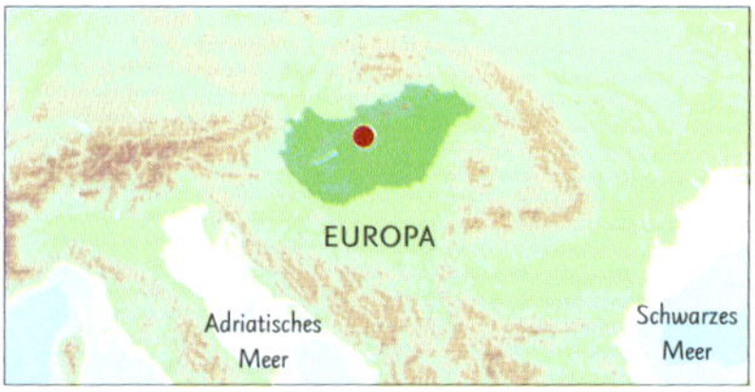

In der ungarischen Hauptstadt Budapest, einer der schönsten Stadtlandschaften der Welt, lassen architektonische Zeugnisse die Stadtgeschichte aufleben. Im Stadtbild finden sich Bauwerke aus den unterschiedlichsten Epochen, wie die römische Stadt Aquincum oder die gotische Burg Buda, die alle einen prägenden Einfluss auf die Architektur hatten.

Die Donau teilt das eindrucksvolle Stadtpanorama, das ursprünglich aus zwei Städten bestand: Buda liegt auf einem Felssporn am rechten Ufer, Pest auf dem flachen linken Ufer. Die ersten Menschen ließen sich bereits in der Altsteinzeit im heutigen Stadtgebiet nieder, aber erst in der Römerzeit bekam Budapest historische Bedeutung, als es im 2. Jh. n. Chr. Hauptstadt der Grenzprovinz Pannonia inferior war.

Nach dem Einfall der Ungarn im 9. Jh. entwickelte sich Pest zum ersten städtischen Zentrum des Mittelalters, bis es durch Überfälle der Mongolen 1241–1242 verwüstet wurde. Einige Jahre später baute Bela IV. die Burg Buda auf dem rechten Ufer; die Einwohner Pests konnten sich bei Gefahr dorthin zurückziehen. Burg Buda trug seit dem 14. Jh. wesentlich zur Ausbreitung der gotischen Kunst im Reich der Magyaren (Ungarn) bei.

Budas Geschichte war eng an das Schicksal der ungarischen Monarchie geknüpft. Zwischen 1308 und den 1490er-Jahren sah die Stadt mit dem Aufblühen der Monarchie goldene Zeiten. Der Abstieg begann mit der Plünderung durch die Türken 1526 und endete mit der endgültigen Niederlage 1541, von der sich die Stadt erst im 18. Jh. erholte.

Im 19. Jh. unterstrich Budapest seine Rolle als Hauptstadt durch die Gründung der Ungarischen Akademie (1830) und den Bau des neugotischen Parlamentsgebäudes (1884–1904). Das Parlament (Abb. rechts) ist ein außergewöhnliches Beispiel für ein großartiges Amtsgebäude und steht auf gleicher Stufe mit vergleichbaren Gebäuden in London, München, Wien oder Athen. Es verkörpert idealtypisch die eklektizistische Architektur des 19. Jh. und repräsentiert zugleich die politische Bedeutung der Stadt in der Österreich-Ungarischen Monarchie. Seit 1849 überspannt eine Hängebrücke von W. T. Clark die Donau und steht symbolisch für die Vereinigung der beiden Städte Buda und Pest, die im Jahr 1873 auch offiziell vonstatten ging. Seither ist Budapest die Hauptstadt der Nation.

Das Panorama Budapests mit der Kettenbrücke im Vordergrund und dem Ungarischen Parlamentsgebäude ▶

Da die Stadt seit dem Mittelalter völlig unkontrolliert gewachsen war, sah sich die Regierung Ungarns gezwungen, stadtplanerische Maßnahmen zu ergreifen und die öffentliche Infrastruktur durch einen drastischen Einschnitt zu modernisieren. Die Andrassy-Allee schlug eine gerade Schneise durch ein unregelmäßig gewachsenes Vorstadtviertel und veränderte dabei die Stadtstruktur. Siemens und Halske bauten die erste U-Bahn auf dem europäischen Kontinent (1893–1896) und regten damit weitere moderne Neubauten an.

Große Tempel der Chola-Dynastie
Indien

Begründung der Aufnahme: Zeugnis kulturellen Austauschs, Zeugnis einer Kultur

Die großen Tempel der Chola in Südindien sind ein außergewöhnliches Zeugnis der Architektur und Weltanschauung der Chola-Dynastie und der südindischen tamilischen Zivilisation. Zum Welterbe gehören drei große Tempel aus dem 11. und 12. Jh.: der Brihadisvara-Tempel von Thanjavur (Tanjore), der Brihadisvara-Tempel von Gangaikondacholisvaram und der Airavatesvara-Tempel in Darasuram. Der Tempel in Gangaikondacholisvaram wurde von Rajendra I. erbaut und 1035 fertiggestellt. Sein 53 m hoher Vimana (Tempelturm) erhebt sich in sanft geschwungenen Stufen bis zur Spitze und bildet so einen Kontrast zum gerader und strenger wirkenden Turm von Thanjavur. Der Airavatesvara-Tempel in Darasuram, der von Rajaraja II. erbaut wurde, zeichnet sich durch einen 24 m hohen Vimana und ein steinernes Bildnis von Shiva aus. Die Tempel zeugen bis heute von der hoch entwickelten Architektur, Bildhauerei, Malerei und Bronzegusskunst der Chola.

Der große Tempel von Thanjavur entstand binnen weniger Jahre von 1003–1010 in der Regierungszeit des großen Königs Rajaraja (985–1014). Der König ließ das Heiligtum reich verzieren. Gemäß der Inschriften und Chroniken waren mehrere hundert Priester, 400 heilige Tänzerinnen und 57 Musiker dauerhaft im Tempel beschäftigt.

Der Tempel in Gangaikondacholisvaram ▼

Kaiserpaläste der Ming- und der Qing-Dynastien in Beijing und Shenyang

China

Begründung der Aufnahme: Meisterwerk menschlicher Schöpferkraft, Zeugnis kulturellen Austauschs, Zeugnis einer Kultur, Erbe von besonderer menschheitsgeschichtlicher Bedeutung

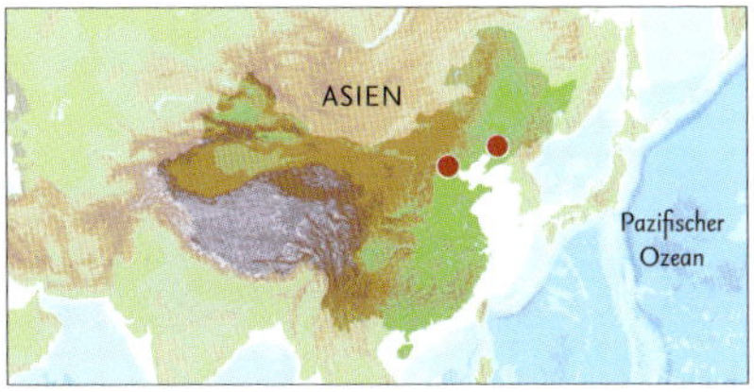

In den Kaiserpalästen lebt die ungeheure Pracht der chinesischen Kaiserreiche von der Yuan- über die Ming- bis zur Qing-Dynastie wieder auf. Fünf Jahrhunderte lang (1416–1911) war die Verbotene Stadt in Beijing der Sitz der obersten Staatsgewalt. Kaiser und Hofstaat standen Landschaftsgärten und prächtig geschmückte Paläste mit insgesamt 10 000 Zimmern zur Verfügung; sie sind ein unschätzbar wertvolles Erbe der chinesischen Kultur. Die Verbotene Stadt (Abb. unten) im Norden des Tiananmen-Platzes diente den Ming- und Qing-Kaisern als Wohn- und Regierungssitz. Heute ist die gesamte Stadt, der größte Palastkomplex der Welt, ein Museum. Der Kaiserpalast der Qing-Dynastie in Shenyang besteht aus 114 Gebäuden, die zwischen 1625 und 1636 erbaut wurden. Er enthält eine wertvolle Bibliothek und bietet einen unschätzbaren Einblick in die Geschichte der Qing sowie in die Kultur der Mandschu und anderer Volksstämme im Norden Chinas.

Das Leben in der Verbotenen Stadt war durch ein extrem strenges Hofzeremoniell geregelt, das sich auch im Bau äußert: Sie ist fast symmetrisch, und die wichtigen Bauten sind hierarchisch auf einer Nord-Süd-Achse angeordnet. Im Einklang mit der Geomantie liegt das Haupttor im Süden, während die Nordseite vom künstlichen Kohlenberg „geschützt“ wurde.

▼

Nationalpark Kilimandscharo

Tansania

Begründung der Aufnahme: besonderes Naturphänomen

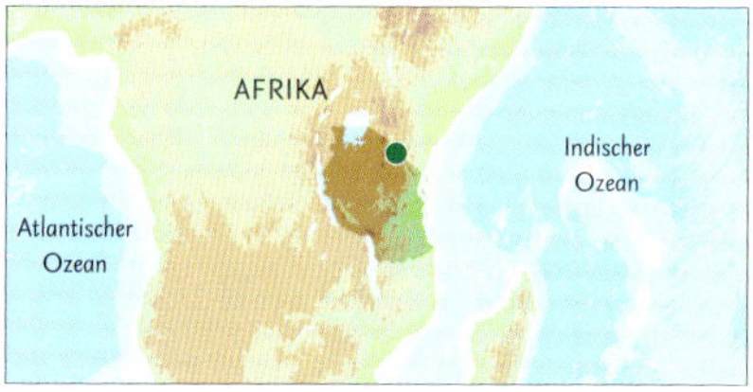

Mit einer Höhe von 5895 m hat das Vulkanmassiv des Kilimandscharo den höchsten Gipfel Afrikas. Umgeben von Bergwäldern erhebt sich die schneebedeckte Kuppe des isoliert stehenden Berges über die Savanne. Im Nationalpark und Waldschutzgebiet leben zahlreiche Tiere, darunter auch viele bedrohte Arten. Das geschützte Gebiet umfasst den oberen Teil des Kilimandscharo bis zur kenianischen Grenze. Es schließt alle Vegetationszonen oberhalb der Baumgrenze und sechs bewaldete Korridore mit ein, die bis zur bewaldeten montanen Stufe herabreichen. Der Kilimandscharo, einer der größten Vulkane der Erde, war das letzte Mal im Pleistozän aktiv (vor 1,8 Mio. bis 10 000 Jahren). Trotz seines isolierten Standortes ist er Teil einer Vulkankette, die sich durch den Norden Tansanias zieht. Er hat drei vulkanische Gipfel unterschiedlichen Alters – Shira, Mawenzi und Kibo – außerdem mehrere kleinere Vulkankegel.

An den Hängen des Berges lassen sich fünf Vegetationszonen unterscheiden: Die Buschsavanne auf den Süd- (700–1000 m Höhe) und Nordhängen (1400–1600 m Höhe), dicht besiedelter, submontaner Agro-Wald auf den Süd- und Südwesthängen, ein montaner Waldgürtel, subalpine Heiden und alpine Moore. Darüber herrscht alpine Wüste. Der montane Waldgürtel umgibt den Berg auf einer Höhe zwischen 1300 m (auf den trockeneren Nordhängen ab 1600 m) und 2800 m. Alle Wälder oberhalb von 2800 m gehören zum Nationalpark. Einer 2001 durchgeführten Untersuchung zufolge wachsen auf dem Berg 2500 Pflanzenarten, 1600 davon auf den Südhängen und 900 im Waldgürtel. Es gibt 130 Baumarten, wobei die größte Artendichte zwischen 1800 und 2000 m zu finden ist.

Auf dem Kilimandscharo, einschließlich des montanen Waldgürtels, der teilweise zum Nationalpark gehört, leben zahlreiche Tiere. Gezählt wurden 140 Säugetierarten (87 davon Waldarten), zu denen unter anderem 7 Primaten-, 25 Raubtier-, 25 Antilopen- und 24 Fledermausarten gehören. Oberhalb der Baumgrenze wurden mindestens sieben der größeren Säugetierarten gesichtet, obwohl sie vorrangig in den tieferen Lagen leben. Von den insgesamt 179 Bergvogelarten kommen in den höheren Lagen nur kleine Populationen vor. Der häufigste Vogel in großer Höhe ist der Geierrabe.

Das Land um den Berg ist dicht besiedelt. Hier leben die Dschagga in 18 mittelgroßen bis großen Walddörfern auf den nördlichen und westlichen Hängen des Waldschutzgebietes, das an den Nationalpark anschließt. Obwohl es verboten ist, versorgen sich die Menschen aus dem Wald mit Nahrung, Heilpflanzen und Feuerholz, halten Bienen, jagen, brennen Holzkohle, fällen Bäume und roden den Wald für kleine Farmen.

Etwa 12 % des Waldes sind Plantagen, die fast bis zur Heide reichen.

Brasília

Brasilien

Begründung der Aufnahme: Meisterwerk menschlicher Schöpferkraft, Erbe von besonderer menschheitsgeschichtlicher Bedeutung

Die brasilianische Hauptstadt wurde 1956 mitten im Land aus dem Boden gestampft. Der Stadtplaner Lucio Costa und der Architekt Oscar Niemeyer schufen mit Brasília einen Meilenstein der Stadtplanung. Ihr Konzept sah vor, dass sich jedes Element der Stadt – von der Anlage der Wohn- und Regierungsviertel (oft mit dem Umriss eines fliegenden Vogels verglichen) bis hin zur Symmetrie der einzelnen Gebäude – harmonisch in den Gesamtplan einfügte. Die bogenförmige Nord-Süd-Achse der Stadt ist eine breite Verkehrsader, an der die Wohnviertel mit eigenen Einkaufs- und Erholungszentren, Schulen, Kirchen usw. liegen. Die Ost-West-Achse, auch Achse der Monumente genannt, verbindet die Verwaltungsbauten der neuen Stadt. Entlang dieser Achse reihen sich die berühmtesten Gebäude Niemeyers auf.

Costas „Pilotplan“ sah ein Kreuz vor, dessen Achsen sich rechtwinklig schnitten. Um das Kreuz der Geländeform anzupassen, musste der Nord-Süd-Arm als Bogen angelegt werden. Brasília ist seit 1960 die offizielle Hauptstadt des Landes.

Kathedrale und Museum ▼

Hansestadt Lübeck
Deutschland

Begründung der Aufnahme: Erbe von besonderer menschheitsgeschichtlicher Bedeutung

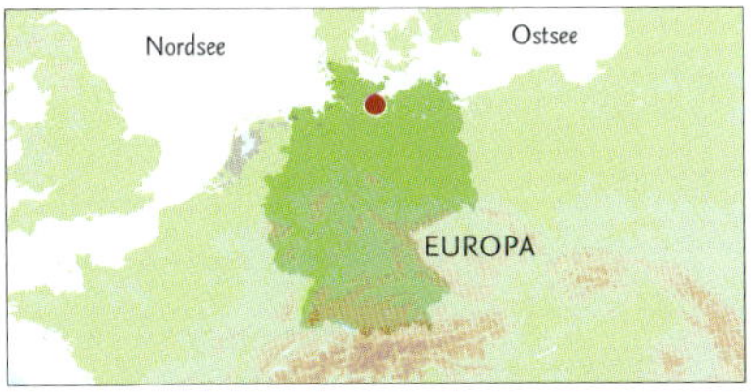

Im Zweiten Weltkrieg wurden etwa 20 % der Altstadt zerstört, darunter auch der Dom, die St.-Petri- und die Marienkirche und vor allem das Gründungsviertel, in dem die Giebelhäuser der reichen Kaufleute standen. Durch vorsichtige Restaurierung konnten die wichtigsten Kirchen und Bauten wieder hergestellt werden.

Lübeck war die Hauptstadt der Hanse. Die im 12. Jh. gegründete Stadt stieg bis zum 16. Jh. zum führenden Knotenpunkt für den Handel mit Nordeuropa auf. Noch heute ist Lübeck eine wichtige Hafenstadt, insbesondere für den Schiffsverkehr mit den nordischen Ländern. Trotz starker Zerstörungen im Zweiten Weltkrieg blieb die Grundstruktur der Altstadt mit Patrizierhäusern des 15.–16. Jh., öffentlichen Bauten, Kirchen, Salzspeichern und dem berühmten, aus Ziegelsteinen erbauten Holstentor (Abb. unten) erhalten. Eine Insel gibt den blattförmigen Umriss der Innenstadt vor, die von zwei parallel verlaufenden Straßen beherrscht wird. Im Westen der Stadt lagen die wohlhabenden Viertel mit den Handelshäusern und den Wohnhäusern der Kaufleute; im Osten wohnten Kleinhändler und Handwerker.

Das Holstentor ▼

Akropolis von Athen
Griechenland

Begründung der Aufnahme: Meisterwerk menschlicher Schöpferkraft, Zeugnis kulturellen Austauschs, Zeugnis einer Kultur, Erbe von besonderer menschheitsgeschichtlicher Bedeutung, Verknüpfung mit Ereignissen von universeller Bedeutung

Die Akropolis von Athen zeigt auf vollendete Weise, wie sich Architektur perfekt in die Landschaft einfügen kann. Sie stellt ein einzigartiges Ensemble öffentlicher Baudenkmäler dar, wie es sich in einer derartigen Dichte nirgendwo sonst im Mittelmeerraum findet. Die großartige Komposition sorgfältig aufeinander abgestimmter Baukörper – Meisterwerke aus dem 5. Jh. v.Chr. – schafft eine Tempellandschaft von unvergleichlicher Schönheit. Die Bauten der Akropolis haben nicht nur andere griechische Baumeister inspiriert, sondern auch die römische Architektur beeinflusst. Sie dienten in allen Mittelmeerländern der griechisch-römischen Antike als Vorbild – und sind es bis in unsere Zeit.

Nach ihrem Sieg über die Perser im späten 5. Jh. v. Chr. nahm die Athener Demokratie eine Führungsrolle unter den Stadtstaaten der antiken Welt ein. In der darauf folgenden Epoche blühten Philosophie und Kunst auf, und außergewöhnliche Künstler machten sich daran, die ehrgeizigen Pläne des Perikles umzusetzen. Unter Leitung des genialen Bildhauers Phidias wurde die Felskuppe der Akropolis in ein einzigartiges Denkmal des Geistes und der Künste verwandelt.

In den Jahren 447–406 v. Chr. wurden nacheinander der Parthenon (Abb. rechts) als Haupttempel der Athene, die Propyläen als monumentaler Eingang zur Akropolis (an der Stelle des ehemaligen Eingangs zur Zitadelle der alten Könige), der Tempel der Athena Nike und das Erechtheion erbaut – die vier Meisterwerke der klassischen griechischen Kunst.

Der heilige Hügel mitten in Athen blieb auch während der römischen Zeit ein geschützter Ort. Das änderte sich erst nach dem Einfall der Herulier (267 n. Chr.). Seit damals wurden die Bauten mehrfach schwer beschädigt, obwohl dazwischen immer wieder lange Zeiten des Friedens lagen.

Die byzantinischen Kaiser ließen die Tempel in Kirchen umwandeln und brachten die Schätze nach Konstantinopel. Im Jahr 1204 fiel Athen unter die Herrschaft der Franken, die wenig Respekt vor den Bauten der Antike zeigten. Die Türken, die 1456 die Stadt einnahmen, machten aus den Kirchen Moscheen, und der türkische Gouverneur nutzte das Erechtheion zeitweilig als Harem. Als die venezianischen Truppen 1687 die Stadt belagerten, explodierte das Parthenon, das die Türken als Pulvermagazin genutzt hatten. Im 19. Jh. ließ der britische Botschafter Lord Elgin schließlich Teile des Marmorfrieses abschlagen und nach London transportieren. Dort sind sie seit 1815 im Britischen Museum ausgestellt.

Hoch erhebt sich die Akropolis über Athen ►

Die Akropolis von Athen und ihre Monumente sind universelle Symbole für die Kultur und den Geist der antiken Klassik und zugleich das großartigste und künstlerisch reifste Ensemble der griechischen Antike.

Die Akropolis steht auf einem Felsensporn, 156 m über dem Illissos-Tal, auf einer Fläche von weniger als 30 000 m². Seit dem 3. Jt. v. Chr. war hier eine Festung, die den Königspalast und die religiösen Stätten schützte.

Heute ist die Akropolis ein Testgelände für innovative Denkmalpflege und die Kunst der Restaurateure. Man versucht, den Marmor vor den Auswirkungen der Abgase zu retten und zu erhalten.

Historisches Zentrum von Mexiko und Xochimilco

Mexiko

Begründung der Aufnahme: Zeugnis kulturellen Austauschs, Zeugnis einer Kultur, Erbe von besonderer menschheitsgeschichtlicher Bedeutung, traditionelle Siedlungsform

Die spanischen Eroberer erbauten Mexico City im 16. Jh. auf den Ruinen von Tenochtitlan, der Hauptstadt des Aztekenreiches. In Mexico City befindet sich die größte Kathedrale des gesamten amerikanischen Kontinents, außerdem einige interessante Gebäude aus dem 19. und 20. Jh., darunter der Palacio de las Bellas Artes. Der Templo Mayor war einer der bedeutendsten Tempelbauten der Azteken in Tenochtitlan. Sein erster Bau wurde 1390 begonnen, doch bis zu seiner endgültigen Zerstörung im Jahr 1521 wurde er an gleicher Stelle sechsmal neu errichtet. Xochimilco liegt etwa 28 km südlich von Mexico City. Sein Netzwerk aus Kanälen und kleinen, künstlichen Inseln zeugt bis heute von der Kunst der Azteken, denen es gelang, menschliche Lebensräume selbst in unwirtlicher Umgebung zu schaffen. Die charakteristischen städtischen und ländlichen Strukturen, die seit dem 16. Jh. und während der Kolonialzeit entstanden, haben sich außergewöhnlich gut erhalten.

Beide Teile des Welterbes sind von unschätzbarem Wert. In der Altstadt von Mexiko City wurden nicht nur die Ruinen des Templo Mayor archäologisch ausgegraben, hier stehen auch bemerkenswerte Zeugnisse der kolonialen Architektur und die berühmte Kathedrale. In den Seen von Xochimilco blieben sogar noch einige der von den Spaniern bewunderten, schwimmenden Gärten (Chinampas) erhalten.

Historisches Zentrum von Puebla

Mexiko

Begründung der Aufnahme: Zeugnis kulturellen Austauschs, Erbe von besonderer menschheitsgeschichtlicher Bedeutung

Puebla wurde 1531 gleichsam aus dem Boden gestampft. Die Stadt liegt 100 km östlich von Mexico City am Fuße des Vulkans Popocatepetl. Puebla war die erste von Spaniern gegründete bedeutende Stadt in Zentralmexiko, die nicht auf den Ruinen einer eroberten indigenen Stadt errichtet wurde. Am 5. Mai 1862 gelang dem mexikanischen General Zaragoza hier der erste größere Sieg über die französischen Besatzungstruppen. Daraufhin wurde die Stadt zur Erinnerung an dieses Ereignis von nationaler Bedeutung in Puebla de Zaragoza umbenannt. Im Stadtbild haben sich zahlreiche großartige kirchliche Bauten erhalten, beispielsweise die Kathedrale aus dem 16.–17. Jh. und der alte Palast des Erzbischofs, sowie viele Häuser, deren Mauern mit Azulejos (Kacheln) geschmückt sind. Der neue Mischstil aus europäischen und amerikanischen Elementen wurde von den lokalen Baumeistern übernommen und äußert sich besonders deutlich im barocken Stadtviertel Pueblas.

Das historische Zentrum Pueblas enthält neben bedeutenden kirchlichen Bauten, wie der Kathedrale Santo Domingo und der Jesuitenkirche, auch prachtvolle Paläste. Bei der Umgestaltung der Stadtlandschaft im 19. Jh. entstanden weitere öffentliche und private Gebäude von hoher Qualität.

Historischer Nationalpark Chaco

Vereinigte Staaten

Begründung der Aufnahme: Zeugnis einer Kultur

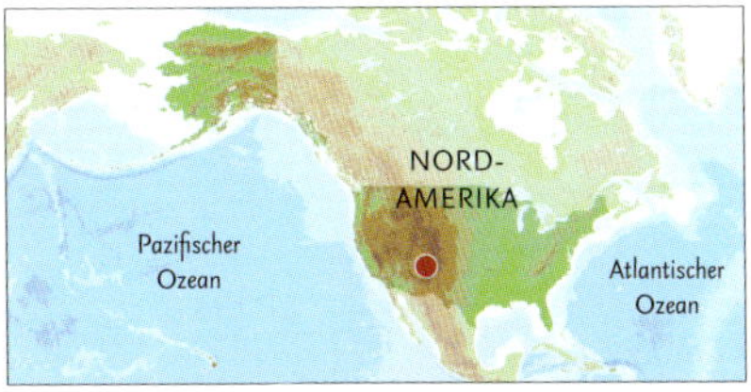

Mehr als 2000 Jahre lang haben Pueblo-Indianer große Teile des Südwestens der späteren Vereinigten Staaten besiedelt. Im Chaco Canyon befindet sich die größte Anhäufung archäologischer Stätten in der gesamten Region. Die Chaco-Kultur war ein Gemeinwesen mit komplexer Landnutzung: Um die Hauptorte waren kleinere Dörfer gruppiert, die untereinander durch ein Straßennetz verbunden waren. Beim Bau ihrer städtischen Zentren mit eindrucksvollen öffentlichen Gebäuden nutzten die Chaco Indianer genau geplante architektonische Entwürfe, astronomische Gesetzmäßigkeiten, Geometrie, Landschaftsgestaltung und technische Hilfsmittel. Die alte Kultur der Pueblo-Indianer erreichte ihren Höhepunkt zwischen 850 und 1250. Der Chaco Canyon war eine zentrale Kultstätte und das Zentrum des Handels und der Politik in der Gegend um die späteren Four Corners im Südwesten der Vereinigten Staaten. Das Welterbe umfasst neben dem eigentlichen Nationalpark Chaco auch mehrere kleinere Chaco-Siedlungen sowie die Ruinen der Azteken in Nordmexiko.

Zwischen dem 12. und 13. Jh. verschwand die Chaco-Kultur, und die Pueblos wurden verlassen. Ab 1250 zogen die ehemaligen Bewohner der Region nach Süden, Osten und Westen. Bis zum 17. Jh., als die Navajos einwanderten, blieb die Gegend praktisch unbewohnt.

◄ Ein wichtiges Element der Chaco-Kultur waren die kreisrunden Kivas, teilweise in den Boden versenkte Räume, in denen vermutlich Zeremonien und Ratsversammlungen stattfanden.

Altstadt von Oaxaca und Ruinen von Monte Alban

Mexiko

Begründung der Aufnahme: Meisterwerk menschlicher Schöpferkraft, Zeugnis kulturellen Austauschs, Zeugnis einer Kultur, Erbe von besonderer menschheitsgeschichtlicher Bedeutung

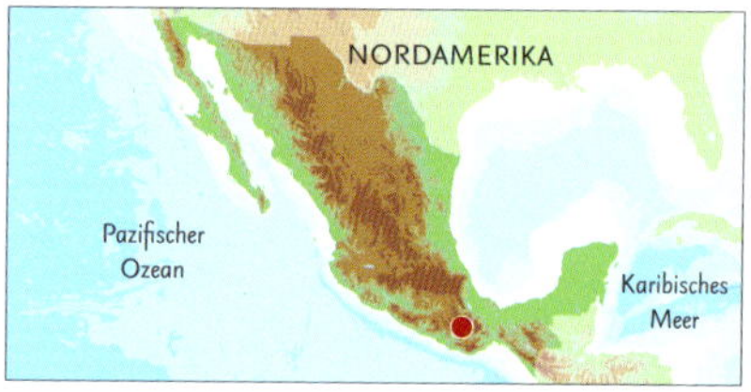

Im Oaxaca-Tal zeugen drei unterschiedliche Stätten von verschiedenen Kulturen: die 1529 gegründete Altstadt von Oaxaca, die prähistorische, archäologische Stätte von Monte Alban und das Dorf Cuilapan, in dem die Dominikaner um die Mitte des 16. Jh. ein riesiges Kloster erbauten.

Monte Alban ist ein hervorragendes Beispiel für eine bedeutende präkolumbische Kultstätte. Der Ort, der mitten im heutigen Mexiko liegt, wurde aus dem Norden von Teotihuacan und später von den Azteken, und aus dem Süden von den Maya beeinflusst. In Monte Alban haben sich ein Ballspielplatz, prachtvolle Tempel, Grabstätten und Basreliefs mit Hieroglyphen erhalten. Sie zeugen von den Kulturen, die in der vorklassischen und klassischen Zeit zwischen 1800 v. Chr. und 900 n. Chr. aufeinander folgten. Länger als ein Jahrtausend übte Monte Alban einen beträchtlichen Einfluss auf einen ganzen Kulturraum aus.

Der Komplex von Monte Alban ist einzigartig unter den rund 200 prähispanischen Stätten im Oaxaca-Tal. Hier lässt sich die Entwicklung einer ganzen Region und die Siedlungsgeschichte ihrer Volksgruppen von den Olmeken über die Zapoteken bis zu den Mixteken nachvollziehen.

Über 1500 Jahre wurde Monte Alban aus einem massiven Felsen regelrecht herausgeschnitten. Die Erbauer glätteten die Unebenheiten zu Terrassen und Promenaden und statteten die heilige Stätte mit Pyramiden, künstlichen Hügeln und Anhöhen aus. Als die Mixteken um 800 aus den Bergen ins Tal abwanderten und die dort lebenden Zapoteken angriffen, begann der Niedergang der heiligen Stätte.

Kurz vor dem Eintreffen der spanischen Konquistadoren übernahmen die Azteken die Kontrolle über das Tal und bauten die Festung Huaxyacac. Als die Spanier 1521 an derselben Stelle ein Fort errichteten, nannten sie es Antequera de Oaxaca.

Der Stadtplan von Oaxaca ist als regelmäßiges Straßengitter angelegt und ein gutes Beispiel für eine geplante spanische Kolonialstadt. Die erhaltenen Baudenkmäler bilden eine der reichhaltigsten und vollständigsten historischen Altstädte des sogenannten Neuen Spaniens. Wie solide diese Häuser gebaut waren, zeigt sich auch darin, dass viele von ihnen die Erdbeben dieser Region bis heute überstanden haben.

Das 1555 gegründete Kloster Cuilapan liegt 10 km weiter südlich. Die Kirche wurde nie vollendet und blieb bis heute ohne Dach.

Die archäologische Stätte Monte Alban stammt aus der Zeit vor den Spaniern.

Die moderne Stadt Oaxaca hat sich ihre historische Altstadt bewahrt. Die großen kirchlichen Bauten, die prachtvollen Stadtpaläste der Patrizier (beispielsweise das Haus des Konquistadoren Hernando Cortes) und andere Häuser fügen sich zu einer harmonisch geschlossenen Stadtlandschaft zusammen, die das Bild einer alten Kolonialstadt in ihrer ganzen Monumentalität aufleben lässt.

In der Nähe von Oaxaca wurde Benito Juárez geboren, der Nationalheld und erste eingeborene Präsident Mexikos. Als er 1872 starb, änderte die Stadt ihren Namen in Oaxaca de Juárez.

Präkolumbische Stadt Teotihuacán

Mexiko

Begründung der Aufnahme: Meisterwerk menschlicher Schöpferkraft, Zeugnis kulturellen Austauschs, Zeugnis einer Kultur, Erbe von besonderer menschheitsgeschichtlicher Bedeutung, Verknüpfung mit Ereignissen von universeller Bedeutung

Die heilige Stadt Teotihuacán („der Ort, an dem die Götter geschaffen wurden") liegt 48 km nordöstlich von Mexico City. Sie ist eine der ältesten bekannten archäologischen Stätten in Mexiko. Die Stadt wurde zwischen dem 1. und 7. Jh. n. Chr. erbaut und zeichnet sich durch die ungeheure Größe ihrer heiligen Monumente aus. Sie sind nach geometrischen und symbolischen Kriterien angelegt. Die einzigartigen Bauwerke und Kultstätten (Sonne-, Mond- und Quetzalcoatl-Pyramide sowie die Paläste des Quetzalmariposa, Jaguars und Yayahuala) reihen sich an der gewaltigen Straße der Toten auf. Sie stellen ein außergewöhnliches Beispiel einer präkolumbischen Kultstätte dar. Teotihuacán war einst eines der wichtigsten kulturellen Zentren in Mesoamerika und beeinflusste die Kultur und Kunst in der Region und weit darüber hinaus.

Das erste Heiligtum, die Sonnenpyramide, wurde über einer Höhle errichtet, die 1971 wieder entdeckt wurde. Die Position der Pyramide ist auf den Höchststand der Sonne ausgerichtet. Auch die Anlage der anderen Bauten wird von astronomischen Gegebenheiten bestimmt. Die Straße der Toten verläuft genau senkrecht zur Hauptachse des Sonnentempels.

Potosí, Stadt und Silberminen
Bolivien

Begründung der Aufnahme: Zeugnis kulturellen Austauschs, Erbe von besonderer menschheitsgeschichtlicher Bedeutung, Verknüpfung mit Ereignissen von universeller Bedeutung

Der Aufstieg Potosís begann, als zwischen 1542 und 1545 im Cerro de Potosí die größten Silbervorkommen der Neuen Welt entdeckt wurden. Der „Silberberg" liegt südlich der Stadt. Die Silberförderung machte Potosí binnen Kurzem zum größten Industriekomplex der damaligen Welt, denn das Silber musste über mehrere wasserbetriebene Klopfwerke aus dem Erz gewonnen werden.

Zum Welterbe gehören die Industriedenkmäler des Cerro Rico, wo das Wasser über ein kompliziertes System aus künstlichen Seen und Aquädukten zu den Mühlen geleitet wird, sowie die Kolonialstadt mit der Casa de la Moneda (Münze), der Kirche San Lorenzo, mehreren Patrizierhäusern und dem Wohnviertel der Arbeiter (Barrios Mitayos).

Nach dem Besuch von Francisco de Toledo (1572) begann man mit dem Bau der „königlichen Münze". Die Bauten beeinflussten maßgeblich die Architektur und Monumentalkunst in den Zentralanden, wo die barocken Formen mit indianischen Stilelementen kombiniert wurden.

Stadt Bath
Großbritannien

Begründung der Aufnahme: Meisterwerk menschlicher Schöpferkraft, Zeugnis kulturellen Austauschs, Erbe von besonderer menschheitsgeschichtlicher Bedeutung

Schon die Römer nutzen die Thermalquelle in Bath als Heilbad. Die Stadt hat sich ein außerordentlich reiches architektonisches Erbe bewahrt. Die Bauten zeugen von der langen Geschichte der Bäderstadt von der Römerzeit bis heute.

Um einen Tempel, den die Römer an einer Thermalquelle errichtet hatten, entstand die Stadt zwischen 60 und 70 n. Chr. Die Mineralquelle war bereits ein Heiligtum der britischen Lokalgöttin Suli, doch die Römer ordneten sie Minerva, der Göttin der Weisheit und Heilkunst zu. Der Name der Göttin der Einheimischen tauchte in der römischen Bezeichnung – Aquae Sulis (Wasser der Sulis) – der Stadt wieder auf.

Die Quelle fördert täglich über 1,2 Mio. Liter 46 °C heißes Wasser, das die Römer zwischen dem 1. und 4. Jh. in ein heißes (*Calidarium*), ein warmes (*Tepidarium*) und ein kaltes Bad (*Frigidarium*) einleiteten. Daneben gab es die üblichen Einrichtungen solcher Thermen, unter anderem auch eine Unterbodenheizung (*Hypocaustum*), um die Räume und das Wasser warm zu halten.

Auch nach Abzug der Römer im 5. Jh. blieb Bath ein wichtiger Badeort. 1090 verlegte der Erzbischof seinen Sitz von Wells nach Bath, und aus der Kirche von Bath wurde eine Kathedrale. Um der neuen Würde gerecht zu werden, begann man mit dem Bau einer neuen Kathedrale und größeren Badeeinrichtungen. Da der Erzbischof jedoch nach Wells zurückkehrte, blieb die Kathedrale unvollendet. Im 16. Jh. konnte endlich eine neue, umgestaltete Kirche im Stil der Perpendicular-Gotik geweiht werden. Das fächerförmig aufstrebende Gewölbewerk im Schiff wurde allerdings erst im 19. Jh. ergänzt, angeblich nach Plänen des 16. Jhs.

Im Mittelalter entwickelte sich Bath zu einem Zentrum der Wollindustrie und wurde durch den Handel mit Wolle reich. Zwar nahm die Bedeutung des Wollhandels vom 17.–18. Jh. ab, doch die Heilquellen der Stadt zogen zunehmend reiche Besucher an. Im 18. Jh. gehörte es bei den Reichen und Schönen zum guten Ton, in Bath zu kuren. Die Stadt bekam neue Gebäude im klassizistischen Stil Palladios, die sich harmonisch in die römische Bäderlandschaft einfügten. Der Klassizismus, die Größe und die Schönheit der öffentlichen Gebäude (Veranstaltungssäle, Great Pump Room, Circus, die Häuser am Royal Crescent) zeugen von der Bedeutung der Stadt Bath zur Regierungszeit von König Georg III.

An der Wiedergeburt von Bath im 19. Jh. hatten mehrere außergewöhnliche Persönlichkeiten Anteil. Sie schufen eine harmonische Stadtlandschaft, in der sich die Kurgäste wohl fühlten.

Auf den Architekten John Wood geht die Stadtplanung im Stil Palladios zurück. Er entwarf den berühmten Circus; sein Sohn John überwachte den Bau und schuf die Veranstaltungssäle und den Royal Crescent.

Der Steinbruchbesitzer Ralph Allen versorgte die Bauherren mit den honigfarbenen Natursteinen, die Wood für seine Bauten vorgesehen hatte.

Der Dandy und Spieler Beau Nash war der Zeremonienmeister, der die Stadt Bath in den beliebtesten Urlaubsort Englands verwandelte.

Die Pulteney Brücke über den Avon in Bath ist eine der wenigen Brückenkonstruktionen des 18. Jh. mit Aufbauten auf beiden Seiten. ▶

Monumentalgrabstätte auf dem Nemrut Dağ
Türkei

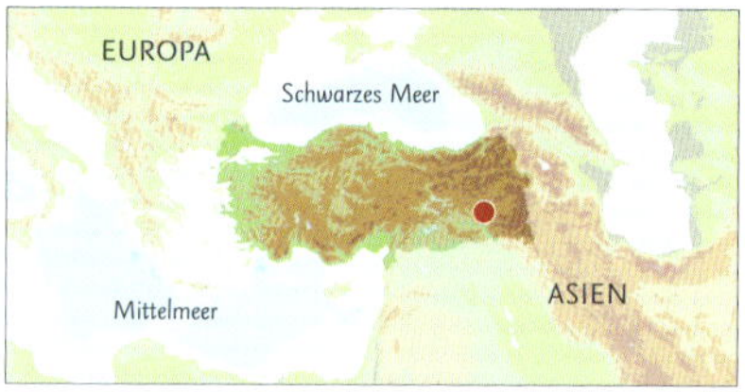

Begründung der Aufnahme: Meisterwerk menschlicher Schöpferkraft, Zeugnis einer Kultur, Erbe von besonderer menschheitsgeschichtlicher Bedeutung

Die Könige der Kommagene, einem Reich nördlich von Syrien und dem Zweistromland, hinterließen mehrere atemberaubend schöne Grabheiligtümer. Nemrut Dağ, das eindrucksvollste dieser Gräber, wurde für Antiochos I. von Kommagene (69–34 v. Chr.) geschaffen. Die landschaftliche Gestaltung der Anlage war eine der umfangreichsten Unternehmungen der hellenistischen Epoche. Den Gipfel des Berges beherrscht ein konischer Grabhügel aus aufgeschüttetem Steingeröll, dessen Inneres noch nicht untersucht ist. An ihn schließen sich künstliche Terrassen an. Auf der östlichen Terrasse steht eine Reihe aus fünf kolossalen, sitzenden Figuren von 7 m Höhe, die Gottheiten darstellen. Am einem Ende der Reihe befindet sich ein Löwe, am anderen ein Adler. Auf der nördlichen Terrasse sind die Steine mit Reliefplatten verziert, auf denen die persischen Vorfahren von Antiochos dargestellt sind. Auf der Südseite ist seine makedonische Verwandtschaft abgebildet.

Kopf des Antiochos auf dem Nemrut Dağ ▲

Als das Königreich Alexanders des Großen zerfiel, bildete sich die Kommagene als eines der Folgereiche. Es existierte von 162 v. Chr. bis 72 n. Chr. als ein halbselbstständiger Staat, dessen Herrscher sich gegen die Seleukiden und später gegen die Römer behaupteten. Alle Herrscher trugen die griechischen Namen Antiochos oder Mithridates.

Traditionelles Dorf Hollókö (Rabenstein)

Ungarn

Begründung der Aufnahme: traditionelle Siedlungsform

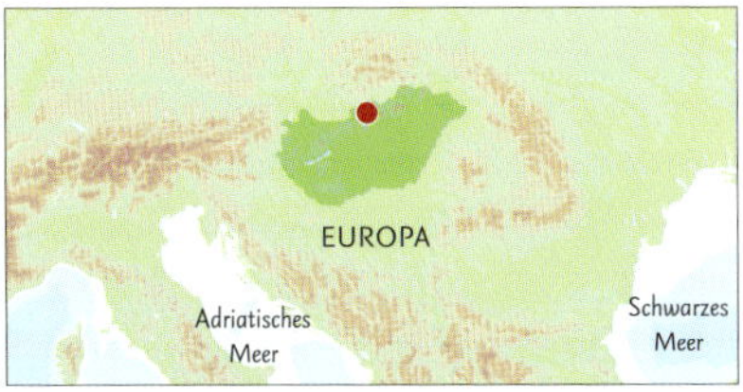

Das Dorf Hollókö ist ein äußerst seltenes Beispiel einer traditionellen mitteleuropäischen Siedlungsform aus der Zeit vor der landwirtschaftlichen Revolution im 20. Jh. Seine Häuser stammen zum größten Teil aus dem 17. und 18. Jh., und es demonstriert anschaulich eine intakte Landwirtschaft mit traditionellem Ackerbau und Waldwirtschaft. Hollókö liegt etwa 100 km nordöstlich von Budapest und besteht aus 126 Häusern und Bauernhöfen, Streifenäckern, Obstgärten, Weinbergen, Wiesen und Wäldern auf 1,4 km^2. Wie in der Region üblich, siedelte sich die erste Generation von Bauern rechts oder links der einzigen Dorfstraße an. Die nächste Generation baute sich ein Haus am Ende des schmalen Ackerstreifens und vergrößerte die Ackerfläche. Nach lokaler Tradition stehen die Scheunen außerhalb des Dorfes an den Rändern der Felder.

Da sich die Dorfbewohner nicht an einen Erlass hielten und ihre Häuser weiterhin aus Holz bauten, wurde das Dorf mehrfach von Bränden zerstört, letztmalig 1909. Inzwischen sind die Häuser im alten Stil wieder aufgebaut: Auf einem Erdgeschoss aus Stein mit roh verputzten, weiß gekalkten Wänden sitzt ein hölzernes Obergeschoss auf. Das Dach ist überhängend nach außen gezogen, eine Veranda mit Holzsäulen stützt es auf der Straßenseite ab. ▼

Große Mauer
China

Begründung der Aufnahme: Meisterwerk menschlicher Schöpferkraft, Zeugnis kulturellen Austauschs, Zeugnis einer Kultur, Erbe von besonderer menschheitsgeschichtlicher Bedeutung, Verknüpfung mit Ereignissen von universeller Bedeutung

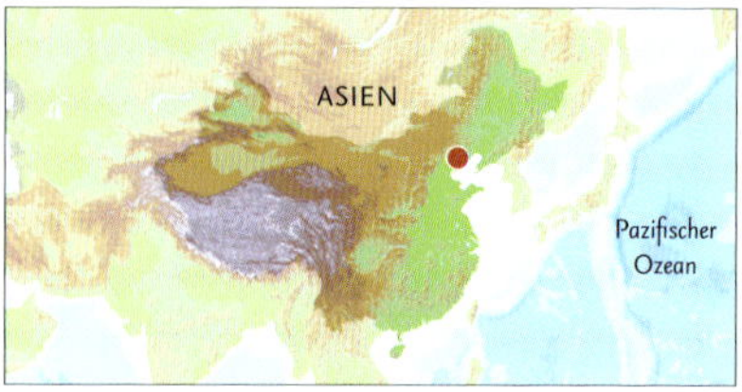

Chinesen kennen die Große Mauer als die „lange Mauer der zehntausend Li", die Welt nennt sie Große Chinesische Mauer. Sie wurde erbaut, um China vor kriegerischen Einfällen aus dem Norden zu schützen. Nach einer Bauzeit von 19 Jahrhunderten war das größte militärische Bauwerk aller Zeiten entstanden. Der enormen historischen und strategischen Bedeutung entspricht die architektonische Bedeutung des Bauwerks an sich.

Die Abwehr von Eindringlingen aus dem Norden mit Hilfe von Mauern hat in China eine lange Tradition. Ab dem 8. Jh. v. Chr. entstanden mehrere dieser Befestigungsanlagen, doch erst der erste Kaiser Qin Shi Huang unternahm ab 220 v. Chr. den Versuch, alle vorhandenen Mauerstücke zu reparieren und zu einem durchgehenden Wall zu verbinden. Die Große Mauer sollte sich vom Ordos bis in die Mandschurei erstrecken. Sie war das erste geschlossene Verteidigungssystem gegen die Feinde aus dem Norden. Bis zum 1. Jh. v. Chr. betrug die Länge der Mauer etwa 6000 km von Dunhuang im Westen bis zum Golf von Bohai im Osten.

Nach dem Untergang der Han-Dynastie (220 n. Chr.) wurden alle weiteren Bauarbeiten eingestellt. Damals war China eine derart große militärische Macht, dass diese Form von Verteidigung obsolet erschien.

Erst die Ming-Kaiser (1368–1644), die nach zahlreichen Konflikten und Kriegen die Mongolen vertrieben, griffen den Plan Qin Shi Huangs wieder auf und errichteten während ihrer Herrschaft die heute 5650 km lange Mauer.

Zur Verteidigung der Nordgrenze war die Mauer in neun Militärdistrikte (Zhen) unterteilt; strategisch wichtige Punkte, wie Pässe oder Flussübergänge, waren zusätzlich durch Festungen gesichert. Die Wege auf der Mauerkrone machten eine schnelle Verlagerung der Soldaten möglich und dienten als Reisewege für kaiserliche Kuriere.

Dank seines ehrgeizigen Gesamtkonzepts und der perfekten Ausführung ist die große Mauer der Ming-Kaiser ein wahres Meisterwerk. Bis heute stellt sie ein einzigartiges Beispiel dar für ein Bauwerk mit enormen Ausmaßen, das sich über ein riesiges Land erstreckt und sich dabei harmonisch in die Landschaft einfügt.

Dieses Bauwerk ist ein einzigartiges Beispiel für eine Militärarchitektur, die 2000 Jahre lang nur einem einzigen strategischen Zweck diente. Die Baugeschichte erzählt von den Fortschritten in der militärischen Technik und von den Anpassungen an veränderte politische Kontexte.

An der Großen Mauer lässt sich sowohl die frühe Geschichte Chinas an den Lehmwällen in Gansu ablesen als auch die Hochkultur der Ming, die sich in Form der berühmten Steinmetzarbeiten äußert.

Die Große Mauer sollte China nicht nur vor militärischen Eindringlingen, sondern auch vor fremden kulturellen Einflüssen schützen. Sie war immer ein zentrales Thema in der chinesischen Literatur.

Nationalpark Manú

Peru

Begründung der Aufnahme: Schauplatz spezieller ökologischer und biologischer Prozesse, bedeutender natürlicher Lebensraum – Biodiversität

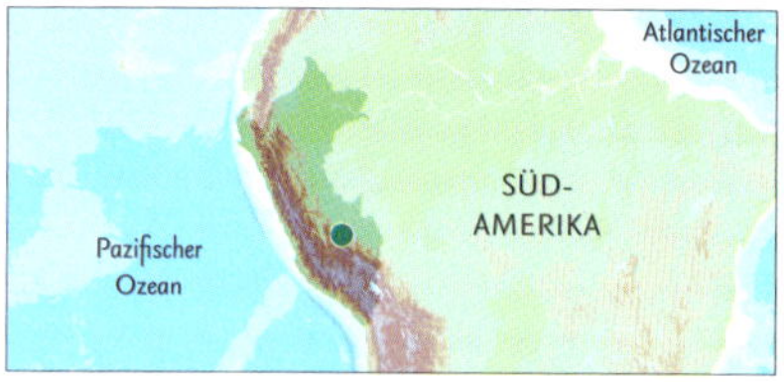

Im 15 000 km² großen Nationalpark Manú ist die Biodiversität höher als an jedem anderen Ort der Erde. Der Park liegt am Ostabhang der Anden; er umfasst den peruanischen Anteil am Amazonas und erstreckt sich ins Amazonasbecken. Die Vegetationsstufen auf den Hängen reichen von 150–4200 m Höhe. Die wichtigsten Vegetationstypen sind tropischer Flachland-Regenwald, tropischer Regenwald der montanen Stufe und die Grasflächen der Puna. Trotz der hohen Biodiversität in der Pflanzenwelt ist die Flora von Manú kaum erforscht. In den letzten zehn Jahren wurden auf einer vergleichsweise kleinen Fläche 1147 Pflanzenarten bestimmt – viele weitere warten noch auf ihre Entdeckung. Bisher sind 850 Vogelarten bekannt; außerdem ist der Park ein Refugium für seltene Tierarten, wie den Riesenotter oder das Riesengürteltier; auch Jaguare werden regelmäßig gesichtet.

Im Park leben mindestens vier indigene Volksgruppen: die Machiguenga, Mascho-Piro, Yaminahua und die Amahuaca. Diese Waldindianer leben nomadisch. Sie bauen im Wanderfeldbau einige Wurzelknollen auf den Schwemmebenen der Flüsse oder Seen an, jagen an den Ufern oder im Wald, fischen und sammeln Schildkröteneier.

Der Manú-Fluss im Nationalpark Manú ▲

Bergregion Taishan
China

Begründung der Aufnahme: Meisterwerk menschlicher Schöpferkraft, Zeugnis kulturellen Austauschs, Zeugnis einer Kultur, Erbe von besonderer menschheitsgeschichtlicher Bedeutung, traditionelle Siedlungsform, Verknüpfung mit Ereignissen von universeller Bedeutung, besonderes Naturphänomen

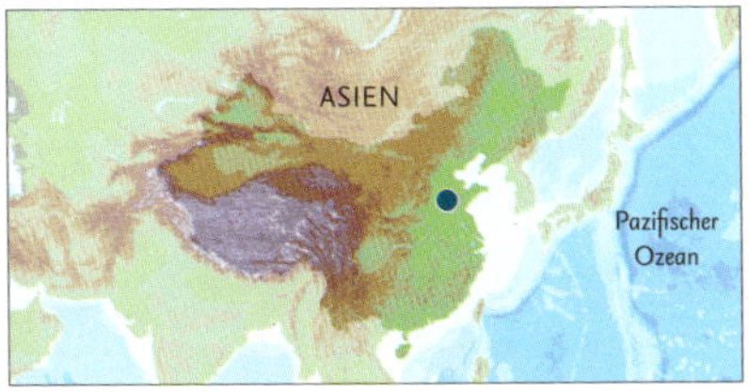

Die Bergregion Taishan ist eine der Geburtsstätten der chinesischen Zivilisation. Die ältesten Funde reichen 400 000 Jahre zurück bis zum altsteinzeitlichen Yiyuan-Menschen. Zum kulturellen Erbe gehören Ehrenmale, antike Baukomplexe, Steinskulpturen und archäologische Fundstätten von außergewöhnlicher Bedeutung. Über 3000 Jahre lang sind Kaiser aus den verschiedenen chinesischen Dynastien zum Taishan gepilgert und haben dort geopfert oder Rituale vollzogen. Felsinschriften, Steintafeln und Tempel erzählen von diesen Besuchen. Berühmte Denker, wie der aus dem 70 km entfernten Qufu stammende Konfuzius, haben Gedichte und Prosatexte über Taishan verfasst und Kalligrafien auf dem Berg hinterlassen. Der Taishan ist sowohl für den Buddhismus als auch für den Taoismus ein bedeutendes religiöses Zentrum. Das harmonisch in die natürliche Berglandschaft eingefügte Kulturerbe macht den Taishan zu einem der kostbarsten Zeugen der chinesischen Vergangenheit.

Ein Tempel auf dem Taishan ▲

Während der Zeit der Zhou-Dynastie, 770–476 v. Chr., herrschten in der Region zwei rivalisierende Territorialmächte: die Qi im Norden und die Lu im Süden. Die Qi wollten sich mit einer 500 km langen Mauer vor einem Angriff es Staates Chu schützen. Die Ruinen dieser ältesten Mauer der chinesischen Geschichte blieben bis heute erhalten.

Höhlen von Mogao
China

Begründung der Aufnahme: Meisterwerk menschlicher Schöpferkraft, Zeugnis kulturellen Austauschs, Zeugnis einer Kultur, Erbe von besonderer menschheitsgeschichtlicher Bedeutung, traditionelle Siedlungsform, Verknüpfung mit Ereignissen von universeller Bedeutung

Die 492 Mönchszellen und Höhlenheiligtümer liegen an einer strategisch günstigen Stelle der Seidenstraße, die vornehmlich eine Handelsroute war, aber zugleich auch maßgeblich den religiösen, kulturellen und intellektuellen Austausch förderte. Die Höhlen sind berühmt für ihren Skulpturenschmuck und die Wandmalereien, die 1000 Jahre buddhistischer Kunst widerspiegeln.

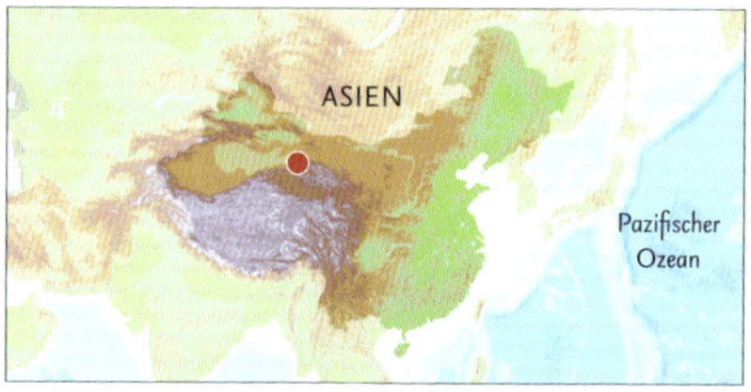

In den Höhlen in Mogao lebten bis 1930 buddhistische Mönche. Die Höhlen repräsentieren eine faszinierende mönchische Lebensweise und zeugen von einzigartigen künstlerischen Leistungen.

◄ Eingang in die Höhlen von Mogao

Fundstätte des „Peking-Menschen" in Zhoukoudian
China

Begründung der Aufnahme: Zeugnis einer Kultur, Verknüpfung mit Ereignissen von universeller Bedeutung

Die Stätte liegt 42 km südwestlich von Beijing und wird immer noch wissenschaftlich erforscht. Hier wurden neben verschiedenen Artefakten die Fossilien eines Menschen des Mittelpleistozäns gefunden, den die Endecker *Sinanthropus pekinensis* nannten, sowie 18 000–11 000 Jahre alte Überreste des *Homo sapiens*. Die Fundstätte liefert nicht nur außergewöhnliche Hinweise auf prähistorische Menschen in Asien, sondern veranschaulicht auch die Prozesse der Evolution.

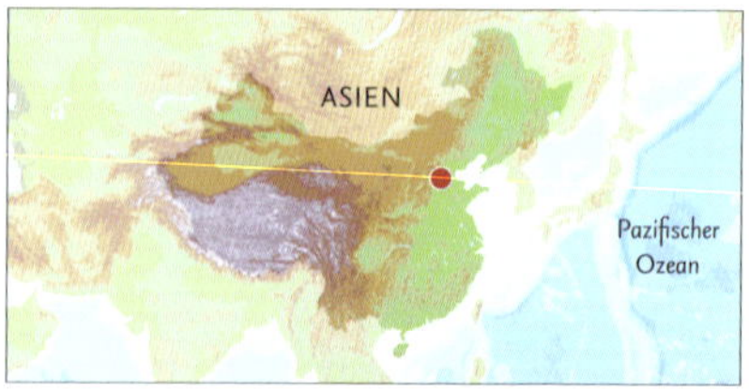

Der chinesische Archäologe Pei Wen Chung (Pei Wen Zhong) fand 1926 die Fossilien eines Hominiden. Der Fund erregte großes Aufsehen und entzündete die Debatte um die Chronologie der menschlichen Evolution aufs Neue.

◄ Teil einer Plastik des Peking-Menschen vor dem Eingang zum Museum in Zhoukoudian

Präkolumbische Stadt und Nationalpark von Palenque
Mexiko

Begründung der Aufnahme: Meisterwerk menschlicher Schöpferkraft, Zeugnis kulturellen Austauschs, Zeugnis einer Kultur, Erbe von besonderer menschheitsgeschichtlicher Bedeutung

Palenque ist ein hervorragendes Beispiel für ein Maya-Heiligtum aus der klassischen Periode zwischen 500 und 700 n. Chr. In dieser Blütezeit dominierte die Maya-Zivilisation das Tal des Usumacinta. Die eleganten, kunstvoll ausgeführten Bauten und die Leichtigkeit der Skulpturen mit Szenen aus der Maya-Mythologie zeugen von der hohen Kreativität dieser Kultur. Der Palacio beherrscht das Zentrum der gerodeten Fläche. Auf einem riesigen künstlichen Hügel, der wie ein Pyramidenstumpf geformt ist, erheben sich mehrere Bauwerke aus verschiedenen Epochen. Der vierstöckige Bau eines Wachturms oder astronomischen Observatoriums ist einzigartig in der Architektur der Maya. Noch größere Ausmaße hat der Tempel der Inschriften (Abb. unten), der auf einer Stufenpyramide unterhalb des Palacio steht. Gegen Ende des 10. Jh. begann der Niedergang, und Palenque wurde verlassen.

Die Stätte zwischen den hügeligen Vorbergen der Chiapas und der Ebene folgt einem gelungenen Plan. Die künstlichen Terrassen haben die natürliche Topografie vollständig verändert und eine hierarchische Abfolge von Flächen geschaffen mit einem harmonischen Gleichgewicht von Plattformen und Bauten.

Tempel der Inschriften ▼

Grabmal des ersten Kaisers von China, Qin Shi Huang

China

Begründung der Aufnahme: Meisterwerk menschlicher Schöpferkraft, Zeugnis einer Kultur, Erbe von besonderer menschheitsgeschichtlicher Bedeutung, Verknüpfung mit Ereignissen von universeller Bedeutung

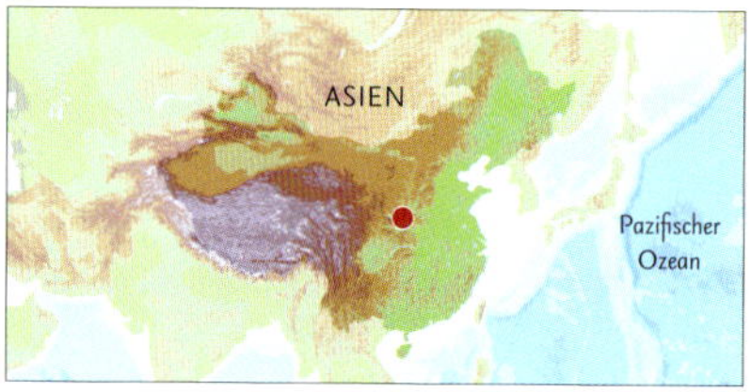

Das Grabmal von Qin Shi Huang ist das größte erhaltene Mausoleum in China und weltberühmt für seine Terrakotta-Armee. Die einzigartige und erstaunliche Anlage orientiert sich am Stadtplan der Hauptstadt Xianyang und ist heute einer der faszinierendsten archäologischen Parks der Welt. Qin Shi Huang, der erste Kaiser Chinas, ließ das Grabmal bereits lange vor seinem Tod errichten. Bereits 247 v. Chr. suchte er sich die Stelle zu Füßen des Berges Li aus, und nach seiner Krönung zum Kaiser (221 v. Chr.) trieb er die Arbeit an seinem Grabmal verstärkt voran.

Über 700 000 Arbeiter aus allen Provinzen Chinas schufen eine unterirdische Stadt von außerordentlicher Größe und türmten darüber einen gigantischen Hügel auf. Der Komplex soll ein Modell der kaiserlichen Hauptstadt, Chinas und der Erde darstellen. Die Grabschätze wurden von automatisch auslösenden Waffen bewacht, die Grabräuber töten sollten. Der Kaiser ließ die leitenden Handwerker lebendig begraben, damit sie die Geheimnisse niemals verraten konnten.

Qin starb 210 v. Chr. und wurde im Schutz seiner berühmten Krieger aus Terrakotta im Zentrum des Grabkomplexes bestattet. Keine der lebensgroßen Soldatenfiguren ist identisch mit einer anderen. Sie sind zusammen mit den Pferden, Wagen und Waffen Meisterwerke der realistischen Darstellung und von großer historischer Bedeutung. Nach aktuellen Schätzungen dürfte die Zahl der Tonsoldaten der Stärke der echten kaiserlichen Palastwache entsprochen haben. Das eigentliche Grab des Kaisers und große Teile der Stätte sind noch nicht ausgegraben.

Die umfangreichen oberirdischen Anlagen sind bis auf einen bewaldeten Hügel verschwunden; dieser ist pyramidenförmig mit einer 350 m breiten Basis und einer abgeflachten Oberseite. Das Zentrum des Grabmals ist von einem quadratischen Mauerring umgeben. In der Mitte jedes Mauerabschnitts öffnet sich ein Tor in eine der vier Himmelsrichtungen. Diese innere Mauer wird von einem äußeren, rechteckigen Mauergeviert umgeben, das in Nord-Süd-Richtung ausgerichtet ist.

Das außerordentliche technische Können und die große Kunstfertigkeit der Handwerker machen die Soldaten und Pferde aus gebranntem Ton zu Kunstwerken von außerordentlichem Rang in der Geschichte der chinesischen Bildhauerei. Außerdem zeigt die Terrakotta-Armee sehr anschaulich, wie die kaiserliche Armee des 5.–3. Jh. v. Chr. militärisch organisiert war. Die Waffen – Lanzen, Schwerter, Äxte, Hellebarden, Pfeil und Bogen – sind echt.

Beim Graben eines Brunnens stießen drei Bauern 1974 auf eine Grube mit lebensgroßen Statuen von Soldaten aus Terrakotta. Unmittelbar danach begannen die Ausgrabungen. ▶

Bislang wurden drei Gruben freigelegt. In Grube 1 befand sich eine Armee aus fast 2000 Soldaten: Infanterie und Kavallerie standen in Schlachtordnung mit Bogenschützen zur Flankendeckung.

Im Norden wurden zwei weitere Gruben entdeckt. Sie enthielten ähnliche Funde: 1500 Soldaten mit Wagen und Pferden in Grube 2, in Grube 3 fand man 68 Offiziere und Würdenträger sowie einen Wagen mit vier Pferden.

Nationalpark Gros Morne
Kanada

Begründung der Aufnahme: besonderes Naturphänomen, Zeugnis wichtiger Stadien der Erdgeschichte

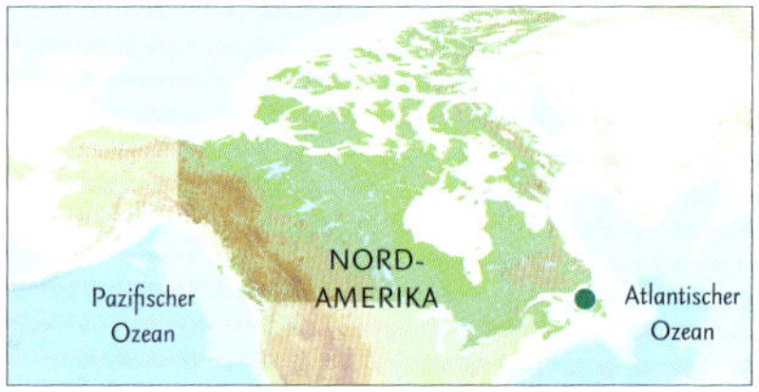

Füchse, Karibus, Elche und Schneehasen sind typische Wildtiere in Gros Morne. Vor der Küste tauchen regelmäßig Zwerg-, Finn- und Grindwale sowie Seehunde auf.

Gros Morne an der Westküste Neufundlands zeichnet sich durch spektakuläre Naturlandschaften, eine außergewöhnliche Geologie und vielfältige ökologische Bedingungen aus. Geologische Untersuchungen in dieser Gegend haben wesentlich zum modernen Verständnis der Plattentektonik beigetragen. Die geologischen Formationen im Park sind die Überreste eines hunderte Millionen Jahre alten Kontinents und Ozeans. Hier fand man sehr gute und leicht zugängliche Gesteinsaufschlüsse, die aus dem Material einer ozeanischen Kruste und des Erdmantels bestehen.

Hervorragende Fossilienlagerstätten in Schichten aus Sedimentgestein erlauben den Einblick in die Evolution des Lebens vom frühen Kambrium bis zur Mitte des Ordoviziums. Bei Green Rock hat die Internationale Vereinigung der Geologen die Gesteine und Fossilien dazu genutzt, die Grenze zwischen dem Kambrium und dem Ordovizium auf der geologischen Zeitskala festzulegen.

Die eiszeitlichen Gletscher haben das für die Wissenschaft hochinteressante Grundgestein freigelegt. Dabei schufen sie auch eine faszinierende Szenerie aus Fjorden, Gletschertälern und Wasserfällen, die sich von der alpinen Hochfläche der Long-Range-Kette bis zu den Künstenebenen des Sankt-Lorenz-Golfs mit ihren Flussmündungen, Stränden, Klippen und Dünen erstreckt. Die vielgestaltigen Landschaftsformen bieten eine Vielzahl an Lebensräumen für eine artenreiche Flora und Fauna. Im Park kommen über 30 Pflanzengesellschaften vor; hier wachsen 60 % aller auf Neufundland heimischen Pflanzenarten. Außerdem ist der Nationalpark ein wichtiges Brutgebiet der Kragenenten, Kappen-Waldsänger, Fluss- und Küstenseeschwalben.

Gletschertal des Western Brook Pond ▼

Festung Bahla
Oman

Begründung der Aufnahme: Erbe von besonderer menschheitsgeschichtlicher Bedeutung

Als die Ruinen in das Welterbe aufgenommen wurden, waren sie in einem kritischen Zustand. Sie waren nie restauriert worden, weshalb sie ein hohes Maß an Authentizität bewahrt hatten, und es gab keinerlei Maßnahmen des Denkmalschutzes. Inzwischen wird an der Erhaltung der Festung und der Freitagsmoschee gearbeitet.

Die Festung Bahla ist ein außergewöhnliches Beispiel für die Festungsarchitektur im Sultanat Oman. Die Oase von Bahla gehörte zum Stammesgebiet der Banu Nabhan, die ab der Mitte des 11. Jh. bis zum Ende des 15. Jh. ihren Machtbereich ausweiteten. Von dieser glorreichen Vergangenheit zeugen heute nur noch Ruinen. Die aus Lehmziegeln erbauten Mauern und Türme der riesigen Festung enthalten im Kern möglicherweise noch Reste einer Festungsanlage aus vorislamischer Zeit, doch die meisten Ruinen dürften aus der Zeit der Banu Nabhan stammen. Zu Füßen der Festung liegt die Freitagsmoschee mit einer wunderschönen Gebetsnische (Mihrab), die vermutlich auf das 14. Jh. zurückgeht. Die Ruinen sind untrennbar mit dem Städtchen Bahla und seinem Souk, den Palmenhainen und den Mauern rund um die Oase verbunden.

Monticello und Universität von Virginia in Charlottesville

Vereinigte Staaten

Begründung der Aufnahme: Meisterwerk menschlicher Schöpferkraft, Erbe von besonderer menschheitsgeschichtlicher Bedeutung, Verknüpfung mit Ereignissen von universeller Bedeutung

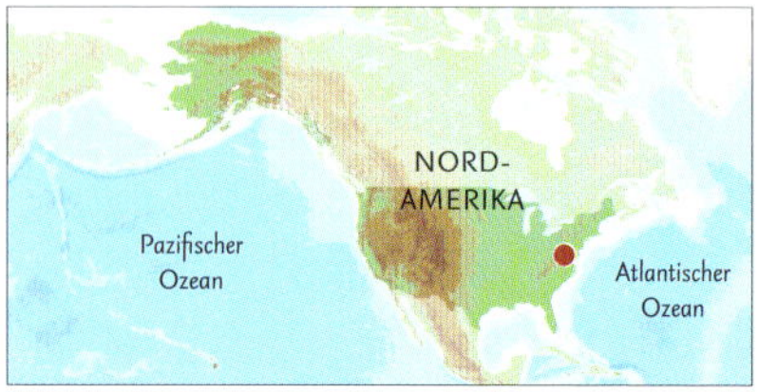

Thomas Jefferson, der vor allem als Staatsmann bekannt ist, entwarf das Herrenhaus seiner Plantage Monticello (1769–1809) sowie ein ideales „akademisches Dorf" (1817–1826), das bis heute das Herz der Universität von Virginia ist. Die Einbindung der Gebäude in die Landschaft, das originelle Konzept, die ausgewogenen Proportionen und das Dekor zeichnen Monticello (Abb. unten) aus. Die Westfassade wird von einer achteckigen Kuppel gekrönt. Es ist ein außergewöhnliches Beispiel einer klassizistischen Villa *rustica* im römischen Stil, ganz im Sinne des Andrea Palladio (1508–1580). Jefferson plante die Universität von Virginia als Idealbild einer aufgeklärten Lehranstalt. Eine Kopie des römischen Pentheons in halber Größe beherbergt die Bibliothek und dominiert das akademische Dorf. Zehn sogenannte Pavillons für die Professoren der zehn Fakultäten sind über Kolonnaden zu einer Einheit verbunden.

Thomas Jefferson hat die Amerikanische Unabhängigkeitserklärung formuliert, war der dritte Präsident der Vereinigten Staaten und ein begnadeter Architekt. Seine Bauten nutzten das Vokabular der klassischen Antike einerseits, um die neue amerikanische Republik in die Nachfolge der europäischen Tradition zu stellen, und andererseits, um ein Symbol für die kulturelle Weiterentwicklung der jungen Nation zu schaffen.

Befestigte Stadt Aït-Ben-Haddou

Marokko

Begründung der Aufnahme: Erbe von besonderer menschheitsgeschichtlicher Bedeutung, traditionelle Siedlungsform

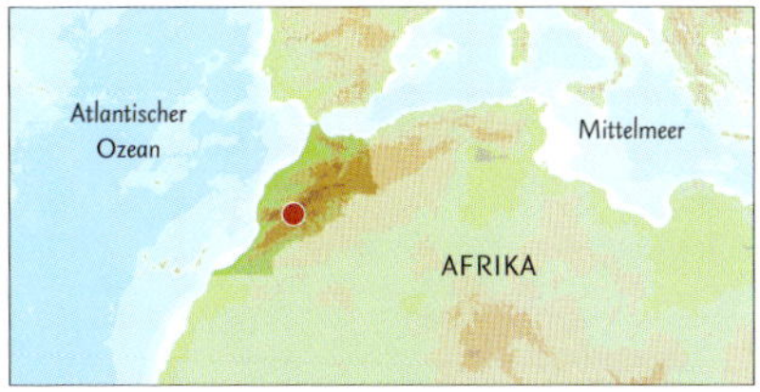

Aït-Ben-Haddou ist ein bemerkenswertes Beispiel für eine traditionelle Dorffestung (Ksar) im Süden Marokkos. Es handelt sich um Gruppe von Häusern aus Lehmziegeln, die von einer hohen Mauer geschützt wird. Zur Verstärkung der Mauer wurden Ecktürme errichtet, die alle ein zickzackförmiges Tor haben. Manche Häuser sind sehr bescheiden, andere gleichen ihrerseits kleinen Festungen mit hohen Ecktürmen, die im oberen Bereich mit Schmuckformen aus Ziegeln verziert sind. Außerdem gibt es öffentliche Bauten und Gemeinschaftseinrichtungen, wie Gemeinschaftsgehege und -ställe für die Schafe, Speicher und Silos, einen Marktplatz, einen Versammlungsraum, eine Moschee und Medressen. Aït-Ben-Haddou ist ein außergewöhnliches Ensemble von Gebäuden aus gestampftem Lehm, Lehmziegeln, Ton und Ziegelsteinen, die in ihrer Gesamtheit alle typischen Handwerkstechniken aus dem Randgebiet der Sahara zeigen.

Der Berg, an den sich die befestigte Stadt anlehnt, wird von einer Bergfestung gekrönt. Diese Agadir oder Ighram genannten Anlagen kommen in Marokko häufiger vor. Ihr defensiver Charakter ist allerdings nicht immer so ersichtlich wie in diesem Fall: Ein gesicherter Zugang ermöglichte es den Dorfbewohnern, sich bei einer Belagerung in die Festung zurückzuziehen.

Nationalpark Uluru (Ayers Rock) – Kata Tjuta (Mount Olgas)
Australien

Begründung der Aufnahme: traditionelle Siedlungsform, Verknüpfung mit Ereignissen von universeller Bedeutung, besonderes Naturphänomen, Zeugnis wichtiger Stadien der Erdgeschichte

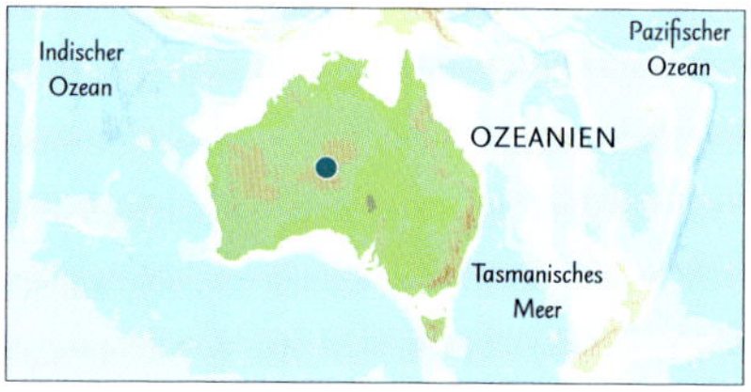

Der Nationalpark Uluru-Kata Tjuta (früher Ayers Rock-Mount Olgas) wurde sowohl wegen seiner Naturschätze als auch wegen seiner kulturellen Bedeutung in die Liste der Welterbestätten aufgenommen. Er liegt mitten im „roten Zentrum" Australiens, im Westen der großen Wüste. Die hier lebenden Anangu-Aborigines gehören zu einer der ältesten Stammesgesellschaften der Erde.

Die gewaltigen Felsformationen des Uluru und der Kata Tjuta sind Elemente einer bedeutenden Kulturlandschaft. Für die Anangu sind sie physische Zeugnisse der Taten, Gegenstände und Körper der Ahnen (*Tjukuritja*), die in der Traumzeit über die Erde wandelten. Die Ahnen waren Wesen, die sowohl menschliche als auch tierische Eigenschaften hatten. Während sie umherzogen, erschufen sie nicht nur die Landschaft, sondern auch das Tjukurpa (Gesetz), nach dessen Verhaltensregeln die Anangu bis heute leben.

Der Uluru und die Kata Tjuta beherrschen die flache rote Ebene und lassen die Kasuarinen und das Spinifex-Gras zwergenhaft erscheinen. Der Uluru ist ein Monolith aus hartem, rotem Sandstein, der durch Faltung und die Erosion des umgebenden Gesteins entstanden ist. Er misst 9,4 km im Umfang und sein flacher Gipfel erhebt sich etwa 340 m über die niedrigen, roten Sanddünen der Umgebung. Die Felsenmalereien in den Höhlen zeugen von den uralten Traditionen der Anangu.

Die 36 steilen Felsendome der Kata Tjuta liegen 32 km westlich von Uluru. Sie bestehen aus leicht geneigten Schichten des Mount-Currie-Konglomerats. In den Schluchten zwischen den Felsen herrscht ein relativ feuchtes Mikroklima, in dem seltene Pflanzen und Wüstentiere leben. Wie der Uluru sind auch die Kata Tjuta nur die sichtbaren Spitzen eines gewaltigen, unterirdischen Felsmassivs.

Im Nationalpark leben 21 Säugetierarten, unter anderem die seltene Polster-Schmalfußbeutelmaus, die Wüsten-Schmalfußbeutelmaus und das Mulgara. Im Park wurden über 170 Vogel-, 73 Reptilien- und mindestens sieben Fledermausarten nachgewiesen.

Der Uluru-Monolith ▸

Der Nationalpark gehört den Anangu. Sie pflegen die Landschaft seit Tausenden von Jahren auf traditionelle Weise und im Einklang mit dem *Tjukurpa* (Gesetz). Die Aborigines brennen seit jeher kleine Bereiche des Steppengrases an, eine Methode, die heute von der Parkverwaltung als ökologisches Regulativ eingesetzt wird. Das Tjukurpa umfasst auch Wissen über die Lage von Wasserlöchern im Fels und die Art, wie diese zu pflegen sind.

Tempelanlage von Pattadakal
Indien

Begründung der Aufnahme: Zeugnis einer Kultur, Erbe von besonderer menschheitsgeschichtlicher Bedeutung

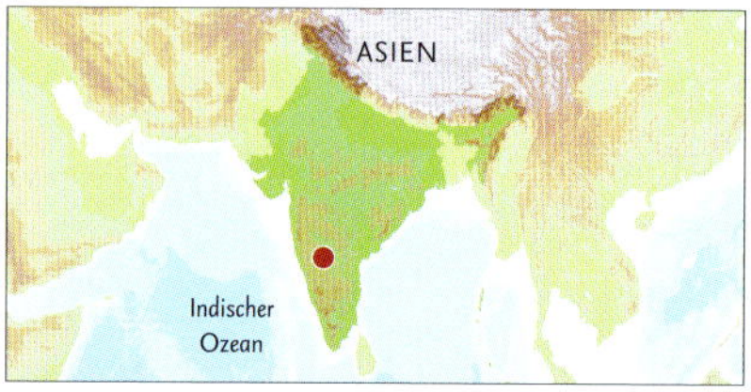

Die Tempelanlage von Pattadakal in Karnataka repräsentiert den Höhepunkt einer eklektischen Kunstepoche des 7.–8. Jh. in der Chalukya-Dynastie. Die Künstler schufen ein harmonisches Miteinander aus nord- und südindischen Stilelementen. Zur Welterbestätte gehören neun eindrucksvolle Hindu-Tempel und ein Jain-Heiligtum. Ein Meisterwerk der Gruppe fällt besonders ins Auge: der Virupaksha-Tempel, den Königin Lokamahadevi um 740 n. Chr. zu Ehren ihres Mannes erbauen ließ.

Die Ruinen des Heiligtums sind von einer Mauer umgeben, die im Westen und Osten von monumentalen Toranlagen durchbrochen wird. Auf der Hofachse vor dem eigentlichen Tempel steht ein Pavillon mit einer schwarzen Steinstatue, die Shivas heiliges Reittier, einen Stier, darstellt.

◄ Der Sangameshvara-Tempel in Pattadakal

Tierreservat Dja
Kamerun

Begründung der Aufnahme: Schauplatz spezieller ökologischer und biologischer Prozesse, bedeutender natürlicher Lebensraum – Biodiversität

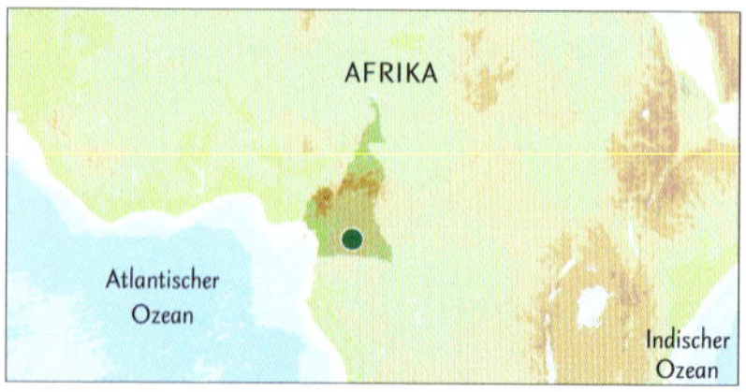

Diese Welterbestätte umfasst einen der größten und am besten geschützten Regenwälder Afrikas, der zu 90 % noch unberührt ist. Das Tierreservat wird fast völlig vom Fluss Dja eingeschlossen, der eine natürliche Grenze bildet. Der Regenwald liegt in einer Übergangszone zwischen den Wäldern Südnigerias, Südwestkameruns und dem Kongobecken. Mit Ausnahme des Südwestens ist das Relief der Gegend relativ flach und besteht aus rundlichen Hügeln. Bei den steileren Felswänden im Süden befindet sich ein Flussabschnitt mit Stromschnellen und Wasserfällen. Obwohl die Region kaum erforscht wurde, sind mehrere Primatenarten gesichtet worden. Hinzu kommen Elefanten, Büffel, Leoparden, Warzenschweine und Schuppentiere. Zu den Reptilien des Reservats gehören unter anderem Pythons, Echsen und zwei bedrohten Krokodilarten

Die Vegetation des Tierreservates entspricht dem dichten Regenwaldtypus des Kongobeckens, hinzu kommen Sumpfvegetation, Sekundärwälder im Umfeld alter Dörfer (sie wurden 1946 verlassen) und jüngst verlassene Kakao- und Kaffeeplantagen. Kleine Gruppen von Pygmäen, die in temporären Siedlungen im Tierreservat leben, haben ihre traditionelle Lebensweise bewahrt.

Berg Athos
Griechenland

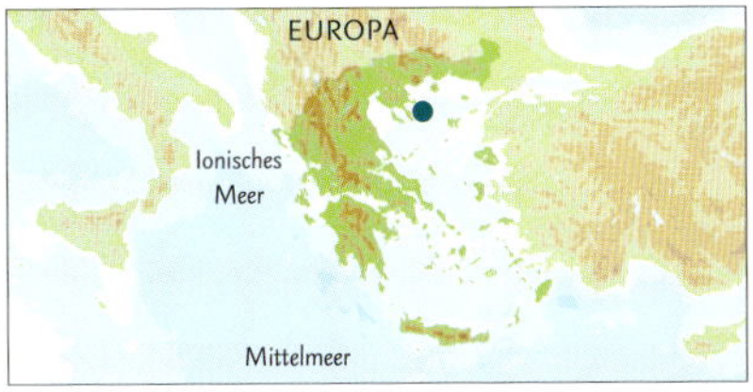

Begründung der Aufnahme: Meisterwerk menschlicher Schöpferkraft, Zeugnis kulturellen Austauschs, Erbe von besonderer menschheitsgeschichtlicher Bedeutung, traditionelle Siedlungsform, Verknüpfung mit Ereignissen von universeller Bedeutung, besonderes Naturphänomen

Die Mönche von Athos verwandelten einen Berg in einen heiligen Ort mit einzigartigen Kunstwerken. Die ausgedehnten Bauwerke fügen sich harmonisch in die natürliche Schönheit der Landschaft ein. Die Klostergebäude bergen eine Sammlung von Meisterwerken, die Wandgemälde, tragbare Ikonen, Kunstwerke aus Gold, Stickereien und Handschriften mit Buchmalereien umfasst. Alle Schätze werden sorgfältig von den Mönchen gepflegt. Der Berg Athos ist das spirituelle Zentrum der orthodoxen Kirche und hat über lange Zeit sowohl die kirchliche Architektur als auch die Monumentalmalerei geprägt. Bis in die heutige Zeit üben die Klöster einen beträchtlichen geistlichen Einfluss aus, der bis nach Russland reicht. Seit byzantinischer Zeit (ab dem 10. Jh.) genießt Athos einen autonomen Status. Frauen und Kinder dürfen den „Heiligen Berg" nicht betreten. Die klösterlichen Maler sind hoch geehrte Künstler, deren Stil die Geschichte der orthodoxen Kunst beeinflusst hat.

Die Mönchsrepublik Athos liegt auf griechischem Boden, verwaltet sich aber selbst. Sie umfasst 20 Klöster, zwölf Konvente (Sketes) und etwa 700 Häuser, Zellen und Einsiedeleien. Hier leben über 1000 Mönche in Gemeinschaft oder allein. In der „Wüste" von Karoulia scheinen die Mönchszellen an den steilen Klippen über dem Meer zu schweben.
▼

Djenné, islamische Stadt und vorislamische Städte
Mali

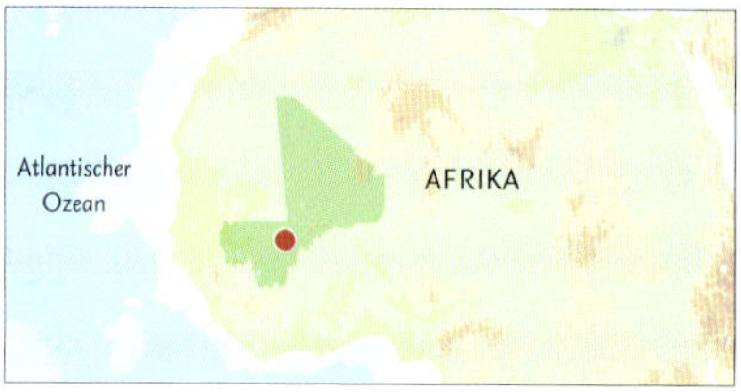

Begründung der Aufnahme: Zeugnis einer Kultur, Erbe von besonderer menschheitsgeschichtlicher Bedeutung

Djenné-Djeno, Hambarketolo, Tonomba und Kaniana sind außergewöhnliche Zeugnisse einer vorislamischen Zivilisation im Binnendelta des Niger. Djenné besteht aus einzigartigen Bauten, die in einer wichtigen historischen Epoche entstanden sind, und wird oft sowohl als „schönste Stadt Afrikas" als auch als „typisch afrikanische Stadt" bezeichnet.

Die seit 250 v. Chr. bewohnte Siedlung war eine wichtige Handelsstadt an einem Knotenpunkt des transsaharischen Goldhandels. Im 15. und 16. Jh. breitete sich von Djenné der Islam aus. Fast 2000 der traditionellen Häuser blieben erhalten. Sie wurden zum Schutz vor den jahreszeitlichen Hochwassern des Niger auf kleine Hügel (Toguère) gebaut.

Djenné erstreckt sich über mehrere Tougère und wird von einer breiten Straße zweigeteilt. Die **Große Moschee (Abb. unten)** beherrscht den Marktplatz. Beiderseits der Durchgangsstraße breiten sich die traditionellen Wohnhäuser auf etwa 2 km² aus. Charakteristisch für die von Marokko beeinflusste Bauweise ist die starke Betonung der Vertikale.

Die große Moschee von Djenné ▶

Nationalpark Wet Tropics in Queensland

Australien

Begründung der Aufnahme: besonderes Naturphänomen, Zeugnis wichtiger Stadien der Erdgeschichte, Schauplatz spezieller ökologischer und biologischer Prozesse, bedeutender natürlicher Lebensraum – Biodiversität

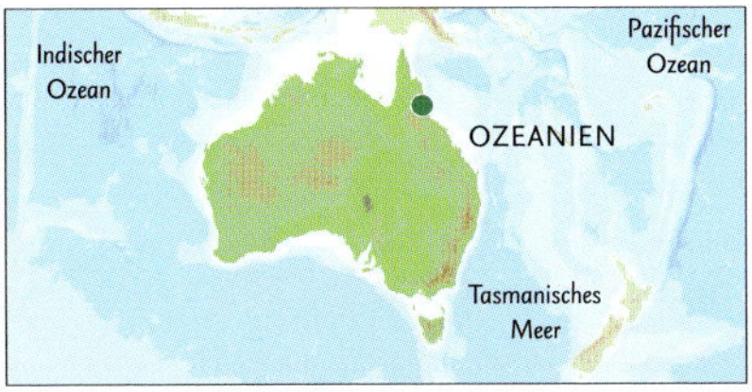

In den Wet Tropics (feuchte Tropen) im Westen von Queensland finden sich einzigartige lebendige Zeugnisse der ökologischen und evolutionären Prozesse, die in den letzten 415 Mio. Jahren die Flora und Fauna Australien geprägt haben. Zuerst war Australien Teil der gewaltigen Landmasse Pangäa, dann Teil des Gondwana-Kontinents und seit 50 Mio. Jahren ist es ein isolierter Inselkontinent. Die Evolution der Natur wurde maßgeblich durch die Kontinentalverschiebung und den Wandel des Erdklimas beeinflusst. Der Nationalpark beginnt südlich von Cooktown und erstreckt sich entlang der Nordostküste Australiens über etwa 450 km bis in den Norden von Townsville. Die Vegetation besteht hauptsächlich aus tropischem Regenwald. Der Park berherbergt eine ungewöhnlich artenreiche Pflanzen- und Tierwelt mit zahlreichen Beuteltieren und Singvögeln, dazu viele seltene und bedrohte Tier- und Pflanzenarten.

Im Regenwald, der etwa 80 % der Parkfläche bedeckt, leben mehr Pflanzenfamilien mit urtümlichen Merkmalen als irgendwo sonst auf der Erde.

Aus solchen Regenwald-Ökosystemen stammen die Vorfahren der einzigartigen australischen Beuteltiere und vieler anderer Tierarten. In den Wet Tropics von Queensland leben noch immer zahlreiche direkte Nachfahren dieser Arten.

Tower von London
Großbritannien

Begründung der Aufnahme: Zeugnis kulturellen Austauschs, Erbe von besonderer menschheitsgeschichtlicher Bedeutung

Der Tower von London ist eine imposante Festung mit einer langen, abwechslungsreichen Geschichte. Die erste Burg am Ufer der Themse baute Wilhelm der Eroberer, um seine Machtbasis in London und im eroberten England zu sichern. Die Festung wurde zu einem Symbol des englischen Königtums und setzte ein Zeichen für die Militärarchitektur des Mittelalters.

Der Tower besteht aus mehreren Festungsanlagen und Gebäuden, die eine Fläche von über 73 000 m² einnehmen. Unter den Türmen zeichnet sich der eindrucksvolle White Tower aus. Er wurde 1078 begonnen und war neun Jahre später vollendet. Obwohl die Königsfamilie den White Tower mehrere Jahrhunderte lang nutzte, war er nie als Residenz, sondern stets als letzte Zuflucht gedacht. Viele Könige haben ihn durch zusätzliche Ringmauern, Wassergräben und Wälle gesichert.

Im Tower von London werden die britischen Kronjuwelen ausgestellt.

Das Festungstor zur Themse hin wird auch als „Verrätertor" bezeichnet, weil hier die Gefangenen in den Tower geschafft wurden. Unter anderem gingen Königin Anne Boleyn, Thomas More, Königin Catherine Howard und Prinzessin Elisabeth (die spätere Elisabeth I.) diesen Weg.

◀ Der White Tower ist über 27 m hoch und seine Mauern sind im unteren Bereich mehr als 4,50 m dick.

Nationalpark Manovo-Gounda St. Floris

Zentralafrikanische Republik

Begründung der Aufnahme: Schauplatz spezieller ökologischer und biologischer Prozesse, bedeutender natürlicher Lebensraum – Biodiversität

Dieser Nationalpark ist berühmt für seinen Reichtum an Pflanzen und Tieren. In den weiten Savannen leben Spitzmaulnashörner, Elefanten, Geparde, Leoparden, Wildhunde, Rotstirngazellen, Büffel und andere Tiere. In den Überschwemmungsebenen des Nordens wimmelt es von Wasservögeln.

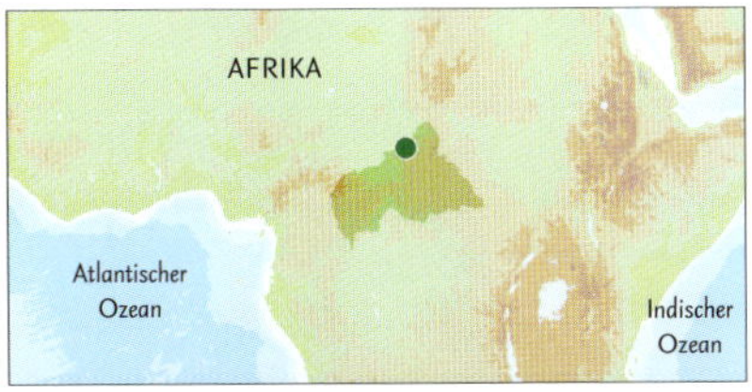

Im Nationalpark wurden etwa 320 Vogelarten bestimmt, darunter mindestens 25 Greifvogelarten, wie Gaukler und Schreiseeadler. Außerdem gibt es große saisonale Populationen von Pelikanen und Marabus sowie zahlreiche Watvögel.

Frühchristliche und byzantinische Denkmäler von Thessaloníki

Griechenland

Begründung der Aufnahme: Meisterwerk menschlicher Schöpferkraft, Zeugnis kulturellen Austauschs, Erbe von besonderer menschheitsgeschichtlicher Bedeutung

Die Provinzhauptstadt und Hafenstadt Thessaloníki wurde 315 v. Chr. gegründet und war eine der ersten Keimzellen des Christentums. In der Stadt stehen mehrere prächtige Kirchen, einige auf dem Grundriss eines griechischen Kreuzes, andere in basilikaler Bauweise mit drei Schiffen. Die Kirchen des 4.–15. Jh. bilden eine diachronische Typenreihe, an der sich der große Einfluss auf die Architektur im Byzantinischen Reich ablesen lässt. Die Mosaiken in der Rotunde, Osios Demetrius und Osios David sind großartige Meisterwerke der frühchristlichen Kunst.

Thessaloníki war eine wohlhabende, kosmopolitische Stadt, deren wirtschaftliche und strategische Bedeutung seit der Römerzeit zunahm. Von hier aus breitete sich das Christentum aus; Paulus besuchte die Stadt zweimal (50 und 56 n. Chr.) und gründete eine Kirche.

◄ Die Rotunde in Thessaloníki

Heilige Stadt Kandy
Sri Lanka

Begründung der Aufnahme: Erbe von besonderer menschheitsgeschichtlicher Bedeutung, Verknüpfung mit Ereignissen von universeller Bedeutung

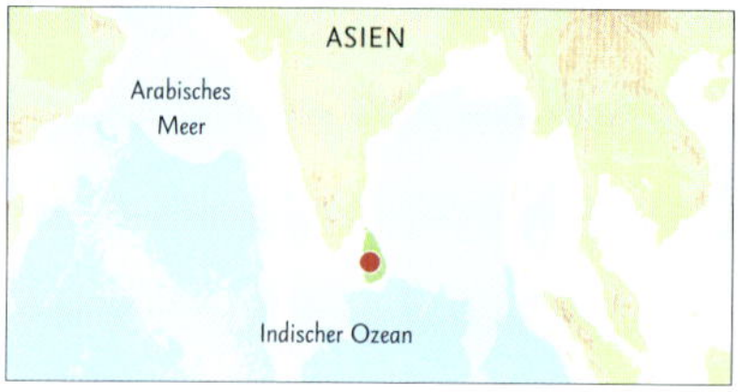

Kandy (gewöhnlich Senkadagalapura genannt) ist eine heilige buddhistische Stadt. Sie war die letzte Hauptstadt der singhalesischen Könige, unter deren Herrschaft sich die Dinahala-Kultur 2500 Jahre lang entfalten konnte. Ein berühmtes Pilgerziel in Kandy ist der Zahntempel, in dem der heilige Zahn Buddhas als Reliquie aufbewahrt wird. Der Zahntempel, der Palastkomplex und die heilige Stadt waren Keimzellen für die Verbreitung des buddhistischen Glaubens. Kandy wurde im 14. Jh. gegründet; es bildet die Südspitze des „kulturellen Dreiecks" von Sri Lanka. Seit 1592 war Kandy die Hauptstadt des Königreiches und bis zum Eintreffen der Briten (1815) blieb es eine wichtige Bastion der singhalesischen Unabhängigkeit. Noch immer ist Kandy ein bedeutendes religiöses Zentrum des Buddhismus, das viele Millionen Gläubige als einen heiligen Ort verehren.

Ein buddhistischer Stupa in Kandy ▲

Der heilige Zahn Buddhas wird im Zahntempel Dalada Maligawa verwahrt. Der zeremonielle Höhepunkt eines Jahres ist ein prächtiges Ritual anlässlich des buddhistischen Festes Esala Perahera. Dabei wird eine der inneren Schatullen, in denen der Zahn aufbewahrt wird, in einer feierlichen Prozession durch die Straßen der Stadt getragen.

Antike Stadt Epidauros
Griechenland

Begründung der Aufnahme: Meisterwerk menschlicher Schöpferkraft, Zeugnis kulturellen Austauschs, Zeugnis einer Kultur, Erbe von besonderer menschheitsgeschichtlicher Bedeutung, Verknüpfung mit Ereignissen von universeller Bedeutung

In einem kleinen Tal des Peloponnes wurde im 6. Jh. v. Chr. ein Schrein des Heilgottes Asklepios errichtet; vorher wurde an der Kultstätte Apollo Maleatas verehrt. Das Ensemble aus Tempeln und Hospitälern bietet einen außergewöhnlichen Einblick in die Heilkulte der Griechen und Römer. Das Theater, der Artemis- und Asklepios-Tempel, der Tholos, das Enkoimeterion, ein Raum, in dem die Kranken auf ihre Behandlung warteten, und die Propyläen sind Meisterwerke der griechischen Baukunst des 4. Jh. v. Chr.

Das Theater, ein architektonisches Meisterwerk von Polyklet d. Jüngeren, ist berühmt wegen seiner Einbettung in die Landschaft und der Perfektion seiner Proportionen und seiner Akustik. Epidauros florierte während der gesamten griechischen Antike. Trotz der Plünderungen durch Sulla (87 v. Chr.) und kilikische Piraten wurde das Heiligtum auch von den Römern weiter genutzt.

Die Tempel und Hospitäler beeinflussten alle späteren Heiligtümer der griechischen und römischen Welt. Aus eingravierten Inschriften auf Stelen, die im Museum von Epidauros aufbewahrt werden, lässt sich ablesen, wie sich an einer Kultstätte, die einst auf der wunderbaren Heilung scheinbar unheilbar Kranker gründete, nach und nach eine moderne Medizin entwickelte.

Das Theater von Epidauros ▼

Naturschutzgebiet Sinharaja Forest
Sri Lanka

Begründung der Aufnahme: Schauplatz spezieller ökologischer und biologischer Prozesse, bedeutender natürlicher Lebensraum – Biodiversität

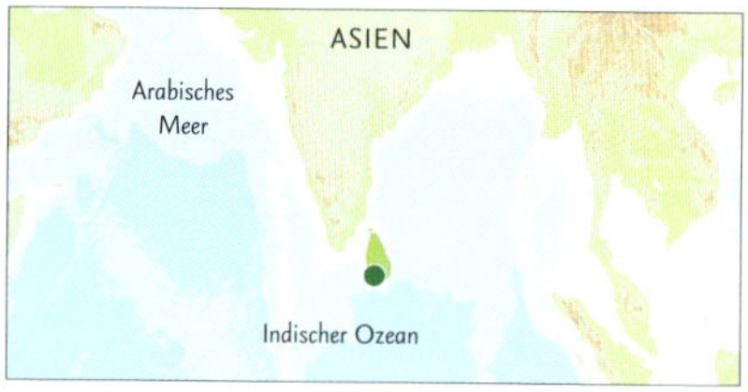

Sinharaja ist der letzte lebensfähige Rest von Sri Lankas primärem tropischem Regenwald. Der schmale Streifen in einem Hügelland besteht aus mehreren Kämmen und Tälern. Hier wachsen zwei verschiedene Regenwaldtypen: In den Tälern und auf den unteren Hängen kommen noch Überreste des Dipterocarpus-Waldes vor. Überall dort, wo er durch Brandrodungsfeldbau vernichtet wurde, breitet sich ein Sekundärwald aus, und an einigen Stellen wurde der Wald durch Kautschuk- und Teeplantagen ersetzt.

Der zweite Regenwaldtyp ist der Mesua-Doona-Wald, der im größten Teil des Schutzgebiets die Klimax-Pflanzengesellschaft bildet. Über 60 % der Bäume sind endemisch, und viele gelten inzwischen als selten. Die artenreiche Tierwelt des Waldes umfasst ebenfalls viele endemische Arten, darunter vor allem viele Vögel, doch auch über die Hälfte aller endemischen Säugetiere und Schmetterlinge Sri Lankas. Außerdem kommen viele Insekten, Reptilien und seltene Amphibien in diesen Wäldern vor.

Die Region Sinharaja spielt eine wichtige Rolle in den Legenden und im Volksglauben Sri Lankas. Der Name – *Sinha* heißt Löwe, *Raja* heißt König – erinnert an die ursprüngliche Größe des „königlichen Waldes". Er bezieht sich auf ein sagenumwobenes Löwenvolk oder auf den legendären Löwen Sri Lankas.

Ein Spinnennetz glitzert in der Morgensonne des Regenwaldes ▼

Medina von Sousse

Tunesien

Begründung der Aufnahme: Zeugnis einer Kultur, Erbe von besonderer menschheitsgeschichtlicher Bedeutung, traditionelle Siedlungsform

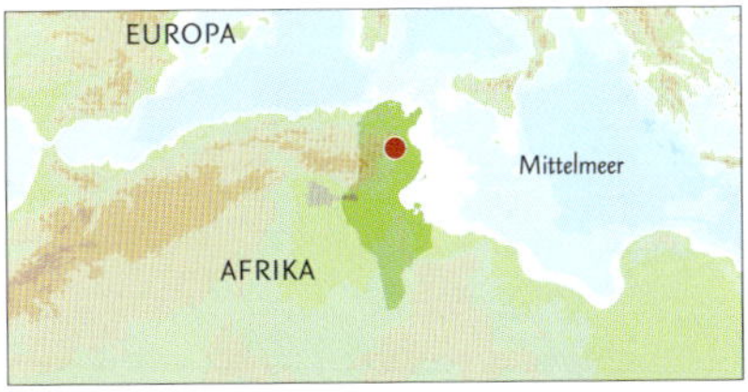

Sousse, das in der Regierungszeit der Aghlabiden (9. Jh.) ein wichtiger Handels- und Militärhafen war, ist ein außergewöhnliches Beispiel für eine Stadt in den ersten Jahrhunderten des Islams. Eines der ältesten Gebäude von Sousse ist der Ribat, eine Kombination aus Festung und Sakralbau. Im Ribat verteidigten sich die Einwohner von Sousse gegen die Flotte des Byzantinischen Reiches. Im Jahre 821 wurde die Festung durch eine rechteckige Bastion und einen Turm ergänzt, der gleichzeitig als Wachturm und Minarett diente. Unter den Aghlabiden blühte Sousse auf; in diesem „goldenen Jahrhundert“ wurden prächtige Gebäude errichtet, einschließlich der Moschee Bu Ftata, der ersten Kasbah und der Große Moschee. Im Jahr 859 waren die Stadtmauern vollendet, und die äußere Grenze der Medina war damit festgelegt. Die Befestigungen in der Umgebung machten die militärische Funktion des Ribat obsolet – er diente nun ausschließlich religiösen Zwecken.

Im Ribat von Sousse war eine Garnison der „Verteidiger des Glaubens“ (Murabitin) untergebracht. Die strenge Architektur ist sowohl den militärischen als auch den religiösen Aufgaben des Bauwerks angemessen. Die rechteckige Wehrmauer wird durch Türme verstärkt. Ein einzelnes Tor an der Südseite führt ins Innere. Der Innenhof breitet sich auf zwei Ebenen aus; an der Südseite steht eine Moschee.
▼

Historisches Zentrum und Bergwerksanlagen von Guanajuato
Mexiko

Begründung der Aufnahme: Meisterwerk menschlicher Schöpferkraft, Zeugnis kulturellen Austauschs, Erbe von besonderer menschheitsgeschichtlicher Bedeutung, Verknüpfung mit Ereignissen von universeller Bedeutung

Das architektonische Ensemble in Guanajuato verkörpert auf außergewöhnliche Weise die Verbindung ökonomischer und industrieller Funktionen eines Bergbaubetriebs. Die Spanier gründeten die Bergwerke im frühen 16. Jh. und machten die Stadt im 18. Jh. zum weltweit führenden Zentrum der Silberverarbeitung. Von dieser Vergangenheit zeugen die unterirdischen Straßen und der Boca del Inferno, ein 600 m tiefer Bergbauschacht. Der Reichtum aus dem Bergbau äußerte sich in der Stadt in wunderschönen barocken und klassizistischen Gebäuden, die Repräsentationsbauten in ganz Mexiko beeinflussten. So gelten die Kirchen La Compañía und La Valenciana als die schönsten Beispiele barocker Architektur in ganz Mittel- und Südamerika. Guanajuato war aber auch an Ereignissen beteiligt, die die Geschichte des Landes veränderten.

Die ersten spanischen Konquistadoren siedelten sich 1529 an und entdeckten 1548 die reichen Silbervorräte von Guanaxhuata. Zum Schutz der Ingenieure, Bergarbeiter und neuen Siedler wurden in Marfil, Tepetapa, Santa Ana und Cerro del Cuarto vier befestigte Stützpunkte erbaut. Sie bildeten den Kern des späteren Guanajuato. Da sich die Stadt durch ein Hochtal (2084 m) windet, konnte sie nicht nach dem üblichen Gitternetzplan spanischer Kolonialstädte angelegt werden. Stattdessen wuchsen einzelne Dorfflecken im rauen Gelände zu einer Stadt zusammen.

Da die Gründung der Stadt zur selben Zeit erfolgte wie die der Silberbergwerke, war Guanajuato auf Gedeih und Verderb mit der Silberförderung verbunden. Das städtische Wachstum, das Straßennetz mit den pittoresken unterirdischen Verkehrsadern, die Plätze, Krankenhäuser, Kirchen, Klöster und Paläste stehen in direktem Zusammenhang mit der Industriegeschichte der Region. Als die Förderung in den Bergwerken von Potosí im 18. Jh. nachließ, wurde Guanajuato der wichtigste Silberproduzent der Erde.

Im mexikanischen Unabhängigkeitskrieg (1810–1821) begann der Aufstieg des Rebellenführers Pater Miguel Hidalgo im Bundesstaat Guanajuato mit der gleichnamigen Hauptstadt.

Gewölbe in den Silberbergwerken unter der Stadt Guanajuato

Die prächtigen barocken Gebäude verdankt Guanajuato dem Reichtum aus den Bergwerken. Die Kirchen La Compañía (1745–1765) und vor allem La Valenciana (1765–1788) sind Meisterwerke des mexikanischen Churrigueresque-Stils. La Vanenciana und die Casa Rul y Valenciana wurden zwar von den reichsten Bergwerksbetrieben finanziert; doch selbst kleinere Betriebe leisteten sich Kirchen, Paläste oder Wohnhäuser.

Altstadt und Festungswerke von Gallé
Sri Lanka

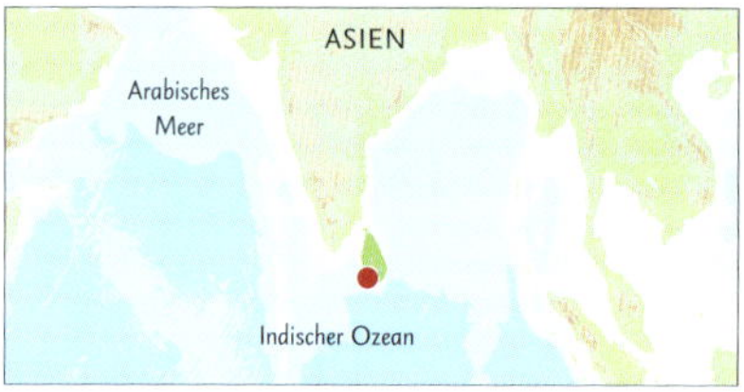

Begründung der Aufnahme: Erbe von besonderer menschheitsgeschichtlicher Bedeutung

Das von den Portugiesen im 16 Jh. erbaute Gallé erreichte seine höchste Blüte im 18. Jh., bevor die Briten die Insel einnahmen. Gallé ist das beste Beispiel einer von Europäern erbauten und befestigten Stadt in Süd- und Südostasien. In Gallé verschmilzt der Stil europäischer Architektur mit südasiatischen Traditionen. Die Befestigungsanlagen wuren 1729 mit dem Bau der Wehrmauer zum Meer vollendet. Sie sind noch erhalten und wurden kaum verändert. Eine Ringmauer mit 14 Bastionen schützt einen inneren Bereich von 0,52 km². Der Stadtgrundriss folgt einem regelmäßigen Gitternetz, das an die Topografie angepasst wurde: Die peripheren Straßen richten sich nicht nach dem Straßengitter im Zentrum, sondern parallel zu den Mauern aus. Passend zum militärischen Charakter der Stadt waren die Residenz des Kommandanten, das Arsenal und das Pulverlager besonders repräsentativ.

Der Uhrturm im Holländischen Fort von Gallé ▲

Das auffälligste Merkmal der Architektur Gallés ist die Anpassung europäischer Bauformen an die geologischen, klimatischen, historischen und kulturellen Voraussetzungen Sri Lankas. So wurde in den Festungsmauern nicht nur Granit, sondern auch Korallenkalk verbaut.

Moscheen, Mausoleen und Friedhöfe von Timbuktu

Mali

Begründung der Aufnahme: Zeugnis kulturellen Austauschs, Erbe von besonderer menschheitsgeschichtlicher Bedeutung, traditionelle Siedlungsform

Timbuktu mit der renommierten Koran-Sankore-Universität und anderen Medressen war im 15. und 16. Jh. eine wichtige Keimzelle für die Verbreitung des Islams in Afrika. Angeblich hielten sich damals bis zu 25 000 Studenten in der Stadt auf. Gelehrte, Ingenieure und Architekten aus vielen Teilen Afrikas diskutierten in diesem intellektuellen und religiösen Zentrum mit weisen Männern und Marabouts. In den drei großen Moscheen Djingareyber, Sankore und Sidi Yahia lebt diese goldene Zeit der Stadt wieder auf. Obwohl sie immer wieder restauriert wurden, droht nun die Wüste, die Gebäude zu verschlingen. Neben den Moscheen gehören 16 Friedhöfe und Mausoleen zu der Welterbestätte. Nach dem Volksglauben bilden sie ein Bollwerk, das die Stadt vor Unheil schützt.

Timbuktu wurde angeblich im 5. Jh. der Hedschra von einer Gruppe Imakcharen-Tuaregs gegründet. Sie hatten sich 250 km weit nach Süden gewagt und errichteten dort ein provisorisches Lager, das eine alte Frau namens Buktu bewachte. Aus Tim-Buktu (der Ort von Buktu) wurde ein kleines sesshaftes Dorf am Kreuzungspunkt mehrerer Handelsrouten.

Südseeinsel Henderson Island

Großbritannien

Begründung der Aufnahme: besonderes Naturphänomen, bedeutender natürlicher Lebensraum – Biodiversität

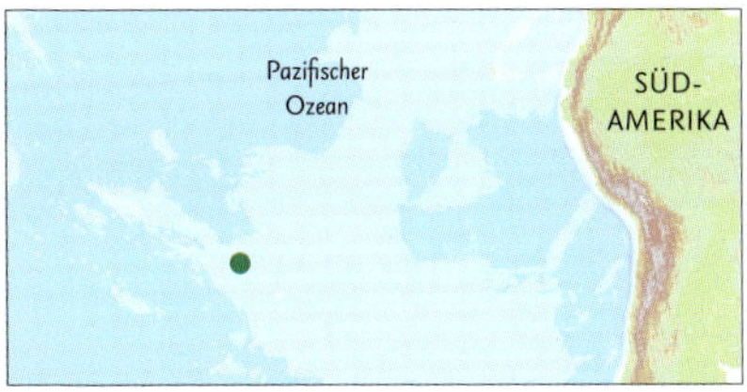

Henderson Island ist ein gehobenes Atoll, das zur Inselgruppe der Pitcairns im Südpazifik gehört. Es ist eines der wenigen Atolle, deren Ökosysteme vom Menschen unberührt geblieben sind. Zwischen dem 12. und 15. Jh. hatten zwar Polynesier auf der Insel gelebt, aber keine Schäden im Ökosystem verursacht; in moderner Zeit blieb die Insel unbewohnt. Dank ihrer isolierten Lage eignet sich Henderson Island bestens, um die Evolution und die natürliche Auslese auf einer Insel zu untersuchen. Auf dem ariden Atoll gibt es nur eine Süßwasserquelle. Die dichte Vegetation überzieht ein zerklüftetes Terrain. Henderson ist berühmt für zehn Pflanzen- und vier Landvogelarten, die auf der Insel endemisch sind.

Henderson ist das einzige Stück Land in 5000 km Umkreis. Diese isolierte Lage und die unwirtlichen Bedingungen wirkten wie ein Schutzschild für die Natur. Die völlige Unberührtheit macht die Insel zu einer Schatzkammer für die wissenschaftliche Forschung.

Archäologische Stätten von Bat, Al-Khutm und Al-Ayn
Oman

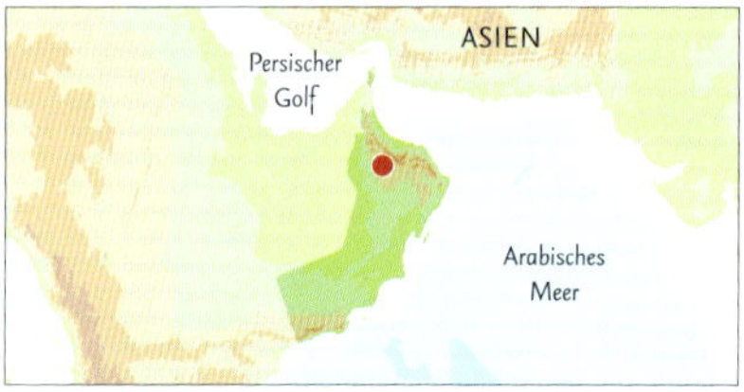

Begründung der Aufnahme: Zeugnis kulturellen Austauschs, Erbe von besonderer menschheitsgeschichtlicher Bedeutung

Die Siedlung und die Nekropole von Bat sind die am besten untersuchten und vollständigsten archäologischen Stätten aus dem 3. Jt. v. Chr. Bat ermöglicht einen einzigartigen Einblick in die Begräbnisrituale der frühen Bronzezeit im Oman. Siedlung und Nekropole bilden zusammen mit zwei benachbarten, etwa gleich alten archäologischen Stätten eine geschlossene Einheit: dem Turm von Al-Khutm 2 km westlich von Bat und der Gruppe bienenkorbförmiger Grabhügel von Qubur Juhhal at Al-Ayn (Abb. rechts) 22 km ost-südöstlich von Bat. Die 21 Gräber aus dem 3. Jt. sind auf einem Felsrücken vor dem Dschebel Misht im Norden aufgereiht und in einem bemerkenswert guten Erhaltungszustand.

Sechs der 21 bienenkorbförmigen Grabhügel von Qubur Juhhal at Al-Ayn ▲

Im Bereich der Siedlung befinden sich fünf „Türme“ aus Stein. Archäologen fanden heraus, dass einer davon zwischen 2695 und 2465 v. Chr. erbaut wurde.

Im Osten des Turmes erheben sich mehrere rechteckige Häuser mit Innenhöfen; im Norden schließt sich eine riesige Nekropole an.

Stadt Trinidad und Zuckerfabriken im Valle de los Ingenios
Kuba

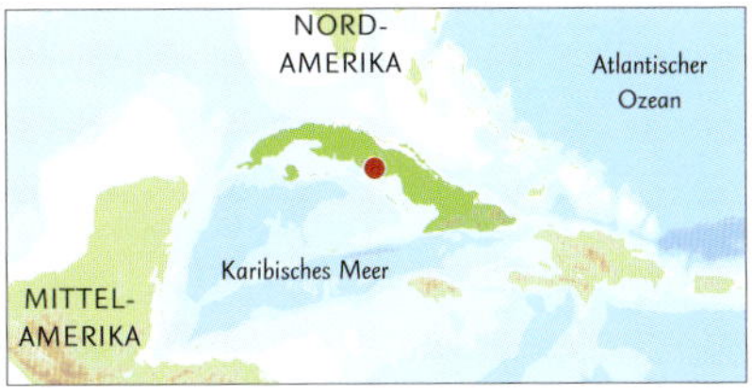

Trinidad war einer der Brückenköpfe für die Eroberung des amerikanischen Kontinents. Hier begannen die Expeditionen von Francisco Hernández de Córdova (1517) und von Cortes (1518).

Begründung der Aufnahme: Erbe von besonderer menschheitsgeschichtlicher Bedeutung, traditionelle Siedlungsform

Trinidad wurde im frühen 16. Jh. von den Spaniern gegründet. Die Stadt ist das Musterbeispiel einer Kolonialstadt. Gegen Ende des 18. Jh. hatte sich im nahen Valle de Los Ingenios die Zuckerindustrie etabliert, die Trinidad zu Wohlstand verhalf; 1796 war es die drittgrößte Stadt Kubas. Die heutige Stadt verdankt ihren Charme den Gebäuden des 18. und 19. Jh., beispielsweise dem Palacio Brunet oder dem Palacio Cantero.

Das Valle de los Ingenios ist ein einzigartiges Museum der Zuckerindustrie mit 75 Ruinen von Zuckermühlen, Sommerresidenzen, Kasernen und anderen Bauten, die mit der Feldarbeit verbunden waren. Der berühmte, 45 m hohe Manaca-Iznaga-Turm wurde 1816 erbaut. Seine Glocken läuteten zu Beginn und am Ende des Arbeitstags auf den Feldern.

Die Kirche Santísima Trinidad
▼

Rhodos, mittelalterliche Stadt

Griechenland

Begründung der Aufnahme: Zeugnis kulturellen Austauschs, Erbe von besonderer menschheitsgeschichtlicher Bedeutung, traditionelle Siedlungsform

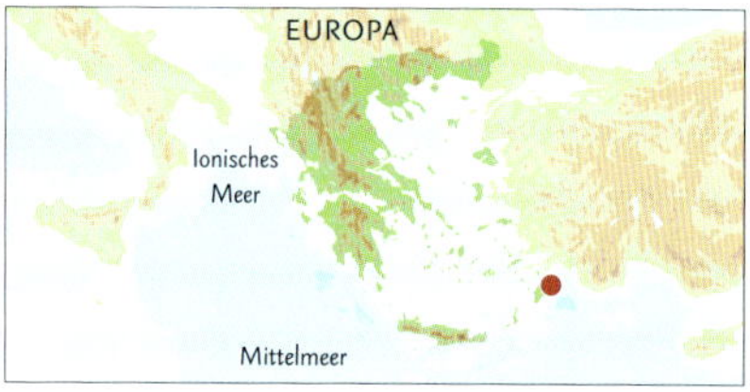

Die Stadt Rhodos ist ein außergewöhnliches Beispiel für ein intaktes Ensemble mittelalterlicher Wehrarchitektur. Ihre Festungsanlagen galten lange Zeit als unüberwindbar. Sie beeinflussten die Architektur des späten Mittelalters im gesamten östlichen Mittelmeerraum. Die Altstadt innerhalb der Wehrmauern ist beispielhaft für eine Siedlungsform, die aus der kulturellen Assimilation erwuchs.

Rhodos war von 1309–1523 im Besitz des Johanniter-Ritterordens. Dieser Orden war im Heiligen Land gegründet worden, um die kranken Pilger zu pflegen, und hatte mit dem Fall von Akkon (1291) seinen letzten Stützpunkt in Palästina verloren. 1309 eroberten die Johanniter die Insel Rhodos, die bis dahin Teil des bereits geschwächten Byzantinischen Reichs war. Sie gestalteten die Stadt Rhodos neu und verwandelten sie in eine Festung.

Die mittelalterliche Altstadt in der Oberstadt (Collachium) ist von einer 4 km langen Mauer umschlossen. Die von den Ordensrittern geschaffene Stadtlandschaft ist eine der schönsten der Gotik.

Der Orden war in sieben sogenannte „Zungen" gegliedert, die jeweils eine eigene Zentralverwaltung hatten. Die Hauptquartiere der italienischen, französischen, spanischen und provenzalischen Zunge säumten die in Ost-West-Richtung verlaufende Hauptachse der Stadt („Straße der Ritter"), die noch immer eines der schönsten Zeugnisse gotischer Stadtplanung darstellt.

Das erste Hospiz der Johanniter wurde Ende des 15. Jh. durch das Große Hospital ersetzt. Heute dient der Bau als Archäologisches Museum. Nordwestlich der Oberstadt stehen der Palast des Großmeisters und die Johanneskirche. Am Ostende der „Straße der Ritter" steht die Marienkirche direkt an der Mauer; sie wurde von den Rittern zur Kathedrale erweitert.

In der Unterstadt findet man fast genauso viele Baudenkmäler wie in der Oberstadt. Im Jahre 1522 hatte sie 5000 Einwohner und war reich an Kirchen, von denen einige aus byzantinischer Zeit stammten.

Rhodos widerstand im 15. Jh. zwei großen Angriffen, zunächst einem ägyptischen, dann einem türkischen. Erst 1523 fiel die Stadt an den osmanischen Sultan Suleiman den Prächtigen, der mit 100 000 Soldaten anrückte und Rhodos sechs Monate lang belagerte.

Nach 1523 wurden viele der Kirchen in Moscheen umgewandelt. Der Einfluss der osmanischen Besetzung zeigt sich vorrangig in der bürgerlichen Architektur, die osmanische Schmuckelemente übernommen hat. In der Unterstadt stehen gotische Gebäude neben Moscheen, öffentlichen Bädern und anderen Bauten aus osmanischer Zeit.

Die Kreuzritter bauten ▶ zwei Jahrhunderte lang an den Befestigungen der Stadt Rhodos. Dabei nutzten sie stellenweise die Fundamente der byzantinischen Stadtmauer für ihre eigenen Wehrmauern um die mittelalterliche Stadt. Zwischen dem 14. und dem 15. Jh. wurde die Verteidigungsanlage ständig verbessert. Als Letztes errichteten die Johanniter flankierende Kanonentürme. Die Wehrmauern des Amboise-Tores, das im Jahr 1512 in der Nordwestecke gebaut wurde, sind 12 m dick. Darauf steht eine 4 m hohe Zinnenmauer mit Scharten für die Kanonen.

Altstadt von Lima

Peru

Begründung der Aufnahme: Erbe von besonderer menschheitsgeschichtlicher Bedeutung

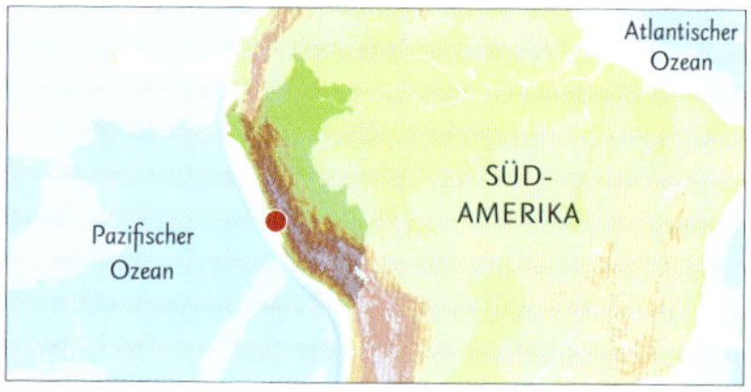

Obwohl die „Stadt der Könige" mehrfach von Erdbeben schwer beschädigt wurde, war sie bis zur Mitte des 18. Jh. die Hauptstadt und ein wichtigstes Zentrum der spanischen Herrschaftsgebiete in Südamerika. Die Altstadt von Lima zeugt von der Bauweise und der Entwicklung einer spanischen Kolonialstadt von außerordentlicher politischer, wirtschaftlicher und kultureller Bedeutung.

Die Baudenkmäler der Altstadt aus dem 17. und 18. Jh. – kirchliche und öffentliche Bauwerke, wie der Torre-Tagle-Stadtpalast – sind typische Beispiele des spanisch-amerikanischen Barocks. Auch die übrigen Gebäude wurden meist in dieser Zeit und im gleichen Stil erbaut, sodass die historische Altstadt, trotz einiger neuerer Gebäude im Jugendstil (Casa Courret), das Lima der Zeit des spanischen Vizekönigreichs Peru wiederaufleben lässt.

Lima wurde 1535 gegründet und spielte seit 1542 eine führende Rolle, als Kaiser Karl V. ein Vizekönigreich Peru ausrief, das den größten Teil Südamerikas umfasste. Die Vizekönige von Neu-Granada und La Plata im 18. Jh. beendeten nach und nach die Vorherrschaft Limas.

Kirche des Franziskanerklosters: Iglesia de San Francisco
▼

Kathedrale, ehemalige Abtei St. Augustin und St.-Martins-Kirche in Canterbury

Großbritannien

Begründung der Aufnahme: Meisterwerk menschlicher Schöpferkraft, Zeugnis kulturellen Austauschs, Verknüpfung mit Ereignissen von universeller Bedeutung

Canterbury in Kent war fast fünf Jahrhunderte lang der Sitz des geistlichen Oberhaupts der Kirche von England. Drei Bauten der Stadt wurden als Welterbestätten anerkannt: die bescheidene St.-Martins-Kirche, welche die älteste Kirche in England ist, die Ruinen der Abtei St. Augustin, die durch Heinrich VIII. 1538 säkularisiert wurde und verfiel, und schließlich die prachtvolle Kathedrale, in der Elemente der Romanik und der Perpendicular-Gotik eine eindrucksvolle Verbindung eingehen. Hier wurde 1170 der Erzbischof Thomas Becket ermordet. Die Schönheit des Kirchenbaus wird durch seine außergewöhnlich kunstvollen Glasfenster noch gesteigert, die das umfangsreichste Ensemble dieser Art in ganz Großbritannien darstellen. Alle drei Bauwerke sind Meilensteine in der Geschichte des Christentums in Großbritannien vor der Reformation.

Die Kathedrale von Canterbury ▲

Die St.-Martins-Kirche außerhalb der Mauern des römischen Durovernums wurde 597 vollendet, als der Mönch Augustin von Papst Gregor dem Großen nach England geschickt wurde, um die Sachsenkönige von Kent zu missionieren. In die Kirche ist ein römischer Bau aus dem 4. Jh. integriert.

Altstadt von Salamanca
Spanien

Begründung der Aufnahme: Meisterwerk menschlicher Schöpferkraft, Zeugnis kulturellen Austauschs, Erbe von besonderer menschheitsgeschichtlicher Bedeutung

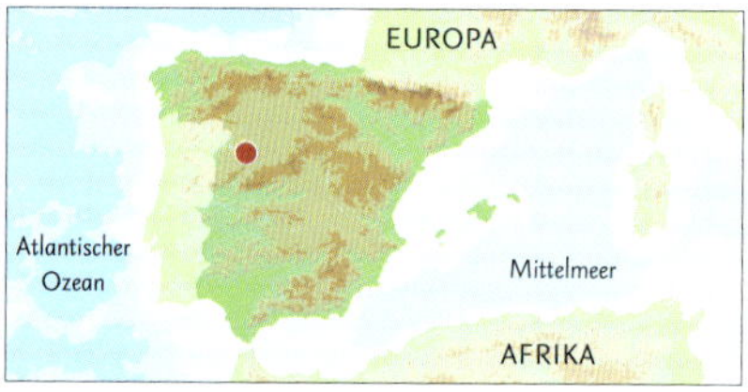

Salamanca ist ein Paradebeispiel für einen speziellen Kunststil katalonischer Architekten, Dekorateure und Bildhauer – den Churriguerismus. Dieser üppige Stil sollte im 18. Jh. auch die Architektur in Lateinamerika beeinflussen. Allerdings ist es vor allem die Universität, die das Stadtbild Salamancas maßgeblich geprägt hat. Im Umfeld der „Mutter der Tugenden, Wissenschaften und Künste" entstand zwischen dem 15. und 18. Jh. ein faszinierendes Ensemble aus Bauwerken der Gotik, der Renaissance und des Barock. Die 1250 gegründete Universität galt als eine der besten Europas. Das älteste Universitätsgebäude in Salamanca, heute das Rektorat, ist das ehemalige Hospital del Estudio von 1413. Die Hauptgebäude der Universität, die sich um einen zentralen Hof gruppieren, entstanden zwischen den Jahren 1415 und 1433.

Das älteste Bauwerk Salamancas ist die römische Brücke über den Río Tormes im Südwesten der Stadt. Weitere Zeugnisse der langen Stadtgeschichte sind die alte Kathedrale und San Marcos (12. Jh.), Salina und die Monterrey-Paläste (16. Jh.) sowie mit der **Plaza Mayor (Abb. unten)** der wohl prächtigste barocke Platz in ganz Spanien (18. Jh.).

Antike Stadt Hierapolis-Pamukkale

Türkei

Begründung der Aufnahme: Zeugnis einer Kultur, Erbe von besonderer menschheitsgeschichtlicher Bedeutung, besonderes Naturphänomen

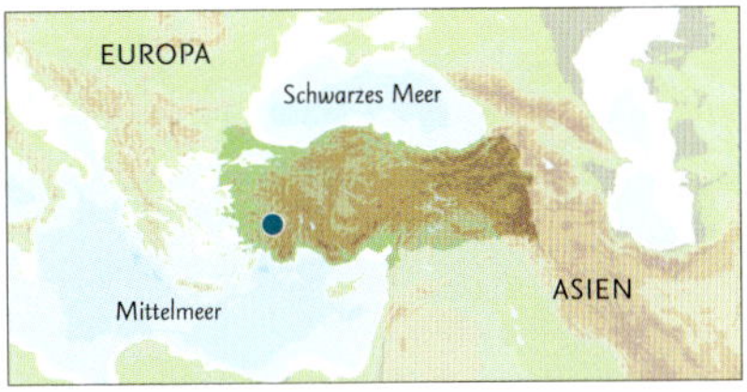

Das mineralreiche Wasser der heißen Quellen in Pamukkale (türkisch für „Baumwoll-Schloss") hat eine unwirkliche Landschaft geschaffen, die aus versteinerten Wäldern, Wasserfällen und einer Abfolge von Terrassenteichen besteht. Am Ende des 2. Jh. v. Chr. gründeten die Attaliden-Könige von Pergamon an dieser Stätte ein Heilbad. Die Ruinen der Badehäuser, Tempel und anderer griechischer Monumente sind bis heute erhalten. Unter den Römern, die seit 129 v. Chr. die Bäder beherrschten, entwickelte sich der Ort zu einer kosmopolitischen Stadt, in der Anatolier, Makedonier, Römer und Juden lebten. Die heißen Quellen dienten nicht nur der Heilung, sie wurden auch zum Reinigen und Färben von Wolle verwendet. Nach christlicher Überlieferung ließ hier Domitian im Jahr 87 n. Chr. den Apostel Philippus kreuzigen. Aus christlicher Zeit blieben die Kathedrale, die Taufkapelle, Kirchen und das Martyrium des Philippus erhalten.

Die therapeutischen Eigenschaften des Wassers wurden in riesigen Heißwasserbecken und Schwimmteichen genutzt. Die Hydrotherapie wurde von religiösen Handlungen begleitet, die sich an lokale Kulte anlehnten. Der Apollontempel stand über einer Spalte, aus der giftige Dämpfe an die Oberfläche stiegen.

Sinterterrassen und Teiche
▼

Ruinen von Chichen-Itza

Mexiko

Begründung der Aufnahme: Meisterwerk menschlicher Schöpferkraft, Zeugnis kulturellen Austauschs, Zeugnis einer Kultur

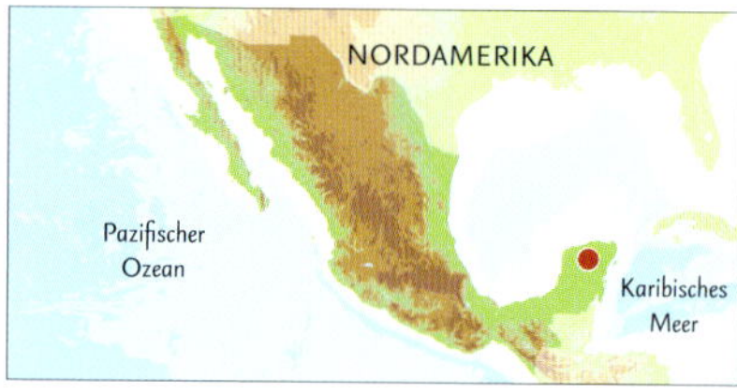

Chichen-Itza ist das wichtigste archäologische Zeugnis der Maya-Tolteken Kultur in Yucatán. Die monumentalen Bauten sind zweifellos Meisterwerke der mesoamerikanischen Architektur. Ihre schönen Proportionen, die kunstvolle Bauausführung und die prächtigen Skulpturen beeinflussten zwischen dem 10. und 15. Jh. die gesamte Kultur der Halbinsel Yucatán.

Chichen-Itza ist die nördlichste der bedeutenden archäologischen Stätten in Yucatán und zugleich, mit zahlreichen Monumenten auf 3 km², eine der größten und reichhaltigsten. Darüber hinaus ist sie die interessanteste Stätte aus historischer Sicht, da sie zwei entscheidende Epochen der prähispanischen Zivilisationen in Mesoamerika repräsentiert.

Die Stadt wurde in der klassischen Epoche (zu Anfang oder in der Mitte des 5. Jh. n. Chr.) in der Nähe von zwei natürlichen Höhlen (*Cenotes* oder *Chenes*) gegründet, die den Zugang zum Grundwasser erleichterten. Rund um den Chichen Viejo genannten Sektor der Stätte wuchs die Stadt rasch an, wovon die monumentalen Bauten aus dem 6.–10. Jh. zeugen: das Haus der Nonnen, der Tempel der Tafeln und der Tempel des Hirsches.

Die zweite Ansiedlung in Chichen-Itza ist für die Historiker noch interessanter, denn sie fällt mit der Wanderung toltekischer Krieger vom Hochland Mexikos in den Süden im 10. Jh. zusammen. Die toltekischen Invasoren unterwarfen die einheimische Bevölkerung mit einer derartigen Grausamkeit, dass sogar die fünf Jahrhunderte später entstandenen Maya-Chroniken („Heilige Bücher") davon berichten. Die Tolteken führten auch Menschenopfer ein, die bis dahin in der Region kaum oder gar nicht praktiziert wurden.

Nach der Eroberung Yucatáns entstand ein neuer Stil, in dem sich Maya- und toltekische Elemente vermischten – ein Beleg für die Integration der Tolteken.

Der neue Baustil ist heute unter dem Namen Maya-Yucatán bekannt. Er verbindet die alte Form des präzisen Steinschnittes für Mauern und Gewölbe und kombiniert diese mit toltekischen Dekorationsformen.

Nach dem 13. Jh. entstanden offenbar keine neuen Großbauten mehr, und bis zum 15. Jh. nahm die Bedeutung der Stadt rapide ab. Bischof Diego de Landa besuchte die verlassenen Ruinen 1556 und sammelte die örtlichen Legenden über die verschiedenen Monumente. Erst 1841 wurden die Ruinen freigelegt.

El Castillo, die Pyramide des Kukulcán ►

In den Bauwerken von Chichen-Itza vermischten sich die Traditionen der Maya und Tolteken. Ein typisches Beispiel ist das kreisrunde Observatorium El Caracol und die Pyramide des Kukulcán (El Castillo). Auf den Terrassen um El Castillo stehen die wichtigsten Monumentalbauten: Im Nordwesten befinden sich der Große Ballspielplatz, die Schädelmauer, der Tempel des Jaguars und die Adlerplattform und im Nordosten der Tempel der Krieger, die Tausendsäulengruppe, Markt- und Ballspielplätze; im Südwesten befindet sich das Grab des Hohepriesters.

Meteora-Klöster
Griechenland

Begründung der Aufnahme: Meisterwerk menschlicher Schöpferkraft, Zeugnis kulturellen Austauschs, Erbe von besonderer menschheitsgeschichtlicher Bedeutung, traditionelle Siedlungsform, besonderes Naturphänomen

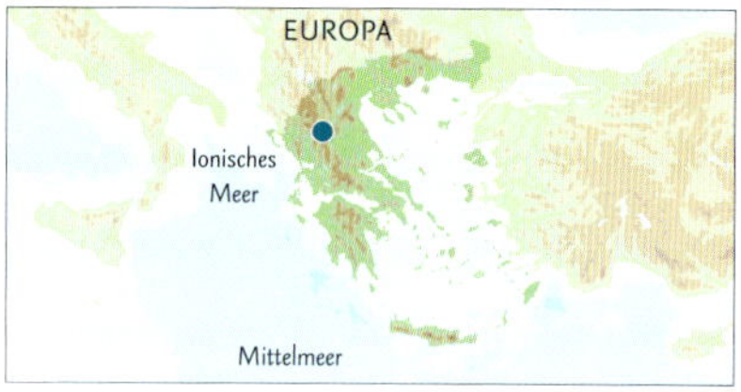

Die Felsentürme von Meteora erheben sich steil aus dem Tal des Peneas in der thessalischen Ebene. Es sind die Reste einer mächtigen Felsformation aus Sandstein und Konglomeraten. Vermutlich siedelten sich in dieser außergewöhnlichen Gegend schon im 11. Jh. die ersten Einsiedler und Asketen an. Im späten 12. Jh. wurde die kleine Kirche Panaghia Doupiani (auch „Skete" genannt) zu Füßen eines dieser „himmlischen Felsentürme" erbaut, den bereits Mönche besiedelt hatten. Während der politisch unsicheren Zeit im Thessalien des 14. Jh. zogen sich die Mönche in Klöster zurück, die sie auf den Gipfeln der unzugänglichen Felsentürme errichteten. Gegen Ende des 15. Jh. gab es 24 Klöster, die bis zum 17. Jh. Bestand hatten. Heute beherbergen nur noch vier der Klöster eine Mönchsgemeinschaft: Agios Stephanos, Agia Trias, Varlaam und Metamorphosis.

Das Kloster Agios Nikolaos Anapavsas ▲

Die Fresken des 17. Jh. in den Klöstern gelten als Schlüsselwerke in der Entwicklung der postbyzantinischen Malerei.

Nationalpark Nanda Devi und Nationalpark „Tal der Blumen“

Indien

Begründung der Aufnahme: besonderes Naturphänomen, bedeutender natürlicher Lebensraum – Biodiversität

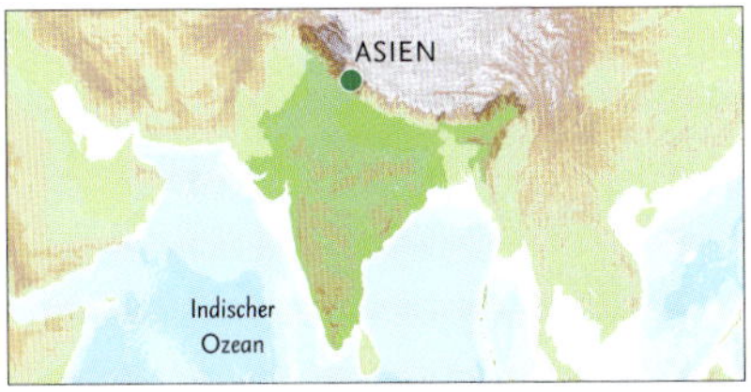

Der indische Nationalpark „Tal der Blumen“ hoch im Himalaja ist berühmt für seine außergewöhnlich schönen, alpinen Matten mit vielen endemischen Arten. Der sehr vielgestaltige Lebensraum ist die Heimat seltener und bedrohter Tierarten, wie Kragenbär, Schneeleopard, Braunbär oder Blauschaf. Einen starken Kontrast zu den sanften Hängen des „Tals der Blumen“ bildet der Nanda-Devi-Nationalpark in einem zerklüfteten Gebirgsabschnitt. Zusammen umfassen die beiden Parks eine einzigartige Übergangszone zwischen den Gebirgsketten Zanskars und dem Zentralhimalaja. Die Gegend wird seit über einem Jahrhundert von Bergsteigern und Botanikern gepriesen – und schon viel länger in der hinduistischen Mythologie.

Geologisch ist die Region ein riesiges Gletschertal, das von mehreren, in Nord-Süd-Richtung verlaufenden Gebirgsketten zerteilt wird, die zu einem Randgebirge aufsteigen. Nanda Devi, der zweithöchste Berg Indiens, erhebt sich aus einer kurzen Gebirgskette, die in das Becken hineinragt.

Ruinen von Xanthos mit dem Heiligtum der Latona

Türkei

Begründung der Aufnahme: Zeugnis kulturellen Austauschs, Zeugnis einer Kultur

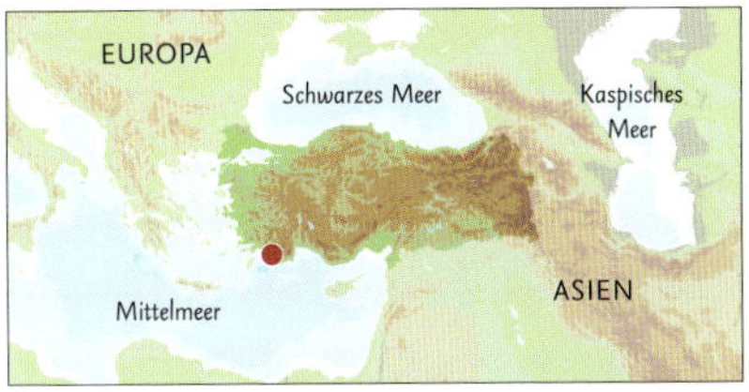

Die Welterbestätte war einst die Hauptstadt von Lykien. Hier verschmolzen lykische Traditionen mit griechischem Einfluss, insbesondere in der Grabkunst. Die epigrafischen Inschriften lieferten entscheidende Hinweise, um die Geschichte der Lykier nachzuvollziehen und ihre indoeuropäische Sprache zu entschlüsseln.

Die Lykier waren eine Volksgruppe der sogenannten „Seevölker“, die um 1200 v. Chr. das Hethiterreich eroberten. Der griechische Historiker Herodot, der im 5. Jh. v. Chr. lebte, berichtete, dass die Lykier aus Kreta gekommen seien, um am Trojanischen Krieg teilzunehmen.

◀ Ein Pfeilergrab in Xanthos; rechts das Harpyienmonument

Straßburg, Grand Ile (historisches Zentrum)
Frankreich

Begründung der Aufnahme: Meisterwerk menschlicher Schöpferkraft, Zeugnis kulturellen Austauschs, Erbe von besonderer menschheitsgeschichtlicher Bedeutung

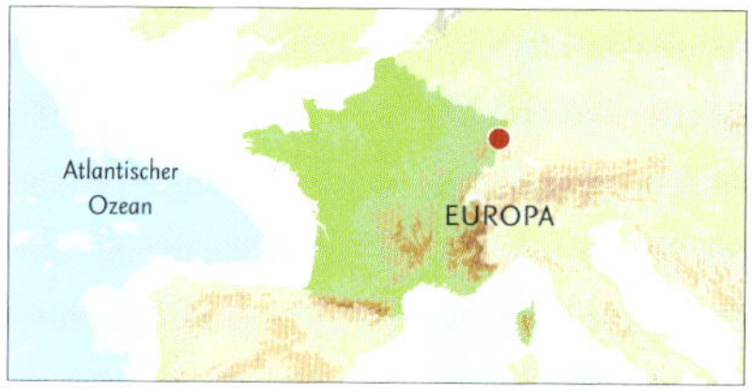

Die Grand Ile (Große Insel) in Straßburg ist ein außergewöhnliches Beispiel für eine mittelalterliche europäische Stadt und ein einzigartiges Ensemble städtischer Wohnhäuser des 15.–16. Jh. im Rheintal. Sie bildet das historische Zentrum der elsässischen Stadt und wird von zwei Flussarmen der Ill umflossen. Die steilen Dächer ihrer Häuser mit den mehrstöckigen Dachfenstern werden vom Dom und vier alten Kirchen überragt. Vor dem südlichen Querschiff steht das Palais Rohan, das 1732–1742 von der Familie Rohan als Stadtresidenz für die Kardinäle, Fürsten und Bischöfe aus der Familie erbaut wurde. Im dichten Straßennetz finden sich neben dem Hôtel de Ville von 1585, das heute die Industrie- und Handelskammer beherbergt, Restaurants, Läden, Handwerksbetriebe und elegante Stadthäuser.

Der Dom im Zentrum der Welterbestätte hat nur einen Turm. Goethe hat Notre Dame de Strasbourg als die gotische Kirche schlechthin gelobt; das Bauwerk hatte großen Einfluss auf die gotische Skulptur und Architektur in Deutschland.

Medina von Kairouan

Tunesien

Begründung der Aufnahme: Meisterwerk menschlicher Schöpferkraft, Zeugnis kulturellen Austauschs, Zeugnis einer Kultur, traditionelle Siedlungsform, Verknüpfung mit Ereignissen von universeller Bedeutung

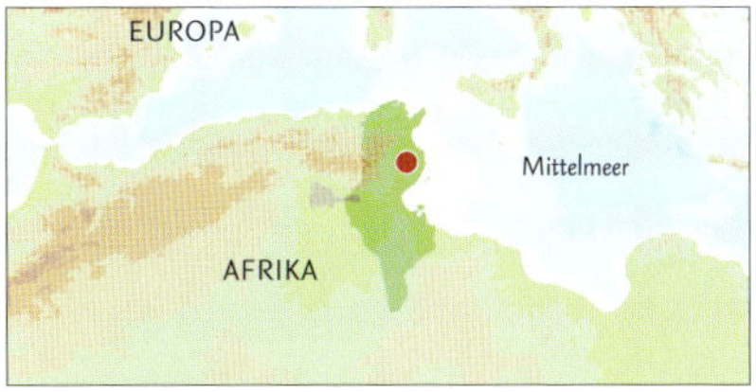

Kairouan wurde 670 n. Chr. gegründet und erlebte unter der Aghlabiden-Dynastie des 9. Jh. einen großartigen Aufstieg. Die Stadt zeugt von den ersten Jahrhunderten islamischer Kultur in Nordafrika. Zum reichen Architekturerbe gehören die Große Moschee mit Säulen aus Marmor und Porphyr, die Moschee der Drei Tore (9. Jh.) und das Becken der Aghlabiden, in dem das Wasser aus einem Aquädukt aufgefangen wurde. Außerdem ist Kairouan eine der heiligen Städte des Islam. Die Medina wird von einer 3 km langen Mauer mit drei Toren umgeben. Nur die Minarette und die Kuppeln der Moscheen und Klöster (Zawiyas) ragen darüber hinaus. Die Außenwände der Häuser werden nur von wenigen, schmalen Öffnungen durchbrochen, doch die Wände zum Innenhof hin haben größere Fenster.

Nur 38 Jahre nach dem Tod des Propheten Mohammed wurde in Kairouan die erste islamische Gebetsstätte des Maghreb gebaut: die Zawiya von Sidi Sahab. Hier liegen die sterblichen Überreste von Abu Djama, einem Gefährten Mohammeds.
▼

Ruinen von Olympia
Griechenland

Begründung der Aufnahme: Meisterwerk menschlicher Schöpferkraft, Zeugnis kulturellen Austauschs, Zeugnis einer Kultur, Erbe von besonderer menschheitsgeschichtlicher Bedeutung, Verknüpfung mit Ereignissen von universeller Bedeutung

Olympia war ein bedeutendes Zentrum der antiken, griechischen Zivilisation auf dem Peloponnes. Der Ort ist seit prähistorischen Zeiten besiedelt. Während der griechischen Antike wechselten sich zunächst verschiedene Kulte ab, bis Olympia im 10. Jh. v. Chr. zum Zentrum der Zeus-Verehrung wurde. Im Hauptheiligtum weisen die Ruinen zweier Tempel darauf hin: der Tempel der Hera (6. Jh. v. Chr.) und der Zeustempel (5. Jh. v. Chr.). Olympia barg die größte Anhäufung antiker Meisterwerke im gesamten Mittelmeerraum – viele davon sind für immer verloren. Erhalten blieben Reste der Sportstadien und anderer Bauten, die speziell für die Olympischen Spiele errichtet worden waren, die seit 776 v. Chr. alle vier Jahre stattfanden.

Bis in unsere Tage verkörpern die Olympischen Spiele die Ideale der griechischen Philosophie: ein friedlicher Wettbewerb zwischen freien und gleichen Menschen, die nur eine symbolische Siegesprämie, den Ölbaumzweig, anstreben. Später beteiligten sich neben Athleten auch Redner, Dichter und Musiker an dem Wettstreit zu Ehren von Zeus.

Überreste Dutzender von Säulen in Olympia ▼

Kloster Alcobaça
Portugal

Begründung der Aufnahme: Meisterwerk menschlicher Schöpferkraft, Erbe von besonderer menschheitsgeschichtlicher Bedeutung

Das Kloster ist ein hervorragendes Beispiel für eine großartige Zisterzienserabtei. Sie besteht aus der Kirche Santa Maria d'Alcobaça, einem Meisterwerk zisterziensischer Gotik und mehreren Klostergebäuden mit Kreuzgang, Waschhaus, Kapitelsaal, Empfangssaal, Dormitorium, Mönchszellen und Refektorium. König Alfonso I. stiftete das Kloster 1152 unter der Bedingung, dass die Mönche das Land in der Umgebung erschließen und bearbeiten sollten. Bereits im 13. Jh., als Kirche und Klostergebäude noch im Bau waren, erstreckte sich der intellektuelle und politische Einfluss der Mönchsgemeinschaft über den gesamten Westen der Iberischen Halbinsel. Von der außergewöhnlich engen Bindung der Mönche an das portugiesische Herrscherhaus zeugen die Grabmale von Dom Pedro und Doña Inés de Castro. Sie wurden 1360 geschaffen, und ihre Grabskulpturen sind herausragende Meisterwerke der Gotik.

Haupteingang zum Kloster Alcobaça ▲

Die Grabmale von Dom Pedro (Peter I.) und Doña Inés de Castro sind auch ein sichtbares Zeichen der Rehabilitation von Doña Inés de Castro. Alfonso IV., der Vater Peters I., hatte dessen Frau Inés in Coimbra ermorden lassen. Die künstlerische Qualität der Grabskulptur wird nur von der eindrucksvollen ikonografischen Symbolik übertroffen.

Victoria-Fälle

Sambia und Simbabwe

Begründung der Aufnahme: besonderes Naturphänomen, Zeugnis wichtiger Stadien der Erdgeschichte

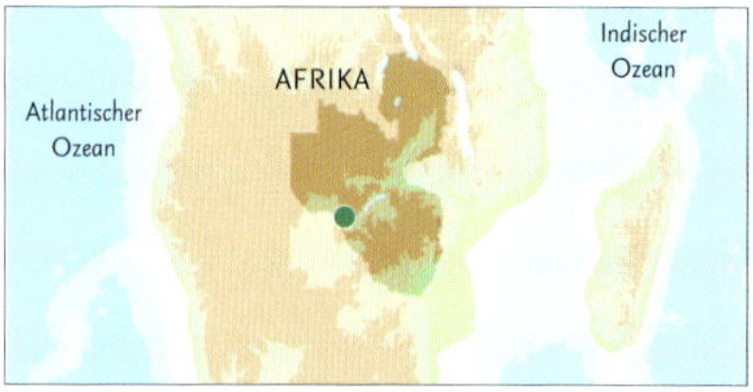

Die Victoria-Fälle zählen zu den spektakulärsten Wasserfällen der Erde. Der Sambesi stürzt hier auf über 2 km Breite mit großem Getöse in eine Abfolge von Basaltklüften. Der hoch aufsprühende Wassernebel ist noch aus 20 km Entfernung zu sehen.

Der Wasserfall und die Schluchten zeigen, dass sich Wasser selbst durch harten Basalt schneiden kann. Die Naturschutzgebiete in Simbabwe umfassen ohne die Waldschutzgebiete über 18 000 km². Der Nationalpark Mosi-Oa-Tunya/Victoria Fall grenzt an das Waldschutzgebiet Dambwa in Sambia an. Der Wasserfall ist die spektakulärste Sehenswürdigkeit des Nationalparks. Wenn der Sambesi während der Regenzeit (gewöhnlich Februar bis März) seinen Höchsstand erreicht, bilden die Fälle den längsten Wasservorhang der Welt. Dann stürzen pro Minute über 500 Mio. Liter Wasser über die 1078 m breite Kante; die Rainbow-Falls in Sambia sind dann 99 m hoch. Bei Niedrigwasser im November teilt sich der Fluss in mehrere Arme auf, die mit immerhin noch 10 Mio. Litern pro Minute in einzelnen Wasserfällen in die Schlucht stürzen.

Die dominierende Pflanzengesellschaft im Umkreis der Fälle ist der Mopane-Wald, außerdem gibt es einige kleinere Teak- und Miombo-Bestände. An den Ufern des Sambesi werden diese Formationen von einem schmalen Auenwald abgelöst. Der „Nebelwald" in der Sprühzone des Wasserfalls ist besonders interessant. Es ist ein sehr fragiles, inselhaftes Ökosystem, das auf sandigen Schwemmböden wurzelt und vollständig von der hohen Feuchtigkeit des Wassernebels abhängt, den die Wasserfälle erzeugen. Hier wachsen viele Baumarten und einige krautige Pflanzen.

Im Nationalpark Sambesi leben mehrere Elefantenherden, die in der Trockenzeit bei niedrigem Wasserstand gelegentlich die Inseln als Trittsteine benutzen, um den Sambesi zu überqueren. Oberhalb der Fälle gibt es kleinere Büffel- und Gnuherden, dazu Zebras, Warzenschweine, Giraffen, Pinselohrschweine und Flusspferde; Vervetmeerkatzen und Bärenpaviane sind häufig, Löwen und Leoparden seltener. In der Schlucht brüten Taitafalken, Schwarzstörche, Kaffernadler, Wanderfalken und Augurbussarde.

Die Victoria-Fälle bilden eine natürliche Faunengrenze zwischen den Fischarten des unteren und oberen Sambesi. Unterhalb der Fälle leben 39 Fischarten.

Unterhalb der Fälle fließt der Sambesi durch Schluchten, die ehemalige Stufen der Wasserfälle darstellen. Als sich die Makgadikgadi-Pfanne vor etwa 2 Mio. Jahren hob, musste sich der Sambesi immer tiefer in den Basalt einschneiden. Weil er den natürlichen Klüften und Spalten folgte, schuf er eine Serie immer weiter zurückweichender Abbruchkanten. Von insgesamt sieben vorzeitlichen Wasserfällen zeugen die sieben Schluchten unterhalb der heutigen Fälle. Der Devil's Cataract in Simbabwe kann möglicherweise zur Abbruchkante des nächsten Wasserfalls werden; die augenblickliche Kante fiele dann trocken.

Felsen von Bandiagara (Land der Dogon)

Mali

Begründung der Aufnahme: traditionelle Siedlungsform, besonderes Naturphänomen

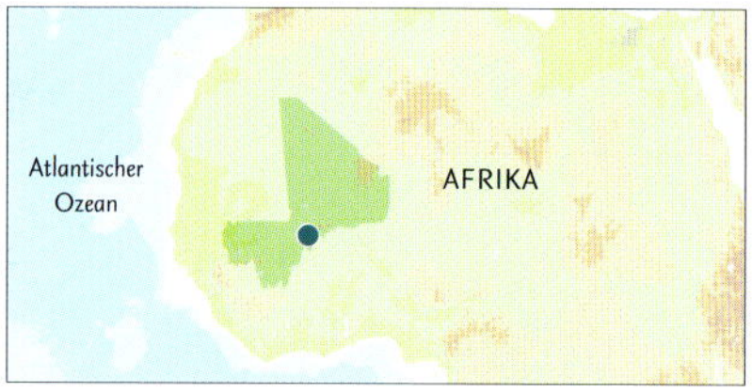

Die außerordentliche Landschaft um Bandiagara aus steilen Felswänden und sandigen Hochflächen ist das Zentrum der Dogon-Kultur. Die Dogon sind Subsistenzbauern, die sich zwischen dem 15. und 16. Jh. hier ansiedelten. Ihre Architektur ist einzigartig; sie umfasst Hütten mit Flachdächern, Kornspeicher mit konischen Strohdächern, Begräbnisplätze in Steilhängen und öffentliche Versammlungsplätze. In der Region haben sich uralte Traditionen erhalten, wie die Masken, Feste, Kulte und Rituale im Zusammenhang mit der Ahnenverehrung. Die Dogon fühlen sich stark dem Land verbunden, nutzen wilde Pflanzen als Heilmittel und haben eine heilige Verbindung mit dem Blassfuchs, Schakal und Krokodil. Zusammen mit der Landschaft schützt die Stätte auch das geologische, archäologische und ethnologische Welterbe der Felsen von Bandiagara, einem der faszinierendsten Orte Westafrikas.

Auf der Hochfläche von Bandiagara wächst eine typische Savanne sudanesischer Prägung, die eine reiche Tierwelt beherbergt. Das Gleiche gilt für die Lebensräume in den Felsen und Steilhängen, wo Fuchsfalken, Gabarhabichte, Gelbschnabelwürger, Rotbrust-Glanzköpfchen, zahlreiche Rotbauchschmätzer und Felstauben leben.

Nationalpark Banc d'Arguin

Mauretanien

Begründung der Aufnahme: Schauplatz spezieller ökologischer und biologischer Prozesse, bedeutender natürlicher Lebensraum – Biodiversität

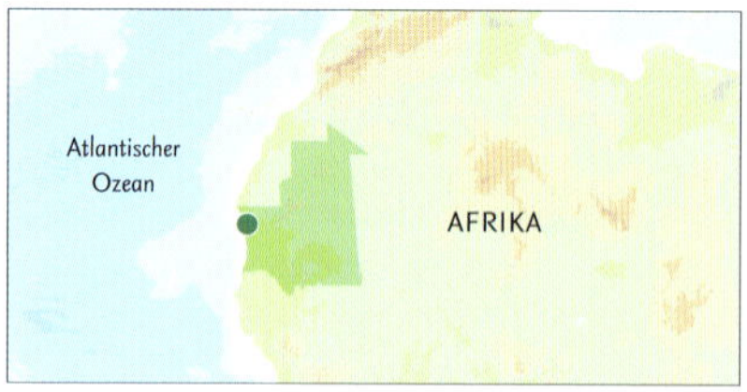

Der Nationalpark Banc d'Arguin an der wüstenhaften Atlantikküste von Mauretanien schützt eine einzigartige Übergangszone zwischen der Sahara und dem Atlantik. Er besteht aus zahlreichen Inseln und Küstenabschnitten mit Dünen aus Saharasand, flachen Gezeitentümpeln, Schlammebenen und Mangroven. Der Unterschied zwischen der lebensfeindlichen Wüste und der reichen Biodiversität der Meeresküste äußert sich in der einzigartigen Natur der Land-Meer-Übergangszone. Im Flachwasser wachsen Seegras und verschiedene Algen, die einen ausgezeichneten Lebensraum für Fische schaffen. Dieses Nahrungsangebot lockt im Winter viele Zugvögel nach Banc d'Anguin, sodass hier jährlich die weltweit größte Ansammlung von Watvögeln zu finden ist. Hinzu kommen zahlreiche Brutvögel, die gleichfalls vom Fischreichtum profitieren.

Die hier lebenden Imraguen oder Amrig haben ihre Lebensweise der Natur angepasst. Der Name bedeutet „die das Leben sammeln". Ihre Fischfangtechniken haben sich kaum verändert, seit sie zum ersten Mal von Portugiesen beschrieben wurden (im 15. Jh.). Sie arbeiten mit Delfinen zusammen, um große Schwärme von Meeräschen zu fangen.

Mystras
Griechenland

Begründung der Aufnahme: Zeugnis kulturellen Austauschs, Zeugnis einer Kultur, Erbe von besonderer menschheitsgeschichtlicher Bedeutung

Zunächst war Mystras nur ein kleiner Ort um eine Burg, die Wilhelm von Villehardouin 1249 oberhalb von Sparta erbaut hatte. Doch als es 1832 verlassen wurde, hatte Mystras eine wechselvolle Geschichte durchlebt, von der heute nur noch herrliche mittelalterliche Ruinen in einer wunderschönen Landschaft zeugen. Von 1262–1348 war Mystras der Sitz eines byzantinischen Militärgouverneurs. Als das Bistum Sparta der neuen Stadt zugeteilt wurde, erhielten die Bischofskirche St. Demetrios (1264) und mehrere Klöster eine kostbare Ausstattung. Von 1348–1460 war Mystras Hauptstadt des byzantinischen Despotats Morea. In dieser Epoche erlebte die kosmopolitische Stadt ihre Glanzzeit. Der Fall der Stadt bei einem Türkenangriff vom 30. Mai 1460 wurde ähnlich schmerzlich empfunden wie der Fall Konstantinopels (1453).

Die Schönheit der Kirchen, die während der Regierungszeit der Palaiologen (14. Jh.) mit eindrucksvollen Fresken ausgemalt wurden, die berühmten Bibliotheken und der Ruhm seiner Schriftsteller, beispielsweise Georges Gemiste Plethon und Jean Bessarion, die den neuplatonischen Humanismus in Italien einführten, waren die Gründe, warum Mystras den Beinamen „Wunder von Morea“ trug.

Die mittelalterlichen Ruinen von Mystras ▼

Buddhistisches Heiligtum bei Sanchi

Indien

Begründung der Aufnahme: Meisterwerk menschlicher Schöpferkraft, Zeugnis kulturellen Austauschs, Zeugnis einer Kultur, Erbe von besonderer menschheitsgeschichtlicher Bedeutung, Verknüpfung mit Ereignissen von universeller Bedeutung

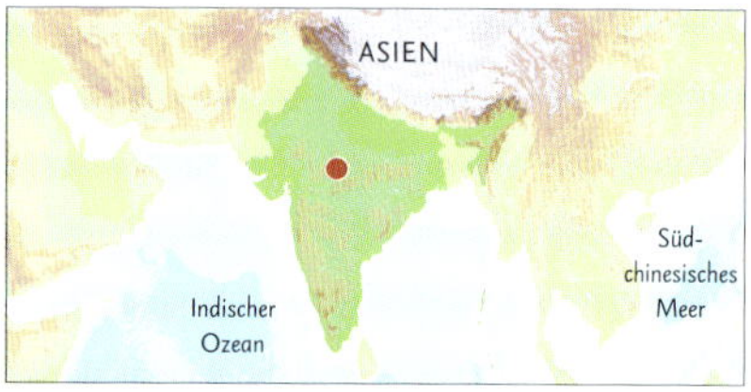

Als Sanchi 1818 entdeckt wurde, war es seit 600 Jahren völlig vergessen und von Pflanzen überwuchert. Nach und nach wurde der Hügel freigelegt und gab etwa 50 Monumente frei – eine der bemerkenswertesten archäologischen Fundstätten in Indien.

Sanchi liegt auf einem Hügel über einer Ebene, etwa 40 km von Bhopal entfernt. Die Welterbestätte umfasst buddhistische Denkmäler, monolithische Säulen, Paläste, Tempel und Klöster. Diese Monumente sind in einem sehr unterschiedlichen Erhaltungszustand, aber fast alle stammen aus dem 1. und 2. Jh. v. Chr. Sanchi ist das älteste buddhistische Heiligtum Indiens und war bis ins 12. Jh. n. Chr eines der wichtigsten Pilgerziele. Das großartigste Bauwerk ist der Stupa 1 (Abb. rechts), eine riesige Kuppel aus Sandstein. Sie misst 36 m im Durchmesser, ist 16 m hoch und wird von Balustraden mit vier prächtigen Torbauten umgeben, die für ihre kunstvollen Dekorationen berühmt sind.

Klöster Daphni (bei Athen), Hosios Lukas (bei Delphi) und Nea Moni (Insel Chios)

Griechenland

Begründung der Aufnahme: Meisterwerk menschlicher Schöpferkraft, Erbe von besonderer menschheitsgeschichtlicher Bedeutung

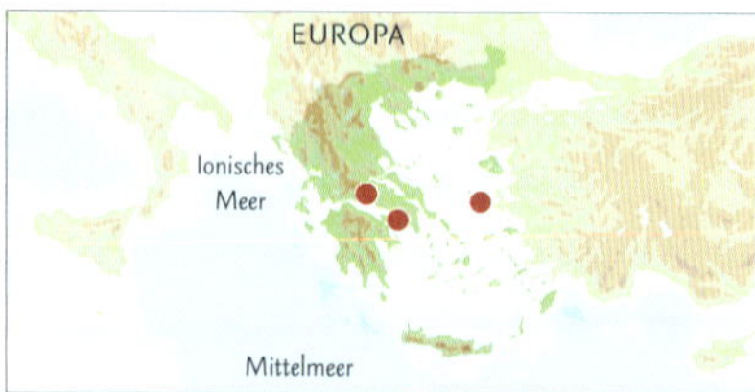

Das Kloster Hosios Lukas mit einer Kuppel von 9 m Durchmesser gilt als perfektes Beispiel byzantinischer Architektur. Die Kirche ist außerordentlich reich an Kunstschätzen, deren harmonischer Zusammenklang einzigartig ist.

Diese drei Klöster sind zwar räumlich voneinander getrennt, stammen aber aus derselben Stilepoche und haben sehr ähnliche ästhetische Qualitäten. Daphni steht in Attika, Hosios Lukas bei Delphi, und die Insel Chios liegt im Ägäischen Meer, vor der Küste Kleinasiens. Die Kirchen haben einen kreuzförmigen Grundriss und eine große Kuppel, die über Trompen in ein Achteck überführt wird. Im 11. und 12. Jh. wurden sie prächtig mit Marmor ausgestattet und mit kostbaren Mosaiken auf Goldgrund verziert; sie zeugen vom „zweiten goldenen Zeitalter der byzantinischen Kunst".

Kolonialzeitlicher Stadtbereich von Santo Domingo

Dominikanische Republik

Begründung der Aufnahme: Zeugnis kulturellen Austauschs, Erbe von besonderer menschheitsgeschichtlicher Bedeutung, Verknüpfung mit Ereignissen von universeller Bedeutung

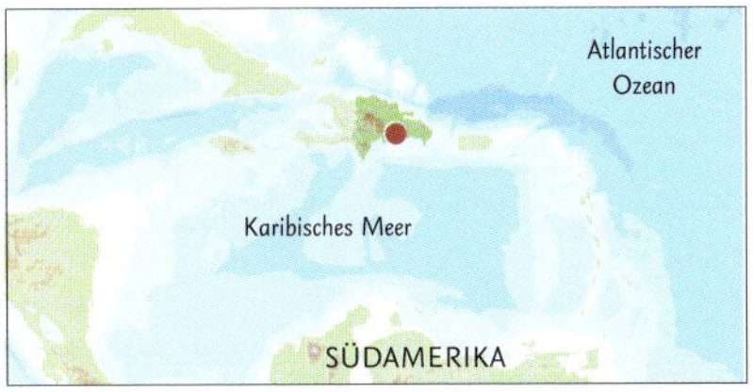

Nach der Landung von Christoph Kolumbus auf der Insel Hispaniola (1492) entstanden in Santo Domingo die erste Kathedrale, das erste Krankenhaus, das erste Zollamt und die erste Universität Amerikas. Das gitterförmige Straßennetz der 1498 gegründeten Kolonialstadt (Ciudad Colonial) wurde zum Vorbild aller späteren geplanten Städte in der Neuen Welt.

Das markanteste Bauwerk der Stadt ist die Kathedrale (1514–1542). Diese älteste Großkirche in Amerika ist einer der architektonischen Schätze der Altstadt. Die 1503 entstandene Festung Ozama mit dem Huldigungsturm soll die älteste erhaltene europäische Militäranlage Amerikas sein. Der eindrucksvolle Turm im Zentrum der Anlage erinnert in Bauart und Stil an das Mittelalter.

Bartholomäus Kolumbus, der Bruder des Entdeckers, gründete die Stadt 1496 am linken Ufer des Ozama-Flusses. Als ein Tropensturm die Stadt 1502 zerstörte, entschied der Gouverneur Nicolás de Ovando, sie an der heutigen Stelle komplett neu zu bauen. Santo Domingo wurde zum Vorbild für die spanischen Kolonialstädte in der Neuen Welt.

▼ Museo de Las Casas Reales

Historisches Zentrum von St. Petersburg

Russische Föderation

Begründung der Aufnahme: Meisterwerk menschlicher Schöpferkraft, Zeugnis kulturellen Austauschs, Erbe von besonderer menschheitsgeschichtlicher Bedeutung, Verknüpfung mit Ereignissen von universeller Bedeutung

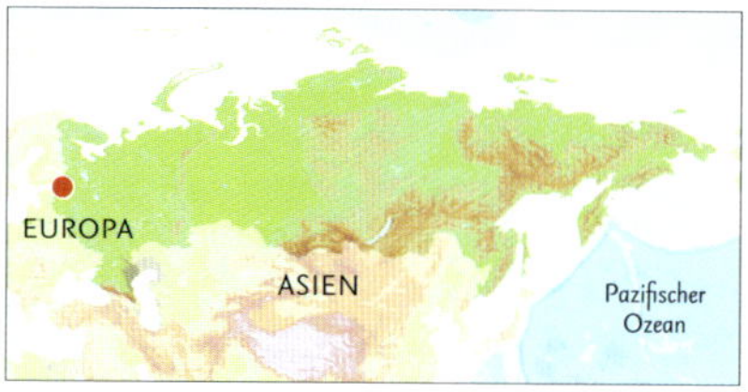

Der Winterpalast in St. Petersburg ▶

Wegen seiner zahlreichen Kanäle und Hunderten von Brücken wird St. Petersburg auch als „Venedig des Nordens" bezeichnet. Die Stadt an der russischen Ostseeküste ist das Ergebnis eines umfassenden Bauprojekts, das 1703 von Zar Peter dem Großen (1672–1725) initiiert wurde.

Das architektonische Erbe St. Petersburgs besteht aus unterschiedlichen barocken und klassizistischen Bauten, wie beispielsweise der Admiralität, dem Winterpalast, dem Marmorpalast und der Eremitage.

Die Verwandlung der wilden baltischen Küstenlandschaft nach den stadtplanerischen Entwürfen Alexandre Leblonds brachte innerhalb von 20 Jahren eine prachtvolle Großstadt mit Palästen, Kirchen, Klöstern und zweistöckigen Gebäuden hervor.

Peter der Große begann den Bau seiner Hauptstadt im 18. Jh., wobei er auf die Arbeitskraft russischer Soldaten, schwedischer und türkischer Kriegsgefangener und finnischer und estnischer Arbeiter zurückgreifen konnte. Nach und nach entstand ein Netz aus Kanälen, Straßen und Kaimauern, das unter der Zarin Katharina der Großen (1729–1796) mit prachvollen Monumenten versehen wurde. Zahlreiche ausländische Architekten wetteiferten um die kühnsten und prächtigsten Stadtpaläste und Klöster. Auch in den Außenbezirken entstanden kaiserliche und fürstliche Residenzen, wie in Petrodvorets (Peterhof), Lomonosov, Tsarskoie Selo (Puschkin), Pavlovsk und Gatschina.

Im 19. Jh. setzte sich die Bauwut des 18. Jh. mit beeindruckenden Monumenten fort. St. Petersburg ist das vermutlich das einzige Beispiel in der Geschichte des Städtebaus, bei dem ein weit reichender Plan in vollem Umfang ausgeführt wurde, auch wenn die rasch wechselnden Baustile eigentlich nicht miteinander vereinbar waren. Trotz der bunten Stilvielfalt umgibt das historische Zentrum eine Aura von zeitloser Pracht. Die von Kanälen und angeblich über 400 Brücken durchzoge Stadt steht im Einklang mit der weiten, unverbauten Landschaft und öffnet sich zum Meer und seinen frischen Brisen. Die Arbeiten der internationalen Architekten haben die Monumentalbaukunst in Russland und Finnland im 18. und 19. Jh. stark beeinflusst. Die barocken kaiserlichen Residenzen fügen sich perfekt in die Stadtlandschaft ein – St. Petersburg ist eine barocke und klassizistische Hauptstadt par excellence.

Als die Stadt noch Petrograd hieß, begann hier 1917 die Oktoberrevolution, die mit dem Sieg der Bolschewiken endete. Sie benannten die Stadt in Leningrad um. Zwischen 1941 und 1944 wurde die Stadt 872 Tage lang von deutschen Truppen belagert; über 1 Mio. Einwohner starben den Hungertod.

Nach dem Fall des Kommunismus stimmten die Einwohner der Stadt 1991 dafür, ihre Stadt wieder in St. Petersburg umzubenennen.

Schlösser und Parks von Potsdam und Berlin

Deutschland

Begründung der Aufnahme: Meisterwerk menschlicher Schöpferkraft, Zeugnis kulturellen Austauschs, Erbe von besonderer menschheitsgeschichtlicher Bedeutung

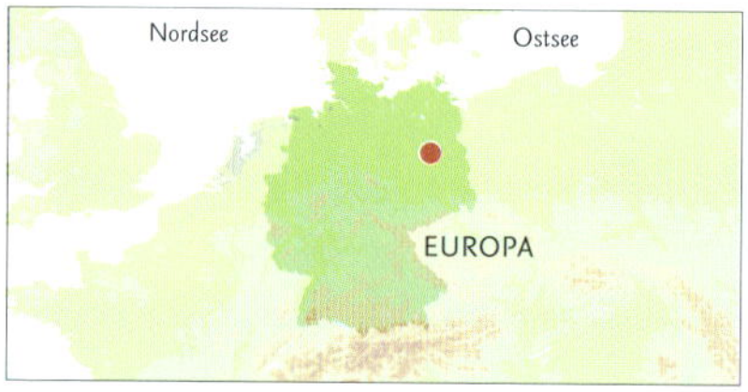

Das gesamte Ensemble in Potsdam mit 150 Gebäuden in einer $5\,km^2$ großen Parklandschaft entstand zwischen 1730 und 1916. Es bildet ein Gesamtkunstwerk, dessen einzigartiger Charakter durch seine eklektische Natur noch verstärkt wird. Diese Ansammlung von baulichen und gartengestalterischen Meisterwerken in relativ enger Nachbarschaft weist Elemente aus unterschiedlichen, schwer miteinader zu vereinbarenden Stilrichtungen auf, ohne jedoch die Harmonie der Gesamtanlage zu stören. Die Welterbestätte erstreckt sich bis nach Berlin-Zehlendorf, wo sich Schlösser und Parks entlang der Havel und am Glienicker See aufreihen.

In das Welterbe wurden zwei weitere Ensembles mit Parks, Schlössern und Gebäuden aufgenommen. Im Zentrum steht der Marmorpalast, die Sommerresidenz des Königs. Im Schloss Cecilienhof fand im Sommer 1945 die Potsdamer Konferenz statt, bei der über das Nachkriegsschicksal Deutschlands entschieden wurde.

König Friedrich der Große von Preußen (1712–1786) machte die einfache Garnisonsstadt Potsdam zu seiner Hauptresidenz und verwandelte sie in ein preußisches Versailles. Schloss Sanssouci betonte schon im Namen den Wunsch des Königs nach Intimität und Einfachheit. Hier wurde die Idee einer ländlichen Villa in Form eines Rokokopalastes mit Marmor, Spiegeln und Gold umgesetzt.

Chinesisches Teehaus im Park von Sanssouci in Potsdam ▼

Sophienkathedrale und Höhlenkloster Láwra Petschersk in Kiew

Ukraine

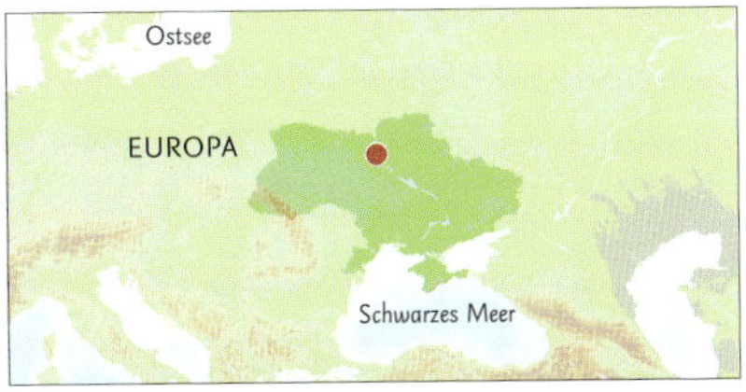

Begründung der Aufnahme: Meisterwerk menschlicher Schöpferkraft, Zeugnis kulturellen Austauschs, Erbe von besonderer menschheitsgeschichtlicher Bedeutung, Zeugnis einer Kultur

Die Sophienkathedrale in Kiew sollte der Hagia Sophia in Konstantinopel Konkurrenz machen. Im 11. Jh. war Kiew das „neue Konstantinopel", die Hauptstadt der russischen Kirche. Das von den Mongolen und Tartaren zerstörte Láwra Petschersk wurde seit dem 17. Jh. vollständig neu gebaut. Das Kloster gedieh prächtig; es zog zahlreiche Pilger an, und auf dem Klostergelände entstanden viele barocke Bauwerke. Der Glockenturm und das Refektorium mit Kirche sind die wichtigsten Wahrzeichen einer Klosterlandschaft mit zahlreichen neuen und rekonstruierten Kirchenbauten. Der spirituelle und intellektuelle Einfluss von Láwra Petschersk war maßgeblich an der Verbreitung des orthodoxen Glaubens im russischen Reich zwischen dem 17. und 19. Jh. beteiligt.

Die wichtigsten Bauwerke des sehr alten Kulturerbes sind die Dreifaltigkeitstorkirche, deren Bauelemente aus dem 12. Jh. unter dem extrem üppigen barocken Dekor verschwinden, und vor allem das künstliche geschaffene Höhlensystem. Es ist in die nahen und fernen Höhlen unterteilt und von der Allerheiligenkirche und der Gottesmutter-Geburtskirche aus zugänglich.

Sophienkathedrale ▼

Jesuitenmissionen der Chiquitos

Bolivien

Begründung der Aufnahme: Erbe von besonderer menschheitsgeschichtlicher Bedeutung, traditionelle Siedlungsform

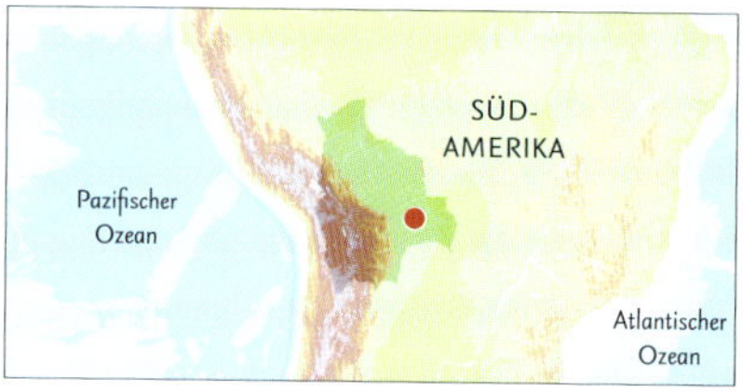

Die Jesuiten wurden 1567 von der spanischen Krone nach Südamerika zum Vizekönig von Peru gesandt, um die indigenen Bewohner des Landes zu missionieren. Zwischen 1696 und 1760 gründeten sie sechs Reducciones, Siedlungen christianisierter Indianer, die nach der philosophischen „Idealstadt" des 17. Jh. gestaltet wurden. Die Jesuiten schufen einen Stil, der die katholische Architektur mit den lokalen Bautraditionen der Indianer verband. Anders als die übrigen südamerikanischen Missionen wurden die Reducciones der Chiquitos nicht aufgegeben, als die Jesuiten 1767 das Land verlassen mussten. Die sechs Missionen San Francisco Javier, Concepción, Santa Ana, San Miguel, San Rafael und San José sind daher ein lebendiges Erbe im Land der Chiquitos.

Die Reducciones bestanden aus einem großen Zentralplatz, der an drei Seiten von Häusern in gleichem Abstand gesäumt war, an der vierten Seite standen die Kirche, die Schule und die Werkstätten, manchmal auch ein Armenhaus (*Casa de la Misericordia*) für Witwen und verlassene Frauen.

Historisches Zentrum Itchan-Kala der Stadt Ditchan-Kala

Usbekistan

Begründung der Aufnahme: Zeugnis einer Kultur, Erbe von besonderer menschheitsgeschichtlicher Bedeutung, traditionelle Siedlungsform

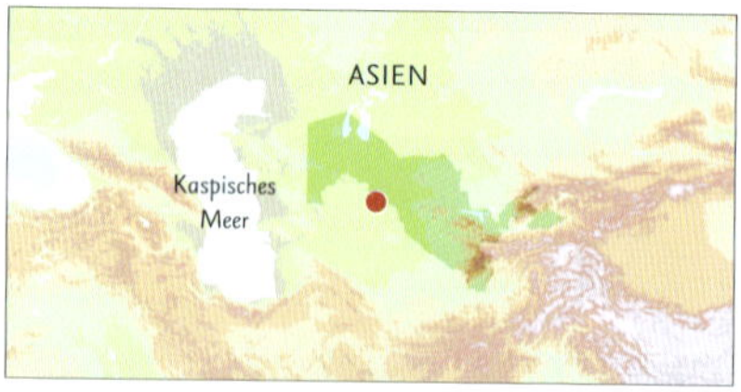

Itchan-Kala ist die von einer 10 m hohen Ziegelmauer umgebene innere Stadt der alten Oase Khiva. Hier machten die großen Karawanen eine letzte Rast, bevor sie durch die Wüste in den Iran zogen. Obwohl nur noch wenige der sehr alten Monumente existieren, bildet der Ort ein geschlossenes und gut erhaltenes Beispiel für muslimische Architektur in Zentralasien. Neben der großartigen Djuma-Moschee blieben Mausoleen und Medressen sowie zwei prächtige Paläste erhalten, die Alla-Kulli-Khan Anfang des 19. Jh. erbauen ließ.

Die Oase Khiva war die letzte Station der Karawanen, bevor sie sich auf den Weg durch die Wüste nach Persien machten. Die außerordentliche Qualität von Itchan-Kala basiert weniger auf einzelnen Bauwerken, als vielmehr auf der unvergleichlich geschlossenen und harmonischen Stadtlandschaft.

◄ Ein Blick über die Stadt von den Stadtmauern aus

Nationalpark Tongariro
Neuseeland

Begründung der Aufnahme: Verknüpfung mit Ereignissen von universeller Bedeutung, besonderes Naturphänomen, Zeugnis wichtiger Stadien der Erdgeschichte

Der Nationalpark Tongariro liegt im vulkanischen Hochland der Nordinsel Neuseelands. Die Berge im Herz des Parks spielen eine zentrale Rolle in der Kultur und im Glauben der Maori; sie symbolisieren die spirituelle Verbindung zwischen den Menschen und ihrer natürlichen Umwelt. Der Park bildet das südliche Ende einer 2500 km langen, unterbrochenen Kette von Vulkanen, die sich nach Nordwesten in den Pazifischen Ozean erstreckt und aus aktiven und erloschenen Vulkanen besteht. Nur der Mount Ruapehu ist noch von Gletschern bedeckt, die sich aber seit Jahrzehnten zurückziehen und nur noch knapp 1 km lang sind. Die Lebensräume reichen von Regenwäldern bis zu unwirtlichen Eisfeldern. Bis auf die Kleine Neuseelandfledermaus und *Chalinolobus tuberculata* (ebenfalls eine Fledermaus) gibt es keine heimischen Säugetiere. Allerdings wurden über 56 Vogelarten im Park gezählt, unter anderem der Streifenkiwi und der Nordinsel-Grassänger.

Horonuku te Heuheu Tukino, der oberste Häuptling der Ngati-Tuwharetoa-Maori, schenkte die Gipfel des Ruapehu, Ngauruhoe und Tongariro 1887 der englischen Krone. Dieses „heilige Geschenk“ war eine Aufforderung an Königin Victoria, sich zusammen mit ihm um den Erhalt des wertvollen Schatzes (*Taonga*) zu kümmern.

Der Smaragdsee im Tongariro-Nationalpark
▼

Kreml und Roter Platz in Moskau

Russische Föderation

Begründung der Aufnahme: Meisterwerk menschlicher Schöpferkraft, Zeugnis kulturellen Austauschs, Erbe von besonderer menschheitsgeschichtlicher Bedeutung, Verknüpfung mit Ereignissen von universeller Bedeutung

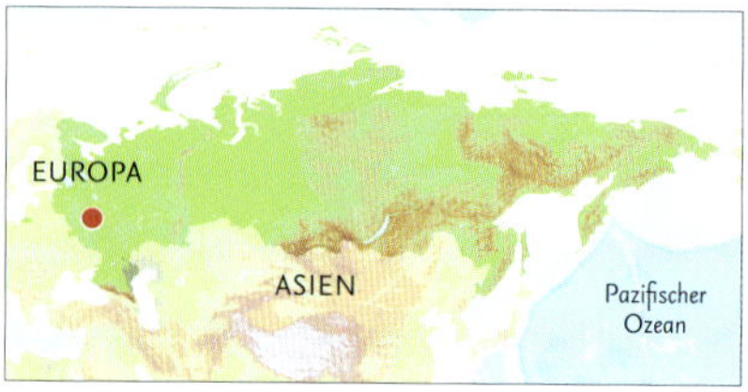

Der zwischen dem 14. und 17. Jh. gebaute Kreml war seither untrennbar mit allen wichtigen historischen und politischen Ereignissen in Russland verbunden.

Der Kreml lag stets im Zentrum der weltlichen und geistlichen Macht: Das Fürstentum Moskau existiert seit 1263, und seit 1328 hat der Metropolit der orthodoxen Kirche seinen Sitz in der Stadt. Einige der Bauten um den Kathedralenplatz stammen noch aus der Frühzeit, andere wurden in den Neubau des Großen Kremlpalastes integriert (beispielsweise die Gottesmutter-Geburtskirche von 1393).

Die Ausbreitung des Kremls in nördliche Richtung ging einher mit dem Bau der Residenz des Patriarchen und der Zwölf-Apostel-Kirche (17. Jh.), vor allem aber mit der Errichtung des Arsenals von Peter dem Großen, das die gesamte Nordwestecke innerhalb der Umfassungsmauer einnimmt. Der dreieckige Senatspalast (heute Sitz des Ministerrates) wurde von dem Architekten Matwei Kasakow für die Zarin Katharina II. im nordöstlichen Abschnitt errichtet. Er lag zwischen dem Arsenal und dem Tschudow- und Himmelfahrtskloster, die beide 1932 abgerissen wurden. Im südöstlichen Abschnitt baute Kasakow den kleineren Nikolauspalast für die Zarin, der ebenfalls 1932 zerstört wurde. Der Baustil des Kremls beeinflusste die russische Architektur und diente als Vorlage für andere Kremlbauten (Burgen) in Städten wie Pskow, Tula, Kasan und Smolensk. Jenseits der Ostmauer dehnt sich der Rote Platz aus. An seinem Südende steht die Basilius-Kathedrale mit den berühmten Zwiebeltürmen (Abb. rechts), eines der schönsten Monumente orthodoxer Kunst. Ursprünglich hatte sie ein Gegenstück, die Kasaner-Kathedrale. Diese wurde 1633 von Prinz Poscharski zu Ehren des Sieges über Polen erbaut, in den frühen 1930er-Jahren aber abgerissen, heute steht an der Stelle das Warenhaus GUM. Das gleiche Schicksal erlitten mehrere Klöster in der Nachbarschaft, wie Erlöser-hinter-den-Ikonen, St. Nikolaus und Epiphanie.

Basiliuskathedrale ▶

Hinter den Kremlmauern verstecken sich Meisterwerke der Architektur und Kunst. Es gibt kirchliche Monumente von außergewöhnlicher Schönheit, wie die Mariä-Verkündigungs-Kathedrale, die Mariä-Entschlafens-Kathedrale, die Erzengel-Michael-Kathedrale und der Glockenturm Iwans des Schrecklichen; dazu Paläste, wie der Große Kremlpalast mit der Gottesmutter-Geburtskirche und der Terem-Palast.

NTERCESSION CATHEDRAL (ST. BASIL'S)
ХРАМ - МУЗЕЙ ПОКРОВСКИЙ СОБОР

Naturschutzgebiet Tsingy de Bemaraha

Madagaskar

Begründung der Aufnahme: besonderes Naturphänomen, bedeutender natürlicher Lebensraum – Biodiversität

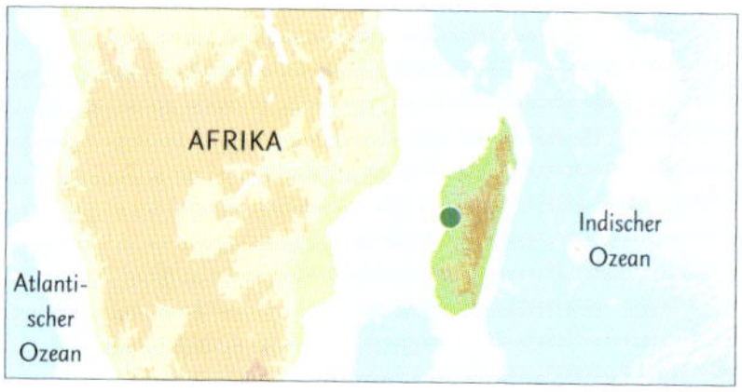

Das Naturschutzgebiet liegt nördlich des Manambolo-Flusses, etwa 60–80 km von der Westküste Madagaskars entfernt. Er ist eine spektakuläre Karstlandschaft aus Kalksteinen, die zu eindrucksvollen, hohen „Tsingy" Spitzen und einem „Wald" aus Kalksteinnadeln verwittert sind.

Im Osten endet das Karstgebiet an steilen Klippen, die teilweise 300–400 m hoch über der Manambolo-Ebene aufragen. Im Westen steigt das Gelände allmählich zu einer Hochfläche mit rundlichen Hügeln an. Im Norden wechseln sich Hügel mit steilen Kalkgebilden ab, während im Süden spitze Kalknadeln den Zugang fast unmöglich machen. Die Vegetation ist typisch für die Karstlandschaften Westmadagskars und umfasst dichten, Laub abwerfenden Trockenwald, weite Savannen und einige Mangrovensümpfe.

Die Tierwelt der Gegend ist noch nicht vollständig untersucht. In Tsingy kommen Chamäleons und die endemischen Madagaskarratten vor, die nur hier streng geschützt sind. Erwähnenswert sind auch einige weitere bedrohte Arten, wie verschiedene Lemuren oder Habichte.

Insel Delos
Griechenland

Begründung der Aufnahme: Zeugnis kulturellen Austauschs, Zeugnis einer Kultur, Erbe von besonderer menschheitsgeschichtlicher Bedeutung, Verknüpfung mit Ereignissen von universeller Bedeutung

Delos ist ein einzigartiges Zeugnis der ägäischen Kulturen aus der Zeit des 3. Jt. v. Chr. bis zu den ersten Christen. Nach der griechischen Mythologie wurde Apollo auf der winzigen Kykladeninsel Delos geboren. Das große Apollo-Heiligtum zog Pilger aus ganz Griechenland an und entwickelte sich zu einem wichtigen kosmopolitischen Hafen. Von der einstigen Pracht blieben nur umfangreiche Ruinen, die auf der ganzen Insel verteilt sind und seit 1872 systematisch ausgegraben werden. Die wichtigsten Standorte sind die Küstenebene im Nordosten (Apollo-Heiligtum, Agora der Compitalien, Agora der Delier), die Region des Heiligen Sees (Agora von Theophrastos, Agora der Italier, die erneuerte Löwenterrasse), die Region des Kynthos-Berges (Terrasse der Heiligtümer der fremden Götter, Heraion) und das Theater, dessen pittoreske Ruinen im Laufe der Jahre völlig von der Vegetation überwuchert wurden.

Die Ära von Delos als Handelshafen endete 69 v. Chr., als die Insel von Athenodoros geplündert wurde; im 6. Jh. wurde sie verlassen. Danach diente die Insel nur noch als Steinbruch: Die Säulen der Tempel wurden in Kalkmühlen zermahlen, und die Wände der Häuser blieben als Ruinen stehen.

Löwenterrasse
▼

Naturschutzgebiet Te Wahipounamu mit Nationalparks Westland / Mount Cook und Fjordland

Neuseeland

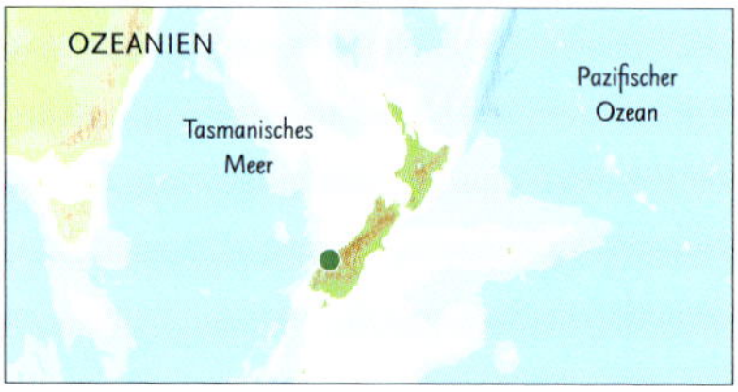

Begründung der Aufnahme: besonderes Naturphänomen, Zeugnis wichtiger Stadien der Erdgeschichte, Schauplatz spezieller ökologischer und biologischer Prozesse, bedeutender natürlicher Lebensraum – Biodiversität

Te Wahipounamu im Südwesten Neuseelands ist das unberührteste Zehntel der neuseeländischen Landmasse. Es umfasst 20 000 km^2 gemäßigten Regenwald, 450 km^2 alpine Pflanzengesellschaften und eine charakteristische Tierwelt. Das Gebiet ist eine Schutzzone für seltene und bedrohte Arten, wie den Kea, den einzigen alpinen Papagei der Erde, und die Takahe, ein großer, flugunfähiger Vogel. In der Gegend kommen noch Arten vor, die einst zur Flora und Fauna des südlichen Großkontinents Gondwana gehörten, darunter Podocarpus-Arten und verschiedene Buchenarten, die zwei Drittel der Parkfläche bedecken. Beispiele aus der Tierwelt sind die flugunfähigen Kiwis, die Südinselmoas und die Fleisch fressenden Powelliphanta-Schnecken.

Die überwältigende Bergwelt entstand bei tektonischen Verschiebungen der Pazifischen und der Indo-Australischen Platte während der letzten 5 Mio. Jahre. Die Gletscher, die sich tief in die Gebirge eingeschnitten haben, beherrschen noch immer die Landschaft, vor allem in den Nationalparks Westland und Mount Cook (Aoraki). Das Westland (Te Wahipounamu) und die Südalpen wurden auch nach der Eiszeit noch stark überformt. Die Erosionsformen, insbesondere westlich der Wasserscheide, sind äußerst eindrucksvoll: Tiefe Schluchten, scharfe, zerschnittene Kämme und Geröllhalden sind typisch für die Region. Im Fjordland sind dagegen noch fast unverfälschte glaziale Landformen zu sehen.

Die Pflanzenwelt ist berühmt für ihre Biodiversität und ihren unberührten Zustand. In einer Zone zwischen 1000 m und der Dauerschneegrenze wächst eine äußerst artenreiche alpine Vegetation mit Sträuchern, Gräsern und Kräutern. In den wärmeren unteren Regionen wird sie von Regenwald mit hohen Podocarpus-Beständen abgelöst. Im feuchteren, milderen Westen herrschen üppiger Regenwald und Feuchtgebiete vor. Der trockene, stärker kontinental geprägte Osten zeichnet sich durch offene Wälder, Strauchsteppen und Tussock-Gras aus. Hier finden sich die ursprünglichsten Feuchtgebiete Neuseelands, die kaum vom Menschen beeinflusst wurden. Große offene Feuchtgebiete mit fruchtbaren Sümpfen und nährstoffarmen Mooren sind charakteristisch für die Küstenebene des südlichen Westlands.

In den glazial überformten Landschaften konnte die Abfolge der Vegetationstypen genau bestimmt werden; hier ist auch die Chronologie der Ablagerungen und die Erosion der Terrassen gut untersucht. Am eindrucksvollsten zeichnet sich die zeitliche Abfolge der Gesteinsformen auf den Meeresterrassen im südlichen Fjordland ab.

Aoraki (Mount Cook) ▶

Der Nationalpark ist der ursprünglichste Naturraum Neuseelands. Daher haben sich hier zahlreiche Lebensräume und die größte Population neuseeländischer Waldvögel erhalten. Einige Gebirgstäler des Fjordlandes sind der letzte Rückzugsort für die Takahe (noch 170 Exemplare), eine große, flugunfähige Ralle. Sie galt schon als ausgestorben, als 1948 doch noch einige Exemplare entdeckt wurden. Die meisten neuseeländischen Pelzrobben leben an der Südwestküste. Sie waren von Robbenjägern zu Beginn des 19. Jhs. beinahe ausgerottet worden; inzwischen ist ihre Population wieder auf 50 000 Tiere angewachsen.

Kirchen von Kischi Pogost (Insel Kischi im Onegasee)

Russische Föderation

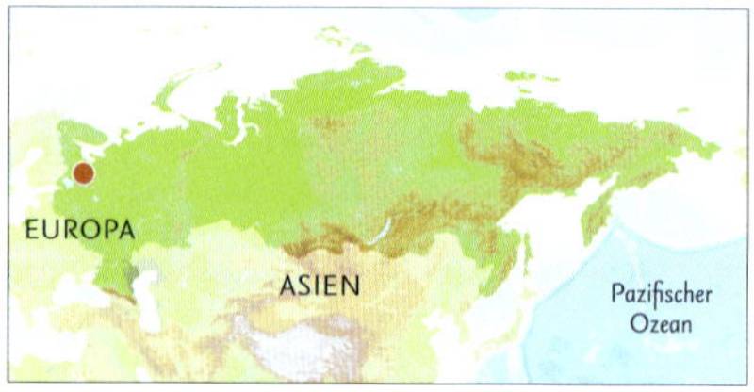

Begründung der Aufnahme: Meisterwerk menschlicher Schöpferkraft, Erbe von besonderer menschheitsgeschichtlicher Bedeutung, traditionelle Siedlungsform

Der Pogost von Kischi (Festungsmauer auf Kischi) liegt auf einer der Hauptinseln im Onegasee in Karelien. Zwei Holzkirchen des 18. Jh. und ein achteckiger Glockenturm aus Holz (1862 erbaut) sind dort zu sehen. Es sind ungewöhnliche Konstruktionen in einem kühnen, visionären Baustil, obwohl die Zimmerleute die uralten Vorbilder der Pfarrbezirke nutzten und die Bauten harmonisch in die Landschaft einpassten.

◀ Verklärungskirche

Kischi Pogost belegt, wie sich die orthodoxe Kirche an die Bedingungen in Nordrussland anpasste, wo die Entfernungen enorm und die Gemeinden verstreut waren. Man vereinte alle Gebäude, die für das christliche Gemeindeleben erforderlich waren, an einem einzigen Ort.

Nationalpark Rio Abiseo mit archäologischem Park

Peru

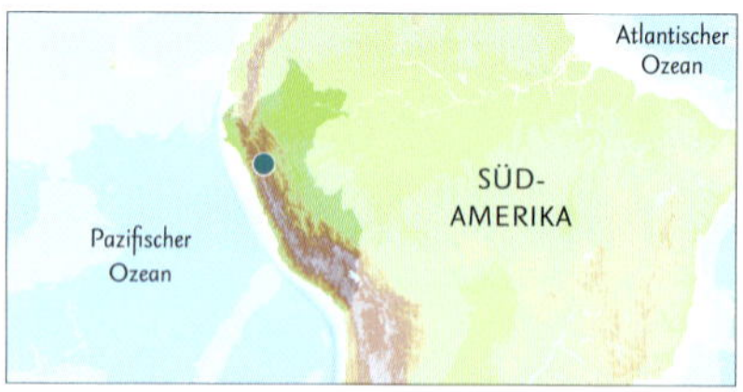

Begründung der Aufnahme: Zeugnis einer Kultur, besonderes Naturphänomen, Schauplatz spezieller ökologischer und biologischer Prozesse, bedeutender natürlicher Lebensraum – Biodiversität

Im Nationalpark Rio Abiseo lassen sich geologische Prozesse, die biologische Evolution und die Wechselbeziehungen zwischen Mensch und Natur direkt beobachten. Er liegt in einem gebirgigen Gelände mit meist sehr steilen Hängen. Die Böden des Parks sind sauer und wurden nie durch Ackerbau oder Holzeinschlag beeinflusst. Der 1983 gegründete Park soll die vielen seltenen und wichtigen Arten der Flora und Fauna des Regenwaldes schützen. Hier gibt es seltene Tiere, wie Jaguare, Brillenbären, Jaguarundis und Riesengürteltiere; sogar der als ausgestorben geltende Gelbschwanz-Wollaffe wurde hier gesichtet. Der Park wird seit 1985 wissenschaftlich untersucht. In den Höhenstufen zwischen 2500 und 4000 m wurden bislang 36 archäologische Stätten aus der Zeit vor den Inkas gefunden.

Der Rio-Abiseo-Nationalpark ist berühmt für seinen ursprünglichen primären Nebelwald und die Grassteppen im Hochland (Paramos). Die archäologischen Funde belegen, dass die Region schon um 6000 v. Chr. bewohnt war.

Gebirgslandschaft Huangshan
China

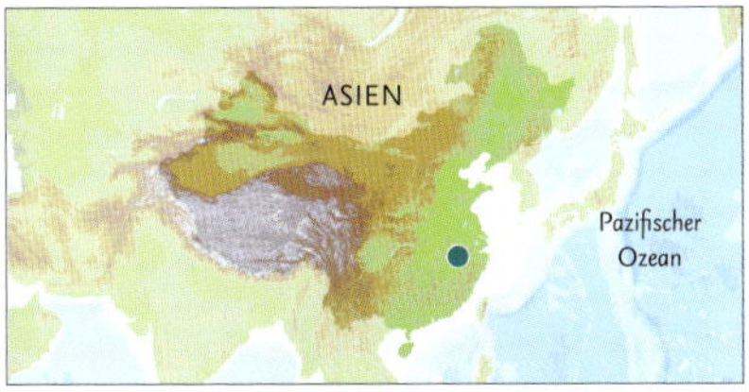

Begründung der Aufnahme: Zeugnis kulturellen Austauschs, besonderes Naturphänomen, bedeutender natürlicher Lebensraum – Biodiversität

Huangshan mit dem Beinamen „schönster Berg Chinas" ist ein beliebtes Motiv der chinesischen Kunst und Literatur. Noch heute fasziniert die Gegend Reisende, die das Gebirge wegen seiner großartigen Landschaft aufsuchen, in der Granitgipfel und merkwürdig geformte Felsen aus einem Meer aus Wolken aufzusteigen scheinen. Zur spektakulären Szenerie gehören wunderschöne Bergkämme, Schluchten, Wälder, Seen und Wasserfälle. Viele der Seen zeichnen sich durch klares blaues, türkisfarbenes oder grünes Wasser aus. Die bunten Blätter tauchen die Wälder im Herbst in ein Farbenmeer. In der Region lebt eine sehr artenreiche Tier- und Pflanzenwelt, darunter auch bedrohte Arten. Einige einzelne Bäume sind wegen ihres hohen Alters, ihrer grotesken Formen oder ihres exponierten Standortes berühmt, darunter 1000 Jahre alte Huangshan-Kiefern, Ginkgos und Wacholder.

▲ Huangshan gilt als chinesische Ideallandschaft, die immer wieder in Bildern verewigt wird. Am 17. Juni 747 (Tang-Dynastie) erging der kaiserliche Befehl, die Berge Huangshan (Gelbes Gebirge) zu nennen. Dichter, Gelehrte und Künstler suchten den Ort auf. Während der Yuan-Dynastie (1271–1368) standen hier 64 Tempel.

Historisches Zentrum von San Gimignano

Italien

Begründung der Aufnahme: Meisterwerk menschlicher Schöpferkraft, Zeugnis einer Kultur,

Erbe von besonderer menschheitsgeschichtlicher Bedeutung

San Gimignano ist ein außergewöhnliches Zeugnis der mittelalterlichen Lebensweise in Italien. Die typischen städtischen Bauten – Plätze, Straßen, Häuser, Paläste und Brunnen – drängen sich hier auf kleinstem Raum zusammen. Die Stadt war eine Zwischenstation auf der Via Francigena, einem Pilgerweg nach Rom. Zwei Großfamilien kontrollierten die Geschicke San Gimignanos, und zwischen den beiden Clans kam es immer wieder zu Konflikten. Als Symbole ihres Reichtums und ihrer Macht erbauten sie 72 bis zu 50 m hohe Geschlechtertürme, von denen 14 noch stehen. Mauern und Türme bilden eine unvergessliche Silhouette inmitten der etruskischen Landschaft. Im historischen Zentrum von San Gimignano blieben mehrere Meisterwerke der italienischen Kunst des 14. und 15. Jh. in ihrem ursprünglichen baulichen Kontext erhalten.

▲ Einer der Geschlechtertürme in San Gimignano

Die Stadtverwaltung beauftragte 1030 den Maler Memmo di Filippuccio, den Ratssaal im Palazzo del Popolo auszumalen. Seine Bilder werden regelmäßig herangezogen, wenn es gilt, das tägliche Leben im Mittelalter zu veranschaulichen. Filippuccio stellt selbst kleine häusliche Details aus dem frühen 14. Jh. dar.

Ruinen von Ayutthaya
Thailand

Begründung der Aufnahme: Zeugnis einer Kultur

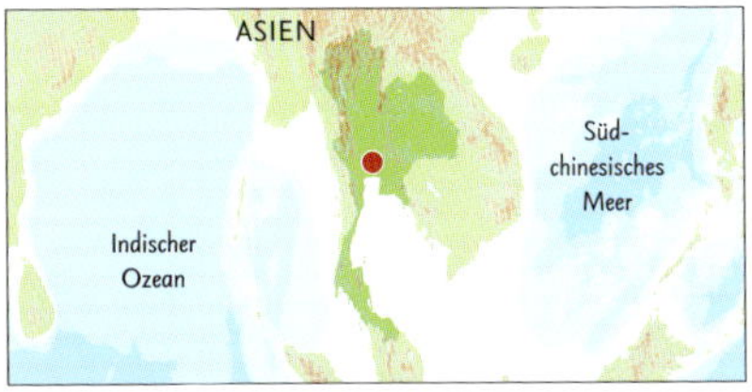

Typische Bauwerke der Stadt waren die Prangs (Reliquientürme). Die Könige von Ayutthaya stifteten zahlreiche Klöster, beispielsweise Wat Mahathat im 14.–17. Jh., und sie ließen den königlichen Palast Wang Luang und gigantische Buddhastatuen errichten.

Ayutthaya entstammt einer Zeit, als sich in Thailand eine eigenständige Kunst entwickelte. Der um 1350 gegründete Ort war nach Sukhothai die zweite siamesische Hauptstadt und entwickelte sich zu einer der größten und reichsten Städte Asiens. Die Stadt wurde zwar im 18. Jh. zerstört, doch die Ruinen zeugen noch vom einstigen Glanz.

Die frühesten Kunstwerke in Ayutthaya zeichnen sich durch eine Mischung aus traditionellen lokalen Formen und deutlich sichtbaren Einflüssen aus Sukhothai aus. Erst seit dem 15. Jh. entwickelte sich eine eigenständige Nationalkunst, die aus verschiedenen Quellen schöpfte. Über Handelsstraßen kam westliche Kultur ins Land, die gleichfalls integriert wurde – Siams Kunst war in jener Zeit stark manieristisch geprägt.

Als die Burmesen 1765 Ayutthaya eroberten, zerstörten sie die Stadt.

Eine der wenigen unzerstörten Buddhastatuen in Ayutthaya ▼

Seineufer in Paris zwischen Pont de Sully und Pont d'Iéna

Frankreich

Begründung der Aufnahme: Meisterwerk menschlicher Schöpferkraft, Zeugnis kulturellen Austauschs, Erbe von besonderer menschheitsgeschichtlicher Bedeutung

Am Ufer der Seine reihen sich zahlreiche Meisterwerke auf. Vom Louvre bis zum Eiffelturm, von der Place de la Concorde zum Grand und Petit Palais lässt sich die Entwicklung der Stadt und ihre Geschichte von der Seine aus betrachten. Notre Dame und die Sainte Chapelle sind architektonische Meisterwerke; die von Baron Haussmann geplante Stadtlandschaft mit weiten Plätzen und breiten Boulevards inspirierte die Stadtplaner des späten 19. und des 20. Jh. auf der ganzen Welt.

Paris ist eine Flussstadt. Von der Frühgeschichte über die Zeit des Dorfes der Parisii bis in die Gegenwart waren die Ufer der Seine bewohnt. Der Fluss diente sowohl der Verteidigung als auch dem Warenverkehr. Die heutige historische Stadt entstand ab dem 16. Jh., der eigentliche Aufschwung kam jedoch erst im 17. Jh. und wieder im 20. Jh. In Paris zeigt sich die Wechselbeziehung zwischen dem Fluss und den Menschen, die ihn im Laufe der Geschichte für Verteidigungszwecke, den Handel, Promenaden und vieles mehr nutzten.

Die Seine und ihre Ufer wurden nach und nach erschlossen. Die beiden Inseln Île de la Cité und Île Saint-Louis wurden mit den Ufern verbunden, und Nord-Süd-Durchgangsstraßen entstanden. Häuser wurden direkt am Fluss errichtet, und schließlich mauerte man die Kais und kanalisierte den Flusslauf. Obwohl die Stadtmauern inzwischen verschwunden sind, lässt sich ihr Verlauf durch die Größenunterschiede und die Anordnung der Gebäude nachvollziehen. Im Marais und auf der Île Saint-Louis stehen die Bauten dichter; jenseits des Louvres werden die Abstände größer.

Hinter dem Louvre reihen sich mehrere klassische Gebäude entlang dreier Achsen auf, die quer zum Fluss verlaufen: Palais Bourbon, Concorde und Madeleine; Les Invalides und das Grand und Petit Palais; der Champ de Mars, École Militaire und das Palais de Chaillot. Das Ensemble muss in seiner geografischen und historischen Gesamtheit gewürdigt werden. Es stellt ein bemerkenswertes Beispiel einer Stadtlandschaft dar, die vollständig auf einen Fluss bezogen ist und in der die Bauten verschiedener Epochen miteinander harmonieren.

Haussmanns Stadtplan, der den westlichen Teil von Paris prägt, beeinflusste die Stadtplaner der Großstädte in der Neuen Welt, vor allem jene in Lateinamerika. Eiffelturm und Palais Chaillot sind das bauliche Erbe der großen Weltausstellungen, die im 19. und 20. Jh. weltweit beachtet wurden.

Zu den Meisterwerken am Seineufer zählen die Kathedrale Notre Dame **(Abb. rechts)**, die Sainte Chapelle, der Louvre, das Palais de l'Institut, Les Invalides, die Place de la Concorde, die École Militaire, La Monnaie, der Eiffelturm **(unten)** und das Palais de Chaillot.

Notre Dame galt neben anderen Kirchen als Vorbild für die Baumeister der Gotik, während Plätze wie die Place de la Concorde oder Les Invalides die Stadtplaner der europäischen Hauptstädte inspirierten. Im Marais und auf der Île Saint-Louis haben sich geschlossene architektonische Esembles erhalten mit ausgezeichneten Beispielen für die Pariser Bauweise des 17. und 18. Jh.: Hôtel Lauzun und Hôtel Lambert, Quai Malaquais und Quai Voltaire.

Biosphärenreservat Donaudelta

Rumänien

Begründung der Aufnahme: besonderes Naturphänomen, bedeutender natürlicher Lebensraum – Biodiversität

Das Mündungsdelta der Donau ins Schwarze Meer ist das zweitgrößte Flussdelta in Europa. Das für europäische Verhältnisse riesige Feuchtgebiet besteht aus Ketten von Süßwasserseen, die über schmale Wasserarme verbunden sind und einen Lebensraum für unzählige Wasserpflanzen bilden. Das Donaudelta ist in Europa das zweitgrößte Delta nach dem Wolgadelta und das größte zusammenhängende Feuchtgebiet. Es umfasst die größte Schilffläche der Welt. Im Delta werden zwölf Typen von Lebensräumen unterschieden: aquatische (Seen mit schwimmenden Schilfinseln), Plaur (überflutete Inselchen), überflutete Schilf- und Weidenbestände, Auwälder mit Weiden und Pappeln, Schilfrohrflächen, sandige und schlammige Ufer, Feuchtwiesen, Trockenwiesen, menschliche Siedlungen, sandige und felsige Flächen, Steilufer und höher gelegene Wälder. Im Delta leben über 300 Vogelarten, 176 davon brüten hier.

Das Donaudelta ist ein außergewöhnliches Schwemmland mit Lebensräumen, die bedrohten Zugvögeln eine Zuflucht bieten. Für Zugvögel auf dem Weg von Mittel- und Osteuropa zum Mittelmeer, in den Nahen Osten und nach Afrika bietet das Delta den einzigen großräumigen Rastplatz.
▼

Goldener Felsentempel von Dambulla

Sri Lanka

Begründung der Aufnahme: Meisterwerk menschlicher Schöpferkraft, Verknüpfung mit Ereignissen von universeller Bedeutung

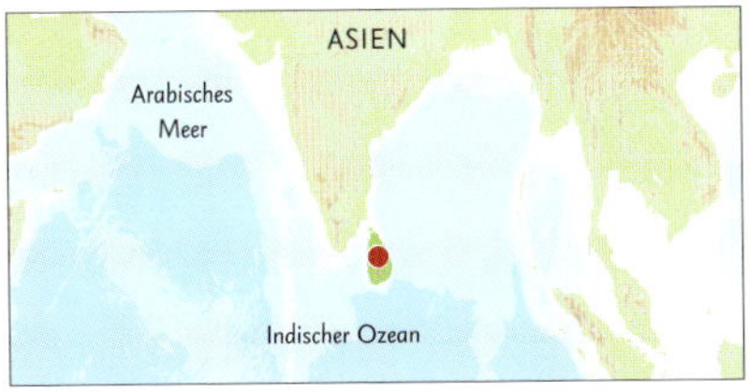

Dieses Höhlenkloster mit seinen fünf Heiligtümern war 22 Jahrhunderte lang eine viel besuchte Pilgerstätte. Es ist das größte und am besten erhaltene Höhlenkloster Sri Lankas. Die ersten Bewohner der Stätte waren buddhistische Mönche, die insgesamt 80 Zellen unter den Felskanten bauten. Wahrscheinlich wandelten sie die oberste Gruppe dieser Zellen am Südhang des Dambulla im 1. Jh. v. Chr. in Schreine um. Das Gleiche geschah mit weiteren Mönchszellen zwischen dem 5. und 13. Jh.: Die Höhlentempel wurden weiter in den Felsen getrieben, und Ziegelsteinmauern schlossen die Hohlräume unter dem überhängenden Fels nach vorne ab. Gegen Ende des 12. Jh. hatte die Tempelanlage ihre heutige Form angenommen, und man begann, die oberen Höhlen mit Skulpturen auszustatten. Die buddhistischen Malereien auf insgesamt 2100 m^2 der Höhlenwände und die 157 Statuen gelten als besonders kostbar.

Charakteristisch für die Ausstattung der Höhlen sind die kontinuierlich erneuerten Malereien. Bei genaueren Untersuchungen kamen auf Wänden und Skulpturen mehrere Farbschichten zum Vorschein. Die neueren Schichten zugunsten der Originalfarben zu entfernen, wäre jedoch eine Missachtung der alten Tradition, die Oberflächen stets mit einer frischen Bemalung zu schmücken.

Wildschutzgebiet Thung Yai-Huai Kha Khaeng
Thailand

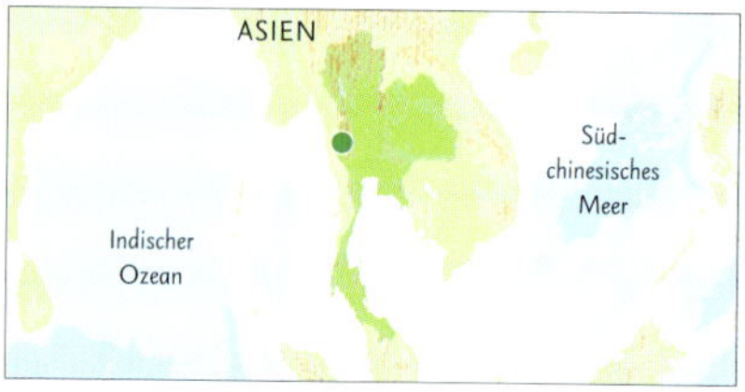

Begründung der Aufnahme: besonderes Naturphänomen, Schauplatz spezieller ökologischer und biologischer Prozesse, bedeutender natürlicher Lebensraum – Biodiversität

In den beiden Schutzgebieten leben mindestens 34 international bedrohte Arten. Außerdem kommen hier insgesamt 22 Spechtarten vor – mehr als in jedem anderen Schutzgebiet der Erde.

Diese Welterbestätte besteht aus zwei benachbarten Wildschutzgebieten: Thung Yai und Huai Kha Khaeng an der thailändischen Westgrenze zu Myanmar (Birma) haben zusammen eine Fläche von über 6000 km². Das Gebiet enthält Beispiele von fast allen festländischen Waldtypen Südostasiens und ist groß genug, um Populationen großer Pflanzenfresser (300 Elefanten) und Raubtiere (z. B. Tiger) stabil zu halten. Es sind die Heimat von 120 Säugetier-, 400 Vogel-, 96 Reptilien-, 43 Amphibien- und 113 Süßwasserfischarten. Der außergewöhnliche Artenreichtum geht auf die Eiszeiten zurück: Das Gebiet war einer der beiden Urwälder, die auch während der trockensten Phasen des Pleistozäns immergrün blieben.

Insel Moçambique
Mosambik

Begründung der Aufnahme: Erbe von besonderer menschheitsgeschichtlicher Bedeutung, Verknüpfung mit Ereignissen von universeller Bedeutung

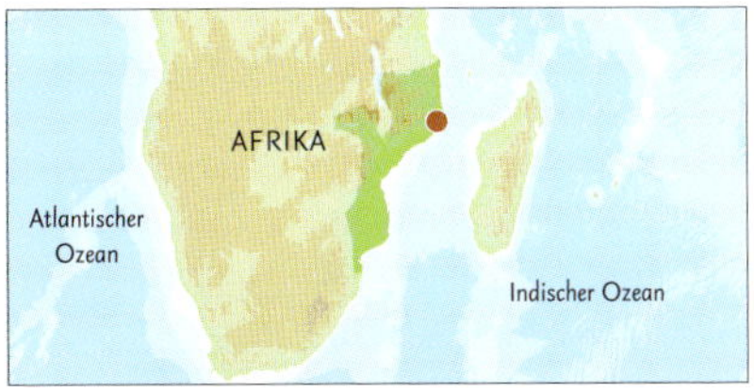

Die Insel Moçambique ist ein wichtiges historisches Denkmal, das von der Erschließung und Entwicklung der portugiesischen Seewege zwischen Westeuropa und dem indischen Subkontinent und von dort nach Asien erzählt. Die Städte und Festungen auf der Hauptinsel und der kleineren Insel St. Laurent zeigen, wie die portugiesische Bautradition lokale und, in geringerem Ausmaß, auch indische und arabische Einflüsse aufnahm. Auf der Insel verschmolzen die unterschiedlichen Stile zu einem untrennbaren Ganzen. Die außergewöhnliche architektonische Geschlossenheit der Insel basiert darauf, dass durch alle Epochen nach denselben Methoden und mit den gleichen Materialien und Schmuckelementen gebaut wurde. Zum Kulturerbe der Insel gehört auch das älteste Fort – St. Sebastian, das zwischen 1558 und 1620 erbaut wurde – sowie Verteidigungsbauten und zahlreiche Kirchen, die häufig aus dem 16. Jh. stammen.

Die portugiesischen Verbindungen mit Moçambique gehen auf das Jahr 1497 zurück, in dem Manuel I. von Portugal Vasco da Gama beauftragte, den Seeweg nach Indien zu finden. Der Seefahrer legte im Juli 1497 ab und kam im März 1498 in Moçambique an. Der Sultan hielt die Fremden für Moslems und begrüßte sie freundlich. Bei der zweiten Reise besetzte Vasco das Sultanat und kehrte 1503 mit Gold beladen nach Lissabon zurück.

Der Hauptplatz der Stadt Mosambik ▼

Ehemalige Zisterzienserabtei Poblet

Spanien

Begründung der Aufnahme: Meisterwerk menschlicher Schöpferkraft, Erbe von besonderer menschheitsgeschichtlicher Bedeutung

Die ehemalige Zisterzienserabtei Santa Maria von Poblet strahlt eine majestätische Strenge aus. Sie diente als massive Festung und als königlich Residenz und Ruhmeshalle. An den großartigen Kreuzgang nördlich der Kirche schließen sich Brunnenhaus, Kapitelraum, Dormitorium der Mönche, geschlossener Kreuzgang, Wärmestube, Refektorium und Küche an. Die ehemaligen Unterkünfte der Laienbrüder liegen im Westen und das Infirmatorium im Norden.

Zur Klosteranlage gehören ein Torhaus, Gästehäuser, Werkstätten und Wohntrakte für Abt und Prior. Die Festungsmauern sind ein gutes Beispiel für die Militärarchitektur des 14. Jh. Poblet ist eng mit der Geschichte der Königshäuser von Barcelona, Aragon und Kastilien verbunden. Kurz nach 1349 ließ Peter IV. ein prächtiges Grabmal in der Klosterkirche bauen; seither diente die Kirche als königliche Grabstätte.

Die Zisterzienserabtei liegt zu Füßen der Sierra de Montsant zwischen Tarragona und Lérida. Sie wurde 1150 von Mönchen aus Fontfroide gegründet und im 14. Jh. im Kastilischen Krieg von Peter IV. den „Zeremoniösen", König von Aragon, zu einer Festung ausgebaut.
▼

Altstadt von Sucre
Bolivien

Begründung der Aufnahme: Erbe von besonderer menschheitsgeschichtlicher Bedeutung

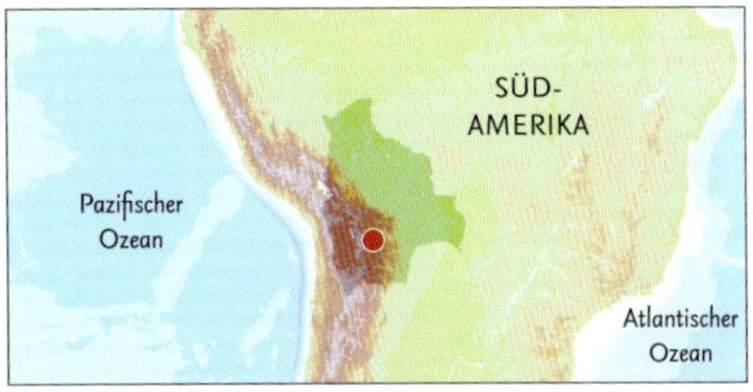

Das im frühen 16. Jh. gegründete Sucre ist ein außergewöhnliches Beispiel für die Verschmelzung lokaler Bauformen mit europäischen Stilmerkmalen. Im Stadtbild haben sich mehrere Kirchen des 16. Jh. erhalten, beispielsweise San Lázaro, San Francisco und Santo Domingo. Der Bau der eindrucksvollen Kathedrale begann 1559; vollendet wurde sie erst 250 Jahre später. Als Bolivien im August 1825 seine Unabhängigkeit erklärte, wurde die Stadt umbenannt, um den Freiheitskämpfer António José de Sucre zu ehren, der sich gegen die Spanier aufgelehnt hatte. Das „Haus der Freiheit" ist eines der wichtigsten Denkmäler des Landes, da sich dort Schlüsselereignisse zugetragen haben, die zur Freiheit des Landes führten. Ursprünglich war es 1621 als Teil eines Jesuitenklosters erbaut worden.

Sucre wurde 1538 als La Plata gegründet. Es war die erste Hauptstadt Boliviens und verdankte seinen frühen Reichtum den Bergwerken. Schon bald entwickelte sich die Stadt zum Kulturzentrum, an dem die Universität San Francisco, die königliche Akademie Carolina und die Characas Audiencia, ein Vorläufer des heutigen Obersten Gerichtshofes, gegründet wurden.

Naturparks Aïr und Ténéré
Niger

Begründung der Aufnahme: besonderes Naturphänomen, Schauplatz spezieller ökologischer und biologischer Prozesse, bedeutender natürlicher Lebensraum – Biodiversität

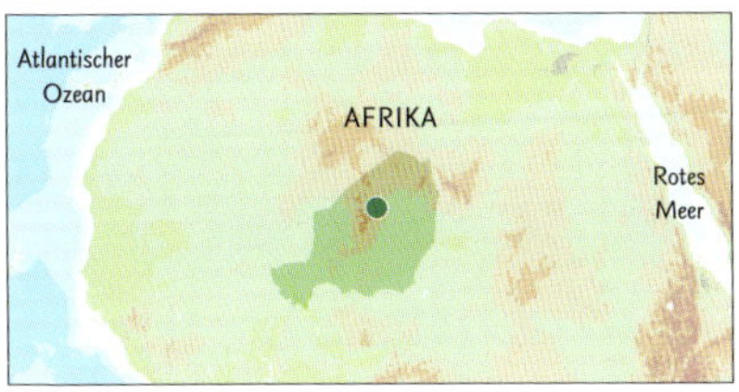

Mit mit ihren 77 000 km² bilden die Naturparks Aïr und Ténéré zusammen das zweitgrößte geschützte Gebiet Afrikas, obwohl sie nur etwa ein Sechstel der Gesamtfläche der Region einnehmen. Der Aïr, ein vulkanisches Felsmassiv, ragt als Sahel-Insel, deren Flora und Fauna isoliert ist, aus der Sahara-Wüste von Ténéré auf. Aïr und Ténéré zeichnen sich durch außerordentlich vielfältige Landschaftsformen und eine artenreiche Pflanzen- und Tierwelt aus.

Im Naturpark kommen die Wildformen mehrerer wichtiger Nutzpflanzen vor, wie Ölbaum, Rispen- und Mohrenhirse. In feuchten, geschützten Nischen des Massivs, oberhalb von 1000 m, wachsen Pflanzen des Mittelmeerraums und des Sudans.

Naturpark Shark Bay in Westaustralien

Australien

Begründung der Aufnahme: besonderes Naturphänomen, Zeugnis wichtiger Stadien der Erdgeschichte, Schauplatz spezieller ökologischer und biologischer Prozesse, bedeutender natürlicher Lebensraum – Biodiversität

Die Shark Bay liegt am äußersten Westzipfel Australiens. Die Inseln, das Wasser und der bemerkenswerte Küstenstreifen sind von enormer zoologischer Relevanz, denn die Lebensräume auf den Inseln wurden niemals durch Menschen gestört. Der Naturpark weist drei außergewöhnliche Naturerscheinungen auf: In den größten und artenreichsten Seegraswiesen der Erde leben rund 10 000 Dugongs (Seekühe). Die versteinerten, kuppelförmigen Stromatolithen sind Überreste urzeitlicher Algenkolonien, das älteste Zeugnis von Leben auf unserer Erde. Zusammen mit den Mikrobenteppichen in den Hamelin Pools liefern sie wichtige Informationen zum Verständnis der Evolution des Lebens. Außerdem leben in der Shark Bay fünf bedrohte Säugetierarten, und mehr als 230 Vogelarten, das sind etwa 35 % aller australischen Vogelarten, wurden hier nachgewiesen.

Die Bucht ist berühmt für ihre Meeresfauna. Neben den Dugongs stellen sich Buckelwale auf ihrer Reise hier ein; Große Tümmler und Grüne Meeresschildkröten kommen in der Bucht vor, und die bedrohte Unechte Karettschildkröte legt ihre Eier am Strand ab. Außerdem kann man zahlreiche Haie und Rochen beobachten.

Stadt Rauma

Finnland

Begründung der Aufnahme: Erbe von besonderer menschheitsgeschichtlicher Bedeutung, traditionelle Siedlungsform

Rauma am Bottnischen Meerbusen ist einer der ältesten Häfen Finnlands. Ein Franziskanerkloster, dessen Heiligkreuzkirche aus der Mitte des 15. Jh. noch steht, war die Keimzelle der heutigen Stadt. Die von Holzhäusern gesäumten Straßen lassen das typische Stadtbild einer alten nordischen Stadt wieder aufleben. Obwohl Rauma bei zwei verheerenden Großbränden im 17. Jh. schwer in Mitleidenschaft gezogen wurde, ist es ein wichtiges Kulturerbe alter Stadtarchitektur.

Die Altstadt von Rauma ist die größte und eine der schönsten nordischen Holzstädte. Die meisten Häuser wurden im Rahmen eines umfassenden Sanierungsprojekts sehr sorgfältig restauriert.

Altstadt von Morelia
Mexiko

Begründung der Aufnahme: Zeugnis kulturellen Austauschs, Erbe von besonderer menschheitsgeschichtlicher Bedeutung, Verknüpfung mit Ereignissen von universeller Bedeutung

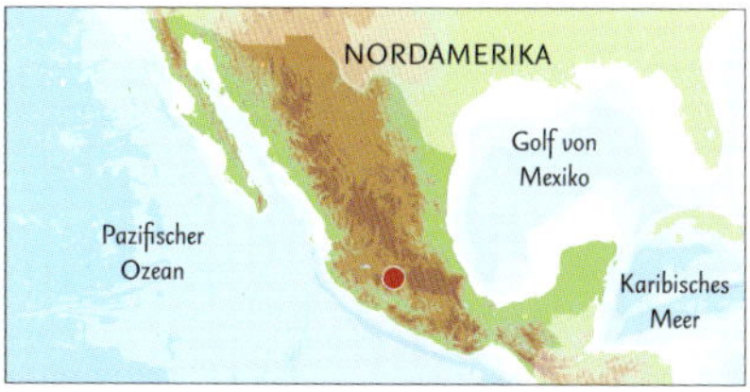

Morelia ist eine außergewöhnliche Stadt des 16. Jh., denn bei der Stadtplanung verschmolzen Ideen der spanischen Renaissance mit überlieferten Bauformen Mesoamerikas. 1537 bauten die Franziskaner in der Nähe des indianischen Dorfes Guayangareo ein Kloster, das 1541 unter dem Namen Valladolid zur Provinzhauptstadt aufstieg. Obwohl sich 50 adlige Familien und im Laufe der Zeit weitere Europäer niederließen, blieb die Bevölkerung vorwiegend indianisch. Als Valladolid 1580 Bischofssitz wurde, zog das Kollegium St. Nicholas Obispo – gegründet 1540 in Patzcuaro und damit die älteste Hochschule Mexikos – in die Stadt. Die Stadtlandschaft fügt sich mit ihrem original erhaltenen Straßennetz gut in die hügelige Landschaft ein. Die Baugeschichte lässt sich an über 200 Baudenkmälern ablesen, darunter 20 öffentliche Gebäude und 21 Kirchen, die alle aus dem rosa Gestein der Region erbaut wurden.

Als ein intellektuelles Zentrum war Valladolid im 19. Jh. eine der führenden Städte im Befreiungskampf Mexikos. Zwei der wichtigsten Freiheitskämpfer waren Priester: Miguel Hidalgo und José Maria Morelos. Ihm zu Ehren wurde die Stadt 1828 in Morelia umbenannt.

Innenhof mit Brunnen in der historischen Altstadt von Morelia ▼

Nationalpark Komodo-Inseln

Indonesien

Begründung der Aufnahme: besonderes Naturphänomen, bedeutender natürlicher Lebensraum – Biodiversität

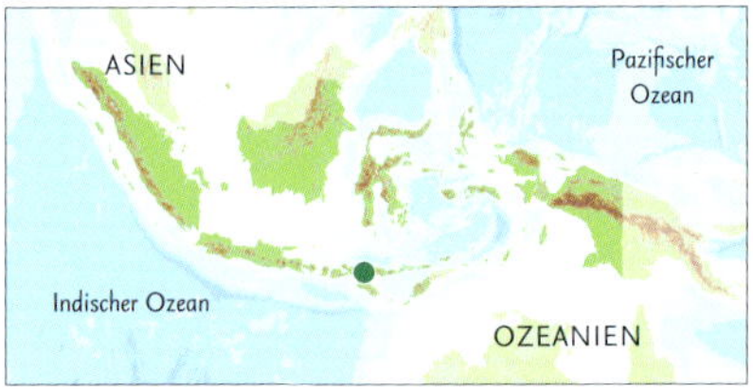

Das bekannteste Tier dieser vulkanischen Inselgruppe in Südindonesien ist der Komodowaran, der die gleichnamige größte Insel bewohnt. Die größte lebende Echse der Welt wird wegen ihres Aussehens und aggressiven Verhaltens auch „Komodo-Drachen" genannt (Abb. unten). Da Komodowarane ausschließlich auf Komodo vorkommen, sind sie wichtige Studienobjekte für Evolutionsbiologen. Bis auf Langschwanzmakaken gibt kaum einheimische Säugetiere auf den Inseln. Der Waran sucht sich seine Beute auch unter eingeführten Wildschweinen und zahmen Haustieren. Das Meer um die Inseln gilt als außerordentlich produktiv, weil aufsteigende Strömungen Nährstoffe herantragen und starke Gezeiten das Wasser mit Sauerstoff anreichern. Die zerklüftete Hügellandschaft, in der sich eine Trockensavanne mit einigen Abschnitten grünen Dornenwalds ausbreitet, hebt sich ab von den strahlend weißen Sandstränden und dem blauen Meer über den Korallen.

Wahrscheinlich sind die Inseln seit Langem besiedelt, da sie strategisch günstig liegen und geschützte Ankerplätze bieten; auf Komodo und Rinca gibt es außerdem Süßwasserquellen. Für eine frühe Besiedlung sprechen jüngst auf Komodo entdeckte neolithische Gräber, Artefakte und Megalithen.

Königliches Sommerschloss Drottningholm
Schweden

Begründung der Aufnahme: Erbe von besonderer menschheitsgeschichtlicher Bedeutung

Der Architekt von Drottningholm ließ sich vom Schloss Versailles inspirieren. Mit dem perfekt erhaltenen Schlosstheater, dem Chinesischen Pavillon und den Gärten ist das Sommerschloss eines der schönsten Beispiele für eine königliche Residenz des 18. Jh. in Nordeuropa. Drottningholm („Insel der Königin") ist eine Insel im Mälarsee vor Stockholm. Der Name lässt das Wechselspiel zwischen dem Schloss und den Königinnen von Schweden anklingen. Der Baubeginn war im 17. Jh., die Arbeiten zogen sich aber durch das ganze 18. Jh. hin. Als das Schloss 1922 wieder einmal königliche Residenz wurde, ließ man es restaurieren und stellte die Einrichtung und Dekoration des 18. Jh. größtenteils wieder her. Der Chinesische Pavillon, der 1769 erbaut wurde, um einen Holzbau von 1753 zu ersetzen, ist ein besonders repräsentatives Beispiel für diesen Bautypus in Europa.

Im frühen 20. Jh. bekam das Theater aus dem Jahr 1766 wieder seine ursprüngliche Gestalt. Dabei wurde die originale Einrichtung mit den Dekorationen und Kulissen wieder hergestellt. Dieses Theater im Originalzustand des 18. Jh. ist einzigartig in ganz Europa. Sogar die komplizierte Bühnenmechanik, die einen Kulissenwechsel bei geöffnetem Vorhang erlaubt, ist noch funktionsfähig.

Schloss Drottningholm ▼

Reims: Kathedrale Notre-Dame, Palais du Tau und Kloster Saint Rémi

Frankreich

Begründung der Aufnahme: Meisterwerk menschlicher Schöpferkraft, Zeugnis kulturellen Austauschs, Verknüpfung mit Ereignissen von universeller Bedeutung

Die hervorragende Bauausführung mit Hilfe neuer Techniken im 13. Jh. und die harmonische Verbindung von Architektur und Skulpturenkunst machen die Kathedrale Notre-Dame von Reims zu einem Meisterwerk der Gotik. Die Vollkommenheit ihrer Architektur und ihrer Skulpturengruppen inspirierte die Baumeister zahlreicher weiterer Kathedralen, insbesondere in Teilen Deutschlands. In der Kirche des ehemaligen Klosters Saint-Rémi blieb das herrliche Kirchenschiff aus dem 9. Jh. erhalten, in dem die sterblichen Überreste von Erzbischof Saint Rémi (440–533) begraben liegen. Saint Rémi bekehrte und taufte Chlodwig, den ersten König der Franken. Der ehemalige Palast des Erzbischofs, das Palais du Tau, das eine wichtige Rolle bei christlichen Festen spielte, wurde im 17. Jh. fast komplett neu gebaut.

Die Kathedrale, der Palast des Erzbischofs und das alte Kloster Saint Rémi sind unmittelbar verbunden mit der Geschichte der französischen Monarchie, da die französischen Könige hier gekrönt wurden.

Vielleicht waren sich die Baumeister des 13. Jh. bewusst, dass sie die Krönungskirche für spätere französische Könige schufen. Die Stützstrukturen des Bauwerks waren leichter als bei allen Vorgängern und die Wände stärker geöffnet, sodass viel Licht durch die Glasfenster einfiel und den Innenraum erhellte.
▼

Hindutempel von Prambanan

Indonesien

Begründung der Aufnahme: Meisterwerk menschlicher Schöpferkraft, Erbe von besonderer menschheitsgeschichtlicher Bedeutung

Prambanan ist ein großartiger hinduistischer Tempelkomplex auf Java. Er wurde im 9. Jh. in drei konzentrischen Quadraten angelegt, die insgesamt 224 einzelne Tempel umfassen. Im inneren Quadrat, in dem 16 Tempel stehen, ist ein 47 m hoher Shiva-Tempel der berrschende Bau. Nördlich davon steht ein Brahma-, südlich ein Vishnu-Tempel. Die Reliefs auf den Bauten zeigen Szenen aus dem Ramayana. Drei kleinere Tempel sind den Reittieren der Götter gewidmet: ein Stier für Shiva, ein Adler für Brahma und ein Schwan für Vishnu. Bereits kurz nach der Fertigstellung wurden die Tempel wieder aufgegeben, vielleicht wegen eines Ausbruchs des Vulkans Merapi. Der benachbarte buddhistische Tempelkomplex von Sewu besteht aus einem zentralen Tempel, der von mehreren kleinen Tempeln umgeben war. Viele der gestalterischen Elemente scheinen von Prambanan übernommen worden zu sein.

Der Tempelkomplex von Prambanan – unter den Einwohnern als Lorojonggrang (Schlanke Jungfrau) bekannt – war den drei großen Hindu-Gottheiten Shiva, Brahma und Vishnu geweiht. Die Anlage ist ein außergewöhnliches Zeugnis der indonesischen Tempelbaukunst.

Tempel von Prambanan ▼

Nationalpark Serra da Capivara (mit Felszeichnungen)

Brasilien

Begründung der Aufnahme: Zeugnis einer Kultur

Der Park ist reich an archäologischen Fundstätten, aber es sind vor allem die bemerkenswerten Fels- und Höhlenmalereien, die ihn besonders auszeichnen.

Viele der Abris im Nationalpark Serra da Capivara sind mit Felsmalereien verziert, von denen einige über 25 000 Jahre alt sind. Damit werden sie zu einem außergewöhnlichen Zeugnis einer der ältesten Kulturen Südamerikas. Die Zeichnungen stellen religiöse Vorstellungen und Kulthandlungen der vorzeitlichen Menschen dar. Innerhalb des Parks wurden über 300 archäologische Stätten entdeckt. Aus den Ablagerungen und Fossilien (z.B. von Riesenfaultieren, Pferden, Kamelartigen und frühe Lamas) kann man schließen, dass die Umwelt in der Eiszeit völlig anders aussah als im semi-ariden Klima der Gegenwart. Die ältesten Spuren von Felsenkunst in Südamerika sind Fragmente auf einer abgebrochenen Wand im Abri Pedra Furada; sie wurden auf 26 000–22 000 v. Chr. datiert.

Nationalpark Ujung Kulon (Java) mit Vulkan Anak Krakatau

Indonesien

Begründung der Aufnahme: besonderes Naturphänomen, bedeutender natürlicher Lebensraum – Biodiversität

Der Nationalpark liegt im äußersten Südwesten der Insel Java auf dem Sundaschelf. Er besteht aus der Halbinsel Ujung Kulon, mehreren Inseln vor der Küste und dem Naturreservat Krakatou. Neben der Schönheit der Natur und dem geologisch interessanten Vulkanismus umfasst der Nationalpark auch die letzten größeren Reste der Tieflandregenwälder Javas. Im Park leben mehrere bedrohte Tier- und Pflanzenarten, darunter eine der letzten Populationen das stark bedrohten Java-Nashorns.

Wegen menschlicher Eingriffe und Naturkatastrophen bedeckt die natürliche Vegetation der Gegend, der primäre Tieflandregenwald **(Abb. links)**, nur noch die Hälfte der Parkfläche. Die größte Naturkatastrophe war der Ausbruch des Krakataus (1883).

Ruinen von Sukhothai
Thailand

Begründung der Aufnahme: Meisterwerk menschlicher Schöpferkraft, Zeugnis einer Kultur

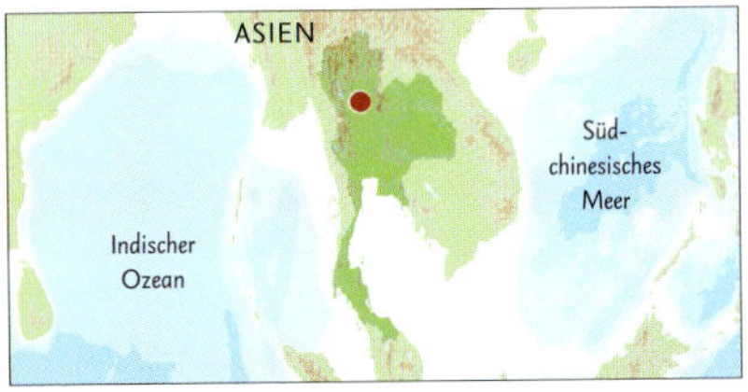

Im 13. und 14. Jh. war Sukhothai die Hauptstadt des ersten Königreiches von Siam. Die großartige Kultur von Sukhothai nahm viele verschiedene Einflüsse und alte lokale Tradition auf und schuf daraus einen typischen „Sukhothai-Stil". In der Ruinenstadt stehen einige Baudenkmäler, die den Anfang einer eigenständigen thailändischen Architektur markieren: das Kloster (Wat) Mahathat mit einem königlichen Tempel und Grabmälern, der Sra Si Wat mit zwei Stupas, deren elegante Linien sich im Wasser des größten Staubeckens der Stadt spiegeln, und ein eindrucksvoller Prang (Reliquienturm) aus einer späteren Epoche. Außerdem blieben große Teile der Befestigungen erhalten. Die Nachbarstädte Si Satchanm, das für seine Keramik berühmt war, und Kamohena Pet (Mauer der Diamanten), das strategische Bedeutung hatte, sind ebenfalls Bestandteil dieser Welterbestätte.

König Ramkhamhaeng (um 1280–1318) war einer der bedeutendsten Herrscher Thailands. Seine militärischen Siege weiteten das Staatsgebiet aus. Er erfand das siamesische Alphabet (Khmerschrift), verlangte eine strikte Befolgung der buddhistischen Religion und führte im Staat eine straffe militärische und soziale Hierarchie ein, die er von den besiegten Khmer übernahm.

Statue eines Sukhothai-Buddhas in Sukhothai
▼

Buddhistische Tempelanlagen von Borobudur

Indonesien

Begründung der Aufnahme: Meisterwerk menschlicher Schöpferkraft, Zeugnis kulturellen Austauschs, Verknüpfung mit Ereignissen von universeller Bedeutung

Borobudur ist eine der großartigsten buddhistischen Tempelanlagen der Welt. Sie wurde von einem König der Saliendra-Dynastie gegründet, um Buddha zu ehren und zugleich den eigenen Nachruhm zu sichern.

Die harmonische Anlage ordnet sich auf mehreren Ebenen um einen Hügel an, der ihr natürliches Zentrum bildet. Die ersten Ebenen bestehen aus fünf quadratischen Terrassen, die als zurückspringende Stufen den unteren Teil einer Pyramide bilden. Oberhalb der Terrassen folgen drei kreisförmige, konzentrische Plattformen, die von dem Hauptstupa gekrönt werden, der über Treppen zugänglich ist. Die Basis und die Balustraden der quadratischen Terrassen sind mit Steinreliefs geschmückt. Die Bilder stellen die Stadien der Seelen auf dem Weg zur Erlösung und Szenen aus dem Leben Buddhas dar. Auf den kreisförmigen Terrassen stehen 72 Stupas; jeder enthält eine Statue Buddhas.

Der Stil Borobudurs schöpft aus indischen Quellen (Gupta- und Post-Gupta-Stile). Die Mauern von Borobudur sind mit Basreliefs von insgesamt über 6 km Länge bedeckt. Sie gelten als das größte und am besten erhaltene Relief der Welt. Jede einzelne Szene ist ein Meisterwerk von einzigartiger künstlerischer Qualität.

Die kolossale Tempelanlage entstand zwischen 750 und 842 n. Chr., über 300 Jahre vor Angkor Wat und 400 Jahre vor dem Bau der großen europäischen Kathedralen. Über die frühe Geschichte der Anlage ist kaum etwas bekannt, außer dass eine ganze Armee von Arbeitern in tropischer Hitze geschuftet hat, um 60 000 m³ Steine zu bearbeiten und aufzutürmen. Am Anfang des 11. Jh. änderte sich die politische Situation in Zentraljava. Borobudur und andere religiöse Bauten wurden verlassen und verfielen. Die Tempel waren Vulkanausbrüchen ausgesetzt und der Wildnis überlassen, bis die Anlage im 19. Jh. wiederentdeckt wurde. Eine erste Restaurierungskampagne unter der Leitung von Theodor van Erp fand kurz nach der Jahrhundertwende statt. Die zweite Kampagne (1973–1982) wurde von der UNESCO finanziert.

Eine der Buddhastatuen und offene Stupas auf den kreisförmigen Terrassen

Der Name Borobudur soll von dem Sanskritwort *Vihara Buddha Ur* abgeleitet sein und „buddhistisches Kloster auf dem Hügel" bedeuten.

Die Tempelanlage steht in Muntilan (Magelang) etwa 42 km von Yogyakarta entfernt.

Nachdem Borobudur mehrere Jahrhunderte lang unter dichtem Dschungel und vulkanischer Asche verborgen war, entdeckte 1814 der britische Vizegouverneur von Java, Thomas Stamford Raffles, die Anlage. Die Tempel wurden 1835 ausgegraben.

Festung Suomenlinna
Finnland

Begründung der Aufnahme: Erbe von besonderer menschheitsgeschichtlicher Bedeutung

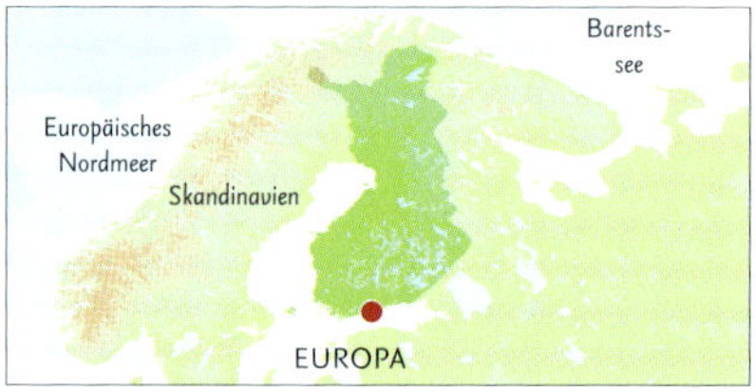

Suomenlinna auf einer Schäreninsel vor Helsinki ist eine der größten Seefestungen der Welt. Sie stammt aus der zweiten Hälfte des 18. Jh., als Finnland ein Teil des schwedischen Reiches war, und sollte die Einfahrt in den Hafen sichern. Die Arbeiten begannen 1748 unter der Leitung des schwedischen Admirals Augustin Ehrensvärd, der die Theorien des Festungsbaumeisters Vauban an die sehr spezielle Inselsituation anpasste. Als Ehrensvärd starb, war die Kette aus Forts vollendet; sie wurden Sveaborg (Schwedische Burg) genannt. Nach der Unabhängigkeit Finnlands (1918) wurde der Name in Suomenlinna (Finnische Burg) geändert. Rund 190 Gebäude und 6 km Festungsmauern sind heute noch erhalten.

Sveaborg sollte Russland von einem Angriff abschrecken, denn im Golf von Finnland lag auch ein wichtiger russischer Militär- und Marinestützpunkt, die Festung von Kronstadt, die Peter der Große zum Schutz St. Petersburgs erbaut hatte. Im Krieg von 1808–1809 besetzten die Russen jedoch kampflos die als uneinnehmbar geltende Festung Sveaborg.

Welterbestätte seit

• 1978 • 1979 • 1980 • 1981 • 1982 • 1983 • 1984 • 1985 • 1986 • 1987 • 1988 • 1989 • 1990 • **1991**

Kloster Lorsch

Deutschland

Begründung der Aufnahme: Zeugnis einer Kultur, Erbe von besonderer menschheitsgeschichtlicher Bedeutung

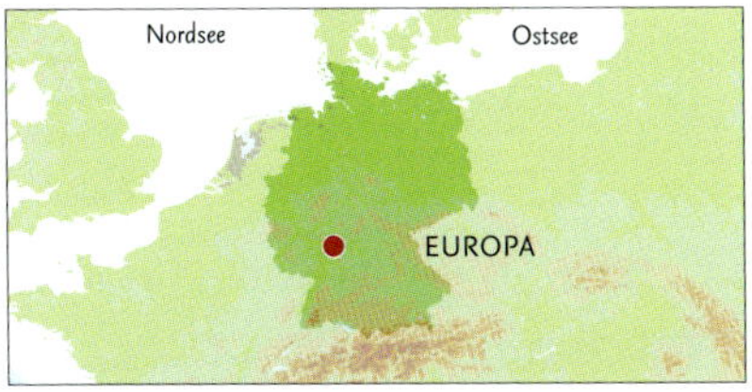

Die Ruinen des Klosters Lorsch mit der 1200 Jahre alten Torhalle und einigen bemerkenswert gut erhaltenen Kunstschätzen, wie Statuen und Malereien, sind ein seltenes Erbe aus karolingischer Zeit. Sie zeugen vom Erwachen Europas und der Kultur des Früh- und Hochmittelalters unter König und Kaiser Karl dem Großen. Die Torhalle ist nur der Rest eines einst prächtigen Klosters, das um 760–764 gegründet wurde. Seinen Höhepunkt erlebte es 876: Nach dem Tod Ludwig II. des Deutschen wurde es zur Grabstätte der karolingischen deutschen Könige. Nach einer Blütezeit im 10. Jh. brannte das Kloster 1090 aus.

Im Dreißigjährigen Krieg plünderten spanische Truppen das seit der Reformation verlassene Kloster (1620–1621). Nur die Torhalle, ein Rest der romanischen Klosterkirche und wenige Ruinen der Klostergebäude blieben erhalten sowie einige Bauten aus der Zeit, als Lorsch der Sitz des Mainzer Kurfürsten war.

Welterbestätte seit

• 1978 • 1979 • 1980 • 1981 • 1982 • 1983 • 1984 • 1985 • 1986 • 1987 • 1988 • 1989 • 1990 • 1991 • **1992**

Kasbah (Altstadt) von Algier

Algerien

Begründung der Aufnahme: Zeugnis kulturellen Austauschs, traditionelle Siedlungsform

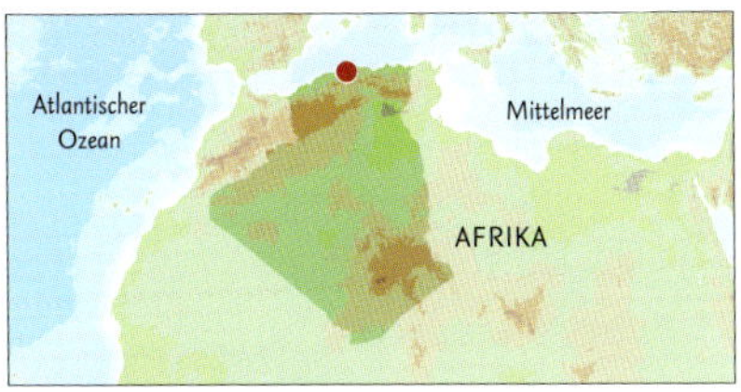

Die Kasbah von Algier repräsentiert eine einzigartige Medina (islamische Stadt), in der sehr interessante traditionelle Wohnhäuser erhalten blieben. Ihre Architektur spiegelt die arabische Lebensweise und islamische Traditionen wider. Zur Kasbah gehören die Überreste der Zitadelle, alte Moscheen und Paläste im osmanischen Stil. Die eng miteinander verknüpften Elemente der Stadtlandschaft zeugen von einem tiefen Gemeinschaftsgefühl. Die Stadt wurde an einer der schönsten Küsten des Mittelmeeres erbaut. Auf den Inseln vor der Küste lag ein im 4. Jh. v. Chr. gegründeter phönizischer Handelshafen. Die gewundenen Straßen und alten Gassen der Altstadt fügen sich in die einzigartige Landschaft ein. Der Reichtum der Stadt zeigt sich in den äußerst prachtvoll ausgestatteten Innenräumen der Häuser.

Seit den frühen 1970er-Jahren wird versucht, die Kasbah Algiers zu erhalten. Zurzeit werden die Häuser vorsichtig restauriert, wobei moderner Komfort eingebaut wird, ohne die traditionelle Stadtarchitektur zu zerstören. Die Kasbah war Wohnort, Handels- und Kulturzentrum zugleich.

Pueblo (Indianerdorf) Taos

Vereinigte Staaten

Begründung der Aufnahme: Erbe von besonderer menschheitsgeschichtlicher Bedeutung

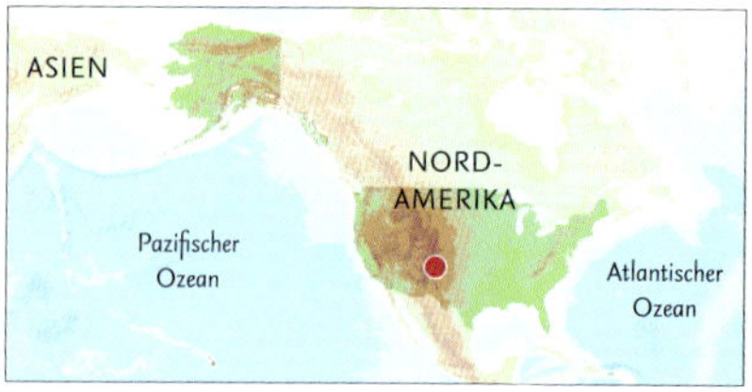

Taos liegt in einem Seitental des Rio Grande. Das Pueblo bewahrt die Kultur der Pueblo-Indianer Arizonas und New Mexicos.

Neben mehreren Wohneinheiten enthält Taos auch Kulträume. Sechs Kivas, Räume für religiöse Kulte, sind erhalten geblieben.

Heute sind die Pueblos eine Touristenattraktion und werden nur noch zu bestimmten Jahreszeiten als Kultstätte genutzt.

Taos ist ein bemerkenswertes Beispiel für eine traditionelle, prähispanische Siedlungsform, die nur in dieser Region üblich war. Die Siedlung besteht aus zwei Gebäudekomplexen, sogenannten Pueblos, die aus sonnengetrockneten Lehmziegeln (Adobe) erbaut wurden. Die oberen Etagen springen zurück, sodass das Dach der unteren als Terrasse für das Stockwerk darüber dient. Sie sind über Leitern und Öffnungen im Dach zugänglich. Bei den oberen und äußeren Räumen handelt es sich um Wohnräume, die unteren und inneren dienten als Getreidespeicher. Für die Decken legte man Zedernholzbalken auf die Mauern, die etwas aus der Flucht hervorragten. Auf die Balken wurden Zweige gelegt und darauf Grasmatten, die mit einer dicken Lehmschicht abgedeckt wurden. Zum Abschluss wurde alles mit Lehm glatt verputzt. Die äußerst stabile Konstruktion ist bestens an das raue Klima angepasst.

Landschaftspark Jiuzhaigou-Tal

China

Begründung der Aufnahme: besonderes Naturphänomen

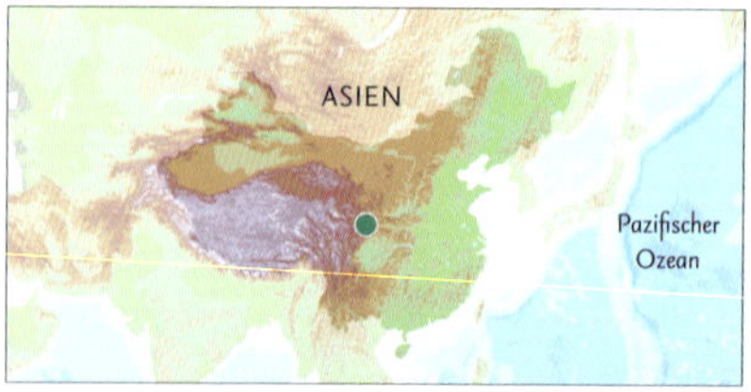

Der Landschaftspark ist für seine Seen berühmt. Viele liegen als Seenketten auf dem Talboden von Gletschertälern und wurden durch Erdrutsche oder Steinlawinen aufgestaut.

Das über 750 km² große, zerklüftete Jiuzhaigou-Tal liegt im Norden der Provinz Sichuan in einer Höhe von bis zu 4800 m. Es beherbergt mehrere Wald-Ökosysteme, zeichnet sich aber vor allem durch die schmal-konischen Karstberge und spektakuläre Wasserfälle aus. Im Tal wurden 140 Vogelarten nachgewiesen, dazu zahlreiche bedrohte Pflanzen und Tiere, wie der große Panda und der Takin.

Kathedrale von Bourges
Frankreich

Begründung der Aufnahme: Meisterwerk menschlicher Schöpferkraft, Erbe von besonderer menschheitsgeschichtlicher Bedeutung

Die Kathedrale St. Etienne in Bourges wurde vom Ende des 12. bis zum Ende des 13. Jh. erbaut. Sie gehört zu den Meisterwerken gotischer Baukunst und zeugt von der großen Bedeutung der katholischen Kirche im mittelalterlichen Frankreich. Besonders sehenswert sind das Tympanon, die Skulpturen und die Glasfenster. Der Grundriss der Kathedrale ist einfach, aber harmonisch: Das Bauwerk besteht aus einer Basilika ohne Querschiffe; um den Chor wurden Kapellen gebaut. Die an die Kathedrale angebauten Holzhäuschen dürften in dieser Form wohl schon im Mittelalter existiert haben. Obwohl, wie bei allen gotischen Kirchen, im Laufe der Jahrhunderte einzelne Teile ausgetauscht wurden, hat sich die Kathedrale ihr ursprüngliches Erscheinungsbild bewahrt.

Das Tympanon über dem Hauptportal der Westfassade zeigt eine großartige Darstellung des Jüngsten Gerichtes mit Dämonen aus der Hölle und verzweifelten, gefolterten Kreaturen. Diese Darstellung und die Skulpturen an den Nord- und Südtüren sind typische Beispiele gotischer Kunst.

▼ Farbige Glasfenster im Chor der Kathedrale

Landschaftspark Wulingyuan
China

Begründung der Aufnahme: besonderes Naturphänomen

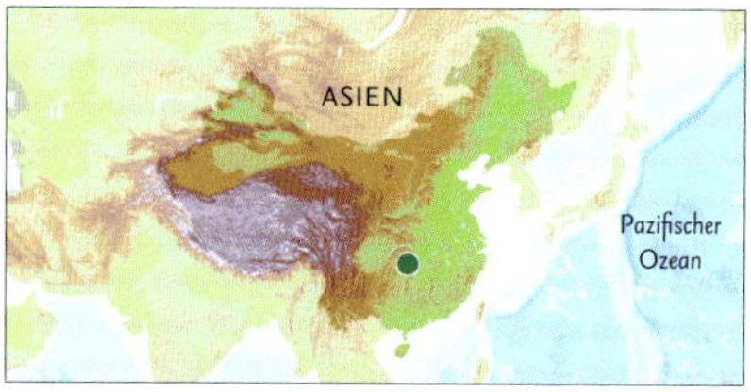

Diese außergewöhnliche Landschaft in der chinesischen Provinz Hunan umfasst 260 km². Sie zeichnet sich durch mehr als 3000 schlanke Säulen und Türme aus Sandstein aus, von denen einige 200 m hoch sind. In den Schluchten und Engtälern dazwischen gibt es Seen, Flüsse und Wasserfälle. Außerdem befinden sich in der Region etwa 40 Karsthöhlen, einige mit spektakulären Tropfsteinen, sowie zwei eindrucksvolle Naturbrücken: Xianrenqiao (Brücke der Unsterblichen) und Tianqiashengkong (Brücke über den Himmel), die 357 m über dem Talboden liegt und damit die vermutlich höchste Naturbrücke der Erde ist. In dieser wunderschönen Landschaft kommen mehrere bedrohte Pflanzen- und Tierarten vor.

Die landschaftlich schöne Region ist ein wichtiger Rückzugsort für einige vom Aussterben bedrohte Arten. Dazu gehören der Chinesische Riesensalamander, Rothund, Kragenbär, Nebelparder, Leopard und Chinesisches Wasserreh.

◄ *Felsnadeln und Türme aus Sandstein im Landschaftspark Wulingyuan*

Altstadt von Zamość
Polen

Begründung der Aufnahme: Erbe von besonderer menschheitsgeschichtlicher Bedeutung,

Mit Zamość erfüllte sich Jan Zamoyski einen persönlichen Traum. Er war der so genannte Hetman (Armeechef) des Königs und ließ auf seinem eigenen Land eine Stadt bauen. Zamość, das an der Handelsroute zwischen West- und Nordeuropa und dem Schwarzen Meer lag, war von Anfang an als Handelsstadt geplant. Der Architekt Bernardo Moreno aus Padua entwarf sie im 15. Jh. nach dem Muster einer „Idealstadt" der Renaissance. Zamyoski lud Händler aus verschiedenen Ländern ein, sich niederzulassen und gewährte religiöse Toleranz. Hier lebten Ruthenen (Slawen mit orthodoxem Glauben), Türken, Armenier, Juden und andere. Außerdem stiftete er eine Akademie (1595) nach italienischem Vorbild.

Da Zamość im Unterschied zu vielen anderen polnischen Städten im Zweiten Weltkrieg nicht zerstört wurde, blieben der ursprüngliche Stadtplan und die Befestigungen erhalten. In vielen der Häuser verschmelzen italienische und mitteleuropäische Bauelemente; die Stadt ist ein außergewöhnliches Beispiel der polnischen Architektur und Stadtplanung im 16. und 17. Jh.

Baudenkmäler von Nowgorod und Umgebung

Russische Föderation

Begründung der Aufnahme: Zeugnis kulturellen Austauschs, Erbe von besonderer menschheitsgeschichtlicher Bedeutung, Verknüpfung mit Ereignissen von universeller Bedeutung

Nowgorod war die erste Hauptstadt Russlands. Sie wurde im 9. Jh. an der alten Handelsstraße zwischen Europa und Zentralasien gegründet und entwickelte sich zu einem außergewöhnlichen kulturellen und spirituellen Zentrum. Nowgorod ist der Geburtsort der landestypischen Steinarchitektur und einer der ältesten russischen Malschulen. Es dominierte die Entwicklung der russischen Kunst während des gesamten Mittelalters. Dank zahlreicher erhaltener Bauwerke ist die Stadt heute ein eindrucksvolles Museum der russischen Architektur vom Mittelalter bis in die Neuzeit. Unter den Baudenkmälern ragen besonders der Kreml mit seinen Festungswerken des 15. Jh., die Sophienkirche aus der Mitte des 11. Jh., die Christi-Verklärungs-Kirche mit Fresken von Theophanes dem Griechen vom Ende des 14. Jh. sowie andere Bauten des 12.–14. Jh. heraus.

▲ Johannes-der-Täufer-Kirche in Nowgorod

Aus Nowgorod stammen die ältesten altchristlichen Manuskripte Russlands in slawischer Sprache (11. Jh.), darunter historische Auszeichnungen (12. Jh.). Besonders bemerkenswert ist die erste vollständische Übersetzung des Alten und Neuen Testaments ins Slawische (spätes 15. Jh.).

Historisches Zentrum von Prag

Tschechische Republik

Begründung der Aufnahme: Zeugnis kulturellen Austauschs, Erbe von besonderer menschheitsgeschichtlicher Bedeutung, Verknüpfung mit Ereignissen von universeller Bedeutung

Prag ist zu Recht ein weltberühmtes städtisches Ensemble. Sowohl einzelne Bauwerke als auch die Standlandschaft in ihrer Gesamtheit sind von einzigartiger Qualität. Im historischen Zentrum lässt sich die Stadtentwicklung vom Mittelalter bis in die heutige Zeit lückenlos ablesen. Prags politische, wirtschaftliche, soziale und kulturelle Bedeutung für die Entwicklung Mitteleuropas ab dem 14. Jh. und sein reiches bauliches und künstlerisches Erbe machten die Stadt zu einem Modell für die städtische Entwicklung in Mittel- und Osteuropa.

Das historische Zentrum besteht aus drei separaten Stadtteilen: Altstadt (Staré Město), Unterstadt (Malá Strana) und Neustadt (Nove Město). Prag wurde im 9. Jh. am Ufer der Moldau gegründet und war die Hauptstadt des Böhmischen Reiches. Im 12. Jh. nahm die Bevölkerung zu, das Kloster Strahov wurde gegründet, und eine neue Steinbrücke über die Moldau machte das Wachstum von Stare Město möglich.

Bis zur Mitte des 14. Jh., als Nove Město gegründet wurde, stieg die Einwohnerzahl weiter an. Unter Kaiser Karl IV. (1316–1378) erlebte Prag sein goldenes Zeitalter als Hauptstadt des Heiligen Römischen Reiches und zog Künstler und Architekten aus ganz Europa an, vorrangig aus Italien.

Bei dem katastrophalen Stadtbrand von 1541 wurde der Stadtteil auf dem linken Moldauufer fast völlig zerstört und anschließend im Renaissancestil wieder neu aufgebaut. Nach dem Ende des Dreißigjährigen Krieges (1648) folgte eine Zeit des Niedergangs. Erst gegen Ende des Jahrhunderts sollte Prag sich wieder erholen, und wichtige Bauten im Stil des Hochbarock entstanden. Nach 1880 wurden viele historische Gebäude abgerissen, vor allem im alten Judenviertel am rechten Ufer. Die Lücken wurden mit zahlreichen Neubauten im zeitgenössischen Stil geschlossen.

Prag ist reich an Bauwerken aus allen wichtigen Epochen. Nennenswert sind vor allem die Prager Burg, die Kathedrale St. Vitus, der Loretoplatz im Hradschin, die gotische Karlsbrücke (Abb. rechts), die romanische Longinus-Rotunde, die gotischen Arkadenhäuser am Altstädter Ring, die gotische Minoritenkirche St. Jakob in Staré Město und die Häuser und Straßenzüge des späten 19. Jh. in Nove Město.

Die Karlsbrücke mit dem Brückenturm am Altstadtufer der Moldau. Ihr Bau begann bereits 1357, war aber erst im frühen 15. Jh. vollendet. Bis 1841 war sie die einzige Brücke über die Moldau. Auf den Geländern der Brücke stehen 30 barocke Statuen aus dem 17. Jh. ▶

Prag spielte eine entscheidende Rolle bei der Verbreitung des Christentums im mittelalterlichen Zentraleuropa und hatte großen Einfluss auf die Stadtplanung. Die politisch bedeutende Stadt lockte Architekten aus ganz Europa an, die hier architektonische Meisterwerke hinterließen. Seit der Regierungszeit Karls IV. war Prag ein kulturelles und intellektuelles Zentrum. Zu diesem Ruf trugen sicher auch die Karlsuniversität (gegründet im 15. Jh.) und Künstler wie Wolfgang Amadeus Mozart und Franz Kafka bei.

Historisches Zentrum von Český Krumlov (Böhmisch Krumau)

Tschechische Republik

Begründung der Aufnahme: Erbe von besonderer menschheitsgeschichtlicher Bedeutung

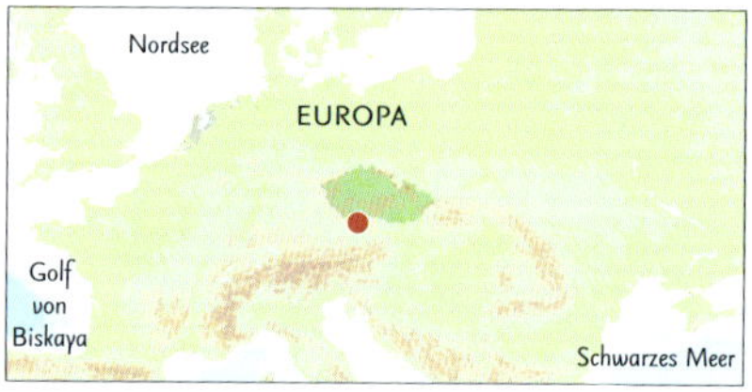

Keimzelle von Český Krumlov an der Moldau war eine Burg aus dem 13. Jh., die in der Gotik, der Renaissance und im Barock zum Schloss ausgebaut wurde. Das Städtchen ist ein hervorragendes Beispiel für eine mitteleuropäische Stadt des Mittelalters, da sein architektonisches Erbe dank der friedlichen Stadtgeschichte über mehr als fünf Jahrhunderte erhalten blieb. Reichtum und Bedeutung der Stadt spiegeln sich in der hohen Qualität der zahlreichen Bürgerhäuser wider. Český Krumlov war ein Regierungssitz und entwickelte sich zu einem wichtigen Handwerks- und Handelszentrum. Von den kirchlichen Entwicklungen in der Stadt zeugen die Hauptkirche St. Veit aus dem 15. Jh. und die Klöster von Prediger- und Bettelorden. Český Krumlov ist in zwei Abschnitte gegliedert: Der Stadtteil Latrán liegt direkt unterhalb des Schlosses, die eigentliche Stadt am anderen Ufer der Moldau.

Weitere wichtige historische Bauwerke sind das Jesuitenkolleg im Renaissancestil und ihr barockes Seminar, das Rathaus, für das mehrere Bürgerhäuser hinter einer gemeinsamen Renaissancefassade vereinigt wurden), die Reste der Wehranlagen und ein Zeughaus der Renaissance in Latrán.

Bergwerk Rammelsberg und Altstadt von Goslar
Deutschland

Begründung der Aufnahme: Meisterwerk menschlicher Schöpferkraft, Erbe von besonderer menschheitsgeschichtlicher Bedeutung

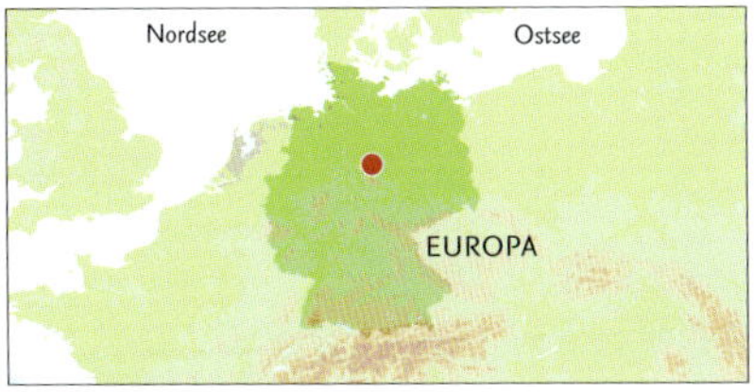

Goslar war eine wichtige Hansestadt, die ihren Reichtum dem Erzvorkommen im Rammelsberg verdankte. Seit dem 3. Jh. v. Chr. wurden hier Erze abgebaut und Metalle geschmolzen (Silber, Kupfer, Blei, Zink und Gold). Vom 10.–12. Jh. hielten sich in der Pfalz von Goslar die Kaiser des Heiligen Römischen Reiches deutscher Nation auf. Um die kaiserliche Pfalz entwickelte sich die Stadt Goslar. Aus den Erlösen der Bergwerke, der Metallschmelzen und des Handels finanzierten die Bürger der Stadt Wehrmauern, Kirchen, öffentliche Gebäude und die reich verzierten Wohnhäuser der Bergwerksbesitzer, die noch heute das geschlossene spätmittelalterliche Stadtbild prägen. Bis 1988 lieferte der Rammelsberg Erze für die Metallbearbeitung, dann wurde das letzte Bergwerk geschlossen.

In der Stadt Goslar zeigen sich noch heute die Spuren der Bergwerksindustrie aus zahlreichen Epochen. Da die Stadt im Zweiten Weltkrieg kaum beschädigt wurde, blieb das mittelalterliche Straßennetz der Altstadt mit vielen Häusern der Gotik, der Renaissance und des Barock erhalten.

Der Markt von Goslar mit dem Rathaus.
▼

Archäologische Denkmäler von Ban Chiang

Thailand

Begründung der Aufnahme: Zeugnis einer Kultur

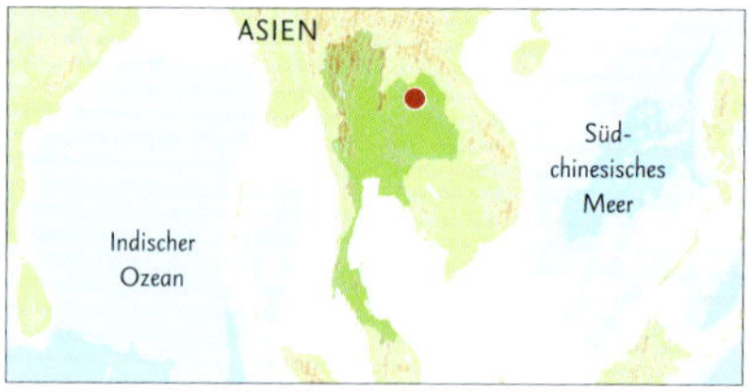

Die Bewohner Ban Chiangs betrieben nicht nur Ackerbau und verarbeiteten Metall, sondern waren auch geschickte Hausbauer und Töpfer. Die Ausstattung der Gräber und die Grabbeigaben deuten auf eine komplexe und reiche Kultur hin.

Bang Chiang auf dem Khorat-Plateau entwickelte sich im 5. Jt. v. Chr. zu einem einzigartigen Zentrum, an dem sich eine völlig eigenständige menschliche Gesellschaft kulturell, sozial und technisch entwickelte. Von hier breitete sich die Ban-Chiang-Kultur in der gesamten Region aus. Ohne Frage ist diese archäologische Stätte die wichtigste der bisher entdeckten prähistorischen Siedlungen in ganz Südostasien. Die Grabungen lieferten die ältesten Belege für Ackerbau und die Herstellung und Bearbeitung von Bronze in der Region. Die ununterbrochene zeitliche Abfolge der Funde, die Größe und wirtschaftliche Bedeutung der Stätte sind in der Region beispiellos. Bis Ban Chiang im 3. Jh. n. Chr. verlassen wurde, blieb es der zentrale Ort des Khorat-Plateaus.

◄ Artefakte im Ban-Chiang-Nationalmuseum

Pythagoreion und Heraion auf Samos

Griechenland

Begründung der Aufnahme: Zeugnis kulturellen Austauschs, Zeugnis einer Kultur

Der Heratempel in Samos ist ein Schlüsselwerk zum Verständnis der antiken Architektur. Die stilistischen und technischen Neuerungen in jeder Bauphase des Heratempels haben die Architektur von Tempeln und öffentlichen Gebäuden in Griechenland inspiriert.

Seit dem 3. Jt. v. Chr. haben viele Zivilisationen die kleine ägäischen Insel Samos bewohnt. Von Pythagoreion, einer befestigten, antiken Hafenstadt, und dem Heraion (Heratempel) stehen nur noch die Ruinen. Die Befestigungen um die alte Stadt stammen aus der klassischen Periode, mit einigen Ergänzungen aus hellenistischer Zeit. Die Ausgrabungen legten große Teile des antiken Straßennetzes frei, außerdem einen Aquädukt, Abwasserkanäle, öffentliche Gebäude, Heiligtümer und Tempel, die Agora, öffentliche Bäder, das Stadion und Stadthäuser. Eine berühmte technische Leistung ist der Tunnel des Eupalinos, ein 1040 m langer Kanal quer durch einen Berg, der die Stadt mit Wasser versorgte. Im Tempelbezirk des Heraions stehen Altäre, kleinere Tempel und Statuensockel, dazu die Ruinen einer christlichen Basilika aus dem 5. Jh.

Ruinenstadt Butrint
Albanien

Begründung der Aufnahme: Zeugnis einer Kultur

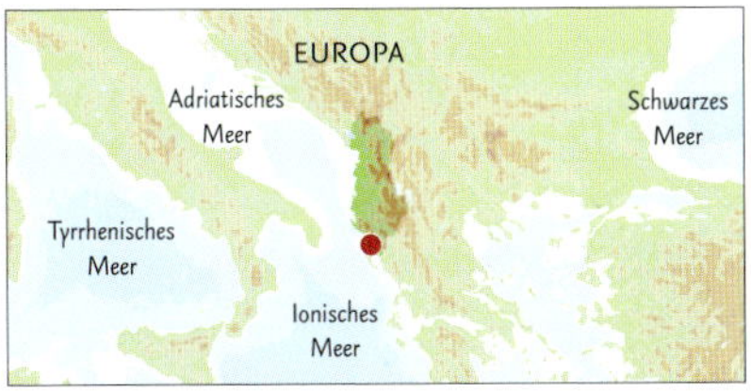

Das seit prähistorischen Zeiten besiedelte Butrint war griechische Kolonie, römische Stadt und frühchristlicher Bischofssitz. Seine Glanzzeit als eine wichtige Handelsstadt erlebte Butrint im 4. Jh. v. Chr. Die Befestigungsanlagen stammen noch aus dem 6. Jh. v. Chr., und der Hügel, auf dem die Akropolis steht, ist sogar von einer zyklopischen Steinmauer umgeben. Im 3. Jh. v. Chr. wurde das Amphitheater erbaut, von dem 23 Sitzreihen aus Stein erhalten sind. Das Theater steht zu Füßen der Akropolis und in der Nähe zweiter Tempel, von denen einer dem Asklepios, dem griechischen Gott der Heilkunst, geweiht war. In der Römerzeit begann der Niedergang der Stadt. Nach einem kurzen Aufschwung unter byzantinischer Herrschaft wurde die Stadt im Spätmittelalter verlassen, als die Umgebung versumpfte.

Bei den Ausgrabungen zu Beginn des 20. Jh. stellte sich heraus, dass Schlamm und Vegetation die Bauten geschützt hatte: Die Stadt, die man freilegte, war fast vollständig erhalten. Daher konnten viele Artefakte unversehrt geborgen werden: Teller, Vasen, keramische Kerzenleuchter, aber auch Skulpturen, wie die bemerkenswerte „Göttin von Butrint“, die das griechische Schönheitsideal verkörpert.

Ruinen von Angkor
Kambodscha

Begründung der Aufnahme: Meisterwerk menschlicher Schöpferkraft, Zeugnis kulturellen Austauschs, Zeugnis einer Kultur, Erbe von besonderer menschheitsgeschichtlicher Bedeutung

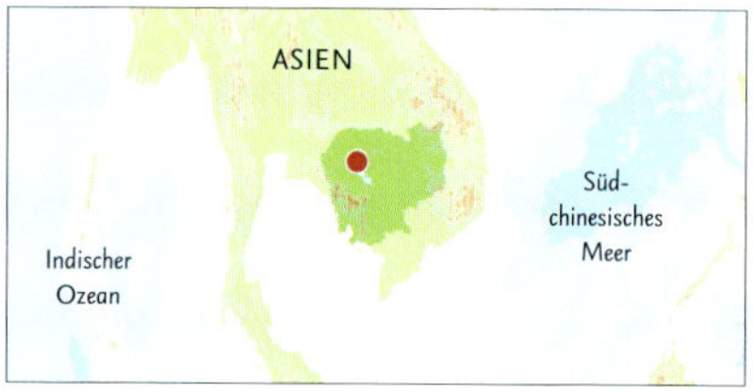

Angkor ist eine der wichtigsten archäologischen Stätten Südostasiens. Der etwa 400 km² große Archäologische Park Angkor enthält die großartigen Überreste mehrerer Hauptstädte des Khmerreiches aus der Zeit zwischen dem 9. und 15. Jh. Dazu gehören der weltberühmte Tempel Angkor Wat (Abb. rechts) und der mit unzähligen Skulpturen verzierte Tempel Bayon in Angkor Thom. Insgesamt umfasst die Stätte über 100 Tempel.

Im frühen 9. Jh. vereinte Jayavarman II. die beiden Staaten auf dem Gebiet des heutigen Kambodscha und legte damit den Grundstein für das Khmer-Reich. Es sollte fünf Jahrhunderte lang die größte Macht in Südostasien bleiben. Jayavarmans Sohn Yashovarman gründete Yashodapura (das heutige Angkor), das bis ins 15. Jh. das Zentrum des Khmer-Reiches bildete.

Schon die erste Hauptstadt wies die typischen Elemente der Khmer-Kultur auf: Wälle und Gräben zur Verteidigung, einen Staatstempel aus Steinen und Backsteinen im Zentrum und einen hölzernen Palast. Wie in allen Hauptstädten der Khmer wurde auch in Yashodapura ein riesiges Speicherbecken angelegt; der östliche Baray mit einem dritten Tempel entstand ein Jahrzehnt später.

Um 960 baute Rajendravarman ein zweite Hauptstadt; der Staatstempel stand in Pre Rup. Er ließ den östlichen Tempel Mebon auf einer künstlichen Insel im östlichen Baray und den erlesenen Tempel Banteay Srei errichten. Rajendravarmans Sohn Jayavarman V. gab Pre Rup zugunsten von Ta Kev wieder auf und baute einen neuen Staatstempel (um 1000 geweiht). Kurz darauf wurde er von Suryavarman I. gestürzt, der für die großartigen Festungsanlagen um seinen Königspalast und den neuen Staatstempel Phimeanakas verantwortlich zeichnet. In seiner Regierungszeit entstand auch der große westliche Baray. Sein Nachfolger ließ 1050 den noch eindrucksvolleren Staatstempel Baphuon errichten. Die nächste größere Bauphase beginnt unter Suryavarman II. (1113). Auf ihn geht das großartigste Bauwerk der Khmer zurück – Angkor Wat. Es ist von prachtvollen Bauten umgeben und dem Gott Vishnu geweiht.

Auf den Tod Suryavarmans folgte eine unruhige Epoche, die um 1180 durch Jayavarman VII. beendet wurde. Er krönte seine militärischen Erfolge mit dem Bau einer weiteren Hauptstadt – Angkor Thom – und einer beispiellosen Baukampagne. Sein Staatstempel war der hohe Bayon, den er Buddha weihte.

Angkor Wat ▶

Der künstlerische Stil der Khmer, die sich in Angkor entwickelte, beeinflusste viele südostasiatische Länder und die weitere künstlerische Entwicklung der Region. Die Architektur der Khmer gründete auf indischen Traditionen, doch gab es wesentliche Unterschiede. Einige Merkmale entstanden völlig unabhängig, andere wurden von Nachbarvölkern übernommen. Auf diese Weise bereicherten die Khmer die südostasiatische Kunst und Architektur um neue künstlerische Horizonte.

Historisches Zentrum von Telč (Teltsch)

Tschechische Republik

Begründung der Aufnahme: Meisterwerk menschlicher Schöpferkraft, Erbe von besonderer menschheitsgeschichtlicher Bedeutung

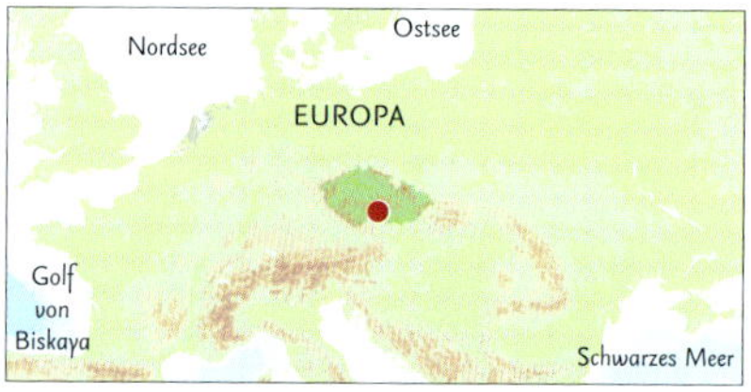

Ursprünglich waren die Häuser der Hügelstadt Telč aus Holz. Nach einem Brand im späten 15. Jh. wurden sie durch Steinhäuser ersetzt; die Stadt bekam eine Stadtmauer und mehrere künstliche Teiche. Telč wurde zum Paradebeispiel für eine geplante Stadt der Renaissance. Im Barock entstanden ein Jesuitenkolleg (1651–1665) und die Namen-Jesus-Kirche (1666–1667). Auch die Bürgerhäuser am dreieckigen Marktplatz wurden mit barocken Giebeln geschmückt. Spätere Umbauten fügten Elemente des Rokoko hinzu. Das Ergebnis ist ein faszinierender öffentlicher Platz mit Stilelementen verschiedener Epochen von großer Schönheit und kultureller Bedeutung.

Gegen Ende des Mittelalters entstanden überall in Europa geplante Städte und Stadterweiterungen auf ehemals unbebautem Land. Telč ist das am besten erhaltene Beispiel für eine solche Ansiedlung und zugleich ein architektonisches und künstlerisches Ensemble von außerordentlicher Qualität.

Geschichts- und Kulturdenkmäler auf den Solowetzky-Inseln am Weißen Meer

Russische Föderation

Begründung der Aufnahme: Erbe von besonderer menschheitsgeschichtlicher Bedeutung

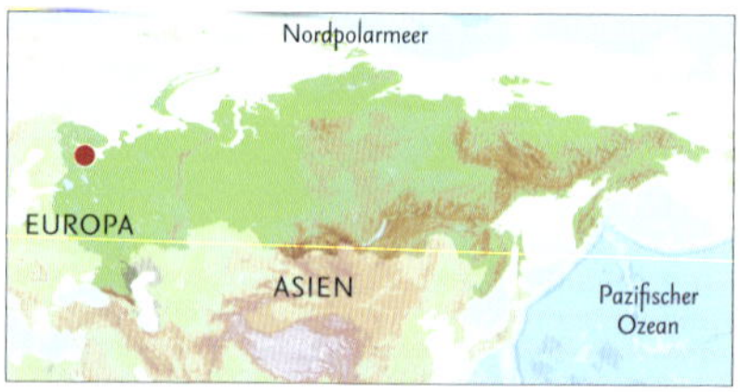

Die sechs Solowetzky-Inseln im westlichen Weißen Meer nehmen eine Fläche von 300 km² ein. Sie sind seit dem 5. Jh. v. Chr. bewohnt, und archäologische Funde belegen, dass schon im 5. Jt. v. Chr. Menschen auf den Inseln waren. Seit dem 15. Jh. wurden sie von strenggläubigen Mönchen bewohnt, die mehrere Kirchen (16.–19. Jh.) erbauten.

◄ Das Kloster Solowetzky

Auf den Solowetzky Inseln stehen mehrere verlassene Klöster: vier auf Solowetzky selbst, auf Anser das Kloster der Dreifaltigkeit (frühes 17. Jh.), auf Sajats ein Klosterkomplex des 16. Jh., und schließlich auf der großen Insel Muksalma das Sergius-Kloster (16. Jh.).

Fraser Island

Australien

Begründung der Aufnahme: besonderes Naturphänomen, Schauplatz spezieller ökologischer und biologischer Prozesse, Zeugnis wichtiger Stadien der Erdgeschichte

Die Fraser-Insel vor der Ostküste Queenslands ist mit einer Länge von 120 km die größte Sandinsel der Erde. Lange, weiße Sandstrände, eingerahmt von beeindruckend gefärbten Sandklippen, Regenwälder und zahlreiche Süßwasserseen bilden eine außergewöhnlich schöne Landschaft. Die massiven Sandablagerungen stellen eine durchgängige geologische Aufzeichnung der Veränderungen des Klimas und des Meeresspiegels dar. Die höchsten Sanddünen auf der Insel sind 260 m hoch, und es kommen äußerst vielfältige Pflanzengesellschaften vor, von Küstenheiden bis zu subtropischen Regenwäldern mit 50 m hohen Bäumen. Mit insgesamt 230 Arten sind die Vögel die am stärksten vertretene Tiergruppe. Vor allem für ziehende Watvögel ist die Insel von großer Bedeutung. Die häufigsten Säugetiere sind Fledermäuse, insbesondere Flugfüchse.

Fraser Island wurde erst vor 1500–2000 Jahren besiedelt. Die Aborigines der Badtjala- und Kabi-Kabi-Stämme haben kulturelle und andere traditionelle Bindungen an die Insel. Europäer betraten die Insel nur selten; vereinzelte Besucher waren Forschungsreisende, entflohene Sträflinge oder Schiffsbrüchige.

Ausblick vom Indian Head auf Fraser Island ▼

Präkolumbische Stadt El Tajin
Mexiko

Begründung der Aufnahme: Zeugnis einer Kultur, Erbe von besonderer menschheitsgeschichtlicher Bedeutung

El Tajin war von 800–1200 n. Chr. bewohnt. Nach dem Fall von Teotihuacán stieg die Stadt zum wichtigsten Zentrum Mesoamerikas auf. Die Bauten sind ein außergewöhnliches Zeugnis von der Pracht und Bedeutung der präkolumbischen Kulturen in Mexiko. Tajins Einfluss erstreckte sich entlang des Golfs von Mexiko bis in das Gebiet der Maya und ins Hochland von Mexiko. Sein Architekturstil ist in Mesoamerika einzigartig und zeichnet sich durch Säulen mit kunstvollen Reliefdarstellungen und Mäanderfriesen aus. Die Nischenpyramide besteht aus sechs Stufen mit einem Tempel auf der oberen Plattform. In den Wänden jeder Stufe öffnen sich quadratische Nischen. Von seiner symbolischen und astronomischen Bedeutung zeugt die Qualität des Bauwerks: Die Pyramide ist ein Meisterwerk der mesoamerikanischen Baukunst. El Tajin wurde aufgegeben, als das mächtige mexikanische Königreich von Tenochtitlan die Herrschaft übernahm.

Seine künstlerische, architektonische und historische Bedeutung machen El Tajin zu einem außerordentlich wertvollen kulturellen Erbe. Dank umfangreicher Ausgrabungen in den letzten Jahren ist es vermutlich besser erforscht als viele der berühmteren präkolumbischen Stätten in Mexiko.
▼

Kalksinterterrassen-Landschaft Huanglong

China

Begründung der Aufnahme: besonderes Naturphänomen

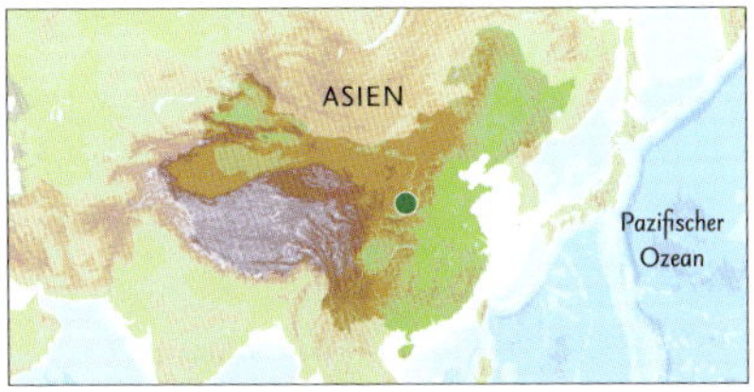

Das Tal von Huanglong liegt im Nordwesten der Provinz Sichuan. Es grenzt an steil abfallende Berge, deren Gipfel fast das ganze Jahr mit Schnee bedeckt sind. Der Nationalpark Xuebaoding (Schneeberg) mit dem östlichsten Gletscher Chinas liegt ganzjährig unter einer Schneedecke. In Huanglong überschneiden sich vier Florenreiche: Ostasien, Himalaja und die tropische sowie subtropische Region der Nordhalbkugel. Neben der Berglandschaft sind unterschiedliche Waldökosysteme sowie spektakuläre Kalkbildungen, Wasserfälle und heiße Quellen bemerkenswert. In Huanglong leben zahlreiche bedrohte Säugetiere, unter anderem der Große Panda, die Goldstumpfnase, Braunbär, Kragenbär, Leopard, Pallaskatze, Rothund, Sichuan-Takin, Chinesischer Serau, Grauer Goral, Argali und drei Hirscharten.

Das Tal zeichnet sich durch spektakuläre, steile Schluchten und bewaldete Flusstäler aus. Die Kalkablagerungen haben große Sinterterrassen gebildet, deren Wasser durch Algen und Bakterien von tieforange über intensiv gelb bis grün oder blau gefärbt ist.
▼

Kathedrale von Wladimir, Klöster und Kirchen von Susdal und Kideksha

Russische Föderation

Begründung der Aufnahme: Meisterwerk menschlicher Schöpferkraft, Zeugnis kulturellen Austauschs, Erbe von besonderer menschheitsgeschichtlicher Bedeutung

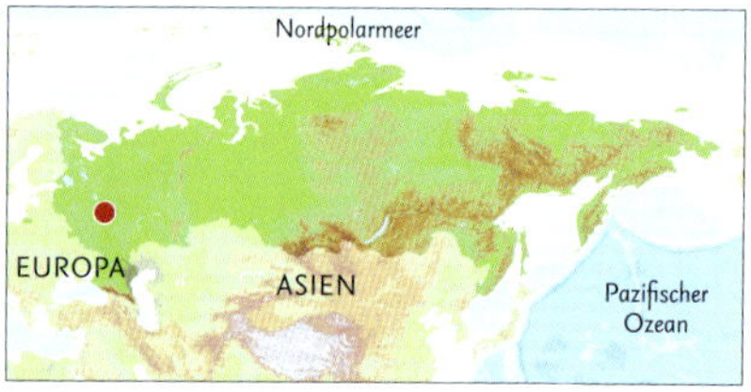

Wladimir und Susdal nehmen in der Geschichte der russischen Architektur einen bedeutenden Rang ein. Das 1108 gegründete Wladimir zeichnet sich durch eine wichtige Gruppe christlicher und weltlicher Gebäude aus. Die Mariä-Himmelfahrts-Kirche (1158) wurde von den Meistern Andrei Rubljow und Daniil Chernii (1408) mit neuen Fresken ausgemalt, nachdem die originalen Bilder von den Mongolen 1238 zerstört worden waren. Das Goldene Tor (1164) war Teil der Stadtbefestigung des 12. Jh.; es ist ein kubischer Baukörper, der von einer kleinen Kirche gekrönt wird. Die über 1000 steinernen Reliefs auf den Außenmauern der Demetrius-Kathedrale (1194–1197) zeigen Szenen aus dem Leben König Davids. Der beherrschende Bau Susdals ist die Mutter-Gottes-Geburtskathedrale mit fünf Kuppeln und der Goldenen Tür aus dem 13. Jh.

Weitere in das Welterbe aufgenommene Bauten sind das Fürstenschloss von Bogoljubowo, die Mariä-Schutz-und-Fürbitte-Kirche in Wladimir, das Erlöserkloster und St. Euthymius in Susdal, sowie die Kirche Boris-und-Gleb bei Susdal, die erste Kirche Russlands, die aus weißem Kalkstein erbaut wurde.

Mariä-Schutz-und-Fürbitte-Kirche in Wladimir ▼

Pilgerwege nach Santiago de Compostela

Spanien

Begründung der Aufnahme: Zeugnis kulturellen Austauschs, Erbe von besonderer menschheitsgeschichtlicher Bedeutung, Verknüpfung mit Ereignissen von universeller Bedeutung

Diese Wege von der Grenze Frankreichs durch Spanien bis nach Santiago de Compostela in Galizien wurden und werden von Pilgern begangen. Entlang der Route warten etwa 1800 kirchliche und weltliche Gebäude auf die Pilger – einige von historischer Bedeutung.

Im Mittelalter waren Pilgerzüge ein wichtiger Bestandteil des religiösen und kulturellen Lebens in Europa. Entlang des Pilgerweges sorgten kirchliche und weltliche Einrichtungen für das geistige und körperliche Wohl der Pilger. Die Bauten am Pilgerweg nach Santiago – Kirchen, säkulare Gebäude, Siedlungen und technische Einrichtungen – sind das vollständigste Ensemble dieser mittelalterlichen Infrastruktur.

Zusätzlich spielte der Pilgerweg im Mittelalter eine wesentliche Rolle für den kulturellen Austausch zwischen der Iberischen Halbinsel und dem übrigen Europa. Die einende Kraft des christlichen Glaubens, der die unterschiedlichsten Menschen aus ganz Europa zusammenbringt, ist hier bis heute spürbar.

Es gibt zwei Wege über die Grenze von Frankreich nach Spanien, über Roncesvalles nach Valcarlos oder Canfranc (Somport-Passstraße). Westlich von Pamplona treffen sie sich wieder. Der Pilgerweg passiert fünf autonome Regionen und 166 Städte und Dörfer mit insgesamt 1800 historischen Gebäuden. In vielen Fällen folgen die modernen Straßen dem alten Pilgerweg. Noch heute sind jedes Jahr Tausende von Pilgern zu Fuß oder mit dem Fahrrad unterwegs.

Medina von Zabid
Jemen

Begründung der Aufnahme: Zeugnis kulturellen Austauschs, Erbe von besonderer menschheitsgeschichtlicher Bedeutung, Verknüpfung mit Ereignissen von universeller Bedeutung

Die Stadtlandschaft aus zivilen und militärischen Bauwerken macht Zabid zu einem Ort von außergewöhnlicher archäologischer und historischer Bedeutung. Zabid war vom 13.–15. Jh. die Hauptstadt des Jemens und seine Islamische Universität prägte viele Jahrhunderte lang die arabische und islamische Welt.

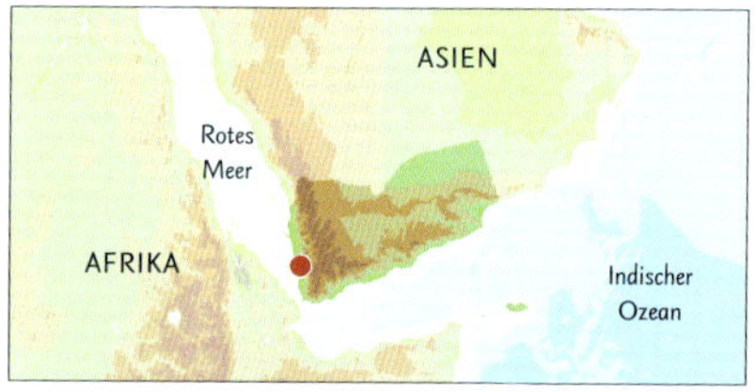

Das bemerkenswerte Straßennetz Zabids besteht aus Straßen und Gassen, die teilweise kaum breiter sind als 2 m. Immer wieder unterbrechen kleine offene Plätze dieses Labyrinth. Der einzige große Platz befindet sich vor der Zitadelle.

◄ Die große Moschee von Zabid (Al-Asha'ir- Moschee)

Historisches Zentrum und Hafen von Coro
Bolivarische Republik Venezuela

Begründung der Aufnahme: Erbe von besonderer menschheitsgeschichtlicher Bedeutung, traditionelle Siedlungsform

Die Lehmbauten von Coro sind in der Karibik einzigartig. Coro ist das einzige erhaltene Beispiel einer Kolonialstadt, in der die lokale Bauweise mit Einflüssen aus dem spanischen Mudejar-Stil und holländischen Bauformen verschmolz. Die Stadt wurde als eine der ersten kolonialen Siedlungen 1527 gegründet; 602 ihrer Baudenkmäler blieben erhalten.

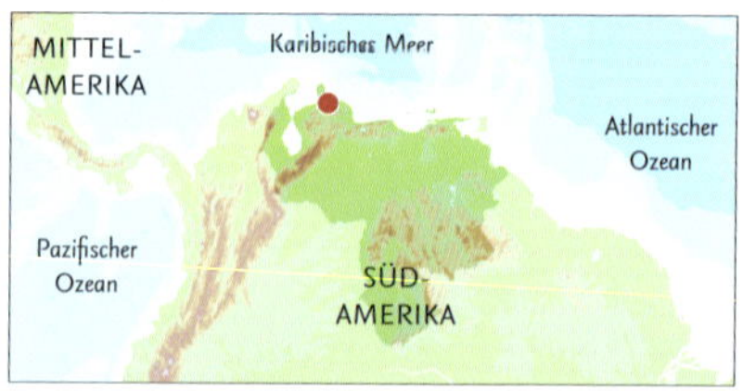

Im Unterschied zu anderen Küstenstädten sind in Coro sogar die öffentlichen Gebäude aus Lehm und nicht aus Steinen erbaut. Da das Straßennetz und viele frühe Bauwerke erhalten geblieben sind, gibt Coro einen Eindruck von den ersten Jahren der spanischen Kolonisation.

◄ Die Casa de las Ventanas de Hierro (Haus der eisernen Fenster) von 1765. Der barocke Toreingang ist 8 m hoch.

Höhlenwohnungen Sassi di Matera

Italien

Begründung der Aufnahme: Zeugnis einer Kultur, Erbe von besonderer menschheitsgeschichtlicher Bedeutung, traditionelle Siedlungsform

Sassi di Matera ist ein einzigartiges und bestens erhaltenes Beispiel einer Felsensiedlung im Mittelmeergebiet. Die Höhlenwohnungen sind optimal an die Landschaft und Ökologie der Region angepasst.

Matera verdankt seine Entstehung einer geologischen Besonderheit: In einer Schicht zwischen 350–400 m über dem Talboden lagerte sich weicher, vulkanischer Tuff ab. Er bildet zwei natürliche Senken, in denen sich der Ort entwickelte. Die Bewohner nutzen den tonhaltigen Boden der Hochfläche als Acker- und Weideflächen.

Matera ist seit der Steinzeit bewohnt. In jüngerer Zeit schlugen sich die geschichtlichen Epochen in der Bauweise nieder. Die raue Landschaft förderte einen unabhängigen Menschenschlag, der sich den Wellen von Eroberern, die auf die byzantinische Epoche folgten, erfolgreich widersetzte. Zudem war die Region interessant für Mönchsgemeinschafen und utopische Gesellschaftsmodelle.

Die ersten Wohnstätten waren einfache Höhlen im Tuffstein, die nach außen mit einer Mauer aus herausgebrochenen Tuffsteinen verschlossen wurden. Später versah man die Wohnungen mit Gewölbedächern und baute sie weiter ins Freie, sodass sie erweitert und individuell gestaltet werden konnten. Eine Gruppe von Wohneinheiten bildete eine Gemeinschaft (Vicinato) um einen Hof mit einer Gemeinschaftszisterne.

▼

Zedernwald von Ikushima
Japan

Begründung der Aufnahme: besonderes Naturphänomen, Schauplatz spezieller ökologischer und biologischer Prozesse

Der Wald im Innern der Insel Yakushima im Norden des Ryukyu-Archipels zeichnet sich durch eine reiche Flora mit etwa 1900 Arten und Unterarten aus. Unter ihnen sind mindestens 94 endemische Arten, von denen die meisten im Zentralgebirge wachsen. Die Berge ragen fast 2000 m hoch auf und sind die höchsten in Südjapan. Mehrere Gipfel sind höher als 1800 m, und die Bergketten am Rand des Zentralmassivs sind etwa 1000 m hoch. Die wichtigste Baumart ist der Sugi oder Japanische Sicheltanne („Zeder"), der über 1000 Jahre alt werden kann. „Jüngere" Exemplare unter 1000 Jahre werden Kosugi, ältere, die bis zu 3000 Jahre alt sind, werden Yakusugi genannt. Die Berge der Insel sind spirituell bedeutsam, und die Yakusugi werden sogar als heilig verehrt.

Zur abwechslungsreichen Fauna der Insel gehören 16 Säugetierarten; vier Unterarten sind auf der Insel selbst, weitere vier auf Yakushima und der Nachbarinsel Tanegashima endemisch. Vier der rund 150 Vogelarten gelten als lebende Nationalschätze, darunter das Komadori-Rotkehlchen und die Veilchentaube.

Archäologisches Ensemble Bend of the Boyne
Irland

Begründung der Aufnahme: Meisterwerk menschlicher Schöpferkraft, Zeugnis einer Kultur, Erbe von besonderer menschheitsgeschichtlicher Bedeutung

Die drei prähistorischen Fundstätten in einer Schleife des Flusses Boyne – Brú na Bóinne – Newgrange, Knoth und Dowth – liegen 50 km nördlich von Dublin. Die drei gewaltigen Grabhügel und etwa 40 kleinere Ganggräber (Dolmen) bilden eine großartige prähistorische Begräbnisstätte. Vor allem die zahlreichen Ganggräber sind von einzigartiger historischer Bedeutung in Europa, da sie von bestimmten religiösen und kultischen Vorstellungen zeugen, die über lange Zeit erhalten blieben. Rund um die Kultstätten wurden weiterhin Monumente errichtet, sowohl vor als auch nach der Christianisierung. Der Fluss, der das Landesinnere mit der Irischen See verband, war von wirtschaftlicher und politischer Bedeutung.

An keinem Ort auf der Erde wurde eine derart lange Siedlungsfolge – beginnend mit den Grabstätten der Megalithzeit – nachgewiesen wie in Brú na Bóinne. Die Ganggräber erzählen noch heute von den religiösen Vorstellungen und Riten der Megalithkultur.

Lagune von El Vizcaino (Schutzgebiet für Wale)
Mexiko

Begründung der Aufnahme: bedeutender natürlicher Lebensraum – Biodiversität

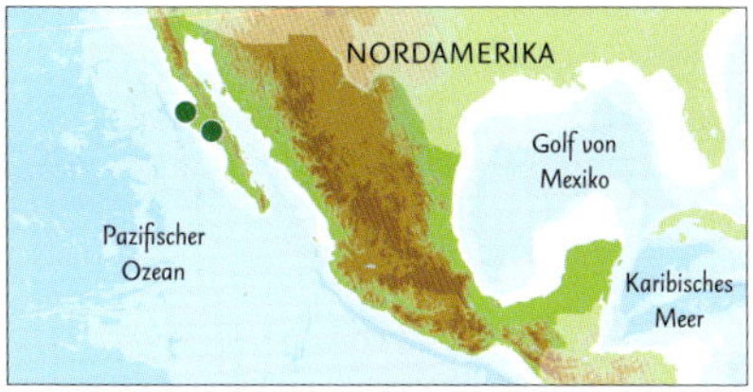

Das Schutzgebiet in der Mitte der Halbinsel Baja California beherbergt einige interessante Ökosysteme. In den Küstenlagunen Ojo de Liebre und San Ignacio versammeln sich die Grauwale, um ihre Kälber zu gebären und den Winter zu verbringen. Daneben kommen Seehunde, Kalifornische Seelöwen, Nördliche See-Elefanten und Blauwale vor. Die Lagunen gehen in flache, sandige und schmale Salzwasserbuchten über. An anderen Stellen finden sich Mangroven, Dünengesellschaften, Sträucher und Salzwiesen. In diesen artenreichen Ökosystemen überwintern Zugvögel, und Fischadler und Wanderfalken suchen nach Beute. In der engeren Uferzone leben etwa 20 bedrohte Tierarten, darunter vier Arten von Meeresschildkröten.

Neben der reichen Flora und Fauna gibt es mehrere bedeutende archäologische Stätten auf der Halbinsel. Man fand Petroglyphen, Wandmalereien und alte Ruinen, und auch die ersten europäischen Kolonisten haben ihre Spuren hinterlassen.

Barockkirchen in Manila, Santa Maria, Paoay und Miagao

Philippinen

Begründung der Aufnahme: Zeugnis kulturellen Austauschs, Erbe von besonderer menschheitsgeschichtlicher Bedeutung

Die Kirchen sind außergewöhnliche Beispiele für die philippinische Ausprägung des Barocks. Sie beeinflussten die spätere Kirchenarchitektur der Insel maßgeblich. Bei ihrem Bau verschmolz die europäische Bauweise mit den in der Region üblichen Materialen und Dekorationselementen zu einer neuen Tradition der Kirchenbaukunst. Die vier Kirchen, von denen die älteste von den Spaniern im späten 16. Jh. erbaut wurde, stehen in Manila (San Agustín im Stadtteil Intramuros), Santa Maria (Nuestra Señora de la Asuncion), Paoay (San Agustín) and Miagao (Santo Tomas de Villanueva). Die prächtige Fassade von Santo Tomas de Villanueva demonstriert die Anpassung europäischer Schmuckmotive an die philippinische Kultur: Der Christophorus im Giebelfeld ist heimisch gekleidet, er trägt Jesus auf dem Rücken und stützt sich auf einer Kokospalme ab.

Im Unterschied zu anderen philippinischen Stadtkirchen, die nach spanischer Tradition auf dem Hauptplatz erbaut wurden, stehen Kloster und Kirche Nuestra Señora de la Asuncion in Santa Maria auf einem Hügel und sind von einer Wehrmauer umgeben.

◄ Kirche San Agustín im Stadtteil Intramuros von Manila

Grabmal Kaiser Humajuns in Delhi

Indien

Begründung der Aufnahme: Zeugnis kulturellen Austauschs, Erbe von besonderer menschheitsgeschichtlicher Bedeutung

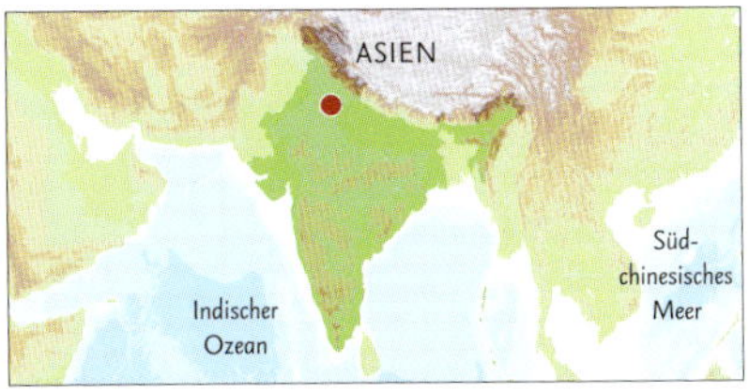

Dieses Grabmal ist von besonderer kunstgeschichtlicher Bedeutung, denn es ist das älteste erhaltene Garten-Grabmal aus der Epoche der Moguln auf dem indischen Subkontinent. Humajun war der zweite Mogul-Kaiser von Indien. 14 Jahre nach seinem Tod, in den Jahren 1569–1570 ließ seine Frau das Grabmal für 1,5 Mio. Rupien erbauen. An der Stätte wurden später weitere Mitglieder der Herrscherfamilie beigesetzt; sie umfasst insgesamt 150 Gräber. Die Beschreibung „Nekropole der Moguln" ist also durchaus treffend. Das eigentliche Grabmal steht inmitten eines großen Gartens. Er ist im Charbagh-Stil mit Teichen und Kanälen gestaltet. Die Anlage leitete viele architektonischer Innovationen ein, die ein Jahrhundert später im Tadsch Mahal kulminierten.

Humajun war weit durch die islamische Welt gereist, insbesondere durch Persien und Zentralasien. Seine Erfahrungen und Ideen flossen in die Gestaltung des Grabmals ein. Der Bau ist noch weitgehend in seinem Originalzustand; die geringfügigen Ausbesserungsarbeiten der jüngsten Zeit wurden äußerst sorgfältig ausgeführt.

Wikingersiedlungen Birka und Hovgården

Schweden

Begründung der Aufnahme: Zeugnis einer Kultur, Erbe von besonderer menschheitsgeschichtlicher Bedeutung

Birka und Hovgården sind ungewöhnlich vollständige und ungestörte Bodendenkmäler von Handelsniederlassungen der Wikinger aus dem 8.–10. Jh. n. Chr. Hier gründete der Hl. Ansgar 831 die erste christliche Gemeinde in Schweden. Obwohl Birka noch keine richtige Stadt war, nahm es große Teile des Westens der Insel Björkö ein. An der Oberfläche sind nur noch die Wälle der Hügelfestung, der Verlauf der langen Mauern um die Stadt, Spuren des Hafens und steinerne Kaianlagen zu sehen. Dazu kommen etwa 3000 Grabhügel und Steinsetzungen um die Hauptsiedlung. Dank der Lage auf einer kleinen Insel wurde das gesamte Bodendenkmal kaum durch moderne Entwicklungen in Mitleidenschaft gezogen. Hovgården liegt auf der Nachbarinsel Adelsö.

Von der Siedlung Birka blieben an der Oberfläche keine Ruinen erhalten. Archäologen konnten aber die Lage der Siedlung anhand der so genannten „schwarzen Erde" (menschliche Siedlungsspuren) und hölzernen Pfostenresten nachweisen.

Dörfer und Wehrkirchen in Transsilvanien (Siebenbürgen)

Rumänien

Begründung der Aufnahme: Erbe von besonderer menschheitsgeschichtlicher Bedeutung

Die alten Dörfer mit ihren Wehrkirchen prägen das lebendige Bild der Kulturlandschaft im Süden Transsilvaniens. Die sieben Dörfer, die in die Liste des Welterbe aufgenommen wurden, sind Gründungen sächsischer Siedler. Ihr System der Landnutzung, die Siedlungsweise und die Organisation der Höfe innhalb der Familien haben sich seit dem Mittelalter erhalten. Die zwischen dem 13. und 16. Jh. erbauten Wehrkirchen beherrschen noch immer das Ortsbild.

Die Siebenbürgener Sachsen verfügten nicht über die Finanzkraft des Adels oder reicher Kaufleute, die ganze Städte befestigen konnten. Daher bauten sie wehrhafte Mauern um ihre Kirchen und legten darin auch Speicher an, sodass sie lange Belagerungen aushalten konnten.

◄ Die Wehrkirche von Viscri (Deutsch-Weißkirch)

Historisches Zentrum von Buchara
Usbekistan

Begründung der Aufnahme: Zeugnis kulturellen Austauschs, Erbe von besonderer menschheitsgeschichtlicher Bedeutung, Verknüpfung mit Ereignissen von universeller Bedeutung

Das über 2000 Jahre alte Buchara an der historischen Seidenstraße hat sich das vollständigste und am besten erhaltene mittelalterliche Stadtbild Zentralasiens bewahrt. Unter den Baudenkmälern zeichnen sich vor allem das Mausoleum von Ismail Samani aus, ein Meisterwerk islamischer Architektur des 10. Jh., außerdem das reich verzierte Minarett der Kaljan-Moschee aus dem 11. Jh., die Magoki-Moschee und das Mausoleum Chashma Ayub (Hiobsquelle). Hinzu kommen mehrere Medressen aus dem 17. Jh. Die Altstadt ist praktisch ein Freilichtmuseum, in dem die Stadtgeschichte als Architekturensemble ausgebreitet wird. Der eigentliche Wert des Kulturerbes liegt weniger in einzelnen Bauwerken als vielmehr in der sorgfältig geplanten, geschlossenen Stadtlandschaft als Ganzem.

Schon vor der Eroberung durch die Araber war Buchara eine der größten Städte Zentralasiens. Unter dem Kalifat von Bagdad (709) entwickelte sich die Stadt zum kulturellen Zentrum; 892 wurde sie Hauptstadt des unabhängigen Königreiches der Samaniden. Die wirtschaftliche Blüte endete 1220 abrupt, als die Stadt von den Truppen Dschingis Khans geplündert wurde.

▼

Altstadt von Bamberg
Deutschland

Begründung der Aufnahme: Zeugnis kulturellen Austauschs, Erbe von besonderer menschheitsgeschichtlicher Bedeutung

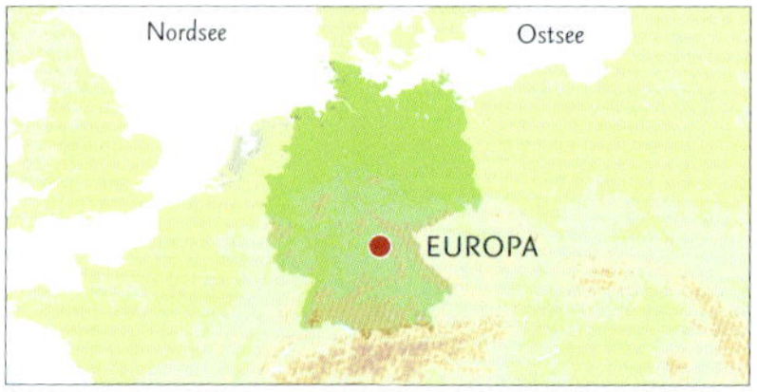

Bamberg ist ein außergewöhnliches und repräsentatives Beispiel für eine mittelalterliche europäische Stadt, in der nicht nur das Straßennetz, sondern auch viele kirchliche und weltliche Bauwerke erhalten geblieben sind. Der mittelalterliche Standgrundriss war als Kreuz geplant, wobei vier Kirchen die Kreuzbalken markierten: St. Michael, St. Stephan, St. Gangolf und St. Jakob. In der Zeit der größten wirtschaftlichen Blüte (ab dem 12. Jh.) beeinflusste Bamberg die Stadtbaumeister in ganz Europa. Bamberg blieb bis ins späte Mittelalter eine reiche Stadt, nicht zuletzt, weil ab hier der Main schiffbar wurde. Außerdem war die Stadt ein bedeutendes kulturelles Zentrum, das im späten 18. Jh. die Keimzelle der Aufklärung in Süddeutschland und der Wohnort berühmter Philosophen und Schriftsteller, wie Hegel oder E. T. A. Hoffmann, war.

Zum Welterbe gehören die drei Siedlungskerne, die nach der Stadtgründung zusammenwuchsen. In der Bergstadt stehen der Bamberger Dom mit dem Dombezirk; die Inselstadt wird von den beiden Armen der Regnitz umflossen; die Theuerstadt ist ein spätmittelalterliches Viertel mit Gärtnereien, offener Bebauung und weiten Freiflächen.

▼ Das Alte Rathaus über der Regnitz

Jesuitenmissionen La Santísima Trinidad de Paraná und Jesús de Tavarangue

Paraguay

Begründung der Aufnahme: Erbe von besonderer menschheitsgeschichtlicher Bedeutung

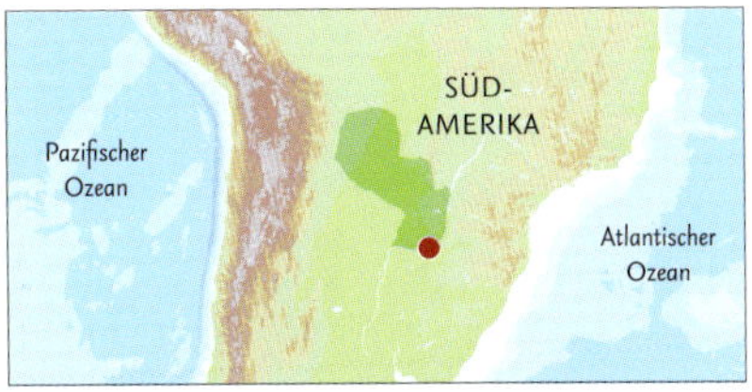

Als die Spanische Krone den Jesuiten die Grenzregion von Paraguay schenkte (1609), gründete der Orden 30 Reducciones (Siedlungen mit Missionsstation) im La-Plata-Becken. Den Jesuiten war ausdrücklich daran gelegen, die indigene Bevölkerung vor der Ausbeutung durch die herrschenden Kolonisten zu schützen. Deren System der Pacht und Fronarbeit degradierte die Indianer zu Sklaven. Andererseits wollten die Jesuiten die Indianer zum Christentum bekehren und sie zu einem sesshaften Leben erziehen. La Santísima Trinidad war das ambitionierteste Siedlungsprojekt der Missionare und zugleich die Hauptstadt der Region Guayrá. Die Mission wurde 1706 von dem bekannten Jesuiten-Architekten Juan Bautista Primoli geplant, der die Steinkirche mit einer schönen Kuppel krönte und kunstvoll ausstatten ließ.

Die am besten erhaltene Kirche La Santísima Trinidad hat große symbolische Bedeutung, denn in der Ausstattung spiegelt sich das Ziel der Jesuiten: die Vereinigung christlicher und indigener Elemente.

Klosteranlage Maulbronn

Deutschland

Begründung der Aufnahme: Zeugnis kulturellen Austauschs, Erbe von besonderer menschheitsgeschichtlicher Bedeutung

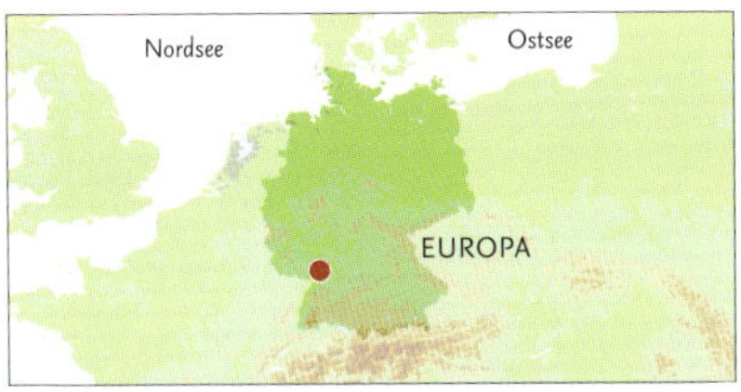

Das Zisterzienserkloster Maulbronn wurde 1147 gegründet. Es ist das am besten erhaltene mittelalterliche Kloster nördlich der Alpen, und sein mittelalterlicher Grundriss und die Kernbauten blieben beinahe vollständig intakt. Nur das Refektorium der Mönche und die Schlafsäle der Laienbrüder wurden nach der Reformation umgebaut, um sie als protestantisches Seminar zu nutzen. Die meisten der von einer Mauer umschlossenen Bauten entstanden zwischen dem 12. und 16. Jh. Die Klosterkirche in einem Übergangsstil zur Gotik hat die Ausbreitung der Gotik in Nord- und Mitteleuropa beschleunigt. Das Holzdach der Kirche wurde 1424 durch ein gotisches Gewölbe ersetzt, das die Tradition der Zisterzienser widerspiegelt: Askese und Verzicht.

Die Zisterzienser waren berühmt für ihre Wasserbaukunst. In Maulbronn konstruierten sie ein komplexes System aus Kanälen, Wasserspeichern und Abflüssen, um das Kloster, die Fischteiche und die Felder mit Wasser zu versorgen.

Eisenhütte Engelberg
Schweden

Begründung der Aufnahme: Erbe von besonderer menschheitsgeschichtlicher Bedeutung

Die Eisenhütte Engelberg ist ein außergewöhnliches Beispiel für einen einflussreichen Industriekomplex des 17.–19. Jh. Große Teile der technischen Ausstattung und die Verwaltungs- und Wohngebäude sind noch intakt. Der bestens erhaltene und vollständige Industriekomplex verkörpert das Erfolgsmodell, das Schweden über zwei Jahrhunderte die weltweite Führungsrolle in der Eisenverarbeitung sicherte. Die Einwohner der Region produzierten schon seit dem 13. Jh. Eisen, doch erst seit dem Spätmittelalter trieben Wasserräder die Schmiedehämmer und Blasebälge für die Schmelzöfen an – das war die Geburtsstunde der Eisenindustrie. Zum Ende des 16. Jh. stellte Engelberg die ersten Eisenbarren her, und bis zur Mitte des 17. Jh. hatte der Betrieb eine enorme Größe erreicht.

Betriebe wie Engelberg waren völlig autonom. Es gab technische Einrichtungen, aber auch Verwaltungs- und Wohngebäude für das Management und die Arbeiter, die auch die betriebseigenen Felder bewirtschafteten. Die interessantesten Bauten sind das Haus des Obergärtners, die Brauerei, Ställe, Wagenschuppen und Schmieden.

Kloster Horezu
Rumänien

Begründung der Aufnahme: Zeugnis kulturellen Austauschs

Der Kantakuzenen-Fürst Konstantin Brankovan gründete 1690 das Kloster Horezu in der Walachei, ein Meisterwerk des Barock. Es wurde gemäß den Regeln der Athos-Klöster angelegt: Das Katholikon ist von einer Mauer umgeben; außerhalb stehen mehrere Skiten, Tochterhäuser des Hauptklosters. Alle Gebäude sind entlang einer Ost-West-Achse ausgerichtet; die Skiten bilden die Kreuzform nach. Das Kloster ist berühmt für seine architektonische Reinheit und Ausgewogenheit, den reichen Skulpturenschmuck, die christlichen Kompositionen, die Votivtafeln und die dekorative Malerei. Im 18. Jh. war die Mal- und Ikonenmalschule des Klosters auf dem ganzen Balkan berühmt.

Fürstin Maria, die Frau von Konstantin Brankovan, gründete die Kirche von Bolnica als Teil des Hauptklosters. Die Kirche zeichnet sich durch eine ungewöhnliche Wandmalerei aus, die das Leben eines guten Mönches darstellt.

Adelssitz Himeji-jo
Japan

Begründung der Aufnahme: Meisterwerk menschlicher Schöpferkraft, Erbe von besonderer menschheitsgeschichtlicher Bedeutung

Himeji-jo ist die schönste erhaltene Adelsburg aus dem frühen 17. Jh. in Japan. Die Burg aus der Frühzeit der Shogun-Epoche besteht aus insgesamt 83 Einzelbauten, die ein hoch entwickeltes Verteidigungs- und Abwehrsystem bilden. Die Gebäude sind Meisterwerke der Holzkonstruktion. Das Herz der Anlage bildet der Tenshu-gun, ein Wehrturm mit drei untergeordneten Türmen und ihren Verbindungsbauten. Sie sind von einem Kranz aus Wachtürmen und mit Steinen verkleideten Erdwällen umgeben. Der zentrale Turm besteht aus einem Untergeschoss und sechs Etagen. Das weiß verputzte Äußere dieses Turms gab der Burg ihren zweiten Namen: Burg des weißen Reihers (Shirasagi-jo).

Zu Beginn der Shogun-Epoche wurden in Japan viele Burgen erbaut. Die meisten sind inzwischen aufgegeben, und viele wurden im Zweiten Weltkrieg zerstört. Nur eine Handvoll dieser Burgen hat überlebt. Himeji-jo ist unter ihnen die am wenigsten veränderte und vollständigste, nicht zuletzt dank der Erhaltungsarbeiten von Offizieren nach der Meiji-Restauration. ▶

Bauten der Römerzeit und des frühen Mittelalters in Merida

Spanien

Begründung der Aufnahme: Zeugnis einer Kultur, Erbe von besonderer menschheitsgeschichtlicher Bedeutung

Am Ende des spanischen Feldzuges gründeten die Römer 25 v. Chr. die Colonia Augusta Emerita – das heutige Merida in der Estremadura – als Hauptstadt von Lusitanien. Die Stadt ist ein hervorragendes Beispiel für eine römische Provinzstadt und deren weitere Entwicklung. Zahlreiche Bauten aus römischer Zeit blieben erhalten, wie die Brücke über den Guadiana, deren zwei Teilabschnitte auf einer Insel in der Flussmitte verbunden sind, oder das klassisch vitruvianische Theater, das in einen flachen Hügel eingebaut und unter M. Agrippa eröffnet wurde. Weitere wichtige Bauwerke sind das Amphitheater für 15 000 Zuschauer, der Tempel der Diana aus den ersten Jahren des 1. Jh. n. Chr. und der Trajansbogen, der ein Eingang in die Stadt oder wahrscheinlicher in den Tempelbezirk der Diana gewesen sein könnte. Außerdem sind Reste des Circus erhalten, der zu den größten im Römischen Reich zählte.

Die Aquädukte und andere Bestandteile der römischen Wasserversorgung sind nahezu vollständig erhalten und in gutem Zustand. Neben den Aquädukten umfassen die Anlagen drei Staudämme und mehrere unterirdische Kanäle. Die beiden Dämme Proserpino und Cornalvo sind die besten Beispiele für diese Art der römischen Wasserversorgung.

Das vitruvianische Theater in Merida ▼

Kaiserstadt Huë

Vietnam

Begründung der Aufnahme: Zeugnis kulturellen Austauschs, Erbe von besonderer menschheitsgeschichtlicher Bedeutung

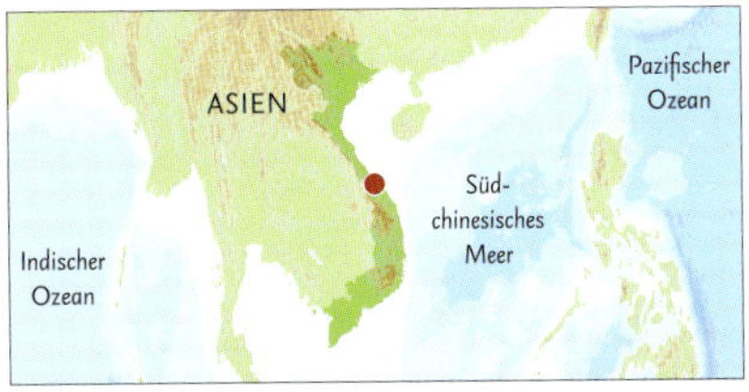

Huë wurde 1802 als Hauptstadt des vereinigten Vietnams gegründet. Es war nicht nur bis 1945 die politische Hauptstadt der Nguyen-Dynastie, sondern auch kulturelles und religiöses Zentrum des Landes. Das gut erhaltene Stadtbild und die Baudenkmäler machen Huë zu einem außergewöhnlichen Zeugen feudaler Stadtplanung der jüngeren Zeit. Die Stadt besteht aus vier Zitadellen oder befestigten Stadtbezirken: Kinh Thanh (Hauptstadt) mit den öffentlichen Verwaltungsgebäuden; Hoang Thanh (Kaiserstadt) mit königlichen Palästen und Schreinen; die Verbotene Purpurstadt Tu Cam Thanh mit der königlichen Residenz; und Dai Noi (Innere Stadt) mit Ziegelmauern und einem Wassergraben. Eine fünfte Festung (Tran Hai Thanh) entstand etwas später, um die Hauptstadt gegen Angriffe vom Meer her zu verteidigen. Der Parfümfluss, die Hauptverkehrsachse, teilt die Stadt in zwei Hälften.

Die neue Haupstadt stand im Einklang mit Prinzipien fernöstlicher Philosophie und vietnamesischen Traditionen: Fünf Kardinalpunkte (das Zentrum und die vier Himmelsrichtungen), fünf Naturelemente (Erde, Metall, Holz, Wasser, Feuer) und fünf Grundfarben (Gelb, Weiß, Blau, Schwarz und Rot) lagen der Stadtplanung zugrunde, und einige wichtige Bauten tragen die Namen dieser Ordnungsprinzipien.

Mauer und Tor das Grabes von Tu Duc ▼

Bemalte Kirchen in der nördlichen Moldau

Rumänien

Begründung der Aufnahme: Meisterwerk menschlicher Schöpferkraft, Erbe von besonderer menschheitsgeschichtlicher Bedeutung

In der Moldau wurde die christliche Tradition, Außenwände zu verzieren, übernommen und ausgeweitet. Die Malereien haben eine eigene Ikonografie, in der bestimmte Szenen – Hierarchie der Kirche, Jüngstes Gericht, Baum Jesse – immer wieder vorkommen.

Diese sieben Kirchen um Suceava in der nördlichen Moldau sind Meisterwerke der byzantinischen Kunst und einzigartig in Europa. Ihre Außenwände wurden im 15. und 16. Jh. mit Fresken bemalt. Es sind keine einfachen Wanddekorationen, sondern komplette christliche Bilderzählungen, die alle Mauern bedecken. Ihre außergewöhnliche Komposition, die elegante Linienführung und die harmonischen Farben fügen sich perfekt in die Landschaft ein. Die Kirche St. Georg im ehemaligen Kloster Voronet wurde von Stephan dem Großen gegründet. Gemeinderaum und Altarraum wurden zwischen 1488 und 1496, der Narthex 1552 bemalt. Wände und Gewölbe der äußeren Vorhalle zeigen in 365 Bildern den Heiligenkalender. Auf den Außenwänden sind traditionelle Szenen, auf der Westwand das berühmte Jüngste Gericht dargestellt.

Naturpark Tubbataha-Riff

Philippinen

Begründung der Aufnahme: besonderes Naturphänomen, Schauplatz spezieller ökologischer und biologischer Prozesse, bedeutender natürlicher Lebensraum – Biodiversität

Die Korallen, die das Tubbataha-Riff aufgebaut haben, gehören 46 verschiedenen Gattungen an. Auf den Inseln brüten 46 Vogelarten. Im Meer kommen 379 Fischarten vor, darunter regelmäßig Haie und Rochen. Die Riffe sind nicht dauerhaft bewohnt, nur während der Fischfangsaison leben hier einige Fischer in periodischen Unterkünften.

Der Naturpark Tubbataha-Riff besteht aus zwei Atollen (Nord-, Südriff), die von einem 8 km breiten Kanal getrennt werden, und dem riesigen Jessie-Beazley-Riff, einem Korallenriff. Das Nordriff ist ein rechteckiges, 2 km breites Tafelriff, das eine bis zu 25 m tiefe, sandige Lagune umschließt. Aus der Lagune ragt nur die kleine Nordinsel heraus, auf der Vögel brüten und Meeresschildkröten ihre Eier ablegen. Zum Meer hin fällt die Riffkante 40–50 m tief fast senkrecht ab. Das Südriff ist kleiner, dreieckig und 1–2 km breit. Wie das Nordriff besteht es aus einem tafelförmigen Korallenriff, das eine sandige Lagune mit einer kleinen Insel umschließt, auf der die Nistplätze von Vögeln und Meeresschildkröten liegen.

Kutub Minar mit seinen Moscheen und Grabbauten in Delhi

Indien

Begründung der Aufnahme: Erbe von besonderer menschheitsgeschichtlicher Bedeutung

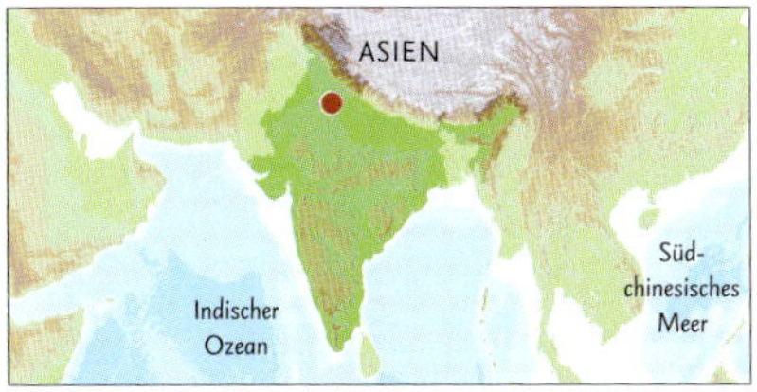

Ein Turm aus rotem Sandstein beherrscht die eindrucksvolle Gruppe islamischer Bauwerke von Kutub Minar. Sein Bau begann 1202, und in seiner heutigen Form hat er fünf Stockwerke, die jeweils durch Balkone getrennt werden. Das unterste Stockwerk ist abwechselnd mit runden und vierkantigen, das zweite nur mit runden, das dritte nur mit vierkantigen Kannelierungen eingefasst. Der Turm ist 72,50 m hoch und sein Durchmesser nimmt von 14,32 m an der Basis auf 2,75 m an der Spitze ab. Von den Grabdenkmälern in der Umgebung sind vor allem das Alai-Darwaza Tor, ein Meisterwerk indisch-muslimischer Kunst (1311), und zwei Moscheen bemerkenswert. Die Quwwatu'l-Islam (Macht des Islam) ist die älteste Moschee in Nordindien; das Baumaterial stammt aus 20 alten brahmanischen Tempeln. Diese Moschee ist mit Hof, Kreuzgängen und einer Gebetshalle ausgestattet.

Die Eiserne Säule in der Moschee ist 7,02 m hoch; davon stecken 93 cm im Boden. Sie trägt eine Inschrift in Sanskrit aus dem 4. Jh. n. Chr. Der Pfeiler wurde aus vielen hunderten kleiner schmiedeeiserner Blüten zusammengeschweißt. Er ist das größte bekannte zusammengesetzte Eisenobjekt dieser frühen Zeit.

Alter Kreuzgang mit reliefierten Steinsäulen
▼

Bergbaustadt Banská Štiavnica (Schemnitz)

Slowakei

Begründung der Aufnahme: Erbe von besonderer menschheitsgeschichtlicher Bedeutung, traditionelle Siedlungsform

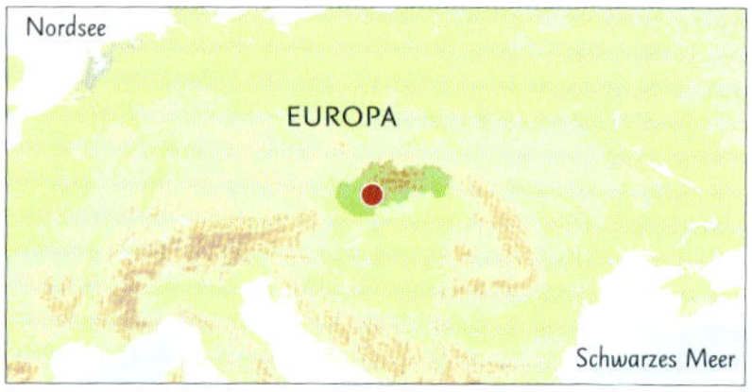

Die mittelalterliche Bergbaustadt Banská Štiavnica fügt sich harmonisch in ihre Umgebung ein. Das Welterbe umfasst einzigartige Zeugnisse des Bergbaus und der Metallbearbeitung. Im 15. Jh. erlebte die Stadt ihre größte wirtschaftliche Blüte. Sie bekam eine wehrhafte Mauer, die Pfarrkirche wurde erneuert und befestigt, und viele neue Häuser entstanden. Einige davon wurden im 16. Jh. in Renaissance-„Paläste" umgebaut. In den Bergwerken kamen technische Neuerungen zum Einsatz. So steigerte die erste unterirdische Sprengung mit Schießpulver (1627) den Vortrieb, und Wasserkraft erleichterte die Arbeit in den Stollen und oberirdischen Versorgungseinrichtungen, insbesondere im 18. Jh. Banská Štiavnica wurde zum wichtigsten Bergwerk für Edelmetalle im Habsburger Reich, das zahlreiche führende Ingenieure und Metallurgen aus ganz Europa anzog.

Banská Štiavnica ist die älteste Bergbaustadt der Slowakei; schon das Stadtsiegel von 1275 zeigt eine Bergbauszene. Die Stadt liegt auf den steilen Hängen des Glanzenberges in den Schemnitzer Bergen. Die Erze wurden bereits seit der späten Bronzezeit ausgebeutet; in einem Dokument von 1156 heißt die Region „Land der Bergleute".

◄ Nový Zámok (Neue Burg) wurde 1564–1571 auf einem Hügel über der Stadt erbaut. Der ehemalige Wachturm dient heute als Museum.

Buddhistische Heiligtümer von Horyu-ji

Japan

Begründung der Aufnahme: Meisterwerk menschlicher Schöpferkraft, Zeugnis kulturellen Austauschs, Erbe von besonderer menschheitsgeschichtlicher Bedeutung, Verknüpfung mit Ereignissen von universeller Bedeutung

Im Umfeld von Horyu-ji in der Präfektur Nara stehen 48 buddhistische Heiligtümer. Einige stammen noch vom Ende des 7. Jh. oder dem Beginn des 8. Jh.; damit sind sie die ältesten stehenden Holzbauten der Erde. Da der Bau der Heiligtümer mit der Einführung des Buddhismus in Japan einherging, der über die koreanische Halbinsel ins Land gelangt war, stellen sie wichtige Zeugnisse der Religionsgeschichte dar. Sie zeigen, wie japanische Baumeister die chinesische buddhistische Architektur an die japanische Tradition anpassten.

◄ Ein Tsukubai (Wasserbecken) in einem der buddhistischen Tempel von Horyu-ji

Diese Tempel, Klöster und Nebengebäude sind die ältesten buddhistischen Bauwerke Japans; sie entstanden kurz nachdem der Buddhismus Mitte des 6. Jh. nach Japan vordrang. Horyu-ji sollte die japanische Sakralarchitektur entscheidend beeinflussen.

Buchenwald von Shirakami

Japan

Begründung der Aufnahme: Schauplatz spezieller ökologischer und biologischer Prozesse

Dieser Wald im gebirgigen Norden von Honshu ist der letzte verbliebene Rest der natürlichen Kerbbuchenwälder, die einst die Hügel und Berghänge in Nordjapan bedeckten. Das Schutzgebiet umfasst ein Drittel der bis zu 1200 m hohen Shirakami-Berge, die von tiefen Tälern mit steilen Hängen durchzogen werden. Der Restwald ist ein wichtiges Rückzugsgebiet für die typische Flora und Fauna von Honshu. Zu den 87 Vogelarten gehört auch der Steinadler, der selten brütet und in Japan bedroht ist. Im Kernbereich des Schutzgebiets brüten drei Schwarzspechtpaare, auch Nepalhaubenadler und Japanische Seraus wurden beobachtet. Japanische Kragenbären kommen häufiger vor.

Der Park ist völlig unzugänglich und weder durch Straßen noch Wanderwege erschlossen. Kein menschliches Bauwerk stört die Natur. Die Region ist streng geschützt. Nur die japanischen Bärenjäger (*Matagi*) dürfen als kultische Handlung Bären mit besonderen Jagdtechniken jagen.

Königliches Kloster Santa María de Guadeloupe

Spanien

Begründung der Aufnahme: Erbe von besonderer menschheitsgeschichtlicher Bedeutung, Verknüpfung mit Ereignissen von universeller Bedeutung

Das Kloster ist eine Schatzkammer, die vier Jahrhunderte spanischer Architektur birgt. Es steht für zwei wichtige Ereignisse der Weltgeschichte, die sich im Jahre 1492 zugetragen haben: Die Rückeroberung der Iberischen Halbinsel durch die spanischen Könige und die Ankunft Kolumbus' in Amerika. Das Kloster war und ist sowohl Pilgerziel als auch Kulturzentrum von höchstem Rang. Seine Krankenhäuser und seine Ärzteschule waren ebenso berühmt wie das Skriptorium und die Bibliothek mit einer Vielzahl wertvoller Manuskripte. Guadeloupe zog viele berühmte Künstler an, wie Juan de Sevilla, Francisco de Zurbarán, Vicente Carducho oder Luca Giordano. Die Harmonie zwischen der Architektur des Gebäudes und den Kunstwerken macht den besonderen Wert dieses Ensembles aus.

Das Kloster liegt über einem Tal, und wird von hohen Bergen und dichter Vegetation eingerahmt. Seine berühmte Statue der Jungfrau Maria wurde zum Symbol der Christianisierung der Neuen Welt.

Ruinen von Joya de Cerén

El Salvador

Begründung der Aufnahme: Zeugnis einer Kultur, Erbe von besonderer menschheitsgeschichtlicher Bedeutung

Joya de Cerén war eine präkolumbische Bauernsiedlung, die bei dem Ausbruch des Laguna-Caldera-Vulkans um 600 n. Chr. von vulkanischer Asche begraben wurde. Die Asche konservierte die Überreste, die einen detaillierten Einblick in das alltägliche Leben einer bäuerlichen Gesellschaft zu dieser Zeit in Mittelamerika gewähren. Bisher wurden zwölf Einheiten ausgegraben: Wohnhäuser, Speicher, Werkstätten, Küchen und eine Gemeinschaftssauna. Vermutlich lebten in Ceren etwa 200 Menschen, von denen allerdings keine Spuren gefunden wurden. Die einzelnen Gebäude mit Schlafzimmern, Speichern, Küchen und Werkstätten stehen gruppenweise zusammen. Ein großes Haus und ein Schwitzhaus wurden gemeinschaftlich genutzt; in zwei weiteren Bauten könnten Schamanen oder Heiler gewohnt haben.

Wahrscheinlich konnten die Bewohner rechtzeitig fliehen, weil sie durch ein Erdbeben vorgewarnt waren. Unter der vulkanischen Asche fand man viele Gegenstände des täglichen Gebrauches, wie Gartenwerkzeuge, Töpfe mit Bohnen, Schlafmatten und verschiedene kultische Objekte.

Levoča (Leutschau), Spišský Hrad (Zipser Burg) und damit assoziierte Kulturmonumente

Slowakei

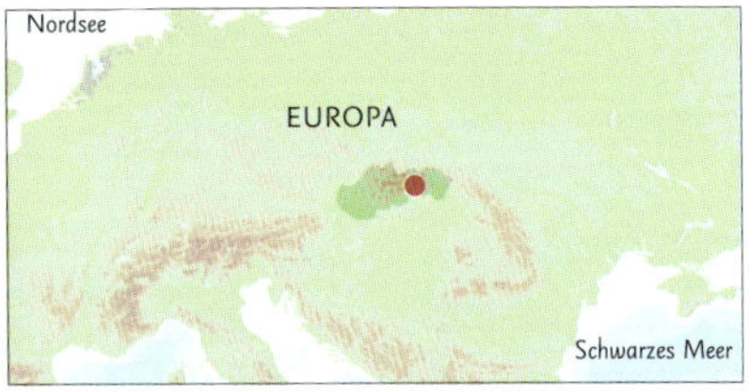

Begründung der Aufnahme: Erbe von besonderer menschheitsgeschichtlicher Bedeutung

Die Altstadt von Levoča stammt aus dem 13. und 14. Jh. und ist weitgehend erhalten. Sehenswert ist die dem heiligen Jakob gewidmete Kirche – ein durchgängig im gotischen Stil gestaltetes Gotteshaus – mit zehn Altären aus dem 15. und 16. Jh.

Spišský Hrad (Zipser Burg) und die drei zugehörigen Stätten stellen eines der umfangreichsten Ensembles militärischer, politischer und kirchlicher Bauten des 13.–14. Jh. in Osteuropa dar. Die Burg erhebt sich auf einem spektakulären Hügel über eine Ebene in der westlichen Slowakei. Der Bau der heutigen Burg begann im 13. Jh.; zu ihren Füßen entwickelte sich der Ort Spišské Podhradie (Kirchdrauf).

Die erste, beim Tartarensturm zerstörte Kirche des Ortes wurde 1258–1273 neu gebaut. Im 14. Jh. entstand ein neues, regelmäßiges Straßennetz, das im 15. Jh. erweitert wurde. Spišskà Kapitula (Zipser Kapitel) ist ein einzigartiger, befestigter Komplex aus Kirchenbauten, die sich um die Kirche St. Martin scharen (Baubeginn 1285). Žehra ist eine der ältesten Siedlungen in der Region.

▲
Die Burg ist eine der größten Anlagen in Osteuropa und berühmt für ihre romanische und gotische Architektur. Die Kernburg aus Bergfried und Burghof wird von einer großen Ringmauer mit befestigten Zugangstoren umgeben. Das Burgtor führt in den äußeren Burghof, wo sich auch die Kaserne für die Soldaten befand.

Bauerndorf Vlkolínec

Slowakei

Begründung der Aufnahme: Erbe von besonderer menschheitsgeschichtlicher Bedeutung, traditionelle Siedlungsform

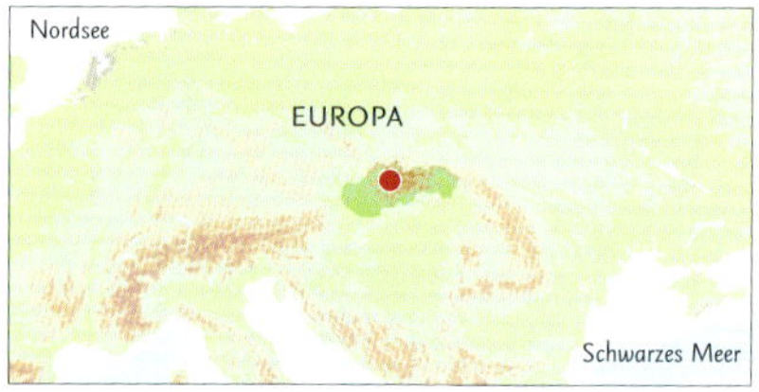

Vlkolínec in der Zentralslowakei ist ein bemerkenswert gut erhaltenes Bauerndorf. Seine 45 Gebäude zeichnen das lebendige Bild eines traditionellen mitteleuropäischen Dorfes. Obwohl die meisten Häuser aus dem 19. Jh. stammen, hat sich Vlkolínec den Charakter eines mittelalterlichen Dorfes bewahrt. Die typischen Wohnhäuser sind an der Straße aufgereiht; dahinter stehen die Ställe, kleinere Nebengebäude und Scheunen. Die Häuser im Blockhausstil haben einen steinernen Sockel und wurden mit Lehm verputzt und weiß oder blau angestrichen. Die schmalen Parzellen der Bauern sind noch wie im feudalen Mittelalter als Streifenflur gegliedert. Jenseits der Parzellen liegen Allmende und Wald.

Das erste Zeugnis einer Besiedelung stammt aus dem 14. Jh. Den Namen Vlkolínec könnte ein Erlass von 1630 erklären: Die Dorfbewohner mussten sich verpflichten, die Wolfsgruben in einem gutem Zustand zu halten.

Ein typischer Bauernhof in Vlkolínec
▼

Altstadt von Zacatecas
Mexiko

Begründung der Aufnahme: Zeugnis kulturellen Austauschs, Erbe von besonderer menschheitsgeschichtlicher Bedeutung

Zacatecas wurde 1546 gegründet, als man in der Nähe reiche Silbervorkommen entdeckte. Im 16. und 17. Jh. erlebte der Ort seine Blütezeit. Dank der Lage auf einem steilen Hang ergeben sich immer wieder fantastische Blicke auf die Landschaft und die bedeutenden Gebäude der Altstadt. Die Kathedrale wurde zwischen 1730 und 1760 in einem reichen Barockstil mit außergewöhnlichem Fassadenschmuck erbaut. In den Schmuckformen verschmelzen indigene Traditionen mit der Ikonografie der katholischen Kirche. Die schlichte Schönheit der Jesuitenkirche Santo Domingo steht in scharfen Kontrast zum flamboyanten Barock des Kollegs daneben. Seine große Kuppel und seine Türme bilden den Gegenpol zur Kathedrale; heute beherbergt es ein Kunstmuseum.

Zacatecas war das wirtschaftliche Zentrum der ganzen Region. Ein System aus Forts (Presidios), Dörfern und Landgütern (Haziendas) diente zur Versorgung und Verteidigung. Die Stadt war aber auch der Ausgangspunkt für die Missionierung des Nordens. Der Konvent San Francisco, später das Kolleg in Guadalupe, gründete über 70 Missionsstationen, die bis nach Texas und Kalifornien verteilt waren.

Felszeichnungen in der Sierra de San Francisco
Mexiko

Begründung der Aufnahme: Meisterwerk menschlicher Schöpferkraft, Zeugnis einer Kultur

Die Sierra de San Francisco im Reservat El Vizcaino auf der Halbinsel Baja California war von 100 v. Chr. bis 1300 n. Chr. besiedelt. Die Bewohner haben außergewöhnliche Felszeichnungen hinterlassen. Dank des trockenen Klimas und der Unzugänglichkeit der Region sind die Malereien bemerkenswert gut erhalten. Die menschlichen Figuren und zahlreichen Tierdarstellungen verdeutlichen die Wechselbeziehungen zwischen den Menschen und ihrer Umwelt, was auf eine hoch entwickelte Kultur schließen lässt. Die Komposition, die Größe, die präzise Darstellung der Bilder und vor allem die große Anzahl erhaltener Malereien bilden ein beeindruckendes kulturelles Erbe, das von einer einzigartigen künstlerischen Tradition zeugt.

Die prähistorischen Felsenmalereien fielen zuerst dem Jesuitenpater Francisco Javier Clavijero auf, der 1789 in einer Veröffentlichung in Rom davon berichtete. Bisher wurden 400 Stätten gefunden.

Befestigtes Kloster der Heiligen Dreifaltigkeit und des Heiligen Sergius in Sergiev Posad

Russische Föderation

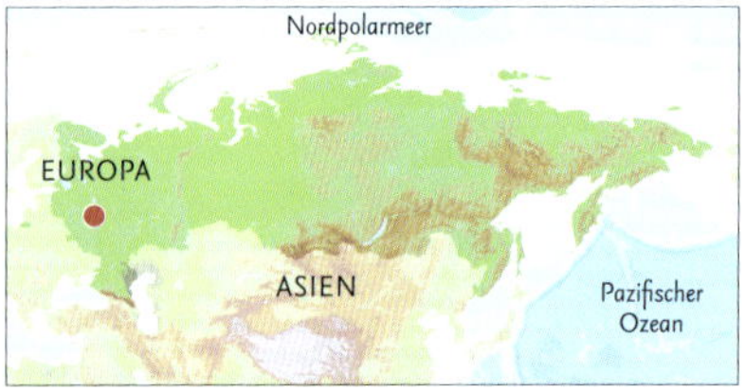

Begründung der Aufnahme: Zeugnis kulturellen Austauschs, Erbe von besonderer menschheitsgeschichtlicher Bedeutung

Das Dreifaltigkeitskloster des Hl. Sergius ist ein außergewöhnliches und bemerkenswert vollständiges Beispiel eines orthodoxen Klosters aus dem 14.–18. Jh. Sein Baustil beeinflusste die russische Architektur. Das Kloster wurde um 1330 vom Hl. Sergius gegründet und 1540–1560 befestigt. Die wichtigsten Bauten sind die 1425 vollendete Dreifaltigkeitskathedrale mit der berühmten Ikone „Die Heilige Dreifaltigkeit" von Rublew, die Heiliggeistkirche (Dukhovskaya) mit drei Apsiden und einer einzigen Kuppel aus weißem Sandstein, die Mariä-Himmelfahrts-Kathedrale (Abb. rechts) mit mehreren Türmen, die an die Himmelsfahrtskirche im Kreml erinnern, und schließlich der Klosterturm, das höchste Bauwerk der Anlage. Baubeginn war 1740, das Krönungsjahr von Katharina der Großen. Die Mönchszellen in den zweistöckigen Häusern aus dem 16. und 17. Jh. lehnen sich an die Mauer an.

Mariä-Himmelfahrts-Kathedrale ▲

Nachdem Peter der Große seine Macht gefestigt hatte, wurde das Kloster mit neuen Bauten im Barockstil ausgestattet: das Refektorium mit der Sergius-Kirche, ein Palast für den Zaren (Chertogi), die Kirche über dem Tor und die Kapelle über dem Brunnen.

Altstadt von Vilnius (Wilna)

Litauen

Begründung der Aufnahme: Zeugnis kulturellen Austauschs, Erbe von besonderer menschheitsgeschichtlicher Bedeutung

Litauens Hauptstadt Vilnius nahm großen Einfluss auf die kulturelle und architektonische Entwicklung Osteuropas. Obwohl die Stadt mehrfach angegriffen und teilweise zerstört wurde, blieb ein eindrucksvolles Ensemble gotischer, aus der Renaissance stammender, barocker und klassizistischer Bauten sowie das mittelalterliche Straßennetz erhalten. Vilnius ist deshalb ein außergewöhnliches Beispiel für die jahrhundertelange Entwicklung einer osteuropäischen Stadt. Seit der Christianisierung Litauens (1387) wandte sich Vilnius dem Westen zu, und seine Bevölkerung wuchs trotz mehrerer verheerender Stadtbrände vom 15. bis ins 18. Jh. stetig an. Die bemerkenswerten Kirchen stammen aus dem 17. Jh., den spezifischen Charakter erhielt das Stadtbild jedoch vor allem durch die kontinuierliche Erneuerung von Kirchen, dem Rathaus, Stadtpalästen und anderen Gebäuden. So wurden beispielsweise im Barock viele vorhandene Häuser barockisiert oder umgebaut.

Die Altstadt von Vilnius besteht aus drei Vierteln, die sich um die Ober-, Unter- und „krumme" Burg entwickelten. Im Mittelalter war die fast kreisrunde Stadt von einer Mauer umgeben. Von der Burg aus führten die Straßen sternförmig in alle Richtungen. Die kleinen Gassen, die unregelmäßige Häuserblocks voneinander trennen, stammen noch aus dem Mittelalter, die größeren Plätze aus späteren Epochen.

Urwald von Bwindi
Uganda

Begründung der Aufnahme: besonderes Naturphänomen, bedeutender natürlicher Lebensraum – Biodiversität

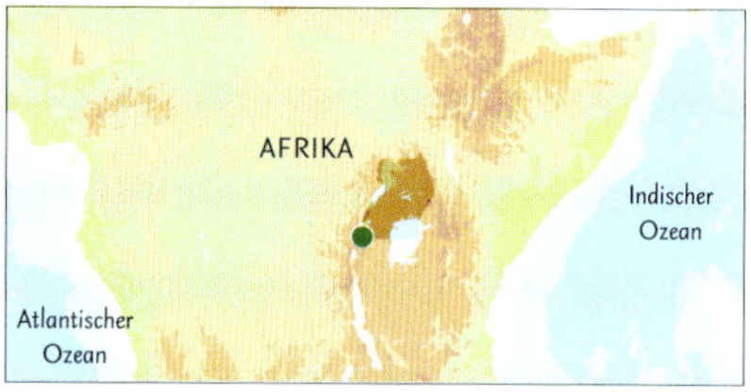

Der 320 km² große Nationalpark ist bekannt für seine artenreiche Flora und Fauna. Das Dickicht aus Bodenpflanzen, Ranken und Sträuchern macht ein Durchkommen auf dem Talboden fast unmöglich. Bwindi hat den größten Reichtum an Baum- (163 Arten) und Farnarten (über 104) von ganz Afrika. 16 der Arten kommen nur in einer kleinen Region in Südwest-Uganda vor; eine Art ist weltweit vom Aussterben bedroht (*Lovoa swynnertonii*).

Bwindi liegt im Kigezi-Hochland von Südwest-Uganda im Übergangsbereich zwischen Flachland und Bergwald. Die Landschaft ist geprägt von steilen Hangen und engen Tälern, weshalb der Boden in abgeholzten Zonen stark durch Erosion gefährdet ist. Der Urwald ist ein wichtiger Regenspeicher; die Bauern in der dicht besiedelten Umgebung sind auf das Wasser angewiesen. Drei große Nebenflüsse des Ishasha fließen nach Norden in den Eduardsee, während die Flüsse Ndego, Kanyamwabo und Shongi nach Süden in den Mutandasee entwässern.

Bwindi zeichnet sich durch eine besonders artenreiche Fauna aus, zu der über 214 Waldvogel-, 7 Primaten-, 120 Säugetier- und 202 Schmetterlingsarten gehören. Der Park ist von großer Bedeutung für den Artenschutz, da hier fast die Hälfte der weltweiten Population von Berggorillas und zahlreiche weitere bedrohte Arten leben.

Bwindi ist auch ein wichtiges Rückzugsgebiet für die afrikanische Gebirgsfauna, vor allem für die endemischen Arten des westlichen Grabenbruchs. Insgesamt kommen in Bwindi neun weltweit bedrohte Arten vor: Berggorilla, Schimpanse, Vollbartmeerkatze, Afrikanischer Elefant, Blaukehl-Breitrachen, Kivubuschsänger, Lenduschnäpper, Antimachus- und *Leucotaenia*-Schwalbenschwanz. Die Büffel wurden in den späten 1960er-Jahren durch Wilderer ausgerottet, die Leoparden verschwanden in jüngster Zeit.

Obwohl die Region Kigezi vermutlich seit 37 000 Jahren bewohnt ist, wurden im Park noch keine archäologischen Funde gemacht. Vor 4800 Jahren fanden nachweislich Brandrodungen statt, die vermutlich vom Stamm der Batwa (Jäger und Sammler) durchgeführt wurden, die durch Feuer die Vegetation beeinflussten. Dies ist der früheste Beleg für die Kultivierung von Land im tropischen Afrika.

Das Land in direkter Nachbarschaft von Bwindi wird von rund 10 000 Bantufamilien bewirtschaftet. Wegen der zerklüfteten Landschaft diente der Urwald von Bwindi nie der kommerziellen Holzgewinnung.

Altstadtviertel und Festungen von Luxemburg

Luxemburg

Begründung der Aufnahme: Erbe von besonderer menschheitsgeschichtlicher Bedeutung

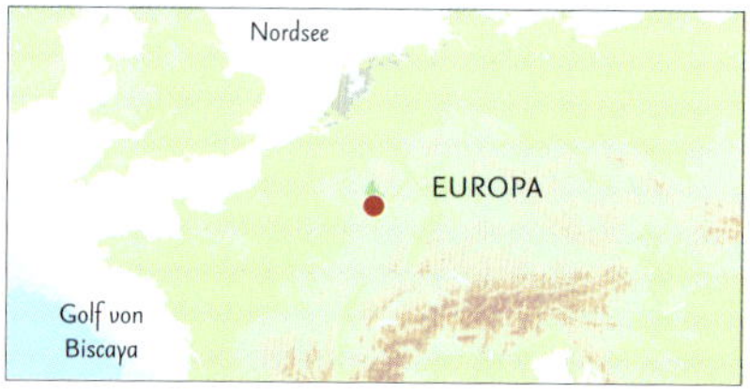

Vom 16. Jh. bis 1867 war Luxemburg eine der stärksten Festungen Europas. Die strategische Bedeutung der Stadt war verlockend, sodass sie im Laufe der Jahrhunderte mehrfach erobert wurde: Auf den Kaiser des Heiligen Römischen Reiches folgten der Herzog von Burgund, die Habsburger, französische und spanische Könige und die Preußen. Bis zu ihrer teilweisen Zerstörung waren die Festungsanlagen ein typisches Beispiel für die Militärarchitektur der Jahrhunderte.

Die Altstadt liegt westlich der Bock-Kasematten, einem mehrstöckigen Labyrinth aus dem 17. und 18. Jh. Der Marché-aux-Poissons war der erste offene Platz der Stadt; hier steht die St. Michaelskirche, deren Ursprünge auf das 10. Jh. zurückgehen. Die Kathedrale Unserer Lieben Frau ist ein hervorragendes Beispiel der niederländischen Spätgotik. Im Herzen der Stadt steht der Großherzogliche Palast des 16. Jh.

Seinen Festungen verdankt Luxemburg den Beinamen „Gibraltar des Nordens". Im Vertrag von London (1867) garantierten die europäischen Großmächte Luxemburgs Neutralität; daraufhin wurden Stadtmauern und Festungswerke abgerissen und die 1,8 km^2 große Festung in eine offene Stadt verwandelt.

Die Stierchenbrücke ▼

Historisches Ensemble Potala-Palast in Lhasa

China

Begründung der Aufnahme: Meisterwerk menschlicher Schöpferkraft, Erbe von besonderer menschheitsgeschichtlicher Bedeutung, Verknüpfung mit Ereignissen von universeller Bedeutung

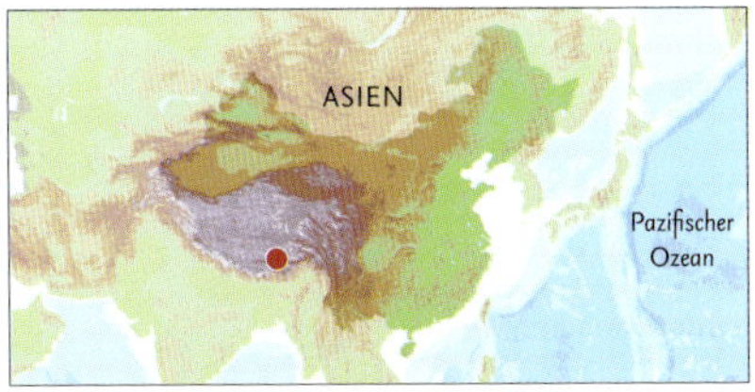

Der Potala-Palast ist seit dem 17. Jh. der Winterpalast des Dalai Lama. Er symbolisiert den tibetischen Buddhismus und dessen zentrale Rolle in der traditionellen Regierung Tibets. Das Tempelkloster Jokhang, ebenfalls im 17. Jh. erbaut, ist ein außergewöhnlicher buddhistischer Gebäudekomplex. Norbulingka, die ehemalige Sommerresidenz des Dalai Lama, ist ein Meisterwerk tibetischer Kunst des 18. Jh. Die Schönheit der Baukörper, ihre Einzigartigkeit, die reiche künstlerische Ausstattung und die harmonische Einbindung in die Landschaft unterstreichen die historische und spirituelle Bedeutung der Welterbestätte.

Der Potala-Palast besteht aus dem Weißen und dem Roten Palast sowie mehreren Nebengebäuden. Sie stehen auf dem Roten Berg im Lhasa-Tal in einer Höhe von 3700 m. Der Thron des Dalai Lama und seine Privatgemächer befinden sich im Weißen Palast, der Rote Palast enthält Gebetshallen und die Chörten der verstorbenen Dalai Lamas.

Das Tempelkloster im Herzen von Lhasa besteht aus einem Torbau, dem Hof und einer buddhistischen Gebetshalle; darum ordnen sich die Wohnungen der Mönche und die Lagerhäuser an. Der Norbulingka (Schatzgarten) liegt 2 km vom Potala-Palast entfernt am Ufer des Lhasa-Flusses. In diesem großen Garten stehen Paläste, Hallen und Pavillons.

Der Potala-Palast
▼

Nationalpark Los Katjos
Kolumbien

Begründung der Aufnahme: Schauplatz spezieller ökologischer und biologischer Prozesse, bedeutender natürlicher Lebensraum – Biodiversität

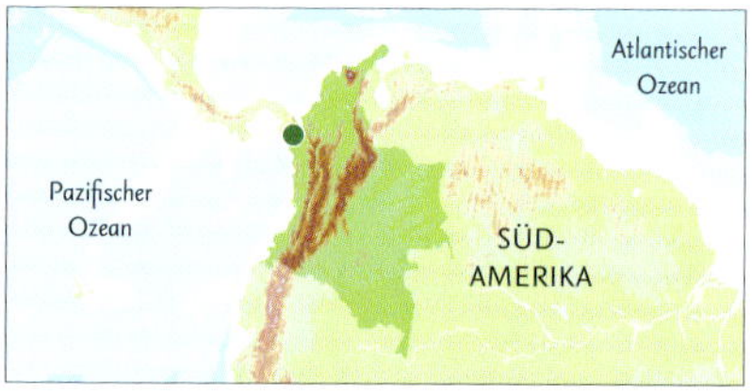

Die Ureinwohner der Region, die Kuna, gaben dem Park seinen Namen. Sie wurden bei Stammeskämpfen gegen die Katjo-Embera nach Panama verdrängt.

Der 720 km² große Nationalpark im Nordwesten Kolumbiens besteht aus zwei Regionen: den Bergen der Serranía del Darién im Westen und der Flussebene des Atrato im Osten. Der Atrato ist weltweit der Fluß mit der höchsten Fließgeschwindigkeit. Die Sumpfwälder im Flachland bedecken etwa die Hälfte der Parkfläche, der Rest wird von Tiefland- bis Bergregenwald eingenommen. Die Feuchtgebiete in der Flussebene des Atrato sind besonders wertvoll; Charakterbaum ist der bis 50 m hohe Cativo. Los Katjos zeichnet sich durch eine außerordentliche Artenvielfalt aus, die viele bedrohte Tier- und endemische Pflanzenarten umfasst. Es wurden über 450 Vogelarten und 550 weitere Wirbeltierarten gezählt (ohne Fische).

Grabhügel, Runen und Kirche von Jelling
Dänemark

Begründung der Aufnahme: Zeugnis einer Kultur

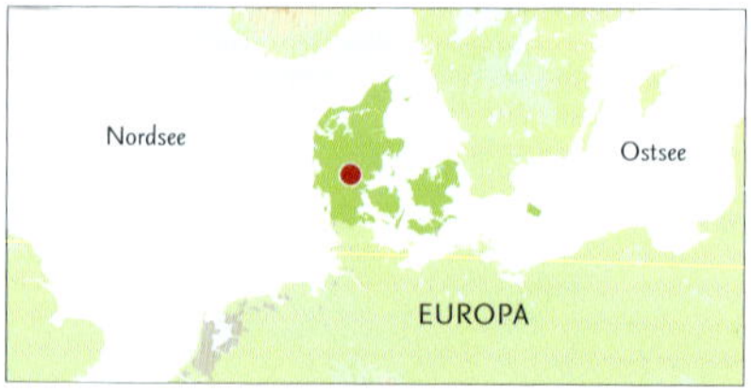

Die drei aus Holz gebauten Vorgänger der heutigen Kirche brannten nieder. Die Wandbilder der Kirche entstanden um 1100 und sind damit die ältesten Dänemarks. Sie wurden 1874/75 an den Wänden des Chores entdeckt.

Die Grabhügel und die beiden Runensteine sind außergewöhnliche Zeugnisse der nordeuropäischen heidnischen Kultur. In Jelling stand im 10. Jh., zur Regierungszeit von König Gorm und seiner Frau Thyra, ein königlicher Hof. Nach Thyras Tod ließ Gorm einen Runenstein und ein gemeinsames Grabmonument aus zwei großen Hügeln errichten. Er wurde nach seinem Tod in der Grabkammer des Nordhügels begraben, in der möglicherweise auch die sterblichen Überreste von Thyra lagen. Der Sohn der beiden, Harald Blauzahn, vereinigte Dänemark mit Norwegen und führte das Christentum in seinem Reich ein. Er setzte einen zweiten Stein zwischen die beiden Hügel, auf dem er seine Verdienste niederschrieb. Außerdem ließ er eine eindrucksvolle Holzkirche erbauen, in welche die Gebeine seines Vaters umgebettet wurden.

Auferstehungskirche in Kolomenskoje

Russische Förderation

Begründung der Aufnahme: Zeugnis kulturellen Austauschs

Die Auferstehungskirche wurde 1532 auf der kaiserlichen Domäne Kolomenskoje bei Moskau gebaut, um die Geburt eines Prinzen zu feiern – des späteren Zar Iwans IV., des „Schrecklichen". Sie ist das erste Beispiel einer traditionellen Kirche aus Holz und Stein mit einem Zeltdach aus Holz und markiert den Übergang zu einer neuen und fantasievollen orthodoxen Kirchenarchitektur. Der Grundriss ist ein gleicharmiges Kreuz ohne Apsis, was in dieser Zeit sehr ungewöhnlich war. Wegen der 3–4 m dicken Wände ist das Innere der Kirche recht eng; nach oben hin ist sie jedoch bis zur Turmspitze in 41 m Höhe völlig offen. Die Ecken sind mit Pilastern verziert, in denen sich mit einigen Abweichungen der Aufbau der Außenfronten wiederholt. Die dicken Wände haben die Kirche vor dem Verfall geschützt und die eindrucksvolle Silhouette bewahrt.

Die Kirche wurde aus kleinen sogenannten „italienischen Ziegeln" (Alevisovsky) erbaut, die italienische Baumeister am Ende des 15. Jh. einführten. Das Material für die Skulpturen war ein weißer Kalkstein aus Myachkovo, einem Vorort von Moskau. ►

Vicenza und die Villen Palladios in der Region Venetien

Italien

Begründung der Aufnahme: Meisterwerk menschlicher Schöpferkraft, Zeugnis kulturellen Austauschs

Vicenza in Oberitalien wurde bereits im 2. Jh. v. Chr. gegründet. Die Stadt erlebte ihre Blütezeit unter venezianischer Herrschaft zwischen dem frühen 15. und dem Ende des 18. Jh. Das heutige Stadtbild ist im Wesentlichen das Werk von Andrea Palladio (1508–1580), der sich von den Ruinen des antiken Roms inspirieren ließ. In Vicenza schuf er sowohl öffentliche (Basilika, Loggia del Capitaniato, Teatro Olimpico) als auch private Gebäude. Zur Welterbestätte gehören 26 Bauwerke oder zumindest Architekturelemente, die nachweislich von Palladio stammen; 23 davon befinden sich in der Stadt, drei weitere Villen in der Umgebung. Palladios Baustil übte einen enormen Einfluss auf die Entwicklung der Architektur aus. Bauwerke in seinem Stil – dem sogenannten Palladianismus – finden sich nicht nur in Europa, sondern auch in Nordamerika.

In der modernen Stadt ist noch immer der antike Stadtplan erkennbar: Der Corso Palladio entspricht der *Decumanus maximus* und die Contra Porti der *Cardo maximus*. Der Aquädukt im Norden der Stadt und die Ruinen des Theaters stammen aus der Zeit des römischen Kaiser Augustus; sie sind in neuere Bauten integriert.

Die Villa Rotunda ▼

Taoistische Heiligtümer in den Bergen von Wudang

China

Begründung der Aufnahme: Meisterwerk menschlicher Schöpferkraft, Zeugnis kulturellen Austauschs, Verknüpfung mit Ereignissen von universeller Bedeutung

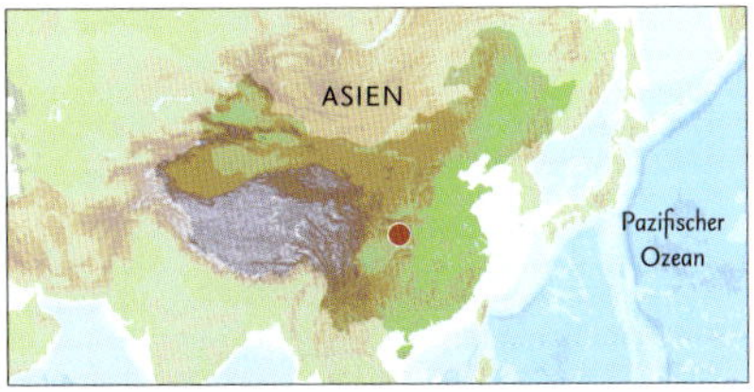

Die Paläste und Tempel, die das Herz dieser Gruppe weltlicher und religiöser Baudenkmäler bilden, sind architektonische und künstlerische Meisterwerke aus der Yuan-, Ming- und Qing-Dynastie. Die Stätte liegt in den Tälern und auf den Hängen der malerischen Wudang-Berge in der Provinz Hubei. Die Monumente wurden vom 14.–17. Jh. während der Ming-Dynastie als geschlossener Komplex erbaut. Die taostischen Bauten gehen sogar auf das 7. Jh. zurück. 1000 Jahre lang schufen Baumeister und Künstler an diesem Ort Glanzstücke der chinestischen Architektur.

Der Ming-Kaiser Zhu Di ließ in den zwölf Jahren nach seiner Krönung neun Paläste, neun Tempel, 72 Felsentempel und 36 Klöster in den Bergen von Wudang von 20 000 Arbeitern erbauen; über 100 Brücken verbanden die Bauwerke miteinander.

◀ Ein Tempel auf dem Tianzhu Feng (Säule des Himmels) in den Wudang-Bergen

Fossilienlagerstätten Riversleigh und Naracoorte

Australien

Begründung der Aufnahme: Zeugnis wichtiger Stadien der Erdgeschichte, Schauplatz spezieller ökologischer und biologischer Prozesse

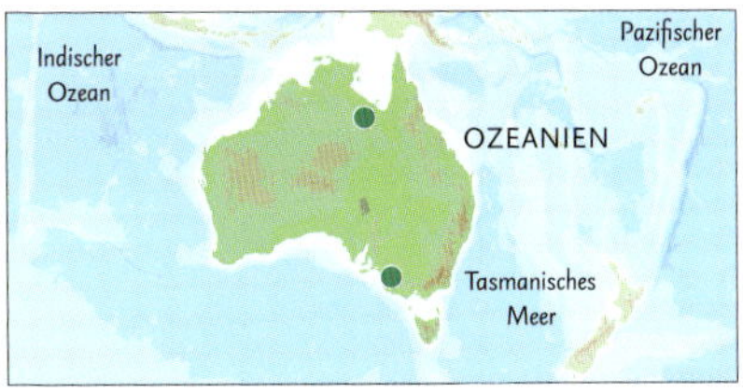

Die beiden Stätten zeugen von der Entwicklung der australischen Säugetier-Fauna im Känozoikum (65 Mio. Jahre bis heute).

Die Tierfossilien von Riversleigh erlaubten völlig neue Einblicke in die Evolution der Wirbeltiere im Australien des mittleren Känozoikums. Die Funde bilden einen Zeitraum von über 20 Mio. Jahren ab und umfassen sowohl die ersten Nachweise von heute noch lebenden Säugetiergruppen als auch Überreste von einzigartigen und längst ausgestorbenen australischen Tierarten, wie dem „Beutellöwen".

Naracoorte öffnet ein Fenster in eine andere, von Beuteltieren beherrschte Epoche der Erdgeschichte. Die Fossilien decken aber auch die Zeit ab, in der vermutlich die ersten Menschen die Gegend besiedelten. Damit wird es möglich, den komplexen Einfluss des Menschen auf die Umwelt nachzuvollziehen.

Die Victoria Fossil Cave in Naracoorte, in der zahlreiche Wirbeltierfossilien eingelagert sind, gilt als reichste und vielfältigste Fossilienlagerstätte Australiens und als eine der artenreichsten der Welt. Zehntausende Fundstücke von insgesamt 99 Wirbeltierarten – von sehr kleinen Fröschen bis zu Beuteltieren von der Größe eines Büffels – wurden bereits ausgegraben.

Nationalpark Doñana (Andalusien)

Spanien

Begründung der Aufnahme: besonderes Naturphänomen, Schauplatz spezieller ökologischer und biologischer Prozesse, bedeutender natürlicher Lebensraum – Biodiversität

Der Nationalpark Doñana in Andalusien ist eine der letzten Wildnisregionen auf dem dicht bevölkerten und seit langem besielten europäischen Kontinent. Tatsächlich gehört Doñana zu den wenigen Nationalparks in Europa, die sich an dem Standard der Parks anderer Kontinente messen lassen. Doñana ist bekannt für ein breites Spektrum an Lebensräumen, darunter Lagunen, Feuchtgebiete, feste und wandernde Dünen, Sträucher und Macchie. Hier leben fünf bedrohte Vogelarten, und jeden Winter stellen sich über 500 000 Wasservögel ein. Die Reiher bilden eine der größten Kolonien im Mittelmeergebiet. Obwohl der Nationalpark noch in relativ gutem Zustand ist, wird er durch Landwirtschaft, Tourismus, Wilderei und Überweidung belastet.

Der Nationalpark Doñana gilt als Testfall für den spanischen Naturschutz. Die innovativen Anstrengungen des spanischen Managements werden in ganz Europa kritisch verfolgt. Da inzwischen die größten Bedrohungen abgewendet und Teile renaturiert wurden, sieht die Zukunft für Doñana relativ gut aus.

Ruwenzori-Gebirge

Uganda

Begründung der Aufnahme: besonderes Naturphänomen, bedeutender natürlicher Lebensraum – Biodiversität

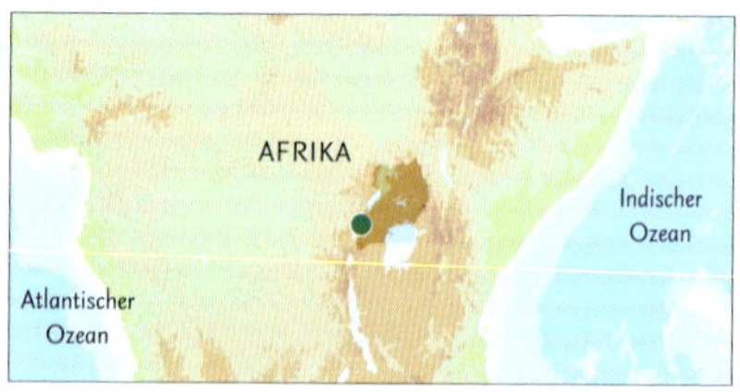

Die fast 1000 km^2 große Welterbestätte im Westen Ugandas umfasst den Hauptteil der Ruwenzori-Gebirgskette mit dem dritthöchsten Berg Afrikas, dem Mount Margherita (5109 m). Gletscher, Wasserfälle und Seen machen das Ruwenzori-Gebirge zu einem der schönsten afrikanischen Hochgebirge. Der Park schützt die natürlichen Lebensräume bedrohter Arten und zeichnet sich durch eine ungewöhnliche und artenreiche Flora aus, zu der unter anderem die Baumheide gehört. Die Region ist in mehrere Vegetationszonen gegliedert: Lückenhafter montaner Wald wächst unterhalb von 2400 m, Bambuswald bis 3000 m und Baumheide bis 3800 m, darüber befinden sich afro-alpine Moore bis 4400 m. Im Park leben 89 Vogel-, vier tagaktive Primaten- und 15 Schmetterlingsarten. Das eigentliche Schutzgebiet ist unbewohnt, doch die Bewirtschaftung reicht an einigen Stellen dicht an die Parkgrenzen heran.

Die höchsten Gipfel des Ruwenzori-Gebirges sind mit Gletschern und Schneefeldern bedeckt, die das gesamte Umland mit Wasser versorgen.

Im Osten geht der Park in den Virunga-Nationalpark (Demokratische Republik Kongo) über.

Nationalpark Canaima
Venezuela

Begründung der Aufnahme: besonderes Naturphänomen, Zeugnis wichtiger Stadien der Erdgeschichte, Schauplatz spezieller ökologischer und

biologischer Prozesse, bedeutender natürlicher Lebensraum – Biodiversität

Der Nationalpark Canaima im Südosten Venezuelas erstreckt sich über 30 000 km² an der Grenze zwischen Guyana und Brasilien. Etwa 65% der Parkfläche werden von Tafelbergen (Tepui) eingenommen, die eine einzigartige, geologisch interessante Landschaft bilden, zu der spektakuläre steile Felswände und der höchste Wasserfall der Erde (Salto Angel, 980 m) gehören. Die Hauptstraße von Ciudad Bolívar am Ostrand des Nationalparks schneidet die südöstliche Ecke ab und bietet Touristen leichten Zugang. Innerhalb des Nationalparks gibt es keine befestigten Straßen, und der Westteil ist nur aus der Luft zugänglich. In Canaima leben 118 Säugetier-, 550 Vogel-, 72 Reptilien- und 55 Amphibienarten.

In den Wäldern und Savannen von Canaima leben seit 10 000 Jahren verschiedene indigene Stämme mit karibischen Ursprüngen; sie werden unter dem Namen Pemon zusammengefasst. An den beiden archäologischen Stätten des Parks fand man mehrere ungefähr 9000 Jahre alte Steinwerkzeuge.

Der Salto Angel ▲

Klöster des 16. Jh. an den Hängen des Popocatepetl
Mexiko

Begründung der Aufnahme: Zeugnis kulturellen Austauschs, Erbe von besonderer menschheitsgeschichtlicher Bedeutung

Diese 14 Klöster südwestlich der Hauptstadt Mexico City liegen an den Hängen des aktiven Vulkans Popocatepetl. Alle Klöster sind gleich aufgebaut: Atrium, Kirche und die übrigen Klostergebäude gruppieren sich um einen kleinen Innenhof. Die Klöster sind in einem hervorragenden Erhaltungszustand und repräsentieren den Baustil der ersten Missionare (Franziskaner, Dominikaner und Augustiner), die im frühen 16. Jh. die indigene Bevölkerung missionierten. Zwischen 1525 und 1570 entstanden in der Region über 100 Klöster. Gegen Ende des Jahrhunderts waren es bereits über 300. Im späten 16. Jh. wurden viele der Klöster von normalen Priestern übernommen und in Pfarrkirchen umgewandelt.

Alle frühen Klöster waren nach einem neuartigen Konzept erbaut, in dem offene Räume eine große Rolle spielten. Als die Missionare später weiter ins Land vorrückten, dienten die Klöster vielen kleineren Missionsstationen als architektonisches Vorbild. Diese verbreiteten sich bis in das Gebiet der heutigen USA.

Felszeichnungen von Tanum
Schweden

Begründung der Aufnahme: Meisterwerk menschlicher Schöpferkraft, Zeugnis einer Kultur, Erbe von besonderer menschheitsgeschichtlicher Bedeutung

Die bronzezeitlichen Felszeichnungen von Tanum sind von außergewöhnlich hoher künstlerischer Qualität und zeigen sehr lebendige Szenen. Die Darstellungen erlauben einen Einblick in das alltägliche Leben, den Krieg, kultische Handlungen und religiöse Vorstellungen. Einige der Zeichnungsgruppen wurden offenbar nach Plan erstellt. Im Norden von Bohuslän steht Granit an, der von den wandernden Gletschern der Eiszeit glatt geschliffen wurde. Auf diese leicht gewölbten „Leinwände" auf Höhe der damaligen Küstenlinie ritzten die Künstler der Bronzezeit seit 1500 v. Chr ihre Bilder ein, die heute 25–29 m über dem Meerespiegel liegen. Obwohl im nördlichen Bohuslän bereits mindestens 1500 Stätten mit Felszeichnungen bekannt sind, finden die Archäologen immer noch neue Kunstwerke.

Manche Ritzungen gehen nur 1 mm tief in den Felsen, andere 30–40 mm. Vermutlich hatten die tiefer eingemeißelten Darstellungen eine größere symbolische Bedeutung und sollten auch für größere Menschengruppen gut sichtbar sein.

Konfuziustempel, Friedhof und Residenz der Familie Kong in Qufu
China

Begründung der Aufnahme: Meisterwerk menschlicher Schöpferkraft, Erbe von besonderer menschheitsgeschichtlicher Bedeutung, Verknüpfung mit Ereignissen von universeller Bedeutung

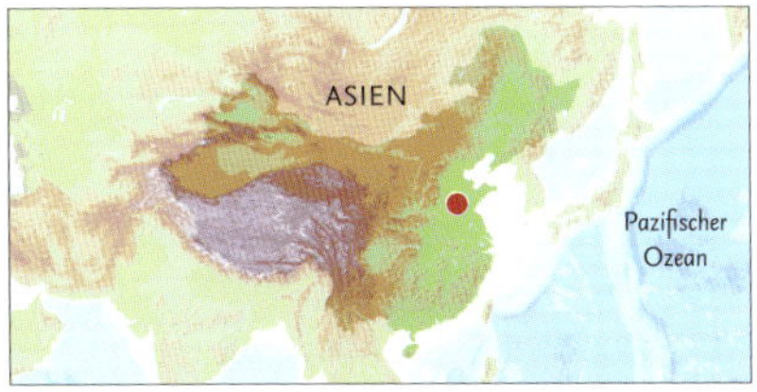

Tempel, Friedhof und Residenz der Familie Kong erinnern an Konfuzius, den großen Philosophen, Politiker und Lehrer des 6. und 5. Jh. v. Chr. Die Welterbestätte liegt in Qufu in der chinesischen Provinz Shandong. Zwei Jahre nach dem Tod des Konfuzius wandelte man sein Wohnhaus in einen Tempel um, in dem seine Kleidung, Musikinstrumente und Schriften verwahrt wurden. Dieser Tempelkomplex wurde 153 n. Chr. und mehrfach in späteren Jahrhunderten erneuert und stark erweitert. Heute besteht das Anwesen aus über 100 Gebäuden. Der Friedhof enthält nicht nur das Grab des Weisen, sondern auch die sterblichen Überreste von über 100 000 seiner Nachkommen. Das kleine Haus der Familie Kong wuchs zu einer gigantischen Adelsresidenz heran, die noch heute 152 Gebäude mit 480 Zimmern umfasst. Über 2000 Jahre lang haben immer wieder chinesische Kaiser das Ihre getan, um die Residenz kunstvoll auszustatten – sie ist daher auch von großer künstlerischer und historischer Bedeutung.

Im Tempel werden über 1000 Stelen aufbewahrt, die von kaiserlichen Gaben und Opfern seit der Han-Dynastie berichten. Hinzu kommen außergewöhnliche Beispiele von Kalligrafie und andere Arten von Dokumenten, jedes ein unbezahlbarer Schatz der chinesischen Kunst. Unter den zahlreichen kostbaren Reliefsteinen sind vor allem die Arbeiten aus der Han-Zeit (206 v. Chr. – 220 n. Chr.) besonders bemerkenswert.

Linien und Bodenzeichnungen von Nasca und Pampas de Jumana

Peru

Begründung der Aufnahme: Meisterwerk menschlicher Schöpferkraft, Zeugnis einer Kultur, Erbe von besonderer menschheitsgeschichtlicher Bedeutung

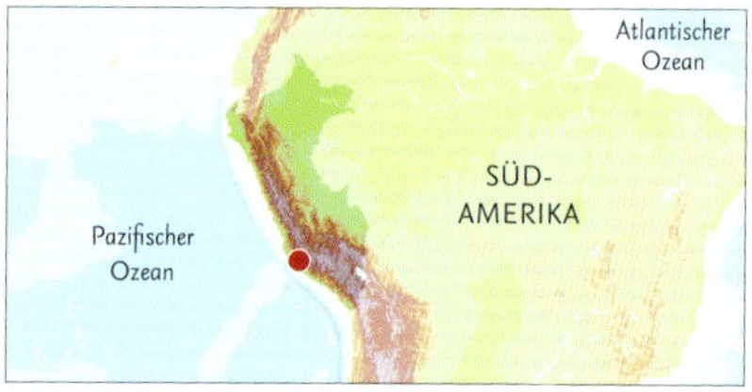

Die Geoglyphen von Nasca und in der Pampas de Jumana entstanden zwischen 500 v. Chr. und 500 n. Chr. Die in den Boden gekratzten Zeichnungen gehören wegen ihrer Anzahl, Machart, Größe und Kontinuität zu den großen Rätseln der Archäologie. Die oft mehrere Kilometer langen Geoglyphen stellen Lebewesen, stilisierte Pflanzen und Fantasiewesen dar. Aus der Anhäufung und der stetigen Erweiterung der Bilder lässt sich schließen, dass es sich dabei um eine kulturell wichtige und lange fortgeführte Tradition gehandelt haben muss. Vermutlich erfüllten die Linien rituelle astronomische Aufgaben.

Die Geoglyphen von Nasca bedecken auf 450 km² die aride Küstenebene 400 km südlich von Lima, sowohl in der Wüste als auch in den Vorbergen der Anden. Sie sind mit eisenhaltigem Sand und Kieseln bedeckt, die eine dunkle Verwitterungspatina tragen. Werden die Kieselsteine entfernt, kommt die heller gefärbte Bodenschicht zum Vorschein, die im starken Kontrast zur dunkleren Kiesfläche steht.

Die Darstellungen zerfallen in zwei Gruppen: Die erste zeigt Tiere, Vögel, Insekten, Pflanzen, Fantasiewesen und Gegenstände des täglichen Gebrauches. ►

Die zweite Gruppe besteht aus geraden Linien, die sich unter verschiedenen Winkeln kreuzen. Manche sind mehrere Kilometer lang und ergänzen sich zu geometrischen Formen. Andere, die sogenannten „Spuren", scheinen als Wege für viele Menschen gedient zu haben.

Skogskyrkogården (Friedhof) bei Stockholm

Schweden

Begründung der Aufnahme: Zeugnis kulturellen Austauschs, Erbe von besonderer menschheitsgeschichtlicher Bedeutung

Im Jahre 1912 wurde ein internationaler Architektenwettbewerb ausgeschrieben, um die mit Kiefern überwucherten ehemaligen Kiesgruben in einen neuen Friedhof umwandeln zu lassen. Die beiden jungen Architekten Asplund und Lewerentz gewannen mit einem Entwurf, der gebaute Objekte und Vegetation zu einer funktionellen und dem Zweck angemessenen Einheit verschmolz. Sie planten keine „Kunst"-Architektur, sondern gründeten den Entwurf auf altertümliche und mittelalterliche nordische Begräbnistraditionen. Allerdings integrierte man auch kunstvoll Elemente des mediterranen Altertums, wie die Via Sepulchra (Pompeji). Die Fußwege führen ungehindert durch die Natur, und die Gräber liegen ohne größere Schmuckformen zwischen den Bäumen. Diese würdige Form der Gestaltung der letzten Ruhestätte beeinflusste die Friedhöfe weltweit.

Der Friedhof zeichnet sich durch einen romantischen Naturalismus aus, der den unberührten nordischen Wald in den Mittelpunkt der Gestaltung rückt. Diese Aufwertung der Wildnis bedeutete einen radikalen Bruch mit den Tradition der Landschaftsarchitektur und beeinflusste die Friedhofsgestaltung des frühen 20. Jh.

Bagrati-Kathedrale in Kutaissi und Kloster Gelati

Georgien

Begründung der Aufnahme: Erbe von besonderer menschheitsgeschichtlicher Bedeutung

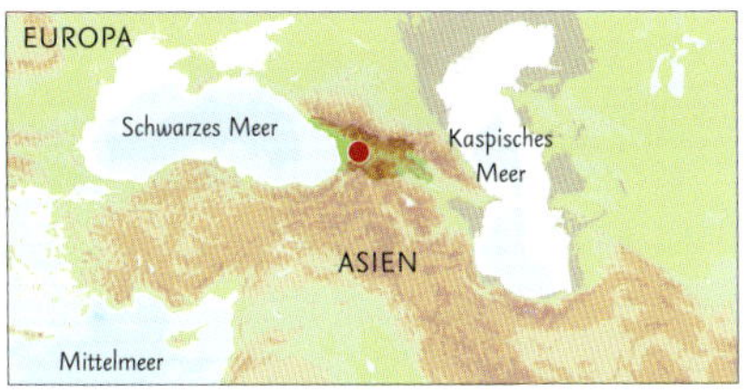

Die Kathedrale ist nach Bagrat III., dem ersten König des vereinigten Georgiens, benannt. Der Bau begann Ende des 10. Jh. und war in den ersten Jahren des 11. Jh. vollendet. Obwohl die Kirche 1691 von den Türken teilweise zerstört wurde, stehen die Ruinen noch immer im Zentrum von Kutaissi. Im Innern liegen reich verzierte Kapitelle und Reste von Pfeilern und Gewölbesteinen herum. Die wichtigsten Gebäude des Klosters Gelati wurden zwischen dem 12. und dem 17. Jh. erbaut. Sie sind sehr gut erhalten und zeichnen sich durch wundervolle Mosaike und Wandbilder aus. Die Hauptkirche wird von einer großen Kuppel überwölbt, die einen erhabenen Raumeindruck erzeugt; das Licht fällt aus vielen Fenstern ein. Kathedrale und Kloster zeugen von der Blütezeit der mittelalterlichen Architektur in Georgien.

Gelati war nicht nur ein Kloster, sondern auch ein Zentrum der Wissenschaft und Lehre. Die in der Regierungszeit von David IV. (1073–1125) gegründete Akademie war eines der wichtigsten Kulturzentren in Georgien.

Sommerresidenz und zugehörige Tempel bei Chengde
China

Begründung der Aufnahme: Zeugnis kulturellen Austauschs, Erbe von besonderer menschheitsgeschichtlicher Bedeutung

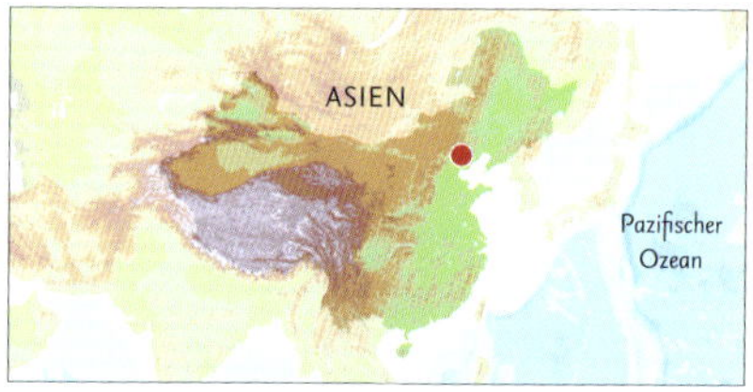

Dieser Gebirgserholungsort bei Chengde in der Provinz Hebei diente der Qing-Dynastie als Sommerresidenz. Die riesige Anlage mit Palästen, Verwaltungsgebäuden und Tempeln wurde 1703–1792 erbaut. Die Tempel in unterschiedlichen Stilen und die kaiserlichen Gärten fügen sich harmonisch in eine Naturlandschaft aus Seen, Weiden und Wäldern ein. Die Sommerresidenz ist aber nicht nur von ästhetischem Wert, sondern auch ein historisches Zeugnis von der Entwicklung der feudalen Gesellschaft in China.

Der Kaiser kam jedes Jahr mit seinen Ministern, der Leibgarde, seiner Familie und seinen Konkubinen in diese Gegend, um zu jagen. Für den Tross aus mehreren tausend Menschen wurden 21 Paläste, die eigentliche Sommerresidenz sowie zahlreiche Tempel erbaut.

◄ Der Tempel der Glückseligkeit und des Langen Lebens, Xumifosu Zhi Miao

Kirche von Petäjävesi
Finnland

Begründung der Aufnahme: Erbe von besonderer menschheitsgeschichtlicher Bedeutung

Die Evangelisch-Lutheranische Kirche von Petäjävesi ist ein bedeutendes Weltkulturerbe, denn sie zeugt vom Holzkirchenbau und der Handwerkskunst der Landbevökerung des Nordens. Die äußere Form und der Grundriss sind zwar von der europäischen Kirchenarchitektur beeinflusst, wurden aber von den Zimmerleuten meisterlich im traditionellen Blockhausstil ausgeführt. In Petäjävesi kombinierten sie einen Zentralbau im Stil der Renaissance mit einem hölzernen gotischen Kreuzgratgewölbe. Zwischen 1879 und den 1920er-Jahren schien die Kirche vergessen, was ihr aber nicht geschadet hat. Nachdem man ihre historische Bedeutung erkannt hatte, wurde sie mit traditionellen Baumaterialien und alten Handwerkstechniken restauriert. Das Ergebnis wirkt ungewöhnlich authentisch.

Die einzigartige Holzkirche entstand 1763–1765 auf einer Halbinsel zwischen den Seen Jämsänvesi und Petäjävesi. Dank ihrer Lage konnten die Gemeindemitglieder im Sommer mit dem Boot und im Winter über das Eis zum Gottesdienst kommen.

Historische Kirchen von Mzcheta

Georgien

Begründung der Aufnahme: Zeugnis einer Kultur, Erbe von besonderer menschheitsgeschichtlicher Bedeutung

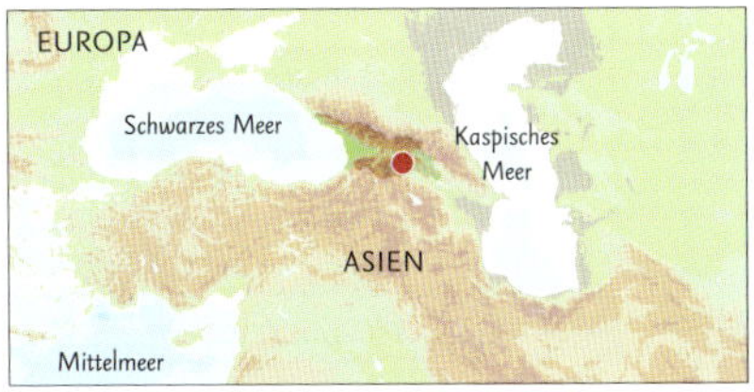

Die historischen Kirchen von Mzcheta, der alten Hauptstadt von Georgien, sind außergewöhnliche Beispiele für die mittelalterliche, christliche Baukunst im Kaukasus. Sie zeugen vom hohen Stand der Kunst und Kultur im untergegangenen Königreich Georgien, das die mittelalterliche Geschichte der Region maßgeblich prägte.

Der Glanz Mzchetas verblasste lange vor 1801, als Georgien ein Teil von Russland wurde. Dank der günstigen strategischen Lage war der Ort schon im 3. Jt. v. Chr. besiedelt.

Nach dem Zusammenbruch des Reiches von Alexander dem Großen folgte der Aufstieg des Königreichs Kartli (Iberia) mit der Hauptstadt Mzcheta bis zum 6. Jh. n. Chr. Zitadelle und königliche Residenz (Armasziche) bildeten das Herz der Stadt. In ihrem Umfeld siedelten sich Händler in eigenen befestigten Vierteln an, die zusammen „Groß-Mzcheta" ergaben. Die Ruinen der Stadt blieben neben noch älteren Monumenten erhalten, darunter auch ein Tempel und ein Grab auf dem Berg Bagineti.

Viele frühchristlichen Bauten Mzchetas haben bis heute überdauert, darunter die Swetizchoweli-Kathedrale und das Ivari-Kloster (Kirche des heiligen Kreuzes), das der heiligste Ort des Landes war. Erwähnenswert ist zudem das Kloster Samtavro mit den Gräbern von Mirian, dem ersten christlichen König Georgiens, und seiner Frau.

Swetizchoweli-Kathedrale ▼

Baudenkmäler und Gärten der Kaiserstadt Kyoto

Japan

Begründung der Aufnahme: Zeugnis kulturellen Austauschs, Erbe von besonderer menschheitsgeschichtlicher Bedeutung

Kyoto wurde 794 n. Chr. nach dem Vorbild alter chinesischer Hauptstädte erbaut. Es war seit seiner Gründung bis in die Mitte des 19. Jh. kaiserliche Hauptstadt von Japan und über 1000 Jahre lang das Zentrum der japanischen Kultur. Kyoto zeugt von der Entwicklung der Holzarchitektur, insbesondere der Sakralbauten, sowie der japanischen Gärten, die Gartengestalter auf der ganzen Welt inspiriert haben.

Sowohl die chinesische Kultur als auch der Buddhismus übten einen prägenden Einfluss auf Japan aus, als die Hauptstadt 794 n. Chr. nach Kyoto verlegt wurde (damals Heian-kyo). Während der vier Jahrhunderte der Heian-Epoche (794–1192) siedelte sich der japanische Adel in der Nähe des kaiserlichen Hofes an. Am Ende dieser Epoche nahm die Macht der Samurai zu, und das Land versank ab 1185 im Bürgerkrieg. Der Krieg endete mit einem Militärregime der Samurai in Kamakum; der Kaiser blieb in Kyoto. Das Sekisui-in in Kozanji ist das beste Beispiel für die Wohnarchitektur dieser Epoche, die 1332 mit dem Morumachi-Shogunat endete. Aus dieser Zeit stammen die großen Tempel der Rinzai-Zen-Sekte, wie Temyuji, und mehrere Zen-Gärten, die Saihoji beispielhaft repräsentiert.

Das Muromachi-Shogunat erlebte seine Blütezeit zum Ende des 14. Jh. Damals entstanden Bauwerke wie die Residenz des Shoguns Ashikaga Yoshimitsu, die später in den buddhistischen Tempel Rokuon-ji umgewandelt wurde. Die Gartengestaltung galt als eine reine Kunst, wie der Garten des Abtes in Ryoanji belegt.

Im Onin-Krieg (1467–1477) wurden weite Teile Kyotos zerstört, doch eine aufstrebende Händlerkaste baute die Stadt wieder auf – sie hatte während des Krieges die Plätze der geflohenen Adligen eingenommen. Das Machtzentrum verlagerte sich nach Edo (heute Tokyo); in Kyoto wurde die mächtige Stadtburg Nijo-jo erbaut.

Dank der politischen Stabilität im späten 16. Jh. breitete sich unter Händlern und Kriegern wieder Zuversicht aus, was sich auch in der üppigen und kühnen Architektur zeigt. Gute Beispiele für die Baukunst jener Zeit sind die Residenz Sanpo-in und die Gärten von Daigo-ji. Das folgende Jahrhundert brachte den Heian-Tempel und Schreine hervor, beispielsweise Kiyomizu-dera, der in traditioneller Bauweise restauriert wurde. Damals erwarb sich Kyoto einen Ruf als wichtiges Pilgerzentrum.

Der Goldene-Pavillon-Tempel Kinkakuji in Kyoto ►

Die Bauten, die zum Welterbe gehören, entstanden ab der Gründung des Heian-kyo im späten 8. Jh.: Sie umfassen Shintoschreine, wie Karmwakeikauchi-jinja und Amomioya-jinja, und buddhistische Tempel, wie Kyo-o-gokoku-ji To-ji, Kiyornim-dera und Enryaku-ji. Die beiden großen buddhistischen Tempel Daigo-ji und Ninna-ji stammen aus der frühen Heian-Epoche.

Das erste japanische Gesetz zum Schutz historischer Kulturgüter stammt aus dem Jahr 1871; ein spezielles Gesetz für Schreine und Tempel kam 1897 hinzu. Sie bildeten die Grundlage für die Denkmalschutz- und Restaurierungsprogramme im modernen Japan.

Bucht von Ha-Long
Vietnam

Begründung der Aufnahme: besonderes Naturphänomen, Zeugnis wichtiger Stadien der Erdgeschichte

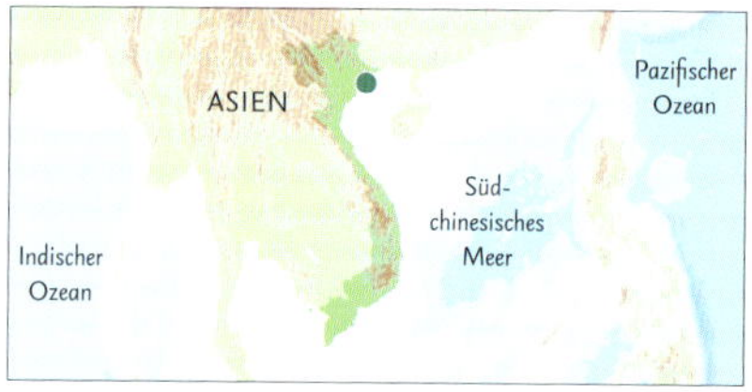

Die Bucht von Ha-Long im Golf von Tonkin besteht aus etwa 1600 Inseln und Inselchen aus Kalkstein, die wie bizarre Pfeiler aus dem Meer ragen. Wegen der steilen Hänge sind die meisten Inseln unbewohnt. Die Stätte zeichnet sich nicht nur durch die außergwöhnliche Schönheit ihrer Landschaft, sondern auch durch ihre große biologisch-ökologische Bedeutung aus.

Ha-Long ist ein im Meer versunkenes Karstgebirge, das im Laufe seiner Entwicklung mehrfach unter dem steigenden Meeresspiegel versank und wieder trockenfiel. So entstand eine Karstlandschaft aus Fengcong (Gruppen konischer Gipfel) und Fenglin (einzelne Türme), die schließlich vom Meer überspült wurde.

Die Berge könnten wichtige geologische Informationen liefern, um die Geschichte des Weltklimas und die Genese einer Karstlandschaft zu verstehen.

Die kleinen Fenglin-Inseln sind 50–100 m hoch. Ihre glatten Felswände werden durch Steinschlag und das Abrutschen großer Platten kontinuierlich umgeformt.

Typisch für die Bucht von Ha-Long sind Seen und Kalksteinhöhlen auf den größeren Inseln.
▼

Stiftskirche, Schloss und Altstadt von Quedlinburg

Deutschland

Begründung der Aufnahme: Erbe von besonderer menschheitsgeschichtlicher Bedeutung

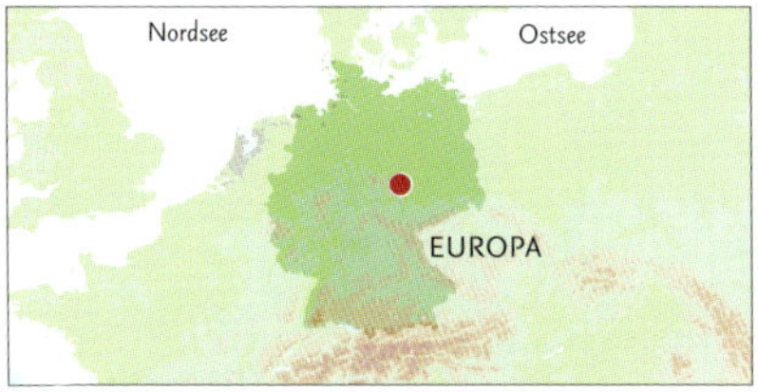

Das alte Stadtbild ist bemerkenswert gut erhalten. Um den Burghügel mit Verwaltungsgebäuden und kirchlichen Bauten siedelten sich Handwerker und Kaufleute an, um die Bedürfnisse der Herrscher und ihrer Haushalte zu decken.

Quedlinburg in Sachsen-Anhalt war während der sächsisch-ottonischen Herrschaft die Hauptstadt des Ostfränkischen Reiches. Die Bedeutung Quedlinburgs gründet auf drei Elementen: dem erhaltenen mittelalterlichen Straßenbild, dem Reichtum an Volksarchitektur, insbesondere an Fachwerkhäusern des 16.–17. Jh., und schließlich der romanischen Stiftskirche St. Servatius. Die Welterbestätte umfasst die Altstadt innerhalb der Stadtmauern mit einem alten (10. Jh.) und einem neuen (12. Jh.) Kern, das Westendorf mit der Stiftskirche und den Bauten der kaiserlichen Stiftung, die St.-Wiperti-Kirche und den Münzenberg mit einer Benediktinerabtei von 946.

Völklinger Hütte

Deutschland

Begründung der Aufnahme: Zeugnis kulturellen Austauschs, Erbe von besonderer menschheitsgeschichtlicher Bedeutung

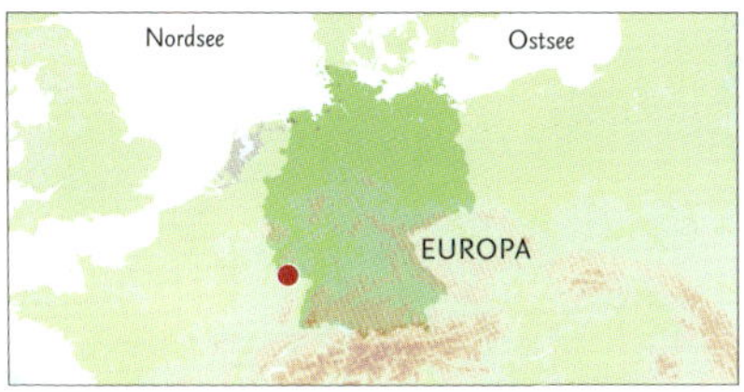

In Völklingen ist die komplette logistische und maschinelle Ausstattung zur Verarbeitung der Rohstoffe vorhanden, sodass man noch heute den Produktionsprozess vom Eisenerz bis zum Roheisen nachvollziehen kann. Die Völklinger Hütte war Vorbild für zahlreiche ähnliche Eisenhütten auf der ganzen Welt.

Der 6000 m^2 große Hüttenkomplex beherrscht den Ort Völklingen. Die Hütte wurde im 19. und 20. Jh. erbaut und ist die einzige vollständig erhaltene integrierte Eisenhütte in Westeuropa und Nordamerika. In Völklingen wurden zum ersten Mal auf der Welt großtechnische Hochöfen eingesetzt, die über ein riesiges Gebläse mit Sauerstoff versorgt wurden. Am Ende des 19. Jh. war die Völklinger Hütte einer der produktivsten Betriebe weltweit und Deutschlands größter Stahlproduzent. Nach dem Zweiten Weltkrieg bis zum Ende der Roheisenproduktion 1986 wurde die Hütte nur geringfügig modernisiert, weshalb sie noch immer so aussieht wie in den 1930er-Jahren.

Altstadt von Safranbolu
Türkei

Begründung der Aufnahme: Zeugnis kulturellen Austauschs, Erbe von besonderer menschheitsgeschichtlicher Bedeutung, traditionelle Siedlungsform

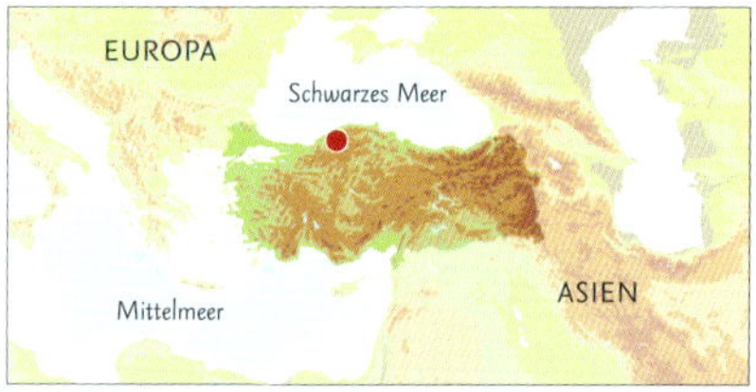

Safranbolu ist eine typische Stadt aus der Zeit des Osmanischen Reichs, die sich bis heute kaum verändert hat. Zwischen dem 13. und dem frühen 20. Jh. war sie eine wichtige Zwischenstation für die Karawanen auf der Handelsroute zwischen Ost und West. Die Alte Moschee, das Alte Bad und die Süleyman-Pascha-Medresse wurden 1322 erbaut. In der Glanzzeit der Stadt im 17. Jh. beeinflusste die Architektur Safranbolus die Stadtentwicklung in großen Teilen des Osmanischen Reiches. Aus jener Zeit blieben viele Bauten erhalten, beispielsweise das Gasthaus Cinci mit 60 Gästezimmern (1640–1648), die Köprülü-Moschee (1661) und die Let-Pascha-Moschee (1796), dazu viele Lagerhäuser, Ställe und Bäder. Nach dem Bau der Eisenbahn im frühen 20. Jh. sank die Bedeutung von Safranbolu. Erst mit den Karabük-Stahlwerken erlebte die Region wieder einen wirtschaftlichen Aufschwung.

Safranbolu besteht aus vier Stadtvierteln: dem Marktplatz und seiner Umgebung in der Innenstadt (Çukur oder „das Loch"), dem Bezirk Kıranköy, Baglar (Weinberg) und den jüngeren Wohngebieten außerhalb der historischen Altstadt. Die ursprüngliche türkische Siedlung schloss sich südlich an die Zitadelle an und breitete sich nach Südosten aus.

Wallfahrtskirche Hl. Johannes Nepomuk von Zelená Hora (Grüneberg)

Tschechische Republik

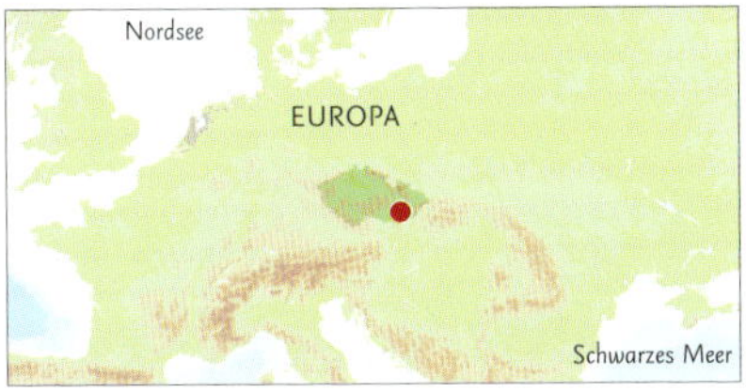

Begründung der Aufnahme: Erbe von besonderer menschheitsgeschichtlicher Bedeutung

Die Wallfahrtskirche Hl. Johannes Nepomuk steht in Zelená Hora in Mähren. Die sternförmige Kirche ist ein sehr ungewöhnliches Werk des berühmten Architekten Jan Blazej Santini, dessen fantasievoller hochbarocker und neugotischer Stil von einem großen Ideenreichtum zeugt. Die Arbeiten an der Wallfahrtskirche begannen 1719, drei Jahre bevor Johannes Nepomuk heiliggesprochen wurde. Der Hauptbau war 1721 vollendet.

Die Zahl Fünf dominiert den Aufbau und die Proportionen: Ein fünfzackiger Stern bildet den Grundriss der Kirche, ein zehnzackiger Stern den des Kreuzgangs mit fünf Kapellen und fünf Eingängen.

Das Innere der Kirche vermittelt einen Eindruck von Erhabenheit. Der Zentralraum öffnet sich in fünf Nischen; vier sind abgeteilt, in der fünften steht der Hauptaltar.

In der Kirche ist die Originalausstattung größtenteils noch vorhanden. Der Hauptaltar von Santini stellt den Empfang von Johannes Nepomuk im Himmel dar; die vier Seitenaltäre sind den vier Evangelisten geweiht.

Historisches Zentrum von Avignon: Papstpalast, bischöfliches Ensemble und Brücke von Avignon

Frankreich

Begründung der Aufnahme: Meisterwerk menschlicher Schöpferkraft, Zeugnis kulturellen Austauschs, Erbe von besonderer menschheitsgeschichtlicher Bedeutung

Avignon war im 14. Jh. der Sitz des Papstes. Von dieser großen Bedeutung der Stadt zeugt eine außergwöhnliche Gruppe von Monumenten. Das Palais des Papes, ein schmuckloser gotischer Festungspalast, dominiert das historische Zentrum, zu dem auch das Petit Palais, die romanische Kathedrale Notre-Dame-des-Doms und die Überreste der Pont'Avignon (Pont St. Bénézet) aus dem 12. Jh. gehören. Der Franzose Bertrand de Got, der als Clemens V. zum Papst gekrönt wurde, weigerte sich, nach Rom zu überzusiedeln, und richtete sich stattdessen 1309 vorläufig im Dominikanerkloster von Avignon ein. Erst 1417 wurde der Sitz des Papstes wieder zurück nach Rom verlegt. Clemens' Nachfolger, Johannes XXII. (1316–1334), zog in den ehemaligen Bischofspalast, der in einen Papstpalast umgewandelt wurde. Benedikt XII. (1334–1342) ließ ihn nach und nach abreißen und ersetzte ihn durch das Gebäude, das heute als Alter Palast bekannt ist und den nördlichen Bereich der Stätte einnimmt. Benedikts Nachfolger, Clemens VI. (1342–1352), stellte die Anlage schließlich fertig.

Clemens beauftragte französische und italienische Maler, unter ihnen der berühmte italienische Maler Matteo Giovannetti, mit der Dekoration der Innenräume des Palastes.

Im Jahr 1793 beschloss der französische Nationalkonvent, diese „Bastille du Midi" zu zerstören, aber das massive Gebäude hielt diesem Ansturm stand. 1810 ging das Gebäude in den Besitz der Stadt über und wurde dem Kriegsminister zur Verfügung gestellt, der es als Kaserne nutzte, bis es 1906 der Stadt zurückgegeben wurde.

Die Kathedrale Notre-Dame-des-Doms liegt nördlich des Papstpalastes. Die früheren bischöflichen Gebäude wurden im 12. Jh. durch das heutige Bauwerk ersetzt.

Das Petit Palais an der Westseite der Place du Palais wurde als Kardinalssitz erbaut. Papst Johannes XXII. erwarb es 1336, um den Bischof für den Abriss seines Palastes, der dem Papstpalast weichen musste, zu entschädigen. Das Petit Palais wurde im 14. und 15. Jh. kontinuierlich erweitert.

Die Pont St. Bénézet, die Brücke von Avignon, gehört zu den bedeutendsten mittelalterlichen Brücken Europas. Die ursprünglich im 12. Jh. errichtete Brücke, die sich in einer Länge von 900 m über die Rhone spannte, stürzte in den folgenden Jahrhunderten mehrmals ein. Nachdem eine Flut im Jahr 1668 einen großes Stück von ihr weggeschwemmt hatte, wurde sie nicht wieder aufgebaut, weshalb heute nur noch vier der ursprünglich 22 Brückenbögen stehen.

Der Papstpalast besteht aus zwei Teilen: Im Norden befindet sich das Palais Vieux (Alter Palast) von Benedikt XII., im Süden das Palais Neuf (Neuer Palast) von Clemens VI. Der Haupthof liegt zwischen den beiden Palastgebäuden. ►

Im Palast befinden sich auch die Privatzimmer des Papstes, einschließlich der Ankleide-, Schlaf- und Arbeitszimmer.

Der Aufenthaltsraum von Clemens IV., die Chambre du Cerf, bietet Zugang zur Chapelle Clémentine des Palais Neuf. Ihr Gewölbe wird von einem massiven Strebebogen gestützt, der die angrenzende Straße überspannt.

Nationalpark Carlsbad Caverns

Vereinigte Staaten

Begründung der Aufnahme: besonderes Naturphänomen, Zeugnis wichtiger Stadien der Erdgeschichte

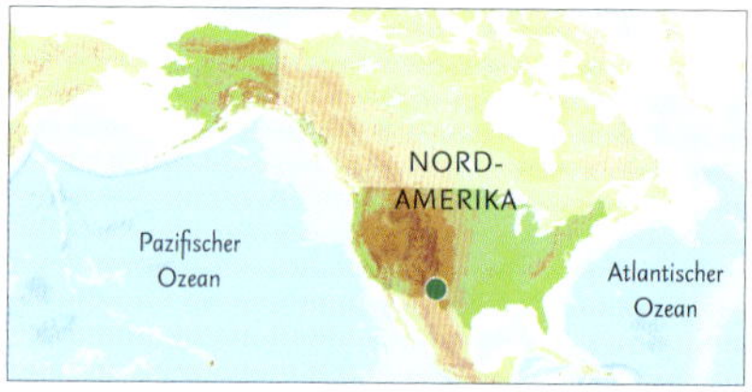

Diese Karstlandschaft in New Mexico umfasst 81 bekannte Höhlen, die nicht nur wegen ihrer Größe, sondern auch wegen der Fülle, Vielfalt und Schönheit ihrer Gesteinsformationen bemerkenswert sind.

Der Park bedeckt einen Teil des Capitan Reef. Durch Schwefelsäureauflösung entwickelte sich im Inneren des Riffs ein weitläufiges Höhlensystem. Unter den bekannten Höhlen ist die Carlsbad Cavern die größte, und die Lechuguilla Cave ist die weitläufigste und prunkvollste der Welt.

Das etwa 225–280 Mio. Jahre alte Capitan Reef stammt aus der Perm-Periode. Die im Park freiliegenden Abschnitte des Riffs gehören zu den am besten erhaltenen der Welt, die der wissenschaftlichen Forschung zugänglich sind.

Die Höhlen sind bekannt für eine Spezies von Wanderfledermäusen. Von besonderem wissenschaftlichem und medizinischem Interesse sind verschiedene Pilz- und Bakterienarten, die dort heimisch sind.

Die Carlsbad Caverns unterscheiden sich von anderen Höhlen durch ihre riesigen Kammern, die weit größer sind als andere. Seit ihrer ersten Erforschung im Jahr 1985 ist die Lechuguilla Cave strikt geschützt, sodass nur Forschern unter strenger Kontrolle Zugang gewährt wird. Die Höhle dient als unterirdisches Labor, wo geologische Prozesse in unberührter Umgebung studiert werden können.

Doll's Theatre, Big Room, Nationalpark Carlsbad Caverns ▼

Kulturlandschaft Sintra

Portugal

Begründung der Aufnahme: Zeugnis kulturellen Austauschs, Erbe von besonderer menschheitsgeschichtlicher Bedeutung

Im 19. Jh. wurde Sintra zum wichtigsten europäischen Zentrum der romantischen Architektur. Ferdinand II. wandelte eine Klosterruine in ein Schloss um, wo diese neue Empfindsamkeit in gotischen, ägyptischen, maurischen und Renaissance-Elementen zum Ausdruck kam, ebenso wie in der Anlage eines Parks mit heimischen und exotischen Baumarten. Zusammen mit anderen reizvollen Anwesen, die in den umliegenden Bergen in gleicher Manier gebaut wurden, entstand eine einzigartige Kombination aus Parks und Gärten, welche die die Landschaftsarchitektur in ganz Europa beeinflusste. Die Serra de Sintra, der ptolemäische „Mondberg", umfasst mehrere bedeutende Parks und Gärten. Obwohl fast das gesamte bauliche Erbe während des Erdbebens von 1755 zerstört wurde, gibt es noch einige bemerkenswerte höfische und militärische Gebäude, Sakralbauten und archäologische Stätten. Dazu gehören der Königspalast (Palácio Nacional de Sintra), die Casa dos Ribafrias, der Palácio Nacional da Pena, die Quinta de Regaleira, das Rathaus und das Kapuzinerkloster.

Die Bauten von Sintra und die Serra verbinden harmonisch die heimische Flora mit raffinierter Kulturlandschaft, die der Mensch, von Literatur und Kunst inspiriert, erschaffen hat.

Der Königspalast ist das dominierende architektonische Wahrzeichen von Sintra. Typisch ist die mit Fliesen (Azulejos) verkleidete Fassade, eines der besten Beispiele des Mudéjar-Stils auf der Iberischen Halbinsel.

Palácio Nacional da Pena, Sintra ▼

Historisches Zentrum von Neapel

Italien

Begründung der Aufnahme: Zeugnis kulturellen Austauschs, Erbe von besonderer menschheitsgeschichtlicher Bedeutung

Neapel gehört zu den ältesten Städten Europas, deren heutige urbane Struktur die Elemente ihrer langen, ereignisreichen Geschichte bewahrt hat. Das Straßenbild, die Fülle an historischen Gebäuden aus allen Epochen und die Lage am Golf von Neapel verleihen der Stadt einen beispiellosen Wert, und ihr großer Einfluss ging weit über Europa hinaus.

Diese Bedeutsamkeit verdankt Neapel nicht zuletzt seiner urbanen Struktur, die über 25 Jahrhunderte gewachsen ist. Das Straßennetz in den ältesten Teilen der Stadt ist von seinen klassischen Ursprüngen geprägt.

Neapel weist Spuren verschiedener Kulturen auf, die nacheinander in Europa und im Mittelmeerraum aufgetaucht waren. Das macht die Stadt zu einem einzigartigen Ort, reich an bedeutenden Kirchen, wie Santa Chiara und San Lorenzo Maggiore, sowie Monumenten wie dem Castel Nuovo.

An der Erdoberfläche gibt es nur noch wenige Überreste der 470 v. Chr. gegründeten griechischen Stadt, aber seit dem Zweiten Weltkrieg wurden wichtige archäologische Funde gemacht. Im Nordwesten der Stadt sind drei Abschnitte der ursprünglichen griechischen Stadtmauern zu sehen. Die erhaltenen römischen Überreste sind umfangreicher, insbesondere das große Theater, die Friedhöfe und die Katakomben.

Castel Nuovo
▼

Polderlandschaft Schokland

Niederlande

Begründung der Aufnahme: Zeugnis einer Kultur, traditionelle Siedlungsform

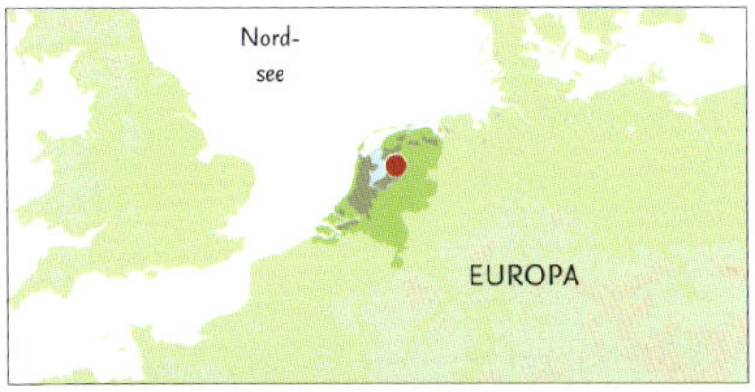

Schokland war eine Halbinsel, die im 15. Jh. zu einer Insel wurde. Zunächst war sie bewohnt, doch musste die Bevölkerung wegen der Ausdehnung des Meeres 1859 evakuiert werden. In den 1940ern-Jahren wurde sie jedoch durch Trockenlegung der Zuiderzee dem Meer wieder abgetrotzt und zu einem Teil des Festlandes. Schokland weist Spuren menschlicher Besiedelung auf, die bis in prähistorische Zeiten zurückreichen. Es symbolisiert den heldenhaften, jahrhundertealten Kampf der Niederländer gegen das Vordringen des Meeres.

Schokland und seine Umgebung sind herausragende Beispiele für die prähistorische und historische Besiedlung eines typischen Feuchtgebiets, vor allem für die Urbarmachung und Besiedlung von Torfregionen.

Urwälder von Komi

Russische Föderation

Begründung der Aufnahme: besonderes Naturphänomen, Schauplatz spezieller ökologischer und biologischer Prozesse

Die Urwälder von Komi bedecken 32 800 km^2 Tundra und Berglandschaft und stellen somit eines der ausgedehntesten Gebiete ursprünglichen borealen Nadelwalds dar, die in Europa noch existieren. Im Westen des Waldes überwiegt Flachland, das nach Osten hin ansteigt und schließlich den vergletscherten nördlichen Ural bildet. Die Vegetation des Flachlandes umfasst Sümpfe und Inseln in Überschwemmungsgebieten. Von den Sümpfen bis zu den Hügeln am Fuß des Urals erstreckt sich borealer Nadelwald, der von subalpinem Busch- und Waldland, Auen, Tundra und Grundgestein abgelöst wird. Das enorme Gebiet mit seinen Koniferen, Espen, Birken, Torfmooren, Flüssen und natürlichen Seen wird seit über 50 Jahren beobachtet und erforscht. Dies liefert wertvolle Hinweise auf natürliche Prozesse, welche die Artenvielfalt der Taiga beeinflussen.

Die Wälder dienen vielen bedrohten Säugetierarten, wie Wolf, Otter, Biber, Zobel, Vielfraß und Luchs, als Zufluchtsort. Auch Gleithörnchen, Braunbär, Elch und Baummarder sind hier zu Hause.

Waterton Glacier International Peace Park

Kanada und Vereinigte Staaten

Begründung der Aufnahme: besonderes Naturphänomen, Schauplatz spezieller ökologischer und biologischer Prozesse

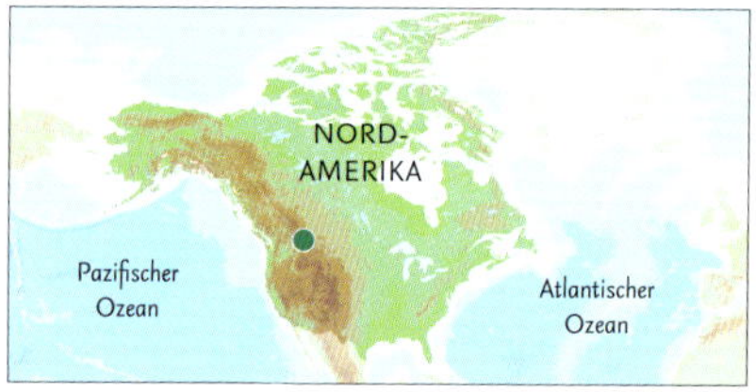

Der Waterton-Lakes-Nationalpark in Alberta, Kanada, wurde 1932 an den Glacier-Nationalpark in Montana, USA, angegliedert. Gemeinsam bilden sie den ersten Internationalen Friedenspark der Welt. Der zusammengesetzte Park an der Grenze der beiden Staaten bietet eine außergewöhnliche Landschaft, ist außerordentlich reich an Pflanzen- und Säugetierarten und umfasst Prärie-, Wald-, Alpin- und Gletscherregionen. Zu beiden Parks gehören lange, schmale Gletscherseen und farbenprächtige, sehr alte Felsen. Der Friedenspark steht sowohl für Frieden und Wohlwollen an der längsten, unverteidigten Grenze der Welt als auch für den Gedanken der Zusammenarbeit. Dieser zeigt sich bei der Pflege von Wildtieren und Vegetation, bei Such- und Rettungsprogrammen sowie gemeinsamen Programmen zur Naturinterpretation, Broschüren und Exponaten.

Über 1600 Mio. Jahre sedimentäre und tektonische Entwicklung zeichnen sich in der geologischen Schichtenfolge ab. Die Topografie der Gegend ist von den 2500 m hohen Gipfeln der Rocky Mountains geprägt, und der Park wird der Länge nach durch die kontinentale Wasserscheide geteilt. Die vorherrschenden Landschaftsformen sind typisch für die alpine Vergletscherung. Die Berge wurden überwiegend durch glaziale Erosion geformt, während das hügelige Grasland das Ergebnis glazialer Ablagerung ist. Die natürlichen Prozesse des Friedensparks, Feuer, Wind, Überschwemmungen und Vergletscherung, formen auch weiterhin die Landschaft.

Auch das Klima der Region trägt zur reichen Flora und Fauna des Parks bei. Das Gebiet wird von dem arktisch-kontinentalen und dem pazifisch-maritimen Klima beeinflusst. Die Quellgebiete der drei wichtigsten kontinentalen Stromsysteme liegen ebenfalls innerhalb der Grenzen des Friedensparks.

In den beiden miteinander verbundenen Parks findet man insgesamt fünf Ökoregionen: alpine, subalpine und montane Regionen, hügelige Ausläufer und Grasland. Die alpine Ökoregion befindet sich in einer Höhe von über 2100 m im Westen und 1800 m im Osten. Die Vegetation ist spärlich, aber im Sommer bieten Wildblumen ein faszinierendes Schauspiel. Typisch für die kühle subalpine Ökoregion ist der Nadelwald, der von Baumarten wie Küsten- und Gelbkiefer, Felsengebirgstanne und Engelmann-Fichte geprägt ist. Dieser „Schneewald“ bildet die größte Ökoregion des Friedensparks. Die montane Ökoregion erstreckt sich auf niedriger bis mittlerer Höhe. Sie besteht aus einer Mischung aus Grasland und Wäldern aus Pappeln und Nadelgehölzen. Douglasien, Weißfichten und Westamerikanische Lärchen sind für diese Ökoregion charakteristisch. Die hügeligen Ausläufer, die mit Espen und Gräsern bewachsen sind, stellen den Übergang zwischen dem Grasland der Prärie und der Nadelwaldzone dar.

Der Waterton Lake in Kanada ▶

Die unterschiedlichen Lebensräume fördern einen großen Artenreichtum an Säugetieren, Vögeln, Reptilien, Amphibien, Fischen und wirbellosen Tieren. Dazu gehört auch ein intaktes System von Raubtieren, darunter Wölfe, Grizzlybären, Pumas, Luchse, Füchse, Kojoten, Fischermarder und Vielfraße.

Beide Parks versuchen, ihr gemeinsames Ökosystem nicht nur durch ein gemeinsames Management zu schützen, sondern auch durch Zusammenarbeit mit anderen Nachbarn.

Kathedrale von Roskilde
Dänemark

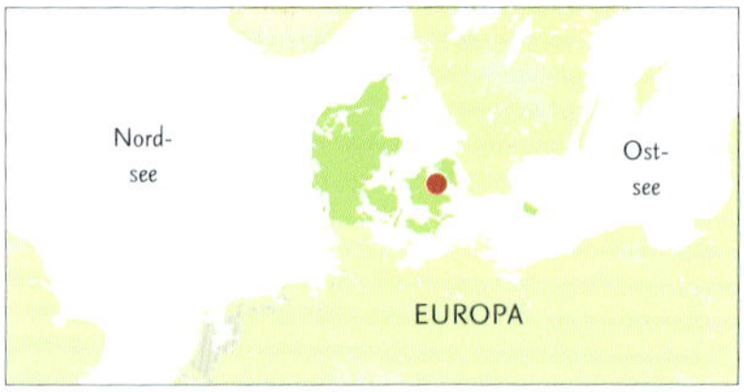

Begründung der Aufnahme: Zeugnis kulturellen Austauschs, Erbe von besonderer menschheitsgeschichtlicher Bedeutung

Die Kathedrale von Roskilde wurde im 12. und 13. Jh. errichtet und war die erste gotische Backsteinkathedrale Skandinaviens. Sie trug dazu bei, diesen Stil in Nordeuropa zu verbreiten und dient der dänischen Königsfamilie seit dem 15. Jh. als Mausoleum. Ursprünglich handelte es sich um ein romanisches Bauwerk; nachdem jedoch die Osthälfte fertiggestellt war, wurde der Rest unter gotischem Einfluss errichtet. Das Querschiff wurde weiter nach hinten verlagert, und die für den Chor geplanten Türme wurden ans westliche Ende verlegt. Um das Jahr 1275 waren die Arbeiten abgeschlossen, abgesehen vom Nordturm, der Ende des 14. Jh. vollendet wurde. Vorhallen und Kapellen wurden Ende des 19. Jh. hinzugefügt. Auf diese Weise spiegelt das Gebäude die Entwicklung der europäischen Sakralarchitektur wider.

Ein großer Teil der mittelalterlichen Ausstattung der Kathedrale verschwand mit der Reformation oder wurde auf einer berüchtigten Auktion 1806 verkauft. Das herausragendste verbleibende Stücke ist das Retabel, ein Meisterwerk dänischer Sakralkunst, das ungefähr auf das Jahr 1560 zurückgeht.

Ferrara: Stadt der Renaissance

Italien

Begründung der Aufnahme: Zeugnis kulturellen Austauschs, Zeugnis einer Kultur, Erbe von besonderer menschheitsgeschichtlicher Bedeutung, traditionelle Siedlungsform, Verknüpfung mit Ereignissen von universeller Bedeutung

Ferrara ist ein hervorragendes Beispiel für eine nach einem Plan errichtete Renaissance-Stadt, deren urbane Struktur praktisch noch intakt ist. Von den großen italienischen Städten ist sie die einzige mit einem Originalplan, der nicht auf einen römischen Entwurf zurückgeht. Sie entwickelte sich nicht aus einem Stadtkern, sondern entlang einer linearen Achse am Ufer des Po, bestehend aus Längs- und zahlreichen Querstraßen, um welche die mittelalterliche Stadt angelegt wurde. Während des 16. Jh. verfolgte man bei der Planung das Ziel, Ferrara zur künftigen Hauptstadt zu machen. Der Ausbau der Stadt kam nach dem 17. Jh. unter päpstlicher Verwaltung zum Stillstand, und Ferrara wurde fast drei Jahrhunderte lang nicht mehr erweitert. Die Entwicklungen in der Städteplanung, die sich in Ferrara abzeichnen, hatten großen Einfluss auf die urbane Gestaltung der folgenden Jahrhunderte.

Im 15. und 16. Jahrhundert wurde die Stadt zu einem intellektuellen und künstlerischen Zentrum, das die wichtigsten Vertreter der italienischen Renaissance anzog. Hier dekorierten Piero della Francesca, Jacopo Bellini und Andrea Mantegna die Paläste des Hauses Este, und das humanistische Konzept der „Idealstadt" wurde in den Vierteln umgesetzt, die Biagio Rossetti nach den neuen Prinzipien der Perspektive erbaute.

Castello Estense ▼

Nationalpark Rapa Nui (Osterinsel)
Chile

Begründung der Aufnahme: Meisterwerk menschlicher Schöpferkraft, Zeugnis einer Kultur, traditionelle Siedlungsform

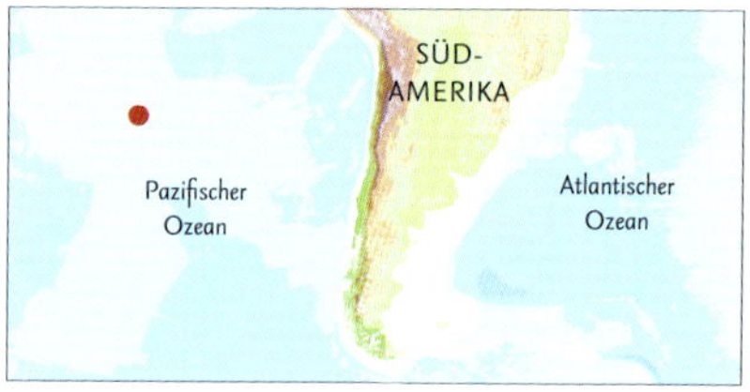

Die Osterinsel, die bei den Einheimischen Rapa Nui heißt, legt Zeugnis von einem einzigartigen kulturellen Phänomen ab. Eine Kultur, die sich um 300 n. Chr. dort angesiedelt hatte, brachte eine kraftvolle und ursprüngliche Tradition monumentaler Bildhauerei und Architektur hervor, die frei von äußeren Einflüssen war. Zwischen dem 10. und dem 16. Jh. baute diese Kultur Heiligtümer und riesige Steinfiguren, die sogenannten Moais, und schuf damit eine Kulturlandschaft ohnegleichen, die bis heute Menschen aus aller Welt fasziniert.

Die Insel wurde um 300 n. Chr. von Polynesiern besiedelt, die vermutlich von den Marquesas stammten und eine vollständige steinzeitliche Kultur mit sich brachten. Das hohe kulturelle Niveau dieser Gesellschaft wird durch seine Moais und seine Zeremonialstätten (Ahus) belegt; bemerkenswert ist darüber hinaus eine piktografische Schriftform (Rongorongo-Schrift), die bis heute nicht entschlüsselt ist. Sämtliche Kulturzeugnisse auf Rapa Nui, die aus der Zeit vor der Ankunft der Europäer im 18. Jahrhundert stammen, deuten darauf hin, dass vorher keine Fremden die Insel erreicht hatten.

Zwischen dem 10. und dem 16. Jahrhundert wuchs die Inselgesellschaft ununterbrochen, und an der Küste entstanden Siedlungen. Im 16. Jahrhundert führte jedoch eine wirtschaftliche und soziale Krise, die auf Überbevölkerung und Umweltzerstörung zurückzuführen ist, zu ständigen Kämpfen zwischen zwei separaten Gruppen. Die Kriegerklasse, die sich herausbildete, brachte den Vogelmannkult hervor, der die Religion, zu der die Statuen gehören, ablöste. Die meisten der Moais und Ahus wurden umgestürzt.

Am Ostersamstag 1722 entdeckte der Niederländer Jacob Roggeveen von der Niederländischen Ostindienkompanie die Insel und verlieh ihr ihren europäischen Namen. 1888 wurde sie an Chile angegliedert.

Die berühmtesten archäologischen Merkmale Rapa Nuis sind die Moais, von denen man annimmt, dass sie heilige Vorfahren repräsentieren, die über die Dörfer und Zeremoniestätten wachen. Sie sind zwischen 2 und 20 m hoch und wurden aus Schlacke oder erstarrter Lava hergestellt. Danach wurden sie an den Hängen in zuvor gegrabene Löcher hinuntergelassen.

Die Ahus unterscheiden sich sehr in Größe und Form. Es gibt jedoch bestimmte konstante Merkmale: Sie bestehen in der Regel aus einer erhöhten, rechteckigen Plattform aus großen, bearbeiteten Steinen, die mit Bruchsteinen gefüllt sind, einer Rampe, die häufig mit Kieselsteinen gepflastert ist, und einem abgeflachten Bereich vor der Plattform. Auf einigen befinden sich Moais. Es gibt auch Ahus mit Gräbern, in denen Skelettreste gefunden wurden. Im Allgemeinen befinden sich die Ahus an der Küste und sind parallel zu ihr ausgerichtet.

Ahu Tongariki, das größte Ahu auf Rapa Nui ▶

Manche Moais stehen noch unvollendet im Steinbruch und liefern dadurch wertvolle Informationen über ihre Herstellung. Einige haben einen großen, zylindrischen Kopfschmuck, der Pukao genannt wird: Man nimmt an, dass er einen besonderen rituellen Status kennzeichnet. Was Form und Größe der Moais angeht, gibt eine deutliche stilistische Entwicklung von den früheren kleinen, rundköpfigen und rundäugigen Figuren zu den besser bekannten großen, länglichen Figuren mit sorgfältig gearbeiteten Fingern, Nasenlöchern, langen Ohren und anderen Merkmalen.

Höhlen im Aggteleker und Slowakischen Karst

Ungarn und Slowakei

Begründung der Aufnahme: Zeugnis wichtiger Stadien der Erdgeschichte

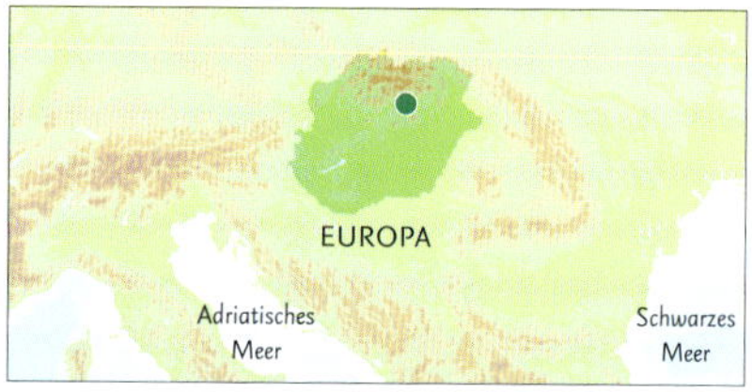

Die Vielfalt der Formationen und die Tatsache, dass sie in einem beschränkten Gebiet geballt auftreten, machen die 712 derzeit bekannten Höhlen zu einem typischen Karstsystem der gemäßigten Zone. Da sie eine extrem seltene Kombination aus tropischen und glazialen Klimaeffekten sichtbar machen, kann man an ihnen die geologische Geschichte von vielen Jahrmillionen studieren.

Die Höhlen sind berühmt für den höchsten Stalagmiten der Welt und einen mit Eis gefüllten Abgrund, der in Mitteleuropa ein einzigartiges Phänomen darstellt, wenn man die relativ geringe Meereshöhe des Gebiets bedenkt.

◄ Demänováer Freiheitshöhle, Slowakische Karsthöhlen

Grube Messel

Deutschland

Begründung der Aufnahme: Zeugnis wichtiger Stadien der Erdgeschichte

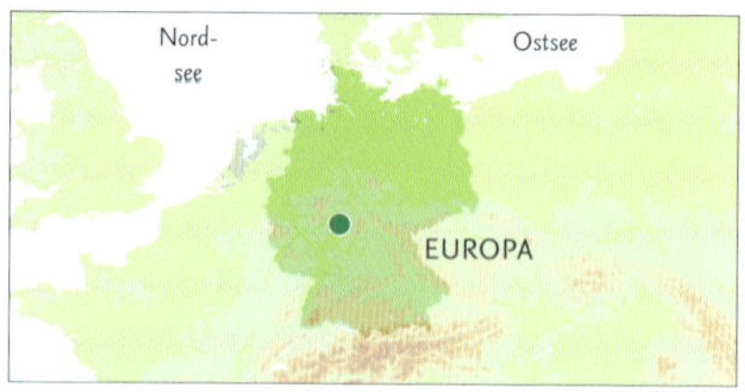

Unter den vier bedeutendsten Fundstätten von Fossilien bietet die Grube Messel das vollständigste Bild von der lebendigen Umwelt des Eozäns, das etwa 57 bis 36 Millionen Jahre zurückliegt. In diesem Erdzeitalter waren Nordamerika, Europa und Asien miteinander verbunden, und die heutigen Verteilungsmuster lassen sich teilweise durch den Fossilbestand aus dem Eozän erklären. Die Funde aus Messel geben besonders reichhaltige Informationen über die frühen Entwicklungsstadien von Säugetieren und umfassen außerordentlich gut erhaltene Säugetierfossilien, von zusammenhängenden Skeletten bis hin zu Mageninhalten von Tieren dieser Periode. Säugetiere waren jedoch nicht die einzigen Bestandteile der Fauna – zahlreiche Überreste von Vögeln, Reptilien, Fischen, Insekten und Pflanzen sind ebenfalls Teil dieser außergewöhnlichen Fossiliensammlung.

Das Eozän war eine bedeutende Periode in der Evolution des Lebens auf der Erde, da sich in dieser Zeit die Säugetiere in allen wichtigen Landökosystemen fest etablierten. Sie eroberten sogar, z. B. als Wale, die Meere wieder zurück und schwangen sich, z. B. als Fledermäuse, in die Lüfte.

Grottentempel von Sokkuran und Tempel von Pulguksa

Republik Korea (Südkorea)

Begründung der Aufnahme: Meisterwerk menschlicher Schöpferkraft, Erbe von besonderer menschheitsgeschichtlicher Bedeutung

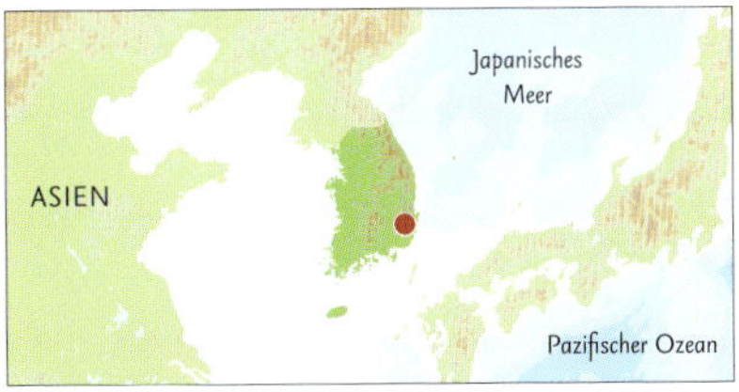

Die Sokkuran-Grotte wurde im 8. Jh. am Berg Tohamsan angelegt und umfasst eine Vorkammer, einen Korridor und eine Hauptkammer mit Kuppel. Sie besteht aus Granit und enthält 39 buddhistische Reliefs an der Hauptwand. Im Zentrum steht die wichtigste der Buddha-Statuen. Diese monumentale Statue verharrt in der Geste Bhumisparshamudra, mit welcher der historische Buddha die Erde als Zeugin für seine Erleuchtung anrief. Gemeinsam mit den sie umgebenden Porträts von realistisch dargestellten und fein skulpturierten Göttern, Bodhisattvas und Schülern in Flach- und Hochrelief bildet die Statue ein Meisterstück buddhistischer Kunst im Fernen Osten. Der 774 vollendete Tempel von Pulguksa und die Sokkuran-Grotte formen zusammen einen sakralen Architekturkomplex von außerordentlicher Bedeutung.

Die wichtigste Statue des Buddha Sakyamuni ist 3,45 m hoch und steht auf einem lotosblumenförmigen Sockel. Sein Haar ist dicht gelockt, und er hat ein deutliches Ushnisha, eine Erhebung am Scheitel, die höchste Weisheit symbolisiert. Unter der breiten Stirn befinden sich halbmondförmige Augenbrauen, und die halb geschlossenen Augen blicken in Richtung Japanisches Meer.

Bunte Laternen schmücken die Dabotap-Pagode im Pulguksa-Tempel. Sie hängen dort anlässlich Buddhas Geburtstag.
▼

Archäologischer Park San Agustín
Kolumbien

Begründung der Aufnahme: Zeugnis einer Kultur

Der Reichtum der megalithischen Statuen der archäologischen Stätte im Archäologischen Park San Agustín gibt ein lebendiges Zeugnis der künstlerischen Kreativität der Kultur ab, die vor der spanischen Eroberung, zwischen dem 1. und dem 8. Jh., in diesem unwirtlichen, tropischen Klima der nördlichen Anden eine Blüte erlebte. Während dieser Periode fand eine beträchtliche soziale Konsolidierung statt. Die Konzentration der Macht in den Händen der Häuptlinge ermöglichte beeindruckende Werke: Hunderte ausgefeilte Steinstatuen wurden hergestellt, einige in kompliziertem Relief und in beträchtlicher Größe. Insgesamt wurden rund 300 enorme Skulpturen von Göttern, Kriegern und mythischen Tieren erschaffen, die vom Stil her zwischen abstrakt und realistisch angesiedelt sind. Sie stellen die größte Gruppe religiöser Monumente in Südamerika dar. Die imposanten Plattformen, Terrassen und Hügel sowie die tempelartige Architektur spiegeln ein komplexes System religiöser und magischer Vorstellungen wider.

Die wichtigsten archäologischen Monumente sind Las Mesitas, zu dem künstliche Hügel, Terrassen, Grabstrukturen und Steinstatuen gehören, die Fuente de Lavapatas, ein religiöses Monument, das in ein steinernes Flussbett gehauen wurde, und der Bosque de Las Estatuas, in dem Steinstatuen aus der ganzen Region stehen.

Hansestadt Visby
Schweden

Begründung der Aufnahme: Erbe von besonderer menschheitsgeschichtlicher Bedeutung, traditionelle Siedlungsform

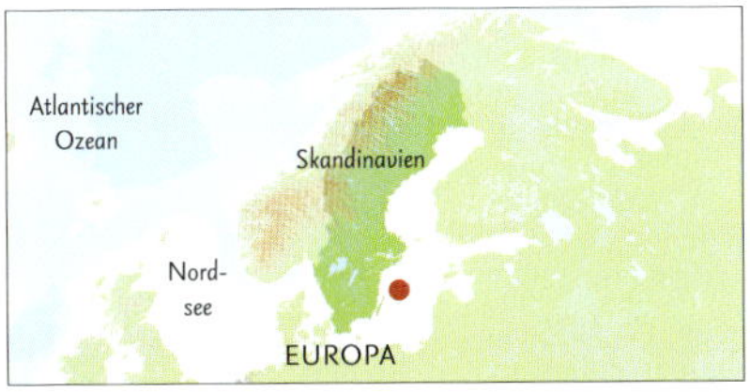

Visby liegt auf der Insel Gotland und stammt aus der Zeit der Wikinger. Vom 12. bis zum 14. Jh. war es das wichtigste Zentrum der Hanse in der Ostsee. In dieser Zeit ließen sich deutsche Händler in der Stadt nieder, gefolgt von russischen und dänischen Kaufleuten. Zunfthäuser und Kirchen wurden gebaut, und die ehemals kleinen Holzhäuser wurden durch große Gebäude aus Stein ersetzt, die östlich des Hafens in parallelen Reihen errichtet wurden. Auf diese Weise wandelte sich Visby vom einfachen gotländischen Dorf zu einer eindrucksvollen international geprägten Stadt, die von einer mächtigen Verteidigungsmauer umgeben war und sich mehr und mehr vom ländlichen Hinterland absetzte. Die Befestigungsmauern aus dem 13. Jh. und die über 200 Gebäude (Magazine und Wohnhäuser reicher Kaufleute) aus derselben Periode machen Visby zur besterhaltenen befestigten Handelsstadt Nordeuropas.

Das am besten erhaltene mittelalterliche Magazin ist die Alte Apotheke auf der Strandgatan mit ihren Gewölbedecken im unteren und oberen Stock, einem Latrinenkeller, einem mittelalterlichen Brunnen und originalen Tür- und Fenstereinfassungen. Weitere bemerkenswerte Gebäude stehen an den schmalen Straßen, die zum Hafen hinunterführen.

Historisches Zentrum von Siena

Italien

Begründung der Aufnahme: Meisterwerk menschlicher Schöpferkraft, Zeugnis kulturellen Austauschs, Erbe von besonderer menschheitsgeschichtlicher Bedeutung

Siena verkörpert die mittelalterliche Stadt schlechthin. Ihr Charakter ist in bemerkenswertem Maße erhalten geblieben, und im Mittelalter war ihr Einfluss auf Kunst, Architektur und Städteplanung in Italien und im übrigen Europa enorm. Die Stadt, die um die Piazza del Campo angelegt ist, wurde als Gesamtkunstwerk geplant, das sich in die umliegende Landschaft einfügt. Das historische Zentrum ist von einer 7 km langen Befestigungsmauer eingefasst, die zwischen dem 14. und 16. Jh. entstanden ist und entlang der Konturen der drei Hügel verläuft, auf denen die Stadt erbaut ist. Die Mauer, die zu mehreren Gelegenheiten vergrößert worden war, umfasst auch einen Teil des 25 km langen Tunnelnetzes (bottini), durch das das Wasser aus den öffentlichen Brunnen verteilt wird. Die wichtigsten Brunnen, die überwiegend aus dem 13. Jh. stammen, sind komplette Gebäude, die wie gotische Säulenhallen aufgebaut sind.

Das historische Zentrum entwickelte sich entlang der drei wichtigsten Lebensadern, die am Croce del Travaglio an der Piazza del Campo Y-förmig zusammentreffen und von denen das Netz kleinerer Straßen ausgeht. An den Hauptstraßen reihen sich Häuser und Paläste aneinander und bilden einen charakteristischen urbanen Raum mit vielen bemerkenswerten Details.

Die Piazza del Campo, die am Übergang dreier Hügel liegt, ist einer der außergewöhnlichsten städtischen Plätze Italiens. Ihre Gestaltung ist geprägt vom Wachstum der mittelalterlichen Stadt und der Durchsetzung kommunaler Macht. Finanzielle und kommerzielle Aktivitäten konzentrierten sich an der Via Francigena sowie auf der gesamten Länge der heutigen Via dei Banchi Sopra und der Via dei Banchi Sotto. Der eigentliche Marktplatz befand sich auf der Piazza del Campo, die zu dieser Zeit in zwei Bereiche geteilt war.

Ende des 12. Jh. beschloss die Kommunalregierung, die beiden Bereiche zu vereinigen, um einen einzigartigen, halbrunden Platz zu schaffen, und erließ eine Reihe von Verordnungen, die nicht nur die Handelsaktivitäten regulierten, sondern auch die Art der Dienstleistungen und die Größe der Häuser, um die Fassaden an der Piazza einheitlich zu gestalten. Unter den Medici, die ab Mitte des 16. Jh. in Siena regierten, wurde die Piazza eine ideale Kulisse für spektakuläre Feste und den Palio, das berühmte Pferderennen zwischen Mannschaften aus den verschiedenen Vierteln der Stadt.

Der Palazzo Pubblico, ► der Blickfang der Piazza del Campo, stand aller Wahrscheinlichkeit nach Modell für die gotischen Paläste der hohen Adligen oder der großen Kaufmannsfamilien (Palazzo Tomei, Palazzo Buonsignore); charakteristisch für diese sind die größere Breite, die Verwendung von Backstein, die großen Fenster und die sogenannten Welfenzinnen.

Auf dem höchsten Punkt der Stadt steht die Kathedrale Santa Maria Assunta, der Dom von Siena. Der untere Teil der Fassade stammt von Giovanni Pisano. Die bemerkenswerte Bodenbelag der Kathedrale und die Kanzel, die von Niccolò Pisano hergestellt wurde, sind außerordentlich gut erhalten.

Historische Dörfer von Shirakawa-go und Gokayama

Japan

Begründung der Aufnahme: Erbe von besonderer menschheitsgeschichtlicher Bedeutung, traditionelle Siedlungsform

Die Dörfer Shirakawa-go und Gokayama mit ihren Häusern im Gassho-Stil liegen in einer Bergregion, die lange Zeit vom Rest der Welt abgeschnitten war. Sie lebten vom Anbau von Maulbeerbäumen und der Seidenraupenzucht. Die großen Häuser mit den steilen, strohgedeckten Dächern sind die einzigen ihrer Art in Japan. Trotz wirtschaftlicher Umwälzungen sind die Dörfer Ogimachi, Ainokura und Suganuma hervorragende Beispiele einer traditionellen Lebensart, die perfekt an die Umwelt und die sozialen und ökonomischen Bedingungen der Menschen angepasst ist.

Der Bedarf an großen, geschlossenen Räumen für die Lagerung von Maulbeerblättern und für die Seidenraupenzucht war entscheidend für die Entwicklung der für die Gegend typischen Häuser im Gassho-Stil. Darüber hinaus sind die steilen Dächer ideal, um den heftigen Schneefällen in dieser Gegend zu trotzen.

Tempel von Haeinsa Changgyong P'ango, Aufbewahrungsort der Tafeln der Tripitaka Koreana

Republik Korea (Südkorea)

Begründung der Aufnahme: Erbe von besonderer menschheitsgeschichtlicher Bedeutung, Verknüpfung mit Ereignissen von universeller Bedeutung

Der Haeinsa-Tempel auf dem Berg Kaya beherbergt die Tripitaka Koreana, die vollständigste Sammlung buddhistischer Texte, die zwischen 1237 und 1248 auf 80 000 Holzdruckstöcke geschnitzt wurden. Die Lagerhallen von Changgyong P'ango wurden im 15. Jahrhundert eigens für die Aufbewahrung der Holzdruckstöcke gebaut, die als außergewöhnliche Kunstwerke verehrt werden. Für den ältesten Aufbewahrungsort der Tripitaka wurden erstaunlich kunstvolle Konservierungstechniken erfunden und eingesetzt, durch welche die Holzdruckstöcke erhalten blieben.

Die Tripitaka-Holzdruckstöcke des Haeinsa-Tempels wurden geschnitzt, um Buddhas Beistand gegen die Invasion der Mongolen in Korea zu erbitten. Sie werden wegen ihrer außerordentlichen Exaktheit und ihrer hohen Qualität von buddhistischen Gelehrten weltweit anerkannt.

Altstadt von Lunenburg
Kanada

Begründung der Aufnahme: Erbe von besonderer menschheitsgeschichtlicher Bedeutung, traditionelle Siedlungsform

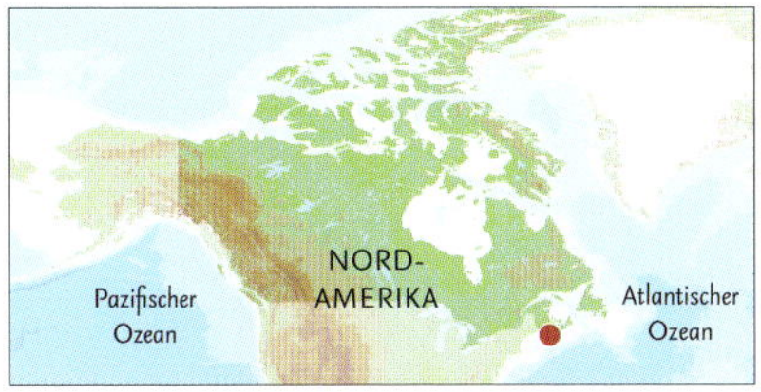

Die Bauweise der Wohngebäude wiederholt sich in den Gewerbebauten und den Häusern am Wasser; überall wurde vorwiegend Holz verwendet. Dasselbe trifft auf die Kirchen zu: Die zweitälteste protestantische Kirche in Kanada, die St. John's Anglican Church, mit deren Bau im Jahr 1754 begonnen wurde, wird von Experten als ein Meisterwerk des „gotischen Zimmermann-Stils" betrachtet.

Lunenburg ist das beste, noch erhaltene Beispiel einer nach einem Plan erbauten britischen Kolonialsiedlung in Nordamerika. Der Stadtplan von Lunenburg (1753) beinhaltet sämtliche Prinzipien einer „Modellstadt": geometrisch regelmäßige Straßen und Häuserblocks, die Bereitstellung von öffentlichem Raum, Platz für Befestigungsanlagen und die Unterscheidung zwischen städtischen und nichtstädtischen Bereichen. Abgesehen von den Befestigungsanlagen ist alles im heutigen Lunenburg erhalten geblieben. Der Stadtplan bestand aus sechs Einheiten mit acht Blocks, die wiederum in 14 Grundstücke unterteilt waren. Jeder Siedler erhielt ein Stadtgrundstück und ein größeres Gartengrundstück außerhalb der Stadtgrenzen. Die Umgebung und der Aufbau der Stadt haben sich seit 1753 nur minimal verändert. Holz ist und bleibt das wichtigste Baumaterial, und bei der Restaurierung älterer Gebäude werden traditionelle Techniken eingesetzt.

Luang Prabang

Demokratische Volksrepublik Laos

Begründung der Aufnahme: Zeugnis kulturellen Austauschs, Erbe von besonderer menschheitsgeschichtlicher Bedeutung, traditionelle Siedlungsform

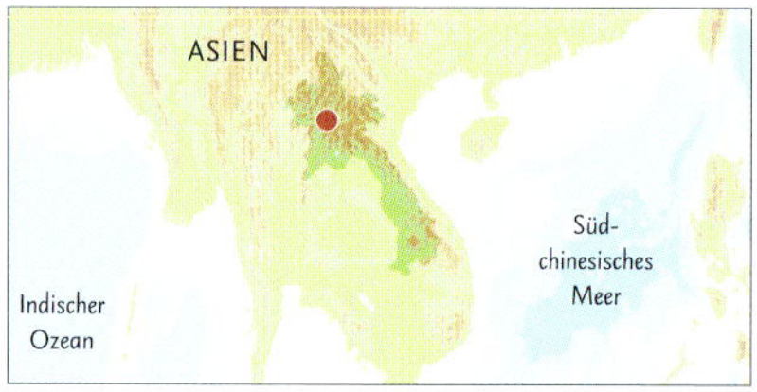

Luang Prabang ist ein herausragendes Beispiel für die Verschmelzung der traditionellen laotischen Architektur und Stadtstruktur mit europäischen Kolonialgebäuden aus dem 19. und 20. Jh. Das einzigartige und bemerkenswert gut erhaltene Stadtbild illustriert eine Schlüsselphase in der Verbindung dieser beiden unterschiedlichen kulturellen Traditionen. Das politische und religiöse Zentrum der Stadt befindet sich auf einer Halbinsel, welche der Mekong und seine Nebenflüsse bilden; es besteht aus königlichen und adligen Wohnhäusern, Sakral- und Gewerbebauten. Die meisten Gebäude bestehen aus Holz, lediglich Teile der Tempel sind aus Stein. Zeugnisse der Kolonialzeit sind ein- oder zweistöckige Backsteinhäuser mit Terrasse. Die Klöster bestehen in der Regel aus religiösen Bauten (Heiligtum, Kapelle, Bibliothek, Stupa, Steinsäule) und klösterlichen Gebäuden (Gemeinschaftshäuser, Zellen, Refektorium).

Die traditionellen laotischen Holzhäuser sind in zwei Hauptbereiche unterteilt: die Privatzimmer und die öffentlichen Terrassen. Sie stehen in der Regel auf Holzpfählen und bieten darunter Platz zum Arbeiten sowie Schutz für Mensch und Tier. Die Wände bestehen aus Brettern oder geflochtenem Bambus in einem Holzrahmen.

Der Tempel Wat Xieng Thong in Luang Prabang ▼

Modellsiedlung Crespi d'Adda

Italien

Begründung der Aufnahme: Erbe von besonderer menschheitsgeschichtlicher Bedeutung, traditionelle Siedlungsform

Der gesamte Komplex hat eine gleichmäßige, geometrische Form und wird durch die Hauptstraße von Capriate zweigeteilt. Die Fabrik, ein einzelner, kompakter Block mit mittelalterlichen Ornamenten, steht auf der einen Seite der Straße. Gegenüber befinden sich die Häuser, die innerhalb eines rechtwinkligen Straßennetzes in drei Reihen gebaut wurden.

Crespi d'Adda ist ein herausragendes Beispiel für eine „Werkssiedlung" aus dem 19. Jh., die bemerkenswert gut erhalten ist und teilweise noch immer für industrielle Zwecke genutzt wird. Im Jahr 1878 baute Cristoforo Benigno Crespi, ein aufgeklärter Textilunternehmer, in der Umgebung seiner Fabriken dreistöckige Mehrfamilienhäuser für seine Arbeiter. Als sein Sohn, Silvio Benigno Crespi, 1889 die Leitung übernahm, vervollständigte und veränderte er das Projekt. Er wandte sich von großen Häuserblocks mit mehreren Parteien ab und verlegte sich auf Einfamilienhäuser mit eigenem Garten, da er annahm, dass dies der Harmonie zuträglicher sei und Arbeitskämpfe verhindere. Außer den kleinen Häusern wurden ein Wasserkraftwerk zur kostenlosen Stromversorgung der Arbeiter, eine Klinik, öffentliche Toiletten und Waschküchen, eine Verbrauchergenossenschaft, eine Schule, ein kleines Theater, ein Sportzentrum, Häuser für den lokalen Priester und Arzt und andere öffentliche Einrichtungen geschaffen.

Reisterrassen in den philippinischen Kordilleren

Philippinen

Begründung der Aufnahme: Zeugnis einer Kultur, Erbe von besonderer menschheitsgeschichtlicher Bedeutung, traditionelle Siedlungsform

Die Reisterrassen in den philippinischen Kordilleren sind lebendige Kulturlandschaften, die dem Anbau eines Getreides gewidmet sind, das zu den wichtigsten Grundnahrungsmitteln der Welt gehört: dem Reis. Traditionelle Techniken und Anbauformen wurden hier über viele Jahrhunderte bewahrt und sind auch heute noch praktikabel. Gleichzeitig stehen sie für eine tiefe Harmonie zwischen dem Menschen und seiner natürlichen Umwelt, die von großem ästhetischem Reiz ist, und bilden ein nachhaltiges Anbausystem auf bergigem Terrain, das auf der sorgsamen Nutzung natürlicher Ressourcen beruht. Die Reisterrassen sind die einzigen Kulturdenkmäler auf den Philippinen, die nicht vom kolonialen Einfluss geprägt sind. Dank des schwer zugänglichen Terrains gehören die Kordilleren-Stämme zu den wenigen Völkern der Philippinen, die der Fremdherrschaft erfolgreich widerstanden und ihre authentische Stammeskultur bewahrten. Die Geschichte der Terrassen ist mit der Geschichte, der Kultur und den traditionellen Praktiken dieser Völker verknüpft.

Die Kultur der Philippinen beruht anders als die anderen südostasiatischen Kulturen auf Holzbauweise, und die Terrassen sind die einzigen Steinbauten aus der Zeit vor der Kolonialisierung. Mit dem Terrassenbau begann man in den Kordilleren schon vor etwa 2000 Jahren, allerdings sind sich die Forscher nicht über den ursprünglichen Zweck einig. Auf jeden Fall zeugen die Terassen von einem hohen Wissensniveau auf dem Gebiet der Bau- und Wasserbautechnik. Das Wissen und die Techniken zur Wartung der Terrassen wurden von Generation zu Generation mündlich und mit Hilfe von Ritualen überliefert. Eine schriftliche Überlieferung fand nicht statt.

Der Terrassenbau erfordert große Sorgfalt und Präzision. Im Füllmaterial wird ein unterirdischer Entwässerungskanal verlegt. Die Terrassengruppen bedecken die Berghänge und folgen deren Konturen. Darüber, auf den Berggipfeln, befindet sich ein Ring aus privaten Wäldern (Muyong), die in Einklang mit den traditionellen Praktiken, in Anerkennung eines ganzheitlichen Ökosystems, intensiv bewirtschaftet werden. Dadurch wird eine angemessene Wasserversorgung zur Flutung der Terrassen sicher gestellt. Das Wasser wird gleichmäßig verteilt, und keine der Terrassen behindert den Fluss nach unten zur nächsten Terrasse. Dies wird ermöglicht durch ein komplexes System aus gemeinschaftlich verwalteten Dämmen, Abflüssen, Kanälen und Bambusrohren, das sich in einen Fluss in der Talsohle entleert.

Die Terrassengruppen gehören zu Dörfern, die sich aus den Wohnstätten einzelner Familien eines Stammes zusammensetzen und architektonisch wiedergeben, wie die Menschen die sie umgebende Bergwelt räumlich interpretieren.

Reisterrassen sind in Asien keine Seltenheit. Was die philippinischen Terrassen von anderen unterscheidet, sind hauptsächlich die größere Höhenlage (zwischen 700 und 1500 m über dem Meeresspiegel) und die steileren Hänge. Der Anbau in großer Höhe beruht auf der Verwendung einer besonderen Reissorte, die auch bei widrigen Temperaturen keimt, Brusthöhe erreicht und deren Rispen nicht brechen. Das erleichtert die Ernte an den Hängen, die zu steil sind für den Einsatz von Tieren oder Maschinen jedweder Art.

Chongmyo-Schrein
Republik Korea (Südkorea)

Begründung der Aufnahme: Erbe von besonderer menschheitsgeschichtlicher Bedeutung

T'aejo, der Gründer des Königreichs, verlegte 1394 den Regierungssitz nach Hanyang (dem heutigen Seoul) und ordnete den Bau des Chongmyo-Schreins an. Die Seelentafeln von vier Generationen seiner Vorfahren wurden später dorthin gebracht; auch Gebäude wurden im Nachhinein noch hinzugefügt.

Chongmyo ist der älteste und authentischste der noch erhaltenen konfuzianischen Königsschreine. Der Schrein, der den Ahnen der Choson-Dynastie (1392–1910) geweiht ist und in seiner heutigen Form seit dem 16. Jh. besteht, beherbergt Tafeln mit den Lehren früherer Mitglieder der Königsfamilie. Noch immer finden hier rituelle Zeremonien mit Musik, Gesang und Tanz statt, die eine Tradition aus dem 14. Jh. fortführen. Chongmyo ist umgeben von Tälern und sanften Hügeln, wobei künstliche Ergänzungen die Ausgewogenheit der Naturelemente an der Stätte unterstützen sollen, wie es die traditionellen Geomantik vorgibt. Der Komplex besteht aus drei Gebäudegruppen, die jeweils um einen wichtigen Schrein oder ein anderes religiöses Gebäude angelegt sind.

Wildreservat der Inseln Gough und Inaccessible
Großbritannien

Begründung der Aufnahme: besonderes Naturphänomen, bedeutender natürlicher Lebensraum – Biodiversität

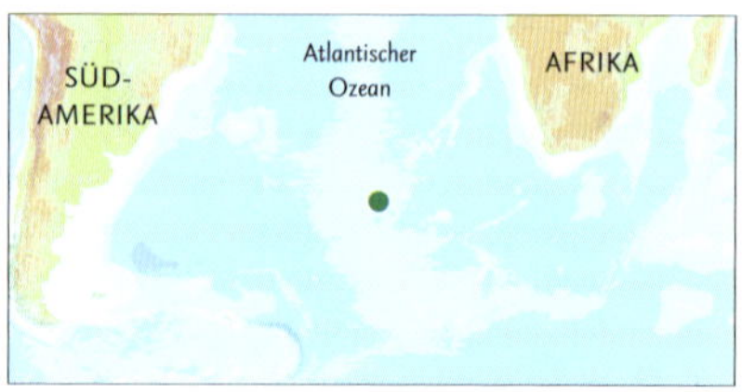

Die unberührte Natur der Insel Gough ist für die biologische Forschung von unschätzbarem Wert. Dies und die Wetterbeobachtung sind die einzigen zugelassenen Tätigkeiten auf der Insel. Auch die Insel Inaccessible ist weitgehend unberührt und gehört zu den wenigen gemäßigten Ozeaninseln ohne eingeführte Säugetiere.

Durch ihre spektakulären Klippen, die sich in einem entlegenen Winkel des südlichen Atlantik erheben, wird die Insel Gough zu einem wichtigen Anwärter auf den Titel „bedeutendste Seevogelkolonie der Welt". Mindestens 54 Vogelarten kommen dort vor, darunter 48 Prozent der Weltpopulation des Nördlichen Felsenpinguins. Außerdem ist Gough eine wichtige Brutstätte des Großen Sturmtauchers, von dem bis zu 3 Mio. Paare auf der Insel brüten. Der vom Aussterben bedrohte Tristan-Albatros, ein Wanderalbatros, ist mit bis zu 2000 Brutpaaren fast nur noch auf der Insel Gough zu finden. Auch die letzten Riesensturmvögel, etwa 100 bis 150 Paare, brüten auf Gough. Die Insel Inaccessible ist beinahe ebenso reich an Wildtieren. Zwei Vogelarten, acht Pflanzenarten und mindestens zehn Spezies der Wirbellosen sind auf der Insel endemisch.

Kutná Hora: Historisches Zentrum von Kutná Hora (Kuttenberg) und Marienkirche von Sedlec (Sedletz)

Tschechische Republik

Begründung der Aufnahme: Zeugnis kulturellen Austauschs, Erbe von besonderer menschheitsgeschichtlicher Bedeutung

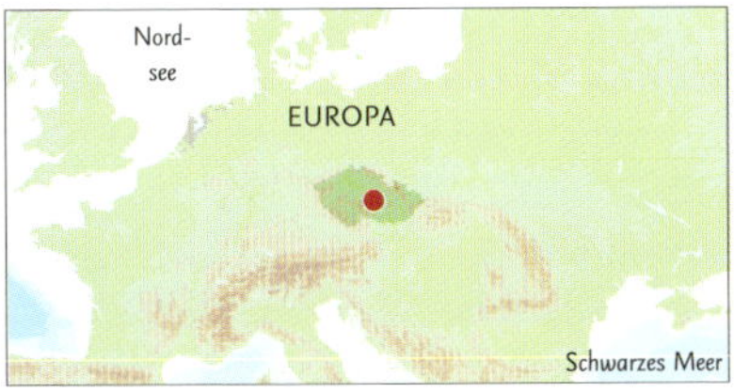

Kutná Hora war wegen seines Silberbergbaus eines der wichtigsten politischen und wirtschaftlichen Zentren Böhmens. Sein mittelalterliches Zentrum und seine Kirchen beeinflussten die Architektur Mitteleuropas. Im 14. Jh. wurde es zu einer Königsstadt mit monumentalen Bauwerken, die seinen Wohlstand symbolisierten: der Dom der heiligen Barbara, die Kirche des heiligen Jakob, das Steinerne Haus und der gotische Brunnen. Das Innere des Doms der heiligen Barbara, eine Perle der Spätgotik, ist mit mittelalterlichen Fresken geschmückt, die das profane Leben der mittelalterlichen Bergbaustadt Kutná Hora darstellen. Die zisterziensische Marienkirche von Sedlec wurde gemäß dem barocken Geschmack des frühen 18. Jh. restauriert. Das Meisterwerk ist heute Teil der gut erhaltenen mittelalterlichen Stadtstruktur, zu der auch einige schöne private Wohnhäuser gehören.

Der Dom der heiligen Barbara ▲

Die Stadt, die 60 km östlich von Prag an den steilen Hängen des Flüsschens Vrchlice erbaut wurde, erlangte ihren Wohlstand durch den Silberbergbau, der seinen Höhepunkt im 14. und 15. Jh. erreichte, als die Stadt zu den reichsten Europas gehörte.

Alt- und Neustadt von Edinburgh

Großbritannien

Begründung der Aufnahme: Zeugnis kulturellen Austauschs, Erbe von besonderer menschheitsgeschichtlicher Bedeutung

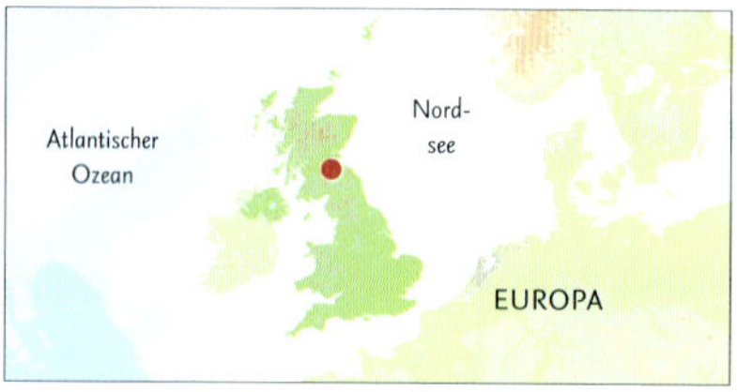

Edinburgh ist seit dem Jahr 1437 die Hauptstadt Schottlands und besteht aus zwei gesonderten Teilen: der Altstadt, die von Edinburgh Castle, einer mittelalterlichen Festung, dominiert wird, und der neoklassizistischen Neustadt, deren Entwicklung ab dem 18. Jh. weit reichenden Einfluss auf die europäische Städteplanung hatte. Die beiden Stadtteile verbinden auf bemerkenswerte Weise die urbanen Phänomene einer organisch gewachsenen mittelalterlichen Stadt mit der Städteplanung des 18. und 19. Jh. Die schrittweise geplanten Erweiterungen der Neustadt und die hohe Qualität ihrer Architektur setzten in Schottland und darüber hinaus Maßstäbe.

Edinburgh Castle wurde im 12. Jahrhundert auf einer „Crag-and-Tail"-Formation, dem sogenannten Castle Rock errichtet, wobei die mittelalterliche Hauptstraße auf dem auslaufenden Bergrücken, dem „Tail", liegt, der vom Castle aus hügelabwärts zur Stadtmauer verläuft. Weitere Straßen, sogenannte „closes" und „wynds", zweigen zu beiden Seiten im rechten Winkel ab. Wegen der ständigen Kriege mit England war Edinburgh gut befestigt, und Bautätigkeiten fanden überwiegend innerhalb der Stadtmauern statt. Platzmangel und das steil abfallende Gelände zu beiden Seiten des Hügels führten ab dem späten Mittelalter zur Entwicklung von mehrstöckigen Wohnhäusern, wobei einige Straßen regelrecht unterirdisch gebaut wurden.

Im 18. Jahrhundert war die Stadt dermaßen überfüllt, dass die Behörden die Notwendigkeit sahen, die Stadt auf das Gebiet im Norden auszudehnen. 1766 gewann ein 26-jähriger einheimischer Architekt namens James Craig einen Wettbewerb um die Gestaltung des neuen Gebietes. Sein Konzept sah ein strukturiertes Straßengitter vor, das in seiner Ordnung und seinem neoklassizistischen Stil die Rationalität der Schottischen Aufklärung widerspiegeln sollte. Es war so erfolgreich, dass es später massiv erweitert wurde. Ein Teil dieser Erweiterung war der von Robert Adam entworfene Charlotte Square.

Die Verbindung von Alt- und Neustadt durch eine Straße mit einer Brücke und der Bau neoklassizistischer Gebäude in beiden Teilen, etwa das von Adams entworfene Edinburgh University Old College, bringen die beiden gegensätzlichen historischen Gebiete in Einklang und verleihen der Stadt ihren einzigartigen Charakter.

Edinburgh Castle in der Altstadt (rechts) und das östliche Ende der Neustadt (unten) ▶

Die St. Margaret's Chapel war der einzige Teil von Edinburgh Castle, der Jahrhunderte des Krieges und der Belagerung überstanden hat. Jakob VI. von Schottland und I. von England, der Sohn Maria Stuarts, wurde 1556 in Edinburgh Castle geboren.

Der Palast Holyrood House, Schauplatz vieler Ereignisse der schottischen Geschichte, war ursprünglich das Gästehaus der Abtei Holyrood Abbey. Es wurde von König Jakob IV. (1473–1513) in eine königliche Residenz umfunktioniert und ist in Schottland der offizielle Sitz des Monarchen.

Historisches Viertel von Colonia del Sacramento

Uruguay

Begründung der Aufnahme: Erbe von besonderer menschheitsgeschichtlicher Bedeutung

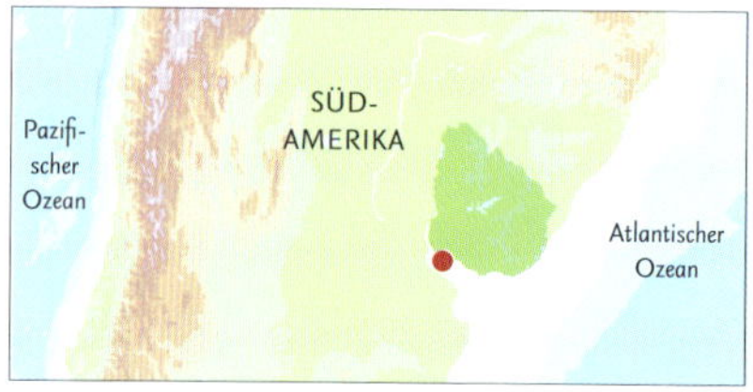

Colonia del Sacramento wurde 1680 von den Portugiesen im äußersten Westen einer Halbinsel des Río de la Plata gegründet. Dort lässt sich eine gelungene Verschmelzung von portugiesischen, spanischen und uruguayischen Einflüssen beobachten. In den Jahren 1704 und 1705, während des Spanischen Erbfolgekriegs, wurde die Stadt von den Spaniern dem Erdboden gleichgemacht. Die Portugiesen begannen sofort mit dem Wiederaufbau, und Sacramento wurde zur treibenden Kraft der materiellen, wirtschaftlichen und kulturellen Entwicklung der Kolonie. Sein Erfolg beeinflusste nachhaltig die Entwicklung von Buenos Aires und seines Umlands. Nach der Belagerung von 1777 wurde Sacramento dem spanischen Kolonialreich angegliedert. Die bemerkenswerten Bauten, die zwischen dem 17. und 19. Jahrhundert dort entstanden, rangieren von eleganten Stadtgebäuden bis hin zu Handwerkshäusern. Die breiten Hauptstraßen, die großen Plätze, die gepflasterten Gassen und die lauschigen Freiflächen der Stadt sind noch immer erhalten.

Die Struktur und die Gebäude von Colonia del Sacramento zeugen von der Beschaffenheit und den Zielen der europäischen Kolonialsiedlungen vor allem während der Umbruchphase Ende des 17. Jh. Darüber hinaus ist der Einfluss der Stadt auf die architektonische Entwicklung auf beiden Seiten des Río de la Plata unbestritten.

Historisches Zentrum von Santa Cruz de Mompox

Kolumbien

Begründung der Aufnahme: Erbe von besonderer menschheitsgeschichtlicher Bedeutung, traditionelle Siedlungsform

Santa Cruz de Mompox wurde im Jahr 1540 am Ufer des Río Magdalena gegründet und spielte eine Schlüsselrolle bei der spanischen Kolonisierung des nördlichen Südamerika. Die Stadt war durch den Fluss begrenzt und entwickelte sich anfangs ausschließlich entlang des Ufers. Mauern wurden gebaut, um die Stadt in Zeiten von Hochwasser zu schützen. Statt eines zentralen Platzes gibt es drei Plazas in einer Reihe; jede davon hat eine eigene Kirche und befindet sich an der Stelle einer ehemaligen indianischen Siedlung. In den frühen Jahren der Stadt dienten die Kirchen auch als Festungen. Das historische Zentrum hat die Harmonie und die Einheit des Stadtbilds bewahrt. Die meisten Gebäude werden noch immer entsprechend ihrem ursprünglichen Zweck genutzt und zeigen damit hervorragend, wie eine spanische Kolonialstadt ausgesehen hat.

Mompox entwickelte sich am Ufer des Río Magdalena und war von großer logistischer und kommerzieller Bedeutung: Der Verkehr zwischen dem Hafen von Cartagena und dem Hinterland fand auf den Flüssen statt, und zugleich liefen auch die Landrouten in der Stadt zusammen.

Archäologischer Park Tierradentro

Kolumbien

Begründung der Aufnahme: Zeugnis einer Kultur

Die Hypogäen (unterirdische Grabanlagen) von Tierradentro legen ein einzigartiges Zeugnis ab vom täglichen Leben, den Ritualen und Bestattungsbräuchen einer stabilen, aber inzwischen untergegangenen Kultur, die in der Zeit vor den Spaniern in den nördlichen Anden angesiedelt war. Vor allem ihre in Stein gehauenen anthropomorphen Darstellungen und polychromen Gemälde sind einzigartig auf dem amerikanischen Kontinent. Die riesigen Grabkammern, die auf das 6. bis 10. Jahrhundert zurückgehen, sind bis zu 12 m breit. Einige elegante Elemente dienen der Schaffung einer symbolischen Symmetrie zwischen den überirdischen Häusern der Lebenden und den unterirdischen Hypogäen für die Toten. Das erzeugt eine angenehme Ästhetik und beschwört das kraftvolle Bild einer neuen, wichigen Phase herauf, in die der Verstorbene eingetreten ist; es entsteht der Eindruck einer der Kontinuität zwischen Leben und Tod, zwischen den Lebenden und den Ahnen.

Tierradentro ist unter anderem für seine Statuen aus Stein berühmt. Sie wurden in vulkanisches Gestein gehauen und stellen stehende menschliche Figuren dar, deren obere Gliedmaßen sich auf ihrer Brust befinden. Die männlichen Figuren tragen einen Kopfschmuck aus Bändern, einen Lendenschurz und diverse Schmuckstücke, während die weiblichen Figuren Turbane, ärmellose Blusen und Röcke tragen.

Kölner Dom
Deutschland

Begründung der Aufnahme: Meisterwerk menschlicher Schöpferkraft, Zeugnis kulturellen Austauschs, Erbe von besonderer menschheitsgeschichtlicher Bedeutung

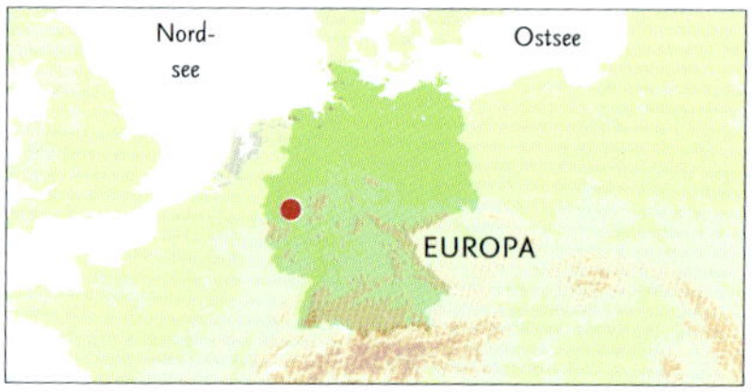

Der Kölner Dom, dessen Bau mehr als sechs Jahrhunderte dauerte, ist ein Meisterwerk gotischer Architektur. Generationen von Erbauern, die alle von einem starken Glauben beseelt waren, blieben dem ursprünglichen Bauplan treu. Der Dom ist ein kraftvolles Zeugnis von der Stärke und der Beharrlichkeit des christlichen Glaubens des mittelalterlichen und modernen Europas.

Man geht davon aus, dass die Stelle, an der der Dom steht, schon im 4. Jh. n. Chr. ein christlicher Andachtsort war. Nachdem die Herrscher Konstantin und Licinius im Jahr 313 in der Mailänder Vereinbarung die Religionsfreiheit im römischen Reich erklärt hatten, wurde ein christliches Versammlungshaus in der Nähe der Stadtmauer zu einer Kirche erweitert. Außerdem gab es ein Atrium, ein Baptisterium und ein Wohnhaus, in dem möglicherweise der Bischof lebte. Dieses bescheidene Ensemble wurde in den folgenden Jahrhunderten im großen Stil erweitert und vergrößert. Das Ergebnis war ein riesiges Gebäude, das im 13. Jahrhundert als die „Mutter aller Kirchen Germaniens" galt. Trotz der enormen Ausmaße befand man die Kathedrale schon bald als zu klein, um die Pilgerscharen aufzunehmen, die ab 1164 Köln besuchten, nachdem der Kölner Erzbischof die Reliquien der Heiligen Drei Könige aus Mailand zurückgeholt hatte.

Der Ehrgeiz des Erzbischofs Engelbert von Köln, seine Kathedrale zu einer der wichtigsten des Heiligen Römischen Reiches und zu einem würdigen Aufbewahrungsort der heiligen Reliquien zu machen, gab den Anstoß, ein vollkommen neues Gebäude zu errichten. Der Erzbischof, der 1225 ermordet wurde, erlebte allerdings nicht mehr den Baubeginn im Jahr 1248.

Um 1560 waren das Hauptschiff und die vier Seitenschiffe sowie die Grundstruktur des erhabenen Südturms größtenteils fertiggestellt, doch trotz zahlreicher Bemühungen blieb die Kathedrale über mehrere Jahrhunderte hinweg unvollendet. Als die Franzosen 1794 Köln besetzten, wurden die Bauarbeiten ausgesetzt und erst wieder aufgenommen, als die Stadt 1815 an Preußen fiel. Der klassizistische Architekt Karl Friedrich Schinkel besuchte den Dom 1816 und schickte seinen begabten Schüler Ernst Friedrich Zwirner als Domarchitekt. Die Arbeiten begannen jedoch erst 1840. Abgeschlossen waren die Bauarbeiten schließlich 1880, ganze 632 Jahre und zwei Monate nach dem Baubeginn im Jahr 1248.

Der Dom ist eine hochgotische Basilika mit fünf Schiffen, einem ausladenden Querhaus und einer Zweiturmfassade. Die Bauausführung ist vollkommen homogen. Im westlichen Bereich gibt es stilistische Varianten, die aber am Gesamtgebäude nicht auffallen. Auch bei den Arbeiten, die im 19. Jh. ausgeführt wurden, blieb man den mittelalterlichen Formen und Techniken treu. Zur ursprünglichen liturgischen Anordnung des Chores gehörten der Hochaltar auf einer schwarzen Marmorplatte, aus Eichenholz geschnitztes Chorgestühl (1308–1311), bemalte Chorgitter (1332–1340), vierzehn Statuen auf den Chorsäulen (1270–1290) sowie die Buntglasfenster, die den größten in Europa noch existierenden Fensterzyklus aus dem 14. Jh. bilden.

HOTEL

Baikalsee

Russische Föderation

Begründung der Aufnahme: besonderes Naturphänomen, Zeugnis wichtiger Stadien der Erdgeschichte, Schauplatz spezieller ökologischer und biologischer Prozesse, bedeutender natürlicher Lebensraum – Biodiversität

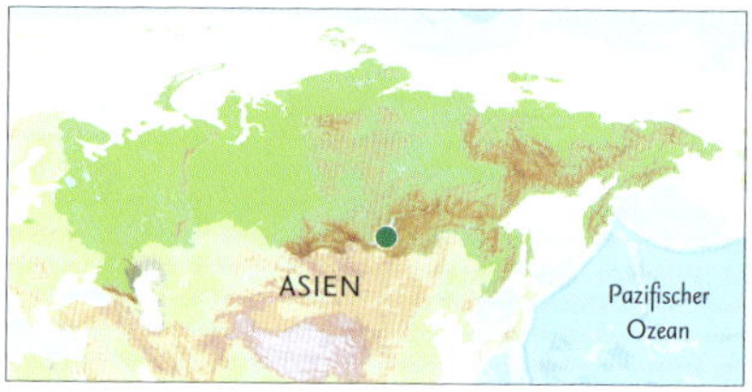

Der im Südosten Sibiriens gelegene Baikalsee ist über 25 Millionen Jahre alt, 1700 m tief und 31 500 km² groß. Damit ist er der älteste und tiefste See der Welt. Er enthält 20 Prozent der nicht gefrorenen Süßwasserreserven der Erde. Die endemische Süßwasserflora und -fauna des Baikalsees, die für die Evolutionsbiologie von herausragendem Wert ist, gehört zu den reichsten und ungewöhnlichsten weltweit. Ihre Entstehung verdankt sie dem Alter und der Isolation des sogenannten „russischen Galapagos“, zu dessen Fauna auch die Baikalrobbe, eine einzigartige Süßwasserspezies, gehört.

Der See ist von einem Netz aus Schutzgebieten umgeben, die wertvolle Landschaften und Naturphänomene umfassen.

Die geologischen Strukturen des Beckens bildeten sich im Paläozoikum, im Mesozoikum und im Känozoikum (vor 540 Millionen Jahren bis in die Gegenwart). Einige tektonische Kräfte wirken noch immer, was neu entstandene Thermalquellen in den Tiefen des Sees belegen.

Der See ist eingebettet in eine malerische Landschaft aus Bergen, Wäldern, Tundra, Seen, Inseln und Steppen.

Friedensdenkmal in Hiroshima (Genbaku-Kuppel)

Japan

Begründung der Aufnahme: Verknüpfung mit Ereignissen von universeller Bedeutung

Das Friedensdenkmal in Hiroshima ist ein eindrückliches Symbol für die zerstörerischste Kraft, welche die Menschheit je geschaffen hat; zugleich ist es ein Ausdruck der Hoffnung auf Weltfrieden und die endgültige Abschaffung von Nuklearwaffen. Die japanische Industrie- und Handelskammer in Hiroshima war das einzige Gebäude der Innenstadt, von dem zumindest das Grundgerüst stehen blieb, als am Morgen des 6. August 1945 in Hiroshima die erste Atombombe explodierte. Als man mit dem Wiederaufbau der Stadt begann, beließ man es in diesem Zustand und nannte es Genbaku-Kuppel (Atombombenkuppel). Im Jahr 1966 verabschiedete der Stadtrat von Hiroshima eine Resolution, nach der die Kuppel dauerhaft bewahrt werden sollte. Der Friedenspark, dessen wichtigstes Wahrzeichen die Kuppel ist, wurde zwischen 1950 und 1964 angelegt. Seit 1952 ist der Park die Kulisse der jährlich am 6. August stattfindenden Gedenkfeier „Hiroshima Peace Memorial Ceremony".

Die japanische Industrie- und Handelskammer in Hiroshima war ein dreistöckiges Backsteingebäude mit einem fünfstöckigen zentralen Teilbau, der von einer elliptischen Kuppel überwölbt war. Das Gebäude war nur 150 m vom Explosionsort entfernt und wurde fast vollständig zerstört. Da die Wucht der Explosion direkt von oben auf den Bau traf, blieben die Grundmauern des Bereichs unter der Kuppel stehen.
▼

Karawanenstädte Ouadane, Chinguetti, Tichitt und Oualata in der Sahara

Mauretanien

Begründung der Aufnahme: Zeugnis einer Kultur, Erbe von besonderer menschheitsgeschichtlicher Bedeutung, traditionelle Siedlungsform

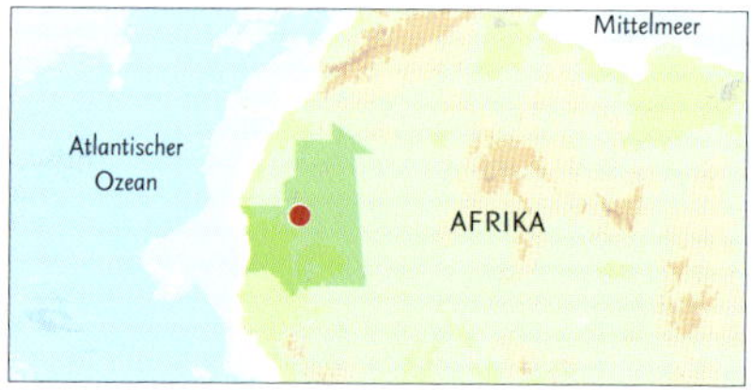

Die im 11. und 12. Jahrhundert gegründeten Handelszentren und religiösen Stätten lagen an den Karawanenstraßen der Sahara und entwickelten sich zu bedeutenden Zentren der islamischen Kultur. Sie liegen am Rand fruchtbarer Täler oder Oasen, und ihre ursprüngliche Funktion bestand in der religiösen Unterweisung, weshalb sie um Moscheen herum entstanden sind, zu denen auch Häuser für Lehrer und Schüler gehörten. Händler, die selbst eine Unterkunft brauchten, bauten dort Lagerhäuser, um ihre Waren unterzustellen. Für Geschäftsleute auf der Durchreise wurden Herbergen bereitgestellt. Aus diesen Elementen entstand die charakteristische Siedlungsform der Ksour (Singular: Ksar), deren Steinarchitektur und urbane Form für extreme klimatische Bedingungen geeignet war. Üblicherweise gruppierten sich die Häuser, die einen Innenhof haben und in schmalen Gassen liegen, um eine Moschee mit einem eckigen Minarett.

Diese vier alten Städte sind die einzigen noch erhaltenen Orte in Mauretanien, die seit dem Mittelalter bewohnt sind. Sie stehen für eine traditionelle Lebensart, die auf der Nomadenkultur der Völker der Westsahara beruht.

Okapi-Tierschutzgebiet

Demokratische Republik Kongo

Begründung der Aufnahme: bedeutender natürlicher Lebensraum – Biodiversität

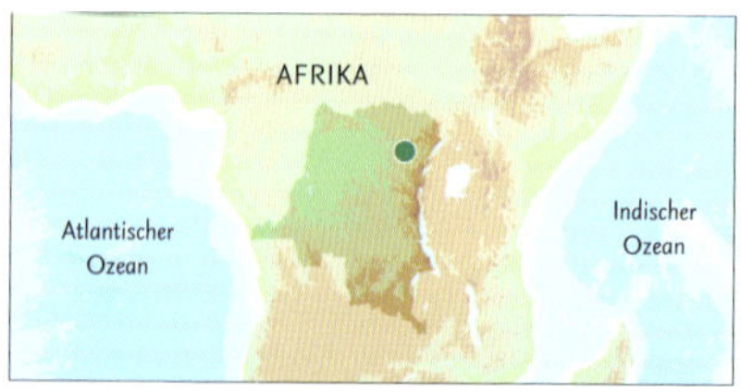

Das Okapi-Tierschutzgebiet nimmt etwa ein Fünftel des Ituri-Waldes im Nordosten der Demokratischen Republik Kongo ein. Das Tal des Kongo-Flusses, im dem das Schutzgebiet und der Wald liegen, ist eines der größten Wasserreservoirs Afrikas. Im Tierschutzgebiet leben bedrohte Primaten- und Vogelarten sowie etwa 5000 der geschätzten 30 000 noch wild lebenden Okapis. Ein dramatisches Landschaftsbild verleihen dem Naturschutzgebiet unter anderem die Wasserfälle der Flüsse Ituri und Epulu. Das Reservat wird von den traditionell nomadischen Jägern der Mbuti- und Efe-Pygmäen bewohnt.

Die im Ituri Wald lebenden Pygmäengruppen verfügen über wertvolle Kenntnisse über die Anwendungsmöglichkeiten und Bestimmungsmerkmale von Wildpflanzen. Die Pygmäen führen ein halbnomadisches Jäger-und-Sammler-Leben. Sie jagen traditionell mit Netzen oder Pfeil und Bogen und sammeln Insekten, Pilze, Früchte, Samen, Pflanzen und Honig.

◄ Okapi im Ituri-Wald

Benediktinerabtei Pannonhalma

Ungarn

Begründung der Aufnahme: Erbe von besonderer menschheitsgeschichtlicher Bedeutung, Verknüpfung mit Ereignissen von universeller Bedeutung

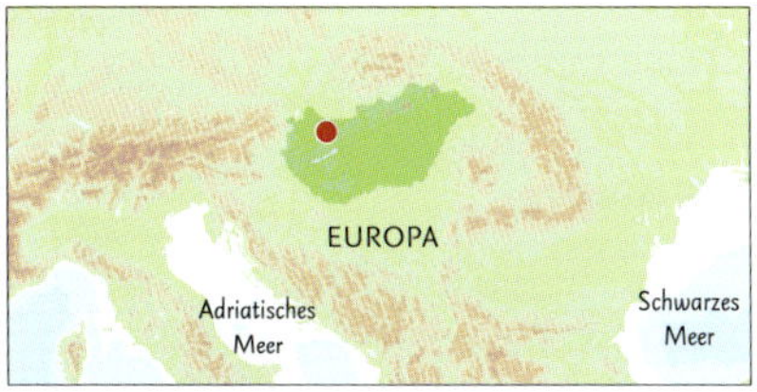

Im Jahr 996 kamen Benediktinermönche zu diesem heiligen Berg in der ehemaligen römischen Provinz Pannonien. Sie errichteten das Kloster als östlichen Brückenkopf der mittelalterlichen europäischen Kultur, eine Position, die es mit kurzen Unterbrechungen 1000 Jahre lang innehatte. Die heutige Kirche, die aus dem Jahr 1224 stammt, ist die dritte, die an dieser Stelle erbaut wurde; sie enthält Bestandteile ihrer Vorgängerinnen. 1472 übernahm der König das Kloster und ließ umfangreiche Renovierungen ausführen. Der jetzige Kreuzgang und andere Gebäude mit religiöser Funktion wurden errichtet, und das Kloster wurde befestigt. Für das Kloster brachen jedoch harte Zeiten an: 1575 wurde es durch ein Feuer schwer beschädigt und größtenteils verlassen, um 1594 von den Türken besetzt zu werden. Die Benediktinergemeinde kehrte 1638 zurück und die barocken Elemente des Klosters, z. B. das Refektorium, wurden hinzugefügt. Heute beherbergen die Gebäude noch immer eine Schule sowie die Klostergemeinde.

Zur Landschaft um das Kloster gehören ein natürlicher Eichenwald und ein botanischer Garten mit einheimischen und exotischen Waldbäumen und -pflanzen, Hecken- und Grünanlagen.

Canal du Midi
Frankreich

Begründung der Aufnahme: Meisterwerk menschlicher Schöpferkraft, Zeugnis kulturellen Austauschs, Erbe von besonderer menschheitsgeschichtlicher Bedeutung, Verknüpfung mit Ereignissen von universeller Bedeutung

Dieses 360 km umfassende Netz aus schiffbaren Wasserwegen, welches das Mittelmeer über 328 Bauwerke – Schleusen, Aquädukte, Brücken, Tunnel usw. – mit dem Atlantik verbindet, gehört zu den bemerkenswertesten Errungenschaften der neuzeitlichen Ingenieurskunst. Der Kanal, der zwischen 1667 und 1694 gebaut wurde, ebnete den Weg für die Industrielle Revolution. Er wurde von Pierre-Paul Riquet entworfen, der sich bewusst war, dass er nicht nur einen funktionalen Wasserverkehrsweg schaffen würde, sondern auch ein Machtsymbol für das Frankreich des 17. Jahrhunderts. Deshalb stellte er sicher, dass die Qualität der Architektur am Kanal dieser Rolle gerecht wurde. Die Brücken, Schleusen und dazugehörigen Gebäude sind schlicht gestaltet und strahlen eine monumentale Würde aus. Darüber hinaus wusste Pierre-Paul Riquet, dass sich seine Arbeit auf das Landschaftsbild auswirken würde, weshalb er sich darum bemühte, dass der Kanal mit seiner Umgebung harmonierte.

Eines der bemerkenswertesten Wahrzeichen des Kanals ist der Saint-Ferréol-Damm am Fluss Laudot in der Region Montagne-Noire. Es handelt sich dabei um das größte Projekt entlang des Kanals und die großartigste Ingenieursleistung seiner Zeit.

Canal du Midi, Toulouse
▼

Berglandschaft Shan Emei / „Großer Buddha von Leshan"

China

Begründung der Aufnahme: Erbe von besonderer menschheitsgeschichtlicher Bedeutung, Verknüpfung mit Ereignissen von universeller Bedeutung, bedeutender natürlicher Lebensraum – Biodiversität

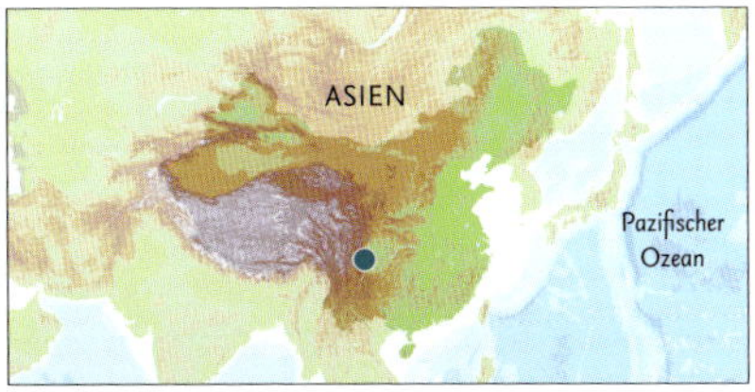

Der erste buddhistische Tempel Chinas wurde im 1. Jh. n. Chr. in der Provinz Sichuan in einer wunderschönen Umgebung auf dem Berg Emei gebaut. Weitere Tempel wurden hinzugefügt, sodass aus der Stätte einer der wichtigsten heiligen Orte des Buddhismus wurde. Im Laufe der Jahrhunderte wuchs die Zahl der Kulturschätze. Der bemerkenswerteste davon ist der Große Buddha von Leshan. Er wurde im 8. Jahrhundert aus einer Hügelflanke herausgemeißelt und schaut auf den Zusammenfluss dreier Flüsse herab. Mit einer Höhe von 71 m ist er die größte Buddhastatue der Welt.

Als eine der vier heiligen Stätten des chinesischen Buddhismus, ist dieser Ort von großer historischer Bedeutung. Er ist auch ein wichtiges Schutzgebiet für viele bedrohte Tierarten, einschließlich des Kleinen Panda, des Asiatischen Schwarzbären und der Asiatischen Goldkatze.

Der Berg Emei ist für seine vielseitige Vegetation bekannt, die von subtropischer Fauna bis hin zu subalpinen Kiefernwäldern reicht. Einige der Bäume sind über 1000 Jahre alt.

Bergdörfer von Swanetien

Georgien

Begründung der Aufnahme: Erbe von besonderer menschheitsgeschichtlicher Bedeutung, traditionelle Siedlungsform

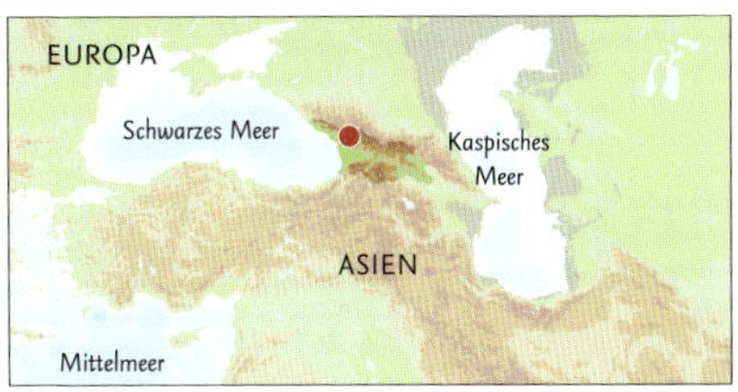

Wegen der isolierten Lage bewahrte sich die Kaukasusregion Swanetien ihre charakteristische Landschaft aus kleinen, von Kirchtürmen dominierten Dörfern in einer natürlichen Umgebung aus Schluchten und alpinen Tälern vor dem Hintergrund schneebedeckter Berge. Die einzigartigen Turmhäuser dieser Gegend dienten als Wohnungen, Lagerhäuser und Verteidigungsposten gegen Invasoren, die die Region heimsuchten. Im Dorf Chazhashi stehen noch immer mehr als 200 dieser ungewöhnlichen Gebäude. Die ausgezeichneten natürlichen Bedingungen und die Einheit von Architektur und Landschaft verleihen der Region eine ganz eigene, ursprüngliche Qualität. Die Fülle an monumentalen und kleineren Kunstwerken, wie Metallarbeiten, Illustration von Handschriften, Textilien und Stickereien, Holzschnitzereien, Ikonenmalereien und traditionelle Architektur, ist für die Erforschung Georgiens und des Kaukasus von großer Bedeutung.

Der Reichtum an Türmen ist das auffälligste Merkmal dieser Siedlungen, vor allem in den Grenzdörfern. Die schlanken Türme, die sich nach oben verjüngen, haben in der Regel zwischen drei und fünf Stockwerke und Mauern, die nach oben hin dünner werden.

Historisches Zentrum von Porto

Portugal

Begründung der Aufnahme: Erbe von besonderer menschheitsgeschichtlicher Bedeutung

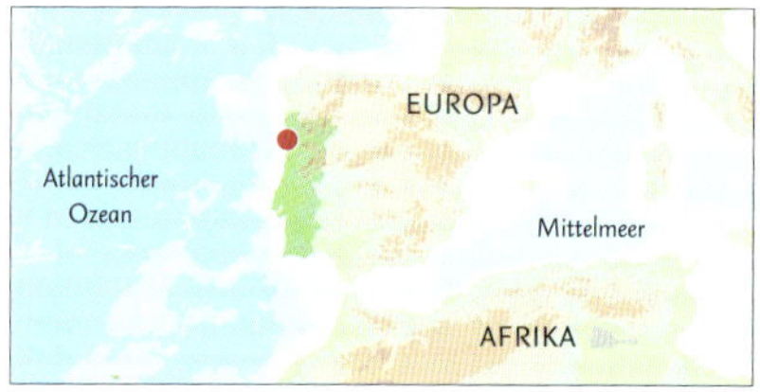

Die herrliche Stadt Porto, die auf den Hügeln über der Mündung des Douro liegt, hat eine außergewöhnliche Stadtlandschaft mit einer 2000-jährigen Geschichte. Das historische Zentrum ist von hohem ästhetischem Wert und enthält Zeugnisse urbaner Entwicklung aus der Zeit der Römer, dem Mittelalter und der Almada-Periode. Die prächtige und abwechslungsreiche bürgerliche Architektur des historischen Zentrums bringt die kulturellen Werte aufeinanderfolgender Epochen zum Ausdruck: Romanik, Gotik, Renaissance, Barock, Neoklassizismus und Moderne. Die Römer nannten die Stadt Portus, also „Hafen". Ihr kontinuierliches Wachstum, das eng mit dem Meer verbunden ist, bescherte ihr viele monumentale Bauten, wie die Kathedrale mit ihrem romanischen Chor, die neoklassizistische Börse und die Kirche Santa Clara, die im für Portugal typischen Manuelinischen Stil gehalten ist.

Porto unterstützte die Expeditionen von Heinrich dem Seefahrer, dem Entdecker-Prinzen, der im 15. Jh. in der Stadt geboren wurde.

Im 18. Jh. investierten englische Unternehmer in die Weinberge des Douro-Tals. Porto profitierte als Verschiffungshafen erheblich von diesem Weinhandel, wie der Reichtum an barocken Gebäuden in der Stadt zeigt.

Barriereriff von Belize

Belize

Begründung der Aufnahme: besonderes Naturphänomen, Schauplatz spezieller ökologischer und biologischer Prozesse, bedeutender natürlicher Lebensraum – Biodiversität

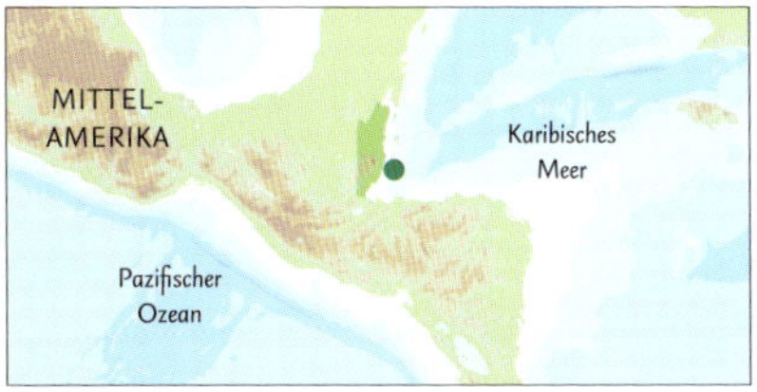

Der Küstenbereich von Belize bildet ein einzigartiges natürliches System, das aus dem größten Barriereriff der Nordhalbkugel, küstennahen Atollen, mehreren hundert kleinen Sandinseln (sogenannte Cays), Mangrovenwäldern, Küstenlagunen und Mündungen besteht. Die sieben Schutzgebiete der Welterbestätte zeigen die Evolutionsgeschichte des Riffs und stellen einen wichtigen Lebensraum dar für bedrohte Arten, wie Meeresschildkröten, Rundschwanzseekühe und Spitzkrokodile.

Die ungefähr 450 Sand- und Mangroveninseln innerhalb des Barriereriffs sowie die Atolle rangieren in der Größe zwischen kleinen, kurzlebigen Nehrungen aus Sand bis hin zu großen, dauerhaften Inseln. Insgesamt wurden in diesem Gebiet 178 Landpflanzen- und 247 Wasserpflanzenarten verzeichnet. In der Gegend leben 500 Fischarten, 65 Steinkorallen, 45 Hydrozoen und 350 Weichtiere sowie eine große Vielfalt an Schwämmen, Meereswürmern und Krebstieren.

Das untermeerische Schelf und das Barriereriff von Belize stellen das zweitgrößte Riffsystem der Welt und den größten Riffkomplex in der atlantisch-karibischen Region dar. Außerhalb des Barriereriffs liegen drei große Atolle. Zwischen dem Festland und dem Barriereriff befindet sich eine weitläufige, der Küste vorgelagerte Lagune, die von Norden nach Süden an Breite und Tiefe zunimmt.

Das Bauhaus und seine Stätten in Weimar und Dessau

Deutschland

Begründung der Aufnahme: Zeugnis kulturellen Austauschs, Erbe von besonderer menschheitsgeschichtlicher Bedeutung, Verknüpfung mit Ereignissen von universeller Bedeutung

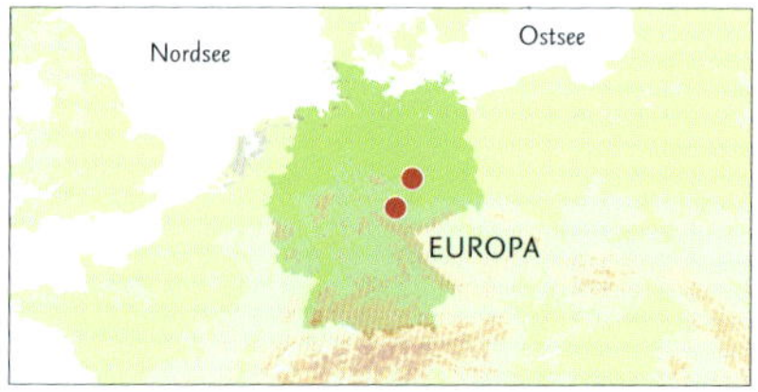

Das Bauhaus, das sich zuerst in Weimar und später in Dessau befand, revolutionierte zwischen 1919 und 1933 die architektonischen und ästhetischen Konzepte und die Praxis. Die Gebäude, die von den Lehrern der Schule, Walter Gropius, Hannes Meyer, Laszlo Moholy-Nagy und Wassily Kandinsky gebaut und gestaltet wurden, gaben den Startschuss für die Moderne, welche die Architektur des 20. Jahrhunderts prägte. Das Weimarer Bauhaus musste im Jahr 1925 aus politischen Gründen schließen. Gropius fand in Dessau Unterstützung für seine künstlerische und politische Haltung und erhielt die Möglichkeit, eine Reihe groß angelegter neuer Bauprojekte zu gestalten. Die Gebäude befanden sich am Stadtrand, und zu ihnen gehörten auch das Bauhaus selbst sowie die Meisterhäuser, die den Direktoren und einigen ausgewählten Lehrern des Bauhauses als Wohnung dienten.

Das Musterhaus „Am Horn" in Weimar wurde 1923 nach einem Entwurf von Georg Muche als Modell und Ausstellungsstück gebaut – der erste praktische Ausdruck des Neuen Bauens. 1925 wurden Anbauten hinzugefügt (ein Pförtnerhaus, weitere Zimmer, eine Veranda und eine Terrasse); das ursprüngliche Erscheinungsbild wurde jedoch nicht verändert. Es ist das einzige originale Bauhaus-Gebäude, das in Weimar noch erhalten ist.

Nationalpark Lushan

China

Begründung der Aufnahme: Zeugnis kulturellen Austauschs, Zeugnis einer Kultur, Erbe von besonderer menschheitsgeschichtlicher Bedeutung, Verknüpfung mit Ereignissen von universeller Bedeutung

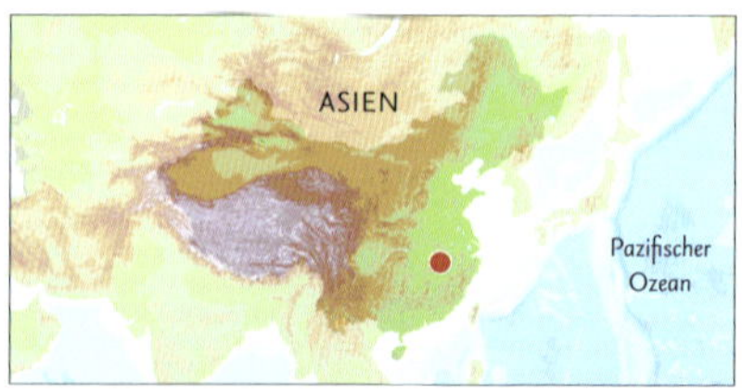

Der Berg Lushan in der chinesischen Provinz Jiangxi gehört zu den spirituellen Zentren der chinesischen Kultur. Buddhistische und taoistische Tempel zusammen mit bedeutenden Stätten des Konfuzianismus, an denen die großen Meister lehrten, fügen sich mühelos in die atemberaubend schöne Landschaft ein. Es handelt sich um eine Gegend, die Philosophie und Kunst inspirierte und in die noch bis vor kurzem hochwertige Kulturschätze gezielt und einfühlsam integriert wurden.

Die Berge von Lushan haben einige herausragende Werke der klassischen chinesischen Dichtkunst inspiriert.

Etwa 200 historische Bauwerke sind über den Nationalpark Lushan verteilt. Das berühmteste davon ist der Donglin-Tempelkomplex am Fuße des Xianglu-Gipfels. Er geht auf das Jahr 386 n. Chr. zurück und wurde im Verlauf der Jahrhunderte nach und nach erweitert.

Seidenbörse „La Lonja de la Seda" in Valencia

Spanien

Begründung der Aufnahme: Meisterwerk menschlicher Schöpferkraft, Erbe von besonderer menschheitsgeschichtlicher Bedeutung

Die Lonja de la Seda (Seidenbörse) von Valencia ist ein außergewöhnliches Beispiel eines Profanbaus im spätgotischen Stil, der auf eindrückliche Weise die Macht und den Reichtum einer der großen mediterranen Handelsstädte symbolisiert. Die zwischen 1482 und 1533 errichtete Gebäudegruppe, die immer ein Handelszentrum war, wurde ursprünglich für den Seidenhandel genutzt – daher der Name Seidenbörse. Der Grundriss der Lonja ist rechteckig. Etwa die Hälfte der Gesamtfläche wird von der Sala de Contratación (Vertragshalle) eingenommen; der Turm (einschließlich der Kapelle), der Saal Consulado del Mar und der große Garten vervollständigen das Ensemble.

Die Sala de Contratación ist eine prachtvolle Halle. Der erhabene Innenraum ist durch fünf Reihen schlanker, spiralförmiger Säulen in drei Bereiche geteilt. Die Säulen gehen in die elegante Wölbung der Decke über. Die Halle wird durch hoch aufragende gotische Fenster erhellt, deren äußere Rahmen, ebenso wie die der Türen, üppig verziert sind. Am bemerkenswertesten ist dabei eine Reihe grotesker Wasserspeier.

Nationalpark „W"

Niger

Begründung der Aufnahme: Schauplatz spezieller ökologischer und biologischer Prozesse, bedeutender natürlicher Lebensraum – Biodiversität

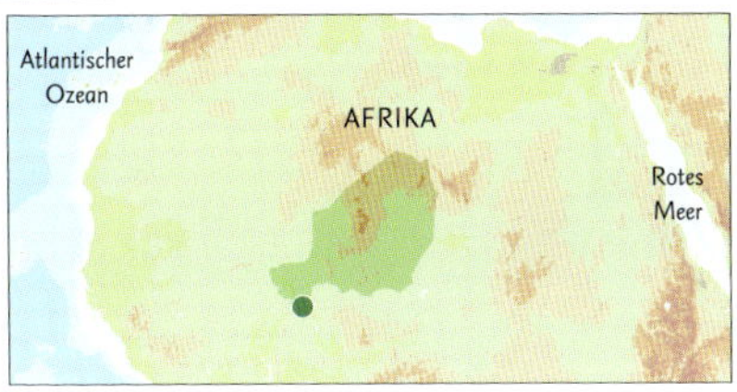

Der Nationalpark „W", der seinen Namen dem Verlauf des Flusses Niger verdankt, liegt in der Übergangszone zwischen Savanne und Waldlandschaft. Zum Park gehören wichtige Ökosysteme, die von den Wechselbeziehung zwischen Menschen und natürlichen Ressourcen seit dem Neolithikum zeugen. Durch dieses Zusammenspiel entstanden charakteristische Landschafts- und Pflanzenformationen sowie eine reiche Biodiversität. Der Park ist bekannt für die dort heimischen großen Säugetiere, wie beispielsweise Erdferkel, Paviane, Büffel, Karakale, Geparde, Elefanten, Nilpferde, Leoparden, Löwen, Servale und Warzenschweine. Die Feuchtgebiete des Parks sind von internationaler Bedeutung, da sie wichtig für den Erhalt einiger Vogelarten sind. Insgesamt 454 Pflanzenarten wurden im Park registriert, einschließlich zweier Orchideenarten, die nur im Niger zu finden sind. Über 70 Säugetier- und 350 Vogelarten sind in dem Gebiet anzutreffen.

Viele der Vogelarten des Parks benötigen weite Gebiete für ihre saisonale Migration. Der Umstand, dass der Park mit anderen Schutzgebieten in Burkina Faso und Niger verbunden ist, steigert seine Bedeutung für den Fortbestand dieser Arten.

Shinto-Schrein von Itsukushima

Japan

Begründung der Aufnahme: Meisterwerk menschlicher Schöpferkraft, Zeugnis kulturellen Austauschs, Erbe von besonderer menschheitsgeschichtlicher Bedeutung, Verknüpfung mit Ereignissen von universeller Bedeutung

Die Insel Itsukushima in der Seto-Inlandsee ist seit frühester Zeit ein heiliger Ort des Shintoismus. Die ersten Schreingebäude wurden hier vermutlich im 6. Jahrhundert errichtet. Der heutige Schrein geht auf das 12. Jahrhundert zurück. Die Gestaltung der Gebäude spielt mit dem Kontrast der Farben und Formen zwischen Bergen und Meer und spiegelt das Konzept der japanischen Landschaftsästhetik wider, die Natur und menschliche Kreativität verbindet. Die Architektur der nach Norden gewandten Honsha-Gebäude und der nach Westen gerichteten Gebäude des Nebenschreins (Sessha) Marodo-jinja, die durch einen überdachten Korridor (Kairo) verbunden sind, wurde vom Stil aristokratischer Wohnhäuser aus der Heian-Periode beeinflusst. Die Vorderansicht der Gebäude vor dem Hintergrund der Berge wird hervorgehoben, und der ganze Komplex erinnert an eine Reihe von Wandschirmen.

Wie viele andere Shinto-Schreine verlor auch der Schrein von Itsukushima viele buddhistischen Gebäude, als im Zuge der Meiji-Restauration 1868 der Buddhismus abgelehnt wurde. Die wenigen, die in den umliegenden Hügeln noch erhalten sind, gelten als ebenso unentbehrlich für die Geschichte des Itsukushima-Schreins wie seine Shinto-Monumente.

Historische Kartonfabrik von Verla

Finnland

Begründung der Aufnahme: Erbe von besonderer menschheitsgeschichtlicher Bedeutung

Die Holzschleiferei und Kartonfabrik von Verla sowie das dazugehörige Wohngebiet sind ein hervorragendes und bemerkenswert gut erhaltenes Beispiel einer kleineren ländlichen Industriesiedlungen im Bereich Papierbrei-, Papier- und Kartonproduktion, wie sie im 19. und frühen 20. Jahrhundert in Nordeuropa und Nordamerika florierten. Die Industrielle Revolution, die in der ersten Hälfte der 1870er-Jahre das Flusstal des Kymi erreichte, äußerte sich dort in einem der dramatischsten Phänomene in der finnischen Wirtschaftsgeschichte. Innerhalb kürzester Zeit wurden Dutzende von Dampf-Sägewerken, Holzschleifereien und Kartonfabriken gegründet. Das Kymi-Tal profitierte insbesondere vom Bau der Anlagen für die Holzflößerei, der dazugehörigen Eisenbahn und der Einführung der kooperativen Flößerei. So wurde es möglich, die Holzstämme aus den Urwäldern Zentralfinnlands zur verarbeitenden Industrie zu transportieren.

Im Laufe des 20. Jahrhunderts wurde in Verla allmählich immer weniger produziert, bis das Werk am 18. Juli 1964 geschlossen wurde, als der letzte der alten Arbeiter in Ruhestand ging. Die Eigentümer beschlossen, den gesamten Komplex als Industriemuseum intakt zu halten, genau so, wie er war, als ihn der letzte Arbeiter verlassen hatte.

Frühchristliche Baudenkmäler und Mosaike von Ravenna

Italien

Begründung der Aufnahme: Meisterwerk menschlicher Schöpferkraft, Zeugnis kulturellen Austauschs, Zeugnis einer Kultur, Erbe von besonderer menschheitsgeschichtlicher Bedeutung

Im 5. Jh. war Ravenna die Hauptstadt des Weströmischen Reichs, danach bis zum 8. Jh. die des byzantinischen Italiens. Ravenna verfügt über eine einzigartige Sammlung frühchristlicher Mosaike und Monumente. Alle acht Gebäude – das Mausoleum der Galla Placidia, das orthodoxe Baptisterium (Neonische Taufkapelle), die Basilika Sant'Apollinare Nuovo, das Baptisterium der Arianer, die Erzbischöfliche Kapelle, das Mausoleum Theoderichs, die Kirche San Vitale und die Basilika Sant'Apollinare in Classe – wurden im 5. und 6. Jh. gebaut. Sie zeugen von großartigen künstlerischen Fähigkeiten und einer wunderbaren Mischung aus griechisch-römischer Tradition, christlicher Ikonografie sowie östlichen und westlichen Stilen.

Mehrere der Gebäude sind einzigartig: Das orthodoxe Baptisterium ist beispielsweise das schönste und vollständigste Exemplar eines frühchristlichen Baptisteriums; das Mausoleum Theoderichs ist das einzige erhaltene Grab eines „Barbaren"-Königs dieser Periode.

◄ Mausoleum der Galla Placidia

Festungsgürtel von Amsterdam
Niederlande

Begründung der Aufnahme: Zeugnis kulturellen Austauschs, Erbe von besonderer menschheitsgeschichtlicher Bedeutung, traditionelle Siedlungsform

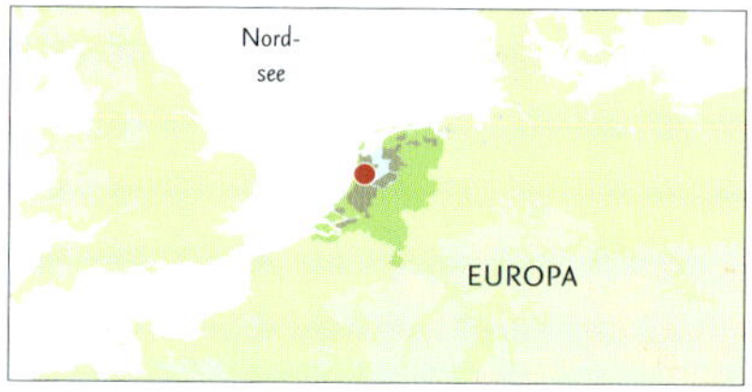

Der 135 km lange Verteidigungsring um Amsterdam wurde zwischen 1883 und 1920 erbaut und stellt eine einzigartige Festungsanlage dar, die nach dem Prinzip der Überflutung arbeitet. Seit dem 16. Jh. benutzen die Niederländer ihr Fachwissen im Bereich des Wasserbaus für Verteidigungszwecke. Frühere Verteidigungslinien wurden gestärkt und in die sogenannte „Stelling van Amsterdam" integriert, eine Anlage, die auf dem komplizierten Poldersystem im westlichen Teil der Niederlande basiert. Das Zentrum des Landes wurde durch ein Netz aus 45 Festungen geschützt, die mit Anlagen zur Flutung von Poldern und einem komplizierten System aus Kanälen und Schleusen zusammenarbeiteten. Die Festungen sind mit der bestehenden Infrastruktur aus Straßen, Wasserwegen, Dämmen und Siedlungen direkt verbunden, und die wichtigste Verteidigungslinie verläuft hauptsächlich entlang der bereits existierenden Deiche.

Seit eh und je wurden in den Niederlanden Deiche, Schleusen und Kanäle gebaut, um das Land trockenzulegen. Die „Stelling van Amsterdam" ist von herausragender universeller Bedeutung, weil sie diesen Leistungen einen zusätzlichen Mehrwert verleiht, indem sie sie in ein weitläufiges Verteidigungssystem integriert, das bis zum heutigen Tag intakt ist.

Präkolumbische Stadt Uxmal
Mexiko

Begründung der Aufnahme: Meisterwerk menschlicher Schöpferkraft, Zeugnis kulturellen Austauschs, Zeugnis einer Kultur

Die Ruinen der Zeremonialbauten von Uxmal stellen in Hinblick auf Gestaltung, Anlage und Ausschmückung einen Höhepunkt der späten Maya-Kunst und -Architektur dar. Außerdem demonstrieren der Uxmal-Komplex und die drei zugehörigen Städte Kabáh, Labná und Sayil auf vortreffliche Weise die soziale und wirtschaftliche Struktur der späten Maya-Gesellschaft. Uxmal in Yucatán wurde etwa 700 n. Chr. gegründet und hatte ungefähr 25 000 Einwohner. Die Anordnung der zwischen 700 und 1000 n. Chr. erbauten Gebäude zeugt von detaillierten Astronomiekenntnissen. Die Pirámide del Adivino, wie die Spanier sie nannten (Pyramide des Wahrsagers), beherrscht das zeremonielle Zentrum mit seinen gut konstruierten Gebäuden, die mit einer Fülle symbolischer Motive und Skulpturen verziert sind, die Chaak, den Regengott darstellen.

Durch ihre Größe beherrscht die Pirámide del Adivino den Gesamteindruck. Sie besteht aus fünf übereinander liegenden Bauelementen. Zwei von ihnen kann man über monumentale Treppen auf beiden Seiten des Bauwerks erklimmen. Die Pyramide stammt aus der Späten Klassik und vereint mehrere Kunsttraditionen, einschließlich die der Tolteken aus Zentralmexiko.
▼

Vulkanregion von Kamtschatka

Russische Föderation

Begründung der Aufnahme: besonderes Naturphänomen, Zeugnis wichtiger Stadien der Erdgeschichte, Schauplatz spezieller ökologischer und biologischer Prozesse, bedeutender natürlicher Lebensraum – Biodiversität

Auf Kamtschatka befindet sich eine der außergewöhnlichsten Vulkanregionen der Erde. Sie weist eine hohe Dichte an aktiven Vulkanen, viele verschiedene Vulkantypen und eine große Bandbreite der mit dem Vulkanismus verbundenen Merkmale auf. Die sechs zum Weltkulturerbe ernannten Stätten beinhalten einen Großteil der vulkanischen Phänomene auf der Kamtschatka-Halbinsel. Durch das Wechselspiel aus aktiven Vulkanen und Gletschern entsteht eine dynamische Landschaft von großartiger Schönheit. Darüber hinaus gibt es in der Region eine große Artenvielfalt, einschließlich der weltweit größten bekannten Vielfalt an Salmonidenarten sowie großer Seeotter-, Braunbär- und Riesenseeadlerbestände.

Die Region ist eine der unberührtesten Gegenden der Kamtschatka-Halbinsel. Die vielen Vulkangebiete der Region sind charakteristisch für den pazifischen Feuerring, der ein an der Oberfläche sichbarer Ausdruck der plattentektonischen Subduktion ist, bei der sich die pazifische Kontinentalplatte 10 cm pro Jahr unter die eurasische Platte schiebt. Auf Kamtschatka gibt es mehr als 300 Vulkane, 29 davon sind derzeit aktiv, darunter Calderen, Schichtvulkane, Somma-Vulkane und Mischtypen. Der größte des Gebietes ist der Kronotskaya Sopka. Darüber hinaus gibt es zahlreiche Thermal- und Mineralquellen, Geysire und andere Phänomenen des aktiven Vulkanismus.

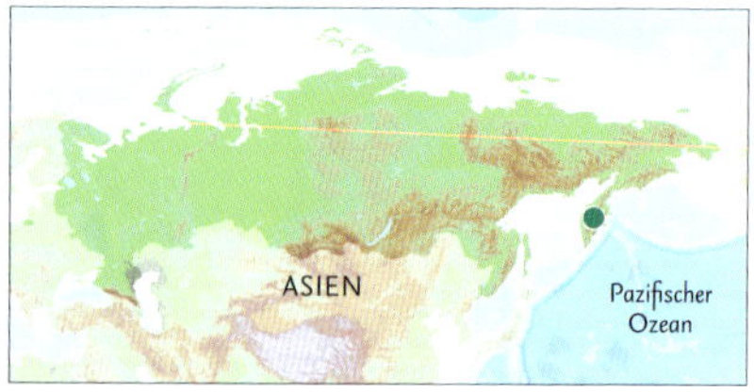

Dem sie umgebenden Meer verdankt sie Halbinsel ihr feuchtes und relativ mildes Klima, das eine üppige Vegetation mit sich bringt. Die Vegetation umfasst Taigawälder in Gebirgstälern, die aus Birke, Lärche und Fichte bestehen, Steinbirkenwälder, Bruchwälder auf Alluvialboden, die aus Pappeln, Espen, Erlen und Weide bestehen, sowie Torfmoore, ausgedehnte Küstenfeuchtgebiete, die bis zu 50 km breit sind, und subalpine Strauch- und Bergtundra. Darüber gibt es in der Region eine besonders vielfältige paläarktische Flora, einschließlich einer Anzahl von Spezies, die im Inland vom Aussterben bedroht sind, sowie mindestens 16 endemische Arten.

Die Artenvielfalt der Fauna ist geringer, da Kamtschatka einige der biogeografischen Charakteristika einer Insel ausweist. Dennoch treten einige Arten in großer Zahl auf, wie Bären, Schneeschafe, Rentiere, Zobel und Vielfraße, und es gibt überdurchschnittlich viele endemische Arten.

Zu den bemerkenswerten Vogelarten gehören Riesenseeadler (in dem Gebiet leben 50 % der Weltpopulation), Seeadler, Gerfalke und Wanderfalke. Es gibt zahlreiche Seevogelkolonien und eine hohe Dichte von Aleutenseeschwalbennestern.

Fast alle Flüsse sind Laichplätze von Lachsen, die als Beute für Raubvögel und Säugetiere eine wichtige Position in der Nahrungskette einnehmen. In manchen Flüssen auf Kamtschatka finden sich alle elf Lachsarten.

Ein aktiver Krater auf dem Vulkan Mutnowski, der aus vier übereinander liegenden Schichtvulkanen besteht ▶

Die Weltkulturerbestätte ganz im Osten Russlands besteht aus sechs verschiedenen Gebieten. Eines davon, der Bystrinski-Naturpark, befindet sich im Inland auf dem zentralen Gebirgsrücken der Halbinsel Kamtschatka. Die anderen sind an der Ostküste zur Beringsee hin gelegen: der Naturpark Kronotsky Zapovednik, der Naturpark Nalychevo und der Naturpark Süd-Kamtschatka, der mit dem Staatsnaturschutzgebiet Süd-Kamtschatka zusammenhängt. Im Jahr 2001 kam als sechstes Gebiet der Naturpark Kluchevskoy dazu.

Felseninsel Skellig Michael mit frühmittelalterlicher Klostersiedlung

Irland

Begründung der Aufnahme: Zeugnis einer Kultur, Erbe von besonderer menschheitsgeschichtlicher Bedeutung

Der Klosterkomplex, der etwa seit dem 7. Jahrhundert an den steilen Hängen der Felseninsel Skellig Michael liegt, veranschaulicht die Extreme des frühchristlichen Klosterlebens. Wegen der Abgelegenheit der Insel, die etwa 12 km von der irischen Südwestküste entfernt ist, kamen nur selten Besucher dorthin. Aus diesem Grund ist die Stätte außerordentlich gut erhalten. Die bedeutendsten klösterlichen Ruinen liegen an den abfallenden Flächen eines von Norden nach Süden verlaufenden Kammes im Nordosten der Insel. Die Einsiedelei befindet sich am steileren Südgipfel. Das Hauptkloster umfasst eine Kirche, Oratorien, Mönchszellen, ein Souterrain sowie viele Kreuze und andere Steindenkmäler. Bis ins späte 12. Jh. war es durchgängig bewohnt; dann traten durch eine allgemeine Klimaveränderung vermehrt Stürme in der Gegend auf, und die Gemeinde war gezwungen, aufs Festland umzusiedeln.

Der Überlieferung nach wurde das Kloster im 7. Jahrhundert vom Hl. Fionan gegründet. Irgendwann zwischen 950 und 1050 wurde es dem Hl. Michael geweiht, und aus dieser Zeit stammt auch der Architekturstil des ältesten Teils der noch bestehenden Michaelskirche.

Kulturlandschaft von Lednice-Valtice

Tschechische Republik

Begründung der Aufnahme: Meisterwerk menschlicher Schöpferkraft, Zeugnis kulturellen Austauschs, Erbe von besonderer menschheitsgeschichtlicher Bedeutung

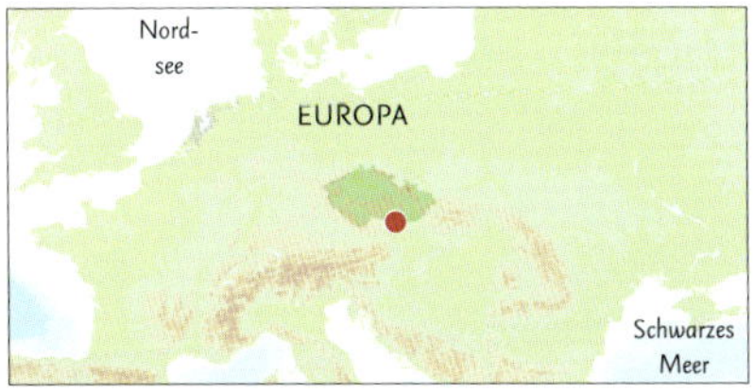

Zwischen dem 17. und dem 20. Jh. verwandelte das herrschende Haus Liechtenstein seine Gebiete in Südmähren in eine faszinierende Kulturlandschaft, in der barocke Architektur mit den romantischen Prinzipien englischer Landschaftsarchitektur vereint wurde. Die Umsetzung dieser grandiosen Landschaftsgestaltung begann im 17. Jh. mit der Anlage von Alleen, die Valtice (Feldsberg) mit anderen Besitztümern verbanden, und wurde während des 18. Jh. fortgesetzt, wobei Ordnung in die natürliche Landschaft gebracht wurde. In den frühen Jahren des 19. Jahrhunderts kam das englische Konzept der gestalteten Parklandschaft zur Anwendung. Schloss Valtice hat mittelalterliche Fundamente, wurde aber nacheinander Umbaumaßnahmen im Renaissance-, Manierismus- und vor allem Barockstil unterzogen. Schloss Lednice (Eisgrub, Abb. unten) ist im Gegensatz dazu weniger auffällig gestaltet; es wurde 1570 als Renaissance-Villa begonnen und dann allmählich verändert und umgebaut, damit es den Moden von Barock, Klassizismus und Neugotik entsprach.

Ein wichtiges Element des Landschaftsbilds ist die überaus große Bandbreite an heimischen und exotischen Baumarten, ebenso wie das Konzept ihrer Pflanzung. Die größte Vielfalt findet sich in den Parklandschaften, die sich um die beiden Hauptresidenzen und an den Ufern der Fischteiche zwischen Lednice (Eisgrub) und Valtice (Feldsberg) erstrecken.

Medina von Meknès
Marokko

Begründung der Aufnahme: Erbe von besonderer menschheitsgeschichtlicher Bedeutung

Die Medina von Meknès ist ein außerordentlich gut erhaltenes Beispiel für die urbane Struktur und die monumentalen Gebäude einer maghrebinischen Hauptstadt aus dem 17. Jahrhundert. Die Almoraviden gründeten Meknès im 11. Jahrhundert als militärische Siedlung. Später machte der Gründer der Alawiden-Dynastie, Mulai Ismail (1672–1727), Meknès zu seiner Hauptstadt und veranlasste zahlreiche Umbauten und Neubauten, wie Moscheen, Mausoleen und Gärten. Sein wichtigster Beitrag war jedoch die Schaffung einer neuen Königsstadt im spanisch-maurischen Stil. Sie beeindruckt nicht nur wegen ihrer Größe, sondern auch wegen ihrer Bauweise. Die monumentalen Tore in den hohen Umfriedungsmauern zeigen bis heute die harmonische Verbindung von islamischen und europäischen Stilen im Maghreb des 17. Jahrhunderts. Innerhalb der Stadtmauern befinden sich der Palast mit seinen riesigen Stallungen, eine Militärakademie, enorme Getreidespeicher und Zisternen.

Einige der Fondouks (Herbergen), die sich um die Stadttore drängen, waren bestimmten Handwerkern oder Händlern vorbehalten: Im Fondouk Hanna etwa wurde ausschließlich mit Henna gehandelt, während die jüdischen Handwerker im Fondouk Lihoudi arbeiteten. Bestimmte Viertel waren für einen speziellen Handel reserviert.

Ein traditioneller marokkanischer Palast in Meknès ▶

Historisches Zentrum von Pienza

Italien

Begründung der Aufnahme: Meisterwerk menschlicher Schöpferkraft, Zeugnis kulturellen Austauschs, Erbe von besonderer menschheitsgeschichtlicher Bedeutung

In dieser toskanischen Stadt wurden erstmals städteplanerische Konzepte der Renaissance in die Tat umgesetzt, nachdem Papst Pius II. 1459 beschlossen hatte, seinen Geburtsort zu verändern. Er wählte den Architekten Bernardo Rossellino aus, der die Prinzipien seines Mentors Leon Battista Alberti anwandte. Die neue Vision urbanen Raumes wurde auf dem herrlichen Platz, der als Piazza Pio II bekannt ist, sowie an den umliegenden Gebäuden verwirklicht, dem Palazzo Piccolomini, der Palazzo Borgia und der Kathedrale, die außen im reinen Renaissancestil und innen im spätgotischen Stil süddeutscher Kirchen gehalten ist. Der Plan Pius' II. sah auch große Wohnhäuser für die Kardinäle in seinem Gefolge vor, und die Bauarbeiten dafür begannen 1463. Auf sein Geheiß wurden auch zwei Bauten mit sozialer Funktion errichtet, das Hospital und die Herberge vor der Kirche des hl. Franziskus.

Der bedeutende Humanist Enea Silvio Piccolomini, der 1458 zum Papst gewählt wurde, wurde in Corsignano geboren, das südöstlich von Siena liegt. Nachdem er Papst geworden war, kehrte er dorthin zurück und war entsetzt über die Armut der Einwohner. Er schenkte dem Ort neue Gebäude und einen neuen Namen und machte ihn zu seiner Sommerresidenz.

Denkmalensemble von Querétaro
Mexiko

Begründung der Aufnahme: Zeugnis kulturellen Austauschs, Erbe von besonderer menschheitsgeschichtlicher Bedeutung

Die alte Kolonialstadt Querétaro weist die Besonderheit auf, dass neben dem geometrischen Straßennetz der spanischen Eroberer auch die gewundenen Gassen der indianischen Viertel erhalten sind. Die Otomí, die Tarasken, die Chichimeken und die Spanier lebten in dieser Stadt friedlich zusammen. Querétaro ist berühmt für die zahlreichen zivilen und religiösen Barockmonumente aus seiner Blütezeit im 17. und 18. Jahrhundert. Die erste Kapelle (Convento de la Cruz) wurde auf einem kleinen Hügel am östlichen Ende des Tales erbaut. Die Plaza de Armas, der Regierungssitz, hat an zwei Seiten Arkaden und ist umgeben von Regierungsgebäuden und den Wohnhäusern führender Bürger. Viele Mönchsorden siedelten sich an und hinterließen hervorragende Barockgebäude. Die zahlreichen, ebenfalls überwiegend barocken Profanbauten werden durch den rosafarbenen Stein von Querétaro noch aufgewertet.

Querétaro war Schauplatz historischer Ereignisse: Der Friedensvertrag mit den USA wurde hier 1848 beschlossen, und 1867 wurde Kaiser Maximilian nach der Niederlage seiner Armee hier eingekerkert und später hingerichtet. Am 5. Februar 1917 wurde hier nach zweimonatigen Debatten im Teatro de la República die staatliche Verfassung von allen Revolutionsgruppen unterzeichnet.

Arktische Kulturlandschaft Lapplands
Schweden

Begründung der Aufnahme: Zeugnis einer Kultur, traditionelle Siedlungsform, besonderes Naturphänome, Zeugnis wichtiger Stadien der Erdgeschichte, Schauplatz spezieller ökologischer und biologischer Prozesse

Dieses nordschwedische Gebiet in der Nähe des nördlichen Polarkreises wird seit prähistorischer Zeit von den Samen bewohnt. Es ist das größte Gebiet der Welt, in dem eine traditionelle Lebensart beibehalten wurde, die auf der saisonalen Migration des Viehs beruht (Transhumanz). Die Samen verbringen die Sommer in den Bergen und die Winter in den Nadelwäldern im Osten. In dieser Region gibt es deshalb keine Ansiedlungen, die ganzjährig bewohnt sind. Es gibt zwei Landschaftsformen: ein östliches Taigagebiet und eine westliche Berglandschaft mit steilen Tälern und mächtigen Flüssen. Unterhalb von Geröllfeldern, ewigem Schnee und Gletschern findet man Birken, niedriges Heidekraut und alpine Weiden. Das Nomadenleben, das auf dem Hüten zahmer Rentiere basiert, entwickelte sich erst im 17. und 18. Jahrhundert.

Forscher, die große Raubsäuger sowie den Seeadler beobachten, weisen darauf hin, dass alle Populationen gesund sind, abgesehen von der des Vielfraßes. Außerdem sind mehr als 150 Vogelarten und 100 Bären, einschließlich wandernder Exemplare, in der Gegend heimisch.

Traditionelle Behausung der Samen
▼

Altstadt von Salzburg
Österreich

Begründung der Aufnahme: Zeugnis kulturellen Austauschs, Erbe von besonderer menschheitsgeschichtlicher Bedeutung, Verknüpfung mit Ereignissen von universeller Bedeutung

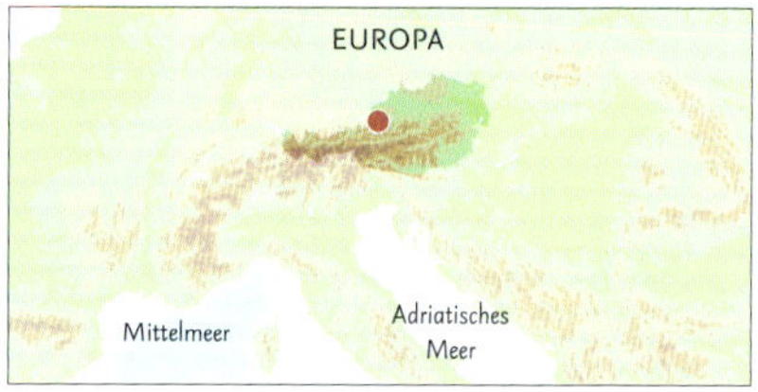

Salzburg ist von außerordentlicher Bedeutung als ein wichtiges Beispiel eines ehemaligen europäischen Kirchenstadtstaats. Bemerkenswert gut erhalten sind die spannungsreiche Stadtlandschaft, die historisch bedeutende Stadtstruktur sowie eine große Zahl herausragender Kirchen- und Profanbauten. Sie entstanden zwischen dem Mittelalter und dem 19. Jahrhundert, in der Zeit, als Salzburg ein Stadtstaat war, der von Fürstbischöfen regiert wurde. Der spätgotische Flamboyantstil lockte bereits viele Handwerker und Künstler an, bevor die Stadt noch berühmter wurde durch die Arbeiten der italienischen Architekten Vincenzo Scamozzi und Santini Solari, denen das historische Zentrum viel von seiner barocken Erscheinung verdankt. Dieses Zusammentreffen von nord- und südeuropäischer Kultur entzündete bei Salzburgs berühmtesten Sohn, Wolfgang Amadeus Mozart, womöglich den göttlichen Funken. Sein Name ist seitdem untrennbar mit der Stadt verbunden.

Salzburg ist reich an Gebäuden aus der Gotik und nachfolgenden Epochen, die zusammen eine einzigartige und wunderschöne Stadtlandschaft bilden. Der Dom, der dem Hl. Rupert und dem Hl. Virgil geweiht ist, ist das dominierende Kirchengebäude und das spirituelle Stadtzentrum. Das heutige Bauwerk geht auf das Jahr 1628 zurück und ist das Werk des höfischen Baumeisters Santino Solari. Es ersetzte die frühere Kathedrale, die von Palladios Schüler Vincenzo Scamozzi entworfen worden und 1598 abgebrannt war. Solari griff viele von Scamozzis Merkmalen wieder auf. 1756 wurde Mozart in dieser Kirche getauft.

Zum Benediktinerkloster St. Peter, das in den letzten Jahren des 7. Jahrhunderts gegründet wurde, gehört das einzige hochromanische Bauwerk Salzburgs, die Kirche des Klosters, die überwiegend aus dem 12. Jh. stammt. Am Hauptteil der Kirche wurden seitdem viele Veränderungen vorgenommen.

Das Benediktinen-Frauenstift Nonnberg ist der älteste Konvent nördlich der Alpen und wurde etwa um dieselbe Zeit wie das Benediktinerkloster St. Peter gegründet. Der heutige massive Komplex auf dem östlichen Gipfel des Mönchsbergs ist mit seinem dominierenden Kirchendach und der barocken Kuppel ein eindrucksvolles Element der Stadtlandschaft.

Die Festung Hohensalzburg, die auf dem steilen Festungsberg über der Stadt liegt, wurde seit ihrer ersten Gründung als römisches Lager bis ins 17. Jahrhundert hinein kontinuierlich umgebaut und vergrößert, bis sie ihre heutigen Ausmaße erreichte.

Der Sitz des Erzbischofs, dessen Bau im 12. Jahrhundert begann, liegt im Herzen der Altstadt. Der heutige Grundriss geht auf eine bedeutende Umbaumaßnahme zurück, die im frühen 17. Jahrhundert ausgeführt wurde.

Sowohl in der Realität al[s] auch auf der Karte wird [d]klare Trennung zwischen dem Terrain des Fürsterz[bi]schofs und dem der Bür[ger] sichtbar – Ersteres ist du[rch] monumentale Bauten u[nd] freie Plätze gekennzeich[-]net, Letzteres durch klei[ne] Parzellen an engen Straßen, deren einzige Freifl[ä]chen die drei historische[n] Märkte bilden.

▲
Die Silhouette der Stadt ist von zahlreichen Kirchturmspitzen und Kuppeln geprägt und wird von der Festung Hohensalzburg dominiert.

Salzburger Dom

◄

Klöster Haghpat und Sanahin

Armenien

Begründung der Aufnahme: Zeugnis kulturellen Austauschs, Erbe von besonderer menschheitsgeschichtlicher Bedeutung

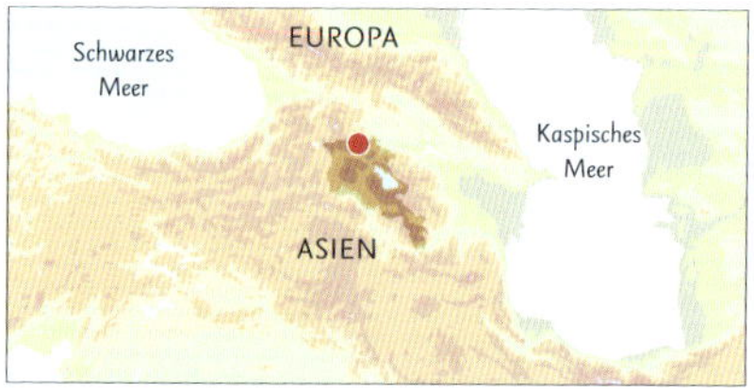

Die beiden byzantinischen Klöster repräsentieren den Höhepunkt der armenischen Sakralarchitektur, welche Elemente byzantinischer Kirchenarchitektur mit der traditionellen Bauweise der Kaukasusregion verbindet. Die beiden Klosterkomplexe waren wichtige Bildungszentren. Sanahin, das für seine Schule der Buchmaler und Kalligrafen bekannt war, besteht aus einer großen Gebäudegruppe, die auf dem Plateau über der Debed-Schlucht liegt. Die Gebäude sind an zwei rechtwinkligen Achsen angelegt, ihre Fassaden sind nach Westen gerichtet. Die im 10. Jh. errichtete Hauptkirche von Sanahin ist die Erlöserkirche. Die Hauptkirche des großen, befestigten Klosterkomplexes von Haghpat ist dem heiligen Kreuz gewidmet. Ihr Bau begann 966/967, vollendet wurde sie 991. Das ursprüngliche Gebäude ist abgesehen von einigen Restaurationen im 11. und 12. Jh. noch erhalten. Das Kloster besitzt einen Gavit, durch den man die Kirche, den Kapitelsaal und die Bibliothek betreten kann.

Armenien wurde Ende des 9. Jahrhunderts unabhängig, und die armenische Kunst erfuhr eine Wiederbelebung, als das Königreich vereinigt wurde. Die beiden Klöster Haghpat und Sanahin gehen auf diese Periode zurück, die auch die Blütezeit der Kiurikian-Dynastie und der Fürsten Zakarian war. Die Klöster waren wichtige Bildungszentren und beherbergten etwa 500 Mönche.

Glockenturm des Klosters Haghpat ▼

Trulli von Alberobello

Italien

Begründung der Aufnahme: Zeugnis einer Kultur, Erbe von besonderer menschheitsgeschichtlicher Bedeutung, traditionelle Siedlungsform

Alberobello ist berühmt für seine ohne Mörtel errichteten Wohnhäuser, genannt Trulli, die ein außergewöhnliches Beispiel traditioneller Architektur darstellen. Die Trulli stammen überwiegend aus dem späten 18. Jahrhundert. Sie bestehen aus grob bearbeiteten Kalksteinbrocken und wurden direkt auf den natürlichen Felsboden gebaut. In den Wänden befinden sich kleine Fenster. In die dicken Mauern sind Feuerstellen, Öfen und Alkoven eingelassen. Die runden oder ovalen Steindächer sind nicht verputzt und entwickeln eine Patina aus Moosen und Flechten; auf manchen befinden sich mythologische oder religiöse Symbole aus weißer Asche. Die Wände der Trulli müssen dagegen in regelmäßigen Abständen weiß getüncht werden. Im Viertel Monti stehen 1030 Trulli. Die Straßen des Viertels führen hügelabwärts und laufen am Fuß des Hügels zusammen. Das Viertel Aja Piccola ist mit 590 Trulli weniger homogen als Monti.

Durch den Trockenmauerbau konnten die Häuser schnell abgerissen und die Hausbesitzer einfach enteignet werden. Doch zugleich konnten diese die Steuerzahlung für das Haus, das rasch wieder aufgebaut werden konnte, sobald der Steuereintreiber weg war, umgehen.

Schloss und Park von Schönbrunn

Österreich

Begründung der Aufnahme: Meisterwerk menschlicher Schöpferkraft, Erbe von besonderer menschheitsgeschichtlicher Bedeutung

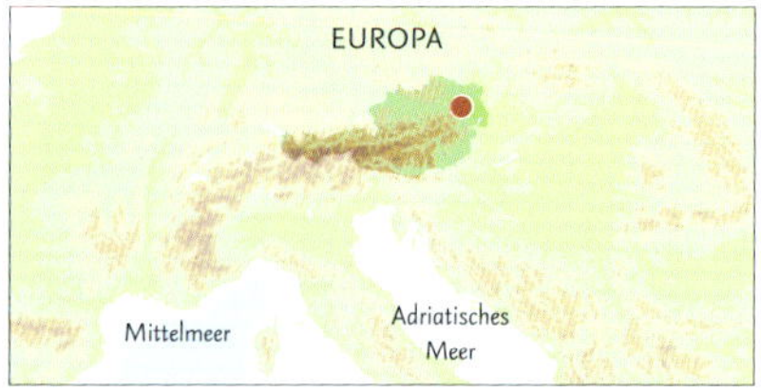

Schönbrunn ist ein sehr bemerkenswertes barockes Schloss, das den Geschmack, die Interessen und die Ziele mehrerer habsburgischer Kaiser plastisch veranschaulicht. Abgesehen von einigen kleinen Ergänzungen aus dem 19. Jahrhundert stammen das Schloss und der Park aus dem 18. Jahrhundert. Schönbrunn wurde von den Architekten Johann Bernhard Fischer von Erlach und Nicolaus von Pacassi entworfen und ist reich an bedeutenden dekorativen Kunstwerken.

Die weitläufigen Barockgärten und die dazugehörigen Gebäude zeugen von der herrschaftlichen Größe und Funktion des Schlosses. Vom Schlosshof aus gelangt man in die Schlosskapelle und ins Schlosstheater. In der Orangerie an der Ostseite des Hauptgebäudes zog Kaiserin Maria Theresia exotische Pflanzen; ihr Gatte gründete 1752 den Zoo Schönbrunn, den ältesten noch bestehenden Zoo der Welt.

In der beeindruckenden großen Galerie befinden sich üppige Stuckverzierungen und Deckenfresken, die das Reich der Habsburger symbolisieren. Der Festsaal ist für eine Reihe imposanter Gemälde bekannt, auf denen Ereignisse aus der langen Herrschaft der Kaiserin Maria Theresia dargestellt sind.

Luthergedenkstätten in Eisleben und Wittenberg
Deutschland

Begründung der Aufnahme: Erbe von besonderer menschheitsgeschichtlicher Bedeutung, Verknüpfung mit Ereignissen von universeller Bedeutung

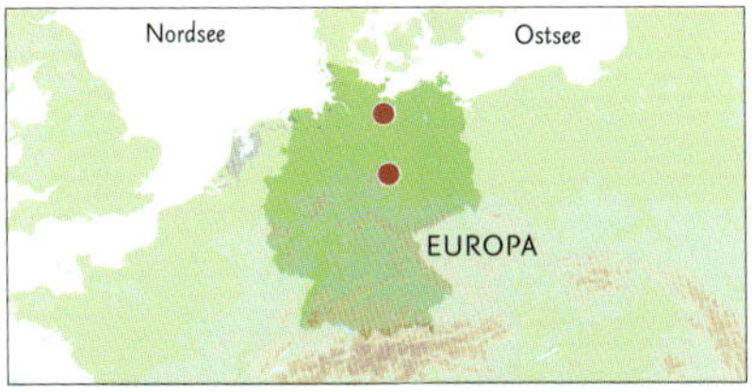

Die Stätten in Sachsen-Anhalt sind alle mit dem Leben Martin Luthers und seines Mitreformators Melanchthon verbunden. Dazu gehören Melanchthons Haus in Wittenberg, die Häuser in Eisleben, in denen Luther 1483 geboren wurde und 1546 starb, sein Zimmer in Wittenberg, die örtliche Kirche und die Schlosskirche, wo er am 31. Oktober 1517 seine berühmten 95 Thesen angeschlagen hatte und dadurch die Reformation auslöste. Dadurch läutete er eine neue Ära in der religiösen und politischen Geschichte der westlichen Welt ein. Die berühmte Bronzetür an der Nordseite der Kirche, auf welcher der lateinische Text der 95 Thesen zu sehen ist, wird wegen ihrer symbolischen Bedeutung nur zu besonderen Gelegenheiten benutzt. In der Kirche befinden sich die Gräber Luthers und Melanchthons.

Im Jahr 1525 brach Luther sein klösterliches Gelübde und heiratete die ehemalige Nonne Katharina von Bora. Sein Haus in Wittenberg wurde ein Zentrum für Reformatoren aus ganz Europa. Das Familienzimmer, das er im ersten Stock eingerichtet hatte, wurde zur Kulisse seiner „Tischgespräche", die später veröffentlicht wurden.

Paläontologische Stätte Sangiran
Indonesien

Begründung der Aufnahme: Zeugnis einer Kultur, Verknüpfung mit Ereignissen von universeller Bedeutung

Sangiran ist ein Schlüsselort zum Verständnis der menschlichen Evolution. Bei Ausgrabungen zwischen 1936 und 1941 fand man an dieser Stätte das erste menschliche Fossil. Später wurden dort weitere 50 Fossilien früher Menschen (*Pithecanthropus erectus*/ *Homo erectus*) gefunden – die Hälfte aller bekannten menschlichen Fossilien weltweit. Außerdem entdeckte man zahlreiche pflanzliche und tierische Fossilien, wie Rhinozeroshorn, Elefantenelfenbein, Büffelhorn und Hirschgeweih. In Ngebung wurden paläolithische Werkzeuge gefunden. Auch Äxte aus dem Neolithikum befanden sich dort. All dies deutet darauf hin, dass die Region seit mindestens 1,5 Millionen Jahren von Hominiden bewohnt wird. Heutzutage wird dort Landwirtschaft betrieben.

Seit Gustav Heinrich Ralph von Koenigswald 1934 im Dorf Ngebung Steinwerkzeuge fand, lieferte die Stätte durch die Überbleibsel des *Homo erectus* einen enormen Beitrag zum Verständnis der menschlichen Evolution. Der *Homo erectus* ist von großer Bedeutung für die Erforschung der Geschichte der Menschheit vor dem Erscheinen des modernen Homo sapiens.

◄ Ausgestelltes fossiles Elefantenelfenbein in Sangiran

Archäologische Stätte Aigai bei Vergina

Griechenland

Begründung der Aufnahme: Meisterwerk menschlicher Schöpferkraft, Zeugnis einer Kultur

Die Stadt Aigai war die erste Hauptstadt des alten Königreichs Makedonien. Sie wurde im 19. Jahrhundert in der Nähe von Vergina in Nordgriechenland gefunden. Das wichtigste Gebäude, das bislang entdeckt wurde, ist der monumentale Palast, der auf einem Plateau direkt unter der Akropolis liegt. Seine großen, reich verzierten Säulengänge boten einen Ausblick über die ganze makedonische Ebene. Die Stätte umfasst außerdem eine Nekropole, die sich über mehr als 3 km erstreckt und über 300 Gräber enthält, von denen einige auf das 11. Jh. v. Chr. zurückgehen. Eines der königlichen Gräber im Großen Tumulus enthält eine goldene Schatulle mit Überresten, die Philip II. zugeschrieben werden. Philip II. eroberte alle griechischen Städte und ebnete damit den Weg für seinen Sohn Alexander und die Expansion des hellenistischen Reiches.

Als Hauptstadt und Sitz des Königshofs war Aigai von 800 bis 400 v. Chr. das wichtigste urbane Zentrum der Region. Philip II. wurde hier 336 v. Chr. im Theater ermordet, woraufhin Alexander der Große zum König erklärt wurde.

Kirchenbezirk Gammelstad in Luleå

Schweden

Begründung der Aufnahme: Zeugnis kulturellen Austauschs, Erbe von besonderer menschheitsgeschichtlicher Bedeutung, traditionelle Siedlungsform

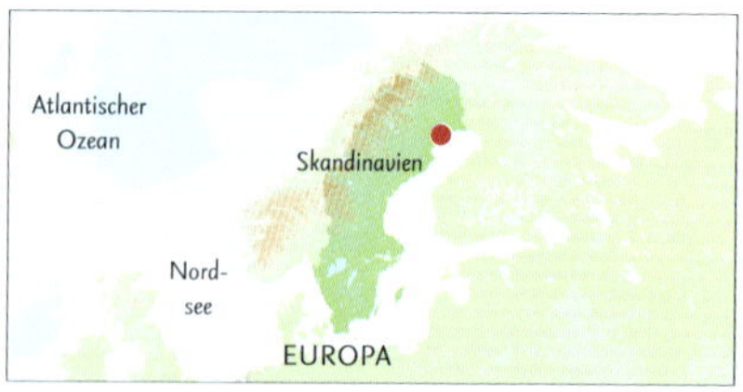

Gammelstad („Alte Stadt") liegt am nördlichen Ende des Bottnischen Meerbusens und ist das besterhaltene Beispiel eines Kirchendorfs, einer einzigartigen Dorfart, die früher in ganz Nordskandinavien verbreitet war. Die 424 Holzhäuser, die sich um die Steinkirche aus dem frühen 15. Jahrhundert drängen, wurden nur an Sonntagen und religiösen Feiertagen benutzt, um Gottesdienstbesucher aus der Umgebung zu beherbergen, die wegen der Entfernung und den schwierigen Reisebedingungen nicht am selben Tag zurückkehren konnten. Die zur Straße hin gelegenen Türen sind unterschiedlich gestaltet, ebenso die Fensterläden. Die meisten der Türen tragen ein pyramidenförmiges Zeichen, ein Motiv aus der heidnischen Antike, das zu einem christlichen Symbol uminterpretiert wurde und einen Altar mit Opferfeuer darstellt. Die Kirche von Gammelstad ist die größte ihrer Art in Nordskandinavien.

Luleå Gammelstad zeigt, wie sich ein konventioneller Stadtentwurf den besonderen geografischen und klimatischen Bedingungen einer unwirtlichen natürlichen Umwelt anpassen kann. Die Siedlung wurde eher durch die religiösen und gesellschaftlichen Bedürfnisse der Menschen geformt als durch ökonomische und geografische Zwänge.

Altstadt von Cuenca

Spanien

Begründung der Aufnahme: Zeugnis kulturellen Austauschs; traditionelle Siedlungsform

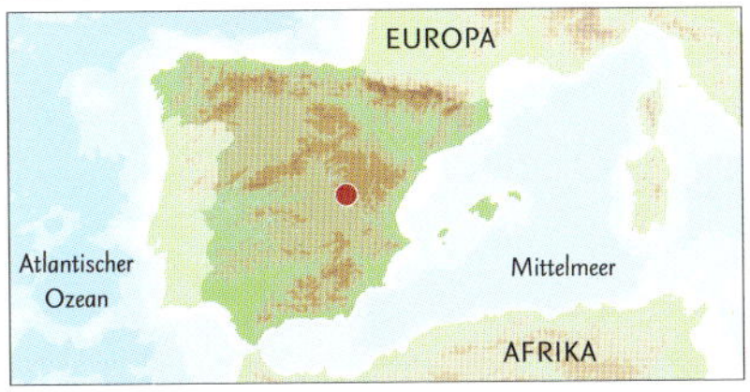

Cuenca wurde von den Mauren im Herzen des Kalifats Cordoba als ein Verteidigungsposten erbaut. Heute ist es eine ungewöhnlich gut erhaltene mittelalterliche Festungsstadt. Im 12. Jh., als sie von den Kastiliern erobert wurde, wurde sie Königsstadt und Bistum. Im oberen Teil der Stadt sind zwischen den großen Adelshäusern, Klöstern und Kirchen aus dem Mittelalter, der Renaissance und dem Barock noch immer einige Überreste der maurischen Festung erhalten. Die Kathedrale aus dem 12. Jh., die an der Stelle der ehemaligen großen Moschee erbaut wurde, war die erste gotische Kathedrale in Spanien. Die meisten Kirchen und Klostergebäude wurden früh in der Geschichte der Stadt errichtet und im Laufe der Jahrhunderte stark erweitert. Die Bedeutung des oberen Teils der Stadt rührt jedoch weniger von besonderen einzelnen Gebäuden her, sondern eher vom gesamten Stadtbild der befestigten Anlage hoch über den Flusstälern.

Die Privathäuser in der Nähe des Bischofspalastes wurden im späteren Mittelalter auf den spektakulären, steilen Felsen über der Biegung des Flusses Huécar gebaut. Diese berühmten „casas colgadas" (hängenden Häuser) wurden im 16. Jh. umgebaut und erhielten dabei ihre heutige schmale, hohe Form mit zwei oder drei Zimmern auf jedem der drei oder mehr Stockwerke.

▼

Welterbestätte seit

• 1978 • 1979 • 1980 • 1981 • 1982 • 1983 • 1984 • 1985 • 1986 • 1987 • 1988 • 1989 • 1990 • 1991 • 1992 • 1993 • 1994 • 1995 • **1996**

Castel del Monte

Italien

Begründung der Aufnahme: Meisterwerk menschlicher Schöpferkraft, Zeugnis kulturellen Austauschs, Zeugnis einer Kultur

Als Kaiser Friedrich II. im 13. Jh. das Kastell in der Nähe von Bari errichtete, verlieh er ihm symbolische Bedeutung, wie sich durch seine Lage und die mathematische und astronomische Präzision seiner Gestaltung zeigt. Castel del Monte ist ein einzigartiges Meisterwerk mittelalterlicher Militärarchitektur und gleichzeitig eine erfolgreiche Mischung aus Elementen der klassischen Antike, des islamischen Orients und der nordeuropäischen Gotik der Zisterzienser.

Es liegt auf einem Felsengipfel, der sich über der Umgebung erhebt, und besteht aus einem regelmäßigen Achteck, das einen Hof umgibt. An jeder der acht Ecken steht ein ebenfalls achteckiger Turm. Besonders interessant ist außerdem, dass dem Kastell zahlreiche Merkmale fehlen, die bei der großen Mehrheit der Wehrbauten dieser Zeit üblich waren, z. B. Zwinger, Burggraben, Ställe, Küche, Lagerräume und Kapelle.

Das beeindruckende Monument ist seinem Urheber Friedrich II. angemessen. Als polyglotter Mathematiker und Wissenschaftler gründete er auch die Universität von Neapel und brachte seinem Herschaftsgebiet soziale und wirtschaftliche Stabilität.

Welterbestätte seit

• • • • • • • • • • • • • • • • • • 1978 • 1979 • 1980 • 1981 • 1982 • 1983 • 1984 • 1985 • 1986 • 1987 • 1988 • 1989 • 1990 • 1991 • 1992 • 1993 • 1994 • 1995 • 1996 • **1997**

Macquarie-Insel

Australien

Begründung der Aufnahme: besonderes Naturphänomen, Zeugnis wichtiger Stadien der Erdgeschichte

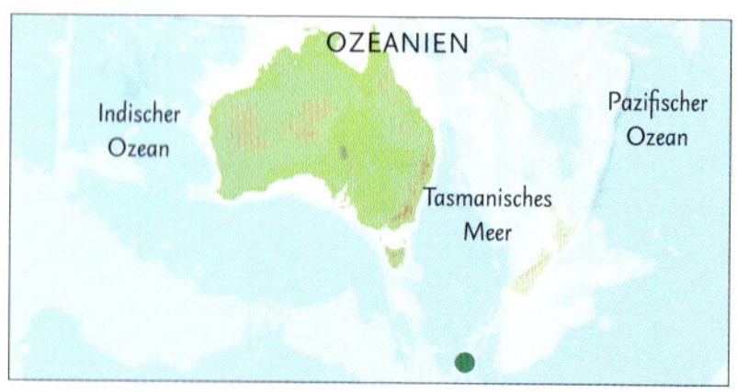

Die Macquarie-Insel liegt im Südozean, ungefähr 1500 km südöstlich von Tasmanien und etwa auf halber Strecke zwischen Australien und der Antarktis. Die Insel, die etwa 34 km lang und 5,5 km breit ist, stellt den freiliegenden Kamm des unterseeischen Macquarie-Rückens dar, der durch das Aufeinandertreffen von Australischer und Pazifischer Kontinentalplatte in seine derzeitige Position aufgeworfen wurde. Für die Geokonservation ist die Insel von großer Bedeutung, denn sie ist die einzige Insel der Welt, die vollständig aus ozeanischer Erdkruste und aus Felsen aus dem 6 km unter dem Meeresboden liegenden Erdmantel besteht, die aktiv über den Meeresspiegel gehoben wurden. Diese einzigartige Freilegung bietet hervorragende Beispiele für Kissenlava und andere Effusivgesteine. Die Schönheit der Macquarie-Insel liegt in den abgelegenen, windgepeitschten Steilhängen, den Seen, den krassen Wechseln in der Vegetation und den zahlreichen Wildtieren an ihren dunklen, dramatischen Ufern.

Die brütende Population der Haubenpinguine wird auf über 850 000 Paare geschätzt – eine der höchsten Seevogelkonzentrationen der Welt. Die Pinguine teilen sich die Insel mit Seeelefanten und vier Albatrosarten. Das Naturreservat und der Macquarie-Insel-Marine-Park umfassen eine der am besten geschützten Meereszonen der Welt, die mehr als 160 000 km^2 umfasst.

Queen's House, Park und Marineschule von Greenwich

Großbritannien

Begründung der Aufnahme: Meisterwerk menschlicher Schöpferkraft, Zeugnis kulturellen Austauschs, Erbe von besonderer menschheitsgeschichtlicher Bedeutung, Verknüpfung mit Ereignissen von universeller Bedeutung

Die Gebäudegruppe im Londoner Bezirk Greenwich und der dazugehörige Park symbolisieren das künstlerische und wissenschaftliche Streben im England des 17. und 18. Jh. Im Zentrum des Ensembles steht das Queen's House, ein Werk von Inigo Jones. Als erstes echtes Renaissancegebäude in Großbritannien setzte es sich deutlich von den vorangegangenen Baustilen ab. Es wurde vom italienischen Stil inspiriert und stellte selbst wiederum die unmittelbare Inspirationsquelle für klassische Häuser in ganz Großbritannien dar. Das Queen's House und die dazugehörigen Gebäude beherbergten bis 1937 das Nationale Marinemuseum. Der von Christopher Wren entworfene Komplex, der bis vor kurzem die königliche Marineschule war, ist die bedeutendste Gruppe von Barockgebäuden in Großbritannien.

Das Royal Greenwich Observatory liegt auf dem Hügelkamm des Greenwich Parks und dominiert die Landschaft. Es enthält einen achteckigen Raum, den die Royal Society für Versammlungen und Bankette nutzte. Darüber befindet sich die berühmte Zeitkugel, die täglich um 13 Uhr die Greenwich Mean Time anzeigt.

▼

Nationalpark Mount Kenya

Kenia

Begründung der Aufnahme: besonderes Naturphänomen, Schauplatz spezieller ökologischer und biologischer Prozesse

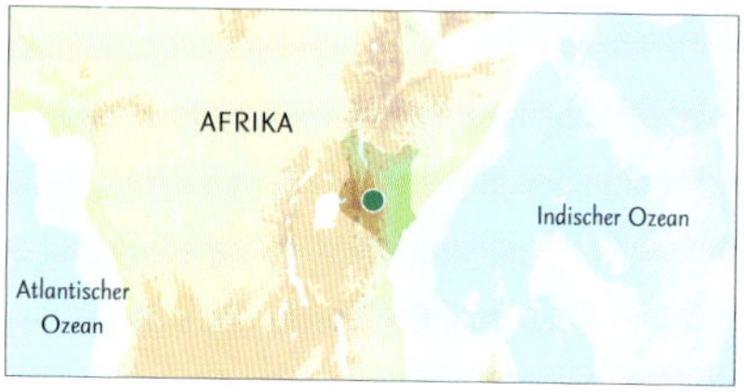

Mit einer Höhe von 5199 m ist der Mount Kenya der zweithöchste Berg Afrikas. Es handelt sich dabei um einen erloschenen Vulkan, der während seiner aktiven Phase vor etwa 3 Mio. Jahren vermutlich bis zu 6500 m hoch war. Auf dem Berg gibt es bislang noch zwölf Gletscher, die jedoch rasch abschmelzen, sowie vier Nebengipfel, oberhalb der U-förmigen Gletschertäler. Mit seinen schroffen, vergletscherten Gipfeln und den bewaldeten Hängen bildet der Mount Kenya eine der beeindruckendsten Landschaften Ostafrikas.

Die Entwicklung seiner afroalpinen Vegetation ist außerdem ein hervorragendes Beispiel ökologischer Prozesse. Der Mount Kenya gilt allen ethnischen Gruppen (Kikuyu und Meru), die dort leben , als heiliger Berg. Sie glauben, dass ihr Gott (Ngai) und seine Gattin (Mumbi) auf dem Gipfel wohnen, und der Berg spielt eine Rolle in ihren traditionellen Ritualen.

In den tiefer gelegenen Wäldern und der Bambuszone leben Säugetiere, wie Riesenwaldschweine, Weißschwanzmangusten, Elefanten, Spitzmaulnashörner und Leoparden, die auch in der alpinen Zone beobachtet wurden. Auch die Afrikanische Goldkatze wurde dort gesichtet.

Berglandschaft Mont Perdu in den Pyrenäen

Frankreich und Spanien

Begründung der Aufnahme: Zeugnis einer Kultur, Erbe von besonderer menschheitsgeschichtlicher Bedeutung, traditionelle Siedlungsform, besonderes Naturphänomen, Zeugnis wichtiger Stadien der Weltgeschichte

Im Zentrum dieser außergewöhnlichen Berglandschaft, die sich über die heutige spanisch-französische Grenze erstreckt, erhebt sich der Gipfel des Mont Perdu, eines 3352 m hohen Kalksteinmassivs. Zu dem 306 km² großen Gebiet gehören auf spanischer Seite zwei der größten und tiefsten Schluchten Europas und an den schrofferen, in Frankreich gelegenen Nordhängen drei bedeutende Karwände, die typische Vertreter dieser geologischen Landschaftsform darstellen. Darüber hinaus handelt es sich bei der Stätte auch um eine ländliche Kulturlandschaft, in der noch immer eine Form der Landwirtschaft gepflegt wird, die einst überall in den höheren Lagen Europas vorherrschte, aber nur in diesem Teil der Pyrenäen bis heute überlebt hat. Daher bietet die Stätte durch ihre Landschaft, ihre Dörfer, Bauernhöfe, Felder, Almen und Bergstraßen außergewöhnliche Einblicke in die Vergangenheit der europäischen Gesellschaft.

Die Lage der Pyrenäen zwischen zwei Meeren, ihr geologischer Aufbau und die klimatischen Asymmetrien führen zu einem reichen Mosaik an Vegetationstypen. Die Stätte beherbergt zahlreiche wertvolle Tierarten, wie das Murmeltier. Auch die letzten Exemplare des mittlerweile ausgestorbenen Pyrenäen-Steinbocks lebten in dieser Gegend.

Altstadt von Tallinn
Estland

Begründung der Aufnahme: Zeugnis kulturellen Austauschs, Erbe von besonderer menschheitsgeschichtlicher Bedeutung

Tallinn ist ein außerordentlich gut erhaltenes Beispiel einer nordeuropäischen mittelalterlichen Handelsstadt. Ihre Ursprünge reichen zurück bis ins 13. Jh., als die Burg von den Kreuzrittern des Deutschen Ordens errichtet wurde. Tallinn entwickelte sich zu einem wichtigen Zentrum der Hanse, und sein Reichtum spiegelt sich in der Pracht der öffentlichen Gebäude und der Architektur der Privathäuser der Kaufleute wider. In der Unterstadt ist in bemerkenswertem Maße die mittelalterliche Stadtstruktur mit ihren schmalen, gewundenen Straßen und den edlen öffentlichen Gebäuden und Bürgerhäusern erhalten. Innerhalb der Stadtmauern stehen mehrere mittelalterliche Kirchen. Die restaurierte Nikolaikirche (Niguliste) und die Olaikirche (Oleviste) haben die typische Basilikaform mit hohen Gewölben und einer präzisen geometrischen Form. Architektonisch gehören sie damit zur unverwechselbaren Schule von Tallinn.

Das hervorstechendste Merkmal der Stadt ist der Domberg (Toompea loss). Der westliche Teil davon wird von der Burg eingenommen. Von ihr sind noch der Turm, der als Langer Hermann bekannt ist, zwei Bastionen und die beeindruckenden Mauern an der West-, Nord- und Ostseite erhalten.

Der Turm der Olaikirche überragt die Altstadt.
▼

Altstadt von Lijiang
China

Begründung der Aufnahme: Zeugnis kulturellen Austauschs, Erbe von besonderer menschheitsgeschichtlicher Bedeutung, traditionelle Siedlungsform

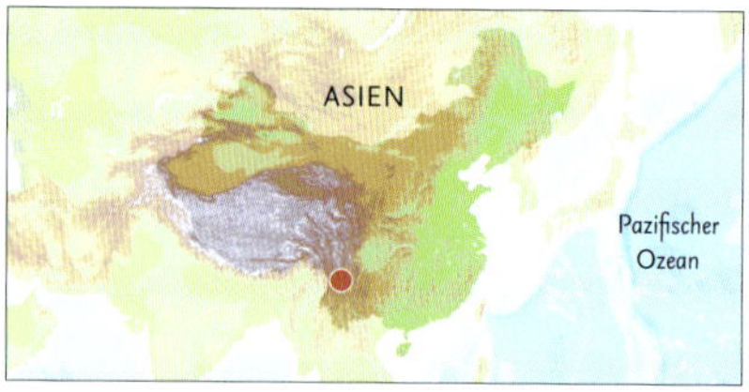

Die Altstadt von Lijiang bewahrte ihre historische Stadtlandschaft, die von hoher Qualität und sehr authentisch ist. Ihre Architektur zeichnet sich dadurch aus, dass sich über die Jahrhunderte Elemente verschiedener Kulturen mischten. Lijiang ist perfekt an seine unebene Topografie angepasst und verfügt über ein hochkomplexes, raffiniertes antikes Wasserversorgungssystem, das auch heute noch hervorragend funktioniert.

Die Altstadt wurde an einem Berghang erbaut, der von Nordwesten nach Südosten verläuft und an einem tiefen Fluss liegt. Der nördliche Teil war ein Handelsbezirk; die Hauptstraßen gehen dort strahlenförmig vom Marktplatz Sifangjie aus, der traditionell das Handelszentrum der nordwestlichen Provinz Yunnan darstellte. An der Westseite des Sifangjie steht der vom Westfluss und vom zentralen Fluss flankierte dreigeschossige Kegong Fang, ein Bogengang zu Ehren eines Bürgers, der zur Kaiserzeit das Beamtenexamen bestanden hatte.

Durch eine Schleuse auf dem Westfluss wird die unterschiedliche Höhe der beiden Wasserwege dazu genutzt, die Straßen zu säubern, die mit Platten aus feinkörniger, roter Brekzie gepflastert sind. In diesem einzigartigen Stadtreinigungssystem fließt das Wasser weiter zur Shuangshi-Brücke, wo es sich in drei Nebenflüsse spaltet, die wiederum in ein Netz aus Kanälen und Durchlässen münden, über das jedes Haus in der Stadt mit Wasser versorgt wird. Zahlreiche Quellen und Brunnen in der Stadt speisen die Wasserversorgung. Ein derart komplexes System aus Wasserläufen erfordert eine große Anzahl von Brücken, von denen es in der insgesamt 354 in verschiedenster Bauart gibt. Daher kommt auch der Name Lijiangs – die „Stadt der Brücken".

Das charakteristischste Merkmal der Naxi, die sich in der Gegend angesiedelt haben, ist die Pracht ihrer städttischen Wohnhäuser. Der einfache Holzskelettbauweise entwickelte sich hier zu einem einzigartigen Architekturstil, der Elemente der Han- und Zang-Architektur aufgreift. Die meisten Häuser sind zweistöckig. Die Chuandoushi-Holzrahmen sind im Erdgeschoss mit Lehmziegeln, in den oberen Stockwerken mit Brettern angefüllt. Die Wände haben Steinfundamente. Außen sind sie weiß getüncht, und an den Ecken befinden sich häufig Ziegeltafeln. Die Dächer sind geziegelt, und die Häuser haben Veranden.

Die Verzierung der Häuser ist von großer Bedeutung und zeigt sich etwa an bogenüberwölbten Toren, Blendmauern, Außenkorridoren, Türen und Fenstern, Höfen und Dachbalken. Die Holzelemente sind mit reichen Schnitzereien mit häuslichen und kulturellen Motiven versehen – Tonwaren, Musikinstrumente, Blumen, Vögel usw. –, und die Bögen über den Toren haben verschiedene elegante Formen.

Die Präfektur Lijiang Junmin wurde 1382 eingerichtet. Von dem 286 m langen Komplex, der für die Verwaltung gebaut wurde, sind nur noch der Yizi-Pavillon, der Guagbi-Turm und ein Torbogen aus Stein erhalten.

Eine Gruppe, die auch als die Yuquan-Bauten bezeichnet wird und im Heilongtan-Park steht, geht auf die Ming- und Qing-Dynastie zurück, die ab dem 14. Jh. herrschten. Am bekanntesten ist der Wufeng-Turm (1601), der Teil des Fugue-Tempels war und hierher gebracht wurde; heute gehört er zu den wichtigsten historischen Stätten der Provinz Yunnan.

Lumbini (Geburtsort Buddhas)

Nepal

Begründung der Aufnahme: Zeugnis einer Kultur, Verknüpfung mit Ereignissen von universeller Bedeutung

Siddhartha Gautama, der historische Buddha, wurde im Jahr 623 v. Chr. in den berühmten Gärten von Lumbini geboren, die schon bald zu einer Pilgerstätte wurden. Unter den Pilgern war der indische Herrscher Ashoka, der dort eine seiner Gedenksäulen errichtete. Die Stätte wird nun zu einem buddhistischen Pilgerzentrum ausgebaut, in dem die archäologischen Überreste, die mit der Geburt Buddhas in Verbindung gebracht werden, das Zentrum bilden.

Lumbini liegt zu Füßen des Himalajas im heutigen Nepal. Zu Buddhas Zeiten war Lumbini ein herrlicher Garten mit grünen, Schatten spendenden Salbäumen, und auch heute noch hat der Ort seinen Charme und seine legendäre Ruhe bewahrt.

Mangrovenwälder der Sundarbans

Bangladesch

Begründung der Aufnahme: Schauplatz spezieller ökologischer und biologischer Prozesse, bedeutender natürlicher Lebensraum – Biodiversität

Der Mangrovenwald der Sundarbans, der mit einer Fläche von 1400 km² einer der weltweit größten Wälder dieser Art ist, liegt im Deltagebiet der Flüsse Ganges, Brahmaputra und Meghna am Golf von Bengalen. Er grenzt an den indischen Nationalpark Sundarbans an, der seit 1987 eine Welterbestätte ist. Das Gebiet wird von einem komplexen Netz aus Gezeitenwasserwegen, Wattenmeeren und kleinen Inseln aus salztoleranten Mangrovenwäldern durchzogen und stellt ein hervorragendes Beispiel für kontinuierliche ökologische Prozesse dar. Eine große Bandbreite an Tierarten ist dort heimisch, darunter 260 Vogelarten, der Königstiger und andere bedrohte Arten, wie das Leistenkrokodil und der Tigerpython.

Die Sundarbans stellen eine einzigartig dynamische Landschaft dar, die von Monsunregen, Überflutung, Deltabildung und dem Einfluss der Gezeiten geformt wird. Mit 350 Exemplaren lebt dort eine der größten Populationen des Königstigers.

Kulturlandschaft Portovenere und Cinque Terre

Italien

Begründung der Aufnahme: Zeugnis kulturellen Austauschs, Erbe von besonderer menschheitsgeschichtlicher Bedeutung, traditionelle Siedlungsform

Die ligurische Ostküste zwischen Cinque Terre und Portovenere ist eine Gegend von herausragendem landschaftlichem und kulturellem Wert. Das Gebiet umfasst etwa 15 km zerklüftete Steilküste, die vom Menschen über Jahrhunderte hinweg in eine intensiv terrassierte Landschaft verwandelt wurde, um der Natur ein paar Hektar landwirtschaftlich nutzbares Land für den Wein- und Olivenanbau abzutrotzen. Die meisten dieser Terrassen wurden im 12. Jh. angelegt.

Die Menschen haben sich diesem unwirtlichen Terrain angepasst, indem sie direkt in die Felsen kompakte Siedlungen mit gewundenen Gassen bauten. Die Verwendung von Naturstein für die Fundamente verleiht diesen Siedlungen ihr charakteristisches Aussehen. In der Regel sind sie um religiöse Gebäude oder mittelalterliche Burgen gruppiert.

Die fünf Dörfer von Cinque Terre gehen auf das späte Mittelalter zurück. Von Norden nach Süden ist das Erste davon das befestigte Zentrum von Monterosso al Mare; danach kommen Vernazza, Corniglia, Manarola und **Riomaggiore (Abb. unten).** Vor der Küste bei Portovenere liegen die drei Inseln Palmaria, Tino und Tinetto, die für ihre vielen Überreste früher klösterlicher Einrichtungen berühmt sind.

Historische Festungsstadt Carcassonne
Frankreich

Begründung der Aufnahme: Zeugnis kulturellen Austauschs, Erbe von besonderer menschheitsgeschichtlicher Bedeutung

Die historische Stadt Carcassonne ist eine mittelalterliche Festungsstadt mit massiven Bollwerken rund um die Burg und die schöne gotische Kathedrale. Bereits in vorrömischer Zeit existierte auf dem Hügel, auf dem sich Carcassonne heute befindet, eine befestigte Siedlung. In den turbulenten Jahren des späten 3. und frühen 4. Jh. wurde die Stadt durch den Bau einer 1200 m langen Verteidigungsmauer geschützt. Die gräfliche Burg aus dem 12. Jh. wurde über dem westlichen Teil der römischen Mauer errichtet und gegen Ende des 13. Jh. hatte Carcassonne sein endgültiges Erscheinungsbild als mittelalterliche Festung erreicht. Die Stadt ist auch wegen der langwierigen Restaurierung von besonderer Bedeutung, die Viollet-le-Duc, einer der Begründer der modernen Denkmalpflege, in der zweiten Hälfte des 19. Jh. ausführen ließ.

Wie die meisten südfranzösischen gotischen Kirchen hat die Kathedrale außen keine Strebebögen, sondern wird durch das Gewölbe im Inneren gestützt. Sie enthält bedeutenden Skulpturenschmuck, insbesondere am Grab von Bischof Radulph aus dem 13. Jahrhundert. Das Buntglas in den Fenstern der Apsis und des Querschiffs ist außerordentlich hochwertig.

Nationalpark Morne Trois Pitons

Dominica

Begründung der Aufnahme: Zeugnis wichtiger Stadien der Erdgeschichte, bedeutender natürlicher Lebensraum – Biodiversität

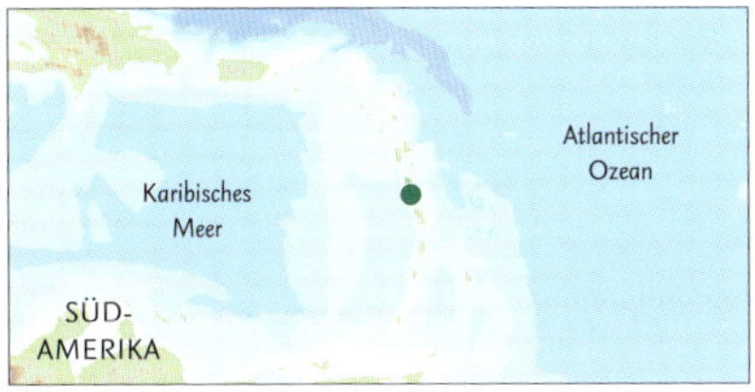

In diesem Nationalpark um den 1342 m hohen Vulkan Morne Trois Pitons vermischt sich üppiger tropischer Regenwald mit malerischen vulkanischen Phänomenen, die von großem wissenschaftlichem Interesse sind. Die Landschaft ist von vulkanischen Formationen mit steilen Hängen und tiefen Schluchten geprägt. Im sogenannten Tal der Trostlosigkeit (Grand Soufriere) findet man Fumarolen, heiße Quellen, Schlammtöpfe, Schwefellöcher und den Boiling Lake, den zweitgrößten kochenden See der Welt. Das Tal ist ein riesiger, von Bergen umgebener Halbkessel, der aus mindestens drei separaten Kratern besteht, in denen Dampflöcher, kleine Tümpel und heiße Quellen aus dem Boden brodeln. Der Boiling Lake ist von Klippen umgeben und fast immer von Dampfwolken bedeckt. Der Nationalpark Morne Trois Pitons ist fast 70 km² groß und besitzt die reichste Biodiversität der Kleinen Antillen.

Zu den herausragenden Merkmalen des Gebiets gehören außerdem der Emerald Pool, ein smaragdgrüner Teich, der von den Middleham Falls gespeist wird, die Stinking Hole, ein Lavakanal mitten im Wald, sowie der Boeri Lake und der Freshwater Lake. Letzterer ist der größte der vier Süßwasserseen auf Domenica.

Die Middleham Falls speisen den Emerald Pool.
▼

Nationalpark Kokosinsel

Costa Rica

Begründung der Aufnahme: Schauplatz spezieller ökologischer und biologischer Prozesse, bedeutender natürlicher Lebensraum – Biodiversität

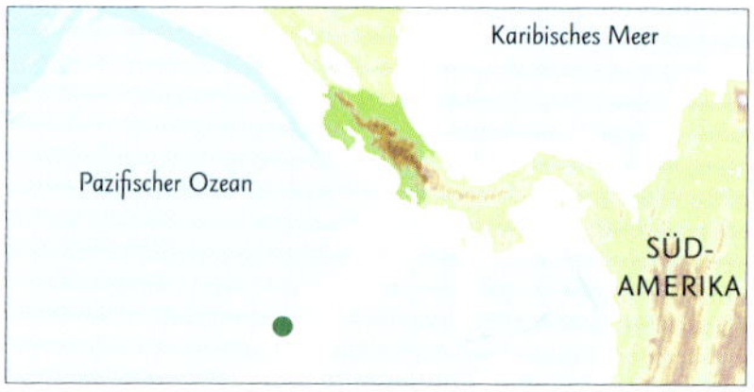

Die Insel ist Seeleuten und Kartografen seit der ersten Hälfte des 16. Jh. bekannt. Ihre Position war jedoch nur ungenau markiert, weshalb nur erfahrene Seeleute sie finden konnten. Fischer, Piraten, Handelsmatrosen und wissenschaftliche Expeditionen kamen auf die Insel auf der Suche nach Süßwasser und Schutz.

Die Kokosinsel, die 550 km vor der Küste Costa Ricas liegt, ist die einzige Insel im Ostpazifik, auf der es einen tropischen Regenwald gibt. Ihre Lage als erste Anlaufstelle im nordäquatorialen Gegenstrom sowie zahlreiche Interaktionen zwischen der Insel und dem Ökosystem der Meeresumgebung machen das Gebiet zu einem idealen natürlichen Labor für die Erforschung biologischer Prozesse. Die Unterwasserwelt des Nationalparks ist berühmt als Taucherparadies, da sie als einer der weltweit besten Orte gilt, um pelagische Arten, wie Haie, Rochen, Thunfische und Delfine, zu beobachten. Wie andere Ozeaninseln hat auch die Kokosinsel im Vergleich zum Kontinent eine artenarme Flora, man findet jedoch zahlreiche endemische Arten (mindestens 70 Gefäßpflanzenarten). Die Vegetation ist üppig, was von den heftigen Regenfällen und dem zerklüfteten Relief herrührt, das die Kondensation begünstigt.

Euphrasius-Basilika und historischer Stadtkern von Poreč

Kroatien

Begründung der Aufnahme: Zeugnis kulturellen Austauschs, Zeugnis einer Kultur, Erbe von besonderer menschheitsgeschichtlicher Bedeutung

Der Bischofspalast ist ein integraler Bestandteil des historischen Zentrums von Poreč. Dort ist auch das römische Straßennetz noch in einem beachtlichen Ausmaß erhalten. Es stammt aus der Zeit, als die Stadt Teil der Provinz Histria war.

Die Gruppe religiöser Monumente in Poreč, wo sich bereits im 4. Jh. das Christentum etablierte, stellt den vollständigsten noch erhaltenen Komplex dieses Typs dar. Die Basilika, das Atrium, das Baptisterium und der Bischofspalast sind außergewöhnliche Beispiele der Sakralarchitektur; die Basilika vereint klassische und byzantinische Elemente. Die Gebäude, die Bischof Euphrasius errichten ließ, standen alle in der üppigen Tradition des byzantinischen „Goldenen Zeitalters“ unter Justinian und waren deshalb reich mit Mosaiken, Alabaster, Marmor, Perlmutt und Stuck verziert. Später kamen ein Haus für die Kanoniker (1257), der Glockenturm (16. Jh.) und einige kleinere Gebäude, wie die Sakristei (15. Jh.) und zwei Kapellen (17. bzw. 19. Jh.) hinzu.

Nationalpark Lake Turkana mit Sibiloi-Inseln und South-Island-Nationalpark

Kenia

Begründung der Aufnahme: Zeugnis wichtiger Stadien der Erdgeschichte, bedeutender natürlicher Lebensraum – Biodiversität

Das Gebiet um den Turkana-See besteht überwiegend aus Halbwüste mit freien Ebenen, die von Vulkanformationen, wie dem Mount Sibiloi, flankiert werden. Am Mount Sibiloi wurden die Überreste eines möglicherweise 7 Mio. Jahre alten versteinerten Waldes gefunden. Als der salzigste der großen Seen Afrikas ist der Turkana-See ein bedeutender Ort für die Erforschung von Pflanzen- und Tiergemeinschaften. In den drei Nationalparks liegen wichtige Brutstätten der Nilkrokodile und einiger Giftschlangenarten. Zu den heimischen Säugetieren gehören Nilpferde, Burchell- und Grevyzebras, Grantgazellen, ostafrikanische Oryxantilopen, Kuhantilopen, Leierantilopen, Kleine Kudus, Löwen und Geparde. Über 350 Vogel- und Wasservogelarten wurden am Turkana-See registriert; darüber hinaus dient er Zugvögeln, wie Sperlingsvögeln, Bachstelzen und Zwergstrandläufern, als Zwischenstopp.

Dank umfangreicher paläontologischer Funde hat der Park mehr zum Verständnis der Paläo-Umwelt beigetragen als jede andere Stätte des Kontinents. Man fand auch Belege für die Existenz eines relativ intelligenten Hominiden, der vor 2 Mio. Jahren lebte. Die menschlichen Fossilien umfassen Überreste des *Australopithecus robustus*, *Homo habilis*, *Homo erectus* und *Homo sapiens*.

Klassische Gärten von Suzhou

China

Begründung der Aufnahme: Meisterwerk menschlicher Schöpferkraft, Zeugnis kulturellen Austauschs, Zeugnis einer Kultur, Erbe von besonderer menschheitsgeschichtlicher Bedeutung, traditionelle Siedlungsform

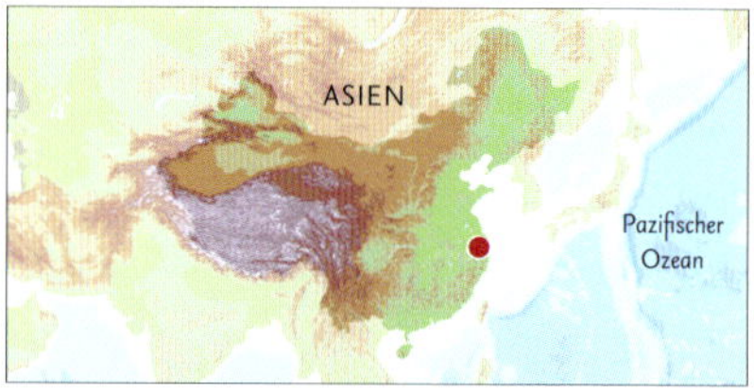

Die neun Gärten der historischen Stadt Suzhou sind das beste Beispiel der klassischen chinesischen Gartengestaltung, bei der natürliche Landschaften als Miniatur nachgestellt werden. Sie werden gewöhnlich als Meisterstücke ihrer Art betrachtet. Die Gärten sind zwischen dem 11. und dem 19. Jh. entstanden und spiegeln durch ihre akkurate Gestaltung die tiefe metaphysische Bedeutung der natürlichen Schönheit in der chinesischen Kultur wider.

Der Canglang-Pavillon wurde im frühen 11. Jh. erbaut. Man erreicht ihn über eine Zickzackbrücke aus Stein, von der aus plötzlich die mit alten Bäumen und Bambus bedeckten Berge sichtbar werden.

Der Löwenhaingarten wurde ebenso wie das zugehörige buddhistische Kloster im Jahr 1342 angelegt, aber im 17. Jh. vom Tempel getrennt. In ihm befinden sich eine Reihe künstlich angelegter Hügel sowie ein künstlicher Wasserfall mit steilen Klippen. Der Yipu-Garten aus dem 16. Jh. ist sowohl von der Anlage als auch von der Gestaltung seiner Gebäude her ein klassischer Garten aus der Ming-Dynastie. Ein Viertel seiner Fläche nimmt ein Teich ein.

Der Garten des Ehepaars stammt aus dem 18. Jh. Der Ostgarten wird von einem Berg dominiert, der sich aus einem von Gebäuden flankierten Teich erhebt. Im etwas bescheideneren Westgarten befinden sich Kalksteinhügel, die von miteinander verbundenen Höhlen durchzogen sind.

Im Garten der Abgeschiedenheit und der Meditation ist der Teich das zentrale Merkmal. An ihm liegen elegante Gebäude und die doppelstöckige Himmelsbrücke.

Die Bergvilla in einer Umgebung von Schönheit (Huanxiu Shanzhuang) geht auf das 16. Jh. zurück. Der Garten ist reich an Details, wie etwa 7 m hohe Kuppen, Täler, Pfade, Höhlen, Steinhäuser, Schluchten, Steilhänge und Klippen.

Im Garten des bescheidenen Beamten residierten seit dem 2. Jh. die Notabeln von Suzhou. Er ist einer der berühmtesten Gärten Chinas. Der zentrale Teil ist eine Nachbildung der Landschaft des unteren Jangtse.

Der Garten des Verweilens stammt aus dem 16. Jh. Dort findet man Berg- und Seelandschaften, die von Gebäuden umgeben sind. Der schmale, gewundene Pfad dorthin bietet unerwartete Ausblicke von großer Schönheit.

Den Garten des Meisters der Netze betritt man von Süden über ein Tor, das von enormen, behauenen Steinblöcken flankiert ist, die den höfischen Rang des Besitzers angeben. Die Anlage der Gebäude und Gärten ist äußerst raffiniert, sodass auf einem kleinen Gebiet der Eindruck von Größe und Vielfalt entsteht.

Chinesische Gärten haben bestimmte Elemente gemeinsam, die ihre Positionierung, Anordnung, Landschaft, Bepflanzung, Inhalte und Philosophie betreffen. Am Ende fügen sich Kunst, Natur und Gedankengut perfekt zusammen, sodass Werke von großer Schönheit und Harmonie entstehen. ▶

Suzhou liegt am unteren Jangtse und wird von zahlreichen Wasserwegen durchzogen. Die Straßen haben ihre traditionelle Schönheit bewahrt. Marco Polo nannte die Stadt „Venedig des Ostens", als er sie im 13. Jh. besuchte. Die zahlreichen Gärten der Stadt wurden von pensionierten Bürokraten und Politikern der Ming- und Qing-Dynastie angelegt.

Kathedrale, Torre Civica und Piazza Grande in Modena

Italien

Begründung der Aufnahme: Meisterwerk menschlicher Schöpferkraft, Zeugnis kulturellen Austauschs, Zeugnis einer Kultur, Erbe von besonderer menschheitsgeschichtlicher Bedeutung

Die prächtige Kathedrale aus dem 12. Jh. in Modena, das Werk der beiden großartigen Künstler Lanfranco und Wiligelmus, ist ein hervorragendes Beispiel früher romanischer Kunst. Mit der Piazza und dem hoch aufragenden Glockenturm bildet sie einen Komplex, der ein Beispiel für eine architektonisches Esemble darstellt, das religiöse und zivile Werte vereint. Die Kathedrale war darüber hinaus eine riesige Skulpturenwerkstatt, und vor allem die Fassade, an der sich der Steinmetz Wiligelmus verwirklichte, wurde prachtvoll ausgestattet. Ab der zweiten Hälfte des 12. Jh. waren die Maestri aus Campione, Architekten und Bildhauer, mit der Wartung des Gebäudes beauftragt, und sie führten verschiedene Veränderungen und Verbesserungen durch. An der Piazza Grande wurde nur wenig verändert: Die viereckige Form wurde beibehalten, und an der Nordseite schließt die Piazza mit der Seitenwand der Kathedrale ab.

▲ Der Torre Civica, dessen hoch aufragende Silhouette ein Orientierungspunkt für Reisende ist, ist über zwei Bögen eng mit der Kathedrale verbunden. Der monumentale Turm besteht aus denselben Materialien wie die Kathedrale. Seine sechs Stockwerke werden durch kleine Blendarkaden betont.

Palast von Ch'angdokkung

Republik Korea

Begründung der Aufnahme: Zeugnis kulturellen Austauschs, Zeugnis einer Kultur, Erbe von besonderer menschheitsgeschichtlicher Bedeutung

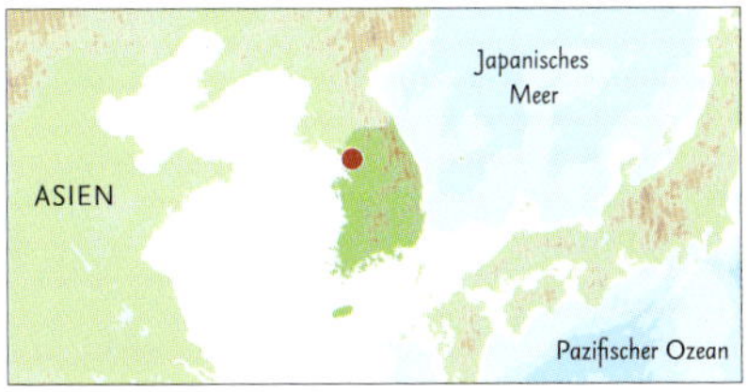

Im frühen 15. Jh. ordnete Kaiser Taejong den Bau eines neuen Palastes an, den er Ch'angdokkung (Palast der erhabenen Tugend) nannte. Für den Palastbau wurde eigens ein Amt eingerichtet, um den Komplex nach traditionellen Gestaltungsprinzipien zu errichten. Dazu gehörten der vorne liegende Palast, der Markt dahinter, drei Tore und drei Höfe (Verwaltungshof, Königshof und offizieller Audienzhof). Das Anwesen wurde in zwei Bereiche geteilt: Die Hauptpalastgebäude und der Piwon (königlicher Geheimgarten). Der Ergebnis ist ein herausragendes Beispiel für fernöstliche Palastarchitektur und -gestaltung, in dem sich die Gebäude in die natürliche Umgebung einfügen und auf sie abgestimmt sind. Der Ch'angdokkung-Palast hat über viele Jahrhunderte die koreanische Architektur, Garten- und Landschaftsplanung stark beeinflusst.

Im Garten wurden vor dem Hintergrund einer Waldlandschaft mehrere Terrassen mit Rasen, blühenden Bäumen, Blumen, einem Lotosteich und Pavillons angelegt. Über 26 000 Exemplare von 100 einheimischen Baumarten sowie 23 000 Exemplare von 15 importierten Baumarten stehen in diesem Garten.

Medina von Tetuan (Titawin)

Marokko

Begründung der Aufnahme: Zeugnis kulturellen Austauschs, Erbe von besonderer menschheitsgeschichtlicher Bedeutung, traditionelle Siedlungsform

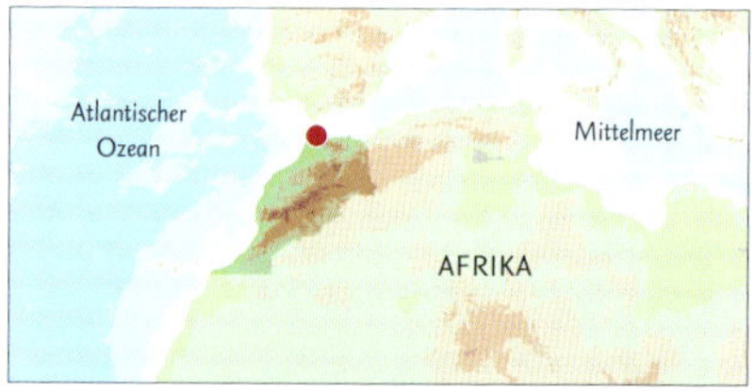

Tetuan war während der islamischen Periode ab dem 8. Jahrhundert von besonderer Bedeutung, da es der wichtigste Berührungspunkt zwischen Marokko und Andalusien war. Während der Reconquista wurde die Stadt von andalusischen Flüchtlingen wieder aufgebaut, die von den Spaniern vertrieben worden waren. Dies schlägt sich in Tetuans Kunst und Architektur nieder, die eindeutig von Andalusien beeinflusst sind. Tetuan ist zwar eine der kleinsten marokkanischen Medinas, aber zugleich ist es unzweifelhaft die vollständigste. Sie blieb weitgehend unberührt von äußeren Einflüssen.

Tetuan wird bei einigen arabischen Schriftstellern des 10. bis 12. Jahrhunderts erwähnt. Die heutige Form einer Acht nahm es jedoch erst an, als im 18. Jh. die Befestigung wieder aufgebaut wurde.

◀ Hauptplatz, Tetuan

Heard und die McDonald-Inseln

Australien

Begründung der Aufnahme: Zeugnis wichtiger Stadien der Erdgeschichte, Schauplatz spezieller ökologischer und biologischer Prozesse

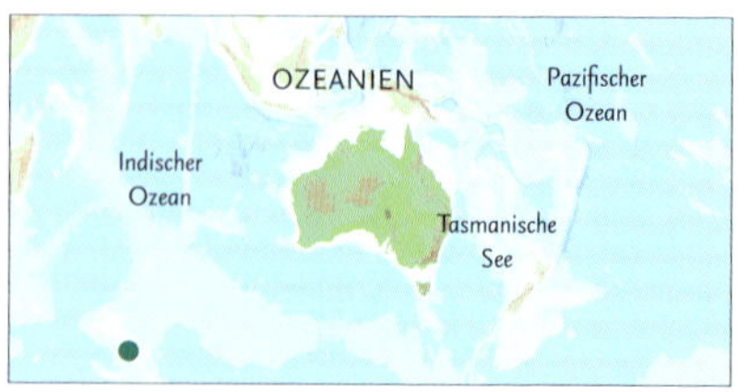

Heard und die McDonald-Inseln liegen im Südlichen Ozean, etwa 1700 km vom Antarktischen Kontinent entfernt und über 4100 km südwestlich von Perth. Es handelt sich dabei um die einzigen vulkanisch aktiven subantarktischen Inseln. Sie öffnen sozusagen „ein Fenster zur Erde", das heißt, sie bieten die Möglichkeit, geomorphologische Prozesse zu beobachten. Ewiger Schnee und Eis bedecken über 70 Prozent der Insel Heard, und ihre relativ schnell fließenden Gletscher reagieren schnell auf Klimaveränderungen. Der entscheidende Erhaltungswert von Heard und den McDonald-Inseln, die zu den wenigen unberührten Inselökosystemen der Welt gehören, besteht darin, dass keine Pflanzen und Tiere von außen eingeführt wurden. Dadurch werden sie besonders wertvoll für wissenschaftliche Referenzzwecke.

Da Heard und die McDonald-Inseln in einem abgelegenen, stürmischen Teil der Erde liegen, waren sie bis ins 19. Jahrhundert der Menschheit unbekannt. Starke Westwinde erzeugen einzigartige Wetterphänomene, z. B. spektakuläre Wolkenformationen und rasche Niederschlagswechsel.

Mühlenanlagen in Kinderdijk-Elshout

Niederlande

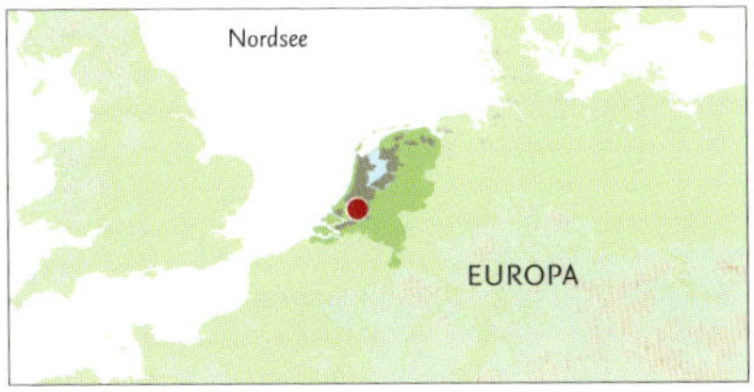

Begründung der Aufnahme: Meisterwerk menschlicher Schöpferkraft, Zeugnis kulturellen Austauschs, Erbe von besonderer menschheitsgeschichtlicher Bedeutung

Die Mühlenanlagen von Kinderdijk-Elshout zeugen eindrücklich vom herausragenden Beitrag der Niederländer zur Wassertechnologie. Die Stätte zeigt alle typischen Merkmale, die mit dieser Technologie in Verbindung stehen – Deiche, Reservoirs, Pumpstationen, Verwaltungsgebäude und eine Reihe wunderbar erhaltender Windmühlen. Einst standen mehr als 150 solcher Mühlen im Gebiet von Alblasserwaard und Vijfheerenlanden; in den 1870er-Jahren ging ihre Zahl zurück auf 78, und heute gibt es insgesamt nur noch 28. Zur Weltkulturerbestätte gehören 19 dieser Mühlen, von denen die meisten aus der Mitte des 18. Jahrhunderts stammen. Auch wenn sie seit den späten 1940er-Jahren nicht mehr benutzt werden, hält man sie noch immer im betriebsbereiten Zustand, als Reservemühlen, falls die modernen Einrichtungen ausfallen.

Die meisten der Mühlen sind sogenannte Holländerwindmühlen oder Kappenwindmühlen, bei denen sich nur der obere Teil im Wind dreht. Sie bestehen aus Backstein oder Holz und haben große Flügel, die sich auf bis zu 30 cm dem Boden nähern, weshalb man sie auch „Grundsegler" nennt.
▼

Archäologische Stätten von Pompeji, Herculaneum und Torre Annunziata

Italien

Begründung der Aufnahme: Zeugnis einer Kultur, Erbe von besonderer menschheitsgeschichtlicher Bedeutung, traditionelle Siedlungsform

Die Städte Pompeji und Herculaneum wurden am 24. August des Jahres 79 n. Chr. beim Ausbruch des Vesuv begraben. Ihre Ruinen bilden die Gesellschaft und den Alltag der Vergangenheit in einer vollständigen und anschaulichen Momentaufnahme ab, die nirgends auf der Welt ihresgleichen hat.

Als der Vesuv ausbrach, wurden die beiden blühenden römischen Städte und zahlreiche Villen in der Umgebung verschüttet. Seit der Mitte des 18. Jahrhunderts werden sie nach und nach ausgegraben und der Öffentlichkeit zugänglich gemacht. Die riesige Ausdehnung der Handelsstadt Pompeji stellt einen Kontrast zu den kleineren, aber besser erhaltenen Überresten des Urlaubsortes Herculaneum dar, während die herrlichen Wandmalereien der Villa Oplontis in Torre Annunziata einen lebhaften Eindruck von der opulenten Lebensart vermitteln, die die reicheren Bürger des frühen Römischen Reiches genossen.

Das Hauptforum Pompejis wird von den Fundamenten mehrerer eindrucksvoller öffentlicher Gebäude flankiert, darunter das Kapitol (Tempel), die Basilika (Gerichtsgebäude) und öffentliche Bäder. Pompeji ist berühmt für seine Wohnhäuser, die an gut gepflasterten Straßen standen. Der früheste Typ ist das Atriumhaus; ein gutes Beispiel dafür ist das Haus des Chirurgen, das vollständig einem Innenhof zugewandt ist, der das Zentrum des Hauses bildet. Die außergewöhnliche Villa dei Misteri (Mysterienvilla) verdankt ihren Namen den Wandmalereien im Triklinium (Speisezimmer), auf denen die Initiationsriten („Mysterien") des Dionysoskults dargestellt sind.

Ein besonderes Merkmal Pompejis sind die zahlreichen Graffiti. Zur Zeit des Ausbruchs stand eine Wahl unmittelbar bevor, und viele Slogans waren zusammen mit anderen, persönlicheren und oft skurrilen Graffiti auf die Wände gekritzelt worden.

Von Herculaneum, das sich auf einer Landzunge am Golf von Neapel befand, wurde bisher weit weniger freigelegt, teilweise deswegen, weil die Stadt sehr tief verschüttet ist. Die Deckschicht ist jedoch so beschaffen, dass die Gebäude besser erhalten sind als die von Pompeji.

Es gibt einige beeindruckende öffentliche Gebäude, und auch die Privathäuser sind wegen ihrer Größe und Dekoration bemerkenswert. Die am Meer gelegenen Häuser, wie das Haus der Hirsche, haben große Höfe und üppige Verzierungen. Interessant ist außerdem, dass viele der Werkstätten noch vollständig erhalten sind und noch immer Zubehör, wie etwa riesige Weinkrüge, enthalten. Von großer Bedeutung sind in beiden Städten die künstlerischen Stile, die sich in Skulpturen, Mosaiken und vor allem Wandmalereien widerspiegeln.

Ein Teil Pompejis ▶

Pompeji wurde im 6. Jh. v. Chr. von den süditalienischen Oskern gegründet, während Herculaneum angeblich auf Herkules zurückgeht. Im Jahr 89 v. Chr. fielen die beiden Städte an die Römer.

Beide Städte fanden am 24. August des Jahres 79 ein abruptes, verheerendes Ende. Das Gebiet wurde zuvor von einem Erdbeben erschüttert, und die Wiederaufbauarbeiten waren noch immer im Gang, als der Vesuv mit ungeheurer Gewalt ausbrach. Pompeji wurde unter einer dicken Schicht aus vulkanischer Asche und Gestein begraben, während Herculaneum unter einem pyroklastischen Strom verschwand.

Mittelalterliche Stadt Toruń (Thorn)

Polen

Begründung der Aufnahme: Zeugnis kulturellen Austauschs, Erbe von besonderer menschheitsgeschichtlicher Bedeutung

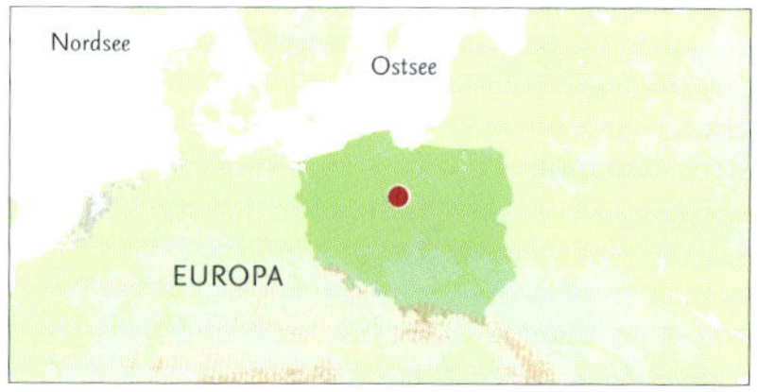

Toruń ist eine kleine historische Handelsstadt, in der noch in bemerkenswertem Umfang die ursprünglichen Straßenmuster und bedeutende historische Gebäude erhalten sind. Ihre Anfänge gehen auf den Deutschen Orden zurück, der dort Mitte des 13. Jh. eine Festung baute, als Basis für die Eroberung und Kolonisierung Preußens. Schon bald erlangte die Stadt als Teil der Hanse wirtschaftliche Bedeutung. Die beeindruckenden öffentlichen und privaten Gebäude aus dem 14. und 15. Jh. in der Alt- und Neustadt, darunter auch das Haus von Kopernikus, zeugen eindrücklich von der Bedeutung Toruńs. Die Altstadt, die den Westteil des Stadtkomplexes bildet, ist um den zentralen Marktplatz herum angelegt. Die Neustadt entwickelte sich ab 1264 nördlich des Schlosses und östlich der Altstadt zu einem Zentrum für Handwerk und Gewerbe.

Die Altstadt wurde zwischen 1250 und 1300 nach und nach durch eine mit Bastionen verstärkte Doppelmauer befestigt. Diese Befestigungen wurden 1420–1449 ausgebaut und im 19. Jh. teilweise abgerissen, aber der südliche Teil, dessen Tore und Türme am Fluss stehen, ist noch intakt.

Das Rathaus von Toruń
▼

Königliches Schloss in Caserta mit Park und Aquädukt und San Leucio

Italien

Begründung der Aufnahme: Meisterwerk menschlicher Schöpferkraft, Zeugnis kulturellen Austauschs, Zeugnis einer Kultur, Erbe von besonderer menschheitsgeschichtlicher Bedeutung

Der monumentale Komplex von Caserta ist zwar von derselben Art wie andere Königspaläste aus dem 18. Jh., aber die enormen Ausmaße der Anlage sind außergewöhnlich. 1750 beschloss der König von Neapel, als Konkurrenz zu Versailles einen neuen Königspalast zu bauen. Er beauftragte Luigi Vanvitelli damit, der damals gerade mit Restauration des Petersdoms in Rom beschäftigt war. Der Königspalast hat einen rechteckigen Grundriss, vier große Innenhöfe, 1200 Räume und 34 Treppen. Entlang der Hauptachse des Parks befinden sich eine Reihe barocker Brunnen und Wasserspiele. Der hier abgebildete Wasserlauf mündet in den großen Brunnen; die Gesamthöhe der Kaskade beträgt 150 m. Der Komplex in San Leucio, der auf die Seidenproduktion ausgerichtet war, ist ebenfalls von großem Interesse wegen der idealistischen Prinzipien, die hinter der ursprünglichen Konzeption und Leitung standen.

Bei diesem Wasserfall auf dem Gelände des Königspalastes von Caserta handelt es sich um die Kopie eines Wasserfalls in Versailles. ▲

Im Jahr 1778 beschloss der König, in San Leucio mit der Produktion von Seide zu beginnen. Der industrielle Komplex umfasste eine Schule, Unterkünfte für die Lehrer, Räume für die Seidenraupen und Einrichtungen für das Spinnen und Färben von Seide.

Palast der Katalanischen Musik und Hospital von Sant Pau in Barcelona

Spanien

Begründung der Aufnahme: Meisterwerk menschlicher Schöpferkraft, Zeugnis kulturellen Austauschs, Erbe von besonderer menschheitsgeschichtlicher Bedeutung

Die beiden Gebäude gehören zu den herausragendsten Werken des katalanischen Jugendstilarchitekten Lluís Doménech i Montaner. Der Palast der Katalanischen Musik (Palau de la Música Catalana) ist ein prachtvoller Stahlskelettbau, der viel Raum und Licht bietet und von vielen führenden zeitgenössischen Designern dekoriert wurde. Mit dem Bau wurde 1905 begonnen, vollendet wurde er drei Jahre später. Das Hospital von Sant Pau ist hinsichtlich seines Designs und seiner Dekoration ähnlich gewagt und gleichzeitig perfekt an die Bedürfnisse der Kranken angepasst. Mit seinem Bau wurde 1901 begonnen, fertiggestellt wurde es aber erst 1930. Das Hospital ist von enormer architektonischer Bedeutung, da es sich um den größten Krankenhauskomplex im modernistischen Stil handelt.

Das Hospital von Sant Pau untermauert die Maxime des Architekten, dass Schönheit einen therapeutischen Wert hat. Doménech i Montaner war es wichtig, kranken Menschen ein Gefühl des Wohlbefindens und der Schönheit zu vermitteln, das zu einer raschen Genesung beitragen sollte.

Hafen und Innenstadt von Willemstad (Antilleninsel Curaçao)

Niederlande

Begründung der Aufnahme: Zeugnis kulturellen Austauschs, Erbe von besonderer menschheitsgeschichtlicher Bedeutung, traditionelle Siedlungsform

Die Niederländer richteten 1634 auf der Karibikinsel Curacao in einem schönen natürlichen Hafen die Handelssiedlung Willemstad ein. Die Stadt entwickelte sich in den darauf folgenden Jahrhunderten kontinuierlich. Das moderne Willemstad besteht aus verschiedenen historischen Vierteln. Ihre Architektur spiegelt nicht nur europäische Stadtplanungskonzepte wider, sondern auch den Baustil der Niederländer und den Stil der spanischen und portugiesischen Kolonialstädte, mit denen Willemstad Handel trieb.

Willemstad zeichnet sich durch die Vielfalt seiner vier historischen Viertel aus, die um einen natürlichen Hafen liegen. Jedes davon hat seine eigene urbane Morphologie, aber allen ist eine markante „tropisierte“ niederländische Architektur gemein.

Historisches Viertel von Panamá, Salón Bolívar und archäologische Stätten von Panamá Viejo

Panama

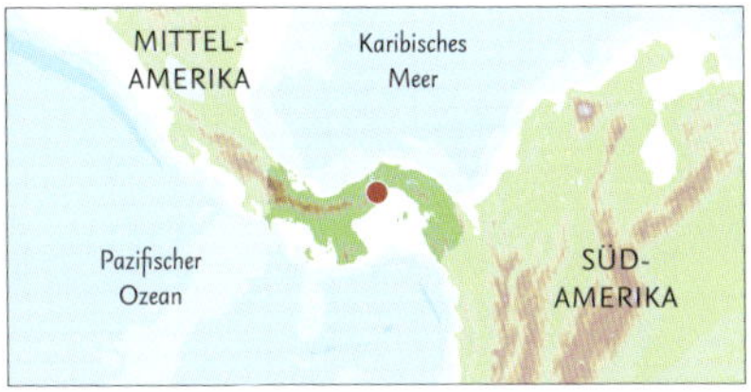

Begründung der Aufnahme: Zeugnis kulturellen Austauschs, Erbe von besonderer menschheitsgeschichtlicher Bedeutung, Verknüpfung mit Ereignissen von universeller Bedeutung

An der archäologischen Stätte von Panamá Viejo stand einst die älteste europäische Stadt auf dem amerikanischen Festland. Sie wurde 1519 von dem Eroberer Pedrarías Dávila gegründet. Schon bald wurde sie zu einem Handels- und Verwaltungszentrum sowie zu einem wichtigen Hafen und dem Sitz eines königlichen Gerichtshofs. Lediglich das Klima, das als ungesund galt, verhinderte, dass die Stadt die Größe und Bedeutung von Guatemala-Stadt oder Bogotá erreichte. Die alte Stadt wurde 1672 durch ein Feuer zerstört und ein Jahr später durch eine neue Stadt (das „historische Viertel" von Panamá) 8 km südwestlich ersetzt. Die Ruinen der alten Stadt wurden verlassen und nicht wieder aufgebaut; heute ist die Stätte ein öffentlicher Park, in dem die beeindruckenden Ruinen der Kathedrale, von Kirchen, Wasseranlagen, dem Rathaus und Privathäusern erhalten sind.

Kathedrale von Panamá Viejo. ▲

Im „historischen Viertel" von Panamá ist das ursprüngliche Straßennetz, die Architektur und eine ungewöhnliche Mischung aus spanischem, französischem und frühem amerikanischen Stil erhalten. Der Salón Bolívar war 1826 der Schauplatz des gescheiterten Versuchs von Simón Bolívar, El Libertador, eine panamerikanische Konferenz abzuhalten.

Ruinen der antiken Stadt Dougga / Thugga

Tunesien

Begründung der Aufnahme: Zeugnis kulturellen Austauschs; Zeugnis einer Kultur

Bevor die Römer 46 v. Chr. Numidien annektierten, war die Stadt Thugga, die auf einer Anhöhe über einer fruchtbaren Ebene lag, die Hauptstadt des bedeutenden libysch-punischen Staates. Unter römischer und byzantinischer Herrschaft erlebte sie eine Blütezeit, jedoch verfiel sie während der islamischen Periode. Ihre beeindruckenden Ruinen umfassen Tempel und Heiligtümer, ein Forum, öffentliche Bäder, ein Theater, ein Amphitheater, ein Circus, einen Markt, Brunnen, Privathäuser, Werkstätten und Mausoleen. Das kleine, rechteckige Forum, das von einem Marmorsäulengang umgeben ist, wird von einem Teil der späteren byzantinischen Befestigungsanlage durchkreuzt. Auf einer Seite des Forums befindet sich das Kapitol, das Jupiter, Juno und Minerva geweiht war und eines der hervorragendsten Gebäude dieser Art in Nordafrika darstellt. Eines der wichtigsten Gebäude in Thugga ist das libysch-punische Mausoleum im südlichen Teil der Stadt. Es ist das einzige bedeutende Monument punischer Architektur, das in Tunesien noch erhalten ist.

Eingang zum Theater ▲

Die bedeutende Sammlung von mehr als 2000 libyschen, punischen, griechischen und römischen Inschriften von Thugga hat einen entscheidenden Beitrag zur Entschlüsselung der libyschen Sprache geleistet. Außerdem verdanken wir ihnen Kenntnisse über die Kolonialpolitik der Römer und die kommunale Organisation ihrer Provinzen.

Kulturlandschaft Hallstatt-Dachstein / Salzkammergut

Österreich

Begründung der Aufnahme: Zeugnis einer Kultur
Erbe von besonderer menschheitsgeschichtlicher Bedeutung

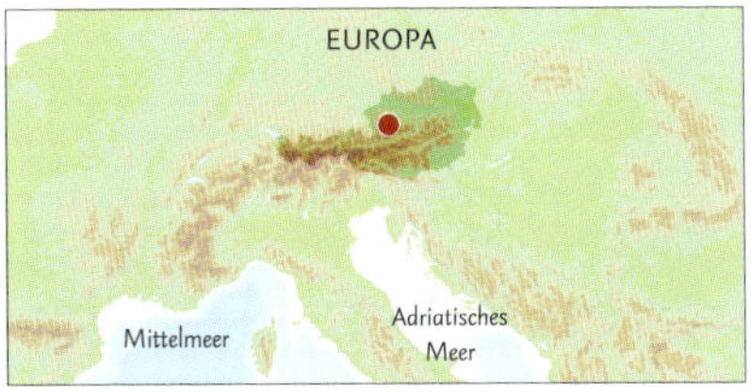

Schon in prähistorischer Zeit waren Menschen in der herrlichen Landschaft des Salzkammerguts heimisch. Die Salzvorkommen wurden bereits im 2. Jt. v. Chr. erschlossen. Diese Ressource bildete bis zur Mitte des 20. Jh. die Basis für den Wohlstand der Region, ein Reichtum, der sich in der hervorragenden Architektur der Stadt Hallstatt widerspiegelt. Der Name der mittelalterlichen Stadt, der in einer Urkunde aus dem Jahr 1305 erstmals erwähnt wurde, geht auf das germanische *hal* (Salz) und das althochdeutsche *stat* (Siedlung) zurück. Die Stätte umfasst darüber hinaus das Dachsteingebirge, das mit einer Höhe von etwa 3000 m das höchste der Karstmassive in den nördlichen Kalkalpen darstellt. Es ist für seine zahlreichen Höhlen bekannt, deren längste die Hirlatzhöhle (96 km) ist.

Das typische Hallstättische Haus ist hoch und schmal, sodass es den begrenzten Platz und die steile Topografie optimal ausnutzt. Wie in den Alpenregionen üblich, bestehen die unteren Stockwerke aus Stein und haben Tonnengewölbe, auf denen die oberen, mit Fachwerk versehenen Stockwerke ruhen. Nur wenige haben noch die ursprünglichen, flachen Satteldächer, die mit Holzbohlen oder Schindeln bedeckt sind.

Botanischer Garten in Padua

Italien

Begründung der Aufnahme: Zeugnis kulturellen Austauschs, Zeugnis einer Kultur

Der Botanische Garten beherbergt zusätzlich zwei wichtige Sammlungen. Die Bibliothek umfasst mehr als 50 000 Bücher und Manuskripte von enormer historischer und bibliografischer Bedeutung. Das Herbarium ist das zweitgrößte Italiens.

Der botanische Garten in Padua ist das Urmuster aller botanischen Gärten der Welt. Er wurde 1545 angelegt und hat noch immer seinen Originalaufbau: Ein rundes, zentrales Stück Land, das die Welt symbolisiert, ist von einem Ring aus Wasser umgeben, der für den Ozean steht. In den folgenden Jahrhunderten bis heute wurden mehrere Ergänzungen durchgeführt – im 17. Jh. eine Pumpenanlage für zehn Brunnen, 1704 vier monumentale Eingänge und im späten 18. und frühen 19. Jh. neue Gewächshäuser. Ein Arboretum, ein englischer Garten mit gewundenen Pfaden und einem kleinen Hügel als Aussichtspunkt wurden ebenfalls in dieser Zeit hinzugefügt. Traditionsgemäß wurden in diesem Garten besonders seltene Pflanzen gesammelt und gezüchtet, die dann in das übrige Europa gebracht wurden. Derzeit werden dort mehr als 6000 Arten gezogen.

Festung Rohtas

Pakistan

Begründung der Aufnahme: Zeugnis kulturellen Austauschs, Erbe von besonderer menschheitsgeschichtlicher Bedeutung

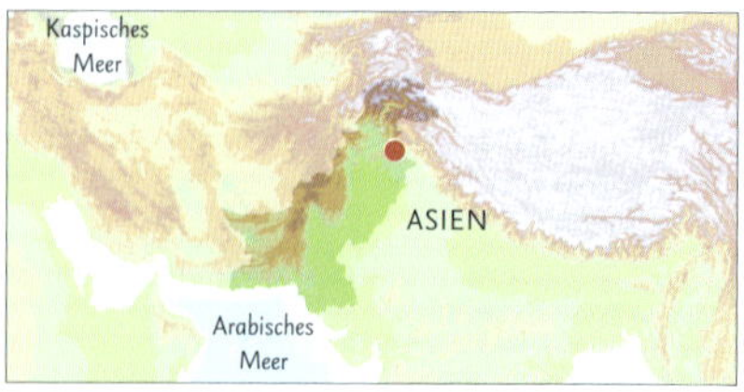

Rohtas ist ein Komplex aus Verteidigungsanlagen, die einen kleinen Hügel am Fluss Kahan umgeben. Je nach Terrain variieren seine Steinmauern in der Höhe zwischen 10,05 und 18,28 m; ihre Dicke liegt bei bis zu 12,5 m.

Nach seinem Sieg übder den Mogulkaiser Humayun im Jahr 1541 baute Sher Khan Suri in Rohtas, einem strategisch günstigen Ort im Norden des heutigen Pakistan, einen mächtigen Festungskomplex. Dieser wurde nie gewaltsam eingenommen und ist bis zum heutigen Tag noch intakt. Die Hauptbefestigungen bestehen aus massiven, über 4 km langen Mauern, die von Bastionen gesäumt und von monumentalen Toren unterbrochen werden. Die Festung Rohtas, die auch Qila Rohtas genannt wird, ist ein außergewöhnliches Beispiel für frühe muslimische Militärarchitektur in Zentral- und Südasien.

◄ Abschnitt der Festung Rohtas

Historische Stadt Trogir

Kroatien

Begründung der Aufnahme: Zeugnis kulturellen Austauschs, Erbe von besonderer menschheitsgeschichtlicher Bedeutung

Trogir ist ein bemerkenswertes Beispiel für urbane Kontinuität. Der Straßenverlauf dieser Inselsiedlung geht auf die hellenische Periode zurück, und die Architektur wurde von nachfolgenden Herrschern um viele schöne öffentliche und private Gebäuden sowie Befestigungen bereichert. Die herrlichen romanischen Kirchen werden durch hervorragende Renaissance- und Barockgebäude aus der Zeit der venezianischen Herrschaft nach 1420 ergänzt. Die antike Stadt Tragourion (Insel der Ziegen) wurde im 3. Jh. v. Chr. von griechischen Kolonisten als Handelssiedlung gegründet. In der römischen Periode erlebte die Stadt eine Blütezeit. Zwischen dem 13. und 15. Jh. wurde viel gebaut, einschließlich der Kathedrale und der Festung Kamerlengo, und man baute die Befestigungsanlagen um. In der Stadt und vor allem am Befestigungswall stehen die Paläste der führenden Familien. Viele von ihnen nutzen die Fundamente der späten klassischen oder romanischen Gebäude.

Der Stadtplan des heutigen Trogir spiegelt die Lage, Größe und Form der Wohnblocks der hellenischen Siedlung wider. Die beiden antiken Hauptstraßen Cardo und Decumanus werden noch benutzt, und bei Ausgrabungen an der Stelle, an der sie sich kreuzen, wurden Pflastersteine des Forums gefunden.

Cabañas-Hospiz in Guadalajara

Mexiko

Begründung der Aufnahme: Meisterwerk menschlicher Schöpferkraft, Zeugnis kulturellen

Austauschs, Zeugnis einer Kultur, Erbe von besonderer menschheitsgeschichtlicher Bedeutung

Das Cabañas-Hospiz wurde Anfang des 19. Jahrhundert vom Bischof von Guadalajara, Juan Ruiz de Cabañas, erbaut, um Fürsorge und Schutz für die Benachteiligten – Waisen, alte Menschen, Behinderte und chronisch Invalide – zu gewährleisten. Manuel Tolsá entwarf das bemerkenswerte Bauwerk, das einige ungewöhnliche Eigenschaften hat, die speziell auf die Bedürfnisse der Bewohner zugeschnitten wurden. Der gesamte Komplex hat einen rechteckigen Grundriss: Die Gebäude, die außer der Kapelle und der Küche alle einstöckig sind, liegen an 23 Höfen. Die meisten von ihnen haben an mindestens zwei Seiten einen Säulengang. In den 1930er-Jahren wurde die Kapelle mit herrlichen Wandmalereien geschmückt, die heute als Meisterwerke mexikanischer Kunst gelten. Sie sind das Werk José Clemente Orozcos, einer der größten mexikanischen Muralismus-Künstler seiner Zeit.

Die Entwicklung des mexikanischen Muralismus war eine Demonstration nationaler Zusammengehörigkeit und Identität. In den 1930er-Jahren wurde Orozco von der Regierung beauftragt, die Wandmalereien in der Kapelle des Cabañas-Hospiz anzufertigen. Sie repräsentierten den multi-ethnischen Charakter der mexikanischen Gesellschaft.

Las Médulas mit seinen Goldminen

Spanien

Begründung der Aufnahme: Meisterwerk menschlicher Schöpferkraft, Zeugnis kulturellen Austauschs, Zeugnis einer Kultur, Erbe von besonderer menschheitsgeschichtlicher Bedeutung

Das Goldminengebiet Las Médulas ist ein hervorragendes Beispiel innovativer römischer Technologie, die auf Wasserkraft basiert. In dem Gebiet sind noch alle Elemente der antiken Kulturlandschaft erhalten. Die archäologische Zone von Las Médulas (ZAM) umfasst die Minen selbst sowie große Gebiete, in denen der Abraum der Minen deponiert wurde. Innerhalb des Areals gibt es Dämme, um die riesigen Wassermengen zu sammeln, die für den Abbauprozess benötigt wurden, sowie verschachtelte Kanäle, durch die das Wasser zu den Minen gelangte. An menschlichen Siedlungen gab es in dem Gebiet sowohl Dörfer mit einheimischen Bewohnern als auch Siedlungen der kaiserlichen Beamten und des unterstützenden Personals einschließlich Armee-Einheiten.

Anders als in anderen Goldminen des Römischen Reiches, z. B. in Wales, waren die Arbeiter in Las Médulas keine Sklaven, sondern frei. Ihre Siedlungen stehen zwar neben den römischen, die von kaiserlichen Beamten und deren Personal bewohnt wurden, doch unterscheiden sie sich deutlich von diesen.

Klöster San Millán de Yuso und de Suso

Spanien

Begründung der Aufnahme: Zeugnis kulturellen Austauschs, Erbe von besonderer menschheitsgeschichtlicher Bedeutung, Verknüpfung mit Ereignissen von universeller Bedeutung

Die Klostergemeinde, die Mitte des 6. Jh. von San Millán gegründet wurde, entwickelte sich zu einem Pilgerort. Eine herrliche romanische Kirche, die zu Ehren des heiligen Mannes erbaut wurde, steht noch immer an der Stätte Suso. Das Kloster besteht aus einer Reihe von Einsiedlerhöhlen, einer Kirche und einer Eingangshalle oder Narthex. Die ursprünglich von den Mönchen benutzten Höhlen wurden in den Südhang des Berges gehauen. Hier wurde erstmals Literatur auf Kastilisch verfasst, woraus eine der heute am weitesten verbreiteten Sprachen der Welt hervorging. Im frühen 16. Jh. wurde die Gemeinschaft in dem schönen neuen Kloster von Yuso untergebracht, das unterhalb des alten Komplexes liegt. Dort gibt es auch heute noch eine lebendige Klostergemeinschaft.

Der Codex Aemilianensis 60 wurde im 9. und 10. Jh. im Skriptorium von Suso von einem Mönch verfasst, der kastilische und baskische Randbemerkungen hinzufügte, zusammen mit einem Gebet auf Kastilisch: Dies ist das erste bekannte Beispiel für geschriebenes Spanisch.

Festung Hwasong
Republik Korea

Begründung der Aufnahme: Zeugnis kulturellen Austauschs, Zeugnis einer Kultur

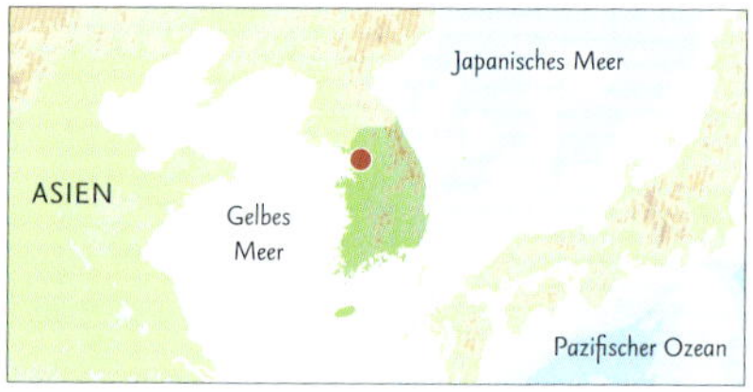

Die Festung Hwasong hatte großen Einfluss auf die Entwicklung der koreanischen Architektur und stellt einen Meilenstein in der Geschichte der Militärarchitektur dar. Als der Joseon-Kaiser Chongjo das Grab seines Vaters Ende des 18. Jh. nach Suwon verlegte, umgab er es mit starken Befestigungen. Diese ließ er nach den Vorgaben eines einflussreichen Militärarchitekten seiner Zeit anlegen, der die neuesten Entwicklungen aus Ost und West vereinte. Die Bauarbeiten wurden zwischen 1794 und 1796 vollendet. Die massiven, fast 6 km langen Mauern sind noch immer erhalten. Sie folgen der Topografie der Landschaft. Ursprünglich gab es entlang der Mauer 48 Verteidigungseinrichtungen – vier Tore, Schleusentore, Aussichtstürme, Kommandoposten, Turmanlagen zum gleichzeitigen Abschuss vieler Pfeile, Bastionen für Feuerwaffen, Ecktürme, Geheimtore, Türme für Feuer- und Rauchsignale, Bastionen und Bunker – das meiste davon ist noch intakt.

Teile der Festung wurden während der japanischen Besatzung und im Koreakrieg zerstört oder beschädigt, aber da in den Archiven die Originalbaupläne der Festung Hwasong erhalten sind, konnte sie in ihrer ursprünglichen Form wieder aufgebaut werden. Die Arbeiten dazu begannen im Jahr 1964 und dauern noch an.

Historischer Stadtkern von São Luís do Maranhão

Brasilien

Begründung der Aufnahme: Zeugnis einer Kultur, Erbe von besonderer menschheitsgeschichtlicher Bedeutung, traditionelle Siedlungsform

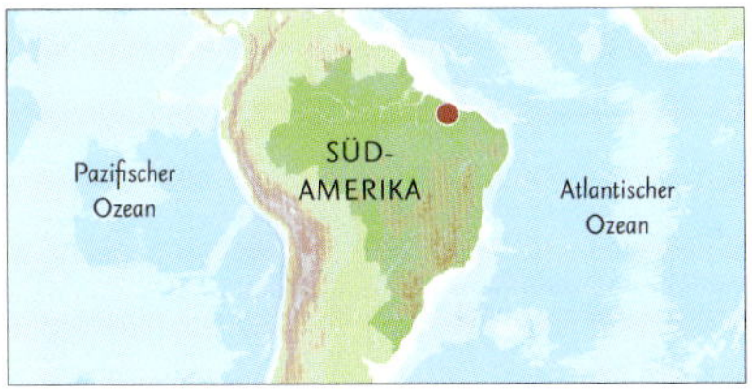

Das Herzstück dieser historischen Stadt stammt aus dem späten 17. Jh. São Luís wurde 1612 von den Franzosen gegründet, und dann von den Holländern besetzt, bis es schließlich unter portugiesische Herrschaft fiel. Die Anlage der Straßen ist noch vollständig erhalten. Aufgrund der wirtschaftlichen Stagnation im frühen 20. Jh. sind außerordentlich viele schöne historische Gebäude erhalten geblieben, weshalb die Stadt heute ein herausragendes Beispiel einer iberischen Kolonialstadt ist. Die auffallendsten Privathäuser haben Ziegeldächer und Fassaden mit portugiesischen Azulejos (bemalte Keramikfliesen) oder bemalten, verzierten Friesen. Sie besitzen hohe, schmale Fenstererker mit verzierten Einfassungen und Balkone mit geschmiedeten oder gusseisernen Geländern. Die Böden bestehen aus bearbeitetem Stein. Manche Merkmale sind auf das tropische Klima zurückzuführen, z. B. die erhöhten Pfeiler und die Veranden mit Fensterläden an der Innenseite. Das historische Zentrum umfasst etwa 4000 Gebäude.

Neben den Privathäusern, die den größten Anteil der historischen Gebäude der Stadt ausmachen, gibt es einige öffentliche Gebäude aus dem 19. und frühen 20. Jh., die vorwiegend im neoklassischen Stil gehalten sind.

Kulturlandschaft Küste von Amalfi

Italien

Begründung der Aufnahme: Zeugnis kulturellen Austauschs, Erbe von besonderer menschheitsgeschichtlicher Bedeutung, traditionelle Siedlungsform

Die Costiera Amalfitana (Küste von Amalfi) ist eine außergewöhnliche Mittelmeerlandschaft und ein Gebiet von großer natürlicher Schönheit und Vielfalt. Seit dem frühen Mittelalter wurde sie intensiv besiedelt, und einige Städte, wie Amalfi und Ravello, zeichnen sich durch bedeutende Architektur und Kunst aus. Die ländlichen Gegenden zeugen von der Anpassungsfähigkeit der Bewohner, die unterschiedliches Gelände nutzbar machten. Es enstanden terrassierte Weinberge, Obstgärten an niedrigen Hängen und hoch gelegene Viehweiden.

Die Stätte umfasst 112 km² in der Provinz Salerno. Ihr außergewöhnlicher kultureller und natürlicher Landschaftswert beruht auf der Dramatik ihrer Topografie und auf der historischen Entwicklung. Die natürliche Grenze des Gebiets ist der von den Lattari-Bergen gebildete Südhang der Halbinsel. Die Stätte besteht aus vier großen Küstenabschnitten (Amalfi, Atrani, Reginna Maior, Reginna Minor) und einigen kleineren (Positano, Praiano, Certaria, Hercle). Über und hinter ihnen liegen Bergdörfer und kleine Weiler.

Die Städte und Dörfer der Costiera Amalfitana zeichnen sich durch ihre architektonischen Monumente aus, wie dem Torre Saracena in Cetara und dem romanischen Dom von Amalfi mit seinem „Kreuzgang des Paradieses" (Chiostro del Paradiso), der stark orientalische beeinflusst ist. Weitere Beispiele sind der Dom San Salvatore de' Bireto in Atrani sowie die schöne Kathedrale und die herrliche Villa Rufolo in Ravello.

Die enorme Vielfalt an Landschaften reicht vom besiedelten Küstenstreifen über intensiv bebaute niedrigere Hänge und weites offenes Weideland bis hin zu dramatischen hohen Bergen. Darüber hinaus gibt es Mikrolandschaften, die durch klimatische und topografische Abweichungen entstanden und von großem wissenschaftlichen Interesse sind, sowie bemerkenswerte natürliche Karstformationen sowohl auf Meereshöhe als auch darüber.

Landeinwärts sind die steilen Hänge, die sich von der Küste erheben, mit Terrassen bedeckt, die aus Trockenmauern bestehen und dem Anbau von Zitrusfrüchten und anderem Obst, Oliven, Wein und Gemüse dienen. Noch weiter im Landesinneren geht die Bewirtschaftung der Hügelhänge in die traditionell in der Gegend verwurzelte Milchviehhaltung mit Schafen, Ziegen, Kühen und Büffeln über. In einigen Teilen der Amalfi-Küste ist die Natur noch völlig unversehrt, da der Mensch kaum oder gar nicht eingegriffen hat. Dort ist die ursprüngliche mediterrane Flora vorherrschend, bestehend aus Myrte, Mastixstrauch, Ginster und Wolfsmilchgewächsen. An anderen Stellen gibt es Baumbestände aus Steineichen, Erlen, Buchen und Kastanienbäumen. Andere Zonen wiederum beherbergen pantropische Farne, Fettkräuter, Zwergpalmen und endemische Fleisch fressende Arten.

Der Aufbau der Siedlungen an der Costiera Amalfitana zeugt vom orientalischen Einfluss. Die Häuser liegen an steilen Hängen dich beieinander und sind durch ein Gewirr aus Gassen und Treppen miteinander verbunden. In Amalfi liegen die Ursprünge einer charakteristischen arabisch-sizilianischen Architektur. ▶

Amalfi wurde im 6. Jh. intensiv besiedelt und entwickelte sich rasch zu einer Seehandelsmacht, die im Tyrrhenischen Meer nahezu ein Monopol hatte. Holz, Eisen, Waffen, Wein und Früchte wurden auf orientalischen Märkten gegen Gewürze, Parfüm, Perlen, Schmuck, Textilien und Teppiche getauscht, die im Westen verkauft wurden. Im 12. Jh. wurde Amalfis Macht jedoch von Pisa in den Schatten gestellt.

Altstadt von Ping Yao

China

Begründung der Aufnahme: Zeugnis kulturellen Austauschs, Zeugnis einer Kultur, Erbe von besonderer menschheitsgeschichtlicher Bedeutung

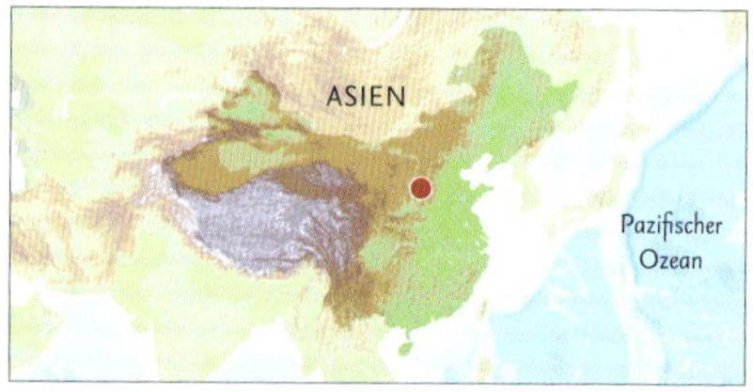

Die Altstadt von Ping Yao ist ein herausragendes Beispiel für eine Stadt der Han-Chinesen aus der Ming- und Qing-Dynastie (14. bis 20. Jh.), deren Merkmale außerordentlich gut erhalten sind. Sie bietet ein bemerkenswert vollständiges Bild der kulturellen, sozialen, wirtschaftlichen und religiösen Entwicklung während einer der fruchtbarsten Perioden der chinesischen Geschichte. Unter der Herrschaft des Ming-Kaisers Hong Wu wurde die Stadt im Jahr 1370 mit einem massiven neuen Verteidigungswall befestigt. Die innere Anordnung wurde in großem Umfang verändert und spiegelt die strengen Regeln der Stadtplanung der Han wider. Der Mauerring ist 6 km lang, was exakt der in den Vorschriften der Han festgelegten Länge für eine Stadt dieses Ranges entspricht. An der Längsseite gibt es sechs befestigte Tore und 72 massive Bastionen.

Da der Wohlstand der Stadt vom Handel und dem Bankwesen herrührte, war Ping Yao nicht nur mit öffentlichen Gebäuden, Tempeln, Werkstätten und Denkmälern, sondern auch mit hochwertigen, solide gebauten Privathäusern ausgestattet, die weitgehend erhalten sind.

Residenzen des Hauses Savoyen in Turin und Umgebung

Italien

Begründung der Aufnahme: Meisterwerk menschlicher Schöpferkraft, Zeugnis kulturellen Austauschs, Erbe von besonderer menschheitsgeschichtlicher Bedeutung, traditionelle Siedlungsform

Als Emanuel Philibert, Herzog von Savoyen, 1562 seine Hauptstadt in die kleine Stadt Turin verlegte, veranlasste er dort zahlreiche Bauprojekte, um die Macht des Herrscherhauses zu demonstrieren. Die Bautätigkeiten wurden von seinen Nachfolgern im Barockstil weitergeführt. Der Gebäudekomplex wurde von führenden zeitgenössischen Architekten und Künstlern entworfen und verziert. Im Zentrum steht der Königspalast (Palazzo Reale), doch das Esemble umfasst auch zahlreiche Land- und Jagdhäuser. Der Königspalast aus Backstein, der in seiner heutigen Form aus dem 17. Jahrhundert stammt, wurde um einen Hof herum gebaut. Er ist das Herzstück einer „Kommandozentrale", die mit vielen Gebäuden verbunden war, darunter der Palazzo Chiablese an der Piazza Reale und Bauwerke an der Piazza Castello, wie das ehemalige Staatssekretariat und der Palazzo Madama.

Guarino Guarini verlieh der Turiner Barockarchitektur mit dem Palazzo Carignano (1679–1685), einem der reizvollsten und beeindruckendsten italienischen Paläste des 17. Jh., seine persönliche Note. In der Mitte der Hauptfassade platzierte er eine ovale Rotunde, wodurch ein welliges Aussehen entsteht.

Der kürzlich restaurierte Ballsaal des Königspalastes (Palazzo Reale)
▼

Archäologische Stätten von Agrigent

Italien

Begründung der Aufnahme: Meisterwerk menschlicher Schöpferkraft, Zeugnis kulturellen Austauschs, Zeugnis einer Kultur, Erbe von besonderer menschheitsgeschichtlicher Bedeutung

Akragas, das heutige Agrigent, war eine der größten Städte der antiken mediterranen Welt und ist bemerkenswert gut erhalten. Seine lange Reihe dorischer Tempel gehört zu den herausragendsten Monumenten griechischer Kunst. Die Stadt wurde im 6. Jh. v. Chr. als griechische Kolonie gegründet und erlebte ihre Blütezeit unter dem Tyrannen Theron (488–473 v. Chr.). Die umfangreichsten Überreste stammen aus dieser Zeit. Der Tempel des olympischen Zeus, von dem nur noch das Fundament und der Hauptaltar erhalten sind, war einer der größten griechischen Tempel überhaupt. Der sogenannte Concordiatempel ist nach dem Parthenon in Athen der eindrucksvollste noch erhaltene dorische Tempel der griechischen Welt. Darüber hinaus gibt es riesige freigelegte Bereiche der hellenistischen und römischen Wohngebiete.

Im Tal der Tempel liegt der größte Teil des bebauten Gebiets der antiken Stadt und ihrer öffentlichen Monumente. Es wird von einem Bergkamm begrenzt, der parallel zum Meer verläuft und dem in der Antike die Rolle eines heiligen Bereichs zukam. Das Areal zwischen der Akropolis und den Tempeln wurde im frühen 5. Jh. v. Chr. angelegt.

Tempel der Hera (Juno) in Agrigent ▼

Ausgrabungsstätte Volubilis

Marokko

Begründung der Aufnahme: Zeugnis kulturellen Austauschs, Zeugnis einer Kultur, Erbe von besonderer menschheitsgeschichtlicher Bedeutung, Verknüpfung mit Ereignissen von universeller Bedeutung

Die im 3. Jh. v. Chr. gegründete mauretanische Hauptstadt wurde nach 40 n. Chr. zu einem wichtigen Außenposten des Römischen Reiches. Sie stellt ein außergewöhnlich gut erhaltenes Beispiel für eine Kolonialstadt am Rande des Römischen Reiches dar. In der römischen Periode wurden eine Stadtmauer mit acht gewaltigen Toren sowie einem neues imposantes Zentrum mit Kapitol, Basilika und Bädern errichtet. Der Caracalla-Triumphbogen, der den Decumanus maximus überspannt, kennzeichnet die Grenze zwischen der punisch-griechischen Stadt und der Erweiterung, die in der römischen Periode nach Nordosten hin vorgenommen wurde. Zu Beginn der Herrschaft Diokletians im Jahr 285 verließen die Römer aus unbekannten Gründen abrupt die Region, und Volubilis stürzte in ein finsteres Zeitalter. Später wurde Volubilis für kurze Zeit die Hauptstadt von Idris I., dem Gründer der Idrisiden-Dynastie, der im nahe gelegenen Moulay Idris begraben ist.

Die Gebäude von Volubilis bestehen zum größten Teil aus dem graublauen Kalkstein, der im nahe gelegenen Zerhoun-Massiv abgebaut wurde. Sie sind für ihre große Anzahl an Mosaikböden bekannt, die sich noch immer vor Ort befinden. Obwohl sie nicht das künstlerische Niveau anderer nordafrikanischer Mosaiken erreichen, wirken sie lebendig und variieren in Form und Thematik.

Der Caracalla-Triumphbogen
▼

Historischer Stadtkern von Riga

Lettland

Begründung der Aufnahme: Meisterwerk menschlicher Schöpferkraft, Zeugnis kulturellen Austauschs

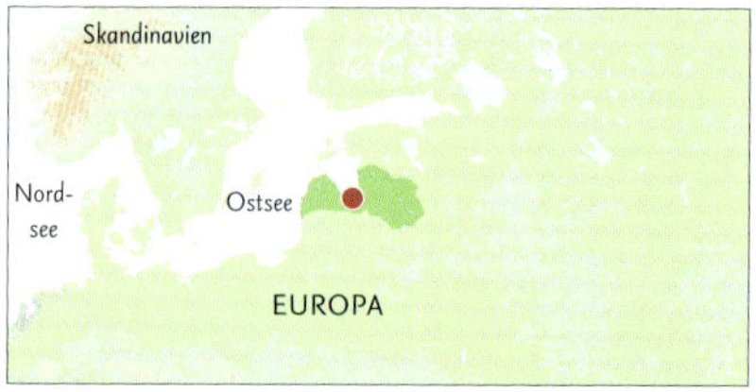

Die Stadt war ein wichtiges Zentrum der mächtigen nordeuropäischen Hanse und der baltischen Händler, und sie verdankte ihren Wohlstand zwischen dem 13. und dem 15. Jh. dem Handel mit Mittel- und Osteuropa. Die urbane Struktur des mittelalterlichen Stadtkerns spiegelt diesen Wohlstand wider, obwohl die meisten der frühesten Gebäude durch Feuer oder Kriege zerstört wurden. Riga wurde im 19. Jh. zu einem wichtigen Wirtschaftszentrum. In dieser Zeit wurden die Vororte um die mittelalterliche Stadt herum angelegt, zuerst mit beeindruckenden Holzgebäuden im neoklassischen Stil und dann im Jugendstil. Aus diesen drei Bereichen setzt sich die historische Altstadt Rigas zusammen.

Manche der mittelalterlichen Häuser sind noch immer intakt; eines der interessantesten von ihnen ist das „Haus der drei Brüder", ein tadellos restauriertes Ensemble aus dem 15. Jh. Das Reutem-Haus und das Dammnstem-Haus aus dem späten 17. Jh. sind weitere Baudenkmäler, die für ihre Innendekorationen, ihren Innenausbau und ihre beeindruckenden Fassaden bekannt sind. An den Boulevards stehen viele wichtige öffentliche Gebäude aus dem 19. und frühen 20. Jh., darunter das Nationaltheater und das Museum für lettische Kunst. Der Bau der Boulevards fiel mit dem Aufkommen des Eklektizismus in Europa zusammen, sodass diese Bewegung reichlich repräsentiert ist. Der Eklektizismus ermöglichte den Architekten viele Höhenflüge, wie das Katzenhaus in der Meistaru-Straße sehr schön zeigt. Die Vororte, die sich zu dieser Zeit schnell entwickelten, sind sowohl für ihre Holzgebäude im klassischen russischen Stil als auch für die außerordentliche Qualität ihrer neuen Gebäude bekannt.

Es war jedoch der Jugendstil, der Ende des 19. Jh. über Finnland nach Riga kam, der die Vorortgebiete maßgeblich prägte. Es gibt zahllose Beispiele dieses Stils, aber am herausragendsten sind vielleicht die Werke Michail Eisensteins in der Alberta- und der Elizabeth-Straße. Die Nationalromantik entwickelte sich in Lettland – ebenfalls nach finnischem Vorbild – zum Jugendstil weiter. Einige faszinierende Beispiele dafür finden sich in der Alberta- und der Brivibas-Straße.

Riga war ab 1221 unabhängig und bildete 1282 eine Allianz mit Lübeck und Visby, um Mitglied der Hanse zu werden. Im 15. Jh. war Riga dann eine typische Hansestadt mit gewundenen Straßen und eng stehenden Häusern, einem riesigen zentralen Markt und starken Befestigungen.

Im 16. Jahrhundert wurde die Stadt in Kämpfe zwischen Russland, Polen und Schweden verwickelt. 1710 fiel es schließlich an die russische Armee und blieb bis zur Entstehung der ersten Republik Lettland 1918 Teil des russischen Zarenreichs.

Schwarzhäupterhaus, Riga ►

Römische Villa von Casale (Sizilien) mit ihren Mosaiken

Italien

Begründung der Aufnahme: Meisterwerk menschlicher Schöpferkraft, Zeugnis kulturellen Austauschs, Zeugnis einer Kultur

Die Villa del Casale an der Piazza Armerina ist das beste Beispiel für eine römische Luxusvilla. Der 4000 m^2 große, freigelegte Bereich umfasst nur einen Teil der gesamten Anlage. Er kann in vier Zonen oder Raumgruppen unterteilt werden, die alle mit Bodenmosaiken von hervorragender Qualität ausgestattet sind. Die Erste ist der monumentale Eingang, der sich zu einem Hof öffnet, an dem der aufwendige Bäderkomplex angelegt ist. Danach kommt das beeindruckende Hauptperistyl, in dessen Mitte ein monumentaler Brunnen steht. Im Süden befindet sich die dritte Gruppe, die am elliptischen Peristyl liegt. Die vierte Gruppe befindet sich östlich des Hauptperistyls und ist durch den „Gang der großen Jagd" daran angeschlossen.

Die Mosaiken sind die Prachtstücke der Villa del Casale. Zu den berühmtesten gehören die, auf denen die Jagd auf wilde Tiere in Afrika dargestellt ist, sowie die Darstellung einer Gruppe von Sportlerinnen, die Kleidung tragen, die den modernen Bikinis bemerkenswert ähnlich sieht.

Nuraghen (bronzezeitliche Turmbauten) von Barumini (Sardinien)

Italien

Begründung der Aufnahme: Meisterwerk menschlicher Schöpferkraft, Zeugnis einer Kultur, Erbe von besonderer menschheitsgeschichtlicher Bedeutung

Im späten 2. Jt. v. Chr., in der Bronzezeit, entwickelte sich auf Sardinien eine spezielle Art von Verteidigungsstruktur, die man Nuraghen nennt und die es sonst nirgends auf der Welt gibt. Der Komplex besteht aus runden Verteidigungstürmen in Form von Kegelstümpfen, die aus bearbeiteten Steinen erbaut wurden und deren innere Kammern mit Kragbögen ausgestattet sind. Die Anlage in Barumini, die in der ersten Hälfte des 1. Jt. wegen der Bedrohung durch die Karthager erweitert und verstärkt wurde, ist das herrlichste und vollständigste Beispiel dieser bemerkenswerten Form prähistorischer Architektur.

Irgendwann im 7. Jh. v. Chr. wurde der Komplex von den Karthagern geplündert und die Verteidigungsanlagen verwahrlosten. Er blieb jedoch weiterhin besiedelt, wobei die Häuser in einem anderen Stil wieder aufgebaut wurden. Nach der römischen Eroberung der Insel im 2. Jh. v. Chr. waren die Nuraghen nicht mehr in Gebrauch. Ausgrabungen haben jedoch gezeigt, dass bis ins 3. Jh. v. Chr. Menschen dort lebten.

Man nimmt an, dass die zentralen Verteidigungsstrukturen von Familien oder Clans gebaut wurden. Als sich die sardische Gesellschaft entwickelte, neigte man eher zu isolierten Türmen, um zusätzliche Bauten anzuziehen. Deshalb finden sich um diese Stützpunkte herum Dörfer mit kleinen, runden Häusern.

Deutschordensschloss Malbork (Marienburg)
Polen

Begründung der Aufnahme: Zeugnis kulturellen Austauschs, Zeugnis einer Kultur, Erbe von besonderer menschheitsgeschichtlicher Bedeutung

Das enorme Backsteinschloss von Malbork, mit dessen Bau der Deutsche Orden nach 1270 begann, beeinflusste die gotischen Gebäude in einem großen Gebiet Nordosteuropas. Nach 1309 erhöhte sich die Bedeutung von Malbork noch erheblich, als der Sitz des Hochmeisters des Ordens von Venedig hierher verlegt wurde. Die ursprüngliche Vorburg wurde zu seiner Residenz und zum Hauptquartier der Verwaltung, und der beeindruckende Palast des Hochmeisters wurde in der südwestlichen Ecke gebaut. Das große Refektorium wurde im Norden des Palastes errichtet. Die Nordseite des Mittelschlosses wurde von einem Flügel abgeschlossen, der das Hospital und die Wohnung des Komturs beherbergte. Die Kapelle im Hochschloss wurde vergrößert. Der gesamte Komplex ist von einem komplizierten Verteidigungssystem umgeben, zu dem massive Mauern und Bastionen, Burggräben mit und ohne Wasser, Erdwälle und Teiche gehören.

Ende des 18. Jh. verfiel das Schloss, im 19. und 20. Jh wurde es jedoch akribisch restauriert. Viele der Restaurationstechniken, die heute als Standard gelten, wurden dort entwickelt. Nachdem es im Zweiten Weltkrieg schwer beschädigt worden war, wurde es erneut restauriert, wobei die detaillierte Dokumentation früherer Restaurateure verwendet wurde.

Burg San Pedro de la Roca in Santiago de Cuba

Kuba

Begründung der Aufnahme: Erbe von besonderer menschheitsgeschichtlicher Bedeutung, traditionelle Siedlungsform

Die Burg San Pedro de la Roca und die dazugehörigen Festungsanlagen stellen das größte und umfassendste Beispiel der militärtechnischen Prinzipien der Renaissance dar. Die Anlage war auf die Bedürfnisse der europäischen Kolonialmächte in der Karibik zugeschnitten. Wirtschaftliche und politische Rivalitäten in der Karibikregion führten im 17. Jh. dazu, dass diese enorme Reihe an Befestigungen auf einer felsigen Landspitze errichtet wurde, um den wichtigen Hafen von Santiago zu schützen. Die komplizierte Anlage aus Forts, Lagern, Bastionen und Batterien wurde seit dem späten 19. Jh., als sie nicht mehr gebraucht wurde, bis in die 1960er-Jahre, als die Restaurationsarbeiten begannen, kaum verändert. Es handelt sich dabei um eine von drei Festungen, welche die berühmten Militärarchitekten Bautista und Juan Bautista Antonelli, Vater und Sohn, entwarfen.

Die Burg steht auf einer Landspitze mit steilen, über 20 m hohen Klippen. Das Terrain ist so beschaffen, dass die verschiedenen Elemente als eine Folge übereinander liegender Terrassen gebaut werden konnten, die durch Treppen verbunden sind.

Welterbestätte seit

1978 • 1979 • 1980 • 1981 • 1982 • 1983 • 1984 • 1985 • 1986 • 1987 • 1988 • 1989 • 1990 • 1991 • 1992 • 1993 • 1994 • 1995 • 1996 • 1997 • **1998**

Denkmalbereich von Tlacotalpan

Mexiko

Begründung der Aufnahme: Zeugnis kulturellen Austauschs, Erbe von besonderer menschheitsgeschichtlicher Bedeutung

Tlacotalpan, ein spanischer Flusshafen an der Küste des Golfs von Mexiko, wurde Mitte des 16. Jh. gegründet. Das ursprüngliche Stadtbild ist bemerkenswert gut erhalten und zeichnet sich aus durch breite Straßen, Häuser mit Säulen und einer Fülle von Stilen und Farben sowie vielen alten Bäumen auf öffentlichen Plätzen und in Privatgärten. Obwohl Tlacotalpan im 16. Jh. gegründet wurde, erlebte die Stadt erst 1821 eine wirtschaftliche Entwicklung, als es zum Hafen für die Produkte aus Oaxaca und Puebla wurde, die nach Veracruz und weiter nach New Orleans, Havanna und Bordeaux verschifft wurden. 1855 war die Flotte der Stadt auf 18 Dampfer und ein großes Segelschiff angewachsen, die Nutzholz, Tabak, Baumwolle, Getreide, Zucker, Brandy, Leder, Pökelfleisch, Krokodile, Reiherfedern, Möbel und Seife transportierten.

Die Architektur und der schachbrettartige Stadtplan von Tlacotalpan sind das Ergebnis einer einzigartigen Verschmelzung spanischer und karibischer Tradition, die von hoher Qualität und außerordentlicher Bedeutung ist.

Klassisches Weimar
Deutschland

Begründung der Aufnahme: Zeugnis einer Kultur, Verknüpfung mit Ereignissen von universeller Bedeutung

Im späten 18. und frühen 19. Jh. erlebte die kleine thüringische Stadt Weimar eine bemerkenswerte kulturelle Blüte. Aufgeklärtes herzogliches Mäzenatentum zog viele der führenden Schriftsteller und Künstler in die Stadt, unter anderem Johann Sebastian Bach, Johann Wolfgang Goethe, Friedrich Schiller und Franz Liszt. So wurde Weimar zu einem kulturellen Zentrum des damaligen Europas. Diese Entwicklung spiegelt sich in der hohen Qualität vieler Gebäude und Parks der Gegend wider. Die Weltkulturerbeliste umfasst zwölf einzelne Gebäude oder Ensembles, unter anderem Goethes Haus, Schillers Haus, Schloss Belvedere (s. Abb. unten) und das Wittumspalais, das Zentrum des intellektuellen Lebens in der Hochzeit des klassischen Weimar. Zur Stätte gehören außerdem die Fürstengruft und der 1823 angelegte Historische Friedhof, auf dem Schiller und Goethe begraben sind.

Goethes Haus, ein 1707–1709 erbautes barockes Stadthaus, wurde, während es bewohnt war, einigen Veränderungen unterzogen. Die ursprüngliche Innenausstattung ist in einigen Räumen noch erhalten. Schillers Haus ist ein einfaches, 1777 errichtetes spätbarockes Haus, zu dem ein Nebengebäude aus dem 16. Jh. gehört (die „Münze"). Die meisten Zimmer sind noch so möbliert wie zu Lebzeiten des

Archäologische Stätte von Troja

Türkei

Begründung der Aufnahme: Zeugnis kulturellen Austauschs, Zeugnis einer Kultur, Verknüpfung mit Ereignissen von universeller Bedeutung

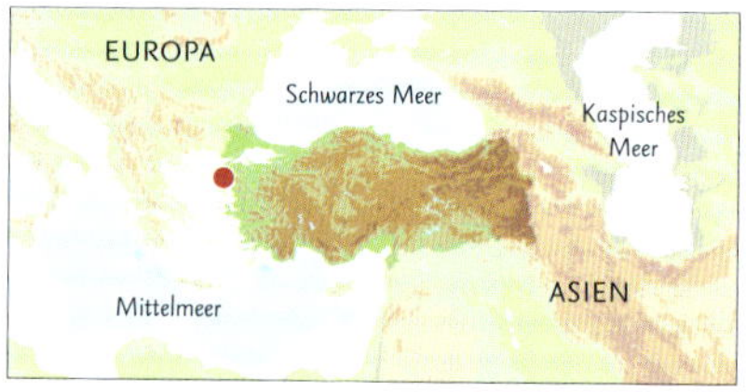

Troja ist mit seiner 4000 Jahre alten Geschichte eine der berühmtesten archäologischen Stätten der Welt. Die ersten Ausgrabungen an diesem Ort unternahm Heinrich Schliemann, der zwischen 1868 und 1890 sieben wichtige Kampagnen leitete. Die umfangreichen Überreste, die er entdeckte, sind äußerst bedeutend, weil sie die ersten Kontakte zwischen der Kultur Anatoliens und der des Mittelmeerraums veranschaulichen. Die Belagerung Trojas durch die aus Griechenland stammenden Spartaner und Achaier im 13. oder 12. Jh. v. Chr., die Homer in seiner Ilias verewigte, inspirierte darüber hinaus Künstler auf der ganzen Welt zu großartigen kreativen Werken. Besonders Troja II. und Troja VI. sind charakteristische Beispiele für die antike Stadt mit ihrer majestätischen befestigten Zitadelle, zu der Paläste und Verwaltungsgebäude gehören und die von einer weitläufigen tiefer gelegenen, ebenfalls befestigten Stadt umgeben ist.

Die griechischen und römischen Stätten innnerhalb Trojas werden vor allem durch den Komplex der Heiligtümer repräsentiert. Die beiden wichtigsten öffentlichen Gebäude an der Agora spiegeln die römische Stadtordnung wider. Das **unten abgebildete Odeon** hat die traditionelle Hufeisenform und Sitzreihen aus Kalksteinblöcken.

Semmeringbahn mit umgebender Landschaft

Österreich

Begründung der Aufnahme: Zeugnis kulturellen Austauschs, Erbe von besonderer menschheitsgeschichtlicher Bedeutung

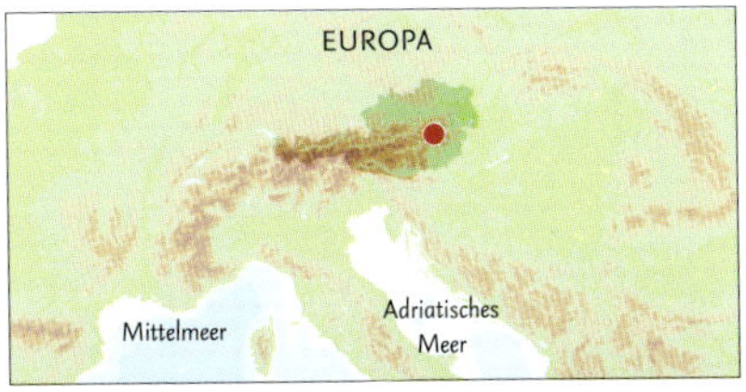

Die Semmeringbahn, die zwischen 1848 und 1854 auf einer Strecke von 41 km durch eine Hochgebirgsregion gebaut wurde, ist eine der größten Errungenschaften des Ingenieurwesens in dieser Pionierphase des Eisenbahnbaus. Der hohe Standard der Tunnels, Viadukte und anderer Bauwerke gewährleistete die kontinuierliche Nutzung dieser Linie bis zum heutigen Tag. Sie führt durch eine spektakuläre Berglandschaft. An der Strecke stehen viele schöne Gebäude, die für Freizeitaktivitäten entworfen wurden. Sie wurden gebaut, als das Gebiet durch das Aufkommen der Bahn erschlossen wurde.

Der Semmeringpass selbst ist für die „Sommerarchitektur" der dortigen Villen und Hotels bekannt, die für die Wiener Gesellschaft zwischen Gloggnitz und der kleinen Marktgemeinde Schottwien in malerischer Umgebung gebaut wurden. In den Jahrzehnten nach der Eröffnung der Bahnstrecke wurde die Gegend zu einem der ersten künstlich angelegten Alpinressorts.

◄ Kalte-Rinne-Viadukt

Historisches Dorf Holašovice

Tschechische Republik

Begründung der Aufnahme: Zeugnis kulturellen Austauschs, Erbe von besonderer menschheitsgeschichtlicher Bedeutung

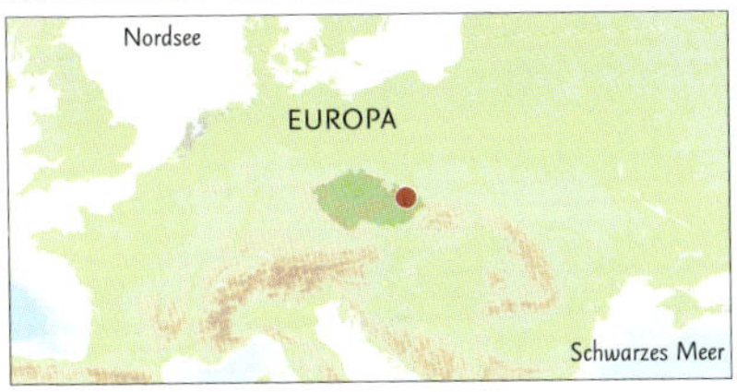

Das im Herzen Südböhmens gelegene Holašovice ist ein außerordentlich vollständiges und gut erhaltenes Beispiel für ein traditionelles mitteleuropäisches Dorf. Dort gibt es zahlreiche hervorragende traditionelle Bauwerke aus dem 18. und 19. Jh., die in einem bäuerlichen Stil gehalten sind, der südböhmischer Barock genannt wird. Der Geländeplan stammt noch aus dem Mittelalter. Das Dorf besteht derzeit aus 120 Gebäuden, die um einen länglichen Dorfplatz herum angelegt sind, an dem auch eine kleine Kapelle mit Kreuz steht, sowie einigen neueren Gebäuden, die außerhalb liegen. Die historische Denkmalzone erstreckt sich auf das ursprüngliche Dorf, wie es im Jahr 1827 erfasst worden war. Es umfasst 23 geschützte Gehöfte mit den dazugehörigen Hofgebäuden und Gärten. Die Gehöfte grenzen alle mit der Stirnseite an den Platz.

Neben den Gehöften gibt es auch noch mehrere Landarbeiterhäuser, die sehr viel kleiner und einfacher gestaltet sind. Die Dorfschmiede und das Haus des Schmieds stehen in der Mitte des Dorfplatzes. Als weitere architektonische Besonderheit steht dort auch noch die kleine Kapelle des Hl. Johannes Nepomuk.

Kaiserlicher Garten (sog. Sommerpalast) bei Peking

China

Begründung der Aufnahme: Meisterwerk menschlicher Schöpferkraft, Zeugnis kulturellen Austauschs, Zeugnis einer Kultur

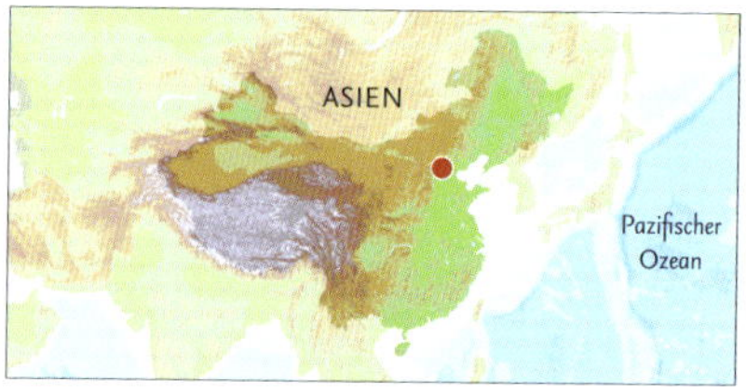

Der kaiserliche Garten, der sog. Sommerpalast bei Peking, wurde erstmals 1750 angelegt. 1860 wurde er im 2. Opiumkrieg weitgehend zerstört und 1886 wiederhergestellt. Es handelt sich dabei um ein Meisterwerk chinesischer Gartenkunst. Die natürliche Landschaft aus Hügeln und offenen Gewässern wurde mit künstlichen Elementen wie Pavillons, Hallen, Palästen, Tempeln und Brücken zu einem harmonischen Ensemble von herausragendem ästhetischem Wert kombiniert. Die Stätte bedeckt ein Gebiet von fast 3 km², drei Viertel davon sind mit Wasser bedeckt. Den Rahmen bilden der Hügel des langen Lebens und der Kunming-See, die durch künstlich geschaffene Merkmale ergänzt werden. Die Anlage hat eindrucksvolle Ausmaße und ist damit der Rolle eines kaiserlichen Gartens angemessen. Sie ist in drei Bereiche aufgeteilt, von denen jeder einer bestimmten Funktion gewidmet ist: politische und administrative Aktivitäten, Wohnsitz sowie Erholung und Besichtigung. 1924 wurde er zu einem öffentlichen Park.

In den politischen Bereich gelangt man durch das monumentale Östliche Palasttor. Das zentrale Element ist die Halle des Wohlwollens und des langen Lebens, ein beeindruckendes Bauwerk mit eigenem Garten im Hof. Dieser Abschnitt grenzt direkt an den Wohnbereich, der aus drei Gebäudekomplexen besteht.

Die Siebzehn-Bogen-Brücke ▼

Marinehafen von Karlskrona
Schweden

Begründung der Aufnahme: Zeugnis kulturellen Austauschs, Erbe von besonderer menschheitsgeschichtlicher Bedeutung

Karlskrona ist ein außergewöhnliches Beispiel für eine geplante europäische Marinestadt aus dem späten 17. Jh.. Sie wurde 1680 gegründet, als Schweden eine bedeutende Macht war, zu deren Territorium das heutige Finnland, Estland, Lettland und Teile Norddeutschlands gehörten. Der Stadtplan von Karlskrona vereint strategische Anforderungen mit dem klassischen Ideal. Die barocke Anlage mit den breiten Hauptstraßen, die strahlenförmig von einem zentralen Platz wegführen und an denen majestätische öffentliche Gebäude stehen, ist auch heute noch klar zu erkennen. Das Zentrum der Stadt stellt der Große Platz (Stortorget) dar. Er befindet sich am höchsten Punkt der Insel Trossö, wo auch die beiden wichtigsten Kirchen der Stadt stehen, die beide auf die erste Hälfte des 18. Jh. zurückgehen, sowie das aus der gleichen Periode stammende Rathaus (Rådhuset) und später gebaute öffentliche Gebäude, wie die Konzerthalle, die städtische Bibliothek und die Post.

Der Marinehafen im Süden der Stadt war ursprünglich durch eine beeindruckende Umfassungsmauer von ihr getrennt. Heute sind nur noch kleine Abschnitte der Mauer erhalten. Südlich des Paradeplatzes befindet sich die alte Werft (Gamle Varvet). Sie besteht aus einer Reihe herrlicher Gebäude, die überwiegend aus dem späten 18. Jh. stammen.

Die vier Schiffshebewerke des Canal du Centre

Belgien

Begründung der Aufnahme: Zeugnis einer Kultur, Erbe von besonderer menschheitsgeschichtlicher Bedeutung

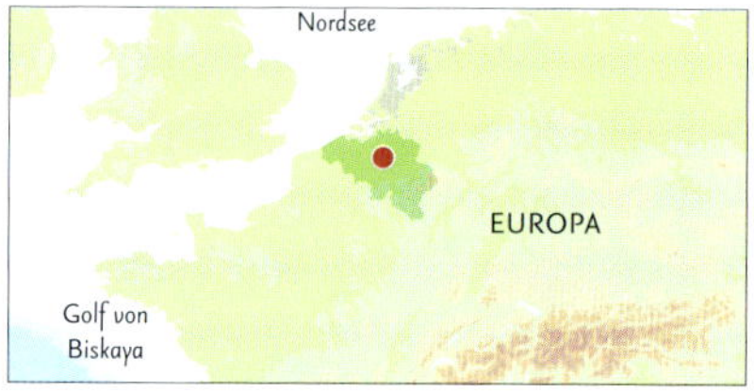

Die vier hydraulischen Schiffshebewerke auf diesem schmalen Landstrich am Canal du Centre stellen den Höhepunkt der Anwendung von Ingenieurstechnik beim Kanalbau dar. Von den acht hydraulischen Schiffshebewerken, die um das Ende des 19. Jh. gebaut wurden, sind diese vier weltweit die Einzigen, die noch im ursprünglichen Betriebszustand erhalten sind. Zusammen mit dem Kanal selbst und den dazugehörigen Bauten stellen sie eine bemerkenswert gut erhaltene und vollständige Industrielandschaft aus dem späten 19. Jh. dar. Schiffshebewerk Nr. 1 am Houdeng-Goegnies wurde 1888 fertiggestellt. Die anderen wurden 13 Jahre später gebaut und weichen teilweise vom ursprünglichen Entwurf ab. Das Arbeitsprinzip blieb jedoch gleich.

Die ausgeklügelten Schiffshebewerke bestehen im Wesentlichen aus zwei mobilen Trögen, die jeweils von einer einzelnen hydraulischen Presse betrieben werden. Wenn ein Trog ganz oben ist, befindet sich der andere auf der unteren Stufe. Wenn sich einer senkt, steigt der andere.

Archäologische Stätte Choirokoitia

Zypern

Begründung der Aufnahme: Zeugnis kulturellen Austauschs, Zeugnis einer Kultur, Erbe von besonderer menschheitsgeschichtlicher Bedeutung

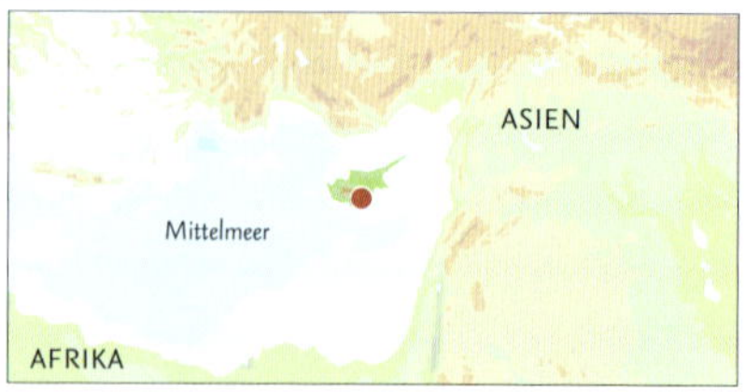

Choirokoitia, eine Siedlung aus dem Neolithikum, war vom 7. bis zum 4. Jt. v. Chr. bewohnt und gehört zu den wichtigsten prähistorischen Stätten im östlichen Mittelmeerraum. Die früheste Siedlung bestand aus runden Stein- und Lehmziegelhäusern mit Flachdach und befand sich auf der Ostseite des Hügels. Sie wurde an drei Seiten von natürlichen Hängen geschützt, und von Westen her versperrte eine massive Mauer den Zugang. Eine zweite Verteidigungsmauer wurde errichtet, um eine spätere Erweiterung des Dorfes zu schützen. Die ersten Ausgrabungsfunde an der Stätte haben sehr viele Erkenntnisse bezüglich der Entwicklung der menschlichen Gesellschaft in dieser Schlüsselregion gebracht, und da bisher nur ein Teil der Stätte ausgegraben wurde, bildet sie ein hervorragendes archäologisches Reservat für künftige Forschungen.

Zu den bemerkenswertesten Funden gehören die anthropomorphen Steinfiguren und eine Tonfigur, die darauf hinweisen, dass in dieser frühen Periode bereits komplexe spirituelle Vorstellungen existierten.

Der Große Platz (Grote Markt / La Grand-Place) in Brüssel

Belgien

Begründung der Aufnahme: Zeugnis kulturellen Austauschs, Erbe von besonderer menschheitsgeschichtlicher Bedeutung

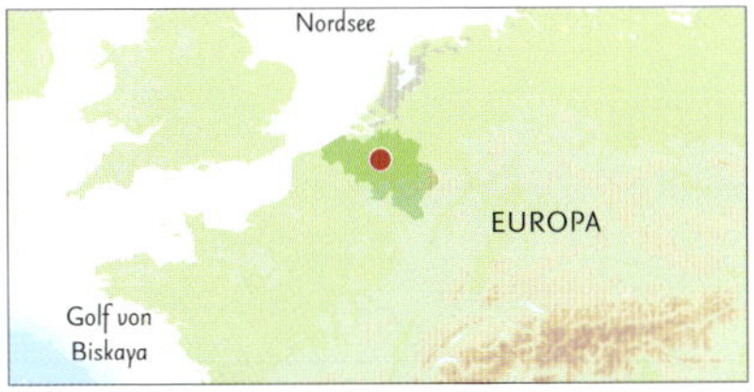

Der Große Platz in Brüssel ist ein bemerkenswert homogenes Ensemble aus öffentlichen und privaten Gebäuden, die überwiegend aus dem späten 17. Jh. stammen. Die Architektur dieses wichtigen politischen und wirtschaftlichen Zentrums illustriert lebhaft das Niveau des sozialen und kulturellen Lebens dieser Periode. Der Nedermarckt, wie der Platz ursprünglich hieß, wurde 1174 erstmals schriftlich erwähnt; der heutige Name ist seit dem letzten Viertel des 18. Jh. in Gebrauch. Der rechteckige Grundriss des heutigen Platzes hat sich über die Jahrhunderte als Ergebnis nacheinander ausgeführter Erweiterungen und anderer Veränderungen herausgebildet. Erst 1695 erhielt er seine endgültige Form, als nach französischem Beschuss sein Originalgrundriss und sein ursprüngliches Erscheinungsbild wieder hergestellt wurden. Doch es waren schon immer sieben Straßen, die auf diesen Platz mündeten.

Das Hôtel de Ville (Rathaus), das den größten Teil der Südseite der Großen Platzes einnimmt, besteht aus einer Gebäudegruppe, die um einen rechteckigen Innenhof angelegt ist. Der an den Platz grenzende Teil stammt aus dem 15. Jh. und besteht aus zwei L-förmigen Gebäuden. Die gesamte Fassade ist mit Statuen aus dem 19. Jh. dekoriert.
▼

Subantarktische Inseln: Snares, Bounty-Inseln, Antipodeninseln, Auckland-Inseln und Campbell

Neuseeland

Begründung der Aufnahme: Schauplatz spezieller ökologischer und biologischer Prozesse, bedeutender natürlicher Lebensraum – Biodiversität

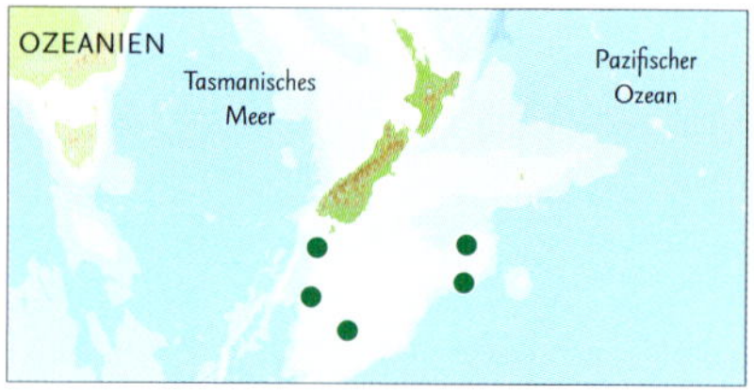

Die subantarktischen Inseln Neuseelands bestehen aus den fünf Inselgruppen Snares, Bounty-Inseln, Antipodeninseln, Auckland-Inseln und Campbell-Insel, die südöstlich von Neuseeland liegen. Mit Ausnahme der Bounty-Inseln bilden die übrigen Inseln zusammen mit der benachbarten Macquarie-Insel ein Zentrum der Pflanzenvielfalt: Sie haben die reichhaltigste Flora aller subantarktischen Inseln. Sie sind besonders berühmt für die zahlreichen und vielfältigen pelagischen Seevögel und Pinguine, die hier nisten. Insgesamt sind es 126 Vogelarten, darunter 40 Seevögel, von denen 5 Arten nirgends sonst auf der Welt brüten. Auf den Inseln sind große Population von 10 der weltweit 24 Albatrosarten heimisch. Für den Südkaper stellen sie einen Lebensraum von entscheidender Bedeutung dar, und 95 Prozent der Weltpopulation des Neuseeländischen Seelöwen pflanzt sich hier fort.

Die Inseln liegen auf dem flachen Kontinentalschelf, und bei drei der Gruppen handelt es sich um erodierte Überreste von Vulkanen aus dem Pliozän. Die Flüsse sind kurz und steil abfallend. Quartäre Gletscher haben auf einigen Inseln Kare, Moränen und Fjorde hinterlassen. Das Klima ist von kühlen, gleichmäßigen Temperaturen, starken Westwinden, wenigen Sonnenstunden und hoher Luftfeuchtigkeit geprägt.

Vorkolumbische Festung Samaipata

Bolivien

Begründung der Aufnahme: Zeugnis kulturellen Austauschs, Zeugnis einer Kultur

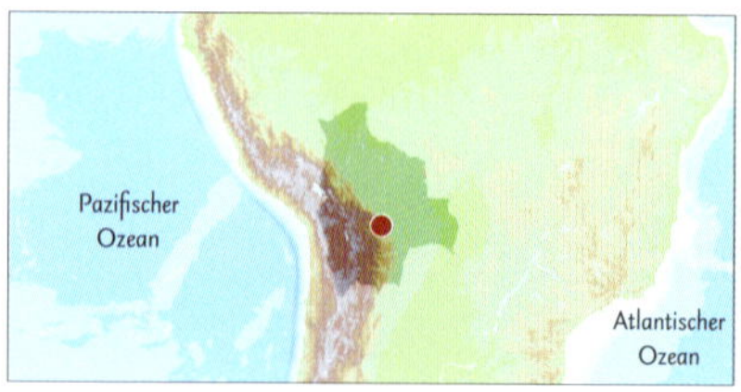

Die archäologische Stätte von Samaipata besteht aus zwei Teilen: dem Hügel mit seinen vielen Felszeichnungen, mutmaßlich das Zeremonialzentrum der alten Stadt im 14. bis 16. Jh., und die Gegend südlich des Hügels, die das Verwaltungs- und Wohngebiet bildete. Der Hügel ist auf natürliche Weise unterteilt in einen höheren Bereich, der El Mirador genannt wird, und einen tieferen Bereich, in dem sich die Felszeichnungen befinden. Der riesige behauene Felsen, der die Stadt darunter dominiert, ist ein einzigartiges Zeugnis vorkolumbischer Traditionen und sucht auf dem amerikanischen Kontinent seinesgleichen. Die Stätte ist dafür bekannt, dass sie bereits im Jahr 300 von Menschen besiedelt wurde, die der Mojocoyas-Kultur angehörten, und zu dieser Zeit begann man auch mit der Bearbeitung des Felsens.

Die Stätte wurde im 14. Jh. von den Inkas besiedelt, die sie zu einer Provinzhauptstadt machten. Dies bestätigen die Merkmale, die bei Ausgrabungen entdeckt wurden: Ein großer zentraler Platz mit monumentalen öffentlichen Gebäuden und die Terrassierung der benachbarten Hügelhänge für landwirtschaftliche Zwecke sind für diese Art von Inka-Siedlung charakteristisch.

Goldene Berge des Altai in Südsibirien

Russische Föderation

Begründung der Aufnahme: bedeutender natürlicher Lebensraum – Biodiversität

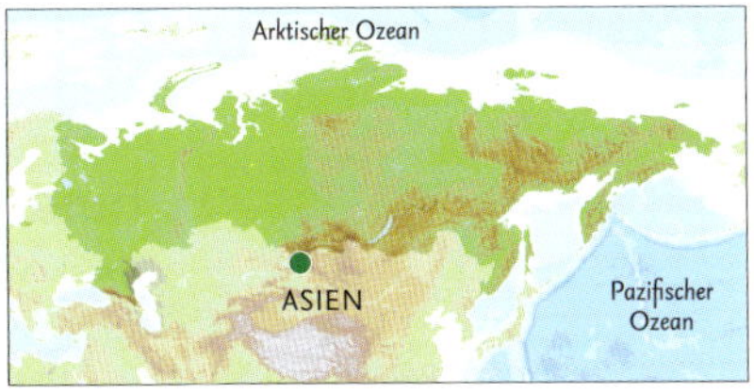

Das Altai-Gebirge im Süden Sibiriens bildet die wichtigste Bergkette in der biogeografischen Region Westsibiriens und das Quellgebiet ihrer größten Flüsse Ob und Irtysch. Drei getrennte Gebiete sind als Welterbe eingetragen: der Altaisky Zapovednik und eine Pufferzone um den Telezker See, der Katunsky Zapovednik und eine Pufferzone um den Berg Belukha und die Ruhezone Ukok auf dem Ukok-Plateau. Das gesamte Gebiet ist 16 115 km² groß. Die Region umfasst die vollständigste Abfolge vertikaler Vegetationszonen in Zentralsibirien – von Steppe, Waldsteppe, Mischwald und subalpiner Vegetation bis hin zu alpiner Vegetation. Darüber hinaus ist die Stätte ein wichtiger Lebensraum für gefährdete Tierarten, wie den Schneeleoparden.

Die wenigen menschlichen Bewohner dieses Gebietes leben schon seit Jahrtausenden im Einklang mit der Natur und haben eine starke Affinität zu ihrer natürlichen Umwelt. Tatsächlich geht die bedeutende Biodiversität der Region vermutlich auf jahrtausendelange Beweidung ebenso wie auf natürliche Faktoren zurück.

Pilgerwege nach Santiago de Compostela

Frankreich

Begründung der Aufnahme: Zeugnis kulturellen Austauschs, Erbe von besonderer menschheitsgeschichtlicher Bedeutung, Verknüpfung mit Ereignissen von universeller Bedeutung

Santiago de Compostela war das höchste Ziel für unzählige fromme Pilger, die im Mittelalter von überall in Europa dort zusammenkamen. Um nach Spanien zu gelangen, mussten die Pilger Frankreich durchqueren, und die Gruppe wichtiger historischer Monumente, die zu dieser Stätte gehören, kennzeichnen die vier Routen, die sie genommen haben.

Einige Brücken entlang der Routen werden auch „Pilgerbrücken" genannt, und auf der Brücke über den Boralde bei Saint-Chély-d'Aubrac befindet sich sogar eine Pilgerfigur. Von besonderer Bedeutung ist die Pont du Diable über den Hérault bei Aniane, eine der ältesten mittelalterlichen Brücken in Frankreich.

◄ Die befestigte „Pilgerbrücke" aus dem 14. Jh. bei Cahors

Nationalpark Cilento und Vallo di Diano mit Paestum, Velia und der Kartause von Padula

Italien

Begründung der Aufnahme: Zeugnis einer Kultur, Erbe von besonderer menschheitsgeschichtlicher Bedeutung

Der Cilento ist eine außergewöhnliche Kulturlandschaft. Die Gruppe der Schutzgebiete und Siedlungen an den drei von Ost nach West verlaufenden Bergkämmen repräsentiert anschaulich die historische Entwicklung des Gebietes: Es war eine wichtige Route, die nicht nur für den Handel genutzt wurde, sondern auch für kulturelle und politische Interaktionen in prähistorischer Zeit und im Mittelalter. Der Cilento stellte darüber hinaus die Grenze zwischen den griechischen Kolonien der Magna Graecia und den Gebieten der einheimischen Etrusker und der Völker Lukaniens dar. Die Überreste zweier wichtiger Städte aus der klassischen Zeit, Paestum und Velia, befinden sich hier. Von den Klostereinrichtungen ist die beeindruckendste die Kartause von Padula im Diano-Tal. Mit ihrem Bau wurde 1306 begonnen, aber in ihrer heutigen Form ist sie überwiegend barock, erbaut im 17. und 18. Jh.

In Paestum, der griechischen Stadt Poseidonia, wurden eine Reihe außergewöhnlicher öffentlicher Gebäude entdeckt. Die bemerkenswertesten davon sind die drei großen Tempel, die Hera, Ceres und Poseidon geweiht waren. Von Velia (griech. Elea) ist weniger erhalten, auch wenn die bemerkenswerte Porta Rosa das älteste und am vollständigsten erhaltene Exemplar eines griechischen Stadttors mit Bogen ist.

Korallenatoll East Rennell

Salomonen

Begründung der Aufnahme: Schauplatz spezieller ökologischer und biologischer Prozesse

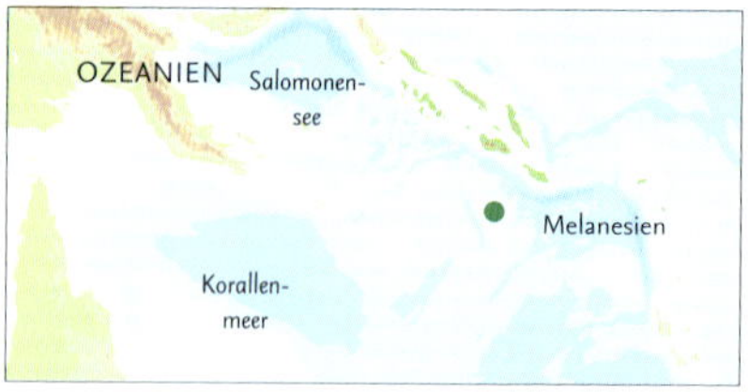

East Rennell macht das südliche Drittel der Rennell-Insel aus, der südlichsten Insel der Inselgruppe der Salomonen im Westpazifik. Rennell, das größte gehobene Korallenatoll der Welt, ist 86 km lang und 15 km breit. Die Stätte umfasst etwa 370 km² und ein Seegebiet, das 5,6 km in das Meer hineinreicht. Ein wichtiges Merkmal der Insel ist der Te-Nggano-See, der früher die Lagune des Atolls war. Der See ist der größte auf den Pazifikinseln (155 km²); er enthält Brackwasser, zahlreiche schroffe Kalksteininseln und endemische Arten. Rennell ist überwiegend dicht bewaldet, und die Baumhöhe beträgt durchschnittlich 20 m. Zusammen mit den starken klimatischen Einflüssen der häufigen Wirbelstürme ergibt die Stätte ein regelrechtes natürliches Labor für wissenschaftliche Studien. Die Stätte ist im Besitz der indigenen Bevölkerung und wird von dieser verwaltet.

Rennell bildete sich durch eine Erhebung von Korallen, die auf einem Unterwasserkamm entstanden und dann Verwerfungen ausgesetzt waren. Die Geländeform ist der typische zerklüftete, erodierte Kalksteinkarst, der sich bis zu 200 m erhebt.

Himmelstempel mit kaiserlichem Opferaltar in Beijing

China

Begründung der Aufnahme: Meisterwerk menschlicher Schöpferkraft, Zeugnis kulturellen Austauschs, Zeugnis einer Kultur

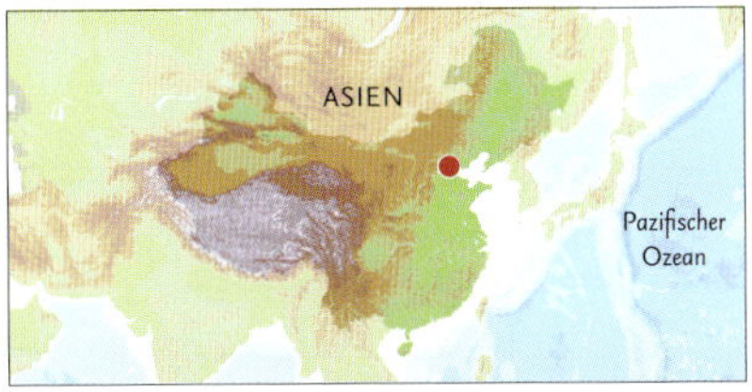

Der Himmelstempel ist ein Meisterwerk der Architektur und Landschaftsgestaltung, das die Beziehung zwischen Erde und Himmel symbolisiert. Diese Beziehung sowie die besondere Rolle, welche die Kaiser darin spielen, stehen im Zentrum der chinesischen Kosmogonie. Der Altar des Himmels und der Erde wurde 1420 vollendet. Das zentrale Gebäude bestand aus einer rechteckigen Halle, in der Himmel und Erde Opfer dargebracht wurden. Im südwestlichen Teil befand sich der Fastenpalast. Im neunten Jahr der Herrschaft Kaiser Jiajings (1530) wurde die Entscheidung getroffen, dem Himmel und der Erde getrennt zu opfern, weshalb südlich der Haupthalle der runde Altar auf dem Hügel gebaut wurde. Dort sollten dem Himmel Opfer dargebracht werden. Der Altar des Himmels und der Erde wurde in Himmelstempel umbenannt.

Die beiden südlichen Ecken des Geländes, auf dem der Himmelstempel steht, sind rechtwinklig, die im Norden sind abgerundet. Dies symbolisiert die alte chinesische Vorstellung, dass der Himmel rund und die Erde viereckig sei. Der eigentliche Himmelstempel wiederholt diese Symbolik, da sich der innere, runde Bestandteil in einer eckigen Einfassung (Erde) befindet.

Baudenkmäler und Gärten der Kaiserstadt Nara

Japan

Begründung der Aufnahme: Zeugnis kulturellen Austauschs, Zeugnis einer Kultur, Erbe von besonderer menschheitsgeschichtlicher Bedeutung, Verknüpfung mit Ereignissen von universeller Bedeutung

Nara war von 710–784 die Hauptstadt Japans. Nach chinesischem Vorbild wurde eine große Stadt mit Palästen, buddhistischen Tempeln, Shinto-Schreinen und öffentlichen Gebäuden angelegt, die alle eine wichtige Rolle in der Entwicklung der japanischen Architektur spielten. Der Palast, der eine Fläche von 1,2 km² einnimmt, umfasste die offiziellen Gebäude, etwa die Daigokuden-Halle (kaiserliche Audienzhalle), den Chōdō-in (Staatshalle) und die Residenz des Kaisers (Dairi). Die wichtigsten buddhistischen Tempel waren der Tōdai-ji mit seiner monumentalen Kondō (Halle des großen Buddhas) aus Holz, der Kōfuku-Ji, der Gangō-ji (der erste buddhistische Tempel in Japan) und der Tōshōdai-ji, von dem noch immer zwei Gebäude aus der Nara-Periode stammen, außerdem die Kondō- und die Kōdō-Halle, ursprünglich eine staatliche Versammlungshalle des Kaiserpalasts. Nach 784 wurde Nara verlassen, und an der Stelle des Palasts erstreckten sich Reisfelder, während die meisten Tempel und Schreine unversehrt blieben. Der Palast wurde inzwischen wieder aufgebaut.

Die Gebäude des Shinto-Schreins Kasuga-Taisha wurden nach Verfall und Zerstörung mehrmals restauriert oder wieder aufgebaut. Die natürliche Umgebung ist ein integraler Bestandteil der Shinto-Schreine. Beim Kasuga-Taisha wird sie vom Kasugayama gebildet, der als heiliger Wald geschützt ist und in den es keinerlei menschliche Eingriffe gab, abgesehen von der Einrichtung von Pilgerpfaden.

Tōdai-ji-Tempel. ▼

Historische Stätten in Lyon
Frankreich

Begründung der Aufnahme: Zeugnis kulturellen Austauschs, Erbe von besonderer menschheitsgeschichtlicher Bedeutung

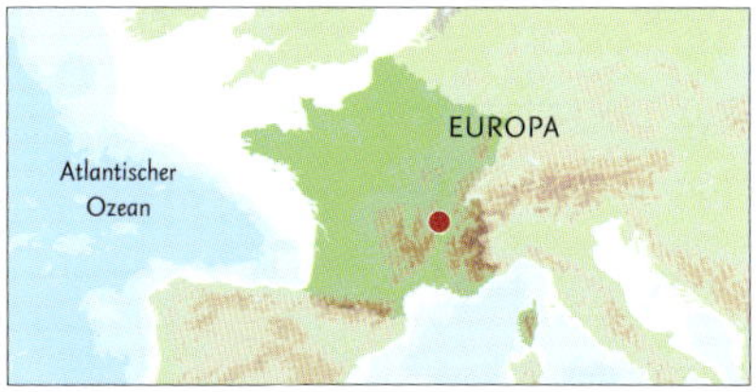

Lyon wurde von den Römern als Hauptstadt der Tres Galliae gegründet. Das Amphitheater auf dem Croix-Rousse-Hügel wurde um 19 v. Chr. zusammen mit dem Altar erbaut, der Rom und Augustus geweiht war. Immer im August trat hier der Rat der Tres Galliae zusammen.

Lyon legt ein außergewöhnliches Zeugnis davon ab, wie eine urbane Siedlung über mehr als zwei Jahrtausende an einer Stelle von großer wirtschaftlicher und strategischer Bedeutung, nämlich am Zusammenfluss von Rhône und Saône, kontinuierlich bestehen konnte. Die Stadt wurde im 1. Jh. v. Chr. von den Römern gegründet. Auf dem Fourvière-Hügel existieren bemerkenswerte Ruinen, darunter ein großes Theater aus dem 1. Jh., in dem etwa 10 000 Zuschauer Platz fanden. Mitte des 15. Jh. gehörte Lyon zu den bevölkerungsreichsten Städten Europas. Überbevölkerung und das Risiko von Epidemien führten zu einer Stadtvergrößerung, deren Bauarbeiten Mitte des 16. Jh. begannen. Die auf diese Weise entstandene Stadtstruktur, die heute noch sichtbar ist, umfasst Gebiete, in denen mittelalterliche Straßen neben geplanten Abschnitten aus dem 18. und 19. Jh. bestehen. Die Stadt hat einen reichen Bestand an Privathäusern, die im 13. Jh. oder später gebaut wurden, sowie viele hervorragende öffentliche Gebäude.

Place Bellecour mit einer Statue Ludwigs XIV. im Vordergrund und dem Fourvière-Hügel im Hintergrund ▼

Vorgeschichtliche Felsmalereien im östlichen Spanien

Spanien

Begründung der Aufnahme: Zeugnis einer Kultur

Die ostspanischen Felsmalereien stellen die ersten Erzählungen der prähistorischen Zeit Europas dar. Sie zeichnen ein bemerkenswertes Bild des menschlichen Lebens in einer bahnbrechenden Phase kultureller Evolution. Am häufigsten sind Jagdaktivitäten abgebildet, wie etwa das Jagen in Gruppen. Die frühesten Darstellungen von Kämpfen zeigen Bogenschützen, die auf ihre Opfer schießen.

An der Mittelmeerküste der iberischen Halbinsel gibt es mehr als 700 Stätten mit späten prähistorischen Felsmalereien. Es ist die größte Sammlung dieser Art in Europa. Die Szenen aus dem Alltag zeigen Gruppen von Menschen, die zusammensitzen und reden, Menschen, die zusammen laufen, sitzende Jäger, das Schlachten von Tieren und andere Tätigkeiten. Die Darstellungen der menschlichen Gestalten liefern Informationen über Kleidung und persönlichen Schmuck, etwa über unterschiedliche Frisuren, Armbänder, Armreifen und Halsketten, und zeigen so die Anfänge der sozialen Ungleichheit. Bestattungsriten werden veranschaulicht durch liegende Körper und rituelle Vorgänge. Andere Szenen illustrieren die Mythologie dieser prähistorischen Gesellschaften: Zauberer in seltsamen Kostümen sind verbreitet, ebenso Figuren, bei denen menschliche Eigenschaften mit denen von Tieren (Hirschen, Stieren, Vögeln) kombiniert sind.

Flämische Beginenhöfe

Belgien

Begründung der Aufnahme: Zeugnis kulturellen Austauschs, Zeugnis einer Kultur, Erbe von besonderer menschheitsgeschichtlicher Bedeutung

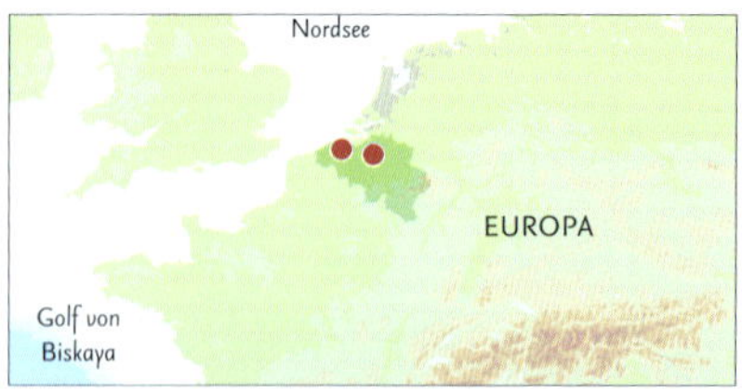

Die Beginen konnten in der Gemeinschaft kommen und gehen, wie sie wollten, oder sich beliebig aus der Gemeinschaft zurückziehen. Sie lebten überwiegend in der Stadt, in Häusern, die neben Hospitälern und Leprakrankenhäusern lagen, und widmeten sich dem Gebet, der Arbeit und der Krankenpflege.

Die Beginen waren Frauen, die ihr Leben Gott widmeten, ohne sich von der Welt zurückzuziehen. Im 13. Jh. gründeten sie die Beginenhöfe, geschlossene Gemeinschaften, die ihre spirituellen und materiellen Bedürfnisse erfüllten. Die flämischen Beginenhöfe sind architektonische Ensembles, die aus Häusern, Kirchen, Nebengebäuden und Grünflächen bestehen. Die Anordnung ist entweder städtisch oder ländlich geprägt, der Baustil zeugt von den Besonderheiten der flämischen Kulturregion. Es handelt sich dabei um faszinierende Zeugnisse der Tradition der Beginen, die sich im Mittelalter im Nordwesten Europas entwickelte.

◄ Kleiner Beginenhof von Gent

Archäologische Stätten von Paquimé in Casas Grandes

Mexiko

Begründung der Aufnahme: Zeugnis einer Kultur, Erbe von besonderer menschheitsgeschichtlicher Bedeutung

Paquimé in Casas Grandes erlebte seine Blüte im 14. und 15. Jahrhundert. Es spielte eine Schlüsselrolle beim Handel und bei kulturellen Kontakten zwischen der Pueblo-Kultur im Südwesten der USA und Nordmexiko und den entwickelteren Kulturen Mesoamerikas. Die umfangreichen Ruinen, die nur teilweise freigelegt sind, zeugen von der Vitalität einer Kultur, die sich perfekt an die physische und ökonomische Umwelt angepasst hat. Das vorherrschende Baumaterial war ungebrannter Ton (Adobe). Merkmale, wie abgeflachte Hügel, Ballspielplätze, ein raffiniertes Wasserversorgungssystem und spezialisierte Lagergebäude für exotische Produkte, wie Papageien, Truthähne und Artefakte aus Muscheln und Kupfer, zeugen von den Einflüssen Mesoamerikas.

Die archäologische Stätte liegt am Fuß der Sierra Madre Occidental in der Nähe des Quellgebiets des Flusses Casas Grandes. Man schätzt, dass sie die Überreste von rund 2000 Räumen enthält, die zu Wohnräumen, Werkstätten, Geschäften und Innenhöfen gruppiert sind. Auf dem Höhepunkt von Paquimés Wohlstand im 14. und 15. Jh. lebten hier schätzungsweise 10 000 Menschen.

Prähistorische Felsritzungen im Tal von Côa

Portugal

Begründung der Aufnahme: Meisterwerk menschlicher Schöpferkraft, Zeugnis einer Kultur

Diese bemerkenswerte Ansammlung von Felsritzungen, die überwiegend aus dem Jungpaläolithikum (22 000–10 000 v. Chr.) stammen, ist das weltweit außergewöhnlichste Beispiel einer frühen künstlerischen Betätigung des Menschen in dieser Form. Die Felsritzungen verteilen sich auf drei Orte. Ganz im Süden befindet sich die kleine Gruppe der Granitfels-Stätten bei Faia. Etwa 8 km flussabwärts liegt eine Gruppe zu beiden Seiten des Flusses bei Quinta da Barca und Penascosa, wo die Felsen aus Schiefer bestehen. Die dritte Gruppe beginnt schließlich in Ribeira de Piscos und reicht bis zum Zusammenfluss von Côa und Duero. Nicht alle Funde am Côa stammen jedoch aus dem Jungpaläolithikum: Manche sind später entstanden, zwischen dem Neolithikum und der frühen modernen Periode. Andere wurden überritzt oder wiederverwendet (Palimpseste).

Zu den Tierarten, die auf über 214 Felsritzungen abgebildet sind, gehören Auerochsen, Pferde, Rotwild, Steinböcke und Fische, jedoch keine Haustiere, wie Schafe oder Hühner, die es zu dieser Zeit auf der iberischen Halbinsel nicht gab. Eine einzigartige Gepflogenheit bestand darin, einen Körper mit zwei oder drei Köpfen darzustellen, um ein Gefühl der Bewegung zu vermitteln.

Historisches Zentrum von Lwiw (Lemberg)

Ukraine

Begründung der Aufnahme: Zeugnis kulturellen Austauschs, traditionelle Siedlungsform

Die Stadt Lwiw, die im späten Mittelalter gegründet wurde, war mehrere Jahrhunderte lang ein blühendes Verwaltungs-, Religions- und Wirtschaftszentrum. Aufgrund ihrer urbanen Struktur und Architektur ist sie beispielhaft für eine Verschmelzung von architektonischen und künstlerischen Traditionen Osteuropas mit denen Deutschlands und Italiens. Die urbane Topografie aus dem Mittelalter ist praktisch noch immer erhalten; vor allem gibt es Hinweise auf die verschiedenen ethnischen Gemeinschaften, die dort lebten – Ukrainer, Armenier, Juden, Deutsche, Polen, Italiener, Ungarn. Darüber hinaus gibt es viele herrliche Gebäude aus dem Barock und späteren Epochen. Das Herz der Stadt bilden der Hohe Schlossberg und die umliegende Gegend, die sich im späteren Mittelalter entwickelten.

Nur der Schlosshügel und fünf Kirchen sind noch erhalten. Die Seredmistia (Mittelstadt) hat noch immer ihre ursprüngliche Anlage und ist dadurch ein außergewöhnliches Beispiel der Stadtplanung aus dieser Zeit.

Zu den bemerkenswerten Wahrzeichen der Stadt gehört der Rynok-Platz, in dessen Mitte ein Turm steht. An den Platz grenzen herrliche Häuser im Renaissance-, Barock- und Empirestil. Viele von ihnen haben noch ihren ursprünglichen, mittelalterlichen Grundriss. An jeder Ecke des Platzes stehen Brunnen mit Figuren aus der klassischen Mythologie, die auf das Jahr 1793 zurückgehen.

Archäologische Stätten und Basilika des Patriarchen von Aquileia

Italien

Begründung der Aufnahme: Zeugnis einer Kultur, Erbe von besonderer menschheitsgeschichtlicher Bedeutung, Verknüpfung mit Ereignissen von universeller Bedeutung

Aquileia in Friaul-Julisch Venetien, einst eine der größten und reichsten Städte des frühen Römischen Reiches, wurde Mitte des 5. Jh. von Attila zerstört. Der überwiegende Teil der Stadt liegt noch immer unausgegraben unter den Feldern, deshalb stellt Aquileia das größte archäologische Reservat dieser Art dar. Bei Ausgrabungen wurden Teile des Forums entdeckt sowie die romanische Basilika, das republikanische Macellum, einer der Bäderkomplexe und zwei luxuriöse Wohnkomplexe. Außerhalb der späteren Stadtmauer wurden ein Friedhof mit einigen beeindruckenden Grabmonumenten, das Amphitheater und der Circus entdeckt. Die faszinierendsten Überreste der römischen Stadt sind die Hafenanlagen, eine Reihe von Lagerhäusern und die Kais am Flussufer.

Das dominierende Element Aquileias ist die Basilika. Die ursprüngliche Basilika wurde im Jahr 452 von den Hunnen so gut wie zerstört. Es gibt jedoch ein auffälliges Merkmal, das auf diese Zeit zurückgeht: Ein riesiges Mosaik aus dem 4. Jh., das vor 100 Jahren entdeckt wurde. Zu seinen Motiven gehört eine Meeresszene mit zwölf Fischern, welche die Apostel darstellen.

Schloss und Park Kroměříž (Kremsier)

Tschechische Republik

Begründung der Aufnahme: Zeugnis kulturellen Austauschs, Erbe von besonderer menschheitsgeschichtlicher Bedeutung

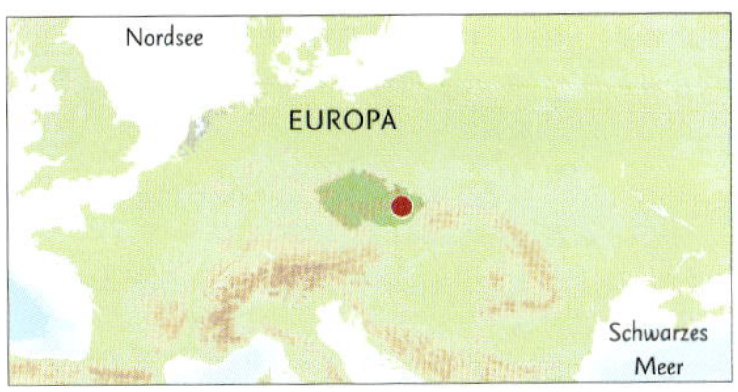

Kroměříž steht an einer ehemaligen Furt über die March am Fuß der Chriby-Bergkette (Marsgebirge), die den zentralen Teil Mährens dominiert. Das Schloss und der Park von Kroměříž stellen eine außerordentlich vollständige und gut erhaltene Fürstenresidenz mit dazu gehöriger Parklandschaft aus dem 17. und 18. Jh. dar. Das architektonische Ensemble und besonders der Lustgarten spielten eine bedeutende Rolle für die Entwicklung barocker Garten- und Palastgestaltung in Mitteleuropa. Der Lustgarten im südwestlichen Teil des historischen Zentrums von Kroměříž ist ein formal angelegter Garten im italienischen Stil, den man durch eine Säulengalerie betritt, in der zahlreiche Statuen und Büsten stehen. Das Gusseisen für die eleganten Brücken des Gartens stammt aus der erzbischöflichen Gießerei.

Das Schloss ist durch geräumige Erdgeschosszimmer mit nach außen hin geöffneten Grotten mit dem Garten verbunden. Im Garten gibt es mehrere bedeutende architektonische Besonderheiten, darunter eine halbrunde Kolonnade im klassischen Stil, die 1846 erbaut wurde, um Skulpturen aus Pompeji zu beherbergen.

Dampfpumpwerk von Wouda in Friesland

Niederlande

Begründung der Aufnahme: Meisterwerk menschlicher Schöpferkraft, Zeugnis kulturellen Austauschs, Erbe von besonderer menschheitsgeschichtlicher Bedeutung

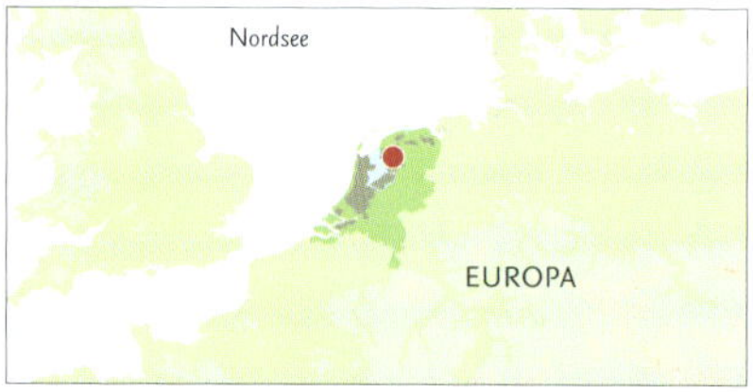

Jahrhundertelang wurden in den Niederlanden Windmühlen eingesetzt, um überschüssiges Wasser loszuwerden. Die erste Dampfpumpe wurde 1825 gebaut, und die Konstruktion dampfbetriebener Pumpstationen erreichte zwischen 1870 und 1885 ihren Höhepunkt; nach 1900 wurden nur noch sehr wenige gebaut. Zwischen 1900 und 1910 waren etwa 700 in Betrieb. Eine heftige Überschwemmung im Jahr 1894 führte zu der Entscheidung, die Lauwerszee urbar zu machen und den südwestlichen Teil der Provinz Friesland trockenzulegen. Das Dampfschöpfwerk Wouda bei Lemmer, das 1920 eröffnet wurde, spielte in diesem Vorhaben eine Schlüsselrolle. Es ist das größte Dampfschöpfwerk, das je gebaut wurde, und auch heute noch in Betrieb. Es handelt sich dabei um den krönenden Beitrag niederländischer Ingenieure und Architekten, Land und Leute vor der Naturgewalt des Wassers zu schützen.

Die Landschaft der Niederlande entstand durch den Kampf gegen das Wasser, und ein Großteil des Landes wäre überflutet, wenn es nicht schon seit Jahrhunderten durch Deiche geschützt und durch ein ausgeklügeltes System überwacht würde. Dieses kontrolliert täglich die Bewegung des Wassers im Meer und in den Flüssen.

Historisches Zentrum von Urbino

Italien

Begründung der Aufnahme: Zeugnis kulturellen Austauschs, Erbe von besonderer menschheitsgeschichtlicher Bedeutung

Während ihrer kurzen kulturellen Vorrangstellung im 15. Jh. zog die Hügelstadt Urbino einige der hervorragendsten humanistischen Gelehrten der Renaissance an, die eine außergewöhnliche städtische Atmosphäre schufen, deren Einfluss sich im übrigen Europa verbreitete. Mitte des 15. Jh. startete Federico II. da Montefeltro, der die Stadt und das Herzogtum Urbino regierte, eine radikale Umbaukampagne in der Stadt. Die Mauern wurden nach Entwürfen Leonardo da Vincis gebaut. Der neue herzogliche Palast von Luciano Laurana und Francesco di Giorgio Martini wurde unter minimaler Beeinträchtigung der Stadtstruktur eingefügt, wobei die bereits existierenden mittelalterlichen Strukturen eingebunden wurden. Zusammen mit dem angrenzenden Dom wurde der Palast zu einem Modell für neue Gebäude im Renaissancestil. Dank einer wirtschaftlichen und kulturellen Stagnation ab dem 16. Jh., hat Urbino viel von seinem in der Renaissance geprägten Erscheinungsbild bewahrt.

Der große Künstler Raffael stammt aus Urbino; er wurde in einem kleinen Gebäude aus dem 14. Jh. geboren, das mit einem bezaubernden Innenhof ausgestattet ist. Das vermutlich erste wichtige Werk des Künstlers, eine Madonna mit Kind, befindet sich in dem Zimmer im ersten Stock, in dem er im Jahr 1483 das Licht der Welt erblickte.

Universität und historisches Zentrum von Alcalá de Henares

Spanien

Begründung der Aufnahme: Zeugnis kulturellen Austauschs, Erbe von besonderer menschheitsgeschichtlicher Bedeutung, Verknüpfung mit Ereignissen von universeller Bedeutung

Alcalá de Henares wurde im frühen 16. Jh. von Kardinal Jiménez de Cisneros gegründet und war die erste geplante Universitätsstadt der Welt. Cisneros übernahm einen teilweise verlassenen mittelalterlichen Ort und verwandelte ihn in eine Stadt, deren einziger Daseinszweck die Universität war. Dazu gehörte, dass Häuser für Professoren und Studenten errichtet wurden. Die kleine Kapelle des Hl. Justus wurde zur Kathedrale umgebaut und erhielt den Titel La Magistral. Nach und nach wurden mehr Bildungszentren hinzugefügt: Schließlich sollte es dort 25 Colegios Menores geben, zudem waren acht große Klöster ebenfalls Akademien der Universität. Oberstes Ziel war es, Verwalter für die Kirche und das spanische Weltreich hervorzubringen, wofür im 16. Jh. über 12 000 Studenten ausgebildet wurden. Ab der Mitte des 17. Jh. sank die Zahl der Studenten, und 1836 wurde die Universität nach Madrid verlagert.

Die Complutensische Polyglotte (1514–1547) zeigt, mit welcher Art von Arbeit man in Alcalá begann: Das Meisterwerk der Typografie legte die Grundlagen für die moderne linguistische Analyse und den allgemein anerkannten Aufbau von Wörterbüchern. Auch Antonio de Nebrija trug zu dieser Arbeit bei, indem er die erste europäische Grammatik einer romanischen Sprache verfasste, die 1492 veröffentlicht wurde.

Wadi Qadisha (Heiliges Tal) und Wald der Libanonzedern (Horsh Arz el-Rab)

Libanon

Begründung der Aufnahme: Zeugnis einer Kultur, Erbe von besonderer menschheitsgeschichtlicher Bedeutung

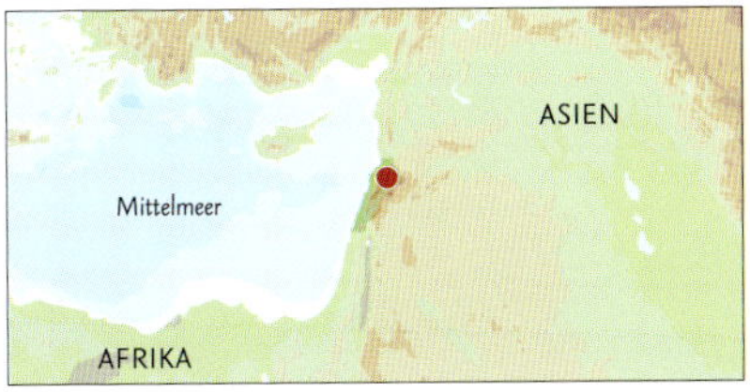

Das Qadisha-Tal ist weltweit eine der ältesten bedeutenden Klostersiedlungen des frühen Christentums. Die dortigen Klöster, von denen viele sehr alt sind, stehen in schroffer Landschaft in dramatischen Lagen. In der Nähe befinden sich die Reste des großen Waldes der Libanonzedern, die in der Antike bei der Konstruktion großer religiöser Bauwerke hoch geschätzt wurden.

Das tiefe Qadisha-Tal liegt am Fuß des Berges al-Makmal. Seine Hänge bilden ein natürliches Bollwerk, und die steilen Felsen enthalten in den Stein gehauene Kapellen und Einsiedeleien; diese waren häufig von Terrassen umgeben, die die Eremiten angelegt hatten, um Getreide, Wein und Oliven anzubauen.

◄ Zedernwald, Bsharre

Welterbestätte seit

• • • • • • • • • • • 1978 • 1979 • 1980 • 1981 • 1982 • 1983 • 1984 • 1985 • 1986 • 1987 • 1988 • 1989 • 1990 • 1991 • 1992 • 1993 • 1994 • 1995 • 1996 • 1997 • 1998 • 1999

Robben Island

Südafrika

Begründung der Aufnahme: Zeugnis einer Kultur, Verknüpfung mit Ereignissen von universeller Bedeutung

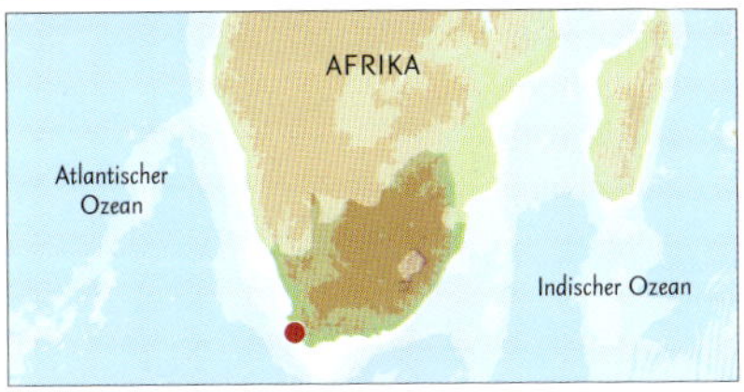

Robben Island liegt 7 km vor der Küste von Kapstadt und wurde zwischen dem 17. und dem 20. Jh. abwechselnd als Gefängnisinsel, als Heim für nicht sozialverträgliche Gruppen und als Militärbasis genutzt. Die dortigen Gebäude, vor allem die aus dem späten 20. Jahrhundert, wie das Hochsicherheitsgefängnis für politische Gefangene, erlebten den Triumph der Demokratie und die Befreiung von Unterdrückung und Rassismus.

Der berühmteste Gefängnisinsasse auf Robben Island war Nelson Mandela, der hier fast 20 Jahre eingekerkert war. Der letzte politische Gefangene verließ 1991 die Insel. 1996 wurde das Gefängnis endgültig geschlossen; danach wurde es in ein Museum umgewandelt.

◄ Gefängnisgebäude, Robben Island

Jungsteinzeitliche Monumente auf den Orkney-Inseln

Großbritannien

Begründung der Aufnahme: Meisterwerk menschlicher Schöpferkraft, Zeugnis kulturellen Austauschs, Zeugnis einer Kultur, Erbe von besonderer menschheitsgeschichtlicher Bedeutung

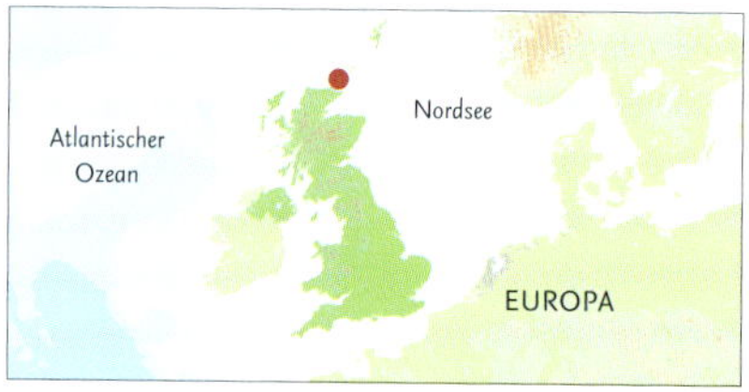

Die jungsteinzeitlichen Monumente auf Orkney sind ein einmaliges Zeugnis von einer bedeutenden indigenen Kultur. Sie erlebte eine 500- bis 1000-jährige Blütezeit, verschwand jedoch etwa 2000 v. Chr. Das herausragende architektonische Ensemble und die archäologische Landschaft repräsentieren eine bedeutende Phase der Menschheitsgeschichte, in der die ersten großen zeremoniellen Monumente errichtet wurden. Sie stehen für die kulturellen Errungenschaften der neolithischen Völker Nordeuropas in der Zeit zwischen 3000 bis 2000 v. Chr.

Zu den Kulturdenkmälern gehören Maes Howe, ein großes Grab mit mehreren Kammern, die Stones of Stenness und der Ring of Brodgar, zwei zeremonielle Steinkreise, sowie Skara Brae, eine Siedlung. Darüber hinaus gibt es noch eine Reihe von Grab-, Zeremonial- und Siedlungsstätten, die noch nicht ausgegraben wurden. Die Gruppe stellt eine wichtige prähistorische Kulturlandschaft dar, die einen anschaulichen Einblick in das Leben auf dieser entlegenen Inselgruppe weit im Norden Schottlands vor etwa 5000 Jahren ermöglicht. Maes Howe ist ein neolithisches Meisterwerk, eine außergewöhnlich frühe architektonische Glanzleistung. Mit seiner beinahe klassischen Ausstrahlung und Schlichtheit ist es ein einzigartiges, 5000 Jahre altes Vermächtnis. Es ein Ausdruck von Genialität innerhalb einer Gesellschaft, deren Gräber gewöhnlich aus klaustrophobischen Kammern in kleineren Hügeln bestanden.

Ganggräber wie Maes Howe waren große Steinbauwerke, in denen ein Gang von der Außenseite des Hügels zur einer Kammer führte, in der die Gebeine der Toten aufbewahrt wurden. Die allgemeine Ausrichtung dieser Bauten zeigt, dass die Erbauer sehr genau auf den Wechsel der Jahreszeiten achteten.

Stenness ist ein einzigartiger und früher Ausdruck der rituellen Bräuche der Menschen, die ihre Toten in Gräbern wie Maes Howe begruben und in Siedlungen wie Skara Brae lebten.

Der Ring of Brodgar ist das beste bekannte Beispiel für einen wirklich kreisrunden Steinring aus der späten Jungsteinzeit oder frühen Bronzezeit.

Die Überreste von Skara Brae sind besonders reichhaltig. Hier fand man bemerkenswert gut erhaltene Steinmöbel und einer ganze Reihe ritueller und häuslicher Artefakte, die einen außergewöhnlich vollständigen Einblick in die häuslichen Praktiken, Rituale und Bestattungsbräuche einer heute verschwundenen Kultur gewähren.

Als die Siedlung Skara Brae vor 5000 Jahren erbaut wurde, lag sie weiter vom Meer entfernt als heute. Sie wurde etwa 600 Jahre nach ihrem Bau verlassen, und die meisten Häuser wurden leergeräumt.

Mitte des 19. Jh. wurden die Überreste von Skara Brae entdeckt, als ein heftiger Sturm die darüberliegende Sanddüne wegwehte. 1913 fanden Räumungsarbeiten statt, und 1924 wurden Wellenbrecher gebaut, um die Stätte zu schützen.

Teil des Rings of Brodgar im Sonnenuntergang auf den Orkney-Inseln ▶

Ibiza: biologische Vielfalt und Kultur

Spanien

Begründung der Aufnahme: Zeugnis kulturellen Austauschs, Zeugnis einer Kultur, Erbe von besonderer menschheitsgeschichtlicher Bedeutung, Schauplatz spezieller ökologischer und biologischer Prozesse, bedeutender natürlicher Lebensraum – Biodiversität

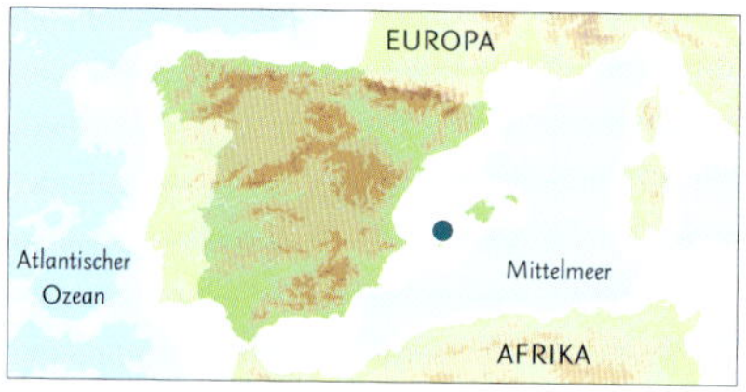

Ibiza ist ein hervorragendes Beispiel für das Wechselspiel zwischen den Ökosystemen von Meer und Küste. Die dichten Flächen aus ozeanischen Neptungräsern (*Posidonia*), eine endemische Planzengattung des Mittelmeerraums, bilden den Lebensraum für einer Vielfalt von Meereslebewesen. Darüber hinaus sind auf der Insel Zeugnisse ihrer langen Geschichte erhalten. Die archäologischen Stätten der Siedlung Sa Caleta und der Nekropole Puig des Molins zeugen von der großen Bedeutung der Insel im Wirtschaftsraum des Mittelmeergebiets, vor allem in der phönizisch-karthagischen Periode. Die Christen, die 1235 Ibiza-Stadt beherrschten, erbauten die katalanische Burg, die im Inneren eines heutigen Gebäudes zu sehen ist. Aus dieser Zeit stammen auch die mittelalterliche Festungsanlage und die gotische Kathedrale. Die befestigte Oberstadt Alta Vila ist ein herausragendes Beispiel für die Militärarchitektur der Renaissance; sie beeinflusste tiefgreifend die Entwicklung von Festungen in den spanischen Siedlungen der Neuen Welt.

Die phönizisch-karthagische Nekropole Puig des Molins befindet sich im Südwesten der Oberstadt. Zu Beginn des 6. Jh. v. Chr. wurden die Toten verbrannt und ihre Asche in einer natürlichen Grotte beigesetzt. Später grub man Schächte und Grabkammern; die Särge wurden durch die Schächte in Familiengrüfte hinuntergelassen.

Die Kathedrale und die Altstadt von Ibiza ▼

Ruinen der alten Stadt Merw

Turkmenistan

Begründung der Aufnahme: Zeugnis kulturellen Austauschs, Zeugnis einer Kultur

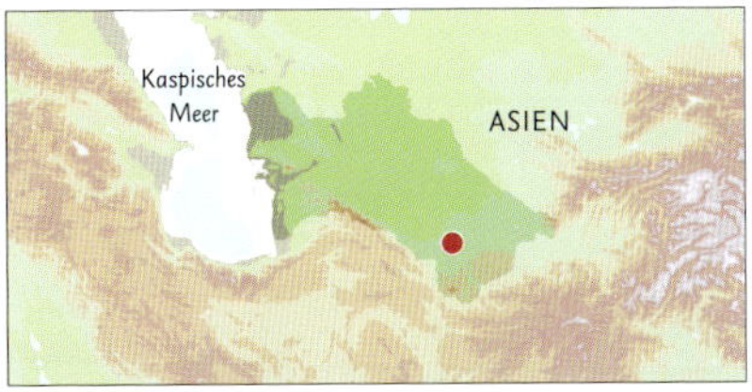

Die Städte der riesigen Oase Merw übten vier Jahrtausende lang ein beträchtlichen Einfluss auf die Kultur Zentralasiens und des Irans aus. Die Oase war Teil des großen Seldschukenreichs, das dort seine Hauptstadt hatte. Merw war eine der wichtigsten Städte ihrer Zeit, und ihre berühmten Bibliotheken zogen Gelehrte aus der ganzen islamischen Welt an. Außerdem beeinflusste sie maßgeblich die Entwicklung von Baukunst, architektonischer Dekoration, Wissenschaft und Kultur. Sie ist die älteste und am besten erhaltene Oasenstadt an der Seidenstraße in Zentralasien. Einige Monumente sind noch immer sichtbar, vor allem solche, die aus den letzten beiden Jahrtausenden stammen. Dazu gehören die Beni-Makhan-Moschee und ihre Zisterne, der buddhistische Stupa und das buddhistische Kloster sowie das „ovale Gebäude" im Nordwestviertel.

Die aus dem 15. Jh. stammenden Mauern und der Graben der Stadt sowie die Zitadelle sind von besonderem Interesse, da sie bemerkenswert kontinuierlich die Entwicklung der Militärarchitektur vom 5. Jh. v. Chr. bis ins 15./16. Jh. dokumentieren.

Große Kyz Kala, Merw
▼

Archäologische Stätten von Mykene und Tiryns
Griechenland

Begründung der Aufnahme: Meisterwerk menschlicher Schöpferkraft, Zeugnis kulturellen Austauschs, Zeugnis einer Kultur, Erbe von besonderer menschheitsgeschichtlicher Bedeutung, Verknüpfung mit Ereignissen von universeller Bedeutung

Die archäologischen Stätten von Mykene und Tiryns umfassen die beeindruckenden Ruinen der beiden größten Städte der mykenischen Zivilisation. Mykene und Tiryns dominierten vom 15. bis zum 12. Jh. v. Chr. den östlichen Mittelmeerraum und spielten eine entscheidende Rolle in der Entwicklung der klassischen griechischen Kultur. Die beiden Städte sind untrennbar mit Homers Epen, der Ilias und der Odyssee verknüpft, die über drei Jahrtausende lang die europäische Kunst und Literatur beeinflussten. Der Palast von Mykene wurde auf einem Hügel errichtet und von einer gewaltigen Mauer umgeben, die in drei Bauphasen (ca. 1350, 1250 und 1225 v. Chr.) entstanden. An den Hügelhängen baute man außerdem eine Reihe von Tholoi (bienenkorbförmige Gräber): Das Grab des Aigisthos (ca. 1500 v. Chr.), die Löwentholos (ca. 1350 v. Chr.) und das Grab der Klytaimnestra (ca. 1220 v. Chr.).

Mykene und Tiryns waren nachweislich bereits in der Jungsteinzeit besiedelt. Die ältesten architektonischen Überreste in Tiryns, die an der oberen Zitadelle gefunden wurden, datieren auf die frühe Bronzezeit (ca. 3000 v. Chr.). Ein neuer befestigter Palastkomplex enstand im 14. Jh. v. Chr. Die Verteidigungsanlagen wurden im frühen 13. Jh. v. Chr. erweitert, und die untere Zitadelle wurde ebenfalls befestigt.

Das Löwentor in Mykene ▼

Belfriede in den historischen Regionen Flandern, Artois, Hainaut und Picardie

Belgien und Frankreich

Begründung der Aufnahme: Zeugnis kulturellen Austauschs, Erbe von besonderer menschheitsgeschichtlicher Bedeutung

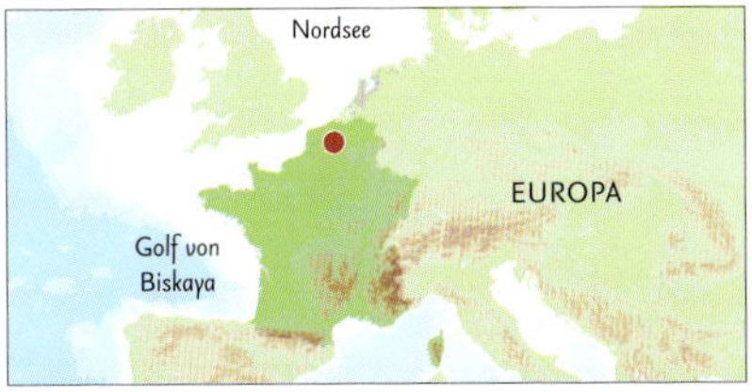

Belfriede (mittelalterliche Glockentürme) sind herausragende Vertreter städtischer und öffentlicher Architektur in Europa. Eine Gruppe aus 23 Belfrieden in Nordfrankreich und der Belfried von Gembloux in Belgien wurde 2005 auf der Welterbeliste eingetragen, als Erweiterung zu den 32 belgischen Belfrieden, die bereits 1999 als „Belfriede in Flandern und Wallonien" aufgenommen wurden. Die Belfriede, die zwischen dem 11. und 17. Jh. gebaut wurden, sind starke Symbole für den Übergang vom Feudalismus zur städtischen Handelsgesellschaft. Während italienische, deutsche und englische Städte vor allem Rathäuser bauten, legte man in Teilen des Nordwestens von Europa mehr Wert auf den Bau von Belfrieden. Im Gegensatz zu den Wohntürmen der Seigneurs und den Glockentürmen der Kirchen symbolisiert der Belfried die Macht der Ratsherren. Im Laufe der Jahrhunderte wurden sie zu Wahrzeichen, die den Einfluss und den Reichtum der Städte repräsentierten.

Die meisten Belfriede entstanden vom 14. bis zum 17. Jh. Sie illustrieren den Übergang vom gotisch-normannischen zum späteren gotischen Stil, der sich dann mit Renaissance- und Barockformen mischte. Im 14. und 15. Jh. wurde das Modell des Wohnturms zugunsten von schmaleren, höheren Türmen aufgegeben, wie etwa bei den Belfrieden von Dendermonde, Lier und Aalst.

Feuchtgebiet iSimangaliso-Wetland-Park

Südafrika

Begründung der Aufnahme: besonderes Naturphänomen, Schauplatz spezieller ökologischer und biologischer Prozesse, bedeutender natürlicher Lebensraum – Biodiversität

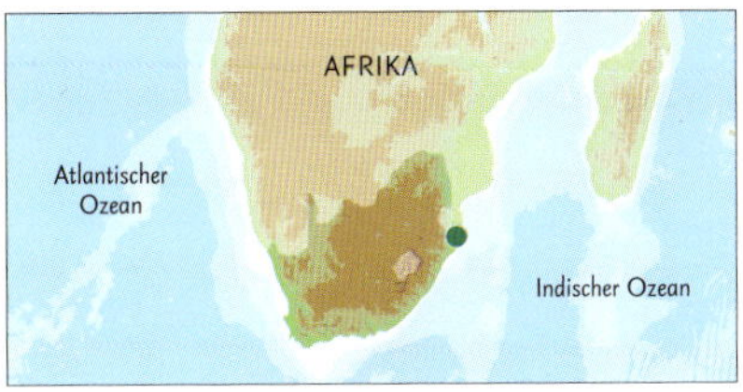

Die fluvialen, marinen und äolischen Prozesse haben in dieser Gegend ein Vielfalt an Landschaften hervorgebracht, etwa lange Sandstrände, Korallenriffe, Küstendünen, Seesysteme, Sümpfe und ausgedehnte Schilf- und Papyrus-Feuchtgebiete. Das Wechselspiel zwischen den mannigfaltigen Lebensräumen des Parks und den heftigen Fluten und Küstenstürmen sowie der geografischen Lage im Übergangsbereich zwischen den afrikanischen Tropen und Subtropen schuf eine außergewöhnliche Artenvielfalt und fördert eine andauernde Artenbildung. Das Mosaik aus Landformen und Lebensraumtypen bietet äußerst malerische Ansichten. Die Park umfasst wichtige Lebensräume für viele bedrohte Arten der Meere, Feuchtgebiete und Savannen Afrikas.

Der iSimangaliso-Wetland-Park (ehemals Greater St. Lucia Wetland Park) ist das größte und vielfältigste Mündungsgebiet Afrikas. Es handelt sich dabei um das einzige Gebiet dieser Art, in dem es Korallenriffe gibt; außerdem beherbergt es eine große Anzahl bedrohter Tierarten, z. B. Nashörner, Nilpferde und Leoparden.

Gebirgseisenbahnen in Indien

Indien

Begründung der Aufnahme: Zeugnis kulturellen Austauschs, Erbe von besonderer menschheitsgeschichtlicher Bedeutung

Zu diesem Welterbe gehören drei Eisenbahnstrecken, die alle noch voll funktionstüchtig sind. Die Darjeeling Himalayan Railway, die 1881 eröffnet wurde, war die erste Gebirgspassagierbahn der Welt. Um eine funktionsfähige Gleisverbindung über bergiges Gelände zu bauen, kamen kühne und geniale Lösungen der Ingenieurstechnik zum Einsatz. Der Bau der Nilgiri Mountain Railway, einer 46 km langen eingleisigen Meterspurbahn im Bundesstaat Tamil Nadu, wurde 1854 erstmals vorgeschlagen, aber wegen des schwierigen bergigen Geländes erst 1891 begonnen und 1908 vollendet. Die Bahn, die den Höhenunterschied zwischen 326 m und 2203 m überbrückt, verkörperte den höchsten technologischen Stand ihrer Zeit. Die Kalka-Shimla Railway, eine 96 km lange, eingleisige Bahnverbindung, wurde Mitte des 19. Jh. als Transportweg zur Hochlandstadt Shimla gebaut.

Die drei Bergbahnen Indiens sind herausragende Beispiele für kulturellen Austausch im Bereich der Technologieentwicklung. Die Darjeeling Himalayan Railway trug dazu bei, dass die Gegend zu einem der wichtigsten Teeanbaugebiete Indiens wurde; sie ist nach wie vor das bemerkenswerteste Beispiel für eine Gebirgspassagierbahn.

◄

Die Darjeeling Himalayan Railway am Dali-Kloster

Historisches Zentrum von Santa Ana de los Ríos de Cuenca

Ecuador

Begründung der Aufnahme: Zeugnis kulturellen Austauschs, Erbe von besonderer menschheitsgeschichtlicher Bedeutung, traditionelle Siedlungsform

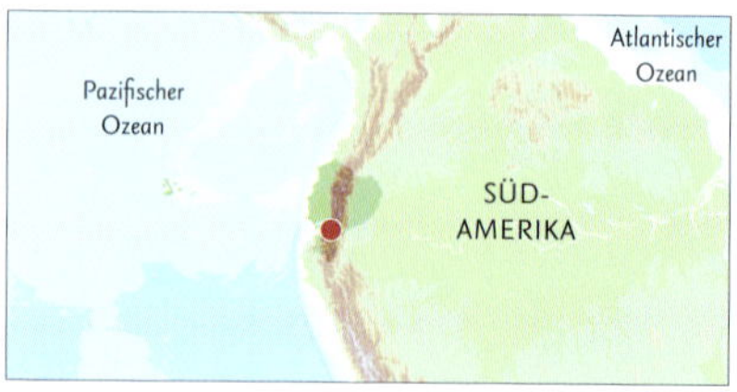

Santa Ana de los Ríos de Cuenca liegt in einem Andental im Süden Ecuadors. Diese Kolonialstadt im Inland (entroterra), die heute die drittgrößte Stadt des Landes ist, wurde 1557 in Übereinstimmung mit den strengen Richtlinien gegründet, die der spanische König Karl V. 30 Jahre zuvor erlassen hatte. In Cuenca orientiert man sich deshalb seit 400 Jahren und bis heute an einem formalen orthogonalen Stadtplan. Als eines der landwirtschaftlichen und administrativen Zentren der Region war die Stadt schon immer ein Schmelztiegel für die einheimische und die eingewanderte Bevölkerung. Die Architektur von Cuenca, die überwiegend aus dem 18. Jh. stammt, wurde im wirtschaftlichen Aufschwung des 19. Jh. „modernisiert", als die Stadt zu einem wichtigen Exporteur für Chinin, Strohhüte und andere Produkte wurde.

Trotz des Wachstums, das der Wohlstand mit sich brachte, blieb Cuenca dank der Andenkette in engem Kontakt mit seiner natürlichen Umwelt. Der Stadtentwicklungsplan von 1982 trug ebenfalls dazu bei, das Stadtbild zu erhalten.

Historische Stadt und Festung von Campeche

Mexiko

Begründung der Aufnahme: Zeugnis kulturellen Austauschs, Erbe von besonderer menschheitsgeschichtlicher Bedeutung

Campeche ist eine typische Hafenstadt aus der spanischen Kolonialzeit in der Neuen Welt. Die Außenmauern und die Befestigungsanlagen des historischen Zentrums, die diesen Karibikhafen vor Angriffen vom Meer her schützen sollten, sind noch erhalten. Die Stadt wurde nach einem schachbrettartigen Plan angelegt. Am Meer befindet sich eine Plaza Mayor, an der Regierungsgebäude und kirchliche Bauwerke stehen. Das Gebiet mit den historischen Baudenkmälern umfasst 1,8 km^2, einschließlich der 0,5 km^2, die von Mauern umgeben sind; zu beiden Seiten erstreckt sich die Stadt, die der Küstenlinie folgt. Die unter Denkmalschutz stehenden Gebäude lassen sich in zwei Untergruppen einteilen: Eine Gruppe umfasst äußerst wertvolle historische Gebäude, die sehr eng beieinander stehen; die Gebäude der anderen Gruppe stehen zwar weniger dicht und sind nicht so wertvoll, doch bilden sie eine Übergangs- und Schutzzone.

Unter den fast 1000 Gebäuden von historischem Wert sind die Kathedrale der Unbefleckten Empfängnis, mehrere Kirchen, das Toro-Theater und die städtischen Archive. Zum Festungssystem gehören die Forts San José und San Miguel sowie die Batterien San Lucas, San Matiás und San Luís.

Farbenfrohe Straße in Campeche ▼

Museumsinsel Berlin
Deutschland

Begründung der Aufnahme: Zeugnis kulturellen Austauschs, Erbe von besonderer menschheitsgeschichtlicher Bedeutung

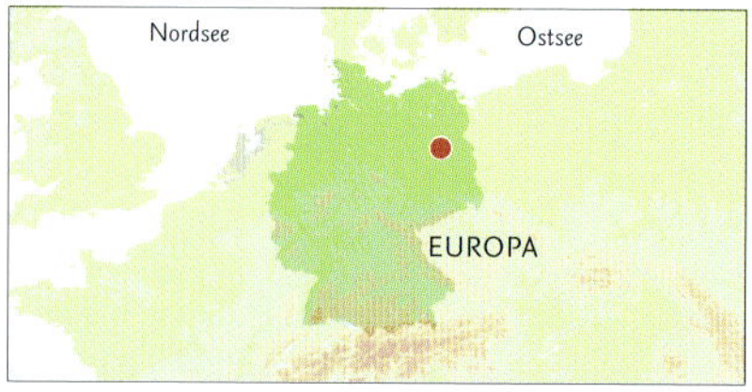

Das Museum als soziales Phänomen hat seinen Ursprung im Zeitalter der Aufklärung im 18. Jh. Die fünf Museen, die zwischen 1824 und 1930 auf einer kleinen Insel in der Spree gebaut wurden, stellen die Umsetzung eines visionären Projekts dar und zeugen von der Entwicklung der Museumsgestaltung. Die Erschließung der Museumsinsel begann mit dem Bau des Alten Museums nach den Entwürfen von Karl Friedrich Schinkel in den Jahren 1824–1828. Der Plan, auch den Teil der Insel hinter diesem Museum zu gestalten, wurde 1841 von Hofarchitekt Friedrich August Stüler aufgebracht; es folgte der Bau des Neuen Museums (1843–1847). 1866 wurde die Nationalgalerie errichtet und 1897–1904 das Kaiser-Friedrich-Museum (heute Bode-Museum). Stülers Projekt wurde 1909–1930 mit dem Bau von Alfred Messels Pergamon-Museum vollendet.

Bode-Museum
▼

Das dreiflügelige Pergamon-Museum wurde errichtet, um die Altertümer-Sammlungen unterzubringen, die durch deutsche Ausgrabungen in Pergamon und anderen griechischen Stätten Kleinasiens sowie in Mesopotamiens stark angewachsen waren; sie standen zuvor im Vorderasiatischen Museum. Das Pergamon-Museum liegt direkt an der Spree, wie auch das Bode-Museum, mit dem es in Bezug auf Größe und Proportionen harmoniert.

Tempelstadt My Son

Vietnam

Begründung der Aufnahme: Zeugnis kulturellen Austauschs, Zeugnis einer Kultur

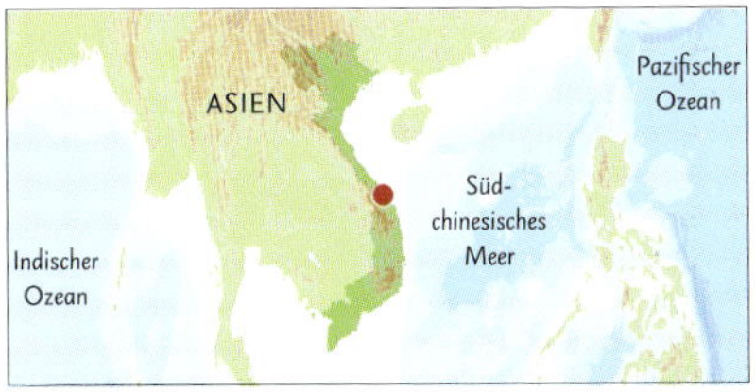

Zwischen dem 4. und dem 13. Jh. entwickelte sich an der Küste des heutigen Vietnams eine einzigartige Kultur, deren spirituelle Wurzeln im indischen Hinduismus liegen. Sie wird anschaulich von einer Reihe beeindruckender Turmtempel repräsentiert, die an einer atemberaubenden Stätte stehen, die über einen langen Zeitraum die religiöse und politische Hauptstadt des Champa-Reichs war.

Die Ruinen von My Son veranschaulichen eindrucksvoll die große Bedeutung des Champa-Reichs in der politischen und kulturellen Geschichte Südostasiens. My Son ist auch ein einzigartiges Zeugnis kulturellen Austauschs, das zeigt, wie die Hindu-Architektur vom indischen Subkontinent in dieser Gegend eingeführt wurde.

◄ My Son-Heiligtum bei Tra Kieu

Regenwaldgebiet der Costa do Descobrimento

Brasilien

Begründung der Aufnahme: Schauplatz spezieller ökologischer und biologischer Prozesse, bedeutender natürlicher Lebensraum – Biodiversität

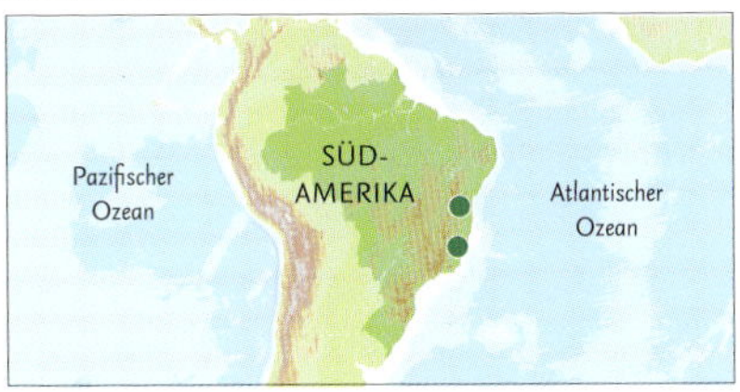

Das Regenwaldgebiet der Costa do Descombrimento („Küste der Entdeckung") in den Bundesstaaten Bahia und Espírito Santo besteht aus acht separaten Schutzgebieten, zu denen 1120 km² Mata Atlântica („atlantischer Regenwald") und Buschland (Restingas) gehören. Die Regenwälder an der brasilianischen Atlantikküste weisen die weltweit höchste Biodiversität auf. Die Stätte umfasst eine reiche Artenvielfalt mit vielen endemischen Arten. Die Evolutionsmuster, die sich hier zeigen, sind sehr interessant für die Wissenschaft, und ihre Erhaltung ist von großer Bedeutung.

Die Regenwälder im Süden Bahias und im Norden Espírito Santos haben die höchste Baumartendichte der Welt und vielleicht den größten Bestand an Brasilholz (Pau Brasil), den es noch auf der Erde gibt.

Beemster Polder
Niederlande

Begründung der Aufnahme: Meisterwerk menschlicher Schöpferkraft, Zeugnis kulturellen Austauschs, Erbe von besonderer menschheitsgeschichtlicher Bedeutung

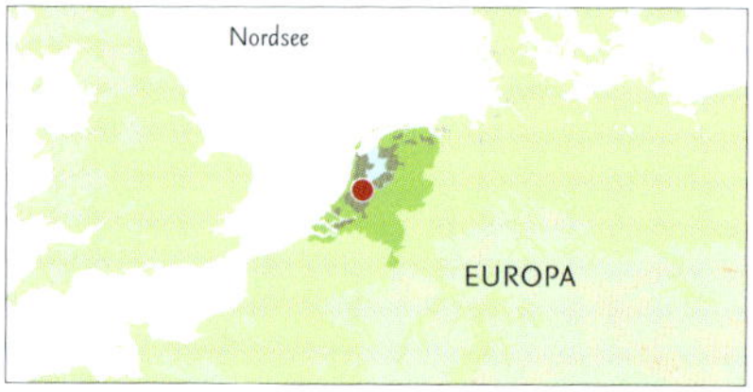

Die innovative Landschaft des Beemster Polder hatte einen starken Einfluss auf Landgewinnungsprojekte in Europa und darüber hinaus. Der Beemster Polder, der in einer Zeit sozialer und wirtschaftlicher Expansion geschaffen wurde, brachte die Wechselbeziehung zwischen der Menschheit und dem Wasser voran.

Die Niederlande verdanken ihre Existenz urbar gemachtem Land wie dem Beemster Polder. Ohne Deiche und ohne Entwässerung lägen 65 Prozent des heutigen Staatsfläche unter Wasser. Der Beemster Polder aus dem 17. Jh. ist der älteste neu gewonnene Landstrich der Niederlande und eines der bemerkenswertesten Gebiete dieser Art. Seine wohlgeordnete Landschaft aus Feldern, Straßen, Kanälen, Deichen und Siedlungen, die nach klassischen Planungsprinzipien angelegt wurden, ist noch erhalten. Die Trockenlegung großer Gebiete wie Beemster wurde durch eine entscheidende Verbesserung der Pumptechnologie ermöglicht, bei der Windmühlen Wasserräder antrieben. Später wurden die Pumpen auf Dampfbetrieb umgestellt, im 20. Jh. dann auf Diesel. Heute wird die Entwässerung von vollautomatischen elektrischen Pumpstationen übernommen.

De Rijp, Beemster Polder
▼

Holzkirchen von Maramureş

Rumänien

Begründung der Aufnahme: Erbe von besonderer menschheitsgeschichtlicher Bedeutung

Die Kirchen von Maramureş sind bemerkenswerte Beispiele für eine traditionelle Holzkirchenarchitektur, die aus dem Zusammentreffen von orthodoxen Traditionen und gotischen Einflüssen entstanden ist. Die acht Kirchen von Maramureş wurden der Tradition gemäß aus Holz errichtet und stehen auf Fundamenten aus Steinblöcken und Kieselfüllungen. Die schmalen, hohen Holzbauten, die von den hohen, schlanken Glockentürmen an ihrem westlichen Ende geprägt sind, zeugen von großer künstlerischer Reife und handwerklichen Fähigkeiten auf hohem Niveau. Die Stätte umfasst folgende Kirchen: Die Kirche des Einzugs der Jungfrau in den Tempel in Bârsana; die Kirche des heiligen Nikolaus in Budeşti; die Kirche des heiligen Paraskeva in Deseşti; die Kirche der Geburt der Jungfrau Maria in Ieud; die Kirche der heiligen Erzengel in Plopiş; die Kirche des heiligen Parasceve in Poienile Izei; die Kirche der heiligen Erzengel in Rogoz und die Kirche der heiligen Erzengel in Şurdeşti.

Typische Holzkirche von Maramureş ►

Die Kirche des Heiligen Parasceve ist eine der ältesten Holzkirchen von Maramureş (1604) und enthüllt zwei Phasen der Entwicklung dieser Gebäude. Die erste erkennt man am unteren Teil der Mauern, wo sich ein Heiligtum mit quadratischem Grundriss befindet. In der zweiten Phase im 18. Jh. wurden die Mauern erhöht und das Innere mit Gemälden verziert.

Historische Stadt Vigan

Philippinen

Begründung der Aufnahme: Zeugnis kulturellen Austauschs, Erbe von besonderer menschheitsgeschichtlicher Bedeutung

Das im 16. Jh. gegründete Vigan ist das am besten erhaltene Beispiel einer geplanten spanischen Kolonialstadt in Asien. Ihre Architektur spiegelt das Zusammentreffen kultureller Elemente aus anderen Gegenden der Philippinen, aus China und aus Europa wider, was zu einer Kultur und einem Stadtbild geführt hat, die in Ost- und Südostasien ohnegleichen sind. Ausschlaggebend für die Entwicklung der Stadt war zwischen dem 16. und dem 19. Jh. der Fluss Mestizo: Große Seeschiffe konnten im Delta anlegen, und kleinere Schiffe verkehrten ins Inland. Heute ist er jedoch wegen Versandung nicht mehr schiffbar, und die Stadt liegt nicht mehr auf einer Insel. Als wichtigstes Handelszentrum der Region trieb Vigan direkt mit China Handel. Außerdem lieferte die Stadt Güter für die Verschiffung nach Mexiko und von dort weiter nach Europa. Durch diesen Handel kam es zu einem ständigen Austausch zwischen Völkern und Kulturen, zwischen Ilokanos, Philippinos, Chinesen, Spaniern und (im 20. Jh.) Nordamerikanern.

Vigans Stadtplan orientiert sich eng an dem traditionellen, schachbrettartigen Plan spanischer Kolonialstädte. Was Vigan unter den Kolonialstädten jedoch einzigartig macht, ist die Verschmelzung von spanischer Tradition mit starken chinesischen, ilokanischen und philippinischen Einflüssen.

Die Stadt liegt im Delta des Flusses Abra, vor der Küstenebene des Südchinesischen Meers in der Nähe der Nordostspitze der Insel Luzon. Heute gehören zu Vigan neun Stadtbezirke und 30 Dörfer. Fast die Hälfte des gesamten Gebiets wird noch immer für die Landwirtschaft genutzt. Der historische Kern wird an zwei Seiten von den Flüsse Govantes und Mestizo begrenzt.

◀ Die St.-Paul-Kathedrale, Vigan

Nationalpark Desembarco del Granma

Kuba

Begründung der Aufnahme: besonderes Naturphänomen, Zeugnis wichtiger Stadien der Erdgeschichte

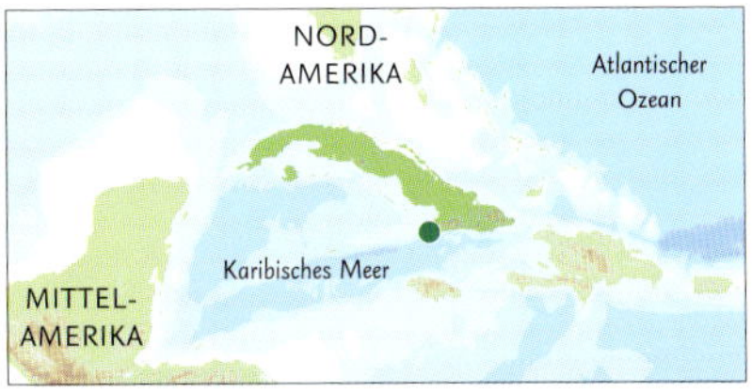

Der Nationalpark liegt in und um Cabo Cruz und umfasst die weltweit größten und am besten erhaltenen marinen Terrassensysteme auf kalkhaltigem Felsen (über und unter dem Meeresspiegel). Außerdem zeichnet er sich durch einige der ursprünglichsten und beeindruckendsten Küstenklippen des westlichen Atlantiks aus. Der Park enthält die meisten Ökosysteme der Region, einschließlich des Korallenriffs von Cabo Cruz, Seegrasflächen und Mangroven sowie alte Unterwasserterrassen, die bis zu 30 m tief sind. In Bezug auf die pflanzliche Artenvielfalt und Endemismen gehört dieses Gebiet zu den bedeutendsten auf Kuba. Außerdem ist es von großem archäologischem Wert, da sich hier ursprünglich Gruppen ansiedelten, die zur Taino-Kultur gehörten, mit der die einheimische Bevölkerung genetisch und spirituell eng verbunden ist. Auch viele Ereignisse, die mit der kubanischen Revolution verknüpft waren, trugen sich im Gebiet von Cabo Cruz zu.

An der Stätte existieren insgesamt 512 Pflanzenarten, von denen etwa 60 Prozent endemisch sind. Dazu kommen 13 Säugetier-, 110 Vogel-, 44 Reptilien- und 7 Amphibienarten. Mehrere Arten sind bedroht und stehen unter Artenschutz, wie etwa der Karibik-Manati und die Kubataube.

Nationalpark Hortobágy – die „Puszta“

Ungarn

Begründung der Aufnahme: Erbe von besonderer menschheitsgeschichtlicher Bedeutung, traditionelle Siedlungsform

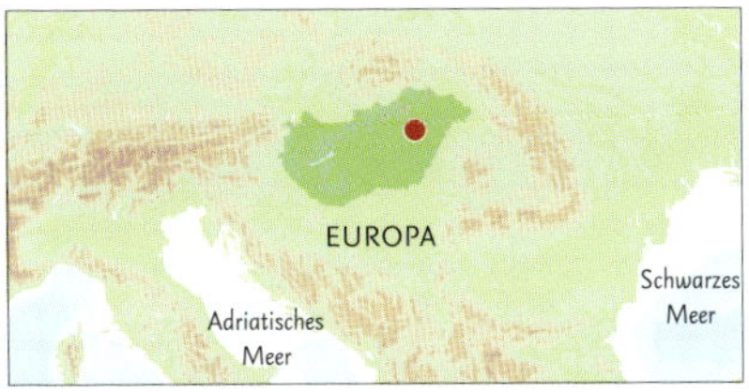

Die Kulturlandschaft des Nationalparks Hortobágy (Puszta) besteht aus einem großen Gebiet aus Ebenen und Feuchtgebieten im Osten Ungarns. Traditionelle Formen der Landnutzung, wie die Beweidung durch Nutztiere, bestehen in dieser ländlichen Region bereits seit zwei Jahrtausenden. Die ältesten noch erhaltenen Bauwerke der Ebenen sind die Steinbrücken, einschließlich der neunbögigen Brücke von Hortobágy, der längsten Steinbrücke Ungarns, und die *Csárdas*, im 18. und 19. Jh. gebaute Dorfschenken, die Reisenden Kost und Logis boten. Die typische *Csárda* besteht aus zwei einstöckigen Gebäuden, die einander gegenüber stehen und mit Stroh, gelegentlich auch mit Schindeln oder Ziegeln gedeckt sind. Sie umfasste eine Schenke, Gästezimmer und Einrichtungen für Pferde und Kutschen.

Der Nationalpark Hortobágy, der erste Nationalpark Ungarns, zeugt von einer traditionellen Nutzung seit mehr als 2000 Jahren, die bis heute besteht und sich durch ein harmonisches Wechselspiel zwischen Mensch und Natur auszeichnet.

Felsbilder von Dazu
China

Begründung der Aufnahme: Meisterwerk menschlicher Schöpferkraft, Zeugnis kulturellen Austauschs, Zeugnis einer Kultur

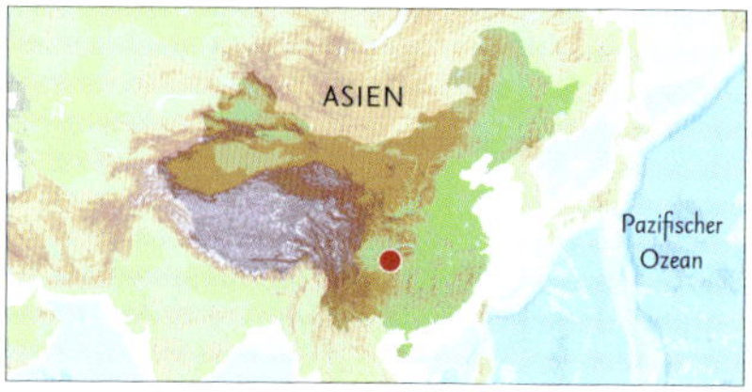

Die Felsbilder von Dazu stellen wegen ihrer hohen ästhetischen Qualität und der Vielfalt an Stilen und Themen den Höhepunkt chinesischer Felsskulptur dar. An den steilen Hügelhängen im Kreis Dazu gibt es Felsskulpturen, die auf das Jahr 650 n. Chr., die Zeit der frühen Tang-Dynastie zurückgehen, doch die meisten entstanden in einer Periode ab dem späten 9. Jh., die über 400 Jahre andauerte. Es gibt 75 geschützte Stätten, die etwa 50 000 Statuen umfassen. Tantrischer Buddhismus aus Indien sowie der chinesische Taoismus und Konfuzianismus trafen hier zusammen, um eine höchst originelle und einflussreiche Manifestation spiritueller Harmonie zu schaffen. Bemerkenswert sind die Skulpturen wegen der dargestellten Themen, die sowohl religiös als auch weltlich sind. Sie gewähren einen Einblick in das Alltagleben in China in dieser Epoche.

An der Stätte Beishan gibt es 264 Nischen mit Statuen, ein Intaglio-Gemälde und acht Säulen mit Inschriften. Insgesamt befinden sich dort 10 000 Felsbilder, von denen die Hälfte den tantrischen Buddhismus zum Thema hat.

Altstadt von Graz
Österreich

Begründung der Aufnahme: Zeugnis kulturellen Austauschs, Erbe von besonderer menschheitsgeschichtlicher Bedeutung

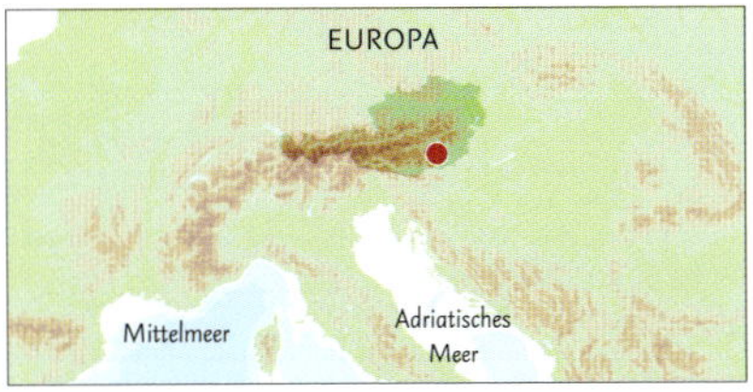

Das historische Zentrum der Stadt Graz spiegelt künstlerische und architektonische Bewegungen aus dem germanischen Raum, dem Balkan und dem Mittelmeerraum wider, die jahrhundertelang in Graz aufeinandertrafen. Zu den Hunderten von Gebäuden, die sowohl historisch als auch architektonisch äußerst interessant sind, gehören das 1614 begonnene Mausoleum Kaiser Ferdinands II., dessen Fassade den Übergang zwischen Renaissance und Barock repräsentiert, und das 1572 begonnene Jesuitenseminar, das die strenge Renaissancearchitektur aufweist, die der Orden seit seiner Ansiedlung in der deutschen Provinz nutzte. Von dem ursprünglichen Schloss, in dem Kaiser Friedrich III. residierte, ist nur noch eine gotische Halle, eine spätgotische Kapelle und eine doppelt gewundene Wendeltreppe aus dem Jahr 1499 erhalten.

An der Stelle einer älteren romanischen Kirche, die dem Hl. Ägidius geweiht war, baute Friedrich III. den heutigen Grazer Dom im spätgotischen Stil (1438–1464). Nach der Verlegung des Bistums Seckau nach Graz wurde diese Kirche St. Ägidius, die 200 Jahre lang ein Zentrum der Gegenreformation war, zur Kathedrale der neuen Diözese ernannt.

Historische Altstadt von Hoi An

Vietnam

Begründung der Aufnahme: Zeugnis kulturellen Austauschs, traditionelle Siedlungsform

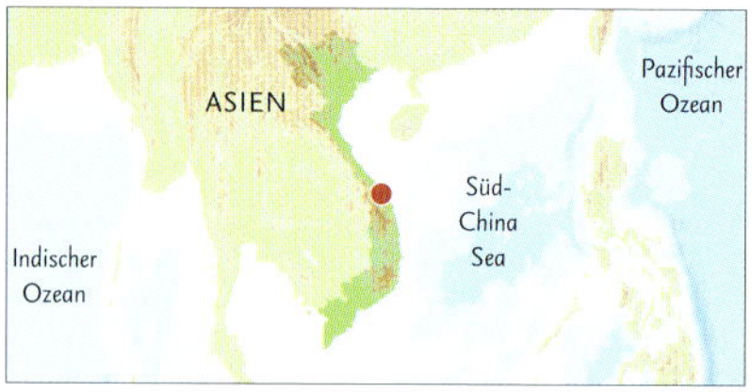

Die historische Altstadt von Hoi An ist ein außerordentlich gut erhaltener südostasiatischer Handelshafen aus dem 15. bis 19. Jh. Ihre Gebäude und ihr Straßennetz spiegeln indigene und fremde Einflüsse wider, die gemeinsam diese einzigartige Stätte hervorbrachten. Die meisten der Gebäude wurden im traditionellen Architekturstil des 19. und 20. Jh. erbaut. Zu ihnen gehören viele Sakralbauten, wie Pagoden, Tempel, Versammlungshäuser usw., die an schmalen Straßen stehen. Der Aufstieg anderer Hafenstädte an der Küste Vietnams, allen voran Da Nang, und die Verlandung des Hafens von Hoi An führten schließlich zu seinem Niedergang. Als Folge dieser wirtschaftlichen Stagnation hat Hoi An als einzige Stadt des Landes sein früheres Erscheinungsbild bemerkenswert vollständig bewahrt.

Die Pagoden stammen fast alle aus dem 19. Jh., auch wenn Inschriften besagen, dass sie bereits im 17. und 18. Jh. gegründet wurden. Sie haben einen viereckigen Grundriss, und ihre Dekoration beschränkt sich weitgehend auf die aufwendigen Dächer. Die größeren Exemplare sind umgeben von Nebengebäuden mit religiösen und weltlichen Funktionen.

Der Hafen von Hoi An ▼

Kulturlandschaft von Sukur

Nigeria

Begründung der Aufnahme: Zeugnis einer Kultur, traditionelle Siedlungsform, Verknüpfung mit Ereignissen von universeller Bedeutung

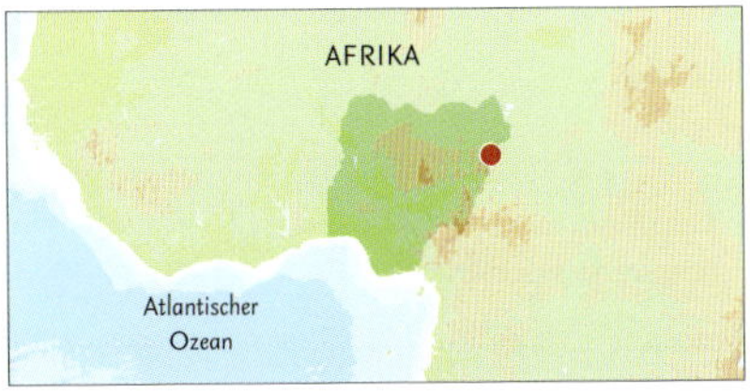

Die Kulturlandschaft Sukur mit dem Palast des Häuptlings („Hidi"), der auf einem Hügel über den Dörfern steht, ist der bemerkenswert vollständige Ausdruck einer Gesellschaft und ihrer spirituellen und materiellen Kultur. Das Gebiet, das auf einem Plateau im Nordosten Nigerias liegt, ist schon seit Jahrhunderten besiedelt. Es gibt dort eine Reihe von Schreinen und Altären, vor allem in und um den Hidi-Palast. Anhand der Einteilung der Friedhöfe auf den umliegenden Hügeln lassen sich komplexe soziale Beziehungen erkennen. Die Überreste zahlreicher ausgedienter Eisenschmelzöfen weisen auf eine durchdachte wirtschaftliche Struktur aus Produktion und Vertrieb hin. Von beträchtlicher sozialer und wirtschaftlicher Bedeutung sind die unterirdischen Quellen, über denen konische Steinbauten stehen und die von einer Umfassungsmauer umgeben sind.

Die Landschaft des Sukur-Plateaus ist von ausgedehnter Terrassierung geprägt, die man auch aus anderen Teilen Nigerias kennt. In erster Linie wurden die Terrassen angelegt, um ebene Flächen für die Landwirtschaft zu gewinnen, aber sie haben auch eine spirituelle Bedeutung, von der ihre heiligen Bäume, Eingänge und rituellen Stätten zeugen.

San Cristóbal de la Laguna (Insel Teneriffa)

Spanien

Begründung der Aufnahme: Zeugnis kulturellen Austauschs, Erbe von besonderer menschheitsgeschichtlicher Bedeutung

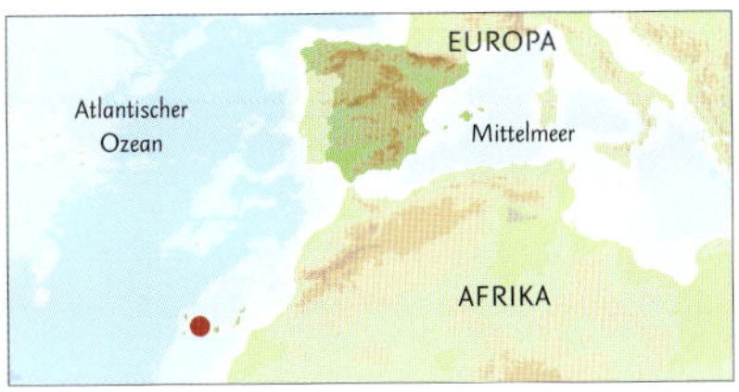

San Cristóbal de La Laguna auf der Kanarischen Insel Teneriffa hat zwei Zentren: die ursprüngliche, ungeplant entstandene Oberstadt und die Unterstadt, das erste nach einem Ordnungsideal angelegte, unbefestigte „Stadt-Territorium". 1502 wurde vom Generalkapitän ein regelmäßiger Stadtplan für das Gebiet entworfen, der auf Leonardo da Vincis Modell für die Stadt Imola basierte. Breite Hauptstraßen verbanden die öffentlichen Plätze und bildeten das Gitter, in das die kleineren Straßen eingefügt wurden. Die dadurch entstandene Unterstadt breitete sich rasch aus und lockte die herrschende Klasse der Insel an; auch klösterliche Gemeinden begannen mit Bauarbeiten. Auf Kosten der Kommune wurde 1521 eine Wasserleitung installiert, und die ersten öffentlichen Gebäude wurden errichtet. Eine Reihe hervorragender Kirchen sowie öffentliche und private Bauten aus dem 16. bis 18. Jh. sind bis heute erhalten.

San Cristóbal de La Laguna wurde 1497 als erste unbefestigte spanische Kolonialstadt gegründet; sie diente als Modell für viele Kolonialstädte auf dem amerikanischen Kontinent.

Schloss Litomyšl (Leitomischl)
Tschechische Republik

Begründung der Aufnahme: Zeugnis kulturellen Austauschs, Erbe von besonderer menschheitsgeschichtlicher Bedeutung

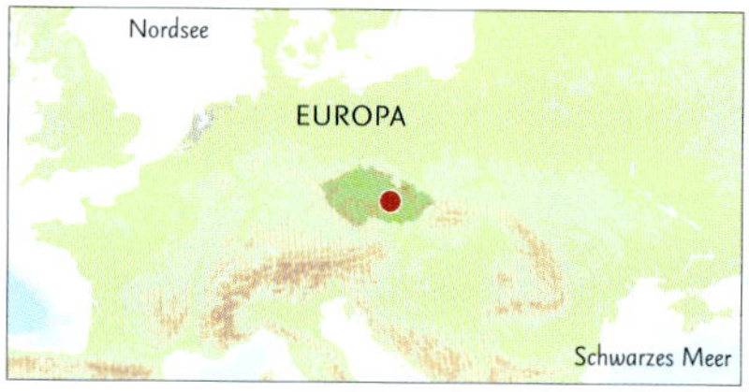

Schloss Litomyšl ist ein herausragendes und makellos erhaltenes Arkadenschloss. Dieser Gebäudetyp bildete sich in Italien heraus und entwickelte sich in Tschechien zu einer speziellen architektonischen Form weiter. Das Schloss repräsentiert auf bemerkenswerte Art und Weise eine mitteleuropäische aristokratische Residenz der Renaissance und ihre weitere Entwicklung unter dem Einfluss neuer künstlerischer Bewegungen. Gestaltung und Dekoration des Schlosses sind besonders raffiniert, einschließlich der späteren Hochbarock-Elemente, die im 18. Jh. hinzugefügt wurden. Ebenfalls gut erhalten ist eine Reihe von Nebengebäuden, die charakteristisch ist für aristokratische Residenzen dieses Typs. Das Interessanteste an diesem Gebäude ist die Brauerei. Sie wurde ursprünglich als Gegenstück zum Schloss gebaut und verbindet stilvoll Elemente aus Hochbarock und Neoklassizismus.

Eines der faszinierendsten Elemente im Inneren des Schlosses ist das neoklassizistische Theater aus dem späten 18. Jh. Es besteht vollständig aus Holz, und in neun Logen und im Parkett finden insgesamt 150 Zuschauer Platz. Seine gemalte Dekoration, die Bühnendekoration und die Bühnenmaschinerie sind noch im Originalzustand erhalten.

Historisches Zentrum von Diamantina
Brasilien

Begründung der Aufnahme: Zeugnis kulturellen Austauschs, Erbe von besonderer menschheitsgeschichtlicher Bedeutung

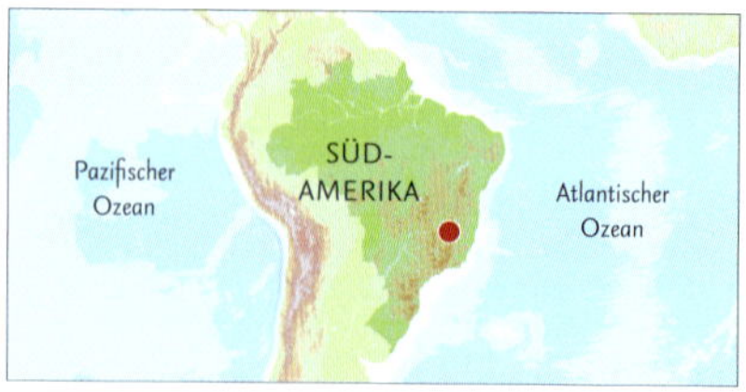

Das Kolonialdorf Diamantina glänzt wie ein Juwel in einer unwirtlichen, felsigen Berglandschaft. Es erinnert an die Erschließung der Gegend durch die Diamantensucher im 18. Jh. und zeugt vom Triumph menschlicher Kultur und künstlerischen Strebens über die natürlichen Gegenbenheiten. Inspiriert durch das Modell einer mittelalterlichen portugiesischen Stadt übertrugen die Kolonisatoren einige architektonische Merkmale ihrer Heimat auf die Kolonie, wobei sie auch die erste Siedlung respektierten und integrierten. Die Architektur wurde wie in den meisten anderen Bergbaudörfern Brasiliens vom Barock inspiriert. Die Straßen sind in einem einzigartig malerischen Stil gepflastert, und der Casario, eine regelmäßige Anordnung von Doppelhäusern aus dem 18. und 19. Jh., hat Fassaden in hellen Farben auf weißem Grund, was die Verwandtschaft zur Architektur des portugiesischen Manierismus zeigt.

In der Stadt finden sich mehrere architektonische Kuriositäten, wie etwa die alte Markthalle, die 1835 erbaut und vor kurzem restauriert wurde, und der Passadiço, eine bedeckte Fußgängerbrücke aus blauweißem Holz. Auch der Chafariz an der Rua Direita in der Nähe der Kathedrale ist bemerkenswert: Es heißt, dass jeder, der aus diesem mit Skulpturen geschmückten Brunnen trinkt, nach Diamantina zurückkehren wird.

Wartburg
Deutschland

Begründung der Aufnahme: Zeugnis einer Kultur, Verknüpfung mit Ereignissen von universeller Bedeutung

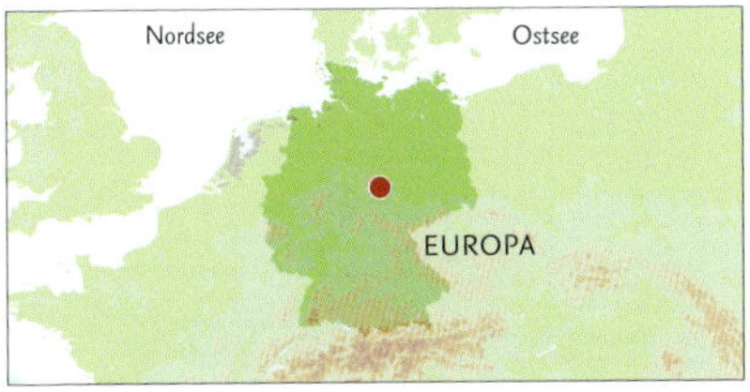

Die Wartburg ist ein bemerkenswertes Monument aus der mitteleuropäischen Feudalzeit. Sie ist verbunden mit bedeutenden kulturellen Ereignissen, vor allem mit Martin Luthers Bibelübersetzung: Der Reformator verbrachte auf der Burg sein Exil und übersetzte dort das Neue Testament ins Deutsche. Die von Wald umgebene Burg steht auf einem Felsausläufer über der Stadt Eisenach. Man erreicht sie am nördlichen Ende des Ausläufers über einen Turm mit Zugbrücke, auf den mehrere Außengebäude folgen, die einen äußeren Hof bilden. Danach erreicht man den unteren Hof, dessen wichtigste Elemente der Burgfried und der Palas sind; an seiner Rückseite liegt das Ritterbad. Der Südturm markiert das andere Ende des Felskamms, und im Zentrum des unteren Hofes steht eine Zisterne. Die Außenanlagen sind teilweise verschüttet oder bereits zu Ruinen verfallen.

Nach den Napoleonischen Kriegen kam ein Nationalgefühl auf, das in der Vorstellung eines alten Deutschlands schwelgte, wie es die Wartburg symbolisiert. Auf Initiative des Großherzogs von Sachsen wurde die Stätte vollständig renoviert: Der Palas wurde aus den Ruinen wieder aufgebaut, die Vorhangfassade wurde restauriert und der Rest der Bauwerke rekonstruiert.

Halbinsel Valdés

Argentinien

Begründung der Aufnahme: bedeutender natürlicher Lebensraum – Biodiversität

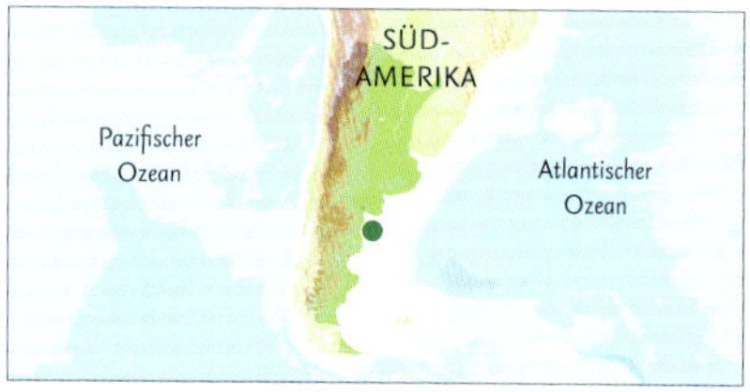

Die Halbinsel Valdés in der argentinischen Provinz Chubut ist eine 4000 km² große Landzunge, die 100 km ostwärts in den Südatlantik hineinragt. Zu der 400 km langen Küstenlinie gehören eine Reihe von Meerbusen, Felsklippen, flache Buchten und Lagunen mit weitläufigen Wattenmeeren, Sand- und Kieselstränden, Küstensanddünen und kleinen Inseln. Die Ameghino-Landenge, die die Halbinsel mit dem übrigen Südamerika verbindet, ist im Durchschnitt nur 11 km breit; mit dem Golfo San José im Norden und dem Golfo Nuevo im Süden hat das Gebiet Inselcharakter.

Es handelt sich um eine Stätte, die für die Erhaltung von Meeressäugern von globaler Bedeutung ist, da die Ufer und das Meer rund um die Halbinsel einen wichtigen Lebensraum für diese Tiere bilden. Eine wichtige Population von Südkapern nutzt die geschützten Gewässer zur Paarung und zum Kalben, und jedes Jahr kommen 1500 Wale zu der Halbinsel. Es gibt einen stabilen Bestand an Orcas in dieser Gegend; die Tiere haben eine einzigartige Jagdstrategie entwickelt, um sich den örtlichen Küstenbedingungen anzupassen. Auch die nördlichste Kolonie des Südlichen See-Elefants befindet sich an der Küste der Halbinsel. Sie erreicht Spitzenzahlen von über 1000 Exemplaren, und es handelt sich zudem um die einzige Kolonie der Welt, bei der ein Zuwachs registriert wurde. Der Südamerikanische Seelöwe pflanzt sich ebenfalls in dieser Gegend in großer Zahl fort.

Darüber hinaus kommen 33 weitere Arten von Meeressäugern vor. Auf der Halbinsel gibt es zudem zahlreiche Landsäugetiere – insgesamt wurden 33 Arten gezählt. Auf der ganzen Insel können riesige Guanako-Herden beobachtet werden. Eine weitere Art ist der Pampashase, der in anderen Teilen des Landes vom Aussterben bedroht ist.

Auf der Halbinsel Valdés findet sich außerdem eine große Vielfalt an Vogelarten. Es kommen 181 Arten vor, darunter 66 Zugvogelarten, z. B. die antarktische Taube, die als bedroht eingeschätzt wird. Die durch die Gezeiten entstandenen Wattflächen und Küstenlagunen der Halbinsel sind wichtige Sammelorte für ziehende Küstenvögel. Mit 40 000 aktiven Nestern, die auf fünf verschiedene Kolonien verteilt sind, ist der Magellan-Pinguin am zahlreichsten vertreten.

Die lokale Orca-Population der Halbinsel Valdés nutzte die Strände, um eine einzigartige und spektakuläre Strategie für die Jagd im flachen Wasser zu entwickeln. Die Orcas schwimmen schnell zum Ufer und treiben dabei Seelöwen oder junge See-Elefanten in die Brandung, wo sie sich ihre Beute schnappen. Allerdings stranden die Wale dabei oft. Man hat erwachsene Orcas beobachtet, die ihren Jungen diese Jagdtechnik beibrachten; dabei ziehen sie manchmal die Beute mehrmals wieder vom Strand, um den Jungen eine Möglichkeit zu geben, das Beutetier zu fangen.

Der Schwanz (Fluke) ► eines eintauchenden Südkapers, direkt vor der Küste der Halbinsel Valdés

Historisches Zentrum von Sighişoara (Schäßburg)

Rumänien

Begründung der Aufnahme: Zeugnis einer Kultur, traditionelle Siedlungsform

Sighişoara, eine kleine, befestigte mittelalterliche Stadt, wurde im 13. Jh. von deutschen Handwerkern und Händlern gegründet. An den Rändern Mitteleuropas spielte sie eine wichtige strategische und wirtschaftliche Rolle. Das historische Zentrum besteht aus der befestigten Zitadelle, die auf einem Plateau mit steilen Hängen steht, und der darunter liegenden Stadt mit ihren bewaldeten Hängen. Abgesehen von neueren Siedlungen aus dem 19. Jh. hat Sighişoara seinen ursprünglichen mittelalterlichen Charakter und sein Netz aus engen Gassen bewahrt. Viele der Häuser haben noch immer einen Gewölbekeller, Werkstätten im Erdgeschoss und die Wohnräume in den oberen Stockwerken. Das Plateau, auf dem die Zitadelle steht, ist von einer Mauer umgeben, und neun der ehemals 14 Türme stehen noch. Der beeindruckende Stundturm dominiert die drei Plätze des historischen Zentrums und bewacht die Treppe, welche die obere Stadt mit der unteren verbindet.

Unter den Baudenkmälern der historischen Altstadt von Sighişoara ist die Kirche des Hl. Nikolaus besonders bemerkenswert. Das typisch gotische Bauwerk steht auf einem Hügel und kann über eine Treppe mit 175 Stufen erreicht werden. Die dekorative Skulptur an der Fassade zeugt von mitteleuropäischen Einflüssen.

Fundstätten fossiler Hominiden von Sterkfontein, Swartkrans und Kromdraai und ihre Umgebung

Südafrika

Begründung der Aufnahme: Zeugnis einer Kultur, Verknüpfung mit Ereignissen von universeller Bedeutung

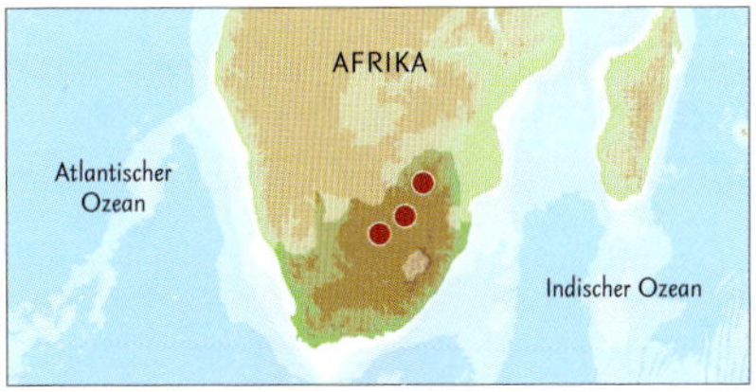

Im Jahr 1924 wurde der berühmte Schädel von Taung gefunden. Dieser als „Kind von Taung" bekannte fossile Überrest stammt von einem Hominiden der Spezies *Australopithecus africanus*. Der Fundort wurde 2005 als Erweiterung der bereits seit 1999 gelisteten Welterbestätte aufgenommen. Das Makapan-Tal, das ebenfalls zum Welterbe gehört, weist in seinen zahlreichen Höhlen archäologische Spuren von Vormenschen auf, die hier lebten und sich entwickelten; die Funde reichen etwa 3,3 Mio. Jahre zurück. In dem Gebiet finden sich bedeutende Elemente, die zur Klärung des Ursprungs und der Evolution der Menschheit beitragen. Die hier gefundenen Fossilien ermöglichten die Bestimmung mehrerer Exemplare früher Hominiden, insbesondere des *Paranthropus*, der vor 4,5 bis 2,5 Mio. Jahren lebte. Außerdem gaben sie Aufschluss über die Kultivierung des Feuers vor 1,8 bis 1 Mio. Jahren.

Das Gebiet Sterkfontein enthält eine große und wissenschaftlich bedeutende Gruppe von Fundstätten, die Aufschluss geben über die frühesten Vorfahren der Menschheit. Dort findet sich ein riesiger Vorrat an wissenschaftlich interessantem Material, das die ältesten Perioden der Menschheitsgeschichte betrifft.

Kulturlandschaft Viñales-Tal

Kuba

Begründung der Aufnahme: Erbe von besonderer menschheitsgeschichtlicher Bedeutung

Das Viñales-Tal ist von Bergen umgeben und von faszinierenden Felsnasen durchsetzt. In der landwirtschaftlichen Produktion, vor allem beim Tabakanbau, kommen noch immer traditionelle Techniken zum Einsatz. Die Qualität dieser Kulturlandschaft wird durch die traditionelle Architektur der Farmen und Dörfer bereichert; dort lebt noch immer eine multi-ethnische Gesellschaft, die von der kulturellen Entwicklung der Karibikinseln und Kubas zeugt.

Das Viñales-Tal liefert den Tabak für die Herstellung der berühmten kubanischen Zigarren. Noch immer kommen traditionelle Produktionsmethoden zum Einsatz. So nutzt man etwa nach wie vor die Zugkraft von Tieren, da Experimente gezeigt haben, dass die Anwendung mechanischer Methoden die Qualität des Tabaks mindert.

Kalvarienberg Zebrzydowska: manieristische Architektur, Parklandschaft und Pilgerpark

Polen

Die Anlage des Kalvarienbergs Zebrzydowska orientierte sich an der Landschaft von Jerusalem zur Zeit Christi. Man verwandte dabei ein Messsystem, das es ermöglichte, die urbanen Eigenschaften Jerusalems symbolisch auf die natürliche Landschaft zu übertragen.

Begründung der Aufnahme: Zeugnis kulturellen Austauschs, Erbe von besonderer menschheitsgeschichtlicher Bedeutung

Der Kalvarienberg Zebrzydowska stellt eine atemberaubende Kulturlandschaft von großer spiritueller Bedeutung dar. In der Gegenreformation im späten 16. Jh. florierte in Europa die Schaffung von Kalvarienbergen. Mikolaj Zebrzydowski, der Woiwode von Krakau, hatte an dieser Stätte bereits eine private Einsiedelei errichtet, als ihn Bernhardinermönchen (Zisterzienser) von einer Erweiterung der ursprünglichen Anlage überzeugten. Die Bauarbeiten für diesen neuen Kalvarienberg begannen 1600; an ihrem Ende umfasste er einen ausgedehnten landschaftlichen Komplex mit zahlreichen Kapellen, die in Bezug auf Form und Thema denen in Jerusalem ähnelten. Er sollte nicht nur von der einheimischen Bevölkerung genutzt werden, sondern auch von Gläubigen aus anderen Gebieten Polens und aus den Nachbarländern. Bemerkenswerterweise ist die Anlage seit ihrer Konzipierung praktisch unverändert geblieben und bis heute eine heilige Pilgerstätte.

Das Kloster des Kalvarienbergs Zebrzydowska ▼

Hadriansvilla (Tivoli)

Italien

Begründung der Aufnahme: Meisterwerk menschlicher Schöpferkraft, Zeugnis kulturellen Austauschs, Zeugnis einer Kultur

Die Hadriansvilla in Tivoli bei Rom ist ein Meisterwerk, das auf einzigartige Weise die höchsten Ausdrucksformen der materiellen Kulturen des antiken Mittelmeerraums vereint. Der Komplex klassischer Gebäude wurde im 2. Jh. vom römischen Kaiser Hadrian errichtet. Er respräsentierte eine Macht, die nach und nach absolut wurde und sich von der Hauptstadt distanzierte. Nach Hadrians Tod im Jahr 138 bevorzugten seine Nachfolger Rom als Dauerwohnsitz, aber die Villa wurde weiterhin vergrößert und verschönert. Das Studieren der Monumente der Villa spielte eine entscheidende Rolle bei der Wiederentdeckung klassischer architektonischer Formelemente in der Renaissance und im Barock. Auch Architekten und Designer aus dem 19. und 20. Jh. wurden von diesen Bauwerken stark beeinflusst.

Die Piazza d'Oro gehört zu den beeindruckendsten Gebäuden der Anlage: Das riesige Peristyl ist von einem Portikus mit zwei Gängen umgeben, dessen Säulen abwechselnd aus Cipollinomarmor und ägyptischem Granit bestehen.

Wassertheater der Hadriansvilla
▼

Nationalpark und Fort von Brimstone Hill

St. Kitts und Nevis

Begründung der Aufnahme: Zeugnis einer Kultur, Erbe von besonderer menschheitsgeschichtlicher Bedeutung

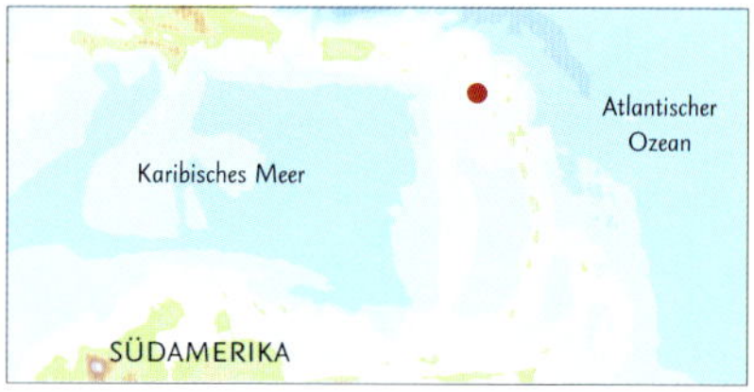

Der Nationalpark Fort Brimstone Hill ist ein hervorragend erhaltenes Beispiel für die Militärarchitektur des 17. und 18. Jh. im karibischen Raum. Von den Briten entworfen und von afrikanischen Sklaven gebaut zeugt die Festung von der kolonialen Expansion Europas, vom Sklavenhandel und vom Aufkommen neuer Gesellschaften in der Karibik. Das Herz der Festung bildet Fort George, ein massives Gemäuer in einwandfreiem Zustand, das sich auf einem der Zwillingsgipfel befindet, die das Ensemble dominieren. Es ist die früheste noch erhaltene britische Befestigungsanlage dieses Typs, den man „polygonales System" nennt, und zugleich das weltweit beste Beispiel für eine Anlage dieser Art. Aufgrund von Kürzungen im britischen Verteidigungsetat wurde die Festung 1853 aufgegeben. Die Holzgebäude wurden versteigert und demontiert; die bearbeiteten Steine der gemauerten Bauwerke wurden geplündert.

Wenn man die Festung betritt, ist das erste Bauwerk die Barriere Redoute. Anschließend folgt das Nordwestwerk, zu dem die starke Magazinbastion mit ihren Wasserauffangvorrichtungen und Zisternen gehört. Es ist mit dem Südostwerk verbunden, dessen wichtigster Bestandteil die Orillon-Bastion ist. Ein auffälliges Element ist hier das bombensichere Artillerielager.

Schutzgebiet Guanacaste

Costa Rica

Begründung der Aufnahme: Schauplatz spezieller ökologischer und biologischer Prozesse, bedeutender natürlicher Lebensraum – Biodiversität

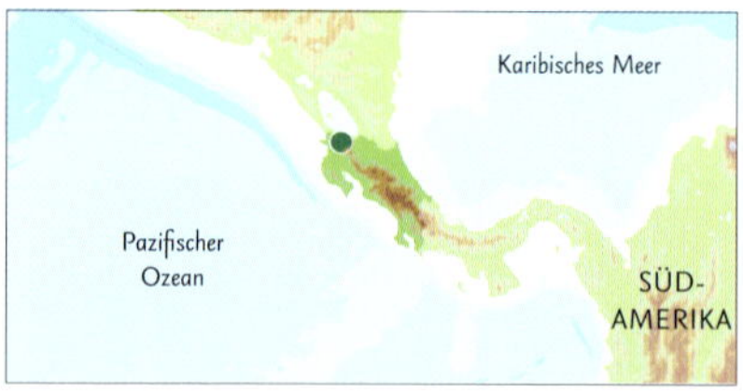

Das Schutzgebiet Guanacaste liegt im Nordwesten Costa Ricas. Es erstreckt sich über 105 km vom Pazifik über die pazifische Küstenebene und drei hohe Vulkane bis hinunter zur atlantischen Küstenebene, und umfasst die Cordillera de Guanacaste und das umliegende Flachland sowie Küstengebiete. Das Schutzgebiet enthält natürliche Lebensräume, die wichtig sind für die Erhaltung der Biodiversität, darunter die besten Trockenwald-Lebensräume zwischen Südamerika und Nordmexiko und wichtige Lebensräume für gefährdete oder seltene Pflanzen- und Tierarten. Zum Meeresschutzgebiet gehören verschiedene küstennahe (überwiegend unbewohnte) Inseln und Inselchen, Zonen auf dem offenen Ozean, Strände, Felsküsten und etwa 20 km Strand, an dem Meeresschildkröten ihre Eier ablegen, sowie eine große Vielfalt an Feuchtgebiet-Ökosystemen (37 Feuchtgebiete). Die Feuchtgebietwälder gelten als die unberührtesten Mittelamerikas und der Welt.

Die Strände von Guanacaste sind von globaler Bedeutung, weil sie Rückzugsgebiete für die vom Aussterben bedrohten Oliv-Bastardschildkröten und Lederschildkröten darstellen. Allein die Strände Naranjo und Nancite beherbergen in der Brut- und Paarungszeit über 250 000 Schildkröten.

Festungsanlagen der Daker in den Bergen von Orastie (Broos)

Rumänien

Begründung der Aufnahme: Zeugnis kulturellen Austauschs, Zeugnis einer Kultur, Erbe von besonderer menschheitsgeschichtlicher Bedeutung

Diese Festungen wurden zwischen dem 1. Jh. v. Chr. und dem 1. Jh. n. Chr. von den Dakern gebaut. Sie sind das Ergebnis einer ungewöhnlichen Verschmelzung von militärischen und religiösen Architekturtechniken mit Konzepten aus der Antike und der späten europäischen Eisenzeit. Die Daker besiedelten den zentralen und westlichen Teil des Gebiets zwischen den Karpaten und der Donau. Es handelte sich dabei um eine typische Eisenzeitkultur, die Landwirtschaft, Viehzucht, Fischerei, Metallbearbeitung und Handel mit der griechisch-römischen Welt betrieb. Die sechs Verteidigungsanlagen, die den Kern des Dakerreichs bildeten, wurden zu Beginn des 2. Jh. von den Römern erobert.

Das System, das die Daker entwickelten, um ihre Hauptstadt Sarmizegetusa Regia zu verteidigen, bestand aus drei verschiedenen Festungselementen: Stätten auf dominanten Anhöhen, Festungen und linearen Verteidigungsanlagen.

Das runde Heiligtum in Sarmizegetusa Regia ▼

Wuyi-Gebirge
China

Begründung der Aufnahme: Zeugnis einer Kultur, Verknüpfung mit Ereignissen von universeller Bedeutung, besonderes Naturphänomen, bedeutender natürlicher Lebensraum – Biodiversität

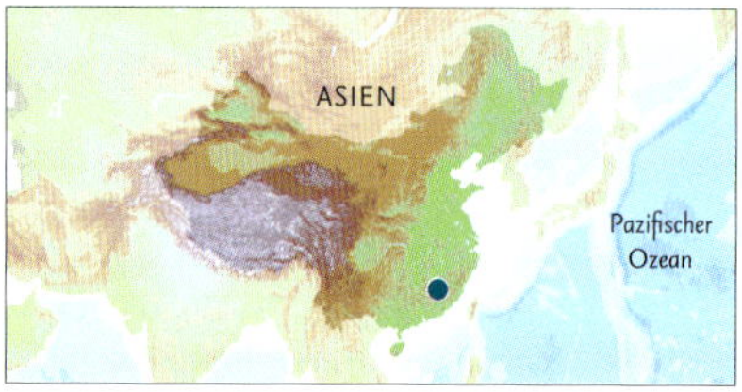

Das Wuyi-Gebirge ist das bedeutendste Gebiet für die Erhaltung der Biodiversität im Südosten Chinas. Zu ihm gehören die weltweit vermutlich größten und am besten erhaltenen feuchten subtropischen Wälder, und die Gegend ist ein Rückszugsgebiet für eine große Anzahl alter reliktischer Arten, von denen viele in China endemisch sind. Die Landschaft des Flusses der neun Windungen (untere Schlucht) ist darüber hinaus außergewöhnlich malerisch: glatte Felsklippen und klares, tiefes Wasser bilden hier einen schönen Kontrast. Die heitere landschaftliche Schönheit wird durch zahlreiche Tempel und Klöster ergänzt, von denen viele heute zerstört sind. Sie bildeten einst den Hintergrund für die Entwicklung und Ausbreitung des Neo-Konfuzianismus. Diese Lehre spielte viele Jahrhunderte lang eine dominante Rolle in den Ländern Ost- und Südostasiens und beeinflusste die Philosophie und Staatsführung in weiten Teilen der Welt.

Das Wuyi-Gebirge fand international Beachtung wegen seiner Vielfalt an seltenen und Tierarten. Zu den bedrohten Arten gehören der Südchinesische Tiger, der Nebelparder, der Schwarze Muntjak und der Chinesische Riesensalamander.

Friedhof von Sammallahdenmäki mit Grabstätten aus der Bronzezeit

Finnland

Begründung der Aufnahme: Zeugnis einer Kultur, Erbe von besonderer menschheitsgeschichtlicher Bedeutung

Der Friedhof von Sammallahdenmäki umfasst 33 Cairns (Steingräber) und stellt die größte und am besten erhaltene Cairn-Stätte in ganz Finnland dar. Er bietet einen einzigartigen Einblick in die Bestattungspraktiken sowie die sozialen und religiösen Strukturen, die vor über drei Jahrtausenden in Nordeuropa vorherrschten. 28 der Steingräber konnten mit Sicherheit auf die frühe Bronzezeit datiert werden. Sie liegen auf dem Kamm und den oberen Hängen eines 700 m langen Bergrückens und sind in unterschiedlichen Gruppen angeordnet. Die Bauwerke bestehen aus Granitbrocken, die aus der Felswand herausgebrochen oder an der Stätte selbst gesammelt wurden. Sie lassen sich gemäß ihrer Form und Größe in verschiedene Gruppen einteilen: Es gibt kleine, runde Cairns, große, hügelartige Cairns und runde Cairns mit Mauern. Sie umgeben Kisten, die aus Steinplatten hergestellt wurden.

Die Stätte ist mit den Ritualen eines Sonnenkults verknüpft, der sich von Skandinavien über die gesamte Region ausbreitete. Zu dieser Zeit war der Hügel von Sammallahdenmäki vollkommen baumfrei und wurde vermutlich ausgesucht, weil man von dort einen freien Blick auf das Meer hatte und die Stätte in alle Richtungen zur Sonne hin offen war.

Paläontologischer Park Miguasha

Kanada

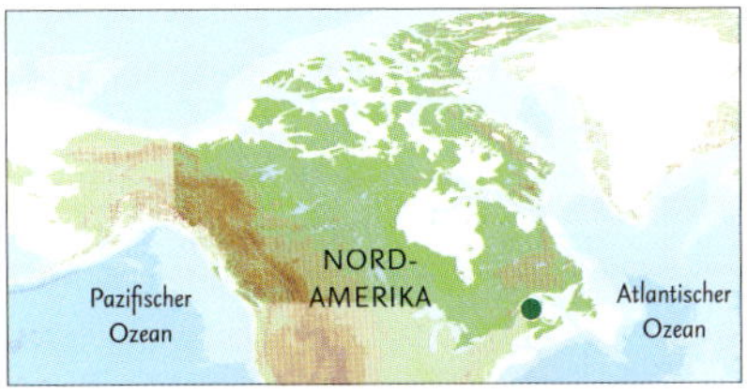

Begründung der Aufnahme: Zeugnis wichtiger Stadien der Erdgeschichte

Der paläontologische Park Miguasha im Südosten Quebecs an der Südküste der Gaspésie-Halbinsel gilt als das herausragendste Zeugnis des Devon, das auch als das „Zeitalter der Fische“ bekannt ist. Die 300 Mio. Jahre alte Escuminac-Formation aus dem Oberen Devon enthält fünf der sechs Gruppen von Fischfossilien, die mit dieser Periode in Verbindung gebracht werden. Die Formation ist von enormer Bedeutung, da in ihr die meisten und am besten erhaltenen Fossilien der Fleischflosser eingelagert sind, welche die Vorfahren der ersten vierbeinigen, luftatmenden Landwirbeltieren (*Tetrapoda*) waren.

Die Stätte zeichnet sich nicht durch die große Anzahl der Fossilien aus, sondern auch den bemerkenswerten Zustand der Funde, der weitere Forschungen erlaubt: So lassen sich z. B. die weichen Körperteile durch Kiemenabdrücke, Verdauungsspuren und Knorpelelemente des Skeletts rekonstruieren.

Bezirk Saint-Émilion

Frankreich

Begründung der Aufnahme: Zeugnis einer Kultur, Erbe von besonderer menschheitsgeschichtlicher Bedeutung

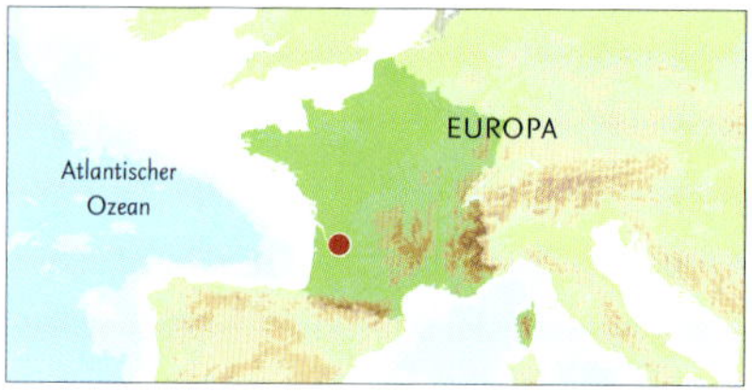

Saint-Émilion ist eine einzigartige historische Weinlandschaft, die bis heute intakt ist. Unter dem römischen Kaiser Augustus wurde der Weinbau in dieser fruchtbaren Region eingeführt. Im Jahr 27 v. Chr. gründete er die Provinz Aquitanien und legte die ersten Weinberge an, wobei er neue Traubenvarianten auf die in dieser Gegend heimische *Vitis biturica* aufpfropfen lies. Der Weinanbau wurde im Mittelalter intensiviert, als die Region um Saint-Émilion von ihrer Lage an der Pilgerroute nach Santiago de Compostela profitierte. Ab dem 11. Jh. wurden dort zahlreiche Kirchen, Klöster und Hospize gebaut. Die Gemeinde erhielt in der Zeit der englischen Herrschaft im 12. Jh. den besonderen Status einer „Jurisdiktion".

Im 18. Jh. wurde die Qualität der Weine aus dieser Region als hervorragend anerkannt. Darüber hinaus zeichnete sich Saint-Émilion durch seine Innovationen aus, wie z. B. die Gründung des ersten Weinverbandes 1884 und die erste Genossenschaftskellerei in der Gironde 1932.

Westlicher Kaukasus

Russische Föderation

Begründung der Aufnahme: Schauplatz spezieller ökologischer und biologischer Prozesse, bedeutender natürlicher Lebensraum – Biodiversität

Der westliche Kaukasus erstreckt sich im äußersten Westen des Kaukasusgebirges über 2750 km² und liegt 50 km nordöstlich des Schwarzen Meeres. Er gehört zu den wenigen großen europäischen Gebirgsregionen, in die der Mensch noch nicht wesentlich eingegriffen hat. Seine subalpinen und alpinen Weiden werden nur von Wildtieren abgegrast, und die ausgedehnten Gebiete mit unberührtem Bergwald, die vom Flachland bis in die subalpine Zone reichen, sind einzigartig in Europa. Die Gegend umfasst eine große Vielfalt an Ökosystemen mit wichtigen endemischen Pflanzen und Tieren. Außerdem handelt es sich um das Gebiet, in dem der Bergwisent, eine Unterart des Wisents, seinen Ursprung hat bzw. wiedereingeführt wurde.

Da das Gebiet kaum durch den Menschen beeinträchtigt wurde, konnten ökologische Prozesse jahrtausendelang auf natürliche Weise ablaufen. Dies bietet außergewöhnliche Gelegenheiten, sowohl das Konkurrenzverhalten zwischen Grasfressern als auch die Interaktionen zwischen Raubtier und Beute zu studieren.

Nationalpark Unterirdischer Fluss bei Puerto-Princesa

Philippinen

Begründung der Aufnahme: besonderes Naturphänomen, bedeutender natürlicher Lebensraum – Biodiversität

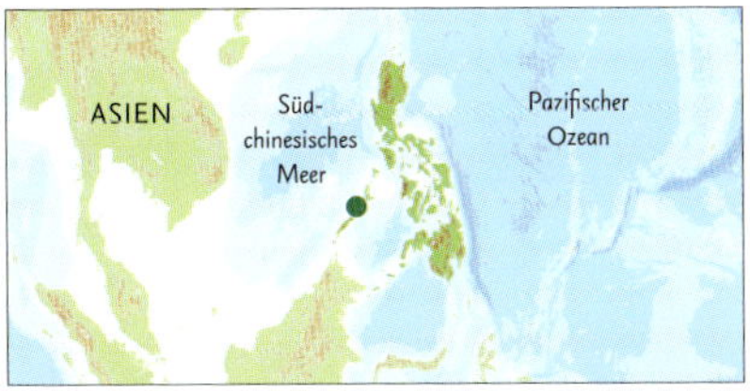

Der Nationalpark umfasst eine spektakuläre Kalkstein-Karstlandschaft mit einem unterirdischen Fluss. Eines der interessantesten Merkmale des Flusses besteht darin, dass er direkt ins Meer fließt und sein unterer Abschnitt dem Einfluss der Gezeiten ausgesetzt ist. Das Gebiet ist außerdem bedeutend für den Erhalt der Biodiversität. Der Park enthält das vollständige Ökosystem einer Berg-Meer-Übergangszone und einige der wichtigsten Wälder Asiens.

Die spektakuläre Karstlandschaft weist sowohl Karstmerkmale an der Oberfläche auf als auch ein ausgedehntes, 8,2 km langes unterirdisches Flusssystem. Mit seinen bis zu 120 m breiten und 60 m hohen Kammern ist es eines der ungewöhnlichsten auf der Welt.

Lorbeerwald „Laurisilva" von Madeira

Portugal

Begründung der Aufnahme: Schauplatz spezieller ökologischer und biologischer Prozesse, bedeutender natürlicher Lebensraum – Biodiversität

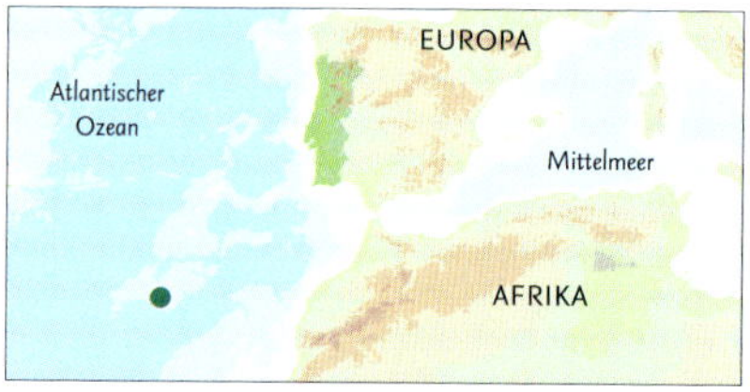

Der Lorbeerwald „Laurisilva" von Madeira ist der bemerkenswerte Überrest einer sehr interessanten, fast ausgestorbenen Flora. Durch Fossilien wurde erwiesen, dass diese Art der Vegetation im Tertiär, vor 15–40 Mio. Jahren, den Großteil Südeuropas bedeckt hatte. Heute ist sie jedoch auf die Azoren, Madeira und die Kanarischen Inseln beschränkt. Der Laurisilva auf Madeira ist mit seinen 150 km^2 innerhalb des 270 km^2 großen Naturreservats das größte noch erhaltene Lorbeerwaldgebiet; mit geschätzten 90 Prozent Primärwald ist es in einem sehr guten Zustand. Seine bemerkenswerte biologische Vielfalt umfasst mindestens 66 auf der Insel endemische Gefäßpflanzenarten und zahlreiche endemische Tierarten, wie beispielsweise die Silberhalstaube.

Die uralten Bäume des Lorbeerwaldes in den Talsohlen, an den Wasserfällen und auf den Klippen bieten einen malerischen Anblick. Sie sind von großem ökologischem Wert, da sie Wasser sammeln und Feuchtigkeit speichern, und auf diese Weise das Mikroklima bewahren und den Wasserhaushalt stabilisieren.

Altstadt (Chorá) mit dem Kloster des Hl. Johannes und der Höhle der Apokalypse auf der Insel Patmos

Griechenland

Begründung der Aufnahme: Zeugnis einer Kultur, Erbe von besonderer menschheitsgeschichtlicher Bedeutung, Verknüpfung mit Ereignissen von universeller Bedeutung

Die kleine Insel Patmos, die zur Dodekanes-Inselgruppe gehört, gilt als der Ort, an dem der Hl. Johannes sowohl sein Evangelium als auch die Apokalypse verfasste, zwei der heiligsten Werke des Christentums.

Das Kloster des Hagios Ioannis Theologos (Hl. Johannes d. Theologe) und die Höhle der Apokalypse bestehen seit dem späten 10. Jh. auf der Insel Patmos, der nördlichsten Insel der Inselgruppe Dodekanes. Zusammen mit der dazugehörigen mittelalterlichen Siedlung Chorá stellt das Kloster ein bemerkenswertes traditionelles griechisch-orthodoxes Pilgerzentrum dar, das architektonisch ganz besonders interessant ist. Die Stadt Chorá gehört zu den wenigen Siedlungsgebieten in Griechenland, die sich seit dem 12. Jh. ununterbrochen entwickelt haben. Es gibt nur wenige andere Orte auf der Welt, an denen religiöse Zeremonien aus der frühchristlichen Zeit noch immer unverändert lebendig sind.

Das Kloster des Hl. Johannes „des Theologen"
▼

Lorentz-Nationalpark

Indonesien

Begründung der Aufnahme: Zeugnis wichtiger Stadien der Erdgeschichte, Schauplatz spezieller ökologischer und biologischer Prozesse, bedeutender natürlicher Lebensraum – Biodiversität

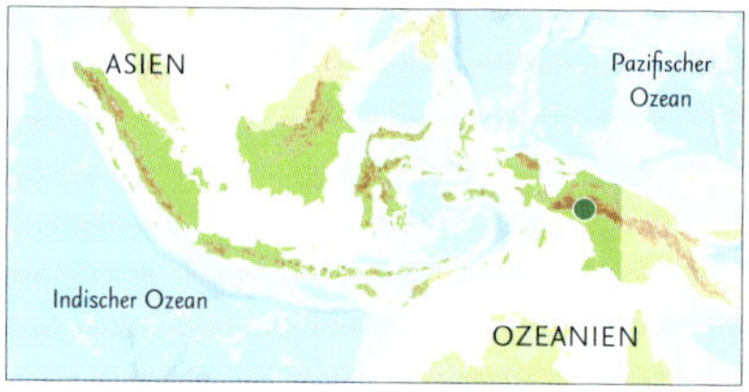

Der 25 000 km² große Lorentz-Nationalpark stellt das größte Schutzgebiet Südostasiens dar. Als weltweit einziges Schutzgebiet umfasst es ein kontinuierliches und intaktes Profil, das von vergletscherten Bergen über ausgedehnte Flachland-Feuchgebiete bis hin zu einem tropischen Meereslebensraum reicht. Da sich der Nationalpark an der Bruchstelle zweier Kontinentalplatten befindet, hat das Gebiet eine komplizierte Geologie: Es wird sowohl durch kontinuierliche Prozesse der Gebirgsbildung als auch durch glaziale Überformung geprägt. Bemerkenswert ist der Park auch wegen seiner Fossilienfundstätten, die Informationen über die Evolution des Lebens auf Neuguinea liefern. Außerdem schützt er zahlreiche Endemismen und die höchste Biodiversität der Region.

Der Park besteht aus zwei sehr unterschiedlichen Zonen: Dem sumpfigen Tiefland und der Hochgebirgszone der zentralen Kordilleren. Letztere ist eine von nur drei Äquatorialregionen, die hoch genug sind, um dauerhaft vereist zu sein.

Schreine und Tempel von Nikko

Japan

Begründung der Aufnahme: Meisterwerk menschlicher Schöpferkraft, Erbe von besonderer menschheitsgeschichtlicher Bedeutung, Verknüpfung mit Ereignissen von universeller Bedeutung

Die Schreine und Tempel von Nikko bilden zusammen mit ihrer natürlichen Umgebung seit Jahrhunderten eine heilige Stätte, die für ihre architektonischen und dekorativen Meisterwerke berühmt ist. Diese sind eng mit der Geschichte des Tokugawa-Shogunats verbunden.

Die Schreine und Tempel und ihre Umgebung sind geprägt von der shintoistischen Auffassung der Beziehung zwischen Mensch und Natur. In dieser heute noch lebendigen religiösen Praxis gelten Berge und Wälder als heilig.

◄ Der Toshogu-Tempel in Nikko

Archäologische Stätte Xochicalco

Mexiko

Begründung der Aufnahme: Zeugnis einer Kultur, Erbe von besonderer menschheitsgeschichtlicher Bedeutung

Xochicalco ist ein bemerkenswert gut erhaltenes Beispiel für ein befestigtes politisches, religiöses und wirtschaftliches Zentrum aus der Epiklassik Mesoamerikas. Seine Architektur und Kunst sind das Ergebnis einer Verschmelzung kultureller Elemente aus verschiedenen Teilen Mesoamerikas in der turbulenten Periode zwischen 650 und 900, die auf das Auseinanderbrechen der großen mesoamerikanischen Staaten Teotihuacan, Monte Albán, Palenque und Tikal folgte. Die intensive kulturelle Umgruppierung, die der Zusammenbruch dieser früheren politischen Strukturen nach sich zog, beflügelte das Wachstum der Stadt. Sie wurde auf einer Reihe natürlicher Hügel errichtet. Der höchste von ihnen bildete mit zahlreichen öffentlichen Gebäuden das Herz der Siedlung, aber auch auf den sechs niedrigeren Hügeln, die ihn umgeben, wurden Spuren einer Besiedelung gefunden.

In dieser Stadt fanden Bauarbeiten in einem beachtlichen Umfang statt. Durch Terrassierung und massive Stützmauern entstand eine Reihe von freien Flächen, die von Plattformen und pyramidalen Strukturen bestimmt wurden. Sie waren durch ein komplexes System aus Treppen, Terrassen und Rampen verbunden.

Südöstliche atlantische Regenwälder

Brasilien

Begründung der Aufnahme: besonderes Naturphänomen, Schauplatz spezieller ökologischer und biologischer Prozesse, bedeutender natürlicher Lebensraum – Biodiversität

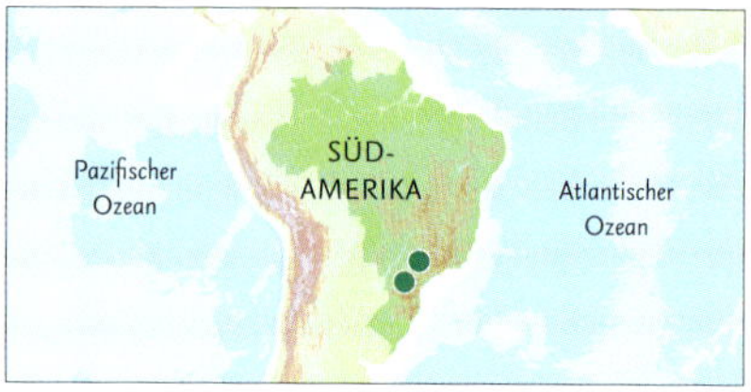

Die 25 Schutzgebiete, die diese Stätte bilden, enthalten einige der ausgedehntesten Restbestände atlantischen Regenwalds in Brasilien. Sie veranschaulichen den biologischen Reichtum und die Evolutionsgeschichte eines der reichsten und gefährdetsten Lebensräume der Welt. Von den dicht bewaldeten Bergen bis hinunter zu den Feuchtgebieten und Küsteninseln mit isolierten Bergen und Dünen erstreckt sich das Gebiet, das eine vielfältige natürliche Umwelt von großer landschaftlicher Schönheit umfasst. Die atlantischen Regenwälder, die seit der Eiszeit teilweise isoliert sind, haben sich zu einem außerordentlich komplexen Ökosystem mit zahlreichen Endemismen (70 Prozent der Baumarten; 85 Prozent der Primaten und 39 Prozent aller Säugetiere) entwickelt. In manchen Gegenden findet man über 450 verschiedene Baumarten pro Hektar; dies zeigt, dass die Vielfalt an Holzgewächsen größer ist als im Amazonas-Regenwald.

Die Reservate enthalten eine äußerst vielfältige Fauna, zu der einige vom Aussterben bedrohte Arten gehören. Es kommen etwa 120 Säugetierarten vor, einschließlich Jaguar (Abb. unten), Ozelot, Waldhund und La-Plata-Otter. Darunter sind auch 20 Fledermausarten und mehrere gefährdete Primatenarten, insbesondere Spinnenaffe und Brauner Brüllaffe.

Cueva de las Manos (Höhlenmalereien), Río Pinturas

Argentinien

Begründung der Aufnahme: Zeugnis einer Kultur

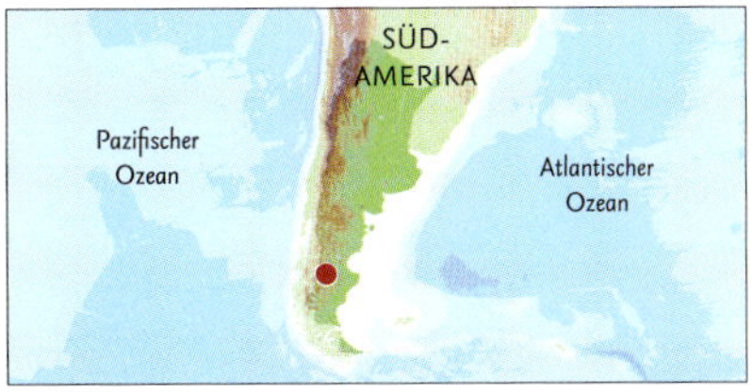

Die Cueva de las Manos, in der Schlucht des Río Pinturas enthält bemerkenswerte Höhlenmalereien, die vor 13 000 bis 9500 Jahren angefertigt wurden. Den Namen „Höhle der Hände" erhielt sie wegen der schablonierten Umrisse menschlicher Hände, doch gibt es in der Höhle auch Bilder von Jagdszenen und viele Tierdarstellungen, etwa von Guanakos, die in der Region noch immer verbreitet sind. Die Menschen, die diese Malereien angefertigt haben, könnten die Vorfahren der historischen Jäger-und-Sammler-Gesellschaften Patagoniens sein, auf welche die europäischen Siedler im 19. Jh. trafen.

Die Jagdszenen in den Höhlen stellen Tiere und Menschen dar, die dynamisch und natürlich interagieren. Verschiedene Jagdstrategien sind dort abgebildet: Es werden z. B. Tiere dargestellt, die von Jägern umzingelt, in einen Hinterhalt gelockt oder mit Bolas, Wurfwaffen, an deren Ende sich ein Gewicht befindet, angegriffen werden.

Welterbestätte seit
• • • • • • 1978 • 1979 • 1980 • 1981 • 1982 • 1983 • 1984 • 1985 • 1986 • 1987 • 1988 • 1989 • 1990 • 1991 • 1992 • 1993 • 1994 • 1995 • 1996 • 1997 • 1998 • 1999 • **2000**

Ummauerter Teil von Baku mit Schirwanschah-Palast und Jungfrauenturm

Aserbaidschan

Begründung der Aufnahme: Erbe von besonderer menschheitsgeschichtlicher Bedeutung

Der ummauerte Teil von Baku steht an einer Stelle, die schon seit dem Paläolithikum bewohnt wurde; dort finden sich Zeugnisse der Zoroastrier, Sassaniden, Araber, Perser, Schirwaner, Osmanen und Russen in kultureller Kontinuität. Um die innere Stadt (Icheri Sheher) sind noch immer weite Teile der Verteidigungsmauern aus dem 12. Jh. erhalten. Der Jungfrauenturm Giz Galasy aus demselben Jahrhundert wurde über älteren Bauwerken errichtet, die aus dem 7. bis 6. Jh. v. Chr. stammen; der Palast der Schirwanschahs ist eine der Perlen der aserbaidschanischen Architektur.

◀ Jungfrauenturm

Der achtstöckige Jungfrauenturm ist ein einzigartiges Monument aserbaidschanischer Architektur. Das faszinierende zylindrische Bauwerk entstand in zwei Epochen: Die drei unteren Stockwerke wurden bereits im 7. oder 6. Jh. v. Chr. als Sternwarte oder Feuertempel errichtet.

Schloss Kronborg
Dänemark

Begründung der Aufnahme: Erbe von besonderer menschheitsgeschichtlicher Bedeutung

Das strategisch günstig gelegene königliche Schloss Kronborg bei Helsingør überblickt den Sund, die Meerenge zwischen Schweden und Dänemark. Für die dänische Bevölkerung hat es einen sehr großen symbolischen Wert. Der Bau des herausragenden Renaissance-Schlosses begann 1574. 1629 brannte Kronborg bis auf die Grundmauern ab. Christian IV. veranlasste den sofortigen Wiederaufbau des Schlosses, der sich im Großen und Ganzen am ursprünglichen Aussehen orientierte. Unter Friedrich III. und Christian V. wurden große Befestigungsanlagen errichtet, die Friedrich IV. beträchtlich erweiterte. Das Schloss selbst erfuhr grundlegende bauliche Sanierungen und Veränderungen. 1785 wurde das Gebäude vom Militär übernommen. Das bis heute vollständig erhaltene Schloss ist weltweit unter dem Namen Elsinore bekannt, da es unter diesem Namen als Handlungsort von Shakespeares Hamlet diente.

Der Festsaal des Schlosses besaß ursprünglich eine Decke mit großartigen Schnitzereien und Vergoldungen; die Wände waren mit Wandteppichen geschmückt. Lediglich 14 der Wandteppiche, die an der Nordwand hingen und dänische Könige darstellten, sind noch erhalten. Sieben davon sind weiterhin in Kronborg ausgestellt, die restlichen befinden sich im Nationalmuseum in Kopenhagen.

Greater Blue Mountains
Australien

Begründung der Aufnahme: Schauplatz spezieller ökologischer und biologischer Prozesse, bedeutender natürlicher Lebensraum – Biodiversität

Die Greater Blue Mountains sind eine überwiegend bewaldete Landschaft auf einer Sandstein-Hochebene, die ungefähr 60 km westlich von Sydney beginnt. Zum Welterbe gehören acht Schutzgebiete: die Nationalparks Blue Mountains, Wollemi, Yengo, Nattai, Kanangra-Boyd, Gardens of Stone und Thirlmere Lakes sowie das Jenolan Caves Karst Conservation-Reservat. Die Hochebene bot Schutz vor den klimatischen Veränderungen in der jüngeren geologischen Geschichte und ermöglicht so das Überleben einer großen Tier- und Pflanzenvielfalt.
Die Landschaft variiert von hartlaubigen Feucht- und Trockenwäldern bis zu Mallee- und Heidegebieten und ist besonders wegen ihrer zahlreichen Eukalyptus-Vorkommen und der Vielfalt an Eukalyptus-Arten bekannt. Unter den 101 hier vorkommenden Eukalyptus-Arten (mehr als 14 % des weltweiten Vorkommens) sind 12, die vermutlich nur in den Sandsteinlandschaften bei Sydney wachsen.

In den Greater Blue Mountains finden sich Reliktarten von globaler Bedeutung. Zu den berühmtesten gehört die erst kürzlich entdeckte Wollemi-Kiefer, ein „lebendes Fossil", das auf das Zeitalter der Dinosaurier zurückgeht. Die wenigen verbliebenen Exemplare dieser Art, von der man annahm, dass sie seit Millionen von Jahren ausgestorben sei, wachsen lediglich in drei kleinen Populationen in entlegenen Schluchten.

Aussichtspunkt Wollondilly, Nattai-Nationalpark ▼

Gartenreich Dessau-Wörlitz

Deutschland

Begründung der Aufnahme: Zeugnis kulturellen Austauschs, Erbe von besonderer menschheitsgeschichtlicher Bedeutung

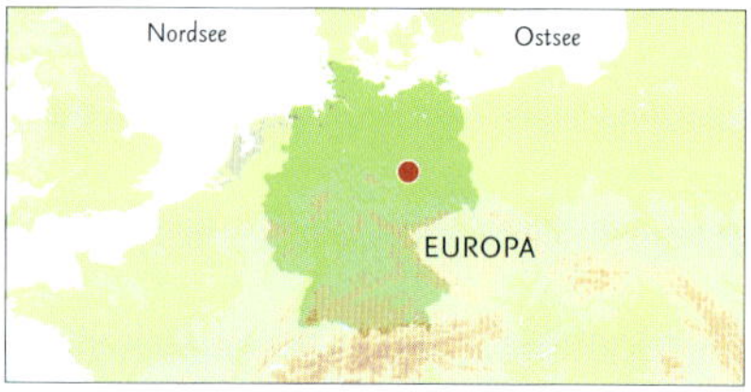

Das Gartenreich Dessau-Wörlitz ist ein herausragendes Beispiel für die praktische Umsetzung der philosophischen Grundsätze der Aufklärung in Form einer Landschaftsgestaltung, welche Kunst, Bildung und Wirtschaft zu einem harmonischen Ganzen vereint. Den ersten Versuch einer groß angelegten Landschaftsgestaltung stellte der Plan für Oranienbaum im Jahre 1683 dar: Stadt, Schloss und Park wurden gemeinsam angelegt. Das Barock-Ensemble, welches deutlich die niederländischen Einflüsse des Baumeisters Cornelis Ryckwaert zeigt, ist bis heute vollständig erhalten. Um 1700 wurden in einer Weiterführung des Projekts sumpfige Gebiete an der Elbe erschlossen und Dörfer und Gehöfte angelegt. Die letzte Phase der Gestaltung, die sich auf das gesamte Fürstentum erstreckte, fand unter Prinz Leopold III. Friedrich Franz statt.

Prinz Leopold III. Friedrich Franz (1740–1817) entwickelte die bereits vorhandene gestaltete Landschaft auf bemerkenswerte Art weiter. Als er starb, war aus dem ganzen Fürstentum ein einziger großer Garten geworden, dessen charakteristische Merkmale bis heute erhalten sind.

Die drei Burgen von Bellinzona

Schweiz

Begründung der Aufnahme: Erbe von besonderer menschheitsgeschichtlicher Bedeutung

Die Wehranlage von Bellinzona besteht aus einer Gruppe von Befestigungen um die Burg Castelgrande, die von einem felsigen Gipfel aus das komplette Tessintal überblickt. Eine Reihe von Festungswällen, die von der Burg ausgehen, schützt die alte Stadt und verwehrt den Durchgang durch das Tal. Die zweite Burg, Montebello, ist integraler Bestandteil der Wehranlage, während die dritte Burg, Sasso Corbaro, einzeln auf einem Felsvorsprung südöstlich der anderen Befestigungsanlagen steht.

Die Wehranlage von Bellinzona ist das letzte erhaltene Beispiel mittelalterlicher Militärarchitektur in der gesamten Alpenregion.

◄ Die Türme der Burg Castelgrande

Naturpark Drakensberg (Qathlamba)

Südafrika

Begründung der Aufnahme: Meisterwerk menschlicher Schöpferkraft, Zeugnis einer Kultur, besonderes Naturphänomen, bedeutender natürlicher Lebensraum – Biodiversität

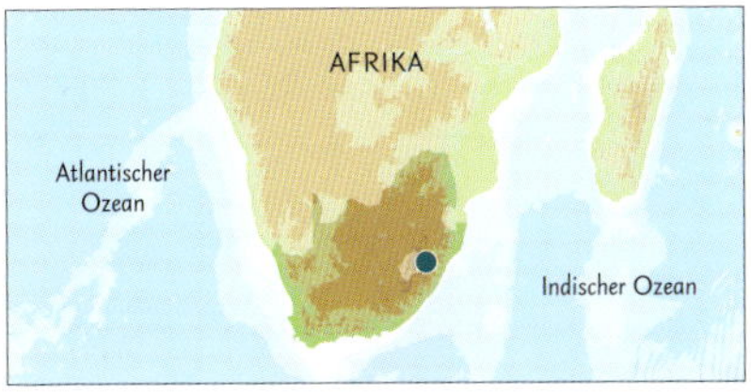

Der Naturpark Drakensberg oder Qathlamba ist das größte Schutzgebiet auf der Großen Randstufe des südafrikanischen Subkontinents. Es umfasst einen nördlichen und einen wesentlich größeren südlichen Teil. Die Topografie des Gebiets ist bemerkenswert vielfältig: Sie umfasst Basalt- und Sandsteinfelsen, tiefe Täler, die von Bergausläufern durchschnitten werden, und weite Hochebenen. Unter den insgesamt 2153 in der Gegend vorkommenden Pflanzenarten befinden sich zahlreiche international und national bedrohte Arten. Zur Fauna des Naturparks gehören 48 Säugetier-, 296 Vogel-, 48 Reptil-, 26 Amphibien- und acht Fischarten. Zudem befindet sich in den Höhlen und an den Felsüberhängen der spektakulären Landschaft die größte und dichteste Anhäufung von Felsmalereien in Afrika südlich der Sahara. Die Malereien sind in einem Zeitraum von 4000 Jahren vom Volk der San geschaffen worden.

Topografie, Klimaeinflüsse, Bodenbeschaffenheit, geologische Bedingungen, Gefälle, Entwässerung und Feuer bestimmen die Vegetation im Park. Das Gebiet ist in drei Höhezonen unterteilt, die jeweils die typischen topografischen Merkmale aufweisen: Flusstäler, Bergausläufer und das Gipfelplateau.

Das Giant's-Castle-Game-Reservat im Herzen des Naturparks Drakensberg ▼

Steinerne Stadt von Sansibar

Vereinigte Republik Tansania

Begründung der Aufnahme: Zeugnis kulturellen Austauschs, Zeugnis einer Kultur, Verknüpfung mit Ereignissen von universeller Bedeutung

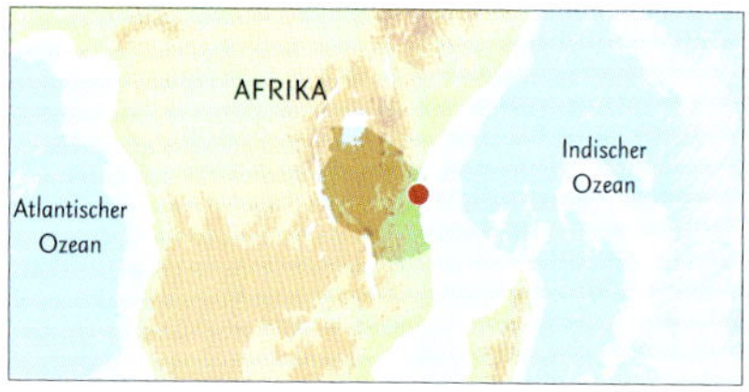

Die Steinerne Stadt auf Sansibar ist ein besonders schönes Beispiel einer suahelischen Handelsstadt an der ostafrikanischen Küste. Die urbanen Strukturen und die Stadtsilhouette sind fast vollständig erhalten. Zahlreiche kunstvolle Gebäude zeugen von einer Kultur, die über mehr als ein Jahrtausend unterschiedliche Elemente afrikanischer, arabischer, indischer und europäischer Kulturen zusammenbrachte und miteinander verschmolz.

Über Jahrhunderte bestanden intensive Handelsbeziehungen zwischen Asien und Afrika, die sich heute noch in der Architektur und den urbanen Strukturen der Steinernen Stadt widerspiegeln. Zudem hat Sansibar eine große historische Bedeutung in der Geschichte der Sklaverei, da es eine Schlüsselrolle im arabischen Sklavenhandel gespielt hat.

Sansibar gehörte zu einem lockeren Bündnis kleiner Stadtstaaten entlang der Küste, das im 18. Jh. aktiv war. Der Name diese Bündnisses – *Zenj bar* – leitet sich von dem persisch-arabischen Ausdruck für „Küste der Schwarzen“ ab. Araber siedelten sich bereits ab dem 10. Jh. auf Sansibar an.

Ende des 15. Jh. ließen sich die Portugiesen in der Region nieder und nutzten sie als Basis für Expeditionen. Sie wurden jedoch im 17. Jh. von omanischen Arabern vertrieben. Bis ins 20. Jh. rekrutierte sich die Führungselite Sansibars aus Arabern.

Die Omaner trieben Handel mit Gewürzen, Elfenbein und Sklaven und machten die Stadt zum bedeutendsten Sklavenhafen in Ostafrika: Im 19. Jh. wurden schätzungsweise 50 000 Sklaven von Sansibar aus weitergehandelt. Die Stadtherren und Kaufleute konnten dadurch Reichtum ansammeln und schmückten die Steinerne Stadt, den ältesten Teil der Stadt, mit Palästen und beeindruckenden Villen. Die typisch suahelische Architektur wurde von den massiv gebauten, mehrstöckigen Flachdach-Blöcken aus gemörteltem Korallengestein im omanischen Stil überlagert. Die Moschee mit Minarett stammt aus dieser Zeit. Eine weitere architektonische Komponente – der Anbau breiter Veranden – ist indischen Ursprungs.

Unter der Herrschaft von Sultan Barghash (1870–1888) begann die moderne Phase der Stadtentwicklung. Sein eindrucksvollster architektonischer Beitrag zur Steinernen Stadt ist das „Haus der Wunder“, doch als wichtigstes Vermächtnis hinterließ er der Stadt ein Wasserleitungsnetz. Die letzte Phase der Stadtentwicklung setzte 1890 ein, als Sansibar britisches Protektorat wurde. Die Briten führten die Kolonialarchitektur ein, aber auch Merkmale islamischer Architektur aus Istanbul und Marokko.

Die restaurierte frühere Apotheke birgt heute das Kulturzentrum der Steinernen Stadt. ▶

Von der historischen Entwicklung der Steinernen Stadt erzählt das Netz der schmalen, gewundenen Gassen, die beim ungeplanten Bau der Häuser und Werkstätten entstanden sind. Es gibt nur wenige öffentliche Plätze, aber zahlreiche zu den Häusern gehörende Innenhöfe. Der meistverwendete Baustoff ist mit dickem Kalkmörtel zusammengehaltenes Korallengestein, das verputzt und getüncht wurde.

Die traditionelle Architektur der Steinernen Stadt besteht vornehmlich aus zweistöckigen Häusern mit langen, schmalen Räumen um einen offenen Innenhof, der über einen schmalen Korridor betreten werden kann.

Weihrauchbäume des Wadi Dawkah und Stätten des Weihrauchhandels in Dhofar

Oman

Begründung der Aufnahme: Zeugnis einer Kultur, Erbe von besonderer menschheitsgeschichtlicher Bedeutung

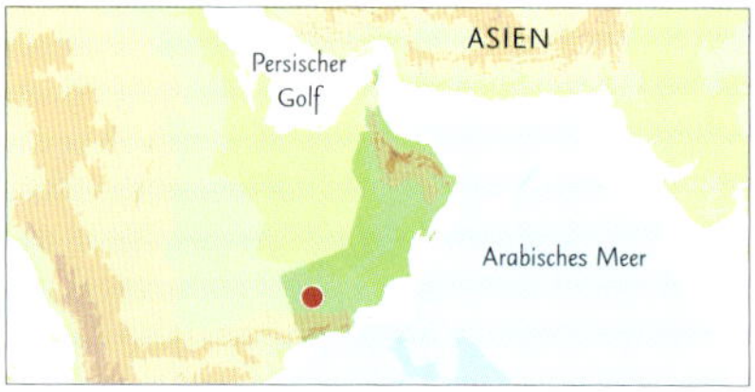

Diese Gruppe archäologischer Stätten im Oman steht für die Produktion und die Verbreitung von Weihrauch, einem der wichtigsten Luxusartikel der Antike. Er wurde zwischen den Regionen am Mittelmeer und Roten Meer und Mesopotamien, Indien und China gehandelt. Die Stätten bilden zusammen ein bemerkenswertes Zeugnis der Kulturen, die vom Neolithikum bis in die späten islamischen Epochen im Süden der Arabischen Halbinsel florierten. Die Oase Shishr und die Zwischenlager Khor Rori und Al-Baleed sind hervorragende Beispiele für befestigte mittelalterliche Siedlungen in der Golfregion. Sie waren bedeutende Stationen an der Weihrauchstraße. Als Ursprungsort des antiken Weihrauchs können die drei Gebiete in der Region Dhofar ausgemacht werden, in denen auch heute noch Weihrauchbäume zu finden sind; repräsentiert werden sie durch den Park der Weihrauchbäume von Wadi Dawkah.

Der Hafen von Sumhuram / Khor Rori wurde Ende des 1. Jh. gegründet, um in Dhofar den Weihrauchhandel zu kontrollieren. Indische Seeleute, die im Austausch für den Weihrauch Baumwollstoffe, Getreide und Öl brachten, überwinterten dort in Erwartung der günstigen Monsunwinde, die sie nach Hause bringen würden.

Monumentales Tor, Khor Rori ▼

Kurische Nehrung

Litauen und Russische Föderation

Begründung der Aufnahme: traditionelle Siedlungsform

Diese 98 km lange und 0,4 bis 4 km breite Halbinsel aus Sanddünen wurde seit prähistorischer Zeit von Menschen besiedelt. Sie ist seit jeher von Wind und Wellen bedroht und nur deswegen noch erhalten, weil die Menschen unaufhörlich gegen die Erosion durch die Naturgewalten gekämpft haben. Auch heute noch wird dies auf drastische Weise durch die ständigen Stabilisierungs- und Aufforstungsmaßnahmen deutlich. Das bedeutendste Element des Kulturerbes Kurische Nehrung sind die alten Fischerdörfer. Die ersten davon verschwanden im Sand, nachdem der Wald auf der Insel fast vollständig gerodet worden war. Die noch erhaltenen Dörfer liegen alle an der Küste des Haffs. Ende des 19. Jh. begann man damit, neben den traditionellen einfachen Behausungen aufwendigere Gebäude – Leuchttürme, Kirchen, Schulen und Villen – zu errichten.

Die noch verbliebenen Gebäude von kultureller Bedeutung sind die Häuser der Fischer, die während des 19. Jh. entstanden. Ursprünglich wurden die Häuser aus Holz gebaut und mit Reet gedeckt. Ein Gehöft bestand aus zwei oder drei Gebäuden: einem Wohnhaus, einem Viehstall und einer Räucherkammer für das Pökeln der Fische.

Sanddünen auf der Kurischen Nehrung
▼

Kaiserliche Grabstätten der Ming- und der Qing-Dynastie

China

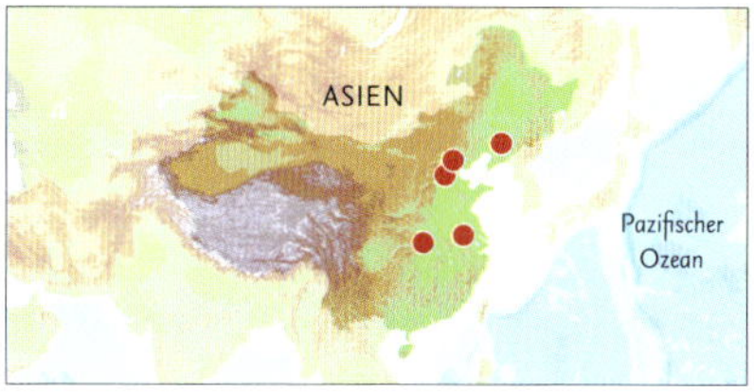

Begründung der Aufnahme: Meisterwerk menschlicher Schöpferkraft, Zeugnis kulturellen Austauschs, Zeugnis einer Kultur, Erbe von besonderer menschheitsgeschichtlicher Bedeutung, Verknüpfung mit Ereignissen von universeller Bedeutung

Dieses Kulturerbe besteht aus sieben Gruppen von Grabstätten in fünf Provinzen Ost-Chinas. Die nach den chinesischen Prinzipien der Geomantik angelegten Grabstätten sind ein herausragendes Zeugnis der chinesischen Glaubensvorstellungen und Traditionen seit dem 14. Jh. Die Stätten zeichnen sich durch das Bestreben aus, eine Harmonie zwischen der natürlichen Umgebung und den Bauten herzustellen.

Als Standort wurde ein flaches oder breites Tal gewählt, mit einer Bergkette im Norden, die im Rücken der Grabstätten liegen sollte, und einer niedrigeren Erhebung im Süden. Im Osten und Westen musste der Standort von Hügelketten umrahmt sein, zudem sollte er zumindest einen Wasserlauf aufweisen. Zu den Grabstätten führte eine mehrere Kilometer lange Straße, die auch Weg der Seelen genannt wird.

Die westliche Qing-Grabstätte besteht aus 14 kaiserlichen Gräbern und zwei Gebäudekomplexen: dem tibetisch-buddhistischen Yongfu-Tempel und dem Palast, in dem die kaiserliche Familie in Zeiten der Totenehrung residierte. Die östliche Qing-Grabstätte umfasst 15 Mausoleen, in denen 161 Menschen begraben wurden – Kaiser, Kaiserinnen, Konkubinen und Prinzessinnen.

Westliche Qing-Gräber ▼

Historisches Stadtzentrum von Arequipa

Peru

Begründung der Aufnahme: Meisterwerk menschlicher Schöpferkraft, Erbe von besonderer menschheitsgeschichtlicher Bedeutung

Das vornehmlich aus Sillar, einer weichen Vulkangesteinsart, erbaute historische Stadtzentrum von Arequipa verbindet meisterhaft europäischen und einheimischen Baustil. Die Kombination der unterschiedlichen Einflüsse zeigt sich in den mächtigen Stadtmauern, den Bogengängen und Gewölben, den Innenhöfen und Plätzen sowie den aufwendigen Barockverzierungen an den Fassaden. Zum Weltkulturerbe gehören 14 Gebäudeblöcke in ursprünglicher spanischer Gestaltung und 24 Gebäudeblöcke aus der Kolonialzeit und dem 19. Jh. Das Herz der Altstadt bildet der Plaza de Armas (Plaza Mayor) mit seiner Kathedrale aus der Mitte des 19. Jh., dem wichtigsten klassizistischen Sakralbau des Landes. An einer Seite des Platzes befindet sich die Kirche La Compañia mit ihren Kreuzgängen, die ein typisches Beispiel für die Periode des Mestizen-Barock Ende des 18. Jh. darstellt.

Fassade der Jesuiten-Kirche, Arequipa ▲

Eine weitere Eigenheit der Architektur Arequipas sind die zahlreichen *Casonas*, wohlproportionierte Häuser im einheimischen Stil. Im historischen Stadtkern finden sich an die 500 *Casonas*, von denen über 250 unter Denkmalschutz gestellt wurden. Die glatten Oberflächen der schweren Gebäude wurden mit Ornamenten in breiten runden Rahmen oder mit Reliefs verziert.

Altstadt von Verona

Italien

Begründung der Aufnahme: Zeugnis kulturellen Austauschs, Erbe von besonderer menschheitsgeschichtlicher Bedeutung

Die Altstadt von Verona entstand im 1. Jh. v. Chr. Sie florierte im 13. und 14. Jh. unter der Herrschaft der Skaliger und vom 15. bis zum 18. Jh. als Teil der Republik Venedig. In Verona sind zahlreiche Monumente aus der Antike, dem Mittelalter und der Renaissance erhalten. Den Stadtkern bildet das römische Verona in der Schleife der Etsch. Dort befinden sich die Stadttore, das Theater und die Arena von Verona – das zweitgrößte Amphitheater nach dem Kolosseum in Rom. Das Herz Veronas bildet das Ensemble aus der Piazza delle Erbe und der Piazza dei Signori mit ihren historischen Bauten, zu denen auch der Palazzo del Comune, der Palazzo del Governo, die Loggia del Consiglio, die Arche Scaligere und das Domus Nova gehören.

Der im 6. Jh. errichtete Dom wurde nach einem Erdbeben im 12. Jh. wieder aufgebaut. Auf der im 14. Jh. fertiggestellten Fassade aus Veroneser Marmor stellen Basreliefs verschiedene religiöse und weltliche Geschichten dar. Der schöne Kreuzgang mit Arkaden aus Doppelsäulen stammt aus dem 12. Jh.

Der Dom in der Etsch-Schleife, Verona
▼

Ruinen von León Viejo

Nicaragua

Begründung der Aufnahme: Zeugnis einer Kultur, Erbe von besonderer menschheitsgeschichtlicher Bedeutung

León Viejo gehört zu den ältesten spanischen Kolonialsiedlungen in Amerika. Die Stadt wurde 1524 von Francisco Hernández de Córdoba gegründet, der von Panama aus entsandt worden war, um die Pazifik-Region nordwärts bis nach Tezoatega (das heutige Dorf El Viejo) zu erobern. Die Stadt im äußersten Nordosten der Küste des damals als León bezeichneten Sees entwickelte sich wie viele Kolonialstädte in Südamerika rund um einen zentralen Platz. Um 1545 erlebte León Viejo, obgleich mit nicht mehr als 200 spanischen Einwohnern relativ klein, seine Blütezeit. Die Stadt war nach einem Schachbrettmuster angelegt. Bei Ausgrabungen fand man eine Kathedrale, den Konvent La Merced und die Königliche Gießerei.

Die Ermordung von Bischof Antonio de Valdivieso im Jahre 1550 schien eine Wendung des Schicksals zu markieren: Es verbreitete sich der Glaube, durch den Mord sei ein Fluch über die Stadt gekommen, denn in den darauf folgenden Jahren wurde sie von Natur- und Wirtschaftskatastrophen heimgesucht.

Der Ausbruch des nahegelegenen Vulkans Momotombo im Jahre 1578 führte in Kombination mit der rasenden Inflation dazu, dass die reicheren Einwohner die Stadt verließen. 1603 gab es in León Viejo nur noch zehn Häuser. Der endgültige Schicksalsschlag war ein schweres Erdbeben am 11. Januar 1610, das die letzten Überreste der Stadt zerstörte. Man entschloss sich, die Siedlung zu verlegen.

Frühchristlicher Friedhof von Pécs (Fünfkirchen)

Ungarn

Begründung der Aufnahme: Zeugnis einer Kultur, Erbe von besonderer menschheitsgeschichtlicher Bedeutung

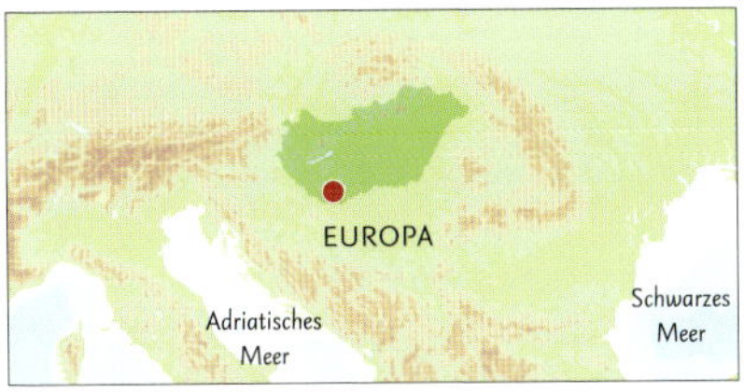

Im 4. Jh. wurde auf einem Friedhof in der römischen Provinzstadt Sopianae, dem heutigen Pécs, eine bemerkenswerte Reihe verzierter Grabstätten errichtet. Zum Weltkulturerbe gehören sechzehn Grabmonumente, die sowohl baulich als auch architektonisch bedeutend sind, denn es handelt sich um unterirdische Grabkammern, über denen sich Gedenkkapellen befinden. Zudem sind die Gräber von künstlerischer Bedeutung, da sie reich verziert wurden mit hochwertigen Wandmalereien mit christlicher Thematik. Eine der bemerkenswertesten Grabstätten ist die Grabkammer I (Peter-Paul-Grabkammer), die in die Hänge der Mecsek-Hügel geschlagen wurde. Diese 1782 entdeckte Grabstätte aus dem späten 4. Jh. besteht aus einer oberirdischen Kapelle, einer unterirdischen Grabkammer mit vorzüglichen sakralen Wandmalereien und einem kleinen Vorhof, der in die Grabkammer führt.

Die Grabkammern zeigen die einzigartige frühchristliche Grabmalkunst und -architektur der nördlichen und westlichen römischen Provinzen. In einer der bemerkenswertesten Kammern befindet sich über dem Sarkophag eine Nische, in der ein Krug mit Wein und ein Glas gemalt sind, die den Durst der Seele auf der Reise ins Jenseits symbolisieren.

Holzkirchen von Chiloé
Chile

Begründung der Aufnahme: Zeugnis kulturellen Austauschs, Zeugnis einer Kultur

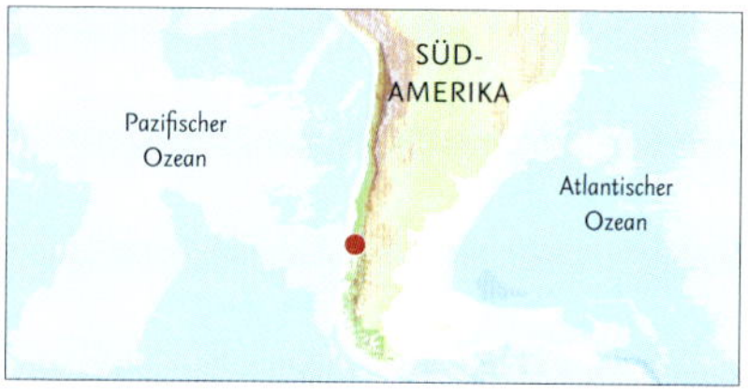

Die Kirchen von Chiloé sind ein herausragendes Beispiel für die gelungene Verschmelzung europäischer und indigener Kulturtraditionen, aus der eine einzigartige Holzarchitektur hervorgegangen ist. Die Holzkirchen sind der Höhepunkt der im Chiloé-Archipel noch heute bestehenden Mestizen-Kultur, die in Folge der missionarischen Aktivitäten der Jesuiten im 17. und 18. Jh. entstanden ist. Ende des 19. Jh. gab es über 100 dieser Kirchen, von denen zwischen 50 und 60 noch heute erhalten sind. 14 davon gehören zum Weltkulturerbe: Die Kirchen Achao und Quinchao auf Quinchao; Castro, Rilán und Nércon in Castro; Aldachildo in Puqueldón; Vilipulli in Chonchi; Tenaún und Colo in Quemchi; San Juan und Dalcahue in Dalcahue. Die typischen Chiloé-Kirchen liegen nahe der Küste an einer Promenade.

Ein typisches Merkmal dieser Kirchen ist die Turmfassade, die zur Promenade hin blickt. Diese besteht aus einem Eingangsportico, der Giebelwand bzw. dem Giebeldreieck und dem Turm selbst. Die meisten von ihnen haben zwei oder drei Stockwerke und sechs- bzw. achteckige Tambouren, um den Windwiderstand zu mindern.

Industrielandschaft Blaenavon
Großbritannien

Begründung der Aufnahme: Zeugnis einer Kultur, Erbe von besonderer menschheitsgeschichtlicher Bedeutung

Die Region um Blaenavon zeugt von der herausragenden Bedeutung, die das südliche Wales als weltgrößter Hersteller von Eisen und Kohle im 19. Jh. innehatte. Noch heute sind hier Kohle- und Erzminen, Steinbrüche, ein primitives Schienennetz, Schmelzöfen, Arbeiterhütten und die soziale Infrastruktur der Gemeinde erhalten. Als die Bevölkerungszahlen in den 1840er- und 1850er-Jahren durch den Zuzug von Wanderarbeitern anstiegen, entwickelte sich aus den verstreuten Arbeiterhäusern und der dazugehörigen Schule, der Kirche und den Kapellen eine Stadt mit entsprechenden Einrichtungen. Dabei bildeten sich drei Hauptgruppen von Gebäuden – eine rund um die Eisenproduktionsstätte, eine entlang der Ost-West-Achse, der heutigen King's Street, und eine dritte rund um die St. Peter-Kirche.

Big Pit, die letzte aktive Kohlegrube von Blaenavon, stellte 1980 ihren Betrieb ein. Heute ist Big Pit ein Museum für Kohleförderung von internationaler Bedeutung und eines von nur zwei Museen in Großbritannien, in denen auch Besichtigungen unter Tage möglich sind.

Historische Stadt St. George mit Festungsanlagen (Bermudas)

Großbritannien

Begründung der Aufnahme: Erbe von besonderer menschheitsgeschichtlicher Bedeutung

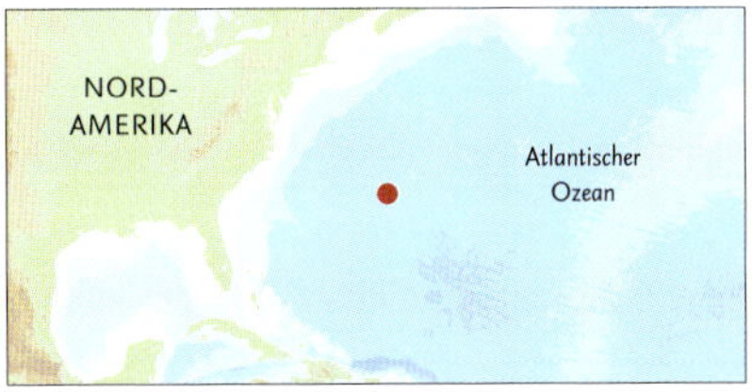

Die historische Stadt St. George ist ein herausragendes Beispiel für eine befestigte Kolonialstadt aus dem frühen 17. Jh. Es handelt sich dabei um die älteste englische Stadt in der Neuen Welt. St. George war schon von früh an eine Garnisonsstadt, und auf seiner Ostseite entstanden militärische Einrichtungen. Die erste der zahlreichen Kasernen wurde 1780 auf dem Barrack Hill erbaut. Später folgten andere Gebäude, wie Krankenhäuser und eine Kapelle, die nach der typischen britischen Militärbauart, aber aus einheimischen Materialien errichtet wurden. Die Festungsanlagen der Stadt zeigen anschaulich die Entwicklung der englischen Militärtechnik vom 17. bis zum 20. Jh. In dieser Zeitspanne erfolgten Anpassungen an die Entwicklungen im Bereich der Artillerie. Die Anlage wurde noch bis zur Einstellung der Küstenverteidigung 1956 genutzt.

Die Architektur der Bermudas hat sich seit Ende des 17. Jh. kaum verändert. Die einfachen, gut proportionierten Häuser mit ein oder zwei Stockwerken sind mit weiß gestrichenen Steinplatten gedeckt. Es gibt auch ein paar eindrucksvolle Herrenhäuser aus dem 19. Jh. wie Bridge House, Hunter Building oder Whitehall, die mit beeindruckenden Balkonen und Veranden geschmückt sind.

Archäologisches Ensemble von Tárraco (Tarragona)

Spanien

Begründung der Aufnahme: Zeugnis kulturellen Austauschs, Zeugnis einer Kultur

Tárraco, das heutige Tarragona, war eine bedeutende Verwaltungs- und Handelsstadt des römischen Spaniens und Zentrum des Kaiserkults in den iberischen Provinzen. Die Stadt war mit zahlreichen herrlichen Gebäuden ausgestattet, von denen Teile bei Ausgrabungen entdeckt wurden. Auch wenn von den meisten dieser Bauwerke nur noch Ruinen übrig sind, die oft unter neueren Gebäuden liegen, sind sie doch ein anschauliches Zeugnis der einstigen Größe der römischen Provinzhauptstadt.

◄ Der Römische Zirkus

Die römische Stadt lag auf einem Hügel. Der Sitz der Provinzregierung befand sich auf dem Gipfel und zwei darunter angelegten Terrassen. Noch heute sind zahlreiche Ruinen, aber auch vollständig erhaltene Gebäude in der Stadt zu besichtigen.

Loiretal zwischen Sully-sur-Loire und Chalonnes

Frankreich

Begründung der Aufnahme: Meisterwerk menschlicher Schöpferkraft, Zeugnis kulturellen Austauschs, Erbe von besonderer menschheitsgeschichtlicher Bedeutung

Das Loiretal ist eine Kulturlandschaft von außerordentlicher Schönheit. Ihre historischen Städte und Dörfer und ihre Schlösser, die großartige Baudenkmäler sind, liegen in einer Landschaft, die von einer 2000-jährigen Wechselbeziehung zwischen den Menschen und ihrer natürlichen Umwelt, vor allem der Loire selbst, geprägt ist. Bemerkenswert ist das architektonische Erbe von hoher Qualität in historischen Städten wie Blois, Chinon, Orléans, Saumur und Tours, vor allem aber das der weltbekannten Schlösser, wie dem Château de Chambord (Abb. rechts).

Fast der gesamte zum Welterbe gehörende Abschnitt des Loiretals ist von Deichen geschützt. Am Ufer des Flusses liegen in Abständen von nur wenigen Kilometern zahlreiche Dörfer sowie kleine und große Städte. Zwischen den dicht besiedelten Stadtgebieten liegen Gärten, Jagdwälder und Weingüter (die teilweise auf Überschwemmungen angewiesen sind).

Die Römer prägten maßgeblich die Landschaft, und ihr Einfluss ist bis heute an der Lage der Siedlungen, der Form der Städte und dem Straßennetz erkennbar. Die Loire war eine der wichtigsten Handels- und Verkehrswege in Gallien. In der späten römischen Periode um 372 gründete St. Martin, der Bischof von Tours, ein Kloster in Marmoutier, welches in den folgenden Jahrhunderten als Modell für weitere Klostersiedlungen im Loiretal diente. Tours war schon früh eine Pilgerstätte, und die zahlreichen Klöster und befestigten Siedlungen in der Gegend wurden im Mittelalter zum Ausgangspunkt für weitere Ansiedlungen.

Im Hundertjährigen Krieg (1337–1453) war das Loiretal als Frontgebiet der Schauplatz zahlreicher Auseinandersetzungen zwischen Franzosen und Engländern. Die Burgen wurden zu mächtigen Festungen um- und ausgebaut, den Vorläufern der heutigen Schlösser. Die andauernde Bedrohung, die die Engländer für Paris darstellten, führte dazu, dass der französische Hof für lange Zeit in Tours untergebracht war. Mit dem Ende des Krieges wurde aus dem Tal eine ideale Heimstätte des Humanismus und der Renaissance, die allmählich in Frankreich Fuß fassten. Im Zuge dieser Entwicklung wurden die Festungsanlagen um die Burgen abgebaut, und es entstanden Schlösser, die dem Vergnügen und der Erholung dienten.

Im 17. bis 18. Jh. entwickelte sich eine säkularisierte kommerzielle Wirtschaft, die auf Industrie und Handel basierte. Die romantische Darstellung des Loiretals durch Maler und Schriftsteller im 19. Jh. machte aus der Region eine Touristenattraktion, zunächst für Besucher aus Frankreich, später dann aus ganz Europa und dem Rest der Welt.

Château de Chambord ▶

Das Loirebecken umfasst eine große Region in West- und Mittelfrankreich, welche sich vom Zentralmassiv bis zur Mündung an der Atlantikküste erstreckt. Im Loiretal zwischen Orléans und Angers bestimmen niedrige Tuff- und Kalksteinklippen die Landschaft. Das Tal blickt auf eine lange Geschichte immer wiederkehrender katastrophaler Überschwemmungen zurück, deren Daten an zahlreichen Orten entlang der Ufer sorgfältig in Stein dokumentiert wurden. Selbst heute leben die Anwohner unter der ständigen Bedrohung starker Überschwemmungen. Die meisten wasserbaulichen Maßnahmen an der Loire zielen darauf, dieses Risiko einzudämmen.

Schutzgebiet Zentral-Amazonas

Brasilien

Begründung der Aufnahme: Schauplatz spezieller ökologischer und biologischer Prozesse, bedeutender natürlicher Lebensraum – Biodiversität

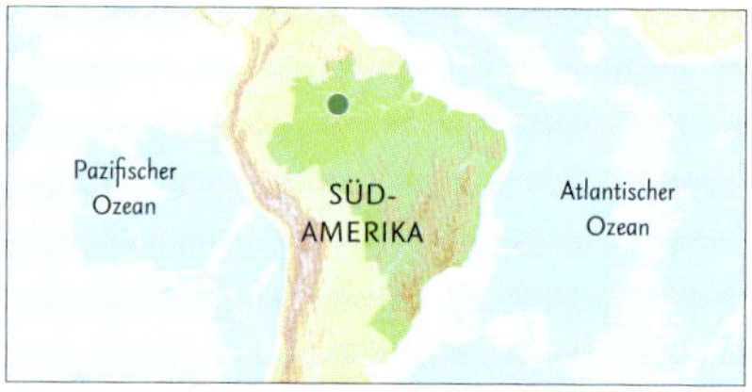

Das Schutzgebiet Zentral-Amazonas ist das größte Schutzgebiet im Amazonasbecken (über 60 000 km²) und eine der Regionen mit der reichsten Biodiversität weltweit. Zum Erbe gehört der Nationalpark Jaú, das Mamirauà-Reservat für nachhaltige Entwicklung, das Amanã-Reservat für nachhaltige Entwicklung und die Anavilhanas Ökostation. Das Gebiet umfasst eine wichtige Auswahl jährlich überfluteter Ökosysteme (várzea), Igapó-Wälder, Seen und Kanäle, die gemeinsam ein sich ständig veränderndes Wassermosaik bilden und das weltweit größte Vorkommen elektrischer Fische beherbergen. Im Park leben zahlreiche bedrohte Tierarten, darunter Jaguare, Riesenotter, Amazonas-Manatis, Arrauschildkröten und Mohrenkaimane. Zudem finden sich im Schutzgebiet schätzungsweise 60 % der Fischarten, die im Einzugsgebiet des Rio Negro bislang entdeckt wurden, und 60 % der bekannten Vogelarten des mittleren Amazonas.

Zum Erbe gehören der neunstufige Wasserfall des Flusses Carabinani und ein bedeutender Teil des Entwässerungsnetzes der Schwarzwasserflüsse, deren Oberläufe vor allem im Bergland von Guyana zu finden sind. Die dunkle Farbe dieser Flüsse stammt von organischen Säuren, welche durch die Zersetzung organischer Stoffe und das Fehlen von Erdsedimenten entstehen.

Weltraumaufnahme des Amazonas-Beckens
▼

Äolische Inseln
Italien

Begründung der Aufnahme: Zeugnis wichtiger Stadien der Erdgeschichte

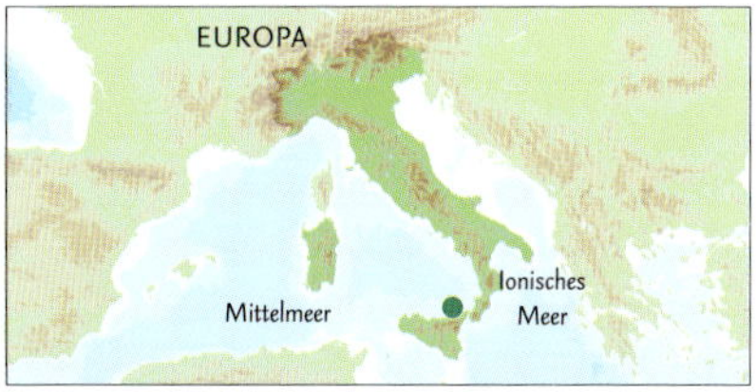

Die Äolischen Inseln (Isole Eolie) liegen vor der Nordküste Siziliens und veranschaulichen hervorragend vulkanische Phänomene und die Bildung von Vulkaninseln. Die Inselgruppe besteht aus sieben großen (Lipari, Vulcano, Salina, Stromboli, Filicudi, Alicudi und Panarea) und fünf kleinen Inseln (Basiluzzo, Dattilo, Lisca Nera, Bottaro und Lisca Bianca), die in der Nähe von Panarea liegen. Die Inseln, die seit dem 18. Jh. erforscht werden, boten der Vulkanologie Beispiele für zwei Eruptionstypen (den Vulcano-Typ und den Stromboli-Typ). Insgesamt wurden auf den Äolischen Inseln 900 Pflanzenarten registriert, darunter vier endemische. Es kommen 40 Vogelarten vor, von denen zehn auf der sizilianischen Roten Liste bedrohter Vogelarten stehen. Darüber hinaus sind die Inseln für Zugvögel wichtig, und laut Birdlife International stellen sie ein wichtiges Vogelgebiet für Koloniévögel dar.

Panarea, die kleinste der Inseln, hat im Vergleich zu den anderen Inseln eine bemerkenswert vielfältige Umwelt, besonders in Hinblick auf die Flora. Sie ist deshalb ein faszinierender Ort für Naturforscher. Stromboli ist die einzige Insel des Archipels mit permanenter vulkanischer Aktivität.

Stromboli
▼

Insel Saint Louis
Senegal

Begründung der Aufnahme: Zeugnis kulturellen Austauschs, Erbe von besonderer menschheitsgeschichtlicher Bedeutung

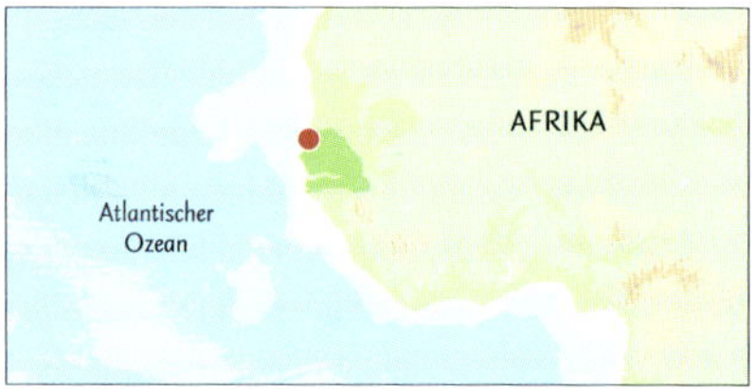

Saint Louis wurde im 17. Jh. als französische Kolonialsiedlung gegründet und Mitte des 19. Jh. urbanisiert. Von 1872 bis 1957 war es die Hauptstadt des Senegals und spielte eine wichtige kulturelle und wirtschaftliche Rolle in ganz Westafrika. Die Insel besteht aus einem Nord- und einem Südviertel, dazwischen liegt der Place Faidherbe. Saint Louis liegt in einer herrlichen Lagune, die von den beiden Armen des Flusses Senegal gebildet wird. Der regelmäßige Stadtplan, das Kai-System und die charakteristische Kolonialarchitektur verleihen Saint Louis sein unverwechselbares Aussehen. Zu den wichtigsten historischen Gebäuden gehört die alte Festung, die heute der Gouverneurspalast ist und das Zentrum der Insel darstellt. Daneben befindet sich die Kathedrale, die 1828 fertiggestellt wurde.

Seit 1957 ist Saint Louis nicht mehr die Hauptstadt des Senegal. Das ging einher mit dem Abzug der französischen Besatzer und ihrer Familien, der Schließung vieler Büros und Läden und der starken Verringerung der französischen Bevölkerung. Heute hat die Stadt ihre Wirtschaft auf der Basis von Fischfang, Landwirtschaft und Tourismus wieder angekurbelt.

Dolmenstätten von Koch'ang, Hwasun und Kanghwa
Republik Korea

Begründung der Aufnahme: Zeugnis einer Kultur

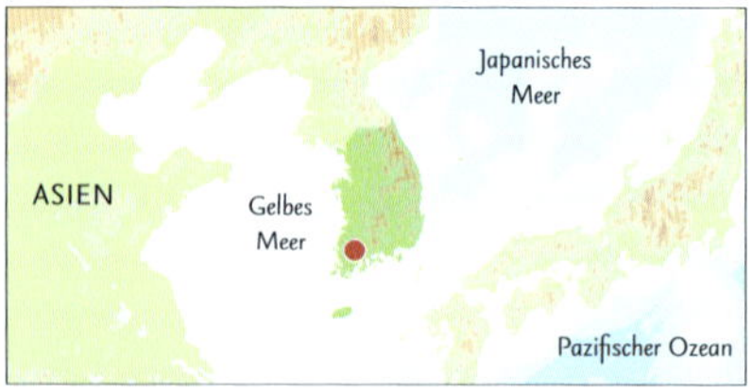

Die Dolmenstätten von Koch'ang, Hwasun und Kanghwa umfassen die größte Dichte und Vielfalt an Dolmen in Südkorea und sogar weltweit. Ähnliche Dolmen findet man in Westchina und den Küstengebieten des Gelben Meeres. Sie wurden in der Bronzezeit auf der koreanischen Halbinsel eingeführt und bestehen in der Regel aus zwei oder mehr unbearbeiteten Steinplatten, die einen gewaltigen Deckstein stützen. Es handelt sich dabei um einfache Grabkammern, die über den Leichen der Bronzezeit errichtet wurden. Die Friedhöfe von Gochang, Hwasun und Kanghwa enthalten hunderte hervorragender Exemplare, die Zeugnis davon ablegen, wie die Steine abgebaut, transportiert und aufgestellt wurden, und wie sich die Dolmenarten in Nordostasien im Verlauf des 2. und 1. Jt. v. Chr. veränderten.

Möglicherweise waren die Dolmen ursprünglich mit Erdhügeln bedeckt (Hügelgrab), die im Laufe der Zeit aufgrund von Wettereinflüssen und der Einwirkung von Tieren verschwanden. Sie könnten aber auch Plattformen gewesen sein, auf die man die Leichen legte, um die Dekarnation zu fördern, sodass nur noch Knochen übrig blieben, die in Kollektiv- oder Familiengräbern beigesetzt wurden.

◄ Dolmen von Kanghwa

Kathedrale des Heiligen Jakob in Šibenik

Kroatien

Begründung der Aufnahme: Meisterwerk menschlicher Schöpferkraft, Zeugnis kulturellen Austauschs, Erbe von besonderer menschheitsgeschichtlicher Bedeutung

Die Kathedrale des Heiligen Jakob in Šibenik (1431–1535 erbaut) zeugt von dem intensiven Austausch, der im 15. und 16. Jh. auf dem Gebiet der monumentalen Künste zwischen Norditalien, Dalmatien und der Toskana stattfand. Die drei Architekten, die nacheinander am Bau der Kathedrale mitwirkten – Francesco di Giacomo, Georgius Mathei Dalmaticus und Niccolò di Giovanni Fiorentino – brachten ein Bauwerk hervor, das vollständig aus Stein bestand. Für das Gewölbe und die Kuppel setzten sie einzigartige Konstruktionsmethoden ein. Das Innere und das Äußere der Kathedrale stimmen weitgehend überein. Die dekorativen Elemente, wie der bemerkenswerte Fries mit 71 in Stein gehauen Porträts von Männer, Frauen und Kindern zeigen darüber hinaus die erfolgreiche Verschmelzung von Gotik und Renaissance.

Die Dächer des Hauptschiffs und der Seitenschiffe, der Apsis und der Kuppel bestehen aus Steinplatten. Diese Platten wurden so nebeneinandergelegt, dass sich ihre horizontalen Kanten überlappen und die Verbindungen eine perfekte Passform haben. Auf der Kuppel werden die Platten durch Steinkeile mit großer Präzision an Ort und Stelle gehalten.

Naturparks Ischigualasto und Talampaya

Argentinien

Begründung der Aufnahme: Zeugnis wichtiger Stadien der Erdgeschichte

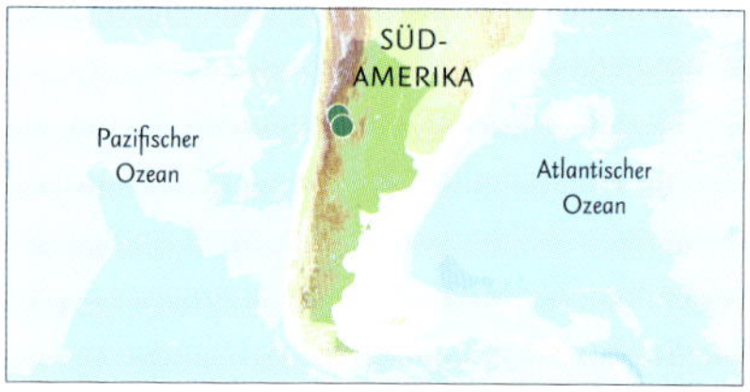

Der Talampaya-Nationalpark und das angrenzende Naturreservat Ischigualasto erstrecken sich über der Grenze zwischen den Provinzen San Juan und La Rioja im Nordwesten Argentiniens. Die Stätte umfasst fast das gesamte Sedimentbecken, das als triassisches Ischigualasto-Villa-Union-Becken bekannt ist. Es entstand aus Schichten kontinentaler Sedimente, die durch Flüsse, Seen und Sümpfe im Verlauf der gesamten Trias-Periode (vor 245–208 Mio. Jahren) abgelagert wurden. Die Sedimente enthalten Fossilien von einer großen Bandbreite von Pflanzen und Tieren, beispielsweise von Dinosauriern und den Vorfahren der Säugetiere. Sie bilden die weltweit vollständigste Sammlung dokumentierter Fossilienfunde aus dem Trias und geben sowohl Aufschluss über die Evolution der Wirbeltiere als auch über die Entwicklung der Umwelt, in der die Tiere in dieser Periode lebten. Funde von etwa 56 Gattungen fossiler Wirbeltiere wurden in dieser Gegend registriert, darunter Fische, Amphibien und eine große Vielfalt an Reptilien.

Sechs geologische Formationen bilden das triassische Becken; die ältesten davon sind die Talampaya- und die Tarjados-Formation, die aus rotem Sandstein bestehen und die beeindruckenden Klippen des Talampaya-Nationalparks bilden. Die übrigen Formationen entstanden aus Seebecken, Sümpfen, Flussbetten und Flussauenablagerungen.

Historisches Zentrum von Shakhrisyabz

Usbekistan

Begründung der Aufnahme: Zeugnis einer Kultur, Erbe von besonderer menschheitsgeschichtlicher Bedeutung

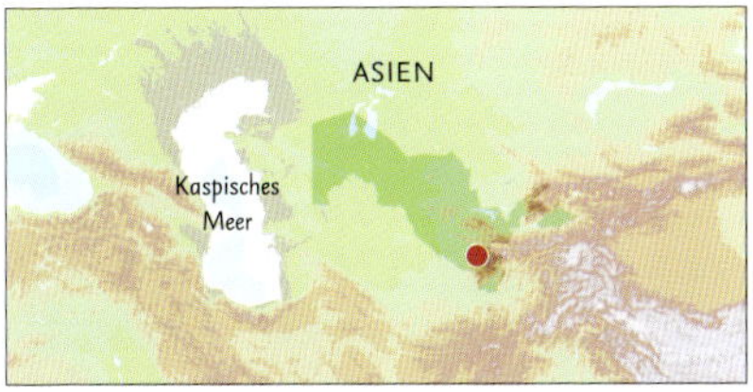

Das historische Zentrum von Shakhrisyabz umfasst eine Reihe bemerkenswerter Monumente und alter Viertel, die Zeugnis ablegen von der säkularen Entwicklung der Stadt und besonders von ihrer Blütezeit unter der Herrschaft der Timuriden im 15. und 16. Jh. Zu den Monumenten gehören der Palast Aksaray, der 1380 begonnen wurde, der Dorus-Saodat-Komplex, der das königliche Mausoleum und religiöse Bereiche beherbergt, sowie der Chorsu-Basar und die Bäder aus dem 18. Jh. Die Dimensionen des prachtvollen Aksaray-Palastes, der als „weißer Palast" bekannt ist, lassen sich anhand der Größe seiner Tortürme erahnen: Überreste von ihnen, zwei 50 m hohe Türme und ein Bogen mit einer Spanne von 22 m, blieben erhalten.

Der Dorus-Saodat-Komplex wurde als Bestattungsort für die Herrscherfamilie gebaut und umfasste neben den Gräbern noch eine Gebetshalle, eine Moschee und Unterkünfte für die religiöse Gemeinschaft und Pilger. Die Hauptfassade war mit weißem Marmor verkleidet. Das Grab von Timur, das ebenfalls aus weißem Marmor besteht, ist ein architektonisches Meisterwerk aus dieser Zeit.

Die beiden Tortürme des Aksaray-Palastes ▼

Hohe Küste – Kvarken-Archipel

Finnland und Schweden

Begründung der Aufnahme: Zeugnis wichtiger Stadien der Erdgeschichte

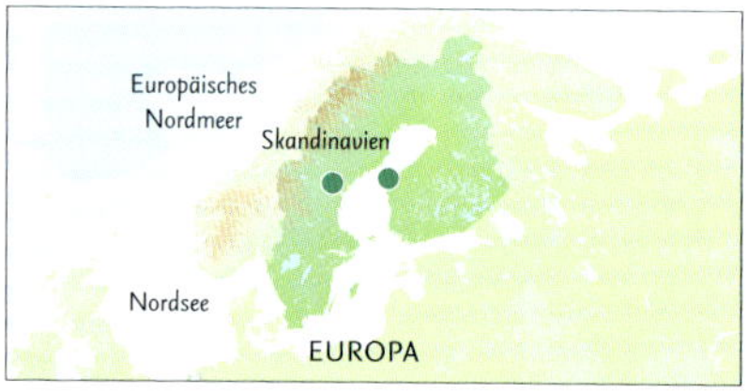

Die Hohe Küste in Schweden und der Kvarken-Archipel in Finnland liegen am Bottnischen Meerbusen, einem nördlichen Ausläufer der Ostsee. Die 5600 Inseln des Kvarken-Archipels weisen ungewöhnliche, gezahnte Waschbrett-Moränen, sogenannte „De-Geer-Moränen" auf, die sich vor 10 000 bis 24 000 Jahren durch das Abschmelzen der kontinentalen Eisdecke gebildet haben. Der Archipel hebt sich kontinuierlich weiter aus dem Meer in einem rasch ablaufenden Prozess einer glazio-isostatischen Hebung. Das Land, das zuvor unter der Last eines Gletschers nach unten gedrückt wurde, hebt sich dabei mit einer Geschwindigkeit wie fast nirgends auf der Welt. Dadurch tauchen Inseln auf und vereinigen sich, Halbinseln werden größer, und aus Buchten werden Seen, die sich in Sumpfland und Torfmoore verwandeln. Auch die Hohe Küste wurde vor allem durch eine Kombination aus Vergletscherung, Gletscherrückzug und dem Auftauchen neuen Landes aus dem Meer geformt. Seit dem letzten Rückzug des Eises vor 9600 Jahren betrug die Hebung 285 m, was den höchsten bekannten „Rückprall" dieser Art darstellt. Die Stätte bietet hervorragende Gelegenheiten, um die Prozesse der Vergletscherung und Hebung zu verstehen, die diese und andere Gebiete der Erdoberfläche formen.

Die Verlagerung von Siedlungen durch die Landhebung hinterließ eine Kulturlandschaft aus Relikten: Steinzeitliche Überreste aus der Zeit von 5000 v. Chr. liegen 150 m über dem Meeresspiegel, während sich die Überreste aus der Bronze- und Eisenzeit auf einer Höhe von 30 bzw. 15 m befinden.

Kloster von Geghard im Oberen Azat-Tal

Armenien

Begründung der Aufnahme: Zeugnis kulturellen Austauschs

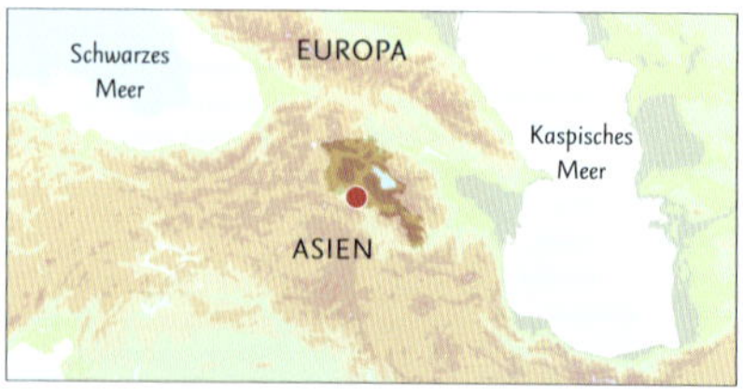

Zum Kloster von Geghard gehören einige Kirchen und Grabstätten, die meist in den Felsen geschlagen sind und den Höhepunkt der mittelalterlichen armenischen Architektur darstellen. Der mittelalterliche Gebäudekomplex liegt inmitten emporragender Felsklippen am Eingang des Azat-Tals in einer außerordentlich schönen Naturlandschaft.

Das Kloster, das im 4. Jh. gegründet und später umgebaut wurde, war bekannt für seine Reliquien. Am berühmtesten waren der Speer, mit dem Jesus am Kreuz verwundet wurde, und die Reliquien der Apostel Andreas und Johannes.

Nationalpark Kinabalu
Malaysia

Begründung der Aufnahme: Schauplatz spezieller ökologischer und biologischer Prozesse, bedeutender natürlicher Lebensraum – Biodiversität

Der Nationalpark Kinabalu wird vom Mount Kinabalu (4095 m) dominiert, dem höchsten Berg zwischen dem Himalaja und Neuguinea. Das Gebiet umfasst eine große Bandbreite an Lebensräumen, von üppigem tropischem Regenwald im Flachland und auf den Hügeln bis hin zu tropischem Bergwald und subalpinem Wald- und Buschland in größerer Höhe. Man bezeichnet den Park auch als „Zentrum der Pflanzenvielfalt in Südostasien", denn seine Flora ist außerordentlich artenreich und umfasst Pflanzenarten aus dem Himalaja, aus China, Australien und Malaysia. Auch die Fauna ist mit 90[im Flachland und 22 in der Bergregion heimischen Säugetierarten vielfältig. Vier Primaten- und 326 Vogelarten wurden registriert. Die Hälfte aller Vogel-, Säugetier- und Amphibienarten Borneos und dreiviertel seiner Reptilien kommen im Kinabalu-Nationalpark vor, darunter viele seltene und bedrohte Arten.

Der Park umfasst zwischen 5000 und 6000 Gefäßpflanzenarten, 1000 davon sind Orchideen. Auch Rafflesien, seltene Schmarotzerpflanzen, findet man hier. Zur Bergflora gehören verschiedene „lebende Fossilien" wie *Phyllocladus* und *Trigobalanus verticillata*, das evolutionäre Bindeglied zwischen Eichen und Buchen.

Gipfel des Mount Kinabalu
▼

Assisi, Basilika und Gedenkstätten des Hl. Franziskus

Italien

Begründung der Aufnahme: Meisterwerk menschlicher Schöpferkraft, Zeugnis kulturellen Austauschs, Zeugnis einer Kultur, Erbe von besonderer menschheitsgeschichtlicher Bedeutung, Verknüpfung mit Ereignissen von universeller Bedeutung

Die hügelige Mittelalterstadt Assisi ist der Geburtsort des Hl. Franz von Assisi. Sie ist ein einzigartiges Beispiel für die Kontinuität einer heiligen Stadt von ihren umbrisch-römischen und mittelalterlichen Ursprüngen bis zum heutigen Tag; dies zeigt sich in ihrer Kulturlandschaft, den religiösen Ensembles und der traditionellen Landnutzung. Die Meisterwerke mittelalterlicher Kunst machten Assisi zu einem fundamentalen Bezugspunkt für die italienische und europäische Kunst und Architektur. Darüber hinaus ist die Stadt eng mit der Arbeit des Franziskanerordens verbunden, dessen Botschaft wesentlich zur Entwicklung von Spiritualität, Kunst und Architektur auf der ganzen Welt beigetragen hat. Assisi liegt auf dem Hügel Asio am Fuß des Monte Subasio. Das bedeutendste Ereignis der Stadtgeschichte war das Leben und Wirken des Franz von Assisi (1182–1226), der den Franziskanerorden ins Leben rief. Seine Weggefährtin Klara, die später ebenfalls heilig gesprochen wurde, gründete ergänzend zum Franziskanerorden den Schwesterorden der Klarissinnenen. Nach der Heiligsprechung des Franz von Assisi im Jahr 1228 beschloss man, zu seinen Ehren eine monumentale Kirche zu errichten. Im Anschluss an deren Bau wurde die Basilika Santa Chiara errichtet, zu Ehren der Hl. Klara.

Die Basilika San Francesco stellt ein bemerkenswertes architektonisches Ensemble dar, das die Entwicklung von Kunst und Architektur nachhaltig beeinflusst hat. 1228 begann man mit ihrem Bau. Die Unterkirche betritt man durch ein erlesenes gotisches Portal, dessen Inneres vollständig mit Fresken bedeckt ist. Die Oberkirche, in die man durch eine Loggia gelangt, hat eine herrliche Ostfassade aus weißem Kalkstein, in deren Zentrum sich ein großes Rosettenfenster befindet. Innen an den Wänden gibt es eine Reihe von Gemälden von Giotto und Cimabue, die den Glauben und das Leben des Heiligen zum Thema haben.

Die Kathedrale San Rufino geht vermutlich auf das 8. Jh. zurück; um 1036 wurde sie zur Kathedrale umgebaut. Die Westfassade ist ein Meisterwerk der romanischen Architektur Umbriens und dadurch verbunden mit dem Dom und der Kirche San Pietro in Spoleto.

Mit dem Bau der Basilika Santa Chiara begann man 1257. Das Bauwerk ist von drei Strebebögen geprägt; im Innenraum befindet sich ein Freskenzyklus verschiedener Künstler, der die Legende der Hl. Klara illustriert.

Die ursprünglich außerhalb der Stadtmauern errichtete Benediktinerabtei San Pietro wurde 1029 dokumentiert. Mitte des 12. Jh. wurde dort die Cluniazensische Reform angenommen; später ging sie in den Besitz der Zisterzienser über.

Basilika San Francesco ►

Das Eremo delle Carceri am Monte Subasio bestand ursprünglich aus einer Reihe von Höhlen, die Franz und seine Weggefährten zum Beten nutzten. Später wurde an dieser Stelle ein kleiner Konvent gebaut.

San Damiano ist ein Klosterkomplex, der wichtig ist für das Verständnis des religiösen Erwachens des Hl. Franz; gleichzeitig war er auch der Konvent der Hl. Klara und der Ort, an dem sie verstarb.

Santa Maria degli Angeli ist eine Renaissancekirche aus dem 16. Jh., die errichtet wurde, um die ursprüngliche Portiunkula-Kapelle zu schützen, in der einst der Hl. Franz seinen Orden auf seine Mission schickte und in der er auch verstarb.

Vorkolumbische Ruinen von Tiahuanaco

Bolivien

Begründung der Aufnahme: Zeugnis einer Kultur, Erbe von besonderer menschheitsgeschichtlicher Bedeutung

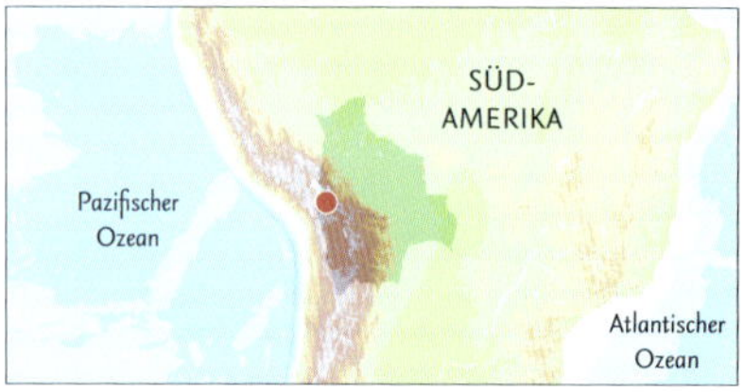

Die Ruinen von Tiahuanaco sind ein faszinierendes Zeugnis von der Macht eines Reiches, das eine einzigartige Rolle in der Entwicklung der vorkolumbischen Kultur der Anden spielte. Die bemerkenswerte Kunst und Architektur der zeremoniellen und öffentlichen Bauten stellt eine der wichtigsten Manifestationen der Zivilisationen in dieser Region dar. Etwa 1200 v. Chr. begann Tiahuanaco zunächst als kleine Siedlung. Es war autark dank einer Form der Landwirtschaft, die ohne Bewässerung auskam und auf frostresistenten Anbaupflanzen basierte, was in dieser großen Höhe unabdingbar war. Man baute Knollen wie Kartoffeln und Oka sowie Getreide, vor allem Quinoa, an. An geschützteren Stellen am Titicaca-See wurden auch Mais und Pfirsiche angebaut. Die Bewohner lebten in rechteckigen Lehmziegelhäusern, die durch gepflasterte Straßen miteinander verbunden waren. Durch das Aufkommen der Kupfergewinnung und durch eine verbesserte Bewässerung wuchs der Einfluss Tiahuanacos und erreichte zwischen 500 und 900 seinen Höhepunkt, als die Stadt ein großes Gebiet der südlichen Anden und darüber hinaus beherrschte.

Das beeindruckendste Monument Tiahuanacos ist der Akapana-Tempel. Ursprünglich handelt es sich dabei um eine Pyramide mit sieben übereinander liegenden Plattformen, deren Stützmauern eine Höhe von über 18 m erreichten.

Schloss Mir
Belarus

Begründung der Aufnahme: Zeugnis kulturellen Austauschs, Erbe von besonderer menschheitsgeschichtlicher Bedeutung

Schloss Mir verkörpert auf lebhafte Art und Weise die belarussische Geschichte und ist deshalb eines der wichtigsten nationalen Wahrzeichen des Landes. Es liegt in einer fruchtbaren Region in der geografischen Mitte Europas, wo sich die wichtigsten Handelsrouten kreuzten, und gleichzeitig im Epizentrum entscheidender europäischer und globaler Militärkonflikte zwischen benachbarten Mächten mit unterschiedlichen religiösen und kulturellen Traditionen. Der Bau dieses gotischen Schlosses begann am Ende des 15. Jh. In der Folgezeit wurde es erweitert und umgebaut, zuerst im Renaissance-, danach im Barockstil. Nachdem es fast ein Jahrhundert lang verlassen gewesen war und in der napoleonischen Zeit schwere Schäden davongetragen hatte, wurde das Schloss Ende des 19. Jh. restauriert; darüber hinaus wurden einige weitere Elemente hinzugefügt, und die landschaftliche Umgebung wurde zu einem Park gestaltet. Die heutige Form des Schlosses spiegelt seine – oft turbulente – Geschichte wider.

Schloss Mir steht am Ufer eines kleinen Sees am Zusammenfluss der Miranka und einem kleinen Nebenfluss. Seine eindrucksvollen befestigten Mauern werden von vier fünfstöckigen äußeren Ecktürmen und einem sechsstöckigen äußeren Torturm überragt.
▼

Rietveld-Schröder-Haus in Utrecht

Niederlande

Begründung der Aufnahme: Meisterwerk menschlicher Schöpferkraft, Zeugnis kulturellen Austauschs

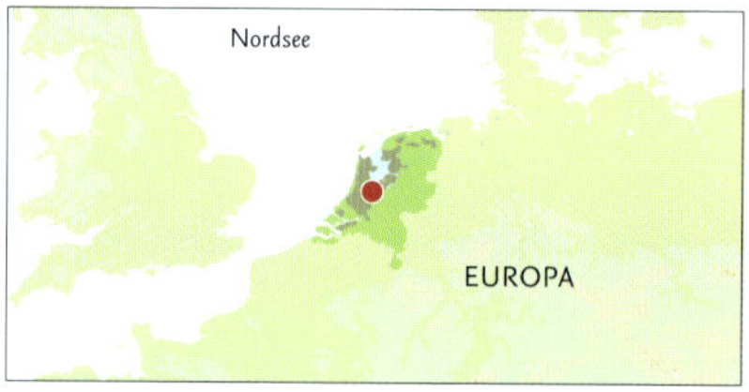

Das Rietveld-Schröder-Haus in Utrecht wurde von der Bauherrin Truus Schröder-Schräder in Auftrag gegeben, von dem Architekten Gerrit Thomas Rietveld entworfen und 1924 gebaut. In diesem kleinen Familienhaus mit seinem Innenraum aus flexiblen Raumarrangements und seinen visuellen und formalen Eingenschaften manifestierten sich die Ideale der Künstler und Architekten der De-Stijl-Bewegung in den Niederlanden der 1920er-Jahre; außerdem gilt es seitdem als eine der Ikonen des Neuen Bauens.

Entwurf und Bau des Hauses erfolgten gleichzeitig. Besitzerin und Architekt gaben eine vollständige fotografische Dokumentation der Architektur in Auftrag, um sicherzustellen, dass der neue Ansatz der De-Stijl-Gruppe so präsentiert werden konnte, dass ihre angestrebten Vorstellungen deutlich werden.

Nationalpark Noel Kempff Mercado

Bolivien

Begründung der Aufnahme: Schauplatz spezieller ökologischer und biologischer Prozesse, bedeutender natürlicher Lebensraum – Biodiversität

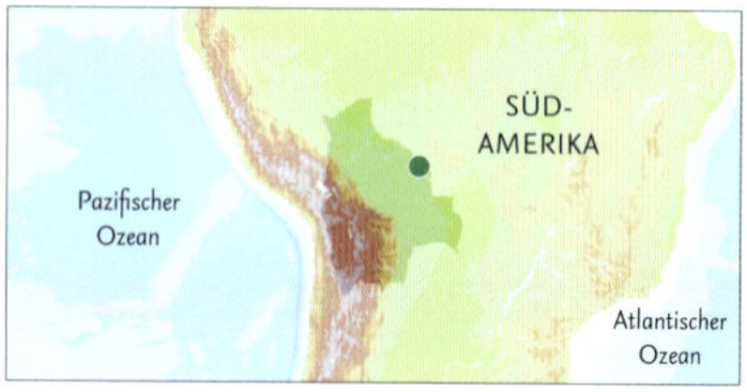

Der Nationalpark Noel Kempff Mercado ist einer der größten (15 230 km²) und unberührtesten Parks im Amazonasbecken. Auf einer Höhe, die zwischen 200 und 1000 m rangiert, verfügt er über ein reichhaltiges Mosaik an Lebensräumen von Cerrado-Savanne und Wald bis hin zu hoch gelegenem, immergrünem Amazonaswald. Der Park, der an der Grenze zu Brasilien liegt, umfasst einen großen Teil des Huanchaca-Plateaus und das umliegende Flachland. Mehrere Flüsse entspringen auf diesem Plateau und bilden spektakuläre Wasserfälle. Das Gebiet kann mit einer Evolutionsgeschichte aufwarten, die über eine Billion Jahre, bis ins Präkambrium, zurückreicht. Hier leben schätzungsweise 4000 Pflanzenarten und über 600 Vogelarten sowie entwicklungsfähige Populationen vieler global gefährdeter oder bedrohter Wirbeltierarten.

Der Park umfasst fünf verschiedene Ökosysteme. Seine bemerkenswerte Vielfalt an Lebensräumen begünstigt eine große Bandbreite an Wildtieren. Mehr als 130 Tierarten leben in dem Park, einschließlich vieler Säugetiere, die in Bolivien selten sind, etwa Flussotter und Jaguare.

Dreifaltigkeitssäule in Olomouc (Olmütz)
Tschechische Republik

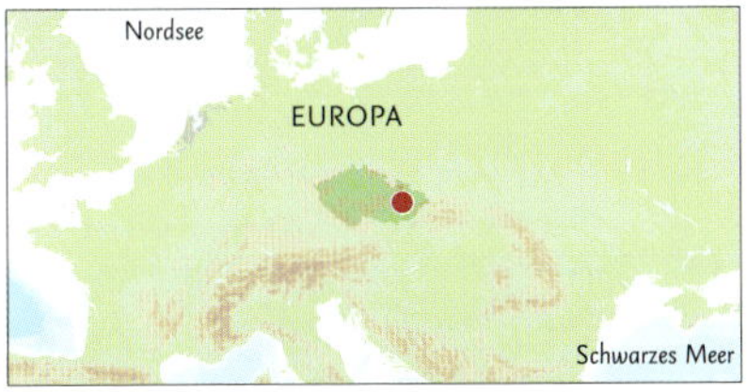

Begründung der Aufnahme: Meisterwerk menschlicher Schöpferkraft, Erbe von besonderer menschheitsgeschichtlicher Bedeutung

Die Dreifaltigkeitssäule in Olomouc ist ein höchst bemerkenswertes Beispiel für die Blütezeit mitteleuropäischer Barockkunst. In der Zeit des Wiederaufbaus (1648–1650) nach dem Dreißigjährigen Krieg bekam die Stadt Olomouc ein neues Gesicht. Viele beeindruckende öffentliche und private Gebäude wurden in der lokalen Variante des vorherrschenden Stils gebaut, die als „Olmützer Barock" bekannt wurde. In einer Gruppe von Monumenten (Säulen und Brunnen), deren Krönung die Dreifaltigkeitssäule darstellt, fand dieser Stil seinen charakteristischsten Ausdruck. Die Säule wurde in den frühen Jahren des 18. Jh. gebaut und ist 35 m hoch; zu ihrer Dekoration gehören viele hervorragende religiöse Skulpturen, einschließlich Werke des angesehenen mährischen Künstlers Ondrej Zahner.

Die Säule ist ein triumphales, steinernes Symbol für den Glauben sowohl an das Christentum als auch an die Bürgerschaft. Glaube und religiöse Tradition sind hier harmonisch mit den Idealvorstellungen der Stadt vereint. ►

Nationalpark Gunung Mulu
Malaysia

Begründung der Aufnahme: besonderes Naturphänomen, Zeugnis wichtiger Stadien der Erdgeschichte, Schauplatz spezieller ökologischer und biologischer Prozesse, bedeutender natürlicher Lebensraum – Biodiversität

Der Nationalpark Gunung Mulu auf der Insel Borneo schützt eine bemerkenswerte Vielfalt an Naturphänomenen. Der 529 km² große Park enthält 17 Vegetationszonen mit etwa 3500 Gefäßpflanzen-, 80 Säugetier- und 270 Vogelarten (darunter 24 endemische Arten). Der Park gilt als eine der Stätten mit dem höchsten Reichtum an Palmen weltweit: 109 Palmenarten aus 20 Gattungen wurden hier bestimmt. Dominiert wird der Park vom Berg Gunung Mulu, einem 2377 m hohen Sandsteingipfel. Ein weiteres bemerkenswertes Karstelement sind die „Zinnen“, 50 m hohe, scharfe Felsklingen, die aus der Regenwalddecke herausragen. Darüber hinaus verfügt die Stätte über ein dichtes Gangsystem großer Höhlen, die mit ihren Salanganen und Fledermäusen ein beeindruckendes Naturschauspiel bieten. Eine einzige Höhle bewohnen allein 3 Mio. Faltenlippenfledermäuse.

Der Park ist wegen seiner Karstelemente von großer Bedeutung. Es gibt mindestens 295 km erforschter Höhlen, die auf ein Alter von mindestens 2–3 Mio. Jahren geschätzt werden. Die Sarawak-Chamber ist mit 600 m Länge, 415 m Breite und 80 m Höhe der größte bekannte Höhlenraum der Welt.

Königskammer in der Windhöhle im Nationalpark Gunung Mulu ▼

Palmenhain von Elche

Spanien

Begründung der Aufnahme: Zeugnis kulturellen Austauschs, traditionelle Siedlungsform

Der Palmeral (eine Landschaft aus Dattelpalmenhainen) von Elche wurde gegen Ende des 10. Jh. angelegt, als auch die muslimische Stadt Elche gebaut wurde. Zu dieser Zeit stand ein Großteil der iberischen Halbinsel unter arabischer Herrschaft, und der Palmeral stellt einen einzigartigen Transfer arabischer landwirtschaftlicher Praxis nach Europa dar. Der Anbau von Dattelpalmen geht mindestens auf die iberische Zeit um das 5. Jh. v. Chr. zurück, doch die Araber führten systematischere Techniken ein, unter anderem ein ausgefeiltes Bewässerungssystem, das noch immer funktioniert. Arabische Geografen und europäische Reisende legten im Laufe der Geschichte Zeugnis ab von diesem außergewöhnlichen Beispiel fortschrittlicher Landschaftsgestaltung.

Palmen bilden eine wesentliche Komponente in der Kultur von Elche und üben auf vielerlei Weise Einfluss auf die Gesellschaft aus. Dies äußert sich z. B. bei der Palmsonntagsprozession, in der Dreikönigsnacht und auf dem Wappen der Stadt. ▶

Agrarlandschaft von Süd-Öland

Schweden

Begründung der Aufnahme: Erbe von besonderer menschheitsgeschichtlicher Bedeutung, traditionelle Siedlungsform

Im Süden der Ostseeinsel Öland ist das Wechselspiel zwischen Mensch und Natur von einzigartigem universellem Wert. Seit etwa 5000 Jahren bewohnen Menschen die Insel, und ihre Lebensart hat sich an die begrenzte Inselfläche angepasst. Dadurch entstand eine einzigartige Landschaft, die reich ist an Zeugnissen einer kontinuierlichen Besiedelung von prähistorischer Zeit bis zum heutigen Tag. Die Landnutzung hat sich seitdem nicht wesentlich verändert, Ackerbau und Viehzucht sind noch immer die wichtigsten wirtschaftlichen Tätigkeiten. Der südliche Teil der Insel wird vom Stora Alvaret dominiert, einem der größten Kalksteinplateaus Europas. Das mittelalterliche Muster der Dörfer und Straßen ist hier noch deutlich zu erkennen, was in Nordeuropa sehr selten ist.

Der Wohlstand der Insel, der nicht zuletzt dadurch zustande kam, dass sie an der Haupthandelsroute durch den Kalmarsund liegt, spiegelt sich in den beeindruckenden Steinkirchen aus dem 12. Jh. wider, etwa die in Hulterstad und Resmö. Zum Schutz vor Plünderern waren sie befestigt.

Klosterinsel Reichenau

Deutschland

Begründung der Aufnahme: Zeugnis einer Kultur, Erbe von besonderer menschheitsgeschichtlicher Bedeutung, Verknüpfung mit Ereignissen von universeller Bedeutung

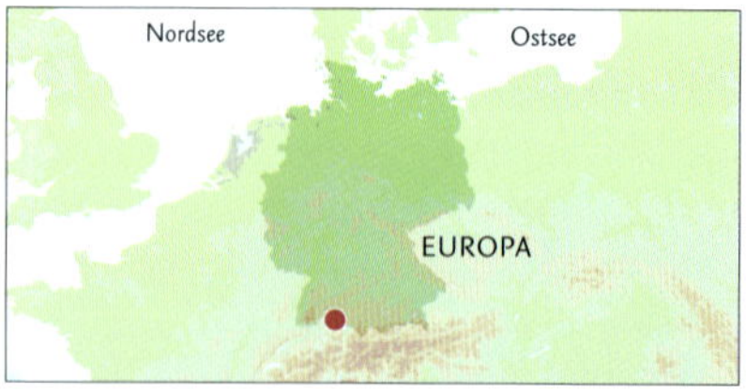

Die Bodenseeinsel Reichenau trägt noch immer die Züge des 724 gegründeten Benediktinerklosters, das bemerkenswerten geistigen, intellektuellen und künstlerischen Einfluss ausübte. Das Münster St. Maria und Markus, die Basilika St. Peter und St. Paul und die Georgskirche wurden hauptsächlich zwischen dem 9. und 11. Jh. gebaut und bieten ein Panorama der frühmittelalterlichen Klosterarchitektur Mitteleuropas. Die Wandmalereien zeugen von beeindruckender künstlerischer Aktivität.

Im 10. und 11. Jh. war das Kloster Reichenau ein sehr bedeutendes künstlerisches Zentrum in Europa, wie die eindrucksvollen Wand- und Buchmalereien zeigen; außerdem wurde es zu einem berühmten Zentrum der Lehre und der Kreativität in Bezug auf Literatur, Naturwissenschaft und Kunst.

◄ Georgskirche auf der Insel Reichenau

Kulturlandschaft Wachau
Österreich

Begründung der Aufnahme: Zeugnis kulturellen Austauschs, Erbe von besonderer menschheitsgeschichtlicher Bedeutung

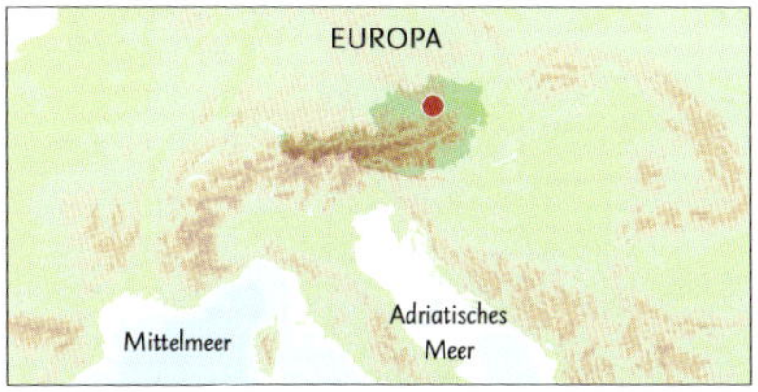

Mehrere beeindruckende Schlösser dominieren die Städte und das Donautal; darüber hinaus gibt es überall in den Städten und auf dem Land eine Vielzahl an architektonisch und künstlerisch bedeutenden Sakralbauten.

Die Wachau, ein Abschnitt des Donautals zwischen Melk und Krems, ist eine herausragende, von Bergen umgebene Flusslandschaft, in der greifbare Zeugnisse einer langen historischen Entwicklung bemerkenswert gut erhalten sind. Die Architektur, die Siedlungen und die Landwirtschaft in der Wachau illustrieren auf lebhafte Weise eine im Grunde mittelalterliche Landschaft, die sich im Laufe der Zeit organisch und harmonisch entwickelt hat. Die Abholzung der natürlichen Walddecke durch den Menschen begann im Neolithikum, zu radikalen Veränderungen der Landschaft kam es jedoch erst um 800, als die bayrischen und Salzburger Klöster begannen, die Hänge der Wachau zu kultivieren und das heutige landschaftliche Muster aus Weinterrassen anzulegen.

Weinberge bei Spitz in der Wachau ▼

Historische Stätten von Kyongju
Republik Korea

Begründung der Aufnahme: Zeugnis kulturellen Austauschs, Zeugnis einer Kultur

Die koreanische Halbinsel wurde fast 1000 Jahre lang von der Shilla-Dynastie beherrscht; die Stätten und Monumente in und um die damalige Hauptstadt Kyongju sind ein bemerkenswertes Zeugnis ihrer kulturellen Errungenschaften.

Die historischen Stätten von Kyongju umfassen eine bemerkenswerte Anhäufung von hervorragenden Beispielen koreanischer buddhistischer Kunst in Form von Skulpturen, Reliefen, Pagoden und den Überresten von Tempeln und Palästen. Sie stammen aus der Blütezeit dieser einzigartigen künstlerischen Ausdrucksform, vor allem aus dem 7. bis 10. Jh. Es gibt drei Hauptbereiche („Gürtel") in Kyongju. Zum Gürtel um den Berg Namsan gehört eine große Anzahl prähistorischer und historischer Überreste. Im Wolseong-Gürtel befinden sich die Wolseong-Palastruinen, der Kyerim-Wald (der Legende nach der Geburtsort des Gründers des Kyongju-Kim-Clans) und die Ch'omsongdae-Sternwarte. Der Gürtel um den Tumuli-Park besteht aus drei Gruppen von Königsgräbern. Bei Ausgrabungen wurden prachtvolle Grabbeigaben aus Gold, Glas und feiner Keramik gefunden.

In den Felsen gehauenes Buddha-Relief am Berg Namsan
▼

Archäologische Stätten des Königreichs der Ryukyu-Inseln

Japan

Begründung der Aufnahme: Zeugnis kulturellen Austauschs, Zeugnis einer Kultur, Verknüpfung mit Ereignissen von universeller Bedeutung

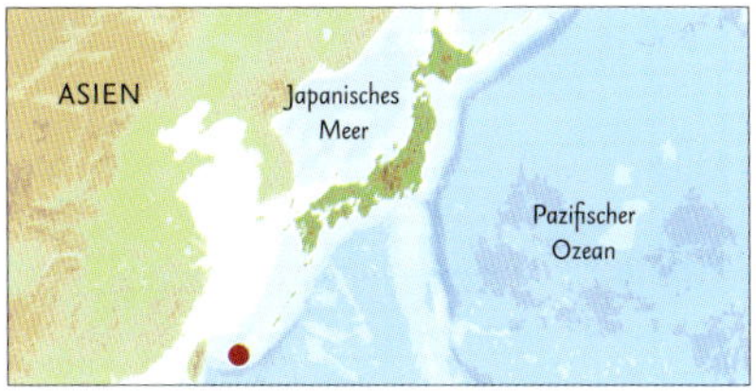

Mehrere Jahrhunderte lang dienten die Ryukyu-Inseln als Zentrum des wirtschaftlichen und kulturellen Austauschs zwischen Südostasien, China, Korea und Japan. Davon zeugen die erhaltenen Monumente auf anschauliche Weise. Im 10. bis 12. Jh. begannen die bäuerlichen Gemeinden von Ryukyu, ihre Dörfer zum Schutz mit einfachen Steinmauern zu umgeben. Ab dem 12. Jh. bildeten sich mächtige Gruppen, die Aji, haraus. Sie vergrößerten die Mauern um ihre Siedlungen und verwandelten sie in Festungen; für diese beeindruckenden Burgen verwandten sie die Bezeichnung Gusuku. Die Ruinen dieser Burgen, die an eindrucksvollen, erhabenen Stellen stehen, zeugen von den sozialen Strukturen während eines Großteils dieser Periode; die heiligen Stätten weisen dagegen auf das Überleben einer uralten Form der Religion hin.

Das Steintor des Sonohyan-Schreins wurde 1519 von Shô Shin errichtet. Er fungierte als Schutzschrein des Königreichs Ryukyu, in dem bei jährlich stattfindenden rituellen Zeremonien um Frieden und Sicherheit gebetet wurde. Der Schrein ist in dem einzigartigen Stil der Steinarchitektur von Ryukyu gehalten.

Kloster Ferapontow

Russische Föderation

Begründung der Aufnahme: Meisterwerk menschlicher Schöpferkraft, Erbe von besonderer menschheitsgeschichtlicher Bedeutung

Das Ferapontow-Kloster in der nordrussischen Region Wologda ist ein außerordentlich gut erhaltener und vollständiger russisch-orthodoxer Klosterkomplex aus dem 15. bis 17. Jh., einer Periode, die für die Entwicklung eines vereinten russischen Staates und seiner Kultur von großer Bedeutung war. Zu dem Komplex gehören sechs wichtige Elemente. Die Kathedrale Mariä Geburt (1490) ist das früheste davon und stellt den Kern dar; innen ist sie mit wunderbaren Wandmalereien von Dionisij, dem größten russischen Künstler des 15. Jh. ausgestattet. Ihr folgten die Verkündigungskirche, die Schatzkammer und Nebengebäude. Im 17. Jh. kamen die Pfortenkirche, die Kirche des Hl. Martinian und der Glockenturm hinzu.

Im 19. Jh. wurde ein verringerter Bereich der Anlage mit einer Backsteinmauer umgeben. 1904 wurde das Kloster als Nonnenkonvent wiedereröffnet, der allerdings 1924 geschlossen wurde. Derzeit dient das Kloster als Museum für Dionisijs Fresken; es eröffnete in der ersten Hälfte des 20. Jh. und wurde seit 1975 großzügig erweitert und verbessert.

Universitätsstadt von Caracas
Venezuela

Begründung der Aufnahme: Meisterwerk menschlicher Schöpferkraft, Erbe von besonderer menschheitsgeschichtlicher Bedeutung

Die Universität von Caracas gehört zu den weltweit besten und herausragendsten Beispielen für die modernen städtischen, architektonischen und künstlerischen Prinzipien des frühen 20. Jh. Der Campus der Universität wurde zwischen 1940 und 1960 nach einem Entwurf des Architekten Carlos Raúl Villanueva gebaut. Er integriert die große Anzahl von Gebäuden und Funktionen in ein klar gegliedertes Ensemble, das gleichzeitig vor Licht und Hitze geschützt ist. Es umfasst Meisterwerke moderner Architektur und bildender Kunst wie die Aula Magna mit den „Wolken" von Alexander Calder, das Olympiastadion und die Plaza Cubierta. Villanuevas Projekt ist gekennzeichnet durch die Anwendung moderner Technologie, die Kühnheit der Formen und die Verwendung nackter Betonstrukturen, die als Skulpturen aufgefasst werden.

Für die Architektur der Universität wurden räumliche Elemente verwendet, die von der venezolanischen Kolonialarchitektur übernommen wurden, etwa die hellen Farben, die vergitterten Fenster für die Belüftung und Innengärten mit üppiger tropischer Vegetation.

Romanische Kirchen im Vall de Boí
Spanien

Begründung der Aufnahme: Zeugnis einer Kultur, Erbe von besonderer menschheitsgeschichtlicher Bedeutung

Das enge Vall de Boí wird von den hohen Gipfeln der Besiberri- und Punta-Alta-Massive der Hochpyrenäen abgeschirmt. Seine malerischen kleinen Dörfer liegen inmitten von Wäldern und Weiden. Jedes Dorf im Tal hat eine romanische Kirche und ist von einem Muster aus umzäunten Feldern umgeben. An den höheren Hängen liegt weitläufiges Weideland, das saisonal genutzt wird. Die Kirchen des Vall de Boí stellen besonders reine und konsistente Beispiele romanischer Kunst in einem praktisch unberührten ländlichen Umfeld dar. Im Mittelalter kamen Geld und kulturelle Einflüsse von außen in diese Gegend. Die meisten der Kirchen im Tal wurden damals auf Betreiben einer einzigen Familie gebaut, zur selben Zeit, als das historische Katalonien geschaffen wurde.

Die arabische Invasion auf der iberischen Halbinsel erreichte dieses Tal in den Hochpyrenäen nie. Trotzdem war es kulturellen Einflüssen von außen ausgesetzt, vor allem im 11. Jh. aus der Lombardei, einem bekannten Zentrum für romanische Architektur.

Historisches Zentrum von Bardejov
Slowakei

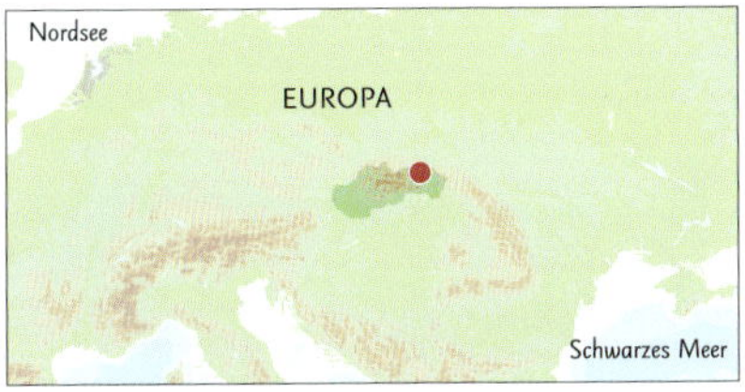

Begründung der Aufnahme: Zeugnis einer Kultur, Erbe von besonderer menschheitsgeschichtlicher Bedeutung

Die befestigte Stadt Bardejov ist ein bemerkenswert gut erhaltenes Zeugnis der wirtschaftlichen und sozialen Struktur von Handelsstädten im mittelalterlichen Mitteleuropa. Der Stadtplan, die Gebäude und die Befestigungen ergeben den typischen urbanen Komplex, der sich im Mittelalter an wichtigen Stationen der großen mitteleuropäischen Handelsrouten entwickelte. Bardejov liegt auf einer Terrasse der Flussauen des Topl'a im Nordosten der Slowakei, in den Hügeln der Beskiden. Ab dem ersten Viertel des 18. Jh. kamen zahlreiche Slowaken und Chassidim nach Bardejov; zu den Besonderheiten der Stadt gehört deshalb auch ein kleines jüdisches Viertel. Um die große Synagoge herum, ein hervorragendes, zwischen 1725 und 1747 errichtetes Gebäude, finden sich rituelle Badehäuser, ein Schlachthaus, in dem koscher geschlachtet wurde, und ein Versammlungshaus, das heute eine Schule ist.

Sankt-Ägidius-Basilika im Zentrum von Bardejov ▲

Das Stadtzentrum ist von dem rechteckigen Hauptplatz geprägt, der an drei Seiten von 46 Bürgerhäusern mit typischer schmaler Fassade begrenzt wird. An der vierten Seite steht die Sankt-Ägidius-Basilika, zusammen mit der Schule der Stadt.

Kreml von Kasan
Russische Föderation

Begründung der Aufnahme: Zeugnis kulturellen Austauschs, Zeugnis einer Kultur, Erbe von besonderer menschheitsgeschichtlicher Bedeutung

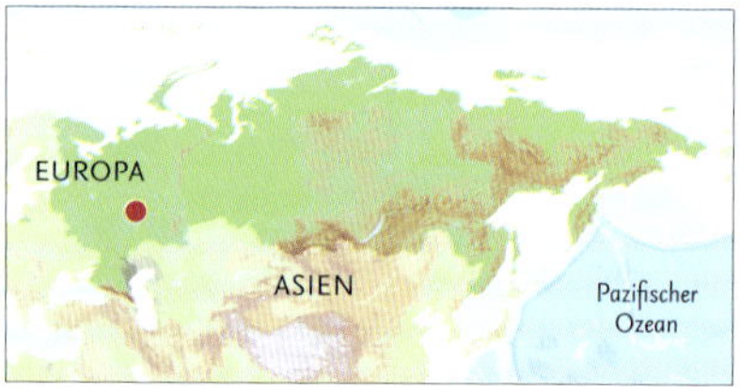

Der Kreml von Kasan, der an einer sehr alten Stätte errichtet wurde, besteht aus einer hervorragenden Gruppe historischer Gebäude, die auf das 16. bis 19. Jh. zurückgehen. Er ist ein bemerkenswertes Zeugnis der Khanate von Kasan und die einzige erhaltene Festung der Tataren, die noch Spuren des ursprünglichen städteplanerischen Konzeptes aufweist. Darüber hinaus zeigt er eine ausgezeichnete Synthese tatarischer und russischer Einflüsse in der Architektur. Sie vereint unterschiedliche kulturelle Elemente (der Bulgaren, der Goldenen Horde, der Tataren, Italiener und Russen) und wurde sowohl vom Islam als auch vom Christentum geprägt. Nach der Eroberung durch Iwan den Schrecklichen 1552 wurde der Kreml von Kasan zum christlichen Bischofssitz an der Wolga; auch heute noch ist er eine wichtige Pilgerstätte.

Das älteste Gebäude des Kasaner Kremls ist die Mariä-Verkündigungs-Kathedrale aus dem 16. Jh., die aus dem hellen Sandstein der Gegend gebaut wurde.

Der Turm des Kremls von Kasan ►

Archäologische Stätten in der Sierra de Atapuerca

Spanien

Begründung der Aufnahme: Zeugnis einer Kultur, traditionelle Siedlungsform

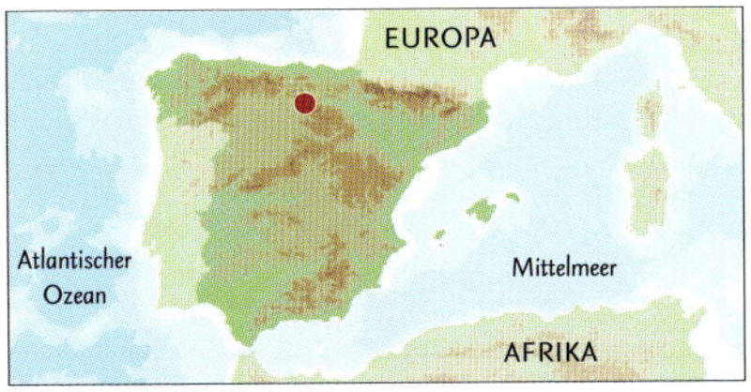

Die Höhlen der Sierra de Atapuerca zeugen auf einzigartige Weise vom Ursprung und der Entwicklung sowohl der existierenden menschlichen Zivilisation als auch untergegangener Kulturen. Die zahlreichen Funde reichen von Fossilien der frühesten menschlichen Wesen in Europa, die vor fast einer Million Jahren lebten, bis hin zu Überresten des modernen Menschen. Sie stellen einen bemerkenswerten Datenvorrat dar, dessen wissenschaftliche Auswertung unbezahlbare Informationen über das Aussehen und die Lebensweise dieser entfernten menschlichen Vorfahren liefert. Die Stätte Galería del Silex umfasst über 50 bemalte und geritzte Flächen mit geometrischen Motiven, Jagdszenen und anthropomorphen und zoomorphen Figuren. Bei Ausgrabungen kamen menschliche Überreste (überwiegend junge Erwachsene und Kinder) und Keramikfragmente ans Licht, von denen man annimmt, dass sie mit Opfertätigkeiten in Zusammenhang standen.

Die Sierra de Atapuerca dokumentiert die Evolutionslinie bzw. -linien der afrikanischen Vorfahren des modernen Menschen. Die frühesten fossilen Überreste des Menschen in Europa, die etwa 800 000 Jahre alt sind, wurden hier an der Fundstätte Gran Dolina entdeckt.

Baudenkmäler der Jesuiten in und um Córdoba

Argentinien

Begründung der Aufnahme: Zeugnis kulturellen Austauschs, Erbe von besonderer menschheitsgeschichtlicher Bedeutung

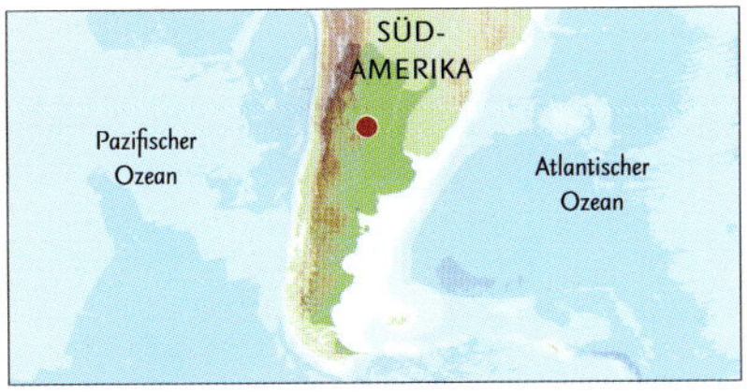

Der Block der Jesuiten in Córdoba, das Herz der früheren jesuitischen Provinz Paraguay, umfasst die Gebäude, die für das jesuitische System zentral sind: die Universität, die Kirche und Residenz des Jesuitenordens und das Colegio. Zusammen mit den fünf *Estancias* (Landgüter) sind sie herausragende Beispiele für die Verschmelzung europäischer und indigener Kulturen während einer wegweisenden Periode in Südamerika. Die Universität, die aus Stein und Backstein besteht, ist um einen zentralen offenen Platz angelegt (ursprünglich ein botanischer Garten); um den Hof ziehen sich geräumige Kolonnaden. Die Jesuitenkirche ist ein massiver Kuppelbau mit zwei plumpen Türmen am Westende. Der Innenraum ist reich verziert; das Retabel des Hauptaltars und die Kanzel sind herausragende Beispiele des Barocks.

Córdoba selbst wurde 1573 von Jerónimo Luis de Cabrera nach dem üblichen Schachbrettmuster einer spanischen Kolonialstadt angelegt. Wie anderen religiösen Orden auch wurde damals den Jesuiten einer der 70 Blocks der ursprünglichen Stadt zugewiesen.

Berg Qincheng und Bewässerungssystem von Dujiangyan
China

Begründung der Aufnahme: Zeugnis kulturellen Austauschs, Erbe von besonderer menschheitsgeschichtlicher Bedeutung, Verknüpfung mit Ereignissen von universeller Bedeutung

Der Bau des Bewässerungssystems von Dujiangyan begann im 3. Jh. v. Chr. Das System kontrolliert noch immer den Fluss Minjiang und verteilt sein Wasser auf das fruchtbare Farmland der Ebenen von Chengdu. Der Berg Qincheng war die Geburtsort des Taoismus, dem in einer Reihe alter Tempel gehuldigt wird.

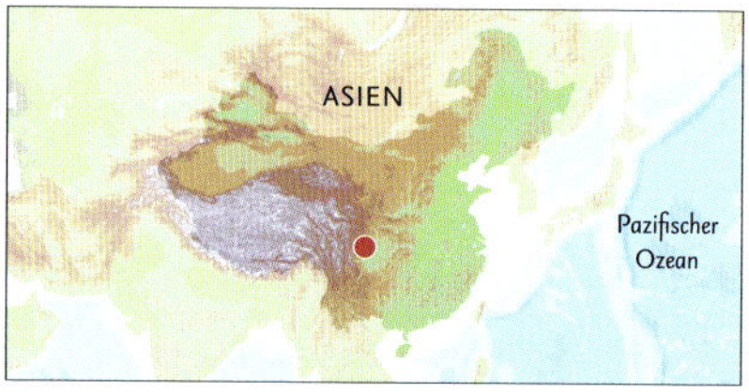

Im Jahr 142 gründete der Philosoph Zhang Daoling auf dem Berg Qincheng die Lehre des Taoismus. Während der Jin-Dynastie (265–420) wurden auf dem Berg mehrere taoistische Tempel gebaut, und die Lehren des Taoismus wurden von hier aus in ganz China verbreitet.

◄ Das Bewässerungssystem von Dujiangyan über dem Fluss Minjiang

Jugendstilbauten von Victor Horta in Brüssel
Belgien

Begründung der Aufnahme: Meisterwerk menschlicher Schöpferkraft, Zeugnis kulturellen Austauschs, Erbe von besonderer menschheitsgeschichtlicher Bedeutung

Diese vier bedeutenden Stadtgebäude in Brüssel – Hôtel Tassel, Hôtel Solvay, Hôtel van Eetvelde sowie Maison und Atelier Horta – wurden von dem Architekten Victor Horta entworfen, einem der frühesten Initiatoren des Jugendstils. Sie gehören zu den bemerkenswertesten Pionierarbeiten der Architektur am Ende des 19. Jh. Die stilistische Revolution, die diese Werke repräsentieren, ist geprägt von einem offenen Grundriss, der Streuung des Lichts und dem brillanten Zusammenführen der geschwungenen Linien der Dekoration mit der Gebäudestruktur.

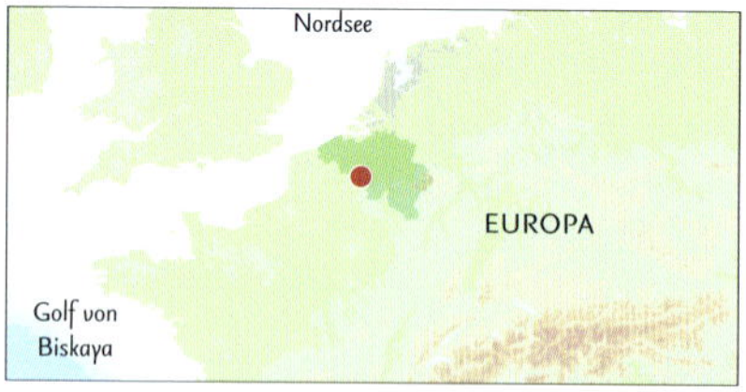

Die Gebäude von Horta illustrieren hervorragend den Übergang vom 19. ins 20. Jh. in Kunst, Denkungsart und Gesellschaft. Von den vier Häusern ist das Hôtel Solvay am besten erhalten; das Innere ist unversehrt, und die Einrichtungen funktionieren noch.

◄ Hôtel van Eetvelde

Spätrömische Befestigungsanlagen von Lugo
Spanien

Begründung der Aufnahme: Erbe von besonderer menschheitsgeschichtlicher Bedeutung

Die Mauern von Lugo wurden im späten 3. Jh. gebaut, um die römische Stadt Lucus zu verteidigen. Der gesamte Mauerring ist erhalten und stellt das hervorragendste Beispiel einer spätrömischen Befestigungsanlage in Westeuropa dar. Trotz der starken Befestigungen konnte Lugo den Sueben nicht standhalten, die im frühen 5. Jh. auf der iberischen Halbinsel einfielen und die Stadt in Brand setzten. Die Sueben wurden wiederum von den Westgoten vertrieben, die die Stadt 457 einnahmen und wieder besiedelten. Während der unaufhaltsamen Invasion der Mauren in Spanien wurde Lugo 714 überrannt und geplündert, doch Alfons I. von Asturien eroberte es 755 für das Christentum zurück, und Bischof Odarius ließ es restaurieren. 968 wurde die Stadt von den Normannen, die auf dem Weg zum Mittelmeer waren, erneut verwüstet und erst im folgenden Jahrhundert wiederhergestellt.

Von den ursprünglichen Intervalltürmen sind 46 unversehrt erhalten geblieben, weitere 39 wurden vollständig oder teilweise demontiert. Es gibt zehn Tore: fünf antike und fünf aus jüngerer Zeit. Eines der am besten erhaltenen ist das Miñá-Tor, dessen originaler Bogen sich in charakteristischer römischer Form zwischen zwei Türmen wölbt.

Archäologische Landschaft der ersten Kaffeeplantagen im Südosten Kubas
Kuba

Begründung der Aufnahme: Zeugnis einer Kultur, Erbe von besonderer menschheitsgeschichtlicher Bedeutung

Durch die Kaffeeproduktion des 19. und frühen 20. Jh. im östlichen Kuba entstand eine einzigartige Kulturlandschaft, die ein bedeutendes Stadium in der Entwicklung dieser Landwirtschaftsform illustriert. Die Stätte besteht aus den Überresten von 171 Kaffeeplantagen an den schroffen Hängen der Sierra Maestra. Die traditionelle Plantage setzt sich zusammen aus einigen grundlegenden Elementen: Im Zentrum steht das Wohnhaus des Eigentümers, das von sehr viel bescheideneren Unterkünften für die häuslichen und landwirtschaftlichen Sklaven umgeben ist. Das wichtigste gewerbliche Element ist der terrassierte Trockenboden (*Secadero*), auf dem die Kaffeebohnen für die Weiterverarbeitung in Wasser eingeweicht wurden. Die *Secaderos* bestehen aus großen, in den Boden eingelassene Flächen, die von niedrigen Mauern umgeben und mit Zisternen oder Wasserkanälen verbunden waren.

Im späten 19. Jh. begann man in anderen Teilen Mittelamerikas mit der Kaffeeproduktion, z. B. in Brasilien, Kolumbien und Costa Rica. Neue Techniken wurden eingeführt, die auf bereits entwickelten landwirtschaftlichen Systemen basierten. Die frühen Plantagen im östlichen Kuba waren auf den wachsenden Weltmärkten nicht mehr konkurrenzfähig und wurden nach und nach stillgelegt.

Altstadt von Brügge

Belgien

Begründung der Aufnahme: Zeugnis kulturellen Austauschs, Erbe von besonderer menschheitsgeschichtlicher Bedeutung, Verknüpfung mit Ereignissen von universeller Bedeutung

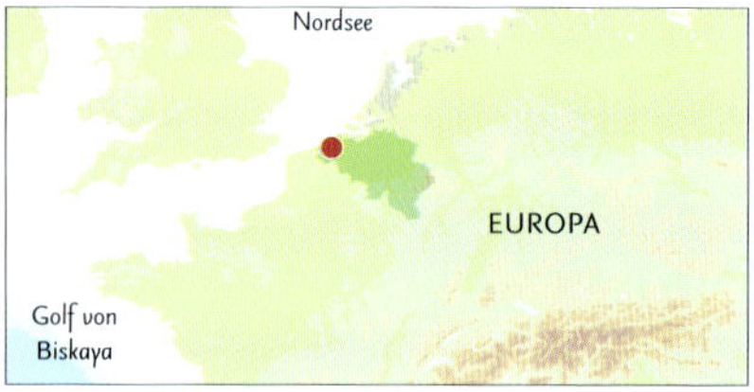

Brügge (Bruges) ist ein hervorragendes Beispiel für eine mittelalterlichen Siedlung, die sich ihre historische, über Jahrhunderte gewachsene Struktur bewahrt hat und in der die ursprünglichen gotischen Bauwerke einen Teil der Identität der Stadt ausmachen. Als eine der wirtschaftlichen und kulturellen Metropolen Europas knüpfte Brügge kulturelle Bande zu verschiedenen Teilen der Welt. Die Stadt steht in enger Verbindung mit der Altniederländischen Malerei.

Bei archäologischen Ausgrabungen fand man Belege für menschliche Siedlungen in der Umgebung von Brügge während der Eisenzeit und der gallo-römischen Zeit. Die Gegend wurde zum Militär- und Verwaltungszentrum der Region und nahm Handelsbeziehungen zu Skandinavien auf. Im 9. Jh. wurde die Stadt erstmals namentlich erwähnt, und auf karolingischen Münzen ist der Name Bruggia eingeprägt. Zu dieser Zeit war Brügge Teil eines Verteidigungssystems gegen die Normannen; die erste Festung existierte bereits 851 an der Stelle der heutigen Place du Bourg. Die Siedlung entwickelte sich allmählich und wurde zu einem Hafen und Handelszentrum mit europäischen Verbindungen.

Die Messe von Brügge wurde 1200 gegründet, und als Erstes entwickelten sich Kontakte zu den Briten, die vor allem den Handel mit Wolle betrafen. Der wachsende Wohlstand der Stadt schlug sich im Bau öffentlicher Gebäude nieder, wie dem beeindruckenden Belfried am Grand Place. Brügge wurde rasch zu einer europäischen Wirtschaftsmetropole. Unter Philippe le Bon (1419–1467), dem Herzog von Burgund, der seinen Hof in Brügge einrichtete, wurde die Stadt zu einem Zentrum höfischen Lebens, flämischer Kunst, der Miniaturmalerei und des Buchdrucks, und bald darauf auch des Humanismus und der Renaissance dank der Anwesenheit zahlreicher Italiener. Gegen Ende des 15. Jh. geriet Brügge allmählich in eine Periode der Stagnation. Die flämischen Regionen wurden in das Habsburger Reich eingegliedert, und die Entdeckung Amerikas verlagerte die wirtschaftlichen Interessen vom Atlantik ins Mittelmeer. Aufgrund des Baus von Kanalsystemen nahm Brügge zwischen 1600 und 1800 jedoch seine Seeverbindungen wieder auf, wenn auch in eher bescheidenem Umfang. Von 1815 bis 1830 war Brügge Teil des Vereinigten Königreichs der Niederlande, seit 1830 gehört es zu Belgien. Im 19. Jh. beeinflusste eine Kolonie englischer Aristokraten das kulturelle Leben der Stadt und förderte das Wiederaufleben des Interesses am künstlerischen Erbe Brügges und die Restauration historischer Gebäude.

Der Belfried von Brügge ▶

Die wichtigsten Plätze in Brügge sind der Place du Bourg und der Grand Place. Der Place du Bourg symbolisierte 1000 Jahre lang das Bündnis aus religiösen und bürgerlichen Autoritäten. Am Grand Place liegen die Tuchhallen, der Belfried und die Waterhalle, die städtische Autonomie symbolisieren.

Seit dem Mittelalter ist die Architektur von Brügge von Backsteingotik geprägt, vor allem von einem Baustil, den man als *travée brugeoise* bezeichnet. Dieser Baustil wurde bis ins 17. Jh. beibehalten und diente auch für die Restaurierungen im 19. Jh. als wichtigste Inspirationsquelle.

Jungsteinzeitliche Feuersteinminen bei Spiennes
Belgien

Begründung der Aufnahme: Meisterwerk menschlicher Schöpferkraft, Zeugnis einer Kultur, Erbe von besonderer menschheitsgeschichtlicher Bedeutung

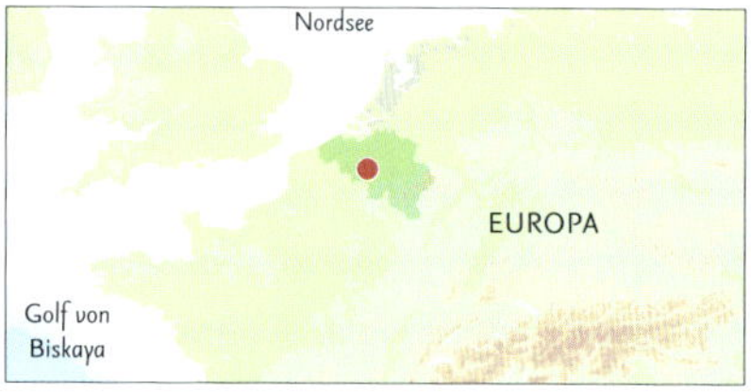

Die jungsteinzeitlichen Feuersteinminen bei Spiennes, die über 1 km² umfassen, stellen die größte und älteste Ansammlung alter Minen in Europa dar. Darüber hinaus sind sie bemerkenswert wegen der Vielzahl technischer Lösungen, die beim Bergbau zum Einsatz kamen, und wegen der Tatsache, dass sie direkt mit einer Siedlung aus derselben Zeit verknüpft sind. Heute sieht man an der Oberfläche der Stätte ein weites Gebiet aus Weiden und Feldern, die mit Millionen von Bruchstücken aus bearbeitetem Feuerstein übersät sind. Im Untergrund besteht die Stätte aus einem Netzwerk aus Stollen, die durch Schächte, die in der Jungsteinzeit gegraben wurden, mit der Oberfläche verbunden sind. Viele der Minen wurden nie ausgegraben, und auch diejenigen, die für die Öffentlichkeit zugänglich sind, sind noch in ihrem ursprünglichen Zustand.

Der unterirdische Abbau von Feuerstein begann um die Mitte des 5. Jt. v. Chr. und dauerte jahrhundertelang an. Die Überreste der Minen zeigen, wie die prähistorischen Menschen allmählich Technologien entwickelten, um Materialien abzubauen, die für die Herstellung von Werkzeugen und Geräten notwendig waren.

Dörfer Xidi und Hongcun
China

Begründung der Aufnahme: Zeugnis kulturellen Austauschs, Erbe von besonderer menschheitsgeschichtlicher Bedeutung, traditionelle Siedlungsform

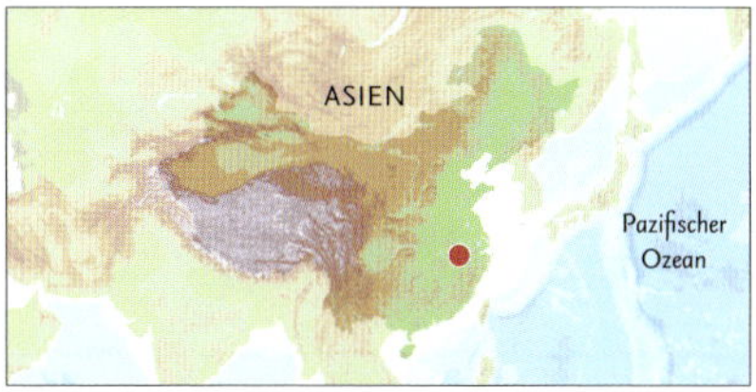

Die traditionellen, nichtstädtischen Siedlungen in China, die größtenteils im Verlauf des 20. Jh. verschwunden sind, werden durch Dörfer Xidi und Hongcun noch bemerkenswert gut vertreten. Die beiden Dörfer illustrieren anschaulich eine Siedlungsform, die in einer feudalen Periode entstand und auf blühendem Handel beruhte. Ihre Gebäude und ihr Straßenmuster spiegeln die sozio-ökonomische Struktur einer langlebigen, beständigen Periode in der chinesischen Geschichte wider. Die Straßen sind mit Granit gepflastert, und die geräumigen Gebäude bestehen aus Fachwerk mit Backsteinwänden und eleganten, geschnitzten Verzierungen.

In Hongcun (**Abb. unten**) sind viele der hervorragenden Gebäude und das bemerkenswerte Wassersystem noch erhalten. Der offene Wasserlauf fließt durch die Stadt und bildet zwei Teiche, einen im Zentrum (Mond-Teich) und den anderen südlich des Dorfes (Süd-See).

Grotten von Longmen
China

Begründung der Aufnahme: Meisterwerk menschlicher Schöpferkraft, Zeugnis kulturellen Austauschs, Zeugnis einer Kultur

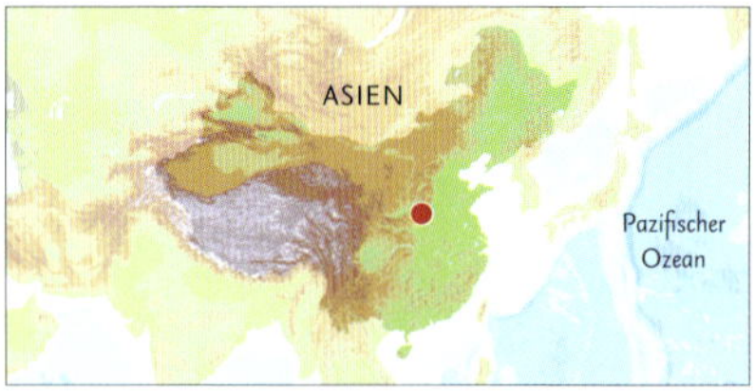

Insgesamt 2345 Nischen oder Grotten zu beiden Seiten des Flusses wurden in Longmen erfasst. Sie beherbergen über 100 000 buddhistische Statuen, etwa 2500 Stelen und Inschriften und über 60 buddhistische Pagoden.

Die Grotten und Nischen von Longmen enthalten die größte und beeindruckendste Sammlung chinesischer Kunst aus der späten Nördlichen Wei-Dynastie und der Tang-Dynastie. Die Werke, die alle dem buddhistischen Glauben gewidmet sind, stellen den Höhepunkt chinesischer Steinmetzkunst dar. Diese Perfektionierung einer lange etablierten Kunstform spielte in der kulturellen Entwicklung dieser Region Asiens eine bedeutende Rolle. Die Arbeit an den Longmen-Grotten begann 493, als Kaiser Xiaowen von der Nördlichen Wei-Dynastie seine Hauptstadt nach Luoyang verlegte, und sollte die folgenden vier Jahrhunderte andauern. Die Gruppe der Riesenstatuen in der Fengxiansi-Grotte ist repräsentativ für diese Phase der chinesischen Kunst in Longmen; sie sind als künstlerische Meisterwerke von wahrhaft globaler Bedeutung allgemein anerkannt.

Bodhisattvas in der Hauptgrotte ▼

Kathedrale Notre Dame in Tournai

Belgien

Begründung der Aufnahme: Zeugnis kulturellen Austauschs, Erbe von besonderer menschheitsgeschichtlicher Bedeutung

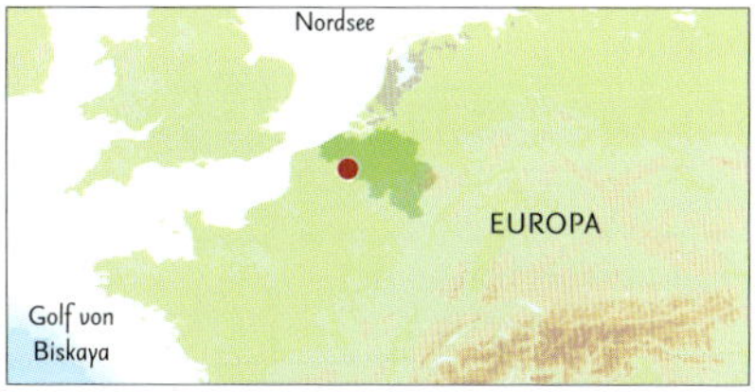

Die Kathedrale Notre Dame in Tournai wurde in der ersten Hälfte des 12. Jh. errichtet. Sie liegt im Herzen der Altstadt, nicht weit vom Westufer der Schelde entfernt. Architektonisch betrachtet ist sie das Produkt dreier Stilepochen, die leicht unterschieden werden können: Das romanische Kirchenschiff hat außergewöhnliche Dimensionen und seine Kapitelle sind reich mit Skulpturen ausgestattet; der Chor, der im 13. Jh. umgebaut wurde, ist rein gotisch. Diese beiden Elemente sind durch ein Querschiff verbunden, das vom Stil her in einer Übergangsform gehalten ist und eine beeindruckende Gruppe aus fünf Glockentürmen umfasst. Die Fassade der Kathedrale ist mit Skulpturen dekoriert, die aus unterschiedlichen Perioden stammen (14., 16. und 17. Jh.) und Szenen aus dem Alten Testament, aus der Stadtgeschichte sowie Heilige darstellen.

Die Kathedrale zeugt von einem Austausch architektonischer Einflüsse zwischen der Île de France, dem Rheinland und der Normandie während des kurzen Zeitabschnitts im frühen 12. Jh., welcher der Blütezeit der gotischen Architektur voranging.

Kathedrale und Kirchen von Etschmiadsin und archäologische Stätte von Zvartnots

Armenien

Begründung der Aufnahme: Zeugnis kulturellen Austauschs, Zeugnis einer Kultur

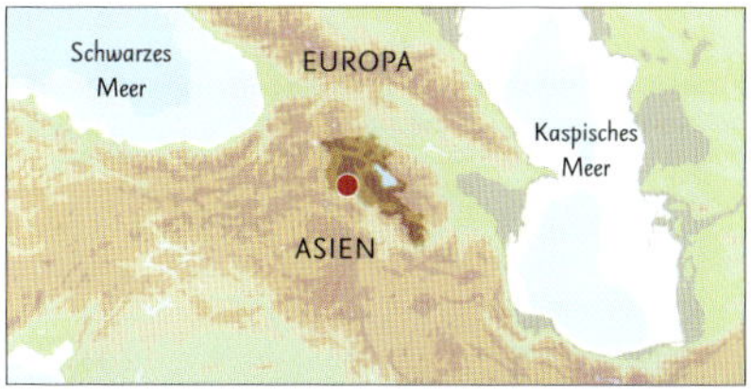

Die Kathedrale und die Kirchen von Etschmiadsin und die archäologischen Überreste von Zvartnots veranschaulichen die Herausbildung und Entstehung der armenischen Kreuzkuppelkirche, die einen tiefgreifenden Einfluss auf die architektonische und künstlerische Entwicklung in der Region hatte.

Die Kathedrale von Etschmiadsin, die in den Jahren 301–303 gebaut wurde, ist das älteste christliche Gotteshaus in Armenien. Zusammen mit den anderen religiösen Gebäuden und archäologischen Überresten in Etschmiadsin und Zvartnots zeugt sie von der Etablierung des Christentums in diesem Land.

◄ Ruinen des Tempels in Zvartnots

Feuchtgebiet Pantanal, geschützter Bereich

Brasilien

Begründung der Aufnahme: besonderes Naturphänomen, Schauplatz spezieller ökologischer und biologischer Prozesse, bedeutender natürlicher Lebensraum – Biodiversität

Der geschützte Bereich des Pantanals besteht aus vier Schutzgebieten und liegt im mittleren Westen Brasiliens, in der südwestlichen Ecke des Bundesstaates Mato Grosso. Die Stätte umfasst 1,3 % der brasilianischen Pantanal-Region, eines der größten Süßwasser- und Feuchtgebiet-Ökosysteme der Welt. Hier befinden sich die Quellgebiete der beiden größten Flüsse der Region, des Rio Cuiabá und des Rio Paraguay. Die Fülle und der Artenreichtum der Vegetation und der Tierwelt in der Region sind spektakulär.

Das Pantanal ist eine gewaltige Schwemmlandebene. Seine Landschaft umfasst eine Vielfalt ökologischer Subregionen, darunter Flusskorridore, Galeriewälder, dauerhafte Feuchtgebiete und Seen, saisonal überflutetes Grasland und terrestrische Wälder.

Umgeben von Gebirgskämmen und Ebenen handelt es sich beim Pantanal um eine flache Landschaft mit leichter Neigung in nord-südlicher, ost-westlicher Richtung. Die wichtigste Wasserquelle für das Pantanal ist der Rio Cuiabá. Das Wasser breitet sich aus und bedeckt weite Flächen; es sucht sich eine natürliche Mündung, die hunderte Kilometer flussabwärts liegt, dort wo der Fluss mit dem Rio Paraguay zusammenfließt. Hydrologische Studien weisen auf ein Netzwerk unterirdischer Ströme und gewisse Wasserbewegungen unter der Erdoberfläche hin.

Die Vegetation befindet sich in einer Übergangszone zwischen der Trockensavanne (Cerrado) Zentralbrasiliens und dem halbimmergrünen Wald im Süden und Südosten. Die große Bandbreite ineinander übergreifender Lebensraumarten bringt eine bemerkenswerte Pflanzenvielfalt hervor.

Die Fauna des Pantanal ist extrem vielfältig und umfasst 80 Säugetier-, 650 Vogel-, 50 Reptilien- und 400 Fischarten. Dichte Populationen vom Aussterben bedrohter Arten leben in dieser Region; dazu gehören der Jaguar, der Sumpfhirsch, der Große Ameisenbär und der Riesenotter.

Das Pantanal ist eine Zufluchtsstätte für Vögel, von denen viele Arten in großer Zahl vorkommen. Es stellt einen wichtigen Brutort für typische Sumpfvögel wie Jabirus, mehrere Reiherarten, Ibisse und Enten dar, die in riesigen Schwärmen auftreten.

Der geschützte Bereich des Pantanals besteht aus vier Schutzgebieten: Der Nationalpark Pantanal Matogrossense, das Dorochê Private Reserve, das Acurizal Private Reserve und das Penha Private Reserve. Ihre Gesamtfläche beläuft sich auf 1878 km^2.

Das Gebiet ist die Heimat von 26 registrierten Papageienarten, einschließlich des Hyazinth-Aras **(Abb. rechts)**, des größten Papageis der Welt. Ein großer Teil der noch verbliebenen, wild lebenden Population dieser bedrohten Art lebt in dieser Region. Die Zerstörung von Lebensraum und der Fang für den Tierhandel sind die zwei Faktoren, die dazu geführt haben, dass er vom Aussterben bedroht ist.

Welterbestätte seit

• • • • • • 1978 • 1979 • 1980 • 1981 • 1982 • 1983 • 1984 • 1985 • 1986 • 1987 • 1988 • 1989 • 1990 • 1991 • 1992 • 1993 • 1994 • 1995 • 1996 • 1997 • 1998 • 1999 • **2000**

Naturreservat Zentralsuriname

Suriname

Begründung der Aufnahme: Schauplatz spezieller ökologischer und biologischer Prozesse, bedeutender natürlicher Lebensraum – Biodiversität

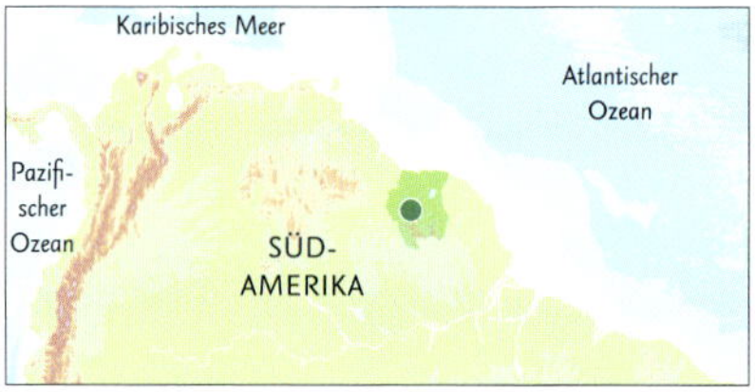

Das Naturreservat Zentralsuriname umfasst 16 000 km² tropischen Primärwalds in West-Zentralsuriname. Es schützt das obere Einzugsgebiet des Flusses Coppename und die Quellgebiete der Flüsse Lucie, Oost, Zuid, Saramacca und Gran Rio und deckt eine vielfältige Topografie eine ganze Bandbreite von Ökosystemen ab, die wegen ihrer Unberührtheit schützenswert sind. Seine Berg- und Flachlandwälder enthalten eine große Pflanzenvielfalt; bisher wurden über 50 000 Gefäßpflanzen gesammelt. Die Tierwelt des Reservats ist typisch für diese Region und umfasst Jaguare, Riesengürteltiere, Riesenotter, Tapire, Faultiere, außerdem acht Primatenarten und 400 Vogelarten, wie die Harpyie, der Tiefland-Felsenhahn und der hellrote Ara.

Weite Teile des Guyana-Schilds und der Amazonasregionen werden rasch durch Abholzung, Jagd, Bergbau und Siedlungsbau verändert, doch dieses Reservat bleibt unzugänglich, weitgehend unbeeinträchtigt und nicht von menschlichen Aktivitäten bedroht.

◄ Der Weißkopfsaki, eine der acht Primatenarten, die im Reservat zu finden sind

Welterbestätte seit

• • 1978 • 1979 • 1980 • 1981 • 1982 • 1983 • 1984 • 1985 • 1986 • 1987 • 1988 • 1989 • 1990 • 1991 • 1992 • 1993 • 1994 • 1995 • 1996 • 1997 • 1998 • 1999 • 2000 • **2001**

Kulturlandschaft von Aranjuez

Spanien

Begründung der Aufnahme: Zeugnis kulturellen Austauschs, Erbe von besonderer menschheitsgeschichtlicher Bedeutung

Die Kulturlandschaft von Aranjuez ist eine Einheit komplexer Beziehungen: zwischen den Aktivitäten von Natur und Mensch, zwischen geschwungenen Wasserläufen und geometrisch gestalteter Landschaft, zwischen Stadt und Land und zwischen der Waldlandschaft und der fein modulierten Architektur der prunkvollen Gebäude. 300 Jahre lang widmeten die Könige ihre Aufmerksamkeit der Entwicklung und Pflege dieser Landschaft. Sie wurde zu einem Audruck der Konzepte des Humanismus und der politischen Zentralisierung, und weist Merkmale wie die Barockgärten im französischen Stil aus dem 18. Jh. auf. Neben einem urbanen Lebensstil entwickelten sich auch die Naturwissenschaften, die sich im Zeitalter der Aufklärung mit der Akklimatisierung von Pflanzen und der Viehzucht beschäftigten.

Zu dieser Stätte gehören eine angelegte Stadt, große Gärten, Gemüse- und Obstgärten, Lagunen, Flüsse und Wasserwerke, Wälder und Moore. Das ganze Gebiet erscheint wie eine grüne Oase in einer ansonsten trockenen, braunen und einigermaßen kargen, gebirgsartigen Landschaft.

Industrielle Mustersiedlung New Lanark (Schottland)

Großbritannien

Begründung der Aufnahme: Zeugnis kulturellen Austauschs, Erbe von besonderer menschheitsgeschichtlicher Bedeutung, Verknüpfung mit Ereignissen von universeller Bedeutung

New Lanark ist ein kleines Dorf aus dem 18. Jh., das in eine erhabene schottische Landschaft eingebettet ist. Hier schuf der Philanthrop und Idealist Robert Owen Anfang des 19. Jh. eine industrielle Mustersiedlung. Im Jahr 1786 ging die erste Baumwollspinnerei in New Lanark in Betrieb, und um 1809 begann Owen mit der Umgestaltung des Dorfes. Die beeindruckenden Spinnereigebäude, die geräumigen und gut konstruierten Arbeiterunterkünfte sowie das Bildungsinstitut und die Schule zeugen von Owens Humanismus. Das durchgängige Motto sind gute Proportionen, ordentliche Maurerarbeiten und Schlichtheit der Details. Der Erfolg von New Lanark inspirierte andere wohlwollende Industrielle, sich Owens Beispiel anzuschließen. Die Mustersiedlung übte dadurch einen wichtigen Einfluss aus auf die sozialen Entwicklungen im 19. Jh. und darüber hinaus auf fortschrittliches Erziehungswesen, Fabrikenreformen, humane Arbeitsbedingungen, internationale Zusammenarbeit und das Konzept der Gartenstadt.

Robert Owens idealistische Vision von einer Gesellschaft ohne Verbrechen, Armut und Not erfuhr in der Zeit nach den Napoleonischen Kriegen großen Zuspruch. Nachdem die neuen Gebäude errichtet und andere abgerissen oder durch Feuer zerstört worden waren, verließ Owen New Lanark 1828, aber das Dorf sieht heute noch fast genauso aus wie zu seinen Glanzzeiten.

Alpenregion Jungfrau mit Eiger und Mönch, Aletschgletscher und Bietschhorn

Schweiz

Begründung der Aufnahme: besonderes Naturphänomen, Zeugnis wichtiger Stadien der Erdgeschichte, Schauplatz spezieller ökologischer und biologischer Prozesse

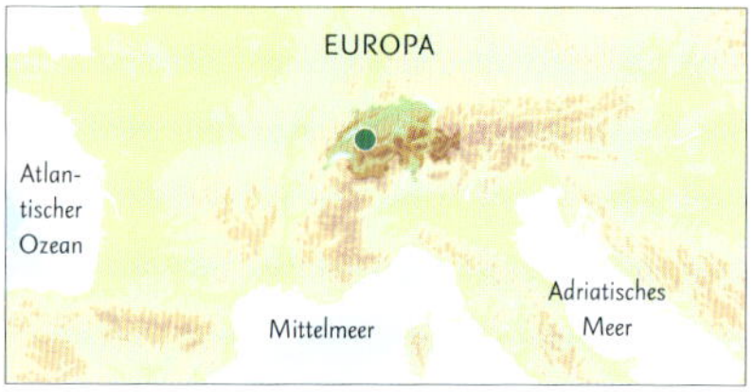

Die Alpenregion Jungfrau mit Eiger und Mönch, Aletschgletscher und Bietschhorn ist der am stärksten vergletscherte Teil der Alpen mit dem größten Gletscher Europas und einer Reihe klassischer glazialer Merkmale. Sie stellt ein herausragendes geologisches Zeugnis dar für die Horste und die Verwerfungen, welche die Hochalpen ausgebildet haben. Die Vielfalt der Flora und Fauna zeigt sich in einigen alpinen und subalpinen Lebensräumen sowie an der Pflanzenbesiedlung in den Spuren sich zurückziehender Gletscher, die ein hervorragendes Beispiel pflanzlicher Kolonisation darstellt. Die Geologie der Region entstammt den helvetischen Decken, große Gesteinskörper, die während des Miozäns in Europa über jüngeres Gestein geschoben wurden. Die Auffaltung und Überschiebung von Gesteinsschichten während der Entstehung der Alpen sorgte für äußerst komplexe Felsformationen, die seitdem glazialen Aktivitäten ausgesetzt waren. Die Morphologie des Gebiets ist geprägt durch steile Nordwände und relativ flache Südhänge.

Landschaftlich und ästhetisch betrachtet zählt die Region zu den dramatischsten der gesamten Alpen. Die beeindruckende Nordwand mit dem Panorama von Eiger, Mönch und Jungfrau bietet einen klassischen Anblick der hochalpinen Nordfassade – ein Anblick, der in der europäischen Kunst und Literatur eine wichtige Rolle spielte. Neun Gipfel in der Region sind über 4000 m hoch. Zu den klassischen Beispielen für lokale Gletscherphänomene gehören u-förmige Täler, Talgletscher, Bergkessel, Hörner und Moränen. Der Aletschgletscher ist in Bezug auf seine Fläche (128 km^2), seine Länge (23 km) und seine Tiefe (900 m) der größte und längste Gletscher Westeuropas. Flora und Fauna variieren je nach Gefälle, Himmelsrichtung und Höhenlage. Zwischen den Nord- und Südhängen besteht ein merklicher Unterschied in der Vegetation. An der Nordseite bestehen die niedriger gelegenen Wälder aus Laubbaumarten wie Buche, Esche, Erle, Ulme und Birke. Der Süden ist zu trocken für die Buche; hier wachsen stattdessen Kiefern. An der nördlichen Seite wird die subalpine Zone von der Gemeinen Fichte, der Eberesche, der Birke und der Zirbelkiefer dominiert, während an der Südseite kontinentalere Gattungen wie die Lärche wachsen. Über der Baumgrenze finden sich große Flächen mit Rhododendren, alpinen Wiesen und Tundrabewuchs sowie an den trockenen Südhängen auch steppenartige Graslandschaften.

Der Aletschgletscher ►

Die Fauna in dieser Gegend ist typisch für die Alpen. Hier lebt eine breite Vielfalt an Arten, wie Steinböcke, Luchse, Rotwild, Rehe, Gämsen und Murmeltiere sowie diverse Reptilien- und Amphibienarten. Auch die alpine Vogelwelt ist hier repräsentativ vertreten, z. B. durch Steinadler, Turmfalken, Alpendohlen, Schneehühner, Birkhühner, Schneefinken, Mauerläufer, Lämmergeier, Sperlingskäuze sowie verschiedene Spechtarten.

Weinregion Alto Douro
Portugal

Begründung der Aufnahme: Zeugnis einer Kultur, Erbe von besonderer menschheitsgeschichtlicher Bedeutung, traditionelle Siedlungsform

In der Weinregion Alto Douro wird seit ca. 2000 Jahren Wein hergestellt. Seit dem 18. Jh. ist das Hauptprodukt der Region, der Portwein, auf der ganzen Welt ein Begriff. Diese lange Weinbautradition brachte eine Kulturlandschaft von außergewöhnlicher Schönheit hervor, die die technologische, soziale und wirtschaftliche Evolution widerspiegelt. Die Landschaft in der abgegrenzten Weinbauregion des Douro besteht aus steilen Hügeln und eingekesselten Tälern, die in Plateaus auf über 400 m abflachen. Die dominierendste Eigenschaft der Landschaft sind die terrassenförmigen Weinberge, welche die Gegend bedecken. Über die Jahrhunderte hinweg wurden die Terrassen mit verschiedenen Techniken Reihe um Reihe erweitert. Die frühesten Terrassenfelder waren noch schmal und unregelmäßig und wurden von Steinmauern abgestützt, die regelmäßig abgerissen und wieder neu aufgebaut wurden. Die langen Reihen von durchgängigen und regelmäßig geformten Terrassen stammen hauptsächlich vom Ende des 19. Jh.

Weingut am Fluss Douro ▲

Die neueren Terrassentechniken, die *patamares*, haben das Erscheinungsbild der Landschaft stark verändert. Man legte große Flächen leicht abfallenden und mit Erde aufgeschütteten Landes an, um die Maschinennutzung im Weinberg zu vereinfachen. Andere Systeme werden weiter erprobt, um schließlich Alternativen zu den *patamares* zu finden und die Eingriffe in die Landschaft zu verringern.

Gräber der Buganda-Könige in Kasubi

Uganda

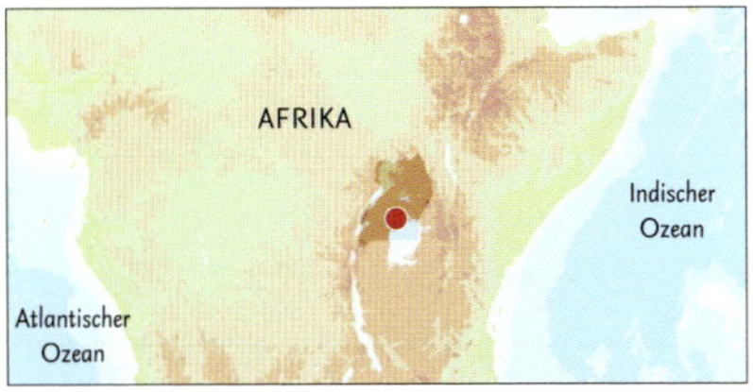

Begründung der Aufnahme: Meisterwerk menschlicher Schöpferkraft, Zeugnis einer Kultur; Erbe von besonderer menschheitsgeschichtlicher Bedeutung, Verknüpfung mit Ereignissen von universeller Bedeutung

Die Gräber der Buganda-Könige in Kasubi umfassen ein hügeliges Areal von fast 0,3 km² innerhalb des Kampala-Distrikts. Ein Großteil des Geländes wird landwirtschaftlich genutzt und mit traditionellen Methoden bebaut. Im Zentrum auf dem Gipfel liegt der ehemalige Palast der Kabakas (Könige) von Buganda, der 1882 errichtet und 1884 zur königlichen Grabstätte umgewidmet wurde. Heute befinden sich im kreisrunden und von einer Kuppel gekrönten Hauptgrab Muzibu Azaala Mpanga vier königliche Gräber. Es ist ein wichtiges Beispiel einer architektonischen Errungenschaft aus organischen Materialien, die in erster Linie aus Holz, Reet, Schilf sowie Flechtwerk mit Lehmverstrich besteht. Die entscheidende Bedeutung der Anlage liegt jedoch in ihren immateriellen Werten, wie Gläubigkeit, Spiritualität und Identität.

Die räumliche Anordnung der Gräber gibt noch heute einen Gesamteindruck von einem Bagando-Palast. Die Gräber zeugen von technischen Errungenschaften, die sich über viele Jahrhunderte hinweg entwickelten, und sie sind die lebhafteste religiöse Stätte im Königreich.

◄ Muzibu Azaala Mpanga

Königshügel von Ambohimanga

Madagaskar

Begründung der Aufnahme: Zeugnis einer Kultur, Erbe von besonderer menschheitsgeschichtlicher Bedeutung, Verknüpfung mit Ereignissen von universeller Bedeutung

Der Königshügel von Ambohimanga ist eines der bedeutendsten Symbole der kulturellen Identität der Bewohner Madagaskars. Die traditionelle Gestaltung, die Materialien und die Anordnung repräsentieren die soziale und politische Struktur der madagassischen Gesellschaft seit dem späten 16. Jh. Die Anlage besteht aus der Königsstadt und dem Begräbnisort sowie einer Reihe von heiligen Orten (Wald, Quelle, See, öffentlicher Versammlungsort). Die Königsstadt war durch Befestigungsanlagen aus Dämmen, Gräben und steinernen Passagen geschützt. Der Ort weckt starke Gefühle der nationalen Identität, und er hat über die letzten 500 Jahre hinweg seine spirituelle und heilige Bedeutung sowohl in der rituellen Praxis als auch in der allgemeinen Vorstellung erhalten. Er ist nach wie vor ein Ort der Verehrung.

1897 ließ die französische Obrigkeit in einem missglückten Versuch, dem Ort die Heiligkeit und die damit verbundene nationalistische Legitimität zu nehmen, die Überbleibsel des Königtums nach Antananarivo transportieren. Die Gräber wurden zerstört, und man errichtete für die Garnison vor Ort militärische Gebäude.

Naturschutzgebiet Zentral-Sikhote-Alin

Russische Föderation

Begründung der Aufnahme: Bedeutender natürlicher Lebensraum – Biodiversität

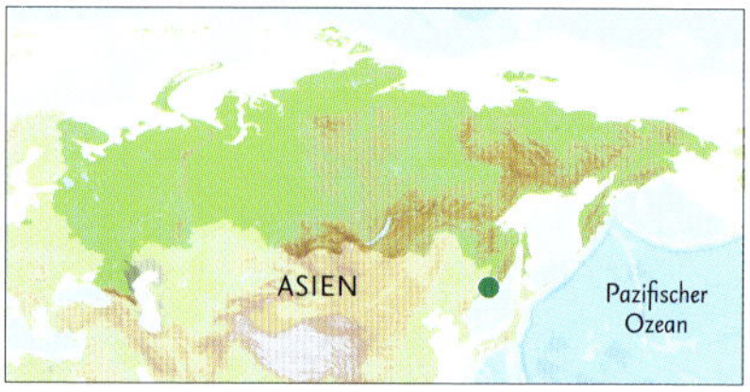

Das Gebirge Sikhote-Alin beherbergt einen der reichhaltigsten und ungewöhnlichsten temperaten Wälder der Welt. Die einzigartige Kombination aus extremen klimatischen Bedingungen, der räumlichen Isolierung und der traditionellen Ressourcennutzung durch indigene Völker hat dazu geführt, dass noch heute 80–90 % der regionalen Vegetation als dichter temperater Wald und Taiga erhalten geblieben sind. Die restliche Region besteht aus alpiner Tundra, an der Küste gelegenem Buschland, Wiesen und Sümpfen. In dieser gemischten Zone zwischen Taiga und Subtropen leben südliche Tierarten, wie Tiger und Kragenbär, neben nördlichen Arten, wie Braunbär und Luchs. Das Gebiet erstreckt sich von den Gipfeln des Sikhote-Alin-Gebirges bis zum Japanischen Meer. Es ist wichtig für das Überleben vieler bedrohter Tierarten, wie den Sibirischen Tiger.

Sikhote-Alin gilt als das Naturschutzgebiet mit der größten Artenvielfalt an Pflanzen und Tieren an der nordwestlichen Pazifikküste. Viele der Pflanzen, beispielsweise Ginseng und Sibirischer Ginseng, sind von medizinischem Wert und wichtig für die indigenen Völker.

Kulturlandschaft Neusiedler See

Österreich und Ungarn

Begründung der Aufnahme: Traditionelle Siedlungsform

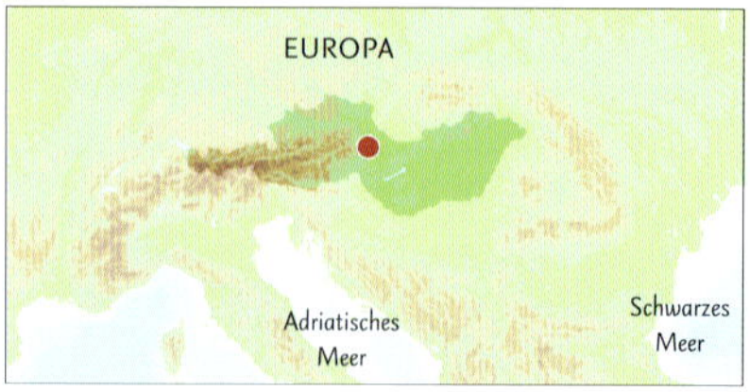

Der Neusiedler See und seine Umgebung sind ein herausragendes Beispiel für eine traditionelle Siedlungsform und für eine Form der Landnutzung, die repräsentativ für eine Kultur ist. Der See liegt zwischen den 70 km entfernten Alpen und den Tiefebenen auf dem Gebiet zweier Staaten, Österreich und Ungarn. Er war acht Jahrtausende lang ein Treffpunkt für unterschiedliche Kulturen, was durch seine vielfältige Landschaft anschaulich dargestellt wird. Der derzeitige Charakter der Landschaft ist das Ergebnis alter Landnutzungsformen auf Basis von Viehzucht und Weinbau in Ausmaßen, wie man sie in anderen europäische Seengebieten nicht findet. Die bemerkenswerte ländliche Architektur in den Dörfern rund um den See ist im historischen Zentrum der mittelalterlichen Freistadt Rust beispielhaft repräsentiert. Die Stadt stellt das perfekte Symbol für eine vereinte Gesellschaft von Städtern und Landwirten dar.

Mehrere Paläste aus dem 18. und 19. Jh. steigern die beträchtliche kulturelle Bedeutung der Region noch. Dazu gehört auch Schloss Esterházy in Fertöd, der wichtigste ungarische Palast aus dem 18. Jh., der nach dem Vorbild von Versailles errichtet wurde. Zwischen 1769 und 1790 waren Josef Haydns Kompositionen hier zuerst zu hören.

Industriedorf Saltaire

Großbritannien

Begründung der Aufnahme: Zeugnis kulturellen Austauschs, Erbe von besonderer menschheitsgeschichtlicher Bedeutung

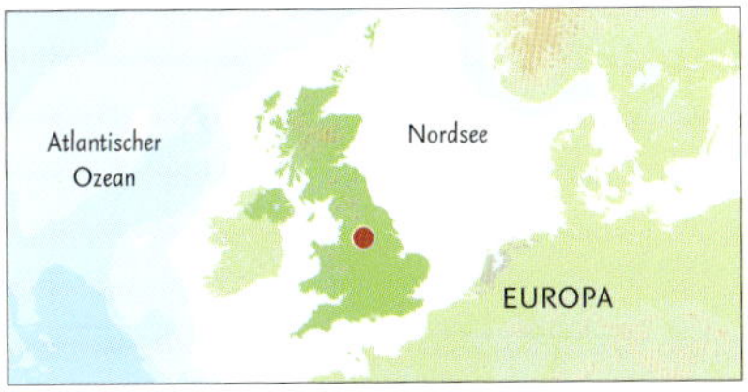

Saltaire in der Grafschaft West Yorkshire ist ein gut erhaltenes Industriedorf aus der zweiten Hälfte des 19. Jh. Seine Textilfabriken, Gemeinschaftseinrichtungen und Arbeiterwohnhäuser wurden in einem harmonischen Stil von hoher architektonischer Qualität errichtet und vermitteln einen lebhaften Eindruck des viktorianischen philanthropischen Paternalismus. Saltaire repräsentiert eine wichtige Stufe in der Entwicklung der modernen Städteplanung und hatte großen Einfluss auf die Gartenstadtbewegung. Als der wohlhabende Geschäftsmann Titus Salt 1848 Bürgermeister von Bradford wurde, verschrieb er sich der Verminderung der städtischen Verschmutzungsprobleme. Die Arbeiten an der Fabrik begannen 1851, und sie wurde 1853 eröffnet. Salts neues Dorf enthielt schließlich über 800 Unterkünfte in breiten Straßen mit einem großen Speisesaal und Küchen, Bädern und Waschhäusern. Außerdem gab es ein Altersheim für Arbeiter im Ruhestand, ein Krankenhaus, eine Apotheke, eine Bildungseinrichtung, eine Kirche sowie weitläufige Freizeitflächen und Kleingärten.

Die zwischen 1854 und 1868 errichteten Häuser sind gute Beispiele für hierarchische Arbeiterwohnungen aus dem 19. Jh. Jede Wohnung verfügte über einen eigenen Wasser- und Gasanschluss sowie eine Toilette im Freien. Ihre Größen reichen von kleinen Reihenhäusern bis hin zu erheblich umfangreicheren Verwalterhäusern mit Gärten.

Die Fabrik von Saltaire mit dem Fluss Aire
▼

Medina von Essaouira (früher Mogador)
Marokko

Begründung der Aufnahme: Zeugnis kulturellen Austauschs, Erbe von besonderer menschheitsgeschichtlicher Bedeutung

Essaouira ist ein herausragendes und gut erhaltenes Beispiel für eine befestigte europäische Hafenstadt aus dem späten 18. Jh., die in einen nordafrikanischen Kontext übertragen wurde. Seit ihrer Gründung ist die Stadt ein wichtiger internationaler Handelshafen, der Marokko und das Saharahinterland mit Europa und dem Rest der Welt verbindet. Als Marokko sich im späten 17. Jh. zunehmend der Welt öffnete, musste die Altstadt erweitert werden, und ein französischer Architekt entwickelte dafür die neuen Pläne. Die Stadt hat ihr europäisches Erscheinungsbild zu einem beträchtlichen Teil beibehalten und gilt als führendes Beispiel für eine Bauweise, die von der europäischen Architektur inspiriert ist – eine Stadt also, die dank ihrer planmäßigen Gestaltung einzigartig ist.

In der Medina (Altstadt) von Essaouira wurde eine Symbiose aus marokkanischen und ausländischen Bautechniken erreicht, die einige einzigartige architektonische Meisterwerke hervorgebracht hat: die Sqalas (Festungsanlagen) des Hafens und der Medina, die Bastion Bab Marrakesh, das Wassertor sowie Moscheen, Synagogen und Kirchen.

Die Sqala du Port, Essaouira
▼

Historische Industrielandschaft „Großer Kupferberg" in Falun

Schweden

Begründung der Aufnahme: Zeugnis kulturellen Austauschs, Zeugnis einer Kultur, traditionelle Siedlungsform

Der Große Kupferberg (Stora Kopparberget) ist das älteste und wichtigste Bergwerk Schwedens und eines der bemerkenswertesten Industriedenkmäler der Welt. Der Bergbau begann hier bereits im 9. Jh. und endete im späten 20. Jh. Im 17. Jh. deckte die Kupferproduktion in Falun 70 Prozent des weltweiten Bedarfs ab und war die Hauptstütze der schwedischen Wirtschaft; das Land konnte so zu einer der führenden Kräfte in Europa werden. Die im 17. Jh. nach einem Plan angelegte Stadt mit ihren vielen schönen historischen Gebäuden sowie die industriellen und häuslichen Überreste einer Reihe von Siedlungen verteilen sich auf ein großes Gebiet in der Provinz Dalarna. Sie zeichnen ein lebhaftes Bild eines Bergbaugebiets, das jahrhundertelang eines der wichtigsten der Welt war.

Der Große Kupferberg war ein Gemeinschaftsbetrieb, in dem freie Bergarbeiter Anteile besaßen, die im Verhältnis zu ihrer Beteiligung an den Kupferhütten standen. Er wird oft als „ältestes Unternehmen der Welt" bezeichnet.

Industriekomplex Zeche Zollverein in Essen

Deutschland

Begründung der Aufnahme: Zeugnis kulturellen Austauschs, Zeugnis einer Kultur

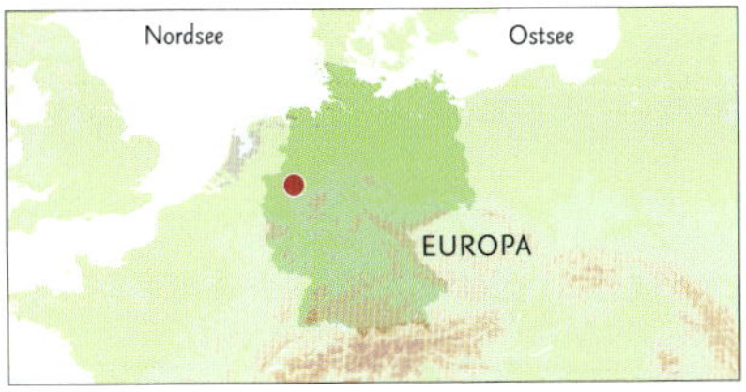

Der Industriekomplex Zeche Zollverein in Nordrhein-Westfalen umfasst die vollständige Infrastruktur eines historischen Kohlebergwerks. Einige seiner Gebäude aus dem 20. Jh. sind herausragende architektonische Leistungen. Die Zeche Zollverein ist ein bemerkenswertes Zeugnis der Entwicklung und des Niedergangs einer Schlüsselindustrie in den letzten 150 Jahren. Mitte des 19. Jh. begann der Bergbau auf einer Tiefe von ca. 120 m, und er endete schließlich auf 1200 m. Zum Ende der Abbauperiode erstreckten sich die unterirdischen Stollen auf über 120 km; sie waren über zwölf Schächte erreichbar, die zwischen 1847 und 1932 nach und nach geöffnet wurden. Die Abbaumethoden entwickelten sich entsprechend dem technologischen Fortschritt vom Handabbau bis hin zu mechanischen Schrämmaschinen. Bestandteile der Originalgruben, der zentralen Kokerei, der Schienen, zugehöriger Gebäude und Unterkünfte haben bis heute überlebt.

Der Zollverein ist ein außergewöhnliches Industriedenkmal: Seine Gebäude sind herausragende Beispiele für die Anwendung von Designkonzepten der Moderne auf eine vollständig industrielle Architektur. Besondere Erwähnung verdienen das beeindruckende Verwaltungsgebäude (1906), die Direktorenvilla (1898) und das Wohnhaus der Minenbeamten (1878).

Inselreservat Fernando de Noronha und Rocas-Atoll

Brasilien

Begründung der Aufnahme: besonderes Naturphänomen, Schauplatz spezieller ökologischer und biologischer Prozesse, bedeutender natürlicher Lebensraum – Biodiversität

Der Archipel Fernando de Noronha und das Rocas-Atoll vor der Küste Brasiliens bestehen aus den Gipfeln des Südatlantischen Rückens. Sie stellen einen Großteil der Inseloberfläche im Südatlantik, und ihre reichhaltigen Gewässer sind extrem wichtig für die Fortpflanzung und Ernährung von Thunfischen, Haien, Schildkröten und Meeressäugetieren. Die Inseln sind die Heimat der größten Population tropischer Seevögel im Westatlantik. In der Bucht Baia de Golfinhos gibt es eine einzigartige Ansammlung von Delfinen, und bei Ebbe bietet das Rocas-Atoll eine spektakuläre Seelandschaft aus Lagunen und Gezeitenbecken voller Fische.

Im Südatlantik gibt es weniger als zehn ozeanische Inseln, und der Archipel Fernando de Noronha sowie das Rocas-Atoll stellen über 50 Prozent der gesamten Inselfläche dar. Dementsprechend groß ist ihre Bedeutung für die Artenvielfalt im gesamten südatlantischen Becken.

Hügel von Tsodilo mit Felsmalereien

Botswana

Begründung der Aufnahme: Meisterwerk menschlicher Schöpferkraft, Zeugnis einer Kultur, Verknüpfung mit Ereignissen von universeller Bedeutung

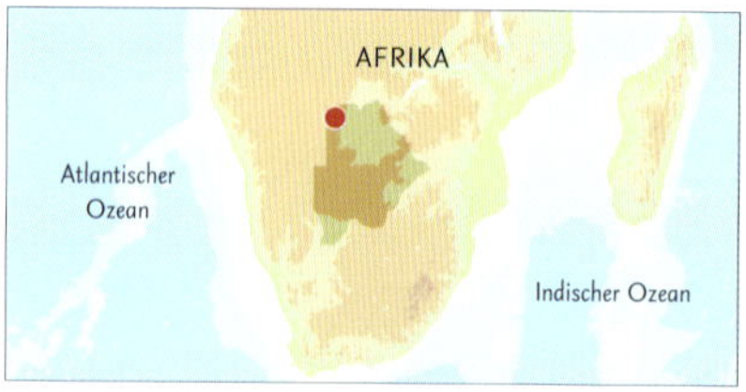

Dank einer der weltweit höchsten Konzentrationen von Felsmalereien wird Tsodilo auch als „Louvre der Wüste" bezeichnet. Viele tausend Jahre lang besuchten und besiedelten Menschen diese Felsformationen in der Wüste Kalahari und hinterließen zahlreiche Spuren ihrer Anwesenheit in Form von Felsmalereien. Auf einer Fläche von nur 10 km² sind über 4500 Gemälde erhalten geblieben. Die archäologischen Aufzeichnungen der Region bieten eine chronologische Darstellung menschlicher Aktivitäten und ökologischer Veränderungen über einen immens langen Zeitraum.

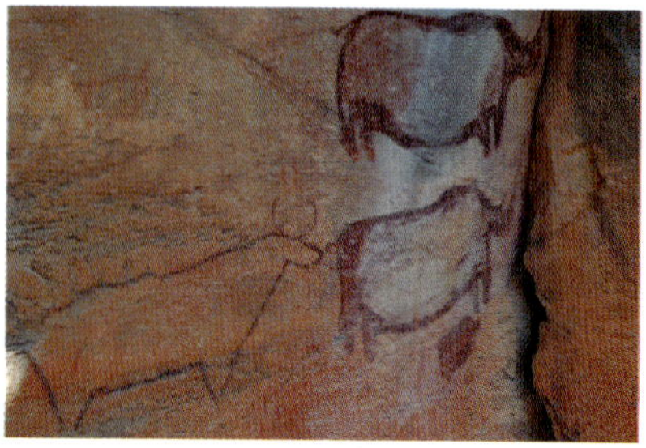

Die Felsen hatten eine enorme symbolische und religiöse Bedeutung: Man verehrte sie als Orte der Anbetung, die von den Ahnengeistern besucht wurden. Von einigen der Malereien wird angenommen, dass sie über 2000 Jahre alt sind. Das Alter der geometrischen Darstellungen schätzt man auf ungefähr 1000 Jahre, während die Abbildungen von Rindern auf die Zeit nach dem 6. Jh. datiert werden.

Mittelalterliche Handelsstadt Provins

Frankreich

Begründung der Aufnahme: Zeugnis kulturellen Austauschs, Erbe von besonderer menschheitsgeschichtlicher Bedeutung

Eine Eigenschaft aller alten Gebäude in Provins, ob sie unterschiedlichen oder rein kommerziellen Zwecken dienten, ist ein System von Gewölbekellern, das aus dem 12. bis 14. Jh. stammt. Die Keller liegen entweder vollständig oder teilweise unterirdisch, und sie alle öffnen sich zur Straße hin durch große Türen, die über breite Steintreppen erreichbar sind.

Um das Jahr 1000 n. Chr. war Provins eine von mehreren Städten im Gebiet der Grafen von Champagne, in denen große jährliche Handelsmärkte veranstaltetet wurden, die Nordeuropa mit der mediterranen Welt verbanden. Die gesamte Stadt entwickelte sich im Verhältnis zu den Märkten: entweder durch direkte Teilnahme am Messebetrieb oder als indirekte Folge davon. Von den vier Städten, in denen unter der Herrschaft der Grafen von Champagne Märkte abgehalten wurden, ist Provins die Einzige, die ihre ursprüngliche mittelalterliche Struktur beibehalten konnte. Es gibt zwei große Gebäude: den sogenannten „Tour de César" oder „Großen Turm", ein Steinbau aus dem 12. Jh., der aus drei großen, übereinander angeordneten Ebenen besteht und von einem spitz zulaufenden Dach aus dem 17. Jh. abgedeckt ist; und die romanisch-gotische Kirche Saint-Quiriace.

Samarkand als „Schnittpunkt der Weltkulturen“

Usbekistan

Begründung der Aufnahme: Meisterwerk menschlicher Schöpferkraft, Zeugnis kulturellen Austauschs, Erbe von besonderer menschheitsgeschichtlicher Bedeutung

Die historische Stadt Samarkand liegt an der Kreuzung der großen Handelsstraßen, die Zentralasien durchzogen. Ihre Kunst, Architektur und Stadtstruktur bildet die wichtigsten Phasen der zentralasiatischen Kultur- und Politikgeschichte seit dem 13. Jh. ab. Gegründet wurde die Stadt im 7. Jh. v. Chr. unter dem Namen Afrasiab. Unter der Herrschaft von „Timur dem Lahmen“ (Tamerlan, 1336–1405) wuchs sie zu einem wichtigen Zentrum heran. Samarkand, das am aktuellen Standort südwestlich von Afrasiab neu aufgebaut wurde, wurde zur Hauptstadt von Timurs mächtigem Staat sowie zum Verwahrungsort der materiellen Reichtümer aus den eroberten Gebieten, die sich von Zentralasien bis Persien, Afghanistan und Indien erstreckten. Zu den bedeutenden Monumenten gehören der Registan-Platz mit seinen Medressen (siehe Foto unten), die Bibi-Khanum-Moschee, das Shahi-Sinda-Ensemble, das Gur-Emir-Mausoleum sowie Ulug Begs Observatorium.

1868 eroberten die Russen Samarkand und machten es zur Provinzhauptstadt (1887), wodurch die Wirtschaft der Stadt wieder belebt wurde. Sie erbauten Schulen, Kirchen und Krankenhäuser, und der westliche Teil von Samarkand wurde in Übereinstimmung mit gebräuchlichen Konzepten der Stadtplanung neu entwickelt. Dieser Zeitabschnitt führte jedoch auch zur Zerstörung der Stadtmauern und -tore sowie einiger Baudenkmäler.

▼ Registan-Platz

Küste von Dorset und Ost-Devon
Großbritannien

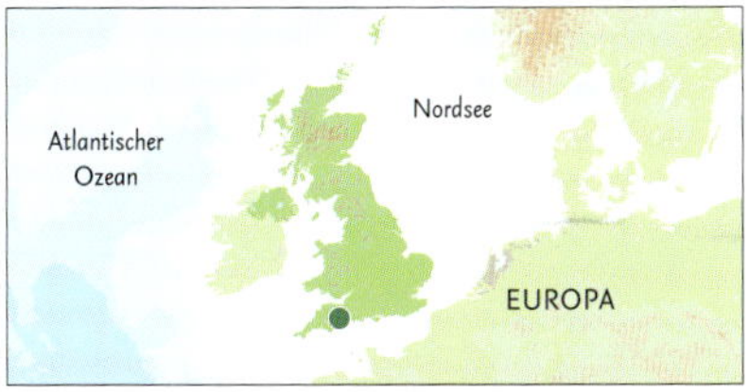

Begründung der Aufnahme: Zeugnis wichtiger Stadien der Erdgeschichte

Die Küste von Dorset und Ost-Devon liegt im Süden Englands. Die Stätte besteht aus acht Abschnitten an insgesamt 155 km Küstenstrecke und umfasst eine Kombination aus geologischen, paläontologischen und geomorphologischen Besonderheiten. Dazu gehören diverse Fossilien, ein für seine Kieselsteine bekannter Strand sowie Musterbeispiele für typische Küstenmerkmale wie Felsen und Meeresgrotten. Die Region wird seit über 300 Jahren erforscht und trug maßgeblich zur Entwicklung der Geowissenschaften in Großbritannien bei. Hier lässt sich eine fast durchgängige Abfolge von triassischen, jurassischen und kreidezeitlichen Felsabschlüssen beobachten, die einen Großteil des Mesozoikums (vor 251–66 Mio. Jahren), also ca. 185 Mio. Jahre der Erdgeschichte repräsentieren. Es wurden zahlreiche Fossilien von Wirbeltieren, Wirbellosen und Pflanzen entdeckt. Zu den Funden zählen versteinerte Dinosaurier-Fußabdrücke sowie Fossilien von Flug- und Meeresreptilien.

„Man o'War"-Bucht in Dorset ▲

Gut erhaltene Überbleibsel eines spätjurassischen Fossilwaldes sind auf der Isle of Portland und an der Purbeck-Küste zu sehen. Der sich von West Bay bis Portland erstreckende Chesil Beach ist bekannt für die Menge, die Art und die Korngröße seiner Kiesel. Die Fleet Lagoon zählt zu den wichtigsten Salzwasserlagunen Europas.

Alexander von Humboldt-Nationalpark

Kuba

Begründung der Aufnahme: Schauplatz spezieller ökologischer und biologischer Prozesse, bedeutender natürlicher Lebensraum – Biodiversität

Die komplexe Geologie und die vielseitige Topografie dieses Nationalparks haben eine Vielfalt von Ökosystemen und Arten hervorgebracht, die auf den karibischen Inseln ihresgleichen sucht; das Ergebnis ist eine der biologisch abwechslungsreichsten tropischen Inselwelten der Erde. Wegen des oft vegetationsfeindlichen felsigen Untergrunds mussten sich die Pflanzen anpassen, um überleben zu können. Der einzigartige Prozess der Evolution führte zur Entwicklung vieler neuer Arten, und der Park ist einer der wichtigsten Orte der westlichen Hemisphäre für den Erhalt endemischer Flora.

Der im Südosten von Kuba gelegene Park umfasst ein komplexes System aus Bergen, Hochplateaus, Küstenebenen, Buchten und Korallenriffen. Er ist das am wenigsten erforschte Naturgebiet der Insel, und es gibt hier noch Orte, deren Pflanzenwelt noch nicht wissenschaftlich erfasst wurde.

Yungang-Grotten („Wolkengrat-Grotten")

China

Begründung der Aufnahme: Meisterwerk menschlicher Schöpferkraft, Zeugnis kulturellen Austauschs, Zeugnis einer Kultur, Erbe von besonderer menschheitsgeschichtlicher Bedeutung

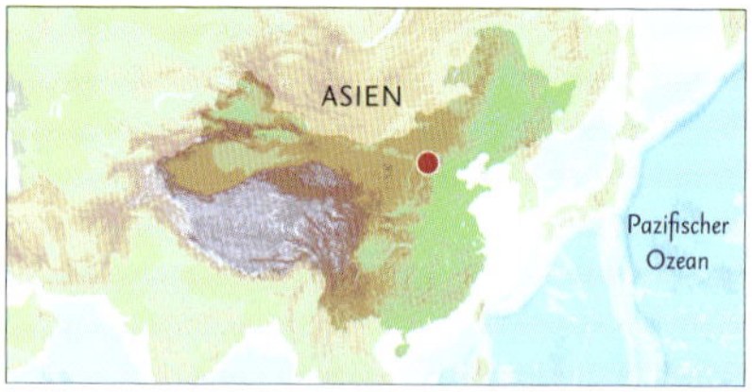

Die Yungang-Grotten bei der Stadt Datong in der Provinz Shanxi umfassen 252 Höhlen und 51 000 Statuen und sind das hervorragende Ergebnis buddhistischer chinesischer Höhlenkunst im 5. und 6. Jh. Die frühen Grotten (460–465) bestehen aus fünf Haupthöhlen, die unter der Anweisung des Mönchs Tan Yao gegraben wurden und nach ihm benannt sind. Ihr Grundriss ist u-förmig mit einer gewölbten Decke, und jede Höhle verfügt über eine Tür und ein Fenster. Die zentralen Bildnisse beanspruchen den Großteil der Höhlen, während in die Außenwände 1000 Buddhastatuen eingemeißelt sind. Zu den Yungang-Grotten zählen auch vier Gruppen von Doppelhöhlen und eine Ansammlung von Dreierhöhlen.

Im Jahr 525 war das ursprüngliche Projekt unter Förderung des Hofes größtenteils abgeschlossen, aber niedrigrangige Beamte und Mönche fuhren damit fort, Höhlen zu graben und Statuen zu meißeln. Während der Liao-Dynastie wurden hölzerne Unterkünfte vor den Grotten errichtet, die diese zu Tempelgebäuden machten.

Villa d'Este in Tivoli
Italien

Begründung der Aufnahme: Meisterwerk menschlicher Schöpferkraft, Zeugnis kulturellen Austauschs, Zeugnis einer Kultur, Erbe von besonderer menschheitsgeschichtlicher Bedeutung, Verknüpfung mit Ereignissen von universeller Bedeutung

Die Gärten um die Villa d'Este hatten einen starken Einfluss auf die Entwicklung der Gartengestaltung in ganz Europa. Sie gehören zu den frühesten und schönsten der „giardini delle meraviglie" und symbolisieren das Aufblühen der Renaissance-Kultur. Die Anlage besteht aus dem Palast und den Gärten und ist in einem unregelmäßigen Viereck angeordnet, das ca. 45 000 m² umfasst. Der Grundriss der Villa ist unregelmäßig, da der Architekt gewisse Teile des vorherigen klösterlichen Gebäudes unterbringen musste. Zum Garten hin ist die Architektur des Palasts sehr einfach: Sie besteht aus einem langen Hauptgebäude mit drei Stockwerken, das durch Leisten, Fensterreihen, Seitenpavillons und eine elegante Loggia aufgelockert wird. Die untere Ebene ist mit dem Brunnen der Leda geschmückt. Die wichtigsten Zimmer der Villa sind reihenweise auf zwei Stockwerken angeordnet und öffnen sich zum prachtvollen Garten hin.

Eine der vielen Besonderheiten der Villa ist die „Allee der hundert Brunnen". Erwähnenswert sind außerdem die innovativen und eindrucksvollen Wasserdüsen des großen Wasserfalls, die immer dann aktiviert wurden, wenn Ahnungslose unter den Arkaden spazierten. Der Garten verfügt zudem über einen eigenen künstlichen Berg, dessen drei Nischen Statuen beinhalten, und eine Wasserorgel.

Neptunbrunnen (vorne) und Orgelbrunnen (hinten) ▼

Historisches Zentrum von Goiânia

Brasilien

Begründung der Aufnahme: Zeugnis kulturellen Austauschs, Erbe von besonderer menschheitsgeschichtlicher Bedeutung

Die Anordnung und Architektur der historischen Stadt Goiânia ist ein besonderes Beispiel für eine europäische Stadt, die auf bemerkenswerte Art und Weise an die klimatischen, geografischen und kulturellen Bedingungen des zentralen Südamerikas angepasst wurde. Die Stadt repräsentiert die Entwicklung einer urbanen Struktur und Architektur, die für die koloniale Besiedlung Südamerikas charakteristisch ist; dabei wurden lokale Materialien und Techniken voll ausgenutzt und die außergewöhnliche Kulisse beibehalten. Die öffentliche wie auch die private Architektur sind zwar bescheiden, ergeben aber dank der durchgängigen Verwendung von lokalen Materialien und einheimischen Techniken ein harmonisches Ganzes.

Im Jahr 1748 wurde Goiânia aufgrund seines Goldreichtums zum Hauptsitz eines neuen Unterbezirks gewählt, und der erste Gouverneur verwandelte das bescheidene Dorf in eine kleine Hauptstadt. Das Stadtbild erfuhr in der Moderne keine großen Veränderungen, und so ist Goiânia ein bemerkenswert gut erhaltenes Beispiel für eine Bergbaustadt aus dem 18. und 19. Jh., deren natürliche Umgebung ebenfalls intakt geblieben ist.

Friedenskirchen in Jawor (Jauer) und Swidnica (Schweidnitz)

Polen

Begründung der Aufnahme: Zeugnis einer Kultur, Erbe von besonderer menschheitsgeschichtlicher Bedeutung, Verknüpfung mit Ereignissen von universeller Bedeutung

Die Friedenskirchen in Jawor und Swidnica sind die größten religiösen Fachwerkbauten in Europa. Sie wurden in der Mitte des 17. Jh., zu einer Zeit religiöser Zwietracht nach dem Westfälischen Frieden im damaligen Schlesien errichtet. Sie sind nicht nur Denkmäler für die Fähigkeiten ihrer Architekten, sondern auch für die religiöse Toleranz des katholischen Habsburgischen Herrschers gegenüber den protestantischen Gemeinden in Schlesien nach dem Dreißigjährigen Krieg. Die Protestanten wurden im Großteil der Provinz verfolgt, aber dank der Vermittlung des lutheranischen Königs von Schweden gestattete der Kaiser die Errichtung von drei lutheranischen Kirchen, von denen zwei überlebten. Als Folge der vom Kaiser gestellten Bedingungen mussten die Erbauer wegweisende Konstruktionstechniken verwenden, die vorher bei Holzbauten in diesem Ausmaß und dieser Komplexität unbekannt waren.

Die Kirchen in Jawor und Swidnica unterscheiden sich in ihren Grundrissen. Beide verfügen über drei Schiffe, und beide schließen mit einem polygonalen Ostende ab; dieser Ostteil ist in der Kirche von Jawor noch eine echte Kanzel, in Swidnica dient er als Sakristei.

Industrielandschaft Derwent Valley

Großbritannien

Begründung der Aufnahme: Zeugnis kulturellen Austauschs, Erbe von besonderer menschheitsgeschichtlicher Bedeutung

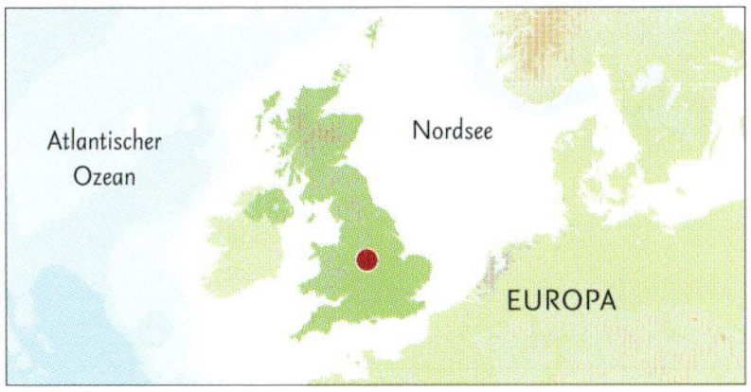

Im Tal des Flusses Derwent in Zentralengland finden sich einige Baumwollspinnereien aus dem 18. und 19. Jh. sowie eine Industrielandschaft von hoher historischer und technologischer Bedeutung. Hier wurde das moderne Fabrikensystem geboren, als neue Gebäudetypen erbaut wurden, um die von Richard Arkwright entwickelte Technologie zum Spinnen von Baumwolle unterzubringen. So kam es zu einer industriellen Großproduktion in einer bis dahin ländlichen Umgebung, und der Bedarf nach Unterkünften und anderen Einrichtungen für Arbeiter und Verwalter führte zur Gründung der ersten Industriestädte. Die zu dieser ersten und zu anderen Baumwollspinnereien gehörenden Arbeiterunterkünfte sind bis heute intakt und zeigen die sozioökonomische Entwicklung der Gegend. Die komplette Weltkulturerbestätte ist ein durchgängiger Streifen von 24 km Länge, der von Matlock Bath bis zum Zentrum von Derby reicht.

Richard Arkwright schuf die Gemeinde Cromford, um die Familien der Arbeiterschaft anzuziehen, die größtenteils aus Kindern bestand. Die Weber lebten in seinen Häusern; Eltern webten in den Obergeschossen Kaliko, während die Kinder in den Spinnereien arbeiteten.

Archäologische Stätte Masada

Israel

Begründung der Aufnahme: Zeugnis einer Kultur, Erbe von besonderer menschheitsgeschichtlicher Bedeutung, Verknüpfung mit Ereignissen von universeller Bedeutung

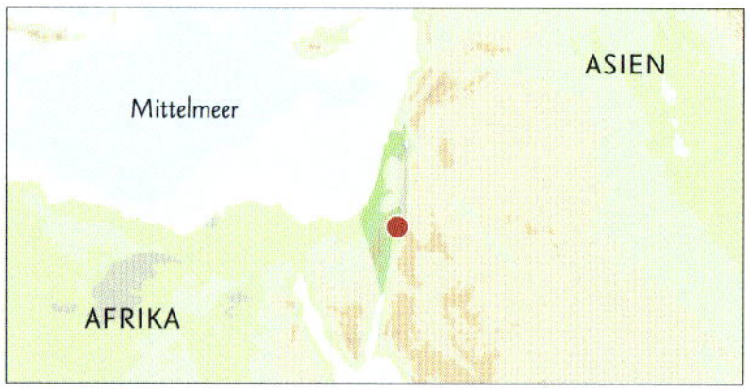

Masada ist eine schroffe Naturfestung von majestätischer Schönheit, die in der Judäischen Wüste liegt und auf das Tote Meer blickt. Sie ist ein Symbol für das antike Königreich Israel, seine gewaltsame Zerstörung und den letzten Widerstand jüdischer Patrioten gegen die römische Armee zum Ende des ersten Jüdischen Kriegs im Jahre 73 n. Chr. Die Lager, die Befestigungen und die Angriffsrampe um die Festung sind heute die am vollständigsten erhaltenen römischen Belagerungsbauten.

Der hoch aufragende Berg von Masada überblickt eine Naturlandschaft von wilder Schönheit. Im Westen liegen die Berge und Terrassen der Judäischen Wüste; im Osten befindet sich größtenteils brachliegendes Gelände, das bis zum farbig leuchtenden Toten Meer reicht. Ein gewaltiger Steilhang erstreckt sich nach Süden zum Horizont hin, und Masada ist ein Teil davon.

Masada wurde als Palastkomplex im klassischen Stil des frühen Römischen Reiches unter König Herodes dem Großen errichtet, der von 37–4 v. Chr. herrschte. Der Nordpalast in seiner heutigen Form stammt aus der Hauptbauphase im späten 1. Jh. v. Chr. Er wurde auf drei leicht abgewandelten natürlichen Felsterrassen errichtet. Die oberste Ebene diente hauptsächlich zu Wohnzwecken, während sich in den beiden unteren Ebenen beeindruckende, mit Säulen versehende Empfangshallen befanden. Die unterste Ebene ist von den dreien am besten erhalten.

Der Kern des Westpalastes bestand aus einem Innenhof, der von Schlaf- und Empfangszimmern umgeben war; zwei ausladende Bedienstetenflügel wurden in der Hauptbauphase hinzugefügt. Größe, Anordnung und die reichhaltige Verzierung mit Mosaikböden und Wänden aus weißem Putz, der in seiner Bemalung an Marmorplatten erinnerte, lassen darauf schließen, dass der Westpalast für Feierlichkeiten gedacht war, während sich im Nordpalast die Privatgemächer des Königs und seiner Familie befanden.

Die massive Verteidigungsmauer, die in der abschließenden Phase errichtet wurde, war 1290 m lang und verfügte über 27 Türme sowie ca. 70 Räume in ihrem Inneren. Die Mauer ist durch drei Tore unterbrochen: das Westtor, das Südtor und das Tor des Schlangenpfades (das Osttor). Ein viertes Tor gewährte Zugang zum nördlichen Bereich, der jedoch nicht in die Flügelwand integriert. war. Das Wasser wurde während der Winterfluten aus den westlichen Wadis über ein Netzwerk aus Dämmen und Kanälen in die Zisternen transportiert, die man in den Felsen von Masada gegraben hatte.

Die meisten der Gebäude auf dem Berg wurden von ca. 1000 Menschen besetzt, die hier in der Zeit der Zeloten im 1. Jh. n. Chr. lebten.

Luftansicht von Masada mit einem römischen Lager im Vordergrund ▶

Um Masada herum liegt ein Netzwerk von acht römischen Militärlagern. Am bemerkenswertesten sind hunderte von *contubernia* („Zeltgemeinschaften"), bestehend aus Steinmauern von 1–1,5 m Höhe, auf denen die Soldaten ihre Lederzelte errichteten. Die große Rampe für den finalen Angriff auf Masada wurde aus Erde und Steinen und einer Verstrebung aus Holzbalken errichtet.

Die Überreste einer byzantinischen Kirche aus dem 5. Jh. stehen ebenfalls noch auf dem Gipfel. Der Fußboden war ursprünglich mit Mosaik bedeckt, aber vieles davon wurde im 19. Jh. in den Louvre abtransportiert.

Historisches Zentrum von Wien

Österreich

Begründung der Aufnahme: Zeugnis kulturellen Austauschs, Erbe von besonderer menschheitsgeschichtlicher Bedeutung, Verknüpfung mit Ereignissen von universeller Bedeutung

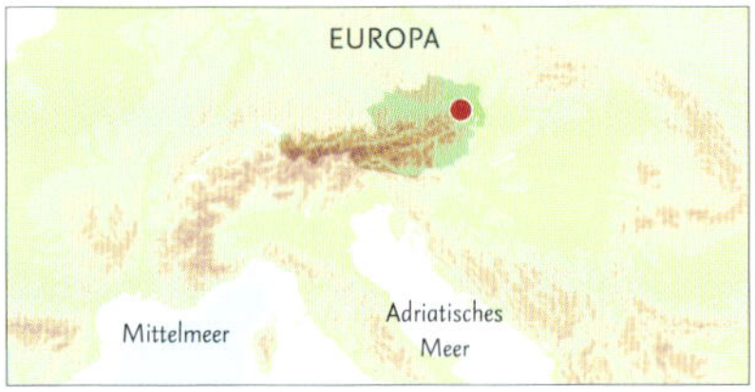

Wien entwickelte sich von frühen keltischen und römischen Siedlungen zu einer mittelalterlichen und barocken Stadt und schließlich zur Hauptstadt des Österreich-Ungarischen Reiches. Das historische Zentrum Wiens ist reich an architektonischen Ensembles wie Barockschlössern und -gärten oder der Ringstraße aus dem späten 19. Jh., die von monumentalen Gebäuden, Denkmälern und Parkanlagen gesäumt ist. Die Stadt besteht aus dem mittelalterlichen Kern, der auf der römischen Siedlung aufbaut, den wichtigsten Barock-Ensembles mit ihren Achsen sowie den Gründerzeit-Bauten, die zu Beginn der Moderne entstanden. Die Innenstadt enthält viele mittelalterliche Gebäude, wie das Schottenkloster, das älteste Kloster Österreichs, sowie die Kirchen Maria am Gestade, einer der wichtigsten gotischen Bauten, die Michaelerkirche, die Minoritenkirche und das Minoritenkloster aus dem 13. Jh. Der Stephansdom stammt aus dem 14. und 15. Jh.

Heute werden einige historische Gebäude mit bedeutenden Einwohnern wie Mozart, Beethoven, Schubert u. a. assoziiert. Die Stadt spielte eine tragende Rolle als eines der wichtigsten europäischen Zentren der Musik, vom großen Zeitalter der Wiener Klassik bis in das frühe 20. Jh. hinein.

Das Rathaus von Wien
▼

Tempelbezirk von Wat Phou und Kulturlandschaft Champasak

Demokratische Volksrepublik Laos

Begründung der Aufnahme: Zeugnis einer Kultur, Erbe von besonderer menschheitsgeschichtlicher Bedeutung, Verknüpfung mit Ereignissen von universeller Bedeutung

Der Tempelkomplex von Wat Phou ist ein außergewöhnliches Zeugnis der Kulturen Südostasiens, insbesondere des Khmer-Reiches, das die Region zwischen dem 10. und 14. Jh. beherrschte. Er ist ein herausragendes Beispiel für die Integration einer symbolischen Landschaft von großer spiritueller Bedeutung in eine natürliche Umgebung. Die Ursprünge der Stätte reichen zurück bis vor das 7. Jh., zumindest in der Stadt Shrestrapura, wo archäologische Grabungen Funde hervorbrachten, die aus der Zeit vor Angkor stammen (bis ca. 900 n. Chr.). Die Entwicklung der gesamten Stätte war jedoch eng verbunden mit der Gründung, Entwicklung und dem Höhepunkt des Khmer-Reiches zwischen dem 7. und 12. Jh. Zwei weitere geplante Städte am Ufer des Mekong gehören auch zum Welterbe, ebenso wie der Berg Phou Kao.

Die Form von Wat Phou sollte die hinduistische Vision der Beziehung zwischen Natur und Menschheit zum Ausdruck bringen: Aus einer Achse, die vom Berggipfel hinunter zum Flussufer verlief, entstand ein geometrisches Muster aus Tempeln, Schreinen und Wasseranlagen, das sich über mehr als 10 km erstreckte.
▼

Altstadt von Akko

Israel

Begründung der Aufnahme: Zeugnis kulturellen Austauschs, Zeugnis einer Kultur, traditionelle Siedlungsform

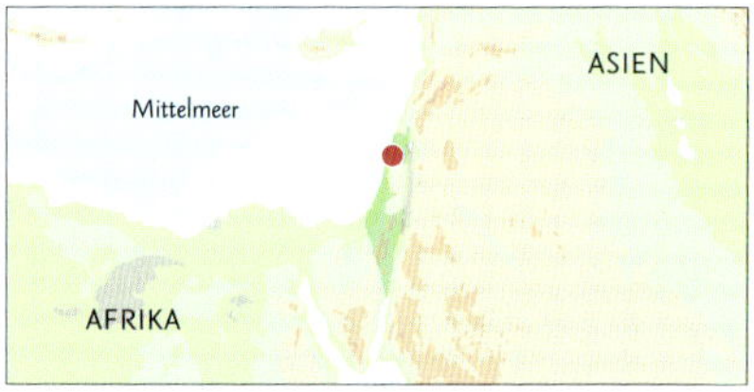

Akko ist eine außergewöhnliche historische Hafenstadt, in der unter der bestehenden Osmanenbefestigung aus dem 18. und 19. Jh. wichtige Überreste der mittelalterlichen Kreuzfahrerbauten erhalten geblieben sind. Die Überreste der Kreuzfahrerstadt, die von 1104 – 1291 existierte, sind sowohl über als auch unter der heutigen Straßenebene in gutem Zustand. Sie geben einen einzigartigen Eindruck vom Aufbau und der Struktur der Hauptstadt des mittelalterlichen Kreuzfahrerkönigreichs von Jerusalem. Während der beiden Jahrhunderte der Kreuzfahrerherrschaft verkörperte Akko mehr als jede andere Stadt den kulturellen Austausch zwischen Ost und West. Im Norden wurden neue Stadtteile, wie Monmizar, errichtet, und Akko erhielt eine neue doppelte Stadtmauer. Was heute erhalten geblieben ist, bildet eine bemerkenswerte Mischung kultureller Elemente aus allen Zeiten der ereignisreichen Geschichte von Akko zwischen dem 11. und 20. Jh.

Im 16. Jh. wurde Akko zerstört und blieb bis zum Beginn seines Wiederaufbaus zur Mitte des 18. Jh. eine verlassene Geisterstadt; der Wiederaufbau erfolgte unter Dhaher al-Omar und später El Jazzar. Nach dem erneuten wirtschaftlichen Aufschwung im 19. Jh. siedelten sich wohlhabende Kaufleute an, die große Wohnhäuser im östlichen neoklassizistischen Stil erbauten.

Nationalparks Chapada dos Veadeiros und Emas

Brasilien

Begründung der Aufnahme: Schauplatz spezieller ökologischer und biologischer Prozesse, Bedeutender natürlicher Lebensraum – Biodiversität

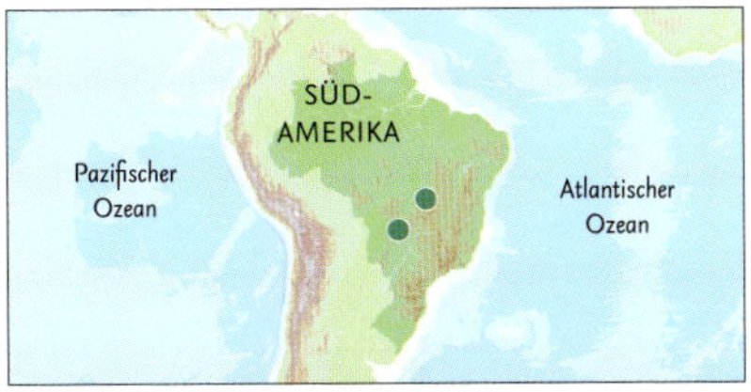

Die beiden Stätten in dem ausgewiesenen Gebiet enthalten eine Flora und Fauna sowie wichtige Lebensräume, die charakteristisch sind für die Cerrado-Region, eines der ältesten und vielfältigsten tropischen Ökosysteme der Welt. Diese Gebiete dienten jahrtausendelang als Zufluchtsstätte für unterschiedliche Arten, und sie werden eine wichtige Rolle spielen, wenn es um den Erhalt der Artenvielfalt in der Cerrado-Region bei künftigen Klimaveränderungen geht.

Die Nationalparks Chapada dos Veadeiros und Emas sind das Zuhause vieler bedrohter und endemischer Arten; zu den hier lebenden Säugetierarten gehören der Große Ameisenbär, das Riesengürteltier, der Mähnenwolf, der Jaguar und der Pampashirsch.

Wild lebender Großer Ameisenbär ◄

Haus Tugendhat in Brno (Brünn)

Tschechische Republik

Begründung der Aufnahme: Zeugnis kulturellen Austauschs, Erbe von besonderer menschheitsgeschichtlicher Bedeutung

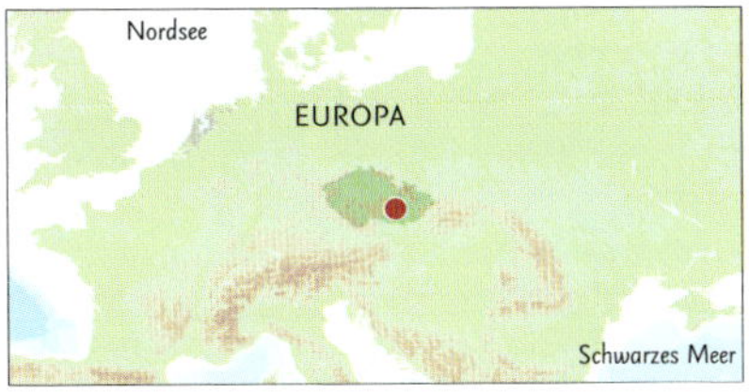

Das Haus Tugendhat in Brno ist ein Meisterwerk der modernen europäischen Architektur in den 1920er-Jahren. Besonderen Wert erhält es dank der radikalen neuen Konzepte der modernen Bewegung, die der deutsche Architekt Mies van der Rohe (1886–1969) auf die Gestaltung von Wohngebäuden anwendete; er nutzte auch ausgiebig die modernen industriellen Möglichkeiten. Der Architekt entwarf speziell für dieses Haus eigene Möbel, wie beispielsweise die Tugendhat-Sessel aus Stahl und Leder. Die hintere Wand des Wohnbereichs besteht aus wunderschönem Onyx, der aus dem Atlasgebirge hergebracht und vor Ort bearbeitet wurde. Die für das Haus entworfene und gebaute Mechanik war ebenfalls außergewöhnlich, beispielsweise die elektrisch betriebenen großen Stahlrahmenfenster, die Zentralheizung und die Klimaanlage mit regulierter Sprühnebel-Feuchtekammer.

Infolge der Beschlagnahmung des Hauses durch das Deutsche Reich im Jahr 1939 gingen viele der Originalmöbel des Hauses verloren, und das Gebäude erlitt Schäden. 1993 wurde die Stiftung „Villa Tugendhat" gegründet, und es kam zu einer wissenschaftlichen Restauration des Gebäudes.

Historisches Zentrum von Guimarães

Portugal

Begründung der Aufnahme: Zeugnis kulturellen Austauschs, Zeugnis einer Kultur, Erbe von besonderer menschheitsgeschichtlicher Bedeutung

Die historische Stadt Guimarães wird mit dem Aufkommen der portugiesischen Nationalidentität im 12. Jh. assoziiert. Es handelt sich um eine außergewöhnlich gut erhaltene Stadt, welche die Entwicklung gewisser Baustile von der mittelalterlichen Siedlung bis zur modernen Stadt veranschaulicht. Das historische Zentrum besteht aus vielen Steinbauten (950–1498). Die Zeit von der Renaissance bis zum Neoklassizismus ist charakterisiert durch vornehme Häuser und die Entwicklung von Gemeinschaftseinrichtungen, öffentlichen Plätzen etc. Die Wohngebäude wurden mithilfe zweier Bautechniken errichtet: eine Fachwerkbauweise (*taipa de rodízio*), die aus der Zeit vor dem 16. Jh. stammt, und eine reine Holzbauweise aus dem 19. Jh. (*taipa de fasquio*). Trotz einiger Veränderungen in der modernen Zeit hat die Stadt ihre mittelalterliche Anordnung beibehalten.

Guimarães ist von besonderer Bedeutung aufgrund seiner spezialisierten Baumethoden, die dort im Mittelalter entwickelt wurden und die sich später in den portugiesischen Kolonien in Afrika und der Neuen Welt verbreiteten, wo sie den Charakter der Städte prägten.

Altstadt von Lamu

Kenia

Begründung der Aufnahme: Zeugnis kulturellen Austauschs, Erbe von besonderer menschheitsgeschichtlicher Bedeutung, Verknüpfung mit Ereignissen von universeller Bedeutung

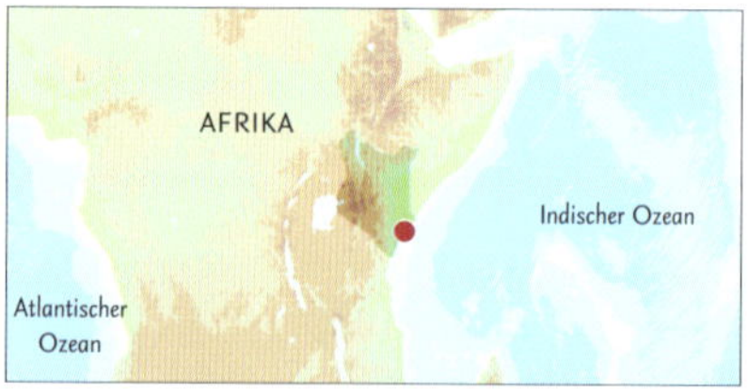

Die Altstadt von Lamu ist die älteste und am besten erhaltene Swahili-Siedlung Ostafrikas, die ihre traditionellen Funktionen beibehalten hat. Die aus Korallenstein und Mangrovenholz errichtete Stadt ist durch die Einfachheit der Grundstrukturen gekennzeichnet, die durch Zusätze wie Innenhöfe, Veranden und aufwendig geschnitzte Holztüren bereichert wurden. Lamu hat seit dem 19. Jh. bedeutende muslimische Feierlichkeiten ausgetragen, und es ist zu einem wichtigen Zentrum für das Studium der islamischen und der Swahili-Kulturen geworden.

Die Architektur und die städtische Struktur von Lamu veranschaulichen die kulturellen Einflüsse, die hier über viele Jahrhunderte hinweg aus Europa, Arabien und Indien ankamen; in Verbindung mit traditionellen Swahili-Techniken ist so eine eigenständige Kultur entstanden.

Minarett und Ruinen von Jam
Afghanistan

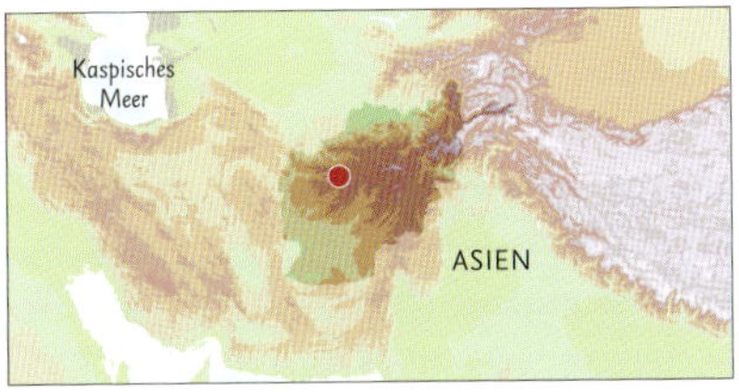

Begründung der Aufnahme: Zeugnis kulturellen Austauschs, Zeugnis einer Kultur, Erbe von besonderer menschheitsgeschichtlicher Bedeutung

Das Minarett von Jam ist ein graziöses, hoch aufragendes Bauwerk aus dem 12. Jh., das wahrscheinlich zum Gedenken an einen bedeutenden Sieg der Sultane aus der Ghuriden-Dynastie erbaut wurde. Aus einer achteckigen Basis mit einem Durchmesser von 9 m erheben sich übereinander vier schmaler werdende, zylindrische Turmschäfte auf eine Gesamthöhe von 65 m. Das Minarett ist aus Backsteinen errichtet, die mit Kalkmörtel verbundenen sind. Die Außenfläche ist vollständig bedeckt mit geometrischen Verzierungen, die in Reliefarbeiten auf die Backsteine des Baus aufgetragen wurden. Der erste Zylinder ist am stärksten dekoriert: Er ist in acht vertikale Abschnitte unterteilt, die mit denen der Basis übereinstimmen. Jeder vertikale Bereich ist mit einem schmalen Band aus Inschriften verziert, die in einer ununterbrochenen Linie um jedes Feld verlaufen. Das Minarett ist ein herausragendes Beispiel für islamische Architektur und Ornamentierung in dieser Region und spielte eine bedeutende Rolle für deren weitere Verbreitung.

Am Ufer des Flusses Hari im Norden des Minaretts und auf einer Anhöhe gelegen finden sich noch Überreste von Burgen und Türmen der Ghuriden-Siedlung. Östlich des Minaretts sind noch Ruinen von Befestigungsanlagen erhalten, die darauf schließen lassen, dass das Minarett nicht von einer Siedlung, sondern von einem Militärlager umgeben war.

Oberes Mittelrheintal
Deutschland

Begründung der Aufnahme: Zeugnis kulturellen Austauschs, Erbe von besonderer menschheitsgeschichtlicher Bedeutung, traditionelle Siedlungsform

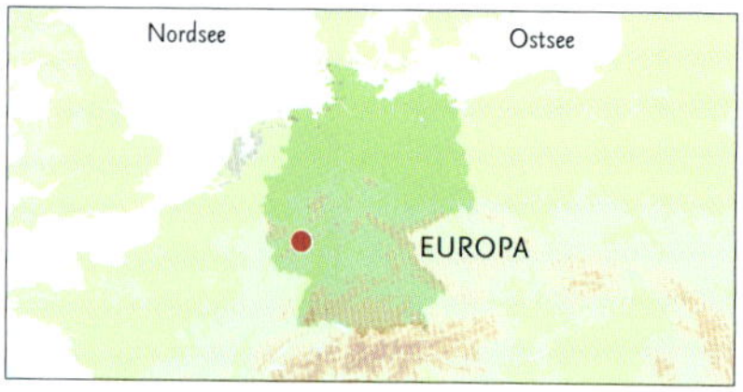

Das 65 km lange Mittelrheintal mit seinen Burgen, historischen Städten und Weinbergen zeugt anschaulich von der langen Geschichte der Verbindung des Menschen mit einer aufregenden und vielseitigen Naturlandschaft. Das Tal ist eng verbunden mit Geschichten und Legenden und inspiriert seit Jahrhunderten Schriftsteller, Künstler und Komponisten.

Der Fluss bricht im Mittelrheintal durch das Rheinische Schiefergebirge und verbindet die breite Talaue des Oberrheingrabens mit der Tiefebene des Unterrheins. An der 5 km langen Binger Pforte tritt der Rhein in den oberen Talabschnitt ein; hier liegen die Weinberge des Rüdesheimer Berges, die zu den besten im Rheingau gehören. Die Kleinstadt Lorch im 15 km langen Bacharachtal ist von terrassenförmig angelegten Weinbergen umgeben; Bacharach selbst verfügt über viele Fachwerkhäuser und konnte sein mittelalterliches Erscheinungsbild bewahren. In Kaub und Umgebung gibt es einige interessante Baudenkmäler, wie die Stadtmauer, die Burg Pfalzgrafenstein und die terrassenförmigen Weinberge aus dem Mittelalter. In Oberwesel sind einige schöne alte Häuser erhalten geblieben, ebenso wie zwei gotische Kirchen, die Schönburg und die Stadtmauer.

Bei Oberwesel beginnt sich die Landschaft zu verändern: Sie geht von weichen Tonschieferböden über zu hartem Sandstein. Das Resultat ist eine Reihe von Talengen, an deren bekanntester die Loreley steht. Dieser Flussabschnitt war einst eine gefährliche Stelle für Schiffe, und angeblich liegt hier der sagenhafte Schatz der Nibelungen verborgen. Am rechten Rheinufer liegt Sankt Goarshausen mit der Burg Katz. Der Aufbau von Burg Reichenberg lässt darauf schließen, dass die Anlage möglicherweise von den Kreuzfahrerfestungen in Syrien und Palästina inspiriert worden ist. Bad Salzig am linken Ufer markiert den Beginn eines Rheinabschnittes mit hufeisenförmigen Schleifen, von denen die Bopparder Schleife die bekannteste ist.

Boppard war ursprünglich eine römische Raststation und ein Kastell. Dahinter liegt Osterspai, das mittlerweile mit Niederspay zu einer Stadt zusammengewachsen ist. Gemeinsam enthalten sie mehr Fachwerkhäuser als jeder andere Ort am Mittelrhein. Am linken Ufer liegt Rhens, wo im 15. Jh. die deutschen Kaiser nach ihrer Wahl und Krönung inthronisiert wurden.

Die Marksburg, die einzige verbliebene mittelalterliche Befestigung des Mittelrheins, ragt über Braubach auf. Burg Stolzenfels wurde 1835 von den Preußen restauriert, während das Kurfürstliche Schloss in Koblenz zu den wichtigsten klassizistischen Gebäuden des Rheinlands zählt.

Das Rheintal bei Oberwesel ▶

Das Mittelrheintal ist eine der wichtigsten Transportstrecken Europas, und es hat den kulturellen Austausch zwischen der Mittelmeerregion und dem Norden über zwei Jahrtausende hinweg erleichtert. Es ist eine herausragende organische Kulturlandschaft und ein ausgezeichnetes Beispiel für ein enges Flusstal, in dem sich eine traditionelle Lebensweise und Kommunikationsmittel entwickelt haben. Besonders der Terrassenbau an den steilen Hängen hat die Landschaft geprägt. Diese Form der Landnutzung ist jedoch aufgrund des modernen sozioökonomischen Drucks in Gefahr.

Kulturlandschaft Tokajer Weinregion

Ungarn

Begründung der Aufnahme: Zeugnis einer Kultur, traditionelle Siedlungsform

Die Kulturlandschaft Tokaj demonstriert anschaulich die lange Tradition der Weinherstellung in dieser von niedrigen Hügeln und Flusstälern geprägten Gegend. Das komplizierte Geflecht aus Weinbergen, Bauernhöfen, Dörfern und Kleinstädten mit ihrem historischen Netzwerk aus tiefen Weinkellern spiegelt jede Facette in der Herstellung des berühmten Tokajer wider. Der Name „Tokaj" stammt vom armenischen Wort für Traube, das im frühen 10. Jh. in die ungarische Sprache aufgenommen wurde; dadurch kann ein Zeitraum für die Entstehung der Siedlung angegeben werden. Während der osmanischen Zeit wurde der weltberühmte Tokaji Aszu erstmals hergestellt. Der Legende nach verzögerte man die Ernte aus Angst vor den türkischen Angreifern so lange, bis die Trauben zusammengeschrumpft und von Botrytis befallen waren; dies führte zu der Edelfäule, für die der Wein heute bekannt ist.

Die charakteristischsten Bauten Tokajs sind die Weinkeller. Es gibt zwei unterschiedliche Grundformen: überwölbte und ausgeschachtete Keller. Besonders interessant sind die auf mehreren Ebenen angeordneten, labyrinthartigen Keller mit ihren unsystematischen Grundrissen. Am bekanntesten ist das Kellernetz im Bezirk Ungvari bei Sátoraljaújhely, das aus insgesamt 27 Kellern auf unterschiedlichen Ebenen besteht.

▼ Die Stadt Tokaj

Maya-Stadt Calakmul (Campeche)

Mexiko

Begründung der Aufnahme: Meisterwerk menschlicher Schöpferkraft, Zeugnis kulturellen Austauschs, Zeugnis einer Kultur, Erbe von besonderer menschheitsgeschichtlicher Bedeutung

Die archäologische Stätte liegt tief im Tropenwald des südlichen Tieflands von Mexiko im Biosphärenreservat Calakmul, das 1989 gegründet wurde und das größte in Mexiko darstellt. Calakmul verfügt über eine Reihe sehr gut erhaltener Bauwerke, die die architektonische, künstlerische und urbane Entwicklung der Maya widerspiegeln. Diese beeindruckenden Bauten und die dazwischenliegenden großen öffentlichen Plätze geben einen anschaulichen Eindruck vom Leben in einer antiken Maya-Hauptstadt. Die Stätte ist eine der ältesten in der gesamten Region: Die Gebäude im zentralen Bereich geben Hinweise darauf, dass die Stadt über zwölf Jahrhunderte hinweg durchgängig bewohnt war. Die Analyse der komplexen Ikonografie eines Frieses zeigte, dass dieser älter ist als ähnliche Strukturen aus Uaxactún und El Mirador, die man davor für die ältesten in dieser Gegend gehalten hatte.

Calakmul ist besonders erwähnenswert aufgrund der großen Zahl von Stelen, die hier entdeckt wurden (bis heute 120). Diese sind grundlegend für das Verständnis der Geschichte der antiken Stadt und der Kultur der alten Maya. Die dekorativen Skulpturen und Reliefs auf den Stelen zeugen von großem künstlerisches Geschick. Zwei besonders massive, behauene Rundsteine sind bekannt für ihre Qualität und ihre Seltenheit in der Maya-Kultur.

Historische Innenstadt von Paramaribo

Suriname

Begründung der Aufnahme: Zeugnis kulturellen Austauschs, Erbe von besonderer menschheitsgeschichtlicher Bedeutung

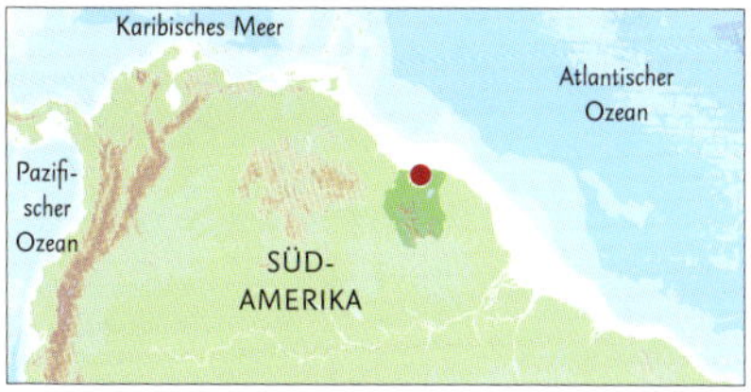

Paramirabo ist eine ehemalige niederländische Kolonialstadt aus dem 17. und 18. Jh., die an der Nordküste des tropischen Südamerikas liegt. Das ursprüngliche und äußerst charakteristische Straßennetz des historischen Zentrums ist bis heute intakt. Die Gebäude zeigen die allmähliche Verschmelzung der architektonischen Einflüsse aus den Niederlanden mit den traditionellen lokalen Bauweisen und Materialien. Die Innenstadt ist entlang einer Hauptachse angeordnet, die hinter Fort Zeelandia, eine Ansammlung öffentlicher Gebäude, die den Mittelpunkt des Stadtplans bildet, in nordwestliche Richtung verläuft und rechtwinklig von Straßen gekreuzt wird. Nördlich von Fort Zeelandia liegt der große, als „Palmengarten" bezeichnete öffentliche Park. Die breiten Straßen und die öffentlichen Freiflächen sind von Bäumen gesäumt und schaffen ein ruhiges und weiträumiges Stadtbild.

Die größeren öffentlichen Gebäude, wie Fort Zeelandia, der Präsidentenpalast, das Finanzministerium, die reformierte Kirche und die römisch-katholische Kathedrale, wurden im niederländischen Stil aus Stein und Ziegel errichtet. Im Laufe der Zeit wurden einheimische Elemente ergänzt. Daher ist das Erdgeschoss des Präsidentenpalastes aus Stein gebaut, die oberen Stockwerke jedoch aus Holz.

Katharinenkloster
Ägypten

Begründung der Aufnahme: Meisterwerk menschlicher Schöpferkraft, Zeugnis einer Kultur, Erbe von besonderer menschheitsgeschichtlicher Bedeutung, Verknüpfung mit Ereignissen von universeller Bedeutung

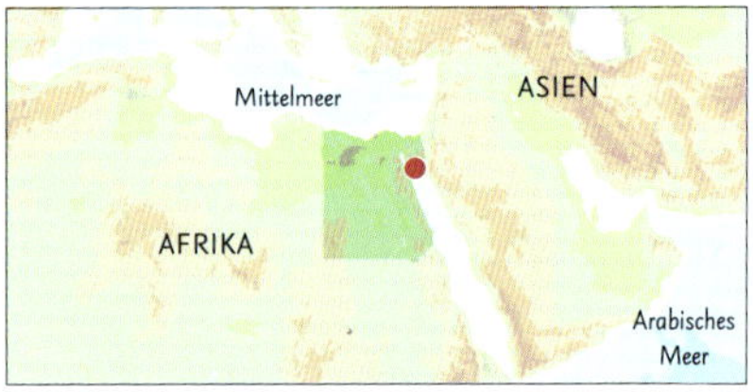

Das orthodoxe Katharinenkloster steht am Fuße des Bergs Sinai, an dem Mose laut dem Alten Testament die Zehn Gebote entgegennahm. Die gesamte Region ist für drei Weltreligionen von Bedeutung: Christentum, Islam und Judentum. In der frühen christlichen Kirche war in entlegeneren Gebieten asketisches Mönchtum üblich, was zur Errichtung klösterlicher Gemeinschaften an solchen Orten führte. Das Katharinenkloster war eines der frühesten dieser Art und das älteste, das bis heute überlebt hat; es wurde seit dem 6. Jh. ohne Unterbrechung in seiner ursprünglichen Funktion genutzt. Seine Mauern und Gebäude sind äußerst wichtig für das Studium der byzantinischen Architektur, und das Kloster beherbergt herausragende Sammlungen früher christlicher Manuskripte und Ikonen.

Die christlichen Gemeinschaften des Katharinenklosters hatten stets enge Beziehungen zum Islam. Im Jahr 623 befreite ein vom Propheten selbst unterzeichnetes Dokument die Mönche des Katharinenklosters vom Militärdienst und der Steuer. Als Geste des Dankes gestattete die Klostergemeinschaft die Umwidmung einer Kapelle innerhalb der Befestigungsmauern zu einer Moschee.

Mahabodhi-Tempel von Bodh Gaya
Indien

Begründung der Aufnahme: Meisterwerk menschlicher Schöpferkraft, Zeugnis kulturellen Austauschs, Zeugnis einer Kultur, Erbe von besonderer menschheitsgeschichtlicher Bedeutung, Verknüpfung mit Ereignissen von universeller Bedeutung

Der Mahabodhi-Tempel ist eine der vier heiligen Stätten aus dem Leben des Buddha (566 – 486 v. Chr.); hier erlangte er im Jahr 531 v. Chr. die höchste und vollkommene Einsicht, während er unter dem Mahabodhi-Baum saß. Der Tempel enthält außergewöhnliche Aufzeichnungen über die Ereignisse im Leben und die anschließende Verehrung Buddhas, insbesondere seit der Herrscher Ashoka um 260 v. Chr. eine Pilgerreise hierher unternahm und den ersten Tempel am Standort des Mahabodhi-Baumes errichten ließ. Der derzeitige Tempel stammt aus dem 5. oder 6. Jh. und ist einer der frühesten buddhistischen Tempel in Indien, die komplett aus Ziegelsteinen errichtet wurden und noch heute stehen.

Die wichtigste heilige Stätte des Tempels ist der riesige Mahabodhi-Baum (*Ficus religiosa*). Er steht westlich des Haupttempels und soll ein direkter Abkömmling des ursprünglichen Mahabodhi-Baumes sein, unter dem Buddha die Erleuchtung erlangte.

Altstädte von Stralsund und Wismar

Deutschland

Begründung der Aufnahme: Zeugnis kulturellen Austauschs, Erbe von besonderer menschheitsgeschichtlicher Bedeutung

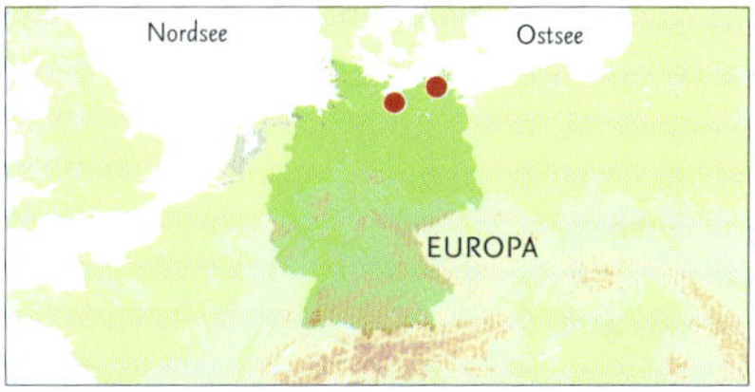

Die mittelalterlichen Städte Stralsund und Wismar an der deutschen Ostseeküste waren im 14. und 15. Jh. wichtige Handelszentren der Hanse. Im 17. und 18. Jh. wurden sie unter den Schweden zu Verwaltungs- und Verteidigungszentren für deren deutsche Territorien.

Stralsund war Vorreiter in der Entwicklung einer besonderen Bauweise, einer eigenständigen architektonischen Sprache, die als Sundische Gotik bezeichnet wird. Das Rathaus aus dem 14. Jh. ist der beredteste Ausdruck dieser Stilrichtung. Die Bauaktivitäten hielten auch während der Renaissance an, und diverse städtische Bauwerke spiegeln die architektonischen Formen der Renaissance, des Barock und des Neoklassizismus wider, während der ursprüngliche mittelalterliche Rhythmus weiterhin respektiert wurde. Zu diesen bemerkenswerten Gebäuden zählt zum Beispiel der prächtige Fürstenhof in Wismar.

Wismar war ursprünglich von Stadtgräben umgeben, die jedoch an der landwärts gelegenen Seite aufgefüllt wurden. Der mittelalterliche Hafen an der Nordseite blieb größtenteils erhalten. Stralsund wurde auf einer leicht oval geformten Insel errichtet. Die Gesamtform und -silhouette der Stadt konnte daher besonders gut bewahrt werden.

Spätbarocke Städte des Val di Noto (Sizilien)

Italien

Begründung der Aufnahme: Meisterwerk menschlicher Schöpferkraft, Zeugnis kulturellen Austauschs, Erbe von besonderer menschheitsgeschichtlicher Bedeutung, traditionelle Siedlungsform

Die acht Städte im südöstlichen Sizilien – Caltagirone, Militello im Val di Catania, Catania, Modica, Noto, Palazzolo, Ragusa und Scicli – wurden alle am Ort oder in der Nähe jener Städte neu aufgebaut, die das Erdbeben im Jahr 1693 zerstört hatte. Sie repräsentieren ein beträchtliches gemeinschaftliches Unterfangen, das auf hohem architektonischen und künstlerischen Niveau ausgeführt wurde.

Diese Gruppe sizilianischer Städte steht für den Höhepunkt und die finale Blütezeit der Barockkunst in Europa, zeigt markante Neuerungen in der Stadtplanung und im urbanen Bauen. Die Qualität und Homogenität der Kunst und Architektur in den Städten des Val di Noto ist das unmittelbare Ergebnis des Wiederaufbaus nach dem Erdbeben von 1693.

◄ Barockkirche in Modica

Archäologische Stätte Takht-e Sulaiman

Islamische Republik Iran

Begründung der Aufnahme: Meisterwerk menschlicher Schöpferkraft, Zeugnis kulturellen Austauschs, Zeugnis einer Kultur, Erbe von besonderer menschheitsgeschichtlicher Bedeutung, Verknüpfung mit Ereignissen von universeller Bedeutung

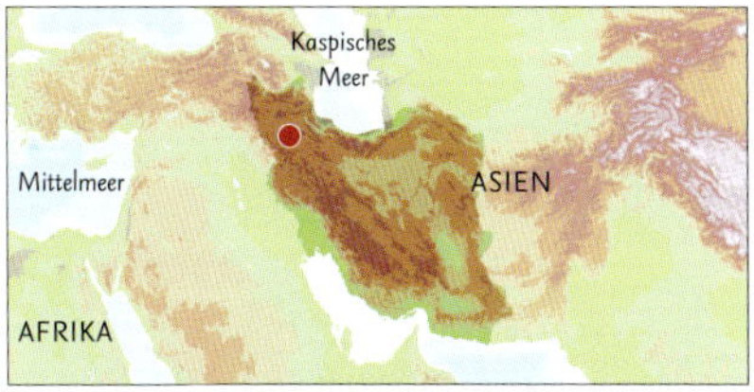

Die archäologische Stätte Takht-e Sulaiman im Nordwesten des Irans liegt in einem Tal in einer vulkanischen Bergregion. Die Stätte umfasst das zoroastrische Haupttheiligtum, das in der Zeit der mongolischen Il-Khane (13. Jh.) teilweise wiederaufgebaut wurde, ebenso wie einen Tempel aus der Sassanidenzeit (6. und 7. Jh.), der Anahita gewidmet ist. Die Zusammenstellung und die von den Sassaniden geschaffenen architektonischen Elemente beeinflussten nicht nur die Entwicklung der religiösen Architektur der islamischen Periode, sondern auch andere Kulturen. Das Ensemble ist ein herausragendes Beispiel für ein zoroastrisches Heiligtum, das in die sassanidische Palastarchitektur integriert wurde. Die Stätte ist ein einzigartiges Zeugnis für den Feuer- und Wasserkult des Zoroastrismus, der zweieinhalb Jahrtausende lang Bestand hatte.

Takht-e Sulaiman ist ein herausragendes Esemble königlicher Architektur. Das archäologische Erbe der Stätte wird zusätzlich durch die sassanidische Stadt bereichert, die noch auszugraben ist.

Feuerheiligtum Atur Guschnasp in Takht-e Sulaiman ▼

Königliche Botanische Gärten von Kew (London)
Großbritannien

Begründung der Aufnahme: Zeugnis kulturellen Austauschs, Zeugnis einer Kultur, Erbe von besonderer menschheitsgeschichtlicher Bedeutung

Seit ihrer Gründung im Jahr 1759 haben die Königlichen Botanischen Gärten von Kew einen beträchtlichen Beitrag zur Erforschung der Pflanzenvielfalt geleistet. Dies spiegelt sich im Reichtum der hier beherbergten Sammlungen wider. Der erste botanische Garten in Kew wurde ursprünglich für medizinische Pflanzen eingerichtet. Später erbauten international angesehene Architekten wie William Chambers und Lancelot „Capability" Brown nicht nur viele neue Gebäude, sie gestalteten auch die früheren Barockgärten neu, um eine idyllische Landschaft im englischen Stil zu erschaffen. Damit gründeten sie eine Mode, die sich in ganz Europa ausbreitete. Der von William Nesfield gestaltete Landschaftsgarten mit dem aus Stahl und Glas erbauten Tropenhaus in seiner Mitte ist eine der herausragenden Sehenswürdigkeiten von Kew. Mit steigenden Besucherzahlen wurden die wissenschaftlichen Sammlungen erweitert, und die Gewächshäuser und die Grünflächen wurden umgestaltet, um Kollektionen lebendiger Pflanzen aufzunehmen.

Das Tropenhaus ▲

Die außergewöhnlichen Sammlungen lebendiger Pflanzen in Kew zeigen beispielhaft die europäische Tradition des Sammelns und Kultivierens exotischer Pflanzen aus ästhetischen, wissenschaftlichen und ökonomischen Gründen. Diese Tradition hat auch dazu geführt, dass man die sehr reichhaltige lokale Biodiversität in den letzten 120 Jahren aufzeichnete und überwachte.

Kulturlandschaft Mapungubwe
Südafrika

Begründung der Aufnahme: Zeugnis kulturellen Austauschs, Zeugnis einer Kultur, Erbe von besonderer menschheitsgeschichtlicher Bedeutung, traditionelle Siedlungsform

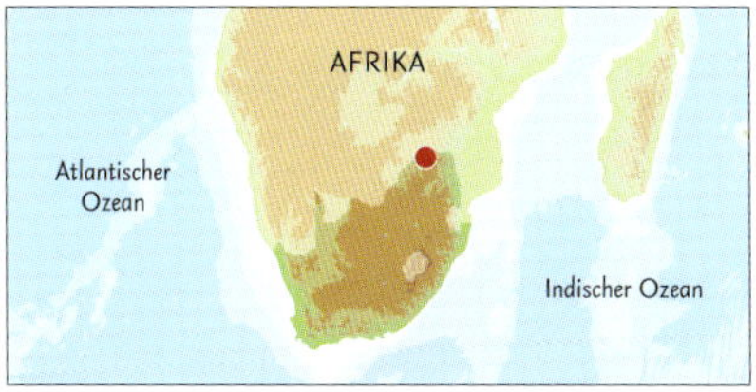

Die Kulturlandschaft Mapungubwe liegt an der Nordgrenze Südafrikas, im Dreiländereck mit Simbabwe und Botsuana. Es handelt sich um eine offene und ausgedehnte Savannenlandschaft am Zusammenfluss von Limpopo und Shashe. Einst war Mapungubwe das größte Königreich des Subkontinents, bevor es im 14. Jh. aufgegeben wurde. Verblieben sind die fast unberührten Ruinen der Palaststätten und auch der gesamte dazugehörige Siedlungsbereich, ebenso wie zwei frühere Hauptstädte. In ihrer Gesamtheit zeichnen diese Überreste ein einzigartiges Bild von der Entwicklung der sozialen und politischen Strukturen über mehr als 400 Jahre.

Zu seinen Glanzzeiten war Mapungubwe das größte und wohlhabendste Königreich im südlichen Afrika, da es seine reichen Naturschätze mit Arabien, Indien und China handelte. Seine Vorherrschaft und sein Wohlstand endeten durch eine drastische Abkühlung des Klimas im 14. Jh.

Uvs-Nuur-Becken
Mongolei und Russische Föderation

Begründung der Aufnahme: Schauplatz spezieller ökologischer und biologischer Prozesse, bedeutender natürlicher Lebensraum – Biodiversität

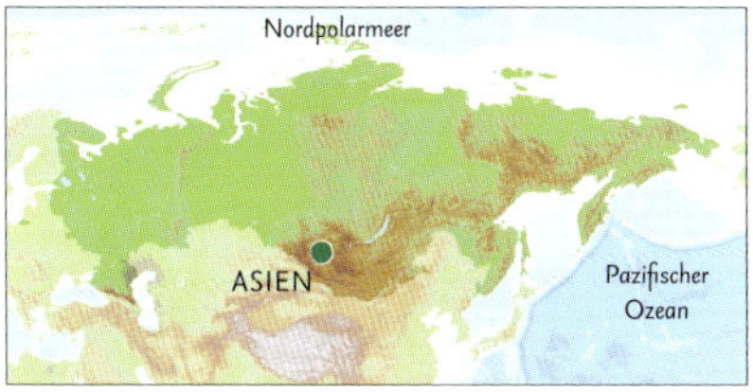

Das Uvs-Nuur-Becken umfasst 10 689 km² und ist das nördlichste der umschlossenen Becken Zentralasiens. Sein Name bezieht sich auf Uvs-Nuur, einen riesigen, flachen und sehr salzhaltigen See, der für Zugvögel, Wasser- und Seevögel wichtig ist. Die Stätte besteht aus zwölf geschützten Gebieten, die die wichtigsten Biome des östlichen Eurasiens repräsentieren. Das Steppen-Ökosystem beherbergt eine große Vielfalt an Vögeln, und die Wüste ist die Heimat einiger seltener Wüstenrennmäuse, Wüstenspringmäuse und Tigeriltisse. Die Berge sind u. a. ein wichtiger Rückzugsort für den global bedrohten Schneeleoparden.

Uvs ist das „Meer" der westlichen Mongolei; zahlreiche Seevögel suchen es auf, obwohl der nächste Ozean 3000 km entfernt liegt. Die Temperaturspanne im Uvs-Nuur-Becken ist außergewöhnlich groß: Die niedrigste Wintertemperatur der Westmongolei (-58 °C) wurde hier gemessen, doch im Sommer kann das Thermometer auf bis zu 40 °C ansteigen.

◄ Uvs-Nuur aus dem Weltall

Die „Weiße Stadt" von Tel Aviv

Israel

Begründung der Aufnahme: Zeugnis kulturellen Austauschs, Erbe von besonderer menschheitsgeschichtlicher Bedeutung

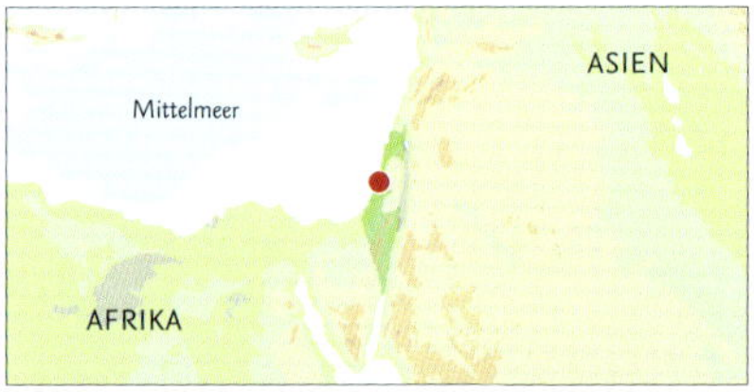

Tel Aviv wurde 1909 gegründet und unter dem britischen Mandat in Palästina zur Metropole entwickelt. Die „Weiße Stadt" wurde vom Beginn der 1930er-Jahre bis in die 1950er-Jahre erbaut und basiert auf den Plänen von Sir Patrick Geddes, die moderne und organische Planungsprinzipien widerspiegeln. Die Gebäude wurden von Architekten entworfen, die in Europa ausgebildet wurden, wo sie ihren Beruf vor der Immigration auch ausübten. Sie erschufen ein herausragendes architektonisches Ensemble der Moderne in einem neuen kulturellen Kontext.

Tel Aviv wurde als „Gartenstadt" geplant. Seine Bauwerke zeigen stilistische Einflüsse der Bauhaus-Architektur, außerdem von Le Corbusier und von Erich Mendelsohn. Es fand jedoch eine Adaption an die heißen klimatischen Verhältnisse statt. So verzichtete man zum Beispiel auf große Glasflächen und fügte stattdessen schmale, hochformatige Fenster ein.

◀ *Das Hotel Cinema ist ein renoviertes Kino, das im internationalen Stil errichtet wurde*

Felshöhlen von Bhimbetka

Indien

Begründung der Aufnahme: Zeugnis einer Kultur, traditionelle Siedlungsform

Die Felshöhlen von Bhimbetka liegen in den Ausläufern der Vindhyan-Berge am südlichen Rand der zentralindischen Hochebene. Die fünf Ansammlungen von natürlichen Felsüberhängen befinden sich inmitten massiver Sandsteinaufschlüsse oberhalb eines vergleichsweise dichten Waldes. Sie zeigen Felszeichnungen, von denen die frühesten auf das Mesolithikum, spätere auf die historische Zeit datiert wurden. Die kulturellen Traditionen der Einwohner aus den 21 Dörfern, die in der Nähe der Stätte liegen, weisen große Ähnlichkeiten mit den Darstellungen in den Felszeichnungen auf.

Bhimbetka zeugt von einer langen Wechselwirkung zwischen Mensch und Natur. Die Stätte wird mit einer Jäger- und Sammler-Gesellschaft assoziiert. Dies legen sowohl die Felsmalerien als auch die Relikte dieser Tradition in den Adivasi-Dörfern der Umgebung nahe.

Sacri Monti („Heilige Berge") in Piemont und der Lombardei

Italien

Begründung der Aufnahme: Zeugnis kulturellen Austauschs, Erbe von besonderer menschheitsgeschichtlicher Bedeutung

Die neun Sacri Monti (Heilige Berge) von Norditalien sind Gruppen von Kapellen und anderen architektonischen Elementen. Sie wurden größtenteils im späten 16. und im 17. Jh. errichtet und sind unterschiedlichen Aspekten des christlichen Glaubens gewidmet. Neben ihrem symbolischen spirituellen Wert zeichnen sie sich auch dadurch aus, dass sie kunstvoll in die natürliche Umgebung aus Bergen, Wäldern und Seen integriert sind. Sie beherbergen zudem wichtiges künstlerisches Material in Form von Wandgemälden und Bildhauerarbeiten. Der früheste Sacro Monte ist das „Neue Jerusalem" in Varallo. Sein Bau begann im letzten Jahrzehnt des 15. Jh. mit der Errichtung einer Reihe von Kapellen auf einem Felspass über der kleinen Stadt Varallo. Die Kapellen enthalten Statuen und Fresken, die verschiedene Stätten von biblischer Bedeutung darstellen.

Das Phänomen der Sacri Monti wurde konzipiert, um in Europa Stätten des Gebets und der Andacht einzurichten, die Alternativen zu den heiligen Orten in Jerusalem und dem Heiligen Land darstellen sollten, welche für Pilger schwer zu erreichen waren.

Heiliger Berg Dschebel Barkal und archäologische Stätten der Napata-Region

Sudan

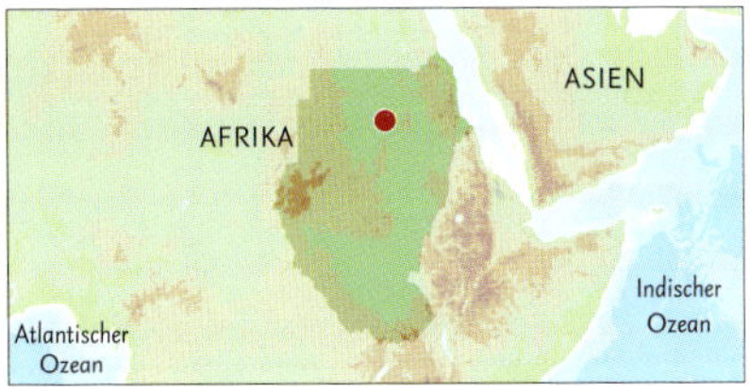

Begründung der Aufnahme: Meisterwerk menschlicher Schöpferkraft, Zeugnis kulturellen Austauschs, Zeugnis einer Kultur, Erbe von besonderer menschheitsgeschichtlicher Bedeutung, Verknüpfung mit Ereignissen von universeller Bedeutung

Dschebel Barkal und die anderen Stätten stellen ein außerordentliches Zeugnis der Zivilisationen von Napata, Meroe und Kusch dar, die zwischen 900 v. Chr. und 600 n. Chr. entlang des Nils existierten. Der Amuntempel am Dschebel Barkal ist ein wichtiges Zentrum einer ehemals fast universellen Religion und repräsentiert gemeinsam mit den anderen Stätten das Wiederaufleben der religiösen Werte Ägyptens.

Die 60 km lange Stätte enthält Gräber mit und ohne Pyramiden, Tempel, Wohneinheiten und Paläste. Viele der Tempel sind wunderschön dekoriert und mit eingeritztten Hieroglypheninschriften versehen. Die größten Tempel werden von den Einheimischen noch immer als heilige Orte betrachtet. Es gibt 30 erforschte Gräber, die über Treppen erreichbar sind, doch Dschebel Barkal verfügt noch immer über große archäologische Flächen, die weder freigelegt noch untersucht worden sind.

Zwischen diesen Pyramiden und ihren bekannteren ägyptischen Vorbildern bestehen viele Unterschiede. Im Gegensatz zu den größeren ägyptischen Pyramiden, die errichtet wurden, um die Grabkammer zu umschließen und zu verstecken, sind die napatischen Pyramiden Erinnerungsbauten an die Verstorbenen, die in einem darunterliegenden Hypogäum begraben liegen. Den Pyramiden waren kleine Tempel für Opfergaben vorgelagert.

Historisches Viertel der Hafenstadt Valparaíso

Chile

Begründung der Aufnahme: Zeugnis einer Kultur

Die Kolonialstadt Valparaíso ist die zweitgrößte Stadt Chiles und stellt ein herausragendes Beispiel für die urbane und architektonische Entwicklung in Lateinamerika während des späten 19. Jh. dar. Valparaísos Geografie besteht aus einer Bucht, einem schmalen Küstenstreifen und einer Hügelkette, die eine natürliche amphitheatralische Umgebung formt. Die traditionelle urbane Struktur Valparaísos ist eingebettet in die hügelige Landschaft, die mit vielfältigen Kirchtürmen übersät ist. Die Architektur der Kirche La Matríz (1842), der Gründungskirche von Valparaíso, ist typisch für den Übergang vom Kolonial- zum Republikstil, obwohl sie nach der Zerstörung durch Piraten und Erdbeben viermal wieder aufgebaut wurde. Sie ist umgeben von Gebäuden aus dem späten 19. Jh., die die charakteristische Hafenarchitektur repräsentieren.

Um den Aufstieg auf die steilen Hügel zu erleichtern, gab es in Valparaíso nicht weniger als dreißig Aufzüge. Der älteste mit dem Namen „Concepción" wurde 1883 in Betrieb genommen. In der Regel bestehen die Aufzüge aus zwei Kabinen aus Holz oder Metall, die gleichzeitig in entgegengesetzte Richtungen bewegt werden. Sie sind auf einer auf Rädern befindlichen Plattform befestigt.

Matobo Hills

Simbabwe

Begründung der Aufnahme: Zeugnis einer Kultur, Traditionelle Siedlungsform, Verknüpfung mit Ereignissen von universeller Bedeutung

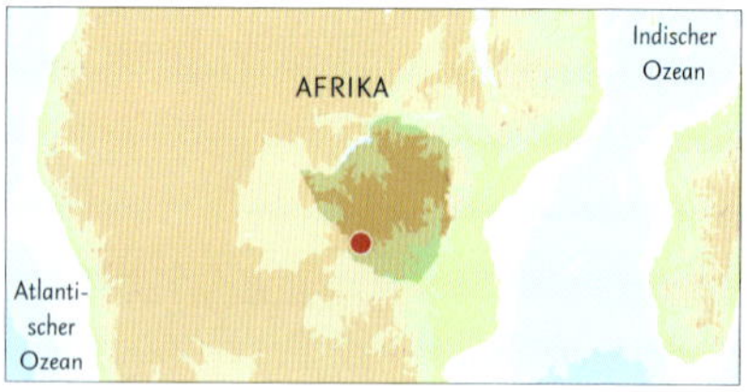

In den Matobo Hills findet sich eine der höchsten Konzentrationen von Felskunst im südlichen Afrika. Die umfangreichen archäologischen Funde und die Felsmalereien im Gebirge zeichnen ein detailliertes Bild von den Sammlergesellschaften der Steinzeit und den landwirtschaftlichen Gesellschaften, die sie ersetzten. In der Gegend gibt es eine Fülle an charakteristischen Felsformationen, die über dem Granitschild aufragen, der den größten Teil Simbabwes bedeckt. Diese Felsblöcke und -wände und die natürlichen Höhlen weisen eine herausragende Sammlung von Felsmalereien auf. Die früheren Malereien sind mindestens 13 000 Jahre alt und zeigen naturalistische Darstellungen von Menschen, Tieren und Bäumen. Die Abbildungen stehen in Verbindung mit dem Jagen und Sammeln und wurden größtenteils mit einem roten Ockerpigment gemalt. Die späteren Malereien, die mit den landwirtschaftlichen Gemeinschaften assoziiert werden, wurden mit einem weißen Pigment aus Kaolin oder Quarz aufgetragen.

Viele der Darstellungen sind impressionistisch insofern, als sie die Körperproportionen der Figuren verzerrt darstellen, um Bewegung auszudrücken, oder vergrößert, um ihre Wichtigkeit zu betonen. An vielen Stätten sind mehrere Farbschichten übereinander aufgetragen. In den Darstellungen der späteren Malereien scheint auch eine komplexe Kosmologie zum Ausdruck zu kommen, die mit religiösem Glauben verbunden ist.

Assur

Irak

Begründung der Aufnahme: Zeugnis einer Kultur, Erbe von besonderer menschheitsgeschichtlicher Bedeutung

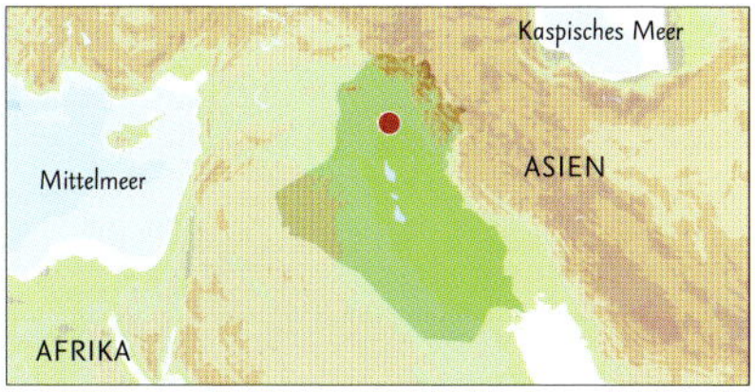

Die antike Stadt Assur liegt am Tigris im nördlichen Mesopotamien in einer besonderen geoökologischen Zone, am Übergang zwischen Bewässerungs- und Regenfeldbau. Die Ursprünge der Stadt reichen zurück in das 3. Jt. v. Chr. Vom 14. bis zum 9. Jh. v. Chr. befand sich hier die erste Hauptstadt des assyrischen Reiches. Sie war ein Stadtstaat und eine Handelsplattform von internationaler Bedeutung und diente zudem als religiöse Hauptstadt der Assyrer, die mit dem Gott Assur verbunden war. Die Stadt wurde von den Babyloniern zerstört, erlebte jedoch zur Zeit der Parther im 1. und 2. Jh. n. Chr. eine Renaissance.

Die ausgegrabenen Überreste von Assur dokumentieren hervorragend die Entwicklung der Bauweise von der sumerischen und akkadischen Zeit bis hin zum assyrischen Reich. Kunstobjekte aus der Stadt sind in den großen Museen der Welt ausgestellt.

Úbeda und Baeza

Spanien

Begründung der Aufnahme: Zeugnis kulturellen Austauschs, Erbe von besonderer menschheitsgeschichtlicher Bedeutung

Die zentralen Bereiche von Úbeda und Baeza stellen herausragende frühe Beispiele dar für die städtische Renaissance-Architektur und die Stadtplanung in Spanien während des frühen 16. Jh. Die beiden kleinen Städte liegen ca. 10 km voneinander entfernt in der autonomen Gemeinschaft Andalusien, an der ehemaligen Grenze zwischen den historischen Regionen Kastilien und Andalusien. Dadurch erhielten sie einen kontrastreichen Charakter, der sich im arabisch und andalusisch geprägten und mit nördlichen Einschlägen versehenen Stadtbild niederschlägt. Beide Städte erlebten ihre Blütezeit im 16. Jh. und existieren bis zum heutigen Tag. Die urbanen Funktionen der Städte sind so aufgeteilt, dass die öffentlichen, kirchlichen und der Bildung gewidmeten Gebäude von Baeza die aristokratischen und palastartigen Bauwerke von Úbeda ergänzen und so ein urbanes Modell der Renaissance von hoher architektonischer Güte schaffen.

Baeza und Úbeda ähneln sich in ihrem generellen Charakter, der von einer spontan gewachsenen urbanen Anordnung und engen gewundenen Gassen geprägt ist. Die repräsentativsten Gebäude von Baeza liegen auf einer Achse, die vom Plaza de Santa María durch die steile Cuesta de San Felipe bis hinab zum Cañuelo-Tor verläuft.

Zitadelle, Altstadt und Festung von Derbent

Russische Föderation

Begründung der Aufnahme: Zeugnis einer Kultur, Erbe von besonderer menschheitsgeschichtlicher Bedeutung

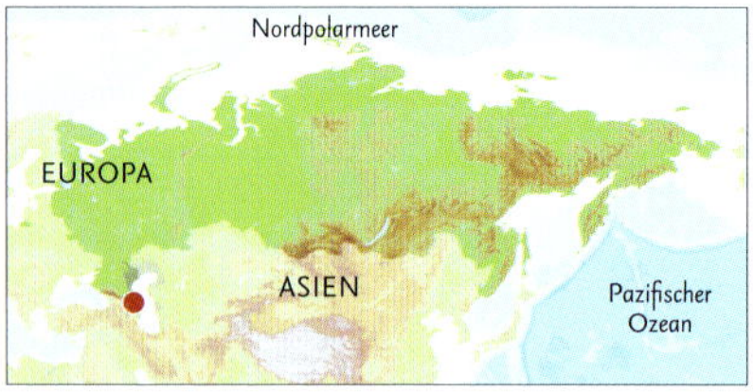

Die antike Stadt Derbent spielte seit dem 1. Jt. v. Chr. eine entscheidende Rolle bei der Kontrolle der Nord-Süd-Passage an der westlichen Seite des Kaspischen Meeres. Die von den Sassaniden im 5. Jh. errichteten Verteidigungsanlagen wurden ungefähr 15 Jahrhunderte lang durchgehend von persischen, arabischen, mongolischen und timuridischen Herrschern genutzt. Die Verteidigungsmauern erstrecken sich etwa 3,6 km lang vom Kaspischen Meer bis hinauf zur Zitadelle auf dem Berg. Es gibt zwei parallel verlaufende Mauern (im Norden und Süden), die 300 – 400 m voneinander entfernt sind und zwischen denen die Stadt erbaut wurde. Die Wehrmauer verläuft weiter über die Berge und 40 km nach Westen; sie erstreckt sich zudem 500 m weit ins Meer und dient so zum Schutz des Hafens. Die Stätte war bis ins 19. Jh. hinein von strategischer Wichtigkeit.

Derbent liegt an einem natürlichen Pass – der kaspischen Pforte – zwischen den kaukasischen Vorbergen und dem Meer; die Einwohner der Stadt waren dadurch Jahrhunderte lang in der Lage, den Verkehr zwischen Europa und dem Nahen Osten zu kontrollieren.

James Island

Gambia

Begründung der Aufnahme: Zeugnis einer Kultur, Verknüpfung mit Ereignissen von universeller Bedeutung

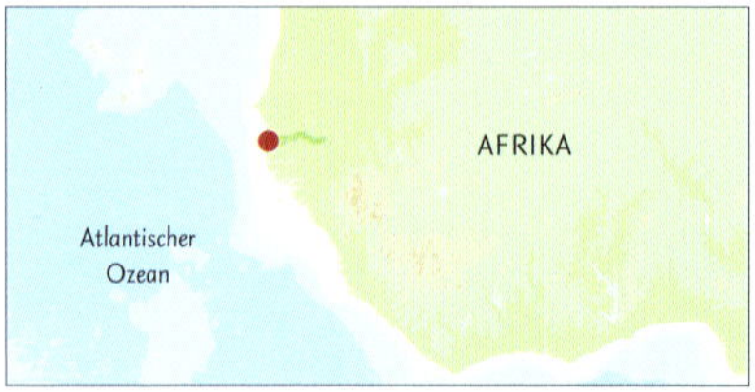

James Island und die zugehörigen Stätten am Fluss Gambia zeugen auf außergewöhnliche Weise von den unterschiedlichen Facetten des afrikanisch-europäischen Aufeinandertreffens zwischen dem 15. und 20. Jh. Der Fluss war die erste Handelsroute in das afrikanische Hinterland und wurde zu einem frühen Korridor für den Sklavenhandel. Das Kulturerbe setzt sich zusammen aus sieben einzelnen Stätten, die alle direkt mit dem Sklavenhandel verbunden waren: die gesamte James Island, die Überreste einer portugiesischen Kapelle und ein koloniales Lagerhaus im Dorf Albreda, das Maurel-Frères-Gebäude im Dorf Juffureh, die Überreste der kleinen portugiesischen Siedlung San Domingo sowie Fort Bullen und die Six-Gun Battery.

Die ursprünglichen Bauten auf James Island, die heute zerstört sind, umfassen das Fort, das Sklavenhaus, die Küche des Gouverneurs, die Schmiede und ein Ladengeschäft. Das Fort liegt in der Mitte dieser flachen Insel und ist gefährdet durch Überschwemmungen, die durch Strömungsgewässer entstehen.

Nationalpark Purnululu
Australien

Begründung der Aufnahme: besonderes Naturphänomen, Zeugnis wichtiger Stadien der Erdgeschichte

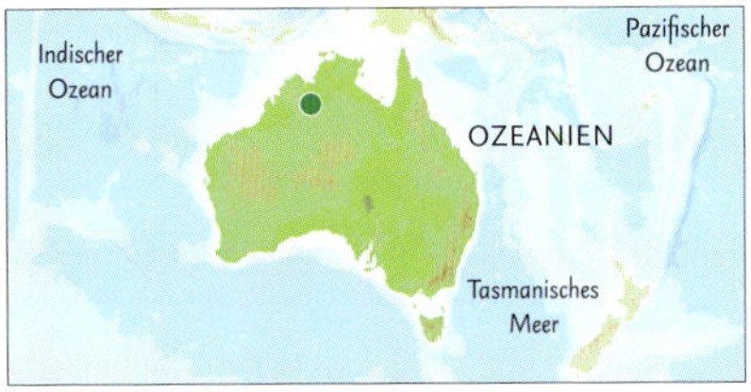

Der 2397 km² umfassende Nationalpark Purnululu liegt in der Kimberley-Region ganz im Norden des Bundesstaats Western Australia. Er ist besonders bemerkenswert aufgrund des Gebirgszugs Bungle Bungle, eines der umfassendsten und beeindruckendsten Vorkommen von Sandsteinkarst auf der Welt. Über einen Zeitraum von 20 Mio. Jahren wurde Quarzsandstein aus dem Devon durch Erosion abgetragen und bildete eine Reihe von bienenkorbförmigen Türmen oder Kegeln aus, die inmitten steil abfallender Schluchten von 100–200 m Tiefe liegen. Das charakteristische Aussehen der Oberfläche dieser Kegel ist geprägt von den regelmäßigen, horizontal verlaufenden Linien einer dunkelgrauen Kruste aus einzelligen Organismen. Diese herausragenden Beispiele für Kegelkarst verdanken ihre Existenz und ihre Einzigartigkeit dem Zusammenspiel aus diversen geologischen und biologischenPhänomenen.

Der Park besteht aus vier großen Ökosystemen: dem Gebirgszug Bungle Bungle, eine tief durchfurchten Hochebene, die die Mitte des Parks dominiert; weiten Sandebenen um Bungle Bungle; dem Flusstal des Ord River im Osten und Süden des Parks und den Erhöhungen und Gebirgsketten aus Kalkstein, die im Westen und Norden des Parks liegen.

Sandsteinkarst im Gebirgszug Bungle Bungle ▼

Schutzzonen im Nationalpark der „Drei parallel verlaufenden Flüsse" in Yunnan

China

Begründung der Aufnahme: besonderes Naturphänomen, Zeugnis wichtiger Stadien der Erdgeschichte, Schauplatz spezieller ökologischer und biologischer Prozesse, bedeutender natürlicher Lebensraum – Biodiversität

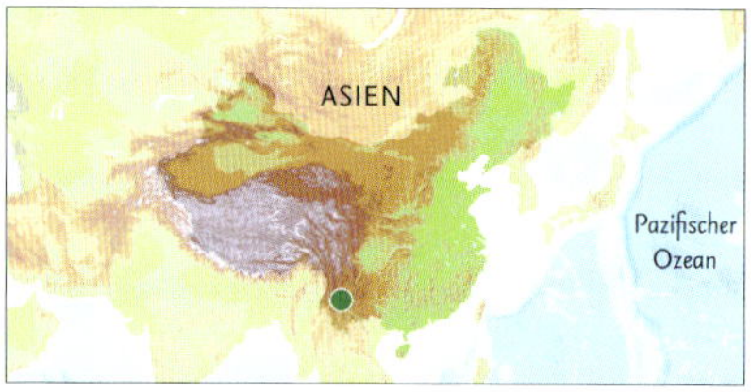

Die Schutzzonen im Nationalpark der „Drei parallel verlaufenden Flüsse" umfassen ein Gebiet von 17000 km², das von den oberen Flussläufen der drei großen asiatischen Flüsse durchzogen ist: dem Yangtse (Jinsha), dem Mekong and dem Saluen. Die Flüsse verlaufen ca. 300 km lang ungefähr parallel von Norden nach Süden; sie durchqueren dabei steile Schluchten, die bis zu 3000 m tief und von vergletscherten Gipfeln von über 6000 m Höhe umgeben sind. Die Stätte ist ein Epizentrum für die chinesische Artenvielfalt und eines der reichhaltigsten gemäßigten Gebiete der Welt bezüglich der Biodiversität.

Die Schutzzonen im Nationalpark der „Drei parallel verlaufenden Flüsse" liegen im bergigen Nordwesten der Provinz Yunnan im zentralen Süden Chinas. Die Stätte besteht aus 15 Schutzzonen in acht geografischen Gruppierungen und erstreckt sich auf 310 km in Nord-Süd-Richtung und 180 km in Ost-West-Richtung. Das Weltnaturerbe umfasst vier parallele Gebirgszüge, deren Gipfel teilweise höher als 4000 m sind. Die Gebirgszüge sind Teil des Hengduan-Gebirges, das bei der Faltung der Erdkruste durch den Druck gewölbt und nach oben gedrückt wurde.

Die geschützten Landstriche zählen zu den weltweit naturbelassensten gemäßigten ökologischen Gebieten; sie sind ein Epizentrum für chinesische endemische Arten und ein natürlicher Genpool von großem Reichtum. Wegen ihrer Höhe und der Lage in einem Klimakorridor zwischen Norden und Süden beherbergt die Region den größten Artenreichtum von Gefäßpflanzen in China. Sieben klimatische Zonen sind in der Region vertreten: südliche, zentrale und nördliche Subtropen mit trockenen, heißen Tälern, warme, kühle und kalte gemäßigte Zonen sowie kalte Zonen.

Da die Gegend in der letzten Eiszeit als Rückzugsort fungierte und an drei große biogeografische Regionen (Ostasien, Südostasien und das tibetische Hochland) angrenzt, finden sich im Park über 22 Vegetationsuntergruppen und 6000 Pflanzenarten. Die Fauna ist ein komplexes Mosaik aus paläarktischen, orientalischen und endemischen Arten, die sich an fast alle Binnenklimazonen angepasst haben, vom südlich subtropischen Klima zu frostigen Zonen. Man geht davon aus, dass in der Region etwa 25% aller Tierarten Chinas vertreten sind, und es sich bei vielen von ihnen um Relikte aus der ökologischen Vergangenheit handelt, die bedroht sind.

Der Baimang-Schneeberg zwischen dem Yangtse und dem Mekong ▶

Die Stätte wird dominiert von einem zusammengesetzten Orogengürtel, der Anzeichen enormer Bewegungen der Erdkruste aufweist. Besonders interessant ist die Kompression der eurasischen Plattenkante durch die darunterliegende indische Platte. Der dabei entstandene Druck brachte weitläufige Überschiebungsdecken und Brüche im Gestein hervor und löste die Hebung hoher Gebirge aus, durch die sich die Flüsse schneiden, die bereits vorher existiert haben. So entstand das für die Gegend charakteristische, extrem vertikale Relief.

Die östlichen Berge zeigen alpine Landschaften; dort sind Hochebenen und Täler von Wasserfällen, Strömen und Seen durchsetzt, die die glaziale Erosion hinterlassen hat.

Holzkirchen im Süden von Kleinpolen

Polen

Begründung der Aufnahme: Zeugnis einer Kultur, Erbe von besonderer menschheitsgeschichtlicher Bedeutung

Die Holzkirchen im Süden von Kleinpolen sind herausragende Beispiele für eine mittelalterliche Kirchenbautradition der römisch-katholischen Kultur. Diese aus horizontalen Holzbalken errichteten Kirchen, deren Bauweise seit dem Mittelalter in Ost- und Nordeuropa verbreitet war, stellten eine Alternative zu den in Stadtzentren errichteten Steinbauten dar. Die Kirchen waren besonders wichtig für die Entwicklung der polnischen Holzarchitektur; außerdem waren sie sowohl als Orientierungspunkte als auch als weltanschauliche Symbole ein unverzichtbares Element der Siedlungsstrukturen. Sie waren ein nach außen hin sichtbares Zeichen der kulturellen Identität der Gemeinden und spiegelten die künstlerischen und sozialen Bestrebungen ihrer Förderer und Erbauer wider. Die sechs einzelnen Stätten dieses Welterbes in Kleinpolen repräsentieren unterschiedliche Aspekte dieser Entwicklungen.

Die zwischen 1736 und 1756 errichtete Kirche des Erzengels Michael in Szalowa unterscheidet sich von den anderen aufgrund ihrer architektonischen Form, auch wenn die gleichen Baumethoden verwendet wurden. Die Kirche verfügt über ein Schiff und zwei Seitenschiffe und folgt der Form einer Basilika. Die extrem reichhaltige und vielfarbige Dekoration und die Einrichtung stammen aus dem 18. Jh.

Die Kirche der Apostel St. Philippus und Jakobus ▼

Franziskanermissionen in der Sierra Gorda in Querétaro

Mexiko

Begründung der Aufnahme: Zeugnis kulturellen Austauschs, Zeugnis einer Kultur

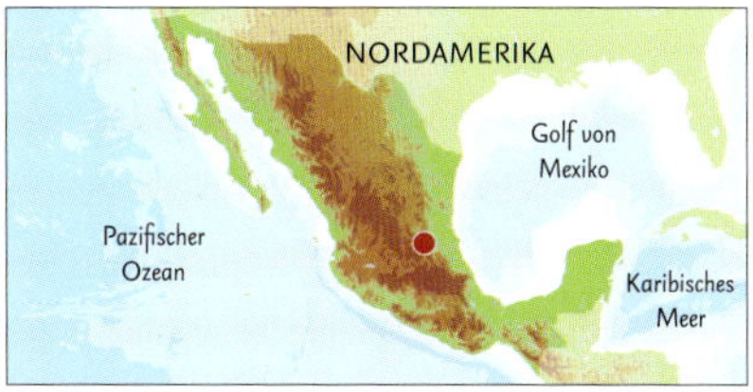

Die fünf Franziskanermissionen in der Sierra Gorda wurden in der Mitte des 18. Jh. während der letzten Phase der Bekehrung des mexikanischen Innenlands zum Christentum errichtet. Sie entwickelten sich zu einer wichtigen Referenz für die Weiterführung der Evangelisierung in Kalifornien, Arizona und Texas. Jede Mission musste eine Kirche erbauen, die Einheimischen auffinden und unterwerfen und sie anschließend in Hütten um die Kirche versammeln. Die Missionare mussten die Sprache der Einheimischen lernen, die Bevölkerung mit Nahrungsmitteln versorgen, ihnen gutes Benehmen beibringen und sie evangelisieren. Die reich dekorierten Kirchenfassaden sind besonders interessant, da sie ein Beispiel für die gemeinsamen kreativen Bemühungen der Missionare und der indigenen Bevölkerung darstellen. Die ländlichen Siedlungen, die um die Missionen herum entstanden, haben ihren einheimischen Charakter beibehalten.

Die Architektur der Missionen folgt immer einem ähnlichen Muster: Eine Mission beinhaltet generell ein Atrium, einen sakramentalen Torweg, eine offene Kapelle, Prozessionskapellen und einen Kreuzgang. Alle fünf Missionen weisen bezüglich ihrer Umgebung, der Stadt und der religiösen Bauten ähnliche Elemente auf.

Kulturlandschaft und archäologische Stätten des Bamiyan-Tals

Afghanistan

Begründung der Aufnahme: Meisterwerk menschlicher Schöpferkraft, Zeugnis kulturellen Austauschs, Zeugnis einer Kultur, Erbe von besonderer menschheitsgeschichtlicher Bedeutung, Verknüpfung mit Ereignissen von universeller Bedeutung

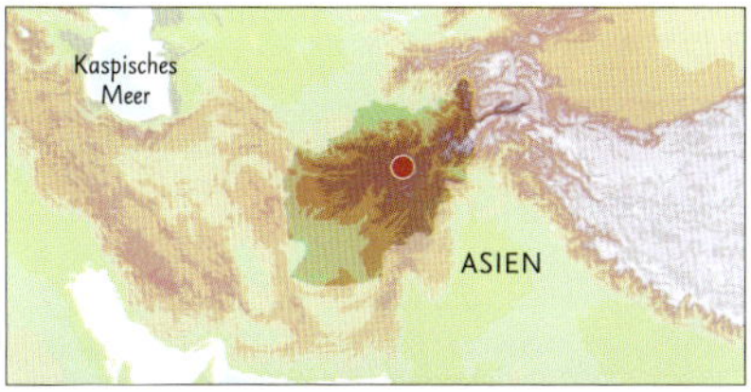

Die Kulturlandschaft und die archäologischen Stätten des Bamiyan-Tals repräsentieren die künstlerischen und religiösen Entwicklungen, die das antike Baktrien zwischen dem 1. und 13. Jh. prägten; dabei wurden diverse kulturelle Einflüsse in die Gandhara-Schule buddhistischer Kunst integriert. Die Region enthält zahlreiche buddhistische Klosterbauten und Heiligtümer, ebenso wie befestigte Gebäude aus islamischer Zeit. Die Stätte zeugt jedoch auch von der tragischen Zerstörung der beiden stehenden Buddhastatuen durch die Taliban im März 2001.

Das Bamiyan-Tal ist ein Hochpass (2500 m), der einst einer der Ausläufer der Seidenstraße war. Seine wunderschöne Landschaft wird mit legendären Figuren assoziiert, die zu seiner Entwicklung als wichtiges religiöses und kulturelles Zentrum beigetragen haben.

◄ Eine der Buddhastatuen, die 2001 zerstört wurden

Monte San Giorgio

Schweiz

Begründung der Aufnahme: Zeugnis wichtiger Stadien der Erdgeschichte

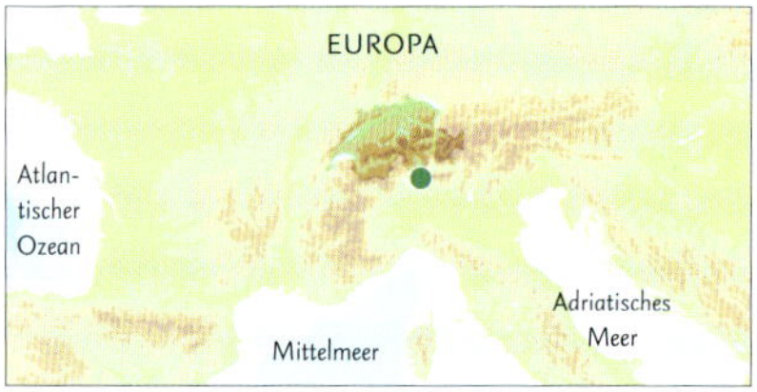

Der pyramidenförmige, bewaldete und 1096 m hohe Berg im Süden des Luganersees im Tessin gilt als bester Fossilienfundort für Meereslebewesen aus der Trias, der Zeit vor 245–230 Mio. Jahren. Die Fundstücke dokumentieren das Leben in einer tropischen Lagunenumgebung, die von der offenen See durch ein vorgelagertes Riff geschützt und teilweise getrennt war. Unterschiedliche Meereslebewesen gediehen in dieser Lagune, darunter Reptilien, Fische, zweischalige Meerestiere, Ammoniten, Stachelhäuter und Krustentiere. Da die Lagune nahe am Land lag, fand man auch fossile Überreste einiger Landlebewesen, wie Reptilien, Insekten und Pflanzen.

Der Wissenschaft sind seit über 150 Jahren Fossilien, die von diesem Berg stammen, bekannt. Die Funde fossiler Wirbeltiere umfassen besonders spektakuläre Arten mit Skeletten von bis zu 6 m Länge. Die Meereslebewesen, die an dieser Stätte gefunden wurden, lebten in einer wichtigen Periode der Wirbeltierevolution und stellen eine wichtige globale Referenz für komparative Evolutionsstudien dar.

◄ Monte San Giorgio am Luganersee

Jüdisches Viertel und Basilika St. Prokop in Třebíč (Trebitsch)

Tschechische Republik

Begründung der Aufnahme: Zeugnis kulturellen Austauschs, Zeugnis einer Kultur

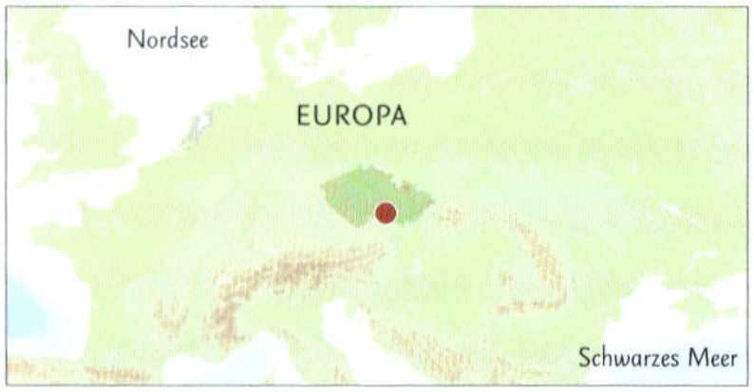

Das Ensemble des jüdischen Viertels, das aus dem alten jüdischen Friedhof und der Basilika St. Prokop in Třebíč besteht, erinnert an die Koexistenz der jüdischen und christlichen Kulturen vom Mittelalter bis in das 20. Jh. Das jüdische Viertel ist ein bedeutsames Zeugnis für die unterschiedlichen Lebensaspekte in dieser Gemeinschaft. Die Gegend hat alle essenziellen Sozialfunktionen beibehalten, einschließlich Synagogen und Schulen, ebenso wie eine Lederfabrik. Die Basilika St. Prokop befindet sich in einer gutem Lage auf dem Hügel mit einem Ausblick auf ganz Třebíč. Sie wurde im 13. Jh. in einer Mischung aus romanischem und frühgotischem Stil als Klosterkirche errichtet und ist ein bemerkenswertes Beispiel für den Einfluss des westeuropäischen architektonischen Erbes in dieser Region.

Das jüdische Viertel erstreckt sich vom Fluss aus bergaufwärts. Mit dem Fluss sind die beiden Hauptstraßen des Viertels über schmale Gassen verbunden, die teilweise durch die Häuser hindurch verlaufen. Während des Zweiten Weltkriegs wurden alle jüdischen Einwohner deportiert.

Quebrada de Humahuaca

Argentinien

Begründung der Aufnahme: Zeugnis kulturellen Austauschs, Erbe von besonderer menschheitsgeschichtlicher Bedeutung, traditionelle Siedlungsform

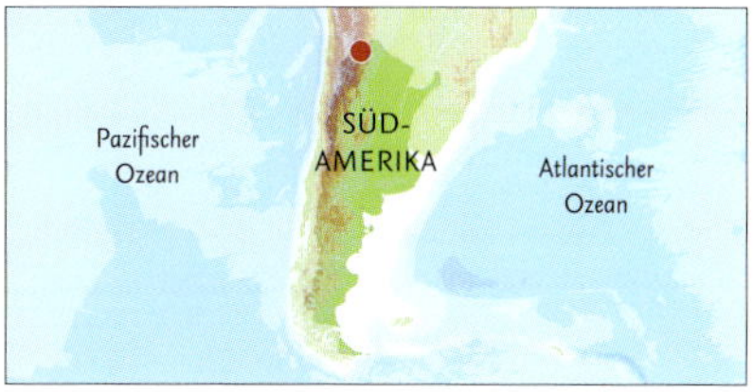

Im Quebrada de Humahuaca verläuft die Strecke einer wichtigen Kulturroute, dem Camino Inca. Das spektakuläre Tal des Rio Grande folgt dem Verlauf des Flusses von seiner Quelle durch das kalte Wüstenplateau der Hochanden bis hin zu seinem Zusammenfluss mit dem Rio Leone ca. 150 km südlich. Es weist deutliche Spuren von seiner Nutzung als wichtige Handelsroute während der letzten 10 000 Jahre auf. Über das Tal verstreut finden sich die Überreste aufeinanderfolgender Siedlungen, deren Einwohner die linearen Wege anlegten und nutzten. Sichtbare Spuren zeugen von prähistorischen Jäger-und-Sammler-Gemeinschaften, dem Reich der Inka (15.–16. Jh.) sowie vom Unabhängigkeitskampf im 16. und 17. Jh.

Besonders erwähnenswert sind die umfassenden Überreste der von Steinmauern umgebenen landwirtschaftlichen Terrassenfelder in Coctaca, von denen angenommen wird, dass sie vor 1500 Jahren angelegt worden sind. Sie werden noch heute genutzt. Das Feldsystem wirkt sich tiefgreifend auf die Landschaft aus, die in Südamerika einzigartig ist.

Berg der sieben Farben in Quebrada de Humahuaca ▼

Nationalpark Phong Nha-Ke Bang

Vietnam

Begründung der Aufnahme: Zeugnis wichtiger Stadien der Erdgeschichte

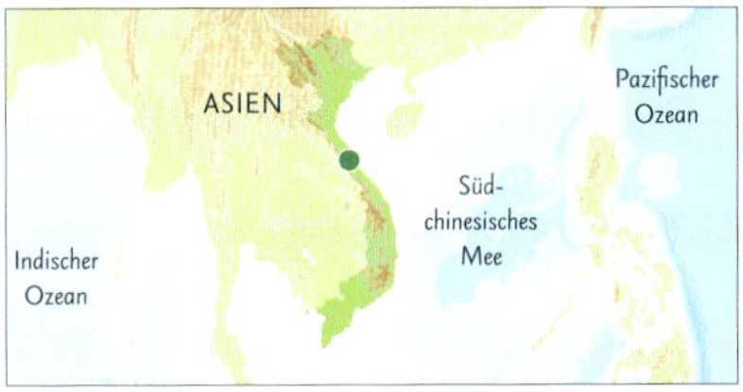

Die Karstformation des Nationalparks Phong Nha-Ke Bang hat sich seit dem Paläozoikum vor ca. 400 Mio. Jahren entwickelt. Die Gegend zählt zu den ältesten großen Karstgebieten Asiens. Infolge massiver tektonischer Veränderungen ist die Karstlandschaft des Parks extrem komplex und weist viele bedeutende geomorphische Eigenschaften auf. Das weiträumige Gebiet, das sich bis an die Grenze der Demokratischen Volksrepublik Laos erstreckt, umfasst spektakuläre Formationen, darunter 65 km Höhlen und unterirdische Flüsse. Die Phong-Nha-Höhle ist die berühmteste unter ihnen; ihre derzeit gemessene Länge beträgt 44,5 km. Ihr Eingang ist Teil eines unterirdischen Flusses, und Tourboote können bis zu 1500 m weit hineinfahren. Die Höhlen Vom und Hang Khe Rhy gehören zu den größten im Park.

Stalaktiten und Säulenformationen im Nationalpark Phong Nha-Ke Bang ▲

Der Park ist ungefähr zu 92 % von tropischem Regenwald bedeckt. Insgesamt wurden an der Stätte 568 Wirbeltierarten gezählt, darunter 113 Säugetier-, 81 Reptilien- und Amphibien-, 302 Vogel- und 72 Fischarten. Die Stätte ist besonders reich an Primaten; die hier lebenden zehn Arten und Unterarten machen 45 Prozent aller Primatenarten Vietnams aus.

Mausoleum von Khoja Ahmed Yasawi

Kasachstan

Begründung der Aufnahme: Meisterwerk menschlicher Schöpferkraft, Zeugnis einer Kultur, Erbe von besonderer menschheitsgeschichtlicher Bedeutung

Das Mausoleum des angesehenen Sufi-Meisters aus dem 12. Jh., Khoja Ahmed Yasawi, liegt in der Stadt Türkistan (Yasi) in Südkasachstan. Es befindet sich im Bereich der ehemaligen Zitadelle im nordöstlichen Teil der antiken Stadt und ist heute eine offene archäologische Stätte. Im Süden liegt ein Naturschutzgebiet, an den anderen Seiten ist die Stätte von der modernen Stadt Türkistan umgeben. Das Mausoleum wurde zwischen 1389 und 1405 unter Timur (Tamerlan) errichtet. In diesem teilweise unvollendeten Gebäude experimentierten persische Baumeister mit architektonischen und baulichen Lösungen, die später bei der Errichtung von Samarkand, der Hauptstadt des Timuriden-Reiches, zum Einsatz kamen. Heute ist das Mausoleum eines der größten und am besten erhaltenen Bauwerke aus der Zeit Timurs.

Die Haupthalle des Mausoleums ist von einer konisch-sphärischen Kuppel bedeckt, die die größte ihrer Art in Zentralasien ist (18,2 m im Durchmesser). Das Gebäude ist auch mit einer Moschee ausgestattet, die der einzige Raum ist, in dem Fragmente der ursprünglichen Wandgemälde erhalten geblieben sind.

Welterbestätte seit

• 1981 • 1982 • 1983 • 1984 • 1985 • 1986 • 1987 • 1988 • 1989 • 1990 • 1991 • 1992 • 1993 • 1994 • 1995 • 1996 • 1997 • 1998 • 1999 • 2000 • 2001 • 2002 • 2003 • 2004

Historische Hafenstadt Liverpool

Großbritannien

Begründung der Aufnahme: Zeugnis kulturellen Austauschs, Zeugnis einer Kultur, Erbe von besonderer menschheitsgeschichtlicher Bedeutung

Sechs Gebiete im historischen Zentrum und im Hafenviertel der Handelsstadt Liverpool zeugen von der Entwicklung eines der größten Handelszentren der Welt während des 18. und 19. Jh. Die Stadt spielte für die Ausbreitung des Britischen Weltreiches eine wichtige Rolle und wurde zum Haupthafen für den Transport großer Menschenmassen, wie Sklaven oder nach Amerika emigrierende Nordeuropäer. Liverpool war ein Vorreiter in der Entwicklung moderner Hafentechnologie und -verwaltung sowie moderner Transportsysteme. Es zeichnet sich durch zahlreiche bedeutende kommerzielle, bürgerliche und öffentliche Gebäude aus.

Die Stätte erstreckt sich entlang des Hafenviertels vom Albert Dock zu Pier Head und Stanley Dock und umfasst die historischen, kommerziellen und kulturellen Bezirke des Stadtzentrums.

Ilulissat-Eisfjord (Grönland)
Dänemark

Begründung der Aufnahme: besonderes Naturphänomen, Zeugnis wichtiger Stadien der Erdgeschichte

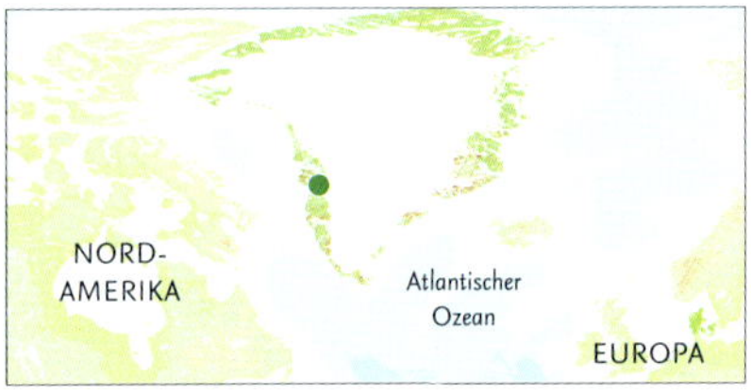

Der Ilulissat-Eisfjord (402 km²) liegt 250 km nördlich des Polarkreises an der grönländischen Westküste und ist die Meeresmündung des Sermeq Kujalleq, einer der wenigen Gletscher, durch welche die grönländische Eiskappe das Meer erreicht. Sermeq Kujalleq gehört zu den schnellsten (er bewegt sich pro Tag etwa 19 m) und aktivsten Gletschern der Welt. Er kalbt jährlich über 35 km³ Eis, das sind 10 % der Gesamtproduktion von Kalbeis in Grönland und mehr, als jeder andere Gletscher außerhalb der Antarktis produziert. Er wird seit über 250 Jahren erforscht und hat zu unserem Verständnis der klimatischen Veränderungen und der Eiskappen-Glaziologie beigetragen. Die Kombination aus einer riesigen Eisdecke und den dramatischen Geräuschen eines sich schnell bewegenden glazialen Eisstroms, der in einen von Eisbergen bedeckten Fjord kalbt, ergibt ein beeindruckendes und ehrfurchtgebietendes Naturschauspiel.

Zwischen 985 und 1450 bewohnten Nordmänner den Südwesten Grönlands. Zwischen dem 16. und 18. Jh. waren Forscher und anschließend Walfänger die Einwohner dieser Gegend. Die Welterbestätte beinhaltet die archäologisch wertvollen ehemaligen Siedlungen Sermermiut, die 1850 verlassen wurde, und Qajaa an der Südseite des Fjords, die schon früher aufgegeben wurde. Die frühen Siedler verbrachten den Sommer in Zelten; während des Winters nutzten sie Hütten aus Stein und Torf.

◄ Ilulissat-Eisfjord aus dem All

Nationalpark Thingvellir

Island

Begründung der Aufnahme: Zeugnis einer Kultur, Verknüpfung mit Ereignissen von universeller Bedeutung

Das Althing und sein Hinterland, der Nationalpark Thingvellir, spiegeln einen einzigartigen Audruck der mittelalterlichen nordisch-germanischen Kultur wider, der von seiner Gründung im 10. Jh. bis in das 18. Jh. Bestand hatte.

Thingvellir ist der Nationalpark, in dem das Althing – eine Versammlung unter freiem Himmel, die ganz Island repräsentierte – im Jahr 930 zum ersten Mal stattfand und sich bis 1798 immer wieder traf. Zwei Wochen im Jahr beschloss die Versammlung, die als Bund von freien Männern verstanden wurde, Gesetze und schlichtete Streitigkeiten. Das Althing hat für die Menschen von Island eine große historische und symbolische Bedeutung. Zum Welterbe gehören der Nationalpark Thingvellir und die Überreste des Althing selbst: Fragmente von ca. 50 aus Torf und Stein errichteten Buden. Man vermutet, dass Überreste aus dem 10. Jh. unter der Erdoberfläche verborgen liegen. Zur Stätte gehören auch Relikte der landwirtschaftlichen Nutzung im 18. und 19. Jh. Im Park finden sich Zeugnisse der Art und Weise, wie die Landschaft 1000 Jahre lang bewirtschaftet wurde.

Kirche von Thingvellir
▼

Bam und seine Kulturlandschaft

Islamische Republik Iran

Begründung der Aufnahme: Zeugnis kulturellen Austauschs, Zeugnis einer Kultur, Erbe von besonderer menschheitsgeschichtlicher Bedeutung, traditionelle Siedlungsform

Die Stadt Bam liegt in einer Wüstenlandschaft am südlichen Rand des iranischen Hochlandes. Die Ursprünge von Bam können bis auf die achämenidische Zeit zwischen dem 6. und 4. Jh. v. Chr. zurückverfolgt werden. Ihre Blütezeit erlebte die Stadt zwischen dem 7. und dem 11. Jh., als sie an der Kreuzung wichtiger Handelsrouten lag und für die Herstellung von Seiden- und Baumwollkleidung bekannt war. Das Leben in der Oase basierte auf unterirdischen Bewässerungskanälen, den Qanats; in Bam sind einige der frühesten Zeugnisse dieser Bewässerungsart im Iran erhalten. Die Zitadelle Arg-e Bam gehört zu den repräsentativsten Beispielen für eine befestigte mittelalterliche Stadt, die in einer traditionellen Bauweise mit Lehmschichten (Chineh) errichtet wurde.

Bam ist ein herausragender Ausdruck für die Interaktion zwischen Mensch und Natur in einer Wüstenumgebung. Die Zivilisation beruhte auf einem strengen Sozialsystem mit genau festgelegten Aufgaben und Verantwortungsbereichen, das bis in die heutige Zeit besteht.

Die Zitadelle von Bam vor dem Erdbeben 2003
▼

Pitons-Naturschutzgebiet
St. Lucia

Begründung der Aufnahme: besonderes Naturphänomen, Zeugnis wichtiger Stadien der Erdgeschichte

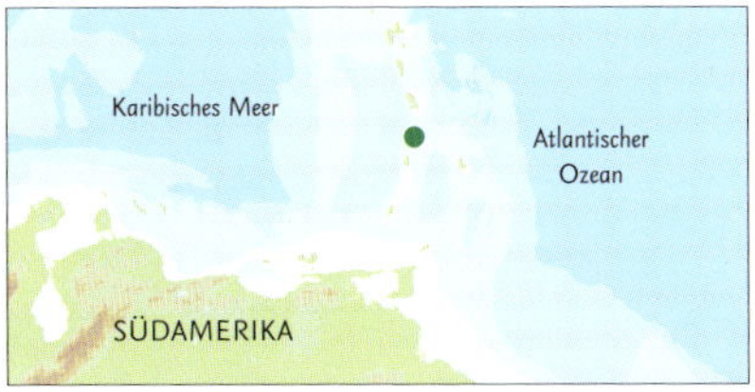

Die beiden steil aufragenden vulkanischen Bergspitzen der Pitons erheben sich nebeneinander aus dem Meer und dominieren die bergige Landschaft von St. Lucia. Der Gros Piton (770 m) misst an seinem Fuß 3 km im Durchmesser, der Petit Piton (743 m) 1 km; verbunden sind die beiden durch den Kamm von Piton Mitan. Die Pitons sind Teil eines vulkanischen Komplexes, der unter Geologen als Soufrière Volcanic Centre bezeichnet wird und den Überrest eines oder mehrerer riesiger kollabierter Schichtvulkane darstellt. Das Naturschutzgebiet umfasst einen Küstenstreifen von 11 km Länge und ca. 1 km Breite. Die Korallenriffe, die fast 60 Prozent des Seegebiets bedecken, sind intakt und vielseitig. Die Stätte ist ein mehrfach genutztes Verwaltungssystem, in dem zum Zeitpunkt der Eintragung Landwirtschaft, Fischerei, Siedlungen (1500 Einwohner) und Tourismus (vier große Hotelanlagen) nebeneinander existierten.

Auf dem Gros Piton wurden mindestens 148 Pflanzenarten gezählt, auf dem Petit Piton 97. Darunter befinden sich einige endemische oder seltene Pflanzen, einschließlich acht seltener Baumarten. Einige Vogelarten, darunter fünf endemische, sind am Gros Piton bekannt, ebenso wie einheimische Nagetiere, Opossums, Fledermäuse, Reptilien und Amphibien.

Tropische Regenwälder von Sumatra

Indonesien

Begründung der Aufnahme: besonderes Naturphänomen, Schauplatz spezieller ökologischer und biologischer Prozesse, bedeutender natürlicher Lebensraum – Biodiversität

Die 25 000 km² der Naturerbestätte in den tropischen Regenwäldern von Sumatra setzen sich zusammen aus drei weit auseinander liegenden Nationalparks entlang der Gebirgskette Bukit Barisan: der Nationalpark Gunung Leuser, der Nationalpark Kerinchi-Seblat und der Nationalpark Bukit Barisan Selatan. Die Stätte enthält somit das größte Potenzial für die langfristige Bewahrung der besonderen Artenvielfalt Sumatras, einschließlich vieler gefährdeter Tierarten. Das gesamte Naturschutzgebiet beherbergt schätzungsweise 10 000 Pflanzenarten, darunter 17 endemische Gattungen; hier leben über 200 Säugetierarten und etwa 580 Vogelarten, von denen 465 einheimisch und 21 endemisch sind. Unter den Säugetierarten sind 22 asiatische Arten, die nirgends sonst auf dem Archipel auffindbar sind, und 15, die auf die indonesische Region beschränkt sind, darunter der endemische Sumatra-Orang-Utan. Die Stätte liefert auch biogeografisches Beweismaterial zur Evolution auf der Insel.

Im Nationalpark Kerinci Seblat befindet sich der gewaltige aktive Vulkan Gunung Kerinci, der mit 3805 m der höchste Berg Sumatras und der höchste Vulkan Indonesiens ist. Der nahe gelegene Gunung Tujuh besitzt einen außerordentlich schönen Kratersee auf immerhin 1996 m Höhe.

Ein Sumatra-Orang-Utan ▼

Archäologische Stätte Um er-Rasas (Kastron Mefa'a)

Jordanien

Begründung der Aufnahme: Meisterwerk menschlicher Schöpferkraft, Erbe von besonderer menschheitsgeschichtlicher Bedeutung, Verknüpfung mit Ereignissen von universeller Bedeutung

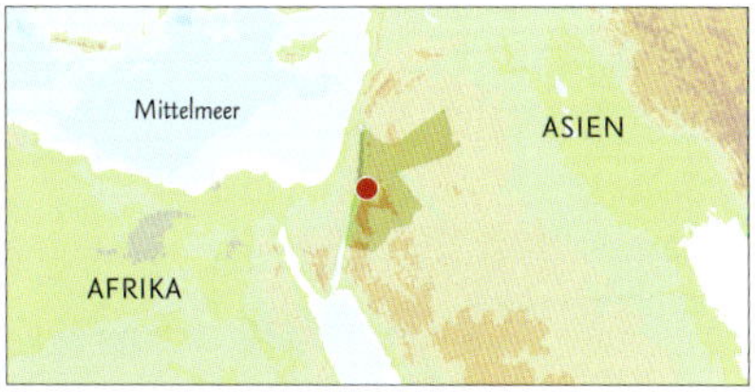

An dieser archäologischen Stätte lag ursprünglich ein römisches Militärlager, das im 5. Jh. zu einer Stadt heranwuchs. Die Stätte, von der große Teile bis heute noch nicht ausgegraben worden sind, enthält Überreste aus der römischen, byzantinischen und frühen muslimischen Zeit (Ende des 3. Jh. bis zum 9. Jh. n. Chr.) sowie ein befestigtes römisches Armeelager. Hier befinden sich zudem über 16 Kirchen, von denen einige gut erhaltene Mosaikfußböden aufweisen. Besonders erwähnenswert ist der Mosaikboden in der Kirche des heiligen Stefanus. Zwei quadratische Türme sind möglicherweise die einzigen Überreste einer in diesem Teil der Welt wohlbekannten Praxis: die der Styliten (Säulenheiligen), asketischer Mönche, die eine gewisse Zeit isoliert auf einer Säule oder einem Turm verbrachten. Um er-Rasas ist umgeben und übersät von den Überresten einer antiken landwirtschaftlichen Kultivierung eines trockenen Gebiets.

Der Mosaikboden in der Kirche des heiligen Stefanus zeigt eine wunderbare Darstellung von Städten in Palästina, Jordanien und Ägypten, einschließlich ihrer Bezeichnung. Wegen seiner künstlerischen und technischen Güte kann Um er-Rasas als Meisterwerk menschlicher Schöpferkraft benannt werden.

Südlicher Bereich von Um er-Rasas
▼

Pasargadae

Islamische Republik Iran

Begründung der Aufnahme: Meisterwerk menschlicher Schöpferkraft, Zeugnis kulturellen Austauschs, Zeugnis einer Kultur, Erbe von besonderer menschheitsgeschichtlicher Bedeutung

Pasargadae war die erste dynastische Hauptstadt des Achämenidenreichs. Sie wurde im 6. Jh. v. Chr. von Kyros dem Großen in Pars, dem Heimatland der Perser, gegründet. Ihre Paläste, Gärten und das Mausoleum von Kyros sind herausragende Beispiele für die erste Phase der königlichen achämenidischen Kunst und Architektur. Besonders bemerkenswerte Überreste auf der 1,6 km² umfassenden Stätte sind das Mausoleum von Kyros dem Großen (im Bild), die befestigte Terrasse Tall-e Takht und ein königliches Ensemble aus Torhaus, Empfangshalle und Wohnpalast, das ursprünglich in einer Gartenanlage gelegen war (den sogenannten „Vier Gärten"). Pasargadae war die Hauptstadt des ersten großen multikulturellen Reiches in Westasien. Es erstreckte sich vom östlichen Mittelmeer und Ägypten bis zum Indus und wird als erstes Reich betrachtet, das die kulturelle Vielseitigkeit seiner unterschiedlichen Völker respektierte.

Das Mausoleum von Kyros dem Großen wurde um 540 bis 530 v. Chr. aus weißem Kalkstein errichtet. Im Mittelalter hielt man es für das Grab von Salomos Mutter, und eine Moschee, die bis ins 14. Jh. in Gebrauch war, wurde um es herum gebaut.

Mausoleum von Kyros dem Großen ▼

Koguryo-Grabstätten

Demokratische Volksrepublik Korea

Begründung der Aufnahme: Meisterwerk menschlicher Schöpferkraft, Zeugnis kulturellen Austauschs, Zeugnis einer Kultur, Erbe von besonderer menschheitsgeschichtlicher Bedeutung

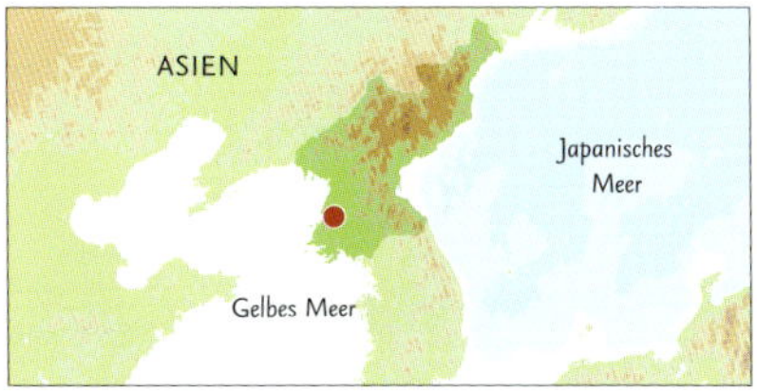

Die Stätte umfasst mehrere Gruppen- und Einzelgräber – insgesamt etwa 30 – aus der späteren Zeit des Koguryo-Königreichs. Zwischen dem 3. Jh. v. Chr. und dem 7. Jh. n. Chr. war dies eines der mächtigsten Königreiche in Nordostchina und auf der nördlichen Hälfte der koreanischen Halbinsel. Die Gräber, von denen viele mit wunderschönen Wandgemälden verziert sind, sind fast die einzigen Überreste dieser Kultur. Nur etwa 90 von den über 10 000 bisher in China und Korea entdeckten Koguryo-Gräbern enthalten Wandgemälde. Fast die Hälfte von ihnen befindet sich an dieser Stätte, und man geht davon aus, dass die Kunstwerke für Gräber von Königen, Mitgliedern der Königsfamilie und der Aristokratie geschaffen wurden. Die Gemälde stellen ein einzigartiges Zeugnis des täglichen Lebens in dieser Zeit dar.

Die besonderen Begräbnisriten der Koguryo-Kultur hatten einen wichtigen Einfluss auf andere Kulturen in der Region, einschließlich der japanischen.

Archäologische Stätte Kernave

Litauen

Begründung der Aufnahme: Zeugnis einer Kultur, Erbe von besonderer menschheitsgeschichtlicher Bedeutung

Die ca. 35 km nordwestlich von Vilnius in Ostlitauen gelegene archäologische Stätte ist ein außerordentliches Zeugnis der mehr als zehn Jahrtausende langen Siedlungsgeschichte der Region. Sie liegt im Flusstal der Neris und umfasst ein komplexes Ensemble archäologischer Objekte, darunter die Stadt Kernave, Forts, einige unbefestigte Siedlungen, Begräbnisstätten und andere archäologische, historische und kulturelle Bauten von der späten Altsteinzeit bis ins Mittelalter. In dem 2 km^2 großen Gebiet blieben Spuren alter Landnutzung erhalten, ebenso wie die Überreste von fünf beeindruckenden Burghügeln, die Teil eines außergewöhnlich großen Verteidigungssystems waren. Kernave war eine wichtige feudale Stadt im Mittelalter. Im späten 14. Jh. zerstörte der Deutsche Orden die Stadt, die Stätte wurde jedoch bis in die moderne Zeit hinein genutzt.

Die Begräbnisstätte des Komplexes befand sich außerhalb der Stadt auf dem Burghügel Kriveikiškio. Die Begräbnisriten, ebenso wie die entdeckten Wachstücher, spiegeln nicht nur die Traditionen des letzten heidnischen Staates in Europa wider, sondern zeigen auch den Einfluss der benachbarten christlichen Völker.

◄ Burghügel in Kernave

Vega-Archipel

Norwegen

Begründung der Aufnahme: traditionelle Siedlungsform

Seit sich das Eis vor etwa 10 000 Jahren zurückgezogen hat, fischen und jagen Menschen in dieser Gegend. Die Art des Fischens variiert im Verlauf eines Jahres. Obwohl es auf den Inseln heute weniger aktive Fischer gibt als vor 100 Jahren, halten einige noch immer diese einzigartige Kulturtradition am Leben.

Die direkt südlich des Polarkreises gelegene Gruppe von dutzenden Inseln rund um die Hauptinsel Vega bildet eine Kulturlandschaft, die 1037 km², davon 69 km² Landfläche, umfasst. Die Inseln zeugen von einer einzigartigen und genügsamen Lebensweise in einer unwirtlichen Umgebung, die auf dem Fischen und dem Sammeln von Eiderdaunen basiert. Es gibt Fischerdörfer, Kais, Lagerhäuser, Behausungen für die Nester der Eiderenten, landwirtschaftliche Flächen und Leuchttürme. Belege für menschliche Siedlungen reichen bis in die Steinzeit zurück. Bis zum 9. Jh. hatten sich die Inseln zu einem wichtigen Zentrum für die Versorgung mit Daunenfedern entwickelt, was vermutlich etwa ein Drittel des Einkommens der Inselbewohner ausmachte. Das Vega-Archipel spiegelt die nachhaltige Lebensweise der Fischer/Landwirte wider, die sie während der letzten 1500 Jahre bewahrt haben, und verweist ebenso auf den Beitag der Frauen bei der Ernte der Eiderdaunen.

Naturreservat Wrangel-Insel

Russische Föderation

Begründung der Aufnahme: Schauplatz spezieller ökologischer und biologischer Prozesse, bedeutender natürlicher Lebensraum – Biodiversität

An der Südküste gibt es Spuren eines neolithisches Lager von Paläo-Eskimos, Jägern, die vor 3400 Jahren in der Krassin-Bucht lebten. Zu ihren Beutetieren zählten das Wollmammut und das Zwergmammut, die bis vor 3700 Jahren auf der Insel heimisch waren.

Diese Stätte liegt oberhalb des Polarkreises und umfasst die gebirgige, 7608 km² große Wrangel-Insel, die 11 km² große Herald-Insel und die umgebenden Gewässer. Wrangel war während der Eiszeit des Quartärs nicht vergletschert, was zu einer außergewöhnlich hohen Artenvielfalt in dieser Region führte. Die Insel beherbergt die weltweit größte Population des Pazifischen Walrosses und die höchste Dichte angestammter Eisbärenbauten. Sie ist ein wichtiger Futterplatz für wandernde Grauwale aus Mexiko und der nördlichste Brutplatz für 100 Zugvogelarten, von denen viele gefährdet sind. Derzeit sind 417 Arten und Unterarten von Gefäßpflanzen auf der Insel identifiziert worden; das sind doppelt so viele wie in jedem anderen arktischen Tundragebiet von vergleichbarer Größe und mehr als auf jeder anderen arktischen Insel. Einige Arten sind Abkömmlinge von weit verbreiteten kontinentalen Formen, andere sind das Ergebnis einer Hybridisierung in jüngerer Zeit, und 23 sind endemisch.

Die portugiesische Stadt Mazagan (El Jadida)

Marokko

Begründung der Aufnahme: Zeugnis kulturellen Austauschs, Erbe von besonderer menschheitsgeschichtlicher Bedeutung

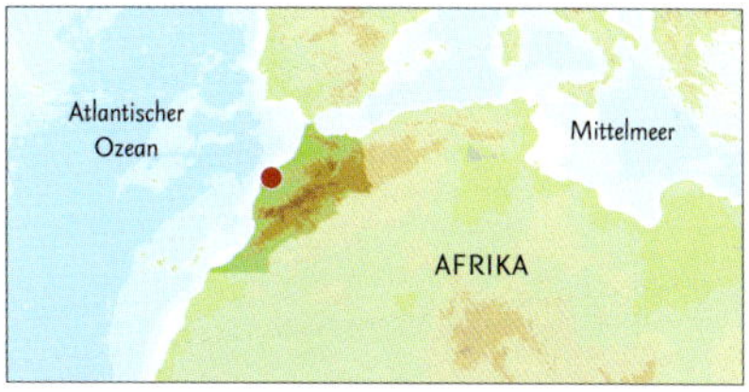

Die portugiesische Stadt Mazagan – eine der frühesten Siedlungen portugiesischer Forschungsreisender in Westafrika an der Route nach Indien – ist ein herausragendes Beispiel für die gegenseitige Beeinflussung der europäischen und der marrokanischen Kultur. Mazagan ist heute ein Teil der 90 km südwestlich von Casablanca liegenden Stadt El Jadida; es wurde im frühen 16. Jh. als befestigte Kolonie errichtet. 1769 wurde die Stadt von den Marokkanern eingenommen. Die Befestigung mit ihren Bastionen und Wällen ist ein frühes Beispiel für die militärische Bauform der Renaissancezeit. Zu den erhaltenen portugiesischen Gebäuden gehören die Zisterne und die Mariä-Himmelfahrts-Kirche. Die vor der Mariä-Himmelfahrts-Kirche gelegene Moschee aus dem 19. Jh. grenzt den öffentlichen Platz ab, den Praça Terreiro, der sich zum Stadteingang hin öffnet. Das Minarett ist eine Anpassung des alten Torre de Rebate, der ursprünglich ein Teil der Zisterne war.

Heute verfügt die Festung über vier Bastionen: die Engelsbastion im Osten, St. Sebastian im Norden, St. Antoine im Westen und die Bastion des Heiligen Geistes im Süden. Die fünfte, die Gouverneursbastion am Haupteingang, ist eine Ruine, da sie 1769 von den Portugiesen zerstört wurde. Das Fort hatte ursprünglich drei Tore.

Mittelalterliche Denkmäler im Kosovo

Serbien

Begründung der Aufnahme: Zeugnis kulturellen Austauschs, Zeugnis einer Kultur, Erbe von besonderer menschheitsgeschichtlicher Bedeutung

Die religiösen Gebäude dieser Stätte spiegeln die Höhepunkte der byzantinisch-romanischen Kirchenkultur wider; ihre Wandgemälde weisen einen markanten Stil auf, der zwischen dem 13. und 17. Jh. auf dem Balkan entwickelt wurde. Das Kloster Decani wurde in der Mitte des 14. Jh. für den serbischen König Stefan Decanski errichtet und ist gleichzeitig sein Mausoleum. Das Patriarchenkloster Pec besteht aus vier mit Wandgemälden verzierten Kuppeldachkirchen. Die Fresken aus dem 13. Jh. in der Apostelkirche wurden in einem einzigartigen, monumentalen Stil gemalt. Fresken aus dem frühen 14. Jh. in der Kirche der Jungfrau von Ljevisa zeugen von dem neuen Stil der sogenannten Palaiologischen Renaissance, die Einflüsse aus dem östlich-orthodoxen Byzantinischen Reich mit westlich-romanischen Traditionen kombinierte. Dieser Stil spielte eine entscheidende Rolle für die spätere Kunst des Balkans.

Die Hauptkirche des Klosters Decani verfügt über eine außergewöhnlich reiche Schatzkammer mit etwa 60 bemerkenswerten Ikonen aus dem 14. bis 17. Jh. und vielen anderen wertvollen Gegenständen.

Königliches Ausstellungsgebäude und Carlton-Gärten

Australien

Begründung der Aufnahme: Zeugnis kulturellen Austauschs

Das Königliche Ausstellungsgebäude in seiner ursprünglichen Umgebung der Carlton-Gärten ist weltweit das einzige Beispiel für eine Große Halle aus einer wichtigen internationalen Ausstellung des 19. Jh., das im Wesentlichen noch immer intakt ist. Das Gebäude und die Gärten wurden für die großen Ausstellungen von 1880 und 1888 in Melbourne entworfen. Das Gebäude ist aus Ziegeln und Holz, Stahl und Schiefer konstruiert. Es kombiniert Elemente der byzantinischen, romanischen und lombardischen Stile und der italienischen Renaissance. Das Anwesen ist typisch für die internationale Ausstellungsbewegung, die technische Innovationen zur Schau stellen wollte, und es weist zahlreiche wichtige Merkmale auf, die zur dramatischen Atmosphäre der Ausstellungen beitrugen, wie eine Kuppel, eine große Halle, riesige Eingangstore und die zur Anlage gehörenden Gärten und Aussichtsbereiche. Im Gegensatz zu den Bauten vieler anderer internationaler Ausstellungen wurde das Gebäude als dauerhaftes Bauwerk geplant, das eine künftige Rolle im kulturellen Leben der wachsenden Stadt Melbourne spielen sollte.

Die ästhetische Bedeutung der Carlton-Gärten liegt in ihrer Repräsentation des Gardenesque-Stils aus dem 19. Jh. Dazu gehören Gartenbeete, bedeutende Alleen, wie die südliche Anfahrt und die Große Allee, das Pfadsystem, Baumgruppen, zwei kleine Seen und drei Brunnen.

Kulturlandschaft Orchon-Tal
Mongolei

Begründung der Aufnahme: Zeugnis kulturellen Austauschs, Zeugnis einer Kultur, Erbe von besonderer menschheitsgeschichtlicher Bedeutung

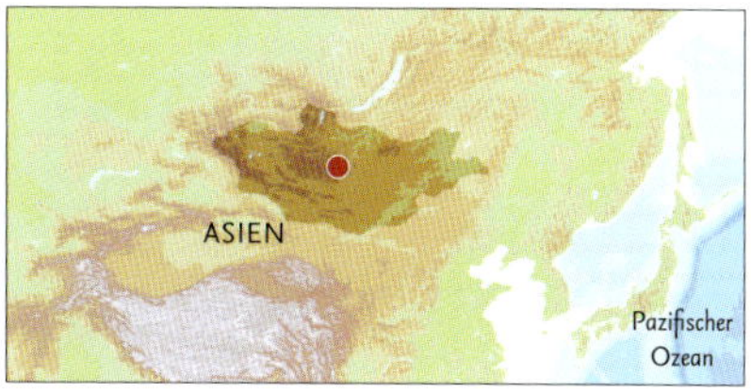

Die 1220 km² große Kulturlandschaft Orchon-Tal umfasst ein weitläufiges Gebiet von Weideland auf beiden Uferseiten des Flusses Orchon und ist reich an archäologischen Überresten, die bis ins 6. Jh. zurückreichen. Zur Stätte gehört auch Karakorum, das im 13. und 14. Jh. Hauptstadt des großen Reichs von Dschingis Khan war. Im Ganzen spiegeln die archäologischen Zeugnisse der Stätte die symbiotischen Verknüpfungen zwischen den nomadischen Hirtengesellschaften und ihren Verwaltungs- und Religionszentren wider und verweisen auf die Wichtigkeit des Orchon-Tals für die Geschichte Zentralasiens. Das Weideland wird noch immer von mongolischen Hirtennomaden genutzt.

In der Mongolei wird das nomadische Hirtentum als Herzstück der mongolischen Kultur geehrt und glorifiziert. In der Kulturlandschaft Orchon-Tal sind Verbindungen zwischen diesem nomadischen Hirtentum und den zugehörigen Siedlungen deutlich sichtbar.

Muskauer Park (Park Muzakowski)
Deutschland und Polen

Begründung der Aufnahme: Meisterwerk menschlicher Schöpferkraft, Erbe von besonderer menschheitsgeschichtlicher Bedeutung

Der Muskauer Park ist eine gestaltete Landschaft auf einer Fläche von 5,6 km² zwischen der Neiße und der polnisch-deutschen Grenze. Er wurde zwischen 1815 und 1844 von Fürst Hermann von Pückler-Muskau angelegt. Der Park, der nahtlos mit dem bewirtschafteten Land der Umgebung verschmilzt, war ein Vorreiter für neue Ansätze der Landschaftsplanung, die die Entwicklung der Landschaftsarchitektur in Europa und Amerika beeinflussten. Er war als „Gemälde mit Pflanzen" konzipiert und sollte keine klassischen Landschaften, das Paradies oder eine verloren gegangene Perfektion nachahmen; stattdessen setzte man heimische Pflanzen ein, um die Qualitäten hervorzuheben, die der bestehenden Landschaft innewohnten. Diese integrierte Landschaft erstreckt sich mit grünen Passagen bis in die Stadt Muskau hinein, wo sie in Stadtparks übergeht, die Entwicklungszonen umranden. Die Stadt wurde so zu einer Gestaltungskomponente einer utopischen Landschaft. Die Stätte umfasst auch ein rekonstruiertes Schloss, Brücken und einen Baumgarten.

Die Stätte ist der Mittelpunkt eines Landschaftsparks, der sich um Muskau herum und in das Umland ausbreitet. Nach dem Zweiten Weltkrieg wurde die Neiße zur internationalen Grenze, wonach nun 3,5 km² des Parks zu Polen und 2,1 km² zu Deutschland gehören.

Schutzregion Cape Floral
Südafrika

Begründung der Aufnahme: Schauplatz spezieller ökologischer und biologischer Prozesse, Bedeutender natürlicher Lebensraum – Biodiversität

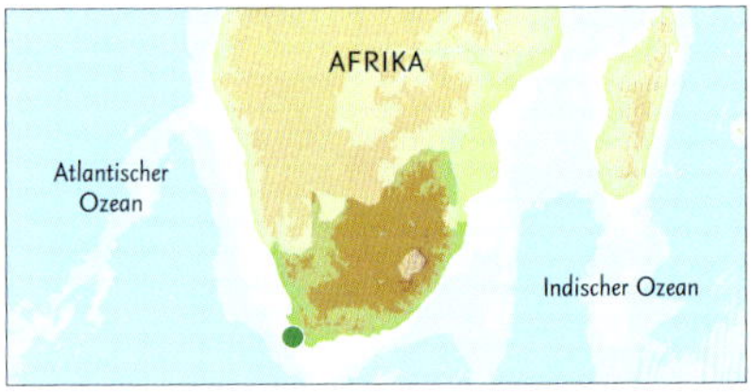

Die Schutzregion Cape Floral besteht aus acht Naturschutzgebieten, die zusammen 5530 km² umfassen und eine der reichhaltigsten Pflanzenregionen der Welt darstellen. Auf weniger als 0,5 % der Fläche Afrikas beherbergt diese Region fast 20 % der Pflanzenarten des Kontinents. Die Stätte zeigt herausragende ökologische und biologische Prozesse, die mit der Fynbos genannten Vegetation zusammenhängen, die nur in der Region Cape Floral anzutreffen ist. Die außerordentliche Vielfalt, Dichte und Endemismusrate der Flora gehören jeweils zu den höchsten auf der ganzen Welt. Die einzigartigen Reproduktionsstrategien der Pflanzen, ihre Anpassungsfähigkeit an Buschfeuer, die Samenverbreitung durch Insekten, die Muster des Endemismus und die adaptive Ausbreitung sind von herausragender Bedeutung für die Wissenschaft.

Das Gebiet befindet sich im südwestlichen Bereich der südafrikanischen Kapregion. Seine Höhelagen reichen von 2077 m in der Gebirgskette Groot Winterhoek bis auf Meereshöhe im Naturschutzgebiet De Hoop. Ein großer Teil des Gebiets ist durch schroffe Bergpässe, Flüsse, Stromschnellen, Wasserfälle und Teiche geprägt.

Die Region wurde als eines der Weltzentren für Pflanzenvielfalt ausgezeichnet. Sie beherbergt 44 % der subkontinentalen Flora aus 20 367 Arten, darunter endemische, subendemische und bedrohte Arten. Die Kaphalbinsel enthält fast die Hälfte dieser Arten und 25 % der Flora der gesamten Region. Dieser Reichtum ist auf die breite Vielfalt von Makrohabitaten und Mikrohabitat-Mosaiken zurückzuführen, die aus den unterschiedlichen Höhenlagen, Böden und Klimabedingungen entstanden sind; so kam auch eine Koexistenz von Winterregen- und Sommerregenarten aus dem Osten zustande.

In der Schutzregion Cape Floral wird zwischen acht Endemismuszentren unterschieden. Die charakteristische Flora des Gebiets, die 80 % seines Reichtums ausmacht, ist die feinblättrige Fynbos-Vegetation, die sowohl an das mediterrane Klima als auch an die Buschfeuer angepasst ist; sie wird genauer bestimmt durch ihre Lage oder durch dominante Arten. Die Pflanzenvielfalt basiert auf den unterschiedlichen Bodenarten: Diese reichen von überwiegend groben, sand- und säurehaltigen und nährstoffarmen Böden bis zu alkalischem Meeressand und etwas reicheren Anschwemmböden. Es gibt Kessel von immergrünem Wald in feuergeschützten Schluchten und auf tieferen Böden; im Osten wachsen diverse Dickichte, die weniger feueranfällig sind; im trockeneren Norden findet sich das Karoo-Buschwerk mit seinen niedrigen Sukkulentenarten.

Fynbos, Afrikaans für „feiner Busch", ist die natürliche, vorwiegend immergrüne Gebüschvegetation der Region Cape Floral. ▶

Eigenschaften der Cape-Floral-Region, die das Interesse der internationalen Wissenschaft auf sich gelenkt haben, sind die Reaktionen ihrer Pflanzen auf Feuer, die Samenverbreitung durch Ameisen und Termiten, die hohe Rate (83 %) der Pflanzenbefruchtung durch Insekten (hauptsächlich Käfer und Fliegen) und Verknüpfungen der Region mit dem urzeitlichen Kontinent Gondwana, die die Rekonstruktion alter Verbindungen zwischen den Pflanzenarten ermöglichten.

Einige der Arten brauchen das Feuer sogar für ihre Keimung. Die Befruchtung und Anregung des Nährstoffkreislaufs durch Termiten ist bemerkenswert, und viele Pflanzen in der Region werden auch durch Vögel und Säugetiere bestäubt.

Haus und Studio von Luís Barragán

Mexiko

Begründung der Aufnahme: Meisterwerk menschlicher Schöpferkraft, Zeugnis kulturellen Austauschs

Das Haus und Studio des Architekten Luís Barragán wurde 1948 in einem Vorort von Mexiko City erbaut und ist ein herausragendes Beispiel für die kreative Arbeit des Architekten in der Zeit nach dem Zweiten Weltkrieg. Das Betongebäude von insgesamt 1162 m² besteht aus einem Erdgeschoss und zwei Obergeschossen, ebenso wie einem kleinen Privatgarten. Barragáns Arbeit verband moderne künstlerische Strömungen mit regionalen Traditionen und Elementen zu einer neuen Synthese, die großen Einfluss hatte, vor allem auf die zeitgenössische Gestaltung von Gärten, Plätzen und Landschaften.

Luis Barragán begann mit den Arbeiten an dem Haus für einen Kunden, entschloss sich jedoch 1948, das Haus für sich selbst zu beanspruchen. Die Pläne wurden während der Bauphase nach und nach entwickelt, und das Haus blieb bis zu seinem Tod sein Studio und Wohnsitz.

Ruinen der ehem. Hauptstädte und Gräber des antiken Königreichs Koguryo

China

Begründung der Aufnahme: Meisterwerk menschlicher Schöpferkraft, Zeugnis kulturellen Austauschs, Zeugnis einer Kultur, Erbe von besonderer menschheitsgeschichtlicher Bedeutung, traditionelle Siedlungsform

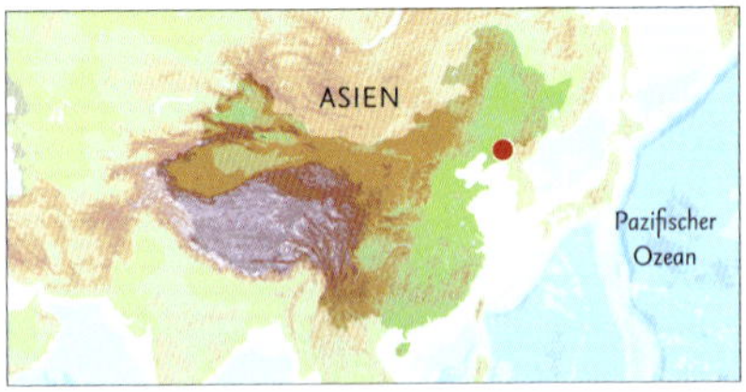

Die Stätte umfasst die archäologischen Überreste dreier Städte – der Gebirgsstadt Wunu, der Stadt Guonei und der Gebirgsstadt Wandu – sowie 40 Gräber. 14 von ihnen sind Kaisergräber, 26 die Gräber von Adligen. All dies sind Zeugnisse der Koguryo-Kultur, die nach der Dynastie benannt wurde, die zwischen 277 v. Chr. und 668 n. Chr. über Teile von Nordchina und die nördliche Hälfte der koreanischen Halbinsel herrschte. Die Gebirgsstadt Wunu ist erst teilweise ausgegraben. Die Stadt Guonei, die innerhalb der modernen Stadt Ji'an liegt, spielte eine wichtige Rolle als „unterstützende Hauptstadt", nachdem die eigentliche Koguryo-Hauptstadt nach Pjöngjang (heute in der Demokratischen Volksrepublik Korea) verlegt worden war. Die Gebirgsstadt Wandu war eine der Hauptstädte des Koguryo-Königreichs und enthält zahlreiche Überreste, darunter ein großer Palast und 37 Gräber. Einige der Gräber zeugen von großem Einfallsreichtum: Ihre aufwendigen Decken wurden so entworfen, dass sie ohne unterstützende Säulen große Flächen abdeckten.

Die Stätte ist ein außergewöhnliches Zeugnis der verschwundenen Koguryo-Zivilisation. Die Hauptstädte sind frühe Beispiele für Gebirgsstädte und wurden später von benachbarten Kulturen imitiert. Umgekehrt lässt sich an den Städten und Gräbern der Koguryo auch der starke Einfluss anderer Kulturen ablesen.

Chhatrapati Shivaji Terminus in Mumbai (Bombay)

Indien

Begründung der Aufnahme: Zeugnis kulturellen Austauschs, Erbe von besonderer menschheitsgeschichtlicher Bedeutung

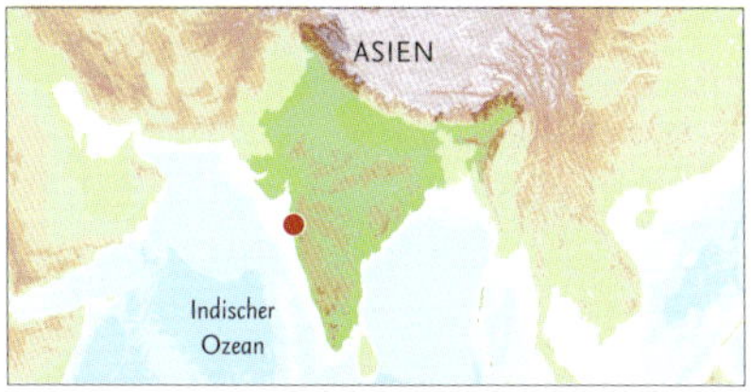

Der ehemals als Victoria Terminus bezeichnete Chhatrapati Shivaji Terminus in Mumbai (Bombay) ist ein herausragendes Beispiel der viktorianischen Neogotik in Indien. Britische Architekten und indische Handwerker arbeiteten eng zusammen, um lokale architektonische Traditionen in das Gebäude einfließen zu lassen. Das entstandene Bauwerk mit seinen beeindruckenden Steinkuppeln, den Türmchen, spitz zulaufenden Bögen und dem exzentrischen Grundriss ist der traditionellen indischen Palastarchitektur nahe und stellt so ein herausragendes Beispiel für das Aufeinandertreffen zweier Kulturen dar. Der einzigartige neue Stil des Gebäudes brachte dem wichtigen internationalen Handelshafen Mumbai bald die Bezeichnung „Gotische Stadt“ ein.

Das Hauptgebäude besteht aus einer wohlüberlegten Mischung aus indischem Sand- und Kalkstein, während für die wichtigsten dekorativen Elemente italienischer Marmor verwendet wurde. Die Hauptinnenräume sind verschwenderisch dekoriert: Das Erdgeschoss des Nordflügels, das als „Star Chamber“ bezeichnet wird, ist mit italienischem Marmor und indischen Blaustein verziert.

Val d'Orcia

Italien

Begründung der Aufnahme: Erbe von besonderer menschheitsgeschichtlicher Bedeutung, Verknüpfung mit Ereignissen von universeller Bedeutung

Die Welterbestätte ist bedeutend wegen der großen Bauernhöfe, die eine dominante Position in der Landschaft einnehmen und mit markanten architektonischen Elementen wie Loggien, Aussichtstürmen, Veranden und Baumalleen an den Zufahrtsstraßen versehen sind.

Das Val d'Orcia ist ein außergewöhnliches Zeugnis von der Umgestaltung der Landschaft in der Renaissance, bei der es darum ging, das Ideal einer guten Regierung widerzuspiegeln und ein ästhetisch ansprechendes Bild zu schaffen. Die Landschaft liegt 25 km vom Zentrum von Siena entfernt und wurde während des 14. und 15. Jh. von den Kaufleuten der Stadt besiedelt. Sie wollten eine Gegend mit effektiven landwirtschaftlichen Einheiten erschaffen, die zugleich auch dem Auge angenehm war. Das entstandene Landschaftsbild war sorgfältig und bewusst geplant und entworfen. Es läutete die neue Auffassung von Landschaft als eine von Menschenhand geschaffene Kreation ein. Die charakteristische Ästhetik der Landschaft mit ihren befestigten Siedlungen auf konischen Hügeln, die sich auf flachen Kalkebenen erheben, hat viele wichtige Künstler inspiriert.

Radiostation Varberg

Schweden

Begründung der Aufnahme: Zeugnis kulturellen Austauschs, Erbe von besonderer menschheitsgeschichtlicher Bedeutung

Die zwischen 1922 und 1924 errichtete Radiostation Varberg im südschwedischen Grimeton ist ein besonders gut erhaltenes Denkmal der frühen kabellosen transatlantischen Kommunikation. Die Station besteht aus den Sendergerätschaften, einschließlich des Antennensystems aus sechs 127 m hohen Stahltürmen. Die Technik ist zwar nicht mehr in Gebrauch, wird jedoch in betriebsbereitem Zustand gehalten. Die 1,1 km² große Stätte besteht aus Gebäuden, die den ursprünglichen Alexanderson-Sender enthalten, einschließlich der Türme mit ihren Antennen, Kurzwellensendern mit Antennen und einem Wohnbereich mit Mitarbeiterunterkünften. Der Architekt Carl Åkerblad entwarf die Hauptgebäude im klassizistischen Stil, und der Bauingenieur Henrik Kreüger war für die Antennentürme verantwortlich, die zur damaligen Zeit die höchsten Bauwerke Schwedens waren. Die Stätte ist ein herausragendes Zeugnis der Entwicklung der Telekommunikation und das einzig erhaltene Exemplar einer großen Sendestation, die auf prä-elektronischer Technologie basiert.

Die Radiostation Varberg war bis in die 1960er-Jahre regelmäßig in Betrieb. Seit 1997 ist sie teilweise für die Öffentlichkeit zugänglich; manche der Gerätschaften werden noch von der schwedischen Marine genutzt.

Grabmal von Askia

Mali

Begründung der Aufnahme: Zeugnis kulturellen Austauschs, Zeugnis einer Kultur, Erbe von besonderer menschheitsgeschichtlicher Bedeutung

Die dramatische, 17 m hohe pyramidale Struktur des Grabmals von Askia wurde 1495 von Askia Mohamed, dem Herrscher von Songhai, in seiner Hauptstadt Gao erbaut. Das Grabmal zeugt von der Macht und dem Reichtum des Reiches, das im 15. und 16. Jh. seine Blütezeit erlebte, als es den Handel mit Salz und Gold in der Sahara kontrollierte. Das Grabmal ist auch ein gutes Beispiel für die Tradition der monumentalen Lehmbauten in der Sahelzone.

Der Erbauer des Grabmals, Askia Mohamed, war der Begründer der Askia-Dynastie. Bei seiner Reise durch Ägypten in Richtung Mekka war Askia Mohamed angeblich von den Pyramiden beeindruckt, und beschloss deshalb, ein pyramidales Grab für sich selbst zu errichten.

Koutammakou – Land der Batammariba

Togo

Begründung der Aufnahme: traditionelle Siedlungsform, Verknüpfung mit Ereignissen von universeller Bedeutung

Die Koutammakou-Landschaft in Nordosttogo, die sich bis ins benachbarte Benin erstreckt, ist die Heimat der Batammariba, deren bemerkenswerte Lehmhäuser, die Takienta, zu einem Symbol für Togo geworden sind. In dieser Landschaft sind die Rituale und der Glauben der Gesellschaft eng mit der Natur verbunden. Die 500 km^2 umfassende Kulturlandschaft zeichnet sich besonders durch die Architektur ihrer Turmhäuser aus, die die soziale Struktur widerspiegeln, sowie durch ihr Ackerland, die Wälder und die Verbindungen zwischen den Menschen und der Landschaft. Viele der Gebäude sind zweistöckig, und die, welche über Kornkammern verfügen, sind über ihrer zylindrischen Basis fast kugelförmig. Einige der Gebäude sind mit Flachdächern versehen, andere mit konischen, strohgedeckten Dächern. Sie sind in Dörfern gruppiert, zu denen auch zeremonielle Orte, Brunnen, Felsen und Stätten für Initiationsriten gehören.

Die Vielfalt der architektonischen Formen in Westafrika, ob handmodelliert oder aus Lehmziegeln errichtet, spiegelt die vielen Methoden wider, die es ermöglichen, durch die Verbindung einfacher Materialien wie Erde und Wasser Werke von beeindruckender künstlerischer Raffinesse herzustellen.

Heilige Stätten und Pilgerstraßen in den Kii-Bergen

Japan

Begründung der Aufnahme: Zeugnis kulturellen Austauschs, Zeugnis einer Kultur, Erbe von besonderer menschheitsgeschichtlicher Bedeutung, Verknüpfung mit Ereignissen von universeller Bedeutung

Diese drei heiligen Stätten – Yoshino und Omine, Kumano Sanzan, Koyasan – liegen in den dichten Wäldern der Kii-Berge im Süden von Osaka mit Blick auf den Pazifik. Über alte Pilgerwege sind sie mit den alten Hauptstädten Nara und Kyoto verbunden. Sie stehen für die Verschmelzung des Schintoismus, der in der alten japanischen Tradition der Naturverehrung verwurzelt ist, mit dem Buddhismus, der von China und der koreanischen Halbinsel aus nach Japan gelangte. Die Stätten (5 km^2) und die umgebende Waldlandschaft spiegeln eine über 1200 Jahre beständige und außerordentlich gut dokumentierte Tradition von heiligen Bergen wider. Die Landschaft mit ihrer Vielzahl an Strömen, Flüssen und Wasserfällen ist noch immer ein lebendiger Teil der Kultur Japans und wird sowohl aus rituellen Gründen als auch zum Wandern von bis zu 15 Mio. Besuchern pro Jahr bereist. Jede der drei Stätten umfasst Schreine, von denen einige bereits im 9. Jh. gegründet wurden.

Die Schreine beinhalten sowohl Gebäude als auch Objekte, wie Tempel und Statuen, ebenso wie verehrte Naturelemente wie Bäume und Wasserfälle. Die Reise zu den Schreinen über anstrengende Bergrouten sollte einen Teil des religiösen Erlebnisses darstellen.

Rathaus und Roland in Bremen

Deutschland

Begründung der Aufnahme: Zeugnis einer Kultur, Erbe von besonderer menschheitsgeschichtlicher Bedeutung, Verknüpfung mit Ereignissen von universeller Bedeutung

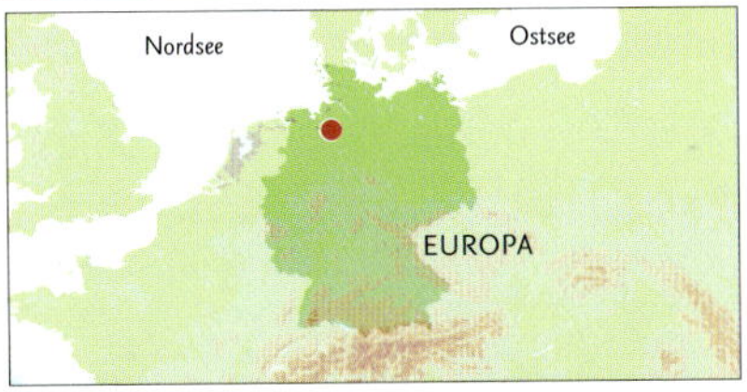

Die an der Weser gelegene Stadt Bremen wurde im Mittelalter im Süden durch den Fluss und im Norden durch den Graben des alten Verteidigungssystems begrenzt. Das Rathaus und die Rolandsstatue repräsentieren auf herausragende Weise die bürgerliche Autonomie und Marktfreiheit, die sich in der Zeit des Heiligen Römischen Reichs entwickelte. Das alte Rathaus wurde im frühen 15. Jh. im gotischen Stil erbaut, nachdem Bremen in die Hanse eingetreten war. Im frühen 17. Jh. wurde es fachmännisch im Stil der so genannten Weserrenaissance renoviert. Neben dem alten Rathaus wurde im frühen 20. Jh. ein neues als Teil eines Ensembles errichtet, das die Bombardierung während des Zweiten Weltkriegs überlebte.

Die Steinstatue des Roland (eine Legendenfigur aus dem mittelalterlichen Europa) ist etwa 5,5 m groß; sie wurde 1404 aufgestellt und ersetzte eine frühere Holzstatue. Sie gilt als die älteste noch stehende Rolandsstatue in Deutschland und symbolisiert die Rechte und Privilegien der freien Reichsstadt Bremen.
▼

Kloster Novodevichy

Russische Föderation

Begründung der Aufnahme: Meisterwerk menschlicher Schöpferkraft, Erbe von besonderer menschheitsgeschichtlicher Bedeutung, Verknüpfung mit Ereignissen von universeller Bedeutung

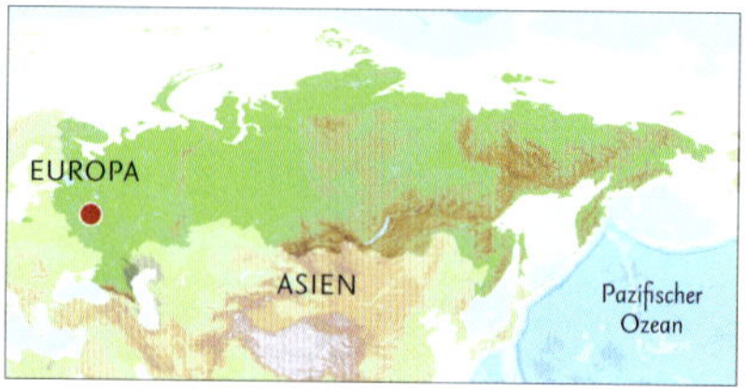

Das Kloster Novodevichy ist ein außergewöhnlich gut erhaltener Klosterkomplex im Südwesten von Moskau. Es beherbergt eine wichtige Gemälde- und Artefaktensammlung, zeichnet sich durch reich geschmückte Innenräume aus und verkörpert die höchsten Errungenschaften der Moskauer Barockarchitektur im 17. Jh. Das Kloster ist von einer hohen Mauer mit zwölf Türmen eingeschlossen und von einem Park umgeben; es war ein Teil einer Kette klösterlicher Esembles, die in das Verteidigungssystem der Stadt integriert waren. Das Kloster war direkt mit der politischen, kulturellen und religiösen Vergangenheit Russlands verbunden und eng mit dem Moskauer Kreml verknüpft. Die Frauen der Zarenfamilie und der Aristokratie nutzten es, und Mitglieder der Zarenfamilie samt Gefolge wurden auf seinem Friedhof begraben.

Das Kloster wurde in den 1520er-Jahren von Großfürst Wassily III. gegründet, um der Befreiung von Smolensk und seiner Wiedereingliederung in das Moskauer Reich im Jahre 1514 ein Denkmal zu setzen. Es war der Ikone der Muttergottes von Smolensk, „Hodigitria", geweiht, dem höchsten Schrein der russisch-orthodoxen Kirche.

Petroglyphen der archäologischen Grabungsstätte von Tamgaly

Kasachstan

Begründung der Aufnahme: Zeugnis einer Kultur

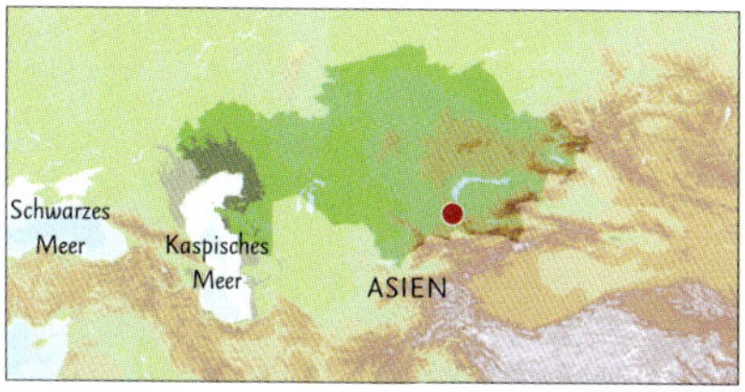

Diese bemerkenswerte Ansammlung von etwa 5000 Petroglyphen (Felsbilder) in der großartigen Tamgaly-Schlucht inmitten des weiten, trockenen Chu-Ili-Massivs, entstand in der Zeit zwischen der zweiten Hälfte des 2. Jt. v. Chr. und dem Anfang des 20. Jh. Die Petroglyphen sind auf 48 Komplexe verteilt, zu denen Siedlungen und Begräbnisstätten gehören, und zeugen von der Landwirtschaft, der sozialen Organisation und der Rituale der Hirtenvölker. Die oft mehrschichtigen Siedlungen wurden offensichtlich über eine lange Zeitspanne bewohnt. Es gibt zudem eine riesige Anzahl alter Gräber, darunter steinerne Einhausungen mit Steinkistengräbern (mittlere und späte Bronzezeit) und Grabhügel (Kurgane) aus Stein und Erde (frühe Eisenzeit bis in die Gegenwart). Im mittleren Canyon findet sich die größte Dichte an Ritzungen, außerdem gibt es hier Funde, die als Altäre gedeutet werden. Dies legt nahe, dass die Orte für Opfergaben genutzt wurden.

Die Petroglyphen wurden auf fünf verschiedene Zeitabschnitte zwischen der mittleren Bronzezeit (14. Jh. v. Chr.) und der modernen Zeit (die neuesten aus dem 20. Jh.) datiert. Die außergewöhnlichsten Ritzungen sind die frühesten; darunter finden sich Darstellungen von Sonnengottheiten und zoomorphen Wesen.

Etruskische Totenstädte von Cerveteri und Tarquinia

Italien

Begründung der Aufnahme: Meisterwerk menschlicher Schöpferkraft, Zeugnis einer Kultur, Erbe von besonderer menschheitsgeschichtlicher Bedeutung

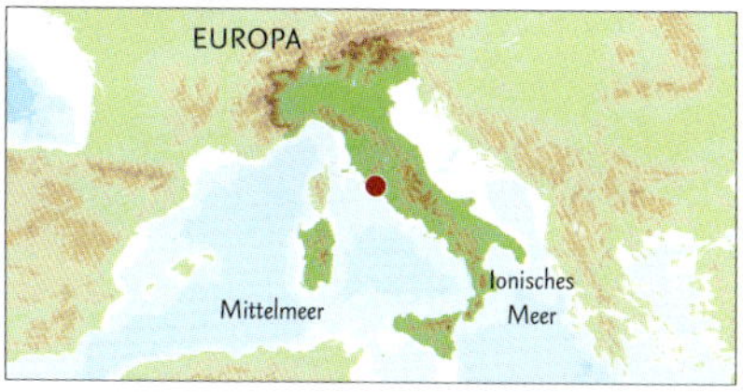

Diese beiden großen etruskischen Friedhöfe spiegeln unterschiedliche Begräbnispraktiken aus dem 9.–1. Jh. v. Chr. wider und zeugen von den Errungenschaften der etruskischen Kultur, die sich über neun Jahrhunderte hinweg zur frühesten urbanen Zivilisation im nördlichen Mittelmeerraum entwickelte. Einige der Gräber sind monumental; sie sind in den Felsen geschnitten und mit beeindruckenden Tumuli (Grabhügel) bedeckt. Viele sind mit Schnitzereien an den Wänden versehen, andere mit Wandmalereien von herausragender Güte. Die Totenstadt bei Cerveteri, die unter dem Namen Banditaccia bekannt ist, enthält tausende Gräber, die wie eine Stadt mit Straßen, kleinen Plätzen und „Stadtvierteln" angeordnet sind. Sie stellen das einzig verbliebene Zeugnis der etruskischen Wohnarchitektur dar. Die auch als Monterozzi bekannte Totenstadt von Tarquinia enthält 6000 in den Felsen gehauene Gräber, und ist berühmt für 200 bemalte Gräber, von denen die ältesten aus dem 7. Jh. v. Chr. stammen.

Die Gräber sind ein einzigartiges Zeugnis der untergegangenen Kultur der Etrusker. Durch außergewöhnliche Belege ist auch das repräsentiert, was die Objekte allein nicht zeigen können: Darstellungen des Alltagslebens, der Zeremonien und der Mythologie ebenso wie die künstlerischen Fähigkeiten ihrer Erschaffer.

Archäologischer Park Champaner-Pavagadh

Indien

Begründung der Aufnahme: Zeugnis einer Kultur, Erbe von besonderer menschheitsgeschichtlicher Bedeutung, traditionelle Siedlungsform, Verknüpfung mit Ereignissen von universeller Bedeutung

Der archäologische Park Champaner-Pavagadh zeigt eine perfekte Mischung aus hinduistischer und muslimischer Architektur und ist die einzige unveränderte islamische Stadt aus der vormogulischen Zeit. Er verfügt über eine hohe Konzentration von größtenteils noch nicht ausgegrabenen archäologischen und historischen Objekten und von lebendigen Zeugnissen des kulturellen Erbes, die von einer beeindruckenden Landschaft umgeben sind. Die Große Moschee (Jami Masjid) war ein Vorbild für die spätere Moscheenarchitektur in Indien; zur Stätte gehören auch Befestigungsanlagen, Paläste, religiöse Gebäude, Wohnbezirke, landwirtschaftliche Strukturen und Wasserinstallationen aus dem 8. bis 14. Jh. Der Kalikamata-Tempel auf dem Pavagadh-Hügel wird als wichtiger Schrein betrachtet und zieht das ganze Jahr über zahlreiche Pilger an.

Wasserinstallationen sind ein integraler und wichtiger Bestandteil der Champaner-Kultur. In der gesamten Gegend sind unterschiedliche Brunnentypen bekannt, von denen viele noch in Gebrauch sind. Im 15. Jh. wurde das Wassersystem sowohl zum Vergnügen und aus ästhetischen Gründen als auch für den alltäglichen Gebrauch genutzt. Einige Häuser verfügten über fließendes Wasser.

Ruinen einer Moschee im archäologischen Park Champaner-Pavagadh ▼

Weinbaukultur der Insel Pico

Portugal

Begründung der Aufnahme: Zeugnis einer Kultur, traditionelle Siedlungsform

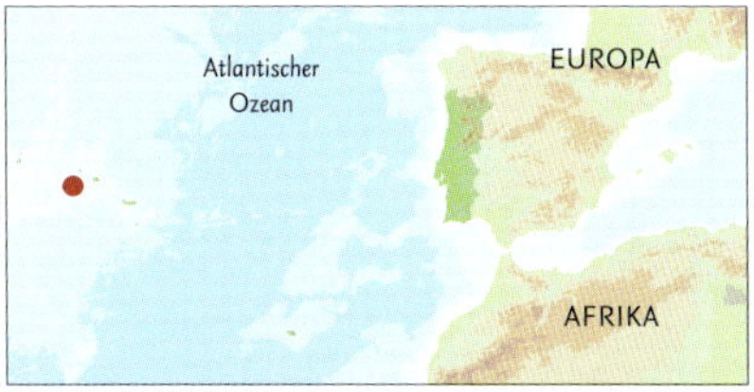

Pico ist die zweitgrößte der neun Azoreninseln und war bis zur Mitte des 15. Jh. unbewohnt. Der Berg Pico (ein Schichtvulkan) dominiert die Insel mit seinem Gipfel, der 2351 m über dem Meeresspiegel liegt.

Die Landschaft der Insel Pico steht für eine einzigartige Form des Weinbaus auf einer kleinen vulkanischen Insel. Es ist die beste verbliebene Region, die von einer einst viel weiter verbreiteten Praxis zeugt. Die außergewöhnlich schöne, von Menschenhand geschaffene Landschaft aus kleinen, von Steinmauern umgebenen Feldern ist ein Zeugnis für Generationen von Kleinbauern, die in einer lebensfeindlichen Umgebung ein nachhaltiges Leben führten und einen hoch geschätzten Wein hervorbrachten. Die Mauern wurden errichtet, um die tausenden kleinen, rechteckigen Parzellen (*Currais*) vor Wind und Meerwasser zu schützen. Die Kunstfertigkeit der Einwohner ist auch in den Gutshäusern, Weinkellern, Brunnen, Kirchen und Häfen der Insel zu erkennen.

Vall del Madriu-Perafita-Claror

Andorra

Begründung der Aufnahme: *traditionelle Siedlungsform*

Das Tal hat seine Organisations- und Verwaltungsstrukturen seit dem Mittelalter bewahrt. Es bildet ein lebendiges Zeugnis der andorranischen Geschichte, der Kultur der Bergvölker und ihrer Koexistenz mit einer außergewöhnlichen Natur.

Die Kulturlandschaft des Vall del Madriu-Perafita-Claror stellt einen Mikrokosmos dar, der von der Art und Weise zeugt, wie die Menschen die Ressourcen der Hochpyrenäen über Jahrtausende hinweg genutzt haben. Die dramatische Landschaft aus schroffen Felsen und Gletschern mit hoch gelegenen, offenen Weideflächen und steil abfallenden, bewaldeten Tälern bedeckt eine Fläche von 42,5 km², was etwa 9 % der Gesamtfläche des Fürstentums entspricht. Die Kulturlandschaft spiegelt vergangene Veränderungen des Klimas, des ökonomischen Schicksals und des Sozialsystems wider, zugleich aber auch die Beständigkeit des Hirtentums und starke Kultur der Bergvölker. Dies zeigt sich vor allem im Überleben eines kommunalen Systems des Landbesitzes, das bis auf das 13. Jh. zurückgeht. Die Stätte umfasst Häuser, insbesondere Sommerunterkünfte, terrassenförmige Felder, Steinpfade und Anzeichen der Eisenverhüttung.

Welterbestätte seit

• 1982 • 1983 • 1984 • 1985 • 1986 • 1987 • 1988 • 1989 • 1990 • 1991 • 1992 • 1993 • 1994 • 1995 • 1996 • 1997 • 1998 • 1999 • 2000 • 2001 • 2002 • 2003 • 2004 • **2005**

Historische Zentren von Berat und Gjirokastra

Albanien

Begründung der Aufnahme: *Zeugnis einer Kultur, Erbe von besonderer menschheitsgeschichtlicher Bedeutung*

Berat, das 2008 in die Liste der Welterbestätten aufgenommen wurde, verfügt über eine Burg (*Kalaja*), die größtenteils im 13. Jh. erbaut wurde. Die Gegend um die Zitadelle enthält viele byzantinische Kirchen aus dem 13. Jh. und einige Moscheen aus der osmanischen Zeit.

Die historischen Städte Gjirokastra und Berat liegen im Flusstal des Drinos und am Osum in Südalbanien. Sie zählen zu den seltenen gut erhaltenen Städten, die von einem für die osmanische Zeit typischen architektonischen Stil geprägt sind. Die Zitadelle von Gjirokastra aus dem 13. Jh. mit ihren charakteristischen Turmhäusern (Kule im Türkischen) ist der zentrale Punkt der Stadt. Gjirokastra enthält eine Reihe herausragender Beispiele für Kule, eine Gebäudeart, die sich im 17. Jh. herauskristallisiert hat und typisch für die Balkanregion ist. In Gjirokastra gibt es jedoch auch einige aufwendigere Exemplare aus dem frühen 19. Jh. Die Kule sind mit hohen Erdgeschossen versehen, einem ersten Stock, der in der kalten Jahreszeit genutzt wird, und einem zweiten Stock für die warme Jahreszeit. Ihre Innenräume sind reich dekoriert und mit Blumenmustern bemalt. Das gilt insbesondere für die Räume, die für den Empfang von Gästen reserviert sind.

Inseln und Schutzgebiete des Golfes von Kalifornien
Mexiko

Begründung der Aufnahme: besonderes Naturphänomen, Schauplatz spezieller ökologischer

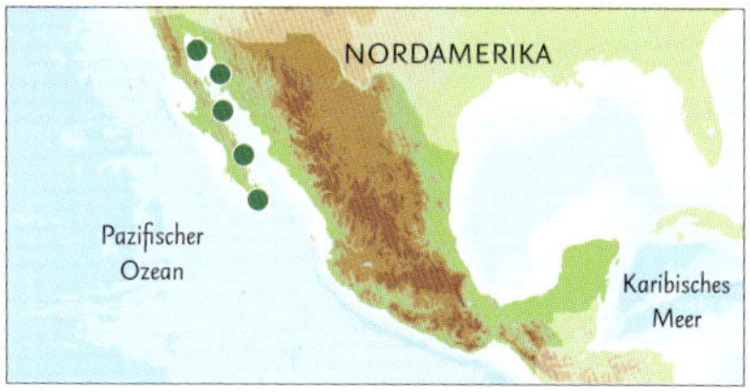

und biologischer Prozesse, bedeutender natürlicher Lebensraum – Biodiversität

Die Stätte besteht aus 244 Inseln, Inselchen und Küstengebieten im Golf von Kalifornien im Nordwesten Mexikos. Die Gewässer der „Cortes-See“ und ihre Inseln gelten als natürliches Labor für die Erforschung der Artenbildung. Zudem können hier fast alle bedeutenden ozeanografischen Prozesse beobachtet werden, was der Stätte eine außerordentliche Wichtigkeit verleiht. Die atemberaubend schöne Naturlandschaft der Region zeichnet sich aus durch zerfurchte Inseln mit hohen Klippen und Sandstränden. Hier gibt es 695 Gefäßpflanzenarten, mehr als in jedem anderen Meeres- oder Inselgebiet auf der Liste der Welterbestätten. Ebenso außergewöhnlich ist die hohe Zahl der Fischarten: 891, und davon sind 90 endemisch. In der Gegend kommen zudem 39 Prozent aller Meeressäugetierarten und ein Drittel aller Walarten der Welt vor.

Felsformation bei Cabo San Lucas an der Südspitze der Halbinsel Baja California ▲

Die Stätte ist einzigartig, da man hier in sehr geringem Abstand zueinander sowohl „Brückeninseln“ (über Land zugänglich) als auch „Meeresinseln“ (nur über das Meer und die Luft erreichbar) findet. Das reiche und vielfältige maritime Leben und die Klarheit des Wassers machen die Region zu einem Taucherparadies.

Brücke und Altstadt von Mostar

Bosnien und Herzegowina

Begründung der Aufnahme: Verknüpfung mit Ereignissen von universeller Bedeutung

Mostar ist seit Langem für seine alten türkischen Häuser und die Alte Brücke, Stari Most, bekannt. Während des Konflikts in den 1990er-Jahren wurden jedoch ein Großteil der Altstadt und die Alte Brücke, die von dem renommierten Architekten Sinan (1489–1588) erbaut worden war, zerstört. Die Alte Brücke wurde kürzlich wieder aufgebaut, und viele der Gebäude in der Altstadt wurden unter Beihilfe eines internationalen wissenschaftlichen Ausschusses, der von der UNESCO eingerichtet wurde, restauriert oder wiederhergestellt. ▶

Die Gegend um die Alte Brücke von Mostar weist architektonische Einflüsse aus dem Mittelalter, der osmanischen Zeit und dem westeuropäischen Raum auf und ist ein herausragendes Beispiel für eine multikulturelle urbane Siedlung. Die Alte Brücke und die Altstadt von Mostar, die nach den kriegerischen Auseinandersetzungen von 1990 wiederaufgebaut wurden, sind Symbole der Versöhnung, der internationalen Zusammenarbeit und der Koexistenz unterschiedlicher kultureller, ethnischer und religiöser Gemeinschaften.

Die historische Stadt Mostar umfasst ein tiefes Tal des Neretva-Flusses. Die Gegend ist seit prähistorischen Zeiten besiedelt, und es gibt Spuren einer römischen Besetzung. Von der mittelalterlichen Geschichte der Stadt ist wenig bekannt, obwohl im 5. und 6. Jh. christliche Kirchen errichtet wurden. Der Name Mostar wurde zum ersten Mal 1474 erwähnt; er leitet sich von den Brückenwächtern (Mostari) der Holzbrücke ab, die von der Marktstadt am linken Ufer über den Fluss führte. Mostars Schlüsselposition an der Handelsroute zwischen der Adria und dem mineralienreichen Zentralbosnien führte zur Ausbreitung der Siedlung auf die andere Flussseite. Sie wurde zur führenden Stadt Herzegowinas und nach der Invasion durch die Osmanen im Jahr 1468 zum türkischen Herrschaftszentrum in der Region.

Mostar war eine osmanische Grenzstadt, und ihre Befestigungen wurden im 16. Jh. errichtet; auch die Brücke wurde durch einen Neubau aus Stein ersetzt. Religiöse und öffentliche Gebäude wurden in einem religiösen Komplex am linken Ufer errichtet, während man gleichzeitig private und kommerzielle Gebäude in dafür bestimmten Vierteln erbaute. Diverse osmanische Gasthäuser haben bis heute überlebt, ebenso wie andere Bauten aus dieser Zeit, beispielsweise Brunnen und Schulen. An erhaltenen Häusern aus der späten Osmanenzeit sind die Bauelemente dieser Architekturform sichtbar: eine Eingangshalle, ein Obergeschoss zum Wohnen, ein gepflasterter Innenhof und eine Veranda auf einem oder zwei Stockwerken.

Einige frühe Handels- und Handwerkshäuser stehen noch immer, darunter vor allem niedrige Läden aus Holz oder Stein, steinerne Lagerhallen und eine Gruppe ehemaliger Gerbereien um einen offenen Innenhof. Viele Elemente der frühen Befestigungen sind noch sichtbar. Der Hercegusa-Turm stammt aus dem Mittelalter, während die osmanischen Verteidigungsanlagen durch die Türme Halebinovka und Tara, die Wachttürme an beiden Seiten der Alten Brücke und durch Teile der Schutzwälle vertreten sind.

Die Stadt wurde 1878 ins Österreichisch-Ungarische Reich aufgenommen, und alle Verwaltungsgebäude aus jener Zeit sind mit klassizistischen und sezessionistischen Merkmalen versehen. Die Häuser und die kommerziellen Gebäude aus dem 19. Jh. sind größtenteils klassizistisch.

Salpeterwerke von Humberstone und Santa Laura

Chile

Begründung der Aufnahme: Zeugnis kulturellen Austauschs, Zeugnis einer Kultur, Erbe von besonderer menschheitsgeschichtlicher Bedeutung

In Humberstone und Santa Laura gibt es über 200 ehemalige Salpeterwerke, in denen Arbeiter aus Chile, Peru und Bolivien in Werkssiedlungen lebten und eine charakteristische kommunale Pampinos-Kultur hervorbrachten. Diese Kultur manifestierte sich in ihrer reichhaltigen Sprache, Kreativität und Solidarität und ganz besonders in ihren wegweisenden Bemühungen um soziale Gerechtigkeit, die einen beträchtlichen Einfluss auf die Sozialgeschichte hatten. Die Stätten liegen im abgelegenen chilenischen Altiplano (Hochebene) in der Nähe einer der trockensten Wüsten der Welt, der Atacama. In dieser lebensfeindlichen Umgebung wohnten und arbeiteten tausende Pampinos seit 1880 über 60 Jahre lang, um die größte Salpeterablagerung der Welt abzubauen und das Düngemittel Natriumnitrat herzustellen, das die landwirtschaftlichen Flächen in Europa und Nord- und Südamerika veränderte und gleichzeitig Chile großen Reichtum einbrachte.

Die Salpeterindustrie stellte einen gewaltigen Komplex des kulturellen Austauschs dar, in dem Ideen schnell aufgenommen und umgesetzt wurden. Die beiden Werke sind herausragende Beispiele für diesen Prozess.

Historisches Zentrum von Macao

China

Begründung der Aufnahme: Zeugnis kulturellen Austauschs, Zeugnis einer Kultur, Erbe von besonderer menschheitsgeschichtlicher Bedeutung, Verknüpfung mit Ereignissen von universeller Bedeutung

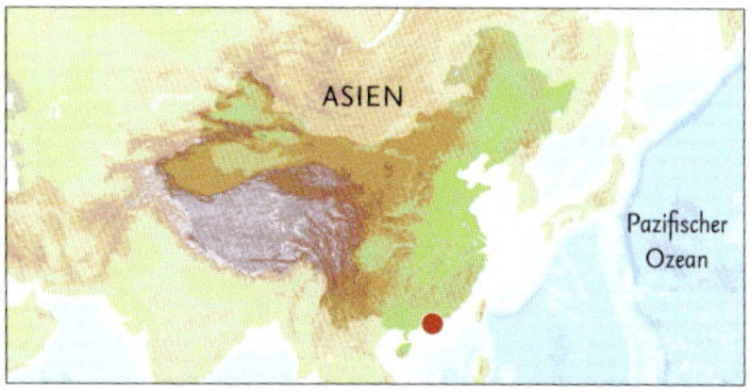

Der Platz Leal Senado **(Abb. unten)** ist einer der wichtigsten öffentlichen Plätze der Stadt. Gleich in der Nähe befindet sich der Platz der Kathedrale, die 1850 erneuert wurde. Weiter nördlich liegt der St.-Dominik-Platz mit der St.-Dominik-Kirche (1587 gegründet), der alten chinesischen Marktgegend und dem Tempel Sam Kai Vui Kun.

Die Welterbestätte Macao besteht aus der Halbinsel Macao und den beiden Inseln Taipa und Coloane. Der Hafen von Macao war für die Entwicklung des internationalen Handels von strategischer Bedeutung. Von der Mitte des 16. Jh. bis 1999 war die Stadt unter portugiesischer Verwaltung, anschließend erhielt China die Verwaltungshoheit zurück. Die erste Kernzone besteht aus dem zentralen Gebiet der historischen Siedlung Macao. Sie umfasst eine Reihe von urbanen Räumen und Gebäuden, die entlang der wichtigsten Straße Stadt, der Rua Direita, für die Integration von portugiesischen und chinesischen Elementen stehen; diese Straße führt vom alten chinesischen Hafen im Süden zur alten christlichen Stadt im Norden. Die zweite Kernzone besteht aus der Festung Guia, die auf dem Guia-Hügel liegt und die Guia-Kapelle (1622) sowie den Guia-Leuchtturm (1885) umfasst, den ältesten Leuchtturm im südchinesischen Meer.

Le Havre

Frankreich

Begründung der Aufnahme: Zeugnis kulturellen Austauschs, Erbe von besonderer menschheitsgeschichtlicher Bedeutung

Le Havre am Ärmelkanal in der Normandie wurde während des Zweiten Weltkriegs stark zerbombt. Das zerstörte Gebiet wurde zwischen 1946 und 1964 nach den Plänen von Auguste Perret wieder aufgebaut. Die Stätte bildet das administrative, kommerzielle und kulturelle Zentrum von Le Havre. Le Havre ist aufgrund seiner Einzigartigkeit und Integrität außergewöhnlich unter den vielen wiederaufgebauten Städten. Es kombiniert einen Nachklang des früheren Stadtmusters und die übrig gebliebenen historischen Strukturen mit den neuen Ideen der Stadtplanung und Konstruktionstechnologie. Die Stadt ist ein herausragendes Nachkriegsbeispiel einer Stadtplanung und Architektur, die auf einer methodologischen Einheit und dem Einsatz der Fertigbauweise sowie der systematischen Nutzung eines modularen Rasters und der innovativen Ausnutzung des Potenzials von Zement beruht.

Die wiederaufgebaute Stadt ist weiträumiger als die alte: Die durchschnittliche Einwohnerdichte verringerte sich von 200 000 pro km² vor dem Krieg auf 80 000. Das Hôtel de Ville (Rathaus) ist das monumentalste Gebäude der gesamten Stadt; sein zentraler Teil wird von einem 18-stöckigen Turm von 70 m Höhe markiert.

Wadi Al-Hitan (Tal der Wale)

Ägypten

Begründung der Aufnahme: Zeugnis wichtiger Stadien der Erdgeschichte

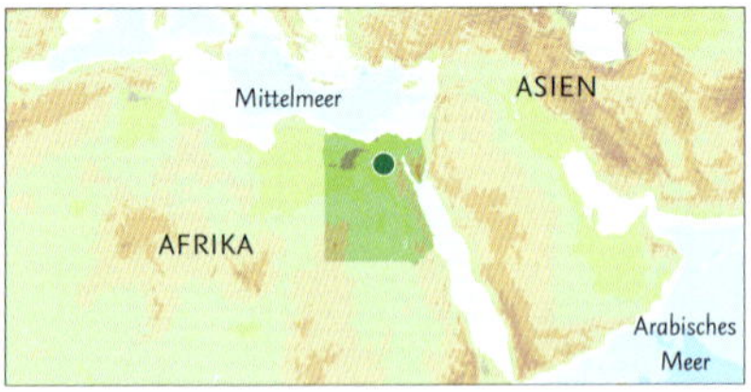

Das Wadi Al-Hitan (Tal der Wale) in der westlichen Wüste von Ägypten enthält unschätzbare fossile Überreste der frühesten und heute ausgestorbenen Unterart der Wale, der *Archaeoceti*. Diese Fossilien zeugen von einer der großen Geschichten der Evolution: die des Wals, eines Säugetieres, das zunächst auf dem Land lebte und sich dann ins Meer begab. Dies ist die wichtigste Stätte der Welt, an der diese Evolutionsstufe demonstriert wird. Sie zeichnet ein lebhaftes Bild der Lebensweise dieser Wale in der Phase des Übergangs. Zahl, Konzentration und Qualität der Fossilien sind einzigartig, ebenso wie ihre Zugänglichkeit und ihre Lage in einer attraktiven und geschützten Landschaft. Die Fossilien von Al-Hitan zeigen die jüngsten *Archaeocetes* in der letzten Stufe der Zurückbildung der hinteren Gliedmaßen. Anderes fossiles Material an der Stätte ermöglicht die Rekonstruktion der Umwelt und der ökologischen Bedingungen zu jener Zeit.

Die Stätte veranschaulicht auf einzigartige Weise die aktive Evolution; sie stellt die Metamorphose der Wale von Land- zu Meeressäugetieren dar. Die Fossilien weisen sowohl den typischen, stromlinienförmigen Körper heutiger Wale auf als auch gewisse primitive Aspekte der Schädel- und Zahnstruktur.

Biblische Siedlungen – Megiddo, Hazor, Beer Sheba

Israel

Begründung der Aufnahme: Zeugnis kulturellen Austauschs, Zeugnis einer Kultur, Erbe von besonderer menschheitsgeschichtlicher Bedeutung, Verknüpfung mit Ereignissen von universeller Bedeutung

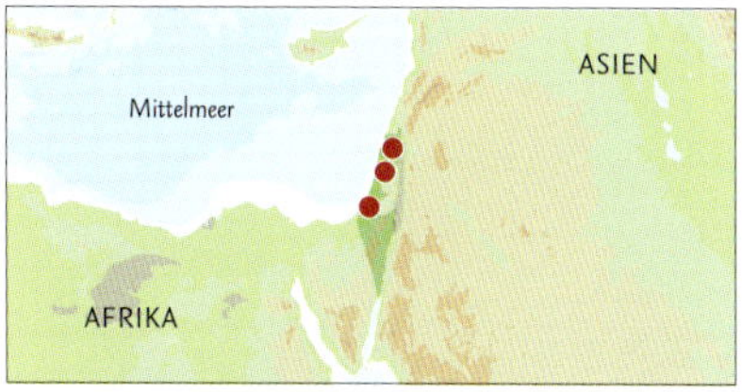

Tells (prähistorische Siedlungshügel) sind typisch für das flachere Land des östlichen Mittelmeers, insbesondere für den Libanon, Syrien, Israel und die östliche Türkei. Von den über 200 Tells in Israel repräsentieren Megiddo, Hazor und Beer Sheba diejenigen, die beträchtliche Überreste von Städten mit biblischer Bedeutung enthalten. Tell Megiddo war eine der einflussreichsten Städte in Kanaan und Israel. Seine 20 Hauptschichten enthalten die Überreste von etwa 30 unterschiedlichen Städten. Die drei Tells bewahren auch die Überreste ihres beeindruckenden unterirdischen Wasserauffangsystems. Das Wasser in Megiddo kam aus einer Quelle am Fuße des Hügels und wurde durch ein 80 m langes Aquädukt unter der Stadtmauer hindurch in die Stadt geleitet.

Beer Sheba war eher eine geplante als eine allmählich gewachsene Stad. Der Grundriss aus der Eisenzeit weist einen ovalen Umriss auf, der von einer Mauer umgeben und im Süden mit einem Tor versehen war. Die Stadt war durch dezentrale Straßen in drei Blöcke unterteilt, und die Wohnquartiere waren von einheitlicher Größe. Alle Straßen führten zu einem Hauptplatz.

Tell Megiddo
▼

Weihrauchstraße und Wüstenstädte im Negev

Israel

Begründung der Aufnahme: Zeugnis einer Kultur, traditionelle Siedlungsform

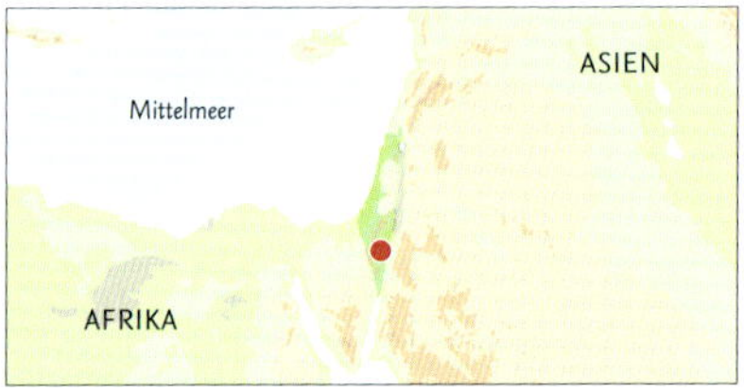

Der Transport von Gütern über die Wüste zur Mittelmeerküste, also über eine Entfernung von etwa 1800 km, wurde ermöglicht durch das Wissen der Nabatäer, die in der Wüste lebten. Sie waren in der Lage, die „unpassierbare" Wüste zu durchqueren und zur südlichen Arabischen Halbinsel zu gelangen, eine Welt, die den Römern und den Küstenvölkern des Mittelmeers unbekannt war.

Die vier nabatäischen Städte Haluza, Mamshit, Avdat und Shivta liegen an Routen, die sie mit dem mittelmeerseitigen Ende der Weihrauch- und Gewürzstraßen verbinden. Gemeinsam zeugen sie vom äußerst profitablen Handel mit Weihrauch und Myrrhe zwischen Südarabien und dem Mittelmeer, der zwischen dem 3. Jh. v. Chr. und dem 2. Jh. n. Chr. florierte. Die Römer verwendeten Weihrauch in enormen Mengen als Räuchermittel, Medizin und Kosmetik. Die Nachfrage war so groß, dass es zeitweise teurer war als Gold. Die Nabatäer wurden dank der Gewinne aus dem Gewürzhandel reich, und die Überreste ihrer Städte, Forts, Karawansereien und ausgeklügelten Landwirtschaftssysteme verweisen auf eine herausragende Anpassung an eine lebensfeindliche Umgebung.

Überreste der Festung Nekarot an der Weihrauchstraße ▼

Dong Phayayen – Khao Yai Waldkomplex

Thailand

Begründung der Aufnahme: bedeutender natürlicher Lebensraum – Biodiversität

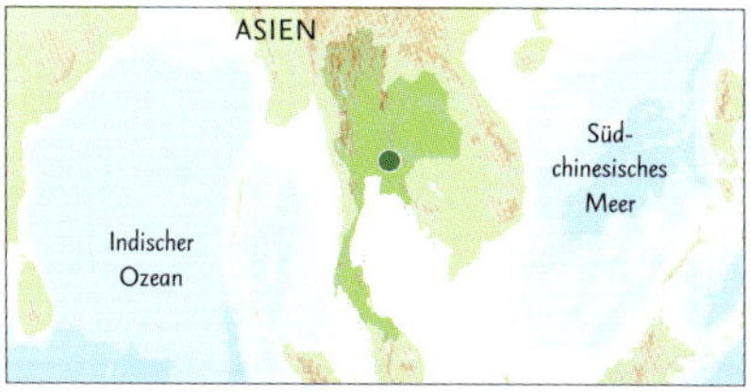

Das Waldkomplex ist eine raue Berggegend, die global bedrohte Arten, wie Tiger (im Bild), Elefanten, Bengalkatzen und Banteng, beherbergt. Sie spielt auch eine wichtige Rolle für den Erhalt von Zugvogelarten, darunter Graupelikane und Argala-Marabus.

Der Waldkomplex Dong Phayayen – Khao Yai erstreckt sich über 230 km zwischen dem Nationalpark Ta Phraya an der kambodschanischen Grenze im Osten und dem Nationalpark Khao Yai im Westen. Die Stätte beherbergt über 800 Tierarten, darunter 112 Säugetier- (einschließlich zweier Gibbonarten), 392 Vogel- und 200 Reptilien- und Amphibienarten. Sie ist von internationaler Bedeutung für die Erhaltung global bedrohter und gefährdeter Säugetier-, Vogel- und Reptilienarten, von denen 19 als gefährdet und vier als stark gefährdet eingestuft sind und eine sogar vom Aussterben bedroht ist. Die Gegend enthält wichtige Tropenwald-Ökosysteme, die einen stabilen Lebensraum für den langfristigen Erhalt dieser Arten darstellen können.

Heiliger Hain der Göttin Oshun in Oshogbo

Nigeria

Begründung der Aufnahme: Zeugnis kulturellen Austauschs, Zeugnis einer Kultur, Verknüpfung mit Ereignissen von universeller Bedeutung

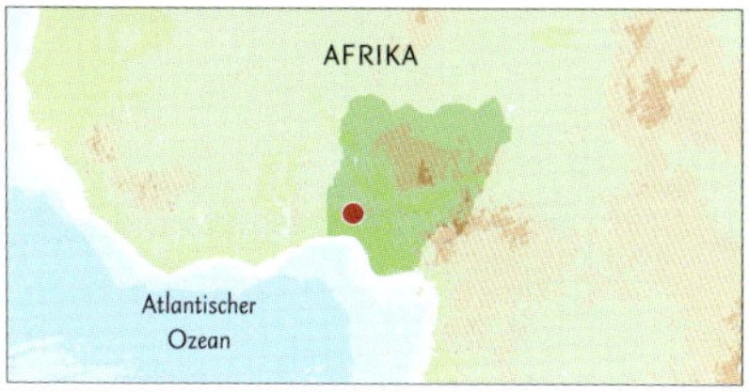

Der Hain besteht aus einem umzäunten Waldring von 0,75 km² entlang des Flusses Oshun am Rand der Stadt Oshogbo. Ritualpfade führen die Anhänger zu 40 Schreinen, die Oshun und anderen Yoruba-Gottheiten geweiht sind, außerdem zu neun speziellen Verehrungsorten am Fluss.

Der dichte Wald des Heiligen Hains der Göttin Oshun in den Außenbezirken der Stadt Oshogbo ist einer der letzten Überreste des ursprünglichen Hochwalds von Südnigeria. Er gilt als Wohnsitz der Fruchtbarkeitsgöttin Oshun, einer der Yoruba-Göttinnen. Die Landschaft des Hains und seines mäandernden Flusses ist mit Heiligtümern und Schreinen, Skulpturen und Kunstwerken zu Ehren von Oshun und anderen Gottheiten übersät. Der heilige Hain, der heute als Symbol der Identität aller Yoruba betrachtet wird, ist womöglich der letzte in der Yoruba-Kultur. Er ist ein Zeugnis für die einst weit verbreitete Praxis, heilige Haine in der Nähe der Siedlungen einzurichten.

Westnorwegische Fjorde – Geirangerfjord und Nærøyfjord

Norwegen

Begründung der Aufnahme: besonderes Naturphänomen, Zeugnis wichtiger Stadien der Erdgeschichte

Die beiden Fjorde Geirangerfjord und Nærøyfjord werden als archetypische Fjordlandschaften betrachtet und zählen zu den landschaftlich schönsten der Welt. Ihre außergewöhnliche natürliche Schönheit beruht auf den engen und steilen Wänden aus kristallinem Gestein, die 1400 m hoch aus dem Europäischen Nordmeer aufragen und zugleich 500 m unter den Meeresspiegel hinabreichen. Von den Wänden der Fjorde stürzen zahlreiche Wasserfälle hinab, während frei fließende Flüsse von Gletscherseen, Gletschern und schroffen Bergen aus ihre Laub- und Nadelwälder durchqueren. Die Landschaft weist einige terrestrische und marine Naturphänomene auf, beispielsweise Unterwassermoränen und Meeressäugetiere. Überreste von alten und mittlerweile größtenteils verlassenen Wanderhirtenfarmen verleihen der dramatischen Naturlandschaft einen zusätzlichen kulturellen Aspekt, der die Region noch interessanter macht.

Geirangerfjord und Nærøyfjord liegen etwa 120 km voneinander entfernt im Südwesten Norwegens und sind Teil der westnorwegischen Fjordlandschaft, die sich von Stavanger im Süden bis zum 500 km nordöstlich gelegenen Andalsnes erstreckt. Die beiden Fjorde gehören zu den längsten und tiefsten der Welt; sie gelten als besonders charakteristisch in einem Land voller spektakulärer Fjorde. „Fjord" ist ein Wort mit norwegischem Ursprung. Es bezeichnet ein von Gletschern ausgetieftes Tal, das in der Regel schmal und steilwandig ist und dessen Talboden unter dem Meeresspiegel liegt. Die norwegischen Fjorde gehören zu den ausgedehntesten der Welt und gelten als Typlokalität für Untersuchungen der Fjordlandschaften.

Beide Fjorde entwickelten sich rechtwinklig entlang von Bruchlinien, was ihnen eine charakteristische Zickzackform verlieh. Sie sind submarine Hängetäler, deren Betten 1 bis 2 km breit sind und in 300–500 m tiefen Becken liegen, die vom Eis ausgeschabt wurden. Umgeben sind sie von Bergen, in denen es alte Wanderhirtenfarmen in den Hängetälern und hoch gelegene Gletscherseen gibt.

Es herrscht ein ozeanisch-kontinentales Mischklima, das je nach Himmelsrichtung und Höhe merklich variiert. Die Vegetation weist eine moderate Vielfalt auf; sie entstand durch die Unterschiede in Höhe und Gefälle von der Küste bis ins Landesinnere, von Norden nach Süden und vom Meeresspiegel bis auf 1800 m Höhe sowie durch die entsprechenden Gelände- und Mikroklimaunterschiede.

Zu den Wildtieren gehören vier Reharten, Polarfüchse, Otter und viele Meerestierarten wie atlantische Lachse, Robben, Delfine, Schweinswale und andere Walarten. Es wurden über 100 Vogelarten verzeichnet.

Die beiden Regionen, aus denen die Stätte besteht, ergänzen sich gegenseitig bezüglich ihrer Eigenschaften. Der südlicher gelegene Nærøyfjord liegt 100 km weit im Landesinneren in der Nähe des südlichen Endes des Sognefjord. Die umgebenden Berge haben weich gerundete Gipfel und verfügen über Gletscherseen und Plateau-Gletscher. Das Hochland hat viele der abgerundeten Formen der präglazialen Landschaft beibehalten.

Der Geirangerfjord **(Abb. rechts)** liegt im Norden, etwa 60 km weit im Landesinneren am nördlichen Ende des Storfjord. Seine Berge sind eher alpin. Blockfelder sind stärker vertreten, und es gibt noch immer Dauerfrostböden und diverse kleine Gletscher auf den höchsten Gipfeln.

Altstadt von Jaroslawl

Russische Föderation

Begründung der Aufnahme: Zeugnis kulturellen Austauschs, Erbe von besonderer menschheitsgeschichtlicher Bedeutung

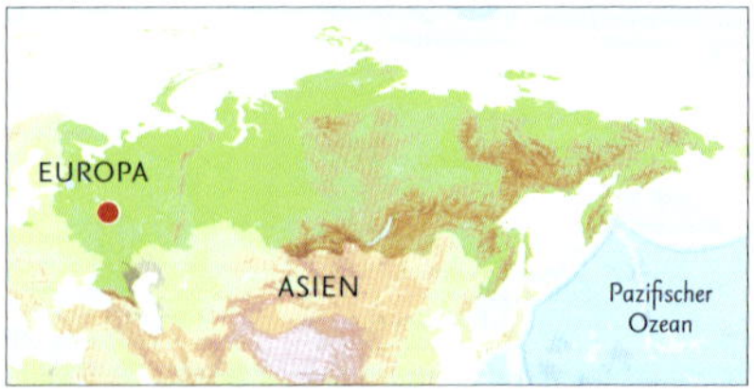

Die Stadt bewahrte auch wichtige Elemente aus dem 16. Jh im Spassky-Kloster, einem der ältesten an der oberen Wolga. Es wurde im späten 12. Jh. an der Stätte eines heidnischen Tempels errichtet, im Laufe der Zeit jedoch umgebaut.

Die Altstadt von Jaroslawl ist berühmt für ihre zahlreichen Kirchen aus dem 17. Jh. und gilt als herausragendes Beispiel einer urbanen Planungsreform. Die Stadt liegt am Zusammenfluss der Wolga und der Kotorosl, etwa 250 km nordöstlich von Moskau. Sie entwickelte sich seit dem 11. Jh. zu einem wichtigen Wirtschaftszentrum. Im Jahr 1763 wurde sie im klassizistischen Stil renoviert, als Zarin Katharina die Große eine Stadtplanungsreform für ganz Russland anordnete. Die resultierende Mischung aus erhaltenen historischen Strukturen und der neuen, fächerförmigen Straßenanordnung ist ein herausragendes Beispiel für den Austausch kultureller und architektonischer Einflüsse zwischen Westeuropa und dem Russischen Reich.

Kreml-Turm in Jaroslawl ▼

Coiba-Nationalpark und seine marinen Schutzgebiete

Panama

Begründung der Aufnahme: Schauplatz spezieller ökologischer und biologischer Prozesse, bedeutender natürlicher Lebensraum – Biodiversität

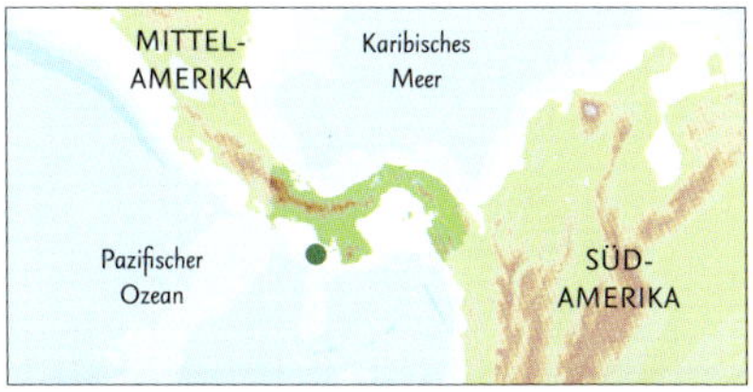

Der Coiba-Nationalpark vor der Südwestküste Panamas schützt die Insel Coiba, 38 kleinere Inseln und die umgebenden Meeresgebiete im Golf von Chiriqui. Der tropische, feuchte Wald an Coibas Pazifikküste ist vor den kalten Winden und den Einflüssen von El Niño geschützt und weist außergewöhnlich hohe Endemismusraten bei Säugetieren, Vögeln und Pflanzen auf, da sich ständig neue Arten entwickeln. Er ist zudem ein letztes Refugium für eine Reihe bedrohter Arten, wie den Würgadler. Die Stätte ist ein herausragendes Naturlabor für wissenschaftliche Forschungen und stellt eine wichtige ökologische Verbindung zum tropischen Ostpazifik dar, die wichtig ist für die Wanderung und das Überleben von pelagischen Fischen und Meeressäugetieren.

Die Ökosysteme in der Meereszone beherbergen eine große Biodiversität: Hier leben 760 Meeresfischarten, 33 Haiarten und 20 Walarten, außerdem ein beträchtlicher Bestand von indopazifischen Fischen, die sich in diesen östlichen Pazifikgewässern eingelebt haben.

Plantin-Moretus-Museum

Belgien

Begründung der Aufnahme: Zeugnis kulturellen Austauschs, Zeugnis einer Kultur, Erbe von besonderer menschheitsgeschichtlicher Bedeutung, Verknüpfung mit Ereignissen von universeller Bedeutung

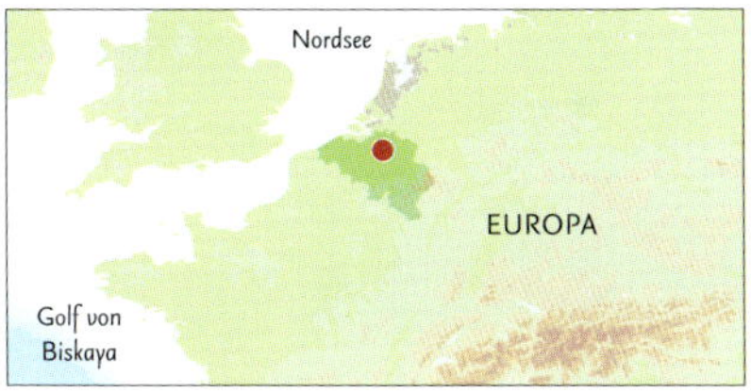

Das Plantin-Moretus-Museum ist ein Verlagshaus mit Druckerei aus der Zeit der Renaissance und des Barock. Es liegt in Antwerpen und hat eine große Rolle in der Geschichte der Erfindung und Verbreitung der Drucktechnik gespielt. Sein Name bezieht sich auf den größten Drucker und Verleger der zweiten Hälfte des 16. Jh.: Christophe Plantin (1520–1589). Das Bauwerk ist von herausragendem architektonischen Wert. Es enthält umfassendes Material, das von der Geschichte und dem Wirken eines der produktivsten Druck- und Verlagshäuser Europas während des späten 16. Jh. zeugt. Das Unternehmen war bis 1867 aktiv. Das Gebäude enthält eine große Sammlung der alten Ausstattung der Buchdruckerei, darunter zwei der ältesten erhaltenen Druckpressen der Welt, eine umfangreiche Bibliothek, unschätzbare Archive und Kunstwerke, wie ein Gemälde von Rubens.

Antwerpens florierender Reichtum zog um die Mitte des 16. Jh. 140 Drucker, Verleger und Buchhändler in die Stadt. Es wurde zum bedeutenden Zentrum des europäischen Buchmarkts nördlich der Alpen und neben Paris und Wien zu einer der drei führenden Städte des frühen europäischen Druckwesens.

Soltaniyeh

Islamische Republik Iran

Begründung der Aufnahme: Zeugnis kulturellen Austauschs, Zeugnis einer Kultur, Erbe von besonderer menschheitsgeschichtlicher Bedeutung

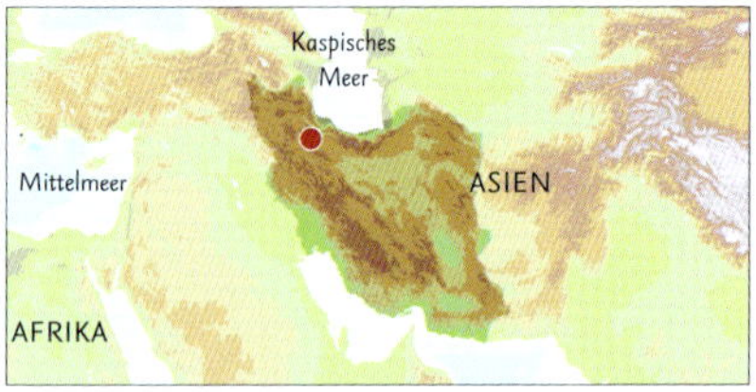

In der Stadt Soltaniyeh, der von den Mongolen gegründeten Hauptstadt der Ilchanen-Dynastie, wurde von 1302–1312 das Mausoleum von Oljaytu errichtet. Die Stadt liegt in der Provinz Zandschan und ist ein herausragendes Beispiel für die Errungenschaften der persischen Architektur. Bei dem Mausoleum handelt es sich um einen Schlüsselbau in der Entwicklung der islamischen Architektur. Das achteckige Gebäude ist von einer 50 m hohen Kuppel gekrönt, die von türkisblauen Fayencen bedeckt und von acht schlanken Minaretten umgeben ist. Es ist das älteste erhaltene Beispiel für eine doppelschalige Kuppel im Iran. Auch die Dekoration im Inneren des Mausoleums ist herausragend, und Gelehrte wie A. U. Pope haben das Gebäude als „Vorwegnahme des Taj Mahal" bezeichnet.

◄ Mausoleum von Oljaytu in Soltaniyeh

Als Oljaytu 1304 an die Macht kam, ernannte er die bereits bestehende Stadt zu seiner Hauptstadt, vergrößerte sie und gab ihr den Namen Soltaniyeh („die Kaiserliche"). Die Stadt war ein wichtiges Handelszentrum zwischen Asien und Europa, verlor jedoch im 16. bis 17. Jh. an Bedeutung.

Archäologische Stätte Qal'at al-Bahrain

Bahrain

Begründung der Aufnahme: Zeugnis kulturellen Austauschs, Zeugnis einer Kultur, Erbe von besonderer menschheitsgeschichtlicher Bedeutung

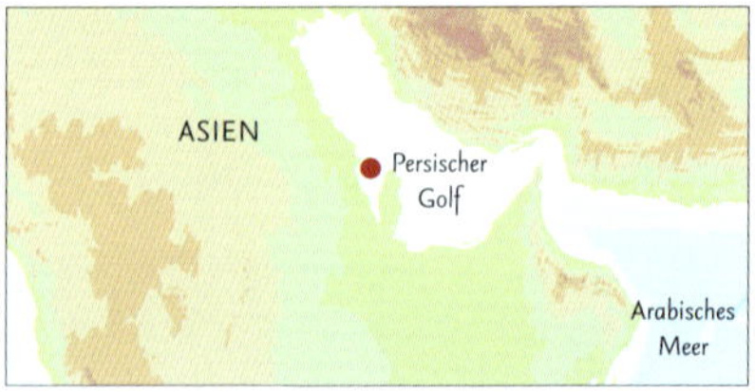

Qal'at al-Bahrain ist ein typischer Tell – ein künstlich angelegter Hügel, der in vielen Schichten mühsam von Menschenhand geschaffen wurde. Die Schichten des 300 x 600 m großen Hügels sind ein Zeugnis für die andauernde Präsenz von Menschen seit etwa 2300 v. Chr. bis ins 16. Jh. Etwa 25 % der Stätte sind ausgegraben worden, und unterschiedlichste Strukturen kamen zum Vorschein: Wohneinheiten, öffentliche, kommerzielle, religiöse und militärische Bereiche. Sie zeugen von der Wichtigkeit der Stätte, die über Jahrhunderte hinweg als Handelshafen diente. Oben auf dem 12 m hohen Hügel befindet sich ein beeindruckendes portugiesisches Fort, das der gesamten Stätte ihren Namen gab: Qal'a (Fort). Die Stätte war die Hauptstadt von Dilmun, einer der wichtigsten alten Zivilisationen in der Gegend. Sie enthält die reichhaltigsten Überbleibsel, die von dieser Zivilisation gefunden wurden.

Die ehemals lebendige und wichtige Stadt Qal'at al-Bahrain wurde schließlich verlassen, als ihr Zugangskanal durch das Korallenriff unpassierbar wurde; dies hatte zur Folge, dass sich die 4500 Jahre alte Siedlung allmählich in eine archäologische Stätte verwandelte.

Struve-Bogen

Estland, Finnland, Lettland, Litauen, Republik Moldau, Norwegen, Russische Föderation, Schweden, Ukraine und Belarus

Begründung der Aufnahme: Zeugnis kulturellen Austauschs, Zeugnis einer Kultur, Verknüpfung mit Ereignissen von universeller Bedeutung

Die erste akkurate Messung eines langen Meridianabschnitts, die zur Festlegung der genauen Größe und Form unserer Erde diente, markierte einen wichtigen Schritt in der Entwicklung der Geowissenschaften. Der Struve-Bogen ist eine Kette von geodätischen Messstationen, die von Hammerfest in Norwegen bis zum Schwarzen Meer in 2820 km Entfernung reichen. Die Messungen, die zwischen 1816 und 1855 von dem Astronomen Friedrich Georg Wilhelm Struve durchgeführt wurden, stellen die erste akkurate Messung eines langen Meridianabschnitts dar. Sie sind ein außerordentliches Beispiel für die wissenschaftliche Zusammenarbeit zwischen Forschern aus unterschiedlichen Ländern, aber auch für die Zusammenarbeit zwischen Monarchen für einen wissenschaftlichen Zweck.

Heute existieren in zehn Ländern noch 34 der ursprünglichen Stationen, die Struve und seine Kollegen eingerichtet haben. Sie sind durch unterschiedliche Zeichen markiert: ein gebohrtes Loch im Fels, ein eisernes Kreuz, Steinhaufen oder aber Obelisken.

Vredefort Dome

Südafrika

Begründung der Aufnahme: Zeugnis wichtiger Stadien der Erdgeschichte

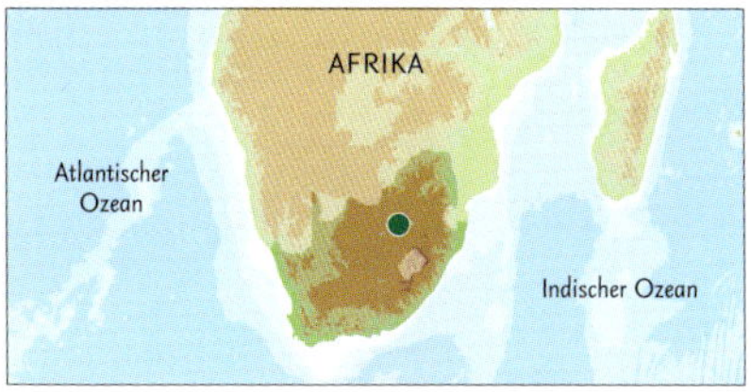

Der etwa 120 km südwestlich von Johannesburg gelegene Vredefort Dome ist ein repräsentativer Teil eines größeren Meteoriten-Einschlagkraters, oder Astroblems. Er ist ca. 2023 Mio. Jahre alt und damit das älteste bekannte Astroblem auf der Erde. Mit einem Radius von 190 km ist das Astroblem auch das größte und das am tiefsten erodierte. Vredefort Dome zeugt von der größten bekannten Energiefreisetzung auf der Erde, die verheerende globale Auswirkungen hatte, einschließlich einiger evolutionärerer Veränderungen, wie manche Wissenschaftler behaupten. Er ist ein wichtiges Zeugnis der geologischen Geschichte der Erde und entscheidend für das Verständnis der Evolution unseres Planeten. Einschlagkrater sind zwar bedeutend für die Erdgeschichte, doch geologische Aktivitäten auf der Erdoberfläche ließen die Spuren der meisten Einschläge nach und nach verschwinden. Vredefort ist das einzige Beispiel, bei dem das vollständige geologische Profil eines Astroblems unter dem Kraterboden vorhanden ist.

Die Stätte enthält Stellen mit zugänglichen geologischen Aufschlüssen von hoher Qualität, die eine Reihe geologischer Beweise für eine komplexe Meteoriten-Einschlagstruktur zeigen.

Shiretoko

Japan

Begründung der Aufnahme: Schauplatz spezieller ökologischer und biologischer Prozesse, Bedeutender natürlicher Lebensraum – Biodiversität

In der Mitte der Halbinsel Shiretoko erhebt sich ein vulkanischer Grat, der geothermale Phänomene, wie Geysire und thermal aufgeheizte Wasserbecken, hervorbringt. Die Region ist eine der unberührtesten Gegenden Japans.

Die Halbinsel Shiretoko liegt im Nordosten von Hokkaido auf der nördlichsten Insel Japans. Die Stätte umfasst die Landfläche von der Mitte der Halbinsel bis zu ihrer Spitze, Kap Shiretoko, sowie das umgebende Meeresgebiet. Sie ist ein herausragendes Beispiel für die Interaktion von Land- und Meeres-Ökosystemen und zeichnet sich durch die außergewöhnliche Produktivität dieser Ökosysteme aus, die vor allem von der Bildung des saisonalen Meereseises an der niedrigsten Erhebung der nördlichen Hemisphäre beeinflusst wird. Für eine Reihe terrestrischer und mariner Arten, von denen einige gefährdet und endemisch sind, beispielsweise der Riesenfischuhu und die Pflanze *Viola kitamiana*, ist die Stätte besonders wichtig. Die Gegend ist zudem von globaler Bedeutung für einige bedrohte See- und Zugvogelarten, einer Reihe von Salmonidenarten und Meeressäugetierarten, wie dem Stellerschen Seelöwen und einigen Walarten.

Architektonisches und kulturelles Erbe der Adelsfamilie Radziwill in Nieswiez

Weißrussland

Begründung der Aufnahme: Zeugnis kulturellen Austauschs, Erbe von besonderer menschheitsgeschichtlicher Bedeutung, Verknüpfung mit Ereignissen von universeller Bedeutung

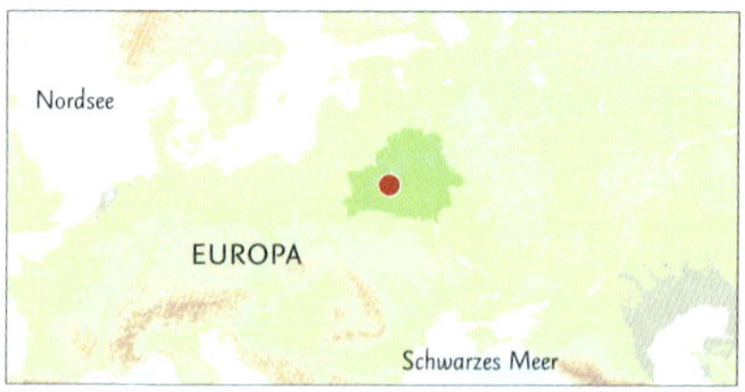

Die zehn untereinander verbundenen Gebäude des Schlosses umfassen den Palast, die Galerien, das Wohnhaus und das Waffenlager; alle sind von den Überresten der Befestigungsanlage aus dem 16. Jh. umgeben. Das Schloss ist über einen Damm mit der Fronleichnamskirche verbunden.

Das architektonische und kulturelle Erbe der Adelsfamilie Radziwill in Nieswiez befindet sich im zentralen Weißrussland. Die Radziwill-Dynastie, die das Ensemble zwischen dem 16. Jh. und 1939 erbaute und instand hielt, brachte einige der wichtigsten Persönlichkeiten der europäischen Geschichte und Kultur hervor. Aufgrund ihrer Bemühungen gelangte die Stadt Nieswiez zu großem Einfluss in Wissenschaft, Kunst, Handwerk und Architektur. Der Komplex umfasst das Wohnschloss und das Mausoleum (Fronleichnamskirche) mit ihrer jeweiligen Umgebung. Das Schloss besteht aus zehn miteinander verbundenen Gebäuden, die sich als architektonisches Ganzes um einen sechsseitigen Hof entwickelten. Der Palast und die Kirche wurden zu wichtigen Prototypen, die die Entwicklung der Architektur in Zentraleuropa und Russland beeinflussten.

Historisches Stadtzentrum von Cienfuegos
Kuba

Begründung der Aufnahme: Zeugnis kulturellen Austauschs, Erbe von besonderer menschheitsgeschichtlicher Bedeutung

Cienfuegos wurde 1819 an der Karibikküste im mittleren Süden von Kuba errichtet, im Herzen der Zuckerrohr-, Mango-, Tabak- und Kaffeeproduktion des Landes. Der Handel verstärkte das Wachstum der Stadt, und im 19. Jh. gewannen die Wachsherstellung sowie die Produktion von Bauholz und Zucker zunehmend an Bedeutung. Die historische Stadt erinnert an einen wichtigen Austausch von kulturellen und sozialen Einflüssen auf Basis der spanischen Aufklärung. Sie ist auch das erste und schönste Beispiel für ein architektonisches Ensemble, das die neuen Ideen von Modernität, Hygiene und Ordnung in der lateinamerikanischen Stadtplanung seit dem 19. Jh. widerspiegelt.

In den zwei Jahrhunderten seit seiner Gründung war Cienfuegos stets eine besonders wichtige Handelsstadt. Trotz dieses wirtschaftlichen Erfolgs hat die Welterbestätte ihren historischen Charme bewahrt und nicht etwa die drastischen Veränderungen durchgeführt, die in vielen anderen Städten sichtbar sind.

Die Kathedrale von Cienfuegos ▶

Kunja-Urgentsch
Turkmenistan

Begründung der Aufnahme: Zeugnis kulturellen Austauschs, Zeugnis einer Kultur

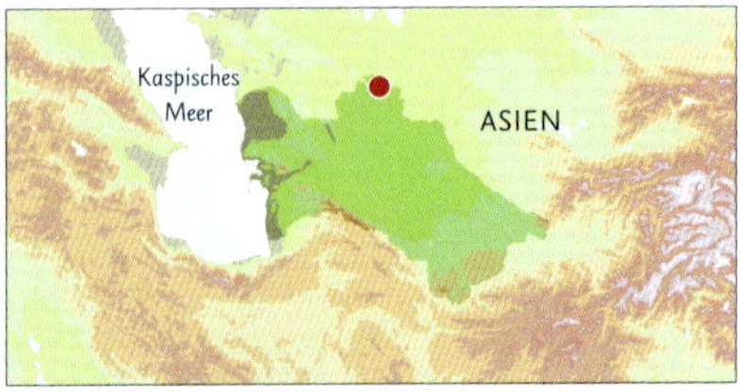

Die Bauwerke von Kunja-Urgentsch zeugen von herausragenden architektonischen und handwerklichen Leistungen. Ihr Einfluss reichte im Süden und Westen bis in den Iran und nach Afghanistan und prägte später auch die Architektur des Mogulreichs im Indien des 16. Jh.

Die Ursprünge von Kunja-Urgentsch gehen zurück bis ins 6. oder 5. Jh., in die frühe achämenidische Zeit. Die Stadt, die an einer Kreuzung von Handelsrouten lag, war ab dem 12. Jh. die Hauptstadt von Choresmien und nach Buchara die zweitwichtigste Stadt in Zentralasien. Die Stätte besteht aus drei einzelnen Bereichen: Der südliche Bereich enthält eine Reihe von Bauwerken, die hauptsächlich zwischen dem 11. und 16. Jh. errichtet wurden, darunter eine Moschee, die Tore einer Karawanserei, Festungen, Mausoleen und ein 60 m hohes Minarett. Der nördliche Bereich besteht aus einem großen muslimischen Friedhof mit einer Gruppe von drei Mausoleen in seiner Mitte. Der westliche Bereich ist ein kleines Gelände im westlichen Teil der Altstadt, der das Monument von Ibn Khajib enthält.

Syrakus und Felskammergräber von Pantalica
Italien

Begründung der Aufnahme: Zeugnis kulturellen Austauschs, Zeugnis einer Kultur, Erbe von besonderer menschheitsgeschichtlicher Bedeutung, Verknüpfung mit Ereignissen von universeller Bedeutung

Die Stätten liegen im Südosten Siziliens an der Mittelmeerküste und genießen ein angenehmes Klima; sie sind seit der frühgeschichtlichen Zeit bewohnt. Die Gegend von Syrakus-Pantalica ist bemerkenswert wegen ihrer kulturellen Vielfalt.

Die Stätte besteht aus zwei einzelnen Elementen, die herausragende Spuren aus der Zeit der Griechen und Römer aufweisen: Die Nekropole von Pantalica enthält über 5000 in das Gestein gebaute Gräber in der Nähe offener Steinbrüche, von denen die meisten aus dem 13. bis 7. Jh. v. Chr. stammen. Überbleibsel aus der byzantinischen Zeit finden sich hier ebenfalls, insbesondere die Grundmauern des Prinzenpalasts (Anaktoron). Der andere Teil der Stätte, das antike Syrakus, beinhaltet den Kern der im 8. Jh. v. Chr. von korinthischen Griechen unter dem Namen Ortygia gegründeten Stadt. Diese Stadt, die von Cicero als „größte und schönste aller griechischen Städte" bezeichnet wurde, enthält Überreste eines Tempels der Athene aus dem 5. Jh. v. Chr., der später in eine Kathedrale umgewandelt wurde, sowie Ruinen eines griechischen Theaters, eines römischen Amphitheaters, eines Forts und anderer Bauwerke. Viele der Ruinen zeugen von der wechselhaften Geschichte Siziliens, die von den Byzantinern bis zu den Bourbonen reicht, und dazwischen die arabischen Muslime, die Normannen, Friedrich II. von Hohenstaufen (1197–1250), die Aragonier und das Königreich beider Sizilien umfasst. Das historische Syrakus ist ein einzigartiges Zeugnis der Entwicklung der mediterranen Zivilisation über drei Jahrtausende hinweg.

Panda-Naturreservat in Sichuan
China

Begründung der Aufnahme: bedeutender natürlicher Lebensraum – Biodiversität

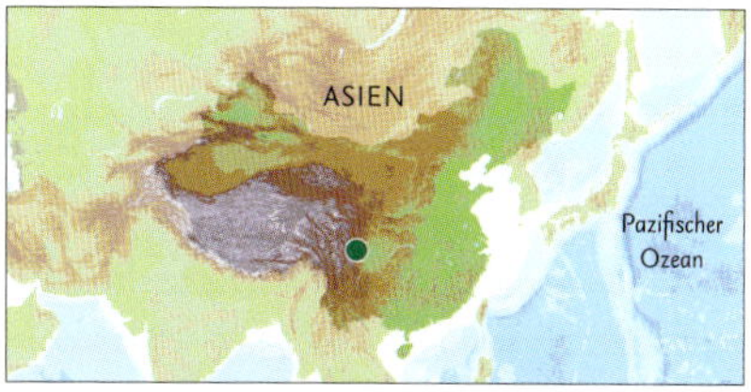

Der Große Panda ist ein anerkannter „Nationaler Schatz" Chinas und das Flaggschiff für den globalen Artenschutz. In der Natur ernährt er sich fast ausschließlich von Bambus, und sein bevorzugter Lebensraum liegt auf zwischen 2200 und 3200 m Höhe. Da er allein eine eigene Unterfamilie der Bären darstellt, ist der Große Panda für das Studium der Systematik und Evolution von Säugetieren sehr wichtig.

Das Panda-Naturreservat in Sichuan ist die Heimat von über 30 % der weltweiten Population des Großen Pandas, der als sehr stark gefährdet eingestuft wird. Das Gebiet ist 9245 km² groß und besteht aus sieben Naturschutzgebieten und neun Landschaftsparks in den Qionglai- und Jiajin-Bergen. Die Schutzgebiete, die Überbleibsel der paläotropischen Wälder des Tertiär umfassen, stellen den größten verbliebenen und zusammenhängenden Lebensraum für den Großen Panda dar. Das Reservat ist zugleich die wichtigste Stätte für die Aufzucht dieser Tierart in Gefangenschaft. Die Schutzgebiete beherbergen zudem auch andere global bedrohte Tiere wie den Kleinen Panda, den Schneeleoparden und den Nebelparder. Mit 5000 bis 6000 Pflanzenarten aus über 1000 Gattungen gehört das Reservat zu den botanisch reichsten Regionen der Welt außerhalb der tropischen Regenwälder.

Ein Pandajunges im Panda-Naturreservat in Sichuan ▼

Jahrhunderthalle in Breslau

Polen

Begründung der Aufnahme: Meisterwerk menschlicher Schöpferkraft, Zeugnis kulturellen Austauschs, Erbe von besonderer menschheitsgeschichtlicher Bedeutung

Die Jahrhunderthalle ist ein Meilenstein in der Geschichte der Stahlbetonarchitektur und wurde 1911–1913 vom Architekten Max Berg als Mehrzweck-Freizeitgebäude auf dem Messegelände errichtet. Ihre Form ist die eines symmetrischen vierblättrigen Kleeblatts mit einem weitläufigen, kreisrunden Mittelbau, der etwa 6000 Sitzplätze bietet. Auf der 23 m hohen Kuppel befindet sich eine Laterne aus Stahl und Glas. Die Jahrhunderthalle ist eine Pionierarbeit der modernen Bautechnik und Architektur. Sie repräsentiert einen wichtigen Austausch von Einflüssen im frühen 20. Jh. und war eine bedeutende Referenz für die spätere Entwicklung von Stahlbetonbauten.

Mit einem Durchmesser von 65 m war die Kuppel der Jahrhunderthalle zum Bauzeitpunkt die größte je errichtete Kuppel. Davor hatte das 126 n. Chr. erbaute Pantheon in Rom diese Position inne. Die Kuppel der Jahrhunderthalle ist doppelt so groß: Diese beeindruckende Leistung wurde durch das neue Material (Stahlbeton) und Bergs innovativen Konstruktionsansatz ermöglicht.

Befestigte Altstadt von Harar Jugol

Äthiopien

Begründung der Aufnahme: Zeugnis kulturellen Austauschs, Zeugnis einer Kultur, Erbe von besonderer menschheitsgeschichtlicher Bedeutung, traditionelle Siedlungsform

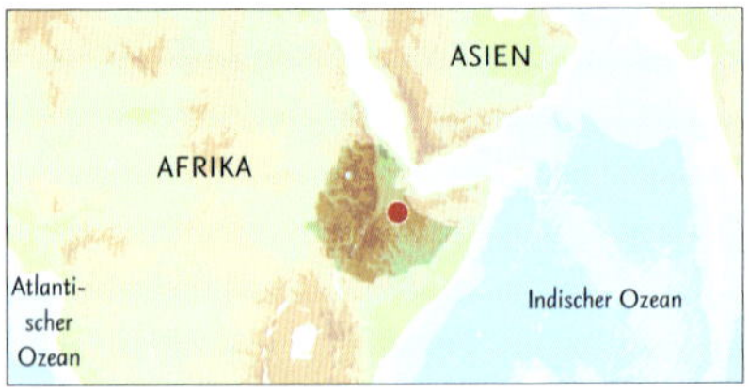

Die befestigte Altstadt von Harar Jugol liegt im östlichen Teil Äthiopiens auf einem Plateau mit tiefen Schluchten, das von Wüste und Savanne umgeben ist. Die Mauern um diese heilige muslimische Stadt wurden zwischen dem 13. und 16. Jh. errichtet. Harar Jugol gilt als viertheiligste Stadt des Islams und verfügt über 82 Moscheen, von denen drei aus dem 10. Jh. stammen, sowie über 102 Schreine. Den spektakulärsten Teil des kulturellen Erbes von Harar Jugol bilden jedoch die Stadthäuser mit ihrer außergewöhnlichen Inneneinrichtung. Dem Einfluss afrikanischer und islamischer Traditionen auf die Entwicklung der verschiedenen Gebäudetypen und des Stadtplans verdankt die Stadt ihren einzigartigen Charakter.

Harar Jugol ist das Zentrum einer islamischen Region im ansonsten christlich geprägten Äthiopien. Die Welterbestätte besteht aus der gesamten umschlossenen historischen Stadt Jugol, wobei sich der Name „Jugol" sowohl auf die Verteidigungsmauer als auch auf die befestigte Stadt bezieht.

◄ Eines der Stadttore von Harar Jugol

Altstadt von Regensburg mit Stadtamhof

Deutschland

Begründung der Aufnahme: Zeugnis kulturellen Austauschs, Zeugnis einer Kultur, Erbe von besonderer menschheitsgeschichtlicher Bedeutung

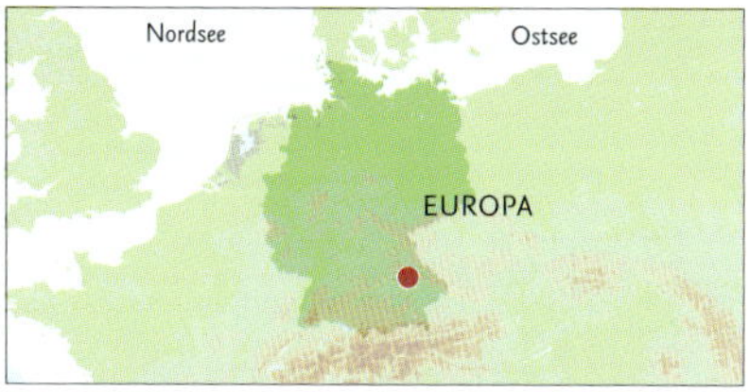

Die mittelalterliche Stadt Regensburg, gelegen an der bayerischen Donau, umfasst viele Gebäude von herausragender Güte, die auf die Vergangenheit der Stadt als Handelszentrum und ihren Einfluss in der Region seit dem 9. Jh. verweisen. Zu der beträchtlichen Anzahl historischer Bauten aus zwei Jahrtausenden gehören Gebäude aus der Zeit der Römer sowie romanische und gotische Bauwerke. Die aus dem 11. bis 13. Jh. stammende Architektur, einschließlich Markt, Rathaus und Dom, definiert noch immer den Charakter der Stadt, die von hohen Gebäuden, schmalen und engen Gassen und starken Befestigungsanlagen geprägt ist. Zu den Gebäuden gehören mittelalterliche Patrizierhäuser und Türme, eine Vielzahl an Kirchen und klösterlichen Ensembles sowie die Steinerne Brücke aus dem 12. Jh. Bemerkenswert sind auch die zahlreichen Überbleibsel aus der reichen Geschichte der Stadt, die als eines Zentren des Heiligen Römischen Reichs zum Protestantismus konvertierte.

Eine Besonderheit von Regensburg sind die von Patrizierfamilien errichteten Türme, für die es nördlich der Alpen keine anderen vergleichbaren Beispiele gibt. Sie ähneln in der Form den Geschlechtertürmen Norditaliens und wurden vor allem zu Darstellungszwecken erbaut, nicht zur Verteidigung. Der Goldene Turm (12. Jh.) ist fast 50 m hoch; der siebenstöckige Baumburgerturm stammt aus dem Jahr 1270.

Dom von Regensburg ►

Agavenlandschaft und historische Tequila-Produktionsstätten

Mexiko

Begründung der Aufnahme: Zeugnis kulturellen Austauschs, Erbe von besonderer menschheitsgeschichtlicher Bedeutung, traditionelle Siedlungsform, Verknüpfung mit Ereignissen von universeller Bedeutung

Zwischen den Ausläufern des Tequila-Vulkans und dem tiefen Tal des Rio Grande liegt diese 347 km² große Landschaft voller blauer Agaven. Die Kultivierung der Pflanze ist seit prähistorischen Zeiten einer der Haupterwerbszwecke der Gegend und hat sie geprägt. Die Agavenlandschaft und die lokale Architektur der Haciendas, die Distillerien, Fabriken und Tabernas inspirierten kulturelle Ausdrucksformen der nationalen Identität Mexikos, die in der ganzen Welt beworben wurden. Die Gegend umfasst eine lebendige Arbeitslandschaft aus bebauten Feldern und den Siedlungen Tequila, Arenal und Amatitan mit ihren Distillerien, wo die Agave fermentiert und zu Tequila destilliert wird.

Zudem ist die Stätte ein Zeugnis für die Teuchitlan-Kulturen, welche die Tequilaregion in der Zeit von 200 bis 900 prägten. Sie nutzten die Agave für die Herstellung von wichtigen Grundprodukten, wie Fasern, Baumaterialien, Waffen, Zucker, Honig, Medikamente, Papier und Alkohol. Die Teuchitlan-Gesellschaft wurde reich durch ihr Monopol auf die Agavenressourcen.

Die nährstoffarmen Böden der Tequilaregion und das raue Gelände sind das ideale Umfeld für die Zucht der Agavenpflanze, die seit prähistorischen Zeiten für diverse Zwecke genutzt wird. Der Tequilaschnaps wurde im 18. Jh. zunächst mit der Region Jalisco assoziiert, nach der Revolution von 1910 schließlich mit ganz Mexiko. Die Agavenkultur wird heute als Teil der nationalen Identität Mexikos betrachtet.

Megalithische Steinkreise von Senegambia

Gambia und Senegal

Begründung der Aufnahme: Meisterwerk menschlicher Schöpferkraft, Zeugnis einer Kultur

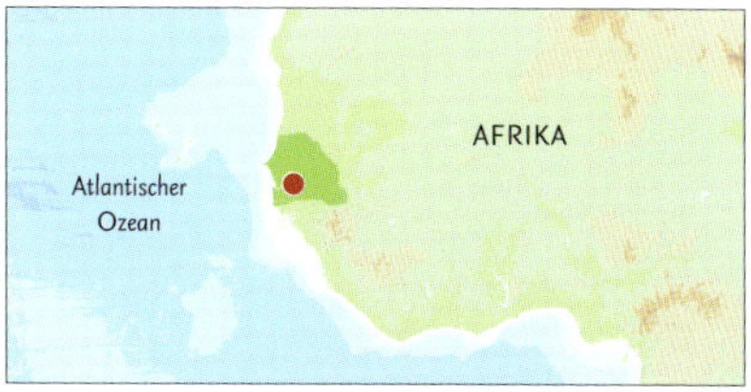

Die Stätte besteht aus vier großen Gruppen von Steinkreisen, die eine außergewöhnliche Konzentration von über 1000 Monumenten darstellen, die auf einem 100 km breiten und 350 km langen Band entlang des Flusses Gambia zu finden sind. Die vier Gruppen, Sine Ngayène, Wanar, Wassu und Kerr Batch, enthalten insgesamt 93 Steinkreise und zahlreiche Grabhügel, von denen einige geöffnet wurden. Die Funde lassen sich auf Entstehungszeiten zwischen dem 3. Jh. v. Chr. und dem 16. Jh. n. Chr. datieren.

Die Steine, aus denen die Kreise bestehen, wurden mit Eisenwerkzeugen aus nahen Lateritsteinbrüchen gebrochen und zu fast identischen Säulen geformt, die entweder zylindrisch oder polygonal und durchschnittlich 2 m hoch sind; sie wiegen bis zu sieben Tonnen. Die Kreise enthalten zwischen acht und 14 Säulen und weisen Durchmesser von 4 bis 6 m auf.

◄ Steinkreis in Wassu

Felsmalereien in Kondoa

Vereinigte Republik Tansania

Begründung der Aufnahme: Zeugnis einer Kultur, Verknüpfung mit Ereignissen von universeller Bedeutung

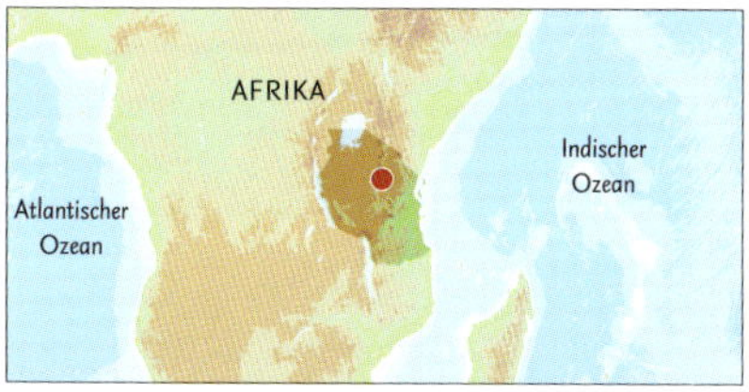

An den östlichen Hängen der Masai-Steilhänge am Rand des Afrikanischen Grabenbruchs gibt es natürliche Felsschutzdächer in Form von Felsüberhängen aus Sedimentgestein, die durch Steilabbrüche voneinander getrennt sind. Ihre vertikalen Ebenen wurden seit mindestens zwei Jahrtausenden für Felsmalereien genutzt. Die spektakuläre Sammlung in über 150 dieser Halbhöhlen auf 2336 km² umfasst viele Felsbilder von hohem künstlerischem Wert. Sie stellen ein einzigartiges Zeugnis dar für die sich verändernde sozioökonomische Basis der Region, deren Bewohner sich von Jägern und Sammlern zu Bauern und Hirten entwickelten; die Darstellungen verweisen auch auf den Glauben, der mit den unterschiedlichen Gesellschaftsformen verbunden war.

Die Kondoa-Stätten zeugen vom Leben der Jäger und Sammler und späteren Landwirte, die über mehrere Jahrtausende in dieser Gegend lebten. Die Felsenkunst ist für die lokalen Gemeinschaften noch immer wichtig; sie nutzen sie für Rituale der Regenerzeugung, für Wahrsagung und Heilung.

Felsmalereien in Chongoni

Malawi

Begründung der Aufnahme: Zeugnis einer Kultur, Verknüpfung mit Ereignissen von universeller Bedeutung

Die dichte und umfassende Sammlung von Felsenkunst in geschützten Halbhöhlen zeugt von der beachtlichen Beständigkeit dieser Kulturtradition über viele Jahrhunderte hinweg. Die Felsenmalereien sind verbunden mit weiblichen Initiationsriten, dem Regenmachen und Begräbnisritualen. Durch diese Traditionen wird Chongoni-Landschaft zu einer starken Kraft in der Gesellschaft der Chewa und zu einem wichtigen Ort für das ganze südliche Afrika.

Diese 127 Stätten verteilen sich in einer Gruppe bewaldeter Granithügel auf 126,4 km^2 hoch oben auf der Hochebene Zentralmalawis. Sie weisen die dichteste Ansammlung von Felsmalereien in Zentralafrika auf und spiegeln eine relativ seltene Tradition von Felsenkunst in einer landwirtschaftlichen Gesellschaft wider; sie umfassen zudem Gemälde der Jäger- und Sammlergesellschaft der Ba-Twa, die seit der späten Steinzeit in der Gegend leben.

Die Landwirte der Chewa, deren Vorfahren seit der späten Eisenzeit die Region bewohnt haben, praktizierten die Felsbemalung bis weit in das 20. Jh. hinein. Die Symbole auf den Felsen, die stark mit Frauen assoziiert sind, haben noch immer kulturelle Relevanz unter den Chewa, und die Stätten spielen eine Rolle bei Zeremonien und Ritualen.

Naturreservat Malpelo

Kolumbien

Begründung der Aufnahme: besonderes Naturphänomen, Schauplatz spezieller ökologischer und biologischer Prozesse

Man geht davon aus, dass die Malpelo-Insel über einem geologischen Hotspot liegt und bei einem Aufbrechen des Erdmantels entstanden ist. Auf ihrer felsigen Oberfläche wächst eine karge Vegetation aus Farnen, Flechten, Moosen und Algen, die von Guano gedüngt werden.

Die Stätte liegt etwa 506 km vor der Küste Kolumbiens und besteht aus der Insel Malpelo (3,5 km^2) und dem umgebenden Meeresgebiet (8572 km^2). Dieser ausgedehnte Meerespark ist die größte Zone im östlichen tropischen Pazifik, in der Fischfang verboten ist; er stellt einen wichtigen Lebensraum für international bedrohte Meereslebewesen dar, und sein reiches Nahrungsangebot sorgt für eine große marine Artenvielfalt. Vor allem für Haie, Riesenzackenbarsche und Speerfische ist er ein wahres Sammelbecken. Aufgrund der steilen Felswände und der Höhlen von überwältigender natürlicher Schönheit gilt das Naturreservat auch als eine der besten Tauchgegenden der Welt. Die tiefen Gewässer bieten wichtigen Populationen großer Raubfische und pelagischer Arten eine ungestörte Umgebung, in der sie ihre natürlichen Verhaltensmuster beibehalten können.

Bergbau-Landschaft von Cornwall und West-Devon

Großbritannien

Begründung der Aufnahme: Zeugnis kulturellen Austauschs, Zeugnis einer Kultur, Erbe von besonderer menschheitsgeschichtlicher Bedeutung

Die materiellen Überreste des Kupfer- und Zinnbergbaus zeugen vom Beitrag von Cornwall und West-Devon zur Industriellen Revolution in Großbritannien und vom fundamentalen Einfluss der Region auf die gesamte Welt des Bergbaus. Die Gegend war das Kernland, von dem aus neue Bergbautechnologie rasche Verbreitung fand; das Fachwissen und die Technologie wurden in Form von Maschinen, Maschinenhäusern und Bergbaugerätschaften in die ganze Welt exportiert.

Ein Großteil der lokalen Landschaft veränderte sich im 18. und frühen 19. Jh. infolge der schnellen Ausbreitung des Bergbaus. Tiefe unterirdischen Minen, Maschinenhäuser, Gießereien, neue Städte, große Häuser und Anwesen, Kleinfarmen, Häfen und Nebenindustrien (z. B. Schmelzhütten), Kanäle und Schienenwege spiegeln die produktive Innovationskraft wider, die dazu führte, dass die Region im frühen 19. Jh. zwei Drittel des Weltbedarfs an Kupfer produzierte.

Der Erfolg der Kupfer-, Zinn- und Arsenminen von Cornwall und West-Devon basierte auf dem Abbau unter Tage mit tiefen Schächten, der durch technologische Innovationen erst möglich gemacht wurde; dazu gehören Sprengsicherungen und Entwicklungen im Bereich der dampfbetriebenen Pumpen.

Als der Bergbau in der Gegend in den 1860er-Jahren an Bedeutung verlor, emigrierten viele Minenarbeiter.

Pumpenhaus Tonwanroath der Mine Wheal Cotes, St. Agnes in Cornwall ▼

Biskaya-Brücke
Spanien

Begründung der Aufnahme: Meisterwerk menschlicher Schöpferkraft, Zeugnis kulturellen Austauschs

Die Biskaya-Brücke wurde vom angesehenen baskischen Architekten Alberto de Palacio, einem Schüler von Gustave Eiffel, entworfen. Die Brückenstruktur ist 45 m hoch und erstreckt sich auf 160 m über den Fluss.

Die Biskaya-Brücke (*Bizkaiko Zubia* in der baskischen Sprache) überbrückt die Mündung des Flusses Ibaizabal im Baskenland und war die weltweit erste Brücke dieses Typs, bei dem Personen und Fahrzeuge in einer Hängegondel über den Fluss befördert werden. Sie gehört zu den herausragenden architektonischen Eisenkonstruktionen der Industriellen Revolution.

Die Brücke war die Lösung eines Problems, das darin bestand, die beiden Städte Portugalete und Getxo zu verbinden, ohne die Schifffahrt auf dem Fluss zu stören. Ihre Konstruktion kombinierte Eisenbautraditionen aus dem 19. Jh. mit einer zu jener Zeit innovativen Technologie von leichten, verdrillten Stahlseilen. Ihr Erfolg machte sie zu einem Vorbild für viele ähnliche Brücken in Europa, Afrika und Süd- und Nordamerika, von denen heute nur noch wenige erhalten sind.

Die Brücke wurde im spanischen Bürgerkrieg bombardiert und beschädigt, doch abgesehen davon ist sie seit ihrer Eröffnung im Jahr 1893 ununterbrochen in Betrieb gewesen.

Le Strade Nuove und Palazzi dei Rolli in Genua

Italien

Begründung der Aufnahme: Zeugnis kulturellen Austauschs, Erbe von besonderer menschheitsgeschichtlicher Bedeutung

Le Strade Nuove und das System der Palazzi dei Rolli in Genuas Altstadt stammen aus dem späten 16. und frühen 17. Jh., als die Republik Genua finanziell und im Bereich der Seefahrt auf dem Höhepunkt ihrer Macht war. Die Stätte zeugt von einem urbanen Entwicklungsprojekt, bei dem eine öffentliche Autorität Parzellen innerhalb eines einheitlichen Rahmens einteilte und das mit einem besonderen System der „öffentlichen Unterkunft" in Privatresidenzen verbunden war, wie es ein Erlass des Senats 1576 bestimmte. Es war das erste Projekt dieser Art in Europa.

Die Stätte umfasst ein Ensemble aus Renaissance- und Barockpalästen entlang der sogenannten „neuen Straßen", den Strade Nuove. Diese Palazzi dei Rolli weisen eine außergewöhnliche Vielfalt an architektonischen Lösungen auf und wurden an die Besonderheiten der Gegend und die Anforderungen einer bestimmten sozialen und ökonomischen Organisation angepasst. Sie bilden auch ein ursprüngliches Beispiel für ein öffentliches Netzwerk von Privatresidenzen, die ausgelegt waren, Staatsgäste aufzunehmen.

Die Paläste (Palazzi) sind generell drei bis vier Stockwerke hoch und verfügen auf relativ engem Raum über spektakuläre Treppenaufgänge, Innenhöfe und Loggien, die auf Gärten blicken. Da ihre Eigentümer verpflichtet waren, Staatsgäste aufzunehmen, wurde dieses architektonische Modell weithin bekannt.

Yin Xu

China

Begründung der Aufnahme: Zeugnis kulturellen Austauschs, Zeugnis einer Kultur, Erbe von besonderer menschheitsgeschichtlicher Bedeutung, Verknüpfung mit Ereignissen von universeller Bedeutung

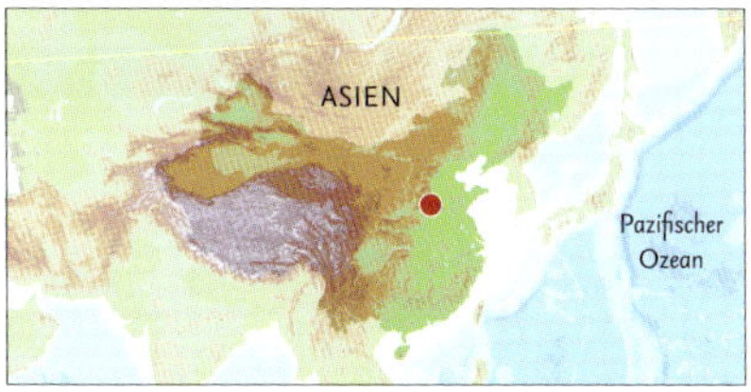

Die archäologische Stätte Yin Xu in der Nähe von Anyang, etwa 500 km südlich von Peking, ist eine antike Hauptstadt aus der späten Shang-Dynastie (1300–1046 v. Chr.). Sie zeugt vom goldenen Zeitalter der frühen chinesischen Kultur, Handwerkskunst und Wissenschaft, einer Zeit großen Reichtums in der chinesischen Bronzezeit. An der Stätte wurden königliche Gräber und Paläste gefunden, die Prototypen einer späteren chinesischen Architektur, darunter der Palast und die königlichen Ahnenschreine mit über achtzig Häuserfundamenten und dem einzigen erhaltenen Grab eines Mitglieds der Königsfamilie aus der Shang-Dynastie, das Grab des Fu Hao. Die große Anzahl und die herausragende Kunstfertigkeit der gefundenen Grabbeigaben zeugen von der Fortschrittlichkeit der Handwerkskunst zur Shang-Zeit. Die Schriftzeichen auf den Orakelknochen, die in Yin Xu gefunden wurden, sind ein unschätzbares Zeugnis der Entwicklung von alten Glaubensvorstellungen, Sozialsystemen und einem der ältesten Schriftsysteme der Welt.

Die in Yin Xu gefundene Orakelknochenschrift ist die älteste bekannte Schriftform. Orakelknochen, oder Schildkrötenpanzer, wärmte man auf, um die entstehenden Risse zu deuten, und schrieb anschließend die auf diese Weise erhaltene Prophezeiungen in den Knochen ein.

Aflaj-Bewässerungssystem
Oman

Begründung der Aufnahme: traditionelle Siedlungsform

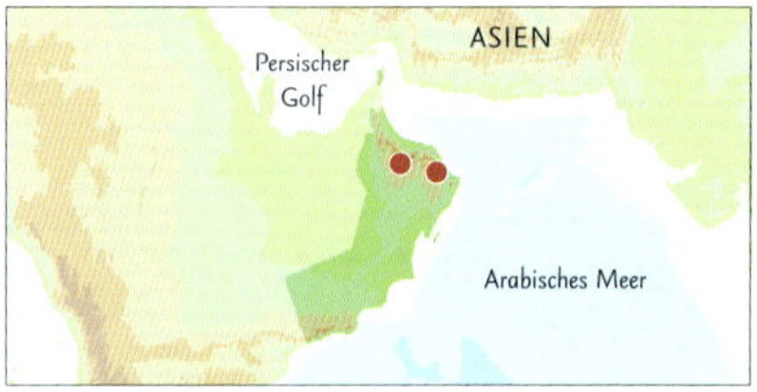

Die Stätte umfasst fünf Aflaj-Bewässerungssysteme, die repräsentativ sind für etwa 3000 solcher Systeme, die im Oman noch immer verwendet werden. Die Ursprünge dieses Systems der Bewässerung reichen womöglich bis auf das Jahr 500 v. Chr. zurück, und archäologische Nachweise legen nahe, dass in dieser extrem trockenen Gegend bereits 2500 v. Chr. Bewässerungssysteme existierten. Das Wasser wird mithilfe der Schwerkraft aus unterirdischen Quellen kanalisiert, um in der Landwirtschaft oder im Haushalt zum Einsatz zu kommen. Die gerechte und effektive Verwaltung und Verteilung des Wassers in Dörfern und Städten untermauert noch immer eine gegenseitige Abhängigkeit sowie kommunale Werte und wird von astronomischen Beobachtungen geleitet. Die Stätte verfügt über zahlreiche Wachtürme zur Verteidigung des Wassersystems, was die historische Abhängigkeit der Gemeinschaften vom Aflaj-System zum Ausdruck bringt.

Das Wort „Aflaj“ ist der Plural von „Falaj“, was „aufteilen“ bedeutet. Die gerechte Verteilung einer knappen Ressource zur Sicherung der Nachhaltigkeit zeichnet dieses antike Bewässerungssystem aus.

Aapravasi Ghat
Mauritius

Begründung der Aufnahme: Verknüpfung mit Ereignissen von universeller Bedeutung

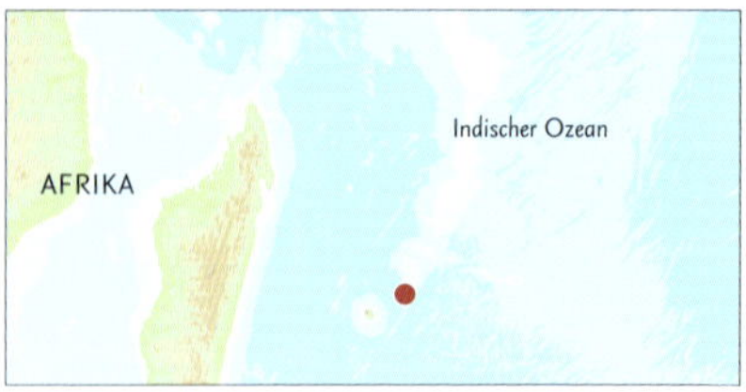

An dieser 1640 m² umfassenden Stätte in Port Louis begann die Diaspora der modernen Schuldknechte. 1834 wählte die britische Regierung die Insel Mauritius zur ersten Stätte des sogenannten „großen Experiments“, bei dem es um die Nutzung von „freien“ Arbeitskräften als Ersatz für Sklaven ging. Zwischen 1834 und 1920 kamen fast eine halbe Million Schuldknechte aus Indien am Aapravasi Ghat an, um auf den Zuckerplantagen von Mauritius zu arbeiten oder nach Réunion, Australien, Süd- und Ostafrika oder die Karibik überführt zu werden. Die Gebäude des Aapravasi Ghat gehören zu den frühesten expliziten Manifestationen dessen, was später zu einem globalen Wirtschaftssystem werden sollte und eine der größten Migrationen der Geschichte einleitete.

Das Immigrantenlager, das die indischen Einwanderer aufnahm, ist ein Gebäudekomplex in Port Louis. Von der Originaleinrichtungen, die Mitte des 19. Jh. gegründet wurden, sind heute nur noch etwa 15% erhalten.

Crac des Chevaliers und Qal'at Salah El-Din

Arabische Republik Syrien

Begründung der Aufnahme: Zeugnis kulturellen Austauschs, Erbe von besonderer menschheitsgeschichtlicher Bedeutung

Crac des Chevaliers und Qal'at Salah El-Din gehören zu den weltweit frühesten Beispielen mittelalterlicher Festungen. Beide waren Kreuzfahrerburgen. Die Crac des Chevaliers (Ritterfestung) oder Qala'at al-Hosn wurde vom Johanniterorden aus Jerusalem, den Malteserrittern, an der Stelle einer bestehenden Festung errichtet und entwickelte sich zur größten Kreuzfahrerfestung im Heiligen Land. Sie fiel schließlich bei einer Belagerung der Mameluken im Jahr 1271. Die prächtige Crac wurde größtenteils in ihrem ursprünglichen Zustand wiederaufgebaut und thront noch immer über dem Umland zwischen Homs und Tartous. Die Qal'at Salah El-Din (Saladinsburg) liegt teilweise in Ruinen, bewahrte aber Merkmale von der ursprünglichen, byzantinischen Konstruktion aus dem 10. Jh., der Verstärkung durch die Kreuzfahrer im 12. Jh. und der Veränderungen, die die Ayyubiden unter Saladin, dem Sultan von Ägypten und Syrien, im Jahr 1188 vornahmen.

Crac des Chevaliers schützte die Route von Syrien ins Heilige Land und war Teil einer Reihe von Kreuzfahrerfestungen, die den östlichen Mittelmeerraum beherrschten. Der britische Soldat und Gelehrte T. E. Lawrence nannte sie die „womöglich am besten erhaltene und in ihrer Gesamtheit erstaunlichste Festung der Welt".

Qal'at Salah El-Din wurde 1957 zu Ehren des muslimischen Feldherrn Saladin umbenannt.

Crac des Chevaliers ▼

Kupferminenstadt Sewell
Chile

Begründung der Aufnahme: Zeugnis kulturellen Austauschs

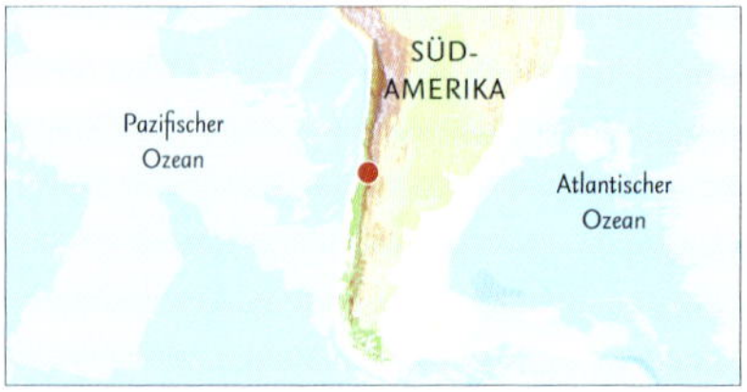

Die Kupferminenstadt Sewell liegt in den Anden auf 2000 m Höhe, etwa 60 km östlich von Rancagua, in einer Umgebung, die von einem extremen Klima geprägt ist. Die Stadt wurde 1905 von der Braden Copper Company als Arbeiterunterkunft an der Stätte errichtet, die zur größten unterirdischen Kupfermine der Welt werden sollte: El Teniente. Sie ist ein herausragendes Beispiel für die Werkssiedlungen, die in entlegenen Gegenden der Welt durch eine Fusion von lokalen Arbeitskräften und den Ressourcen einer industrialisierten Nation geschaffen wurden, um Bergbau zu betreiben und hochwertige Naturressourcen zu bearbeiten. Die Stadt wurde auf einem Gelände erbaut, das zu steil für Radfahrzeuge war. Vom Bahnhof aus erhob sich zu beiden Seiten eine Treppe. Plätze von unregelmäßiger Form mit dekorativen Bäumen und Pflanzen waren die wichtigsten öffentlichen Plätze der Stadt. Alle Gebäude entlang der Straßen wurden aus Holz angefertigt und oft in lebendigem Grün-, Gelb-, Rot- oder Blautönen angemalt. Zu seinen Hochzeiten zählte Sewell 15000 Einwohner; die Stadt wurde jedoch in den 1970er-Jahren größtenteils verlassen.

Die einzige Transportmöglichkeit dieser Stadt, die an einem für Autos zu steilen Hang erbaut wurde, war die Eisenbahn. Es gab keine Straßen innerhalb der Stadt; von der mittleren Treppe verliefen Pfade zu kleineren Plätzen und untergeordneten Treppen, die die unterschiedlichen Ebenen verbanden. Sewell wurde daher auch als „Stadt der Treppen" bezeichnet.

Bisotun
Islamische Republik Iran

Begründung der Aufnahme: Zeugnis kulturellen Austauschs, Zeugnis einer Kultur

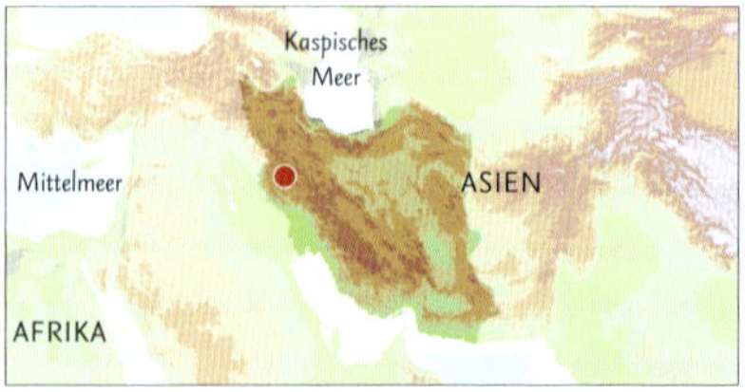

Bisotun liegt an der antiken Handelsroute, die das iranische Hochland mit Mesopotamien verband. Die Stätte weist sowohl Überreste aus prähistorischen Zeiten als auch aus der medischen, achämenidischen, sassanidischen und der Zeit der Il-Khane auf. Das wichtigste Kulturdenkmal dieser archäologischen Stätte ist das Flachrelief mit den Inschriften in Keilschrift, die Dareios I. der Große anfertigen ließ, als er 521 v. Chr. den Thron des Perserreichs bestieg. Sie zeugt vom Austausch kultureller Einflüsse bei der Entwicklung der monumentalen Kunst und der Schrift in dieser Region des Perserreichs.

Das Flachrelief am Felsmassiv von Bisotun ist etwa 15 m hoch und 25 m lang und zeigt eine Darstellung von Dareios, der über einen Rivalen triumphiert. Darunter und daneben findet sich die Inschrift in Keilschrift, die in drei Sprachen – Elamisch, Babylonisch und Altpersisch – die Kriege beschreibt, die der König geführt hat.

Oper von Sydney
Australien

Begründung der Aufnahme: Meisterwerk menschlicher Schöpferkraft

Das Opernhaus besteht aus drei Gruppen von ineinander übergehenden gewölbten „Muscheln", die zwei große Veranstaltungssäle und ein Restaurant überdachen. Diese Muschelstrukturen sitzen auf einer großen Plattform auf und sind von Terrassen umgeben, die als Fußgängerzonen dienen.

Die Oper von Sydney wurde 1973 eingeweiht. Sie ist eine der großen architektonischen Errungenschaften des 20. Jh., und sowohl ihre architektonische Form als auch ihre Baukonstruktion vereinen in sich mannigfaltige kreative Ideen und Innovationen. Das Gebäude stellt eine große urbane Skulptur dar, die eigebettet ist in eine bemerkenswerte Umgebung aus Wasser, da sie an der Spitze einer Halbinsel liegt, die sich in den Hafen von Sydney hineinzieht. Das Bauwerk hatte einen andauernden Einfluss auf die Architektur. Das Projekt der Oper von Sydney, das 1957 von einer internationalen Jury an den dänischen Architekten Jørn Utzon vergeben wurde, markierte einen radikal neuen Konstruktionsansatz. Utzons ursprüngliches Planungskonzept und seine einzigartige Herangehensweise an den Bau gaben vielen Architekten, Ingenieuren und Bauträgern einen Anstoß zur kollektiven Kreativität.

Iwami-Ginzan-Silbermine und Kulturlandschaft

Japan

Begründung der Aufnahme: Zeugnis kulturellen Austauschs, Zeugnis einer Kultur, traditionelle Siedlungsform

Die Iwami-Ginzan-Silbermine im Südwesten der Insel Honshu liegt inmitten von Bergen, die sich auf 600 m erheben und von tiefen Flusstälern durchzogen sind; in diesen Tälern finden sich die archäologischen Überreste großer Minen, Schmelzen, Raffinerien und Minensiedlungen, in denen zwischen dem 16. und 20. Jh. gearbeitet wurde. Die Minen trugen wesentlich zur gesamten wirtschaftlichen Entwicklung von Japan und Südostasien im 16. und 17. Jh. bei und regten die Massenproduktion von Silber und Gold in Japan an.

Das Minengebiet ist heute dicht bewaldet. Zur Stätte gehören Festungen, Schreine, Teile der Kaidô-Transportroute zur Küste und drei Hafenstädte, Tomogaura, Okidomari und Yunotsu, von denen aus das Erz nach Korea und China verschifft wurde.

Japan war ein wichtiger Silberproduzent. In der ersten Hälfte des 17. Jh., als die Produktion in Iwami-Ginzan ihren Höhepunkt erreicht hatte, wurde hier schätzungsweise fast ein Drittel der globalen Silberproduktion gefördert.

Kulturlandschaft Richtersveld

Südafrika

Begründung der Aufnahme: Erbe von besonderer menschheitsgeschichtlicher Bedeutung, traditionelle Siedlungsform

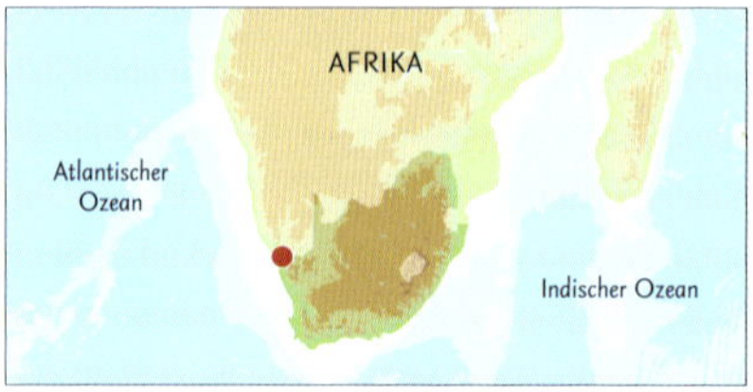

Die 1600 km² umfassende Kulturlandschaft Richtersveld steht unter kommunaler Eigentümerschaft und Verwaltung. Es handelt sich um eine dramatische Bergwüste im Nordwesten von Südafrika. Die Stätte ermöglicht die halbnomadische Hirtenlebensweise des Nama-Volks und zeugt von saisonalen Mustern, die möglicherweise seit zwei Jahrtausenden im südlichen Afrika bestehen.

Es ist die einzige Region, in der die Nama noch immer tragbare Schilfmattenhütten (*Haru om*) bauen. Die Kulturlandschaft ermöglicht die saisonale Wanderung und bietet Weideflächen und traditionelle Lagerplätze. Die Hirten sammeln medizinische und andere Pflanzen und blicken auf eine lange mündlich überlieferte Tradition zurück, die mit diversen Orten und Merkmalen der Landschaft verbunden ist.

Die großen, gemeinsam genutzten Weideflächen zeugen von einem Landverwaltungsprozess, der den Schutz der sukkulentenreichen *Karoo*-Vegetation gewährleistete. Die saisonal wechselnden Weideordnungen der Nama, die die umfassende Artenvielfalt der Region unterstützen, waren einst weit verbreitet, sind heute jedoch gefährdet.

Rotes Fort
Indien

Begründung der Aufnahme: Zeugnis kulturellen Austauschs, Zeugnis einer Kultur, Verknüpfung mit Ereignissen von universeller Bedeutung

Das im Jahr 1648 fertiggestellte Rote Fort in Agra repräsentiert den Höhepunkt der mogulischen Kreativität. Der Palastplan basiert auf der standardmäßigen islamischen Bauform, aber jeder Pavillon weist architektonische Elemente auf, die typisch sind für die mogulische Bauweise: eine Fusion aus persischen, timuridischen, hinduistischen und islamischen Traditionen.

Kaiser Shah Jahan machte Shahjahanabad zu seiner Hauptstadt und ließ den Komplex des Roten Forts als seine Palastfestung erbauen. Das Gebäude wurde von verzierten roten Sandsteinmauern umgeben, die insgesamt 2,5 km lang sind. Die innovative Planung, die Gärten und der architektonische Stil des Fortkomplexes hatten einen starken Einfluss auf die spätere Gebäude- und Gartenplanung in Rajasthan, Delhi und Agra. Seit seiner Erbauung ist das Rote Fort ein mächtiges Symbol für die indische Nation. Während des indischen Aufstandes von 1857–1858 nahm die britische Armee das Fort ein und hielt es bis zur indischen Unabhängigkeit im Jahr 1947. Es ist seitdem ein Zentrum der nationalen Unabhängigkeitsfeiern.

Das Mogulreich in Indien bestand von 1526 bis in die Mitte des 18. Jh. Um 1700 erreichte es den Höhepunkt seiner Macht, als es fast den gesamten Subkontinent umfasste.

Das bemerkenswerteste erhaltene Erbe des Reiches ist seine Architektur: Shah Jahan, der das Rote Fort errichten ließ, war auch der Erbauer des Taj Mahal.

Nationalpark Teide (Teneriffa)

Spanien

Begründung der Aufnahme: besonderes Naturphänomen, Zeugnis wichtiger Stadien der Erdgeschichte

Der Nationalpark Teide liegt auf der Insel Teneriffa und enthält den Schichtvulkan Pico del Teide, der mit 3718 m der höchsten Berg auf spanischem Boden ist. Er erhebt sich 7500 m über den Meeresgrund und gilt deshalb als dritthöchste vulkanische Struktur der Welt. Sein Gipfel ragt in einer spektakulären Umgebung auf, und der Anblick der Stätte ist umso beeindruckender, da die atmosphärischen Bedingungen beständig wechselnde Oberflächenstrukturen und Farbtöne in der Landschaft hervorrufen und ein Wolkenmeer schaffen, sodass eine stimmungsvolle Kulisse entsteht. Der Teide ist von globaler Bedeutung, da er ein Zeugnis der geologischen Prozesse darstellt, die der Entstehung ozeanischer Inseln zugrunde liegen.

Der Teide ist ein außergewöhnliches Beispiel für ein relativ altes, sich langsam bewegendes, geologisch komplexes und reifes Vulkansystem. Dank seiner mannigfaltigen und gut zugänglichen Merkmale auf einem relativ begrenzten Gebiet ist er ein wichtiger Ort für die internationale Forschung.

Archäologische Stadt Samarra

Irak

Begründung der Aufnahme: Zeugnis kulturellen Austauschs, Zeugnis einer Kultur, Erbe von besonderer menschheitsgeschichtlicher Bedeutung

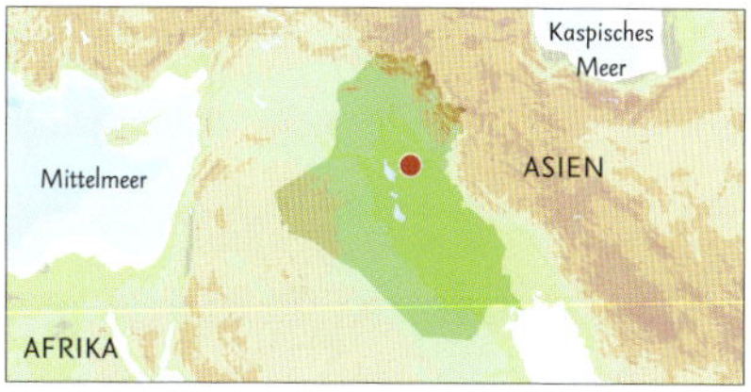

Die archäologische Stadt Samarra war einst eine einflussreiche islamische Hauptstadt, von der aus die Provinzen des Abbasidenreichs, die sich von Tunesien bis Zentralasien erstreckten, ein Jahrhundert lang regiert wurden. Sie liegt zu beiden Seiten des Tigris, etwa 130 km nördlich von Bagdad; ihre Ausdehnung von Norden nach Süden beträgt 41,5 km, wobei ihre Breite zwischen 4 und 8 km variiert. Sie ist ein Zeugnis der architektonischen und künstlerischen Innovationen, die dort ihren Ursprung hatten und sich auf andere Regionen der islamischen Welt und darüber hinaus ausbreiteten. Die Große Moschee aus dem 9. Jh. und ihr spiralförmiges Minarett gehören zu den zahlreichen bemerkenswerten Baudenkmälern der Stätte, von denen noch etwa 80 % auszugraben sind.

Samarra enthält zwei der größten Moscheen und der größten Paläste der islamischen Welt. Geschnitzter Stuck, der als der Stil von Samarra bekannt ist, wurde hier entwickelt und breitete sich auf andere Teile der Region aus. Eine neue Art von Keramik, die sogenannte Lüsterware, wurde ebenfalls in Samarra entwickelt; sie imitiert Gegenstände aus wertvollen Metallen wie Gold und Silber.

Felsbilder und Kulturlandschaft von Gobustan

Aserbaidschan

Begründung der Aufnahme: Zeugnis einer Kultur

Die Kulturlandschaft von Gobustan umfasst drei Regionen eines Plateaus aus Felsblöcken, die sich aus der östlich-zentralen aserbaidschanischen Halbwüste erheben. Die Stätten weisen eine herausragende Sammlung von über 6000 Felsritzungen auf, die von einer 40 000 Jahre alten Felsenkunst zeugen. Es gibt auch Überreste von bewohnten Höhlen, Siedlungen und Begräbnisstätten, die alle die intensive Nutzung der Region durch die Bewohner während der feuchten Periode widerspiegeln, die auf die Eiszeit folgte und vom Jungpaläolithikum bis zum Mittelalter anhielt. Die Stätte bedeckt eine Fläche von 5,4 km² und ist Teil des größeren Gobustan-Naturreservats.

Die Felskunst in Gobustan ist detailreich und breit gefächert: Sie zeigt Pflanzen und Tiere ebenso wie menschliche Figuren beim Tanzen, Jagen, Kämpfen und Bootfahren. In der Nähe finden sich Inschriften, die Truppen Alexanders des Großen und Soldaten von Kaiser Trajan hinterlassen haben.

◄ Felsritzung eines Tieres, Gobustan

Karstlandschaft in Südchina

China

Begründung der Aufnahme: besonderes Naturphänomen, Zeugnis wichtiger Stadien der Erdgeschichte

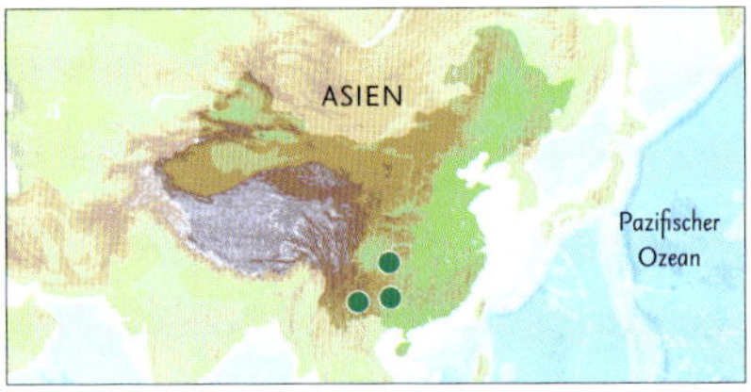

Die Karstlandschaft in Südchina umfasst eine Fläche von 500 000 km², die hauptsächlich in den Provinzen Yunnan, Guizhou und Guangxi liegt. Die Gegend weist in unterschiedlichen geografischen Umgebungen mit humiden, subhumiden, tropischen und subtropischen Klimabedingungen eine Reihe von Karstformationen auf. Sie besteht aus drei Gruppen: Shilin-Karst, Libo-Karst und Wulong-Karst.

Shilin in der Provinz Yunnan enthält klassische Beispiele für Steinwälder, die für ihre hohen Kalksteinspitzen und -türme mit ihren tiefen und steilen Abhängen bekannt sind (Abb. rechts). Sie entstanden über einen Zeitraum von etwa 270 Mio. Jahren während vier großer geologischer Perioden zwischen dem Perm und der heutigen Zeit und illustrieren die episodische Natur der Entwicklung dieser Karstobjekte. Die Steinwälder von Shilin gelten als unübertreffliche Naturphänomene und stellen aufgrund der Formenvielfalt ihrer Gipfel, die umfangreicher ist als in jeder anderen Karstlandschaft dieser Erde, eine Weltreferenz dar. Sie weisen zudem ein breites Spektrum an Farben auf.

Libo enthält Karbonataufschlüsse unterschiedlichen Alters, die über Millionen Jahre hinweg durch Erosionsprozesse zu beeindruckenden Kegel- und Turmkarstgebilden geformt wurden. Die Gegend umfasst eine Kombination aus zahlreichen hohen Karstgipfeln, tiefen Dolinen (Karsttrichter), abtauchenden Wasserläufen und langen Flusshöhlen. Libo ist auch für seine Artenvielfalt bekannt; hier leben über 314 Wirbeltierarten und 1532 Pflanzenarten, darunter einige endemische Arten sowie einige Pflanzen und Tiere, die global oder national bedroht sind.

Wulong repräsentiert hohe Binnenland-Karstebenen, die beträchtlich nach oben geschoben wurden; hier finden sich auch gewaltige Einbrüche und hohe natürliche Brücken zwischen tiefen, nicht überdachten Höhlen. Die gewaltigen Dolinen und Brücken sind charakteristisch für die südchinesischen Tiankeng-Landschaften. Die Landschaft von Wulong zeugt von der Geschichte eines der größten Flusssysteme der Welt: des Yangtse und seiner Nebenflüsse.

Minderheitenvölker leben in zwei der Karstregionen und stellen den Großteil der dortigen Bevölkerung. Zwischen dem Karst und der kulturellen Identität und den Traditionen der Menschen besteht eine enge Verbindung. Das Volk der Yi in Shilin hat einen Lebensstil entwickelt, der an die Karstumgebung angepasst ist, und die Steinwälder sind in jedem Aspekt ihrer Kultur repräsentiert. Das Volk der Shui in Libo hat sein Land seit mindestens 1000 Jahren bewirtschaftet und so ein hervorragendes Beispiel für nachhaltige Waldwirtschaft geschaffen.

Shilin-Steinwald in der Provinz Yunnan ▶

Vier Arten der Karstlandschaft in der Gegend werden als herausragend betrachtet. Diese sind: „Fengkong"-Karst (Kegelkarst), der von verbundenen, kegelförmigen Bergen und Einbrüchen, Tälern und Schluchten geprägt ist; „Fengling"-Karst (Turmkarst), der aus isolierten Kegeln und Türmen auf weiten Ebenen besteht; Steinwälder mit einer breiten Vielfalt an eng beieinander stehenden Gipfeln und Türmen; und „Tiankeng"-Karst (riesige Dolinen) – massive, kreisförmige Bruchstrukturen, die oft in der Nähe von spektakulären Schluchten und dekorierten Höhlen liegen, wo durch Höhlen- oder Dolineneinbrüche natürliche Steinbrücken entstehen können.

Universitätscampus der Universidad Nacional Autónoma de México

Mexiko

Begründung der Aufnahme: Meisterwerk menschlicher Schöpferkraft, Zeugnis kulturellen Austauschs, Erbe von besonderer menschheitsgeschichtlicher Bedeutung

Das Ensemble aus Gebäuden, Sporteinrichtungen und offenen Flächen des Universitätscampus der Universidad Nacional Autónoma de México (UNAM) wurde zwischen 1949 und 1952 von über 60 Architekten, Ingenieuren und Künstlern gemeinsam errichtet. Das Ergebnis ist ein Campus, der ein einzigartiges Beispiel für den Modernismus des 20. Jh. darstellt. Er integriert Raumplanung, Architektur, Ingenieurswesen, Landschaftsgestaltung und bildende Künste und verweist dabei auf lokale Traditionen, insbesondere auf die prähispanische Vergangenheit Mexikos. Das Ensemble verkörpert soziale und kulturelle Werte von universeller Bedeutung und ist eines der bedeutendsten Symbole der Moderne in Lateinamerika.

Die Biblioteca Central der UNAM ist das bekannteste und ikonischste Gebäude der Universität. Die vier Wände sind mit Fliesenbildern des mexikanischen Künstlers Juan O'Gorman bedeckt; sie zeigen das historische und das moderne Mexiko sowie die Universität.

Felsgravuren von Twyfelfontein

Namibia

Begründung der Aufnahme: Zeugnis einer Kultur, traditionelle Siedlungsform

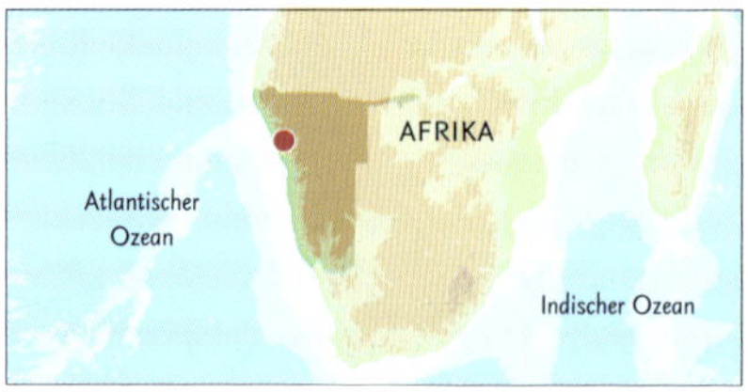

Twyfelfontein verfügt über eine der größten Konzentrationen von Petroglyphen (Felsgravuren) in Afrika. Die meisten dieser gut erhaltenen Gravuren stellen Nashörner, Elefanten, Strauße und Giraffen dar, ebenso wie Abbildungen von Menschen und Pfotenabdrücke von Tieren. Die Stätte umfasst auch sechs bemalte Abris (Halbhöhlen unter Felsüberhängen) mit Darstellungen von menschlichen Figuren aus rotem Ocker. Objekte, die an zwei Abschnitten ausgegraben wurden, stammen aus der späten Steinzeit. Die Stätte stellt eine umfassendes, kohärentes und hochwertiges Zeugnis der Riten der Jäger und Sammlergesellschaften in diesem Teil Afrikas dar, das in einem Zeitraum von mindestens 2000 Jahren entstanden ist.

Es sind über 2000 Abbildungen dokumentiert worden; bei den meisten handelt es sich um erkennbare Darstellungen von Tieren oder Tierspuren. Man geht davon aus, dass die bildlichen Darstellungen mit dem Glauben der Jäger und Sammler verbunden waren, die diese Region bis in die Zeit um 1000 v. Chr. dominierten.

Altstadt von Korfu
Griechenland

Begründung der Aufnahme: Erbe von besonderer menschheitsgeschichtlicher Bedeutung

Die Altstadt von Korfu auf der gleichnamigen Insel vor der Westküste von Albanien und Griechenland liegt an einer strategisch günstigen Position an der Einfahrt zur Adria. Ihre Ursprünge reichen bis in das 8. Jh. v. Chr. zurück. Die drei Festungen der Stadt wurden von bekannten venezianischen Architekten entworfen und vier Jahrhunderte lang genutzt, um die maritimen Handelsinteressen der Republik Venedig gegen das osmanische Reich zu verteidigen. Im Laufe der Zeit wurden die Festungen repariert und mehrere Male teilweise umgebaut; zuletzt geschah dies unter britischer Herrschaft im 19. Jh. Die hauptsächlich klassizistischen Gebäude der Altstadt stammen teilweise aus der venezianischen Zeit, teilweise aus dem 19. Jh. Als befestigter Mittelmeerhafen ist das Ensemble aus Hafen und Stadt in Korfu aufgrund seiner hohen Integrität und Authentizität bemerkenswert.

Die Festungen von Korfu waren zwischen dem 15. und dem 20. Jh. aktiv an vielen Konflikten zwischen westlichen und östlichen Mittelmeeranrainern beteiligt. Während des Umbaus wurden sie verändert, um Neuentwicklungen bei Angriffswaffen oder Verteidigungsprinzipien zu integrieren; zunächst geschah dies unter den Venezianern, anschließend unter den Briten.

Buchenurwälder in den Karpaten

Slowakei und Ukraine

Begründung der Aufnahme: Schauplatz spezieller ökologischer und biologischer Prozesse

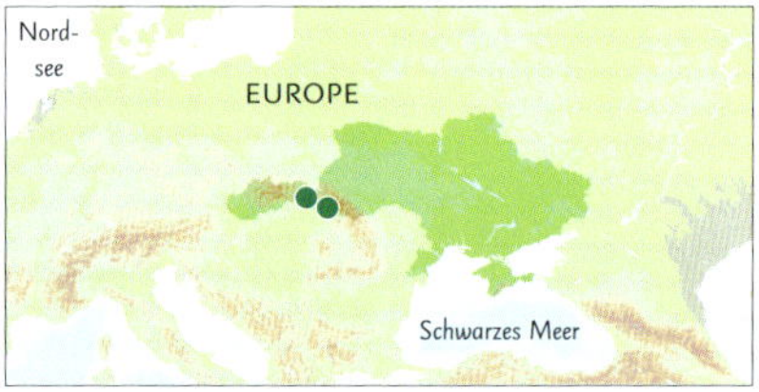

Die Buchenurwälder der Karpaten bestehen aus zehn einzelnen Stätten entlang einer Achse von 185 km und auf Höhen von 210 bis 1700 m. Sechs der Stätten liegen in der Ukraine, vier in der Slowakei.

Die Buchenurwälder in den Karpaten sind ein herausragendes Beispiel für unberührte und komplexe gemäßigte Wälder. Insgesamt bilden sie das größte existierende Urwaldgebiet der europäischen Buche (*Fagus sylvatica*). Sie repräsentieren alle Stufen des Buchenwalds bezüglich Alter und Entwicklung und enthalten die größten und höchsten Buchenarten der Welt. Insgesamt stellen die Wälder ein unschätzbares genetisches Reservoir für Buchen und viele andere Arten dar, die mit Waldlebensräumen verbunden sind und von diesen abhängen.

Die Gegenden enthalten vollständige und natürlich funktionierende Ökosysteme. Flora und Fauna sind reichhaltig und umfassen einige seltene und einzigartige Pflanzen- und Tierarten. Manche Arten, beispielsweise der Schwarzstorch, werden mit unberührten Waldlebensräumen assoziiert und sind auf diese angewiesen.

Die Wälder sind auch ein herausragendes Beispiel für die Wiederbesiedlung terrestrialer Ökosysteme und die Entwicklung ökologischer Gemeinschaften nach der letzten Eiszeit, ein Prozess, der noch immer andauert.

Rideau-Kanal
Kanada

Begründung der Aufnahme: Meisterwerk menschlicher Schöpferkraft, Erbe von besonderer menschheitsgeschichtlicher Bedeutung

Der von den Briten zur Verteidung Kanadas gegen die USA errichtete Rideau-Kanal war einer der ersten Kanäle, die speziell für dampfbetriebene Gefährte ausgelegt waren. Er ist der einzige Kanal in der langen Geschichte des nordamerikanischen Kanalbaus, der entlang seiner ursprünglichen Route noch immer in Betrieb ist und dessen Strukturen größtenteils noch intakt sind.

Zur Stätte gehört auch ein Ensemble von Befestigungen in Kingston – eine Erinnerung an die Zeit, als Britannien und die USA um die Kontrolle der Region wetteiferten. Der Rideau-Kanal war einer von mehreren Kanälen, die die Briten erbauten, nach dem sie im Krieg von 1812 Oberkanada gegen eine US-amerikanische Invasion verteidigt hatten. Gedacht war der Kanal als eine alternative Route zum Sankt-Lorenz-Strom, der von den Amerikanern leicht blockiert werden konnte. Allerdings wurde der Kanal seit seiner Fertigstellung niemals militärisch genutzt, sondern diente wichtigen kommerziellen Zwecken sowie Freizeitzwecken.

Der Bau des Rideau-Kanal war 1832 vollendet. Der Kanal umfasst 202 km der Flüsse Rideau und Cataraqui und reicht von Ottawas Süden bis nach Kingston am Ontariosee. Er ist das am besten erhaltene Beispiel für einen Stauwasserkanal in Nordamerika und demonstriert den Einsatz dieser europäischen Technologie in einem großen Maßstab.

Rideau-Kanal und Parlamentsgebäude, Parliament Hill, Ottawa ▼

Diaolou-Türme und Dörfer in Kaiping

China

Begründung der Aufnahme: Zeugnis kulturellen Austauschs, Zeugnis einer Kultur, Erbe von besonderer menschheitsgeschichtlicher Bedeutung

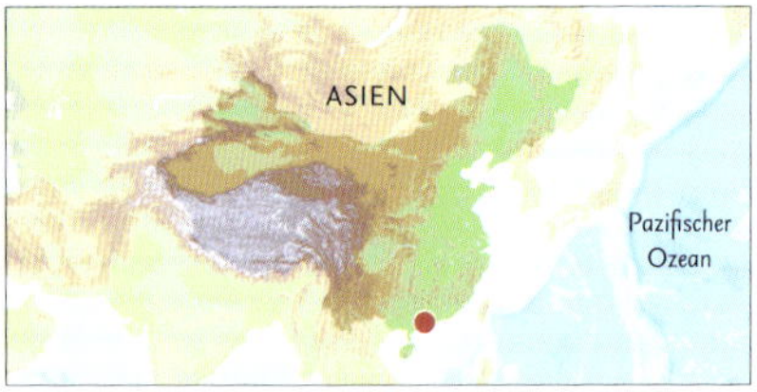

In den Dörfern in Kaiping stehen die Diaolou, mehrstöckige und zu Verteidigungszwecken errichtete Dorfhäuser, die eine komplexe und ausgeklügelte Fusion von chinesischen und westlichen Bau- und Dekorationsformen aufweisen. Die Haupttürme sind eine Gebäudeart, die durch ihre Lage und die extravagente Zurschaustellung des Reichtums die große Bedeutung der Emigranten aus Kaiping für die Entwicklung diverser Länder in Südasien, Australien und Nordamerika im späten 19. und frühen 20. Jh. widerspiegelt. Es gibt vier Gruppen von Diaolou, und 20 der symbolischsten Bauten sind in die Welterbeliste eingetragen worden. Drei Formen dieses Gebäudetyps lassen sich unterscheiden: die kommunalen Türme, die von mehreren Familien gebaut und als vorübergehende Unterkunft genutzt wurden, die Wohntürme einzelner reicher Familien, die als befestigte Residenzen dienten, und die Wachtürme. Die Bauwerke wurden aus Stein, gestampftem Lehm, Ziegeln oder Beton errichtet und fügen sich harmonisch in die umgebende Landschaft ein.

Das Errichten von Verteidigungstürmen war bereits seit der Ming-Dynastie eine lokale Tradition in der Kaiping-Gegend. Wegen des Reichtums der aus dem Ausland zurückkehrenden chinesischen Emigranten nahm das Banditentum in der Gegend zu; der Bau von Diaolous stellt eine Reaktion auf diese Bedrohung dar. Diejenigen, die zur Welterbestätte gehören, repräsentieren das finale Aufblühen einer jahrhundertealten Tradition.

Historisches Zentrum von Bordeaux („Hafen des Mondes“)

Frankreich

Begründung der Aufnahme: Zeugnis kulturellen Austauschs, Erbe von besonderer menschheitsgeschichtlicher Bedeutung

Der „Hafen des Mondes“, die Hafenstadt Bordeaux in Südwestfrankreich, wurde in die Welterbeliste aufgenommen als eine bewohnte historische Stadt, ein urbanes und architektonisches Ensemble aus der Zeit der Aufklärung, deren Werte bis in die erste Hälfte des 20. Jh. Bestand hatten. Bordeaux enthält mehr geschützte Gebäude als jede andere französische Stadt, mit Ausnahme von Paris. Sie wird auch deshalb als Welterbe anerkannt, da sie über mehr als 2000 Jahre ein Ort des Austauschs kultureller Werte war. Stadtpläne und Architekturensembles, die seit dem frühen 18. Jh. entwickelt wurden, machten die Stadt zu einem herausragenden Beispiel für innovative klassische und klassizistische Strömungen und verliehen ihr eine außergewöhnliche architektonische Geschlossenheit und Kohärenz. Die Stadtform spiegelt den Erfolg der Philosophen wider, die Städte zu Schmelztiegeln von Humanismus, Universalität und Kultur machen wollten.

Das Zeitalter der Aufklärung brachte die bekanntesten architektonischen und urbanen Merkmale von Bordeaux hervor. Louis-Urbain Aubert, Marquis de Tourny, kam 1743 in Bordeaux an und lebte hier bis 1757. Er unternahm große Projekte für die Erneuerung und Öffnung der mittelalterlichen Stadt, insbesondere bezüglich der Fassaden von Kaihäusern entlang des Flusses Garonne, der wichtigen kommerziellen Verkehrsader der Gemeinde.

Wasserspiegel und Place de la Bourse ▼

Galerius-Palast in Gamzigrad (Romuliana)
Serbien

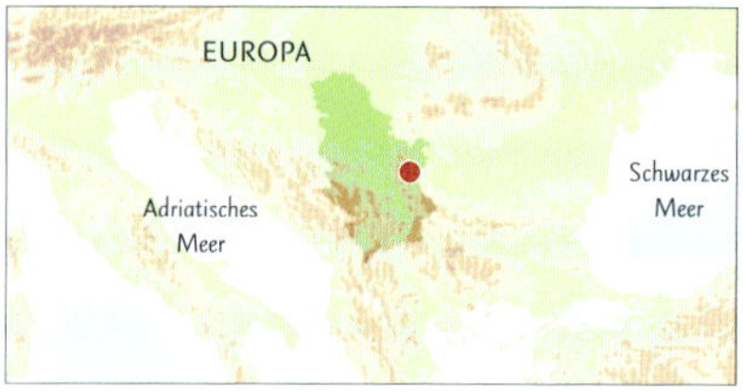

Begründung der Aufnahme: Zeugnis einer Kultur, Erbe von besonderer menschheitsgeschichtlicher Bedeutung

Der Galerius-Palast in Gamizgrad (Romuliana) in Ostserbien ist eine der wichtigsten spätrömischen Stätten. Er diente als befestigte Palastanlage und Gedenkstätte. Erbaut wurde er zwischen dem späten 3. und dem frühen 4. Jh. von Tetrarch Galerius Maximianus (etwa 260–311 v. Chr.).

Die Assoziierung der Herrscher mit der göttlichen Hierarchie war eines der charakteristischen Merkmale der Tetrarchie, und der Palast ist repräsentativ für diesen spätrömischen kaiserlichen und religiösen Symbolismus: Seiner Konstruktion liegt die Glorifizierung des Kaisers als allmächtiger Herrscher und Gott zugrunde.

Die Stätte besteht aus Befestigungsanlagen, einem Palast, Basiliken, Tempeln, Thermalbädern, einer Gedenkstätte und einem Tetrapylon. Die Verflechtung des Gebäudes mit seinen Zeremonial- und Gedenkfunktionen ist einmalig, ebenso wie die räumlichen und visuellen Bezüge zwischen dem Palast und der Gedenkstätte, an der sich die Mausoleen von Galerius und seiner Mutter Romula befinden.

Gamzigrad wurde erbaut, damit Galerius sich im Alter dort zur Ruhe setzen konnte, ähnlich wie der Palast, der von seinem Nachfolger Diokletian in Split errichtet wurde; dieser hatte die Tetrarchie im römischen Reich eingeführt. Der Galerius-Palast wurde nach der Mutter des Kaisers „Felix Romuliana“ benannt.

Weinberg-Terrassen in Lavaux

Schweiz

Begründung der Aufnahme: Erbe von besonderer menschheitsgeschichtlicher Bedeutung

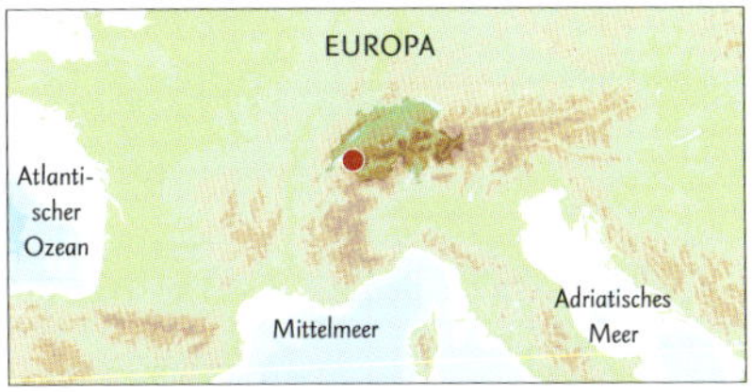

Die Weinberg-Terrassen in Lavaux sind ein herausragendes Zeugnis der jahrhundertelangen Wechselbeziehung zwischen den Menschen und ihrer Umwelt. Sie wurden entwickelt, um lokale Ressourcen zu optimieren und so einen hoch geschätzten Wein zu produzieren, der seit Langem einen wichtigen Wirtschaftsfaktor darstellt.

Es gibt zwar Hinweise darauf, dass in dieser Region bereits zur Zeit der Römer Wein angebaut wurde, aber die derzeitigen Weinterrassen können nur bis auf das 11. Jh. zurückverfolgt werden, als die Mönche der Benediktiner- und Zisterzienserklöster die Gegend kultivierten. Es gibt über 10 000 Terrassen zusammen mit Gebäuden – Kirchen, Burgen, Keller und Häuser –, die die lokale Geschichte von der Klosterzeit bis ins 20. Jh. hinein widerspiegeln, eine Zeitspanne, in der die Landschaft ihr aktuelles Erscheinungsbild annahm.

Die Gegend ist eine florierende Kulturlandschaft, deren jahrtausendelange Entstehung und Entwicklung in ihren Bauwerken, ihrem gut erhaltenen Landschaftsbild und dem Fortbestand und der Anpassung alter lokaler Kulturtraditionen zum Ausdruck kommen.

Die Weinbau-Terrassen in Lavaux erstrecken sich etwa 30 km entlang des nach Süden gewandten Nordufers des Genfer Sees; sie reichen vom Chateau de Chillon bis in den Osten von Lausanne im Kanton Waadt und bedecken die niedrigeren Berghänge zwischen den Dörfern und dem See. Die Bedingungen in der Region sind ideal für das Wachstum der Rebsorte Gutedel.

Parther-Festungen von Nisa

Turkmenistan

Begründung der Aufnahme: Zeugnis kulturellen Austauschs, Zeugnis einer Kultur

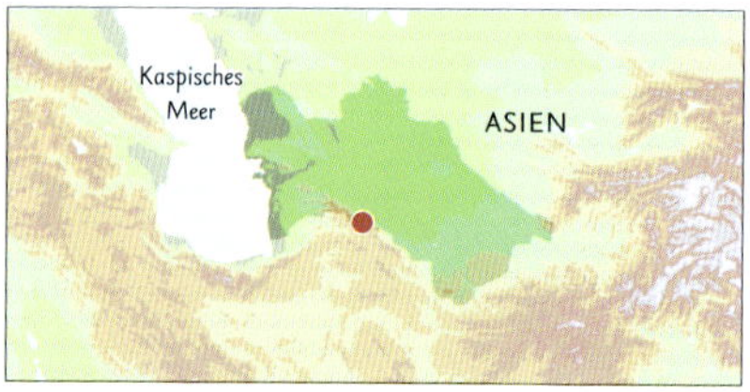

Nisa war die Hauptstadt eines mächtigen Reiches. Alt-Nisa, die königliche Zitadelle, ist ein 0,14 km² großer Hügel, der von einem Wall mit Türmen umgeben ist; der 0,25 km² große Stadthügel, der als Neu-Nisa bekannt ist, verfügt über Mauern von bis zu 9 m Höhe.

Die Parther-Festungen von Nisa bestehen aus den zwei prähistorischen Siedlungshügeln (Tels) von Alt- und Neu-Nisa. Die Hügel markieren den Ort einer der frühesten und wichtigsten Städte des Partherreiches, das zwischen der Mitte des 3. Jh. v. Chr. und dem 3. Jh. n. Chr eine bedeutende Macht darstellte. Die Stätte bewahrt die unausgegrabenen Überreste einer alten Zivilisation, die ihre eigenen traditionellen Kulturelemente geschickt mit denen des hellenistischen und römischen Westens verband. Archäologische Ausgrabungen in zwei Bereichen der Stätte haben eine reich dekorierte Architektur zu Tage gebracht, die häusliche, staatliche und religiöse Funktionen widerspiegelt. Das mächtige Partherreich lag an der Kreuzung einiger wichtiger kommerzieller und strategischer Achsen. Es stellte eine Barriere für die Expansion des römischen Reiches dar und war zugleich ein wichtiges Kommunikations- und Handelszentrum zwischen Ost und West, Nord und Süd.

Regenwälder von Atsinanana

Madagaskar

Begründung der Aufnahme: Schauplatz spezieller ökologischer und biologischer Prozesse, bedeutender natürlicher Lebensraum – Biodiversität

Madagaskar ist eines der führenden Länder in Hinblick auf die Vielfalt der Flora und Fauna. Die Insel verfügt über ca. 12 000 endemische Pflanzenarten und ist aufgrund ihrer Tierwelt, insbesondere ihrer Primatenarten, von globaler Bedeutung. Die Stätte schützt ursprüngliche Wälder und damit wichtige Gebiete des Lebensraums der Primaten.

Die Regenwälder von Atsinanana umfassen sechs Nationalparks an der Ostseite der Insel. Diese Urwälder sind äußerst wichtig für den Erhalt andauernder ökologischer Prozesse, die für das Überleben der einmaligen Artenvielfalt Madagaskars, die die geologische Vergangenheit der Insel widerspiegelt, unerlässlich sind. Madagaskar trennte sich bereits vor über 60 Mio. Jahren von allen anderen Landmassen, sodass sich die madagassische Pflanzen- und Tierwelt in Isolation entwickelte. Die Regenwälder wurden in die Welterbeliste aufgenommen, da sie wichtig sind für ökologische und biologische Prozesse, ebenso wie für die Artenvielfalt und den Erhalt gefährdeter einheimischer Arten. Viele Arten sind selten und bedroht, darunter vor allem Primaten und Lemuren.

Mehmed-Paša-Sokolović-Brücke in Višegrad

Bosnien und Herzegowina

Begründung der Aufnahme: Zeugnis kulturellen Austauschs, Erbe von besonderer menschheitsgeschichtlicher Bedeutung

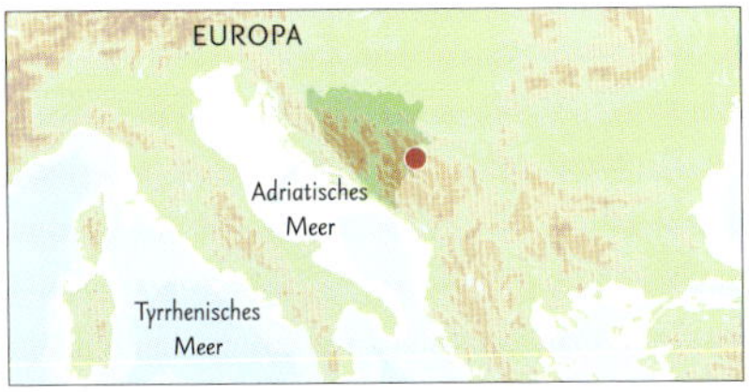

Die Mehmed-Paša-Sokolović-Brücke in Višegrad überquert den Fluss Drina und wurde zwischen 1571 und 1577 errichtet. Sie ist charakteristisch für den Höhepunkt der osmanischen Monumentalarchitektur und des osmanischen Bauwesens und ein repräsentatives Meisterwerk des berühmten Architekten Sinan.

Die 179,5 m lange Brücke besteht aus elf Mauerbögen mit Spannweiten zwischen 10,7 und 15 m; am linken Ufer ist eine Zufahrtsrampe im rechten Winkel zu vier Bögen angebracht. Die Bögen werden durch architektonische Besonderheiten aufgewertet, die für die klassische osmanische Zeit typisch sind. Die Brücke war wichtig für die Kontrolle des inneren Balkans durch das osmanische Reich in Istanbul. Sie ist ein Höhepunkt auf der Straße, die die Donauebene mit Sarajevo und der Adriaküste verbindet, insbesondere mit dem Hafen von Dubrovnik.

Die Brücke von Višegrad wurde von Großwesir Mehmed Paša Sokolović (1505–1579) in Auftrag gegeben, dem obersten Minister und Berater des Sultans, der Bosnier war. Der Bau der Brücke war in erster Linie ein Tribut an seine Heimat.

▼

Jeju-Vulkaninseln und Lavatunnel
Republik Korea

Begründung der Aufnahme: besonderes Naturphänomen, Zeugnis wichtiger Stadien der Erdgeschichte

Die Jeju-Vulkaninseln und Lavatunnel weisen gemeinsam eine breite Palette von zugänglichen vulkanischen Merkmalen auf, die einen unverkennbaren und wichtigen Beitrag zum Verständnis von vulkanischer Aktivität und Lavahöhlenausbildung leisten.

Die Vulkaninsel Jeju ist ein Gebiet von herausragender natürlicher Schönheit; auf einer Fläche von 188 km² umfasst es drei Stätten: das Lavatunnel-Höhlensystem Geomunoreum, den Tuffkegel Seongsan Ilchulbong, der aus dem Ozean herausragt, und den Schildvulkan Hallasan, der mit 1950 m der höchste Berg in der Republik Korea ist. Der Hallasan mit seinen Wasserfällen, vielgestaltigen Felsformationen und wassergefüllten Kratern ist der Hauptvulkan, an dessen Gipfel das Hallasan-Naturreservat liegt. Es gibt etwa 360 Nebenkegel auf der Insel, von denen viele beim Abkühlen die Lavatunnelhöhlen formten.

Säulenartige Verbindungen im Vulkangestein, Jeju ▼

Ein Lavatunnel ist ein Kanal, der sich unter einem Lavafluss ausbildet und durch den die Lava bei einem Vulkanausbruch fließt. Nachdem das Gestein abgekühlt ist, bleibt der leere Lavatunnel zurück. Geomunoreum gilt mit seinen vielfarbigen Karbonatdächern und -böden und den dunklen Lavawänden als das schönste Lavatunnel-Höhlensystem der Welt.

Welterbestätte seit

• 1984 • 1985 • 1986 • 1987 • 1988 • 1989 • 1990 • 1991 • 1992 • 1993 • 1994 • 1995 • 1996 • 1997 • 1998 • 1999 • 2000 • 2001 • 2002 • 2003 • 2004 • 2005 • 2006 • **2007**

Ökosystem und Relikt-Kulturlandschaft von Lopé-Okanda

Gabun

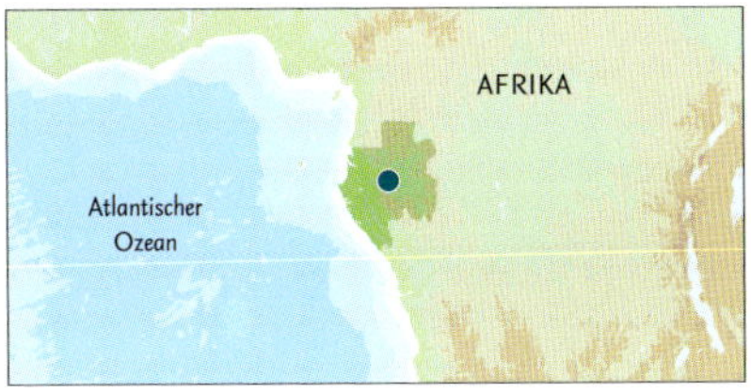

Begründung der Aufnahme: Zeugnis einer Kultur, Erbe von besonderer menschheitsgeschichtlicher Bedeutung, Schauplatz spezieller ökologischer und biologischer Prozesse, bedeutender natürlicher Lebensraum – Biodiversität

Das Ökosystem und die Relikt-Kulturlandschaft von Lopé-Okanda stellen eine ungewöhnliche Schnittstelle zwischen dichtem und gut erhaltenem tropischen Regenwald und einer reliktartiger Savannenlandschaft dar. Sie verfügen über vielfältige Lebensräume und eine breite Artenvielfalt, darunter bedrohte größere Säugetiere. Die Stätte veranschaulicht ökologische und biologische Prozesse, die ablaufen, wenn Arten und Lebensräume sich an postglaziale Klimaveränderungen anpassen. Sie enthält zudem Zeugnisse von unterschiedlichen Völkern, die nacheinander die Region durchquerten und umfangreiche und relativ gut erhaltene Spuren der Besiedlung auf Berggipfeln, in Höhlen und an geschützten Stellen hinterlassen haben; dazu zählen Überbleibsel der Eisenbearbeitung und eine bemerkenswerte Ansammlung von etwa 1800 Petroglyphen (Felsritzungen). Die Stätten aus der Jungsteinzeit und der Eisenzeit verweisen zusammen mit der Felsenkunst auf eine wichtige Migrationsroute der Bantu und anderer westafrikanischer Völker, die entlang des Ogooué-Flusstals in den Norden der dichten und immergrünen Wälder des Kongo und nach Zentral-, Ost- und Südafrika verlief; diese Migrationen prägten die Entwicklung des gesamten subsaharischen Kontinents.

Bisher wurden im Park über 1550 Pflanzenarten verzeichnet, und man geht davon aus, dass die letztendliche Gesamtzahl über 3000 betragen könnte. Dies macht Lopé-Okanda zu einer der bedeutendsten Regionen für Pflanzenvielfalt in der Ökoregion des Kongo-Regenwalds.

Welterbestätte seit

• 1985 • 1986 • 1987 • 1988 • 1989 • 1990 • 1991 • 1992 • 1993 • 1994 • 1995 • 1996 • 1997 • 1998 • 1999 • 2000 • 2001 • 2002 • 2003 • 2004 • 2005 • 2006 • 2007 • **2008**

Festung San Miguel de Allende und Wallfahrtskirche Jesús de Nazareno in Atotonilco

Mexiko

Begründung der Aufnahme: Zeugnis kulturellen Austauschs, Erbe von besonderer menschheitsgeschichtlicher Bedeutung

Die im 16. Jh. gegründete Festungsstadt erlebte ihre Blütezeit im 18. Jh., als viele ihrer herausragenden religiösen und zivilen Gebäude im Stil des mexikanischen Barock erbaut wurden. Sie war ein Schmelztiegel der spanischen, kreolischen und indigenen Kulturen. Die 14 km entfernt gelegene Jesuitenstätte ist eines der besten Beispiele für die lateinamerikanische Barockkunst und -architektur aus dem 18. Jh.

Während ihrer langen Geschichte spielte die Stadt auch eine wichtige Rolle im Kampf um die mexikanische Unabhängigkeit. Sie war der Geburtsort des Nationalhelden General Ignacio Allende und wurde 1926 zu seinen Ehren in San Miguel de Allende umbenannt.

Historisches Zentrum von San Marino und Monte Titano

San Marino

Begründung der Aufnahme: Zeugnis einer Kultur

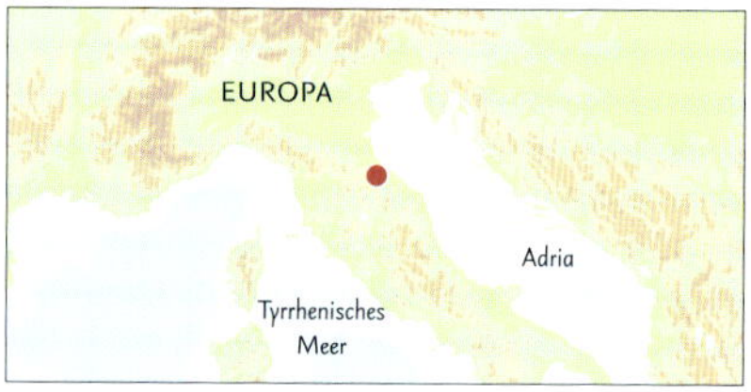

Erster Festungsturm (Guaita) auf dem Monte Titano ▶

San Marino ist eine der ältesten Republiken der Welt und der einzige italienische Stadtstaat, der noch heute existiert. Dank seiner einzigartigen und seit dem 13. Jh. ununterbrochenen Funktion als Hauptstadt einer unabhängigen Republik zeigt San Marino beispielhaft die Etablierung einer repräsentativen Demokratie auf Basis von staatsbürgerlicher Autonomie und Selbstverwaltung und repräsentiert so eine wichtige Stufe in der Entwicklung demokratischer Modelle in Europa und auf der ganzen Welt.

Die Welterbestätte von San Marino umfasst 0,6 km². Das historische Zentrum liegt strategisch günstig auf dem Monte Titano; zu den vielen Baudenkmälern zählen Befestigungstürme, Mauern, Tore und Bastionen, eine klassizistische Basilika aus dem 19. Jh., Klöster aus dem 14. und 16. Jh., der Palazzo Publico aus dem 19. Jh. und das Titano-Theater aus dem 18. Jh.

Der Staat San Marino ist eine Enklave in den Apenninen, die von italienischem Staatsgebiet umgeben ist. San Marino war der einzige Stadtstaat, der während des Risorgimento, der nationalen Vereinigungsbewegung im 19. Jh. unter Garibaldi, nicht mit dem Rest von Italien vereint wurde und seine Unabhängigkeit bis heute bewahrt hat.

Kayas (Heilige Wälder) der Mijikenda

Kenia

Begründung der Aufnahme: Zeugnis einer Kultur, traditionelle Siedlungsform, Verknüpfung mit Ereignissen von universeller Bedeutung

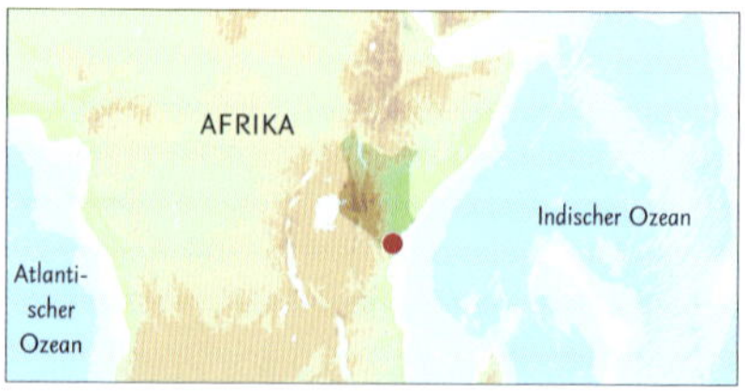

Entlang der kenianischen Küste verteilen sich auf etwa 200 km einige Waldgebiete, die größtenteils auf niedrigen Hügeln liegen und in denen sich die Überreste befestigter Dörfer, sogenannter Kayas, des Mijikenda-Stammes befinden. Überlieferungen berichten von der Errichtung der Kayas seit dem 16. Jh., nachdem die Mijikenda von Somalia aus nach Süden gewandert waren. Seit dem frühen 20. Jh. sind die Kayas nicht mehr in Gebrauch; heute bewahren die Stätten die spirituellen Vorstellungen der Mijikenda, die sie als heilige Wohnstätten ihrer Vorfahren betrachten. Die Wälder um die Kayas werden von den Mijikenda gepflegt, um die heiligen Gräber und Haine zu schützen, und sind heute fast die einzigen Überreste des ehemals weitläufigen Küstenwaldes.

Ein Kaya bestand typischerweise aus einer kreisrunden Einpfählung auf einer Waldlichtung, die über angelegte Pfade erreichbar war. Die Häuser waren um die Einpfählung herum angeordnet, und im Dorfzentrum befand sich entweder eine Baumgruppe oder eine größere, überdachte Struktur namens Moro, wo der Ältestenrat tagte.

Rhätische Bahn in der Kulturlandschaft Albula/Bernina

Italien und die Schweiz

Begründung der Aufnahme: Zeugnis kulturellen Austauschs, Erbe von besonderer menschheitsgeschichtlicher Bedeutung

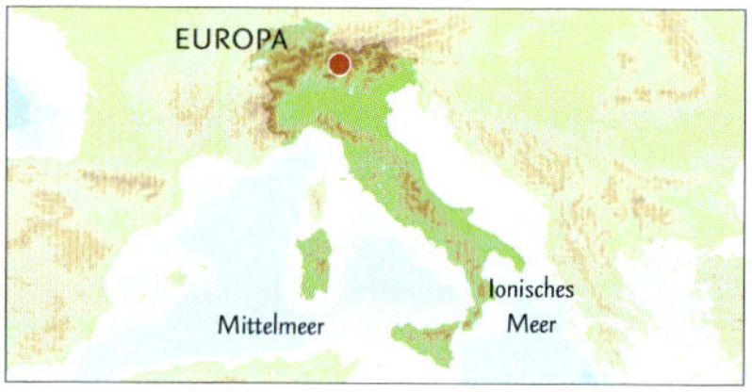

Die rhätische Bahn verbindet zwei historische Bergbahnen, die die Schweizer Alpen über zwei Pässe durchqueren. Die 1904 eröffnete Albulastrecke ist 67 km lang. Sie steigt auf bis auf eine Höhe von 1819 m und verfügt über eine beeindruckende Ansammlung von Bauten, darunter 42 Tunnel und überdachte Galerien sowie 144 Viadukte und Brücken. Die auf 2253 m ansteigende und 61 km lange Berninalinie umfasst 13 Tunnel und Galerien und 52 Viadukte und Brücken. Diese Eisenbahnstrecken beendeten im frühen 20. Jh. die Isolation der Siedlungen in den Zentralalpen und hatten einen großen und andauernden sozioökonomischen Einfluss auf das Leben in den Bergen. Sie weisen herausragende architektonische und bautechnische Leistungen auf, die in Harmonie mit der umgebenden Landschaft stehen.

Vom südlichen Rheintal aus durchquert die Rhätische Bahn die Schweizer Alpen über zwei Pässe. Sie folgt dem Tal und dem Albulapass und durchquert anschließend das obere Tal des Engadin (St. Moritz), bevor sie den Berninapass überquert und zum Fluss Adda in Italien hinabfährt.

Siedlungen der Berliner Moderne

Deutschland

Begründung der Aufnahme: Zeugnis kulturellen Austauschs, Erbe von besonderer menschheitsgeschichtlicher Bedeutung

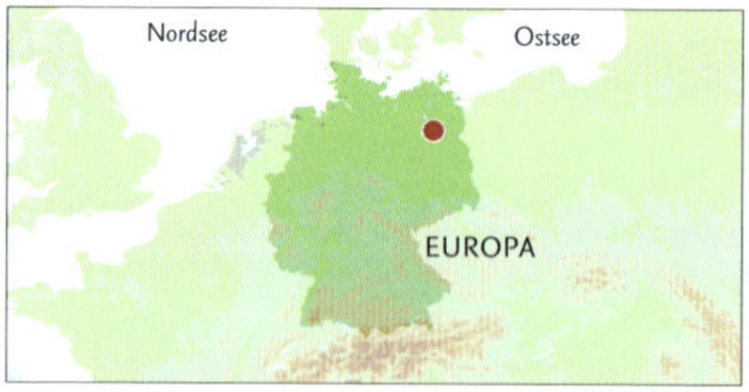

Die Stätte besteht aus sechs Wohnsiedlungen in Berlin und ist ein Zeugnis für die innovativen Wohnrichtlinien, die zwischen 1910 und 1933 galten, insbesondere während der Weimarer Republik, als Berlin im sozialen, politischen und kulturellen Bereich besonders progressiv war. Die Siedlungen sind ein herausragendes Beispiel für eine Baureformbewegung, die zu verbesserten Wohn- und Lebensbedingungen beitrug, indem neuartige Ansätze der Stadtplanung, der Architektur und der Gartengestaltung angewendet wurden. Die Siedlungen sind auch außerordentliche Zeugnisse der Moderne, des neuen architektonischen Stils, der sich durch unverbrauchte Designlösungen und durch technische und ästhetische Innovationen auszeichnet. Bruno Taut, Martin Wagner und Walter Gropius gehörten zu den führenden Architekten bei diesen Projekten, die beträchtlichen Einfluss auf die Entwicklung des Wohnbaus auf der ganzen Welt hatten.

Die Idee hinter diesen Berliner Siedlungen bestand in der Schaffung von Wohnungen für alle Einkommensklassen. Die Wohnungen verfügten über eigene Badezimmer und Küchen sowie großzügige Loggien und Balkone, die der Sonne zugewandt waren. Den Designern ging es nicht nur um eine neue soziale und räumliche Ordnung; sie wollten auch schöne Häuser schaffen und deren Einwohner glücklich machen.

Sokotra-Archipel

Jemen

Begründung der Aufnahme: bedeutender natürlicher Lebensraum – Biodiversität

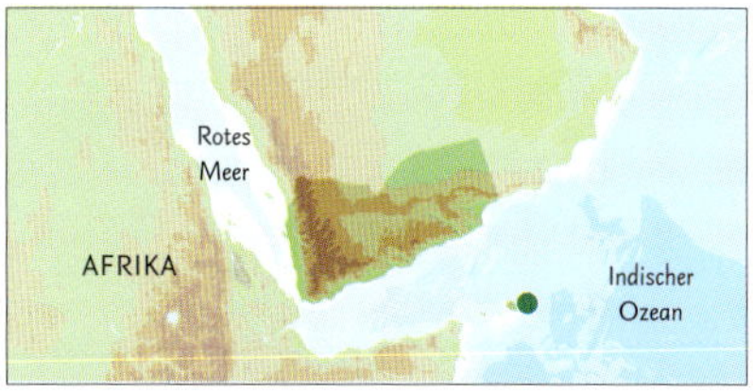

Sokotra ist von globaler Bedeutung für die Erhaltung der Artenvielfalt, da es über eine außergewöhnlich reiche und ausgeprägte Flora und Fauna verfügt. 37 % seiner Pflanzenarten, 90 % seiner Reptilienarten und 95 % seiner Landschneckenarten kommen an keinem anderen Ort der Welt vor. Sokotra ist eine der artenreichsten und individuellsten Inseln der Welt und wurde auch als „Galapagos des Indischen Ozeans“ bezeichnet.

▲ Schmutzgeier

Die Stätte repräsentiert alle terrestrischen und marinen Eigenschaften und Prozesse, die für die langfristige Bewahrung der reichhaltigen und ausgeprägten Artenvielfalt des Archipels essenziell sind. Sie nimmt etwa 75 % der gesamten Landmasse ein und schützt alle wichtigen Vegetationsarten, Gebiete von hohem Wert für Flora und Fauna, wichtige Vogelzonen sowie die bedeutendsten Gebiete unter Wasser.

Historisches Zentrum von Camagüey

Kuba

Begründung der Aufnahme: Erbe von besonderer menschheitsgeschichtlicher Bedeutung; traditionelle Siedlungsform

Camagüey ist ein außergewöhnliches Beispiel für eine traditionelle urbane Siedlung, die abseits der Haupthandelsrouten liegt. Es war eines der ersten Dörfer, die von den Spaniern auf Kuba gegründet wurden, und das Zentrum einer Region, die auf Rinderzucht und die Zuckerindustrie ausgelegt war. Camagüey wurde 1528 gegründet, und das unregelmäßige urbane Muster entwickelte sich und brachte große und kleinere Plätze, gewundene Straßen, Gassen und uneinheitliche Gebäudeblocks hervor – allesamt Merkmale, die äußerst ungewöhnlich sind für lateinamerikanische Kolonialstädte auf flachem Land. Die Maurer und Baumeister unter den spanischen Siedlern brachten mittelalterliche europäische Einflüsse im Bereich des Städtebaus und der traditionellen Bautechniken nach Lateinamerika. Das historische Zentrum der Stadt spiegelt die Einflüsse zahlreicher Stilrichtungen wider, darunter Klassizismus, Neokolonialismus, Jugendstil und Art déco.

Die religiöse Architektur erreichte im 18. Jh. ihren Höhepunkt. Die Kirchen der Stadt sind kompakt und meistens mit symmetrischen Fassaden und wenig Dekoration versehen. Manche liegen neben Klöstern, Krankenhäusern oder Friedhöfen. In ihrer Gesamtheit sind die Sakralbauten äußerst einfach, aber ihr historischer, künstlerischer und symbolischer Wert hat dazu beigetragen, dass Camagüey als „Stadt der Kirchen“ bezeichnet wird.

Historische Agrarlandschaft von Kuk

Papua-Neuguinea

Begründung der Aufnahme: Zeugnis einer Kultur, Erbe von besonderer menschheitsgeschichtlicher Bedeutung

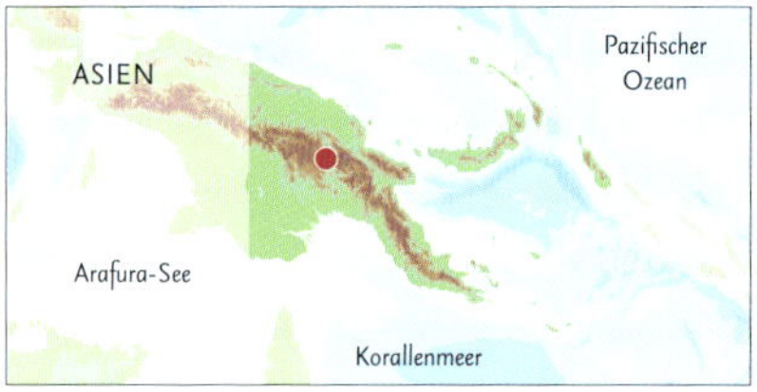

Diese Stätte besteht aus einem Sumpfgebiet von 1,2 km^2 Größe im südlichen Hochland von Neuguinea. Sie liegt auf 1500 m über dem Meeresspiegel. Archäologische Ausgrabungen haben ermittelt, dass Kuk der Ort der frühesten unabhängigen Landwirtschaft in Ozeanien war; dies könnte bedeuten, dass sie zur Verbreitung von domestizierten Pflanzen, von Siedlungen, Kultur und Gesellschaften innerhalb der Region beigetragen hat. Die Stätte umfasst gut erhaltene archäologische Überreste, die den technologischen Sprung von der bloßen Pflanzennutzung zur Landwirtschaft dokumentieren. Ursprünglich nutzte man vor etwa 7000 Jahren Feuchtgebiete, in denen Wasserbrotwurzeln und Süßkartoffeln wuchsen; später, vor etwa 4000 Jahren, kam die organisierte Domestikation und Kultivierung von Bananen auf entwässerten Böden auf. Der Ort ist ein ausgezeichnetes Beispiel für den Wandel landwirtschaftlicher Praktiken im Verlauf der Zeit: vom Anlegen von Pflanzhügeln über das Entwässern von Feuchtgebieten bis hin zum Ausheben von Wassergräben mithilfe von Holzwerkzeugen.

Kuk ist einer der wenigen Orte auf der Welt, an denen archäologische Funde eine unabhängige landwirtschaftliche Entwicklung nahelegen und Veränderungen der agrikulturellen Praktiken über einen Zeitraum von mehr als 7000 Jahren dokumentieren. Der moderne Ackerbau in Kuk ist relativ zurückhaltend und beeinträchtigt die archäologischen Stätten nicht.

Kasachische Schwelle (Saryarka-)Steppe und Seen von Nordkasachstan

Kasachstan

Begründung der Aufnahme: Schauplatz spezieller ökologischer und biologischer Prozesse, bedeutender natürlicher Lebensraum – Biodiversität

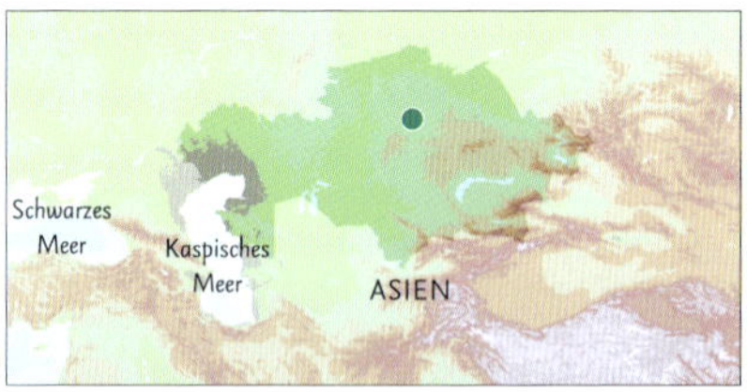

Die Stätte besteht aus Sumpfgebieten, die außerordentlich wichtig sind für Zugvögel, darunter der global bedrohte Schneekranich, der Krauskopfpelikan und der Bindenseeadler, die von Afrika, Europa und Südasien aus zu ihren Brutgebieten in West- und Ostsibirien ziehen. Die zentralasiatische Steppe ist zudem ein wertvoller Rückzugsort für die Hälfte aller Arten der Steppenflora dieser Region, für einige bedrohte Vogelarten und für die vom Aussterben bedrohte Saiga.

Die Feuchtgebiete dieser Stätte sind von globaler Bedeutung. Die Seen im Korgalzhyn-Tengiz-Gebiet bieten Futterplätze für 15–16 Mio. Vögel, darunter bis zu 2,5 Mio. Gänse. Sie werden auch von 350 000 nistenden Wasservögeln genutzt, und die Seen im Nauruzum-Gebiet bieten sogar 500 000 nistenden Wasservögeln einen Lebensraum.

◄ Krauskopfpelikane

Schweizer Tektonikarena Sardona

Schweiz

Begründung der Aufnahme: Zeugnis wichtiger Stadien der Erdgeschichte

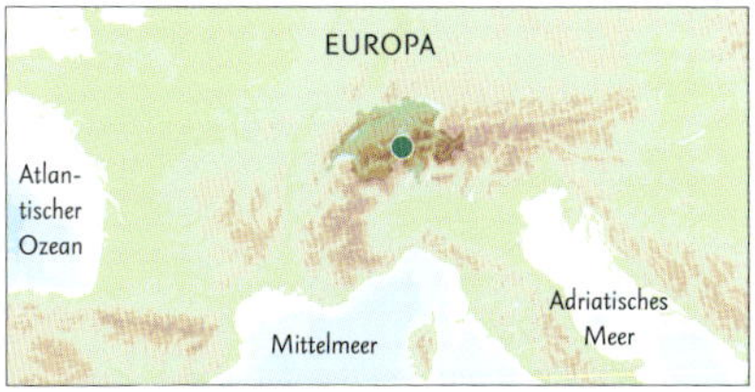

Die Schweizer Tektonikarena Sardona liegt in den Alpen in der nordöstlichen Schweiz und umfasst eine Gebirgsregion von 329 km^2; einige der Gipfel der Gegend liegen auf über 3000 m.

Die Schweizer Tektonikarena Sardona ist ein außergewöhnliches und dramatisches Beispiel für den Gebirgsbildungsprozess durch kontinentale Kollision. Die Strukturen und Prozesse, die das Phänomen charakterisieren, werden in der Berglandschaft sichtbar, und die Gegend ist seit dem 18. Jh. eine Schlüsselstätte für geowissenschaftliche Untersuchungen.

Die Glarner Alpen sind vergletscherte Berge, die sich dramatisch über schmalen Flusstälern erheben; hier fand der größte postglaziale Erdrutsch der Zentralalpen statt.

Ein wichtiger Teil der gesamten Stätte ist die Glarner Hauptüberschiebung. Dabei handelt es sich um einen Bruch in der Erdkruste, an dem durch Kompression die obere von zwei tektonischen Platten über die untere geschoben wird. Das darunter und darüber freigelegte Gestein ist in drei Dimensionen sichtbar und hat entscheidend zum Verständnis der tektonischen Vorgänge bei der Gebirgsbildung beigetragen.

Klöntalersee und Glarner Alpen ▼

Tulou-Lehmrundbauten in Fujian

China

Begründung der Aufnahme: Zeugnis einer Kultur, Erbe von besonderer menschheitsgeschichtlicher Bedeutung, traditionelle Siedlungsform

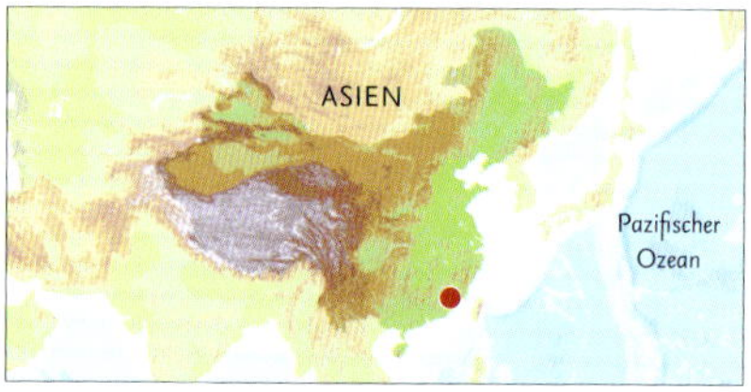

Zwischen den Reis-, Tee- und Tabakfeldern im Südwesten der Provinz Fujian liegt diese Stätte, zu der 46 außergewöhnliche kommunale Lehmhäuser (Tulou) gehören, die zwischen dem 12. und 16. Jh. errichtet worden sind. Sie sind bis zu fünf Stockwerke hoch und verfügen über einen nach innen orientierten, runden oder quadratischen Grundriss; jedes der Häuser kann einen ganzen Clan von bis zu 800 Menschen unterbringen. Sie wurden zu Verteidigungszwecken errichtet und um einen offenen Innenhof angeordnet; wenige Fenster weisen nach außen, und es gibt nur einen Eingang. Ihre Mauern sind hoch, befestigt und aus Lehm erbaut; die Dächer sind gedeckt und stehen über. Die aufwendigsten Tulou stammen aus dem 17. und 18. Jh. Im Gegensatz zu ihrem schlichten Äußeren ist das Innere komfortabel und oft reich verziert.

Tulou dienten als uneinnehmbare Dorfeinheiten und wurden als „kleines Königreich für die Familie" oder als „lebhafte Kleinstadt" bezeichnet. Die unteren, mit Stein verstärkten Stockwerke waren generell fensterlos, während die oberen mit Schießscharten versehen waren. Das Tor war ebenfalls verstärkt, und oft waren oben Wasserreservoirs eingebaut, um Feuerangriffe überstehen zu können.

Lagunen von Neukaledonien

Frankreich

Begründung der Aufnahme: besonderes Naturphänomen, Schauplatz spezieller ökologischer und biologischer Prozesse, bedeutender natürlicher Lebensraum – Biodiversität

Die tropischen Lagunen und Korallenriffe von Neukaledonien zählen mit zu den schönsten Riffgegenden der Welt; auf relativ kleinem Gebiet findet sich eine breite Formenvielfalt. Sie beherbergen einen mannigfaltigen Artenreichtum an Korallen und Fischen und unterschiedliche Lebensräume von Mangroven bis hin zu Seegraswiesen. Der ausgezeichnete ökologische Zustand der Riffe ist bemerkenswert, insbesondere die hohe Anzahl und Vielfalt von großen Fischen und Raubfischen, wie Haie oder Barrakudas. Die Lagunen bieten vielen bedrohten Fischen, Schildkröten und Meeressäugetieren, beispielsweise der weltweit drittgrößten Population von Seekühen, einen Lebensraum. Die Riffe sind unterschiedlich alt; teilweise sind sie lebendig, teilweise alte Fossilriffs. Sie liefern wichtige Informationen für die Erforschung der Geschichte der Natur Ozeaniens.

Die Kombination aus Küsten- und Meereslandschaften vor einem Hintergrund bewaldeter Berge verleiht den Lagunen eine natürliche Schönheit. Auch unter der Oberfläche des klaren Wassers, wo die Vielfalt der Korallen und massive Korallenstrukturen sichtbar werden, setzt sich diese Schönheit fort; Bögen, Höhlen und große Spalten in den Riffen tragen ebenfalls zur beeindruckenden Unterwasserlandschaft bei.

Tempel Preah Vihear

Kambodscha

Begründung der Aufnahme: Meisterwerk menschlicher Schöpferkraft

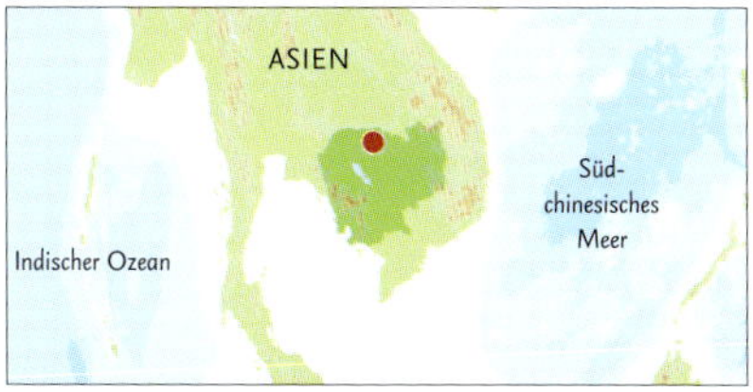

Der Hindutempel Preah Vihear ist dem Gott Shiva geweiht. Er ist ein herausragendes Meisterwerk der Khmer-Architektur in Hinblick auf seine Bauform, die außergewöhnliche Qualität der gemeißelten Steinornamentierung und seine Einbettung in die spektakuläre Umgebung. Der Tempel steht auf einer Klippe am Rande eines Plateaus, das das kambodschanische Flachland dominiert. Es handelt sich um einen einzigartigen Komplex entlang einer 800 m langen Achse, der aus einer Reihe von Heiligtümern besteht, die durch Fußwege und Treppen verbunden sind.

Ursprünglich wurde die Stätte im 9. Jh. als Einsiedelei gegründet; im 11. und 12. Jh. wurde sie unter den Khmer-Königen Suryavarman I. und Suryavarman II. zum Königstempel umgebaut. Nachdem der Hinduismus in der Region an Bedeutung verlor, wurde der Tempel von Buddhisten übernommen.

In den 1970er-Jahren, während des kambodschanischen Bürgerkriegs, fanden hier Kämpfe zwischen der kambodschanischen Armee und den Roten Khmer statt. Trotz der gewalttätigen jüngeren Vergangenheit des Landes ist die Tempelanlage in einem guten Erhaltungszustand.

Vulkaninsel Surtsey

Island

Begründung der Aufnahme: Schauplatz spezieller ökologischer und biologischer Prozesse

Surtsey ist eine Vulkaninsel, die etwa 32 km vor der isländischen Südküste liegt. Sie entstand infolge von Vulkanausbrüchen, die zwischen 1963 und 1967 stattfanden. Die vom Menschen völlig unbeeinflusste Insel liefert einzigartige Informationen über die Besiedlung neuen Landes durch Pflanzen und Tiere. Seit 1964 beobachten Wissenschaftler die Ankunft neuer Samen, die von Meeresströmen herbeigetragen werden, und das Aufkommen von Schimmel, Bakterien und Pilzen. 1965 entdeckte man die erste Gefäßpflanze; bis zum Ende des ersten Jahrzehnts gab es bereits zehn Arten, und bis zum Jahr 2004 waren es schon 60, dazu 75 Moos-, 71 Flechten- und 24 Pilzarten. Zudem wurden auf Surtsey 89 Vogelarten und 335 Wirbellosenarten gezählt.

Zusätzlich zum Schutz durch die geografische Isolation ist Surtsey seit seiner Entstehung auch rechtlich geschützt und wird noch lange unschätzbare Informationen zur biologischen Besiedlung liefern. Ein weiterer Aspekt der Entwicklung von Surtsey ist der Prozess der Küstenerosion, der die Fläche der Insel bereits halbiert hat und womöglich noch zwei Drittel wegnehmen wird, sodass nur der resistenteste Kernbereich übrig bleibt.

Melaka und George Town – historische Städte an der Meeresstraße von Malakka

Malaysia

Begründung der Aufnahme: Zeugnis kulturellen Austauschs, Zeugnis einer Kultur, Erbe von besonderer menschheitsgeschichtlicher Bedeutung

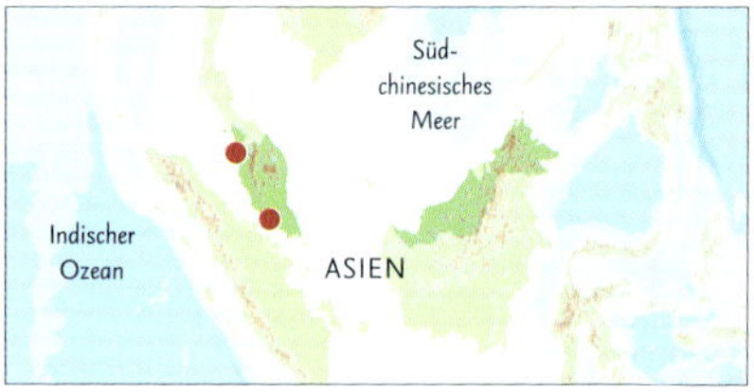

Die historischen Städte Melaka und George Town an der Meeresstraße von Malakka sind bemerkenswerte Beispiele für historische Kolonialstädte; sie zeigen eine Abfolge von kulturellen Einflüssen, die durch ihre ehemalige Funktion als Handelshäfen zwischen Ost und West entstand.

Die Städte ergänzen sich gegenseitig, indem sie unterschiedliche Entwicklungsstufen und aufeinander folgende Veränderungen in einem gewissen Zeitraum illustrieren. Melaka zeugt von der frühen Geschichte: Ihre Ursprünge liegen im malaysischen Sultanat des 15. Jh. und den portugiesischen und niederländischen Perioden, die im frühen 16. Jh. begannen. Die bemerkenswerten Baudenkmäler der Stadt sind Regierungsgebäude, Kirchen, Plätze und Festungen. Wohn- und kommerzielle Gebäude sind dagegen in George Town stark vertreten; diese Stadt repräsentiert die britische Zeit vom Ende des 18. Jh. bis ins 20. Jh. Zusammen stellen die beiden Städte eine einzigartige architektonische und kulturelle Stadtlandschaft dar, die in ganz Ost- und Südostasien ohnegleichen ist.

Melaka und George Town wurden über 500 Jahre hinweg von den Handelsbeziehungen von Malaien, Chinesen und indischen Kulturen und von den drei aufeinander folgenden europäischen Kolonialmächten geprägt. Jede Kultur hat ihre Spuren in der lokalen Architektur und der Stadtform, der Technologie und der monumentalen Kunst hinterlassen.

Ebene von Stari Grad

Kroatien

Begründung der Aufnahme: Zeugnis kulturellen Austauschs, Zeugnis einer Kultur, traditionelle Siedlungsform

Das fruchtbare Tiefland in der Nähe des Hafens auf der Adriainsel Hvar, das heute unter dem Namen Stari Grad bekannt ist, wurde im 4. Jh. v. Chr. von ionischen Griechen aus Paros kolonisiert. Aufgrund seiner florierenden Landwirtschaft wurde es schnell zu einer der wichtigsten griechischen Kolonien der Adria. Diese Landwirtschaft basierte auf Trauben und Oliven und ist von der griechischen Zeit bis heute erhalten geblieben. Die Stätte ist auch ein Naturschutzgebiet. In der Gegend finden sich alte Steinmauern und kleine Steinunterkünfte, sogenannte Trims. Die Landschaft zeugt vom regelmäßigen geometrischen Landverteilungssystem der alten Griechen, der Chora, das 24 Jahrhunderte lang praktisch intakt geblieben ist. Das System wurde ergänzt durch unterschiedlich große Behälter zum Sammeln von Regenwasser.

Die landwirtschaftliche Ebene von Stari Grad und ihre Umgebung sind ein Beispiel für eine sehr alte traditionelle Siedlungsform, die heute von modernen wirtschaftlichen Entwicklungen bedroht wird, insbesondere durch die ländliche Entvölkerung und die Abwendung von traditionellen Anbaumethoden.

Biosphärenreservat Mariposa Monarca
Mexiko

Begründung der Aufnahme: besonderes Naturphänomen

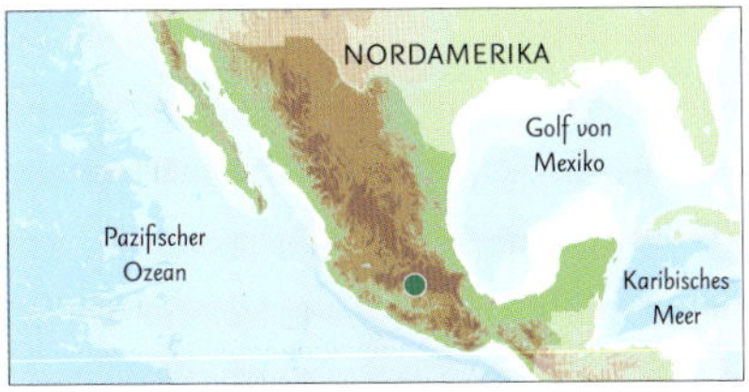

Das Biosphärenreservat Mariposa Monarca schützt wichtige Überwinterungsstätten des Monarchfalters, dessen starke Konzentration an der Stätte ein Naturphänomen der Superlative darstellt.

Die 563 km² große Biosphäre liegt inmitten einer zerklüfteten und bewaldeten Berglandschaft etwa 100 km nordwestlich von Mexiko City. In einer gewaltigen Insektenmigration kehren jährlich bis zu einer Milliarde Monarchfalter aus den Brutgebieten im Norden zurück in die zentralmexikanischen Oyamel-Tannenwälder dieser Region, wo sie in 14 Überwinterungskolonien landen. Das Biosphärenreservat schützt acht dieser Kolonien, und geschätzte 70 % der gesamten überwinternden Tiere der östlichen Population des Monarchfalters.

Im Frühling begeben sich die Falter auf eine achtmonatige Rundreise, bei der sie bis nach Ostkanada und wieder zurück fliegen; diese Zeit umfasst die Geburt und das Sterben von vier aufeinanderfolgenden Generationen.

Die Millionen Monarchfalter, die in ihre Winterquartiere zurückkehren, färben die Bäume orange und beugen Äste unter ihrem massiven Gewicht. Sie füllen den Himmel, wenn sie losfliegen, und klingen mit ihrem Flügelschlag wie Regen. Es ist ein außergewöhnliches Erlebnis, dieses Naturphänomen einmal zu beobachten.

Ein Monarchfalter trinkt vom Nektar einer Blüte.
▼

Kulturlandschaft Le Morne

Mauritius

Begründung der Aufnahme: Zeugnis einer Kultur, Verknüpfung mit Ereignissen von universeller Bedeutung

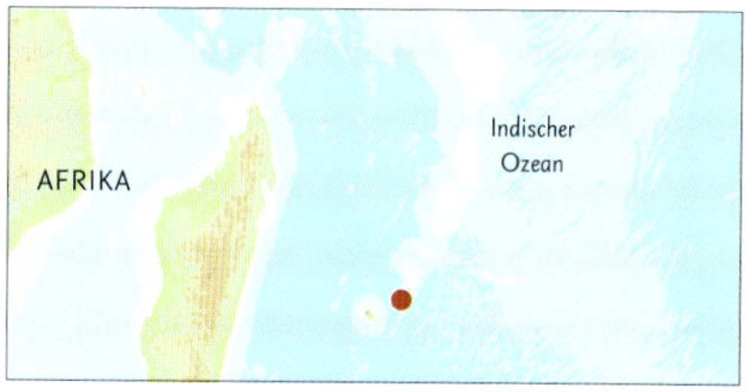

Le Morne ist ein zerklüfteter Berg, der im Südwesten von Mauritius in den Indischen Ozean hineinragt; er wurde im 18. und 19. Jh. von entflohenen Sklaven, den sogenannten „Maroons", als Unterkunft genutzt. Mauritius war ein wichtiger Umschlaghafen für den Sklavenhandel zwischen Afrika, Indien und Amerika und wurde als „Maroon-Republik" bezeichnet, da sich relativ viele entflohene Sklaven auf Le Morne versteckten. Die isolierten, bewaldeten und fast unzugänglichen Klippen des Bergs boten ihnen einen Zufluchtsort. Viele überlebten nur wenige Wochen in Freiheit, andere konnten kleine Gemeinschaften auf dem Berg, an seinem Fuß oder in Höhlen gründen.

Seit der Abschaffung der Sklaverei 1835 haben die „Maroons" einen legendären Status als heldenhafte Widerstandskämpfer erlangt, und Le Morne ist zum Symbol ihres Leidens, ihres Freiheitsstrebens und ihres Opfers geworden. Der Berg und die umgebenden Ausläufer und Lagunen sind von großer landschaftlicher Schönheit.

Armenische Klosteranlagen im Iran

Islamische Republik Iran

Begründung der Aufnahme: Zeugnis kulturellen Austauschs, Zeugnis einer Kultur, Verknüpfung mit Ereignissen von universeller Bedeutung

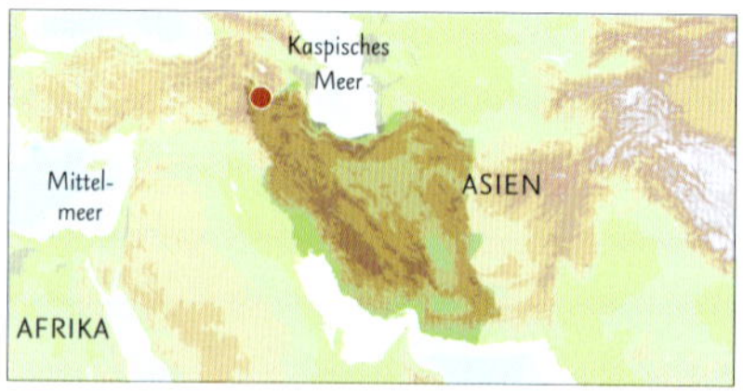

Die befestigten armenischen Klöster im Nordwestiran zeugen seit den Anfängen des Christentums und vor allem seit dem 7. Jh. von der armenischen Kultur und ihrem Kontakt mit der persischen und später der iranischen Zivilisation. Die Klöster St. Thaddäus und St. Stephanos sowie die Kapelle von Dzordzor sind herausragende Beispiele für architektonische und dekorative armenische Traditionen. Sie lagen am südöstlichen Rand des armenischen Einflussgebiets und waren ein wichtiges Zentrum für die Verbreitung dieser Kultur. Das Kloster von St. Thaddäus, der vermutete Begräbnisort des Hl. Thaddäus, einem der zwölf Apostel von Jesus Christus, war schon immer ein Ort von großer spiritueller Bedeutung für Christen und andere Bewohner dieser Region. Es ist noch immer eine lebendige Pilgerstätte der armenischen Kirche.

Die Klöster haben über 2000 Jahre hinweg Verwüstungen durch die Natur und von Menschenhand überstanden und wurden mehrmals in Übereinstimmung mit armenischen Kulturtraditionen wiederaufgebaut. Heute sind sie die einzigen wichtigen Überbleibsel der armenischen Kultur in dieser Region.

Heilige Stätten der Baha'i in Haifa und West-Galiläa

Israel

Begründung der Aufnahme: Zeugnis einer Kultur, Verknüpfung mit Ereignissen von universeller Bedeutung

Die heiligen Stätten der Baha'i in Haifa und West-Galiläa wurden aufgrund ihrer tiefen spirituellen Bedeutung und der langen Pilgertradition des Baha'i-Glaubens in die Welterbeliste aufgenommen. Zur Stätte gehören zwei der heiligsten Orte der Baha'i-Religion, die mit ihren Gründern assoziiert werden: der Schrein von Baha'u'llah in Akkon und der Schrein von Bab in Haifa mit ihren jeweiligen Gärten, zugehörigen Gebäuden und Denkmälern. Diese beiden Schreine sind Teil eines größeren Komplexes aus Gebäuden, Monumenten und Stätten an unterschiedlichen Orten in Haifa und West-Galiläa, die viele Pilger aus der ganzen Welt anziehen.

Die beiden heiligen Baha'i-Schreine sind von großer Bedeutung für eine weltweit verbreitete Religion.

Der Baha'i-Glaube ist eine monotheistische Religion, die die spirituelle Einheit aller Menschen betont. Sie wurde im 19. Jh. in Persien von Bahá'u'lláh gegründet, und man schätzt, dass es auf der ganzen Welt über 5 Mio. Baha'i gibt.

Der Schrein von Bab und der Bahá'í-Garten, Haifa ▼

Festungsanlagen Vaubans
Frankreich

Begründung der Aufnahme: Meisterwerk menschlicher Schöpferkraft, Zeugnis kulturellen Austauschs, Erbe von besonderer menschheitsgeschichtlicher Bedeutung

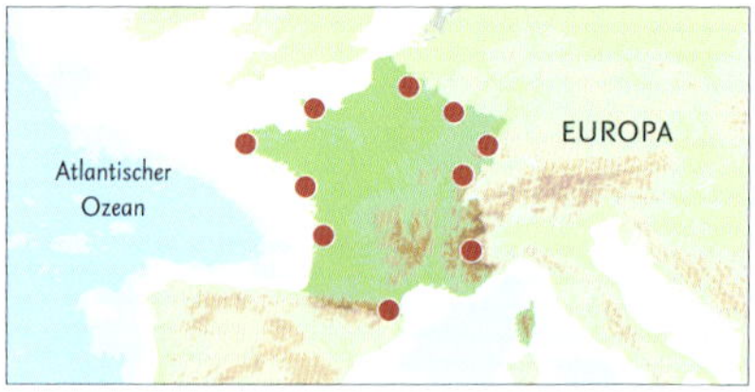

Die Festungsanlagen Vaubans bestehen aus zwölf Gruppen von befestigten Gebäuden und Stätten. Gemeinsam repräsentieren sie die Hochzeit der klassischen bastionierten Festungsanlagen, die typisch waren für die westliche Militärarchitektur. Sie sind die besten Beispiele für die Arbeit von Sébastien Le Prestre de Vauban (1633–1707), dem renommierten Militäringenieur unter Ludwig XIV.

Die zwölf Anlagen bilden einen Ring entlang der französischen Grenzen. Sie befinden sich in Arras, Besançon, Blaye-Cussac-Fort-Médoc, Briançon, Camaret-sur-Mer, Longwy, Mont-Dauphin, Mont-Louis, Neuf-Brisach, Saint-Martin-de-Ré, Sant-Vaast-la-Hougue / Tatihou und Villefranche-de-Conflent. Zu den Festungsanlagen gehören Städte, die von Vauban neu errichtet wurden, auf Hochebenen gelegene Zitadellen, urbane Bastionsmauern und Bastionstürme. Es gibt auch Berg- und Meeresfestungen, eine Geschützgruppe und zwei Kommunikationsstrukturen auf Bergen.

Vauban spielte eine wichtige Rolle in der Geschichte des Festungsbaus. Seine Arbeit kristallisierte aus früheren Strategietheorien ein rationales System von Festungsanlagen heraus, das auf einer konkreten Beziehung zu dem zu verteidigenden Territorium basierte. Seine Theorien und Modelle wurden auf der ganzen Welt verwendet und waren ein wichtiger Beitrag zur Militärarchitektur.

Festung bei Briançon ▼

Holzkirchen in den Karpaten

Slowakei

Begründung der Aufnahme: Zeugnis einer Kultur, Erbe von besonderer menschheitsgeschichtlicher Bedeutung

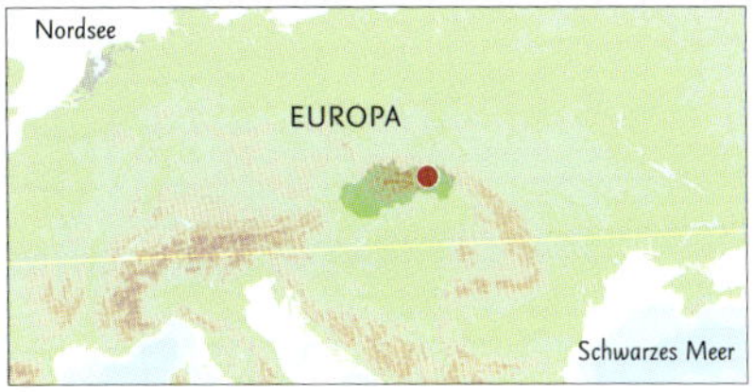

Diese Holzkirchen, von denen zwei römisch-katholisch, drei protestantisch und drei griechisch-orthodox sind, wurden zwischen dem 16. und 18. Jh. erbaut. Die meisten befanden sich in relativ isolierten Dörfern, und man verwendete traditionelle Baumethoden und Holz als Hauptmaterial. Die Kirchen sind gute Beispiele für eine reiche lokale Tradition der Sakralarchitektur, die durch das Zusammentreffen der römischen und byzantinischen Kultur beeinflusst war. Entsprechend ihren jeweiligen religiösen Praktiken variieren die Gebäude im Grundriss, in den Innenräumen und im äußeren Erscheinungsbild. Sie zeugen von der Entwicklung wichtiger architektonischer und künstlerischer Strömungen, die an einen spezifischen geografischen und kulturellen Kontext angepasst wurden. Innenräume sind mit Wand- und Deckengemälden und anderen Kunstwerken dekoriert, die ihre kulturelle Bedeutung noch steigern.

Die Holzkirchen sind ein außerordentliches Zeugnis für den interethnischen und interkulturellen Charakter dieser kleinen Region in den Karpaten, wo die römische und byzantinische Kultur aufeinandertrafen und sich überschnitten. Sie sind zudem ein Zeugnis der Toleranz in einer Zeit religiöser und politischer Unruhen im Habsburgerreich.

Kulturlandschaft „Chief Roi Mata's Domain"

Vanuatu

Begründung der Aufnahme: Zeugnis einer Kultur, traditionelle Siedlungsform, Verknüpfung mit Ereignissen von universeller Bedeutung

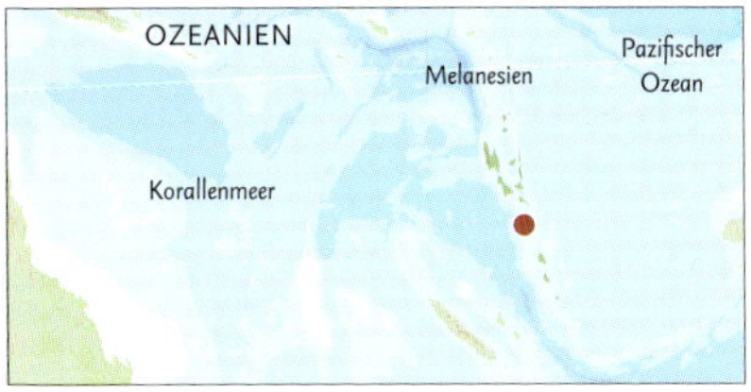

Diese Kulturlandschaft besteht aus drei Stätten aus dem frühen 17. Jh. auf den Inseln Efate, Lelepa und Artok, die mit dem Leben und Tod des letzten Roi Mata, des obersten Häuptlings des heutigen Zentralvanuatu assoziiert werden. Sie umfassen die Residenz des Roi Mata, seinen Sterbeort und ein Massengrab. Die Stätte ist eng verbunden mit den mündlichen Traditionen, die vom Leben des Häuptlings und seinen moralischen Werten berichten.

Die Landschaft spiegelt das durchgängige pazifische Häuptlingssystem wider und zeugt vom Respekt vor dieser Autorität, der sich im Tapu (Tabu) äußert; dabei handelt es sich um Verbote bezüglich der Nutzung der Wohnstätte und des Grabes des Roi Mata, die seit über 400 Jahren eingehalten werden und die lokale Landschaft ebenso wie soziale Praktiken geprägt haben.

Fossilienstätte Joggins
Kanada

Begründung der Aufnahme: Zeugnis wichtiger Stadien der Erdgeschichte

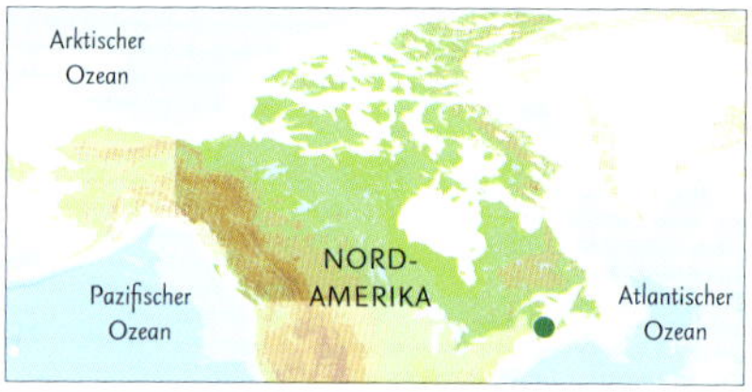

Aufgrund des Reichtums an Fossilien aus dem Karbon (vor 354 bis 290 Mio. Jahren) wurde die Fossilienstätte Joggins auch als „Galapagos des Kohlezeitalters" bezeichnet. Hier fanden sich gut erhaltene fossile Überreste und Spuren der ersten bekannten Reptilien und des Regenwalds, in dem sie einst lebten. Die Stätte, die 14,7 km Meeresklippen, niedrige Steilufer, Felsplattformen und Strände umfasst, enthält fossile Überreste von drei Ökosystemen: Ästuarbucht, Auen-Regenwald und feuerbeständige, bewaldete Schwemmlandebene mit Trinkwasserbecken. Joggins verfügt über die reichhaltigste bekannte Sammlung fossilen Lebens aus diesen drei Ökosystemen; es wurden Fossilien von 96 Gattungen und 148 Arten sowie 20 fossile Fußabdruckgruppen gefunden. Die Stätte spielte eine wichtige Rolle bei der Entdeckung geologischer und evolutionärer Prinzipien.

Aufrechte Fossilbäume sind auf unterschiedlichen Höhen im Gestein der Klippen erhalten geblieben, ebenso Tier-, Pflanzen- und Spurenfossilien. Zusammen bilden sie einen Umweltkontext und ermöglichen eine vollständige Rekonstruktion der umfangreichen fossilen Wälder, die das Land im Karbon dominierten und heute der Ursprung der meisten Kohlevorkommen auf der Welt sind.

Nationalpark Sanqingshan
China

Begründung der Aufnahme: besonderes Naturphänomen

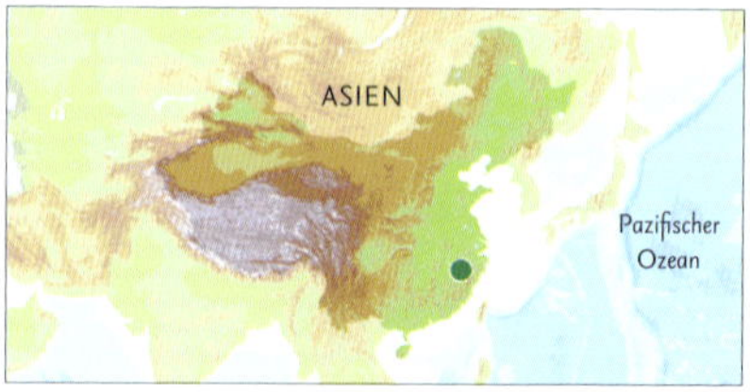

Der Nationalpark Sanqingshan enthält eine einzigartige Reihe von fantastisch geformten Granitsäulen und -gipfeln, die in einem relativ kleinen Gebiet liegen. Die hoch aufragenden und komplexen Felsformationen mit ihrer feinen Waldbedeckung, verbunden mit den ständig wechselnden Wettermustern, bilden eine Landschaft von faszinierender Schönheit. Sie liegt im Westen des Huaiyu-Gebirges im Nordosten der Provinz Jiangxi. Die Gegend ist einer Kombination aus subtropischen Einflüssen, Monsun- und Meereseinflüssen ausgesetzt; sie ist eine Insel von gemäßigtem Wald inmitten einer subtropischen Umgebung. Hier finden sich auch zahlreiche Wasserfälle, die bis zu 60 m hoch sind, sowie Seen und Quellen. Auf Wanderwegen können Besucher die beeindruckende Landschaft des Parks genießen und die friedliche Atmosphäre in sich aufnehmen.

Der Park ist für seine taostischen Kulturrelikte, Steinmeißelungen und Tempel bekannt. Sanqingshan ist ein taoistischer Schrein, seit der Priester Ge Hong vor 400 Jahren an diesen Berg kam. Die alte Religion des Taoismus basiert auf der Verehrung der Natur; diese Philosophie steht im Einklang mit dem hier betriebenen Naturschutz.

Mantua und Sabbioneta

Italien

Begründung der Aufnahme: Zeugnis kulturellen Austauschs, Zeugnis einer Kultur

Mantua wurde im 15. und 16. Jh. durch wasserbauliche, urbane und architektonische Arbeiten renoviert. Dank der Mitwirkung bedeutender Architekten und Maler wurde es zu einem wichtigen Zentrum der Renaissance. Sabbioneta war eine neue Stadt, die in Übereinstimmung mit den Idealen der Renaissance erbaut wurde. Ihre Verteidigungsmauern, rasterförmig angeordneten Straßen, öffentlichen Plätze und Bauwerke machen sie zu einem der besten Beispiele für europäische Idealstädte.

Mantua und Sabbioneta in der norditalienischen Poebene sind sowohl aufgrund ihrer Architektur als auch wegen ihrer wichtigen Rolle bei der Verbreitung der Renaissance-Kultur von Bedeutung. Sie repräsentieren zwei Aspekte der Renaissance-Stadtplanung: Mantua zeigt die Erneuerung und Erweiterung einer bereits bestehenden Stadt, während das 30 km entfernte Sabbioneta aus dem 16. Jh. die Umsetzung zeitgenössischer Theorien zur Planung einer idealen Stadt repräsentiert.

Mantuas Anordnung ist unregelmäßig, aber einige regelmäßige Teile zeigen unterschiedliche Stufen des Wachstums der Stadt seit der Zeit der Römer. Die Stadt enthält viele mittelalterliche Gebäude, darunter eine Rotunde aus dem 11. Jh., und ein Barocktheater. Sabbioneta wurde dagegen innerhalb eines einzigen Periode errichtet. Gemeinsam bilden sie ein außergewöhnliches Zeugnis für eine urbane, architektonische und künstlerische Umsetzung der Renaissance, die mit der Vision, der Planung und der Arbeit der regierenden Adelsfamilie Gonzaga verbunden war.

Mantua vom Lago di Mezzo aus gesehen ▼

Archäologische Stätte Al-Hijr (Madâin Sâlih)

Saudi-Arabien

Begründung der Aufnahme: Zeugnis kulturellen Austauschs, Zeugnis einer Kultur

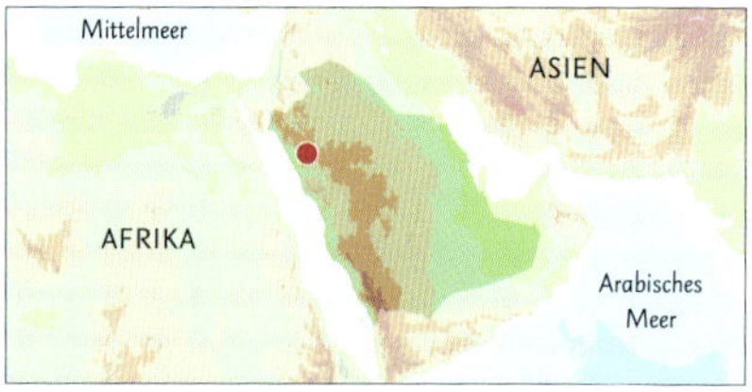

Die bemerkenswerte archäologische Stätte Al-Hijr (früher unter dem Namen Hegra bekannt) ist die größte erhaltene Stätte der nabatäischen Zivilisation südlich von Petra im heutigen Jordanien. Sie umfasst ein großes Gräberensemble, dessen Architektur und Dekoration direkt in den Sandstein der Landschaft geschnitten wurden.

An der Stätte befinden sich 111 gut erhaltene monumentale Gräber, von denen 94 dekorierte Fassaden haben, die zwischen dem 1. Jh. v. Chr. und dem 1. Jh. n. Chr. geschaffen wurden. Es gibt auch 50 Inschriften aus der pränabatäischen Zeit und einige Höhlenmalereien. Die Stätte ist ein herausragendes Zeugnis der spezifischen architektonischen Stile und Leistungen der Nabatäer.

Zur Stätte gehören auch einige Brunnen, von denen die meisten in den Stein eingelassen wurden. Sie zeigen, dass die Nabatäer über Wassertechniken verfügten, die sie zu landwirtschaftlichen Zwecken nutzten. Einige dieser Brunnen werden noch heute benutzt.

Al-Hijr befindet sich an einem Treffpunkt verschiedener Zivilisationen der späten Antike; es liegt an einer Handelsstrecke zwischen der arabischen Halbinsel, dem Mittelmeer und Asien. Die archäologische Stätte ist ein herausragendes Zeugnis des wichtigen kulturellen Austauschs im Bereich der Architektur und Dekoration sowie in Hinblick auf die Sprache und die Karawanenrouten. Die Route wurde zwar während der vorislamischen Zeit aufgegeben, spielte jedoch später wieder eine internationale Rolle für Karawanen und für Pilger auf dem Weg nach Mekka.

Cidade Velha (Altstadt von Ribeira Grande)

Kap Verde

Begründung der Aufnahme: Zeugnis kulturellen Austauschs, Zeugnis einer Kultur, Verknüpfung mit Ereignissen von universeller Bedeutung

Die Stadt Ribeira Grande, die im späten 18. Jh. in Cidade Velha umbenannt wurde, war die erste Kolonialstadt der Europäer in den Tropen und ist Zeugnis für die geopolitischen Visionen ihrer Gründer. Durch ihre Lage an den Schiffsrouten zwischen Europa, Afrika und dem amerikanischen Kontinent war sie außerdem für die portugiesische Kolonisation und Verwaltung von zentraler Bedeutung.

Die Stadt wurde zu einem wichtigen Zentrum für den westafrikanischen Sklavenhandel; die weit reichende Vermischung europäischer und afrikanischer Kulturen und Völker führte dort zur Entwicklung der ersten kreolischen Kultur. Der Pelourinho, der Pranger zur Bestrafung von Sklaven, ist immer noch da. Er befindet sich unweit der königlichen Festung São Filipe.

Neue Formen kolonialer Landwirtschaft, die auf der Lage zwischen gemäßigter und tropischer Klimazone beruhen, wurden im Ribeira-Grande-Tal entwickelt, und die Stadt wurde zu einem Ausgangspunkt für die Akklimatisierung und Verbreitung von Pflanzenarten in der ganzen Welt.

Cidade Velha befindet sich auf São Tiago, einer der Kapverdischen Inseln. Portugiesische Forschungsreisende kamen 1462, bei ihrer Erkundung der afrikanischen Küste, erstmals dorthin.

Berühmte Seefahrer machten im Hafen von Ribeira Grande fest: Christoph Kolumbus auf seiner Entdeckungsreise nach Amerika und Vasco da Gama bei seiner Suche nach einem Seeweg nach Indien.

Königsgräber der Choson-Dynastie

Republik Korea

Begründung der Aufnahme: Zeugnis einer Kultur, Erbe von besonderer menschheitsgeschichtlicher Bedeutung, Verknüpfung mit Ereignissen von universeller Bedeutung

Die Königsgräber der koreanischen Choson-Dynastie bilden eine Gruppe aus 40 Gräbern, die über 18 Orte verteilt sind. Sie sind durch die Ausführung vorgeschriebener Riten direkt mit einer lebendigen Tradition der Ahnenverehrung verbunden. Die Gräber stellen ein herausragendes architektonisches Ensemble und eine Landschaft dar, die ein bedeutendes Stadium in der Entwicklung von Hügelgräbern in Korea und Ostasien illustrieren. Dafür wurden Stätten von herausragender natürlicher Schönheit gewählt: Typische Gräber sind nach Süden Richtung Wasser ausgerichtet, werden von hinten durch einen Hügel geschützt, und in der Ferne sieht man idealerweise Bergkämme. Neben der Grabstätte selbst hat jedes Grab auch einen zeremoniellen Bereich, einen Eingang und Nebengebäude wie einen Schrein und das Haus des Grabwächters.

Das Außengelände ist mit Steinobjekten, z. B. Figuren von Menschen und Tieren, geschmückt.

Die Choson-Dynastie herrschte vom 14. bis ins 20. Jahrhundert in Korea; die Königsgräber wurden zwischen 1408 und 1966 angelegt, um das Andenken an die Vorfahren zu ehren, ihren Leistungen Respekt zu zollen, die königliche Autorität zu festigen, die Geister der Vorfahren vor Übel zu schützen und Schutz vor Vandalismus zu bieten.

Stadtlandschaft der Uhrenindustrie: La Chaux-de-Fonds und Le Locle

Schweiz

Begründung der Aufnahme: Erbe von besonderer menschheitsgeschichtlicher Bedeutung

Die beiden kleinen Städte La Chaux-de-Fonds und Le Locle im Jura sind Zentren der Schweizer Uhrenindustrie und stellen herausragende Beispiele für gut erhaltene und auch heute noch florierende Industriestädte dar, in denen nur eine einzige Branche vertreten ist. Die lokale Kultur der Uhrmacherei geht auf das 17. Jh. zurück. Im frühen 19. Jh. wurden die Städte nach verheerenden Bränden neu geplant. Die Anlage der Städte diente ausschließlich dem Zweck der Uhrenherstellung; Häuser und Werkstätten reihen sich entlang parallel verlaufender Hauptachsen auf, deren Enden offen waren. Die Planung beider Städte begünstigte den erfolgreichen Übergang von der handwerklichen Produktion einer Hausindustrie zur konzentrierteren Fabrikproduktion, der sich Ende des 19. und im 20. Jh. vollzog.

La Chaux-de-Fonds und Le Locle verdanken ihre Existenz der Uhrenindustrie. Sie liegen in einer Höhe von 1000 m im Jura in einer entlegenen und unfruchtbaren Gegend, die für die Landwirtschaft untauglich ist.

In „Das Kapital" beschreibt Karl Marx in seiner Analyse der Arbeitsteilung in der Uhrenindustrie des Jura La Chaux-de-Fonds als eine „riesige Fabrikstadt".

Heilige Stadt Caral-Supe

Peru

Begründung der Aufnahme: Zeugnis kulturellen Austauschs, Zeugnis einer Kultur, Erbe von besonderer menschheitsgeschichtlicher Bedeutung

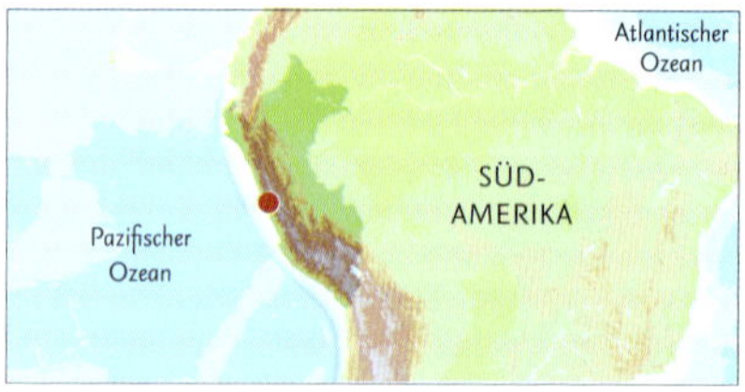

Die heilige Stadt Caral-Supe spiegelt die Anfänge der Zivilisation auf dem amerikanischen Kontinent wider. Sie war ein voll entwickelter Staat des 3. Jt. v. Chr. und ist vor allem wegen ihrer sozialen und politischen Komplexität und ihres Einflusses auf die Entwicklung von Siedlungen im ganzen Supe-Tal und darüber hinaus äußerst bemerkenswert.

Die außergewöhnlich gut erhaltene Stadt Caral ist eine von 18 urbanen Siedlungen in dieser Gegend; sie weist komplexe architektonische Merkmale und Raumelemente auf: Vor allem die monumentalen abgeflachten Erdhügel und die in den Boden eingelassenen, runden Höfe stellen mächtige Symbole eines konsolidierten Staates dar. Diese Merkmale sollten jahrhundertelang einen Großteil der peruanischen Küste beeinflussen und beherrschen.

Die Anlage der Stadt und einige ihrer Komponenten, z. B. die pyramidalen Strukturen und die Wohnhäuser der Elite, legen ein eindeutiges Zeugnis von zeremoniellen Funktionen ab, die auf eine mächtige religiöse Weltanschauung hinweisen.

Die 5000 Jahre alte, 0,7 km^2 große archäologische Stätte von Caral-Supe befindet sich auf einer trockenen Wüstenterrasse über dem grünen Tal des Rio Supe. Die Stadt war das Zentrum der Norte-Chico-Zivilisation, einer präkolumbischen Gesellschaft, von der man annimmt, dass sie die älteste Zivilisation auf dem amerikanischen Kontinent und eine der ältesten der Welt ist.

Pontcysyllte-Aquädukt und Kanal

Großbritannien

Begründung der Aufnahme: Meisterwerk menschlicher Schöpferkraft, Zeugnis kulturellen Austauschs, Erbe von besonderer menschheitsgeschichtlicher Bedeutung

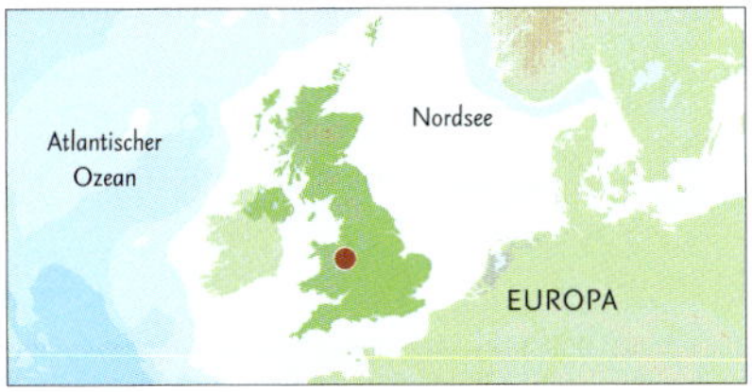

Das im frühen 19. Jh. vollendete Pontcysyllte-Aquädukt und der dazugehörige Llangollen-Kanal zählen zu den Meisterleistungen des Bauingenieurwesens der Industriellen Revolution. Aufgrund der schwierigen geografischen Lage benötigte man für den Bau des Kanals beachtliche, kühne technische Lösungen, darunter Tunnel, vor allem weil er ohne den Einsatz von Schleusen gebaut wurde.

Das Pontcysyllte-Aquädukt stellt eine meisterhafte Pionierarbeit der Ingenieurskunst und der monumentalen Metallarchitektur dar, die von den bekannten Bauingenieuren Thomas Telford und William Jessop konzipiert wurde. Die einzigartigen Produktionskapazitäten der britischen Eisenindustrie ermöglichten sowohl den Einsatz von Schmiede- als auch von Gusseisen für den Bau von Bögen, die zwar leicht, aber gleichzeitig stabil waren und einen monumentalen und dennoch eleganten Gesamteindruck vermittelten.

Die Stätte wird als Meisterwerk menschlicher Schöpferkraft betrachtet und als eine Synthese aus dem in Europa bis zu diesem Zeitpunkt erarbeiteten Fachwissen.

Der Name Pontcysyllte wird (etwa) „pontkuh-suh-llt-eh“ ausgesprochen.

Das Pontcysyllte-Aquädukt verläuft in einer Höhe von über 37 m über der Talsohle des steilen Dee-Tals und umfasst lediglich einen wassergefüllten, gusseisernen Trog und einen Treidelpfad mit Geländer. Es wurde 1805, am Ende der Kanalbau-Ära, fertiggestellt: Das Zeitalter der Eisenbahn war nur noch knapp drei Jahrzehnte entfernt.
▼

Mount Wutai
China

Begründung der Aufnahme: Zeugnis kulturellen Austauschs, Zeugnis einer Kultur, Erbe von besonderer menschheitsgeschichtlicher Bedeutung, Verknüpfung mit Ereignissen von universeller Bedeutung

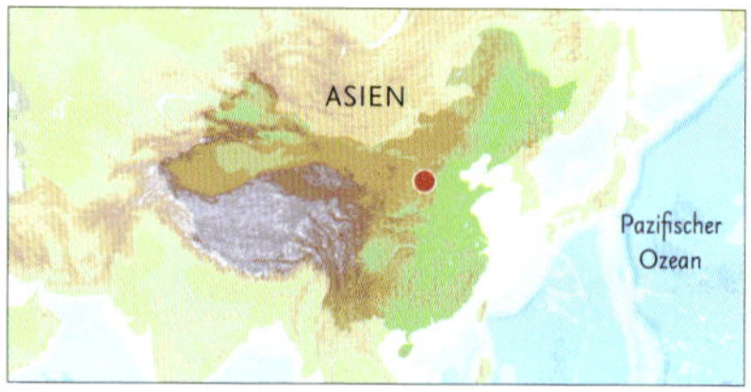

Der Mount Wutai mit seinen fünf flachen Gipfeln ist einer von vier heiligen Bergen des Buddhismus in China. Vom 1. bis ins frühe 20. Jh. wurden hier Tempel gebaut, und viele der wichtigsten Klöster und Tempel des Landes stehen an den Hängen des Berges. Er ist das weltweite Zentrum der buddhistischen Verehrung von Manjushri, dem Bodhisattva der Weisheit. Der Mount Wutai stand über 1000 Jahre lang unter kaiserlicher Schirmherrschaft, und die Landschaft wurde mit Gebäuden, Statuen, Gemälden und Stelen (Platten mit Inschriften) ausgestattet, um seinen Status als heiliger Ort des Buddhismus zu würdigen und zu bestätigen.

Die Architektur spiegelt einen fruchtbaren Gedankenaustausch mit Nepal und der Mongolei wider und bildet eine vollständige, über ein Jahrtausend umfassende Chronik von der Entwicklung buddhistischer Architektur in China und ihrem starken Einfluss auf den Tempel- und Palastbau.

Die Berglandschaft ist integraler Bestandteil der Tempel des Mount Wutai. Die hohen Gipfel, die den größten Teil des Jahres schneebedeckt sind, die dichten Wälder aus Kiefern, Tannen, Pappeln und Weiden und das saftige Grasland bilden eine Landschaft von großer Schönheit, die Künstler schon mindestens seit dem 7. Jh. preisen.

Einer der zahlreichen Tempel auf dem Mount Wutai ▼

Historisches Hydraulik-System von Shushtar

Islamische Republik Iran

Begründung der Aufnahme: Meisterwerk menschlicher Schöpferkraft, Zeugnis kulturellen Austauschs, traditionelle Siedlungsform

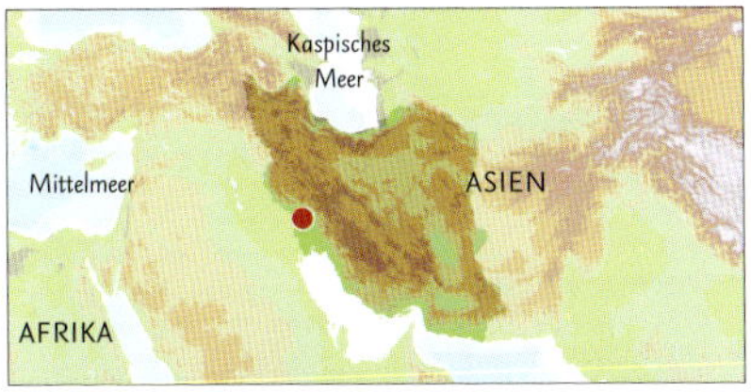

Das historische Hydraulik-System von Shushtar stellt ein vollständiges, groß angelegtes und daher einzigartiges Beispiel für die Hydrauliktechniken dar, die in der Antike entwickelt wurden, um Siedlungsbau in der Halbwüste zu ermöglichen. Das Umleiten eines Gebirgsflusses mithilfe von Kanälen und anderen Strukturen der Bauingenieurskunst versorgte ein enormes Territorium mit Wasser für den städtischen und häuslichen Verbrauch, die Landwirtschaft, die Fischzucht, die Mühlen, die Verteidigung der Stadt und den Verkehr.

Die jetzige Form des Systems stammt aus dem 3. Jh. Damals wurde es vermutlich auf Grundlage eines älteren Systems aus dem 5. Jh. v. Chr. aufgebaut. Es verbindet verschiedene Hydrauliktechniken, die mehrere Jahrhunderte lang angewandt wurden. Zum Bau trugen Elamiter, Mesopotamier und spätere Völker bei, ebenso die Nabatäer, die Kenntnisse in der Bewässerung durch Kanäle hatten (einen Hinweis liefern die Wassersysteme von Petra, die Einfluss genommen haben könnten) sowie die Bauingenieure der Römer. In seiner Gesamtheit demonstriert das System eine vollendete, frühe Vision dessen, was durch die Umleitung durch Kanäle und riesige Wehre im Bereich der Landentwicklung möglich wird.

Der Fluss Karun wurde um Shushtar herum so umgeleitet, dass er einen Stadtgraben bildete, an dem Verteidigungsbrücken und Tore gebaut wurden. Ein Netz aus Kanälen oder *Ghanàts* bildet unter der Stadt ein Wabenmuster und leitet das Flusswasser für den häuslichen Verbrauch, die Bewässerung und als Vorrat in Kriegszeiten direkt in Reservoirs in Häusern und Gebäuden. Unter älteren Häusern befinden sich noch immer Überreste dieser *Ghanàts*.

Heiliger Berg Sulaiman-Too

Kirgisistan

Begründung der Aufnahme: Zeugnis einer Kultur, Verknüpfung mit Ereignissen von universeller Bedeutung

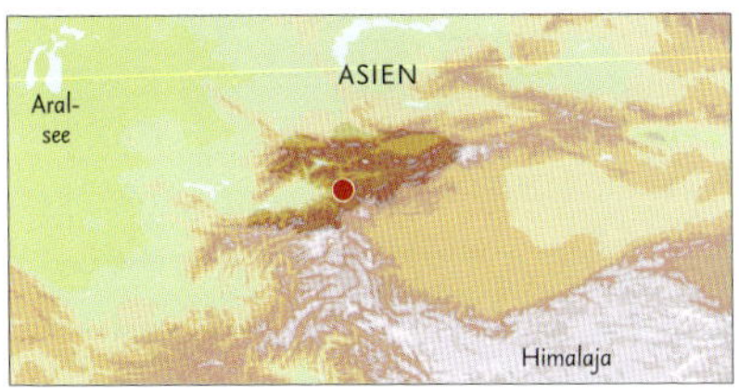

Der Berg Sulaiman-Too stellt eine bemerkenswerte spirituelle Landschaft dar, die sowohl antike religiöse Glaubensformen als auch den Islam widerspiegelt, vor allem aber den Pferdekult. Seine starken kultischen Traditionen reichen über Jahrtausende, und er stellt das vollständigste Bild eines heiligen Berges in Zentralasien dar.

Seine fünf Gipfel und seine Hänge umfassen eine enorme Ansammlung antiker Kultstätten und Höhlen mit Felszeichnungen, die durch ein Netz alter Pfade miteinander verbunden sind, sowie später errichtete Moscheen. Sulaiman-Too entspricht ikonischen Darstellungen der zoroastrischen und der vedischen Tradition: Ein Berg mit fünf Gipfeln, von denen einer die vier anderen überragt, steht, umgeben von weiteren Bergen, im Zentrum eines Flusstals.

Mit seiner langen Geschichte religiöser Verehrung, seinen reichen Überresten und seiner „idealen" Form hat der Berg Sulaiman-Too einen Großteil Zentralasiens tiefgreifend beeinflusst.

Der Berg Sulaiman-Too dominiert die umliegende Landschaft des fruchtbaren Ferghana-Tals und die Stadt Osch. Das mittelalterliche Osch lag an einem wichtigen Kreuzungspunkt an der zentralasiatischen Seidenstraße, die Asien, Afrika und den Mittelmeerraum verband.

Wattenmeer
Deutschland und Niederlande

Begründung der Aufnahme: Zeugnis wichtiger Stadien der Erdgeschichte, Schauplatz spezieller ökologischer und biologischer Prozesse, bedeutender natürlicher Lebensraum – Biodiversität

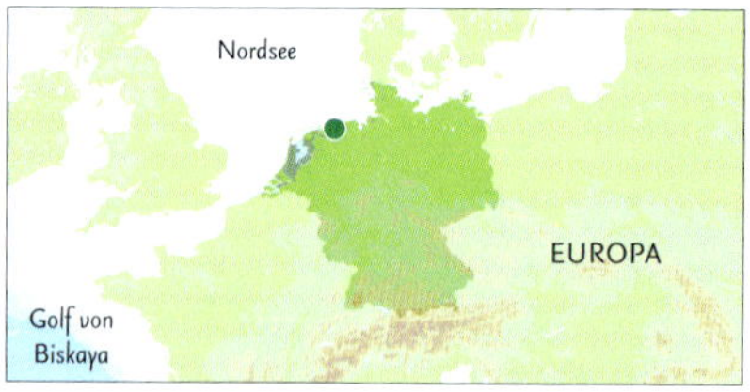

Das Wattenmeer ist ein riesiges, gemäßigtes Küstenfeuchtgebiet, das das weltweit größte, ununterbrochene Sand- und Wattsystem der Gezeitenzone darstellt.

Es umfasst eine Vielzahl an Übergangszonen zwischen Land-, Meeres- und Süßwasserumgebungen, zu denen Priele, seichte sandige Stellen, Seegraswiesen, Muschelbänke, Sandbänke, Watt, Salzwiesen, Mündungen, Strände und Dünen gehören.

Da Nahrung verfügbar ist und sich Beeinträchtigungen in Grenzen halten, haben diese Küstenfeuchtgebiete eine ungewöhnlich vielfältige und reiche Fauna; sie bieten zahlreichen Pflanzen- und Tierarten einen Lebensraum, darunter auch Meeressäugern wie dem Seehund, der Kegelrobbe und dem Gewöhnlichen Schweinswal.

Darüber hinaus sind sie jährlich für 12 Mio. Vögel Brutstätte und Überwinterungsgebiet und beherbergen über 10 % der Gesamtpopulation von 29 Arten. Es kommt vor, dass bis zu 6,1 Mio. Vögel gleichzeitig dort sind. Global betrachtet spielt das Wattenmeer eine unverzichtbare Rolle für die Biodiversität.

Größe und Vielfalt des Wattenmeers sind einzigartig. Die Besonderheit der Stätte besteht darin, dass das Gebiet und das Barrieresystem fast ausschließlich von den Gezeiten bestimmt werden, mit nur geringer Beeinflussung durch Flüsse. Dynamische natürliche Prozesse erzeugen eine sich permanent verändernde Vielfalt an Kanälen, Barriereinseln, Rinnen, Salzwiesen und anderen Küstenphänomenen und Sedimenteigenschaften.

▼

Palais Stoclet

Belgien

Begründung der Aufnahme: Meisterwerk menschlicher Schöpferkraft, Zeugnis kulturellen Austauschs

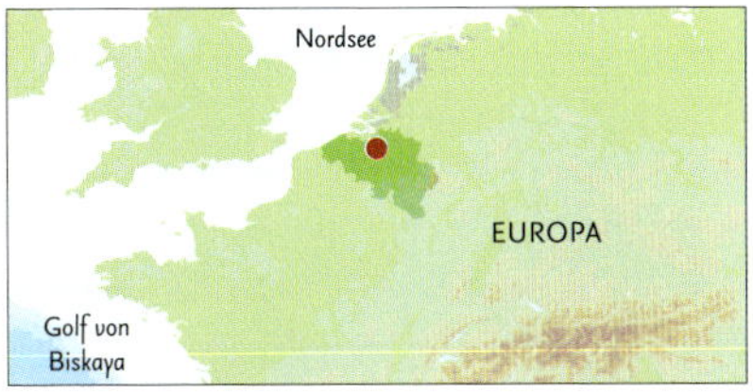

Das Palais Stoclet ist eine der vollständigsten Ausführungen der Wiener Werkstätte, einer Gemeinschaft aus Architekten, Künstlern und Designern, die im frühen 20. Jh. aus der Wiener Secession hervorging. Das in Brüssel stehende Gebäude wurde von dem österreichischen Architekten Joseph Hoffmann zwischen 1905 und 1911 entworfen und gebaut und stellt ein Meisterwerk dar.

Von Anfang an sollte das Haus die Künste ideal zum Ausdruck bringen; die verwendeten Materialien sind durchweg von herausragender Qualität. Eine Reihe von Künstlern, darunter Klimt und Moser, arbeiteten unter Hoffmann daran, jeden Aspekt des Hauses, die Einrichtung, die Haushaltsgegenstände und den Garten, zu gestalten und aufeinander abzustimmen.

Auch heute noch beeinflusst das Palais, das als Vorreiter des Jugendstils und der Moderne gilt, die Architektur und dient als Quelle der Inspiration.

Das Palais Stoclet ist ein privates Wohnhaus, das für den Bankier und Kunstliebhaber Adolphe Stoclet gebaut wurde. Das Budget und die künstlerische Freiheit für seine Designer und Künstler unterlagen keinen Beschränkungen.

Die koordinierte Zusammenarbeit der Architekten, Designer und Handwerker der Wiener Werkstätte machte aus dem Gebäude ein klassisches Gesamtkunstwerk und ein prägendes Element des Jugendstils.

Ruinen von Loropéni

Burkina Faso

Begründung der Aufnahme: Zeugnis einer Kultur

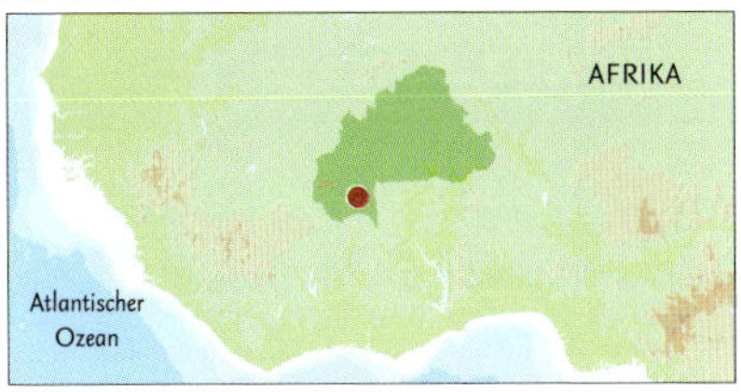

Die Ruinen von Loropéni stellen die Überreste einer tausend Jahre alten befestigten Steinsiedlung dar, die eine wichtige Rolle im Transsahara-Goldhandel spielte. Loropéni ist das hervorragendste noch erhaltene Beispiel für diese westafrikanische Siedlungsform.

Die 11 130 m² große Stätte besteht aus bis zu 6 m hohen Umgrenzungsmauern aus Laterit, die eine große Siedlung umgeben. Loropéni war Teil eines Netzes aus Siedlungen und gehört zu einer größeren Gruppe von etwa hundert aus Stein gebauten Anlagen. Unter den zehn ähnlichen Festungen des Lobi-Gebiets stellt es die am besten erhaltene dar. Das Siedlungsnetz florierte im lukrativen Goldhandel, der zwischen dem 7. und 11. Jh. in der Sahara in Nord-Süd-Richtung stattfand und die Mittelmeerökonomien, die hungrig nach Gold waren, mit dem Afrika südlich der Sahara verband, wo Gold im Überfluss vorhanden war.

Im frühen 19. Jh. wurde Loropéni schließlich verlassen.

Die Größe und der Einflussbereich Loropénis spiegeln die Macht und die Bedeutung des Goldhandels sowie seine Verbindungen zur Atlantikküste wider.

Das Gold in diesem Gebiet wurde von den Loron oder den Kulango abgebaut, die Loropéni bewohnten und die Ausgrabungs- und Verfeinerungsprozesse leiteten. Die Produktion erreichte zwischen dem 14. und dem 17. Jh. ihren Höhepunkt.

Torre de Hércules (Herkulesturm)

Spanien

Begründung der Aufnahme: Zeugnis einer Kultur

Der Herkulesturm ist der einzige vollständig erhaltene, noch immer funktionstüchtige römische Leuchtturm. Damit gehört er zu den ältesten Leuchttürmen der Welt, die noch immer für die Signalgebung auf See eingesetzt werden. Er zeugt von dem durchorganisierten und ausgeklügelten Navigationssystem der Antike und trägt zum Verständnis der antiken Atlantikrouten bei. Das Seegebiet um ihn herum, das Finisterra genannt wird, weil es die Römer für das Ende der Welt hielten, war berüchtigt für seine Gefahren für die Schifffahrt. Der Bau des damals Farum Brigantium (Turm von Brigantium) genannten Turms begann im 1. Jh. Der Turm steht auf einem 57 m hohen Felsen und ist selbst 55 m hoch, wobei das römische Herzstück 34 m hoch ist. Er ist in drei Segmente unterteilt, die sich nach oben hin verjüngen; das erste Segment entspricht dem römischen Bauwerk. Der Turm wurde im späten 18. Jh. im klassizistischen Stil restauriert.

Der Herkulesturm steht am Eingang des Hafens von A Coruña (La Coruna) in der spanischen Provinz Galicien. In mehreren mittelalterlichen Legenden über den römischen Halbgott Herkules findet der Turm Erwähnung. Innerhalb der Stätte befinden sich auch ein Skulpturenpark, Felsritzungen aus der Eisenzeit und ein muslimischer Friedhof. ▶

Dolomiten

Italien

Begründung der Aufnahme: besonderes Naturphänomen, Zeugnis wichtiger Stadien der Erdgeschichte

Die Dolomiten gelten als eine der markantesten und schönsten Berglandschaften der Welt und sind in Bezug auf ihre Geomorphologie und Geologie von internationaler Bedeutung.

Die dramatischen blassen und senkrechten Gipfel der Kalksteinkette weisen eine Vielzahl einprägsamer, plastischer Formen auf, die weltweit einzigartig sind.

Die neun Gebiete der Stätte bieten eine große Bandbreite an Geländeformen, die von Erosion, Plattentektonik und Vergletscherung geprägt sind.

Spektakuläre Kalksteinformationen sind für die Dolomiten charakteristisch und umfassen Türme, Gipfel, lange, tiefe, enge Täler und einige der höchsten vertikalen Felswände der Welt. Dynamische Prozesse beeinflussen das Gebiet auch weiterhin durch häufige Erdrutsche, Überschwemmungen und Lawinen.

Die Stätte umfasst außerdem hervorragend erhaltene Karbonatplattformen, Sedimentsysteme aus dem Mesozoikum (bis zu 251 Mio. Jahre alt), die Fossilien enthalten.

Die Dolomiten bilden eine Kalkstein-Bergkette, die für ihre Naturschönheit berühmt ist. Sie erstrecken sich über ein Gebiet von 1400 km² in den nördlichen italienischen Alpen und umfassen 18 über 3000 m hohe Gipfel.

Die Berge stehen mancherorts vereinzelt, an anderer Stelle bilden sie beeindruckende Panoramen. Darunter liegen Ablagerungen von Talusgeröll und mit Wald und Wiesen bedeckte Gebirgsausläufer.
▼

Das Welterbe und der Welterbe-Auftrag der UNESCO

Das Welterbe umfasst Hinterlassenschaften der Vergangenheit, mit denen wir heute leben und die wir an kommende Generationen weitergeben. Unser Kultur- und Naturerbe stellt eine unersetzliche Quelle der Inspiration dar. Orte, die so einzigartig und vielfältig sind wie die ostafrikanische Serengeti, die ägyptischen Pyramiden, das Große Barriere-Riff in Australien und die Barockkirchen Lateinamerikas machen in ihrer Gesamtheit das Welterbe aus.

Die UNESCO (United Nations Educational, Scientific and Cultural Organization) hat sich zum Ziel gesetzt, Ermittlung, Schutz und Bewahrung von kulturellem und natürlichem Erbe auf der ganzen Welt zu fördern und ihm als herausragendem universellem Zeugnis der Menschheit Geltung zu verschaffen. Dieses Anliegen wird mit einem einzigartigen internationalen Abkommen zum Ausdruck gebracht, welches als Übereinkommen zum Schutz des Kultur- und Naturerbes der Welt (Convention Concerning the Protection of the World Cultural and Natural Heritage) bekannt ist und das 1972 von der UNESCO verabschiedet wurde (siehe http://whc.unesco.org/en/conventiontext). Als eine der erfolgreichsten Denkmal- und Naturschutzmaßnahmen der Welt ist die Welterbekonvention insofern außergewöhnlich, als es in einem einzigen Dokument Konzepte zur Bewahrung der Natur mit Bestrebungen zum Erhalt von Kulturgütern verbindet. Ebenso bedeutend ist es aufgrund seiner weltweiten Geltung – Welterbestätten gibt es unter fast allen Völkern der Erde, ungeachtet der geografischen Lage. Indem das Abkommen unter dem Welterbebegriff sowohl kulturelle als auch natürliche Schätze versteht, würdigt es das Zusammenwirken des Menschen mit der Natur sowie die grundlegende Erfordernis, zwischen beiden eine Balance zu finden und zu erhalten.

Der Auftrag der UNESCO besteht darin:

- Länder zur Unterschrift zum Welterbe-Abkommen zu ermutigen und damit den Schutz ihres natürlichen und kulturellen Erbes zu gewährleisten,
- Vertragsstaaten des Abkommens zu bestärken, Nominierungsvorschläge aus ihrem Staatsgebiet für die Aufnahmeliste abzugeben,
- Vertragsstaaten anzuregen, Managementpläne und Berichterstattungsverfahren über die Erhaltung ihrer Welterbestätten einzurichten,
- mittels technischer Unterstützung und professioneller Schulungen den Vertragsstaaten Hilfestellung anzubieten, den Welterbebesitz zu sichern,
- Nothilfe für stark gefährdete Welterbestätten zu gewährleisten,
- Aktivitäten zu unterstützen, die das öffentliche Bewusstsein zur Welterbeerhaltung fördern,
- die ansässige Bevölkerung zu ermutigen, sich für die Erhaltung ihres kulturellen und natürlichen Erbes einzusetzen,
- die internationale Zusammenarbeit bei der Erhaltung des Weltkultur- und Naturerbes anzuregen.

AUSWAHLKRITERIEN:
Die Welterbekonvention schreibt die Einrichtung einer Welterbeliste vor. In einem ausführlichen Verfahren werden Vorschläge von einem internationalen, von 21 Mitgliedern gewählten Komitee der Liste beigefügt, nachdem sie eine Vorsortierung sowie einen Nominierungs- und Auswertungsprozess durchlaufen haben. Von zwei leitenden internationalen Nichtregierungsorganisationen, der IUCN (International Union for the Conservation of Nature) und der ICOMOS (International Council on Monuments and Sites), werden die Nominierungen für Kultur und Natur gesichtet und entsprechend empfohlen. Die ICCROM (International Centre for the Study of the Preservation and Restauration of Cultural Property) stellt dem Komitee Fachwissen zur Erhaltung kultureller Stätten zur Verfügung. Um in die Liste aufgenommen zu werden, muss der Vorschlag ein herausragendes universelles Zeugnis darstellen und mindestens eines der zehn folgenden Auswahlkriterien erfüllen. Den ausführlichen Erläuterungen der zehn Auswahlkriterien ist in Klammern jeweils die im Buch verwendete Kurzform beigefügt.

„Das Komitee betrachtet ein Gut als von außergewöhnlichem universellem Wert, wenn das Gut einem oder mehreren der folgenden Kriterien entspricht. Angemeldete Güter sollten daher:

ein Meisterwerk der menschlichen Schöpferkraft darstellen **(I. Meisterwerk menschlicher Schöpferkraft);**

für einen Zeit- oder in einem Kulturraum der Erde einen bedeutenden Schnittpunkt menschlicher Werte in Bezug auf Entwicklung der Architektur oder Technik, der Großplastik, des Städtebaus oder der Landschaftsgestaltung aufzeigen **(II. Zeugnis kulturellen Austauschs);**

ein einzigartiges oder zumindest außergewöhnliches Zeugnis von einer kulturellen Tradition oder einer bestehenden oder untergegangenen Kultur darstellen **(III. Zeugnis einer Kultur);**

ein hervorragendes Beispiel eines Typus von Gebäuden, architektonischen oder technologischen Ensembles oder Landschaften darstellen, die einen oder mehrere bedeutsame Abschnitte der Menschheitsgeschichte versinnbildlichen **(IV. Erbe von besonderer menschheitsgeschichtlicher Bedeutung);**

ein hervorragendes Beispiel einer überlieferten menschlichen Siedlungsform, Boden- oder Meeresnutzung darstellen,die für eine oder mehrere bestimmte Kulturen typisch ist oder der Wechselwirkung zwischen Mensch und Umwelt, insbesondere, wenn diese unter dem Druck unaufhaltsamen Wandels vom Untergang bedroht wird **(V. Traditionelle Siedlungsform);**

in unmittelbarer oder erkennbarer Weise mit Ereignissen oder überlieferten Lebensformen, mit Ideen oder Glaubensbekenntnissen oder mit künstlerischen oder literarischen Werken von außergewöhnlicher universeller Bedeutung verknüpft sein. (Das Komitee ist der Ansicht, dass dieses Kriterium in der Regel nur in Verbindung mit einem weiteren Kriterium angewandt werden sollte) **(VI. Verknüpfung mit Ereignissen von universeller Bedeutung);**

überragende Naturerscheinungen oder Gebiete von außergewöhnlicher Naturschönheit und ästhetischer Bedeutung aufweisen **(VII. Besonderes Naturphänomen);**

außergewöhnliche Beispiele der Hauptstufen der Erdgeschichte darstellen, einschließlich der Entwicklung des Lebens, wesentlicher im Gang befindlicher geologischer Prozesse bei der Entwicklung von Landschaftsformen oder wesentlicher geomorphologischer oder physiographischer Merkmale **(VIII. Zeugnis wichtiger Stadien der Erdgeschichte);**

außergewöhnliche Beispiele bedeutender im Gang befindlicher ökologischer und biologischer Prozesse in der Evolution und Entwicklung von Land-, Süßwasser-, Küsten- und Meeres-Ökosystemen sowie Pflanzen- und Tiergemeinschaften darstellen **(IX. Schauplatz spezieller ökologischer und biologischer Prozesse);**

die für die In-situ-Erhaltung der biologischen Vielfalt bedeutendsten und typischsten Lebensräume enthalten, einschließlich solcher, die bedrohte Arten enthalten, welche aus wissenschaftlichen Gründen oder ihrer Erhaltung wegen von außergewöhnlichem universellem Wert sind **(X. Bedeutender natürlicher Lebensraum, Biodiversität).“**

Des Weiteren werden wichtige Aspekte wie Schutz, Instandhaltung, Authentizität und Unversehrtheit der Stätten berücksichtigt. Das Aufnahmeverfahren wird detailliert in den Richtlinien für die Durchführung des Übereinkommens zum Schutz des Kultur- und Naturerbes der Welt geschildert, die zusammen mit dem eigentlichen Text der Konvention das Hauptinstrument des Welterbes bilden.

UNESCO **weltweit**

Afrika

Ägypten
Äquatorialguinea
Äthiopien
Algerien
Angola
Benin
Botswana
Burkina Faso
Burundi
Côte d'Ivoire
Demokratische Republik Kongo
Dschibuti
Eritrea
Gabun
Gambia
Ghana
Guinea
Guinea-Bissau
Kamerun
Kap Verde
Kenia
Komoren
Kongo
Lesotho
Liberia
Libyen
Madagaskar
Malwi
Mali
Mauretanien
Mauritius
Marokko
Mosambik
Namibia
Niger
Nigeria
Ruanda
Sambia
São Tomé und Príncipe
Senegal
Seychellen
Sierra Leone
Simbabwe
Somalia
Südafrika
Sudan
Swasiland
Togo
Tschad
Tunesien
Uganda
Vereinigte Republik von Tansania
Zentralafrikanische Republik

Asien und der Pazifik

Afghanistan
Australien
Bangladesch
Bhutan
Brunei
China
Cook-Inseln
Demokratische Volksrepublik Korea
Demokratische Volksrepublik Laos
Fidschi
Föderierte Staaten von Mikronesien
Indien
Indonesien
Islamische Republik Iran
Japan
Kambodscha
Kasachstan
Kiribati
Kirgistan
Malaysia
Malediven
Marshall-Inseln
Mongolei
Myanmar
Nauru
Nepal
Neuseeland
Niue
Pakistan
Palau
Papua-Neuguinea
Philippinen
Republik Korea
Russische Föderation
Samoa
Singapur
Salomonen
Sri Lanka
Tadschikistan
Thailand
Osttimor
Tonga
Türkei
Turkmenistan
Tuvalu
Usbekistan
Vanuatu
Vietnam

Die hier angeführten Regionen richten sich nach bestimmten UNESCO-Definitionen, die nicht notwendigerweise geografisch exakt sind. Die Angaben beziehen sich auf die Handhabung regionaler Dienststellen der Organisation.

Europa und Nordamerika

Albanien
Andorra
Armenien
Aserbaidschan
Belarus
Belgien
Bosnien-Herzegowina
Bulgarien
Dänemark
Deutschland
Estland
Ehemalige Jugoslawische Republik Mazedonien
Finnland
Frankreich
Georgien
Griechenland
Island
Irland
Israel
Italien
Kanada
Kasachstan
Kroatien
Lettland
Litauen
Luxemburg
Malta
Monaco
Montenegro
Niederlande
Norwegen
Österreich
Polen
Portugal
Republik Moldau
Rumänien
Russische Föderation
San Marino
Schweden
Schweiz
Serbien
Slowakei
Slovenien
Spanien
Tadschikistan
Tschechische Republik
Türkei
Ukraine
Ungarn
Großbritannien und Nordirland
Vereinigte Staaten von Amerika
Zypern

Arabische Staaten

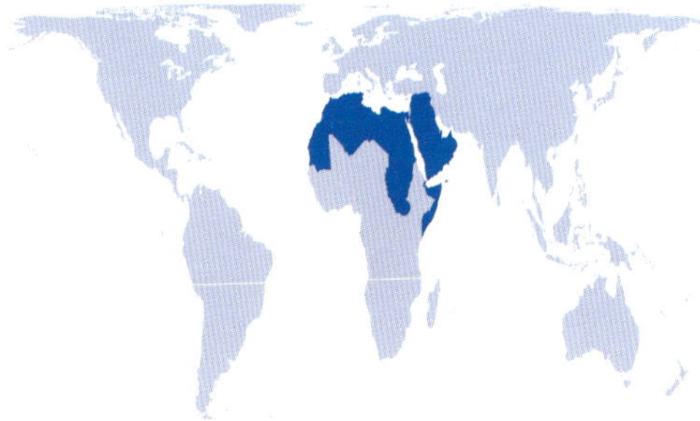

Ägypten
Algerien
Arabische Republik Syrien
Bahrain
Dschibuti
Irak
Jordanien
Jemen
Kuwait
Libanon
Libyen
Malta
Mauretanien
Marokko
Oman
Katar
Saudi-Arabien
Somalia
Sudan
Tunesien
Vereinigte Arabische Emirate

Lateinamerika und die Karibik

Antigua und Barbuda
Argentinien
Bahamas
Barbados
Belize
Bolivien
Brasilien
Chile
Costa Rica
Dominikanische Republik
Ecuador
El Salvador
Grenada
Guatemala
Guyana
Haiti
Honduras
Jamaika
Kolumbien
Kuba
Mexiko
Nicaragua
Panama
Paraguay
Peru
St. Kitts und Nevis
St. Lucia
St. Vincent und die Grenadinen
Suriname
Trinidad und Tobago
Uruguay
Venezuela

Übersicht nach Ländern

Alphabetische Übersicht

A

B

C

D

E

F

G

J

K

L

M

N

O

P

Q

R

S

T

U

V

W

X

Y

Z

Dank

Buchkonzept, Gestaltung, Karten, Redaktion und Projekt-Management: Collins Geo, Glasgow.
Textredaktion: Collins Geo

Der Buchinhalt basiert auf Informationsmaterial, das von der Organisation der Vereinten Nationen für Erziehung, Wissenschaft und Kultur (United Nations Educational, Scientific and Cultural Organization – UNESCO) und dem zugehörigen Welterbezentrum zur Verfügung gestellt wurde.

Der Verlag dankt:
dem Welterbezentrum der UNESCO und seinen Mitarbeitern; den freiberuflichen Redakteuren, Korrektoren, Kartografen und Mitarbeitern der Druckvorstufe.

Bildnachweis

Die Bilder wurden von www.shutterstock.com zur Verfügung gestellt, mit Ausnahme der Bilder, die mit einem Sternchen markiert sind.
Alle namentlich bekannten Fotografen sind hier erwähnt.

▲ verweist auf ein Bild auf der oberen Hälfte einer Seite
▼ verweist auf ein Bild auf der unteren Hälfte einer Seite

27▲ © javarman; **27▼** © javarman; **28** © Duncan Gilbert; **29** © faberfoto; **31** © Wiktor Bubniak; **32▲** *© UNESCO/Jim Williams; **32▼** © Jennifer Stone; **33▲** © skyfish; **33▼** © skyfish; **35** © Katrina Leigh; **36** *© Anna Rosinska-Renaud; **37** © Will Davies; **39** © Olga Kolos; **41** © Wiktor Bubniak; **42▲** © Kitch Bain; **42▼** © Kitch Bain; **43** © PixAchi; **45** *© Africa Conservation Fund/www.gorilla.cd; **47▲** © WitR; **47▼** © Danijela Pavlovic Markovic; **48** © Ryan Morgan; **49** *© Tito Dupret; **51** © Om Prakash Yadav; **52** © Mariusz S. Jurgielewicz; **53** © John A. Anderson; **55** © Anton Foltin; **56▲** © Mirek Hejnicki; **56▼** © Vladimir Wrangel; **57** © Maugli; **59** © Cristina Ciochina; **60** *© Tito Dupret; **61** © Aleksander Bolbot; **63** © Marek Slusarczyk; **64** © Tony Strong; **65** © Gautier Willaume; **67** © Sofilou; **68** © steba; **71** © Vladamir Wrangel; **72** © Piotr Sikora; **73** © Daniel Loncar,evic; **75** © Connors Bros.; **77** © Ljupco Smokovski; **79** © W H Chow; **80** © PavleMarjanovic; **81** © Andrea Seemann; **83** © Krkr; **84** © Svetlana Tikhonova; **85** © Jason Maehl; **87** © paradoks_blizanaca; **88** *© Tito Dupret; **89** © Copestello; **90** © Sam Chadwick; **91** © Grigory Kubatyan; **92** © lexan; **93** © PixAchi; **94** *© Nuria Ortega; **95** © Belle Momenti Photography; **96** © William Attard McCarthy; **97** *© UNESCO/Marc Patry; **98** *© T6 Ecosystem/UNESCO; **99** © Matt Ragen; **100** © OPIS; **101** © Ioannis Ioannou; **102▲** *© Tito Dupret; **102▼** *© Tito Dupret; **103** © Andrew Ferguson; **104** © Inger Anne Hulbækdal; **105** © OPIS; **106▲** *© Tito Dupret; **106▼** *© Tito Dupret; **107** © Milan Ljubisavljevic; **108** © David Davis; **109▼** *© Tito Dupret; **110** *© Tito Dupret; **111** © David Thyberg; **112** © Stephane Angue; **113** © Darja Vorontsova; **115▲** © Bomshtein; **115▼** © Stavchansky Yakov; **116** *© Tito Dupret; **117** © Claudio Giovanni Colombo; **118** *© Waqas Muhammad/Wikipedia; **119** © Thomas Cristofoletti; **120** © Philip Lange; **121** © Norman Bateman; **123▲** © tororo reaction; **123▼** © tororo reaction; **124** *© (CC by sa 2.5)Ali Imran; **125** © Sam DCruz; **126** *© Prof. Dr Mark-Oliver Rödel; **127** © Sam DCruz; **129** © Natalia Bratslavsky; **131** © Claudio Giovanni Colombo; **132** © Khirman Vladimir; **133** © Holger Ehlers; **135** © Sailorr; **136** *© UNESCO/Giovanni Boccardi; **137** © faberfoto; **138** © Mirek Hejnicki; **141** © Emma Holmwood; **143** © Ashley Whitworth; **144** © WitR; **147** © Leonid Katsyka; **149** © Clara; **150** © ostill; **151** *© Tito Dupret; **152** © Vladimir Melnik; **155** © Luciano Mortula; **156** © JeremyRichards; **157** © Marek Slusarczyk; **158** © Chris Howey; **160** © JeremyRichards; **161** © Jarno Gonzalez Zarraonandia; **163** © Matt Trommer; **164** © Carolina K. Smith, M.D.; **165** © Andreas Gradin; **167** © Bryan Busovicki; **169** © Lazar

Mihai-Bogdan; **170** (CC by sa 3.0) © Alan D. Wilson; **173** © Jarno Gonzalez Zarraonandia; **174** © Bensliman; **175** © Matt Trommer; **177** © ultimathule; **178** © sunnyfrog; **179** © Ljupco Smokovski; **181** © Slawomir Kruz; **182** © WH Chow; **183** © JeremyRichards; **185** © Susan McKenzie; **187** © Marcio Jose Bastos Silva; **189** © urosr; **190** © Dennis Albert Richardson; **191** © javarman; **192** © Palis Michael; **195▲** *© Mark Steward; **195▼** © Nelu Goia; **196** © Jason Maehl; **197** © javarman; **199** © Brandus Dan Lucian; **200** © Vladimir Korostyshevskiy; **201** © quantz; **203** © Rafael Ramirez Lee; **204** © omkar.a.v; **205** © Olga Kolos; **207** © Kenneth V. Pilon; **208** © Jose Miguel Hernandez Leon; **209** © Justin Black; **210** *© Alonzo Addison; **211** © Francisco Turnes; **213** © Joseph Calev; **214** © Jakub Cejpek; **216** © Larsek; **217** © Rafael Angel Garcia Dobarganes; **219** © Dainis Derics; **221** © Factoria singular fotografia; **222** *© Tito Dupret; **223** © (CC by sa 2.0) © Glauco Umbellino; **224** © JeremyRichards; **227** © ImageDesign; **228** *© Tito Dupret; **229** © Elena Elisseeva; **231** © Jaroslaw Grudzinski; **233** © Oscar F. Chuyn; **235** © Jason Maehl; **236** © Holger Mette; **237** *© Tito Dupret; **238** © Chris Howey; **239** © Jean Frooms; **241** © Joe Gough; **242** © aguilarphoto; **243** © Fotowan; **244** © Joe Gough; **245** © Vladimir Melnik; **246** © Gail Johnson; **247** © Nikolay Titov; **248** © pdtnc; **249** © Asit Jain; **251** © Jeremy R. Smith Sr.; **252** © Mikhail Nekrasov; **253** © LianeM; **255** © John Evans; **256** © Lola; **257** © Gail Johnson; **259** © inacio pires; **260** © Ralph Loesche; **263** ©Dr. Le Thanh Hung; **264** © Bryan Busovicki; **265** © edobric; **266** © sokolovsky; **267** © Joseph Calev; **269▲** *© Mark Steward; **269▼** *© Mark Steward; **270** © Rachael Russell; **271▲** *© Tito Dupret; **271▼** *© Tito Dupret; **272** © Vinicius Tupinamba; **273** © SmarterMedium; **275** © Zsolt Nyulaszi; **276** © Sankar; **277** © sunxuejun; **279** © enote; **280** © ostill; **281** © rubiphoto; **282** © Michael Avory; **285** © Zack Frank; **287** © Michael Levy; **287** © Ian D Walker; **288** *© Tito Dupret; **289** © Chris Howey; **291** © Tamara Kulikova; **292** © Nathan Chor; **293** © Mary Lane; **295** © russal; **296** © Joseph Calev; **297** © emily2k; **298▲** *© Tito Dupret; **298▼** *© Tito Dupret; **299** © Ales Liska; **301** © Jack Cronkhite; **302** © Duncan de Young; **303** © Martin Preston; **304** © PRANAV VORA; **305** © Bidouze Stéphane; **307** © pandeqiang; **308** *© Tito Dupret; **309** © Koylias Ioannis; **310** © Jam.si; **311** © tororo reaction; **312** © Mary Lane; **313▲** *© UNESCO/APF-José Kalpers - Africa Parks Foundation; **313▼** © Panos Karapanagiotis; **314** © Ewen Cameron; **315** © Ivan Montero Martinez ; **316** © Mithila Somasiri; **317** © LouLouPhotos; **319** © Bill Perry; **320** © Evgeniapp; **322** *© Tito Dupret; **323** © Alexey Goosev; **325** © Jozsef Szasz-Fabian; **326** © Thomas Barrat; **327** © hauhu; **328** © VanHart; **329** © Clara; **331** © Joseph Calev; **332** © Andrew Buckin; **333** © Bill McKelvie; **334** © Sjoerd van der Wal; **335** © Aneta Skoczewska; **336** © Richard Bowden; **337** © Pedro Pinto; **339** © Korobanova; **341** © Ioannis Nousis; **342** *© Tito Dupret; **343** © rj lerich; **345** © Fast Snail; **346** © Dainis Derics; **347** © Dmytro Korolov; **348** *© Tito Dupret; **349** © Sam DCruz; **351** © Dimon; **352** © POZZO DI BORGO Thomas; **353** © rj lerich; **355** © Sander van Sinttruye; **356** © Artem Samokhvalov; **357** © Tan, Kim Pin; **358** © MASSIMO MERLINI; **359** © akva; **361▲** © CHRISTOPHE ROLLAND; **361▼** *© Mark Steward; **362** © Mircea BEZERGHEANU; **363** © Magdalena Bujak; **364** *© Tito Dupret; **365** © Grigory Kubatyan; **366** © Sofilou; **367** *© Dieter Biskamp; **368** © Alexander Studentschnig; **369** © Bill Perry; **370** © Specta; **371** © Mikael Damkier; **372** © ultimathule; **373** © Cristina CIOCHINA; **374** *© Tito Dupret; **375** © John Hemmings; **377** © Elena Pokrovskaya; **378** © Juha Sompinmäki; **380** *© Tito Dupret; **381** © POZZO DI BORGO Thomas; **382** *© Tito Dupret; **383** © Alexander Maksimov; **385** © Ferenc Cegledi; **386** © robert paul van beets; **387** © Philip Lange; **388** *© Tito Dupret; **389** © Netfalls; **391** © Luciano Mortula; **392** © Olga Kolos; **394** © Holger Mette; **394** © Grigory Kubatyan; **395** *© Tito Dupret; **396** © Dmitriy Bryndin; **397** © MCales; **398▲** *© Tito Dupret; **398▼** *© Carmen Daly Schelbert; **399** © Olga Zaporozhskaya; **400** © tororo reaction; **402** © Alan Kraft; **403** © paul prescott; **404** © PixAchi; **405** © enote; **406** © Khirman Vladimir; **409** © Martin Mette; **410** © Jarno Gonzalez Zarraonandia; **411** © Valery Shanin; **413** © JeremyRichards; **414** © Jozef Sedmak; **415** © Sam DCruz; **417** © Wiktor Bubniak; **418** © jpatava; **420** © krechet; **421** © tfrisch99; **423** © Steffen Foerster Photography; **424** © Fedor Selivanov; **425** © Pichugin Dmitry; **427** © Svetlana Tikhonova; **428** © Thomas M Perkins; **429** *© Tito Dupret; **431** © rm; **433** © Bill Perry; **434** © Jarno Gonzalez Zarraonandia; **436** *© Tito Dupret; **437** © Tomasz Parys; **439** © Huang Yuetao; **440** © Kris Vandereycken; **442** © polartern; **443** © vospalej; **445** © carlos sanchez pereyra; **446** © Michael J Thompson; **447** © Ungor; **448** © Danilo Ascione; **449** © Motordigitaal; **451** © 2009 fotofriends; **452** © Alan Kraft; **453** © Gianluca Figliola Fantini; **455** © Andrzej Gibasiewicz; **456** © Falk Kienas; **457** © Keith Brooks; **458** © Mark Van Overmeire; **459** © Daniel Gustavsson; **461** © edobric; **462** *© Tito Dupret; **463** © Helen & Vlad Filatov; **464** © Willem Tims; **465** © Claudio Giovanni Colombo; **467** © Jonald Morales; **468** *© Tito Dupret; **469** © Jiri Krajicek; **471▲** © godrick; **471▼** *© Ron Urquhart; **472** © Joel Blit; **475** © Peter Zurek; **476** © Kochergin; **477** © koi88; **478** *© Reto Kuster; **479** © Mary Lane; **480** © Xavier MARCHANT; **481** *© Tito Dupret; **482** © Jorge Felix Costa; **483** © Joe Barbarite; **484** *© Tito Dupret; **487** © Valeria73; **489** © Alex Garaev; **491** © Pichugin Dmitry; **492** © Sean Prior; **493** © BESTWEB; **494** © kirych; **495** © L F File; **496** © Bryan Busovicki; **497** © Andreas Gradin; **499▲** © Tobias Guttmann; **499▼** © Marek Slusarczyk; **500** © Zorik Galstyan; **501** © Valeria73; **502** © Aron Brand; **503** *© Tito Dupret; **505** © aguilarphoto; **507** © Benson HE; **509** © Veronika Trofer; **511** © szefei; **512▲** *© Tito Dupret; **512▼** *© Tito Dupret; **513** © Dan Breckwoldt; **514** © Lagui; **515** © Maksym Kalyta; **517** *© Tito Dupret; **519** © Mikhail Nekrasov; **520** © MASSIMO MERLINI; **521** © Shapiro Svetlana; **522** © Angels at Work; **523** © Floris Slooff; **525** © Perov Stanislav; **526** © Tomasz Szymanski; **527** © Dino; **528** © Angels at Work; **529** © rj lerich; **530** © WitR; **531** © Razvan Stroie; **532** *© Tito Dupret; **533** © Slawomir Kruz; **534** © Bill Perry; **536** © Chris102; **537** © ostill; **539** © ollirg; **540** *© Tito Dupret; **541** © Mauro Bighin; **542** © Tobias Machhaus; **543** © Dainis Derics; **545** © Vladimirs Koskins; **547** © Marcin-linfernum; **549** © Uwe Bumann; **550** ©

MaxFX; **551** *© Austrian National Tourist Office/Diejun; **552** © Buddhadl; **553** © Joerg Hausmann; **555** © Ivo Brezina; **557▲** © Pichugin Dmitry; **557▼** © MARTAFR; **559** © sunxuejun; **560** © Laitr Keiows; **561** © lexan; **562** *© Tito Dupret; **564** © Andy Z.; **566** *© Tito Dupret; **567** © Iuri; **568** © photooiasson; **569▲** *© Tito Dupret; **569▼** *© Jethro Lennox; **571** © David Woods; **572** © Factoria singular fotografia; **573** *© Tito Dupret; **574** © Jan Schuler; **576** *© David Barrie/Darjeeling Himalayan Railway Society; **577** © Alfredo Schaufelberger; **578** © Philip Lange; **579** © Le Do; **580** *© Tito Dupret; **581** © Tudor Stanica; **582** *© Tito Dupret; **584** *© Tito Dupret; **585** © OPIS; **586** © Guillermo Garcia; **589** © Joerg Humpe; **591** © Pablo H Caridad; **592** © Sorin Popa; **593** © robert paul van beets; **594** © Bartlomiej K. Kwieciszewski; **595** © Valeria73; **597** © Insuratelu Gabriela Gianina; **598** © Sam DCruz; **599** *© Tito Dupret; **600** © riekephotos; **601** *© Tito Dupret; **602** © Ales Liska; **603** © baldovina; **604** © WH CHOW; **605** © Tootles; **606** © kwest; **607** © Marc C. Johnson; **609** *© (CC by 2.0) sridgway; **610** © Fedor Selivanov; **611** © EcoPrint; **613** © Albo; **614** *© Tito Dupret; **615** © Birute Vijeikiene; **616** © zhouhui8525; **617** © Jarno Gonzalez Zarraonandia; **618** © Vladimir Daragan; **621** © Ismael Montero Verdu; **623** © St. Nick; **624** © Joao Virissimo; **625** © slava_vn; **626** *© Tito Dupret; **627** © Hano Uzeirbegovic; **628** © rm; **629** *© Tito Dupret; **630** © Alexey Averiyanov; **631** © Chong Wei Jin; **633** © Ivonne Wierink; **634** © javarman; **635** © Tim Arbaev; **636** *© Tito Dupret; **637** © Karel Gallas; **638** © Chow Shue Ma; **639** © Miguel Angel Pallardo del Rio; **640** © Vladimir Korostyshevskiy; **641** © Larky; **642** *© Tito Dupret; **645** © zicci; **646** © Pavel K; **648** *© Tito Dupret; **648** *© Tito Dupret; **651**© Wojciech Zbieg; **652** *© Tito Dupret; **653** © Craig Hanson; **654** © Buddhadl; **655** © Zorik Galstyan; **655** *© Tito Dupret; **657** © ecoventurestravel; **658** © Eric Gevaert; **659** © rubiphoto; **661** © Julia R.; **662** © Sílvia Antunes; **663** *© Tito Dupret; **665** © Gyrohype; **666** © Seleznev Oleg; **668** *© (CC by 2.0) Sara & Joachim; **669** © Graham Bloomfield; **670** © javarman; **671** © Daniel Gilbey; **672** *© Tito Dupret; **673** © Joseph Calev; **674** © Mark Breck; **677** *© Israel Ministry of Tourism www.goisrael.com; **678** © Alexander Cyliax; **679** © Juha Sompinmäki; **680** © Rostislav Glinsky; **681** © Nestor Noci; **682** *© Tito Dupret; **683** *© UNESCO/Claudio Margottini; **685** © LianeM; **686** © Falk Kienas; **689** © Pavle Marjanovic; **690** © mirabile; **691** *© Tito Dupret; **692** © jeff gynane; **693** *© NASA/GSFC/METI/ERSDAC/JAROS und das U.S./Japan ASTER Science Team and Jesse Allen; **694** *© Tito Dupret; **697** *© UNESCO/Giovanni Boccardi; **699** © urosr; **701** © mastiffliu; **702** © Wiktor Bubniak; **703** *© Tito Dupret; **704** © AND Inc.; **705** © rm; **706** *© Tito Dupret; **707** © Andrew Barker; **708** *© MODIS/NASA; **709** © Eirikur Kristjansson; **710** © Igor Alyukov; **711** © lidian; **712** © Michael Steden; **713** *© Tito Dupret; **714** © (CC by sa 2.0) Sorosh; **715** © fotique; **718** © Joern; **721** *© Fleur Gayet; **723** © Holger Mette; **724** © Stuart Blyth; **725** *© (CC by 2.0) Crazy Joe Devola; **727** © Joerg Humpe; **728** © Eremin Sergey; **730** © Plotnikoff; **731** © Horácio José Lopes dos Santos; **733** © alysta; **736** *© UNESCO/Alessandro Balsamo; **737** © Ng Wei Keong; **739** *© Doron Nissim; **740** *© Tsvika Tsuk; **741** *© beltsazar; **743** © GagarinART; **744** © Zimins@NET; **745** *© Tito; **746** *© Tito Dupret; **749** © Rafael Martin-Gaitero; **751** © newphotoservice; **752▲** © Kate Kotova; **752▼** *© Tito Dupret; **753** © manfredxy; **754** © Jesus Cervantes; **755▲** *© (CC by sa 2.0) shaunamullally; **755▼** *© Tito Dupret; **757** © Richard Griffin; **758** © Ruta Saulyte-Laurinaviciene; **760** *© Tito Dupret; **761** © Holger Mette; **763** © Neale Cousland; **765** © Holger Mette; **766** © Vlad Zharoff; **767** © Tonis Valing; **769** © Andy Lim; **770** © ECOPRINT; **771** © Petros Tsonis; **772** © Brykaylo Yuriy; **773** © Vlad Ghiea; **774** *© Tito Dupret; **775** © Coquilleau; **776** © El Choclo; **777** © lavigne herve; **779** © PavleMarjanovic; **780** © Connors Bros.; **783** © Aleksandrs Jermakovichs; **785** © Vladimir Melnik; **786** © Jens Stolt; **787** © Peter Wey; **791** © Lori Skelton ; **793** © Tatiana Belova ; **794** © Katarzyna Mazurowska; **795** *© (CC by 2.0) PhillipC; **796** *© Tito Dupret; **797** © RookCreations; **798** © Salem Alforaih; **801** *© (CC by sa 2.5) Adrian Pingstone; **802** *© (CC by sa 2.0) serapio; **804***Satellite image © Jacques Descloitres, MODIS Rapid Response Team, NASA/GSFC; **804** *© (CC by sa 3.0) Mogens Engelund; **806** © rubiphoto; **807** © Dan Breckwoldt

CC by 2.0
Diese Werke sind lizensiert unter Creative Commons 2.0 Attribution License. Eine solche Lizenz kann im Internet eingesehen werden. Die Webadresse ist:
http://creativecommons.org/licenses/by/2.0/

CC by sa 2.0
Diese Werke sind lizensiert unter Creative Commons Attribution Share Alike 2.0 License. Eine solche Lizenz kann im Internet eingesehen werden. Die Webadresse ist:
http://creativecommons.org/licenses/by-sa/2.0/

CC by sa 2.5
Diese Werke sind lizensiert unter Creative Commons Attribution Share Alike 2.5 License. Eine solche Lizenz kann im Internet eingesehen werden. Die Webadresse ist:
http://creativecommons.org/licenses/by-sa/2.5/

CC by sa 3.0
Diese Werke sind lizensiert unter Creative Commons Attribution Share Alike 3.0 License. Eine solche Lizenz kann im Internet eingesehen werden. Die Webadresse ist:
http://creativecommons.org/licenses/by-sa/3.0/

Tito Dupret/WHTour.org
(www.worldheritage-tour.org) ist eine Non-Profit-Organisation, die Welterbestätten mit 360-Grad-Aufnahmen dokumentiert. Dies ist möglich dank der Unterstützung des J. M. Kaplan Fund in New York.

Zum Gebrauch dieses Buches

Das Buch gibt verschiedene Möglichkeiten, Informationen zu einer bestimmten Welterbestätte zu finden: Die Landkarten der verschiedenen Kontinente zeigen, wo genau sich die Stätten befinden. Mithilfe des alphabetischen Verzeichnisses der Stätten und des Länderindexes ist es möglich, sich einen gezielten Überblick zu verschaffen. Alle Einträge wurden auf die gleiche Art und Weise konzipiert und in chronologischer Abfolge nach dem Jahr ihrer ersten Aufnahme in die Liste der Welterbestätten angeordnet. Das folgende Diagramm zeigt exemplarisch die einzelnen Bausteine des Eintrags einer Stätte und erklärt die Farbgebung, welche die unterschiedlichen Denkmäler den Kategorien Naturerbe, Kulturerbe oder Gemischte Stätte zuordnet.

Name der Stätte
Hier ist die offizielle Bezeichnung des UNESCO-Welterbes für den jeweiligen Eintrag angegeben.

Ein rotes Band
markiert alle Stätten, die als Kulturerbe klassifiziert sind.

Die Orientierungskarte
zeigt den Standort der Welterbestätte in ihrer jeweiligen Region an.

Ein blaues Band
markiert alle Gemischten Stätten.

Die Zeitleiste
hebt auf jeder Seite das Jahr hervor, in dem die Stätte in die Liste des Welterbes aufgenommen wurde.

Der Standort
nennt das Land, in dem sich das Denkmal befindet.

Ein grünes Band
markiert alle Stätten, die als Naturerbe klassifiziert sind.

Das Buch enthält mehr als 650 Fotografien, die einen Eindruck vieler herausragender Welterbestätten vermitteln.

Begründung der Aufnahme
Für die Aufnahme in die Liste der Welterbestätten muss ein herausragender universeller Wert der Stätte erkennbar sein sowie mindestens eins von zehn Auswahlkriterien erfüllt werden. Eine umfassende Beschreibung dieser Kriterien ist auf den Seiten 808 und 809 abgedruckt.

Der Haupttext
enthält präzise Beschreibungen und Informationen zu jeder Welterbestätte.

Zusatzinformationen
ergänzen den Haupttext zu jeder Stätte um weitere interessante Details.